3ᵉ ÉDITION

FONDEMENTS DE LA COMPTABILITÉ DE GESTION

RAY H. GARRISON, D.B.A., CPA
Professeur émérite, Brigham Young University

THERESA LIBBY, Ph. D., CPA, CA
University of Waterloo

ALAN WEBB, Ph. D., FCPA, FCA
University of Waterloo

ERIC W. NOREEN, Ph. D., CMA (coauteur de l'édition américaine)
Professeur émérite, University of Washington

PETER C. BREWER, Ph. D., CPA (coauteur de l'édition américaine)
Wake Forest University – Winston-Salem, North Carolina

Adaptation française

HÉLÈNE BERGERON, D. Sc., CPA, CA
Université du Québec à Trois-Rivières

CHANTALE ROY, D. Sc., CPA, CA
Université de Sherbrooke

Adaptation des outils pédagogiques en ligne

HÉLÈNE BERGERON, D. Sc., CPA, CA

CHANTALE ROY, D. Sc., CPA, CA

ROGER PERRON, M.B.A., CPA, CMA

ÉMILIE PORTELANCE, M.B.A., CPA auditrice, CA

SAMUEL SAINT-YVES-DURAND, M.B.A., CPA auditeur, CA

Achetez en ligne ou en librairie
En tout temps, simple et rapide!
www.cheneliere.ca

McGraw Hill Education   CHENELIÈRE ÉDUCATION

Fondements de la comptabilité de gestion
3e édition

Traduction et adaptation de : *Managerial Accounting*, Tenth Canadian
Edition, de Ray H. Garrison, Theresa Libby, Alan Webb, Eric W. Noreen
(Co-Author, U.S. Edition), Peter C. Brewer (Co-Author, U.S. Edition)
© 2015, 2012, 2009, 2004, 2001, 1999 by McGraw-Hill Ryerson Limited.
© 2012, 2010, 2008, 2006, 2003, 2000, 1997, 1994, 1991, 1988, 1985,
1982, 1979, 1976 by McGraw-Hill Education LLC. All rights reserved.
(ISBN 978-1-25-902490-0)

© 2016 **TC Média Livres Inc.**
© 2011 Chenelière Éducation inc.
© 2004 Les Éditions de la Chenelière inc.

Conception éditoriale : Eric Monarque
Édition : Frédérique Grambin
Coordination : Marie-Michèle Martel et Jean-Philippe Michaud
Traduction : Jeanne Charbonneau, Louise Sangi Drolet et Cindy Villeneuve
Révision linguistique : Nicole Blanchette
Correction d'épreuves : Catherine Baron
Conception graphique : Fenêtre sur cour
Conception de la couverture : Inspire Design

Coordination du matériel complémentaire Web : Magali Blein,
Suzanne Champagne et Jean-Philippe Michaud

**Catalogage avant publication
de Bibliothèque et Archives nationales du Québec
et Bibliothèque et Archives Canada**

Garrison, Ray H.

[Managerial accounting. Français]
Fondements de la comptabilité de gestion
3e édition.

Traduction et adaptation de : Managerial accounting, tenth Canadian edition.
Comprend un index.
ISBN 978-2-7651-0748-4

1. Comptabilité de gestion. I. Libby, Theresa, 1963- . II. Webb,
Alan (Professeur). III. Bergeron, Hélène, 1960- . IV. Roy, Chantale,
1957- . V. Titre. VI. Titre : Managerial accounting. Français.

HF5657.4.M3814 2016   658.15'11   C2016-940412-9

5800, rue Saint-Denis, bureau 900
Montréal (Québec) H2S 3L5 Canada
Téléphone : 514 273-1066
Télécopieur : 514 276-0324 ou 1 800 814-0324
info@cheneliere.ca

ISBN 978-2-7651-0748-4

Dépôt légal : 2e trimestre 2016
Bibliothèque et Archives nationales du Québec
Bibliothèque et Archives Canada

Imprimé au Canada

4 5 6 7 8 M 24 23 22 21 20

Gouvernement du Québec – Programme de crédit d'impôt pour l'édition de
livres – Gestion SODEC.

Ce projet est financé en partie par le gouvernement du Canada

Sources iconographiques

**Couverture et p. XIII, 1, 29, 85, 121, 193, 265, 315,
375, 421, 489, 573, 667 et 737 :** shaunl/iStockphoto ;
p. XIII et 573 : alphaspirit/Shutterstock.com ;
p. 1 : kupicoo/iStockphoto ;
p. 29 : ppa/Shutterstock.com ;
p. 85 : masik0553/Shutterstock.com ;
p. 121 : Digital Media Pro/Shutterstock.com ;
p. 193 : meunierd/Shutterstock.com ;
p. 265 : ozgurdonmaz/iStockphoto ;
p. 315 : Fingerhut /Shutterstock.com ;
p. 375 : Matushchak Anton/Shutterstock.com ;
p. 421 : PathDoc/Shutterstock.com ;
p. 489 : Kenneth Sponsler /Shutterstock.com ;
p. 667 : Chris Parypa Photography/Shutterstock.com ;
p. 737 : bitt24/Shutterstock.com.

Présentation des auteurs

Les auteurs de l'édition canadienne anglaise

Ray H. Garrison, D.B.A., CPA, est titulaire d'un D.B.A. de l'Université d'Indiana. Il est professeur émérite en comptabilité à la Brigham Young University de Provo, en Utah, où il a d'ailleurs obtenu son baccalauréat et sa maîtrise en sciences (B. Sc. et M. Sc.). En sa qualité de CPA, le professeur Garrison a travaillé comme expert-conseil pour des cabinets comptables tant régionaux que nationaux. Ses articles ont été publiés dans des revues spécialisées, dont *The Accounting Review* et *Management Accounting*. Sa capacité d'innover en matière d'enseignement lui a valu le Karl G. Maeser Distinguished Teaching Award de la Brigham Young University.

Theresa Libby, Ph. D., CPA, CA, est professeure de comptabilité à la School of Accounting and Finance de l'Université de Waterloo. Elle a obtenu un doctorat de cette université de même qu'un baccalauréat en commerce de l'Université de Windsor. Ses recherches portent, entre autres sujets, sur l'utilisation que font les gestionnaires de l'information financière dans leurs prises de décisions, sur les effets de la budgétisation sur la performance et sur les questions d'éthique dans le domaine de la comptabilité. Elle a publié des articles dans *CA Magazine* et *CMA Management* ainsi que dans d'importantes revues spécialisées telles que *The Accounting Review, Contemporary Accounting Research, Business Ethics Quarterly* et le *Journal of Management Accounting Research*. La professeure Libby est membre de la rédaction de *Contemporary Accounting Research* et de *Management Accounting Research*. Elle a également occupé le poste de rédactrice en chef de *Behavioral Research in Accounting*. En 2014, elle a reçu de l'Association canadienne des professeurs de comptabilité le prix L. S. Rosen pour sa contribution remarquable au monde de l'enseignement.

Alan Webb, Ph. D., FCPA, FCA, est professeur à la School of Accounting and Finance de l'Université de Waterloo. Il a fait des études à la Mount Allison University et à l'Université d'Alberta, et il est détenteur d'un baccalauréat en commerce et d'un doctorat. Il a surtout orienté ses travaux dans les domaines de l'évaluation du rendement et de la rémunération, de la détermination d'objectifs et de la mesure de la performance. Le professeur Webb a présenté ses travaux de recherche un peu partout en Amérique du Nord. CPA et rédacteur en chef de *Contemporary Accounting Research*, il a publié des articles dans des revues telles que *The Accounting Review, Journal of Accounting Research, Journal of Management Accounting Research, Contemporary Accounting Research, Issues in Accounting Education, CA Magazine* et *CMA Management*. Il s'est engagé dans de nombreuses activités professionnelles, au Canada comme à l'étranger. En 2011, le professeur Webb a reçu de l'Association canadienne des professeurs de comptabilité le prix L. S. Rosen et a été nommé Fellow par l'Institut des comptables professionnels agréés d'Ontario pour ses remarquables accomplissements.

Eric W. Noreen, Ph. D., CMA (coauteur de l'édition américaine), est professeur émérite de comptabilité à l'Université de Washington. Professeur invité de PricewaterhouseCoopers en information de gestion et contrôle à l'INSEAD, une école internationale de hautes études des affaires située en France, il a également enseigné à la Hong Kong University of Science and Technology. Après avoir reçu son diplôme de premier cycle de l'Université de Washington, il a obtenu ses diplômes de maîtrise en administration des affaires et de doctorat de la Stanford University. L'Institute of Certified Management Accountants des États-Unis lui a décerné un Certificate of Distinguished Performance en tant que CMA. Le professeur Noreen a été rédacteur en chef adjoint de *The Accounting Review* et du *Journal of Accounting and Economics*. Il a publié de nombreux articles dans des revues universitaires et a reçu plusieurs récompenses pour la qualité de son enseignement.

Peter C. Brewer, Ph. D., CPA (coauteur de l'édition américaine), est chargé d'enseignement au Department of Accountancy de la Wake Forest University. Avant de se joindre à la Wake Forest University, il a été professeur de comptabilité de la Miami University pendant 19 ans. Il détient un baccalauréat en comptabilité de la Penn State University, une maîtrise de l'Université de Virginie, et un doctorat de l'Université du Tennessee. Il a publié de nombreux articles dans diverses revues. Le professeur Brewer a reçu un prix pour la qualité de son enseignement de la Richard T. Farmer School of Business de la Miami University. En outre, il a été honoré à deux reprises par l'Associated Student Government de ce même établissement pour « son engagement exceptionnel envers les étudiants et leur développement sur le plan universitaire ». Il a ouvert la voie à l'innovation dans l'élaboration de programmes de comptabilité de gestion destinés aux étudiants de premier cycle et dans l'utilisation de la méthode des études de cas dans les cours de comptabilité de gestion à ce niveau. Il agit souvent comme conférencier dans divers colloques et réunions professionnelles et universitaires.

L'équipe de l'adaptation française

Hélène Bergeron, D. Sc., CPA, CA, est professeure titulaire au Département des sciences comptables de l'Université du Québec à Trois-Rivières, où elle enseigne la comptabilité de gestion dans les programmes de premier et de deuxième cycles. Elle est diplômée de cette université, où elle a obtenu un baccalauréat en administration des affaires (B.A.A.), et de l'Université de Montpellier, où elle a obtenu un doctorat en sciences de la gestion. Madame Bergeron est membre de l'Ordre des comptables professionnels agréés du Québec. Depuis le début de sa carrière, elle a fait partie de nombreux comités universitaires et professionnels. Elle a été directrice des études de cycles supérieurs en sciences comptables et est à l'origine de nombreux changements dans le programme MBA. Ses intérêts de recherche portent sur la gestion et la mesure de la performance durable, sur les systèmes de contrôle de gestion et sur la production optimisée. Elle s'intéresse particulièrement aux PME. Ses travaux de recherche ont mené à la publication de plusieurs articles, chapitres de livres et communications.

Chantale Roy, D. Sc., M. Sc., CPA, CA, est professeure titulaire au Département des sciences comptables de la Faculté d'administration de l'Université de Sherbrooke. Elle est diplômée de cette université où elle a obtenu son B.A.A. Elle possède une maîtrise en comptabilité de gestion de l'UQAM et un doctorat en sciences de la gestion de l'Université de Montpellier. Elle enseigne la comptabilité de gestion aux programmes de baccalauréat et de maîtrise. Ses intérêts de recherche portent sur la détermination, le suivi et la gestion des coûts dans le secteur de la santé et des services sociaux, ainsi que sur la responsabilité sociétale et la performance durable des PME. Madame Roy a été vice-doyenne à l'enseignement et directrice des programmes de MBA. Elle a enseigné en France et au Maroc. Elle a aussi collaboré à l'ouvrage *Comptabilité de management pour une gestion stratégique des coûts.* Membre de l'Ordre des comptables professionnels agréés du Québec, elle a élaboré et animé plusieurs cours de comptabilité de gestion dans des programmes de formation continue, tout en siégeant à de nombreux comités universitaires et professionnels.

Avant-propos

Avant-propos de l'édition canadienne anglaise

Votre guide dans le monde stimulant de la comptabilité de gestion

Depuis des siècles, les phares dressés sur les côtes servent de guides pour les marins. Plus encore qu'un soutien à la navigation, ces constructions symbolisent la sécurité, la pérennité, la fiabilité et le réconfort de ce qui est familier. C'est pour cette raison que nous mettons de nouveau sur la couverture de cette dixième édition canadienne de *Managerial Accounting* une illustration qui représente bien, selon nous, les qualités les plus importantes de ce manuel incontournable.

L'ouvrage du professeur Garrison et de ses collaborateurs sera votre guide dans ce domaine stimulant qu'est la comptabilité de gestion. Il présente les trois fonctions dont les gestionnaires doivent s'acquitter au sein de leur organisation — la planification des opérations, le contrôle des activités et la prise de décisions — et explique la nature des informations comptables nécessaires à l'exécution de ces tâches ainsi que la façon de les recueillir et de les interpréter. Pour ce faire, *Managerial Accounting, Tenth Canadian Edition* repose, comme l'édition précédente, sur trois caractéristiques.

La pertinence

Les auteurs ont déployé tous les efforts possibles pour aider les étudiants à établir des liens entre les concepts présentés dans le manuel et les décisions prises par les gestionnaires sur le terrain. Ils leur proposent des mises en situation en début de chapitre, des exemples conformes à des situations sur le terrain et des mises en application des connaissances, des scénarios et des exemples fidèles à des situations réelles, ainsi que des activités d'apprentissage motivantes en fin de chapitre. En lisant cet ouvrage, les étudiants n'auront jamais à se demander pourquoi ils apprennent les concepts qu'ils y trouvent.

L'équilibre

Les auteurs ont varié le contenu du manuel pour y inclure différents types d'entreprises : des entreprises commerciales, des entreprises de services, des entreprises de fabrication et des organisations à but non lucratif.

La clarté

Plusieurs générations d'étudiants ont apprécié l'ouvrage du professeur Garrison et de ses collaborateurs parce qu'il est clair et adapté à leurs besoins, mais ce ne sont pas ses seules qualités. Les auteurs ont aussi simplifié les analyses techniques, changé l'ordre de certains éléments, et soigneusement révisé le texte dans son ensemble pour en faciliter l'enseignement et l'étude.

L'effort constant des auteurs pour respecter ces trois caractéristiques de base a donné des résultats remarquables.

La philosophie et la structure du manuel

Augmenter et améliorer le contenu d'un manuel portant sur un sujet aussi vaste que la comptabilité de gestion constitue un travail constant qui doit s'appuyer sur des principes directeurs. Pour cette dixième édition canadienne, nous avons utilisé comme point de départ la structure établie par Garrison, Noreen et Brewer dans leur quatorzième édition américaine. Toutefois, bien que ce cadre ait servi de guide à notre démarche, nous avons élaboré un manuel qui reflète à la fois le milieu des affaires d'ici et le système d'enseignement dans lequel les étudiants évoluent. Nous nous sommes fixé comme principaux objectifs de faciliter autant que possible l'apprentissage des divers sujets traités par les étudiants et de fournir aux lecteurs canadiens en général la flexibilité qui s'impose pour tenir compte de la diversité de leurs besoins. Le résultat est un manuel dont le contenu peut être étudié à l'intérieur d'un semestre et qui peut aussi constituer un livre de référence utile dans des cours ultérieurs de comptabilité de gestion tout comme dans la vie professionnelle.

Dans les deux premiers chapitres, nous décrivons les principales responsabilités des gestionnaires, l'importance de l'information en matière de comptabilité de gestion et la façon dont l'éthique professionnelle s'inscrit dans les activités des gestionnaires comptables. Nous y traitons également des différences fondamentales entre la comptabilité financière et la comptabilité de gestion, et nous présentons les diverses définitions de coûts et leurs classifications. Nous examinons ensuite deux importants domaines qui permettent de combler les besoins en matière d'information en comptabilité de gestion : le comportement des coûts et les relations coût-volume-bénéfice ainsi que l'établissement du coût de revient des produits et des services. Ces sujets forment la base des chapitres 3 et 4. Les chapitres 5 à 8 traitent des principales méthodes d'établissement du coût de revient utilisées par les entreprises.

Dans les chapitres 9 à 11, nous examinons des sujets reliés à la planification et au contrôle. Les chapitres 9 et 10 se penchent sur l'établissement des budgets et l'utilisation des coûts budgétés et standards pour planifier la performance future et évaluer la performance passée. Le chapitre 11 est consacré à la description des outils de contrôle dont disposent les gestionnaires et qui comprennent la présentation d'information sur les centres de responsabilités ainsi que les mesures de la performance de ces centres.

Nous étudions dans le chapitre 12 l'analyse de décisions à court terme, où il est question des coûts pertinents et des techniques d'analyse qui servent à prendre des décisions à court terme. Comme les analyses requises dans ces situations nécessitent des estimations des coûts à venir, il est essentiel d'avoir une parfaite compréhension des concepts ayant trait au comportement des coûts présentés dans les chapitres 3 et 4.

Chaque chapitre comporte un vaste ensemble d'exercices, de problèmes et d'études de cas relatifs non seulement à des sociétés multinationales, mais aussi à des entreprises de fabrication et de services ainsi qu'à des organisations à but non lucratif. Nous avons conçu ces éléments en vue d'amener les étudiants à se rendre compte des types de situations auxquelles des entreprises réelles, qui œuvrent dans une grande variété de domaines, doivent faire face. Les rétroactions que nous avons reçues de nos lecteurs nous indiquent que, même s'il y a une diversité dans l'ensemble des sujets étudiés à l'intérieur d'un même cours et dans la façon d'ordonner leur présentation, la structure et la flexibilité qui caractérisent notre manuel le rendent tout à fait susceptible de répondre aux besoins de chacun.

De façon générale, nous avons rédigé ce manuel dans le but de faciliter la compréhension des concepts présentés et de fournir une base solide pour les mettre en application.

Avant-propos de l'adaptation française

Cette nouvelle édition comporte de nombreuses améliorations. Tous les chapitres ont fait l'objet d'une révision et d'une réorganisation qui résultent de nos réflexions sur l'enseignement de la comptabilité de gestion, l'évolution de la discipline, l'actualité, et qui tiennent compte des remarques de nos pairs et de nos étudiants. Nous avons revu l'ordre des chapitres afin de présenter les concepts liés au comportement des coûts et à l'analyse coût-volume bénéfice (chapitres 3 et 4) avant ceux qui traitent des méthodes d'établissement du coût de revient (chapitres 5 à 8). De cette façon, la compréhension du comportement des coûts et leur analyse faciliteront l'étude des diverses méthodes d'établissement du coût de revient. Dans le souci de refléter la réalité actuelle des entreprises, les mises en situation proposées en début de chapitre ont été mises à jour ou remplacées. À la fin de la majorité des chapitres, une nouvelle rubrique «Mise en application» présente, sous forme de liste, les actions concrètes que peuvent faire les gestionnaires à partir des connaissances acquises dans le chapitre. Nous avons modifié plusieurs exercices, problèmes et études de cas, et en avons aussi ajouté. De plus, des cas de discussion apparaissent maintenant à la fin de certains chapitres. Ces courts cas favorisent la discussion en classe et demandent une réflexion, de la part des étudiants, touchant à des sujets ou à des thèmes abordés dans le chapitre. Pour favoriser la compréhension, des questions éclair ponctuent le texte des chapitres. Placées en marge pour la plupart, ces courtes questions portant sur un sujet précis permettent à l'étudiant de tester ses connaissances et sa compréhension au fur et à mesure qu'il avance dans sa lecture du chapitre. Les réponses sont regroupées à la fin de chaque chapitre pour une correction rapide. Pour terminer, dans certains chapitres, des rubriques «Aide-mémoire» mettent l'accent sur des concepts importants et améliorent la compréhension de certaines techniques et analyses.

Lorsque, dans un chapitre, il est question d'états financiers ou d'autres informations financières, nous avons fait le choix de nous conformer à la terminologie employée par les Normes comptables pour les entreprises à capital fermé (NCECF) plutôt qu'à celle utilisée par les Normes internationales d'information financières (IFRS). En outre, nous avons ajouté des précisions concernant la présentation des informations à des fins externes, lorsque cela s'applique. Ces précisions ont pour cadre de référence les NCECF. Un pictogramme NCECF permet de les repérer.

Nous croyons que l'ensemble de ces changements améliorera la compréhension des concepts clés en comptabilité de gestion par les étudiants ainsi que leurs compétences dans la mise en application de ces concepts.

Voici la description des principaux changements et ajouts effectués dans chaque chapitre.

- Le chapitre 1 analyse les effets qu'ont les interactions entre la stratégie, la planification et l'environnement organisationnel sur le rôle du gestionnaire comptable. Nous avons ajouté une section qui aborde le sujet très actuel de la responsabilité sociétale des entreprises et, dans la foulée, retiré certains contenus moins pertinents pour un chapitre d'introduction, dont le plan d'affaires, les systèmes de production juste-à-temps et la gestion intégrale de la qualité. Cela nous a permis de simplifier la section portant sur la gestion des processus afin d'en donner un aperçu général. La section sur la gouvernance et les questions éthiques a été adaptée au nouveau contexte de la profession comptable canadienne qui, par la fusion des trois ordres comptables professionnels, est représentée au plan provincial par l'Ordre des comptables professionnels agréés (CPA) du Québec et au plan national par l'Ordre des comptables professionnels agréés (CPA) du Canada.
- Au chapitre 2, la mise en situation aborde le cas d'une entreprise de services, et plusieurs rubriques «Sur le terrain» ont été modifiées ou remplacées par du matériel

d'actualité. La figure 2.7 a été revue afin de préciser le cheminement des coûts dans l'entreprise de fabrication. On trouve à présent deux nouveaux aide-mémoire : l'un présente le résumé des objectifs de la classification des coûts et l'autre, le résumé du comportement des coûts variables et des coûts fixes. Sept questions éclair accompagnent le texte et l'ajout, à la fin du chapitre, de la « Mise en application » permet d'embrasser d'un coup d'œil les principaux thèmes du chapitre.

- Le chapitre 3, qui aborde dans cette troisième édition le comportement des coûts (ancien chapitre 6), s'ouvre sur une nouvelle mise en situation. Plusieurs rubriques « Sur le terrain » ont été actualisées et on note l'ajout de cinq questions éclair. Un exemple illustrant la méthode du graphique de dispersion a été inclus afin de faciliter la compréhension de cette méthode. Pour sa part, la méthode de la régression a été déplacée entièrement dans l'annexe 3A, disponible sur la plateforme *i+ Interactif.*

- Le chapitre 4 aborde les relations coût-volume-bénéfice qui étaient traitées dans l'ancien chapitre 7. La nouvelle mise en situation illustre parfaitement l'utilisation de la notion de seuil de rentabilité en pratique. Plusieurs rubriques « Sur le terrain » ont été actualisées et neuf questions éclair ont été ajoutées. La représentation graphique de la relation coût-volume-bénéfice a été améliorée par l'ajout des figures 4.3 et 4.4, qui abordent l'analyse volume-bénéfice. Finalement, la rubrique « Mise en application » qui apparaît à la fin du chapitre en reprend les principaux thèmes.

- Le chapitre 5 commence par une mise en situation concrète au sujet d'une entreprise qui a besoin d'établir les coûts de revient de ses commandes de chandails de hockey sur mesure. Une rubrique « Sur le terrain » donne un exemple de l'usage d'un système de coût de revient par commande dans une organisation à but non lucratif. Les figures représentant les documents comptables nécessaires pour supporter le système de coût de revient en fabrication sur commande affichent maintenant un visuel reproduisant le format d'un tableur électronique de type Excel. La discussion concernant la disposition de la surimputation ou de la sous-imputation des frais indirects de fabrication tient compte des exigences de l'IAS 2 et du chapitre 3031 des NCECF en matière de publication d'information à l'externe. Enfin, nous avons inclus cinq questions éclair et une « Mise en application ».

- Le chapitre 6 présente une nouvelle mise en situation qui montre parfaitement le type d'environnement de production pour lequel un système de coût de revient en fabrication uniforme et continue est adapté. La présentation de l'exemple utilisé pour illustrer le fonctionnement du système de coût de revient en fabrication uniforme et continu a été revue afin de faciliter la compréhension du sujet. Le chapitre contient quatre questions éclair et se termine sur une « Mise en application ».

- Le chapitre 7 débute par une nouvelle mise en situation qui met en lumière l'utilité de la comptabilité par activités (CPA) dans l'industrie de l'automobile. La nouvelle figure 7.1 permet d'illustrer l'évolution opposée des coûts directs et indirects. Toutes les rubriques « Sur le terrain » proposent du nouveau contenu et portent entre autres sur l'usage de la CPA dans le secteur de la santé et des voyages. L'annexe 7D, disponible sur la plateforme *i+ Interactif,* présente une analyse des coûts de marketing (il s'agit de l'annexe 11B de l'ancienne édition) à partir de divers inducteurs de coûts. Cette annexe nous semble plus à sa place dans le chapitre 7, puisqu'elle aborde la détermination du coût de revient des clients pour laquelle les concepts de CPA sont particulièrement utiles. Le problème de révision, renouvelé, porte maintenant sur la comparaison entre le coût de revient traditionnel et la CPA. Une rubrique « Mise en application » termine le chapitre, maintenant ponctué de cinq questions éclair.

- La mise en situation du chapitre 8 relate un cas réel qui montre la façon dont la mise en œuvre de la méthode du coût complet peut motiver des gestionnaires à accroître les stocks en vue d'augmenter leurs bénéfices à court terme. Le chapitre présente ensuite la méthode des coûts variables comme un moyen d'éviter ce comportement. Une nouvelle rubrique « Sur le terrain » illustre comment la production optimisée peut améliorer la gestion des coûts dans le secteur des soins de santé. De plus, nous avons ajouté cinq questions éclair et une rubrique « Mise en application ».

- Au chapitre 9, la mise en situation donne un aperçu des avantages de la budgétisation dans les petites entreprises. Afin de fournir une vue d'ensemble du processus budgétaire, l'annexe 9B, disponible sur la plateforme *i+ Interactif*, présente un des aspects importants du suivi budgétaire qui concerne les analyses d'écarts sur ventes. Ce sujet, auparavant traité à l'annexe 11A, s'inscrit davantage dans la logique du chapitre 9. L'exemple utilisé pour illustrer la préparation du budget directeur a été allégé et révisé afin de se concentrer sur les aspects essentiels de la préparation des budgets. De même, la section portant sur le budget de trésorerie a été revue afin de considérer ce qui se fait en pratique en matière de calcul des intérêts sur emprunt. Enfin, la section sur le financement du budget de trésorerie contient désormais des formules de calculs afin de faciliter les calculs des emprunts et des remboursements effectués à la banque. De nouvelles rubriques « Sur le terrain », huit questions éclair et une rubrique « Mise en application » enrichissent le chapitre.

- Le chapitre 10 portant sur les coûts de revient standards et l'analyse des frais indirects de fabrication comporte dorénavant cinq questions éclair et une rubrique « Mise en application ».

- Le chapitre 11 commence par une nouvelle mise en situation qui présente un sondage effectué auprès des comptables professionnels au sujet de la gestion de la performance financière et non financière de leur entreprise. Ce chapitre a été remanié pour y présenter la gestion décentralisée en y intégrant dans un premier temps les notions relatives à la structure organisationnelle et à l'information sectorielle anciennement présentées aux chapitres 1 et 8. Nous croyons que ce réaménagement plus logique améliorera la compréhension de la décentralisation et de la publication d'information à des fins de contrôle. Dans la foulée, la section portant sur la fixation des prix de cession interne a été déplacée à la toute fin du chapitre, après l'exposé de l'ensemble des sujets liés à l'évaluation de la performance financière et non financière des centres de responsabilités. Un exemple de carte stratégique utile à la préparation d'un tableau de bord équilibré a été ajouté, tout comme de nouvelles rubriques « Sur le terrain », un aide-mémoire, quatre questions éclair et une rubrique « Mise en application ».

- Le chapitre 12 présente une nouvelle mise en situation au sujet des coûts pertinents dans l'industrie aéronautique. Il inclut maintenant six questions éclair et une rubrique « Mise en application ».

- Finalement, le chapitre 13 traite de certaines particularités liées à la répartition des coûts qui s'avèrent utiles lors de la détermination du coût de revient des produits ou services. La mise en situation a été remplacée et deux questions éclair ont été ajoutées.

Remerciements

Remerciements des auteurs de l'édition canadienne anglaise

Pour concevoir et améliorer le contenu d'un manuel comme celui-ci, il faut compter sur la contribution de nombreuses personnes. Parmi elles, il y a les réviseurs et les consultants qui attirent l'attention des auteurs sur les points faibles et recommandent divers changements. Dans cette perspective, les professeurs nommés ci-après ont fourni des rétroactions qui nous ont été extrêmement utiles dans la préparation de *Managerial Accounting, Tenth Canadian Edition*. Nous avons également reçu des suggestions d'un grand nombre de nos collègues du Canada et d'un peu partout dans le monde qui ont utilisé des éditions précédentes de notre manuel. Ces rétroactions — qui prennent la forme de commentaires ou de suggestions — nous sont indispensables et nous en tenons compte à chaque nouvelle édition. Nous remercions chacune des personnes qui nous en ont présentées :

Bharat Aggarwal, Shéridan Institute of Technology
George Boland, Queen's University
Gillian Bubb, University of the Fraser Valley
Tammy Crowell, Dalhousie University
Elliot Currie, University of Guelph
Shujun Ding, Université d'Ottawa
Ian Feltmate, Acadia University
Mark Gandey, Bishop's University
Barbara Katz, Kwantlen Polytechnic University
Amy Kwan, University of Toronto

Glenn Leonard, Université du Nouveau-Brunswick, Fredericton
Winston Marcellin, George Brown College
Bonnie Martel, Niagara College
Ann Overton, Centennial College
Pamela Quon, Athabasca University
Todd Rose, Memorial University
Pina Salvaggio, Collège Dawson
John Siambanopoulos, Western University

Un grand nombre d'autres personnes et de groupes nous ont apporté une aide inestimable, nous permettant d'obtenir des contenus, des commentaires et des suggestions de révision ainsi que de l'aide technique. Des critiques mandatés partout au Canada pour ce faire ont facilité notre travail par les suggestions et les éclaircissements qu'ils ont formulés concernant les contenus que nous leur avons demandé d'examiner.

Certains contenus nous ont été fournis par l'American Accounting Association, CGA Canada et CMA Canada (deux organismes qui font maintenant partie de CPA Canada) ainsi que par SAP Canada. Chaque fois que nous les avons intégrés dans le manuel, nous en avons indiqué la source. Les auteurs américains ont aussi utilisé des contenus fournis par l'American Institute of Certified Public Accountants (AICPA), l'Institute of Certified Management Accountants et le Chartered Institute of Management Accountants (du Royaume-Uni).

Au fil des ans, nous avons également profité de la rétroaction et du soutien précieux de collègues et d'étudiants actuels et anciens. Nous souhaitons exprimer toute notre reconnaissance à ceux qui nous aidés à adapter, à améliorer et à concevoir le matériel destiné au marché canadien, notamment Shannon Butler (Western University), Susan Cohlmeyer (Memorial University), Robert Ducharme (University of Waterloo), Kathy Falk (University of Toronto à Mississauga), Ian Feltmate (Acadia University), Bonnie Martel (Niagara College), Don Smith (Georgian College) et Mike Meehan (Sheridan College).

C'est grâce au travail extraordinaire d'un groupe de personnes talentueuses de chez McGraw-Hill Ryerson que ce manuel a pu voir le jour. Nous voulons remercier tout particulièrement Keara Emmett, qui a fait preuve de leadership tout au long de ce projet; Amy Rydzanicz, qui a amorcé le travail de mise au point de cette édition et qui a poursuivi inlassablement ce processus jusqu'au produit final; Jessica Barnoski, qui a géré l'étape finale de production, ainsi que tout le personnel des services du marketing et des ventes qui a fait en sorte que ce livre aboutisse entre les mains des enseignants et des étudiants. Nous tenons aussi à exprimer notre gratitude à tous ceux qui ont travaillé en coulisses pour assurer le succès de *Managerial Accounting, Tenth Canadian Edition*, en particulier Julia Cochrane, qui a soigneusement relu et corrigé toutes les épreuves de ce livre.

Toute l'aide que nous avons reçue ne nous empêche pas d'assumer pleinement la responsabilité du contenu de ce manuel et nous remercions d'avance les lecteurs qui voudront bien nous faire part de leurs suggestions et de leurs questions.

Remerciements de l'équipe de l'adaptation française

La troisième édition de l'adaptation française de *Fondements de la comptabilité de gestion* est le résultat d'un travail d'équipe. Nous remercions donc tous ceux qui ont participé au projet, que ce soit pour leur assistance technique, pour la révision terminologique ou pour de judicieux commentaires. Nous tenons aussi à remercier l'équipe éditoriale de Chenelière Éducation pour la qualité de son soutien, son professionnalisme et son perfectionnisme, qui, grâce à Eric Monarque (éditeur-concepteur), Frédérique Grambin (éditrice), ainsi que Jeanne Charbonneau, Louise Sangi Drolet, Cindy Villeneuve (traductrices), Marie-Michèle Martel, Jean-Philippe Michaud, Magali Blein, Suzanne Champagne (chargés de projets), Nicole Blanchette, Ginette Laliberté (réviseures linguistiques) et Catherine Baron (correctrice d'épreuves), nous ont offert l'encadrement et le soutien administratif et technique nécessaires au processus d'édition.

Nous adressons un merci particulier à M. Roger Perron, chargé de cours à l'Université de Sherbrooke, à Mme Émilie Portelance, professeure au Département des sciences comptables de l'Université du Québec à Trois-Rivières, ainsi qu'à M. Samuel Saint-Yves-Durand, professeur en sciences comptables au Département des sciences de la gestion à l'Université du Québec à Rimouski, pour leur contribution à titre d'adaptateurs du recueil de solutions du manuel et des annexes en ligne de cette édition. De plus, nous désirons souligner la précieuse collaboration de Mme Émilie Portelance et de M. Samuel Saint-Yves-Durand à titre de réviseurs scientifiques de l'ouvrage et de son recueil de solutions.

Parmi les professeurs et chargés de cours qui nous ont permis, grâce à leurs commentaires, d'enrichir cette troisième édition, nous aimerions remercier Lisa Baillargeon de l'École des sciences de la gestion de l'Université du Québec à Montréal, Ralph Doyle de l'Université du Québec à Chicoutimi, Tania Dubé de l'Université Laval, Raef Gouiaa de l'Université du Québec en Outaouais et Sylvain Houle de l'Université du Québec à Montréal.

Finalement, nous remercions tous nos étudiants et collègues, sans qui un projet comme celui-ci n'aurait aucune valeur.

Hélène Bergeron
Chantale Roy

Caractéristiques de l'ouvrage

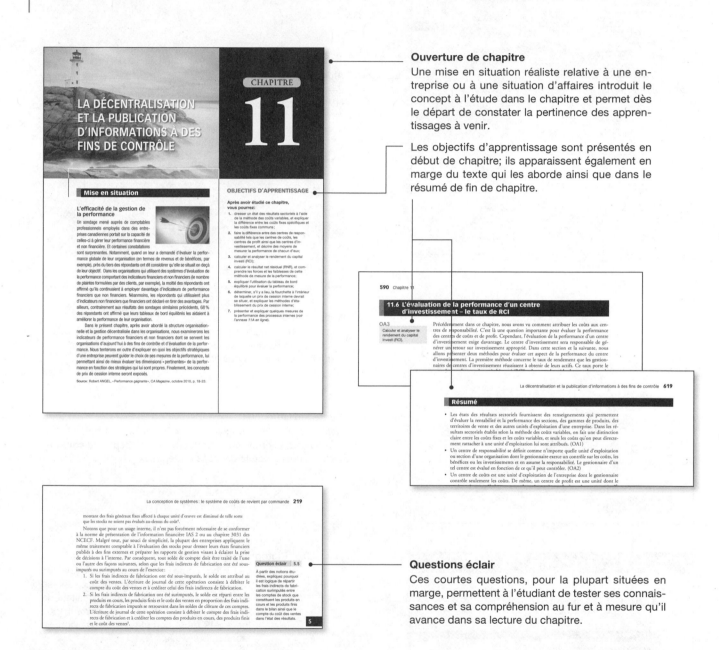

Ouverture de chapitre

Une mise en situation réaliste relative à une entreprise ou à une situation d'affaires introduit le concept à l'étude dans le chapitre et permet dès le départ de constater la pertinence des apprentissages à venir.

Les objectifs d'apprentissage sont présentés en début de chapitre; ils apparaissent également en marge du texte qui les aborde ainsi que dans le résumé de fin de chapitre.

Questions éclair

Ces courtes questions, pour la plupart situées en marge, permettent à l'étudiant de tester ses connaissances et sa compréhension au fur et à mesure qu'il avance dans sa lecture du chapitre.

Définitions des termes clés

Les termes clés en gras dans le texte renvoient aux définitions en marge.

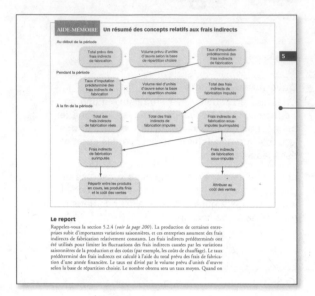

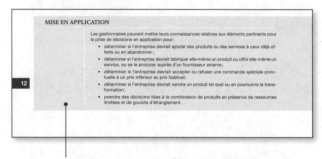

Aide-mémoire

Les rubriques pédagogiques « Aide-mémoire » mettent l'accent sur les éléments clés de la matière.

Mise en application

Les rubriques « Mise en application » dressent la liste des actions concrètes que peuvent entreprendre les gestionnaires à partir des connaissances acquises dans le chapitre.

Sur le terrain

Les rubriques informatives « Sur le terrain » donnent des exemples de l'application concrète de concepts de comptabilité de gestion dans diverses entreprises.

Pictogramme *i + Interactif*

 Le pictogramme *i + Interactif* indique que des ressources pédagogiques sont accessibles en ligne. Une vingtaine d'annexes traitent de thèmes supplémentaires qui couvrent tous les sujets de la comptabilité de gestion de façon approfondie.

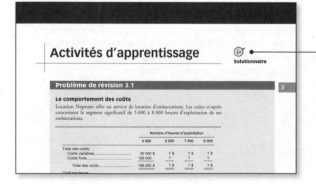

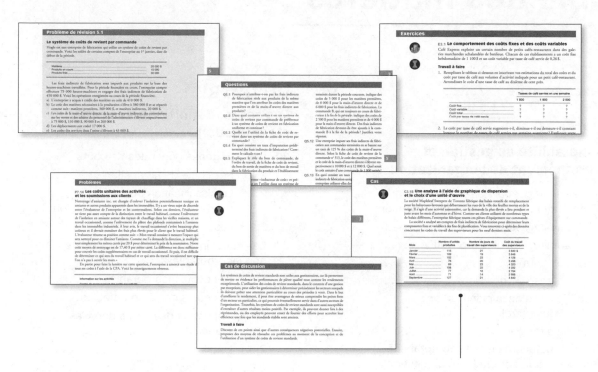

Éléments visuels

 NCECF Indique des précisions concernant la présentation des informations ayant pour cadre de référence les Normes comptables pour les entreprises à capital fermé.

 Indique des sections du texte qui traitent des entreprises de services.

Signale les passages qui traitent de questions éthiques.

 Indique les questions nécessitant une réponse à développement.

Activités d'apprentissage

Ces activités permettent de mettre en pratique les apprentissages en ayant pour points de départ des situations réalistes ou des cas d'entreprises, et ce, en vue de favoriser l'exercice d'habiletés essentielles. Cette section est divisée ainsi :

• Problèmes de révision et leur solution
• Questions
• Exercices
• Problèmes
• Cas
• Cas de discussion

Réponses aux questions éclair

Les réponses aux questions éclair regroupées à la fin de chaque chapitre donnent la possibilité à l'étudiant de valider sa réponse instantanément.

Table des matières

CHAPITRE 7

La comptabilité par activités: un outil d'aide à la prise de décisions 315

CHAPITRE 8

La méthode des coûts variables: un outil de gestion. 375

CHAPITRE 9

Le processus budgétaire 421

CHAPITRE 10

Les coûts de revient standards et l'analyse des frais indirects de fabrication 489

CHAPITRE 11

La décentralisation et la publication d'informations à des fins de contrôle . . . 573

CHAPITRE 12

Les éléments pertinents pour la prise de décisions 667

CHAPITRE 13

**L'attribution des coûts des
sections auxiliaires et
la répartition des coûts
communs de fabrication**.   737

Annexes en ligne

 Les annexes des chapitres ainsi que leurs solutions sont disponibles en ligne sur la plateforme *i+ Interactif.*

CHAPITRE 1

LA COMPTABILITÉ DE GESTION ET L'ENVIRONNEMENT DE L'ORGANISATION

Mise en situation

Le rôle du gestionnaire comptable dans la création de valeur

Le rôle du gestionnaire comptable a considérablement évolué au cours des dernières décennies. Jadis considéré comme un simple « faiseur d'additions » qui se bornait à compiler et à fournir de l'information au sein de l'organisation, le gestionnaire comptable moderne doit posséder une expertise en matière de gestion des coûts, de gestion de la performance et de gestion des risques. De plus, il joue un rôle prépondérant dans la prise de décisions. Ainsi, il peut ajouter de la valeur tant aux décisions d'exploitation liées au contrôle de la qualité qu'aux décisions stratégiques liées aux produits à commercialiser et aux marchés sur lesquels l'entreprise compte s'implanter. En outre, vu l'importance croissante de la responsabilité sociale et environnementale, le gestionnaire comptable doit se préoccuper des besoins et des intérêts d'un plus large éventail de parties prenantes que jamais auparavant. Désormais, reconnaître, comprendre et considérer les attentes des parties prenantes telles que les fournisseurs, les clients, les employés, le public et les collectivités dans lesquelles l'organisation est établie sont des aspects critiques de sa mission.

Tout en assumant ses lourdes responsabilités, le gestionnaire comptable est tenu d'adhérer à des normes éthiques sévères. D'ailleurs, depuis la vague de scandales financiers qui a éclaboussé certaines sociétés, en Amérique du Nord et ailleurs dans le monde, le comportement éthique des comptables fait l'objet d'une attention plus soutenue. Le code de déontologie de l'Ordre des comptables professionnels agréés du Québec comporte des règles concernant la compétence, la confidentialité, l'intégrité et la crédibilité. La violation de l'une ou plusieurs de ces règles peut entraîner de graves conséquences allant jusqu'à l'expulsion de l'ordre professionnel.

Eu égard à l'étendue des responsabilités qui y sont associées, au niveau de compétence requis et au défi consistant à travailler dans un marché de plus en plus international, la comptabilité de gestion peut s'avérer un choix de carrière très gratifiant.

Source : Site internet de CPA Canada, <www.cpacanada.ca/fr>.

OBJECTIFS D'APPRENTISSAGE

Après avoir étudié ce chapitre, vous pourrez :

1. énumérer les principales tâches des gestionnaires ;
2. déterminer les principales ressemblances et différences entre la comptabilité financière et la comptabilité de gestion ;
3. décrire le rôle des comptables responsables de la comptabilité de gestion dans une organisation ;
4. expliquer la nature et l'importance de l'éthique pour les comptables, le rôle de la gouvernance et la responsabilité sociétale des entreprises ;
5. expliquer les concepts suivants : production optimisée (*lean production*), système de gestion intégré d'entreprise et gestion des risques.

1

Comptabilité de gestion (ou comptabilité de management)

Processus de production d'informations conçu pour aider les gestionnaires et les employés à atteindre les objectifs de l'organisation de même que pour faciliter la planification, le contrôle et la prise de décisions.

Comptabilité financière

Processus de production d'informations financières destinées aux actionnaires, aux créanciers et aux autres parties intéressées à l'extérieur de l'organisation.

La **comptabilité de gestion** ou **comptabilité de management** procure des informations aux gestionnaires et aux employés[1], c'est-à-dire aux personnes œuvrant au sein d'une organisation. La **comptabilité financière**, de son côté, fournit des renseignements aux actionnaires, aux créanciers et aux autres parties intéressées à l'extérieur de l'organisation. La comptabilité de gestion fournit les données essentielles permettant de réellement diriger les organisations ; la comptabilité financière permet quant à elle l'évaluation de la performance passée de l'entreprise.

La comptabilité de gestion consiste à établir et à développer un système d'information capable d'aider les gestionnaires à prendre des décisions d'affaires qui satisfont les clients tout en permettant de contrôler continuellement les coûts de l'entreprise et d'améliorer son efficience. Pour y arriver, les gestionnaires comptables doivent préparer toute une gamme de rapports. Certains de ces rapports servent à comparer les résultats réels aux résultats planifiés et à des données externes en mettant l'accent sur l'évaluation du travail des gestionnaires ou des unités d'affaires de l'entreprise. D'autres fournissent des mises à jour en temps utile sur des facteurs importants comme les commandes reçues, le degré d'utilisation de la capacité de production, la satisfaction des clients et le chiffre d'affaires. Les gestionnaires comptables peuvent aussi dresser les rapports nécessaires à l'étude de problèmes particuliers tels que la baisse de rentabilité d'une gamme de produits, ou la prise de décisions concernant l'externalisation d'une partie des activités d'exploitation de l'entreprise. D'autres rapports présentent l'analyse d'une situation en développement ou d'une occasion d'affaires. Par opposition, la comptabilité financière vise à produire annuellement et trimestriellement un ensemble limité d'états financiers en conformité avec les normes comptables en vigueur et les réglementations gouvernementales.

La comptabilité de gestion nécessite une connaissance minimale des activités des gestionnaires, des informations qui leur sont nécessaires et de l'environnement général de l'organisation. L'objectif du présent chapitre est d'examiner ces sujets.

1.1 Le travail du gestionnaire et le besoin d'information en comptabilité de gestion

OA1

Énumérer les principales tâches des gestionnaires.

Planification

Choix d'un plan d'action et précision des paramètres de sa mise en œuvre.

Direction et motivation

Mise en œuvre du plan d'action impliquant la mobilisation des employés afin qu'ils exécutent les plans et qu'ils veillent aux activités d'exploitation.

Toute organisation, grande ou petite, compte des gestionnaires qui remplissent plusieurs fonctions importantes : planification, direction et motivation, contrôle et prise de décisions. La **planification** consiste à fixer des objectifs et à préciser la façon de les réaliser. La **direction** et la **motivation** ont trait à la mobilisation des employés chargés d'exécuter les plans et de diriger les opérations courantes. Le **contrôle** consiste à recueillir de la rétroaction afin de s'assurer que le plan est exécuté correctement ou modifié au besoin. La **prise de décisions** implique le choix d'un plan d'action parmi différentes possibilités. L'information issue de la comptabilité de gestion joue un rôle essentiel dans ces activités, que nous examinerons en détail ci-dessous.

1.1.1 La planification

Supposons que vous travaillez pour Deloitte et que vous êtes chargé de recruter des finissants en comptabilité dans toutes les universités du Québec. Vous entamez le processus de planification en vous fixant l'objectif de recruter les plus brillants étudiants universitaires. À l'étape suivante, vous devez préciser comment vous comptez atteindre cet objectif en répondant à un grand nombre de questions :

- Combien d'étudiants devons-nous engager en tout pour combler nos postes de stagiaires ?
- Quels établissements seront visés par nos activités de recrutement ?

---

1. Dans cet ouvrage, le mot « employé » est utilisé au sens large de « salarié ».

- Comment comparerons-nous les étudiants entre eux pour choisir les candidats à qui nous offrirons un poste ?
- Quel salaire proposerons-nous aux nouvelles recrues ?
- Quel budget pouvons-nous affecter à nos activités de recrutement ?

Les plans sont souvent associés à un **budget**. Un budget est un plan détaillé établi en fonction de l'avenir, habituellement rédigé selon des termes quantitatifs formels. À titre de responsable du recrutement des stagiaires chez Deloitte, vous devez tenir compte de deux éléments clés dans le budget. En premier lieu, vous devez travailler avec d'autres cadres supérieurs de l'entreprise pour établir le montant total des salaires que vous pouvez offrir à tous les nouveaux stagiaires. En second lieu, vous devez budgétiser le montant que vous comptez consacrer à vos activités de recrutement. D'ordinaire, les budgets sont préparés tous les ans sous la direction du **contrôleur**, à savoir le gestionnaire responsable du service de la comptabilité. Le chapitre 9 examine plus en détail le processus de préparation d'un budget.

1.1.2 La direction et la motivation

Outre ses activités de planification, le gestionnaire coordonne les opérations courantes et veille au bon fonctionnement de l'entreprise. Pour ce faire, il doit savoir motiver et diriger son personnel avec efficacité. Il assigne des tâches aux employés, arbitre les conflits, répond aux questions, résout les problèmes immédiats et prend une foule de décisions concernant les clients et les employés. Ainsi, si nous reprenons l'exemple de Deloitte, le gestionnaire responsable du recrutement chez Deloitte confiera à certains employés la tâche d'organiser la présence du cabinet aux journées carrière tenues dans les universités. D'autres seront chargés de réaliser des entrevues avec les étudiants. De plus, le gestionnaire responsable du recrutement doit élaborer des procédures pour résoudre les divergences d'opinions qui surgissent inévitablement quand vient le temps de choisir les candidatures à retenir. De fait, la direction est le volet du travail du gestionnaire qui se rapporte à la routine et au quotidien. Souvent, ce type de décisions courantes s'appuie sur les données issues de la comptabilité de gestion, comme celles qui figurent dans les rapports quotidiens des ventes.

1.1.3 Le contrôle

Une fois que le gestionnaire a élaboré et lancé le plan de recrutement de Deloitte, il amorce le processus de contrôle. Un contrôle efficace s'appuie sur la **rétroaction**. Celle-ci repose sur l'obtention et l'analyse de rapports détaillés de différents types pour s'assurer que les opérations de recrutement de l'année courante se déroulent comme prévu. L'analyse permet également de trouver des façons d'améliorer l'efficacité du processus de recrutement pour l'année suivante. Afin d'exercer un contrôle efficace, le gestionnaire devra répondre à des questions comme celles-ci :

- Avons-nous réussi à embaucher le nombre de stagiaires prévu ?
- La méthode que nous avons employée pour comparer les étudiants entre eux est-elle efficace ?
- Avons-nous respecté le budget prévu en ce qui touche le montant total des salaires des nouvelles recrues ?
- Avons-nous respecté le budget prévu pour les activités de recrutement ?

Comme vous le constatez, le gestionnaire doit se poser un tas de questions à l'étape du contrôle. En y répondant autrement que par un simple oui ou non, il pourra déterminer la raison pour laquelle sa performance se situe au-delà ou en deçà de ses attentes. Un contrôle efficace s'appuie entre autres sur la préparation de **rapports de performance**. Le rapport de performance, établi périodiquement, compare les données prévisionnelles aux données réelles. Il permet de cerner les activités qui se déroulent comme prévu ou qui dépassent leurs objectifs et d'en tirer des leçons, ainsi que de connaître les secteurs de l'organisation qui nécessitent une attention accrue. Ce type de rapport peut également

---

Contrôle

Processus de rétroaction visant à s'assurer que tous les éléments de l'entreprise fonctionnent de façon efficace et que les modifications appropriées sont apportées en fonction des changements qui surviennent.

Prise de décisions

Choix d'un plan d'action parmi plusieurs possibilités.

Budget

Plan détaillé établi en fonction de l'avenir, habituellement rédigé selon des termes quantitatifs formels.

Contrôleur

Gestionnaire responsable du service de la comptabilité d'une organisation ; aussi appelé « gestionnaire comptable ».

Rétroaction

Suivi, à l'aide de rapports comptables et d'autres rapports, permettant au gestionnaire d'évaluer la performance, et de cibler des problèmes et occasions qui, autrement, pourraient passer inaperçus.

Rapport de performance

Rapport détaillé comparant les données prévisionnelles aux données réelles.

être utilisé au même titre que les nombreux outils existants pour évaluer et récompenser les employés. Les chapitres 9, 10 et 11 présentent différents types de rapports de performance établis par les organisations.

Même si notre exemple porte sur les activités de recrutement de Deloitte sur les campus universitaires, nous aurions pu décrire la façon dont des sociétés comme Bell Canada, Rogers et Telus améliorent constamment leurs réseaux cellulaires, ou dont Sleeman Unibroue Québec a conçu et commercialisé ses bières artisanales grâce à la planification. Nous aurions pu expliquer que c'est grâce au contrôle que Pfizer s'assure que ses médicaments sont fabriqués selon des normes de qualité rigoureuses ou que Provigo garde les étagères de ses épiceries bien garnies. Nous aurions aussi pu examiner les failles en matière de planification et de contrôle qui ont conduit au terrible déversement de pétrole dans le golfe du Mexique par BP en 2010. Bref, tous les gestionnaires assument des fonctions de planification et de contrôle.

1.1.4 La prise de décisions

La compétence la plus cruciale du gestionnaire est peut-être la capacité de prendre des décisions intelligentes et éclairées. Dans un sens large, un grand nombre de ces décisions tournent autour des trois questions suivantes : Quoi vendre ? À qui vendre ? Comment exécuter notre plan d'action ? Le tableau 1.1 présente des exemples de décisions appartenant à chacune de ces catégories.

TABLEAU 1.1   Des exemples de décisions

Quoi vendre ?	À qui vendre ?	Comment exécuter le plan d'action ?
• Sur quels produits et services faut-il concentrer nos efforts de marketing ?	• Sur quelle clientèle devrions-nous concentrer nos efforts de marketing ?	• Comment devrions-nous fournir nos produits et nos services ?
• Quels nouveaux produits et services devrions-nous mettre en marché ?	• Quelle clientèle nouvelle devrions-nous cibler ?	• Comment devrions-nous procéder pour augmenter notre capacité ?
• Quels prix devrions-nous demander pour nos produits et nos services ?	• Quelle clientèle devrait payer le prix régulier ou recevoir des rabais ?	• Comment devrions-nous procéder pour diminuer notre capacité ?
• Quels produits et quels services devrions-nous abandonner ?	• Quelle clientèle devrions-nous abandonner ?	• Comment pourrions-nous améliorer notre efficacité et notre efficience ?

La colonne de gauche décrit le fait que chaque entreprise doit prendre des décisions liées aux produits et services qu'elle vend. Ainsi, chaque année, l'entreprise Rogers doit décider de la répartition des sommes de son budget de marketing entre les divers produits et services qu'elle offre. Air Canada doit fixer le prix des billets de chacun de ses quelque 1500 vols quotidiens. Sony doit déterminer si elle doit cesser ou non de produire certains modèles de haut-parleur de cinéma maison.

La colonne du milieu donne un aperçu des décisions que toutes les sociétés doivent prendre au sujet des types de clientèle qu'elles servent. Ainsi, Sears Canada doit répartir les sommes de son budget de marketing entre les produits destinés à sa clientèle masculine et ceux destinés à sa clientèle féminine. Garda doit déterminer si elle veut étendre ses services de sécurité à de nouveaux marchés internationaux. La Banque Royale du Canada doit se demander si elle veut cesser de cibler un segment de clientèle peu rentable.

Enfin, la colonne de droite du tableau 1.1 montre que les entreprises doivent aussi prendre des décisions liées à la façon d'exécuter leur plan d'action. Par exemple,

Bombardier doit décider si elle externalisera la fabrication d'un grand nombre des pièces qui composent ses avions. En période de ralentissement économique, Produits forestiers Résolu peut avoir à trancher entre la suppression d'un quart de travail de huit heures ou la fermeture d'une usine. Toutes les organisations doivent choisir parmi de multiples possibilités d'amélioration. Ainsi, une entreprise peut avoir à décider si elle achètera un nouveau progiciel de gestion intégré, modernisera un équipement de production ou fournira une formation supplémentaire à ses employés.

1.1.5 Le cycle de la planification et du contrôle

Le travail de gestion peut être résumé à l'aide d'un modèle semblable à celui de la figure 1.1. Le modèle, qui décrit le **cycle de la planification et du contrôle**, illustre le déroulement des activités de gestion depuis la planification, en passant par la direction et la motivation, le contrôle et le retour à la planification. Toutes ces activités impliquent une prise de décisions; c'est pourquoi le processus décisionnel est considéré comme le pivot autour duquel évoluent les autres activités.

La comptabilité de gestion peut aider à satisfaire le besoin d'information des dirigeants à toutes les étapes du cycle de la planification et du contrôle. Le gestionnaire comptable prépare les rapports détaillés dont les gestionnaires ont besoin pour prendre des décisions au jour le jour et à long terme. Il prépare aussi les budgets pour aider à attribuer les ressources en fonction des objectifs de l'entreprise. Il compare ensuite les coûts réels et les revenus aux valeurs budgétisées, et dresse des rapports pour informer la direction de tout écart important par rapport au budget. Les besoins de la direction en matière d'information varient d'une entreprise à l'autre mais, à mesure que vous lirez le présent manuel, vous découvrirez un bon nombre des outils dont les gestionnaires comptables disposent pour les satisfaire. Par exemple, ces comptables préparent généralement des rapports qui servent à répondre à des questions comme celles-ci:

- Combien en coûte-t-il pour fournir un bien ou un service en particulier?
- Quels sont les effets d'une variation des activités d'exploitation de l'entreprise sur les coûts?
- Comment une entreprise peut-elle réduire ses coûts de façon à accroître sa rentabilité?
- Combien faut-il vendre d'unités pour atteindre le seuil de rentabilité?
- À quoi ressembleraient les budgets selon les différents niveaux prévus d'activité?
- L'entreprise devrait-elle ajouter ou abandonner une gamme de produits?
- L'entreprise devrait-elle externaliser une partie de ses activités?

Cycle de la planification et du contrôle

Ensemble des activités de gestion comprenant la planification, la direction et la motivation, le contrôle, puis le retour à la planification.

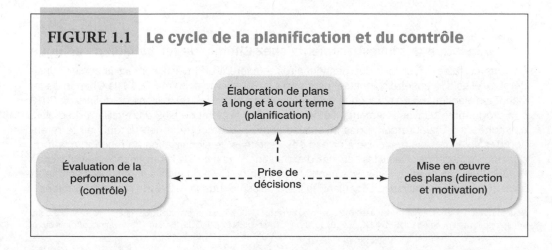

FIGURE 1.1 Le cycle de la planification et du contrôle

1.1.6 La stratégie

Stratégie

Plan d'action qui permet à une entreprise d'attirer des clients et de les retenir en se distinguant de ses concurrents.

Comme elle constitue un élément crucial du cycle de la planification et du contrôle, les entreprises ont intérêt à se doter d'une **stratégie** viable pour croître et prospérer dans un marché. Une stratégie est un plan d'action qui permet à une entreprise d'attirer des clients et de les retenir en se distinguant de ses concurrents. Le point focal de cette stratégie devrait être la clientèle cible de l'entreprise. Pour l'organisation, le seul moyen de réussir est de fournir à celle-ci des raisons de la préférer à un concurrent. Ces raisons, à savoir les propositions de valeur faites au client, constituent l'essence même de cette stratégie.

Les propositions de valeur faites au client appartiennent généralement à trois grandes catégories : la proximité avec le client, l'excellence opérationnelle et la supériorité d'un produit. Les entreprises qui adoptent une orientation client émettent en substance le message suivant : « Vous devriez nous choisir parce que nous connaissons mieux vos besoins personnels que nos concurrents et pouvons y répondre mieux qu'eux. » Le succès de sociétés comme le Groupe Jean Coutu et les restaurants La Cage aux Sports et Tim Hortons repose essentiellement sur une proposition de valeur axée sur des relations étroites avec les clients. Les entreprises qui privilégient plutôt le deuxième type de proposition, soit l'excellence opérationnelle, laissent entendre à leur clientèle cible : « Vous devriez nous choisir parce que nous pouvons vous fournir des produits et des services plus rapidement et plus facilement que nos concurrents, et ce, à des prix inférieurs. » Hyundai et Wal-Mart sont des exemples d'entreprises qui, d'abord et avant tout, doivent leur réussite à leur excellence opérationnelle. Les entreprises qui adoptent le troisième type de proposition de valeur, appelée « supériorité d'un produit », communiquent à leur clientèle cible le message suivant : « Vous devriez nous choisir parce que nous offrons des produits supérieurs à ceux de nos concurrents. » Le succès de BMW, de Häagen-Dazs et d'Apple peut s'expliquer par cette proposition de valeur de la supériorité du produit. Même si une entreprise peut offrir à ses clients une combinaison de ces trois propositions de valeur, l'une d'elles prédomine généralement sur les deux autres[2].

La comptabilité de gestion joue un rôle essentiel en fournissant des informations aux gestionnaires afin de faciliter la mise en œuvre de la stratégie et son suivi. Par exemple, un bon nombre d'entreprises utilisent des systèmes de mesure de la performance complexes, comme le tableau de bord prospectif (*voir le chapitre 11*) qui permet d'analyser la performance grâce à des indicateurs clés jugés décisifs pour le succès de la stratégie choisie. Comme la clientèle cible constitue le point focal de toute stratégie, il n'est pas étonnant qu'un grand nombre de ces indicateurs soient axés sur celle-ci (par exemple, satisfaction de la clientèle, nombre de nouveaux produits mis en marché, nombre de plaintes formulées par des clients) et sur des processus internes cruciaux reliés au service client (par exemple, recherche et développement, délais de livraison).

SUR LE TERRAIN

La planification des investissements chez Chemin de fer Canadien Pacifique

Comme certaines décisions des gestionnaires requièrent un investissement financier considérable, elles doivent être soigneusement pesées. Par exemple, en mai 2013, le Chemin de fer Canadien Pacifique (CP) a annoncé qu'il prévoyait majorer de 100 millions de dollars en 2013 son programme d'investissements, ce qui le portait à un total de plus d'un milliard de dollars par année. La majeure partie des investissements prévus cette année-là touchait la réfection des voies ferrées et la mise à niveau des systèmes de signalisation en réaction à la forte demande que connaissaient les services d'expédition ferroviaire de l'entreprise. Avant d'aller de l'avant avec son projet d'investissement, la direction du CP a dû analyser ses coûts estimatifs ainsi que les gains anticipés découlant de l'accroissement de la demande pour ses services.

Sources : REUTERS, « CP Rail to Increase 2013 Spending by up to C$100 Million », 7 mai 2013, [En ligne], <www.reuters.com/article/cprailway-spending-idUSL2N0DO2GY20130507> ; et CANADIEN PACIFIQUE, [En ligne], <www.cpr.ca/fr/investors/cp-increases-2013-capital-investment-program> (Pages consultées le 19 février 2016.)

---

2. Ces trois propositions de valeur ont été définies par Michael TREACY et Fred WIERSEMA dans « Customer Intimacy and Other Value Disciplines », *Harvard Business Review*, janvier-février 1993, p. 84-93.

1.2 Une comparaison entre la comptabilité financière et la comptabilité de gestion

Les rapports de comptabilité financière sont préparés à l'intention des parties extérieures à l'organisation telles que les actionnaires et les créanciers. De leur côté, les rapports de comptabilité de gestion sont préparés à l'intention des gestionnaires de l'organisation. Cette distinction dans l'orientation de base est à l'origine de plusieurs différences importantes entre la comptabilité financière et la comptabilité de gestion, bien que certaines informations soient communes aux deux types de rapports et reposent sur les mêmes données financières de base. Ces différences sont résumées à la figure 1.2.

Comme le montre la figure 1.2, les destinataires des rapports de comptabilité financière et de comptabilité de gestion seront différents. Il en sera de même des données destinées aux utilisateurs et de nombreux autres aspects. La manière dont les deux formes de comptabilité mettent l'accent sur le passé et le futur se révélera aussi différente. Nous traiterons de ces distinctions dans les paragraphes suivants.

OA2

Déterminer les principales ressemblances et différences entre la comptabilité financière et la comptabilité de gestion.

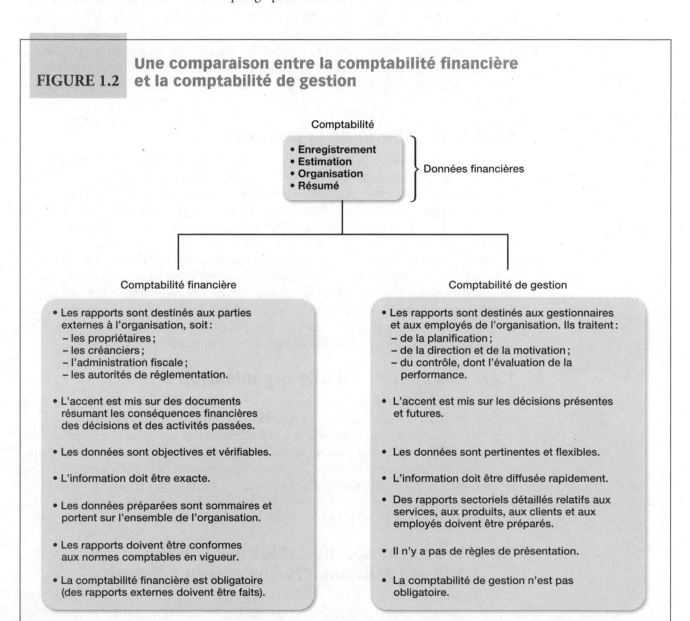

FIGURE 1.2 Une comparaison entre la comptabilité financière et la comptabilité de gestion

Comptabilité

- **Enregistrement**
- **Estimation**
- **Organisation**
- **Résumé**

} Données financières

Comptabilité financière

- Les rapports sont destinés aux parties externes à l'organisation, soit :
  - les propriétaires ;
  - les créanciers ;
  - l'administration fiscale ;
  - les autorités de réglementation.

- L'accent est mis sur des documents résumant les conséquences financières des décisions et des activités passées.

- Les données sont objectives et vérifiables.

- L'information doit être exacte.

- Les données préparées sont sommaires et portent sur l'ensemble de l'organisation.

- Les rapports doivent être conformes aux normes comptables en vigueur.

- La comptabilité financière est obligatoire (des rapports externes doivent être faits).

Comptabilité de gestion

- Les rapports sont destinés aux gestionnaires et aux employés de l'organisation. Ils traitent :
  - de la planification ;
  - de la direction et de la motivation ;
  - du contrôle, dont l'évaluation de la performance.

- L'accent est mis sur les décisions présentes et futures.

- Les données sont pertinentes et flexibles.

- L'information doit être diffusée rapidement.

- Des rapports sectoriels détaillés relatifs aux services, aux produits, aux clients et aux employés doivent être préparés.

- Il n'y a pas de règles de présentation.

- La comptabilité de gestion n'est pas obligatoire.

1.2.1 L'importance de planifier l'avenir

La planification constitue l'une des activités les plus importantes du travail de direction ; c'est pourquoi la comptabilité de gestion sera grandement axée sur l'avenir. À l'opposé, la comptabilité financière fournira essentiellement des résumés des opérations financières passées. Ces résumés peuvent s'avérer utiles à la planification, mais d'une façon limitée. La difficulté qu'entraînent les résumés des activités passées tient en ce que le futur n'est pas un simple reflet des événements passés. Ainsi, les conditions économiques, les besoins et les désirs des clients, de même que l'environnement concurrentiel évoluent constamment. Ces changements exigent que la planification du gestionnaire se base en grande partie sur la prévision d'événements futurs plutôt que sur des résumés d'événements passés.

1.2.2 La pertinence et la flexibilité des données

Les utilisateurs des données de la comptabilité financière s'attendent à ce que celles-ci soient objectives et vérifiables. Cependant, pour l'usage interne, le gestionnaire veut recevoir une information pertinente, et ce, même si elle n'est pas complètement objective ou vérifiable. Par « pertinente », nous entendons « appropriée à la situation à laquelle fait face le gestionnaire ». Par exemple, pour Archambault, il est difficile de vérifier, entre autres, le volume prévu des ventes d'un nouveau magasin puisqu'il s'agit d'une donnée prévisionnelle. Cependant, c'est précisément de ce type d'information qu'ont besoin les gestionnaires pour prendre leurs décisions. Le système d'information de la comptabilité de gestion devrait s'avérer assez souple pour fournir tout type de données pertinentes pour une situation particulière.

1.2.3 La relativité de la précision

Aux yeux du gestionnaire, la disponibilité rapide de l'information se révélera souvent plus importante que la précision. Quand une décision doit être prise, le gestionnaire préférera obtenir une estimation assez juste dans l'immédiat plutôt qu'une information plus précise une semaine plus tard. Une décision mettant en cause des dizaines de millions de dollars ne requiert pas d'estimation au dollar près. Dans ce cas, une estimation au million de dollars près peut s'avérer assez précise et bien servir le gestionnaire dans sa prise de décision. Puisque la précision sera coûteuse en temps et en ressources, et qu'elle ne changera sans doute pas la décision, la comptabilité de gestion accordera moins d'importance à la précision que la comptabilité financière. Par contre, la comptabilité de gestion attachera infiniment plus d'importance aux données non financières. Par exemple, les renseignements sur la satisfaction des clients obtenus par enquête ou par groupes de discussion peuvent être utilisés sur une base régulière dans la préparation de rapports de comptabilité de gestion.

1.2.4 Les sections d'une organisation

La comptabilité financière aura pour préoccupation principale de considérer l'organisation comme un tout. À l'opposé, la comptabilité de gestion se préoccupera davantage des éléments, ou sections, de l'organisation. La section peut représenter une gamme de produits, des clients, un territoire de vente, une division, un service ou toute autre catégorie d'activité que la direction de l'entreprise jugera utile de considérer séparément. La comptabilité financière peut inclure dans ses rapports externes une ventilation des produits et des charges par section principale. Dans la comptabilité de gestion, la publication d'information sectorielle s'avérera essentielle.

1.2.5 Les normes comptables applicables aux états financiers à vocation générale

Les états financiers préparés à l'intention des utilisateurs externes doivent être conformes aux principes comptables généralement reconnus (PCGR) du Canada. Les utilisateurs externes doivent avoir l'assurance que les rapports ont été dressés dans le respect des règles de base communes. Le 1er janvier 2011, à l'instar de plus d'une centaine de pays comprenant l'Australie, la Nouvelle-Zélande et les pays membres de l'Union européenne, le Canada a adopté les Normes internationales d'information financière (IFRS) destinées aux entreprises ayant une obligation publique de rendre des comptes (OPRC). Depuis lors, au Canada, les sociétés ayant une OPRC doivent suivre les IFRS. L'objectif des IFRS est simple : améliorer la comparabilité et la transparence de l'information financière à l'échelle internationale. Étant donné la mondialisation croissante de l'économie et l'interconnexion entre les marchés financiers, les normalisateurs comptables canadiens ont conclu que l'adoption des IFRS était cruciale[3]. Les sociétés à capital fermé et les organismes à but non lucratif ne sont pas tenus d'adopter les IFRS et peuvent adhérer plutôt aux normes comptables pour les entreprises à capital fermé (NCECF). Même si les règles de base communes que sont les IFRS facilitent la comparaison entre les sociétés qui publient des rapports financiers externes, elles ne favorisent pas nécessairement la production des rapports utiles à la prise de décisions internes puisqu'elles sont basées sur des données historiques.

La comptabilité de gestion n'est pas régie par des normes comptables. Le gestionnaire établit ses propres règles de base concernant le contenu et la forme des rapports internes. Le seul impératif reste que les avantages escomptés grâce à l'utilisation de l'information devront dépasser les coûts de collecte, d'analyse et de présentation des données. Néanmoins, comme nous le verrons au cours des prochains chapitres, il est indéniable que les normes de comptabilité financière ont beaucoup influé sur la pratique de la comptabilité de gestion.

1.2.6 Le caractère non obligatoire de la comptabilité de gestion

Pour la publication d'états financiers, la comptabilité financière est obligatoire. Différents organismes externes tels que les commissions provinciales des valeurs mobilières et l'administration fiscale exigent des états financiers périodiques. En revanche, la comptabilité de gestion n'est pas obligatoire. L'organisation est libre d'agir à sa guise. Il n'existe aucun organisme de réglementation ni organisme externe précisant ce qui doit être fait. Dans la mesure où la comptabilité de gestion est facultative, la seule question importante sera toujours « L'information est-elle utile ? » plutôt que « L'information est-elle requise ? ».

1.2.7 Le contrôleur de gestion

Au Canada, le gestionnaire qui dirige le service responsable de préparer les analyses et les rapports issus de la comptabilité de gestion porte généralement le titre de contrôleur de gestion ; dans certaines organisations, on l'appelle « gestionnaire comptable ». Il rend compte de ses activités au directeur des finances. En tant que membre de la haute direction, ce dernier a la responsabilité de fournir les données pertinentes au moment opportun pour soutenir les activités de planification et de contrôle, et de préparer les états financiers destinés à la publication. Comme le contrôleur de gestion acquiert une bonne connaissance des différentes activités de l'entreprise en travaillant avec les gestionnaires de tous les services de l'entité, il n'est pas rare que ce poste constitue un tremplin pour accéder à des postes de direction de la société.

Le contrôleur de gestion est un expert qui connaît à fond les aspects techniques de la comptabilité et de la finance. Il peut exercer son leadership auprès des autres professionnels de son service, et analyser des situations nouvelles et en évolution. Dans une telle fonction, l'efficacité consiste à pouvoir travailler en harmonie avec les cadres dirigeants des autres services, et communiquer des renseignements techniques ou complexes d'une manière simple et intelligible.

OA3

Décrire le rôle des comptables responsables de la comptabilité de gestion dans une organisation.

---

3. INSTITUT CANADIEN DES COMPTABLES AGRÉÉS, *Guide de l'ICCA sur l'adoption des IFRS au Canada*, Édition 2009, Toronto, Ontario.

Une grande partie des tâches qui incombent au contrôleur de gestion consistent à conseiller la haute direction et les gestionnaires des divers services de l'entreprise. En fait, de nombreux comptables responsables de la comptabilité de gestion qui effectuent ces tâches se présentent même comme travaillant dans le domaine des finances puisqu'un petit nombre seulement de leurs activités — voire aucune — concernent les débits et les crédits, ou encore la passation d'écritures de journal. Ces comptables se considèrent comme des conseillers qui accomplissent des tâches au sein d'équipes multidisciplinaires un peu partout à l'intérieur de l'entreprise. La plupart des contrôleurs de gestion sont membres d'un ordre professionnel.

1.2.8 Le comptable professionnel

L'organisation Comptables professionnels agréés du Canada (CPA Canada) s'appuie sur les forces des trois titres d'origine (comptable agréé, comptable en management accrédité, comptable général accrédité) pour unifier la profession comptable canadienne. Le mouvement d'unification a été amorcé en 2012 au Québec où il a conduit à la création de l'Ordre des comptables professionnels agréés (CPA) du Québec[4].

Ses membres œuvrent dans divers champs d'expertise (comptabilité de gestion, comptabilité financière, finance, fiscalité, certification, technologie de l'information) et ils exercent leur profession dans divers secteurs d'activité (industrie, commerce, gouvernement, éducation et cabinets d'auditeurs). Pour devenir membre de l'Ordre des CPA du Québec, il faut suivre la formation universitaire, réussir le programme de formation professionnelle CPA et l'examen final commun en plus de réaliser un stage de 24 mois d'expérience pratique.

Plusieurs lois et règlements encadrent la pratique de la profession de comptable professionnel agréé. Chaque membre doit exercer sa profession dans le respect de cette réglementation et de cette législation qu'il se doit de connaître. Il doit de plus respecter un code de déontologie qui lui impose des devoirs envers le public, les clients et la profession.

1.3 L'éthique professionnelle, la gouvernance et la responsabilité sociétale des entreprises

OA4

Expliquer la nature et l'importance de l'éthique pour les comptables, le rôle de la gouvernance et la responsabilité sociétale des entreprises.

Une série de scandales retentissants dans les secteurs public et privé ont causé de sérieuses inquiétudes concernant les comportements éthiques au sein du monde des affaires et de l'administration publique[5]. Les questions d'éthique sont importantes parce qu'elles permettent aux rouages de l'économie de fonctionner sans heurts.

1.3.1 L'éthique professionnelle

L'Ordre des CPA du Québec, comme tous les autres ordres provinciaux de CPA au Canada, dispose du droit d'association et de certains autres droits qui lui sont concédés par les gouvernements provinciaux du Canada. Une des exigences inhérentes à ces droits est l'adoption d'un code d'éthique qui impose des devoirs d'ordres général et particulier envers le public. Chaque ordre de comptables est alors autorisé à fonctionner conformément aux lois en vigueur dans le pays, en utilisant son code d'éthique comme guide[6].

---

4. Pour plus de renseignements sur la profession comptable, consultez les sites internet de CPA Québec (<cpaquebec.ca>) et de CPA Canada (<www.cpacanada.ca/fr>).

5. Entre autres exemples, citons le scandale du Sénat impliquant des membres du gouvernement fédéral canadien, celui de la construction qui a conduit à la création de la Commission d'enquête sur l'octroi et la gestion des contrats publics dans l'industrie de la construction au Québec et d'autres encore qui ont éclaté au sein d'entreprises comme Enron, WorldCom, Mount Real et Cinar.

6. Les sites internet énumérés dans la note n° 4 sur les associations de comptables fournissent des renseignements au sujet des normes éthiques de leurs membres. En outre, dans le site <www.ifac.org>, vous trouverez ce que l'International Federation of Accountants attend de ses membres dans ce domaine.

Ces codes renferment généralement des précisions sur la façon dont les membres de ces associations professionnelles devraient se comporter dans leurs relations avec le public, leur association et leurs clients. Par exemple, les comptables doivent maintenir le niveau de compétence professionnelle exigé par leur poste. De même, la confidentialité est essentielle, compte tenu de l'importance de l'information qu'ils analysent. Pour conserver leur intégrité, il leur faut éviter les conflits d'intérêts avec leurs employeurs ou leurs clients, communiquer les limites de leur compétence professionnelle et n'accepter aucune faveur qui pourrait influer sur leur jugement. Ils doivent faire preuve d'objectivité dans leurs communications de façon que les destinataires reçoivent à la fois les aspects favorables et défavorables de l'information dont ils ont besoin.

Les comptables professionnels sont tenus de connaître la totalité de leur code de déontologie en raison de la complexité des règles concernant la compétence, la confidentialité, l'intégrité et la crédibilité dans les situations concrètes. En outre, ils devraient connaître les procédures à utiliser pour trouver des solutions à des situations épineuses. L'encadré 1.1 à la page suivante résume certaines règles du Code de déontologie des comptables professionnels agréés du Québec[7].

Les organisations sont formées de personnes qui poursuivent des objectifs (parfois appelés « missions »). Elles ont de bonnes raisons de se soucier de leur réputation sur le plan éthique. Une société à laquelle ses clients, ses employés et ses fournisseurs ne font pas confiance finira par en pâtir. La vertu est parfois une récompense en soi, mais les questions de comportement éthique doivent être prises au sérieux parce que la survie même de l'entreprise peut dépendre du degré de confiance que lui accordent ses diverses parties prenantes.

Ces organisations schématisent dans leur organigramme les relations officielles qui existent entre leurs membres, comme nous le verrons au chapitre 11. Toutefois, il y a aussi des relations et des activités non officielles qui doivent être orientées vers la réalisation des objectifs d'un vaste ensemble de personnes désigné par l'expression « parties prenantes ». Les parties prenantes sont les personnes qui, à l'intérieur et à l'extérieur de l'organisation, ont un intérêt dans ses activités. L'intérêt des employés, des actionnaires et des créanciers dans ce que fait l'entreprise est évident, mais celui du public, des clients, des fournisseurs et des concurrents n'est pas moins réel. Les activités de l'organisation peuvent se révéler profitables pour toutes ces parties prenantes, mais elles peuvent aussi leur nuire.

Une organisation élabore un code de déontologie pour présenter son système de valeurs et de principes moraux. Ce document précise ce qu'elle attend de ses employés dans leurs relations avec les différentes parties prenantes. Il représente ainsi les valeurs que l'organisation défend quand elle interagit par l'intermédiaire de ses employés avec d'autres parties prenantes. La plupart des sociétés ouvertes publient leur code de déontologie dans l'internet. Ainsi, le code de déontologie de la Banque Canadienne Impériale de Commerce (CIBC) énonce des principes touchant l'honnêteté et l'intégrité, le respect, les conflits d'intérêts, la participation à la vie de la collectivité et la protection de la vie privée et des biens. En outre, les codes de déontologie renferment souvent des directives sur la conduite à tenir si un employé remarque qu'un collègue de travail ou un supérieur transgresse une ou plusieurs règles du code. Par son code de déontologie, une entreprise peut exprimer les principes qu'elle tient à respecter dans ses activités et fournir à ses membres des directives sur la façon dont ils devraient s'acquitter de leurs tâches conformément à ses valeurs.

Dans l'application des normes d'éthique en matière de pratique professionnelle, le comptable peut éprouver des problèmes à reconnaître un comportement non éthique. En cas de difficulté de cette nature, il devrait suivre les politiques établies par son entreprise

---

7. Pour prendre connaissance du code de déontologie dans son entièreté, vous pouvez consulter la version disponible sur le site internet de l'Ordre des CPA.

	Quelques éléments du code de déontologie des comptables professionnels agréés du Québec
ENCADRÉ 1.1	

Chapitre I

Devoirs et obligations du membre envers le public

Respecter la Loi sur les comptables professionnels agréés, le Code des professions et les règlements pris pour leur application.

Prendre les moyens raisonnables pour que toute personne ou toute société avec qui il collabore respecte ce code, cette loi et ces règlements.

Agir avec dignité et éviter toute méthode et attitude susceptibles de nuire à la bonne réputation de la profession.

Assurer la mise à jour continuelle de ses connaissances et maintenir sa compétence.

Chapitre II

Devoirs et obligations du membre envers le client et l'employeur

Avant de convenir d'un contrat résultant de l'exercice de la profession, tenir compte des limites de ses aptitudes, de ses connaissances ainsi que des moyens dont il dispose.

Agir avec tout le soin nécessaire, conformément aux normes professionnelles de comptabilité et de certification en vigueur ainsi qu'aux autres normes ou règles du Manuel de l'Institut Canadien des Comptables Agréés et aux données en vigueur selon l'état de la science.

Les normes de comptabilité de management généralement admises dans l'exercice de la profession sont celles exposées dans les Politiques de comptabilité de management préparées par la Société des comptables en management du Canada. Lorsqu'un membre déroge à l'une de ces Politiques, il doit, dans la mesure du possible, s'appuyer sur des textes faisant autorité et mentionner la dérogation.

Remplir ses obligations professionnelles avec intégrité et objectivité.

Éviter toute fausse représentation quant à son niveau de compétence ou quant à l'efficacité de ses propres services.

Ne doit pas signer, préparer, produire ou même associer son nom à des lettres, attestations, opinions, rapports, déclarations, exposés, états financiers ou tout autre document, alors qu'il sait ou devrait savoir qu'ils contiennent des données erronées ou fallacieuses, par complaisance ou sans s'être assuré qu'ils sont conformes aux règles de l'art ou aux données de la science.

Section II.2

Conflit d'intérêts

Ne doit pas se placer en situation de conflit entre son intérêt personnel ou l'intérêt de la société au sein de laquelle il exerce sa profession.

S'abstenir de détenir, recevoir, solliciter ou acquérir directement ou indirectement des avantages, dans son propre intérêt.

Section II.4

Secret professionnel

Respect du secret professionnel

Section III

Disponibilité et diligence

Faire preuve, dans l'exercice de sa profession, d'une disponibilité et d'une diligence raisonnables.

Rendre compte à son client ou à son employeur lorsque celui-ci le lui demande.

Source : Adapté du *Code de déontologie des comptables professionnels agréés du Québec*, Publications du Québec, mars 2015.

en ce qui a trait à la résolution de tels conflits. Si l'application de ces politiques ne permet pas de résoudre le conflit, il devrait considérer les lignes de conduite suivantes :

1. Discuter de la question avec son supérieur immédiat, sauf s'il semble impliqué dans le conflit. Dans ce cas, soumettre la question au niveau suivant dans la hiérarchie. S'il n'obtient pas de réponse satisfaisante, soumettre le problème à l'échelon supérieur de gestion. Si le supérieur immédiat est le chef de la direction ou occupe un poste équivalent, l'autorité habilitée à examiner le conflit pourrait être un groupe comme le comité d'audit, le comité de direction, le conseil d'administration ou les propriétaires. Le supérieur immédiat doit être mis au courant de l'intention du comptable de communiquer avec des instances d'un niveau plus élevé que le sien, à condition qu'il ne soit pas impliqué dans le conflit. La communication de problèmes de cette nature à une autorité ou à des personnes qui ne sont pas employées par l'entreprise ou qui n'en font pas partie n'est pas considérée comme un comportement approprié, à moins d'avoir des raisons de croire que la loi n'a manifestement pas été respectée.

2. Pour clarifier les questions éthiques, il faut en discuter de façon confidentielle avec un conseiller en déontologie de son ordre professionnel ou avec tout autre conseiller impartial de façon à obtenir une meilleure compréhension des lignes de conduite qui s'offrent.

3. Consulter un avocat concernant ses obligations juridiques et ses droits en matière de conflits éthiques.

1.3.2 La gouvernance d'entreprise

Une **gouvernance d'entreprise** efficace renforce chez les actionnaires l'idée que la gestion de la société se fait davantage en vue de leur intérêt que de celui des cadres supérieurs. La gouvernance d'entreprise est le système qui sert à diriger et à contrôler une organisation. Appliqué de façon appropriée, ce système devrait encourager le conseil d'administration et la haute direction à poursuivre des objectifs qui correspondent à l'intérêt des propriétaires de l'entreprise et devrait prévoir un contrôle efficace de la performance[8]. Beaucoup de gens soutiennent qu'en plus de protéger l'intérêt des actionnaires, un système de gouvernance d'entreprise efficace devrait aussi protéger celui des multiples autres parties prenantes de l'organisation — ses clients, ses créanciers, ses employés, ses fournisseurs et les collectivités dans lesquelles elle est établie. Ces groupes sont appelés « parties prenantes » parce que leur bien-être est lié à la performance de l'entreprise.

> **Gouvernance d'entreprise**
>
> Système qui sert à diriger et à contrôler une organisation.

Malheureusement, le passé a montré à maintes reprises que, s'ils ne sont pas surveillés, des cadres supérieurs sans scrupule n'hésitent pas à utiliser leur pouvoir pour escroquer ce qui revient aux parties prenantes. Cette regrettable tendance a éclaté au grand jour en 2001 lorsque la chute d'Enron a entraîné une vague de scandales au sein de certaines entreprises. Ces scandales étaient caractérisés par la publication d'une information financière mensongère et la mauvaise utilisation de la trésorerie des entreprises aux échelons les plus élevés de la hiérarchie — y compris aux postes de chefs de la direction et de directeurs des finances. Bien que cette situation ait été préoccupante en soi, elle indiquait également que les institutions établies pour prévenir de tels abus n'avaient pas joué adéquatement leur rôle, ce qui a soulevé des questions fondamentales quant à l'efficacité du système de gouvernance d'entreprise de l'époque. Dans une tentative pour calmer les inquiétudes, le Congrès américain a voté, en 2002, la plus importante réforme de la gouvernance d'entreprise à voir le jour depuis des décennies — le Sarbanes-Oxley Act (SOX). Cette loi s'applique à toutes les sociétés cotées en bourse aux États-Unis, y compris à des sociétés canadiennes comme Barrick Gold et Domtar, dont les actions se négocient sur une bourse américaine.

---

8. Cette définition a été adaptée d'un rapport datant de 2004 sur les principes de gouvernance d'entreprise publié par l'Organisation de coopération et de développement économiques (OCDE).

Dans la foulée de la loi SOX, une série de règlements et de mesures législatives ont été introduits ces dernières années au Canada.

Voici quelques éléments clés de ces mesures qui s'appliquent aux sociétés publiques canadiennes :

- Le chef de la direction et le directeur des finances doivent attester par écrit que les états financiers donnent une image fidèle de la situation financière de l'entreprise. Ces gestionnaires peuvent faire l'objet de poursuites pénales, administratives et civiles s'ils fournissent une attestation fausse.
- Le comité d'audit a la responsabilité de recommander au conseil d'administration l'auditeur externe à nommer et la rémunération à lui accorder. Il a aussi comme responsabilité d'assurer une surveillance efficace des travaux de l'auditeur externe.
- Les sociétés doivent attester de l'efficacité des contrôles internes à l'égard de l'information financière. L'attestation du chef de la direction et du directeur des finances inclut des conclusions à cet égard.

On espère que les clauses du Sarbanes-Oxley Act of 2002 et que les mesures législatives et réglementaires émises au Canada ces dernières années réduiront l'incidence des fraudes financières qui ont gravement ébranlé la confiance du public dans les marchés des valeurs mobilières du monde entier.

SUR LE TERRAIN

Des dégâts chez Parmalat

Les scandales financiers ne sont pas survenus uniquement aux États-Unis. En 2003, une société à capital ouvert d'origine italienne spécialisée dans les produits laitiers, Parmalat, a fait faillite. Le chef de la direction, Calisto Tanzi, a avoué avoir falsifié les comptes pendant plus de 10 ans de façon à en retirer par « écrémage » quelque 640 millions de dollars qui ont servi à couvrir les pertes de diverses entreprises de sa famille. Toutefois, l'histoire ne s'arrête pas là. Le bilan de Parmalat contenait 13 milliards de dollars d'actifs inexistants, y compris un compte à la Bank of America de 5 milliards de dollars tout aussi fictif. Finalement, l'affaire Parmalat s'est révélée être la plus grosse fraude financière de l'histoire de l'Europe.

Source : Gail EDMONDSON, David FAIRLAMB et Nanette BYRNES, « The Milk Just Keeps on Spilling », *BusinessWeek*, 26 janvier 2004, p. 54-58.

1.3.3 La responsabilité sociétale des entreprises

Les sociétés sont tenues d'obtenir des résultats financiers satisfaisants pour les actionnaires, mais elles doivent équilibrer cette obligation avec celle d'exercer des activités d'une manière éthique et socialement responsable. Les organisations ont la responsabilité sociale de servir d'autres parties prenantes — comme les clients, les employés, les fournisseurs, les collectivités, les militants écologistes et les défenseurs des droits humains —, dont les intérêts sont liés à la performance de l'entreprise. Les organisations qui adhèrent au concept de **responsabilité sociétale d'entreprise (RSE)** tiennent compte des préoccupations de toutes les parties prenantes dans leurs processus décisionnels. La RSE va plus loin que la conformité aux exigences juridiques puisqu'elle englobe même des actions volontaires visant à répondre aux attentes des parties prenantes. De nombreuses entreprises, comme la Banque Royale du Canada, Cascades et Desjardins, décrivent leurs initiatives en matière de durabilité et de responsabilité sociale sur leurs sites internet et publient des rapports annuels dans lesquels ils décrivent leurs activités RSE.

L'encadré 1.2 présente des exemples de responsabilités sociétales à l'égard de six groupes de parties prenantes. De nombreuses entreprises accordent une attention de plus en plus soutenue à ces types de responsabilités élargies pour quatre raisons. Premièrement, les investisseurs socialement responsables gèrent des billions de dollars en capitaux et les entreprises qui veulent accéder à ces capitaux doivent exceller en matière de performance

Responsabilité sociétale d'entreprise (RSE)

Intégration des besoins de toutes les parties prenantes dans toutes les décisions et les activités de l'entreprise.

ENCADRÉ 1.2 Des exemples de responsabilités sociétales des entreprises

Obligations d'offrir aux clients :

- des produits sécuritaires et de qualité à des prix abordables ;
- la livraison compétente, courtoise et rapide de produits et de services ;
- la divulgation de tous les risques reliés à un produit ;
- l'utilisation de systèmes d'information conviviaux pour les achats et le suivi des commandes.

Obligations d'offrir aux fournisseurs :

- des modalités contractuelles équitables et des pratiques de paiement rapide ;
- des délais raisonnables pour préparer les commandes ;
- la réception sans tracas des livraisons ponctuelles et complètes ;
- des efforts concertés plutôt que des actions unilatérales.

Obligations d'offrir aux actionnaires :

- une gestion compétente ;
- un accès facile à une information financière complète et exacte ;
- la divulgation de tous les risques qui menacent l'entreprise ;
- des réponses honnêtes aux questions bien informées.

Obligations d'offrir aux employés :

- des conditions de travail sécuritaires et humaines ;
- un traitement non discriminatoire et le droit de préparer et de présenter des griefs ;
- des indemnisations justes ;
- des possibilités de formation, d'avancement et de développement personnel.

Obligations d'offrir aux collectivités :

- une information honnête sur leurs plans, tels que les fermetures d'usines ;
- des ressources pour soutenir les activités de bienfaisance et les activités scolaires et communautaires ;
- un accès raisonnable aux sources d'information.

Obligations d'offrir aux militants écologistes et aux défenseurs des droits humains :

- des renseignements sur les émissions de gaz à effet de serre ;
- des données sur le recyclage et la préservation des ressources ;
- la transparence sur le travail des enfants ;
- la communication du nom de tous les fournisseurs situés dans des pays en voie de développement.

---

sociétale. Deuxièmement, un nombre croissant de travailleurs se tourne vers des entreprises qui reconnaissent et assument leurs responsabilités sociétales. Si les entreprises veulent recruter et retenir cette main-d'œuvre hautement qualifiée, elles doivent offrir des carrières prometteuses qui répondent aux besoins de leurs parties prenantes au sens large. Troisièmement, de nombreux consommateurs recherchent des produits et des services fournis par des entreprises socialement responsables. Or, comme l'internet leur permet de localiser facilement les produits concurrents, ces consommateurs peuvent d'autant plus facilement bouder les entreprises délinquantes. Quatrièmement, les organisations non gouvernementales (ONG), les militants écologistes et les défenseurs des droits humains sont plus aptes que jamais à salir la réputation d'une entreprise en publiant ses faux pas à ces égards. En effet, l'internet et les réseaux sociaux leur permettent de mieux organiser leurs ressources, de diffuser des informations nuisibles et de mener des actions coordonnées contre les entreprises contrevenantes[9].

Il est important de comprendre que la performance sociétale d'une entreprise peut influer sur sa performance financière. Il va de soi que, si la performance sociétale médiocre d'une entreprise fait fuir les clients, ses revenus et ses gains en souffriront. Ceci explique pourquoi les entreprises recourent à un processus de gestion des risques, comme nous le verrons dans la sous-section 1.4.3, pour répondre aux besoins de toutes les parties prenantes.

---

9. Les idées présentées dans ce paragraphe et dans plusieurs exemples de l'encadré 1.2 sont tirées de l'article de Ronald W. CLEMENT, «The Lessons from Stakeholder Theory for U.S. Business Leaders», *Business Horizons*, mai-juin 2005, p. 255-264, et de l'article de Terry LEAP et Misty L. LOUGHRY, «The Stakeholder-Friendly Firm», *Business Horizons*, mars-avril 2004, p. 27-32.

1

SUR LE TERRAIN

La réputation de l'entreprise et l'embauche de candidats

Un sondage mené par Hewitt Associates, une entreprise de consultation et de sous-traitance en ressources humaines, révèle que les employés qui croient que leur employeur assume ses responsabilités sociétales s'investissent davantage dans leur travail et sont plus loyaux. Les employeurs sont conscients de ce fait puisque, dans le cadre du même sondage, ils citent trois avantages principaux liés à la mise en œuvre de projets RSE : une bonne réputation pour l'organisation, un engagement plus décisif des employés et un impact positif sur l'environnement. Mario Paron, chef des ressources humaines chez KPMG LLG Canada, constate l'importance que revêt une bonne réputation en matière de RSE aux yeux des candidats potentiels. Il remarque : « Quand [les candidats potentiels] analysent les choix qui s'offrent à eux en ce qui touche le type d'organisations auquel ils veulent être associés, ils ne manquent jamais de nous interroger sur tous les aspects de la RSE et de l'environnement. »

Sources : HEWITT ASSOCIATES, « Research from Best Employers in Canada Study Builds Business Case for Investment in Corporate Social Responsibility », *Canada News Wire*, Ottawa, 25 janvier 2010 ; et Derek SANKEY, « Jobs Blooming from Companies' Growing Green Focus », *National Post*, 22 avril 2009.

1.4 La gestion des processus d'affaires

OA5

Expliquer les concepts suivants : production optimisée (*lean production*), système de gestion intégré d'entreprise et gestion des risques.

Processus

Série de tâches à suivre pour l'accomplissement d'une activité donnée dans l'entreprise.

Chaîne de valeur

Ensemble des principales fonctions de l'entreprise qui ajoutent de la valeur à ses produits et à ses services.

Un des défis les plus importants pour les gestionnaires est d'améliorer continuellement les processus susceptibles de fournir de la valeur au client. Un **processus** consiste en une suite de tâches qu'on doit suivre pour accomplir une activité donnée dans l'entreprise. Il est très fréquent qu'un ensemble de tâches liées entre elles à l'intérieur d'un processus dépasse les limites d'une division ou d'un service. L'expression « chaîne de valeur » est souvent employée pour décrire la façon dont les diverses fonctions d'une entreprise interagissent pour former un processus. La figure 1.3 présente une **chaîne de valeur** constituée des principales fonctions de l'entreprise qui ajoutent de la valeur à ses produits et à ses services. La manière la plus efficace de satisfaire les besoins des clients consiste à coordonner les processus qui englobent ces différentes fonctions.

Dans cette section, nous étudierons différents concepts de gestion et d'amélioration des processus, soit la production optimisée (*lean production*), le système de gestion intégré d'entreprise et la gestion des risques. Même si chacun d'eux est unique à certains égards, ils présentent tous une caractéristique commune, celle de concentrer les efforts des gestionnaires sur l'amélioration des processus.

FIGURE 1.3 **Les fonctions de l'entreprise qui forment la chaîne de valeur**

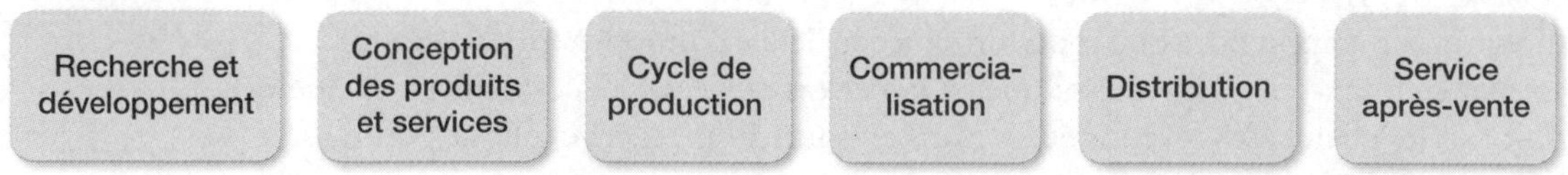

Recherche et développement | Conception des produits et services | Cycle de production | Commercialisation | Distribution | Service après-vente

1.4.1 La production optimisée

La production optimisée (*lean production*) est une méthode de gestion qui organise les ressources telles que la main-d'œuvre et l'équipement en fonction d'un processus et selon laquelle les unités sont fabriquées uniquement en réponse aux commandes des clients. Il en résulte une diminution des stocks, des défauts et du gaspillage, et un meilleur temps de réponse au client. La figure 1.4 présente cette méthode.

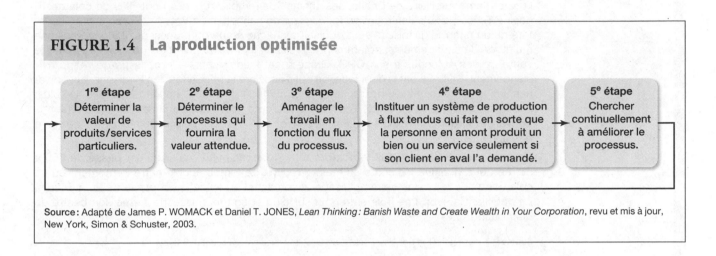

FIGURE 1.4 La production optimisée

| **1re étape** Déterminer la valeur de produits/services particuliers. | **2e étape** Déterminer le processus qui fournira la valeur attendue. | **3e étape** Aménager le travail en fonction du flux du processus. | **4e étape** Instituer un système de production à flux tendus qui fait en sorte que la personne en amont produit un bien ou un service seulement si son client en aval l'a demandé. | **5e étape** Chercher continuellement à améliorer le processus. |

Source: Adapté de James P. WOMACK et Daniel T. JONES, *Lean Thinking: Banish Waste and Create Wealth in Your Corporation*, revu et mis à jour, New York, Simon & Schuster, 2003.

La première étape consiste à définir ce qu'est la valeur du point de vue des clients. À la deuxième étape, on définit le processus dans l'entreprise, c'est-à-dire l'enchaînement des activités à valeur ajoutée qui permettent de fournir le produit ou le service au client[10]. La troisième étape consiste à organiser le travail en fonction du flux du processus. On procède le plus souvent en créant une cellule de travail ou de production. Suivant cette approche par cellule de travail, les employés et l'équipement des différents ateliers sont installés côte à côte dans un espace de travail qui constitue une cellule. Dans cette cellule, on place les pièces d'équipement de façon séquentielle, conformément aux étapes du processus. Chaque employé reçoit une formation qui lui permet d'effectuer toutes les étapes que comprend sa cellule de production.

La quatrième étape requiert la création d'un modèle de production à flux tendus qui fait en sorte que la personne en amont produit un bien ou un service seulement si son client en aval l'a demandé. Les stocks sont réduits au minimum ; aucune matière première n'est achetée et aucune unité n'est produite, sauf pour répondre à la demande des clients. Dans des conditions idéales, une entreprise qui applique ce modèle de production à flux tendus achèterait chaque jour uniquement les matières dont elle a besoin pour sa production quotidienne. En outre, elle n'aurait aucune unité en cours de production à la fin de la journée, et toutes les unités fabriquées pendant cette journée seraient immédiatement expédiées aux clients. Comme cette séquence d'événements le suggère, le travail est effectué « juste à temps » dans le sens où chaque cellule de travail reçoit les matières premières juste à temps pour amorcer la production, et que les pièces usinées sont terminées juste à temps pour être assemblées et en faire des produits, lesquels deviennent des produits finis juste à temps pour être expédiés aux clients. Il n'est pas surprenant que cet aspect du modèle d'optimisation porte souvent le nom « **production juste-à-temps** » (JAT).

Production juste-à-temps (JAT)

Méthode de production optimisée consistant à fabriquer un produit uniquement au moment où le client le commande.

---

10. Dans les textes qui portent sur la production optimisée, on emploie l'expression « chaîne de valeur » plutôt que le terme « processus ».

SUR LE TERRAIN

Les effets bénéfiques de la production optimisée chez Tesco

Tesco, un détaillant alimentaire britannique, s'est tourné vers la production optimisée pour améliorer le processus de réapprovisionnement de ses colas. Tesco et Britvic (son fournisseur de colas) ont remonté la chaîne de livraison des colas depuis «la caisse de l'épicerie, en passant par le centre de distribution régional (CDR) de Tesco, le CDR de Britvic, l'entrepôt de l'usine d'embouteillage de Britvic, ses chaînes de remplissage des bouteilles de cola destinées à Tesco jusqu'à l'entrepôt du fournisseur de cannettes de Britvic». Tesco a alors constaté qu'un énorme gaspillage se produisait à chaque étape du processus. Il a accompli une multitude de changements, notamment en reliant électroniquement les données au point de vente de ses épiceries à son CDR. Grâce à ce changement, le processus de réapprovisionnement était régi par la demande, ce qui a accéléré la fréquence des livraisons aux épiceries, lesquelles avaient lieu désormais jour et nuit et à quelques heures d'intervalle. De plus, pour livrer ses colas au CDR de Tesco, Britvic a opté pour l'utilisation de chariots à roulettes pouvant être roulés directement dans les camions de livraison, puis jusqu'aux points de vente des épiceries.

Ces changements ont réduit le nombre total de «manipulations», qui est passé de 150 à 50, ce qui a diminué les coûts en main-d'œuvre. Le temps écoulé entre le moment où un cola sortait de la chaîne de remplissage et son achat en épicerie est passé de 20 à 5 jours. Le détaillant a supprimé trois entrepôts sur cinq et son fournisseur a fermé son centre de distribution.

Source: «Teaching the Big Box New Tricks», *Fortune*, 14 novembre 2005, p. 208B-208F.

La cinquième étape de la méthode de production optimisée consiste à rechercher constamment des moyens d'améliorer le processus. Dans les entreprises traditionnelles, le service de la qualité inspecte les pièces et les matières premières au moment où elles sont reçues des fournisseurs, de même qu'il procède à l'inspection des unités pendant toute leur progression sur la chaîne de montage. Par exemple, avec la méthode de la production optimisée, les fournisseurs pourraient avoir la responsabilité de la qualité des pièces et des matières premières qu'ils livrent. Plutôt que de faire appel à un service de contrôle de la qualité, l'entreprise pourrait compter sur ses employés de production pour déceler les unités défectueuses. Un travailleur découvrant un défaut pourrait interrompre immédiatement la chaîne de production. Les superviseurs et d'autres travailleurs pourraient se rendre à la cellule de travail pour déterminer la cause du problème et y remédier avant que d'autres unités défectueuses soient produites. Cette façon de procéder offre l'avantage de déceler et de régler rapidement les problèmes.

1.4.2 Les systèmes de gestion intégrés d'entreprise[11]

Par le passé, dans la plupart des entreprises, les gestionnaires de chaque fonction installaient des programmes informatisés spécialisés. Le service de la comptabilité choisissait des applications qui correspondaient à ses besoins, tandis que le service de la production se servait de logiciels différents pour soutenir le travail de ses employés. Ces programmes distincts n'étaient pas intégrés les uns aux autres, et les données circulaient difficilement entre eux. Il en résultait des dédoublements et des incohérences auxquels s'ajoutaient des temps de réponse interminables et des coûts élevés.

Un **système de gestion intégré d'entreprise** est conçu pour venir à bout de ces problèmes en intégrant les données de tous les processus ou fonctions de l'organisation dans un seul logiciel qui permet à tous les employés d'avoir simultanément accès à un ensemble commun

Système de gestion intégré d'entreprise

Système informatique conçu pour surmonter des problèmes d'incohérence et de double emploi par l'intégration des données de tous les processus ou fonctions d'une organisation dans un seul logiciel.

---

11. L'expression «système de gestion intégré d'entreprise» est très générale et englobe de nombreuses applications qui couvrent l'ensemble du système de gestion d'une entreprise comme les systèmes de gestion de la relation client et de gestion de la chaîne logistique. Le type de système de gestion intégré d'entreprise le plus fréquemment mentionné est probablement le progiciel de gestion intégré (en anglais *Enterprise Resource Planning* [ERP]).

de données. Deux éléments clés caractérisent l'intégration des données inhérente à un système de gestion intégré d'entreprise. Premièrement, toutes les informations sont enregistrées une seule fois dans un entrepôt centralisé des données numériques de l'entreprise appelé « base de données ». Lorsqu'un utilisateur ajoute des données à cette base ou qu'il modifie celles qui s'y trouvent déjà, la nouvelle information devient simultanément et immédiatement accessible à tous les employés de l'organisation. Deuxièmement, les données uniques contenues dans cette base peuvent être interreliées. Par exemple, il est possible d'établir un lien entre une donnée, comme le numéro d'identification d'un client, et d'autres éléments comme son adresse et ses dossiers de facturation, de livraison et de retours, etc. La possibilité d'établir de tels liens entre les données est la raison pour laquelle ce type de base porte le nom de « base de données relationnelle ».

L'intégration des données facilite la communication non seulement entre les employés, mais aussi entre ces derniers, les fournisseurs et les clients. Par exemple, imaginez à quel point le processus de gestion de la relation client se trouve amélioré lorsque des renseignements sur tous les aspects relatifs à un client de l'entreprise se trouvent au même endroit. Pour satisfaire les besoins d'un client, peu importe qu'il faille avoir accès à des renseignements concernant la facturation (une tâche du service de la comptabilité), la livraison (une tâche du service de la distribution), des soumissions (une tâche du service du marketing) ou un retour de marchandises (une tâche du service après-vente), l'information est facilement accessible à l'employé qui s'occupe du client. Même si elle est coûteuse et présente certains risques, l'intégration des données procure de tels avantages que de nombreuses sociétés ont investi dans des systèmes de gestion intégrés d'entreprise.

1.4.3 La gestion des risques

Les entreprises courent quotidiennement des risques. Par exemple, elles peuvent toujours s'attendre à ce qu'une catastrophe naturelle ou un incendie détruise leurs installations d'entreposage centralisé de données. Pour prévenir ce type de problèmes, elles sauvegardent leurs données et les conservent dans des installations externes. D'autres risques, par contre, sont imprévisibles. Ainsi, en 2008, la société Maple Leaf a dû rappeler bon nombre de ses produits de viande « prêts-à-manger » après que l'Agence canadienne d'inspection des aliments a reconnu ces derniers comme étant à l'origine de l'éclosion de listériose responsable d'au moins quatre décès. Ce rappel a été évalué à plus de 20 millions de dollars par la société[12]. On peut aussi mentionner le cas de Bauer Hockey Corp., qui a annoncé en mars 2010 le rappel de 13 modèles de bâtons de hockey pour les jeunes, dont la plupart étaient fabriqués en Chine avant 2008. Ce rappel était motivé par le fait que la peinture jaune des bâtons contenait une quantité de plomb excédant les limites permises. Le plomb peut causer de graves dommages à la santé s'il est ingéré. On a estimé à 100 000 le nombre de ces bâtons vendus dans le monde entier entre 2006 et 2010, dont près de 70 000 au Canada[13]. Comme pour la société Maple Leaf, les conséquences financières de ce rappel peuvent être désastreuses : coût de remplacement des bâtons retournés par les clients, perte de ventes potentielle causée par les inquiétudes des consommateurs relatives à la sécurité du produit et poursuites judiciaires pour problèmes de santé reliés à l'usage du produit.

Chaque stratégie ou décision d'affaires comporte des aléas. La **gestion des risques** est un processus utilisé par les entreprises pour reconnaître et gérer ces menaces en faisant preuve d'initiative.

Gestion des risques

Processus utilisé par une entreprise pour reconnaître et gérer les risques prévisibles de façon dynamique.

12. Martin CROTEAU, « Listériose : Maple Leaf rappelle 220 produits », *Cyberpresse,* 25 août 2008, [En ligne], <www. cyberpresse.ca/actualites/200809/08/01-661543-listeriose-maple-leaf-rappelle-220-produits.php> (Page consultée le 19 mars 2010).

13. CAN WEST NEWS SERVICE, « Bauer Recalling 100,000 Children's Hockey Sticks after Lead Paint Discovered », *National Post,* 19 mars 2010.

La reconnaissance et le contrôle des risques d'entreprise

Les entreprises devraient déterminer les risques prévisibles avant qu'ils se concrétisent plutôt que de réagir à des événements malencontreux qui se sont déjà produits. La colonne de gauche du tableau 1.2 présente 12 exemples de risques d'entreprise ou risques d'exploitation. Il ne s'agit pas d'une liste exhaustive; celle-ci vise à montrer les divers types de risques d'exploitation auxquels une entreprise s'expose. Qu'ils soient liés au climat, au piratage informatique, au respect des lois, à un vol par un employé, à la publication de l'information financière ou à une décision stratégique, tous ces risques ont un élément en commun: s'ils ne sont pas gérés de façon efficace, ils peuvent restreindre la capacité de l'entreprise à réaliser ses objectifs.

Lorsque l'entreprise a déterminé les risques potentiels, elle peut y réagir de différentes manières, à savoir en les acceptant, en les évitant, en les partageant ou en les diminuant. La tactique de gestion la plus courante consiste probablement à réduire les risques en établissant des contrôles particuliers. La colonne de droite du tableau 1.2 donne un exemple d'une mesure de contrôle qui pourrait être appliquée pour aider à réduire chacun des risques mentionnés dans la colonne de gauche.

En conclusion, un système de gestion des risques d'entreprise, même complexe, ne saurait garantir l'élimination de toutes les menaces. Toutefois, de nombreuses entreprises comprennent qu'il vaut mieux gérer les risques que d'avoir à réagir, parfois trop tard, à des événements déplorables.

TABLEAU 1.2   La reconnaissance et le contrôle des risques d'entreprise

Exemples de risques d'entreprise	Exemples de mesures de contrôle destinées à réduire les risques d'entreprise
Vol de données liées à la propriété intellectuelle dans les fichiers informatiques	Installer des pare-feu qui empêchent les pirates informatiques d'endommager ou de voler des données liées à la propriété intellectuelle.
Produits déclarés nuisibles pour la santé des consommateurs	Élaborer un programme rigoureux d'inspection pour les nouveaux produits.
Perte d'une part de marché due à des initiatives imprévues des concurrents	Établir une stratégie pour recueillir de façon légale des renseignements sur les plans et les pratiques de ses concurrents.
Cessation des activités en raison de mauvaises conditions climatiques	Élaborer des plans d'urgence pour surmonter les interruptions liées au climat.
Fonctionnement défectueux d'un site internet	Effectuer des tests complets sur le site avant de le mettre en ligne.
Interruption de l'approvisionnement en matières premières due à une grève chez un fournisseur	Établir des relations avec au moins deux entreprises capables de fournir les matières premières nécessaires.
Mauvaises décisions prises par les employés à cause d'un système de rémunération incitatif mal conçu	Établir un ensemble équilibré de mesures de performance qui encouragent le comportement souhaité.
Stocks mal constatés dans les états financiers	Compter le stock de marchandises pour s'assurer que les quantités correspondent à celles qui apparaissent dans les documents comptables.
Vol d'actifs par un employé	Diviser les tâches de façon que le même employé n'ait pas à la fois la garde physique d'un actif et la responsabilité d'en rendre compte.
Divulgation de renseignements importants par un employé non autorisé	Établir des barrières de sécurité protégées par des mots de passe pour empêcher les employés d'avoir accès à des renseignements dont ils n'ont pas besoin pour leur travail.
Production excessive ou insuffisante due à des estimations budgétaires inexactes	Mettre en place un processus de révision budgétaire rigoureux.
Non-respect, par l'entreprise, des lois sur l'égalité en matière d'emploi	Rédiger un compte rendu pour faire le suivi des principales mesures liées au respect des lois.

Résumé

- La comptabilité de gestion permet au gestionnaire d'assumer ses responsabilités, notamment la planification, la direction et la motivation, le contrôle et la prise de décisions. (OA1)

- La comptabilité de gestion diffère de façon considérable de la comptabilité financière. La comptabilité de gestion est plus orientée vers le futur, accorde moins d'importance à la précision, met en évidence les sections d'une organisation (plutôt que de considérer l'organisation comme un tout), n'est pas régie par les normes de la comptabilité financière et n'est pas obligatoire. (OA2)

- Le contrôleur de gestion a la responsabilité de fournir des données pertinentes au moment opportun pour soutenir les activités de planification et de contrôle, et de préparer les états financiers. (OA3)

- Bon nombre d'organisations publient un code de déontologie qui reflète leur système de valeurs et leurs principes moraux. L'Ordre des comptables professionnels agréés du Québec a aussi son propre code d'éthique, qui fournit des directives à ses membres peu importe le type d'emploi qu'ils occupent. Dans le prolongement d'une conception éthique de l'organisation, de nombreuses sociétés adhèrent aux principes de la responsabilité sociétale d'entreprise en tenant compte des besoins d'un grand nombre de parties prenantes dans leurs processus décisionnels. (OA4)

- La production optimisée est une méthode de gestion qui porte sur les processus de l'entreprise. Dans la production optimisée, les ressources sont organisées en fonction des processus d'exploitation et une «traction» est exercée pour faire passer les unités par toutes les étapes de ces processus en réponse aux commandes des clients. Il en résulte une réduction des stocks et du gaspillage, ainsi qu'une diminution du nombre des défauts et des délais de livraison. (OA5)

- Le système de gestion intégré d'entreprise permet d'intégrer les données de toutes les fonctions d'une organisation dans un seul logiciel, ce qui les rend simultanément accessibles à tous les gestionnaires. La gestion des risques est le processus qui consiste à reconnaître et à gérer les principaux risques qui menacent l'organisation. (OA5)

Activités d'apprentissage

Questions

Q1.1 Quelle différence fondamentale d'orientation existe-t-il entre la comptabilité financière et la comptabilité de gestion?

Q1.2 Qu'entend-on par «stratégie d'affaires»?

Q1.3 Décrivez les trois grandes catégories de propositions de valeur faites au client.

Q1.4 Quelles sont les quatre activités principales du gestionnaire?

Q1.5 Quel rôle la rétroaction joue-t-elle dans le travail d'un gestionnaire?

Q1.6 Décrivez les responsabilités du contrôleur.

Q1.7 Quelles sont les principales différences entre la comptabilité financière et la comptabilité de gestion?

Q1.8 Nommez des exemples d'obligations socialement responsables que les entreprises devraient remplir à l'égard de leurs employés.

Q1.9 À quoi sert un système de gestion intégré d'entreprise?

Q1.10 Expliquez ce qu'on entend par «gouvernance d'entreprise».

Q1.11 Décrivez brièvement ce qu'on entend par «gestion des risques».

Q1.12 Donnez des exemples de risques d'entreprise courants auxquels s'exposent les entreprises.

Q1.13 Pourquoi l'adhésion aux normes éthiques est-elle importante pour le bon fonctionnement d'une économie de marché moderne?

Exercices

E1.1 L'organisation, la gestion et la comptabilité de gestion

Les termes et expressions ci-après se rapportent aux organisations, au travail de gestion et au rôle de la comptabilité de gestion.

budgets	personnel
comptabilité de gestion	planification
comptabilité financière	précision
contrôleur	rapport de performance
dirige et motive	rétroaction
données non financières	

Travail à faire

Complétez les phrases ci-après à l'aide d'un terme ou d'une expression de la liste ci-dessus.

1. Quand le gestionnaire _____, il coordonne les activités quotidiennes et veille au bon fonctionnement de l'entreprise.

2. Les plans de gestion sont exprimés en termes formels dans les _____.

3. La (Le) _____ consiste à déterminer des options, puis à choisir parmi ces possibilités celle qui permettra le mieux de poursuivre les objectifs de l'organisation, et à spécifier les actions entreprises qui assureront la mise en œuvre de la possibilité retenue.

4. La comptabilité de gestion accorde moins d'importance à la (au) _____ que la comptabilité financière.

5. La (Le) _____ fournit des informations aux personnes œuvrant au sein de l'organisation. La (Le) _____ procure des informations aux parties à l'extérieur de l'organisation.

6. La comptabilité et les rapports remis à la direction aux fins de contrôle de l'organisation portent le nom de _____.

7. En général, le gestionnaire responsable du service de la comptabilité est connu sous le nom de _____.

8. Le rapport comparant les données prévisionnelles aux données réelles pour une période précise porte le nom de _____.

E1.2 L'environnement de l'organisation

Voici une liste de termes et d'expressions :

budget	processus
chaîne de valeur	proposition de valeur faite au client
gestion des risques d'entreprise	stratégie
gouvernance d'entreprise	système de gestion intégré d'entreprise
modèle de la production optimisée	tire

Travail à faire

Dans la liste ci-dessus, choisissez l'expression ou le terme permettant de compléter chacun des énoncés suivants.

1. Un(e) _____ est un ensemble d'objectifs et de moyens qui permet à une entreprise d'attirer des clients en se distinguant de ses concurrents.

2. Un(e) _____ est une série de tâches qu'on doit réaliser pour accomplir une activité donnée dans une entreprise.

3. Le système qui permet de diriger et de contrôler une entreprise porte le nom de _____.

4. Le processus qu'utilise une entreprise pour reconnaître les risques auxquels elle s'expose et pour élaborer des moyens de s'en protéger de façon à s'assurer, dans la mesure du possible, de réaliser ses objectifs porte le nom de _____.

5. Un(e) _____ consiste en des fonctions de l'entreprise qui ajoutent de la valeur à ses produits et à ses services, telles que la recherche et le développement, la conception de produits et de services, le cycle de production, la commercialisation, la distribution et le service après-vente.

6. Un(e) _____ intègre les données de toutes les fonctions d'une organisation dans une seule base de données centralisée, permettant ainsi aux employés d'avoir accès à un ensemble commun de données.

7. Un(e) _____ est une méthode de gestion en cinq étapes qui organise les ressources en fonction du flux des processus et qui _____ les unités à travers les étapes de ces processus en réponse aux commandes des clients.

8. Une entreprise ne peut réussir que si elle donne à ses clients une raison de la choisir de préférence à ses concurrents. C'est ce qu'on appelle un(e) _____.

9. Un(e) _____ est un plan détaillé pour l'avenir, généralement formulé de façon quantitative.

E1.3 Les fonctions de gestion

Chacun des exemples indépendants ci-dessous illustre une ou plusieurs des quatre principales fonctions assumées par les gestionnaires de Sons et Images, un fabricant de téléviseurs et d'équipements audio haut de gamme pour la maison : planification, direction et motivation, contrôle et prise de décisions.

a) Les directeurs des ventes préparent des estimations de la demande de l'année suivante en ce qui touche la dernière gamme de téléviseurs 4K intelligents. Cette information servira à préparer le budget annuel.

►

b) En consultant les rapports mensuels sur le contrôle de la qualité, la directrice de la production responsable des systèmes de cinéma maison a remarqué qu'un nombre anormalement élevé d'appareils présentait des défauts. Elle s'affaire à mettre sur pied une équipe d'employés chargée de faire la lumière sur ce problème.

c) Les gestionnaires du service Recherche et développement élaborent une recommandation en faveur de l'un des deux modèles retenus pour la gamme d'enceintes acoustiques de sol de l'entreprise.

d) Le dernier rapport de performance mensuel révèle des résultats décevants pour ce qui est des ventes de téléviseurs DEL en mai. Les ventes sont nettement inférieures aux prévisions budgétaires et le directeur responsable du produit analyse plusieurs questions, notamment la façon de motiver les détaillants à augmenter leurs ventes; le calendrier de production des trois prochains mois; et, à plus long terme, la possibilité d'abandonner cette gamme de produits.

Travail à faire

Pour chaque exemple, nommez la ou les fonctions remplies par le gestionnaire et expliquez brièvement votre choix ou vos choix. Certains des exemples ci-dessus peuvent illustrer plusieurs types de fonctions.

E1.4 La gestion des risques et la chaîne de valeur

Sons et Images, un fabricant de téléviseurs et d'équipements audio haut de gamme pour la maison, a mis en place les contrôles ci-dessous dans le cadre de son programme de gestion des risques.

a) Des dispositifs de sécurité sur son site internet afin de bloquer l'accès non autorisé aux données des cartes de crédit de ses clients.

b) L'inspection des matières premières provenant de ses fournisseurs afin d'atténuer le risque que des matériaux défectueux ou inférieurs aux normes de qualité soient utilisés dans la production.

c) Un mécanisme de délivrance de permis en vertu duquel le détaillant qui veut devenir un distributeur accrédité doit satisfaire à plusieurs exigences relatives à sa situation géographique, à son expérience au sein de l'industrie, à la taille de son magasin et de ses effectifs de vente, etc.

d) Des pare-feu pour empêcher les pirates informatiques d'accéder à l'information sensible sur les nouveaux produits en cours de développement.

e) Le recours à des groupes de discussion pour tester les nouvelles campagnes publicitaires afin d'évaluer leur attrait, la clarté de leur message et leur impact.

f) Des protocoles de test rigoureux par lesquels l'entreprise s'assure que tous les nouveaux produits sont conformes aux règles de sécurité avant d'en lancer la production.

Travail à faire

Pour chaque point ci-dessus, indiquez, parmi les six fonctions de l'entreprise qui forment la chaîne de valeur, la fonction à laquelle le contrôle se rapporte le plus directement.

E1.5 L'éthique en affaires

Marie Mercier travaille dans un restaurant-minute connu; elle est chargée de la prise des commandes et de la caisse. Peu après son embauche, elle surprend une conversation au cours de laquelle un employé se vante auprès d'un ami de ne pas rendre la monnaie exacte aux clients. Choquée, Marie affronte l'employé, qui lui répond aussitôt, d'un ton cassant: «Occupe-toi de tes affaires. Tous les employés en font autant, et les clients ne s'en plaignent jamais.» Marie ignore comment réagir à cette position ferme.

Travail à faire

Si les caissiers de ces établissements ne rendaient plus la monnaie exacte aux clients, quelles seraient les conséquences d'un tel comportement sur l'industrie de la restauration rapide et sur les consommateurs?

Problèmes

P1.6 **L'éthique en affaires**

Paul Sauvé est le contrôleur de gestion d'une société dont les actions ne sont pas cotées en bourse. L'entreprise vient d'obtenir un brevet sur un produit qui devrait lui rapporter des bénéfices importants dans un ou deux ans. Toutefois, en ce moment, elle éprouve des difficultés financières et, à cause d'un fonds de roulement insuffisant, elle risque d'être incapable de rembourser un billet détenu par la banque.

À la fin de la période la plus récente, le chef de la direction de l'entreprise a enjoint à M. Sauvé de ne pas enregistrer plusieurs factures à titre de comptes fournisseurs à payer. Le contrôleur a protesté, car ces factures représentaient des passifs à court terme. Le chef de la direction a néanmoins insisté pour qu'il ne les enregistre qu'après la fin de la période, moment auquel l'entreprise pourrait s'attendre à obtenir un financement supplémentaire. Après avoir présenté ses objections avec beaucoup d'acharnement au chef de la direction ainsi qu'aux autres membres de la haute direction, M. Sauvé a finalement obéi aux directives de son patron.

Travail à faire

1. M. Sauvé a-t-il agi d'une manière conforme à l'éthique ? Expliquez votre réponse.
2. Si le nouveau produit ne rapporte pas les importants bénéfices escomptés et que l'entreprise devient insolvable, les gestes que M. Sauvé a posés pourront-ils être justifiés par le fait qu'il obéissait aux ordres de son supérieur hiérarchique ? Expliquez votre réponse.

P1.7 **L'éthique dans les entreprises**

Alice Guillemette a récemment été engagée comme adjointe au contrôleur de gestion chez Gro-Chem, une entreprise qui traite des produits chimiques entrant dans la composition d'engrais. Mme Guillemette a été choisie pour ce poste en raison de son expérience dans l'industrie du traitement des produits chimiques. Au cours de son premier mois dans l'entreprise, elle s'est fait un devoir de rencontrer toutes les personnes chargées des activités d'exploitation de l'usine et d'apprendre la façon habituelle de procéder chez GroChem.

Au cours d'une conversation avec le directeur adjoint de l'usine, Mme Guillemette l'a interrogé sur la procédure de l'entreprise en matière d'élimination des déchets toxiques. Le directeur adjoint lui a répondu qu'il n'avait rien à voir avec cette élimination et qu'elle aurait avantage à ne pas se poser trop de questions sur le sujet. Cette réponse a renforcé la détermination de la jeune femme à aller au fond des choses pour éviter à l'entreprise un procès coûteux.

Après avoir fait une recherche plus approfondie, Mme Guillemette a découvert des preuves que GroChem utilisait la décharge d'un secteur résidentiel du voisinage pour se débarrasser de ses déchets toxiques — une procédure illégale. Il semble que certains membres de la direction de la société aient été au courant de la situation et pourraient même avoir participé à l'organisation de cette solution. Toutefois, l'adjointe du contrôleur de gestion a été incapable de savoir si son supérieur immédiat était impliqué dans ce processus.

Hésitant quant à la procédure à suivre, Mme Guillemette a commencé à étudier les solutions qui s'offraient à elle en indiquant les trois lignes de conduite suivantes :
- Demander conseil à son supérieur, le contrôleur de gestion.
- Communiquer anonymement l'information au journal local.
- Discuter de la situation avec un membre du conseil d'administration, qui n'est pas employé de GroChem et qu'elle connaît.

Travail à faire

1. Expliquez les raisons pour lesquelles Alice Guillemette a la responsabilité éthique d'agir au sujet de l'élimination par GroChem de ses déchets toxiques dans une décharge locale. Servez-vous de l'encadré 1.1 (*voir la page 12*) pour appuyer vos réponses. ▶

2. Expliquez si chacune des lignes de conduite indiquées par Mme Guillemette est appropriée suivant les pratiques éthiques présentées dans l'encadré 1.1.

3. Supposez que Mme Guillemette consulte son supérieur immédiat et découvre qu'il est impliqué dans cette affaire d'élimination des déchets toxiques. Décrivez les étapes qu'elle devrait suivre pour régler ce problème.

(Adaptation d'un problème de CPA Canada)

P1.8 L'éthique des affaires

Jean Breton, CPA, est contrôleur chez Aliments Délices, une importante société privée de transformation alimentaire située dans le sud de l'Ontario. À titre de contrôleur, M. Breton coordonne la préparation du budget d'exploitation annuel, qui comprend les prévisions des revenus et des dépenses de l'année suivante. Une fois ce budget approuvé par Martin Ménard, le président d'Aliments Délices, il est intégré dans le rapport de performance mensuel, qui compare les données réelles aux données budgétisées.

L'année dernière, afin d'inciter ses cadres supérieurs à prendre des décisions profitables pour l'ensemble de l'entreprise, Martin Ménard a mis sur pied un programme de primes. Les mois où le bénéfice d'exploitation réel (soit les revenus moins les dépenses) est supérieur au montant budgétisé, tous les cadres supérieurs, y compris le directeur financier, le contrôleur, le vice-président de la production et le vice-président du marketing, ont droit à une prime. Le programme est entré en vigueur l'année dernière et les cadres ont touché des primes pour 5 des 12 mois de l'année financière.

Vendredi dernier, en fin d'après-midi, alors que M. Breton s'apprêtait à finaliser le budget d'exploitation pour la prochaine année financière, il a reçu un appel de Richard Nolet, le directeur financier d'Aliments Délices. Voici un extrait de leur conversation :

Nolet : Salut Jean, où en es-tu dans la préparation du budget ? Nous rencontrons Martin Ménard la semaine prochaine et je veux juste m'assurer que nous serons prêts.

Breton : Tout va bien, Richard. Je mets la dernière main aux prévisions budgétaires ; je te remettrai une première version du budget à la première heure lundi matin.

Nolet : Parfait. Comment les chiffres relatifs au bénéfice d'exploitation se comparent-ils aux résultats de l'année dernière ?

Breton : De façon positive. Compte tenu du succès remporté par quelques-uns de nos nouveaux produits l'année dernière, de notre nouvelle campagne de marketing et du scandale des aliments contaminés qui a éclaboussé l'un de nos principaux concurrents, j'ai budgétisé un bénéfice d'exploitation mensuel nettement plus élevé que l'année dernière.

Nolet : Un bénéfice mensuel nettement plus élevé ? Tu en es sûr ?

Breton : Aussi certain qu'on peut l'être quand on fait des prévisions budgétaires. Mais je suis certain que mon budget est fondé sur des attentes raisonnables. J'ai parlé à tous les principaux gestionnaires de la production et du marketing et ils s'entendent pour dire que mes prévisions sont très raisonnables.

Nolet : Tu as bien fait tes devoirs, comme d'habitude. Toutefois, je pense que nous devrions peut-être nous montrer un peu plus prudents dans nos prévisions budgétaires.

Breton : Je ne te suis pas. Mes prévisions ne sont pas trop optimistes. Comme je l'ai dit, tous les gestionnaires principaux estiment que mon budget est raisonnable et que nous pouvons le respecter si nous nous retroussons les manches.

Nolet : Je comprends. Je dis juste que, vu le nouveau programme de primes que Ménard a créé l'année dernière, nous devrions peut-être prévoir des budgets mensuels que nous sommes certains de pouvoir respecter ou dépasser. Tu me suis ?

Breton : Hé ! un instant. Es-tu en train de dire que nous devrions fausser délibérément les prévisions budgétaires juste pour obtenir nos primes chaque mois ?

Nolet : Je préfère parler d'estimations prudentes. De plus, je ne te demande pas de rapporter incorrectement les revenus et les dépenses mensuels réels. Ce serait contraire à l'éthique puisque nos créanciers et le fisc utilisent ces données réelles.

Breton : Je ne sais pas, Richard. Budgétiser délibérément des montants que nous sommes certains de dépasser juste pour pouvoir encaisser nos primes me paraît aussi contraire à l'éthique que de fausser les chiffres réels.

Nolet : Je ne suis pas d'accord. Les budgets remplissent seulement une fonction interne. Qu'y a-t-il de mal à être prudents ? En outre, nous travaillons tous très dur et nous méritons nos primes mensuelles. Ménard n'en saura jamais rien. Il est tellement pris par ses activités philanthropiques ces jours-ci qu'il ne mesure pas vraiment ce qui est réaliste en matière de budget annuel. Tu sais très bien que, la plupart du temps, il approuve nos recommandations sans trop discuter.

Breton : Mais ne risque-t-il pas d'avoir des soupçons quand il verra que les chiffres réels dépassent les chiffres budgétisés chaque mois ?

Nolet : Bien sûr que non. Il sera enchanté de voir que nous dépassons les attentes ! C'est une situation gagnant-gagnant, Jean. Nous toucherons nos primes et Ménard sera heureux que les affaires marchent bien. Je dois y aller, mais je me réjouis d'avance de lire ces prévisions prudentes à la première heure lundi matin.

Travail à faire

1. Quels aspects du code de déontologie énoncé à l'encadré 1.1 (*voir la page 12*) devraient guider la conduite de Jean Breton quand viendra le temps de décider s'il accédera ou non à la demande de Richard Nolet ?
2. Que recommanderiez-vous de faire à M. Breton et pourquoi ?

P1.9 L'éthique et le gestionnaire

La société Richmond inc. exploite une chaîne de grands magasins situés au Québec. Le premier magasin a ouvert ses portes en 1965. Depuis, Richmond inc. n'a cessé de croître et compte aujourd'hui quatre succursales. Il y a deux ans, le conseil d'administration de Richmond inc. approuvait la réorganisation complète de ses magasins afin d'attirer une clientèle plus prestigieuse.

Avant de finaliser les plans, Richmond inc. réorganise deux de ses quatre succursales à titre de test. On demande alors à Linda Poulin, contrôleuse adjointe, de surveiller les rapports financiers de ces magasins pilotes. On lui offre, ainsi qu'au personnel de direction, des primes basées sur l'accroissement des ventes et des bénéfices des deux succursales. Au moment de la préparation des rapports financiers, Mme Poulin découvre des stocks appréciables de marchandises périmées qui auraient dû être soldées ou retournées au fournisseur, et discute de la situation avec ses collègues de la direction. Le consensus atteint consiste à omettre de déclarer ces stocks considérés comme périmés pour éviter de diminuer le bénéfice de Richmond inc. et les primes des employés concernés.

Travail à faire

1. Selon le code de déontologie des comptables professionnels, serait-il conforme à l'éthique que Linda Poulin évite de déclarer ces stocks considérés comme périmés ?
2. Dans le contexte, serait-il plus facile pour Linda Poulin d'adopter un comportement conforme à l'éthique ?

(Adaptation d'un problème de CPA Canada)

P1.10 La gouvernance d'entreprise et la responsabilité sociétale d'entreprise

Les problèmes éprouvés par Toyota Motor Corporation au début de 2010 et liés au coincement de la pédale d'accélérateur et aux freins défectueux de certains de ses modèles illustrent l'importance de reconnaître et de gérer les risques, même pour une société jouissant d'une excellente réputation. L'entreprise a été critiquée entre autres pour avoir tardé à émettre des avis de rappel, lesquels visaient quelque 14 millions de véhicules dans le monde, selon certaines estimations. De plus, les rapports laissent entendre que Toyota n'a pas avisé les organismes de réglementation fédéraux canadiens des problèmes liés à la pédale d'accélérateur dès qu'elle en a été informée. Elle a préféré lancer d'abord les avis de rappel. Certains ont insinué que la croissance rapide de la production et des ventes de

1

► voitures Toyota à l'échelle internationale a relégué au second plan le maintien des normes de qualité rigoureuses de la société. En réaction à la crise, Toyota a fermé temporairement certaines usines de Grande-Bretagne et de France, le rappel ayant entraîné une baisse de la demande de ses voitures. La société a également promis des rabais importants dans l'espoir de regagner la confiance de ses clients nord-américains. En décembre 2012, elle a annoncé qu'elle verserait plus d'un milliard de dollars pour régler des centaines de poursuites reliées aux pédales d'accélérateur défectueuses.

Travail à faire

1. Nommez les parties prenantes qui ont sans doute subi le contrecoup des problèmes auxquels s'est heurtée Toyota.
2. Dans quelle mesure une gouvernance d'entreprise efficace peut-elle diminuer la probabilité de rencontrer les types de problèmes rencontrés par Toyota?

LES COÛTS : DÉFINITIONS, CONCEPTS ET CLASSIFICATION

CHAPITRE

2

Mise en situation

Comprendre les coûts

Simon Kirani possède et exploite l'entreprise Services de pelouse et de déneigement limitée (SPD ltée) près de Trois-Rivières. La compréhension des coûts constitue un aspect important du travail de M. Kirani. Par exemple,

s'il veut fixer un prix approprié pour l'entretien de la pelouse d'un client, il doit connaître les coûts directs qui sont engagés. Ceux-ci englobent les coûts directement reliés au travail exécuté pour le client, tels que le coût de l'essence utilisée dans la tondeuse et les autres équipements, les coûts matériels comme l'engrais et le salaire horaire des employés qui font le travail.

Pour évaluer la rentabilité globale de son entreprise, M. Kirani doit aussi prendre en compte les coûts qui ne sont pas directement rattachés à un client particulier, mais qu'il doit engager pour exploiter son entreprise, comme le coût d'acquisition des tondeuses, dont il doit calculer l'amortissement et la prime d'assurance. Au moment de sa planification, lorsqu'il veut prévoir ses flux de trésorerie, par exemple, il doit se demander comment un coût donné se comportera en réaction à une variation du niveau d'activité de son entreprise. Certains coûts, comme celui de l'essence pour les tondeuses, augmenteront proportionnellement au nombre d'heures passées à tondre les pelouses, tandis que d'autres, comme celui de l'assurance et de l'immatriculation des camions qui transportent ses employés et l'équipement chez les clients, ne changeront pas.

L'entreprise de M. Kirani comporte deux volets distincts : l'aménagement paysager et le déneigement. Afin de calculer la rentabilité de chaque service, il doit déterminer les coûts directement liés à l'aménagement paysager (par exemple, l'assurance sur les tondeuses) en comparaison des coûts liés au déneigement (par exemple, l'essence des déneigeuses). Il doit aussi déterminer la façon d'affecter les frais d'administration communs aux deux services, comme les salaires des employés de bureau et les coûts de l'équipement de bureau.

OBJECTIFS D'APPRENTISSAGE

Après avoir étudié ce chapitre, vous pourrez :

1. nommer chacune des trois composantes des coûts de base liés à la fabrication d'un produit et en donner des exemples ;

2. établir une distinction entre les coûts incorporables et les coûts non incorporables, et donner des exemples dans chaque catégorie ;

3. préparer un état des résultats incluant le coût des ventes ;

4. préparer un état du coût des produits fabriqués ;

5. expliquer la différence entre le comportement des coûts variables et celui des coûts fixes ;

6. faire la distinction entre les coûts directs et les coûts indirects ;

7. définir d'autres catégories de coûts qui servent à la prise de décisions — soit les coûts différentiels, les coûts de renonciation et les coûts irrécupérables — et en donner des exemples ;

8. déterminer les quatre types de coûts d'obtention de la qualité, expliquer leur interaction et préparer un rapport sur ces coûts de la qualité (*voir l'annexe 2A en ligne*).

Enfin, les entrepreneurs comme M. Kirani sont souvent en quête de nouvelles possibilités d'affaires. Si une occasion se présente, M. Kirani devra évaluer s'il est avantageux pour lui d'investir du temps et de l'argent dans une nouvelle entreprise plutôt que de continuer à exploiter SPD ltée. S'il décide de conserver celle-ci, il devra tirer un trait sur les avantages économiques que pourrait présenter la nouvelle entreprise ; ces bénéfices représentent le coût de renonciation qui découle de sa décision.

Pour prendre une décision éclairée, M. Kirani devra calculer les coûts engagés par son entreprise actuelle qui diffèrent selon l'option choisie : conserver l'entreprise existante ou en démarrer une nouvelle.

Cet exemple illustre quelques-uns des multiples concepts liés au coût que tout chef d'entreprise doit absolument comprendre.

C omme nous l'avons vu au chapitre 1, le travail de gestion porte sur trois principales catégories d'activité : la planification, la direction et la motivation, ainsi que le contrôle.

Pour effectuer ces activités, le gestionnaire aura besoin d'informations sur l'organisation. Selon une perspective comptable, il s'agira souvent d'informations relatives aux coûts de l'organisation.

En comptabilité de gestion, le terme « coût » a plusieurs significations. Il existe en effet de nombreux types de coûts, et ces coûts sont classés différemment selon l'usage qu'en fait le gestionnaire. Par exemple, le gestionnaire peut avoir besoin de données sur les coûts pour publier des rapports financiers externes, préparer des budgets ou prendre des décisions. Chaque utilisation distincte des données sur les coûts requiert une classification et une définition différentes des coûts. La préparation de rapports financiers externes, par exemple, nécessite l'utilisation de données sur les coûts d'origine, tandis que pour une prise de décisions, des données sur les coûts futurs se révéleront sans doute nécessaires.

Dans le présent chapitre, nous étudierons diverses utilisations des données sur les coûts. Nous verrons comment ces coûts sont définis et classés en fonction de chacune de ces utilisations. Nous commencerons par expliquer la classification des coûts en vue de la publication de rapports financiers externes, en particulier dans les entreprises de fabrication. Toutefois, nous nous préparerons à cette présentation en définissant d'abord certains termes couramment employés dans le secteur de la fabrication de produits.

2.1 Les catégories générales de coûts

OA1

Nommer chacune des trois composantes des coûts de base liés à la fabrication d'un produit et en donner des exemples.

Toutes les entreprises de fabrication, de vente au détail et de service, les organisations comme Hockey Canada et les agences gouvernementales comme Statistique Canada engagent des coûts. En général, les types de coûts et la façon de les classer dépendent du type d'organisation. La comptabilité de gestion s'appliquant à toutes les organisations, notre analyse portera donc sur les caractéristiques des coûts associés à toutes sortes d'environnements — entreprises de fabrication, entreprises commerciales et entreprises de service.

Dans ce chapitre, nous nous intéresserons principalement aux entreprises de fabrication. Ces dernières, telles que Domtar, Ford et Molson Coors, s'occupent de l'acquisition de matières premières, de la fabrication de produits finis, de la mise en marché, de la distribution, de la facturation ainsi que de presque tous les autres types d'activités commerciales. Par conséquent, une bonne connaissance de la variété des coûts pouvant être engagés dans les différents secteurs d'une entreprise de fabrication aide à mieux comprendre ceux des autres types d'organisations.

Dans cette optique, les concepts de coûts dont nous traiterons peuvent tout aussi bien s'appliquer à des points de vente de restauration rapide tels que Poulet Frit Kentucky, Pizza Hut et Subway, à des studios de cinéma comme Disney et Paramount, et à des sociétés d'experts-conseils telles qu'Ernst & Young et KPMG, qu'à un hôpital. Les termes employés dans ces différents secteurs ne sont pas nécessairement identiques à ceux que l'on retrouve dans les entreprises de fabrication, mais les mêmes concepts de base s'appliquent. Avec quelques légères adaptations, ces notions valent aussi pour des entreprises commerciales comme Wal-Mart, Canadian Tire et La Baie, qui revendent des produits finis achetés à des fabricants et à d'autres sources.

2.1.1 Les coûts de fabrication

La plupart des entreprises de fabrication divisent leurs coûts de fabrication en trois grandes catégories : les matières premières, la main-d'œuvre directe et les frais indirects de fabrication. Nous étudierons chacune de ces catégories.

Les matières premières

En comptabilité, les **matières** comprennent toute composante qui entre dans la fabrication d'un produit fini, de sorte que le produit fini d'une entreprise peut devenir la matière d'une autre entreprise. Par exemple, les plastiques fabriqués par DuPont constituent des matières dont se sert Hewlett-Packard pour fabriquer ses ordinateurs personnels.

Les **matières premières** (ou **matières directes**) sont les matières qui deviennent parties intégrantes du produit fini, et que l'on peut rattacher concrètement et facilement à ce produit. Seraient ainsi classés dans cette catégorie les sièges que Bombardier achète à des sous-traitants pour les installer dans ses avions commerciaux. De même, le minuscule moteur électrique que Panasonic utilise dans ses lecteurs de disques Blu-ray pour les faire tourner entrerait dans cette catégorie.

Parfois, l'effort requis pour rattacher les coûts de matières relativement peu importantes aux produits finis n'en vaut pas la peine. Tel est le cas des petits éléments comme la brasure utilisée pour établir les connexions électriques dans un téléviseur Sony ou la colle servant à l'assemblage d'une chaise Lafuma. Des matières comme la brasure et la colle sont des **matières indirectes** (ou **fournitures**) et font partie des frais indirects de fabrication.

La main-d'œuvre directe

La **main-d'œuvre directe** consiste en l'ensemble des coûts de main-d'œuvre d'une entreprise que l'on peut facilement rattacher (c'est-à-dire de façon concrète et pratique) à des unités de production. Les salaires des ouvriers spécialisés, par exemple, constituent des coûts de main-d'œuvre directe comme ceux des charpentiers, des maçons et des opérateurs.

Les coûts de main-d'œuvre que l'on ne peut pas relier directement à la fabrication de produits, ou que l'on ne peut leur rattacher qu'à grands frais et avec difficulté, portent le nom de **main-d'œuvre indirecte.** Ces coûts sont considérés comme faisant partie des frais indirects de fabrication avec les matières indirectes. La main-d'œuvre indirecte comprend les coûts de main-d'œuvre associés aux concierges, aux contremaîtres, aux manutentionnaires et aux gardiens de sécurité. Bien que le travail de ces employés soit essentiel à la production, il serait peu pratique, voire impossible, de rattacher à une unité particulière de production les coûts qui lui sont attribuables. Par conséquent, ce type de coût de main-d'œuvre constitue un coût de main-d'œuvre indirecte.

Certains secteurs industriels connaissent d'importants changements en matière de structure des coûts de la main-d'œuvre. L'équipement de production automatisé, dont le fonctionnement et l'entretien sont assurés par des ouvriers indirects qualifiés, remplace de plus en plus la main-d'œuvre directe. Dans un petit nombre d'entreprises, la main-d'œuvre directe est devenue une composante si peu importante qu'elle n'est plus considérée comme une catégorie de coût. Il sera question plus en détail de cette tendance et de son effet sur les systèmes de coûts dans d'autres chapitres. Toutefois, la majorité des entreprises de fabrication et de service des quatre coins du monde continuent de traiter la main-d'œuvre directe comme une catégorie de coût distincte.

Les frais indirects de fabrication

Les **frais indirects de fabrication** constituent la troisième composante des coûts de fabrication et englobent tous les coûts de fabrication à l'exception des coûts des matières premières et de la main-d'œuvre directe. Ils comprennent entre autres les coûts des matières indirectes, de la main-d'œuvre indirecte, de l'entretien et de la réparation du

Matière

Toute composante entrant dans la fabrication du produit fini.

Matières premières (ou matières directes)

Matières qui deviennent partie intégrante d'un produit fini et que l'on peut rattacher aisément à ce produit.

Matières indirectes (ou fournitures)

Matières ou éléments pouvant devenir une partie intégrante d'un produit fini, mais qu'on peut difficilement rattacher directement à ce produit (par exemple, de la colle ou des clous).

Main-d'œuvre directe

Ensemble des coûts de la main-d'œuvre d'une entreprise de fabrication que l'on peut facilement rattacher à des unités de production.

Main-d'œuvre indirecte

Ensemble des coûts de la main-d'œuvre (tels que les salaires des employés de maintenance, des contremaîtres, des manutentionnaires et d'autres employés de production) que l'on ne peut facilement rattacher directement à des produits en particulier.

Frais indirects de fabrication

Ensemble des coûts de fabrication à l'exception des coûts des matières premières et de la main-d'œuvre directe.

matériel de fabrication, du chauffage et de l'éclairage, de même que ceux liés à l'impôt foncier, à l'amortissement et à l'assurance sur les immobilisations servant à la production. Une entreprise engage aussi des coûts liés à ses fonctions de vente et d'administration pour le chauffage et l'éclairage, l'impôt foncier, les assurances, l'amortissement, etc. Ces coûts ne font toutefois pas partie des frais indirects de fabrication. Seuls les coûts associés au fonctionnement de l'usine entrent dans cette catégorie.

Différentes expressions servent à désigner les frais indirects de fabrication, entre autres « coûts indirects de fabrication », « coûts indirects de production », « frais généraux de fabrication » et « frais de soutien à la fabrication ». Tous ces termes sont synonymes.

Le **coût de transformation** regroupe les coûts de la main-d'œuvre directe et les frais indirects de fabrication engagés en vue de la transformation des matières premières en produits finis. Par ailleurs, le **coût de revient de base** est le coût de la main-d'œuvre directe combiné avec celui des matières premières.

Le rapport entre le coût de la main-d'œuvre et les frais indirects de fabrication varie selon l'organisation, et aussi entre entreprises d'un même secteur d'activité. Certaines entreprises automatisées affichent une grande proportion de frais indirects de fabrication par rapport au coût de leur main-d'œuvre directe. Plusieurs classent même tous les coûts de la main-d'œuvre dans les frais indirects de fabrication. D'autres, du secteur du conditionnement des viandes par exemple, ont une proportion plus grande de main-d'œuvre directe que de frais indirects de fabrication. Certaines entreprises manufacturières achètent des matières en partie assemblées ; d'autres usinent les composantes qui seront utilisées par leurs propres ateliers de production au cours du processus de transformation. La façon dont les organisations établissent les proportions du coût des matières, du coût de la main-d'œuvre et des frais indirects de fabrication constitue une partie importante de la planification stratégique.

2.1.2 La classification des coûts de main-d'œuvre liés à la production

La classification des coûts de la main-d'œuvre directe et indirecte est relativement simple. Les salaires des concierges sont généralement classés dans les frais indirects parce qu'ils représentent des coûts indirects, de même que les coûts des salaires (ou charges salariales) des chefs de service et des employés responsables de la sécurité ou de l'entretien. Toutefois, la classification du **temps improductif** (ou **temps mort**) et des majorations pour heures supplémentaires des employés de production se révèle un peu plus difficile. Par exemple, lorsqu'un employé de l'usine est improductif pendant trois heures et que ces heures coûtent chacune 20 $, on enregistrera habituellement 60 $ de temps improductif dans les coûts indirects si la direction considère qu'il s'agit d'un coût général de toute la production. Toutefois, s'il y a du temps improductif pour un poste en particulier, en raison notamment d'un retard dans la livraison de matières premières découlant d'un changement de spécifications requis par le client, le temps mort pourrait alors être constaté dans les coûts de la main-d'œuvre directe pour cette tâche. Le client défrayera ou non l'entreprise de ce coût, selon les conditions du marché à ce moment ou les clauses du contrat qui le lie à celle-ci.

Les **majorations pour heures supplémentaires** représentent le taux de salaire horaire supplémentaire consenti aux employés qui doivent travailler au-delà des heures régulières prévues. Par exemple, un employé peut voir son salaire majoré de 50 % pour cinq heures de travail supplémentaires. Si le taux de salaire de base est de 20 $, ces cinq heures correspondront à une majoration de 50 $ (10 $ × 5 heures). La classification de la rémunération des heures supplémentaires à titre de coûts de la main-d'œuvre directe ou de coûts indirects dépend des raisons qui justifient ces heures supplémentaires. Une cause liée à une tâche en particulier devrait en faire un coût direct. Par contre, le coût d'heures supplémentaires « normales » découlant de décisions générales de la direction, comme les besoins résultant d'une période de pointe en production, entrerait dans la catégorie des coûts indirects pour toutes les tâches.

Les **avantages sociaux** de la main-d'œuvre se composent des coûts relatifs à l'emploi assumés par l'employeur. Ils comprennent les coûts des programmes d'assurance et des avantages sociaux futurs, tels les régimes de retraite. L'entreprise verse aussi la part de

Coût de transformation

Coût de la main-d'œuvre directe auquel on ajoute les frais indirects de fabrication.

Coût de revient de base

Coût des matières premières auquel on ajoute le coût de la main-d'œuvre directe.

Temps improductif (ou temps mort)

Temps d'inactivité de la main-d'œuvre par suite d'une défaillance comme une insuffisance de commandes, une rupture de stock, etc.

Majoration pour heures supplémentaires

Taux de salaire horaire supplémentaire consenti aux employés qui doivent travailler en sus de l'horaire régulier.

Avantages sociaux

Ensemble des coûts relatifs à l'emploi assumés par l'employeur.

l'employeur au Régime de rentes du Québec (RRQ), au Régime québécois d'assurance parentale (RQAP) et à l'assurance emploi, ainsi que des cotisations à la Commission des normes du travail (CNT) et au Fonds des services de santé (FSS). La combinaison de ces coûts représente, en général, de 20 % à 40 % du salaire de base. De nombreuses entreprises traitent les coûts de ces avantages sociaux comme des coûts de main-d'œuvre indirecte et les classent avec les frais indirects de fabrication. Toutefois, il serait justifiable d'ajouter les avantages sociaux de la main-d'œuvre directe au taux de salaire de base de cette main-d'œuvre. Sur le plan conceptuel, cette méthode se révèle préférable puisque les avantages sociaux accordés à la main-d'œuvre directe constituent un coût supplémentaire lié à leur travail.

2.1.3 Les coûts hors fabrication

En général, les coûts hors fabrication se subdivisent en deux catégories :

1. les frais de vente (aussi appelés « coûts commerciaux » ou « coûts de marketing ») ;
2. les frais d'administration (aussi appelés « charges administratives »).

Les **frais de vente** (ou **coûts commerciaux** ou **coûts de marketing**) englobent tous les coûts nécessaires pour obtenir une commande de la clientèle, et pour faire parvenir le produit fini ou rendre le service au client. Ces coûts portent souvent le nom de « coût pour obtenir une commande » et « coût pour honorer une commande ». Parmi les exemples de frais de vente, mentionnons ceux de la publicité, de l'expédition, des déplacements des représentants, des commissions sur les ventes, des salaires des vendeurs et des coûts d'entreposage des produits finis.

Les **frais d'administration** (ou **charges administratives**) consistent en l'ensemble des coûts liés à la direction, à l'organisation et aux tâches administratives permettant la gestion générale de l'organisation, par opposition aux coûts de fabrication et de marketing. Entre autres exemples de frais d'administration, citons la rémunération des cadres dirigeants, les coûts associés à la comptabilité, au secrétariat et aux relations publiques, ainsi que les autres coûts semblables engagés pour l'administration générale de l'organisation.

Les concepts et les techniques de comptabilité de gestion s'appliquent aussi bien aux activités hors fabrication qu'aux activités de fabrication même si, dans le passé, l'accent était plutôt mis sur tout ce qui touchait à la production.

Notons que les entreprises de service utilisent de plus en plus les différents concepts de coûts dans l'analyse et l'établissement des coûts de revient de leurs services. Ainsi, les banques recourent désormais à l'analyse des coûts pour déterminer leurs coûts de revient afin d'offrir des services tels que les comptes de chèques, les prêts aux consommateurs et les cartes de crédit. De même, les compagnies d'assurances déterminent les coûts liés à la prestation de services aux clients selon la situation géographique, l'âge, l'état civil, le métier ou la profession de ceux-ci. Ce type d'analyse des coûts fournit des données qui permettent de contrôler les fonctions de vente et d'administration de la même manière que les analyses des coûts de fabrication fournissent les données nécessaires au contrôle des fonctions de fabrication.

Frais de vente (ou coûts commerciaux ou coûts de marketing)

Ensemble des coûts à engager pour obtenir des commandes de la clientèle, et pour remettre le produit fini ou rendre le service au client.

Frais d'administration (ou charges administratives)

Ensemble des coûts liés à la direction, à l'organisation et aux tâches administratives permettant la gestion générale de l'organisation, par opposition aux coûts de fabrication et de marketing.

Question éclair 2.1

Quel coût n'entre pas dans les coûts de fabrication d'un fabricant de chaussures de course : le coût du fil qui sert à assembler les chaussures, le salaire du gestionnaire chargé de superviser l'inspection des produits finis ou celui des commis aux comptes fournisseurs ?

SUR LE TERRAIN

Quelques informations sur les coûts

Le site internet d'Industrie Canada publie une myriade de données sur les coûts ainsi que diverses statistiques sur les industries canadiennes. L'information est classée selon que l'industrie est productrice de biens ou de services, et chacune de ces catégories est subdivisée en sous-catégories. Par exemple, les entreprises de fabrication, de services publics, de construction et d'agriculture font partie des industries productrices de biens. La catégorie des services englobe le transport, la finance, les services immobiliers, et la vente au détail, et chaque secteur est divisé en sous-catégories.

Le site fournit également, dans une section distincte, des renseignements sur les petites et moyennes entreprises, lesquels peuvent être utiles aux gestionnaires d'organisations plus petites en quête de données comparatives. Le tableau suivant présente des données sur le coût des ventes et les coûts de main-d'œuvre de plusieurs types d'entreprises de fabrication.

Industrie	Catégorie	Coût des ventes	Coûts de main-d'œuvre exprimés en pourcentage du chiffre d'affaires
Fabrication	Aliments congelés	56,9 %	7,0 %
Fabrication	Vêtements	59,9 %	13,8 %
Fabrication	Papier	64,4 %	13,8 %

Les données du tableau montrent une variation des pourcentages du coût des ventes et des coûts de main-d'œuvre en fonction du type d'entreprise. Les papetières affichent un coût des ventes de plus de 64 %, lequel est supérieur à celui des fabricants d'aliments congelés, qui se situe autour de 57 %. De plus, ces derniers ont les coûts de main-d'œuvre les plus bas en pourcentage du chiffre d'affaires, un facteur probablement lié à une utilisation plus intensive de procédés de fabrication automatisée.

Source: INDUSTRIE CANADA, «Statistiques relatives à l'industrie canadienne (SIC)», [En ligne], <www.ic.gc.ca/eic/site/cis-sic.nsf/fra/accueil> (Page consultée le 17 décembre 2015).

2.2 Les coûts incorporables et les coûts non incorporables

OA2

Établir une distinction entre les coûts incorporables et les coûts non incorporables, et donner des exemples dans chaque catégorie.

Outre la distinction entre les coûts de fabrication et les coûts hors fabrication, il existe d'autres façons de considérer les coûts. On peut aussi les classer comme des coûts incorporables ou non incorporables. Pour comprendre la différence entre ces deux concepts, revoyons d'abord le principe du rattachement des charges aux produits propre à la comptabilité financière.

En général, les coûts sont constatés dans l'état des résultats sous forme de charges de la période au cours de laquelle des avantages sont tirés de ces coûts. Par exemple, quand une entreprise paie d'avance une assurance de responsabilité civile d'une durée de deux ans, le montant total n'est pas considéré comme une charge dans l'année où le versement a été effectué. On constate plutôt la moitié de la somme à titre de charge chaque année. En effet, les deux années — et non seulement la première — seront couvertes par ce paiement de l'assurance. La partie du paiement de l'assurance non inscrite à titre de charge est reportée dans le bilan à titre d'actif à court terme, sous le compte «Assurance payée d'avance». Ce type de régularisation est approfondi dans les cours de comptabilité financière.

D'après le principe de rattachement des charges aux produits, basé sur le concept de la comptabilité d'exercice, les coûts engagés pour générer un certain revenu devraient être constatés sous forme de charges au cours de la période où ce revenu est constaté. En d'autres termes, lorsqu'un coût sert à l'acquisition d'un bien ou à la fabrication d'un article qui sera vendu par la suite, il devrait être inscrit à titre de charge uniquement au moment où la vente a lieu, c'est-à-dire lorsque le revenu est constaté.

2.2.1 Les coûts incorporables

En comptabilité financière, les **coûts incorporables** englobent tous les coûts liés à l'acquisition ou à la fabrication d'un produit. Dans le cas des produits fabriqués, ce sont les coûts des matières premières et de la main-d'œuvre directe ainsi que les frais indirects de fabrication. Les coûts incorporables sont rattachés aux produits à mesure que l'entreprise les achète ou les fabrique. Par conséquent, au départ, les coûts incorporables sont inscrits dans un compte de stock figurant au bilan et ils restent dans le compte de stock figurant au bilan tant que ces produits demeurent entreposés en attendant d'être vendus. Lorsque les marchandises sont vendues, les coûts sont soustraits du compte du stock et inscrits à l'état des résultats à titre de charges (que l'on appelle «coût des ventes») et rapprochés des revenus selon le principe de rattachement des charges aux produits expliqué précédemment. Comme les coûts incorporables sont assignés au départ à des stocks, on les appelle aussi **coûts relatifs aux stocks.**

Soulignons que les coûts incorporables ne sont pas nécessairement traités comme des charges dans la période où ils sont engagés. En effet, comme nous venons de l'expliquer,

Coûts incorporables (ou coûts relatifs aux stocks)

Ensemble des coûts liés à l'achat ou à la fabrication de biens; dans le cas des biens fabriqués, ces coûts englobent le coût des matières premières, la main-d'œuvre directe et les frais indirects de fabrication.

ils sont considérés comme des charges dans la période où les produits auxquels ils sont liés sont vendus. En d'autres termes, on peut engager un coût incorporable tel que le coût des matières premières ou de la main-d'œuvre directe au cours d'une période, mais ne le constater à titre de charge qu'à la période où le produit fini est vendu. Ainsi, les coûts incorporables peuvent se trouver dans les stocks ou dans le coût des ventes.

2.2.2 Les coûts non incorporables

Les **coûts non incorporables** comprennent tous les coûts qui n'entrent pas dans la catégorie des coûts incorporables. Ces coûts figurent dans les charges à l'état des résultats au cours de la période où ils sont engagés, conformément aux règles de la comptabilité d'exercice. Les coûts non incorporables ne constituent pas une composante du coût des produits achetés ou fabriqués. Les commissions sur les ventes et le loyer des bureaux en constituent de bons exemples. Ni l'un ni l'autre n'entrent dans les coûts des produits achetés ou fabriqués.

Or, tous les frais de vente et les frais d'administration constituent des coûts non incorporables. Par conséquent, la publicité, la rémunération des cadres, les commissions sur les ventes, les relations publiques et les autres coûts hors fabrication dont il a été question précédemment entrent tous dans la catégorie des coûts non incorporables. Ils figurent à l'état des résultats à titre de charges au cours de la période où ils ont été engagés. Une analyse approfondie des objets auxquels les coûts se rattachent est nécessaire pour distinguer les coûts incorporables des coûts non incorporables.

La figure 2.1 présente un résumé des termes liés aux coûts étudiés jusqu'ici.

Coûts non incorporables

Coûts directement enregistrés dans l'état des résultats sous forme de charges de la période au cours de laquelle ils sont engagés ou constatés par régularisation ; en général, ces coûts comprennent les frais de vente et les frais d'administration.

Question éclair   2.2

Le salaire du directeur financier d'une entreprise de fabrication est-il considéré comme un coût incorporable ou non incorporable ?

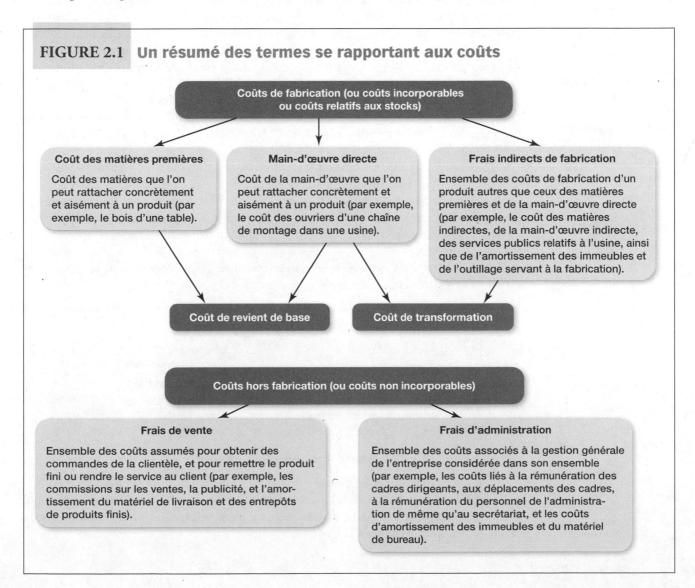

FIGURE 2.1   Un résumé des termes se rapportant aux coûts

Coûts de fabrication (ou coûts incorporables ou coûts relatifs aux stocks)

Coût des matières premières
Coût des matières que l'on peut rattacher concrètement et aisément à un produit (par exemple, le bois d'une table).

Main-d'œuvre directe
Coût de la main-d'œuvre que l'on peut rattacher concrètement et aisément à un produit (par exemple, le coût des ouvriers d'une chaîne de montage dans une usine).

Frais indirects de fabrication
Ensemble des coûts de fabrication d'un produit autres que ceux des matières premières et de la main-d'œuvre directe (par exemple, le coût des matières indirectes, de la main-d'œuvre indirecte, des services publics relatifs à l'usine, ainsi que de l'amortissement des immeubles et de l'outillage servant à la fabrication).

Coût de revient de base

Coût de transformation

Coûts hors fabrication (ou coûts non incorporables)

Frais de vente
Ensemble des coûts assumés pour obtenir des commandes de la clientèle, et pour remettre le produit fini ou rendre le service au client (par exemple, les commissions sur les ventes, la publicité, et l'amortissement du matériel de livraison et des entrepôts de produits finis).

Frais d'administration
Ensemble des coûts associés à la gestion générale de l'entreprise considérée dans son ensemble (par exemple, les coûts liés à la rémunération des cadres dirigeants, aux déplacements des cadres, à la rémunération du personnel de l'administration de même qu'au secrétariat, et les coûts d'amortissement des immeubles et du matériel de bureau).

2.3 La classification des coûts dans les états financiers

Dans cette section, nous examinerons la classification des coûts dans les états financiers des entreprises de fabrication et des entreprises commerciales.

Vous avez sans doute déjà examiné des rapports d'entreprises commerciales comme des magasins de détail qui se contentent d'acheter des marchandises auprès de fournisseurs pour les revendre par la suite à leurs clients.

Les états financiers de l'entreprise de fabrication se révèlent beaucoup moins simples que ceux de l'entreprise commerciale. La première compte sur une organisation plus complexe, car elle doit à la fois fabriquer des biens et les mettre en marché. Le processus de fabrication génère de nombreux coûts qui n'existent pas dans l'entreprise commerciale. Ces coûts doivent être constatés d'une façon ou d'une autre dans les états financiers de l'entreprise de fabrication. Dans la présente section, nous verrons les façons dont cette constatation est effectuée dans le bilan et dans l'état des résultats.

2.3.1 Le bilan

Stock de matières premières

Matières destinées à entrer dans la composition d'un produit qui n'est pas encore fabriqué.

Stock de produits en cours

Ensemble de produits en partie terminés qui ne sont pas encore prêts pour la vente.

Stock de produits finis

Ensemble de produits finis que l'entreprise n'a pas encore vendus.

Le bilan de l'entreprise de fabrication s'apparente au bilan de l'entreprise commerciale. Il présente toutefois quelques différences du côté des comptes concernant les stocks. Par exemple, les deux types d'entreprise ont des actifs comme une encaisse, des créances et des charges payées d'avance, ainsi que des éléments de passif tels que des comptes créditeurs et des prêts exigibles. L'entreprise commerciale détient seulement un type de stock, soit des biens achetés à des fournisseurs qu'elle conserve en attendant de les revendre à des clients. Par contre, l'entreprise de fabrication dispose de trois types de stocks : le **stock de matières premières**, le **stock de produits en cours** et le **stock de produits finis**. Les produits en cours de fabrication sont des marchandises en partie transformées ; les produits finis, de leur côté, sont des marchandises prêtes à être vendues. En général, l'analyse du coût total des stocks décomposé en ces trois catégories figure sous forme de note aux états financiers.

Nous nous servirons de l'exemple de deux entreprises, Marine Fournitures inc. et Libraire des mers, pour illustrer les concepts dont il sera question dans cette section. Marine Fournitures inc. se situe à Victoria, en Colombie-Britannique. Elle fabrique des garnitures de cuivre pour les yachts. Libraire des mers est une petite librairie de Moncton, au Nouveau-Brunswick. L'entreprise se spécialise dans la vente d'ouvrages portant sur le Canada maritime.

Les notes aux états financiers de Marine Fournitures inc. contiennent les renseignements ci-après concernant ses stocks.

MARINE FOURNITURES INC.
Stocks

	Solde au début	Solde à la fin
Matières premières	60 000 $	50 000 $
Produits en cours	90 000	60 000
Produits finis	125 000	175 000
Total des stocks	275 000 $	285 000 $

Le stock de matières premières de Marine Fournitures inc. est principalement constitué de tiges et de blocs de cuivre. Le stock de produits en cours de fabrication se compose de garnitures de cuivre en partie assemblées, et le stock de produits finis, de garnitures de cuivre prêtes à être vendues à la clientèle.

Par contraste, le compte des stocks de Libraire des mers est entièrement constitué des coûts des livres que l'entreprise a achetés aux éditeurs pour les revendre à ses clients. Dans les entreprises commerciales telles que Libraire des mers, ces stocks sont désignés sous le nom de «stock de marchandises». Voici les soldes de ce compte au début et à la fin de la période.

LIBRAIRE DES MERS
Stock

	Solde au début	Solde à la fin
Stock de marchandises	100 000 $	150 000 $

2.3.2 L'état des résultats

OA3
Préparer un état des résultats incluant le coût des ventes.

La figure 2.2 permet de comparer les états des résultats de Libraire des mers et de Marine Fournitures inc. Notons que ces états contiennent plus de données sur le coût des ventes que l'on en trouve d'ordinaire dans les états financiers à vocation générale.

FIGURE 2.2 **Une comparaison des états des résultats d'une entreprise commerciale et d'une entreprise de fabrication**

Entreprise commerciale

LIBRAIRE DES MERS
État des résultats

Chiffre d'affaires		1 000 000 $
Moins : Coût des ventes :		
Stock de marchandises au début	100 000 $	
Plus : Achats	650 000	
Marchandises destinées à la vente	750 000	
Moins : Stock de marchandises à la fin	150 000	600 000
Marge brute..		400 000
Moins : Charges d'exploitation :		
Frais de vente	100 000	
Frais d'administration	200 000	300 000
Bénéfice..		100 000 $

Coût du stock de marchandises achetées à des fournisseurs externes au cours de la période

Entreprise de fabrication

MARINE FOURNITURES INC.
État des résultats

Chiffre d'affaires		1 500 000 $
Moins : Coût des ventes :		
Stock de produits finis au début..	125 000 $	
Plus : Coût des produits fabriqués......................................	850 000	
Marchandises destinées à la vente	975 000	
Moins : Stock de produits finis à la fin	175 000	800 000
Marge brute..		700 000
Moins : Charges d'exploitation :		
Frais de vente	250 000	
Frais d'administration	300 000	550 000
Bénéfice..		150 000 $

Coûts de fabrication associés aux produits terminés au cours de cette période (voir les figures 2.4 et 2.5 aux pages 40 et 41 pour des données plus précises)

Note : Le bénéfice est calculé avant intérêts et impôts. Nous n'avons pas tenu compte de ces deux éléments ici.

À première vue, les états des résultats d'entreprises commerciales et de fabrication telles que Librairie des mers et Marine Fournitures inc. sont très semblables. La seule différence apparente se trouve dans le nom de certains postes servant au calcul du coût des ventes. Dans la figure 2.2 (*voir la page 37*), le calcul du coût des ventes est effectué d'après l'équation de base des comptes de stock, que voici :

| Solde au début | + | Ajouts au stock | = | Sorties de stock | + | Solde à la fin |

Cette équation s'applique à tout compte de stock. Le raisonnement qui la sous-tend est expliqué dans la figure 2.3. Au cours d'une période donnée, les achats viennent s'additionner au compte de stock. La somme des additions au compte et du solde au début représente le total des stocks disponibles pouvant être utilisés au cours de cette période. À la fin de la période, tous les stocks disponibles doivent soit se retrouver dans le stock à la fin, soit avoir été retirés du compte de stock.

FIGURE 2.3 **Le flux des stocks**

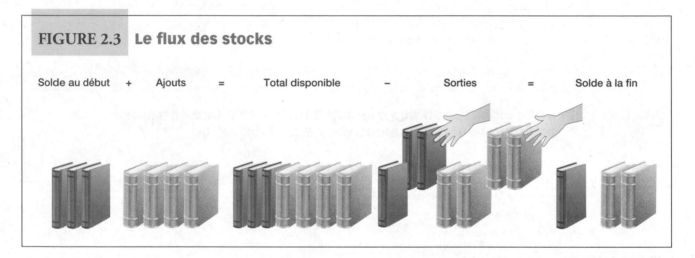

Solde au début + Ajouts = Total disponible – Sorties = Solde à la fin

Lorsqu'il s'agit de déterminer le coût des ventes dans le cas d'une entreprise commerciale comme Librairie des mers, l'équation devient donc :

| Stock de marchandises au début | + | Achats | = | Stock de marchandises à la fin | + | Coût des ventes |

ou

| Coût des ventes | = | Stock de marchandises au début | + | Achats | – | Stock de marchandises à la fin |

Le coût des ventes pour une entreprise de fabrication telle Marine Fournitures inc. est déterminé à l'aide de l'équation :

| Stock de produits finis au début | + | Coût des produits fabriqués | = | Stock de produits finis à la fin | + | Coût des ventes |

ou

Coût des ventes	=	Stock de produits finis au début	+	Coût des produits fabriqués	−	Stock de produits finis à la fin

Pour déterminer le coût des ventes dans une entreprise commerciale comme Libraire des mers, il suffit de connaître les soldes du compte de stock de marchandises au début et à la fin, et les achats. On peut établir le total des achats dans ce type d'entreprise en additionnant simplement tous les achats faits auprès des fournisseurs.

Afin de déterminer le coût des ventes d'une entreprise de fabrication comme Marine Fournitures inc., il faut connaître le coût des produits fabriqués et les soldes du compte de stock de produits finis au début et à la fin. Le **coût des produits fabriqués** correspond aux coûts de fabrication liés aux produits terminés au cours de la période considérée. En ce qui concerne Marine Fournitures inc., ce coût est calculé à la figure 2.4 (*voir la section 2.4*), qui présente un état du coût des produits fabriqués.

2.4 L'état du coût des produits fabriqués

À première vue, l'**état du coût des produits fabriqués** (*voir la figure 2.4 à la page suivante*) peut paraître complexe. Toutefois, il est parfaitement logique. Notez qu'il renferme les trois composantes des coûts incorporables dont il a été question précédemment, soit les coûts des matières premières et de la main-d'œuvre directe, ainsi que les frais indirects de fabrication.

Le coût des matières premières ne se limite pas au coût des matières achetées pendant la période, mais correspond plutôt au coût des matières utilisées pendant la période. On peut voir à la figure 2.4 qu'il faut ajouter l'achat de matières premières au stock de matières premières au début afin de déterminer le coût des matières premières disponibles pour utilisation. Ensuite, on en soustrait le stock de matières premières à la fin pour obtenir le coût des matières premières utilisées dans la fabrication. En additionnant les trois composantes du coût — matières premières, main-d'œuvre directe et frais indirects de fabrication —, on obtient le **coût total de fabrication**, soit 820 000 $ dans l'exemple. Toutefois, ce coût est différent du coût des produits fabriqués pendant la période, qui s'élève à 850 000 $. Cette distinction subtile entre le coût total de fabrication et le coût des produits fabriqués n'est pas toujours évidente. Ainsi, une partie des coûts des matières premières, de la main-d'œuvre directe et des frais indirects de fabrication engagés au cours de la période visée se rapporte à des biens qui ne sont pas encore finis. Comme nous l'avons déjà expliqué, le coût des produits fabriqués équivaut au coût de fabrication des produits qui ont été terminés pendant la période. En conséquence, il faut ajuster le coût total de fabrication pour la période en tenant compte des produits partiellement finis qui étaient en cours de fabrication au début et à la fin de la période.

Les coûts liés à des produits non finis sont représentés par le montant relatif au stock de produits en cours de fabrication à la fin, au bas de l'état. Notez que l'on doit additionner le stock de produits en cours au début au coût total de fabrication propre à la période donnée et en soustraire le stock de ces produits en cours à la fin pour obtenir le coût des produits fabriqués. L'écart de 30 000 $ entre le stock de produits en cours au début et à la fin de la période (90 000 $ − 60 000 $) explique la différence de 30 000 $ entre le coût total de fabrication et le coût des produits fabriqués.

Question éclair 2.3

Si une entreprise commerciale inscrit un coût des ventes de 250 000 $, un stock au début de 50 000 $ et un stock à la fin de 40 000 $ pour une période donnée, calculez le coût des achats pour cette période.

Coût des produits fabriqués

Ensemble des coûts de fabrication liés aux produits terminés au cours d'une période donnée.

OA4

Préparer un état du coût des produits fabriqués.

État du coût des produits fabriqués

État financier dans lequel figurent les coûts des matières premières et de la main-d'œuvre directe ainsi que les frais indirects de fabrication engagés au cours d'une période donnée pour la fabrication de produits en cours de fabrication qui seront terminés.

Coût total de fabrication

Coût qui représente les coûts de matières premières et de main-d'œuvre directe ainsi que les frais indirects de fabrication engagés au cours d'une période donnée pour la fabrication des produits en cours de fabrication, que la fabrication soit terminée ou non durant cette période.

FIGURE 2.4 L'état du coût des produits fabriqués de Marine Fournitures Inc.

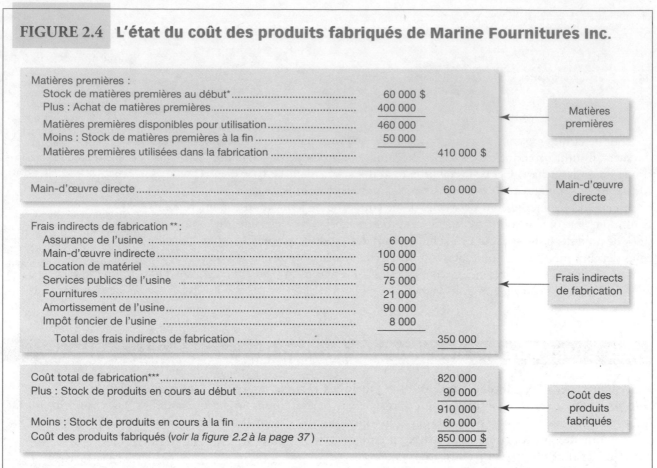

Matières premières :
Stock de matières premières au début*...................................... 60 000 $
Plus : Achat de matières premières... 400 000

Matières premières disponibles pour utilisation.......................... 460 000
Moins : Stock de matières premières à la fin............................... 50 000
Matières premières utilisées dans la fabrication .... 410 000 $

→ Matières premières

Main-d'œuvre directe 60 000

→ Main-d'œuvre directe

Frais indirects de fabrication ** :
Assurance de l'usine 6 000
Main-d'œuvre indirecte... 100 000
Location de matériel 50 000
Services publics de l'usine 75 000
Fournitures.. 21 000
Amortissement de l'usine.. 90 000
Impôt foncier de l'usine 8 000

Total des frais indirects de fabrication 350 000

→ Frais indirects de fabrication

Coût total de fabrication***.. 820 000
Plus : Stock de produits en cours au début 90 000
910 000
Moins : Stock de produits en cours à la fin 60 000
Coût des produits fabriqués (*voir la figure 2.2 à la page 37*) .... 850 000 $

→ Coût des produits fabriqués

* Dans cet exemple, nous supposons que le compte de stock de matières premières comprend seulement les matières premières et que le coût des matières indirectes est constaté dans un compte de fournitures distinct. L'utilisation d'un tel compte pour ce type de matières est une pratique courante dans les entreprises. Au chapitre 5, nous verrons la façon de procéder pour enregistrer à la fois les matières premières et les matières indirectes dans un même compte.

** Dans le chapitre 5, nous verrons que la section « Frais indirects de fabrication » de l'état du coût des produits fabriqués peut être considérablement simplifiée grâce à un taux d'imputation prédéterminé des frais indirects de fabrication.

*** Le coût total de fabrication représente le total des coûts de fabrication des unités propres à la période, soit les coûts qui permettront de terminer la transformation des produits en cours de fabrication au début de la période, les coûts qui serviront à commencer et à terminer la transformation des produits au cours de la période, et les coûts qui serviront à commencer la transformation des produits qui ne seront pas finis à la fin de la période.

Le lien entre l'état du coût des produits fabriqués et le calcul du coût des ventes est présenté de façon différente à la figure 2.5.

La plupart des rapports financiers destinés aux utilisateurs externes, comme les actionnaires et les créanciers, sont des résumés qui ne contiennent pas tous les détails présentés dans les figures 2.2 et 2.4. Les données liées aux matières premières et aux frais indirects de fabrication (*voir la figure 2.4*), en particulier, n'apparaissent pas dans ces rapports. En effet, les utilisateurs externes n'en ont pas besoin pour évaluer la rentabilité d'une entreprise, et les normes comptables n'obligent pas les entreprises à les divulguer. Toutefois, la plupart des états financiers destinés aux gestionnaires internes renferment les données présentées ici.

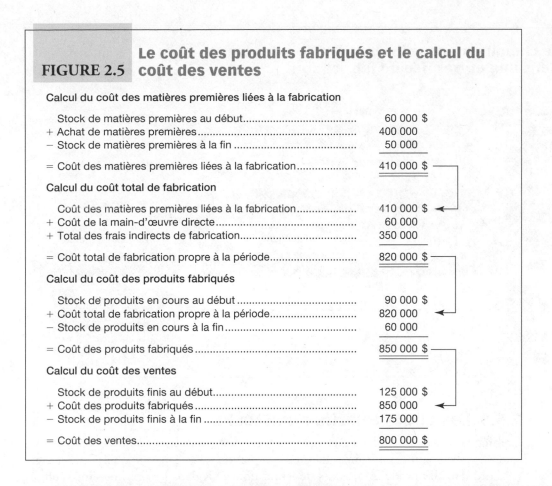

FIGURE 2.5 Le coût des produits fabriqués et le calcul du coût des ventes

Calcul du coût des matières premières liées à la fabrication

Stock de matières premières au début..................................	60 000 $
+ Achat de matières premières	400 000
− Stock de matières premières à la fin	50 000
= Coût des matières premières liées à la fabrication.................	410 000 $

Calcul du coût total de fabrication

Coût des matières premières liées à la fabrication..................	410 000 $
+ Coût de la main-d'œuvre directe.......................................	60 000
+ Total des frais indirects de fabrication............................	350 000
= Coût total de fabrication propre à la période..........................	820 000 $

Calcul du coût des produits fabriqués

Stock de produits en cours au début	90 000 $
+ Coût total de fabrication propre à la période..........................	820 000
− Stock de produits en cours à la fin	60 000
= Coût des produits fabriqués	850 000 $

Calcul du coût des ventes

Stock de produits finis au début..	125 000 $
+ Coût des produits fabriqués	850 000
− Stock de produits finis à la fin	175 000
= Coût des ventes...	800 000 $

2.5 Les coûts incorporables – un examen plus détaillé

Dans les sections précédentes de ce chapitre, nous avons défini les coûts incorporables comme des coûts liés soit à l'achat, soit à la fabrication de produits. Dans le cas des produits fabriqués, nous avons précisé que ces coûts englobent les coûts des matières premières et de la main-d'œuvre directe ainsi que les frais indirects de fabrication. Pour mieux comprendre les coûts incorporables, il serait utile à ce stade d'examiner brièvement le cheminement des coûts dans une entreprise de fabrication. Nous pourrons ainsi voir comment les coûts incorporables sont transférés d'un compte à l'autre, et influent sur le bilan et l'état des résultats au moment de la fabrication puis de la vente des produits.

La figure 2.6 (*voir la page suivante*) illustre le cheminement et la classification des coûts dans une entreprise de fabrication. Les achats de matières premières sont inscrits dans le compte de stock de matières premières. Lorsque ces matières servent à la fabrication de produits, leur coût est transféré au compte de stock de produits en cours à titre de coût des matières premières. Notez que l'on ajoute directement le coût de la main-d'œuvre directe et les frais indirects de fabrication au coût des produits en cours. Pour simplifier les choses, imaginons les produits en cours sur une chaîne de montage le long de laquelle sont placés des travailleurs et où les produits prennent peu à peu leur forme finale en passant d'une extrémité à l'autre de la chaîne. Les coûts des matières premières et de la main-d'œuvre directe ainsi que les frais indirects de fabrication ajoutés aux produits en cours dans la figure 2.6 constituent les coûts nécessaires à la fabrication complète de ces produits à mesure qu'ils progressent le long de la chaîne de montage.

Notez aussi que, dans la figure, au moment où la transformation du produit est terminée, son coût passe du stock de produits en cours à celui de produits finis, où il restera en attendant d'être vendu à un client. À mesure que les produits sont vendus, leur coût est transféré du stock de produits finis au coût des ventes. C'est à ce stade seulement que les différents coûts (ceux des matières premières et de la main-d'œuvre directe ainsi que les frais indirects de fabrication) liés à la fabrication d'un produit seront enfin considérés comme des charges.

2

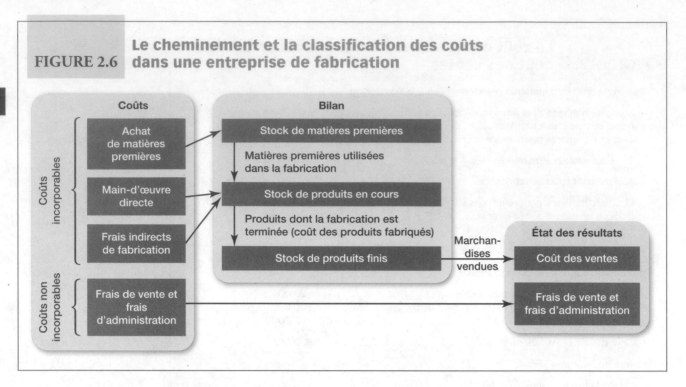

FIGURE 2.6 Le cheminement et la classification des coûts dans une entreprise de fabrication

2.5.1 Les coûts relatifs aux stocks

Comme nous l'avons vu, les coûts incorporables, c'est-à-dire les coûts relatifs aux stocks, sont enregistrés automatiquement dans les comptes de stock à mesure qu'ils sont engagés (d'abord dans les produits en cours de fabrication, puis dans les produits finis), plutôt que d'être inscrits dans les comptes de charges. C'est pourquoi on les qualifie de coûts incorporables ou de coûts relatifs aux stocks. Il s'agit d'un concept clé en comptabilité de gestion, car ces coûts apparaissent dans le bilan à titre d'actifs lorsque la fabrication du produit n'est pas entièrement terminée ou lorsque le produit n'est pas vendu à la fin d'une période. Pour illustrer cette situation, examinons de nouveau les données de la figure 2.6. À la fin de la période, les coûts des matières premières et de la main-d'œuvre directe ainsi que les frais indirects de fabrication liés aux unités en cours de fabrication et aux unités finies et non vendues figurent au bilan à titre d'actifs de l'entreprise. Ces coûts, rappelons-le, deviennent des charges seulement plus tard, lorsque la fabrication des produits est terminée et que ceux-ci sont vendus.

Comme le montre la figure 2.6, les frais de vente et les frais d'administration n'entrent pas dans le coût des produits fabriqués. C'est pourquoi ils ne sont pas considérés comme des coûts incorporables, mais plutôt comme des coûts non incorporables, qui sont enregistrés directement dans les comptes de charges à mesure qu'ils sont engagés.

2.5.2 Un exemple du cheminement des coûts

La figure 2.7 va plus loin que la figure 2.6 et illustre le cheminement des coûts à travers le bilan et l'état des résultats d'une entreprise de fabrication qui utilise les comptes en T pour présenter ses comptes de base. À mesure que la fabrication des produits avance, le coût des matières premières et de la main-d'œuvre directe ainsi que les frais indirects de fabrication sont attribués au stock de produits en cours. Notre exemple montre que le montant total affecté à ce stock s'élève à 800 000 $, mais en réalité, les coûts sont inscrits à mesure qu'ils sont engagés pour chacune des trois catégories de coût de fabrication. Lorsque la transformation du produit est terminée, son coût passe du stock de produits en cours à celui du stock de produits finis. Notez que ces deux comptes sont des comptes de stock, de sorte que leurs soldes respectifs à la fin de la période apparaissent dans le bilan. Enfin, à mesure que les produits sont vendus, leur coût est transféré du stock de produits finis au coût des ventes, dans l'état des résultats. C'est à ce stade seulement que les différents coûts (ceux des matières premières et de la main-d'œuvre directe ainsi que les frais indirects de fabrication) attribués au stock de produits en cours sont inscrits dans l'état des résultats à titre de coût des ventes. En revanche, les frais de vente et les frais d'administration (150 000 $) sont constatés dans l'état des résultats dès qu'ils sont engagés.

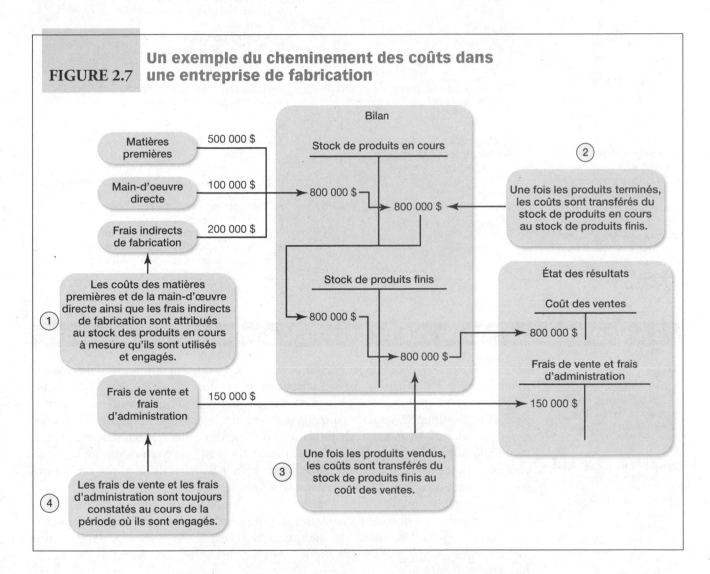

FIGURE 2.7 **Un exemple du cheminement des coûts dans une entreprise de fabrication**

Jusqu'ici, nous nous sommes surtout intéressés à la classification des coûts de fabrication servant à l'évaluation des stocks dans le bilan et à celle du coût des ventes dans l'état des résultats au moment de la publication des rapports financiers. Toutefois, on se sert des coûts pour atteindre différents objectifs, et chacun de ceux-ci requiert une classification différente. Dans les dernières sections du chapitre, nous examinerons divers objectifs demandant une classification des coûts. Vous trouverez un résumé de ces objectifs et des catégories qui y correspondent dans l'aide-mémoire qui suit et auquel vous pourrez vous référer lorsque vous lirez la fin du chapitre.

<table>
<tr>
<td colspan="2">

AIDE-MÉMOIRE — Un résumé des objectifs de la classification des coûts

</td>
</tr>
</table>

Objectif de la classification des coûts	Catégories de coûts

Préparer des états financiers à vocation générale	• Coûts incorporables
	  – Matières premières
	  – Main-d'œuvre directe
	  – Frais indirects de fabrication
	• Coûts non incorporables (affectés comme charges)
	  – Coûts hors fabrication
	    • Frais de vente
	    • Frais d'administration

Prévoir le comportement des coûts en réaction avec des variations du niveau d'activité.	• Coûts variables (proportionnels à l'activité) • Coûts fixes (total constant)
Attribuer des coûts à des objets de coût, par exemple des services ou des produits de l'entreprise.	• Coûts directs (faciles à rattacher à des produits) • Coûts indirects (difficiles à rattacher à des produits ; doivent être constatés en charges)
Prendre des décisions.	• Coûts différentiels (varient selon les choix) • Coûts de renonciation (avantages économiques auxquels l'entreprise renonce) • Coûts irrécupérables (coûts déjà engagés sur lesquels une décision n'a aucun effet)

Question éclair 2.4

Calculez le coût des produits fabriqués pour une entreprise qui assume un coût des matières premières utilisées de 205 000 $, un coût de main-d'œuvre directe de 30 000 $ et des frais indirects de fabrication de 175 000 $, avec un stock au début de produits en cours de 45 000 $ et un stock à la fin de produits en cours de 30 000 $.

2.6 Une classification en vue de prévoir le comportement des coûts

OA5

Expliquer la différence entre le comportement des coûts variables et celui des coûts fixes.

Très souvent, il sera nécessaire de prévoir ce qui arrivera à un coût donné lors d'un changement dans le niveau d'activité. Le **comportement des coûts** indique la façon dont un coût réagira aux variations du niveau d'activité d'une entreprise. Lorsque ce niveau d'activité augmente ou diminue, un coût donné peut lui aussi augmenter ou diminuer — ou demeurer constant. Au moment de sa planification, le gestionnaire devra être en mesure d'anticiper lequel de ces comportements se matérialisera et, s'il s'attend à une variation de coût, il devra en connaître l'importance. Pour faciliter de telles distinctions, on classera souvent les coûts en coûts variables et en coûts fixes.

La compréhension du comportement des coûts est essentielle pour les comptables et les gestionnaires qui doivent préparer des rapports (*voir le chapitre 3*), analyser les bénéfices (*voir le chapitre 4*), établir des budgets (*voir le chapitre 9*) et prendre des décisions à court terme (*voir le chapitre 12*). Nous l'abordons brièvement ici, avant de l'examiner plus en détail dans le chapitre 3.

Comportement des coûts

Façon dont les coûts réagissent aux variations du niveau d'activité de l'entreprise.

2.6.1 Les coûts variables

Coût variable

Coût dont le total varie de façon proportionnelle aux variations du niveau d'activité d'une entreprise ; un coût variable est constant par unité.

Un **coût variable** est un coût dont le total varie de façon proportionnelle aux variations du niveau d'activité d'une entreprise. Cette activité peut être exprimée de différentes manières : sous forme d'unités produites, d'unités vendues, de kilomètres parcourus, de lits occupés, de lignes imprimées, d'heures de travail, etc. Le coût des matières premières constitue un bon exemple de coût variable. En effet, le total du coût des matières premières utilisées pendant une période varie de façon proportionnelle au nombre d'unités fabriquées. Examinons le cas de Prévost, une division de Groupe Volvo Canada. Chaque autobus requiert une batterie. Lorsque la production d'autobus augmente ou diminue, le nombre de batteries utilisées augmente ou diminue d'autant. Lorsque la production d'autobus s'accroît de 10 %, le nombre de batteries utilisées croît aussi de 10 %. Le concept de coût variable est illustré à la figure 2.8 (*voir la page suivante*).

Notons que lorsqu'il y a un coût variable, le coût total augmente ou diminue à mesure que le niveau d'activité s'élève ou s'abaisse, bien que le coût unitaire demeure constant. Cette notion est illustrée ci-dessous. Supposons qu'une batterie coûte 24 $.

Nombre d'autobus produits	Coût unitaire d'une batterie	Coût total variable des batteries
1	24 $	24 $
500	24 $	12 000 $
1 000	24 $	24 000 $

Notons que dans le tableau précédent, le coût unitaire des batteries demeure constant à 24 $, bien que le coût total augmente ou diminue selon les changements dans le niveau d'activité.

Il existe de nombreux exemples de coûts variables en ce qui concerne les produits et les services offerts par une organisation. Dans une entreprise de fabrication, les coûts variables englobent des éléments tels que les matières premières et certains frais indirects de fabrication comme les lubrifiants. Ils comprennent aussi des coûts non incorporables tels que l'expédition et les commissions sur les ventes. Pour le moment, nous supposerons que la main-d'œuvre directe constitue aussi un coût variable, même si nous verrons au chapitre 3 que ce type de coût se comporte plutôt comme un coût fixe dans un grand nombre de situations. Dans une entreprise commerciale, les coûts variables comprennent des éléments comme le coût des ventes, les commissions des vendeurs et les coûts de facturation. Dans un hôpital, les coûts variables liés à la prestation de soins aux patients engloberaient les coûts des fournitures, des médicaments, des repas et peut-être même des soins infirmiers.

L'activité entraînant des changements dans un coût variable ne correspond pas nécessairement à la quantité de produits fabriqués ou vendus. Par exemple, le salaire versé aux employés d'un SuperClub Vidéotron dépendra du nombre d'heures d'ouverture de la succursale, et non pas strictement du nombre de films loués. Dans ce cas, on dira que le coût de la main-d'œuvre varie en fonction des heures d'activité. Néanmoins, lorsqu'il est question d'un coût variable, il est d'ordinaire sous-entendu que ce coût varie en fonction du volume des extrants générateurs de revenus — en d'autres termes, en fonction du nombre d'unités produites et vendues, du nombre de films loués, du nombre de patients traités, et ainsi de suite.

2.6.2 Les coûts fixes

Le **coût fixe** est un coût dont le total demeure constant, peu importe les variations du niveau d'activité de l'entreprise. Contrairement aux coûts variables, les coûts fixes ne sont pas touchés par les variations du niveau d'activité. Par conséquent, lorsque le niveau d'activité augmente ou diminue, le montant total des coûts fixes demeure inchangé à moins que ceux-ci ne subissent les effets d'un facteur externe quelconque, par exemple une variation des prix. Le loyer constitue un bon exemple de coût fixe. Supposons que, pour 8 000 $ par mois, Biron – Laboratoire médical loue un appareil qui lui permet d'analyser des échantillons de sang et de rechercher tout surnombre de leucocytes. Le coût de location mensuel de 8 000 $ restera le même, peu importe le nombre de tests effectués par l'appareil durant le mois. Le concept de coût fixe est illustré à la figure 2.8.

Coût fixe

Coût dont le total demeure constant quelles que soient les variations du niveau d'activité à l'intérieur d'un segment significatif ; lorsqu'on exprime un coût fixe sur une base unitaire, il varie de façon inverse par rapport au niveau d'activité.

2

FIGURE 2.8 Le comportement des coûts variables et des coûts fixes

Comportement du coût variable

Comportement du coût fixe

Peu de coûts sont entièrement fixes. La plupart varieront si le changement dans le niveau d'activité se révèle assez important. Par exemple, supposons que l'appareil de Biron – Laboratoire médical servant à diagnostiquer la leucémie a une capacité de 2 000 tests par mois. Si la clinique souhaite effectuer un plus grand nombre de tests en un mois, elle devra louer un second appareil, ce qui entraînera un changement dans les coûts fixes. Ces coûts passeront de 8 000 $ à 16 000 $ par mois. Lorsqu'il y a coût fixe, on sous-entend qu'il est fixe à l'intérieur d'un segment significatif donné. Un **segment significatif** est un intervalle entre deux niveaux d'activité, à l'intérieur duquel les hypothèses concernant les coûts variables et les coûts fixes se vérifient.

Ainsi, l'hypothèse selon laquelle le coût de location des appareils de diagnostic s'élève à 8 000 $ par mois se vérifie à l'intérieur du segment significatif de 0 à 2 000 tests par mois.

Les coûts fixes peuvent poser des problèmes lorsque les coûts doivent être exprimés par unité. En effet, lorsque les coûts fixes sont présentés sur une base unitaire, ils réagissent de façon inverse par rapport aux variations du niveau d'activité. Reprenons l'exemple de Biron – Laboratoire médical. Le coût moyen par test diminue à mesure que le nombre de tests augmente parce que le coût de location de 8 000 $ se trouve alors réparti sur un plus grand nombre de tests. À l'inverse, lorsque le nombre de tests effectués à la clinique diminue, le coût moyen d'un test augmente parce que le coût de location de 8 000 $ est réparti sur un nombre moins grand de tests. Ce concept est illustré ci-dessous.

Segment significatif

Champ d'activité à l'intérieur duquel les hypothèses concernant le comportement des coûts variables et des coûts fixes sont valables.

Coût de location mensuel	Nombre de tests effectués	Coût moyen par test
8 000 $	10	800 $
8 000 $	500	16 $
8 000 $	2 000	4 $

Si la clinique effectuait seulement 10 tests par mois, le coût de location de l'appareil s'établirait en moyenne à 800 $ par test. Par contre, si 2 000 tests y étaient effectués au cours de la même période, le coût moyen d'un test chuterait à 4 $. Nous examinerons plus loin les problèmes que pose cette variation dans les coûts unitaires pour les comptables et les gestionnaires.

Parmi les coûts fixes, mentionnons l'amortissement, l'assurance, l'impôt foncier, le loyer, les salaires des contremaîtres et du personnel de l'administration, et la publicité.

L'aide-mémoire suivant présente un résumé du comportement des coûts variables et des coûts fixes.

AIDE-MÉMOIRE	**Un résumé du comportement des coûts variables et des coûts fixes**	
Comportement du coût (à l'intérieur d'un segment significatif)		
Coût	**Au total**	**Par unité**
Coût variable	Le coût variable total augmente et diminue de façon proportionnelle aux variations du niveau d'activité.	Le coût variable unitaire demeure constant.
Coût fixe	Le coût fixe total n'est pas touché par les changements dans le niveau d'activité à l'intérieur d'un segment significatif.	Le coût fixe unitaire diminue à mesure que le niveau d'activité s'élève, et augmente à mesure que le niveau d'activité s'abaisse.

Question éclair 2.5

En vous basant sur les données fournies par Biron – Laboratoire médical, calculez le coût total de location de l'appareil et le coût moyen par test si la clinique effectue 1 000 tests par mois. Si ce nombre passe à 4 000 par mois, calculez le coût total de location.

Coûts semi-variables (ou coûts mixtes)

Coûts qui contiennent à la fois des éléments des coûts variables et des coûts fixes.

Certains coûts appelés **coûts semi-variables** (ou **coûts mixtes**) contiennent une partie fixe et une partie variable. Prenons pour exemple le total des salaires versés au personnel de vente. Une partie de ces salaires est généralement fixe et ne varie pas en fonction des ventes, mais souvent, une autre partie, comme les commissions sur les ventes, varie directement en fonction de celles-ci. Les coûts semi-variables sont assez courants et nous analyserons plus en détail leur comportement dans le chapitre 3.

2.7 L'attribution des coûts à des objets de coût

On attribue des coûts aux objets pour différentes raisons, y compris pour établir des prix, effectuer des études de rentabilité ou exercer un contrôle des dépenses. Un **objet de coût** désigne toute chose pour laquelle on veut obtenir des données relatives aux coûts, entre autres des produits, des gammes de produits, des clients, des catégories d'emplois et des sous-unités de travail. Pour attribuer des coûts aux objets de coût, on emploie une classification qui distingue·les coûts directs des coûts indirects.

2.7.1 Les coûts directs

Le **coût direct** est un coût que l'on peut rattacher facilement à l'objet de coût auquel on s'intéresse. Le concept de coût direct englobe beaucoup plus que les coûts des matières premières et de la main-d'œuvre directe. Par exemple, si Libraire des mers attribue des coûts à ses différents bureaux de vente régionaux et nationaux, le salaire du directeur des ventes à Québec sera considéré comme un coût direct du bureau de cette ville.

2.7.2 Les coûts indirects

Le **coût indirect** est un coût qu'il est impossible d'affecter à l'objet de coût considéré. La microbrasserie Les bières de la Nouvelle-France, par exemple, fabrique différentes variétés de bière. Le salaire du directeur de l'usine constituerait alors un coût indirect d'une marque telle que la Claire Fontaine, n'étant pas associé à la production d'une variété de bière en particulier ; le salaire serait plutôt engagé en raison de la nécessité de faire fonctionner l'ensemble de l'usine. Pour être rattaché à un objet de coût, tel un produit en particulier, le coût doit être engendré par cet objet de coût. Le salaire du directeur de l'usine relève plutôt d'un coût commun de fabrication des différents produits dans cette usine. Le **coût commun** est celui qu'on peut lier à un certain nombre d'objets de coût, mais qu'il n'est pas possible d'affecter à chacun séparément. Il s'agit d'un type particulier de coût indirect.

OA6

Faire la distinction entre les coûts directs et les coûts indirects.

Objet de coût

Toute chose pour laquelle on désire obtenir des données relatives aux coûts.

Coût direct

Coût qu'il est possible d'affecter à l'objet de coût considéré.

Coût indirect

Coût qu'il est impossible d'affecter à l'objet de coût considéré.

Coût commun

Coût commun à plusieurs objets de coût, mais qu'il est impossible d'affecter à chacun séparément.

Le coût peut être direct ou indirect selon l'objet de coût. Le salaire du directeur de l'usine de la microbrasserie constitue un coût indirect de fabrication de la bière Claire Fontaine et un coût direct de l'usine de production. Dans le premier cas, l'objet de coût est une marque de bière ; dans le second, il s'agit de l'ensemble de l'usine de production.

2.8 La classification des coûts en vue de la prise de décisions

OA7

Définir d'autres catégories de coûts qui servent à la prise de décisions — soit les coûts différentiels, les coûts de renonciation et les coûts irrécupérables — et en donner des exemples.

Les coûts constituent un facteur important d'un grand nombre de décisions d'affaires. Au moment de la prise de décisions, il est essentiel de bien comprendre les concepts de coût différentiel, de revenu différentiel, de coût de renonciation et de coût irrécupérable.

2.8.1 Le coût différentiel et le revenu différentiel

Toute décision implique un choix entre différentes options. Dans les décisions d'affaires, chaque option entraîne des coûts et des avantages devant être comparés aux coûts et aux avantages des autres possibilités offertes. La différence de coûts entre deux options porte le nom de **coût différentiel** ; la différence de revenus entre deux options est désignée sous le nom de **revenu différentiel**.

Coût différentiel

Différence de coût qui découlerait d'un choix entre deux possibilités.

Revenu différentiel

Différence de revenus qui découlerait d'un choix entre deux possibilités.

Le concept de coût différentiel en comptabilité se compare au concept de coût marginal en économie. Lorsqu'un économiste considère des variations de coûts et de revenus, il parle de coût marginal et de revenu marginal. Le revenu pouvant découler de la vente d'une unité supplémentaire d'un produit constitue un revenu marginal ; le coût engagé dans la fabrication d'une unité supplémentaire d'un produit constitue un coût marginal. Ce concept économique est à peu près identique au concept « différentiel » comptable appliqué à une seule unité de production.

Le coût différentiel peut être fixe ou variable. Pour le démontrer, supposons que l'entreprise Cosmétiques de la nature inc. songe à modifier sa méthode de mise en marché et à distribuer ses produits non plus par l'intermédiaire de détaillants, mais par la vente directe de porte en porte. La direction compare donc les coûts et les revenus actuels aux coûts et aux revenus projetés à l'aide du tableau suivant.

	Distribution par des détaillants (système actuel)	Distribution par vente directe (système projeté)	Coûts et revenus différentiels
Chiffre d'affaires (V)	700 000 $	800 000 $	100 000 $
Coût des ventes (V)	350 000	400 000	50 000
Publicité (F)	80 000	45 000	(35 000)
Commissions (V)	-0-	40 000	40 000
Amortissement des entrepôts (F)	50 000	80 000	30 000
Autres charges (F)	60 000	60 000	-0-
	540 000	625 000	85 000
Bénéfice	160 000 $	175 000 $	15 000 $

V : variable ; F : fixe

D'après l'analyse qui y est faite, le revenu différentiel s'élève à 100 000 $, et le total des coûts différentiels est de 85 000 $, c'est-à-dire que le bénéfice différentiel s'élève à 15 000 $ en faveur du nouveau plan de mise en marché.

Cosmétiques de la nature inc. pourrait conserver son système de distribution actuel, soit un réseau de détaillants. Elle pourrait aussi préférer un système de vente directe de porte en porte en se basant sur les bénéfices des deux possibilités. Comme le montre l'analyse du tableau, le bénéfice du système actuel est de 160 000 $; celui du nouveau système est estimé à 175 000 $. La méthode de la distribution par vente directe de porte en porte paraît donc préférable, puisqu'elle entraînerait une augmentation du bénéfice de 15 000 $. Notons que nous serions parvenus au même montant en nous intéressant seulement aux revenus différentiels, aux coûts différentiels et au bénéfice différentiel, lesquels indiquent une augmentation du bénéfice de 15 000 $ lié à la méthode de vente directe.

En général, seules les différences entraînées par les options sont pertinentes dans la prise de décisions. On peut donc omettre les éléments qui demeurent identiques, quelles que soient les possibilités examinées, et qui ne sont pas touchés par une décision. Dans l'exemple de Cosmétiques de la nature inc., la catégorie « Autres charges », qui représente 60 000 $ dans les deux cas, aurait pu être omise puisqu'elle n'a aucun effet sur la décision. Lorsque celle-ci est éliminée des calculs, on constate que la méthode de la vente directe se révèle toujours supérieure à l'autre de 15 000 $. Nous reverrons au chapitre 12 l'approche des coûts pertinents à la prise de décisions.

SUR LE TERRAIN

L'analyse des coûts différentiels et des revenus différentiels

Avant de poser sa candidature pour accueillir un événement sportif majeur comme les Jeux olympiques, la ville hôte potentielle doit analyser attentivement les revenus et les coûts différentiels projetés. Par exemple, selon certaines estimations, les coûts différentiels engagés par la Colombie-Britannique lorsqu'elle a accueilli les Jeux olympiques de Vancouver en 2010 s'élevaient à quelque 1,5 milliard de dollars. Les coûts différentiels sont ceux que la Ville a engagés uniquement pour accueillir les Jeux. L'un de ces coûts se rapporte aux installations comme l'anneau de patinage de vitesse, que Vancouver n'aurait pas construit si elle n'avait pas été choisie comme ville hôte, aux mesures de sécurité entourant les événements et aux réceptions parrainées par le gouvernement provincial. Les coûts que la Ville aurait assumés même si elle n'avait pas accueilli les Jeux, comme la mise à niveau de l'autoroute Sea-to-Sky menant à Whistler, ne sont pas considérés comme des coûts différentiels.

La hausse du nombre de spectateurs qui ont regardé les Olympiques à la télévision et qui visiteront la province au cours des années subséquentes constituera une source de revenus différentiels importante pour la Colombie-Britannique. Certains experts ont estimé entre 1,1 million à 2,7 millions le nombre de touristes additionnels susceptibles de se rendre dans cette province au cours des cinq années après les Jeux. Selon un rapport publié en 2014 par Tourisme Colombie-Britannique, les recettes touristiques de 2012 ont augmenté de 2,5 % en 2012 par rapport à 2011 et de 40,5 % par rapport à 2002. Ces chiffres laissent croire que les estimations des revenus différentiels découlant des Jeux olympiques étaient peut-être justifiés.

Source : TOURISM BC, « The Value of Tourism in British Columbia, Trends from 2002 to 2012 », [En ligne], <www.destinationbc.ca/getattachment/Research/Industry-Performance/Value-of-Tourism/Value-of-Tourism-in-British-Columba-(2012)/2012-Value-of-Tourism_Full-Report.pdf.aspx> (Page consultée le 29 janvier 2016).

2.8.2 Le coût de renonciation

Le **coût de renonciation** est un avantage économique potentiel auquel l'entreprise renonce en choisissant une option plutôt qu'une autre. Pour illustrer cet important concept, considérons les exemples suivants.

Coût de renonciation

Avantage économique potentiel auquel l'entreprise renonce en choisissant une option plutôt qu'une autre.

EXEMPLE 1

Mélanie Tremblay poursuit ses études au collégial. Elle occupe aussi un emploi à temps partiel qui lui rapporte 200 $ par semaine. Mélanie aimerait aller en vacances au bord de la mer pendant la semaine de relâche. Son patron accepte de lui accorder ce congé, mais sans rémunération. La somme de 200 $ en salaire non reçu constitue le coût de renonciation associé à une semaine de vacances à la plage.

EXEMPLE 2

Supposons que la société La Baie songe à investir une importante somme d'argent dans l'achat d'un terrain qui pourrait servir d'emplacement à un futur magasin. Au lieu d'acquérir un terrain, l'entreprise pourrait investir cette somme dans des certificats de placement garanti (CPG). Si elle acquérait le terrain, le coût de renonciation correspondrait au revenu de placement qu'elle aurait pu réaliser si elle avait opté pour des CPG.

EXEMPLE 3

Étienne Bonin touche un salaire annuel de 30 000 $. Il songe à quitter son emploi et à s'inscrire à l'université. Comme un retour aux études l'obligerait à renoncer à son salaire de 30 000 $, cette somme constituerait le coût de renonciation associé à la poursuite de ses études.

En général, le coût de renonciation ne figure pas dans les livres comptables d'une entreprise. Il s'agit toutefois d'un coût que le gestionnaire devra considérer de façon explicite chaque fois qu'il prendra une décision. En réalité, il y a un coût de renonciation associé à chaque option. Dans le troisième exemple, la décision d'Étienne Bonin de conserver son emploi comporterait aussi un coût de renonciation : il s'agit de l'augmentation de salaire qu'il aurait pu obtenir dans le futur grâce à l'obtention d'un diplôme universitaire.

2.8.3 Le coût irrécupérable

Le **coût irrécupérable** est un coût qui est déjà engagé et qui ne peut être modifié, quelle que soit la décision prise maintenant ou plus tard. Comme ce coût ne peut être modifié par aucune décision, il ne s'agit pas d'un coût différentiel. Par conséquent, on doit l'ignorer au moment d'une prise de décisions.

Voici un exemple de coût irrécupérable. Supposons qu'une entreprise a versé, il y a plusieurs années, une somme de 50 000 $ pour l'achat d'une machine spécialisée. L'appareil a servi à fabriquer un produit qui est maintenant démodé et qui n'est plus vendu. Même si, avec le recul, l'achat de la machine peut paraître une erreur, aucun regret ne peut effacer cette décision. Par ailleurs, ce serait une erreur encore plus grave que de poursuivre la fabrication du produit démodé en vue d'essayer de récupérer le coût de la machine. En d'autres termes, la somme de 50 000 $ versée pour la machine a déjà été engagée et ne peut pas être considérée comme un coût différentiel pour une décision à venir. C'est pourquoi on dit que les coûts de ce type sont irrécupérables et qu'ils ne doivent pas entrer en ligne de compte au moment de la prise de décisions.

Coût irrécupérable

Coût engagé ne pouvant être modifié par une décision prise maintenant ou plus tard.

Question éclair   2.6

Lorsqu'elle envisage de garder ou de vendre un équipement désuet, l'entreprise doit-elle considérer la valeur comptable nette de celui-ci (le coût d'origine moins les amortissements cumulés) comme un coût de renonciation ou comme un coût irrécupérable ?

Question éclair   2.7

Lorsqu'elle envisage de garder ou de vendre un équipement désuet, l'entreprise doit-elle considérer la valeur de récupération comme un coût de renonciation ou comme un coût irrécupérable ?

MISE EN APPLICATION

Les gestionnaires peuvent appliquer leur connaissance des concepts et des catégories de coûts lorsqu'ils :

- préparent des états financiers ;
- établissent un état du coût des produits fabriqués ;
- prévoient le comportement des coûts ;
- attribuent des coûts aux objets de coût tels que des produits, des clients, des catégories d'emploi ou des services ;
- prennent une décision parmi plusieurs possibilités.

Résumé

- Les coûts de fabrication se divisent en trois catégories : les coûts des matières premières, la main-d'œuvre directe ainsi que les frais indirects de fabrication. Les coûts hors fabrication comprennent les frais de vente et les frais d'administration. (OA1)
- Lorsqu'il s'agit d'évaluer les stocks et de déterminer les montants à inscrire dans le bilan et l'état des résultats, les coûts sont classés comme étant soit incorporables soit non incorporables. Les coûts incorporables sont attribués aux stocks et le coût des stocks est considéré comme un actif jusqu'à ce que les produits finis soient vendus.

Au moment de la vente, les coûts incorporables deviennent le coût des ventes dans l'état des résultats. En revanche, les coûts non incorporables sont directement enregistrés à titre de charges dans l'état des résultats de la période où ils sont engagés. (OA2)

- Dans une entreprise de fabrication, on calcule le coût des ventes figurant à l'état des résultats en ajoutant le coût des produits fabriqués au stock de produits finis au début, puis en soustrayant le stock de produits finis à la fin. Dans une entreprise commerciale, on ajoute le coût des achats au stock de marchandises au début, puis on soustrait le stock de marchandises à la fin. Les frais de vente et les frais d'administration sont traités comme des coûts non incorporables dans ces deux types d'entreprise. (OA3)

- Dans les entreprises de fabrication, le coût des produits fabriqués est calculé comme une partie du coût des ventes. Pour calculer le coût total de fabrication, on additionne le coût des matières premières utilisées et de la main-d'oeuvre directe ainsi que les frais indirects de fabrication engagés au cours de la période. Pour obtenir le coût des produits fabriqués, il faut ajouter le stock de produits en cours au début au coût total de fabrication propre à la période donnée, puis en soustraire le stock des produits en cours à la fin. Les produits en cours sont des produits commencés mais non terminés. (OA4)

- Lorsqu'il s'agit de prévoir le comportement des coûts, les gestionnaires les classent généralement en deux catégories : les coûts variables et les coûts fixes. Le coût variable varie proportionnellement aux changements dans le niveau d'activité de l'entreprise, mais il est constant lorsqu'il est exprimé par unité. Le total des coûts fixes demeure inchangé quelles que soient les variations du niveau d'activité à l'intérieur d'un segment significatif. Toutefois, le coût fixe moyen exprimé sur une base unitaire réagit de façon inverse par rapport au nombre d'unités. (OA5)

- Pour attribuer des coûts aux objets de coût, on emploie une classification qui distingue les coûts directs des coûts indirects. Le coût direct est un coût que l'on peut rattacher facilement à l'objet de coût, à l'inverse du coût indirect qu'il est impossible d'attribuer à un objet de coût. (OA6)

- Au moment de la prise de décisions, il est essentiel de bien comprendre les concepts de coût différentiel, de revenu différentiel, de coût de renonciation et de coût irrécupérable. Le coût différentiel et le revenu différentiel désignent respectivement la différence de coûts et la différence de revenus entre deux options. Le coût de renonciation est un avantage économique potentiel auquel l'entreprise renonce en choisissant une option plutôt qu'une autre. Le coût irrécupérable est un coût qui est déjà engagé et ne peut être modifié. Le gestionnaire doit analyser soigneusement les coûts différentiels et de renonciation au moment de prendre une décision. Les coûts irrécupérables ne doivent jamais entrer en ligne de compte au moment de la prise de décisions. (OA7)

Activités d'apprentissage

La classification des coûts

Vous avez vu plusieurs nouveaux termes relatifs aux coûts dans ce chapitre. Il vous faudra un certain temps pour en retenir la signification et apprendre à classer, de façon appropriée, les coûts assumés par une organisation. À cet égard, l'exemple ci-après vous sera utile. La société Porter fabrique des meubles, dont des tables. Voici quelques coûts associés à la fabrication des tables et au fonctionnement de l'ensemble de l'entreprise.

a) Le bois servant à la fabrication de chaque table coûte 100 $.

b) Les tables sont assemblées par des employés dont le salaire est de 40 $ par table.

c) Le contremaître chargé de superviser le travail des employés qui assemblent les tables touche un salaire annuel de 35 000 $.

d) Le coût de l'électricité est de 2 $ par heure-machine. Il faut quatre heures-machines pour fabriquer une table.

e) L'amortissement annuel des machines servant à la fabrication des tables s'élève à 10 000 $.

f) Le salaire annuel du président-directeur général est de 100 000 $.

g) Les coûts de publicité de l'entreprise s'élèvent à 250 000 $ par an.

h) Les vendeurs touchent une commission de 30 $ par table vendue.

i) Plutôt que de fabriquer des tables, l'entreprise pourrait louer ses installations pour une somme de 50 000 $ par an.

Dans le tableau suivant, ces coûts sont classés selon les catégories étudiées au cours du chapitre. Examinez la classification de chaque coût. Si vous ne comprenez pas pourquoi un coût entre dans l'une des catégories indiquées, relisez la section du chapitre dans laquelle il est question de ce concept. Les termes « coûts variable » et « coûts fixe » font référence au comportement des coûts par rapport au nombre de tables qui sont produites au cours d'une année.

Solution au problème de révision 2.1

| Objet de coût | Coût variable | Coût fixe | Coûts incorporables | | | Coûts non incorporables (frais de vente et frais d'administration) | Coûts liés au produit | | Coût de renonciation | Coût irrécupérable |
			Matières premières	Main-d'œuvre directe	Frais indirects de fabrication		Direct	Indirect		
a) Bois entrant dans la fabrication d'une table (100 $ par table)	X		X				X			
b) Coût de la main-d'œuvre affectée à l'assemblage d'une table (40 $ par table)	X			X			X			

Objet de coût	Coût variable	Coût fixe	Coûts incorporables			Coûts non incorpo-rables (frais de vente et frais d'adminis-tration)	Coûts liés au produit		Coût de renon-ciation	Coût irrécu-pérable
			Matières pre-mières	Main-d'œuvre directe	Frais indirects de fabri-cation		Direct	Indirect		
c) Salaire annuel du contremaître de l'usine (35 000 $)		X			X			X		
d) Coût de l'électri-cité nécessaire à la fabrication des tables (2 $ par heure-machine)	X				X			X		
e) Amortissement annuel des ma-chines servant à la fabrication des tables (10 000 $)		X			X			X		X*
f) Salaire annuel du président-directeur général (100 000 $)		X				X				
g) Publicité (250 000 $)		X				X				
h) Commissions versées aux vendeurs (30 $ par table vendue)	X					X				
i) Revenu lié à la location de l'équipement auquel l'entre-prise a renoncé (50 000 $)									X**	

* Il s'agit d'un coût irrécupérable puisque les déboursés effectués pour l'achat des machines ont été engagés au cours d'une période antérieure.

** Il s'agit d'un coût de renonciation puisqu'il représente l'avantage économique perdu ou sacrifié en raison de l'utilisation de l'usine pour fabri-quer des tables. Le coût de renonciation est une catégorie particulière de coût qui, en général, ne figure pas dans les livres comptables d'une organisation.

Problème de révision 2.2

L'état du coût des produits fabriqués et l'état des résultats

Les renseignements ci-après, qui remontent à l'an dernier, sont extraits des livres comptables de la société Monfort.

Frais de vente	140 000 $
Stock de matières premières au 1er janvier	90 000
Stock de matières premières au 31 décembre	60 000
Services publics de l'usine	36 000
Coût de la main-d'œuvre directe	150 000
Amortissement de l'usine	162 000
Achat de matières premières	750 000
Chiffre d'affaires	2 500 000
Assurance de l'usine	40 000
Fournitures de l'usine	15 000
Frais d'administration	270 000 ▶

►
Main-d'œuvre indirecte	300 000 $
Entretien de l'usine	87 000
Stock de produits en cours au 1er janvier	180 000
Stock de produits en cours au 31 décembre	100 000
Stock de produits finis au 1er janvier	260 000
Stock de produits finis au 31 décembre	210 000

La direction de l'entreprise veut structurer la présentation de ces données de façon à faciliter la préparation des états financiers de la période.

Travail à faire

1. Préparez un état du coût des produits fabriqués semblable à celui de la figure 2.4 (*voir la page 40*).
2. Calculez le coût des ventes.
3. À l'aide des données recueillies en réponse aux questions 1 et 2, établissez l'état des résultats de l'entreprise.
4. Supposez que les stocks de produits finis et en cours de fabrication comprennent 412 500 unités au 31 décembre. Calculez les composantes du coût du stock de produits finis à la fin, qui compte 55 176 unités.

Solution au problème de révision 2.2

1.

SOCIÉTÉ MONFORT
État du coût des produits fabriqués
pour la période terminée le 31 décembre

Matières premières :		
Stock de matières premières au 1er janvier	90 000 $	
Plus : Achat de matières premières	750 000	
Matières premières disponibles pour l'utilisation	840 000	
Moins : Stock de matières premières au 31 décembre	60 000	
Matières premières utilisées dans la fabrication		780 000 $
Main-d'œuvre directe		150 000
Frais indirects de fabrication :		
Services publics de l'usine	36 000	
Amortissement de l'usine	162 000	
Assurance de l'usine	40 000	
Fournitures de l'usine	15 000	
Main-d'œuvre indirecte	300 000	
Entretien de l'usine	87 000	
Total des frais indirects de fabrication		640 000
Coût total de fabrication		1 570 000
Plus : Stock de produits en cours au 1er janvier		180 000
		1 750 000
Moins : Stock de produits en cours au 31 décembre		100 000
Coût des produits fabriqués		1 650 000 $

2. Le coût des ventes est calculé comme suit :

Stock de produits finis au 1er janvier	260 000 $
Plus : Coût des produits fabriqués	1 650 000
Marchandises destinées à la vente	1 910 000
Moins : Stock de produits finis au 31 décembre	210 000
Coût des ventes	1 700 000 $

3.

SOCIÉTÉ MONFORT
État des résultats
pour la période terminée le 31 décembre

Chiffre d'affaires...		2 500 000 $
Moins : Coût des ventes (*voir la page précédente*).........		1 700 000
Marge brute...		800 000
Moins : Charges d'exploitation :		
Frais de vente	140 000 $	
Frais d'administration	270 000	410 000
Bénéfice		390 000 $

4. Voici le stock de produits finis à la fin.

Coût des matières premières	
(780 000 $ ÷ 412 500 = 1,8909 $; 1,8909 $ × 55 176)	104 332 $
Coût de la main-d'œuvre directe	
(150 000 $ ÷ 412 500 = 0,3636 $; 0,3636 $ × 55 176)	20 062 *
Frais indirects de fabrication	
(640 000 $ ÷ 412 500 = 1,5515 $; 1,5515 $ × 55 176)	85 606
Coût total..	210 000 $

* On a arrondi à la baisse pour tenir compte de l'arrondissement du coût unitaire.

Questions

Q2.1 Quelles sont les trois principales composantes des coûts incorporables dans une entreprise de fabrication ?

Q2.2 Faites la distinction entre les coûts suivants : a) les matières premières ; b) les matières indirectes ; c) la main-d'œuvre directe ; d) la main-d'œuvre indirecte ; e) les frais indirects de fabrication.

Q2.3 En quoi un coût incorporable et un coût non incorporable se distinguent-ils ?

Q2.4 Les coûts liés au bâtiment occupé uniquement par le personnel de gestion, tels que le chauffage et l'électricité, l'impôt foncier et l'assurance, font-ils partie des frais indirects de fabrication ? Pourquoi ?

Q2.5 Les coûts incorporables sont-ils toujours constatés au cours de la période où ils sont engagés ? Expliquez votre réponse.

Q2.6 Que sont les frais de vente ? Comment sont-ils constatés dans l'état des résultats ?

Q2.7 Définissez le coût de revient de base et le coût de transformation.

Q2.8 Qu'est-ce qui distingue le coût total de fabrication du coût des produits fabriqués ?

Q2.9 En quoi l'état des résultats d'une entreprise de fabrication et l'état des résultats d'une entreprise commerciale sont-ils différents ?

Q2.10 Quelle est l'utilité d'un état du coût des produits fabriqués ? Comment s'intègre-t-il à l'état des résultats ?

Q2.11 En quoi les comptes de stock d'une entreprise de fabrication et les comptes de stock d'une entreprise commerciale diffèrent-ils ?

Q2.12 Pourquoi les coûts incorporables sont-ils parfois appelés « coûts relatifs aux stocks » ? Décrivez le cheminement de ces coûts dans une entreprise de fabrication, à partir du moment où ils sont engagés jusqu'à ce qu'ils soient inscrits à titre de charges dans l'état des résultats.

Q2.13 Des coûts tels que les salaires et l'amortissement peuvent-ils être constatés en tant qu'actifs dans le bilan ? Justifiez votre réponse.

Q2.14 Qu'entend-on par « comportement des coûts » ?

Q2.15 « Un coût variable est un coût qui varie par unité de production ; un coût fixe est un coût constant par unité de production. » Êtes-vous d'accord avec cet énoncé ? Justifiez votre réponse.

Q2.16 En quoi les coûts fixes posent-ils des problèmes au moment de l'établissement des coûts de revient des unités de production ?

Q2.17 Qu'est-ce qu'un coût semi-variable (mixte) ?

Q2.18 Expliquez le comportement des coûts variables et des coûts fixes lorsque le niveau d'activité de l'entreprise augmente et que ces coûts sont exprimés par unité.

Q2.19 Qu'est-ce que le segment significatif et pourquoi est-il important de comprendre ce concept pour prévoir les coûts ?

Q2.20 Pourquoi les frais indirects de fabrication sont-ils considérés comme des coûts indirects d'une unité de production ?

Q2.21 Définissez les termes suivants: «coût différentiel», «coût de renonciation» et «coût irrécupérable».

Q2.22 «Seuls les coûts variables peuvent entrer dans la catégorie des coûts différentiels.» Êtes-vous d'accord avec cet énoncé? Justifiez votre réponse.

Q2.23 Au moment de décider s'il faut remplacer une machine par un modèle plus neuf et plus rentable, il faut comparer le coût d'origine de la machine existante à celui de la nouvelle machine. Êtes-vous d'accord? Expliquez votre réponse.

Q2.24 Olivier Martin travaille pour la société Boutin. La semaine dernière, il a passé 46 heures à assembler l'un des produits de l'entreprise. Or, chez Boutin, la semaine normale de travail est de 40 heures. Olivier Martin touche un salaire horaire de 18 $. Ce taux est majoré de 50 % pour les heures en sus des 40 heures normales. En supposant que ces heures supplémentaires découlent d'une montée en flèche de la demande pour tous les produits de l'entreprise, répartissez le salaire hebdomadaire de M. Martin entre les coûts de la main-d'œuvre directe et les frais indirects de fabrication.

Q2.25 Mélanie Côté fait fonctionner une presse à mouler chez Fabrication Barrie. La semaine dernière, elle a travaillé 35 heures et est restée inactive durant 5 heures pendant l'entretien systématique de la machine. Son salaire horaire de base est de 26 $. Répartissez le salaire hebdomadaire de Mélanie entre les coûts de la main-d'œuvre directe et les frais indirects de fabrication.

Exercices

E2.1 La classification des coûts

Les Guitares Boucher fabriquent des guitares acoustiques et des guitares électriques. Voici quelques coûts associés à la fabrication des guitares acoustiques et au fonctionnement de l'ensemble de l'entreprise.

a) Le métal qui sert à fabriquer les touchettes et les clés de chaque guitare coûte 10 $.

b) Les guitares sont assemblées par des employés dont le salaire est de 175 $ par guitare.

c) L'assurance annuelle sur le bâtiment de l'usine se chiffre à 5 000 $.

d) La colle qui sert à l'assemblage des guitares coûte 3 $ par guitare.

e) L'amortissement annuel des machines employées pour couper le bois entrant dans la fabrication des guitares ainsi que pour en effectuer la finition s'élève à 15 000 $ au total.

f) Le salaire du vice-président du marketing des Guitares Boucher est de 125 000 $ par année.

g) Le salaire du contremaître de l'usine est de 130 000 $ par année.

h) Le coût total d'une campagne publicitaire payée au début de la période, mais à présent interrompue, s'est chiffré à 75 000 $.

i) Au lieu de fabriquer des guitares acoustiques, Les Guitares Boucher pourraient utiliser leurs installations de production pour accroître le nombre de guitares électriques fabriquées, ce qui entraînerait un bénéfice d'exploitation de 100 000 $ par exercice.

Travail à faire

Pour chacun des coûts énumérés ci-dessus, inscrivez un « X » dans la colonne appropriée du tableau qui suit selon qu'il s'agit :

1. d'un coût variable ;
2. d'un coût fixe ;
3. d'un coût non incorporable ;
4. d'un coût incorporable, en précisant s'il s'agit d'un coût de matières premières, de main-d'œuvre ou de frais indirect de fabrication ;
5. d'un coût irrécupérable ou d'un coût de renonciation.

| Coût à classer | Coût variable | Coût fixe | Coût non incorporable (frais de vente et frais d'administration) | Coût incorporable | | | Par rapport aux unités de production | | Coût irrécupérable | Coût de renonciation |
				Matières premières	Main-d'œuvre directe	Frais indirects de fabrication	Coût direct	Coût indirect		
a) Métal entrant dans la fabrication des guitares (10 $ par guitare)										
b) Coût de la main-d'œuvre affectée à l'assemblage d'une guitare (175 $ par guitare)										
c) Assurance annuelle sur le bâtiment de l'usine (5 000 $)										
d) Colle servant à l'assemblage des guitares (3 $ par guitare)										
e) Amortissement annuel des machines servant à fabriquer les guitares (15 000 $)										
f) Salaire annuel du vice-président du marketing (125 000 $)										
g) Salaire annuel du contremaître de l'usine (130 000 $)										
h) Campagne publicitaire interrompue (75 000 $)										
i) Revenu annuel lié à la location des installations auquel l'entreprise a renoncé (100 000 $)										

E2.2 L'état du coût des produits fabriqués et l'état des résultats

La société Laframboise limitée fabrique un produit unique. Les données ci-après sur la production, les ventes et les coûts, relatives à l'exercice qui vient de se terminer, sont extraites des livres comptables de l'entreprise.

Unités fabriquées	30 000
Unités vendues	?
Stocks de produits finis en unités à la fin	?
Chiffre d'affaires en dollars	650 000 $
Publicité	50 000 $
Main-d'œuvre directe	80 000 $
Main-d'œuvre indirecte	60 000 $
Achat de matières premières	160 000 $
Loyer du bâtiment (80 % de l'espace est réservé à la fabrication ; le reste est occupé par les bureaux de l'administration et des ventes)	50 000 $
Services publics pour l'usine	35 000 $
Redevance pour l'exploitation du brevet, 1 $ par unité	?
Entretien de l'usine	25 000 $
Location d'équipement spécial, 6 000 $ par année plus 0,10 $ par unité	?
Salaires du personnel de vente et de l'administration	140 000 $
Autres frais indirects de fabrication	11 000 $
Autres frais de vente et frais d'administration	20 000 $

	Début de l'année	Fin de l'année
Stocks :		
Matières premières	20 000 $	10 000 $
Produits en cours	30 000 $	40 000 $
Produits finis	0 $	?

Le stock de produits finis est constaté au coût moyen unitaire pour l'exercice. Le produit est vendu 25 $ l'unité.

Travail à faire

1. Préparez un état du coût des produits fabriqués pour l'exercice.
2. Calculez :
   a) le nombre d'unités comprises dans le stock de produits finis à la fin de l'exercice ;
   b) le coût du stock de produits finis à la fin de l'exercice.
3. Établissez l'état des résultats pour l'exercice.

E2.3 La classification des coûts de fabrication

Les coûts énoncés ci-après sont tous engagés par la société Quali Sons, qui fabrique des équipements audio haut de gamme, comme des enceintes, des récepteurs, des lecteurs CD, des tables tournantes et des chaînes de cinéma maison. L'entreprise est propriétaire de l'usine en entier (bâtiment et équipements), mais elle loue l'espace utilisé par les employés autres que les travailleurs d'usine (comptabilité, marketing, vente et ressources humaines).

Travail à faire

Indiquez si chacun des coûts ci-dessous doit être classé dans la catégorie des coûts de la main-d'œuvre directe, des coûts des matières premières, des frais indirects de fabrication, des frais de vente ou des frais d'administration.

1. L'amortissement, l'impôt foncier et l'assurance de l'usine.
2. Le loyer des bureaux des employés autres que les travailleurs d'usine.
3. Le salaire des ouvriers qui fabriquent les équipements audio.

4. Le coût de la colle servant à fixer le logo de l'entreprise sur la grille qui recouvre la façade de toutes les enceintes acoustiques.

5. Le coût de la publicité en ligne.

6. Le salaire des commis comptables de l'entreprise.

7. Le salaire du directeur de la production, qui supervise la fabrication de tous les produits.

8. Le coût du plastique qui sert à fabriquer les housses des tables tournantes.

9. Les primes versées aux vendeurs qui atteignent leurs objectifs de vente mensuels.

10. Le salaire du directeur des ressources humaines.

E2.4 La classification des coûts en coûts incorporables et non incorporables

Vous avez obtenu un emploi d'été à la société Radio Alfa, qui fabrique des émetteurs-récepteurs portables utilisés dans les missions de reconnaissance militaire. Cette société à capital fermé a sollicité, auprès d'une banque, un prêt qui lui permettrait de financer sa croissance spectaculaire. La banque exige des états financiers avant d'approuver ce prêt. On vous demande d'aider à préparer ces documents et on vous fournit la liste de coûts ci-dessous :

a) L'amortissement des voitures des vendeurs.

b) La location de l'équipement de fabrication.

c) Les lubrifiants servant à l'entretien des machines.

d) Le salaire des employés affectés à l'entrepôt des produits finis.

e) Le savon et les essuie-mains utilisés par les travailleurs d'usine à la fin de leur quart de travail.

f) Le salaire des contremaîtres de l'usine.

g) Le coût du chauffage, de l'eau et de l'électricité de l'usine.

h) Le matériel d'emballage destiné aux produits expédiés outremer. (Normalement, les unités ne sont pas vendues en boîte.)

i) Les dépenses publicitaires.

j) L'assurance contre les accidents du travail pour les travailleurs d'usine.

k) L'amortissement des chaises et des tables de la salle à manger de l'usine.

l) Le salaire de la réceptionniste affectée aux bureaux administratifs.

m) Le coût de location de l'avion utilisé par les cadres de l'entreprise.

n) Le coût de location des chambres d'hôtel lors du congrès annuel du personnel de vente.

o) Le coût d'emballage des produits de l'entreprise.

Travail à faire

En vue de la préparation des états financiers exigés par la banque, classez les coûts ci-dessus en coûts incorporables ou non incorporables.

E2.5 La préparation d'un état des résultats

Le mois dernier, le chiffre d'affaires de la société Les cimes, un détaillant d'articles de sport spécialisé dans l'alpinisme, s'élevait à 3 200 000 $, ses frais de vente, à 110 000 $, et ses frais d'administration, à 470 000 $. L'entreprise avait un stock de marchandises au début de 140 000 $. Elle a acheté pour 2 550 000 $ de nouvelles marchandises. Son stock valait 180 000 $ à la fin du mois.

Travail à faire

Préparez l'état des résultats de l'entreprise pour ce mois.

2

E2.6 **La préparation d'un état des résultats**

Les données ci-après, relatives au mois de juin, sont tirées des livres de Fortin Musique, un détaillant de CD et de DVD.

Chiffre d'affaires	150 000 $
Frais de vente	40 000
Frais d'administration	25 000
Stock de marchandises au début	12 000
Stock de marchandises à la fin	22 000
Achat de marchandises	90 000

Travail à faire

Préparez un état des résultats de l'entreprise pour ce mois.

E2.7 **La préparation d'un état du coût des produits fabriqués**

La société Fabrication Acromoules fabrique un assortiment de produits dans son usine. Voici des données sur ses activités du mois dernier.

Stock de matières premières au début	66 000 $
Achat de matières premières	528 000
Stock de matières premières à la fin	78 000
Coût de la main-d'œuvre directe	258 000
Frais indirects de fabrication	456 000
Stock de produits en cours au début	228 000
Stock de produits en cours à la fin	264 000

Travail à faire

Préparez un état du coût des produits fabriqués pour ce mois.

E2.8 **La classification des coûts en coûts fixes et en coûts variables**

Voici des coûts et des mesures d'activité de diverses entreprises.

Travail à faire

En inscrivant un «X» dans la colonne appropriée, indiquez si le coût de chaque activité est variable ou fixe, suivant la mesure de cette activité.

		Comportement du coût	
Coût	**Mesure de l'activité**	**Variable**	**Fixe**
1. Le coût des lames de verre utilisées pour les tests dans un laboratoire de médecine	Nombre de tests de laboratoire effectués		
2. Le coût du loyer d'une bijouterie dans une galerie marchande	Ventes en dollars		
3. Le salaire des cadres supérieurs de FedEx	Chiffre d'affaires total		
4. Les coûts de l'électricité requise pour le fonctionnement du matériel de fabrication dans une usine de Toyota	Nombre de véhicules produits		
5. Le coût d'une assurance incendie pour un cabinet de dentiste	Nombre de jours-patients		
6. Les commissions versées aux vendeurs d'un concessionnaire Honda	Chiffre d'affaires total		

2

		Comportement du coût	
Coût	Mesure de l'activité	Variable	Fixe
7. Le coût du chauffage de l'unité de soins intensifs du CHU Sainte-Justine	Nombre de jours-patients		
8. Le coût des batteries installées dans les camions construits dans une usine de la société GM	Nombre de camions produits		
9. Le salaire d'un professeur d'université	Nombre d'étudiants du professeur		
10. Le coût du matériel pour nettoyer la cuisine et les salles à manger dans un établissement de restauration rapide	Nombre de clients servis		

E2.9 Les coûts fixes et les coûts variables

La société Pare-brise Urbains se spécialise dans la réparation et le remplacement des pare-brise de voitures de tourisme. Voici les coûts variables et les coûts fixes liés à ses activités du mois dernier (juillet).

Élément	
Nombre de pare-brise installés..	1 000
Coûts variables :	
Matières premières	200 000 $
Main-d'œuvre directe (1 heure par installation)	30 000 $
Matières indirectes..	10 000 $
Coûts fixes :	
Salaire du superviseur des installations...	4 000 $
Salaire du planificateur des installations..	2 000 $
Coûts d'entreposage	5 000 $

Travail à faire

1. Calculez le coût unitaire de chacun des éléments de coûts fixes et de coûts variables constatés en juillet.

2. La direction compte installer 1 200 pare-brise en août et s'attend à ce que le niveau d'activité se situe à l'intérieur du segment significatif pour tous les coûts fixes et variables. Calculez :
   a) le coût total de chacun des éléments de coûts fixes et variables ci-dessus ;
   b) le coût unitaire de chacun des éléments de coûts fixes et variables ci-dessus. Expliquez tout écart entre les coûts unitaires de juillet et d'août.

3. Nommez des facteurs susceptibles de faire varier le coût variable par unité de produit si les variations du niveau d'activité réel au cours d'un mois donné se situent en dehors du segment significatif.

E2.10 La distinction entre des coûts directs et indirects

L'Hôtel Empire est un établissement quatre étoiles situé dans le centre-ville de Victoria, en Colombie-Britannique.

Travail à faire

Pour chacun des coûts ci-après engagés par l'hôtel, précisez s'il s'agit plus probablement d'un coût direct ou d'un coût indirect, selon l'objet de coût indiqué, en inscrivant un « X » dans la colonne appropriée.

▶

Coût	Objet de coût	Coût direct	Coût indirect
Exemple : Les boissons pour le service aux chambres	Un client de l'hôtel	X	
1. Le salaire du chef cuisinier	Le restaurant de l'hôtel		
2. Le salaire du chef cuisinier	Un client du restaurant de l'hôtel		
3. Le matériel d'entretien des chambres	Un client de l'hôtel		
4. Les fleurs pour le comptoir de la réception	Un client de l'hôtel		
5. Le salaire du portier	Un client de l'hôtel		
6. Les fournitures pour le nettoyage des chambres	Le service d'entretien		
7. L'assurance incendie du bâtiment de l'hôtel	Le gymnase de l'hôtel		
8. Les serviettes utilisées au gymnase	Le gymnase de l'hôtel		

E2.11 **La distinction entre des coûts directs et indirects**

L'Hôtel Royal est un établissement quatre étoiles situé dans le Centre-du-Québec. Voici quelques-uns des objets de coût auxquels sont affectés ses différents coûts.

a) Les clients de l'hôtel.

b) Le restaurant.

c) Le centre de conditionnement physique et la piscine.

d) Le centre d'affaires (ordinateurs, imprimante, télécopieur).

Travail à faire

Pour chacun des objets de coût ci-dessus, donnez deux exemples de coût direct et deux exemples de coût indirect.

E2.12 **Les coûts différentiel, de renonciation et irrécupérable**

L'Hôtel Sorrento est un établissement quatre étoiles situé dans le centre-ville de Montréal. Son vice-président de l'exploitation voudrait remplacer les moniteurs désuets des ordinateurs de l'hôtel installés à la réception par des écrans plats plus attrayants. Les nouveaux écrans occuperaient moins d'espace, consommeraient moins d'énergie et assureraient une plus grande sécurité (grâce à un angle restreint de lecture) que les anciens appareils. Leur installation ne requerrait aucune modification du filage. Pour sa part, le chef cuisinier considère qu'il serait plus justifié de consacrer cet argent à l'achat d'un nouveau congélateur pour la cuisine.

Travail à faire

Pour chacun des coûts ci-dessous, inscrivez un « X » dans la colonne appropriée pour indiquer s'il s'agit d'un coût différentiel, de renonciation ou irrécupérable dans la prise de décisions concernant le remplacement des anciens moniteurs par des écrans plats. Si le coût n'entre dans aucune des catégories proposées, n'inscrivez rien.

Coût	Coût différentiel	Coût de renonciation	Coût irrécupérable
Exemple : Le coût de l'électricité pour le fonctionnement des moniteurs actuels	X		
1. Le coût des nouveaux écrans plats			
2. Le coût des vieux moniteurs			
3. Le loyer de l'espace occupé par la réception			
4. Le salaire du personnel de la réception			

Coût	Coût différentiel	Coût de renonciation	Coût irrécupérable
5. Les avantages économiques découlant de l'achat d'un nouveau congélateur			
6. Le coût du maintien des vieux moniteurs			
7. Le coût de l'enlèvement des vieux moniteurs			
8. Le coût du filage actuel à la réception			

E2.13 **Les coûts de renonciation et les coûts irrécupérables**

La société Omega fabrique des articles de sport. L'un de ses produits génère un bénéfice très bas et la direction doit décider si elle continuera ou non à le fabriquer. Il y a cinq ans, l'entreprise a déboursé 1 500 000 $ pour le bâtiment dans lequel le produit est fabriqué et 500 000 $ pour le terrain. La valeur comptable nette (coût d'origine moins les amortissements cumulés) du bâtiment s'élève à 1 375 000 $. L'entreprise a payé l'impôt foncier et l'assurance sur le bâtiment il y a deux semaines (30 000 $ en tout). Le matériel de fabrication a, lui aussi, été acheté il y a cinq ans au coût de 300 000 $ et sa valeur comptable nette s'élève à 150 000 $. Dernièrement, quelqu'un a offert à l'entreprise 1 000 000 $ pour le terrain, le bâtiment et le matériel de fabrication. Deux semaines plus tard, une deuxième personne a offert de louer les installations 20 000 $ par mois.

Travail à faire

Parmi les coûts ci-dessus, lesquels sont des coûts de renonciation liés à la décision de continuer ou non à fabriquer le produit et lesquels sont des coûts irrécupérables ? Expliquez votre réponse.

E2.14 **La distinction entre les coûts incorporables et non incorporables**

La société Gélinas Informatique a été mise sur pied le 1er mai. À cette date, elle a acheté 22 000 clés USB afin de les vendre avec ses ordinateurs personnels, chacune contenant une brochure sur les produits de l'entreprise. Le recto des clés USB porte le nom de l'entreprise et un logo attrayant. Chaque clé a coûté 6 $ à l'entreprise.

Au cours du mois de mai, on a retiré 19 500 clés USB du compte « Matières premières ». Le directeur des ventes en a apporté 500 à une importante réunion du personnel de vente avec des clients potentiels et les a fait distribuer à titre promotionnel. Les autres clés tirées du stock ont été ajoutées à des unités du produit de l'entreprise fabriquées au cours du mois de mai. Parmi les ordinateurs auxquels on a ajouté une clé USB en mai, 95 % ont été terminés et transférés du stock de produits en cours au stock de produits finis. L'entreprise a vendu et expédié à des clients 80 % des ordinateurs au cours de ce mois.

Travail à faire

1. Déterminez le coût des clés USB qui figurerait dans chacun des comptes ci-dessous en date du 31 mai.
   a) Matières premières.
   b) Stock de produits en cours.
   c) Stock de produits finis.
   d) Coût des ventes.
   e) Publicité.
2. Précisez si chacun des comptes de la question 1 apparaîtrait dans le bilan ou dans l'état des résultats au 31 mai.

E2.15 La préparation d'un état du coût des produits fabriqués et de la section du coût des ventes de l'état des résultats

Les données ci-dessous sont extraites des livres de Thibault limitée pour la période terminée le 31 décembre.

Coûts engagés :	
Frais de vente	300 000 $
Main-d'œuvre directe	270 000
Achat de matières premières	396 000
Loyer du bâtiment de l'usine	240 000
Main-d'œuvre indirecte	168 900
Commissions sur les ventes	105 000
Services publics pour l'usine	27 000
Amortissement du matériel de fabrication	72 000
Fournitures de l'usine	2 100
Amortissement du matériel de bureau	24 000
Réparation du matériel de fabrication	120 000

	Début de l'exercice	Fin de l'exercice
Stocks :		
Matières premières	24 000 $	30 000 $
Produits en cours	15 000 $	60 000 $
Produits finis	210 000 $	75 000 $

Travail à faire

1. Préparez un état du coût des produits fabriqués.

2. Préparez la section « Coût des ventes » de l'état des résultats de Thibault limitée pour la période.

E2.16 La classification des coûts de la main-d'œuvre

Myriam Vachon apporte son téléviseur à un atelier de réparation. Une fois son appareil réparé, elle constate que les coûts de la main-d'œuvre s'élèvent à 75 $, soit 30 $ pour la première heure et 45 $ pour la seconde.

Interrogé sur la différence entre les tarifs horaires, le gérant de l'atelier explique à Mme Vachon que le travail effectué sur son téléviseur a commencé à 16 h et que l'employé a terminé la réparation deux heures plus tard, soit à 18 h, c'est-à-dire qu'il a fait une heure supplémentaire. La seconde heure comprend donc un coût lié à la majoration pour travail supplémentaire, car l'entreprise doit payer à son technicien un salaire majoré de 50 % pour tout travail effectué en sus de son horaire normal de huit heures par jour. Le gérant précise aussi que ses techniciens faisaient des heures supplémentaires à cause du rattrapage nécessité par des réparations en attente, mais que l'entreprise devait conserver une marge bénéficiaire « raisonnable » sur le travail de chacun d'eux.

Travail à faire

1. Êtes-vous d'accord avec la méthode de calcul des honoraires liés à la réparation du téléviseur de Mme Vachon ?

2. Supposez que l'atelier paie ses techniciens 14 $ l'heure pour les huit premières heures de travail d'une journée, et 21 $ pour chaque heure supplémentaire de travail quotidien. Préparez les calculs montrant comment le coût du temps de travail du technicien ce jour-là (neuf heures) devrait être réparti entre le coût de la main-d'œuvre directe et les frais indirects de fabrication dans les livres comptables de l'entreprise.

3. Dans quel contexte un atelier serait-il justifié de faire payer à Mme Vachon la majoration pour travail supplémentaire pour une réparation effectuée à son téléviseur ?

E2.17 Les coûts incorporables et non incorporables

La société Rivière a été mise sur pied le 1er mai. À cette date, elle a acheté 35 000 emblèmes en plastique ayant chacun un verso adhésif recouvert d'un papier détachable. Le recto de l'emblème porte le nom de l'entreprise et un logo attrayant. Chaque emblème a coûté 2 $ à l'entreprise.

Au cours du mois de mai, on a retiré 31 000 emblèmes du compte «Matières premières». Le directeur des ventes en a apporté 1 000 à une importante réunion du personnel de vente avec des clients potentiels et les a fait distribuer à titre promotionnel. Les autres emblèmes tirés du stock ont été attachés à des unités du produit de l'entreprise fabriquées au cours du mois de mai. Parmi les unités sur lesquelles on a attaché un emblème en mai, 90 % ont été terminées et transférées du stock de produits en cours au stock de produits finis. L'entreprise a vendu et expédié à des clients 75 % des unités finies au cours de ce mois.

Travail à faire

1. Déterminez le coût des emblèmes qui se retrouveraient dans chacun des comptes ci-après en date du 31 mai.
   a) Matières premières.
   b) Stock de produits en cours.
   c) Stock de produits finis.
   d) Coût des ventes.
   e) Publicité.
2. Précisez si chacun des comptes de la question 1 apparaîtrait dans le bilan ou dans l'état des résultats au 31 mai.

E2.18 La classification des coûts en coûts variables ou en coûts fixes, et en frais de vente et en frais d'administration, ou en coûts incorporables

Voici une liste de différents coûts engagés par des entreprises.
a) Le coût des interrupteurs de feux clignotants utilisés dans une usine de Ford. Il s'agit d'une des pièces installées au cours du montage des colonnes de direction assemblées dans cette usine.
b) Les intérêts débiteurs sur une dette à long terme de la société Radio-Canada.
c) Les commissions des vendeurs de la société Avon, une entreprise qui vend des produits de beauté de porte en porte.
d) L'assurance sur un des bâtiments d'une usine de Bombardier.
e) Le coût de l'expédition de raccords en laiton de l'usine de la société Marine Fournitures inc., en Colombie-Britannique, à des clients en Californie.
f) L'amortissement des rayonnages de Librairie des mers.
g) Le coût des films radiographiques au laboratoire de radiologie de l'Hôpital Maisonneuve-Rosemont.
h) Le coût de la location de 800 numéros de téléphone chez GM Canada. Les coûts mensuels exigés pour ces 800 numéros ne dépendent pas du nombre d'appels effectués.
i) L'amortissement du matériel pour terrain de jeu d'un restaurant McDonald's.
j) Le coût de la mozzarella utilisée dans un restaurant Pizza Hut.

Travail à faire

Classez chacun de ces coûts dans la catégorie des coûts variables ou des coûts fixes, compte tenu du volume de biens ou de services produits et vendus par l'entreprise. Classez également chaque coût selon qu'il s'agit de frais de vente et de frais d'administration, ou d'un coût incorporable. Préparez votre feuille de réponse en utilisant la présentation qui apparaît ci-après. Inscrivez un «X» dans la colonne appropriée pour indiquer la catégorie dans laquelle se classe chaque coût.

Objet de coût	Comportement du coût		Frais de vente et frais d'administration	Coût incorporable
	Variable	Fixe		

E2.19 La classification des coûts de la main-d'œuvre

Frédéric Aubry travaille chez Leblanc, où il assemble une composante d'un des produits de l'entreprise. Son salaire horaire est de 12 $ pour les heures régulières de travail, et il est majoré de 50 % (ce qui équivaut à 18 $ l'heure) pour tout travail en sus des 40 heures d'une semaine normale.

Travail à faire

1. Supposez qu'au cours d'une semaine donnée, M. Aubry est inactif durant deux heures à cause d'une panne de machine, et durant quatre autres heures en raison d'une rupture de stock de matières premières. On n'a enregistré aucune rémunération liée à des heures supplémentaires pour cette semaine. Répartissez le salaire de M. Aubry pour la semaine entre le coût de la main-d'œuvre directe et les frais indirects de fabrication.

2. Supposez qu'au cours de la semaine suivante, M. Aubry travaille un total de 50 heures. Il n'y a aucun temps improductif pendant cette semaine. Répartissez le salaire de M. Aubry pour la semaine entre le coût de la main-d'œuvre directe et les frais indirects de fabrication.

3. L'entreprise de M. Aubry offre un ensemble d'avantages sociaux intéressant à ses employés. Cet ensemble comprend un régime de retraite et un régime d'assurance maladie. Expliquez deux manières dont l'entreprise pourrait classer le coût des avantages sociaux de sa main-d'œuvre directe dans ses documents relatifs aux coûts.

Problèmes

P2.20 La répartition des coûts de la main-d'œuvre

Marc Hudon est employé chez Les Produits de l'Est inc. et travaille à la chaîne de montage. Son salaire de base est de 24 $ l'heure. D'après la convention collective de l'entreprise, le salaire des employés est majoré de 50 % (soit à 36 $ l'heure) pour toute heure de travail en sus de l'horaire normal de 40 heures par semaine.

Travail à faire

1. Supposez que, pour une semaine donnée, M. Hudon travaille 45 heures. Calculez le salaire de M. Hudon pour cette semaine de travail. Quelle partie de cette somme doit-on inscrire à titre de coût de la main-d'œuvre directe ? Quelle partie doit-on attribuer aux frais indirects de fabrication ?

2. Supposez qu'au cours d'une autre semaine, M. Hudon travaille 50 heures, mais qu'il compte 4 heures de temps improductif en raison d'une panne de machine. Calculez le salaire de M. Hudon pour cette semaine de travail. Quelle partie de cette somme doit-on allouer au coût de la main-d'œuvre directe ? Quelle partie doit-on attribuer aux frais indirects de fabrication ?

3. Les Produits de l'Est inc. offrent un ensemble intéressant d'avantages sociaux à leurs employés. Ces avantages coûtent 8 $ par heure de travail normale ou supplémentaire. Au cours d'une semaine donnée, M. Hudon travaille 48 heures, mais il compte 3 heures de temps improductif en raison d'une rupture de stock. Calculez le salaire et les avantages sociaux de M. Hudon pour cette semaine de travail. Supposons que l'entreprise considère tous les avantages sociaux comme des composantes de ses frais indirects de fabrication. Dans ce cas, quelle proportion du salaire et des avantages sociaux de M. Hudon pour la semaine doit-on inscrire à titre de coût de la main-d'œuvre directe ? à titre de frais indirects de fabrication ?

4. Consultez les données de la question précédente. Supposez que l'entreprise considère la part des avantages sociaux relative à la main-d'œuvre directe comme un coût de main-d'œuvre directe supplémentaire. Dans ce cas, quelle proportion du salaire et des avantages sociaux de M. Hudon pour cette semaine de travail doit-on inscrire à titre de coût de la main-d'œuvre directe ? à titre de frais indirects de fabrication ?

P2.21 La détermination des coûts

Il y a quelques années, Staci Valek a commencé à faire de la poterie dans ses temps libres. Les objets qu'elle crée sont très originaux. Ils ont connu un succès tel auprès de ses amis et connaissances qu'elle a quitté l'emploi qu'elle occupait au sein d'une société aérospatiale pour se consacrer à la poterie à temps plein. Son poste lui rapportait un salaire mensuel de 2 500 $.

La jeune femme compte louer un petit immeuble à proximité de sa maison pour y réaliser ses objets en poterie. Le loyer sera de 500 $ par mois. Mme Valek estime le coût de l'argile et du vernis à 2 $ pour chaque article fini. Elle compte embaucher des ouvriers pour fabriquer ses pots à un salaire de 8 $ l'unité. Pour faire connaître ses poteries, Mme Valek estime qu'il lui faudra beaucoup de publicité dans la région. Une agence de publicité lui propose ses services moyennant une rémunération mensuelle de 600 $. Le frère de Mme Valek se chargera de vendre les pots. Il recevra une commission de 4 $ sur chaque article vendu. Le matériel nécessaire à la fabrication des pots sera loué au coût de 300 $ par mois.

Mme Valek a déjà acquitté les coûts juridiques et les coûts d'enregistrement liés à l'incorporation de son entreprise. Ces coûts s'élevaient à 500 $. Mme Valek a loué un petit local dans un endroit touristique qui lui servira de bureau de vente et dont le loyer est de 250 $ par mois. La ligne téléphonique dans ce local, qui servira à prendre les commandes, coûtera 40 $ par mois. En outre, il y aura un répondeur relié à son téléphone pour enregistrer les messages après les heures de bureau.

Mme Valek a des économies lui rapportant des intérêts annuels de 1 200 $. Elle devra toutefois encaisser cet argent et l'utiliser pour la mise sur pied de son entreprise. Pour le moment, Mme Valek ne compte recevoir aucun salaire de sa nouvelle entreprise.

Travail à faire

1. Dressez un tableau comportant les titres de colonnes suivants.

Objet de coût	Coût variable	Coût fixe	Coûts incorporables			Coûts non incorporables (frais de vente et frais d'administration)	Coût de renonciation	Coût irrécupérable
			Matières premières	Main-d'œuvre directe	Frais indirects de fabrication			

Énumérez les coûts liés à la mise sur pied de l'entreprise dans la colonne de gauche (« Objet de coût »). Inscrivez ensuite un « X » dans la colonne appropriée pour indiquer la catégorie de chaque coût. Vous pouvez inscrire un « X » dans plusieurs colonnes pour un seul coût (par exemple, un coût peut entrer dans les catégories des coûts fixes, des coûts non incorporables et des coûts irrécupérables ; vous devrez alors inscrire un « X » dans chacune de ces colonnes vis-à-vis du coût en question).

Dans la colonne des coûts variables, indiquez uniquement les coûts qui seraient variables suivant le nombre de pots fabriqués et vendus.

2. Tous les coûts énumérés à la question 1, sauf un, constitueraient des coûts différentiels liés au choix de Mme Valek entre la fabrication de poterie et le fait de conserver son poste au sein de la société aérospatiale. Lequel de ces coûts n'est pas un coût différentiel ? Justifiez votre réponse.

P2.22 Une question d'éthique pour un gestionnaire

Claude Gallant est directeur général de Kionna inc., entreprise dont le titre est coté en Bourse. Au cours d'une rencontre avec des analystes financiers tenue en début de période, il a affirmé que les bénéfices de l'entreprise augmenteraient de 20 % pendant l'année. Malheureusement, les ventes se sont révélées moins importantes qu'il ne l'espérait. Deux semaines avant la fin de la période financière, M. Gallant a conclu que, sans l'adoption de mesures énergiques, il serait impossible d'obtenir une augmentation des bénéfices aussi élevée que prévu. Il a donc donné l'ordre de reporter, dans la mesure du possible, les charges jusqu'à la période suivante, par exemple en annulant ou en retardant des commandes auprès des fournisseurs, en reportant l'entretien et la formation prévus, et en réduisant les budgets de la publicité et des déplacements de fin de période. En outre, M. Gallant a ordonné au comptable d'examiner à la loupe tous les coûts jusque-là considérés comme des coûts non incorporables et d'en reclasser le plus grand nombre possible dans la catégorie des coûts incorporables. L'entreprise prévoit détenir d'importants stocks de produits en cours de fabrication et de produits finis à la fin de la période.

Travail à faire

1. Pourquoi une reclassification des coûts non incorporables en coûts incorporables aurait-elle pour effet d'augmenter les bénéfices enregistrés pendant la période courante?

2. À votre avis, les mesures de M. Gallant s'avèrent-elles acceptables sur le plan éthique? Pourquoi?

P2.23 La classification des coûts

Voici une liste de coûts engagés par diverses sociétés.

a) L'amortissement de l'avion d'affaires utilisé par les cadres d'une entreprise.

b) Le coût de l'expédition des produits finis aux clients.

c) Le bois utilisé dans la fabrication de meubles.

d) Le salaire du directeur des ventes.

e) L'électricité requise pour la fabrication de meubles.

f) Le salaire de la secrétaire du PDG.

g) Le système de vaporisation installé sur une bombe aérosol fabriquée par l'entreprise.

h) Les coûts de facturation.

i) Le matériel d'emballage des produits expédiés outre-mer.

j) Le sable qui entre dans la préparation du béton.

k) Le salaire du contremaître de l'usine.

l) L'assurance vie des cadres supérieurs.

m) Les commissions sur les ventes.

n) Les avantages sociaux des travailleurs de la chaîne de montage.

o) La publicité.

p) L'impôt foncier sur les entrepôts de produits finis.

q) Les lubrifiants pour le matériel de production.

Travail à faire

Dressez un tableau portant les titres de colonnes ci-après. Pour chaque objet de coût, indiquez s'il s'agit d'un coût variable ou d'un coût fixe, compte tenu du nombre d'unités produites et vendues, puis précisez s'il s'agit de frais de vente ou de frais d'administration, ou encore d'un coût de fabrication.

Dans le cas d'un coût de fabrication, indiquez si on le traiterait normalement comme un coût direct ou indirect suivant le nombre d'unités produites. Trois réponses vous sont fournies à titre d'exemples.

Objet de coût	Coût variable ou fixe	Frais de vente	Frais d'administration	Coût de fabrication Direct	Indirect
Main-d'œuvre directe	V			X	
Salaire des cadres supérieurs	F		X		
Loyer de l'usine	F				X

2

P2.24 La classification des coûts

La société Véloplus fabrique et vend des vélos de route et de montagne à travers un réseau de détaillants situés dans l'Ouest canadien. Voici une liste partielle des dépenses engagées au cours du dernier mois (novembre), alors que l'entreprise a fabriqué, expédié et vendu 1 000 vélos. Aucun stock au début et à la fin des produits en cours ou finis n'a été constaté en novembre.

Coût	Octobre	Novembre
Nombre d'unités fabriquées et vendues	900	1 000
Chiffre d'affaires	900 000 $	1 000 000 $
Cuir des selles de vélo	27 000	30 000
Salaire du directeur de la production	6 000	6 000
Assurance vie du président de l'entreprise	200	200
Électricité utilisée dans l'usine *	1 000	1 100
Commissions sur les ventes	45 000	50 000
Publicité en ligne	1 000	1 000
Avantages sociaux des employés de la production **	18 000	20 000
Impôt foncier de l'usine	1 000	1 000
Coûts d'expédition	45 000	50 000
Salaire du directeur financier	10 000	10 000

* Chaque mois, Véloplus paie des frais de base de 100 $ à la société de service public, peu importe sa consommation d'électricité.

** Les avantages sociaux sont équivalents à 20 % des salaires des employés de la production, qui gagnent en moyenne 20 $ l'heure. Chaque vélo nécessite 5 heures de main-d'œuvre directe.

Travail à faire

1. Rapportez-vous à la liste partielle des coûts engagés en novembre pour répondre aux questions suivantes.
   a) Quels coûts sont les coûts de fabrication variables ?
   b) Quels coûts sont les coûts de fabrication fixes ?
   c) Si le vélo est l'objet de coût, classez les coûts que vous avez nommés en a) et en b) selon qu'ils sont directs ou indirects.
   d) Quels coûts entreraient dans la catégorie des frais de vente ?
   e) Quels coûts seraient inscrits à titre de frais d'administration ?
2. Supposez que l'entreprise fabriquera et vendra 1 200 vélos en décembre. Estimez le coût, pour le mois de décembre, des éléments que vous avez classés dans les coûts de fabrication aux questions 1a) et 1b). Présumez que le coût unitaire des matières premières et que les salaires horaires resteront les mêmes et que les avantages sociaux continueront de représenter 20 % des salaires.

P2.25 L'état du coût des produits fabriqués, l'état des résultats et le comportement des coûts

Différentes données sur les coûts et le chiffre d'affaires de la société Montmorency pour la période qui vient de se terminer apparaissent ci-après.

►

Achat de matières premières	90 000 $
Stock de matières premières au début	10 000
Stock de matières premières à la fin	17 000
Amortissement de l'usine	42 000
Assurance de l'usine	5 000
Coût de la main d'œuvre directe	60 000
Entretien de l'usine	30 000
Frais d'administration	70 000
Chiffre d'affaires	450 000
Services publics pour l'usine	27 000
Fournitures de l'usine	1 000
Frais de vente	80 000
Coût de la main-d'œuvre indirecte	65 000
Stock de produits en cours au début	7 000
Stock de produits en cours à la fin	30 000
Stock de produits finis au début	10 000
Stock de produits finis à la fin	40 000

Travail à faire

1. Préparez un état du coût des produits fabriqués.
2. Dressez un état des résultats.
3. Supposez que l'entreprise a fabriqué l'équivalent de 10 000 unités d'un produit au cours de la dernière période. Quel serait le coût moyen par unité en matières premières ? Quel serait le coût moyen par unité de l'amortissement de l'usine ?
4. Posez l'hypothèse que l'entreprise s'attend à fabriquer 15 000 unités du produit au cours de la prochaine période. Quel coût moyen par unité et quel coût total l'entreprise devrait-elle engager pour ses matières premières à ce niveau d'activité ? pour l'amortissement de l'usine ? (Dans la préparation de votre réponse, supposez que les matières premières constituent un coût variable et l'amortissement, un coût fixe. Supposez aussi qu'on calcule l'amortissement selon la méthode linéaire.)
5. À titre de gestionnaire responsable des coûts de fabrication, expliquez au chef de la direction chaque écart entre les coûts moyens par unité de vos réponses aux questions 3 et 4.
6. En supposant que l'entreprise a fabriqué 20 000 unités du produit entièrement et partiellement terminées au cours de la période, déterminez les composantes des coûts du stock de produits finis, qui comporte 4 000 unités.

P2.26 La classification et le comportement des coûts

La société Hénault fabrique un magnifique modèle de bibliothèque qui jouit d'une grande popularité. Elle a un carnet de commandes suffisamment rempli pour maintenir indéfiniment la production à sa capacité maximale de 4 000 de ces meubles par année. Voici les données annuelles sur les coûts de l'entreprise à ce niveau d'activité.

Matières premières utilisées (bois et vitre)	430 000 $
Salaires du personnel de l'administration	110 000
Supervision de l'usine	70 000
Commissions sur les ventes	60 000
Amortissement du bâtiment de l'usine	105 000
Amortissement du matériel de bureau	2 000
Fournitures de fabrication de l'usine	18 000
Main-d'œuvre de l'usine (coupe et montage)	90 000
Publicité	100 000
Assurance de l'usine	6 000
Fournitures du service administratif pour la facturation	4 000
Impôt foncier de l'usine	20 000
Services publics pour l'usine	45 000

Travail à faire

1. Dressez un tableau en vous servant des titres de colonnes ci-dessous. Inscrivez chaque objet de coût et indiquez le montant correspondant en dollars dans la colonne appropriée. Les deux premiers coûts de la liste ont déjà été inscrits à titre d'exemples. Notez que le montant de chacun de ces objets de coût apparaît dans deux colonnes simultanément : premièrement à titre de coût variable ou de coût fixe, et deuxièmement, à titre de frais de vente et de frais d'administration, ou de coût incorporable.

Objet de coût	Comportement du coût		Frais de vente et frais d'administration	Coût incorporable	
	Coût variable	Coût fixe		Coût direct	Coût indirect*
Matières premières utilisées..................	430 000 $			430 000 $	
Salaires du personnel de l'administration.................................		110 000 $	110 000 $		

* par rapport aux unités produites

2. Calculez le total des montants de chaque colonne de la question 1. Déterminez le coût moyen de production (incorporable) par bibliothèque.

3. Supposez qu'en raison d'une récession, la production diminue à seulement 2 000 bibliothèques par année. À votre avis, le coût moyen par unité devrait-il augmenter, diminuer ou demeurer identique ? Justifiez votre réponse. Aucun calcul n'est nécessaire.

4. Référez-vous aux données de départ. Le voisin du chef de la direction a considéré la possibilité de se construire lui-même une bibliothèque et a déterminé ce qu'il lui en coûterait pour les matières dans un magasin de matériaux de construction. Comme alternative, il a demandé à acheter une bibliothèque chez Hénault au coûtant ; le chef de la direction a donné son consentement.

   a) Croyez-vous qu'il y aura désaccord entre ces deux personnes sur le prix que le voisin devrait payer ? Expliquez votre réponse. Quel prix le chef de la direction a-t-il probablement en tête ? Et son voisin ?

   b) Comme l'entreprise fonctionne à sa capacité maximale, quel type de coûts défini dans ce chapitre pourrait justifier la décision du chef de la direction de réclamer le prix régulier à son voisin, tout en affirmant qu'il lui vend au « coûtant » ? Expliquez votre réponse.

P2.27 Les coûts variables et fixes ; les subtilités des coûts directs et indirects

La clinique Aux Joyeux Nourrissons offre toute une gamme de soins de santé aux nouveau-nés et à leurs parents. Elle compte différents services parmi lesquels on retrouve le Centre d'immunisation. Voici quelques-uns des coûts de la clinique et de ce service.

a) Le salaire de l'infirmière-chef du Centre d'immunisation.

b) Le coût des fournitures accessoires utilisées au Centre, comme les essuie-tout.

c) Le coût de l'éclairage et du chauffage du Centre.

d) Le coût des seringues à usage unique utilisées au Centre.

e) Le salaire du gestionnaire des systèmes d'information de la clinique.

f) Le coût de l'envoi par la poste de lettres sollicitant des dons pour la clinique.

g) Le salaire des infirmières qui travaillent au Centre d'immunisation.

h) Le coût de l'assurance pour la responsabilité professionnelle de la clinique.

i) L'amortissement des installations et du matériel du Centre.

► **Travail à faire**

Pour chacun des coûts énumérés ci-dessus, indiquez s'il s'agit d'un coût direct ou indirect du Centre d'immunisation ou de l'immunisation de patients en particulier, et s'il s'agit d'un coût variable ou fixe. Pour ce faire, reproduisez le modèle de présentation qui apparaît ci-dessous.

	Coût direct ou indirect du Centre d'immunisation		Coût direct ou indirect de patients en particulier		Coût variable ou fixe selon le nombre d'immunisations effectuées	
Objet de coût	**Coût direct**	**Coût indirect**	**Coût direct**	**Coût indirect**	**Coût variable**	**Coût fixe**
Exemple: Le coût des comprimés immunisant contre la poliomyélite	X		X		X	

P2.28 L'état du coût des produits fabriqués et l'état des résultats

La société Sylvestre a été constituée le 1er novembre de l'année précédente. Après sept mois de pertes liées au démarrage, la direction prévoyait réaliser des bénéfices au cours du mois de juin. Toutefois, elle a été déçue d'apprendre, à la sortie de l'état des résultats pour ce mois, que l'entreprise avait encore essuyé des pertes. Voici l'état des résultats pour le mois juin.

SOCIÉTÉ SYLVESTRE
État des résultats
pour le mois terminé le 30 juin

Chiffre d'affaires..		600 000 $
Moins: Charges d'exploitation:		
Frais de vente et frais d'administration	35 000 $	
Loyer...	40 000	
Achat de matières premières..	190 000	
Assurance..	8 000	
Amortissement du matériel de vente....................................	10 000	
Services publics	50 000	
Main-d'œuvre indirecte	108 000	
Main-d'œuvre directe	90 000	
Amortissement du matériel de l'usine	12 000	
Entretien de l'usine...	7 000	
Publicité...	80 000	630 000
Perte		(30 000) $

Pour le chef de la direction de la société Sylvestre, la perte de 30 000 $ en juin est un dur coup. « J'étais convaincu que l'entreprise deviendrait rentable en moins de six mois, mais après huit mois, nous nageons encore dans les pertes. Il est peut-être temps de s'avouer vaincu et d'accepter une des offres d'achat qui nous ont été faites. Pour empirer les choses, Mme Letellier, qui se remet d'une chirurgie, vient de m'apprendre qu'elle ne rentrera pas au travail avant au moins six autres semaines. »

Mme Letellier est la comptable de l'entreprise. En son absence, son assistant, un nouveau venu qui a peu d'expérience dans les activités de production, a préparé l'état des résultats précédent. Voici d'autres renseignements sur la société Sylvestre.

a) Seulement 80 % du loyer est applicable aux activités de l'usine. Le reste doit être attribué aux activités de vente et d'administration.

b) Les stocks ont les soldes ci-après au début et à la fin du mois.

	1er juin	30 juin
Matières premières	17 000 $	42 000 $
Produits en cours	70 000 $	85 000 $
Produits finis	20 000 $	60 000 $

c) Environ 75 % du coût de l'assurance et 90 % du coût des services publics sont applicables aux activités de production ; les montants qui restent devraient être imputés aux activités de vente et d'administration.

Le chef de la direction vous a demandé de vérifier l'état des résultats pour le mois de juin et de formuler une recommandation pour l'aider à décider si l'entreprise devrait ou non poursuivre ses activités.

Travail à faire

1. Préparez un état du coût des produits fabriqués pour le mois terminé le 30 juin.
2. Dressez un nouvel état des résultats pour le mois terminé le 30 juin.
3. D'après les états financiers que vous avez établis aux questions 1 et 2, recommanderiez-vous que l'entreprise poursuive ses activités d'exploitation ?

P2.29 L'éthique et le gestionnaire

La haute direction de la société Électroglobale est bien connue pour ses méthodes de « gestion par les chiffres ». En tenant compte de la croissance du bénéfice souhaitée par l'entreprise, la chef de la direction a établi, au début de la période, des bénéfices cibles pour chacune des divisions. Voici en quels termes elle a énoncé sa ligne de conduite : « Je ne me mêlerai pas des activités des divisions. Je suis toujours disponible si quelqu'un a besoin de mes conseils, mais les vice-présidents des divisions peuvent agir comme bon leur semble, à condition qu'ils atteignent les objectifs en ce qui a trait aux bénéfices qui leur ont été assignés pour la période. »

En novembre, Stanislas Richard, le vice-président de la division Technologies des cellulaires, s'est rendu compte qu'il aurait beaucoup de difficulté à atteindre le bénéfice cible de la période en cours. Entre autres mesures, il a demandé que la constatation de ses charges discrétionnaires soit reportée jusqu'au début de la période suivante.

Le 30 décembre, il s'est mis en colère en apprenant que, plus tôt au cours du mois, un employé de l'entrepôt avait commandé des pièces de téléphones cellulaires pour un total de 350 000 $, même si les travailleurs de la chaîne de montage n'en avaient pas vraiment besoin avant le mois de janvier ou de février. Contrairement aux méthodes comptables couramment utilisées, le manuel des politiques comptables de la société Électroglobale requiert l'enregistrement de telles pièces à titre de charge au moment de leur livraison. Pour éviter la constatation de cette charge, M. Richard a demandé l'annulation pure et simple de la commande. Toutefois, le service des achats lui a fait savoir que le fournisseur avait déjà livré les pièces et qu'il n'accepterait pas de les reprendre. Comme la facture n'avait pas encore été payée, M. Richard a exigé du service de comptabilité qu'il corrige l'erreur de l'employé de l'entrepôt en retardant la constatation de la livraison jusqu'au paiement de la facture en janvier.

Travail à faire

1. Les mesures prises par M. Richard respectent-elles les règles d'éthique ? Expliquez votre réponse.
2. La philosophie de la haute direction et les méthodes comptables de la société Électroglobale promeuvent-elles ou non un comportement éthique ? Expliquez votre réponse.

P2.30 L'état du coût des produits fabriqués, l'état des résultats et le comportement des coûts

Voici quelques soldes de comptes de la société Vaillancourt pour la période terminée le 31 décembre.

Publicité	215 000 $
Assurance du matériel de l'usine	8 000
Amortissement du matériel de vente	40 000
Loyer du bâtiment de l'usine	90 000
Services publics pour l'usine	52 000
Commissions sur les ventes	35 000
Fournitures de nettoyage pour l'usine	6 000
Amortissement du matériel de l'usine	110 000
Salaires du personnel de vente et de l'administration	85 000
Entretien de l'usine	74 000
Main-d'œuvre directe	?
Achat de matières premières	260 000

Les soldes des stocks au début et à la fin de la période sont les suivants.

	Début de la période	Fin de la période
Matières premières	50 000 $	40 000 $
Produits en cours	?	33 000 $
Produits finis	30 000 $	?

Le total des coûts de fabrication de la période s'élevait à 675 000 $, celui des marchandises destinées à la vente, à 720 000 $, et celui des ventes, à 635 000 $.

Travail à faire

1. Préparez un état du coût des produits fabriqués et la section du coût des ventes de l'état des résultats de la société pour cette période.
2. Supposez que les montants en dollars fournis ci-dessus correspondent à la production de 30 000 unités au cours de la période. Calculez le coût moyen unitaire en matières premières utilisées et le coût moyen unitaire du loyer de l'usine.
3. Supposez que l'entreprise prévoit produire 50 000 unités pendant la prochaine période. D'après vous, quel coût moyen à l'unité et quel coût total devrait-elle engager pour les matières premières? pour le loyer de l'usine?
4. À titre de gestionnaire responsable des coûts de fabrication, expliquez au chef de la direction la raison de chaque différence en matière de coûts moyens unitaires entre vos réponses aux questions 2 et 3.

P2.31 Des données incomplètes dans l'état des résultats et dans l'état du coût des produits fabriqués

Fournissez les données qui manquent dans les quatre cas ci-après. Chaque situation est indépendante des autres.

	Cas			
	1	2	3	4
État du coût des produits fabriqués				
Matières premières	7 000 $	9 000 $	6 000 $	8 000 $
Main-d'œuvre directe	2 000 $	4 000 $	?	3 000 $
Frais indirects de fabrication	10 000 $	?	7 000 $	21 000 $
Total des coûts de fabrication	?	25 000 $	18 000 $	?
Stock de produits en cours au début	?	1 000 $	2 000 $	?
Stock de produits en cours à la fin	4 000 $	3 500 $	?	2 000 $
Coût des produits fabriqués	18 000 $	?	16 000 $	31 500 $
État des résultats				
Chiffre d'affaires	25 000 $	40 000 $	30 000 $	50 000 $
Stock de produits finis au début	6 000 $	?	7 000 $	9 000 $
Coût des produits fabriqués	18 000 $	?	16 000 $	31 500 $
Coût des marchandises destinées à la vente	?	?	?	?
Stock de produits finis à la fin	9 000 $	4 000 $	?	7 000 $
Coût des ventes	?	26 500 $	18 000 $	?
Marge brute	?	?	?	?
Frais de vente et frais d'administration	6 000 $	?	?	10 000 $
Bénéfice (perte)	?	5 500 $	3 000 $	?

P2.32 L'état du coût des produits fabriqués, l'état des résultats et le comportement des coûts

Voici des données sur les activités de la société Carignan pour le mois de février.

Achat de matières premières	130 000 $
Entretien de l'usine	37 000
Coût de la main-d'œuvre directe	32 500
Amortissement du matériel de fabrication	55 000
Coût des fournitures de l'usine	3 000
Salaires du personnel de vente et de gestion	42 500
Services publics pour l'usine	26 000
Commissions sur les ventes	17 500
Assurance sur le matériel de fabrication	4 000
Amortissement du matériel de vente	20 000
Publicité	107 500
Loyer du bâtiment de l'usine	?

Les soldes des stocks au début et à la fin de la période sont les suivants.

	Début du mois	Fin du mois
Matières premières	25 000 $	?
Produits en cours	24 000 $	?
Produits finis	15 000 $	?

▶

► Le coût des matières premières entrant dans la fabrication des produits s'élevait à 135 000 $, le total des frais indirects de fabrication pour l'exercice, à 170 000 $, celui des marchandises destinées à la vente, à 360 000 $, et celui des ventes, à 317 500 $.

Travail à faire

1. Préparez un état du coût des produits fabriqués et la section du coût des ventes de l'état des résultats de la société pour cette période.

2. Supposez que les montants en dollars fournis ci-dessus correspondent à la production de 15 000 unités au cours de la période. Calculez le coût moyen unitaire en matières premières utilisées et le coût moyen unitaire du loyer de l'usine.

3. Supposez que l'entreprise prévoit produire 20 000 unités au cours de la prochaine période. D'après vous, quel coût moyen à l'unité et quel coût total devrait-elle engager pour les matières premières? pour le loyer de l'usine?

4. À titre de gestionnaire responsable des coûts de fabrication, expliquez au chef de la direction la raison de chaque écart entre les coûts moyens unitaires déterminés aux questions 2 et 3.

P2.33 L'état des résultats et l'état du coût des produits fabriqués

La société Heurfils fabrique un seul produit. Les renseignements qui suivent concernant la production, les ventes et les coûts de la période qui vient de se terminer proviennent des documents comptables de l'entreprise.

Production en unités	30 000
Ventes en unités	?
Stock de produits finis à la fin, en unités	?
Chiffre d'affaires	1 300 000 $
Coûts :	
Publicité	100 000 $
Main-d'œuvre directe	160 000 $
Main-d'œuvre indirecte	120 000 $
Achat de matières premières	320 000 $
Loyer du bâtiment (la production occupe 80 % de l'espace ; les bureaux de l'administration et des ventes se partagent le reste)	100 000 $
Services publics pour l'usine	70 000 $
Redevance pour l'exploitation du brevet de production (1 $ par unité produite)	?
Entretien de l'usine	50 000 $
Location d'un équipement spécial de production (12 000 $ par an + 0,10 $ par unité produite)	?
Salaires du personnel des ventes et de l'administration	280 000 $
Autres frais indirects de fabrication	22 000 $
Autres frais de vente et frais d'administration	40 000 $

	Début de la période	Fin de la période
Stocks :		
Matières premières	40 000 $	20 000 $
Produits en cours	60 000 $	80 000 $
Produits finis	-0- $	?

Le stock de produits finis est constaté au coût moyen unitaire de production pour la période. Le prix de vente du produit est de 50 $ l'unité.

Travail à faire

1. Préparez un état du coût des produits fabriqués pendant la période.
2. Calculez les éléments suivants.
   a) Le nombre d'unités comprises dans le stock de produits finis à la fin de la période.
   b) Le coût total du stock de produits finis à la fin de la période.
3. Préparez un état des résultats pour la période.

P2.34 L'état des résultats et l'état du coût des produits fabriqués

Les données ci-dessous sont tirées des livres de la société Mirabeau pour la dernière période financière.

Frais de vente	140 000 $
Stock de matières premières au 1er janvier	90 000
Stock de matières premières au 31 décembre	60 000
Services publics pour l'usine	36 000
Main-d'œuvre directe	150 000
Amortissement de l'usine	162 000
Achat de matières premières	750 000
Chiffre d'affaires	2 500 000
Assurance de l'usine	40 000
Fournitures de l'usine	15 000
Frais d'administration	270 000
Main-d'œuvre indirecte	300 000
Entretien de l'usine	87 000
Stock de produits en cours au 1er janvier	180 000
Stock de produits en cours au 31 décembre	100 000
Stock de produits finis au 1er janvier	260 000
Stock de produits finis au 31 décembre	210 000

La direction veut organiser ces données d'une façon différente en vue de la préparation des états financiers annuels.

Travail à faire

1. Établissez un état du coût des produits fabriqués.
2. Calculez le coût des ventes.
3. Dressez un état des résultats.
4. En supposant que les stocks de produits finis et en cours comprenaient 412 500 unités au début de la période, calculez les composantes des coûts du stock de produits finis, qui comporte 55 176 unités à la fin de la période.

2

C2.35 Des données manquantes, l'état des résultats et l'état du coût des produits fabriqués

« En tant que scientifique, je suis très compétente, mais j'ai encore des choses à apprendre en matière de gestion d'entreprise », a déclaré Sylvie Morales, la fondatrice et directrice générale de la société Technologie médicale inc. « La demande pour notre moniteur cardiaque a été si élevée que j'ai cru que l'entreprise serait rentable dès ses débuts, mais le résultat du premier trimestre est désastreux ! À ce rythme, nous serons en faillite avant la fin de l'année. » Voici les données que Mme Morales examine avec consternation.

TECHNOLOGIE MÉDICALE INC.
État des résultats
pour le trimestre terminé le 30 juin

Chiffre d'affaires (16 000 moniteurs)		975 000 $
Moins : Charges d'exploitation :		
Salaires du personnel des ventes et de l'administration	90 000 $	
Publicité	200 000	
Fournitures de nettoyage pour l'usine	6 000	
Main-d'œuvre indirecte	135 000	
Amortissement du matériel de bureau	18 000	
Main-d'œuvre directe	80 000	
Achat de matières premières	310 000	
Entretien de l'usine	47 000	
Location des immobilisations	65 000	
Assurance de l'usine	9 000	
Services publics	40 000	
Amortissement du matériel de production	75 000	
Déplacement du personnel de vente	60 000	1 135 000
Perte		(160 000) $

La société Technologie médicale inc. a commencé ses activités le 1er avril de la période en cours en vue de produire et de mettre en marché un nouveau moniteur cardiaque qui pourrait révolutionner le milieu médical. Le beau-frère de Mme Morales, qui a suivi un cours de comptabilité il y a 10 ans, a mis sur pied le système d'information comptable de l'entreprise.

« Nous n'en aurons peut-être même pas pour un an, a déclaré Mme Morales, si la compagnie d'assurances ne nous verse pas les 227 000 $ qu'elle nous doit en compensation des 4 000 moniteurs perdus dans l'accident du camion de livraison survenu la semaine dernière. Leur agent prétend que notre réclamation est gonflée, mais c'est complètement ridicule ! » Au début du deuxième trimestre, un camion de livraison transportant 4 000 moniteurs a été embouti dans une collision et a pris feu. Sa cargaison a été entièrement détruite. Les moniteurs faisaient partie d'un lot de produits finis de 20 000 unités qui avaient été fabriquées au cours du trimestre terminé le 30 juin. Ils se trouvaient dans un entrepôt en attendant d'être vendus. La vente et l'expédition de ces 4 000 unités ont eu lieu le 3 juillet (cette vente n'apparaît pas dans l'état financier qui précède). L'assureur du transporteur routier est responsable du coût des marchandises perdues. Le beau-frère de Mme Morales a déterminé ce coût de la façon suivante :

$$\frac{\text{Total des coûts du trimestre}}{\text{Nombre de moniteurs produits au cours de ce trimestre}} = 1\ 135\ 000\ \$ \div 20\ 000\ \text{unités} = 56,75\ \$\ \text{l'unité}$$

$$4\ 000\ \text{unités à } 56,75\ \$\ \text{l'unité} = 227\ 000\ \$$$

Voici quelques renseignements supplémentaires concernant les activités de l'entreprise au cours du trimestre terminé le 30 juin.

a) Les stocks au début et à la fin du trimestre sont les suivants:

	Début du trimestre	Fin du trimestre
Matières premières	-0- $	40 000 $
Produits en cours..	-0- $	30 000 $
Produits finis	-0- $	?

b) On sait que 80 % du coût de location des immobilisations de production et 90 % du coût des services publics sont liés aux activités de fabrication. Le reste de ces montants est attribuable aux activités de vente et d'administration.

Travail à faire

1. Quelles erreurs conceptuelles, s'il y en a, ont été commises par le beau-frère de Mme Morales dans la préparation de l'état des résultats?
2. Préparez un état du coût des produits fabriqués pendant le trimestre en question.
3. Dressez un état des résultats corrigé pour ce trimestre. Votre rapport devrait montrer en détail la façon dont vous avez calculé le coût des ventes.
4. Êtes-vous d'accord pour dire que la compagnie d'assurances doit à la société Technologie médicale inc. un montant de 227 000 $? Justifiez votre réponse.

C2.36 Le calcul des stocks à partir de données incomplètes

Alors qu'il somnole aux commandes de son avion, le Prévert 6, Daniel Nonchaloir s'appuie pesamment sur la porte de l'appareil. Il a la surprise de sa vie lorsque celle-ci s'ouvre brusquement et qu'il est éjecté en plein vol. Dans sa descente en parachute vers le sol, il observe, impuissant, le spectacle de son avion vide qui va s'écraser sur l'usine et les bureaux administratifs de la société Ophicléide.

— La compagnie d'assurances ne croira jamais une histoire pareille! s'écrie Mandoline Olifant, la comptable de l'entreprise, en contemplant le feu qui achève de ravager les bâtiments. Notre société est complètement anéantie!

— Il est parfaitement inutile de communiquer avec l'agent d'assurances, déclare Fortin Théorbe, le directeur de la production. Nous ne pouvons pas déposer une réclamation sans documents comptables à l'appui, et tout ce que nous avons est cet exemplaire du dernier rapport annuel. Il indique que le stock de matières premières au début de la période courante (au 1er janvier) s'élevait à 30 000 $, alors que celui des produits en cours valait 50 000 $ et que celui des produits finis totalisait 90 000 $. Mais ce qu'il nous faudrait, c'est le compte de ces stocks au moment de l'accident. Or, ces données-là sont parties en fumée.

— Tout a brûlé sauf ce résumé sur lequel je travaillais au moment où l'avion a percuté le bâtiment, précise Mme Olifant. D'après ce tableau, notre chiffre d'affaires depuis le début de la période jusqu'à présent totalisait 1 350 000 $, et les frais indirects de fabrication, 520 000 $.

— Attendez! Ce rapport annuel est plus utile que je ne le croyais, reprend M. Théorbe avec enthousiasme. Je constate que notre marge brute représente 40 % de notre chiffre d'affaires. Je remarque aussi que le coût de la main-d'œuvre directe équivaut à un quart de nos frais indirects de fabrication.

— Nous avons peut-être une chance de nous en tirer! s'exclame Mme Olifant, ravie. Mon résumé contient les montants des coûts de la main-d'œuvre directe et des matières premières, qui s'élèvent à 510 000 $ pour la période, et le coût des marchandises destinées à la vente, qui totalise 960 000 $. Si seulement nous connaissions le montant des matières premières achetées jusqu'à présent!

— Je connais ce montant, crie M. Théorbe. C'est 420 000 $! Le responsable des approvisionnements me l'a justement donné hier, lors de notre réunion de planification. ▶

►   — C'est fantastique! conclut Mme Olifant. Nous allons pouvoir formuler notre réclamation avant la fin de la journée!

Pour déposer une réclamation auprès de la compagnie d'assurances, la société Ophicléide doit déterminer le montant du coût de ses stocks à la date de l'incendie. Supposez que toutes les matières utilisées pour la production au cours de la période étaient des matières premières.

Travail à faire

Déterminez le montant du coût du stock de matières premières, du coût du stock de produits en cours et du coût du stock de produits finis au moment de l'incendie.

C2.37 Le comportement des coûts

Dyna Tek inc. est une entreprise de haute technologie, récemment déménagée à Bedford, en Nouvelle-Écosse. La société se spécialise dans la fabrication d'une gamme d'unités de stockage de données pour ordinateurs à la fine pointe de la technologie, qu'elle vend partout dans le monde.

Pour le processus de démarrage de l'usine de Bedford, Robert Key, chef de section de la production de la gamme de disques durs A33, doit décider du niveau de mécanisation à mettre en place pour ce disque dur.

L'entreprise vend environ 100 000 unités de A33 par an, à 260 $ l'unité. Grâce à une chaîne de montage comptant deux travailleurs, chacun peut être payé 30 $ pour assembler une unité (coût du matériel: 50 $ l'unité). Une autre possibilité serait qu'un seul travailleur utilise une machine spécialisée coûtant 500 000 $ et effectue ce montage pour une rémunération de 50 $ par disque dur. La durée de vie d'une telle machine est de quatre ans.

Travail à faire

1. Déterminez la structure de coûts des deux possibilités en ce qui a trait à la mécanisation de la chaîne de montage.
2. Si la demande de A33 est irrégulière et que la capacité de production de la machine est de 100 000 unités, quelle structure de coûts recommanderiez-vous?

C2.38 La détermination des coûts de revient et le comportement des coûts

Jos Picquet doit bientôt obtenir son diplôme en comptabilité de l'Université de l'Ouest. Étant donné les possibilités d'emploi qui s'offrent à lui, il songe à s'acheter une nouvelle voiture. Comme il s'attend à ce que 90 % de ses coûts de déplacement soient remboursés par son employeur, il se demande combien sa voiture lui coûtera au kilomètre, approximativement.

En effectuant une recherche à la bibliothèque, M. Picquet a établi les estimations de coûts ci-après fondées sur des moyennes statistiques canadiennes.

Charges d'exploitation:	
Essence	16,5 %
Assurance	15,0 %
Entretien	7,0 %
Pneus	3,0 %
Divers	3,5 %
Coûts fixes:	
Amortissement et financement	55,0 %
Total	100 %
Utilisation annuelle	24 000 km
Prix moyen exigé	0,30 $ par kilomètre

Travail à faire

1. Supposez que M. Picquet espère que son employeur lui remboursera 90 % de ses coûts de déplacement à 0,30 $ du kilomètre. Supposez aussi qu'il s'attend à changer de voiture dans quatre ans, lorsqu'elle n'aura plus aucune valeur. Dans ce contexte, combien M. Picquet peut-il débourser pour une automobile alors qu'il estime ses propres dépenses à 0,25 $ du kilomètre?

2. Combien M. Picquet peut-il payer pour son véhicule en supposant que son employeur lui remboursera l'équivalent de 27 000 km? de 18 000 km?

C2.39 L'état des résultats

Benoit Maton, président-fondateur de CardioTech, peut à peine contenir son enthousiasme en voyant le bénéfice réalisé par son entreprise au terme de sa deuxième année d'activité. CardioTech est un détaillant en ligne qui vend des montres GPS capables d'enregistrer la distance, le temps, la vitesse, la fréquence cardiaque et diverses statistiques. M. Maton ne fabrique pas les montres; il les achète directement d'un fabricant chinois et les revend sur son site internet. Dans les deux premières années, M. Maton a décidé de vendre sa montre à un prix fixe de 100 $ afin d'attirer les clients. De plus, il a réussi à négocier une entente avec son fournisseur pour qu'il lui vende les montres à un prix unitaire constant de 80 $ pendant ces deux années.

Pour chacune des deux années, les charges d'exploitation de l'entreprise se sont résumées aux frais publicitaires et aux salaires versés à l'administratrice web et au comptable. Comme M. Maton possède beaucoup d'autres entreprises qui lui prennent beaucoup de temps, le comptable voit aussi aux activités courantes de CardioTech et est le seul titulaire du pouvoir de signature et donc la seule personne habilitée à engager des dépenses au nom de l'entreprise. Afin d'inciter son administratrice web à concevoir un site convivial et attrayant, M. Maton a décidé de lui verser une commission égale à 1 % de son chiffre d'affaires annuel en 20X5 et en 20X6. Pour chacune de ces deux années, les salaires de l'administratrice web et du comptable n'ont pas changé et totalisaient 92 000 $. Les frais publicitaires annuels aussi sont restés constants à 10 000 $.

Après avoir révisé ses résultats d'exploitation pour 20X5 (présentés ci-après), M. Maton a établi des prévisions pour 20X6 en se basant sur des ventes anticipées de 10 000 montres à 100 $ l'unité et à un coût de 80 $ l'unité. Il a calculé les charges d'exploitation de 20X6 en se basant sur le coût unitaire de 13,75 $ (110 000 $ ÷ 8 000) payé en 20X5. Compte tenu de ses calculs (montrés ci-après) et de la croissance des ventes observée en 20X5, M. Maton s'attendait à une majoration de 25 % de son bénéfice en 20X6. Par conséquent, lorsque le comptable de CardioTech lui a montré les résultats obtenus en 20X6, il était enchanté. Son bénéfice avait augmenté de 50 % comparativement à 25 % en 20X5.

	20X5 Résultats réels	20X6 Résultats prévus	20X6 Résultats réels
Ventes (unités)	8 000	10 000	10 000
Chiffre d'affaires	800 000 $	1 000 000 $	1 000 000 $
Coût des ventes	640 000	800 000	800 000
Marge brute	160 000	200 000	200 000
Charges d'exploitation	110 000	137 500	125 000
Marge brute	50 000 $	62 500 $	75 000 $

► M. Maton est un entrepreneur doué, mais il n'a jamais étudié la comptabilité générale ni la comptabilité de gestion. Il a toujours confié la préparation des états financiers à son comptable.

Travail à faire

1. Expliquez l'erreur commise par M. Maton dans le calcul du bénéfice prévu en 20X6.
2. En tenant compte des données ci-dessus, recalculez les résultats prévus en 20X6. Pour éclairer M. Maton, donnez des détails sur les composantes précises des charges d'exploitation (publicité, salaires et commissions). Vos prévisions des résultats de 20X6 montrent-elles des bénéfices aussi élevés que ceux que M. Maton avait prévus ? Expliquez votre réponse.
3. Comparez les charges d'exploitation que vous avez prévues à la question 2 aux résultats réels de 20X6 présentés ci-dessus. Si vous étiez à la place de M. Maton, quelles questions poseriez-vous au comptable sur les activités de 20X6 ?

C2.40 Les coûts et les revenus différentiels, les coûts de renonciation et les coûts irrécupérables

La société Perform Pro est un cabinet de consultants qui exploite des bureaux dans toutes les grandes villes canadiennes ; son siège social est situé à Hamilton, en Ontario. Elle crée des programmes de récompense et de reconnaissance des employés pour ses clients, qui vont des entreprises de fabrication jusqu'aux centres de réservations des chaînes hôtelières. L'un des programmes les plus populaires élaborés par Perform Pro consiste à travailler avec l'équipe de gestion de ses clients pour établir des objectifs de rendement à l'intention de leurs employés.

Une fois les objectifs déterminés, Perform Pro conçoit un programme de récompense qui consiste à accorder des points plutôt que de l'argent aux employés qui atteignent les objectifs fixés par la direction. Plus l'objectif est ambitieux, plus le nombre de points est élevé. Ces points peuvent être échangés contre toutes sortes de prix : vélos, barbecues, ordinateurs, appareils photo, vacances, chèques-cadeaux de restaurant, de boutiques de vêtements ou de bijouteries, et ainsi de suite. Perform Pro publie un catalogue des prix qu'il distribue aux employés pour leur montrer ce qu'ils peuvent obtenir en échange de leurs points s'ils atteignent leurs objectifs de rendement pour la période visée.

Dans le cadre du service qu'elle fournit à ses clients, Perform Pro conserve un stock des articles que les employés de ses clients peuvent échanger contre leurs points. Perform Pro achète ces articles directement des fabricants et des grossistes, et elle conserve un stock relativement important de la plupart des articles offerts dans son catalogue afin de pouvoir les expédier à ses clients au moment opportun. Ce stock est conservé dans un entrepôt situé à Stoney Creek, un arrondissement de la ville de Hamilton.

Perform Pro a acheté cet entrepôt il y a plusieurs années, mais la société a pris une expansion considérable depuis. En fait, au cours des derniers mois, des clients ont dû attendre certains articles parce que l'entrepôt n'est plus assez grand pour contenir toutes les primes en quantités suffisantes.

Il y a environ un mois, Alex Blain, le gestionnaire des installations de Perform Pro, a repéré dans une ville voisine un vaste entrepôt à louer à long terme. Le loyer mensuel du bail serait comptabilisé comme charge. Bien que cet entrepôt soit plus vaste que l'entrepôt actuel de Stoney Creek, M. Blain estime qu'il économisera sur le coût des services publics parce que le bâtiment est plus moderne et plus écoénergétique. Un autre avantage du nouvel entrepôt a trait au fait que Perform Pro n'aura pas d'impôt foncier ni d'assurance à payer puisqu'elle ne sera pas propriétaire du bâtiment. De plus, comme l'entrepôt est plus grand que ce dont Perform Pro a besoin à l'heure actuelle pour maintenir un stock d'articles adéquat, l'entreprise pourra sous-louer environ 15 % de l'espace, du moins pendant quelques années, jusqu'à ce qu'elle ait besoin de l'espace tout entier.

M. Blain pense pouvoir vendre l'entrepôt de Stoney Creek facilement ; il en a parlé à un agent immobilier qui a déjà des clients prêts à faire une offre. Comme l'entrepôt n'est pas encore totalement amorti, M. Blain estime aussi que sa vente va améliorer le bénéfice net de l'entreprise parce qu'il ne sera plus nécessaire de constater l'amortissement à l'état des résultats. Autre avantage de la vente de l'entrepôt existant : Perform Pro n'aura plus à payer les frais d'entretien et de réparation ni le salaire du directeur de l'entretien de l'immeuble, qu'elle congédiera si elle décide de louer le nouvel entrepôt. En effet, les frais d'entretien seront à la charge du propriétaire, sauf si les dommages sont causés par Perform Pro, auquel cas l'entreprise assumera le coût des réparations. M. Blain croit que l'assurance sur le stock de primes et les salaires du personnel de sécurité, présent sur place tous les jours, 24 heures par jour, ne changeront pas si la société décide de louer le nouvel entrepôt.

La vente de l'entrepôt actuel présente toutefois un inconvénient : Perform Pro ne pourra plus encaisser le bénéfice découlant de l'exploitation du petit stationnement qui occupe une partie de son terrain. Actuellement, elle loue des places de stationnement aux employés d'une entreprise située sur un terrain adjacent. Une fois soustraits les coûts annuels liés à l'entretien du stationnement (déneigement, réfection, caméras de surveillance, etc.), Perform Pro réalise un petit bénéfice chaque année.

Travail à faire

1. Déterminez les revenus et les coûts différentiels liés à la conservation de l'entrepôt actuel de Stoney Creek par opposition à ceux de la location du nouvel entrepôt, plus grand.
2. Y a-t-il des coûts de renonciation associés à la vente de l'entrepôt existant ?
3. À quelle catégorie de coût l'amortissement de l'entrepôt existant appartient-il ? Perform Pro devrait-elle en tenir compte dans sa décision de conserver son entrepôt actuel ou de louer le nouvel entrepôt ? Pourquoi ?

Cas de discussion

Comprendre les termes et les concepts reliés au coût est nettement plus important pour les grandes organisations, car leur fonctionnement est complexe. De plus, ces entreprises offrent une multitude de produits ou de services. Dans le cas des entreprises plus petites et plus simples, qui fabriquent ou vendent un produit unique, ou offrent un service unique, les sujets abordés dans ce chapitre sont moins pertinents.

Travail à faire

Êtes-vous d'accord avec cette affirmation ? Expliquez votre réponse.

Réponses aux questions éclair

2.1 Comme les commis aux comptes fournisseurs ne participent pas aux opérations de fabrication, leur salaire n'entre pas dans les coûts de fabrication du produit.

2.2 Dans une entreprise de fabrication, le salaire du directeur financier est considéré comme un coût non incorporable parce que cette personne ne participe généralement pas à la fabrication du produit.

2.3 Coût des ventes = Stock de produits au début + Achats − Stock de produits à la fin
Pour calculer le coût des achats :
Achats = Coût des ventes − Stock de produits au début + Stock de produits à la fin
Achats = 250 000 $ − 50 000 $ + 40 000 $
Achats = 240 000 $

2.4 Coût des produits fabriqués = Matières premières + Coût de la main-d'œuvre directe + Frais indirects de fabrication + Stock de produits en cours au début − Stock de produits en cours à la fin

Coût des produits fabriqués = 205 000 $ + 30 000 $ + 175 000 $ + 45 000 $ − 30 000 $

Coût des produits fabriqués = 425 000 $

2.5 Coût total de location de l'appareil = 8 000 $

Coût moyen par test = 8 000 $ ÷ 1 000 tests = 8 $ par test

Le coût total de location, si la clinique effectue 4 000 tests par mois, sera d'environ 16 000 $ (8 000 $ × 2 appareils). Il faudra deux appareils puisque chaque machine peut seulement effectuer 2 000 tests par mois.

2.6 La valeur comptable nette est un coût irrécupérable puisqu'elle représente simplement le coût d'origine (un coût irrécupérable) qui n'a pas encore été passé en charge sous forme d'amortissement.

2.7 La valeur de récupération est un coût de renonciation puisqu'elle représente un bénéfice potentiel qui serait perdu si l'entreprise décidait de garder l'équipement.

LE COMPORTEMENT DES COÛTS : ANALYSE ET UTILISATION

Mise en situation

Une bonne connaissance des coûts et de leur comportement

Cervélo Cycle a été fondée en 1995 par deux étudiants ingénieurs de l'université McGill. L'entreprise a été acquise en 2012 par une société hollandaise, Pon Holdings. Cervélo Cycle, fabrique des cadres de vélos haut de gamme pour la route, la piste et le triathlon. Avant de décider d'ajouter un nouveau modèle à sa gamme de vélos, la direction de Cervélo doit estimer les profits qu'elle pourrait en retirer. Pour ce faire, elle doit avoir une bonne connaissance des divers types de coûts à engager. Parfois, il peut être plus facile de prévoir certains coûts, par exemple ceux des matières premières, parce qu'ils varient généralement de façon directement proportionnelle au nombre estimé d'unités à produire. Toutefois, d'autres coûts, tel celui de la main-d'œuvre directe, sont plus difficiles à établir d'avance. En effet, la direction doit se demander s'il sera nécessaire d'embaucher des employés supplémentaires ou si la main-d'œuvre actuelle suffira pour la production du nouveau modèle. D'autres coûts peuvent se révéler encore plus difficiles à prévoir. Par exemple, l'ingénierie étant au cœur des activités de Cervélo, certains des coûts associés à la conception d'un nouveau modèle seront prévisibles. Certains autres, tels que les salaires des ingénieurs, pourraient demeurer constants, car la conception de nouveaux modèles ne nécessite pas nécessairement l'embauche de plus d'ingénieurs. Par conséquent, il est important de décomposer quelques-unes des catégories de coûts en composantes fixes et variables pour estimer leur évolution.

Comme nous le verrons dans ce chapitre, comprendre le comportement des divers coûts engagés par une entreprise permet à celle-ci de mieux prévoir les coûts totaux à engager pour le développement d'un nouveau produit. Nous traiterons aussi des questions suivantes auxquelles les gestionnaires doivent pouvoir répondre pour prendre des décisions judicieuses : Quels sont les différents types de comportements de coûts à connaître ? Quelles méthodes utiliser pour effectuer des prévisions de coûts ?

OBJECTIFS D'APPRENTISSAGE

Après avoir étudié ce chapitre, vous pourrez :

1. comprendre et prévoir le comportement des coûts fixes et variables ;

2. analyser les coûts semi-variables à l'aide de différentes méthodes ;

3. préparer un état des résultats à l'aide de la méthode des coûts variables ;

4. analyser les coûts semi-variables à l'aide de l'analyse de régression (*voir l'annexe 3A en ligne*).

3

Au chapitre 2, nous avons vu qu'il était possible de classer les coûts en fonction de leur comportement. Le comportement des coûts est la façon dont un coût réagit ou est modifié lorsque le volume d'activité d'une entreprise varie. Dans tous les types d'organisations, la compréhension du comportement des coûts constitue une condition préalable à la prise de nombreuses décisions. Les gestionnaires qui en saisissent toutes les subtilités sont plus en mesure que les autres de prévoir les coûts dans diverses situations d'exploitation. Toute décision qui repose sur une compréhension superficielle des modèles de comportement des coûts peut avoir des effets désastreux sur une entreprise. Par exemple, l'abandon d'une gamme de produits pourrait se traduire par une économie de coûts très inférieure aux prévisions des gestionnaires ou même par une baisse des bénéfices. Pour éviter de tels problèmes, les gestionnaires doivent pouvoir prévoir avec précision ce que seront les coûts à différents niveaux d'activité.

Dans ce chapitre, nous reverrons brièvement les définitions des coûts variables et fixes, tout en analysant le comportement de ces coûts. Nous présenterons aussi le concept de coût semi-variable, lequel comporte des éléments de coûts à la fois variables et fixes. Enfin, nous décrirons un nouveau modèle de présentation de l'état des résultats à l'aide de la méthode des coûts variables, modèle dans lequel les coûts sont classés d'après leur comportement plutôt que selon des fonctions traditionnelles de production, de vente et d'administration.

Le comportement des coûts tel que nous le présenterons dans ce chapitre nous amènera à étudier les descriptions et les techniques d'analyse nécessaires dans tous les domaines de la comptabilité de gestion, c'est-à-dire dans la détermination du coût de revient, l'établissement du budget, la prise de décisions et le contrôle. Nous avons simplifié ces descriptions et ces techniques pour qu'elles soient claires, mais ces concepts conviennent aussi à l'analyse de situations plus complexes dont nous traiterons dans des chapitres ultérieurs.

Jusqu'à maintenant, nous nous sommes intéressés uniquement aux coûts variables et aux coûts fixes. Il existe toutefois un troisième type de coûts généralement désigné par l'expression coûts semi-variables. On retrouve ces trois types de comportements de coûts — variables, fixes et semi-variables — dans la plupart des entreprises. La proportion relative de chacun d'eux porte le nom de **structure de coûts** d'une entreprise. Par exemple, une entreprise peut avoir de nombreux coûts fixes, mais peu de coûts variables ou semi-variables ; une autre aura plusieurs coûts variables, mais peu de coûts fixes ou semi-variables. La structure de coûts a souvent un effet important sur les décisions que doit prendre une organisation. Dans le présent chapitre, nous tâcherons de mieux comprendre le comportement de chaque type de coûts ; au chapitre suivant, nous analyserons plus en profondeur l'influence que peut avoir la structure de coûts sur les décisions d'une entreprise.

Structure de coûts

Proportion relative des coûts fixes, variables et semi-variables dans une organisation.

3.1 Le comportement des coûts

OA1

Comprendre et prévoir le comportement des coûts fixes et variables.

3.1.1 Les coûts variables

Nous avons vu au chapitre 2 qu'un coût variable est un coût dont le montant total en dollars varie de façon directement proportionnelle aux changements dans le volume d'activité. Ainsi, quand ce volume double, le montant total en dollars des coûts variables double également. Lorsqu'il augmente de 10 % seulement, le montant total en dollars des coûts variables augmente aussi de 10 % et ainsi de suite.

Nous avons aussi expliqué que le coût variable reste constant lorsqu'il est exprimé sur une base unitaire. Illustrons ce concept à l'aide de l'exemple d'Expéditions sauvages, une petite entreprise spécialisée dans les descentes en eau vive sur les rivières du nord du Québec. Elle fournit tout le matériel nécessaire, de même que des guides expérimentés, et sert des repas gastronomiques à ses clients. Chaque repas, au coût de 30 $ par personne, est préparé par un traiteur exclusif. Le coût des repas par personne demeurera constant à 30 $, quel que soit le nombre de participants. Le comportement de ce coût variable est illustré ci-après.

Nombre de clients	Coût des repas par client	Coût total des repas
250	30 $	7 500 $
500	30	15 000
750	30	22 500
1 000	30	30 000

L'idée que le coût variable est constant par unité mais que le total de ce coût varie en fonction du volume d'activité est essentielle à la compréhension du comportement des coûts. Nous reviendrons sur cette notion un peu plus loin et au cours des prochains chapitres. Notons toutefois la possibilité que le coût variable par unité soit différent si le volume d'activité se trouve en dehors du segment significatif. Dans l'exemple précédent, si l'entreprise Expéditions sauvages devait servir 1 500 repas, le coût unitaire de chacun d'eux pourrait se situer sous les 30 $, si, par exemple, le fournisseur lui consent une remise sur quantité. Inversement, si elle servait moins de 100 repas, le coût unitaire de chacun d'eux pourrait dépasser 30 $.

La figure 3.1 illustre le comportement du coût variable. Notons que la droite du coût total des repas suit une pente ascendante régulière. C'est parce que le coût total des repas est directement proportionnel au nombre de clients. En revanche, la droite du coût des repas à l'unité est aplatie. C'est parce que le coût des repas par client est constant à 30 $.

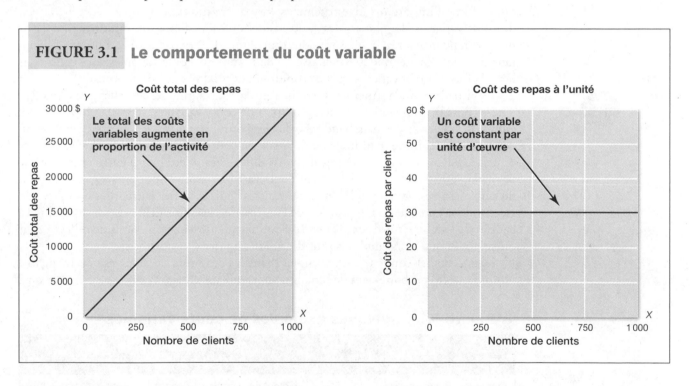

FIGURE 3.1 **Le comportement du coût variable**

L'inducteur de coût

Le coût est variable en fonction de quelque chose. Ce « quelque chose » est un **inducteur de coût** (ou **unité d'œuvre**). L'inducteur de coût se définit comme tout ce qui est à l'origine d'un coût. Le coût total des films radiographiques dans un hôpital, par exemple, augmente en fonction du nombre de radiographies prises. Ce nombre constitue donc un inducteur de coût permettant de justifier le coût total des films radiographiques. Notons que les heures de main-d'œuvre directe, les unités produites, les unités vendues et les heures-machines font partie des unités d'œuvre les plus courantes. Le nombre de kilomètres parcourus par des représentants, le nombre de kilogrammes de vêtements nettoyés et traités par un hôtel, le nombre de lettres tapées par une secrétaire et le nombre de lits occupés dans un hôpital peuvent aussi être des inducteurs de coût.

**Inducteur de coût
(ou unité d'œuvre)**

Mesure de ce qui génère un coût variable.

Pour planifier et contrôler les coûts variables, le gestionnaire doit connaître les inducteurs de coût de l'entreprise. On croit parfois que, lorsqu'un coût ne varie pas en fonction de la production ou des ventes, il ne s'agit pas vraiment d'un coût variable. Ce raisonnement est erroné. Les coûts découlent de nombreuses activités dans une organisation. Un coût n'est variable que s'il est causé par l'activité en question. Par exemple, quand un gestionnaire analyse le coût des appels de service dans le cadre de la garantie d'un produit, une mesure pertinente de l'activité est le nombre d'appels. Ces coûts, dont le total varie en fonction du nombre d'appels de service, qui est l'inducteur de coût, constituent les coûts variables du service des réparations.

Pourtant, à moins d'avis contraire, vous pourriez supposer au départ que le volume total des marchandises et des services fournis par l'organisation est l'unité d'œuvre à considérer. Aussi, demandons-nous si les matières premières utilisées, par exemple chez Cervélo Cycle, font office de coût variable. Le coût des matières premières variant en fonction du volume total de production du fabricant de vélos, les matières premières constituent en effet un coût variable. Nous ne précisons l'unité d'œuvre que lorsqu'il s'agit d'autre chose que l'extrant de l'organisation, c'est-à-dire autre chose que les marchandises et services fabriqués ou vendus par l'organisation.

Les formes de coûts variables

Le nombre et les formes de coûts variables dépendent en grande partie de la structure et des activités de l'organisation. Une entreprise de services publics telle qu'Hydro-Québec, qui compte d'importants investissements en matière d'infrastructure, a en général peu de coûts variables. La plupart des coûts assumés ici sont liés à son infrastructure, et ils ont peu tendance à réagir aux variations du volume de services fournis. En revanche, un fabricant de vélos tel que Devinci assume de nombreux coûts variables. Ces coûts sont liés à la fois à la fabrication et à la distribution des produits de l'entreprise.

Habituellement, la structure de coûts d'entreprises commerciales telles que Canadian Tire et Best Buy affiche une forte proportion de coûts variables. Dans la plupart de ces entreprises, le coût des marchandises achetées pour être revendues, ce qui constitue un coût variable, compte pour une grande partie du coût total. En revanche, les entreprises de service disposent de structures de coûts différentes. Certaines d'entre elles, comme la chaîne Tim Hortons, assument des coûts variables assez importants à cause du coût de leurs matières premières. D'un autre côté, les coûts fixes des entreprises de service du secteur de la consultation, de l'audit, de l'ingénierie, des soins dentaires, des soins médicaux et de l'architecture se révèlent très élevés parce que les installations de celles-ci sont onéreuses et que leurs employés sont des salariés hautement qualifiés.

Le tableau 3.1 contient une liste non exhaustive des coûts variables les plus fréquents. Notons que le comportement de certains s'apparente davantage à celui d'un coût fixe qu'à

TABLEAU 3.1 Quelques exemples de coûts variables

Type d'organisation	Coûts généralement variables en fonction du volume d'extrants
Entreprise commerciale	• Coût des ventes
Entreprise manufacturière	• Coûts de fabrication – Matières premières • Portion variable des frais indirects de fabrication – Matières indirectes – Lubrifiants – Fournitures – Énergie
Entreprise commerciale et entreprise manufacturière	• Frais de vente et frais d'administration – Commissions sur les ventes – Facturation – Coûts de livraison
Entreprise de service	• Fournitures et déplacements

celui d'un coût variable ; tout dépend de l'entreprise. Nous verrons quelques exemples de ces coûts un peu plus loin. Le tableau 3.1 fournit néanmoins une liste utile de plusieurs coûts qui, en général, sont considérés comme variables par rapport au volume d'extrants.

3

Le coût des aliments à l'hôtel

La famille Egger possède et exploite le Theresa Wellness Genießer Hotel (<www.theresa.at>), un hôtel quatre étoiles situé à Zell im Zillertal, en Autriche. Ses clients ont accès à des sentiers de randonnée pédestre et de vélo ainsi qu'à des pistes de ski, ou peuvent s'adonner à d'autres activités dans les Alpes. L'hôtel comporte également sa propre salle de musculation et un spa.

Le prix d'une chambre comprend trois repas complets par jour. Le petit déjeuner et le déjeuner sont servis sous la forme de buffets tandis que le dîner peut compter jusqu'à six services. Selon Stefan Egger, le chef de cuisine, les coûts des aliments sont à peu près proportionnels au nombre de clients qui logent à l'hôtel, c'est-à-dire qu'ils sont variables. M. Egger doit passer des commandes à ses fournisseurs deux ou trois jours d'avance. Toutefois, il planifie ses achats en fonction du nombre de clients enregistrés à l'hôtel et de leurs habitudes en matière d'alimentation. En outre, le fait que les clients indiquent leur choix sur le menu du soir tôt dans la journée l'aide à dresser la liste des produits alimentaires dont il aura besoin pour apprêter ce repas. Cet arrangement lui permet de préparer la quantité de nourriture nécessaire pour que tous ses clients soient satisfaits, tout en restreignant le gaspillage au minimum.

Source : Entretien avec Stefan Egger, chef de cuisine au Theresa Wellness Genießer Hotel.

Les coûts variables n'ont pas tous le même comportement. Certains varient proportionnellement selon le volume d'activité, on parle dans ce cas de coûts entièrement variables ; d'autres ont un comportement variable par paliers.

Les coûts entièrement variables

Les matières premières constituent des coûts entièrement variables, car le montant des coûts varie en proportion du volume d'activité. En outre, toutes les quantités de matières premières achetées et non utilisées peuvent être entreposées pour en faire usage dans une autre période. Dans ce cas, le coût d'achat de ces matières premières peut être reporté dans la période où elles sont utilisées.

Les coûts variables par paliers

En général, les salaires versés au personnel d'entretien sont considérés comme un coût variable. Toutefois, le comportement de ce coût de main-d'œuvre diffère quelque peu de celui du coût des matières premières. À la différence des matières premières, le personnel d'entretien est disponible pour une période de temps donnée (huit heures, par exemple). Au cours d'une période de temps donnée, une équipe d'entretien peut travailler à un rythme normal lorsque les contraintes se révèlent légères et intensifier ses efforts quand les contraintes s'avèrent plus nombreuses. Ainsi, les changements mineurs dans le niveau de production n'ont sans doute aucun effet sur le nombre de préposés affectés au travail d'entretien.

Le coût qui est engagé seulement pour un certain segment d'activité, tel que le coût de main-d'œuvre du personnel d'entretien, et qui n'augmente ou ne diminue qu'en fonction de changements importants du volume d'activité, est désigné sous le nom de **coût variable par paliers.** Le comportement de ce coût, de même que celui du coût entièrement variable, est illustré à la figure 3.2 (*voir la page suivante*).

Le besoin en main-d'œuvre est fonction des fluctuations du volume d'activité. Lorsque du personnel d'entretien supplémentaire est nécessaire, il se rattache à un certain segment d'activité correspondant aux variations importantes du volume d'activité. La stratégie de gestion en matière de coûts variables par paliers consiste à utiliser les services au maximum

Coût variable par paliers

Coût qui demeure constant à l'intérieur d'un certain segment d'activité, et qui n'augmente ou ne diminue que s'il survient un changement du volume d'activité.

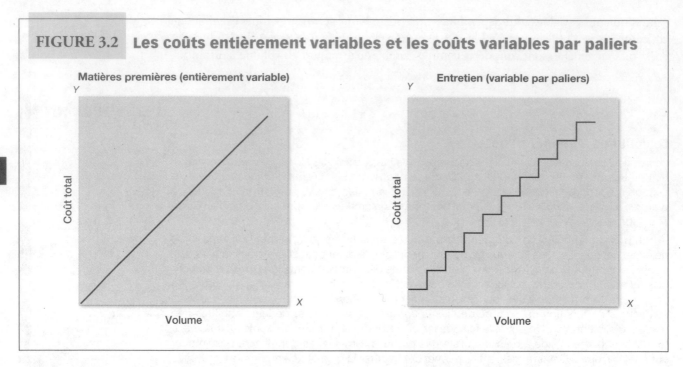

FIGURE 3.2 **Les coûts entièrement variables et les coûts variables par paliers**

Matières premières (entièrement variable)

Coût total

Volume

Entretien (variable par paliers)

Coût total

Volume

Question éclair | **3.1**

Supposez que Plantation d'arbres HC inc. paie ses employés 0,10 $ pour chaque arbre qu'ils plantent. S'agit-il pour l'entreprise d'un coût entièrement variable ou d'un coût variable par paliers ? Expliquez votre réponse.

Coût curvilinéaire

Relation entre le coût et l'activité représentée par une courbe plutôt que par une droite.

Segment significatif

Champ d'activité à l'intérieur duquel les hypothèses concernant le comportement des coûts sont valables.

pour chaque palier distinct. La prudence est de mise avec ce type de coûts, car on peut avoir tendance à faire appel à une aide supplémentaire sans que ce soit vraiment nécessaire. De plus, les employeurs ont une réticence naturelle à licencier une partie de leur personnel quand leur volume d'activité diminue.

L'hypothèse de linéarité et le segment significatif

Lorsque nous faisons état des coûts variables, nous supposons une relation strictement linéaire entre le coût et le volume, sauf en ce qui concerne les coûts variables par paliers. Plusieurs économistes notent à juste titre que de nombreux coûts considérés comme variables se comportent en fait de manière curvilinéaire.

Bien que de nombreux coûts ne soient pas strictement linéaires quand ils sont représentés comme une fonction du volume, le **coût curvilinéaire** peut être rendu de manière satisfaisante par une droite dans un segment significatif donné. Le **segment significatif** est un champ d'activité à l'intérieur duquel les hypothèses concernant le comportement des coûts sont valables. La droite pointillée de la figure 3.3 pourrait servir à l'approximation du coût curvilinéaire à l'intérieur du segment représenté par la zone ocre pâle. À l'extérieur, toutefois, cette droite particulière fournirait une évaluation peu précise du coût curvilinéaire. Par conséquent, le gestionnaire devrait toujours garder à l'esprit qu'une hypothèse relative au comportement des coûts peut se révéler inappropriée quand l'activité se situe à l'extérieur du segment significatif.

3.1.2 Les coûts fixes

Selon notre exposé sur le comportement des coûts (*voir le chapitre 2*), les coûts fixes demeurent constants à l'intérieur d'un segment significatif d'activité. Reportons-nous à l'exemple d'Expéditions sauvages et supposons que l'entreprise décide de louer un immeuble au coût mensuel de 500 $ afin d'y entreposer son matériel. Le coût total mensuel du loyer payé demeurera le même, peu importe le nombre de clients prenant part aux expéditions au cours d'un mois donné. Ce comportement des coûts est illustré à la figure 3.4.

Puisque les coûts fixes totaux demeurent constants, les coûts fixes calculés sur une base unitaire diminuent de manière progressive à mesure que le volume d'activité augmente. Supposons que le nombre de clients est de 250 pour un mois donné. Le coût fixe du loyer d'Expéditions sauvages s'élèvera à 2 $ par client, soit 500 $ ÷ 250 clients. Posons

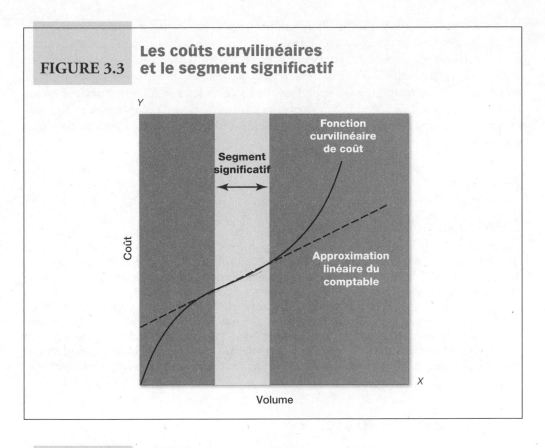

FIGURE 3.3 Les coûts curvilinéaires et le segment significatif

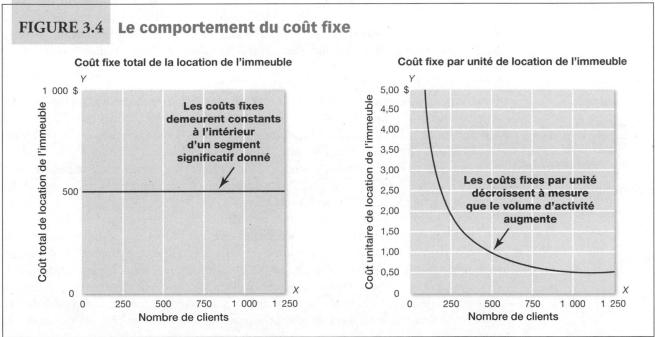

FIGURE 3.4 Le comportement du coût fixe

maintenant l'hypothèse que l'entreprise compte 1 000 clients pour un mois donné. Le coût fixe de son loyer sera alors seulement de 0,50 $ par client. Cet aspect du comportement des coûts fixes est illustré à la figure 3.4. Notons que toute augmentation du nombre de clients a pour effet de faire baisser le coût moyen par unité; ce coût chutera toutefois à un rythme décroissant. L'impact le plus important sur les coûts par unité est attribuable aux premiers clients.

Comme nous l'avons souligné au chapitre 2, cet aspect des coûts fixes peut être déroutant, bien qu'il soit nécessaire dans certains contextes d'exprimer les coûts fixes sur

Question éclair 3.2

D'après la figure 3.4 à la page 91, quel est le coût de location moyen par client, s'il y a 200 clients dans un mois ? Quels sont les coûts totaux de location s'il y a 200 clients dans un mois ?

la base d'une moyenne par unité. Par exemple, nous avons expliqué au chapitre 2 qu'un grand nombre de coûts unitaires contenant à la fois des éléments de coûts variables et fixes figurent aux rapports financiers publiés à des fins externes. Cependant, pour la plupart des utilisations internes, les coûts fixes ne devraient pas être exprimés sur une base unitaire en raison de la fausse impression selon laquelle les coûts fixes se comportent de la même façon que les coûts variables. Pour éviter cette confusion pour la plupart des utilisations internes, il est plus pratique et plus sûr de traiter les coûts fixes sur une base globale plutôt que sur une base unitaire.

SUR LE TERRAIN

Les coûts variables et fixes d'un vol aérien

Le coût variable d'occupation d'un siège pour un vol régulier est minime. D'un autre côté, les coûts du personnel de cabine, du carburant, de la location des portes d'embarquement, de l'entretien, de l'amortissement de l'avion et ainsi de suite sont presque tous fixes, et ne dépendent aucunement du nombre de passagers. Le coût du personnel de cabine constitue un coût variable par paliers, le nombre d'agents de bord affectés à un vol variant en fonction du nombre de passagers. En fait, seuls les repas et une augmentation négligeable de la consommation de carburant constituent des coûts variables. Un passager de plus rapporte certes un revenu supplémentaire, mais n'a que très peu d'effet sur le coût total d'un vol. C'est une des raisons pouvant expliquer que le nombre de sièges dans les avions ne cesse d'augmenter.

Les types de coûts fixes

Désignés parfois sous le nom de « coûts de capacité », les coûts fixes résultent des coûts engagés pour les immeubles, le matériel, les travailleurs professionnels et les autres éléments nécessaires au maintien des activités d'exploitation. Pour les besoins de planification, les coûts fixes peuvent être considérés comme des coûts de structure ou des coûts discrétionnaires.

Les coûts de structure

Coût de structure

Coût fixe lié à l'investissement dans les immobilisations de production, le matériel et la structure organisationnelle d'une entreprise.

Les **coûts de structure** sont liés à l'existence même des structures administratives, des installations de production et du matériel. L'amortissement des bâtiments et du matériel, l'impôt foncier, l'assurance, ainsi que les salaires de la haute direction et du personnel de l'administration constituent tous des exemples de coûts de structure.

Les coûts de structure sont, par nature, des coûts à long terme, et ils ne peuvent être réduits à zéro, même pendant une courte durée, sans compromettre la rentabilité ou les objectifs à long terme de l'organisation.

Par ailleurs, les coûts de structure sont généralement peu influencés par une interruption ou une réduction des activités, et il est difficile de les modifier. C'est pourquoi la direction doit faire preuve de prudence. La décision d'acquérir de l'équipement principal ou d'engager de nouveaux coûts de structure exige une planification à long terme. De tels engagements devraient être assumés seulement après une analyse consciencieuse des diverses possibilités. La construction d'installations d'une certaine taille demande réflexion, l'entreprise devant assumer sa décision des années durant. Les décisions qui entraînent une augmentation ou une diminution des coûts de structure sont très souvent reliées à des investissements à long terme. Les méthodes pour analyser de telles décisions sont étudiées dans les cours de finance.

Au chapitre des coûts de structure, la direction jouit d'une marge de manœuvre négligeable à court terme. Elle se préoccupe néanmoins de l'utilisation des ressources. La stratégie de gestion consiste alors à exploiter la capacité de l'organisation avec le plus d'efficacité possible.

Les coûts fixes discrétionnaires

Coût fixe discrétionnaire

Coût dont le montant est laissé à la discrétion de la direction, par exemple les frais promotionnels, et les frais de recherche et de développement.

En général, les **coûts fixes discrétionnaires** sont des coûts dont le montant est laissé à la discrétion de la direction. Les frais promotionnels et de relations publiques, les frais de recherche et de développement, les coûts de perfectionnement des gestionnaires et ceux des programmes de stages destinés aux étudiants constituent tous des exemples de coûts fixes discrétionnaires.

Deux différences fondamentales permettent de distinguer les coûts fixes discrétionnaires et les coûts de structure. En premier lieu, l'horizon de planification des coûts fixes discrétionnaires est de l'ordre du court terme — en général d'une seule année. En revanche, l'horizon de planification des coûts de structure relève du long terme. En second lieu, une réduction à court terme des coûts fixes discrétionnaires peut être envisagée sans qu'elle entrave les objectifs à long terme de l'organisation. Ainsi, une entreprise qui, chaque année, consacre une somme de 50 000 $ à des programmes de perfectionnement des gestionnaires pourrait être contrainte, en période de ralentissement économique, de réduire ses charges à ce chapitre pendant un an. Cette réduction présenterait certes quelques risques, sans doute moins grands toutefois que si l'entreprise licenciait des employés importants sous prétexte d'économiser.

Pourquoi des coûts seraient-ils considérés tantôt comme des coûts discrétionnaires, tantôt comme des coûts de structure ? Tout dépend de la stratégie de la direction. En période de récession, par exemple, quand le secteur de la construction de maisons individuelles enregistre une baisse, nombre d'entreprises de construction licencient la plupart de leurs employés et cessent à peu près toutes leurs activités. D'autres, par contre, conservent un grand nombre d'employés, bien qu'il y ait peu ou pas de travail. Des problèmes de trésorerie à court terme guettent ces entreprises. Il leur sera toutefois plus facile de réagir rapidement à la demande du marché quand l'économie prendra du mieux. Du même coup, le bon moral et la loyauté des employés leur conféreront un avantage concurrentiel marqué. Pour une entreprise de haute technologie telle que Apple, il serait difficile de réduire ses coûts de recherche et de développement sans mettre en péril sa compétitivité. Dans ce cas, ces coûts se rapprochent davantage de coûts de structure.

Le principal avantage des coûts fixes discrétionnaires tient à ce qu'ils peuvent être ajustés d'une année à l'autre, même en cours de période, si le contexte le justifie.

SUR LE TERRAIN

Les coûts discrétionnaires et de structure et le développement durable

De plus en plus d'entreprises commencent à s'apercevoir que choisir le développement durable peut être profitable pour elles et leurs parties prenantes. Elles se rendent compte que des pratiques telles que la réduction de sa consommation d'énergie, la minimisation du gaspillage et d'autres activités de ce type ont non seulement des effets bénéfiques sur l'environnement, les salariés, les clients ou la communauté, mais peuvent aussi être rentables.

Martin Valiquette, nommé en 2004 directeur général du fabricant de produits laitiers Liberté, l'a bien compris. Avec pour mandat de relancer la croissance de cette entreprise, il a choisi d'investir dans le développement durable plutôt que de sabrer des postes. Des coûts de structure tels que les coûts liés au circuit de distribution ont pu être réduits de 150 000 $ grâce au logiciel Roadnet commercialisé par UPS. La formation des chauffeurs à l'écoconduite a aussi contribué à faire baisser les coûts du circuit de distribution de Liberté. Une autre initiative, consistant à modifier la conception des boîtes contenant les pots de yogourt, a diminué l'utilisation de carton et retranché plus de 400 000 $ du coût annuel des emballages. De plus, une meilleure utilisation du système d'échangeur d'air a permis de réduire les coûts de chauffage. Dorénavant, l'air extérieur est utilisé pour refroidir les produits en hiver alors que l'air chaud des compresseurs chauffe les bureaux.

Source : Kathy NOËL, « Développement durable 3.0 », *Les affaires*, 15 juin 2011, [En ligne], <www.lesaffaires.com/classements/les-500/developpement-durable-30/532028/1> (Page consultée le 11 février 2016).

La tendance en matière de coûts fixes

Dans de nombreuses entreprises, les coûts fixes prennent de plus en plus d'importance par rapport aux coûts variables. Des tâches autrefois réalisées manuellement sont désormais effectuées par des machines. Songeons notamment aux commis d'épicerie chez Provigo ou IGA qui, jadis, enregistraient à la main chaque article vendu. De nos jours, la plupart des magasins sont équipés de lecteurs de codes à barres. Ce dispositif enregistre automatiquement le prix des articles et des renseignements sur les produits. Il existe aussi des caisses libre-service où les clients peuvent payer leurs achats sans que le personnel du magasin participe à cette opération. Le meilleur rapport qualité-prix pour le consommateur, exigence qui, la plupart du temps, ne peut être satisfaite que par une automatisation des processus opérationnels, résulte de la pression exercée par la concurrence. Autrefois, par exemple, l'employé de H&R Block remplissait les déclarations de revenus en grande partie à la main. Les conseils prodigués aux clients reposaient en majeure partie sur les connaissances qu'il avait acquises avec l'expérience. Les temps ont bien changé. Aujourd'hui, les déclarations de revenus sont remplies à l'aide d'un logiciel perfectionné. Ce logiciel, qui regroupe les connaissances de nombreux experts, assure même la planification fiscale du client et lui offre des conseils adaptés à ses besoins.

Bien qu'un nombre croissant de machines accomplissent désormais des tâches auparavant réalisées par les humains, la demande globale de main-d'œuvre n'a pas pour autant diminué. La demande de travailleurs du savoir, ces employés qui appartiennent à la catégorie des travailleurs intellectuels, a fortement augmenté. En règle générale, ces travailleurs hautement qualifiés jouissent d'une rémunération au-dessus de la moyenne et s'avèrent difficiles à remplacer. Les coûts de rémunération de cette main-d'œuvre sont souvent relativement fixes et constituent des coûts de structure plutôt que des coûts discrétionnaires.

Le coût de la main-d'œuvre est-il variable ou fixe ?

Le comportement des coûts des salaires peut dépendre du pays, de la réglementation du travail, des contrats de travail, et des us et coutumes. Dans certains pays, le personnel de gestion dispose de peu de latitude pour réaffecter la main-d'œuvre selon les changements de l'activité industrielle et commerciale. Dans ce cas, les dirigeants peuvent considérer la rémunération des salariés comme un coût fixe pour différentes raisons.

Les entreprises sont maintenant beaucoup plus réticentes à réagir aux fluctuations à court terme des ventes en ajustant leurs besoins en main-d'œuvre. Aux yeux de la plupart, leurs employés constituent un atout très précieux. Le personnel hautement spécialisé et qualifié est de plus en plus indispensable au succès d'une entreprise et s'avère très difficile à remplacer. Les travailleurs qualifiés licenciés pourraient ne jamais être réembauchés au même endroit, et les mises à pied nuiraient au moral des troupes toujours en poste.

C'est pourquoi un nombre croissant d'entreprises répugnent à l'idée d'augmenter leur effectif quand il y a reprise des ventes. Ainsi, les travailleurs temporaires et à temps partiel sont de plus en plus populaires auprès des sociétés quand les employés permanents et à temps plein sont incapables de répondre à la demande de leurs produits et services. Dans de telles entreprises, les coûts de main-d'œuvre constituent un curieux mélange de coûts fixes et variables.

La décroissance et le réaménagement des effectifs ont touché nombre de grandes entreprises ces dernières années. Résultat : beaucoup d'employés ont perdu leur emploi, en particulier des cadres intermédiaires. Nous pourrions en conclure que les salaires des gestionnaires devraient être aussi considérés comme des coûts variables, mais cette conclusion serait douteuse. Les compressions de personnel résultent d'une réorganisation des processus opérationnels et d'une réduction des coûts ; il ne s'agit pas d'une réponse à une baisse du volume des ventes. Ces propos mettent en évidence un point important mais subtil. Les coûts fixes peuvent être modifiés, mais ils ne fluctuent pas uniquement en réaction à des changements mineurs du volume d'activité.

En somme, nous ne pouvons répondre avec précision à la question « La main-d'œuvre est-elle un coût variable ou fixe ? » Tout dépend de la souplesse et de la stratégie de la direction. Nous supposons ici que la main-d'œuvre directe constitue un coût variable, sauf avis contraire.

3

Les coûts de la main-d'œuvre dans l'économie du savoir

De nos jours, le total des coûts de certaines entreprises est en grande partie constitué de coûts de structure liés à l'emploi. Il s'agit d'une tendance qui a des répercussions considérables sur le système de planification de contrôle des organisations. Par exemple, dans une entreprise qui conçoit des logiciels et offre des services-conseils, telle la société Décimal, dont le siège social est situé à Longueuil, au Québec, le fait de savoir qu'une forte proportion des coûts consiste en salaires fixes versés à des programmeurs simplifiera la préparation de budgets, car il sera facile de prévoir ces dépenses de salaires. En effet, à moins que cette société n'embauche de nouveaux programmeurs ou que d'autres qui y travaillent déjà ne la quittent, une bonne proportion de ses dépenses demeurera constante d'un mois à l'autre. Toutefois, un défi de taille qu'une entreprise de ce type doit relever consiste à déterminer le nombre de programmeurs à engager, en particulier lorsqu'elle commence à croître. Dans le cas des coûts de structure liés aux travailleurs du secteur de l'économie du savoir, l'embauche d'un nombre approprié de travailleurs de cette catégorie est essentielle à la réussite de l'entreprise. L'objectif est d'éviter d'avoir des coûts de structure trop élevés ou trop bas par rapport à ce qui est nécessaire pour répondre à la demande en produits ou en services. Compte tenu de la difficulté qu'il y a à réduire des coûts de structure à court terme tels que les salaires des travailleurs, en particulier ceux appartenant au secteur de l'économie du savoir, établir et maintenir un niveau approprié de travailleurs qualifiés constitue une préoccupation très importante pour les entreprises du secteur des technologies de pointe.

Les coûts fixes et le segment significatif

Le concept de segment significatif présenté dans notre exposé sur les coûts variables s'avère aussi important pour comprendre la nature des coûts fixes.

Le segment significatif se traduit par l'étendue de l'activité pour laquelle la droite du coût fixe est aplatie comme le montre la figure 3.5. La croissance du volume d'activité peut se révéler trop importante pour les installations existantes ou nécessiter l'embauche de plusieurs gestionnaires clés. Le résultat, bien sûr, est une augmentation des coûts fixes dès la construction de nouvelles installations plus grandes et dès la création de nouveaux postes de gestion.

En ce qui concerne le comportement par paliers décrit à la figure 3.5, on pourrait dire que les coûts fixes ne sont en réalité que des coûts variables par paliers. Ce raisonnement est vrai dans une certaine mesure, puisque presque tous les coûts peuvent être ajustés à long terme.

Il existe deux différences, cependant, entre les coûts variables par paliers décrits à la figure 3.2 (*voir la page 90*) et les coûts fixes décrits à la figure 3.5.

La première différence tient à ce que les coûts variables par paliers peuvent être ajustés rapidement à mesure que le contexte évolue,

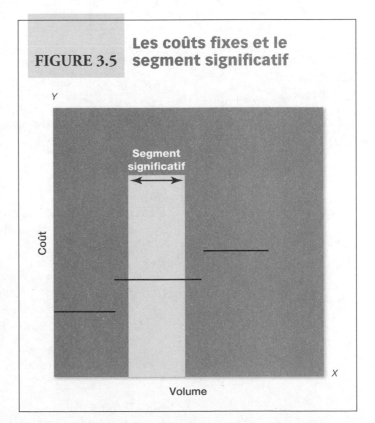

FIGURE 3.5 Les coûts fixes et le segment significatif

contrairement aux coûts fixes établis. Un coût variable par paliers tel que la main-d'œuvre d'entretien peut être ajusté à la hausse ou à la baisse par l'embauche ou le licenciement de préposés à l'entretien. Par contre, la signature d'un bail en vue d'occuper un immeuble oblige l'entreprise à débourser les coûts de location pour la durée du contrat.

La seconde différence tient à ce que l'étendue des paliers des coûts variables par paliers s'avère beaucoup plus restreinte que l'étendue des paliers des coûts fixes de la figure 3.5 (*voir la page 95*). L'étendue des paliers est fonction du volume d'activité. En ce qui concerne les coûts variables par paliers, l'étendue d'un palier peut être de 40 heures d'activité ou moins, s'il s'agit par exemple de coûts de main-d'œuvre liés à l'entretien. Pour les coûts fixes, cependant, l'étendue d'un palier peut se traduire par des milliers, voire des dizaines de milliers d'heures d'activité. En réalité, l'étendue des paliers des coûts variables par paliers est en général si restreinte que ces coûts peuvent être essentiellement considérés comme variables dans la plupart des cas. En ce qui concerne les coûts fixes, l'étendue des paliers est si importante qu'ils doivent habituellement être traités comme fixes dans le segment significatif.

3.1.3 Les coûts semi-variables

Coût semi-variable (ou coût mixte)

Coût comportant à la fois des éléments de coûts variables et fixes.

Le **coût semi-variable** (ou **coût mixte**) comprend à la fois des éléments de coûts variables et fixes. Revenons à l'exemple d'Expéditions sauvages et supposons que l'entreprise doit payer des droits de permis de 25 000 $ par an et des frais de 3 $ par expédition au ministère de l'Énergie et des Ressources naturelles du Québec. Admettons aussi qu'elle organise 1 000 expéditions; ici, les droits payés à la province totalisent 28 000 $, soit des coûts fixes de 25 000 $ et des coûts variables de 3 000 $. Le comportement de ce coût semi-variable est illustré à la figure 3.6.

Dans le cas où Expéditions sauvages n'arriverait pas à attirer un seul client, elle devrait néanmoins acquitter les droits de permis de 25 000 $. C'est pourquoi la ligne de coût de la figure 3.6 coupe l'axe vertical de coût au point 25. Pour chaque expédition organisée, le coût total des droits de permis augmentera de 3 $. Par conséquent, la ligne du coût total s'inclinera vers le haut à mesure que l'on ajoutera l'élément de coût variable à l'élément de coût fixe.

Le coût semi-variable de la figure 3.6 étant représenté par une droite, on peut exprimer la relation entre le coût semi-variable et le volume d'activité par l'équation suivante :

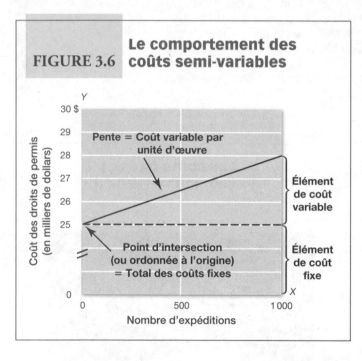

FIGURE 3.6 **Le comportement des coûts semi-variables**

$$Y = a + bX$$

Dans cette équation,

Y = Total des coûts semi-variables
a = Coût fixe total (intersection verticale de la droite)
b = Coût variable par unité d'œuvre (pente de la droite)
X = Volume d'activité

Comme le coût variable par unité d'œuvre correspond à la pente de la droite, plus la pente est abrupte, plus ce coût unitaire est élevé. En ce qui concerne les frais payés au ministère de l'Énergie et des Ressources naturelles du Québec, l'équation se présente comme suit :

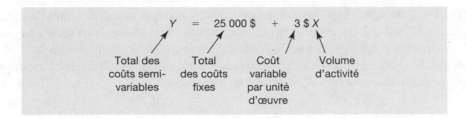

$$Y = 25\ 000\ \$ + 3\ \$\ X$$

Total des coûts semi-variables — Total des coûts fixes — Coût variable par unité d'œuvre — Volume d'activité

Cette équation facilite le calcul du coût semi-variable total, peu importe le volume d'activité du segment significatif. Supposons, par exemple, que l'entreprise prévoit organiser 800 expéditions l'an prochain.

Le total des droits de permis dus à la province s'élèverait alors à 27 400 $, soit :

$$Y = 25\ 000\ \$ + (3\ \$ \times 800\ \text{expéditions})$$
$$= 27\ 400\ \$$$

Question éclair **3.3**

Le personnel de vente de la société Ados Gadgets reçoit un salaire fixe établi à 2 000 $ par vendeur par mois auquel s'ajoute une commission de 5 % sur les ventes. À quel type de coûts appartient la masse salariale du personnel de vente de cette entreprise ? Écrivez l'équation de la masse salariale mensuelle du personnel de vente.

3.2 L'analyse des coûts semi-variables

Les coûts semi-variables sont fréquents. Le service de radiologie du CHU Sainte-Justine, par exemple, engendre des coûts semi-variables. Le Centre doit assumer une part importante de coûts fixes, tels que l'amortissement du matériel, ainsi que les salaires des radiologues et des techniciens. Il doit aussi composer avec des coûts variables. Les films radiologiques, l'électricité et les fournitures en sont des exemples probants. Chez Air Canada, les coûts d'entretien constituent des coûts semi-variables. L'entreprise doit aussi assumer sa part de coûts fixes en ce qui concerne la location des installations d'entretien et l'embauche de mécaniciens qualifiés. Enfin, le coût des pièces de rechange, des huiles lubrifiantes, des pneus, etc., est variable selon la fréquence des vols et la distance parcourue par les appareils.

Le coût de base minimal d'une activité prête à être rendue constitue la partie fixe du coût semi-variable. La consommation de l'activité représente la partie variable du coût semi-variable. Cette partie est fonction de la quantité de l'activité consommée.

Comment procéder pour estimer les composantes fixes et variables d'un coût semi-variable ? Il existe cinq méthodes que les gestionnaires utilisent en pratique : l'analyse des comptes, la méthode du génie industriel, la méthode du graphique de dispersion, la méthode des points extrêmes et la méthode de régression (cette dernière est décrite à l'annexe 3A disponible sur la plateforme *i+ Interactif*).

OA2
Analyser les coûts semi-variables à l'aide de différentes méthodes.

3.2.1 L'analyse des comptes

L'**analyse des comptes** est cette méthode d'analyse du comportement des coûts où chaque compte est examiné en vue de le classer en tant que coût variable ou coût fixe. En raison de leur nature, les matières premières devraient être classées dans les coûts variables, et le coût de location d'un immeuble, dans les coûts fixes. Le coût fixe total résulte de la somme des coûts des comptes qui ont été classés dans la catégorie des coûts fixes. Le coût variable par unité se calcule en divisant le total des coûts des comptes qui ont été classés dans la catégorie des coûts variables par la production correspondante.

3.2.2 La méthode du génie industriel

La **méthode du génie industriel** d'analyse des coûts consiste en une étude détaillée du comportement des coûts. Elle est basée sur une évaluation des méthodes de production, des spécifications relatives aux matières, des besoins en main-d'œuvre, de l'utilisation du matériel, de l'efficacité de la production, de la consommation d'énergie, etc. Cette méthode peut être utile lors de l'établissement des coûts standard (*voir le chapitre 10*).

Analyse des comptes

Analyse du comportement des coûts où chaque compte est examiné en vue de classer ces coûts en tant que coût variable ou coût fixe.

Méthode du génie industriel

Analyse détaillée de ce que devrait être le comportement des coûts basée sur une évaluation des méthodes de production, des intrants nécessaires à l'exécution d'une activité particulière et du coût de ces intrants.

La chaîne de restaurants Pizza Hut, par exemple, pourrait calculer le coût d'une pizza à emporter à l'aide de la méthode du génie industriel. Pour ce faire, elle évaluera avec soin le coût de revient des ingrédients, de la consommation d'électricité et de l'emballage. La méthode du génie industriel s'avère particulièrement utile quand l'entreprise ne dispose d'aucune expérience concernant l'activité et les coûts.

SUR LE TERRAIN

Les coûts d'utilisation d'une automobile

L'Association canadienne des automobilistes (CAA) a identifié divers coûts associés à l'utilisation d'une automobile qu'elle classe en deux catégories de coûts, soit de fonctionnement et de propriété. Les coûts de fonctionnement sont des coûts variables pouvant fluctuer selon le lieu d'habitation, les habitudes de conduite et la distance parcourue. Le carburant, l'entretien et les pneus font partie de cette catégorie. Les coûts de propriété sont des coûts fixes qui ne varient pas d'un mois à l'autre. Ils peuvent comprendre les assurances, le permis de conduire, l'immatriculation, la dépréciation et le coût de financement. Un propriétaire d'automobile qui souhaite établir un budget pour ses dépenses de transport devra tenir compte de ces deux catégories de coûts.

Source: ASSOCIATION CANADIENNE DES AUTOMOBILISTES, «Coûts d'utilisation d'une automobile. Au delà de l'étiquette de prix: Comprendre les dépenses liées au véhicule», 2012, [En ligne], <http://caa.ca/docs/fr/CAA_Driving_Costs_French.pdf> (Page consultée le 17 décembre 2015).

3.2.3 La méthode du graphique de dispersion

Méthode du graphique de dispersion

Méthode servant à décomposer un coût semi-variable en ses éléments fixes et variables; avec cette méthode, on trace une droite pour relier un ensemble de points déterminés.

Droite du graphique de dispersion

Droite reliant un ensemble de points déterminés; l'inclinaison de la pente, représentée par la lettre b dans l'équation $Y = a + bX$, est le coût variable moyen unitaire de l'activité; le point où la droite coupe l'axe du coût, représenté par la lettre a dans l'équation précédente, est le coût fixe total moyen.

La **méthode du graphique de dispersion** consiste à décomposer un coût semi-variable en ses éléments fixes et variables en traçant une droite, appelée **droite du graphique de dispersion,** pour relier un ensemble de points déterminés.

Voici un exemple de diagnostic du comportement des coûts à l'aide d'un graphique de dispersion. Alain Francœur, le directeur des finances de l'hôtel Joliette, a commencé une analyse des dépenses en électricité en recueillant des données sur les coûts et le volume d'activité au cours des derniers mois. Voici ces données.

Mois	Volume d'activité: jours-clients	Coûts de l'électricité ($)
Janvier	2 600	6 260
Février	2 850	6 550
Mars	3 530	8 000
Avril	1 440	4 000
Mai	540	2 300
Juin	1 120	3 600
Juillet	3 160	7 300
Août	3 610	8 100
Septembre	1 260	3 700
Octobre	190	1 773
Novembre	1 080	3 320
Décembre	2 050	5 200

La première étape dans l'analyse de données sur les coûts et le volume d'activité consiste à reporter ces nombres dans un graphique de dispersion qui permet de voir d'un seul coup d'œil tout problème de linéarité ou autre concernant les données. On peut facilement tracer ce type de diagramme à l'aide de tableurs tels qu'Excel de Microsoft en utilisant les fonctions appropriées. Le graphique de dispersion des coûts de l'électricité en fonction des jours-clients de l'hôtel Joliette apparaît dans la partie de droite de la figure 3.7. Il faut noter deux choses à propos de ce graphique de dispersion.

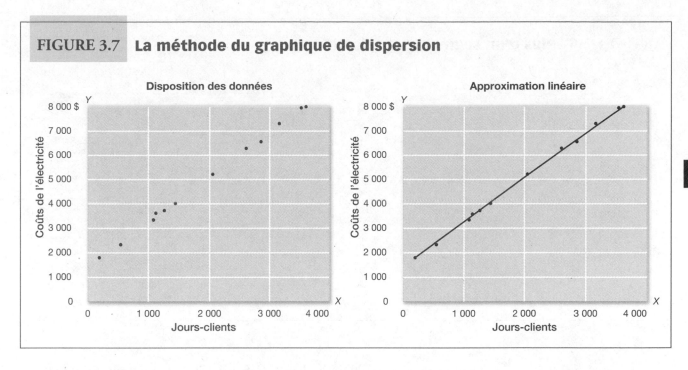

FIGURE 3.7 **La méthode du graphique de dispersion**

3

1. Le coût total de l'électricité, *Y*, se situe sur l'axe vertical. Ce coût est considéré comme la **variable dépendante** puisque le montant d'un coût engagé au cours d'une période est fonction du volume d'activité pendant cette période. Autrement dit, à mesure que le volume d'activité augmente, le coût total augmente aussi en général.

2. L'activité, *X*, (ici, les jours-clients) se situe sur l'axe horizontal. On la considère comme la **variable indépendante** parce qu'elle est à l'origine des variations de coûts.

D'après le graphique de dispersion, il est évident que les coûts de l'électricité augmentent en fonction du nombre de jours-clients. On peut également y constater que la relation entre ces deux variables est à peu près linéaire, c'est-à-dire que les points se situent plus ou moins le long d'une droite. On a tracé cette droite dans la partie de gauche de la figure 3.7 à l'aide de la fonction insertion d'un graphique (nuage de points) d'Excel[1].

On parle de **comportement linéaire des coûts** lorsqu'une droite constitue une approximation raisonnable de la relation entre les coûts et le volume d'activité. Notez que les points représentant les données ne se situent pas exactement sur la droite. C'est généralement ce qui se produit dans les cas concrets ; la relation est rarement parfaitement linéaire.

La préparation d'un graphique de dispersion est une étape essentielle du diagnostic dont, trop souvent, on ne tient pas compte. Supposons, par exemple, que nous cherchons à connaître la relation entre la masse salariale du personnel d'entretien de l'hôtel Joliette et le nombre de jours-clients. Le personnel permanent, en travaillant à temps plein, peut accomplir un nettoyage correspondant à 1 500 jours-clients par mois. Au-delà de ce volume d'activité, il est nécessaire d'avoir recours à du personnel d'entretien à temps partiel. Les données concernant les coûts et le volume d'activité liés à l'entretien apparaissent dans le graphique de dispersion de la figure 3.8 (*voir la page suivante*). Lorsqu'on examine ce diagramme, il paraît évident que deux droites correspondent beaucoup mieux aux données qu'une seule. Jusqu'à 1 500 jours-clients, la masse salariale du personnel d'entretien est essentiellement un coût fixe.

Variable dépendante

Variable réagissant ou répondant à un facteur causal ; dans l'équation $Y = a + bX$, le coût total est la variable dépendante et est représentée par la lettre *Y*.

Variable indépendante

Variable agissant comme facteur causal ; dans l'équation $Y = a + bX$, l'activité est la variable indépendante et est représentée par la lettre *X*.

Comportement linéaire des coûts

Comportement des coûts dans laquelle la relation entre les coûts et le volume d'activité peut raisonnablement être représentée par une droite.

---

1. Pour tracer une droite avec Excel, il faut choisir la fonction « Insérer un graphique » de type « Nuage de points ». Ensuite, il faut placer le curseur de la souris près d'un des points et cliquer sur le bouton droit de la souris. Puis, il faut sélectionner l'option « Ajouter une courbe de tendance », et choisir « Linéaire ».

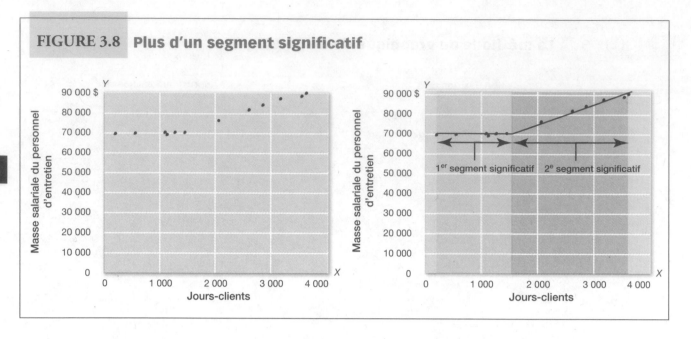

FIGURE 3.8 **Plus d'un segment significatif**

Lorsqu'on dépasse 1 500 jours-clients, cette masse salariale devient un coût semi-variable. Cela s'explique par le fait que, comme nous l'avons dit précédemment, le personnel d'entretien permanent travaillant à temps plein peut effectuer jusqu'à 1 500 jours-clients de ménage par mois. Au-delà de ce volume, l'hôtel doit faire appel à du personnel à temps partiel. Les salaires du personnel à temps partiel s'ajoutent aux salaires du personnel régulier et augmentent proportionnellement aux nombres de jours-clients supérieurs à 1 500. Par conséquent, il faut deux droites (et deux équations) distinctes pour bien représenter l'ensemble de la masse salariale du personnel d'entretien – une droite pour le segment significatif qui se situe entre 0 et 1 500 jours-clients, où le coût total d'entretien est constant, et une autre pour celui qui se situe entre 1 501 et 4 000 jours-clients, où le coût total augmente.

Prenons un autre exemple. Supposons que la direction de l'hôtel Joliette veuille déterminer la relation entre le coût des appels téléphoniques et les jours-clients à l'hôtel. Ce qui intéresse la direction, ce sont les frais des appels téléphoniques effectués par le personnel de l'hôtel. Le diagramme de la figure 3.9 représente ces données et montre clairement que, même si les coûts des appels téléphoniques du personnel de l'hôtel varient d'un mois à l'autre, ils ne sont pas reliés aux jours-clients. Un autre facteur influe sur ces coûts. Il n'est donc pas logique de les analyser davantage en essayant d'estimer un coût variable par jour-client. Reporter ces données sur un graphique aide à faire un diagnostic dans des situations de ce type.

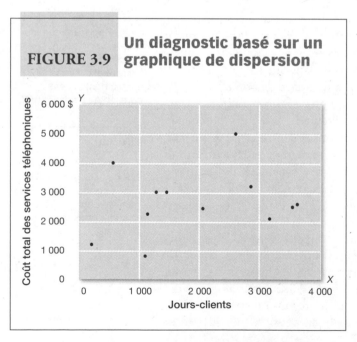

FIGURE 3.9 **Un diagnostic basé sur un graphique de dispersion**

3.2.4 La méthode des points extrêmes

En supposant que le graphique de dispersion indique une relation linéaire entre des coûts et un volume d'activité, on peut estimer les éléments fixes et variables d'un coût semi-variable à l'aide de la méthode des points extrêmes ou de la méthode de régression simple.

La méthode des **points extrêmes** consiste à rechercher l'équation d'une droite à partir de la pente. Lorsqu'il est possible de représenter la relation entre le coût et le volume d'activité par une droite, la pente de cette droite est égale au coût variable par unité d'œuvre. Par conséquent, la formule algébrique suivante permet d'estimer ce coût variable :

Points extrêmes

Méthode consistant à décomposer un coût semi-variable en ses éléments fixes et variables en analysant le changement de coût entre un volume d'activité élevé et un volume d'activité faible.

$$\text{Coût variable} \;=\; \text{Pente de la droite} \;=\; \frac{\text{Coût}}{\text{Volume d'activité}} \;=\; \frac{Y_2 - Y_1}{X_2 - X_1}$$

L'analyse des coûts semi-variables à l'aide de la méthode des points extrêmes consiste à déterminer d'abord la période au cours de laquelle le volume d'activité est le plus faible, puis celle où il est le plus élevé. Dans la formule ci-dessus, on a choisi la période où le volume d'activité est le plus faible comme étant le premier point (X_1) et celle où le volume d'activité est le plus élevé comme étant le second point (X_2) et on y a associé les coûts correspondants. La formule devient alors :

$$\text{Coût variable} \;=\; \frac{Y_2 - Y_1}{X_2 - X_1} \;=\; \frac{\text{Coût variable au volume d'activité élevé} - \text{Coût variable au volume d'activité faible}}{\text{Volume d'activité élevé} - \text{Volume d'activité faible}}$$

ou

$$\text{Coût variable} \;=\; \text{Pente de la droite} \;=\; \frac{\text{Variation des coûts}}{\text{Variation du volume d'activité}} \;=\; \frac{Y_2 - Y_1}{X_2 - X_1}$$

Par conséquent, lorsqu'on utilise la méthode des points extrêmes, on estime le coût variable en divisant la différence de coûts entre les volumes d'activité élevé et faible par la variation (ou le changement) de volume d'activité entre ces deux points.

Pour analyser la relation entre les coûts de l'électricité et les jours-clients à l'aide de cette méthode, on détermine d'abord la période où le volume d'activité est le plus élevé et celle où il est le plus faible – dans le cas présent, août et octobre – d'après les données fournies dans le tableau (*voir la page 98*). Ensuite, on utilise les données de ces deux périodes pour estimer la composante variable du coût de l'électricité comme suit.

	Jours-clients	Coûts de l'électricité
Volume d'activité élevé (août).....................................	3 610	8 100 $
Volume d'activité faible (octobre)............................	190	1 773
Variation	3 420	6 327 $

$$\text{Coût variable} \;=\; \frac{\text{Variation des coûts}}{\text{Variation du volume d'activité}} \;=\; \frac{6\,327\,\$}{3\,420\ \text{jours-clients}} \;=\; 1,85\,\$ \text{ par jour-client}$$

Lorsqu'on a déterminé que le coût variable unitaire de l'électricité est de 1,85 $ par jour-client, on peut calculer le montant des coûts fixes. Pour ce faire, on prend le coût total correspondant soit au volume d'activité élevé, soit au volume d'activité faible, et on en soustrait le coût variable total, qui est obtenu en multipliant le coût variable unitaire par le volume d'activité choisi. Dans le calcul ci-dessous, nous avons utilisé le coût total au volume d'activité élevé.

$$
\begin{aligned}
\text{Coût fixe} \;&=\; \text{Coût total} \;-\; \text{Coût variable total}\\
&=\; 8\,100\,\$ \;-\; (1,85\,\$ \text{ par jour-client} \times 3\,610\ \text{jours-clients})\\
&=\; 1\,421,50\,\$
\end{aligned}
$$

Nous avons maintenant isolé les éléments variables et fixes du coût. On peut donc exprimer les coûts de l'électricité comme étant 1 421,50 $ par mois plus 1,85 $ par jour-client.

On peut aussi exprimer le total des coûts de l'électricité sous la forme de l'équation linéaire d'une droite, comme suit :

$$Y = 1\ 421,50\ \$ + 1,85\ \$\ X$$

Coûts totaux de l'électricité · Total des jours-clients

Parfois, les volumes d'activité élevé et faible ne coïncident pas avec les montants de coûts élevés et faibles. Par exemple, la période comptant le volume d'activité le plus élevé peut ne pas afficher le montant de coûts le plus élevé. Néanmoins, pour sélectionner les points extrêmes et analyser un coût semi-variable, on se base sur les volumes d'activité le plus élevé et le plus faible, et non sur les coûts le plus élevé et le plus faible, l'activité étant vraisemblablement à l'origine des coûts.

Très simple à appliquer, la méthode des points extrêmes présente toutefois un défaut majeur (et parfois problématique) : elle ne fonctionne qu'à partir de deux points de données. En général, deux points se révèlent insuffisants pour aboutir à des résultats précis dans une analyse de coûts. De plus, les périodes pendant lesquelles le volume d'activité est exceptionnellement faible ou exceptionnellement élevé conduisent à des résultats inexacts. Une formule de coûts évaluée uniquement à l'aide de données provenant de ces périodes exceptionnelles peut ne pas être représentative du comportement des coûts pendant les périodes normales. D'autres types d'analyses de coûts basées sur un plus grand nombre de points, telle que la méthode de régression simple (*voir l'annexe 3A disponible sur la plateforme* i+ Interactif), sont habituellement plus précises que la méthode des points extrêmes. Si le gestionnaire choisit la méthode des points extrêmes, il doit être conscient des limites de cette méthode.

Heureusement, certains logiciels facilitent l'utilisation des méthodes statistiques sophistiquées et permettent de prendre en compte un plus grand nombre d'observations pour estimer les coûts en plus de fournir un grand nombre d'informations autres que celles sur les coûts. Une analyse des méthodes statistiques dépasserait le cadre de ce chapitre ; nous présenterons les principes de l'analyse de régression à l'annexe 3A (*disponible sur la plateforme* i+ Interactif). Notons qu'il est toujours pertinent de représenter les données à l'aide d'un graphique de dispersion, même si l'on fait une analyse de régression. Ce graphique permet de vérifier rapidement l'opportunité de tracer une droite reliant les données à l'aide de l'analyse de régression ou d'une autre méthode.

3.3 L'état des résultats selon la méthode des coûts variables

La décomposition des coûts en leurs éléments fixes et variables aide à la prévision et à la comparaison des coûts. Comme nous le verrons dans les prochains chapitres, elle est souvent essentielle lorsqu'il s'agit de prendre des décisions. Or, une telle distinction entre coûts fixes et coûts variables constitue l'essence même de la **méthode des coûts variables,** qui permet une autre forme de présentation de l'état des résultats. Cette méthode a comme particularité de fournir aux gestionnaires un état des résultats qui fait clairement la distinction entre les coûts fixes et les coûts variables et, par conséquent, facilite la planification, le contrôle et la prise de décisions.

3.3.1 Pourquoi choisir une autre forme de présentation de l'état des résultats ?

Comme nous l'avons expliqué au chapitre 2, la méthode traditionnelle servant à présenter l'état des résultats n'est pas axée sur le comportement des coûts. Elle repose plutôt sur un modèle « fonctionnel » faisant ressortir les fonctions de production, d'administration et de vente pour ce qui est de la classification et de la présentation des données relatives aux coûts. D'aucune façon on ne tente de faire des distinctions entre le comportement des coûts figurant sous chaque poste. Sous le poste Frais d'administration, par exemple, on peut s'attendre à trouver à la fois des coûts variables et des coûts fixes.

L'état des résultats préparé avec le modèle fonctionnel se révèle utile pour la publication de rapports financiers à des fins externes, mais il comporte certaines limitations pour ce qui est de la gestion interne. En effet, le gestionnaire doit disposer de données relatives aux coûts présentées de façon à faciliter la planification, le contrôle et la prise de décisions liées à la gestion interne. Comme nous le verrons dans les prochains chapitres, ces tâches sont facilitées lorsque les données relatives aux coûts sont présentées dans un modèle distinguant les coûts fixes des coûts variables. La méthode des coûts variables a été conçue pour répondre à ce besoin.

3.3.2 L'application de la méthode des coûts variables

À l'aide d'un exemple simple, le tableau 3.2 établit une comparaison entre l'approche traditionnelle expliquée au chapitre 2 et la méthode des coûts variables utilisée pour l'état des résultats.

Notons que la méthode des coûts variables permet de distinguer les coûts en catégories fixes et variables, en déduisant d'abord les coûts variables des ventes pour obtenir la marge sur coûts variables. La **marge sur coûts variables** représente l'excédent des ventes après déduction des coûts variables. Ce montant contribue à couvrir les coûts fixes puis à permettre de dégager des bénéfices pour la période. Le tableau 3.2 présente l'état des résultats de façon simplifiée, sans présenter les montants relatifs aux stocks d'ouverture et de clôture. Ainsi, dans l'état des résultats établi à l'aide de la méthode des coûts variables, les coûts de fabrication variables correspondent aux coûts des unités vendues et non aux coûts des unités produites. Par conséquent, dans le calcul des coûts de fabrication comme dans celui des frais de vente et des frais d'administration, on emploie le volume de ventes à titre d'inducteur de coûts. Dans un état des résultats plus détaillé, on doit indiquer les stocks d'ouverture et de clôture pour pouvoir utiliser le volume d'activité de production à titre d'inducteur de coût dans le calcul des coûts de fabrication variables. Le chapitre 8 traitera plus en profondeur de ce sujet.

Marge sur coûts variables

Excédent des ventes après déduction de l'ensemble des coûts variables.

TABLEAU 3.2 — **Une comparaison des bénéfices selon la méthode traditionnelle et la méthode des coûts variables**

Méthode traditionnelle (coûts présentés par fonction)			Méthode des coûts variables (coûts présentés selon leur comportement)		
Ventes..........................		12 000 $	Ventes..........................		12 000 $
Moins : Coût des ventes................		6 000*	Moins : Coûts variables :		
			Coût des ventes	2 000 $	
Marge brute		6 000	Frais de vente..........................	600	
			Frais d'administration..............	400	3 000
Moins : Charges d'exploitation :					
Frais de vente..........................	3 100 $*		Marge sur coûts variables.............		9 000
Frais d'administration............,......	1 900*	5 000			
			Moins : Charges fixes :		
Bénéfice..........................		1 000 $	Fabrication..........................	4 000	
			Frais de vente......................	2 500	
			Frais d'administration..............	1 500	8 000
			Bénéfice..........................		1 000 $

* Ce chiffre comprend à la fois les coûts variables et les coûts fixes. Comme il s'agit d'une entreprise de fabrication, dans l'état des résultats présenté selon la méthode des coûts variables, le coût des ventes est décomposé en coûts de fabrication variables et fixes. Dans le cas d'une entreprise commerciale (qui achète d'un fournisseur des produits déjà fabriqués), le coût des ventes serait entièrement variable.

Question éclair 3.5

D'après les données du tableau 3.2 à la page 103, quel serait le total des coûts variables si les ventes s'élevaient à 24 000 $? Quel serait le total des coûts fixes pour ce même niveau de ventes?

La méthode des coûts variables servant à la présentation de l'état des résultats est particulièrement utile à la planification interne et à la prise de décisions. La mise en valeur du comportement des coûts facilite l'analyse coût-volume-bénéfice, comme nous le verrons au prochain chapitre. La méthode des coûts variables s'avère aussi très avantageuse pour comparer les données sur les bénéfices réels et budgétés. Enfin, la méthode des coûts variables est utile à l'analyse d'une gamme de produits, à l'établissement des prix, à l'utilisation des ressources limitées, et à l'analyse du «faire» ou du «faire faire». Nous étudierons tous ces sujets dans les prochains chapitres.

MISE EN APPLICATION

Les gestionnaires appliquent leurs connaissances en matière de comportement des coûts lorsqu'ils doivent:

- calculer le volume de ventes requis pour atteindre le seuil de rentabilité;
- estimer le volume de ventes requis pour atteindre les cibles de rentabilité souhaitées;
- estimer l'effet des variations du volume de ventes sur la rentabilité;
- attribuer des coûts aux produits;
- établir des budgets et analyser les différences entre les bénéfices obtenus et les bénéfices prévus;
- décider s'il faut poursuivre ou abandonner la fabrication d'un produit;
- décider de fabriquer un produit ou d'externaliser sa fabrication.

Résumé

- Ce chapitre a étudié trois grandes catégories de coûts — les coûts variables, fixes et semi-variables. (OA1)
- Les coûts semi-variables comprennent à la fois des éléments fixes et variables. On peut les exprimer par une équation du type $Y = a + bX$, où Y représente le coût, a, l'élément de coût fixe, b, le coût variable par unité d'activité, et X, l'activité. (OA1)
- La première étape d'analyse d'un coût semi-variable est de préparer un graphique de dispersion afin d'observer la relation entre le coût et le volume d'activité. (OA2)
- Si la relation entre le coût et l'activité paraît linéaire dans un graphique de dispersion, alors il est possible d'estimer les composantes variables et fixes du coût semi-variable à l'aide de la méthode des points extrêmes ou de la méthode de régression. (OA2)
- La méthode du graphique de dispersion consiste à tracer une droite dans le nuage de points, puis à utiliser la pente et l'ordonnée à l'origine pour estimer les composantes variables et fixes du coût semi-variable. (OA2)
- Dans la méthode des points extrêmes, on trace une droite qui passe par le point le plus élevé et le point le moins élevé du niveau d'activité. (OA2)
- Pour la prise de décisions, on peut établir l'état des résultats suivant la méthode des coûts variables. Cette façon de procéder permet de classer les coûts selon leur comportement dans l'état des résultats (c'est-à-dire en coûts variables et en coûts fixes) plutôt que selon les fonctions de production, d'administration et de vente auxquelles ils se rattachent. (OA3)

Activités d'apprentissage

Problème de révision 3.1

Le comportement des coûts

Location Neptune offre un service de location d'embarcations. Les coûts ci-après concernent le segment significatif de 5 000 à 8 000 heures d'exploitation de ses embarcations.

	Nombre d'heures d'exploitation			
	5 000	6 000	7 000	8 000
Total des coûts :				
Coûts variables	20 000 $	? $	? $	? $
Coûts fixes	168 000	?	?	?
Total des coûts	188 000 $	? $	? $	? $
Coût par heure :				
Coût variable	? $	? $	? $	? $
Coût fixe	?	?	?	?
Coût total par heure	? $	? $	? $	? $

Travail à faire

Calculez les montants manquants en tenant pour acquis que le comportement des coûts demeure inchangé dans le segment significatif de 5 000 à 8 000 heures.

Solution au problème de révision 3.1

On peut calculer le coût variable par heure comme suit :

$$20\ 000\ \$ \div 5\ 000 \text{ heures} = 4\ \$ \text{ par heure}$$

Par conséquent, conformément au comportement des coûts variables et fixes, les montants manquants sont les suivants :

	Nombre d'heures d'exploitation			
	5 000	6 000	7 000	8 000
Total des coûts :				
Coûts variables	20 000 $	24 000 $	28 000 $	32 000 $
Coûts fixes	168 000	168 000	168 000	168 000
Total des coûts	188 000 $	192 000 $	196 000 $	200 000 $
Coût par heure :				
Coût variable	4,00 $	4,00 $	4,00 $	4,00 $
Coût fixe	33,60	28,00	24,00	21,00
Coût total par heure	37,60 $	32,00 $	28,00 $	25,00 $

▶

▶ Notons que le total des coûts variables augmente proportionnellement au nombre d'heures d'exploitation, mais que ces coûts demeurent constants à 4 $ quand ils sont exprimés sur une base horaire.

Par contre, le total des coûts fixes demeure le même quand le volume d'activité varie. Ces coûts demeurent constants (168 000 $) dans le segment significatif. Cependant, toute augmentation de l'activité a pour effet de faire décroître les coûts fixes sur une base horaire, de 33,60 $ par heure quand les embarcations sont exploitées pendant une période de 5 000 heures, à 21,00 $ par heure quand elles sont exploitées pendant 8 000 heures. En raison de cette particularité des coûts fixes, il est beaucoup plus facile et plus sûr de les considérer sur une base totale que sur une base unitaire quand on procède à une analyse de coûts.

Problème de révision 3.2

La méthode des points extrêmes

L'administrateur d'un hôpital souhaiterait disposer d'une formule de coûts qui lui permettrait d'associer les coûts liés à l'admission de patients au nombre de patients admis pendant un mois. Voici les coûts du service d'admission et le nombre de patients admis au cours des huit derniers mois :

Mois	Nombre de patients admis	Coûts du service d'admission
Mai	1 800	14 700 $
Juin	1 900	15 200
Juillet	1 700	13 700
Août	1 600	14 000
Septembre	1 500	14 300
Octobre	1 300	13 100
Novembre	1 100	12 800
Décembre	1 500	14 600

Travail à faire

1. Déterminez la partie fixe et la partie variable des coûts d'admission à l'aide de la méthode des points extrêmes.
2. Exprimez la partie fixe et la partie variable des coûts d'admission sous forme de formule à l'aide de $Y = a + bX$.

Solution au problème de révision 3.2

1. Avec la méthode des points extrêmes, la première étape consiste à déterminer les périodes au cours desquelles le volume d'activité est le plus faible et le plus élevé. Ici, ces périodes sont celles du mois de novembre (1 100 patients admis) et du mois de juin (1 900 patients admis). La deuxième étape consiste à calculer le coût variable unitaire à partir de ces deux points.

Mois	Nombre de patients admis	Coûts du service d'admission
Volume d'activité élevé (juin)	1 900	15 200 $
Moins : Volume d'activité faible (novembre)	1 100	12 800
Variation	800	2 400 $

Coût variable $=\dfrac{\text{Variation des coûts}}{\text{Variation du volume d'activité}}=\dfrac{2\,400\ \$}{800}=$ 3 \$ par patient admis

La troisième étape consiste à calculer l'élément de coût fixe en soustrayant l'élément de coût variable du coût total du volume d'activité élevé ou faible. Dans le calcul ci-après, on retient le point du volume d'activité élevé.

Élément de coût fixe	=	Coût total	−	Élément de coût variable
	=	15 200 \$	−	(3 \$ × 1 900 patients admis)
	=	9 500 \$		

2. La formule de coûts exprimée dans l'équation linéaire est la suivante :

$$Y = 9\,500\ \$ + 3\ \$\,X$$

Questions

Q3.1 En quoi un coût variable, un coût fixe et un coût semi-variable sont-ils différents ?

Q3.2 Quel sera l'effet d'une augmentation du volume d'activité sur :
a) les coûts fixes par unité ?
b) les coûts variables par unité ?
c) le total des coûts fixes ?
d) le total des coûts variables ?

Q3.3 Définissez les expressions « comportement des coûts » et « segment significatif ».

Q3.4 Que signifie l'expression « inducteur de coût » dans le contexte des coûts variables ? Donnez plusieurs exemples d'inducteurs de coût.

Q3.5 En quoi un coût variable, un coût semi-variable et un coût variable par paliers sont-ils différents ? Représentez ces coûts sous forme d'un graphique où le volume d'activité sera représenté par l'axe horizontal, et le coût, par l'axe vertical.

Q3.6 Les gestionnaires tiennent souvent pour acquis qu'il existe une relation strictement linéaire entre le coût et le niveau d'activité. Comment peut-on défendre cette idée, sachant que de nombreux coûts sont curvilinéaires ?

Q3.7 En quoi les coûts fixes discrétionnaires sont-ils différents des coûts de structure ?

Q3.8 Indiquez si les coûts fixes ci-après sont d'ordinaire des coûts de structure ou des coûts discrétionnaires.
a) L'assurance des bâtiments.
b) La publicité.
c) Les frais de représentation et de déplacement.
d) La location à long terme de matériel.
e) Les prestations de retraite versées aux anciens employés.
f) Le perfectionnement et la formation des cadres.

Q3.9 Le concept de segment significatif s'applique-t-il aux coûts fixes ? Justifiez votre réponse.

Q3.10 Quel est l'inconvénient majeur de la méthode des points extrêmes ?

Q3.11 Quel est l'objectif du graphique de dispersion ?

Q3.12 Dans la méthode des points extrêmes, pourquoi le volume d'activité le plus élevé et celui le plus bas sont-ils utilisés plutôt que les coûts les plus élevés et ceux les plus bas ?

Q3.13 En quoi se distinguent la méthode des coûts variables servant à la présentation de l'état des résultats et la méthode traditionnelle ?

Q3.14 En quoi consiste la marge sur coûts variables ?

3

E3.1 Le comportement des coûts fixes et des coûts variables

Café Express exploite un certain nombre de petits cafés-restaurants dans des galeries marchandes achalandées de banlieue. Chacun de ces établissements a un coût fixe hebdomadaire de 1 100 $ et un coût variable par tasse de café servie de 0,26 $.

Travail à faire

1. Remplissez le tableau ci-dessous en inscrivant vos estimations du total des coûts et du coût par tasse de café aux volumes d'activité indiqués pour un petit café-restaurant. Arrondissez le coût d'une tasse de café au dixième de cent près.

	Tasses de café servies en une semaine		
	1 800	1 900	2 000
Coût fixe..	?	?	?
Coût variable..	?	?	?
Coût total	?	?	?
Coût par tasse de café servie	?	?	?

2. Le coût par tasse de café servie augmente-t-il, diminue-t-il ou demeure-t-il constant lorsque le nombre de tasses de café servies par semaine augmente? Expliquez votre réponse.

E3.2 L'analyse des coûts à l'aide d'un graphique de dispersion

Les données qui suivent proviennent de documents relatifs aux coûts de la société Transformation Anticosti. Elles portent sur le coût d'exploitation d'une des usines de transformation de cette entreprise à différents volumes d'activité.

Mois	Nombre d'unités transformées	Coût total
Janvier	8 000	14 000 $
Février	4 500	10 000
Mars	7 000	12 500
Avril	9 000	15 500
Mai	3 750	10 000
Juin	6 000	12 500
Juillet	3 000	8 500
Août	5 000	11 500

Travail à faire

1. À l'aide du tableur Excel de Microsoft, préparez un graphique de dispersion à partir des données ci-dessus. Placez les coûts d'exploitation sur l'axe vertical et le nombre d'unités transformées sur l'axe horizontal.

2. À votre avis, les coûts d'exploitation ont-ils un rapport avec le nombre d'unités transformées? Expliquez votre réponse.

E3.3 La méthode des points extrêmes

Les gestionnaires de l'Hôtel Capucine ont conservé des documents relatifs aux coûts totaux d'électricité et au nombre de jours d'occupation des chambres de l'établissement au cours de la dernière année. Un jour-client correspond à une chambre louée pour une nuitée. Les activités de l'hôtel sont saisonnières, avec des périodes de pointe pendant la saison de ski et la saison estivale.

Mois	Taux d'occupation en jours-clients	Coûts de l'électricité
Janvier	2 604	6 257 $
Février	2 856	6 550
Mars	3 534	7 986
Avril	1 440	4 022
Mai	· 540	2 289
Juin	1 116	3 591
Juillet	3 162	7 264
Août	3 608	8 111
Septembre	1 260	3 707
Octobre	186	1 712
Novembre	1 080	3 321
Décembre	2 046	5 196

Travail à faire

1. À l'aide de la méthode des points extrêmes, estimez le coût fixe de l'électricité par mois et son coût variable par jour-client. Arrondissez le coût fixe au dollar près et le coût variable au cent près.
2. Quels autres facteurs que le taux d'occupation en jours-clients sont susceptibles d'avoir un effet sur la variation des coûts de l'électricité d'un mois à l'autre ?

E3.4 L'état des résultats établi selon la méthode des coûts variables

La boutique Hémon est un important détaillant d'articles de sports nautiques. Voici l'état des résultats de son rayon des planches de surf pour le trimestre le plus récent.

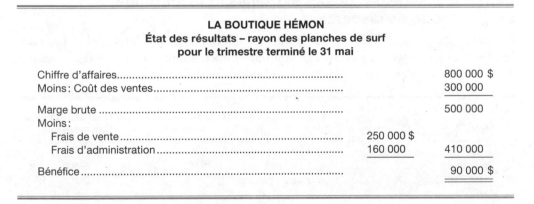

LA BOUTIQUE HÉMON
État des résultats – rayon des planches de surf
pour le trimestre terminé le 31 mai

Chiffre d'affaires		800 000 $
Moins : Coût des ventes		300 000
Marge brute		500 000
Moins :		
Frais de vente	250 000 $	
Frais d'administration	160 000	410 000
Bénéfice		90 000 $

La boutique vend ses planches de surf 400 $ l'unité en moyenne. Une partie des frais de vente du rayon est variable, soit 50 $ l'unité, et le reste est fixe. Les frais d'administration sont variables à 25 % et fixes à 75 %. L'entreprise achète ses planches de surf à un fournisseur au coût de 150 $ l'unité.

Travail à faire

1. Préparez un état des résultats du trimestre à l'aide de la méthode des coûts variables.
2. Suivant la méthode des coûts variables, quelle est la marge sur coûts variables qui permet de couvrir les coûts fixes ? (Exprimez ce résultat sous forme d'un seul montant en dollars par planche de surf.)
3. Si, pendant le trimestre se terminant le 31 août, la boutique Hémon vendait 100 planches de surf de plus que pendant le trimestre se terminant le 31 mai et que ses coûts fixes demeuraient inchangés, de quel montant son bénéfice augmenterait-il ?

E3.5 **Le comportement des coûts et l'établissement de l'état des résultats selon la méthode des coûts variables**

La société Paradis fabrique et vend un seul produit. Voici une liste partielle des coûts de l'entreprise à l'intérieur du segment significatif de 60 000 à 100 000 unités produites et vendues chaque année.

	Unités fabriquées et vendues		
	60 000	80 000	100 000
Total des coûts :			
Coûts variables	150 000 $	? $	? $
Coûts fixes	360 000	?	?
Total des coûts	510 000 $	? $	? $
Coût par unité :			
Coût variable	? $	? $	? $
Coût fixe	?	?	?
Coût total par unité	? $	? $	? $

Travail à faire

1. Remplissez le tableau ci-dessus.
2. Supposez que l'entreprise fabrique et vend 90 000 unités au cours de la période à un prix de vente de 7,50 $ l'unité. Préparez un état des résultats pour cette période selon la méthode des coûts variables.

E3.6 **La méthode des points extrêmes et la méthode du graphique de dispersion**

La société Zerbel, qui fabrique sur commande des appareils de climatisation pour des immeubles commerciaux, a constaté d'importantes fluctuations dans ses coûts de livraison d'un mois à l'autre, comme l'indiquent les données suivantes :

Mois	Nombre d'unités livrées	Total des coûts de livraison
Janvier	4	2 200 $
Février	7	3 100
Mars	5	2 600
Avril	2	1 500
Mai	3	2 200
Juin	6	3 000
Juillet	8	3 600

Travail à faire

1. À l'aide de la méthode des points extrêmes, déterminez une formule de coûts pour les coûts de livraison.
2. Le chef de la direction de l'entreprise doute de la fiabilité de la méthode des points extrêmes et vous demande de vérifier vos résultats avec la méthode du graphique de dispersion à l'aide du tableur Excel de Microsoft.
   a) Préparez un graphique de dispersion en vous servant des données ci-dessus. Utilisez la fonction «Insérer un graphique» de type «Nuage de points».
   b) Tracez la droite et déterminez la formule de coûts de cette dernière en suivant les étapes suivantes :
      • Placez votre curseur près d'un des points et cliquez sur le bouton droit de la souris.
      • Sélectionnez l'option «Ajouter une courbe de tendance».

- Dans le menu qui est apparu, sélectionnez les options suivantes :
  - Linéaire ;
  - Nom de la courbe de tendance : automatique ;
  - Afficher l'équation sur le graphique.

3. Quels facteurs, autres que le nombre d'unités livrées, sont susceptibles d'influer sur les coûts de livraison de l'entreprise ? Expliquez votre réponse.

E3.7 Le comportement des coûts et la méthode des points extrêmes

La société Paquet Express gère une flotte de camions de livraison dans la grande région urbaine de Montréal. Une étude effectuée par l'analyste des coûts de l'entreprise montre que le coût moyen d'exploitation d'un camion qui parcourt 120 000 kilomètres en une année est de 11,6 cents par kilomètre. Si le camion ne parcourt que 80 000 kilomètres en un an, ce coût moyen augmente à 13,6 cents par kilomètre.

Travail à faire

1. À l'aide de la méthode des points extrêmes, estimez les éléments variables et fixes du coût annuel d'exploitation d'un camion.
2. Exprimez les coûts variables et fixes sous la forme $Y = a + bX$.
3. Si un camion parcourt 100 000 kilomètres au cours d'une année, quel coût total l'entreprise engagera-t-elle, selon vous ?

E3.8 La méthode des points extrêmes et la prévision des coûts

Le nombre et le coût des radiographies effectuées pour les neuf derniers mois à l'Hôpital Beauséjour apparaissent ci-après.

Mois	Radiographies effectuées	Coût des radiographies
Janvier	6 250	28 000 $
Février	7 000	29 000
Mars	5 000	23 000
Avril	4 250	20 000
Mai	4 500	22 000
Juin	3 000	17 000
Juillet	3 750	18 000
Août	5 500	24 000
Septembre	5 750	26 000

Travail à faire

1. À l'aide de la méthode des points extrêmes, estimez la formule qui permet de déterminer les coûts des radiographies.
2. D'après la formule de coûts que vous avez établie à la question 1), quels coûts l'Hôpital engagerait-il pour un mois au cours duquel 4 600 radiographies sont effectuées ?

E3.9 Une analyse à l'aide de la méthode du graphique de dispersion et de la méthode des points extrêmes

Reportez-vous aux données de l'exercice E3.8 concernant l'Hôpital Beauséjour.

Travail à faire

1. À l'aide du tableur Excel de Microsoft, préparez un graphique de dispersion en vous servant des données de l'exercice E3.8. Utilisez la fonction « Insérer un graphique » de type « Nuage de points » et tracez la droite en plaçant le curseur de la souris près d'un des points et en cliquant sur le bouton droit de la souris. Ensuite, sélectionnez l'option « Ajouter une courbe de tendance », puis choisissez « Linéaire ».

▶

▶ 2. Examinez les points de votre graphique. Expliquez pourquoi la méthode des points extrêmes permettrait ou non d'obtenir une formule de coûts qui donne des résultats précis dans ce cas.

E3.10 La méthode des points extrêmes et la prévision des coûts

La société Radisson offre un total de 2 000 chambres dans sa chaîne d'hôtels à l'échelle du pays. En moyenne, 70 % de ces chambres sont occupées chaque jour. Les coûts d'exploitation de l'entreprise sont de 21 $ par chambre louée par jour à ce taux d'occupation, en supposant qu'un mois compte 30 jours. Ce montant de 21 $ représente à la fois des éléments de coûts variables et de coûts fixes. Au cours du mois d'octobre, le taux d'occupation des chambres a diminué à seulement 45 %. Pendant ce mois, l'entreprise a engagé un total de 792 000 $ en coûts d'exploitation.

Travail à faire

1. Estimez le coût variable par chambre occupée par jour.
2. Estimez le total des coûts d'exploitation fixes par mois.
3. Supposez que le taux d'occupation augmente jusqu'à 60 % en novembre. À votre avis, quel serait le montant total des coûts d'exploitation engagés par l'entreprise pour ce mois ?

Problèmes

P3.11 La méthode des points extrêmes et la prévision des coûts

Les totaux des frais indirects de fabrication de la société Garon à différents volumes d'activité apparaissent ci-dessous.

Mois	Heures-machines	Total des frais indirects de fabrication
Mars	50 000	194 000 $
Avril	40 000	170 200
Mai	60 000	217 800
Juin	70 000	241 600

Supposez que ces frais indirects de fabrication comprennent les services publics, ainsi que les salaires du personnel de supervision et d'entretien. Voici le montant de ces frais à un volume d'activité de 40 000 heures-machines.

Services publics (coût variable)	52 000 $
Salaires du personnel de supervision (coût fixe)	60 000
Entretien (coût semi-variable)	58 200
Total des frais indirects de fabrication	170 200 $

La direction de l'entreprise veut décomposer le coût de l'entretien en ses éléments fixes et variables.

Travail à faire

1. Estimez la partie des 241 600 $ de frais indirects de fabrication enregistrés en juin qui représente les frais d'entretien. (Indice : Pour ce faire, déterminez d'abord la partie du montant des coûts indirects du mois de juin qui a servi à payer les services publics et les salaires du personnel de supervision. Réfléchissez au comportement des coûts variables et des coûts fixes à l'intérieur du segment significatif.)

2. À l'aide de la méthode des points extrêmes, déterminez une formule de coûts pour calculer les frais d'entretien.

3. Exprimez le total des frais indirects de fabrication par une équation du type $Y = a + bX$.

4. À votre avis, quel serait le montant total des frais indirects de fabrication qui devrait être engagé à un volume d'activité de 45 000 heures-machines ?

P3.12 La méthode des points extrêmes et le coût des produits fabriqués

La société Nordet fabrique un seul produit. Voici quelques renseignements concernant ses activités des deux derniers mois.

	Volume d'activité	
	Juillet	Octobre
Nombre d'unités fabriquées...................................	9 000	12 000
Coût des produits fabriqués	285 000 $	390 000 $
Produits en cours au début..................................	14 000 $	22 000 $
Produits en cours à la fin	25 000 $	15 000 $
Coût des matières premières par unité....................	15 $	15 $
Coût de la main-d'œuvre directe par unité	6 $	6 $
Total des frais indirects de fabrication....................	? $	? $

Les frais indirects de fabrication de l'entreprise sont composés à la fois d'éléments fixes et variables. Pour avoir en main les données nécessaires à sa planification, la direction veut déterminer la partie de ces coûts qui est variable en fonction du nombre d'unités produites et celle qui est fixe.

Travail à faire

1. Pour les mois de juillet et d'octobre, estimez le montant des frais indirects de fabrication.

2. À l'aide de la méthode des points extrêmes, déterminez une formule de coûts permettant de calculer les frais indirects de fabrication. Exprimez la partie variable de cette formule sous la forme d'un taux variable par unité de produit.

3. Si l'entreprise fabriquait 9 500 unités au cours d'un mois, quel serait le coût des produits fabriqués ? (Supposez que, pour ce mois, les produits en cours ont une valeur de 16 000 $ au début et de 19 000 $ à la fin.)

P3.13 Le comportement des coûts

Vous trouverez, à la page suivante, plusieurs modèles de comportements des coûts. Le coût total est représenté sur l'axe vertical de chaque graphique et le volume d'activité est représenté sur l'axe horizontal.

Travail à faire

1. Pour chacune des situations ci-après, indiquez le graphique illustrant le mieux le comportement des coûts concerné. Vous pouvez utiliser les graphiques plus d'une fois.

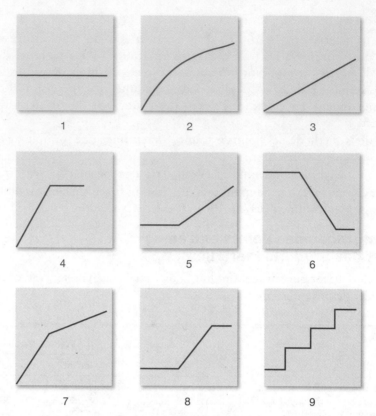

1   2   3

4   5   6

7   8   9

a) Le prix demandé pour l'utilisation de données sur un téléphone intelligent – une charge fixe pour les 500 premiers mégaoctets plus un coût variable pour chaque mégaoctet supplémentaire.

b) La rémunération des salariés chargés du développement de logiciels qui reçoivent tous un salaire mensuel fixe.

c) Les droits de licence versés au gouvernement provincial pour les randonnées en traîneaux à chiens. L'entreprise paie 10 $ par randonnée sur les 1 000 premières randonnées. Au-delà de 1 000 randonnées, elle ne verse plus aucun montant de droits de licence.

d) Le coût des matières premières, établi au départ à 7,50 $ l'unité, qui diminue de 0,05 $ l'unité par tranche de 100 unités, après quoi il demeure inchangé à 2,50 $ l'unité.

e) Le coût d'un plan mensuel d'internet haute vitesse décrit comme suit : 50 $ pour l'utilisation de 0 à 250 mégaoctets, 75 $ pour l'utilisation de 251 à 500 mégaoctets, 100 $ pour l'utilisation de 501 à 750 mégaoctets et 125 $ pour l'utilisation de 751 mégaoctets et plus.

f) Le salaire versé aux employés d'un sylviculteur qui reçoivent 0,10 $ par arbre qu'ils plantent.

g) Le loyer d'une usine fournie par la municipalité régionale de comté ; l'accord prévoit le paiement d'une location de 100 000 $, moins 1 $ pour chaque heure de main-d'œuvre directe réalisée au-delà de 200 000 heures, mais un loyer minimal de 20 000 $ devra être versé.

h) La rémunération totale des membres du personnel de vente qui reçoivent un salaire mensuel fixe plus une commission de 5 % du chiffre d'affaires pour chaque dollar de vente en sus lorsque ce chiffre dépasse 250 000 $. Il n'y a aucun montant de commission supplémentaire au-delà de 1 000 000 $.

i) Le coût des matières premières qui est de 1 $ pour les 1 000 premières unités et qui diminue à 0,80 $ par unité pour les quantités supérieures à 1 000.

2. Comment la connaissance du comportement des coûts, par exemple les cas illustrés à la question 1, aiderait-elle un gestionnaire à analyser la structure de coûts de son entreprise ?

(Adaptation d'un problème de l'American Institute of Certified Public Accountants)

P3.14 La méthode des points extrêmes et la prévision des coûts

La société Echeverria est une entreprise de fabrication argentine dont le total des frais indirects de fabrication fluctue d'une année à l'autre en fonction du nombre d'heures-machines effectuées dans son usine. Ces coûts (en pesos argentins) aux volumes d'activité le plus élevé et le plus bas des dernières périodes apparaissent ci-dessous.

	Volume d'activité	
	Le plus bas	Le plus élevé
Heures-machines..	60 000	80 000
Total des frais indirects de fabrication......................	274 000 pesos	312 000 pesos

Les frais indirects de fabrication indiqués ci-dessus comprennent les matières indirectes, le loyer et l'entretien. La direction a analysé ces coûts à un volume d'activité de 60 000 heures-machines.

Matières indirectes (coût variable)	90 000 pesos
Loyer (coût fixe)	130 000
Entretien (coût semi-variable)	54 000
Total des frais indirects de fabrication	274 000 pesos

À des fins de planification, l'entreprise souhaite décomposer le coût d'entretien en éléments fixes et variables.

Travail à faire

1. Estimez la partie du total des frais indirects de fabrication au volume d'activité le plus élevé, soit 312 000 pesos, ce qui représente les frais d'entretien. (Indice : Pour ce faire, déterminez d'abord la partie du montant de 312 000 pesos qui consiste en matières indirectes et en loyer. Réfléchissez au comportement des coûts variables et des coûts fixes.)
2. À l'aide de la méthode des points extrêmes, estimez une formule de coûts pour calculer les frais d'entretien.
3. Quel serait le total des frais indirects de fabrication engagés par l'entreprise à un volume d'activité de 65 000 heures-machines ?

P3.15 La préparation d'un état des résultats suivant la méthode des coûts variables ou suivant la méthode traditionnelle

La Maison de l'orgue achète des orgues d'un fabricant de renom et les revend au détail. Elle les vend en moyenne 2 500 $ l'unité. Le coût moyen d'un orgue est de 1 500 $.

► La Maison de l'orgue a toujours tenu minutieusement à jour ses documents relatifs aux coûts. Voici les coûts qu'elle engage au cours d'un mois d'activité.

Coûts	Formule de coût
Frais de vente :	
Publicité...	950 $ par mois
Livraison des orgues	60 $ par orgue vendu
Salaires et commissions sur les ventes.....	4 800 $ par mois, plus 4 % des ventes
Services publics	650 $ par mois
Amortissement des locaux commerciaux....	5 000 $ par mois
Frais d'administration :	
Salaires des directeurs	13 500 $ par mois
Amortissement du matériel de bureau	900 $ par mois
Salaires du personnel de bureau..............	2 500 $ par mois, plus 40 $ par orgue vendu
Assurance...	700 $ par mois

Au cours du mois de novembre, l'entreprise a vendu et livré 60 orgues.

Travail à faire

1. Préparez un état des résultats pour le mois de novembre selon la méthode traditionnelle, en classant les coûts par fonction.

2. Reprenez la question 1 en utilisant la méthode des coûts variables. Indiquez tous les montants sous forme de total et par unité jusqu'à la marge sur coûts variables.

3. Reprenez l'état des résultats que vous avez préparé à la question 2. Pourquoi le fait de présenter les coûts fixes sur une base unitaire pourrait-il induire les utilisateurs en erreur?

P3.16 La méthode des points extrêmes et l'état des résultats établi selon la méthode des coûts variables

La société Frankel, une entreprise commerciale britannique, est le distributeur exclusif d'un produit de plus en plus recherché sur le marché. Ses résultats (en livres sterling [£]) pour les trois derniers mois apparaissent ci-après.

FRANKEL
État des résultats mensuels
pour le trimestre terminé le 30 juin

	Avril	Mai	Juin
Unités vendues	3 000	3 750	4 500
Chiffre d'affaires	420 000 £	525 000 £	630 000 £
Moins : Coût des ventes	168 000	210 000	252 000
Marge brute	252 000	315 000	378 000
Moins : Frais de vente et frais d'administration :			
Livraison	44 000	50 000	56 000
Publicité	70 000	70 000	70 000
Salaires et commissions sur les ventes	107 000	125 000	143 000
Coûts d'assurance	9 000	9 000	9 000
Amortissement	42 000	42 000	42 000
Total des frais de vente et des frais d'administration	272 000	296 000	320 000
Bénéfice (perte)	(20 000) £	19 000 £	58 000 £

Travail à faire

1. Déterminez si chacune des charges de l'entreprise (y compris le coût des ventes) est un coût variable, fixe ou semi-variable.

2. À l'aide de la méthode des points extrêmes, distinguez les éléments variables et les éléments fixes de chaque coût semi-variable. Indiquez la formule de coûts correspondant à chaque charge semi-variable.

3. Présentez l'état des résultats de la société Frankel au volume d'activité de 4 500 unités à l'aide de la méthode des coûts variables.

P3.17 La méthode des points extrêmes et l'analyse d'un graphique de dispersion

La société DER fournit des services d'entretien et de réparation de petits moteurs comme ceux qu'on retrouve dans les tondeuses à gazon, les scies à chaîne et les souffleuses à neige. Parmi les coûts de l'entreprise, on compte le salaire des mécaniciens, l'assurance et l'amortissement du matériel de réparation, les pièces et les matériaux utilisés pour le travail ainsi que les services publics. Le directeur de l'entreprise voudrait élaborer un modèle qui lui permettrait de prévoir les coûts de réparation. Pour ce faire, il a soigneusement noté le total des coûts de ce type engagés au cours des 10 derniers mois, ainsi que le nombre de travaux d'entretien et de réparation que ses employés ont effectué chaque mois.

Voici les données qu'il a recueillies.

Mois	Nombre de travaux exécutés	Coûts des réparations
Janvier	220	22 000 $
Février	180	18 000
Mars	160	17 600
Avril	200	20 000
Mai	260	24 000
Juin	240	22 400
Juillet	140	16 000
Août	120	12 800
Septembre	100	13 600
Octobre	80	9 600

Travail à faire

1. À l'aide du tableur Excel de Microsoft, préparez un graphique de dispersion à partir des données ci-dessus. Placez les coûts des réparations sur l'axe vertical et le nombre de travaux exécutés sur l'axe horizontal. Utilisez la fonction « Insérer un graphique » de type « Nuage de points » et tracez la droite en plaçant le curseur de la souris près d'un des points en cliquant sur le bouton droit de la souris. Ensuite, sélectionnez l'option « Ajouter une courbe de tendance » puis, choisissez « Linéaire ». À votre avis, les coûts des réparations ont-ils un rapport avec le nombre de travaux exécutés ? Expliquez votre réponse.

2. Utilisez la méthode des points extrêmes pour estimer les coûts des réparations. Exprimez ces coûts à l'aide de la formule $Y = a + bX$.

3. Supposez maintenant que le directeur de l'entreprise veut prévoir les coûts des réparations pour l'exécution de 600 travaux. Devrait-il utiliser la formule de coûts établie à la question 2 ci-dessus pour prévoir ces coûts ? Pourquoi ?

Cas

C3.18 Une analyse à l'aide du graphique de dispersion et le choix d'une unité d'œuvre

La société Mapleleaf Sweepers de Toronto fabrique des balais rotatifs de remplacement pour les balayeuses-laveuses qui débarrassent les rues de la ville des feuilles mortes et de la neige. Il s'agit d'une activité saisonnière, car la demande la plus élevée a lieu pendant et juste avant les mois d'automne et d'hiver. Comme ses clients utilisent de nombreux types de balais différents, l'entreprise fabrique toutes ces pièces d'équipement sur commande.

La société a analysé ses comptes de frais indirects de fabrication pour déterminer leurs composantes fixes et variables à des fins de planification. Vous trouverez ci-après des données concernant les coûts du travail des superviseurs pour les neuf derniers mois.

Mois	Nombre d'unités produites	Nombre de jours de travail des superviseurs	Coût du travail des superviseurs
Janvier	115	21	3 840 $
Février	109	19	3 648
Mars	102	23	4 128
Avril	76	20	3 456
Mai	69	23	4 320
Juin	108	22	4 032
Juillet	77	16	2 784
Août	71	14	2 688
Septembre	127	21	3 840

Le nombre de jours de travail varie d'un mois à l'autre en raison du nombre de jours de semaine, de congés fériés, de jours de vacances et de congés de maladie. Le nombre d'unités fabriquées mensuellement varie en fonction de la demande et du nombre de jours de travail pendant le mois.

Il y a deux superviseurs qui effectuent respectivement un quart de travail de huit heures chaque jour. L'un et l'autre disposent chaque année d'un total de 10 jours de congé de maladie rémunérés. Leur salaire ces jours-là et leur indemnité de vacances sont imputés aux frais indirects divers plutôt qu'au compte des coûts liés au travail des superviseurs.

Travail à faire

1. Tracez un graphique de dispersion du coût de main-d'œuvre des superviseurs en fonction du nombre d'unités fabriquées.

2. Tracez un graphique de dispersion du coût de main-d'œuvre des superviseurs en fonction du nombre de jours de travail.

3. Laquelle des deux mesures d'activité — le nombre d'unités fabriquées ou les jours de travail des superviseurs — devrait-on utiliser comme unité d'œuvre pour expliquer le coût de main-d'œuvre des superviseurs?

C3.19 L'analyse de coûts semi-variables dans l'établissement d'un prix

Jasmine Lin est propriétaire d'un service de traiteur qui sert des aliments et des boissons dans des réceptions et des réunions d'affaires. Ses activités ont un caractère saisonnier. Son calendrier est plus chargé durant les mois d'été et la période des fêtes que pendant le reste de l'année.

Le buffet de fin d'après-midi est très populaire auprès de la clientèle. Le coût estimatif par invité de ce type de buffet a été établi comme suit :

Nourriture et boisson	17,00 $
Main-d'œuvre (0,5 heure à 12,00 $ l'heure)..	6,00
Frais indirects (0,5 heure à 18,63 $ l'heure)......................................	9,32
Coût total par invité	32,32 $

La durée du service est de trois heures ; Mme Lin embauche alors un employé par six invités, ce qui représente une demi-heure de main-d'œuvre par invité. Elle embauche ces employés uniquement selon les besoins et elle ne les paie que pour les heures réelles de travail.

Mme Lin demande généralement 45 $ par invité. Elle est convaincue que ses estimations des coûts de la nourriture, des boissons et de la main-d'œuvre sont exactes. Par contre, elle a des doutes sur son estimation des frais indirects. Elle a déterminé le montant de 18,63 $ en frais indirects par heure de main-d'œuvre en divisant le total de ses frais indirects des 12 derniers mois par le total des heures de main-d'œuvre accumulées pour la même période. Les données mensuelles concernant ses frais indirects et les heures de main-d'œuvre apparaissent ci-dessous.

Mois	Heures de main-d'œuvre	Frais indirects
Janvier	1 500	44 000 $
Février	1 680	47 200
Mars..	1 800	48 000
Avril	2 520	51 200
Mai	2 700	53 600
Juin	3 300	56 800
Juillet...	3 900	59 200
Août	4 500	61 600
Septembre	4 200	60 000
Octobre	2 700	54 400
Novembre	1 860	49 600
Décembre	3 900	58 400
	34 560	644 000 $

On a proposé à Mme Lin de présenter une soumission pour un buffet qui sera servi au cours d'une soirée-bénéfice réunissant 120 personnes, organisée le mois prochain par un important organisme local de charité. (Le service durerait trois heures comme d'habitude.) Mme Lin aimerait bien obtenir ce contrat, car la liste des invités comporte des personnes bien en vue qu'elle souhaiterait compter parmi ses clients. Elle est convaincue que son service de traiteur pourrait faire bonne impression sur ces clients potentiels.

Travail à faire

1. Estimez la marge sur coût variable d'un buffet standard pour 120 invités si Mme Lin fait payer, comme d'habitude, 45 $ par invité. (Autrement dit, de combien ses résultats augmenteraient-ils ?)
2. Quelle est la soumission la moins élevée — en ce qui a trait au prix par invité — que Mme Lin peut présenter tout en évitant de perdre de l'argent dans l'organisation du buffet ?

► 3. La personne qui organise la collecte de fonds a fait savoir à Mme Lin qu'elle a déjà reçu une offre inférieure d'un autre traiteur, soit 42 $ par invité. À votre avis, Mme Lin devrait-elle soumissionner ce buffet à un prix moindre que son tarif habituel de 45 $ par invité? Pourquoi?

(Adaptation d'un problème de CPA Canada)

Réponses aux questions éclair

3.1 Il s'agit d'un coût entièrement variable, car il varie de façon directement proportionnelle au volume d'activité, soit le nombre d'arbres plantés.

3.2 Le coût de location moyen par client est de 2,50 $ (500 $ ÷ 200 clients). Les coûts totaux de location s'élèvent à 500 $ lorsqu'il y a 200 clients parce qu'il s'agit d'un coût mensuel fixe.

3.3 Le salaire du personnel de vente est un coût semi-variable parce qu'il comporte une partie fixe (2 000 $) et une partie variable (5 % du chiffre d'affaires).

L'équation des coûts est $Y = 2000\ \$ + 0,05\ X$, où Y est le salaire mensuel total du personnel de vente et X est les ventes mensuelles en dollars.

3.4 L'équation des coûts est $Y = 1\ 421,50\ \$ + 1,85\ \$\ X$.

Lorsque le total des jours-clients s'élève à 3 000, les coûts de l'électricité sont de $1\ 421,50\ \$ + 1,85\ \$(3\ 000) = 6\ 971,50\ \$$.

3.5 Le total des coûts variables représente 25 % du chiffre d'affaires : 3 000 $ ÷ 12 000 $. Lorsque le chiffre d'affaires atteint 24 000 $, le total des coûts variables est égal à 6 000 $ (24 000 $ × 0,25).

En l'absence d'information permettant de supposer que ce montant de 24 000 $ se trouve à l'extérieur du segment significatif du volume d'activité, on calcule que le total des coûts fixes sera de 8 000 $.

LES RELATIONS COÛT-VOLUME-BÉNÉFICE

Mise en situation

Une analyse du taux d'occupation

Parmi les indicateurs clés auxquels s'intéressent les compagnies aériennes figure le taux d'occupation d'équilibre. Exprimé en pourcentage, ce taux indique le nombre de places que doit vendre un transporteur par rapport aux places offertes pour atteindre le seuil de rentabilité (qui correspond à un bénéfice nul ou à une perte nulle, mais avec une couverture de tous les coûts). Le taux d'occupation d'équilibre dépend du niveau de coûts fixes, du prix moyen que la compagnie peut demander à ses clients par billet d'avion et des coûts variables engagés pour chaque vol. Les coûts fixes se rapportent notamment à l'entretien des appareils, aux assurances, à l'amortissement, aux salaires du personnel administratif, etc. Les coûts variables comprennent la rémunération des pilotes et des agents de bord, le coût de l'essence par vol, le coût des boissons, des aliments et des journaux offerts aux passagers, de même que les dépenses liées au traitement de chaque billet vendu.

Par exemple, Air Canada a récemment présenté un taux d'occupation d'équilibre d'environ 79 %, alors que celui déclaré par le transporteur ontarien Porter était de 55 %.

Pour obtenir rapidement un aperçu de la performance d'une compagnie aérienne, on peut facilement comparer son taux d'occupation réel, qui correspond au pourcentage de places véritablement vendues par rapport au nombre offert, avec son taux d'occupation d'équilibre. En décembre 2012, Air Canada a présenté un taux d'occupation réel d'environ 82 %, tandis que celui de Porter se situait à 64 %. Le taux d'occupation réel de ces deux transporteurs était donc supérieur à leur taux d'occupation d'équilibre, ce qui témoigne de bénéfices avant impôts.

Comment calcule-t-on le seuil de rentabilité d'une activité ? Quelles hypothèses s'imposent pour effectuer l'analyse requise ? Voilà quelques questions qui, avec d'autres concepts visant à expliquer les principales relations entre le coût, le volume et le bénéfice, feront l'objet du présent chapitre.

Sources : Scott DEVEAU, « Porter Airline's Edge », *Financial Post*, 23 octobre 2011, [En ligne], <business.financialpost.com/2011/10/23/porter-airlines-edge/> (Page consultée le 16 avril 2015) ; et Ross MAROWITS, « Air Canada, Porter Airlines, Load Factors on the Rise to Finish 2012 on Upward Trajectory », *Huffington Post*, 7 janvier 2013, [En ligne], <www.huffingtonpost.ca/2013/01/07/air-canada-porter-airlines-load-factors_n_2423877.html> (Page consultée le 16 avril 2015).

OBJECTIFS D'APPRENTISSAGE

Après avoir étudié ce chapitre, vous pourrez :

1. expliquer comment des changements dans le volume d'activité influent sur la marge sur coûts variables et sur le bénéfice ;

2. préparer et interpréter les graphiques coût-volume-bénéfice (CVB) et volume-bénéfice ;

3. utiliser le ratio de la marge sur coûts variables pour calculer les changements dans la marge sur coûts variables et le bénéfice qui découlent d'une variation du volume de ventes ;

4. montrer les effets des changements dans les coûts variables, les coûts fixes, le prix de vente et le volume sur la marge sur coûts variables ;

5. calculer le seuil de rentabilité en unités et en dollars de ventes ;

6. déterminer le volume de ventes nécessaire pour atteindre un bénéfice cible choisi ;

7. calculer la marge de sécurité et expliquer sa signification ;

8. expliquer la structure des coûts, calculer le ratio du levier d'exploitation à un niveau donné des ventes et expliquer comment ce ratio peut servir à prévoir des variations dans le bénéfice ;

9. calculer le seuil de rentabilité d'une entreprise vendant plusieurs produits, et expliquer les effets d'une variation dans la composition des ventes sur la marge sur coûts variables et sur le seuil de rentabilité ;

10. effectuer une analyse coût-volume-bénéfice en situation d'incertitude (*voir l'annexe 4A en ligne*).

L'analyse coût-volume-bénéfice (CVB) est l'un des outils les plus efficaces mis à la disposition des gestionnaires. Cet outil leur permet de comprendre les relations entre le coût, le volume et le bénéfice dans une organisation, et ce, en montrant les interactions entre les cinq éléments suivants :

1. Les prix des produits.
2. Le volume ou le niveau d'activité.
3. Les coûts variables par unité.
4. Le total des coûts fixes.
5. La composition des ventes.

Comme l'analyse CVB aide les gestionnaires à comprendre les effets de ces facteurs clés sur le bénéfice, il s'agit d'un outil essentiel pour prendre nombre de décisions de nature opérationnelle, notamment au moment de choisir les produits à fabriquer et les services à offrir, la politique à adopter en matière d'établissement des prix, le type de stratégie de mise en marché à employer et les structures de coûts à mettre en place. Une étude minutieuse des hypothèses et des éléments pertinents s'impose toutefois pour éviter les erreurs et savoir quand il convient d'appliquer les idées expliquées dans le présent chapitre à des situations plus complexes.

Pour comprendre le rôle de l'analyse CVB dans la prise de décisions, nous nous intéresserons à l'entreprise Concepts acoustiques inc., qui a été fondée par Paul Narayan, un diplômé en génie, pour commercialiser un haut-parleur révolutionnaire qu'il a lui-même conçu pour les chaînes stéréo pour automobile. Ce haut-parleur, le Sonic Blaster, est doté d'un microprocesseur d'avant-garde capable d'amplifier le son à des niveaux encore inégalés. M. Narayan a octroyé un contrat à une entreprise manufacturière de produits électroniques de Taïwan pour la fabrication de son haut-parleur. Grâce à un capital de départ fourni par sa famille, il a passé une commande d'unités auprès du fabricant et a fait de la publicité dans les magazines traitant d'automobiles.

Le Sonic Blaster a connu un succès quasi immédiat. Les ventes ont été telles que M. Narayan a dû renoncer à exploiter son entreprise de son appartement et louer des locaux dans le parc industriel de sa ville. Il a aussi engagé une réceptionniste, un comptable, un directeur des ventes et une petite équipe de vendeurs chargés de proposer ses haut-parleurs à des détaillants. Le comptable, Robert Lavoie, a déjà travaillé pour diverses petites entreprises à titre de conseiller en gestion, de comptable ou de commis comptable.

4.1 Les principes de l'analyse CVB et la marge sur coûts variables

OA1

Expliquer comment des changements dans le volume d'activité influent sur la marge sur coûts variables et sur le bénéfice.

M. Narayan a demandé à M. Lavoie d'analyser quelques éléments qui le préoccupent, notamment les effets qu'une diminution des ventes ou une modification des coûts variables par unité pourraient avoir sur le bénéfice de l'entreprise, le montant dont le chiffre d'affaires devrait augmenter pour justifier une importante campagne publicitaire envisagée, et l'incidence que pourrait avoir une baisse du prix de vente sur le bénéfice. Pour amorcer son analyse, M. Lavoie examine l'état des résultats établi selon la méthode des coûts variables. Comme ce rapport met en évidence le comportement des coûts, il aide grandement le gestionnaire à évaluer l'effet des variations du prix de vente, du coût ou du volume sur le bénéfice. M. Lavoie entend donc baser son analyse sur l'état des résultats qu'il a préparé à la période précédente à l'aide de la méthode des coûts variables, qui apparaît ci-après.

Cet état des résultats établi à l'aide de la méthode des coûts variables est uniquement destiné aux gestionnaires de l'entreprise et ne devrait normalement pas être consulté par des tiers. Notons que le chiffre d'affaires, les coûts variables et la marge sur coûts variables y sont exprimés non seulement en totaux, mais aussi par unité. Les données par unité s'avèrent très utiles pour effectuer les analyses CVB, dont il sera question plus loin. Par ailleurs, notons que nous nous servons du bénéfice pour évaluer la rentabilité. Dans l'ensemble du présent chapitre, nous ne tenons généralement pas compte des impôts, de manière à mieux pouvoir nous concentrer sur les notions essentielles relatives à l'analyse CVB.

CONCEPTS ACOUSTIQUES INC.
État des résultats pour le mois de juin établi
selon la méthode des coûts variables

	Total	Par unité
Ventes (400 haut-parleurs)..	100 000 $	250 $
Moins : Coûts variables..	60 000	150
Marge sur coûts variables..	40 000	100 $
Moins : Coûts fixes	35 000	
Bénéfice	5 000 $	

Nous avons vu au chapitre 3 que la marge sur coûts variables[1] se définit comme l'excédent du produit des ventes après déduction de l'ensemble des coûts variables. En d'autres termes, il s'agit du montant servant à couvrir les coûts fixes. Tout montant restant après qu'on a soustrait les coûts fixes constitue le bénéfice de la période. Remarquez l'ordre indiqué. La marge sur coûts variables sert d'abord à absorber les coûts fixes, le résidu constituant le bénéfice.

Lorsque la marge sur coûts variables ne peut couvrir les coûts fixes, on enregistre une perte pour la période en question. Un exemple quelque peu exagéré servira à illustrer cette situation. Supposons qu'au milieu d'un mois quelconque, Concepts acoustiques inc. n'a vendu qu'un seul haut-parleur. L'état des résultats de l'entreprise prendra alors la forme suivante :

	Total	Par unité	Pourcentage des ventes
Ventes (1 haut-parleur)........................	250 $	250 $	100 %
Moins : Coûts variables.......................	150	150	60 %
Marge sur coûts variables....................	100	100 $	40 %
Moins : Coûts fixes	35 000		
Perte	(34 900) $		

Pour chaque haut-parleur vendu au cours du mois, une somme supplémentaire de 100 $ de marge sur coûts variables aidera à couvrir les coûts fixes. Par exemple, la vente d'un deuxième haut-parleur fera augmenter le total de la marge sur coûts variables de 100 $ (en tout 200 $). Les pertes de l'entreprise diminueront d'une somme équivalente pour se chiffrer à 34 800 $.

	Total	Par unité	Pourcentage des ventes
Ventes (2 haut-parleurs).......................	500 $	250 $	100 %
Moins : Coûts variables.......................	300	150	60 %
Marge sur coûts variables....................	200	100 $	40 %
Moins : Coûts fixes	35 000		
Perte	(34 800) $		

---

1. La marge sur coûts variables est aussi appelée «contribution marginale».

Quand l'entreprise vendra un nombre suffisant de haut-parleurs pour atteindre une marge sur coûts variables de 35 000 $, elle pourra couvrir tous ses coûts fixes. Elle aura réussi à atteindre le seuil de rentabilité ce mois-là, c'est-à-dire qu'elle n'aura ni bénéfice ni perte, mais qu'elle pourra couvrir tous ses coûts. Pour atteindre ce seuil, elle devra vendre 350 haut-parleurs par mois puisque chaque article vendu génère une marge sur coûts variables de 100 $.

	Total	Par unité	Pourcentage des ventes
Ventes (350 haut-parleurs)....................................	87 500 $	250 $	100 %
Moins : Coûts variables.......................................	52 500	150	60 %
Marge sur coûts variables....................................	35 000	100 $	40 %
Moins : Coûts fixes	35 000		
Bénéfice...	-0- $		

Il sera question du calcul du seuil de rentabilité plus loin dans le chapitre. Pour l'instant, notons que le **seuil de rentabilité** peut se définir comme le niveau du chiffre d'affaires correspondant à un bénéfice de zéro.

Lorsque l'entreprise a atteint le seuil de rentabilité, son bénéfice augmente d'une somme équivalant à la marge sur coûts variables par unité pour chaque unité supplémentaire vendue. Par exemple, si Concepts acoustiques inc. vend 351 haut-parleurs pendant le mois, on peut s'attendre à ce que le bénéfice pour ce mois soit de 100 $ puisqu'elle a vendu un haut-parleur de plus que le nombre requis pour atteindre le seuil de rentabilité.

Seuil de rentabilité

Volume de ventes correspondant à un résultat égal à zéro ; on peut aussi définir le seuil de rentabilité comme le point où le chiffre d'affaires total est égal au montant total des coûts ou comme le point où la marge totale sur coûts variables est égale au total des coûts fixes (Ventes − Coûts variables − Coûts fixes = 0 $).

	Total	Par unité	Pourcentage des ventes
Ventes (351 haut-parleurs)....................................	87 750 $	250 $	100 %
Moins : Coûts variables.......................................	52 650	150	60 %
Marge sur coûts variables....................................	35 100	100 $	40 %
Moins : Coûts fixes	35 000		
Bénéfice...	100 $		

Lorsque l'entreprise vend 352 haut-parleurs, soit 2 haut-parleurs de plus que le volume de ventes requis pour atteindre le seuil de rentabilité, son bénéfice pour le mois devrait être de 200 $, et ainsi de suite. Le gestionnaire ne devra donc pas établir toute une série d'états des résultats pour déterminer les résultats à différents volumes d'activité. Il pourra se contenter de prendre le nombre d'unités à vendre en sus du seuil de rentabilité et de le multiplier par la marge sur coûts variables par unité. Le produit de ce calcul représentera les bénéfices anticipés pour la période. De même, pour estimer l'effet d'une augmentation planifiée des ventes sur les résultats, il suffira de multiplier le nombre supplémentaire d'unités qu'on prévoit vendre par la marge sur coûts variables par unité. Le produit de ce calcul correspondra alors à l'augmentation anticipée des bénéfices. Pour illustrer cette notion, supposons que Concepts acoustiques inc. vend actuellement 400 haut-parleurs par mois et qu'elle compte augmenter ses ventes à 425 haut-parleurs par mois. L'effet anticipé de cette augmentation sur le bénéfice se calcule comme suit :

Nombre supplémentaire de haut-parleurs à vendre...	25
Marge sur coûts variables par haut-parleur...	× 100 $
Augmentation du bénéfice...	2 500 $

On peut vérifier ces calculs de la façon suivante :

| | Volume des ventes | | | |
	400 haut-parleurs	425 haut-parleurs	Différence	Par unité
Ventes..................................	100 000 $	106 250 $	6 250 $	250 $
Moins : Coûts variables........................	60 000	63 750	3 750	150
Marge sur coûts variables....................	40 000	42 500	2 500	100 $
Moins : Coûts fixes	35 000	35 000	-0-	
Bénéfice.................................	5 000 $	7 500 $	2 500 $	

Pour résumer les exemples précédents, lorsqu'il n'y aura aucune vente, la perte de l'entreprise sera égale à ses coûts fixes. Chaque unité vendue aura pour effet de faire diminuer cette perte d'une somme correspondant à la marge sur coûts variables par unité. Dès que l'entreprise aura atteint son seuil de rentabilité, chaque unité supplémentaire vendue aura pour effet d'augmenter son bénéfice d'une somme correspondant à la marge sur coûts variables par unité.

Les états des résultats simplifiés de la société Concepts acoustiques inc. illustrent les principes fondamentaux de la relation CVB. Des simplifications comme le fait que les ventes engendrent des coûts variables, que les coûts fixes demeurent fixes même lorsqu'il y a d'importantes variations dans le volume des ventes et qu'il n'y a aucune limite quant au nombre d'unités pouvant être vendues sont quelques-unes des hypothèses souvent employées dans l'analyse CVB, même dans des situations complexes. Elles permettent un premier examen des situations possibles. L'utilisation de tableurs augmente le degré de réalisme des analyses parce qu'ils facilitent l'étude de situations plus complexes en permettant diverses simulations de volumes, de coûts et de revenus.

Question éclair **4.1**

Calculez l'augmentation que connaîtra le bénéfice de Concepts acoustiques inc. si elle vend 500 haut-parleurs par période plutôt que 400.

4.2 Les relations CVB sous forme graphique

On peut exprimer sous forme graphique les relations entre les revenus, les coûts, les bénéfices et le volume des ventes en préparant un **graphique coût-volume-bénéfice**. Un graphique CVB met en évidence les interactions à plusieurs niveaux d'activité et fournit au gestionnaire une perspective difficile à obtenir autrement. Pour expliquer son analyse de la situation à Paul Narayan, M. Lavoie a décidé de préparer un graphique CVB portant sur Concepts acoustiques inc.

La préparation d'un graphique CVB, appelé parfois « graphique du seuil de rentabilité » s'effectue en trois étapes, comme l'illustre la figure 4.1 (*voir la page suivante*).

1. Tracer une droite parallèle à l'axe du volume des ventes pour représenter le total des coûts fixes. Dans le cas de Concepts acoustiques inc., ce montant est de 35 000 $.

2. Choisir un volume des ventes, et porter le point représentant le total des coûts fixes et variables au volume d'activité choisi. À la figure 4.1, M. Lavoie a choisi un volume de 600 haut-parleurs. Le total des coûts à ce volume d'activité se calcule comme suit :

Coûts fixes...	35 000 $
Coûts variables (600 haut-parleurs × 150 $).........................	90 000
Total des coûts..	125 000 $

OA2

Préparer et interpréter les graphiques coût-volume-bénéfice (CVB) et volume-bénéfice.

Graphique coût-volume-bénéfice

Ensemble des relations entre les revenus, les coûts et le volume d'activité d'une organisation, présenté sous forme graphique.

4

Après avoir porté ce point sur le graphique, tracer une droite passant par ce point et rejoignant le point où la droite des coûts fixes coupe l'axe des dollars.

3. Choisir encore une fois un volume des ventes et porter le point représentant les ventes totales à ce volume d'activité. À la figure 4.1, M. Lavoie a de nouveau choisi un volume de 600 haut-parleurs, qui correspond à des ventes de 150 000 $ (600 haut-parleurs × 250 $). Tracer alors une droite passant par ce point et allant jusqu'à l'origine.

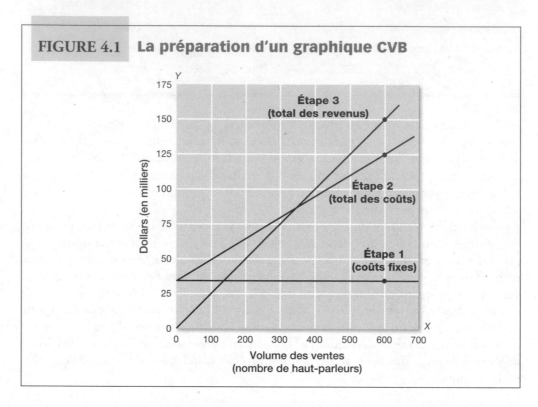

FIGURE 4.1 **La préparation d'un graphique CVB**

L'interprétation du graphique CVB est illustrée à la figure 4.2. On détermine le bénéfice anticipé (ou la perte anticipée) à n'importe quel niveau de ventes en mesurant la distance verticale entre la droite du total des revenus (chiffre d'affaires) et la droite du total des coûts (coûts fixes additionnés aux coûts variables).

Le seuil de rentabilité se situe au point où les droites du total des revenus et du total des coûts se croisent. Le seuil de rentabilité de la figure 4.2 concorde avec les calculs antérieurs de Concepts acoustiques inc. concernant les 350 haut-parleurs, soit un chiffre d'affaire de 87 500 $.

Comme nous l'avons vu précédemment, lorsque les ventes se situent sous le seuil de rentabilité, c'est-à-dire en deçà de 350 unités dans le cas présent, l'entreprise enregistre une perte. Remarquez que cette perte (représentée par la distance verticale entre la droite du total des coûts et celle du total des revenus) augmente à mesure que les ventes diminuent. Lorsque les ventes se trouvent au-dessus du seuil de rentabilité, l'entreprise enregistre un bénéfice dont le montant (représenté par la distance verticale entre la droite du total des revenus et celle du total des coûts) augmente à mesure que les ventes s'accroissent.

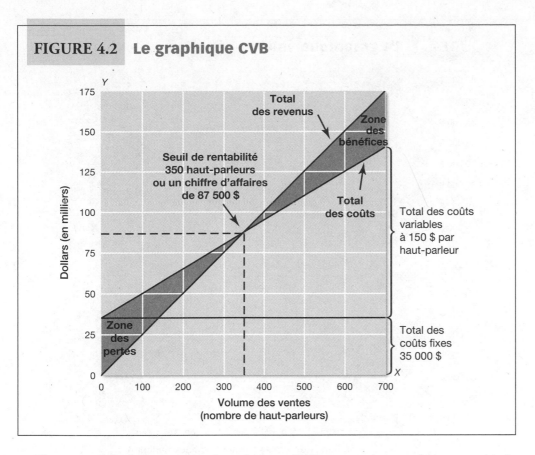

FIGURE 4.2 **Le graphique CVB**

Il est possible de représenter les relations CVB sous une autre forme appelée le « graphique volume-bénéfice » comme le montre la figure 4.3 (*voir la page suivante*).

Ce graphique repose sur l'équation suivante :

$$\text{Bénéfice} = \text{Marge sur coûts variables par unité} \times Q - \text{Coûts fixes}$$

où Q correspond au nombre (quantité) d'articles vendus.

Dans le cas de Concepts acoustiques inc., cette équation s'exprime ainsi :

$$\text{Bénéfice} = 100\,\$ \times Q - 35\,000\,\$$$

Comme il s'agit d'une équation linéaire, elle permet de représenter le bénéfice au moyen d'une droite. Pour tracer cette droite, il suffit de calculer le bénéfice obtenu selon différents volumes de ventes. Par exemple, en l'occurrence, si le volume des ventes est égal à zéro ($Q = 0$), il n'y a pas de bénéfice, mais une perte de 35 000 $, soit 100 $ × 0 − 35 000 $. Par contre, si la variable Q est égale à 600, le bénéfice s'élève à 25 000 $ (100 $ × 600 − 35 000 $). On calcule le bénéfice lié à d'autres volumes de ventes de la même façon.

Dans le graphique volume-bénéfice, le seuil de rentabilité correspond au volume des ventes associé à un bénéfice égal à zéro, et il est représenté au moyen d'une ligne pointillée. Notons qu'à droite du seuil de rentabilité sur le graphique, le bénéfice s'accroît de façon régulière à mesure que le volume des ventes augmente et qu'à l'inverse, la perte s'accroît progressivement à gauche du seuil de rentabilité sur le graphique à mesure que le volume des ventes diminue.

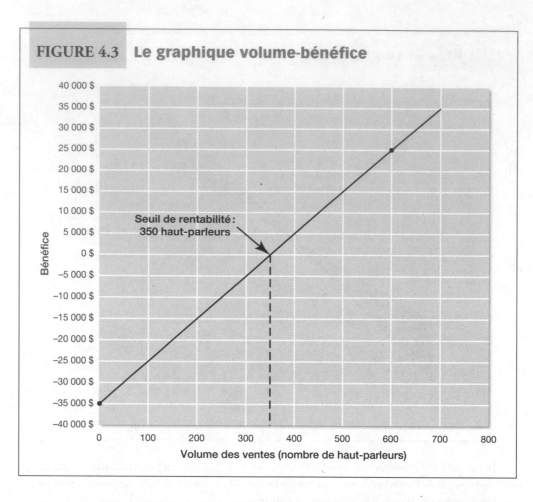

FIGURE 4.3 **Le graphique volume-bénéfice**

Seuil de rentabilité : 350 haut-parleurs

Axe vertical : Bénéfice (de −40 000 $ à 40 000 $)

Axe horizontal : Volume des ventes (nombre de haut-parleurs) (de 0 à 800)

Prenons maintenant l'exemple de Mona inc., qui fabrique des chandelles parfumées dont la distribution est assurée par un grossiste auquel elle verse une somme de 2 $ par unité vendue. Les autres coûts variables de Mona inc. sont de 2 $ par unité, et le prix de vente unitaire au grossiste a été fixé à 6 $. Les coûts fixes annuels de Mona inc. s'élèvent à 50 000 $.

En tant que représentation visuelle, le graphique volume-bénéfice facilite la comparaison entre deux ou plusieurs options impliquant des changements dans les coûts, les revenus ou le volume. Mona inc. envisage d'assurer elle-même la distribution de ses produits. Elle pourrait alors économiser les sommes qu'elle verse à son grossiste pour chaque unité vendue et ramènerait sa marge sur coûts variables unitaire à 4 $. La location d'un nouvel entrepôt aurait cependant pour effet de faire passer les coûts fixes annuels de 50 000 $ à 128 000 $. Le seuil de rentabilité ne serait plus alors de 25 000 unités, mais de 32 000 unités (128 000 $ ÷ 4 $). La figure 4.4 illustre les deux options.

Comme le montre la figure, la distribution des produits par le grossiste est avantageuse jusqu'à concurrence de 39 000 unités. Au-delà de ce volume, Mona inc. aurait avantage à effectuer elle-même la distribution. Sa décision dépendra du volume des ventes prévu.

Le volume de 39 000 unités est le point d'intersection entre les deux droites qui représentent les équations du résultat des deux options.

Voici le calcul du point d'intersection entre les deux droites de résultat.

$$2\,\$\,X - 50\,000\,\$ = 4\,\$\,X - 128\,000\,\$$$
$$78\,000\,\$ = 2\,\$\,X$$
$$X = \frac{78\,000\,\$}{2\,\$}$$
$$X = 39\,000 \text{ unités}$$

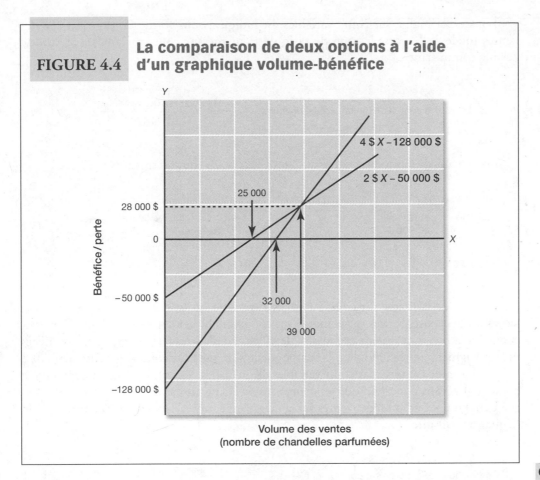

FIGURE 4.4 La comparaison de deux options à l'aide d'un graphique volume-bénéfice

Au volume des ventes de 39 000 unités, le bénéfice est identique dans les deux cas, soit 28 000 $ [(2 $ × 39 000 unités) – 50 000 $ ou (4 $ × 39 000 unités) – 128 000 $].

La représentation graphique du volume mis en relation avec le résultat fournit au gestionnaire un éclairage utile qui lui permet de voir en un coup d'œil les interactions entre le volume et le résultat, ou de comparer diverses options où le volume et le résultat changent.

Question éclair **4.2**

À l'aide de l'équation du bénéfice, vérifiez s'il est vrai que Concepts acoustiques inc. subira une perte de 25 000 $ (*voir la figure 4.3*) si son volume de ventes se chiffre à 100 haut-parleurs.

4.3 Le ratio de la marge sur coûts variables

Dans la section précédente, nous avons étudié l'utilité d'un graphique CVB pour visualiser les relations entre le coût, le volume et le bénéfice. À présent, nous verrons comment utiliser le ratio de la marge sur coûts variables pour calculer ces relations. Comme précédemment, nous nous servirons d'un état des résultats établi selon la méthode des coûts variables de Concepts acoustiques inc., dont une colonne donne les ventes, les coûts variables et la marge sur coûts variables exprimés en pourcentage.

OA3

Utiliser le ratio de la marge sur coûts variables pour calculer les changements dans la marge sur coûts variables et le bénéfice qui découlent d'une variation du volume de ventes.

	Total	Par unité	Pourcentage des ventes
Ventes (400 haut-parleurs)...................................	100 000 $	250 $	100 %
Moins : Coûts variables..	60 000	150	60 %
Marge sur coûts variables..	40 000	100 $	40 %
Moins : Coûts fixes	35 000		
Bénéfice..	5 000 $		

**Ratio de la marge
sur coûts variables**

Marge sur coûts variables
exprimée sous forme de
pourcentage des ventes
totales.

Lorsque la marge sur coûts variables est indiquée sous forme de pourcentage des ventes totales, elle porte le nom de **ratio de la marge sur coûts variables.** Ce ratio se calcule comme suit :

$$\text{Ratio de la marge sur coûts variables} = \frac{\text{Marge sur coûts variables}}{\text{Ventes}}$$

Dans le cas de Concepts acoustiques inc., les calculs sont les suivants :

$$\frac{\text{Marge sur coûts variables totale, 40 000 \$}}{\text{Ventes totales, 100 000 \$}} = 40\ \% \quad \text{ou} \quad \frac{\text{Marge sur coûts variables par unité, 100 \$}}{\text{Ventes par unité, 250 \$}} = 40\ \%$$

Le ratio de la marge sur coûts variables s'avère très utile, car il montre l'effet d'une variation des ventes totales sur la marge sur coûts variables. Dans l'exemple de Concepts acoustiques inc., notons que ce taux est de 40 %. En d'autres termes, chaque fois que les ventes augmentent de un dollar, la marge totale sur coûts variables augmente de 0,40 $ (1 $ × Ratio de la marge sur coûts variables de 40 % des ventes). Le résultat augmentera aussi de 0,40 $, à condition que les coûts fixes ne changent pas.

L'effet d'une variation des ventes sur la marge sur coûts variables peut s'exprimer selon l'équation suivante :

$$\text{Variation de la marge sur coûts variables} = \text{Ratio de la marge sur coûts variables} \times \text{Variation des ventes}$$

Comme le montre cet exemple, pour calculer en quelques instants l'effet sur le résultat de toute variation des ventes totales, il suffit d'appliquer le ratio de la marge sur coûts variables à la somme équivalant à cette variation. Si Concepts acoustiques inc. planifiait une augmentation de 30 000 $ de ses ventes pour le mois prochain, la direction pourrait s'attendre à ce que la marge sur coûts variables augmente de 12 000 $, soit 30 000 $ d'augmentation des ventes × Ratio de la marge sur coûts variables de 40 %. Comme nous l'avons mentionné, le résultat augmentera de 12 000 $ seulement si les coûts fixes ne changent pas.

Le tableau ci-après permet de vérifier ces résultats.

	Volume des ventes			Pourcentage des ventes
	Actuel	Prévu	Augmentation	
Ventes...........................	100 000 $	130 000 $	30 000 $	100 %
Moins : Coûts variables..............	60 000	78 000*	18 000	60 %
Marge sur coûts variables...........	40 000	52 000	12 000	40 %
Moins : Coûts fixes	35 000	35 000	-0-	
Bénéfice.....................................	5 000 $	17 000 $	12 000 $	

* Des ventes prévues de 130 000 $ ÷ 250 $ par unité = 520 unités ;
   520 unités × 150 $ par unité = 78 000 $ ou (1 − 0,40) × 130 000 $ = 78 000 $.

Certains gestionnaires préfèrent employer le ratio de la marge sur coûts variables plutôt que la marge sur coûts variables par unité.

Ce ratio se révèle très utile dans les situations où la direction doit faire des compromis entre favoriser la hausse des ventes d'un produit ou celle d'un autre. De façon générale, lorsqu'on cherche à accroître les revenus, on devrait concentrer ses efforts sur les produits assurant la marge sur coûts variables par dollar de ventes la plus élevée.

Question éclair **4.3**

Si les ventes de Concepts acoustiques inc. augmentent de 50 000 $ et que ses coûts fixes ne changent pas, calculez l'effet que cela aura sur son bénéfice.

4.4 Quelques applications des concepts de CVB

Le comptable de Concepts acoustiques inc., M. Lavoie, veut démontrer au président de l'entreprise, Paul Narayan, comment les notions exposées dans les pages précédentes pourraient servir à la planification et à la prise de décisions. Il a donc recueilli les données suivantes :

OA4

Montrer les effets des changements dans les coûts variables, les coûts fixes, le prix de vente et le volume sur la marge sur coûts variables.

	Par unité	Pourcentage des ventes
Prix de vente	250 $	100 %
Moins : Coûts variables	150	60 %
Marge sur coûts variables	100 $	40 %

On se rappellera que les coûts fixes s'élèvent à 35 000 $ par mois. M. Lavoie souhaite se servir de ces données pour montrer les effets de variations dans les coûts variables, les coûts fixes, les prix de vente et le volume des ventes sur la rentabilité de l'entreprise.

Toutefois, avant de poursuivre, il convient ici de présenter un autre concept, soit celui du **ratio des coûts variables.** Le ratio des coûts variables exprime le rapport qui existe entre les coûts variables et le montant des ventes. On le calcule en divisant le total des coûts variables par le montant total des ventes en dollars ou, dans le cas d'une analyse portant sur un seul produit, en divisant les coûts variables unitaires par le prix de vente unitaire. Dans le cas de Concepts acoustiques inc., le ratio des coûts variables est de 60 %, c'est-à-dire que les coûts variables représentent 60 % du montant des ventes. Voici l'équation du ratio des coûts variables :

Ratio des coûts variables

Coefficient qui sert à exprimer le rapport entre les coûts variables et les ventes en dollars.

$$\text{Ratio des coûts variables} = \frac{\text{Coûts variables}}{\text{Ventes}}$$

Cela nous amène à une équation utile qui établit un lien entre le ratio de la marge sur coûts variables et le ratio des coûts variables, que voici :

$$\text{Ratio de la marge sur coûts variables} = \frac{\text{Marge sur coûts variables}}{\text{Ventes}}$$

$$\text{Ratio de la marge sur coûts variables} = \frac{\text{Ventes} - \text{Coûts variables}}{\text{Ventes}}$$

$$\text{Ratio de la marge sur coûts variables} = 1 - \text{Ratio des coûts variables}$$

<table>
<tr><td rowspan="2">**AIDE-MÉMOIRE**</td><td>**Formules à retenir relativement à l'état des résultats établi selon la méthode des coûts variables**</td></tr>
</table>

Bénéfice	=	Marge sur coûts variables par unité $\times$ Q $-$ Coûts fixes
Marge sur coûts variables	=	Ventes $-$ Coûts variables
Marge sur coûts variables par unité	=	Prix de vente unitaire $-$ Coûts variables par unité
Ratio de la marge sur coûts variables	=	$\dfrac{\text{Marge sur coûts variables totale}}{\text{Ventes totales}}$
		ou
	=	$\dfrac{\text{Marge sur coûts variables par unité}}{\text{Prix de vente unitaire}}$
Ratio des coûts variables	=	$\dfrac{\text{Coûts variables}}{\text{Ventes}}$

Dans ces formules, la variable Q correspond au nombre (quantité) d'unités vendues.

4.4.1 Une variation des coûts fixes et du volume des ventes

En ce moment, Concepts acoustiques inc. vend 400 haut-parleurs par mois, ce qui représente des ventes mensuelles de 100 000 $. Selon le directeur des ventes, une augmentation de 10 000 $ du budget mensuel de la publicité accroîtrait les ventes de 30 000 $ par mois. L'entreprise devrait-elle augmenter son budget de publicité ? Le tableau ci-après montre l'effet de cette augmentation sur le bénéfice.

	Ventes actuelles	Ventes avec un budget de publicité accru	Différence	Pourcentage des ventes
Ventes..	100 000 $	130 000 $	30 000 $	100 %
Moins : Coûts variables..............	60 000	78 000*	18 000	60 %
Marge sur coûts variables..........	40 000	52 000	12 000	40 %
Moins : Coûts fixes	35 000	45 000**	10 000	
Bénéfice......................................	5 000 $	7 000 $	2 000 $	

* 130 000 $ ÷ 250 $ par unité = 520 unités
520 unités × 150 $ par unité = 78 000 $
** 35 000 $ + 10 000 $ de budget mensuel supplémentaire pour la publicité = 45 000 $

Supposons qu'il n'y a aucun autre facteur à considérer. L'entreprise devrait alors approuver l'accroissement de son budget de publicité puisqu'une telle mesure entraînerait une hausse du bénéfice de 2 000 $. Il existe deux façons plus rapides de présenter cette solution.

Solution de rechange 1

Total de la marge sur coûts variables prévue (130 000 $ × 40 % de ratio de la marge sur coûts variables)	52 000 $
Moins : Total de la marge sur coûts variables actuelle (100 000 $ × 40 % de ratio de la marge sur coûts variables)	40 000
Augmentation de la marge sur coûts variables...	12 000
Changement dans les coûts fixes : Moins : Coûts de publicité supplémentaires	10 000
Augmentation du bénéfice..	2 000 $

Comme seuls les coûts fixes et le volume des ventes varient dans ce cas, on peut présenter cette solution sous une seconde forme, encore plus rapide.

Solution de rechange 2

Augmentation de la marge sur coûts variables (30 000 $ × 40 % de ratio de la marge sur coûts variables)	12 000 $
Moins : Coûts de publicité supplémentaires...	10 000
Augmentation du bénéfice..	2 000 $

Notons que cette méthode ne requiert aucune connaissance des ventes antérieures. De plus, il s'avère inutile selon ces deux approches de préparer un état des résultats. Les deux solutions sont présentées selon la démarche de l'**analyse différentielle**, car elles ne tiennent compte que des éléments des ventes, des coûts et du volume qui changeraient en cas d'application de la mesure proposée. Bien que, pour chacune d'elles, on ait pu établir un nouvel état des résultats, la plupart des gestionnaires préféreront l'analyse différentielle. En effet, elle est plus simple et plus directe, et permet aux gestionnaires de concentrer leur attention sur les éléments propres à la décision à prendre.

Analyse différentielle

Démarche analytique qui met l'accent uniquement sur les éléments des ventes, des coûts et du volume qui changeraient à la suite d'une décision.

4.4.2 Une variation des coûts variables et du volume des ventes

Revenons aux données de départ. En ce moment, Concepts acoustiques inc. vend 400 haut-parleurs par mois. La direction songe à utiliser des composants de qualité supérieure qui feraient augmenter les coûts variables, ce qui réduirait la marge sur coûts variables de 10 $ par haut-parleur. Toutefois, le directeur des ventes croit que la qualité supérieure de l'ensemble permettrait d'augmenter les ventes à 480 haut-parleurs par mois. L'entreprise devrait-elle utiliser des composants de qualité supérieure ?

L'augmentation de 10 $ des coûts variables aura pour effet de diminuer la marge sur coûts variables de 10 $, la faisant passer de 100 $ à 90 $.

Total prévu de la marge sur coûts variables dans le cas de composants de qualité supérieure (480 haut-parleurs × 90 $)	43 200 $
Moins : Total actuel de la marge sur coûts variables (400 haut-parleurs × 100 $)	40 000
Augmentation du total de la marge sur coûts variables...........................	3 200 $

D'après les renseignements précédents, l'entreprise aurait avantage à se servir de composants de qualité supérieure. Comme les coûts fixes ne varieront pas, le bénéfice devrait s'accroître de 3 200 $, ce qui correspond à l'augmentation de la marge sur coûts variables indiquée au bas de la page précédente.

4.4.3 Une variation des coûts fixes, du prix de vente et du volume des ventes

Reprenons les données de départ. Précisons encore une fois que l'entreprise vend en ce moment 400 haut-parleurs par mois. Pour accroître les revenus de l'entreprise, le directeur des ventes voudrait réduire le prix de vente de 20 $ par article et augmenter le budget de publicité de 15 000 $ par mois. Selon lui, si l'entreprise adopte ces deux mesures, les ventes du produit augmenteront de 50 %, atteignant jusqu'à 600 haut-parleurs par mois. L'entreprise devrait-elle approuver les changements proposés ?

Une baisse de 20 $ du prix de vente du haut-parleur entraînera une réduction de la marge sur coûts variables par unité de 20 $, la faisant passer de 100 $ à 80 $.

Total prévu de la marge sur coûts variables dans le cas d'une baisse du prix de vente (600 haut-parleurs × 80 $)	48 000 $
Moins : Total actuel de la marge sur coûts variables (400 haut-parleurs × 100 $)	40 000
Augmentation du total de la marge sur coûts variables...................................	8 000
Changement dans les coûts fixes : Moins : Coûts de publicité supplémentaires	15 000
Diminution du résultat...	(7 000) $

D'après les renseignements précédents, ces changements ne devraient pas être effectués. L'entreprise pourrait parvenir à la même conclusion en préparant des états des résultats comparatifs.

Notons que l'effet sur le résultat est le même que dans l'analyse différentielle précédente.

	Volume actuel 400 haut-parleurs par mois		Volume prévu 600 haut-parleurs par mois		
	Total	Par unité	Total	Par unité	Différence
Ventes...................................	100 000 $	250 $	138 000 $	230 $	38 000 $
Moins : Coûts variables.......	60 000	150	90 000	150	30 000
Marge sur coûts variables...	40 000	100 $	48 000	80 $	8 000
Moins : Coûts fixes	35 000		50 000*		15 000
Bénéfice (perte)..................	5 000 $		(2 000) $		(7 000) $

* 35 000 $ + 15 000 $ de budget de publicité mensuel supplémentaire = 50 000 $

4.4.4 Une variation des coûts variables, des coûts fixes et du volume des ventes

Revenons encore une fois aux données de départ, c'est-à-dire qu'en ce moment, l'entreprise vend 400 haut-parleurs par mois. Le directeur des ventes songe à rémunérer son personnel en attribuant à chaque vendeur une commission de 15 $ par haut-parleur vendu plutôt qu'un salaire fixe se chiffrant actuellement, pour l'ensemble des vendeurs, à 6 000 $ par mois. Selon le directeur, ce changement aurait pour effet d'entraîner une augmentation des ventes mensuelles de 15 %, leur permettant d'atteindre jusqu'à 460 haut-parleurs par mois. L'entreprise devrait-elle effectuer ce changement ?

Le passage d'un salaire fixe à une commission pour le personnel de vente aura des effets sur les coûts fixes et sur les coûts variables. Les coûts fixes diminueront de 6 000 $, passant de 35 000 $ à 29 000 $. Par contre, les coûts variables augmenteront de 15 $ par unité, passant de 150 $ à 165 $, et la marge sur coûts variables par unité diminuera de 100 $ à 85 $.

Total prévu de la marge sur coûts variables lorsque le personnel de vente touchera des commissions (460 haut-parleurs × 85 $)	39 100 $
Moins : Total de la marge sur coûts variables actuelle (400 haut-parleurs × 100 $)	40 000
Diminution du total de la marge sur coûts variables....................	(900)
Changement dans les coûts fixes : Plus : Salaires économisés si des commissions sont versées	6 000
Augmentation du bénéfice....................	5 100 $

D'après ces renseignements, l'entreprise devrait adopter les mesures proposées. Encore une fois, on obtiendra la même réponse en préparant des états des résultats comparatifs.

	Volume actuel 400 haut-parleurs par mois		Volume prévu 460 haut-parleurs par mois		
	Total	Par unité	Total	Par unité	Différence
Ventes....................	100 000 $	250 $	115 000 $	250 $	15 000 $
Moins : Coûts variables.......	60 000	150	75 900	165	(15 900)
Marge sur coûts variables...	40 000	100 $	39 100	85 $	(900)
Moins : Coûts fixes	35 000		29 000		6 000
Bénéfice....................	5 000 $		10 100 $		5 100 $

4.4.5 Un changement du prix de vente courant

Revenons à la situation de départ, d'après laquelle Concepts acoustiques inc. vend 400 haut-parleurs par mois. L'entreprise a la possibilité d'effectuer une vente en bloc de 150 haut-parleurs à un grossiste à condition de s'entendre avec lui sur un prix raisonnable. Cette vente ne nuirait en rien à ses ventes habituelles. Quel prix par unité la direction de l'entreprise devrait-elle proposer à ce client si elle souhaite augmenter le bénéfice mensuel de 3 000 $?

Coûts variables par unité	150 $
Bénéfice souhaité par haut-parleur (3 000 $ ÷ 150 unités)	20
Prix proposé par haut-parleur....................	170 $

Notons qu'aucun élément du coût fixe ne figure dans ce calcul. En effet, comme cette vente en bloc n'influe pas sur les coûts fixes, tous les revenus supplémentaires excédant les coûts variables font augmenter les bénéfices de l'entreprise.

4.4.6 L'importance de la marge sur coûts variables

Comme nous l'avons défini dans l'introduction de ce chapitre, l'analyse CVB visera à déterminer la combinaison la plus avantageuse de coûts variables, de coûts fixes, de prix de vente et de volume des ventes. Les exemples précédents ont montré que la marge sur coûts variables doit être considérée dans les décisions concernant le choix de cette combinaison de facteurs.

Nous avons vu qu'il est parfois possible d'augmenter les bénéfices en réduisant la marge sur coûts variables lorsqu'on est en mesure de diminuer les coûts fixes d'un montant plus important. Nous avons vu aussi qu'une façon courante d'accroître les bénéfices est d'augmenter la somme totale de la marge sur coûts variables. Pour ce faire, il sera parfois possible de réduire le prix de vente en vue d'entraîner un accroissement du volume des ventes, ou d'augmenter les coûts fixes (par exemple, le budget de la publicité), ce qui devrait aussi permettre un accroissement du volume des ventes. On peut également compenser une augmentation des coûts fixes et variables par des variations appropriées de volume. Il existe bien d'autres combinaisons possibles de ces facteurs.

L'importance du montant de la marge sur coûts variables par unité (et le ratio de la marge sur coûts variables) influe fortement sur les mesures qu'une entreprise acceptera d'adopter pour améliorer ses bénéfices. Par exemple, plus la marge sur coûts variables par unité liée à un produit est élevée, plus le montant que l'entreprise est prête à dépenser pour augmenter ses ventes du produit d'un pourcentage donné sera important. C'est ce qui explique, en partie du moins, pourquoi les entreprises ayant une marge sur coûts variables par unité élevée (telles que les constructeurs de véhicules automobiles) font autant de publicité, tandis que les entreprises ayant une marge sur coûts variables faible (par exemple, les fabricants de vaisselle) ont tendance à dépenser beaucoup moins dans ce domaine.

AIDE-MÉMOIRE | **L'analyse coût-volume-bénéfice**

1. Éléments touchés par les variations
   - Prix de vente unitaire
   - Coûts variables par unité
   - Coûts fixes
   - Volume

2. Règles de décision

Apporter un changement si :	Augmentation de la marge sur coûts variables	>	Augmentation des coûts fixes
	OU		
	Diminution de la marge sur coûts variables	<	Diminution des coûts fixes
Ne pas apporter de changement si :	Augmentation de la marge sur coûts variables	<	Augmentation des coûts fixes
	OU		
	Diminution de la marge sur coûts variables	>	Diminution des coûts fixes

---

4.5 Le calcul du seuil de rentabilité

OA5

Calculer le seuil de rentabilité en unités et en dollars de ventes.

Partie intégrante de l'analyse CVB, l'analyse du seuil de rentabilité permet de répondre à des questions concernant, par exemple, le niveau le plus bas que peuvent atteindre les ventes avant qu'une entreprise commence à perdre de l'argent.

Précédemment, nous avons défini le seuil de rentabilité comme le niveau de vente correspondant à un résultat égal à zéro. On peut calculer ce niveau à l'aide de la méthode de l'équation ou de l'approche de la marge sur coûts variables puisque les deux sont équivalentes.

4.5.1 La méthode de l'équation

La **méthode de l'équation** traduit sous forme d'équation l'état des résultats établi selon la méthode des coûts variables que nous avons étudiée précédemment dans ce chapitre. On peut exprimer cette équation ainsi :

$$\text{Bénéfice} \quad = \quad \text{Ventes} \quad - \quad \text{Coûts variables} \quad - \quad \text{Coûts fixes}$$

Lorsqu'on réorganise quelque peu ces termes, on obtient l'équation ci-après, très utilisée dans l'analyse CVB :

$$\text{Ventes} \quad = \quad \text{Coûts variables} \quad + \quad \text{Coûts fixes} \quad + \quad \text{Bénéfice}$$

Au seuil de rentabilité, le bénéfice est égal à zéro. Par conséquent, on peut calculer le seuil de rentabilité en déterminant le point où les ventes sont exactement égales à la somme des coûts variables et des coûts fixes. Dans le cas de Concepts acoustiques inc., on calcule le seuil de rentabilité en nombre d'unités vendues, Q, de la façon suivante :

$$\text{Ventes} \quad = \quad \text{Coûts variables} \quad + \quad \text{Coûts fixes} \quad + \quad \text{Bénéfice}$$

$$250\ \$\ Q = 150\ \$\ Q + 35\,000\ \$ + 0\ \$$$
$$100\ \$\ Q = 35\,000\ \$$$
$$Q = 35\,000\ \$ \div 100\ \$$$
$$Q = 350 \text{ haut-parleurs}$$

où

Q	=	Nombre (quantité) de haut-parleurs vendus
250 \$	=	Prix de vente unitaire
150 \$	=	Coûts variables par unité
35 000 \$	=	Total des coûts fixes

On peut aussi calculer le seuil de rentabilité en dollars de ventes en multipliant le nombre d'unités vendues au seuil de rentabilité par le prix de vente unitaire :

$$350 \text{ haut-parleurs} \quad \times \quad 250\ \$ \quad = \quad 87\,500\ \$$$

Il est également possible de calculer directement le seuil de rentabilité exprimé en dollars de ventes totales, X, de la façon suivante :

$$\text{Ventes} \quad = \quad \text{Coûts variables} \quad + \quad \text{Coûts fixes} \quad + \quad \text{Bénéfice}$$

$$X = 0,60\ X + 35\,000\ \$ + 0\ \$$$
$$0,40\ X = 35\,000\ \$$$
$$X = 35\,000\ \$ \div 0,40$$
$$X = 87\,500\ \$$$

où

X	=	Ventes totales (en dollars)
0,60	=	Coûts variables exprimés en pourcentage des ventes
35 000 \$	=	Total des coûts fixes

Remarquez que, dans l'analyse de la page précédente, on utilise le ratio des coûts variables défini à la section 4.4.

Notons aussi que l'utilisation de pourcentages dans cette équation donne un seuil de rentabilité en dollars de ventes plutôt qu'en unités vendues. En unités vendues, le seuil de rentabilité est :

$$87\ 500\ \$ \div 250\ \$ = 350\ \text{haut-parleurs}$$

Il convient ici de mentionner que même si, dans les solutions aux exemples du présent chapitre, nous obtenons toujours des chiffres ronds, il en ira bien sûr parfois autrement dans la réalité. Au besoin, les gestionnaires devraient toujours arrondir les nombres de manière à obtenir les niveaux de ventes nécessaires pour atteindre le seuil de rentabilité ou le bénéfice cible établi.

4.5.2 L'approche de la marge sur coûts variables

Approche de la marge sur coûts variables

Méthode de calcul du seuil de rentabilité dans laquelle on divise les coûts fixes par la marge sur coûts variables par unité.

L'approche de la marge sur coûts variables est, en réalité, dérivée de la méthode de l'équation déjà décrite. Elle est axée sur l'idée, exposée plus tôt, d'après laquelle chaque unité vendue fournit une certaine marge sur coûts variables servant à rembourser les coûts fixes.

Lorsqu'on veut déterminer le nombre d'unités que l'entreprise doit vendre pour couvrir ses coûts, on divise le total des coûts fixes par la marge sur coûts variables par unité.

$$\text{Seuil de rentabilité en unités vendues} = \frac{\text{Coûts fixes}}{\text{Marge sur coûts variables par unité}}$$

Chaque haut-parleur génère une marge sur coûts variables de 100 $ (prix de vente de 250 $ moins des coûts variables de 150 $). Comme le total des coûts fixes s'élève à 35 000 $, le seuil de rentabilité est le suivant :

$$\text{Seuil de rentabilité en unités vendues} = \frac{35\ 000\ \$}{100\ \$} = 350\ \text{haut-parleurs}$$

Dans une variante de cette méthode, on utilise le ratio de la marge sur coûts variables, au lieu de la marge sur coûts variables par unité. On obtient alors le seuil de rentabilité exprimé sous forme de dollars de ventes totales plutôt que de nombre total d'unités vendues.

$$\text{Seuil de rentabilité en dollars de ventes} = \frac{\text{Coûts fixes}}{\text{Ratio de la marge sur coûts variables}}$$

Dans le cas de Concepts acoustiques inc., le calcul est le suivant :

Question éclair 4.4

Calculez le seuil de rentabilité de Concepts acoustiques inc. en unités et en dollars de ventes, si ses coûts fixes s'élèvent à 40 000 $ et que sa marge sur coûts variables demeure à 100 $ par unité.

$$\text{Seuil de rentabilité en dollars de ventes} = \frac{35\ 000\ \$}{40\ \%} = 87\ 500\ \$$$

Cette méthode, fondée sur le ratio de la marge sur coûts variables, s'avère très utile lorsque l'entreprise a de multiples gammes de produits et cherche à déterminer un seuil de rentabilité unique pour l'ensemble de ses activités. Nous reviendrons plus longuement sur ce sujet dans la section 4.9, qui porte sur la composition des ventes (*voir la page 149*).

4.6 L'analyse du bénéfice cible

Les formules CVB peuvent servir à déterminer le volume des ventes nécessaire pour atteindre un bénéfice cible. Supposons que M. Narayan, de Concepts acoustiques inc., souhaite obtenir un bénéfice cible de 40 000 $ par mois. Combien de haut-parleurs devrait-il vendre pour y arriver ?

OA6

Déterminer le volume des ventes nécessaire pour atteindre un bénéfice cible choisi.

4.6.1 L'équation CVB

Pour répondre à la question précédente, une démarche possible consiste à utiliser la méthode de l'équation. Dans le cas présent, il s'agit de résoudre l'équation en fonction du nombre d'unités vendues ou à vendre, non pas lorsque le bénéfice est de zéro, mais lorsqu'il égale 40 000 $.

$$
\begin{aligned}
\text{Ventes} \quad &= \quad \text{Coûts variables} \quad + \quad \text{Coûts fixes} \quad + \quad \text{Bénéfice} \\
250\,\$\,Q \quad &= \quad 150\,\$\,Q \quad + \quad 35\,000\,\$ \quad + \quad 40\,000\,\$ \\
100\,\$\,Q \quad &= \quad 75\,000\,\$ \\
Q \quad &= \quad 75\,000\,\$ \quad \div \quad 100\,\$ \\
Q \quad &= \quad 750 \text{ haut-parleurs}
\end{aligned}
$$

où

Q	=	Nombre (quantité) de haut-parleurs à vendre
250 $	=	Prix de vente unitaire
150 $	=	Coûts variables par unité
35 000 $	=	Total des coûts fixes
40 000 $	=	Bénéfice cible

Par conséquent, il est possible d'atteindre le bénéfice cible en vendant 750 haut-parleurs par mois, ce qui représente des ventes totales de 187 500 $ (250 $ × 750 haut-parleurs).

4.6.2 L'approche de la marge sur coûts variables

Une autre démarche consiste à utiliser l'approche de la marge sur coûts variables en y incluant le bénéfice cible.

$$
\begin{aligned}
\text{Unités à vendre pour atteindre le bénéfice cible} \quad &= \quad \frac{\text{Coûts fixes} \; + \; \text{Bénéfice cible}}{\text{Marge sur coûts variables par unité}} \\
&= \quad \frac{35\,000\,\$ \; + \; 40\,000\,\$}{100\,\$} \\
&= \quad 750 \text{ haut-parleurs}
\end{aligned}
$$

Cette approche permet d'obtenir le même résultat que la méthode de l'équation puisqu'il s'agit en fait d'une version abrégée de cette méthode. De même, on peut calculer de la façon suivante le montant des ventes requis pour atteindre le bénéfice cible.

$$
\begin{aligned}
\text{Ventes en dollars pour atteindre le bénéfice cible} \quad &= \quad \frac{\text{Coûts fixes} \; + \; \text{Bénéfice cible}}{\text{Ratio de la marge sur coûts variables}} \\
&= \quad \frac{35\,000\,\$ \; + \; 40\,000\,\$}{0{,}40} \\
&= \quad 187\,500\,\$
\end{aligned}
$$

Question éclair 4.5

Calculez le nombre d'unités vendues et de dollars de ventes requis si le bénéfice cible de Concepts acoustiques inc. se chiffre à 55 000 $. Supposez que ses coûts fixes sont de 35 000 $ et que sa marge sur coûts variables par unité est de 100 $.

Le calcul d'un niveau cible de ventes soulève des questions semblables à celui de la détermination d'un seuil de rentabilité. Dans le cas du seuil de rentabilité, le bénéfice cible est nul. Pour tout montant de ventes cible supérieur à zéro, il suffit d'additionner le bénéfice souhaité aux coûts fixes, puisque ce bénéfice est considéré comme un autre montant fixe qu'on doit récupérer.

4.6.3 Le bénéfice cible net d'impôts

L'analyse précédente ne tient pas compte des impôts dans le calcul du bénéfice, de sorte qu'il s'agit en fait d'un résultat avant impôts. En général, le bénéfice cible recherché est un bénéfice net d'impôts. Dans le calcul du volume des ventes à atteindre pour réaliser un bénéfice cible net d'impôts, on devra ramener ce bénéfice à sa valeur avant impôts. En général, on calcule le bénéfice après impôts en soustrayant du bénéfice avant impôts (BAI) les impôts sur le bénéfice. Pour calculer les impôts sur le bénéfice, on se contente de multiplier le taux d'imposition (t) par le bénéfice avant impôts. Le bénéfice après impôts est égal au bénéfice avant impôts multiplié par 1, moins le taux d'imposition. On le calcule comme suit :

$$
\begin{aligned}
\text{Bénéfice après impôts} &= \text{Bénéfice avant impôts} - \text{Impôts} \\
&= \text{BAI} - t(\text{BAI}) \\
\text{d'où :} \quad &= \text{BAI}(1 - t)
\end{aligned}
$$

Lorsqu'on divise les deux côtés de l'équation par $(1 - t)$, le bénéfice avant impôts est égal au bénéfice après impôts divisé par 1 moins le taux d'imposition $(1 - t)$.

$$
\begin{aligned}
\frac{\text{Bénéfice après impôts}}{(1 - t)} &= \frac{\text{BAI}(1 - t)}{(1 - t)} \\
\frac{\text{Bénéfice après impôts}}{(1 - t)} &= \frac{\text{BAI}(1 - t)}{(1 - t)} \\
\text{d'où :} \quad \frac{\text{Bénéfice après impôts}}{(1 - t)} &= \text{BAI}
\end{aligned}
$$

Dans l'exemple précédent, supposons que le taux d'imposition est de 30 % et le bénéfice cible, de 49 000 $ après impôts. Ce bénéfice cible pourrait être atteint par la vente de 1 050 haut-parleurs. Voici la formule convenant à cette situation.

$$
\frac{\text{Coûts fixes} + [\text{Bénéfice cible après impôts} \div (1 - \text{Taux d'imposition})]}{\text{Marge sur coûts variables par unité}}
$$

$$
\frac{35\ 000\ \$ + [49\ 000\ \$ \div (1 - 0,30)]}{100\ \$} = 1\ 050 \text{ haut-parleurs}
$$

L'analyse CVB est souvent utilisée pour évaluer les résultats à venir. Ces résultats dépendent de la combinaison de plusieurs facteurs qui ne sont pas connus avec certitude au moment de l'analyse. L'analyse CVB en situation d'incertitude, dont il est question à l'annexe 4A disponible sur la plateforme *i+ Interactif*, permet de tenir compte de cette combinaison de facteurs.

AIDE-MÉMOIRE **L'analyse CVB portant sur un seul produit**

1. Seuil de rentabilité (méthode de l'équation)
   - Unités :

$$\text{Seuil de rentabilité en unités vendues} = \frac{\text{Coûts fixes}}{\text{Marge sur coûts variables par unité}}$$

   - Dollars de ventes :

$$\text{Seuil de rentabilité en dollars de ventes} = \frac{\text{Coûts fixes}}{\text{Ratio de la marge sur coûts variables}}$$

2. Bénéfice cible (approche de la marge sur coûts variables)*
   - Unités :

$$\text{Unités vendues pour atteindre le bénéfice cible} = \frac{\text{Coûts fixes} + \dfrac{\text{Bénéfice cible après impôts}}{1 - \text{Taux d'imposition}}}{\text{Marge sur coûts variables par unité}}$$

   - Dollars de ventes :

$$\text{Dollars de ventes pour atteindre le bénéfice cible} = \frac{\text{Coûts fixes} + \dfrac{\text{Bénéfice cible après impôts}}{1 - \text{Taux d'imposition}}}{\text{Ratio de la marge sur coûts variables par unité}}$$

* Lorsqu'on ne tient pas compte des impôts, il faut remplacer « Bénéfice cible après impôts / (1 − Taux d'imposition) » par « Bénéfice cible ».

Question éclair **4.6**

Combien de haut-parleurs Concepts acoustiques inc. doit-elle vendre pour réaliser un bénéfice après impôts de 56 000 $? Supposez que ses coûts fixes s'élèvent à 35 000 $, que sa marge sur coûts variables se chiffre à 100 $ par unité et que son taux d'imposition est de 30 %.

4.7 La marge de sécurité

La marge de sécurité est l'excédent des ventes prévues (ou réelles) sur les ventes correspondant au seuil de rentabilité. Elle indique le montant dont les ventes peuvent être réduites avant que l'entreprise enregistre des pertes. Plus la marge de sécurité sera grande, plus le risque de ne pas atteindre le seuil de rentabilité sera faible. La formule permettant de la calculer est la suivante :

OA7

Calculer la marge de sécurité et expliquer sa signification.

$$\text{Marge de sécurité} = \text{Ventes totales prévues (ou réelles)} - \text{Ventes au seuil de rentabilité}$$

On peut aussi exprimer la **marge de sécurité** sous forme de pourcentage en la divisant par le total des ventes.

Marge de sécurité

Excédent des ventes prévues (ou réelles) sur les ventes correspondant au seuil de rentabilité.

$$\text{Marge de sécurité en pourcentage des ventes} = \frac{\text{Marge de sécurité en dollars}}{\text{Ventes totales prévues (ou réelles)}}$$

4

Dans le cas de Concepts acoustiques inc., le calcul de la marge de sécurité s'effectue comme suit :

Ventes (au volume actuel de 400 unités), a)...	100 000 $
Moins : Ventes au seuil de rentabilité (350 unités)	87 500
Marge de sécurité en dollars, b)	12 500 $
Marge de sécurité en pourcentage des ventes, b) ÷ a).......................................	12,5 %

Cette marge de sécurité indique qu'au présent volume des ventes, si l'entreprise maintient ses prix et sa structure de coûts actuels, une réduction des ventes de 12 500 $ ou de 12,5 % la mènerait exactement au seuil de rentabilité.

Pour l'entreprise vendant un seul produit, comme Concepts acoustiques inc., on peut aussi exprimer la marge de sécurité sous la forme du nombre d'unités vendues en divisant cette marge en dollars par le prix de vente unitaire. Dans le cas qui nous intéresse, la marge de sécurité est de 50 unités (12 500 $ ÷ 250 $ par unité).

De plus, le pourcentage de marge de sécurité et le ratio de la marge sur coûts variables permettent de déterminer le pourcentage du bénéfice avant impôts.

Question éclair   4.7

En supposant que le volume des ventes de Concepts acoustiques inc. représente 150 000 $ et que son seuil de rentabilité est de 100 000 $, déterminez sa marge de sécurité en dollars et en pourcentage.

Pourcentage du bénéfice avant impôts	=	Pourcentage de la marge de sécurité	×	Ratio de la marge sur coûts variables

Ainsi, dans le cas de Concepts acoustiques inc., le pourcentage du bénéfice avant impôts se calcule comme suit :

$$12,5 \% \quad \times \quad 40 \% \quad = \quad 5 \%$$

Le bénéfice en dollars s'élève à 5 000 $, soit 5 % × 100 000 $.

4.8 Des considérations en matière de CVB dans le choix d'une structure de coûts

OA8

Expliquer la structure des coûts, calculer le ratio du levier d'exploitation à un niveau donné des ventes et expliquer comment ce ratio peut servir à prévoir des variations dans le bénéfice.

Structure des coûts

Proportion relative entre les coûts fixes et les coûts variables d'une organisation.

La structure des coûts représente la proportion relative entre les coûts fixes et les coûts variables d'une organisation. Une entreprise dispose souvent d'une certaine latitude dans le choix qu'elle peut faire entre les coûts fixes et les coûts variables. Un tel choix consiste par exemple à automatiser l'usine plutôt que d'employer de la main-d'œuvre directe.

Dans la présente section, il sera question de diverses considérations relatives au choix d'une structure de coûts. Nous étudierons d'abord la question de la **structure des coûts** et de la stabilité des bénéfices. Nous nous intéresserons ensuite à un important concept, connu sous le nom de « levier d'exploitation ». Enfin, nous terminerons la section en comparant les entreprises à fort investissement en capital (automatisées) et les entreprises à prédominance de main-d'œuvre au chapitre des avantages et des risques potentiels inhérents aux structures de coûts que ces entreprises ont choisies.

4.8.1 La structure des coûts et la stabilité des bénéfices

Lorsque le gestionnaire dispose d'une certaine latitude dans les choix qu'il peut faire entre les coûts fixes et les coûts variables, quelle structure de coûts devrait-il privilégier : des coûts variables élevés et de faibles coûts fixes, ou l'inverse ? Il est impossible de répondre à cette question de façon catégorique. Chacune des solutions comporte des avantages, selon les circonstances. Pour bien comprendre cette affirmation, examinez ci-après les états des résultats de deux fermes cultivant des bleuets. D'un côté, la ferme Deschamps embauche des travailleurs pour cueillir ses fruits à la main. De l'autre, la ferme Dubois a investi dans des récolteuses ; il s'agit d'une machinerie coûteuse permettant d'automatiser la cueillette. La ferme Deschamps a donc des coûts variables plus élevés que la ferme Dubois, mais la ferme Dubois a des coûts fixes plus importants.

	Ferme Deschamps		Ferme Dubois	
	Montant	Pourcentage	Montant	Pourcentage
Ventes.......................................	100 000 $	100 %	100 000 $	100 %
Moins : Coûts variables..............	60 000	60 %	30 000	30 %
Marge sur coûts variables..........	40 000	40 %	70 000	70 %
Moins : Coûts fixes	30 000		60 000	
Bénéfice...................................	10 000 $		10 000 $	

Quelle ferme possède la meilleure structure de coûts ? La réponse dépendra de nombreux facteurs, y compris les tendances de ventes à long terme, les variations du niveau des ventes d'une année à une autre et l'attitude des propriétaires en matière de risques. Si l'on s'attend à ce que les ventes dépassent 100 000 $ à l'avenir, alors la ferme Dubois a sans doute une structure de coûts plus avantageuse. En effet, son ratio de la marge sur coûts variables s'avère plus élevé que celui de sa concurrente. Par conséquent, ses bénéfices augmenteront plus rapidement à mesure que ses ventes s'accroîtront. Pour illustrer ce fait, supposons que chaque ferme profite d'une augmentation de ses ventes de 10 % sans que ses coûts fixes changent. Voici ce à quoi ressembleraient les nouveaux états des résultats.

	Ferme Deschamps		Ferme Dubois	
	Montant	Pourcentage	Montant	Pourcentage
Ventes.......................................	110 000 $	100 %	110 000 $	100 %
Moins : Coûts variables..............	66 000	60 %	33 000	30 %
Marge sur coûts variables..........	44 000	40 %	77 000	70 %
Moins : Coûts fixes	30 000		60 000	
Bénéfice...................................	14 000 $		17 000 $	

La ferme Dubois connaîtrait un accroissement de bénéfice plus élevé que sa concurrente grâce à son ratio de la marge sur coûts variables plus élevé, bien que toutes deux auraient profité de la même hausse des ventes.

Qu'adviendrait-il si les ventes diminuaient sous le niveau de 100 000 $? Quel serait le seuil de rentabilité de chaque ferme ? Quelle serait la marge de sécurité de chacune ?

Les calculs répondant à ces questions ont été effectués ci-après à l'aide de l'approche de la marge sur coûts variables.

	Ferme Deschamps	Ferme Dubois
Coûts fixes..	30 000 $	60 000 $
Ratio de la marge sur coûts variables.....................	÷ 40 %	÷ 70 %
Seuil de rentabilité en dollars de ventes	75 000 $	85 714 $
Ventes actuelles, a)	100 000 $	100 000 $
Moins : Seuil de rentabilité en dollars de ventes..........	75 000	85 714
Marge de sécurité en dollars, b)	25 000 $	14 286 $
Marge de sécurité en pourcentage des ventes, b) ÷ a)	25,0 %	14,3 %

Cette analyse indique clairement que la ferme Deschamps se montrerait moins vulnérable aux ralentissements économiques que la ferme Dubois, pour deux raisons. D'abord, étant donné sa structure de coûts, la ferme Deschamps possède un seuil de rentabilité moins élevé et une plus grande marge de sécurité que sa concurrente, comme le montrent les calculs précédents. Elle ne réaliserait donc pas aussi rapidement des pertes que la ferme Dubois si les ventes diminuaient beaucoup. Ensuite, comme son ratio de la marge sur coûts variables se révèle plus bas, sa marge sur coûts variables fondra moins vite que celle de sa concurrente quand les ventes des deux fermes connaîtront la même diminution. Par conséquent, les résultats de la ferme Deschamps s'avéreront moins volatils. Nous avons vu que cette situation constitue un inconvénient lorsque les ventes augmentent. Par contre, il s'agit d'un avantage lorsque les ventes diminuent.

En résumé, on ne peut pas, sans connaître l'avenir, déterminer quelle structure de coûts est la meilleure. Chacune comporte ses avantages et ses inconvénients. Avec ses coûts fixes plus élevés et ses coûts variables plus faibles, la ferme Dubois pourrait subir de plus grandes fluctuations de résultats que sa concurrente lorsqu'il y aura des variations dans les ventes, c'est-à-dire des bénéfices plus élevés dans les bonnes années et des pertes plus importantes dans les mauvaises années. Par contre, en raison de coûts fixes moins élevés et de coûts variables plus importants, la ferme Deschamps aura un résultat plus stable et sera mieux protégée que sa rivale contre les pertes des mauvaises années, mais au prix d'un bénéfice moins élevé dans les années prospères.

SUR LE TERRAIN

Les impacts de la structure de coûts

Au cours des dernières années, les fabricants de puces informatiques ont investi plus de 75 milliards de dollars dans la construction de nouvelles installations de production afin de répondre à la demande croissante pour les appareils numériques tels que les téléphones iPhone et BlackBerry. Comme 70 % des coûts d'exploitation de ces installations sont fixes, une chute brutale de la demande oblige les entreprises à choisir entre le moindre de deux maux. Soit elles réduisent leurs niveaux de production de manière radicale, assumant alors des coûts élevés en capacité inutilisée, soit elles continuent à fabriquer de grandes quantités de produits en dépit de la demande à la baisse, inondant ainsi le marché de produits superflus tout en réduisant les prix. Ces solutions déplaisent toutes deux aux investisseurs, qui ont alors tendance à se détourner des fabricants de puces informatiques en période de ralentissement économique.

Source : Bruce EINHORN, « Chipmakers on the Edge », *Business Week*, 5 janvier 2009, p. 30-31.

4.8.2 Le levier d'exploitation

Un levier est un outil servant à multiplier la force exercée. Avec son aide, on peut déplacer un objet énorme en utilisant peu de force. En affaires, le levier d'exploitation fonctionne sur le même principe. Le **levier d'exploitation** est une mesure de l'élasticité des résultats par rapport à des variations du pourcentage des ventes. Il agit comme un multiplicateur. Lorsque sa valeur est élevée, une faible augmentation du pourcentage des ventes permet d'obtenir une augmentation beaucoup plus élevée du pourcentage des résultats.

Nous pouvons illustrer le levier d'exploitation en revenant aux données relatives aux deux fermes de culture du bleuet. Nous avons vu précédemment qu'une hausse de 10 % des ventes (dc 100 000 $ à 110 000 $ pour chaque ferme) entraînait une augmentation du bénéfice de 70 % dans le cas de la ferme Dubois (de 10 000 $ à 17 000 $) et de 40 % seulement dans le cas de la ferme Deschamps (de 10 000 $ à 14 000 $). Par conséquent, une croissance du chiffre d'affaires de 10 % entraîne une hausse du pourcentage des bénéfices de la ferme Dubois de beaucoup supérieure à celle des bénéfices de la ferme Deschamps. La première a donc un levier d'exploitation plus important que sa concurrente.

Le **ratio du levier d'exploitation** est une mesure, à un niveau donné des ventes, de l'effet d'une variation du pourcentage du volume des ventes sur les bénéfices. On calcule ce ratio à l'aide de la formule suivante :

$$\text{Ratio du levier d'exploitation} = \frac{\text{Marge sur coûts variables}}{\text{Bénéfice}}$$

Ainsi, le ratio du levier d'exploitation des deux fermes à un niveau de ventes de 100 000 $ se calcule comme suit :

$$\text{Ferme Deschamps :} \quad \frac{40\ 000\ \$}{10\ 000\ \$} = 4$$

$$\text{Ferme Dubois :} \quad \frac{70\ 000\ \$}{10\ 000\ \$} = 7$$

Comme le ratio du levier d'exploitation de la ferme Deschamps est de quatre, son bénéfice augmentera quatre fois plus rapidement que ses ventes.

De même, le bénéfice de la ferme Dubois augmentera sept fois plus rapidement que ses ventes. Par conséquent, si les ventes augmentaient de 10 %, on pourrait s'attendre à ce que le bénéfice de la ferme Deschamps augmente de quatre fois ce pourcentage, soit de 40 % ; celui de sa concurrente augmenterait de sept fois ce pourcentage, soit de 70 %.

En général, cette relation s'explique par la formule suivante :

$$\begin{array}{l}\text{Pourcentage de} \\ \text{variation du bénéfice}\end{array} = \text{Ratio du levier d'exploitation} \times \begin{array}{l}\text{Pourcentage de} \\ \text{variation des ventes}\end{array}$$

Ferme Deschamps : Pourcentage de variation du bénéfice $= 4 \times 10\ \% = 40\ \%$
Ferme Dubois : Pourcentage de variation du bénéfice $= 7 \times 10\ \% = 70\ \%$

Le pourcentage d'augmentation du bénéfice représente la hausse du bénéfice par rapport au bénéfice à un niveau donné de ventes. Dans le cas de la ferme Deschamps, le bénéfice pour des ventes de 100 000 $ est de 10 000 $. Des ventes additionnelles de 10 % entraîneront un accroissement du bénéfice de 40 %, c'est-à-dire de 4 000 $ (10 000 $ × 40 %). À un autre niveau de ventes, le pourcentage d'augmentation du bénéfice sera différent.

Pourquoi le levier d'exploitation de la ferme Dubois est-il plus élevé que celui de la ferme Deschamps ? Seule la structure des coûts différencie les deux fermes. Lorsque les deux entreprises ont les mêmes ventes totales et le même montant total de coûts, mais des structures de coûts différentes, celle qui présente la proportion de coûts fixes la plus élevée dans sa structure de coûts aura un levier d'exploitation plus important. Revenons à des ventes de 100 000 $ et à un montant total de coûts de 90 000 $. Les coûts fixes représentent 30 % des coûts de la ferme Deschamps et 60 % de ceux de la ferme Dubois. Il en résulte que le ratio du levier d'exploitation de la ferme Dubois s'avère plus élevé que celui de sa concurrente.

Le levier d'exploitation est plus grand lorsque le niveau des ventes se rapproche du seuil de rentabilité. Le levier diminue à mesure que les ventes et les bénéfices augmentent. On peut le constater ci-après en examinant le ratio du levier d'exploitation de la ferme Deschamps à différents niveaux de ventes.

Question éclair 4.8

Supposez qu'actuellement, les ventes de la ferme Deschamps se chiffrent à 80 000 $ et que son ratio du levier d'exploitation est de 16, comme dans le tableau ci-contre. Si son volume de ventes augmente de 25 %, calculez le pourcentage de variation du bénéfice ainsi que le nouveau bénéfice en dollars.

Ratio du levier d'exploitation de la ferme Deschamps à différents niveaux de ventes

Ventes....................	75 000 $	80 000 $	**100 000 $**	150 000 $	225 000 $
Moins : Coûts variables..........	45 000	48 000	**60 000**	90 000	135 000
Marge sur coûts variables, a)...	30 000	32 000	**40 000**	60 000	90 000
Moins : Coûts fixes	30 000	30 000	**30 000**	30 000	30 000
Bénéfice, b)...........................	-0- $	2 000 $	**10 000 $**	30 000 $	60 000 $
Ratio du levier d'exploitation, a) ÷ b).............................	∞	16	4	2	1,5

Ainsi, une hausse de 10 % des ventes entraîne une augmentation des bénéfices de seulement 15 % (10 % × 1,5) lorsque l'entreprise atteint le niveau où ses ventes s'élèvent à 225 000 $, par rapport à 40 % pour un niveau de 100 000 $. Le ratio du levier d'exploitation continue de diminuer à mesure que l'entreprise s'éloigne de son seuil de rentabilité. Au seuil de rentabilité même, il devient infiniment élevé car il tend vers l'infini (30 000 $ de marge sur coûts variables ÷ 0 $ de bénéfice = ∞).

Le ratio du levier d'exploitation permet au gestionnaire d'estimer rapidement l'effet de différentes variations du pourcentage des ventes sur les résultats, sans devoir établir d'états des résultats détaillés. Comme le montrent les exemples, les effets du levier d'exploitation peuvent être spectaculaires. Lorsque les revenus se situent à proximité du seuil de rentabilité de l'entreprise, même de faibles augmentations du pourcentage des ventes peuvent produire une forte croissance du pourcentage des bénéfices. Ce résultat explique pourquoi la direction d'une entreprise est prête à travailler très fort simplement pour parvenir à une petite augmentation du volume des ventes. Quand le ratio du levier d'exploitation est de 5, une augmentation de 6 % des ventes se traduira par une hausse de 30 % des bénéfices. En résumé, en multipliant le pourcentage de variation des ventes par le ratio du levier d'exploitation, on obtient le pourcentage de variation du bénéfice.

Pourcentage de variation du bénéfice	=	Ratio du levier d'exploitation	×	Pourcentage de variation des ventes

4.8.3 L'automatisation : les risques et les avantages sous l'angle de l'analyse CVB

Un changement dans la structure des coûts a un effet sur le ratio de la marge sur coûts variables, le seuil de rentabilité et le ratio du levier d'exploitation. Une partie de cet effet est favorable, mais une autre ne l'est pas, comme l'indique le tableau 4.1.

TABLEAU 4.1   Une comparaison CVB entre les entreprises à fort investissement en capital (automatisées) et les entreprises à prédominance de main-d'œuvre

La comparaison ci-après porte sur deux entreprises rentables aux structures de coûts différentes, mais identiques sur les autres plans. Ces entreprises vendent les mêmes produits et services, ont les mêmes produits d'exploitation et les mêmes charges. L'une d'elles a choisi de s'automatiser et a fait des investissements importants dans ses installations. L'autre dépend davantage de sa main-d'œuvre. En supposant que le coût de la main-d'œuvre est variable, l'entreprise automatisée a une proportion plus élevée de coûts fixes dans sa structure de coûts que l'autre.

Élément	Entreprise automatisée	Entreprise à prédominance de main-d'œuvre	Commentaires
Le ratio de la marge sur coûts variables tend à être relativement...	Élevé	Faible	Dans une entreprise automatisée, les coûts variables ont tendance à être inférieurs à ceux d'une entreprise à prédominance de main-d'œuvre, de sorte que le ratio de la marge sur coûts variables d'un produit donné est plus élevé.
Le levier d'exploitation tend à être...	Élevé	Faible	Le levier d'exploitation est plus élevé dans l'entreprise automatisée que dans l'entreprise à prédominance de main-d'œuvre parce que, dans le cas où les deux sont similaires en tout, sauf en ce qui a trait à leur structure de coûts, l'entreprise automatisée a des coûts variables moins élevés et, par conséquent, une marge sur coûts variables plus grande que l'entreprise à prédominance de main-d'œuvre.
Lorsque les ventes augmentent, le bénéfice tend à augmenter...	Rapidement	Lentement	Comme le levier d'exploitation et le ratio de la marge sur coûts variables ont tendance à être plus élevés dans l'entreprise automatisée que dans l'entreprise à prédominance de main-d'œuvre, son résultat augmente plus rapidement.
Lorsque les ventes diminuent, le bénéfice tend à diminuer...	Rapidement	Lentement	De même que le résultat augmente plus vite dans une entreprise automatisée, il diminue plus vite à mesure que les ventes diminuent.
La volatilité du bénéfice en fonction des variations des ventes tend à être...	Plus grande	Plus petite	Comme le levier d'exploitation est plus grand dans une entreprise automatisée, le résultat a tendance à être davantage influencé par la variation des ventes que dans une entreprise à prédominance de main-d'œuvre.
Le seuil de rentabilité tend à être...	Plus élevé	Moins élevé	Le seuil de rentabilité d'une entreprise automatisée a tendance à être plus élevé parce que ses coûts fixes sont plus importants, bien que ce désavantage puisse dans certains cas être compensé par un ratio de la marge sur coûts variables plus élevé que celui de l'entreprise à prédominance de main-d'œuvre.
La marge de sécurité à un niveau donné des ventes tend à être...	Plus faible	Plus élevée	La marge de sécurité d'une entreprise automatisée a tendance à être moins grande que celle de l'entreprise à prédominance de main-d'œuvre en raison de son seuil de rentabilité plus élevé.
La latitude dont dispose la direction en période économiquement difficile tend à être...	Moins grande	Plus grande	Avec des coûts fixes plus élevés, la direction de l'entreprise automatisée a moins de marge de manœuvre et dispose de moins de choix lorsque les conditions économiques changent par rapport à l'entreprise à prédominance de main-d'œuvre.

Il y a beaucoup d'avantages à tirer de l'automatisation. Toutefois, le tableau 4.1 montre clairement que certains risques apparaissent lorsqu'une entreprise accroît ses coûts fixes. Compte tenu de ces risques, la direction de l'entreprise doit être prudente dans sa démarche d'automatisation et s'assurer que ses décisions en matière d'investissement respectent une stratégie à long terme mûrement réfléchie.

SUR LE TERRAIN

Le levier d'exploitation

La récession de 2007-2008 a eu des effets généralisés, frappant à la fois les entreprises de fabrication et de service. Aux États-Unis, on estime à 22 000 le nombre d'emplois perdus dans le secteur juridique à la suite de mises à pied et de fermetures de cabinets. Toutefois, en ce qui a trait aux pertes d'emplois, les cabinets d'avocats canadiens qui exerçaient leurs activités aux États-Unis s'en sont beaucoup mieux tirés, en partie grâce à leur levier d'exploitation de loin inférieur à celui des cabinets américains. Selon l'un des cadres dirigeants d'un cabinet d'avocats canadien ayant son siège social à Montréal et des bureaux aux États-Unis, le ratio du levier d'exploitation des cabinets canadiens est en moyenne de 1,5 à 2, alors que celui de bon nombre de cabinets américains se situe à 5. Ces derniers doivent notamment leur ratio du levier d'exploitation plus élevé à leurs frais indirects fixes, de beaucoup supérieurs à ceux des cabinets canadiens. Ces coûts sont attribuables à la présence d'un grand nombre d'employés administratifs dont se dotent généralement les cabinets d'avocats américains. Or, en période de difficultés économiques, les entreprises dont le ratio du levier d'exploitation est élevé (et dont les coûts fixes le sont également) se voient parfois forcées de réduire leurs dépenses en sabrant la main-d'oeuvre.

Source : Julius MELNITZER, « Canadian Firms in U.S. Avoiding Big Layoff Hits », *Financial Post*, 29 avril 2009, p. 3.

4.8.4 Le point d'indifférence entre une production à prédominance de main-d'œuvre et une production fortement automatisée

Nous avons vu qu'il est possible d'utiliser l'analyse coût-volume-bénéfice pour produire des informations qui guideront les décisions concernant la rentabilité de produits particuliers. L'analyse CVB permet aussi de prendre des décisions sur la rentabilité relative d'autres produits ou sur les méthodes de production. Les analyses CVB facilitent la comparaison de solutions de rechange qui présentent différentes structures de coûts fixes et variables.

Prenons comme exemple la décision de la société Gervais de lancer sur le marché un nouveau produit pouvant être fabriqué soit par un système de production à prédominance de main-d'œuvre, soit par un système de production fortement automatisé. La méthode de fabrication n'aura aucun effet sur la qualité du produit. Voici une estimation des coûts de fabrication associés à ces deux types de systèmes de production.

	Système de production à prédominance de main-d'œuvre		Système de production fortement automatisé	
Prix de vente par unité vendue...................		40,00 $		40,00 $
Matières premières.....................................		6,00		5,00
Heures de main-d'œuvre directe (HMOD)..	0,8 HMOD à 15 $ par heure	12,00	0,5 HMOD à 20 $ par heure	10,00
Frais indirects de fabrication variables.......	0,8 HMOD à 10 $ par heure	8,00	0,5 HMOD à 10 $ par heure	5,00
Frais de vente variables.............................		2,00		2,00
Total des coûts variables		28,00		22,00
Marge sur coûts variables		12,00 $		18,00 $
Frais indirects de fabrication fixes*............		1 200 000 $		3 000 000 $
Frais de vente fixes		600 000 $		600 000 $
Seuil de rentabilité en dollars de ventes.....		6 000 000 $		8 000 000 $
Seuil de rentabilité en unités		150 000		200 000

* On peut rattacher directement ces frais à la nouvelle gamme de produits. Ils ne seraient pas engagés si le nouveau produit n'était pas fabriqué.

Il est possible de calculer le point où la société Gervais obtiendrait le même bénéfice, qu'elle ait recours à un système de fabrication ou à l'autre. C'est le point où la société serait indifférente entre une production à prédominance de main-d'œuvre ou fortement automatisée. Voici comment calculer ce point d'indifférence.

1. Pour chaque système de production, on multiplie la marge sur coûts variables par unité par le nombre d'unités (Q), puis on soustrait le total des coûts fixes.
2. À partir de l'étape précédente, on établit l'équation du bénéfice pour chacun des deux systèmes et on les dispose de chaque côté d'un signe d'égalité.
3. On résout l'équation afin de déterminer la valeur de Q qui représente le point d'indifférence.

$$12\ \$Q - 1\ 800\ 000\ \$ = 18\ \$Q - 3\ 600\ 000\ \$$$
$$6\ \$Q = 1\ 800\ 000\ \$$$
$$Q = 300\ 000\ \text{unités}$$

Remarquez à la deuxième ligne de l'équation que la variation de 6 $ dans la marge sur coûts variables se trouve du côté gauche de l'équation et que le montant de 1 800 000 $, placé du côté droit, représente la variation des coûts fixes. Il est donc possible de déterminer rapidement le point d'indifférence en divisant la variation des coûts fixes par la variation de la marge sur coûts variables.

$$\frac{\text{Coûts fixes du système fortement automatisé} - \text{Coûts fixes du système à prédominance de main-d'œuvre}}{\text{Marge sur coûts variables du système automatisé} - \text{Marge sur coûts variables du système à prédominance de main-d'œuvre}} = \frac{3\ 600\ 000\ \$ - 1\ 800\ 000\ \$}{18\ \$ - 12\ \$}$$
$$= \frac{1\ 800\ 000\ \$}{6\ \$}$$
$$= 300\ 000\ \text{unités}$$

Si les ventes étaient inférieures au point d'indifférence de 300 000 unités, le système de production à prédominance de main-d'œuvre serait plus rentable que l'autre. Si les ventes dépassaient ce point, la rentabilité du système de production fortement automatisé serait plus grande, car ce dernier donne lieu à une marge sur coûts variables par unité plus élevée que l'autre système.

4.9 La composition des ventes

Avant de conclure, il serait utile de considérer une autre application des notions que nous avons présentées, soit l'utilisation des concepts de CVB dans l'analyse de la composition des ventes.

4.9.1 Une définition de la composition des ventes

La **composition des ventes** désigne les proportions relatives dans lesquelles les produits d'une entreprise sont vendus. Les gestionnaires cherchent à connaître la combinaison, ou composition, qui rapportera le bénéfice le plus élevé possible. La plupart des entreprises offrent plusieurs produits mais, souvent, ils ne sont pas tous également rentables. En pareil cas, les bénéfices dépendent jusqu'à un certain point de la composition des ventes de l'entreprise. Ainsi, ils seront plus élevés quand la proportion des articles dont la marge est élevée (et non celle des articles dont la marge est faible) est plus grande à l'intérieur des ventes totales.

OA9

Calculer le seuil de rentabilité d'une entreprise vendant plusieurs produits, et expliquer les effets de variation dans la composition des ventes sur la marge sur coûts variables et sur le seuil de rentabilité.

Composition des ventes

Proportions relatives dans lesquelles les produits d'une entreprise sont vendus ; on calcule cette composition en exprimant les ventes de chaque produit sous forme de pourcentage des ventes totales.

Les variations de la composition des ventes peuvent entraîner des fluctuations importantes, et parfois difficiles à interpréter, dans les résultats de l'entreprise. Par exemple, une variation entraînant une baisse du volume des ventes des articles à marge élevée au profit d'articles à marge faible peut produire une baisse du total des bénéfices, et ce, bien que les ventes totales augmentent. À l'inverse, une variation qui augmenterait la proportion des articles à marge élevée par rapport à celle des articles à faible marge dans la composition des ventes peut faire augmenter les bénéfices, bien que les ventes totales diminuent. Il s'avère toutefois difficile de toujours vendre la combinaison d'articles la plus rentable.

SUR LE TERRAIN

La composition des ventes

Pour des sociétés comme BlackBerry, gérer les bénéfices dans un environnement d'exploitation hautement concurrentiel est un défi constant. L'entreprise offrant déjà plusieurs modèles de téléphones intelligents, ses gestionnaires doivent bien évaluer l'effet que pourrait avoir le lancement d'un nouvel appareil sur le bénéfice. Par exemple, si on pense commercialiser un nouveau modèle de BlackBerry et qu'on souhaite déterminer l'effet net de cette commercialisation sur la marge sur coûts variables totale, il ne suffit pas seulement de prévoir la demande que l'appareil suscitera et d'estimer la marge sur coûts variables par unité. Les entreprises qui offrent divers produits aux clients doivent également évaluer la mesure dans laquelle les ventes d'un nouveau modèle influeront sur les ventes de ceux qui sont déjà sur le marché. Ainsi, lorsqu'un nouveau modèle voit le jour, une diminution des ventes est à prévoir pour les modèles plus anciens. Il faut donc tenir compte de cette réalité au moment d'évaluer l'effet différentiel de nouveaux produits sur le bénéfice. Cela est particulièrement vrai dans le cas des fabricants de produits de haute technologie, puisque dans ce domaine les clients s'intéressent pratiquement toujours aux plus récents modèles.

Par ailleurs, vu la concurrence croissante en ce qui concerne des produits comme les téléphones intelligents et les tablettes électroniques, BlackBerry, Samsung, Apple et d'autres fabricants ont réagi en offrant de nouveaux modèles à prix de vente et à marge sur coûts variables moindres. Les entreprises doivent continuellement surveiller cette composition des ventes en constante évolution afin de s'assurer d'offrir un rendement du capital investi acceptable à leurs actionnaires.

À cette situation complexe s'ajoute la variété des segments de marché et des secteurs géographiques auxquels appartiennent les clients de sociétés comme BlackBerry. Par exemple, les personnes qui se procurent un téléphone intelligent pour un usage professionnel exigent des fonctions différentes de celles attendues par les utilisateurs qui en font un usage personnel, et leur disposition ainsi que leur capacité à payer pour de telles fonctions varient également. Dans un environnement aussi dynamique où se côtoient autant de produits, il s'avère par conséquent essentiel de comprendre les principes de l'analyse CVB.

Sources : BLOOMBERG NEWS, « No Easy Fix for Apple's Squeezed Profit Margins », *Financial Post*, 11 février 2013, [En ligne], <business.financialpost.com/fp-tech-desk/no-easy-fix-for-apples-squeezed-profit-margins?__lsa=18fe-3ac6> (Page consultée le 22 avril 2015) ; David FRIEND, « Clash of the Smartphones? How Samsung's Latest Galaxy Handset Could Throw a Wrench Into BlackBerry's U.S. Z10 Launch », *Financial Post*, 12 mars 2013, [En ligne], <business.financialpost.com/2013/03/12/samsung-galaxy-s4-blackberry-z10/?__lsa = 6003-a9c5> (Page consultée le 22 avril 2015) ; et site internet de BlackBerry, <ca.blackberry.com/smartphones.html#>.

4

4.9.2 La composition des ventes et l'analyse du seuil de rentabilité

Lorsque l'entreprise vend plus d'un produit, l'analyse du seuil de rentabilité devient un peu plus complexe que ce que nous avons vu précédemment dans ce chapitre. En effet, les différents produits ont des prix de vente, des coûts et des marges sur coûts variables différents. Par conséquent, le seuil de rentabilité dépendra de la combinaison des produits vendus. Prenons l'exemple de Logiculture inc., qui importe des DVD de France. En ce moment, cette petite entreprise distribue les produits ci-après aux détaillants : le DVD *Le Louvre*, qui offre une visite virtuelle du célèbre musée d'art de Paris, et le DVD *Le vin*, qui porte sur les vins et les régions vinicoles de France. Les deux produits multimédias comportent une application à télécharger, une bande sonore, des photos et des clips vidéo. Le prix de vente de chacun des DVD est de 25 $. Le tableau 4.2 présente les ventes, les coûts et le seuil de rentabilité de l'entreprise pour le mois de septembre. Comme le montre le tableau 4.2, le seuil de rentabilité en dollars de ventes est de 60 000 $. On l'a calculé en divisant les coûts fixes par le ratio de la marge sur coûts variables de l'entreprise, qui s'élève à 45 %.

TABLEAU 4.2	**Une analyse du seuil de rentabilité en dollars de ventes lorsque plusieurs produits sont vendus**

LOGICULTURE INC.
Résultats établis selon la méthode des coûts variables
pour le mois de septembre

	DVD *Le Louvre*		DVD *Le vin*		Total	
	Montant	Pourcentage	Montant	Pourcentage	Montant	Pourcentage
Ventes*	20 000 $	100 %	80 000 $	100 %	100 000 $	100 %
Moins : Coûts variables	15 000	75 %	40 000	50 %	55 000	55 %
Marge sur coûts variables	5 000 $	25 %	40 000 $	50 %	45 000	45 %
Moins : Coûts fixes					27 000	
Bénéfice					18 000 $	

Calcul du seuil de rentabilité

$$\frac{\text{Coûts fixes}}{\text{Ratio de la marge sur coûts variables}} = \frac{27\ 000\ \$}{45\ \%} = 60\ 000\ \$$$

Vérification du seuil de rentabilité

	DVD *Le Louvre*		DVD *Le vin*		Total	
	Montant	Pourcentage	Montant	Pourcentage	Montant	Pourcentage
Ventes	12 000 $**	100 %	48 000 $***	100 %	60 000 $	100 %
Moins : Coûts variables	9 000	75 %	24 000	50 %	33 000	55 %
Marge sur coûts variables	3 000 $	25 %	24 000 $	50 %	27 000	45 %
Moins : Coûts fixes					27 000	
Bénéfice					-0- $	

* La composition des ventes correspond à 20 % pour le DVD *Le Louvre* (20 000 $ ÷ 100 000 $) et à 80 % pour le DVD *Le vin* (80 000 $ ÷ 100 000 $).
** 60 000 $ × 20 % = 12 000 $
*** 60 000 $ × 80 % = 48 000 $

L'entreprise offrant plusieurs produits déterminera son seuil de rentabilité en fonction de l'ensemble de ses produits, et non pour chaque produit pris séparément. Il peut être impossible ou peu pratique d'affecter directement les coûts fixes à un produit en particulier. On évitera de répartir de façon arbitraire les coûts fixes entre les produits pour ensuite tenter de calculer le seuil de rentabilité de chacun. On cherchera plutôt à établir le nombre d'unités à vendre ou les ventes totales à atteindre pour couvrir la totalité des coûts de l'entreprise. Pour ce faire, on utilisera la marge sur coûts variables pondérée. On divisera ensuite les coûts fixes totaux de l'entreprise par cette marge pour déterminer le seuil de rentabilité de l'entreprise. La marge sur coûts variables pondérée représente la somme des marges sur coûts variables de chaque produit multipliée par la proportion de chacun des produits dans les ventes totales. Pour établir cette marge, on devra connaître la composition des ventes. On pourra la calculer sous forme de pourcentage des ventes ou à l'unité, comme dans le tableau 4.3.

4

| **TABLEAU 4.3** | **Une analyse du seuil de rentabilité en unités lorsque plusieurs produits sont vendus** |

	DVD *Le Louvre*		DVD *Le vin*		
	Total (800 unités)	Par unité	Total (3 200 unités)	Par unité	Total (4 000 unités)
Ventes	20 000 $	25,00 $	80 000 $	25,00 $	100 000 $
Moins : Coûts variables	15 000	18,75	40 000	12,50	55 000
Marge sur coûts variables.............	5 000 $	6,25 $	40 000 $	12,50 $	45 000
Moins : Coûts fixes					27 000
Bénéfice...............................					18 000 $

	1)	2)	3) 1) × 2)	4)	4) ÷ 3)
	Marge sur coûts variables par unité	Composition des ventes en pourcentage*	Marge sur coûts variables pondérée par unité	Total des coûts fixes	Nombre d'unités pour atteindre le seuil de rentabilité
DVD *Le Louvre*	6,25 $	20 %	1,25 $		
DVD *Le vin*	12,50 $	80 %	10,00 $		
Total			11,25 $	27 000 $	2 400

* DVD *Le Louvre* : 800 unités ÷ 4 000 unités ; DVD *Le vin* : 3 200 unités ÷ 4 000 unités

Logiculture inc. couvrira l'ensemble de ses coûts variables et fixes dans la mesure où ses ventes s'établiront à 60 000 $, soit 2 400 unités vendues (60 000 ÷ 25 $). Elle devra donc vendre 480 unités du DVD *Le Louvre* (2 400 × 20 %) et 1 920 unités du DVD *Le vin* (2 400 × 80 %), ce qui correspond à 12 000 $ de ventes, soit 60 000 $ × 20 % ou 480 unités × 25 $ pour le DVD *Le Louvre,* et à 48 000 $ de ventes, soit 60 000 $ × 80 % ou 1 920 unités × 25 $ pour le DVD *Le vin.* Les deux méthodes de calcul du seuil de rentabilité pour une entreprise vendant plusieurs produits présentées dans les tableaux 4.2 (*voir la page 151*) et 4.3 se valent. Les gestionnaires peuvent opter pour l'une ou l'autre selon qu'ils préfèrent penser aux seuils de rentabilité en termes d'unités ou en termes de dollars de ventes. Toutefois, le montant de 60 000 $ ne représente le seuil de rentabilité de l'entreprise que si la composition des ventes correspond à 20 % pour le DVD *Le Louvre* et à 80 % pour le DVD *Le vin.* Si cette composition variait, le seuil de rentabilité varierait aussi. C'est ce qu'indiquent les résultats du mois d'octobre (*voir le tableau 4.4*), au cours duquel la composition des ventes a changé.

TABLEAU 4.4	**L'analyse du seuil de rentabilité lorsque plusieurs produits sont vendus : une variation dans la composition des ventes**

LOGICULTURE INC.
Résultats établis selon la méthode des coûts variables
pour le mois d'octobre

	DVD *Le Louvre*		DVD *Le vin*		Total	
	Montant	Pourcentage	Montant	Pourcentage	Montant	Pourcentage
Ventes.....................................	80 000 $	100 %	20 000 $	100 %	100 000 $	100 %
Moins : Coûts variables......................	60 000	75 %	10 000	50 %	70 000	70 %
Marge sur coûts variables..................	20 000 $	25 %	10 000 $	50 %	30 000	30 %
Moins : Coûts fixes					27 000	
Bénéfice...					3 000 $	

Calcul du seuil de rentabilité en dollars de ventes

$$\frac{\text{Coûts fixes}}{\text{Ratio de la marge sur coûts variables}} = \frac{27\ 000\ \$}{30\ \%} = 90\ 000\ \$$$

Calcul du seuil de rentabilité en unités vendues *

$$\frac{\text{Coûts fixes}}{\substack{\text{Marge sur coûts variables} \\ \text{pondérée par unité}}} = \frac{27\ 000\ \$}{(0,8 \times 6,25\ \$) + (0,2 \times 12,50\ \$)} = 3\ 600\ \text{unités}$$

* La seule différence par rapport au tableau 4.3 réside dans la composition des ventes, le DVD *Le Louvre* constituant maintenant 80 % des ventes, et le DVD *Le vin*, 20 %.

Ainsi, pour le mois d'octobre, le DVD *Le Louvre*, moins rentable (avec un ratio de la marge sur coûts variables de seulement 25 %), représente 80 % du chiffre d'affaires (80 000 $ ÷ 100 000 $), alors que le DVD *Le vin*, plus rentable (son ratio de la marge sur coûts variables est de 50 %), représente 20 % du chiffre d'affaires (20 000 $ ÷ 100 000 $).

Bien que les ventes totales soient demeurées les mêmes à 100 000 $, la composition est exactement l'inverse de ce qu'elle était au tableau 4.2 (*voir la page 151*). La proportion la plus importante de ce chiffre provient désormais du DVD *Le Louvre*, moins rentable que l'autre.

Notons que cette variation dans la composition des ventes a entraîné une baisse importante du ratio de la marge sur coûts variables pondérée et du total des bénéfices par rapport au mois précédent — le ratio a diminué, passant de 45 % en septembre à seulement 30 % en octobre, alors que la marge sur coûts variables pondérée unitaire est passée de 12,50 $ à 7,50 $, et le bénéfice, de 18 000 $ à seulement 3 000 $. En outre, avec la baisse du ratio de la marge sur coûts variables, le seuil de rentabilité de l'entreprise n'est plus de 60 000 $. Comme l'entreprise a une marge sur coûts variables pondérée moindre, il lui faut un plus gros volume des ventes pour couvrir le même montant de coûts fixes. Par conséquent, le seuil de rentabilité a augmenté, passant de 60 000 $ à 90 000 $ ou de 2 400 à 3 600 unités par mois.

Lorsqu'on effectue une analyse du seuil de rentabilité, on doit poser certaines hypothèses concernant la composition des ventes. En général, on suppose que cette composition ne variera pas. Toutefois, si les gestionnaires savent que les variations de différents facteurs (les préférences des consommateurs, la part de marché de l'entreprise, etc.) entraîneront des modifications dans la composition des ventes, ils doivent s'assurer que ces facteurs sont considérés explicitement dans tout calcul CVB. Autrement, ils risquent de prendre des décisions en se basant sur des données non valides ou erronées.

| AIDE-MÉMOIRE | **L'analyse CVB portant sur plusieurs produits** |

1. Ratio de la marge sur coûts variables

$$\text{Ratio de la marge sur coûts variables} = \frac{\text{Marge sur coûts variables (pour l'ensemble des produits)}}{\text{Ventes totales (pour l'ensemble des produits)}}$$

2. Marge sur coûts variables pondérée par unité

$$\left(\text{Produit 1: } \frac{\text{Marge sur coûts variables par unité}}{} \times \frac{\text{Pourcentage de la composition des ventes}}{} \right) +$$

$$\left(\text{Produit 2: } \frac{\text{Marge sur coûts variables par unité}}{} \times \frac{\text{Pourcentage de la composition des ventes}}{} \right) +$$

(Ainsi de suite pour chacun des produits)

3. Seuil de rentabilité (approche de la marge sur coûts variables)
  • Dollars de ventes :

$$\text{Seuil de rentabilité en dollars de ventes} = \frac{\text{Coûts fixes}}{\text{Ratio de la marge sur coûts variables}}$$

  • Unités :

$$\text{Seuil de rentabilité en unités vendues} = \frac{\text{Coûts fixes}}{\text{Marge sur coûts variables pondérée par unité}}$$

4. Bénéfice cible (approche de la marge sur coûts variables)

$$\text{Dollars de ventes pour atteindre le bénéfice cible} = \frac{\text{Coûts fixes} + \dfrac{\text{Bénéfice cible après impôts}}{1 - \text{Taux d'imposition}}}{\text{Ratio de la marge sur coûts variables}}$$

Question éclair   4.9

Supposez que la composition des ventes de Logiculture inc. change, de sorte que ses ventes proviennent à 40 % du DVD *Le Louvre* et à 60 % du DVD *Le vin*. Ses coûts fixes s'élèvent toujours à 27 000 $, et la marge sur coûts variables par unité pour chaque produit demeure la même que dans le tableau 4.3 (*voir la page 152*). Calculez la nouvelle marge sur coûts variables pondérée par unité et le nombre total d'unités que doit vendre l'entreprise pour atteindre son seuil de rentabilité.

4.10 Les hypothèses de l'analyse CVB

En général, un certain nombre d'hypothèses sous-tendent une analyse CVB.

1. Le prix de vente demeure constant à l'intérieur d'un segment significatif donné. Le prix d'un produit ou d'un service ne varie pas en fonction des variations de volume.

2. Les coûts ont un comportement linéaire à l'intérieur d'un segment significatif donné. On peut les séparer avec exactitude en éléments variables et en éléments fixes. Le coût variable unitaire est constant, et le coût fixe total est aussi constant à l'intérieur d'un segment significatif donné.

3. Dans les entreprises vendant plusieurs produits, la composition des ventes ne varie pas.

4. Dans les entreprises manufacturières, les stocks ne varient pas. Le nombre d'unités produites est égal au nombre d'unités vendues. (Nous examinerons plus en détail cette hypothèse dans le chapitre 8.)

Bien qu'en réalité certaines de ces hypothèses ne soient pas toujours respectées, les déviations ne sont généralement pas assez graves pour que l'on remette en question la pertinence de l'analyse CVB. Par exemple, dans la plupart des entreprises vendant plusieurs produits, la composition des ventes demeure assez constante pour que les résultats de ce type d'analyse soient acceptables.

Le plus grand danger pour le gestionnaire réside peut-être dans le fait de se fier à une seule analyse CVB, surtout lorsqu'il envisage une modification importante de volume qui se situerait hors du segment significatif utilisé pour effectuer cette analyse. Ainsi, un gestionnaire pourrait considérer la possibilité d'augmenter le niveau des ventes très au-dessus de ce que l'entreprise a connu jusqu'ici, d'où des impacts possibles sur le prix de vente, le volume, la composition, les coûts fixes et variables. Toutefois, même dans de telles situations, il suffit d'ajuster le modèle, comme nous l'avons fait dans ce chapitre, pour tenir compte des variations anticipées des prix de vente, des coûts fixes et de la composition des ventes qui, autrement, ne respecteraient plus les hypothèses de base. Ainsi, lorsqu'on veut prendre une décision qui influerait sur les coûts fixes, on doit tenir compte de leur variation de façon explicite, comme le montre l'exemple de Concepts acoustiques inc.

4

MISE EN APPLICATION

Les gestionnaires peuvent mettre les techniques de l'analyse CVB en application pour :

- évaluer l'effet de variations du prix de vente, des coûts variables ou des coûts fixes sur le bénéfice ;
- évaluer l'effet de la structure des coûts sur la relation entre les variations des ventes et les variations du bénéfice ;
- calculer le niveau de ventes nécessaire pour atteindre le seuil de rentabilité ou le bénéfice cible lorsqu'une entreprise vend un ou plusieurs produits ;
- évaluer les variations dans la composition des ventes lorsqu'une entreprise vend plusieurs produits ;
- évaluer l'effet que pourraient avoir sur le bénéfice l'ajout de nouveaux produits ou l'abandon de produits existants ;
- dresser des budgets.

Résumé

- L'analyse coût-volume-bénéfice (CVB) est basée sur un modèle simple expliquant comment la marge sur coûts variables et le bénéfice réagissent aux variations de prix, de coût et de volume. Cette analyse repose sur les résultats établis selon la méthode des coûts variables et exige une compréhension approfondie du comportement des coûts. (OA1)
- Un graphique CVB décrit les relations entre le volume des ventes (en unités), d'une part, et les coûts fixes, les coûts variables, le total des coûts, les ventes totales et les bénéfices, d'autre part. Il permet de prévoir la façon dont les coûts et les bénéfices réagiront à des variations dans le volume des ventes. (OA2)
- Le ratio de la marge sur coûts variables est le rapport entre la marge sur coûts variables totale et les ventes totales. On peut s'en servir pour estimer l'effet qu'aurait une variation des ventes totales sur le bénéfice. (OA3)
- On peut utiliser les techniques de l'analyse CVB pour prévoir l'effet de changements précis du volume des ventes, des coûts fixes, des coûts variables par unité et des prix de vente sur la marge sur coûts variables et le bénéfice d'une entreprise. Cette analyse se révèle particulièrement utile aux gestionnaires, car elle leur permet d'évaluer les

répercussions de certaines décisions sur les bénéfices, par exemple en ce qui concerne l'augmentation des coûts de publicité visant à accroître le volume des ventes. (OA4)

- Le seuil de rentabilité est le volume des ventes (en unités ou en dollars) auquel l'entreprise ne fait ni bénéfice ni perte. On peut calculer ce seuil à l'aide de différentes approches qui sont toutes basées sur le modèle simple de la relation CVB. (OA5)
- La relation CVB peut également servir à déterminer le volume de ventes requis pour atteindre un bénéfice cible. (OA6)
- La marge de sécurité se définit comme le montant correspondant à l'excédent des ventes actuelles ou budgétées de l'entreprise sur les ventes à son seuil de rentabilité. (OA7)
- Le ratio du levier d'exploitation permet de mesurer l'effet de la variation d'un pourcentage de ventes donné sur le bénéfice de l'entreprise. Plus ce ratio est élevé, plus l'effet sur le bénéfice de l'organisation est important. Ce ratio n'est pas constant ; il est fonction du volume de ventes actuel de l'entreprise. (OA8)
- Le bénéfice d'une entreprise qui vend plusieurs produits dépend de la composition de ses ventes. Des variations dans cette composition peuvent avoir un effet sur le seuil de rentabilité, la marge de sécurité et d'autres mesures importantes pour une organisation. (OA9)

Activités d'apprentissage

Problème de révision 4.1

Les relations CVB

La société Voltar inc. fabrique et vend un répondeur téléphonique. Voici ses résultats établis selon la méthode des coûts variables pour la période la plus récente.

	Total	Par unité	Pourcentage des ventes
Ventes (20 000 unités)..................................	1 200 000 $	60 $	100 %
Moins : Coûts variables................................	900 000	45	? %
Marge sur coûts variables...........................	300 000	15 $	? %
Moins : Coûts fixes	240 000		
Bénéfice...	60 000 $		

La direction est désireuse d'accroître le rendement de l'entreprise sur le plan des bénéfices et elle a demandé plusieurs éléments d'information.

Travail à faire

1. Calculez le ratio de la marge sur coûts variables et le ratio des coûts variables de l'entreprise.

2. Calculez le seuil de rentabilité de l'entreprise en unités et en dollars à l'aide de la méthode de l'équation.

3. Supposez que les ventes augmentent de 400 000 $ au cours de la période suivante. Si les modèles de comportement des coûts demeurent les mêmes, de combien le bénéfice de l'entreprise augmentera-t-il ? Déterminez la réponse à l'aide du ratio de la marge sur coûts variables.

4. Revenez aux données de départ. Supposez que la direction veut que le bénéfice minimal de l'entreprise s'élève à 90 000 $ au cours de la période suivante. Combien d'unités l'entreprise devra-t-elle vendre pour réaliser cet objectif ?

5. Reprenez les données de départ. Calculez la marge de sécurité de l'entreprise en dollars et sous forme de pourcentage.

6. a) Calculez le ratio du levier d'exploitation de l'entreprise au niveau actuel des ventes.

   b) Supposez que, grâce à un effort supplémentaire de l'équipe de vendeurs, les ventes de l'entreprise augmentent de 8 % au cours de la prochaine période. De quel pourcentage pourrait-on s'attendre à voir le bénéfice s'accroître ? Servez-vous du concept de levier d'exploitation pour répondre à cette question.

   c) Vérifiez votre réponse en b) en préparant un nouvel état des résultats qui indique l'augmentation de 8 % des ventes.

7. Retournez à la situation de départ. Dans son effort pour accroître les ventes et les bénéfices, la direction considère la possibilité d'utiliser des haut-parleurs de qualité supérieure. Cette mesure aurait pour effet d'augmenter les coûts variables de 3 $ par unité. La direction pourrait toutefois se passer des services d'un inspecteur de la qualité, lequel reçoit un salaire annuel de 30 000 $. Selon le directeur des ventes, ce haut-parleur de qualité accroîtrait les revenus annuels d'au moins 20 %.

a) En supposant que les changements décrits précédemment ont lieu, préparez un état prévisionnel des résultats de la période suivante. Présentez vos données sous forme d'un total, par unité et en trois colonnes : « Total », « Par unité » et « Pourcentage des ventes ».

b) Calculez le nouveau seuil de rentabilité de l'entreprise en unités et en dollars. Servez-vous de l'approche de la marge sur coûts variables.

c) Recommanderiez-vous l'application de ces changements ?

Solution au problème de révision 4.1

1. Ratio de la marge sur coûts variables :

$$\frac{\text{Marge sur coûts variables}}{\text{Prix de vente}} = \frac{15\ \$}{60\ \$} = 25\ \%$$

Ratio des coûts variables :

$$\frac{\text{Coûts variables}}{\text{Prix de vente}} = \frac{45\ \$}{60\ \$} = 75\ \%$$

2.
Ventes	=	Coûts variables	+	Coûts fixes	+	Résultat
60 $ Q	=	45 $ Q	+	240 000 $	+	0 $
15 $ Q	=	240 000 $				
Q	=	240 000 $	÷	15 $		
Q	=	16 000 unités ou, à 60 $ l'unité, 960 000 $				

Autre solution, où *X* correspond au seuil de rentabilité en dollars de ventes :

X	=	0,75 X	+	240 000 $	+	0 $
0,25 X	=	240 000 $				
X	=	240 000 $	÷	0,25		
X	=	960 000 $ ou, à 60 $ l'unité, 16 000 unités				

3.

Accroissement des ventes	400 000 $
Ratio de la marge sur coûts variables	× 25 %
Accroissement prévu de la marge sur coûts variables	100 000 $

Comme on ne s'attend pas à ce que les coûts fixes changent, le bénéfice augmentera de 100 000 $, soit la hausse de la marge sur coûts variables calculée ci-dessus.

4. Méthode de l'équation :

Ventes	=	Coûts variables	+	Coûts fixes	+	Bénéfice
60 $ Q	=	45 $ Q	+	240 000 $	+	90 000 $
15 $ Q	=	330 000 $				
Q	=	330 000 $	÷	15 $		
Q	=	22 000 unités				

Approche de la marge sur coûts variables :

$$\frac{\text{Coûts fixes} + \text{Bénéfice cible}}{\text{Marge sur coûts variables par unité}} = \frac{240\ 000\ \$ + 90\ 000\ \$}{15\ \$} = 22\ 000\ \text{unités}$$

5. Marge de sécurité en dollars :

Ventes totales	−	Ventes au seuil de rentabilité	=	Marge de sécurité en dollars
1 200 000 $	−	960 000 $	=	240 000 $

Marge de sécurité en pourcentage des ventes :

$$\frac{\text{Marge de sécurité en dollars}}{\text{Ventes totales}} = \frac{240\ 000\ \$}{1\ 200\ 000\ \$} = 20\ \%$$

6. a) Ratio du levier d'exploitation :

$$\frac{\text{Marge sur coûts variables}}{\text{Bénéfice}} = \frac{300\ 000\ \$}{60\ 000\ \$} = 5$$

b)

Augmentation prévue des ventes	8 %
Ratio du levier d'exploitation	× 5
Augmentation prévue du bénéfice..	40 %

c) Si les ventes augmentent de 8 %, c'est que l'entreprise aura vendu 21 600 unités (20 000 × 1,08) au cours de la prochaine période. Son nouvel état des résultats se lira comme suit :

	Total	Par unité	Pourcentage des ventes
Ventes (21 600 unités)........................	1 296 000 $	60 $	100 %
Moins : Coûts variables.......................	972 000	45	75 %
Marge sur coûts variables...................	324 000	15 $	25 %
Moins : Coûts fixes	240 000		
Bénéfice...	84 000 $		

Par conséquent, le bénéfice de 84 000 $ prévu pour la prochaine période représente une augmentation de 40 % sur le bénéfice de 60 000 $ obtenu pendant la période en cours.

$$\frac{84\ 000\ \$ \ - \ 60\ 000\ \$}{60\ 000\ \$} = 40\ \% \text{ d'accroissement}$$

Notons que, d'après l'état des résultats précédent, l'accroissement des ventes de 20 000 à 21 600 unités a engendré une augmentation non seulement du revenu total, mais aussi du total des coûts variables. Le fait de ne pas tenir compte de l'augmentation des coûts variables lorsqu'on prépare un état prévisionnel des résultats est malheureusement une erreur courante.

7. a) Un accroissement de 20 % des ventes correspondrait à la vente de 24 000 unités au cours de la prochaine période (20 000 unités × 1,20).

	Total	Par unité	Pourcentage des ventes
Ventes (24 000 unités)........................	1 440 000 $	60 $	100 %
Moins : Coûts variables.......................	1 152 000	48*	80 %
Marge sur coûts variables...................	288 000	12 $	20 %
Moins : Coûts fixes	210 000**		
Bénéfice...	78 000 $		

* 45 $ + 3 $ = 48 $; 48 $ ÷ 60 $ = 80 %
** 240 000 $ − 30 000 $ = 210 000 $

Notons que la variation des coûts variables par unité entraîne une variation non seulement de la marge sur coûts variables par unité, mais aussi du ratio de la marge sur coûts variables.

▶ b) Seuil de rentabilité en unités :

$$\frac{\text{Coûts fixes}}{\text{Marge sur coûts variables par unité}} = \frac{210\ 000\ \$}{12\ \$} = 17\ 500\ \text{unités}$$

Seuil de rentabilité en dollars :

$$\frac{\text{Coûts fixes}}{\text{Ratio de la marge sur coûts variables}} = \frac{210\ 000\ \$}{20\ \%} = 1\ 050\ 000\ \$ \text{ de ventes}$$

c) Oui, d'après ces données, la direction devrait procéder aux changements considérés. Ils accroîtront le bénéfice de l'entreprise du niveau actuel de 60 000 $ à 78 000 $ par période. L'entreprise aura aussi un seuil de rentabilité plus élevé qu'avant (17 500 unités au lieu des 16 000 unités actuelles), mais sa marge de sécurité sera alors plus grande.

Ventes totales	−	Ventes au seuil de rentabilité	=	Marge de sécurité en dollars
1 440 000 $	−	1 050 000 $	=	390 000 $

Comme nous l'avons vu à la question 5, la marge de sécurité actuelle de l'entreprise s'élève à seulement 240 000 $. Par conséquent, plusieurs avantages découleront des changements proposés.

Questions

Q4.1 Qu'entend-on par « ratio de la marge sur coûts variables » d'un produit ? En quoi ce ratio s'avère-t-il utile à la planification des activités d'une entreprise ?

Q4.2 Dans un graphique CVB, où le seuil de rentabilité se situe-t-il ?

Q4.3 La structure des coûts de l'entreprise A comporte principalement des coûts variables ; celle de l'entreprise B est surtout constituée de coûts fixes. Dans une période où leurs ventes respectives augmentent, laquelle des entreprises aura tendance à présenter l'accroissement de bénéfice le plus rapide ? Justifiez votre réponse.

Q4.4 Une diminution de 10 % du prix de vente d'un produit aura le même effet sur le résultat qu'une augmentation de 10 % des coûts variables. Êtes-vous d'accord avec cette idée ? Pourquoi ?

Q4.5 Si le ratio de la marge sur coûts variables d'une entreprise diminue, quel effet cela aura-t-il sur son seuil de rentabilité ?

Q4.6 Que signifie l'expression « seuil de rentabilité » ?

Q4.7 Dans un graphique CVB, si la pente de la droite du total des revenus devient plus prononcée, mais que celle de la droite du total des coûts ne change pas, quel effet cela a-t-il sur le seuil de rentabilité ? Si la pente de la droite du total des coûts devient plus prononcée, mais que ni les coûts fixes ni la pente de la droite du total des revenus ne changent, quel effet cela a-t-il sur le seuil de rentabilité ?

Q4.8 Qu'entend-on par « structure des coûts » ?

Q4.9 Énumérez trois méthodes d'analyse du seuil de rentabilité. Expliquez brièvement comment on se sert de chacune.

Q4.10 En réponse à une demande de votre supérieur immédiat, vous avez établi un graphique CVB illustrant les caractéristiques des coûts et des revenus du produit et des activités de votre entreprise.
Expliquez comment les droites du graphique et le seuil de rentabilité pourraient changer si :
a) le prix de vente par unité diminuait ;
b) les coûts fixes augmentaient pour le segment significatif de l'activité illustrée par votre graphique ;
c) les coûts variables par unité augmentaient.

Q4.11 Qu'entend-on par « marge de sécurité » ?

Q4.12 Les entreprises X et Y appartiennent au même secteur d'activité. L'entreprise X est fortement automatisée, tandis que l'entreprise Y compte principalement sur de la main-d'œuvre pour la fabrication de ses produits. Si les ventes et le total des coûts sont à peu près identiques pour les deux entreprises, laquelle a la plus faible marge de sécurité, d'après vous ? Pourquoi ?

Q4.13 Qu'entend-on par « composition des ventes » ? En général, quelle hypothèse formule-t-on concernant la composition des ventes dans une analyse CVB ?

Q4.14 Supposez que l'entreprise Z, qui offre deux produits, a modifié sa composition des ventes, de sorte qu'elle vend maintenant en plus grande proportion son produit présentant la marge sur coûts variables la plus élevée. Quel effet cela a-t-il sur son seuil de rentabilité ? Justifiez votre réponse.

Q4.15 Expliquez comment une variation dans la composition des ventes peut entraîner à la fois une élévation du seuil de rentabilité et une baisse du bénéfice.

Q4.16 Quel serait l'effet d'un taux d'imposition de 30 % sur l'analyse CVB ?

Q4.17 Qu'adviendrait-il à l'analyse CVB si la productivité des travailleurs augmentait ?

Exercices

4

E4.1 L'établissement d'un état des résultats selon la méthode des coûts variables

Voici l'état des résultats le plus récent de l'entreprise Blanc ltée.

	Total	Par unité
Ventes (6 000 unités)..	312 000 $	52,00 $
Coûts variables	216 000	36,00
Marge sur coûts variables...	96 000	16,00 $
Coûts fixes..	84 000	
Bénéfice..	12 000 $	

Travail à faire

Dressez un nouvel état des résultats à l'aide de la méthode des coûts variables selon chacune des situations suivantes (considérées séparément) :
1. Le volume des ventes augmente de 200 unités.
2. Le volume des ventes diminue de 200 unités.
3. Le volume des ventes se chiffre à 5 250 unités.

E4.2 La préparation d'un graphique volume-bénéfice

Caprices inc. distribue un seul produit dont le prix de vente unitaire est de 19 $ et les coûts variables s'élèvent à 15 $ par unité. Les coûts fixes de l'entreprise se chiffrent à 12 000 $ par période.

Travail à faire

1. Préparez un graphique volume-bénéfice pour l'entreprise, en vous rendant jusqu'à un niveau de ventes de 4 000 unités.
2. À l'aide de votre graphique volume-bénéfice, estimez le seuil de rentabilité de l'entreprise en unités vendues.

E4.3 Le calcul et l'utilisation du ratio de la marge sur coûts variables et le calcul du seuil de rentabilité

Au mois de mars, le chiffre d'affaires de l'entreprise Michelle ltée s'élevait à 250 000 $ (pour 50 000 unités), alors que ses coûts variables étaient de 190 000 $, et ses coûts fixes, de 36 000 $.

►

▶ **Travail à faire**

1. Quel est le ratio de la marge sur coûts variables de l'entreprise ?
2. À l'aide du ratio de la marge sur coûts variables, calculez le seuil de rentabilité en dollars.
3. Calculez le montant dont varierait le bénéfice de l'entreprise si ses ventes totales augmentaient de 20 000 $.

E4.4 Le calcul du seuil de rentabilité

Produits Mascarade distribue une seule gamme de produits, soit des paniers tressés dont le prix de vente est de 8 $ l'unité et dont les coûts variables s'élèvent à 6 $ par unité. Les coûts fixes de l'entreprise se chiffrent à 5 500 $ par période.

Travail à faire

1. À l'aide de la méthode de l'équation, calculez le seuil de rentabilité de l'entreprise en unités vendues.
2. À l'aide de la méthode de l'équation et du ratio de la marge sur coûts variables, calculez le seuil de rentabilité de l'entreprise en dollars de ventes.
3. À l'aide de l'approche de la marge sur coûts variables, calculez le seuil de rentabilité de l'entreprise en unités vendues.
4. À l'aide de l'approche de la marge sur coûts variables et du ratio de la marge sur coûts variables, calculez le seuil de rentabilité de l'entreprise en dollars de ventes.

E4.5 Le seuil de rentabilité, le bénéfice cible, la marge de sécurité et le ratio de la marge sur coûts variables

Moulin inc. fabrique et vend un seul produit. Voici quelques renseignements sur les ventes et les coûts de l'entreprise pour le dernier trimestre.

	Total	Par unité
Ventes	450 000 $	30 $
Moins : Coûts variables	180 000	12
Marge sur coûts variables	270 000	18 $
Moins : Coûts fixes	216 000	
Bénéfice	54 000 $	

Travail à faire

1. Quel est le seuil de rentabilité trimestriel de l'entreprise en unités vendues et en dollars ?
2. Sans recourir à des calculs, déterminez la marge sur coûts variables totale associée au seuil de rentabilité.
3. Combien d'unités l'entreprise devrait-elle vendre chaque trimestre pour atteindre un bénéfice cible de 90 000 $? Servez-vous de l'approche de la marge sur coûts variables. Vérifiez votre réponse en préparant un état des résultats établi selon la méthode des coûts variables au niveau des ventes cibles.
4. Revenez aux données de départ. Calculez la marge de sécurité de l'entreprise en dollars et en pourcentage.
5. Quel est le ratio de la marge sur coûts variables de l'entreprise ? Si les ventes augmentaient de 50 000 $ par trimestre et qu'il n'y avait aucun changement dans les coûts fixes, de combien le bénéfice trimestriel augmenterait-il, selon vous ? (Ne préparez pas d'état des résultats. Servez-vous du ratio de la marge sur coûts variables pour obtenir votre réponse.)

E4.6 Le seuil de rentabilité dans un organisme à but non lucratif

Le comité des Amis de l'Orchestre symphonique de Trois-Rivières planifie son dîner dansant annuel. Le comité a recueilli les renseignements ci-après concernant les coûts anticipés de cette soirée.

Repas (par personne)...	18 $
Programme (par personne)	2
Orchestre...	2 800
Location d'une salle de bal...	900
Divertissement par des artistes professionnels pendant l'entracte..........................	1 000
Billets et publicité...	1 300

Les membres du comité voudraient demander 35 $ par personne pour les activités de la soirée.

Travail à faire

1. Calculez le seuil de rentabilité de ce dîner dansant, c'est-à-dire le nombre de participants qui permettrait au comité de couvrir les coûts reliés à l'organisation.
2. Supposez que, l'année précédente, seulement 300 personnes ont assisté à cette soirée. Si le nombre de participants était le même cette année, quel prix le comité devrait-il exiger par billet pour atteindre le seuil de rentabilité ?
3. Revenez aux données de départ, soit 35 $ par billet. Préparez un graphique CVB pour le dîner dansant à un volume d'activité variant entre 0 et 900 billets vendus.

E4.7 Des variations dans les coûts variables, les coûts fixes, le prix de vente et le volume

Voici des données concernant la société Héron inc.

	Par unité	Pourcentage des ventes
Prix de vente...	75 $	100 %
Moins : Coûts variables...	45	60 %
Marge sur coûts variables...	30 $	40 %

Les coûts fixes mensuels s'élèvent à 75 000 $, et l'entreprise vend 3 000 unités de son produit par mois.

Travail à faire

1. Selon le directeur du marketing, une hausse de 8 000 $ du budget de publicité mensuel ferait augmenter les ventes de 15 000 $ par mois. L'entreprise devrait-elle augmenter ce budget ?
2. Servez-vous des données de départ. La direction considère la possibilité d'utiliser des composantes de qualité supérieure qui accroîtraient le coût variable de 3 $ par unité. Le directeur du marketing est convaincu qu'un produit de meilleure qualité ferait augmenter les ventes de 15 % par mois. L'entreprise devrait-elle utiliser les composantes de qualité supérieure ?

E4.8 Les concepts de base de l'analyse CVB et des données manquantes

Déterminez les données manquantes dans chacun des huit cas présentés ci-après en traitant chacun indépendamment.

1. Supposez que, dans chacun des quatre cas ci-après, l'entreprise vend un seul produit.

Cas	Unités vendues	Ventes	Coûts variables	Marge sur coûts variables par unité	Coûts fixes	Bénéfice (Perte)
a)......	15 000	180 000 $	120 000 $	? $	50 000 $	? $
b)......	?	100 000	?	10	32 000	8 000
c)......	10 000	?	70 000	13	?	12 000
d)......	6 000	300 000	?	?	100 000	(10 000)

2. Supposez que, dans chacun des quatre cas ci-après, l'entreprise vend plus d'un produit.

Cas	Ventes	Coûts variables	Marge sur coûts variables pondérée	Coûts fixes	Bénéfice (Perte)
a).........................	500 000 $	? $	20 %	? $	7 000 $
b).........................	400 000	260 000	? %	100 000	?
c).........................	?	?	60 %	130 000	20 000
d).........................	600 000	420 000	? %	?	(5 000)

E4.9 Le calcul du seuil de rentabilité d'une entreprise offrant plusieurs services et le calcul des ventes requises pour atteindre un bénéfice cible

Santé-beauté pelouses et jardins inc. offre deux grands services d'entretien paysager, soit ceux de l'entretien du gazon et de l'entretien du jardin. L'entreprise facture 15 $ l'heure à ses clients pour chaque type de services, même si les coûts variables de l'entretien du gazon (qui s'élèvent à 7 $ l'heure) sont plus élevés que ceux de l'entretien du jardin (qui ne sont que de 3 $ l'heure) en raison des frais engagés pour acheter l'essence nécessaire au fonctionnement de la tondeuse et du taille-bordures. Tous les employés reçoivent un salaire mensuel fixe. L'état des résultats d'une récente période établi selon la méthode des coûts variables pour les deux services est présenté ci-après. Au cours de cette période, l'entreprise a fourni 6 000 heures de services d'entretien du gazon et 2 000 heures de services d'entretien du jardin.

	Entretien du gazon	Par heure	Entretien du jardin	Par heure	Total
Ventes	90 000 $	15 $	30 000 $	15$	120 000 $
Coûts variables	42 000	7	6 000	3	48 000
Marge sur coûts variables...............	48 000 $	8 $	24 000 $	12 $	72 000 $
Coûts fixes................					54 000
Bénéfice...................					18 000 $

Travail à faire

1. Calculez le ratio de la marge sur coûts variables de l'ensemble de l'entreprise.
2. Calculez le seuil de rentabilité de l'ensemble de l'entreprise en dollars de ventes.
3. Calculez la marge sur coûts variables pondérée de l'entreprise par heure.
4. Calculez le seuil de rentabilité de l'ensemble de l'entreprise en heures.
5. Combien d'heures de chaque service l'entreprise doit-elle fournir pour atteindre son seuil de rentabilité global en nombre total d'heures ?
6. Calculez le montant des ventes en dollars que doit atteindre l'ensemble de l'entreprise pour obtenir un bénéfice après impôts de 42 000 $, si son taux d'imposition est de 30 %.

E4.10 L'utilisation d'un état des résultats établi selon la méthode des coûts variables

Voici l'état des résultats le plus récent de l'entreprise Karine inc. établi selon la méthode des coûts variables.

	Total	Par unité
Ventes (60 000 unités)	600 000 $	10 $
Coûts variables	360 000	6
Marge sur coûts variables	240 000	4 $
Coûts fixes	100 000	
Bénéfice	140 000 $	

Travail à faire

Dressez un nouvel état des résultats à l'aide de la méthode des coûts variables selon chacune des situations suivantes (considérées séparément) :

1. Le nombre d'unités vendues augmente de 30 %.
2. Le prix de vente diminue de 1 $ par unité, et le nombre d'unités vendues augmente de 20 %.
3. Le prix de vente augmente de 1 $ par unité, les coûts fixes augmentent de 20 000 $, et le nombre d'unités vendues diminue de 10 %.
4. Les coûts variables augmentent de 0,60 $ par unité, le prix de vente augmente de 15 %, et le nombre d'unités vendues diminue de 15 %.

E4.11 Le calcul et l'utilisation du ratio du levier d'exploitation

La société Eneliko inc. installe des systèmes de cinéma maison. Voici son état des résultats établi à l'aide de la méthode des coûts variables du mois le plus récent.

	Montant	Pourcentage des ventes
Ventes	120 000 $	100 %
Moins : Coûts variables	84 000	70 %
Marge sur coûts variables	36 000	30 %
Moins : Coûts fixes	24 000	
Bénéfice	12 000 $	

► **Travail à faire**

1. Calculez le ratio du levier d'exploitation de l'entreprise.

2. À l'aide de ce ratio du levier d'exploitation, estimez l'effet d'une augmentation des ventes de 10 % sur le bénéfice.

3. Pour vérifier votre estimation à la question 2, préparez un nouvel état des résultats de l'entreprise à l'aide de la méthode des coûts variables en supposant une augmentation de 10 % de ses ventes.

E4.12 L'analyse du seuil de rentabilité et du bénéfice cible

Mémoire technologies inc. est le distributeur exclusif d'une puce mémoire à accès rapide qui se vend 50 $ l'unité et a un ratio de la marge sur coûts variables de 30 %. Les coûts fixes de l'entreprise s'élèvent à 240 000 $ par exercice.

Travail à faire

1. Calculez les coûts variables par unité.

2. À l'aide de la méthode de l'équation :
   a) calculez le seuil de rentabilité en unités et en dollars de ventes ;
   b) calculez le niveau de ventes en unités et en dollars de ventes qu'il est nécessaire d'atteindre pour obtenir un bénéfice de 75 000 $;
   c) supposez que, dans le cadre de négociations avec le fabricant, Mémoire technologies inc. parvient à réduire ses coûts variables de 5 $ par unité. Calculez alors le nouveau seuil de rentabilité de l'entreprise en unités et en dollars de ventes.

3. À l'aide de l'approche de la marge sur coûts variables, répondez de nouveau aux questions 2a) à 2c).

4. À partir de la situation de départ, calculez le niveau de ventes en dollars qu'il est nécessaire d'atteindre pour obtenir un bénéfice après impôts de 75 000 $, si le taux d'imposition de l'entreprise est de 20 %.

E4.13 Le levier d'exploitation

Portes de choix inc. vend des blocs-portes aux constructeurs de maisons. Ces blocs-portes se vendent 60 $ chacun. Les coûts variables sont de 42 $ par bloc-porte, et les coûts fixes s'élèvent à 450 000 $ par exercice. À l'heure actuelle, l'entreprise vend 30 000 blocs-portes annuellement.

Travail à faire

1. Dressez un état des résultats selon la méthode des coûts variables pour l'entreprise selon le niveau de ventes actuel, puis calculez le ratio du levier d'exploitation.

2. Supposez que les gestionnaires de l'entreprise sont convaincus qu'elle peut vendre 37 500 blocs-portes au cours de l'exercice à venir (ce qui représente une augmentation de 7 500 unités ou de 25 % par rapport aux ventes actuelles). Calculez les éléments suivants :
   a) Le pourcentage d'augmentation du bénéfice prévu pour le prochain exercice.
   b) Le bénéfice prévu pour le prochain exercice. (Pour effectuer vos calculs, ne dressez pas d'état des résultats ; servez-vous plutôt du ratio du levier d'exploitation.)

E4.14 L'analyse du seuil de rentabilité et du bénéfice cible

L'entreprise Mordus de l'hameçon vend du matériel de pêche. L'un de ses produits, une simple boîte à leurres, se vend 48 $ l'unité. Les coûts variables se chiffrent à 36 $ par boîte à leurres, et les coûts fixes associés à ce produit s'élèvent à 18 000 $ par période.

Travail à faire

1. Calculez le seuil de rentabilité de l'entreprise en nombre de boîtes à leurres et en dollars de ventes.

2. Si les coûts variables par boîte à leurres augmentent d'un certain pourcentage du prix de vente, le seuil de rentabilité connaîtra-t-il une hausse ou une baisse ? Pourquoi ? (Supposez que les coûts fixes ne changent pas.)

3. À l'heure actuelle, l'entreprise vend 2 600 boîtes à leurres par période. Le directeur des ventes est convaincu qu'une réduction du prix de vente de 12,5 % entraînerait une augmentation du nombre de boîtes à leurres vendues à chaque période de 20 %. Dressez deux états des résultats à l'aide de la méthode des coûts variables : le premier selon les conditions d'exploitation actuelles, et le second selon les conditions d'exploitation qui résulteraient du changement proposé. Dans ces états des résultats, présentez les montants totaux et les montants par unité.

4. Selon les renseignements donnés à la question 3, combien de boîtes à leurres l'entreprise devrait-elle vendre au nouveau prix de vente pour atteindre un bénéfice d'au moins 14 400 $ par période ?

5. Selon les renseignements donnés à la question 3, combien de boîtes à leurres l'entreprise devrait-elle vendre au nouveau prix de vente pour atteindre un bénéfice après impôts d'au moins 16 800 $ par période, si son taux d'imposition est de 30 % ?

E4.15 L'analyse du seuil de rentabilité portant sur plusieurs produits

Gourgane inc. fabrique et vend deux produits, soit les modèles courants et haut de gamme. Voici le volume des ventes par période, le ratio de la marge sur coûts variables et la marge sur coûts variables par unité pour chacun de ces produits.

| | Produit | | |
	Courant	Haut de gamme	Total
Ventes.....................................	600 000 $	400 000 $	1 000 000 $
Ratio de la marge sur coûts variables....	60 %	35 %	?
Marge sur coûts variables par unité.......	9,00 $	11,50 $	?

Les coûts fixes de l'entreprise s'élèvent à 400 000 $ par période.

Travail à faire

1. Dressez un état des résultats selon la méthode des coûts variables pour l'entreprise dans son ensemble.

2. Calculez le seuil de rentabilité en dollars pour l'entreprise dans son ensemble selon la composition des ventes actuelle.

3. Calculez le seuil de rentabilité en unités pour l'entreprise dans son ensemble selon la composition des ventes actuelle.

4. Si les ventes augmentent de 50 000 $ par période, de quel montant le bénéfice devrait-il augmenter ? Quelles sont vos hypothèses ?

5. Si les ventes augmentent de 5 000 unités par période, de quel montant le bénéfice devrait-il augmenter ? Quelles sont vos hypothèses ?

Problèmes

P4.16 L'analyse de base CVB et un graphique

Mode chaussures inc. exploite une chaîne de magasins de chaussures pour dames. Ces magasins offrent de multiples modèles de souliers, tous vendus au même prix. Sur chaque paire de souliers vendue, le personnel de vente reçoit, en plus d'un salaire de base, une importante commission visant à promouvoir le dynamisme dans les efforts de vente.

Les données ci-après concernant les coûts et les revenus du magasin n° 48 représentent bien la situation des points de vente de l'entreprise.

	Par paire de souliers
Prix de vente..	30,00 $
Coûts variables :	
Coût d'achat..	13,50 $
Commission sur les ventes...	4,50
Total des coûts variables......................................	18,00 $
Coûts fixes :	
Publicité...	30 000 $
Location..	20 000
Salaires...	100 000
Total des coûts fixes...	150 000 $

Travail à faire

1. Calculez le seuil de rentabilité annuel en dollars et en unités du magasin n° 48.
2. Préparez un graphique CVB indiquant les données sur les coûts et les revenus du magasin n° 48 pour un volume d'activité variant entre 0 et 20 000 paires de souliers vendues chaque année.
3. Supposez que le magasin n° 48 vend 12 000 paires de souliers par année. Quel sera alors son bénéfice ou sa perte ?
4. L'entreprise songe à verser au gérant du magasin n° 48 une commission d'encouragement de 0,75 $ par paire de souliers vendue, en plus de la commission des vendeurs. Si elle adopte cette mesure, quel sera le nouveau seuil de rentabilité en dollars et en unités ?
5. Revenez aux données de départ. Au lieu de la mesure proposée à la question 4, l'entreprise songe à verser 0,50 $ de commission au gérant du magasin sur chaque paire de souliers vendue en sus du seuil de rentabilité. Si cette nouvelle mesure est adoptée, quel sera le bénéfice ou la perte du magasin pour des ventes de 15 000 paires de souliers ?
6. Utilisez les données de départ. L'entreprise songe à éliminer entièrement les commissions sur les ventes dans ses magasins et à augmenter plutôt les salaires fixes de 31 500 $ annuellement. Si ce changement était mis en application, quel serait le nouveau seuil de rentabilité en dollars et en nombre d'unités vendues pour le magasin n° 48 ? Recommanderiez-vous un tel changement ? Justifiez votre réponse.

P4.17 Les principes de l'analyse CVB et la structure des coûts

PEM inc. n'offre qu'un seul produit, un accessoire pour console de jeu vidéo. L'entreprise connaît des difficultés depuis quelque temps, parce que ses ventes sont irrégulières. Voici son état des résultats pour le dernier mois.

Ventes (19 500 unités × 30 $)...	585 000 $
Moins : Coûts variables...	409 500
Marge sur coûts variables..	175 500
Moins : Coûts fixes	180 000
Perte	(4 500) $

Travail à faire

1. Calculez le ratio de la marge sur coûts variables de l'entreprise, et son seuil de rentabilité en unités et en dollars.

2. Selon le président de l'entreprise, une augmentation de 16 000 $ du budget de publicité mensuel, combinée à un effort accru du personnel de vente, pourrait entraîner une hausse des ventes de 80 000 $ par mois. S'il avait raison, quel serait l'effet de ces changements sur le bénéfice mensuel de l'entreprise ?

3. Revenez aux données de départ. Le directeur du marketing est convaincu qu'une diminution de 10 % du prix de vente, combinée à une augmentation de 60 000 $ du budget de publicité mensuel, ferait doubler le nombre d'unités vendues. À quoi ressemblerait le nouvel état des résultats après l'adoption de telles mesures ?

4. Servez-vous de nouveau des données de départ. D'après le directeur du marketing, un nouvel emballage attrayant aurait un effet positif sur les ventes de l'accessoire pour console de jeu vidéo. Toutefois, il ferait d'abord augmenter les coûts d'emballage de 0,75 $ par unité. Supposez qu'il n'y aura aucun autre changement. Combien d'unités l'entreprise devra-t-elle vendre alors chaque mois pour réaliser un bénéfice de 9 750 $?

5. Utilisez encore les données de départ. En automatisant certaines opérations, l'entreprise pourrait réduire ses coûts variables de 3 $ l'unité. Toutefois, les coûts fixes augmenteraient alors de 72 000 $ chaque mois.

   a) Calculez le nouveau ratio de la marge sur coûts variables, et le nouveau seuil de rentabilité en unités et en dollars.

   b) Supposez que l'entreprise prévoit vendre 26 000 unités le mois prochain. Préparez deux états des résultats, le premier basé sur l'hypothèse que les activités de l'entreprise ne sont pas automatisées et le second, sur l'hypothèse qu'elles le sont.

   c) Recommanderiez-vous que l'entreprise automatise ses activités ? Justifiez votre réponse.

P4.18 Les principes de l'analyse CVB

L'entreprise Soleil inc. distribue une chaise de jardin légère qui se vend 15 $ l'unité. Ses coûts variables sont de 6 $ par unité, et ses coûts fixes se chiffrent à 180 000 $ par exercice. Voici les résultats obtenus au cours de l'exercice précédent.

Ventes (24 000 unités)	360 000 $
Coûts variables	144 000
Marge sur coûts variables	216 000
Coûts fixes	180 000
Bénéfice	36 000 $

Travail à faire

Répondez aux questions ci-après en les traitant indépendamment les unes des autres.

1. Calculez le ratio de la marge sur coûts variables de l'entreprise ainsi que son seuil de rentabilité en dollars de ventes et en unités.

2. Si, en raison d'une augmentation de la demande, les ventes connaissent une hausse de 45 000 $ au cours de l'exercice à venir, de quel montant le bénéfice devrait-il augmenter ? Pour répondre à cette question, servez-vous de la méthode de l'analyse différentielle.

3. Référez-vous aux renseignements donnés au départ. Le vice-président aux ventes est convaincu qu'une diminution de 10 % du prix de vente, accompagnée d'une augmentation de 100 000 $ du budget de la publicité, entraînerait une hausse du nombre annuel d'unités vendues de 75 %. Dressez un nouvel état des résultats ►

► selon la méthode des coûts variables en supposant que ces suggestions sont adoptées. Recommanderiez-vous à la direction d'accepter les propositions du vice-président aux ventes ?

4. Référez-vous aux renseignements donnés au départ. Au lieu de modifier le prix de vente, la présidente trouverait plus judicieux d'augmenter les commissions sur les ventes de 2 $ par unité. Selon elle, cette mesure, accompagnée d'une augmentation de la publicité, permettrait d'accroître les ventes à 48 000 unités, comparativement aux 24 000 unités vendues l'exercice précédent. De quel montant pourrait-elle augmenter le budget de la publicité tout en obtenant un bénéfice identique à celui de l'exercice précédent ? Pour répondre à cette question, ne dressez pas d'état des résultats ; servez-vous plutôt de la méthode de l'analyse différentielle.

P4.19 La composition des ventes et l'analyse du seuil de rentabilité portant sur plusieurs produits

Le grossiste Simoneau inc. exerce ses activités depuis à peine quelques mois. Il vend trois produits, soit des lavabos, des miroirs et des meubles-lavabos. Voici quelques données prévisionnelles sur les ventes par produit et au total pour la prochaine période, lesquelles reposent sur les ventes unitaires prévues.

	Unités	Pourcentage des ventes totales en unités
Lavabos	1 000	50 %
Miroirs	500	25 %
Meubles-lavabos	500	25 %
Total	2 000	100 %

	Lavabos		Miroirs		Meubles-lavabos		Total	
Pourcentage des ventes totales en dollars	48 %		20 %		32 %		100 %	
Ventes	240 000 $	100 %	100 000 $	100 %	160 000 $	100 %	500 000 $	100 %
Coûts variables	72 000	30 %	80 000	80 %	88 000	55 %	240 000	48 %
Marge sur coûts variables	168 000 $	70 %	20 000 $	20 %	72 000 $	45 %	260 000	52 %
Marge sur coûts variables par unité	168 $		40 $		144 $			
Coûts fixes							223 600	
Bénéfice							36 400 $	

Seuil de rentabilité en dollars de ventes :

$$\frac{\text{Coûts fixes}}{\text{Ratio de la marge sur coûts variables}} = \frac{223\ 600\ \$}{0,52} = 430\ 000\ \$$$

Seuil de rentabilité en unités vendues :

$$\frac{\text{Coûts fixes totaux}}{\text{Marge sur coûts variables pondérée par unité}} = \frac{223\ 600\ \$}{130\ \$\ *} = 1\ 720\ \text{unités}$$

* (168 $ × 0,50) + (40 $ × 0,25) + (144 $ × 0,25)

Comme le montrent ces données, l'entreprise prévoit un bénéfice de 36 400 $ pour la période, un seuil de rentabilité en dollars de ventes de 430 000 $ et un seuil de rentabilité en unités vendues de 1 720.

Supposez que les ventes réelles pour la période représentent un total de 504 000 $ (soit 2 100 unités), que le ratio de la marge sur coûts variables et les montants par unité correspondent à ceux prévus et que les coûts fixes réels sont également de 223 600 $ comme prévu. Par ailleurs, les ventes réelles sont réparties entre les produits de la façon suivante : lavabos, 126 000 $ (525 unités) ; miroirs, 210 000 $ (1 050 unités) ; et meubles-lavabos, 168 000 $ (525 unités).

Travail à faire

1. Dressez un état des résultats selon la méthode des coûts variables pour la période en utilisant les données sur les ventes réelles. Présentez cet état des résultats en suivant le modèle employé ci-dessus.
2. Calculez le seuil de rentabilité en dollars de ventes pour la période selon les données réelles.
3. Calculez le seuil de rentabilité en unités vendues pour la période selon les données réelles.
4. Comme l'entreprise a dépassé de 4 000 $ les ventes initialement prévues à 500 000 $ pour la période, son président est surpris des résultats qui figurent dans l'état des résultats que vous avez dressé à la question 1. Rédigez une courte note pour lui expliquer pourquoi le bénéfice et le seuil de rentabilité en dollars de ventes sont différents des prévisions.

P4.20 Des questions d'interprétation relatives au graphique CVB

Un graphique CVB comme celui ci-après constitue un outil utile pour illustrer les relations entre les coûts, le volume et les bénéfices d'une organisation.

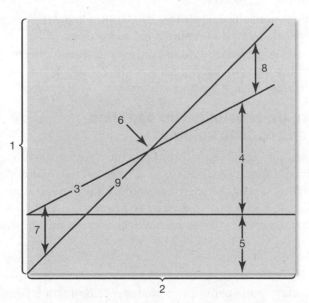

Travail à faire

1. Identifiez les éléments numérotés de ce graphique.
2. Indiquez l'effet de chacune des actions ci-après sur la droite 3, la droite 9 et le seuil de rentabilité. Dans le cas des droites 3 et 9, indiquez si chaque changement aura l'un des effets suivants :
   • Aucune variation.
   • Déplacement vers le haut.
   • Déplacement vers le bas.
   • Pente plus abrupte (c'est-à-dire rotation vers le haut).

- Pente moins abrupte (c'est-à-dire rotation vers le bas).
- Déplacement vers le haut et pente plus abrupte.
- Déplacement vers le haut et pente moins abrupte.
- Déplacement vers le bas et pente plus abrupte.
- Déplacement vers le bas et pente moins abrupte.

Dans le cas du seuil de rentabilité, indiquez lequel des effets ci-après aura chaque action.

- Aucune variation.
- Hausse.
- Baisse.
- Variation probable, mais direction incertaine.

Exemple : Les coûts fixes sont diminués de 5 000 $ par période.

Réponses (*voir les choix indiqués précédemment*) :

    Droite 3 : Déplacement vers le bas.

    Droite 9 : Aucune variation.

    Seuil de rentabilité : Baisse.

Traitez chacun de ces cas indépendamment.

a) Le prix de vente à l'unité augmente, passant de 18 $ à 20 $.

b) Les coûts variables par unité diminuent, passant de 12 $ à 10 $.

c) Les coûts fixes augmentent de 3 000 $ par période.

d) Au cours de la période, on vend 2 000 unités de plus que la quantité prévue.

e) Comme les vendeurs reçoivent une commission plutôt qu'un salaire fixe, les coûts fixes totaux diminuent de 8 000 $ par période, et les coûts variables par unité augmentent de 3 $.

f) En raison d'une hausse du coût des matières, les coûts variables et le prix de vente augmentent de 2 $ par unité.

g) Les coûts de la publicité augmentent de 10 000 $ par période, ce qui entraîne un accroissement de 10 % du nombre d'unités vendues.

h) En raison de l'automatisation d'une activité jusque-là effectuée par des travailleurs, les coûts fixes totaux augmentent de 12 000 $ par période, et les coûts variables diminuent de 4 $ par unité.

P4.21 L'analyse de sensibilité du bénéfice et les variations dans le volume

L'an dernier, Minden inc. a lancé un nouveau produit pour lequel elle cherche à établir un prix de vente optimal. D'après certaines études de marché, l'entreprise pourrait augmenter ses ventes de 5 000 unités pour chaque réduction de 2 $ du prix de vente. Le prix de vente actuel est de 70 $ l'unité et les coûts variables, de 40 $ l'unité. Les coûts fixes annuels s'élèvent à 540 000 $. En ce moment, le volume des ventes annuel (au prix de vente de 70 $) est de 15 000 unités.

Travail à faire

1. Quel est le bénéfice (ou la perte) par période en ce moment ?

2. Quel est le seuil de rentabilité actuel en unités et en dollars ?

3. En supposant que les études de marché sont exactes, quel bénéfice maximal l'entreprise peut-elle réaliser par période ? À quel nombre d'unités et à quel prix de vente par unité l'entreprise obtiendrait-elle ce bénéfice ?

4. Quel serait le seuil de rentabilité en unités et en dollars si le prix de vente était celui que vous avez déterminé à la question 3, c'est-à-dire le prix de vente correspondant au bénéfice maximal ? Pourquoi ce seuil de rentabilité est-il différent de celui que vous avez calculé à la question 2 ?

P4.22 L'analyse du seuil de rentabilité et du bénéfice cible

La boutique Les casquettes du monde vend des casquettes provenant de partout dans le monde. Afin de prendre de l'expansion, son propriétaire, Clément Ménard, envisage d'engager à commission des étudiants du collège et de l'université de la région pour vendre aux établissements d'enseignement postsecondaire locaux des casquettes arborant leur emblème.

Ces casquettes doivent être commandées au fabricant trois mois d'avance et ne peuvent pas lui être retournées en raison de l'impression de l'emblème propre aux établissements d'enseignement. Les casquettes coûteraient 15 $ chacune à M. Ménard pour une commande minimale de 200 unités. Toutes les casquettes supplémentaires devraient être commandées par lots de 50.

Comme le projet de M. Ménard ne requiert aucune installation supplémentaire, les seuls coûts relatifs à ce projet sont ceux des casquettes et des commissions sur les ventes. Le prix de vente serait fixé à 30 $ l'unité, et les étudiants recevraient une commission de 6 $ pour chaque casquette vendue.

Travail à faire

1. Afin que le projet en vaille la peine, M. Ménard doit réaliser un bénéfice de 7 200 $ pour les six premiers mois. À quel volume de ventes en unités et en dollars correspond ce bénéfice cible ? Présentez tous vos calculs.

2. Quel volume de ventes en dollars l'entreprise doit-elle atteindre pour obtenir un bénéfice après impôts de 12 000 $, si son taux d'imposition est de 20 % ?

3. Supposez que M. Ménard se lance dans cette aventure et qu'il commande 200 casquettes. Quel serait le seuil de rentabilité en unités vendues et en dollars de ventes ? Présentez tous vos calculs et justifiez votre réponse.

P4.23 La composition des ventes, l'analyse du seuil de rentabilité portant sur plusieurs produits, le bénéfice cible et la marge de sécurité

Établie à l'Île-du-Prince-Édouard, la petite entreprise Mains au chaud inc. fabrique et vend deux gammes de paires de gants légers destinés aux coureurs, soit les modèles Bien au chaud et Tout confort. Voici les données sur les revenus, les coûts et les volumes de ventes actuels de cette entreprise relativement à ces deux produits.

	Bien au chaud	Tout confort
Prix de vente par paire..	8,00 $	12,00 $
Coûts variables par paire	2,00 $	6,00 $
Nombre de paires vendues par période	600	200

Les coûts fixes s'élèvent à 2 250 $ par période.

Travail à faire

1. À partir de la composition des ventes présentée :
   a) dressez un état des résultats selon la méthode des coûts variables, avec des colonnes de calculs en dollars et en pourcentages pour chaque produit et pour l'entreprise dans son ensemble ;
   b) calculez le seuil de rentabilité en dollars pour l'entreprise dans son ensemble et la marge de sécurité en dollars et en pourcentage ;
   c) calculez le seuil de rentabilité en unités pour l'entreprise dans son ensemble et la marge de sécurité en unités (paires de gants) et en pourcentage ;

➤ d) calculez le nombre de paires de gants que doit vendre l'entreprise dans son ensemble pour obtenir un bénéfice cible après impôts de 4 725 $, si son taux d'imposition est de 30 %. Supposez que la composition des ventes est la même que celle décrite précédemment.

2. L'entreprise a conçu une autre gamme de produits qui offrent une protection accrue en cas de froid intense. Il s'agit des gants Chaleur suprême, que l'entreprise envisage de vendre 20 $ la paire. À ce prix, elle prévoit en vendre 200 paires par période. Les coûts variables devraient se chiffrer à 16 $ par paire et les coûts fixes ne devraient pas changer.

   a) Dressez un autre état des résultats selon la méthode des coûts variables en y ajoutant les ventes des gants Chaleur suprême (et en considérant que les ventes des deux autres gammes de produits ne changent pas).

   b) Calculez le nouveau seuil de rentabilité de l'entreprise dans son ensemble en dollars et sa nouvelle marge de sécurité en dollars et en pourcentage.

3. Le président de Mains au chaud inc. s'interroge à propos de votre analyse. Il ne comprend pas pourquoi le seuil de rentabilité a connu une hausse, alors que les coûts fixes n'ont pas augmenté et que l'ajout de la nouvelle gamme de produits a entraîné une augmentation de la marge sur coûts variables totale. Expliquez au président ce qui s'est passé.

P4.24 Le graphique, l'analyse différentielle et le levier d'exploitation

Annie Simard a récemment ouvert à Montréal une boutique qui se spécialise dans les sandales à la mode, La Boutique de la sandale. Mme Simard vient d'obtenir un diplôme en commerce et elle se propose d'appliquer à son entreprise les principes qu'elle a appris pendant sa formation. Elle espère pouvoir un jour ouvrir une chaîne de boutiques de sandales. Comme première étape, elle a préparé l'analyse ci-après pour sa nouvelle boutique.

Prix de vente par paire de sandales	40 $
Moins : Coûts variables par paire de sandales	16
Marge sur coûts variables par paire de sandales	24 $
Coûts fixes par période :	
Location de l'espace	15 000 $
Amortissement du matériel	7 000
Frais de vente	20 000
Frais d'administration	18 000
Total des coûts fixes	60 000 $

Travail à faire

1. Combien de paires de sandales la boutique devra-t-elle vendre à chaque période pour atteindre son seuil de rentabilité ? Que représente cette quantité en dollars ?

2. Préparez un graphique CVB pour la boutique à un volume d'activité variant entre 0 et 5 000 paires de sandales vendues périodiquement. Indiquez-y le seuil de rentabilité.

3. Mme Simard a décidé qu'elle devrait réaliser un bénéfice minimal de 18 000 $ au cours de la première période pour justifier le temps et l'énergie qu'elle consacre à sa boutique. Combien de paires de sandales devra-t-elle vendre pour atteindre ce bénéfice cible ?

4. Mme Simard a engagé deux vendeurs dans sa boutique : le premier travaille à temps plein, et l'autre, à temps partiel. Elle devrait débourser un montant supplémentaire

de 8 000 $ par période pour convertir l'emploi à temps partiel en un emploi à temps plein. Toutefois, Mme Simard croit que ce changement pourrait faire augmenter ses ventes de 25 000 $ périodiquement. Devrait-elle effectuer ce changement ? Utilisez la méthode de l'analyse différentielle.

5. Revenez aux données de départ. Au cours de la première période, la boutique a vendu seulement 3 000 paires de sandales et a enregistré les résultats suivants :

Ventes (3 000 paires)	120 000 $
Moins : Coûts variables..	48 000
Marge sur coûts variables..	72 000
Moins : Coûts fixes	60 000
Bénéfice..	12 000 $

a) Quel est le ratio du levier d'exploitation de la boutique ?

b) Mme Simard est convaincue qu'avec un effort de vente plus soutenu et un programme de publicité plus original, elle pourrait augmenter ses ventes de 50 % dès l'an prochain. Quel serait le pourcentage d'augmentation du bénéfice prévu ? Servez-vous du ratio du levier d'exploitation pour effectuer ce calcul.

P4.25 La composition des ventes et l'analyse du seuil de rentabilité portant sur plusieurs produits

MediaSol inc. offre des appareils de divertissement multimédia de qualité supérieure à prix abordable. Sa division de produits vidéo fabrique trois modèles de lecteurs vidéo portatifs, soit le modèle courant, le modèle de luxe et le modèle professionnel, lesquels sont très populaires auprès des jeunes. Voici quelques renseignements à propos des lecteurs vidéo portatifs offerts.

	Courant	De luxe	Professionnel
Prix de vente par lecteur vidéo	80,00 $	120,00 $	180,00 $
Coûts variables par lecteur vidéo :			
Fabrication...	44,00	54,00	63,00
Vente (10 % du prix de vente)	8,00	12,00	18,00
Total des coûts variables	52,00 $	66,00 $	81,00 $

L'entreprise vend tous ses produits par l'entremise de ses propres magasins de détail. Voici les coûts fixes de sa division de produits vidéo.

	Par période
Fabrication	90 000 $
Publicité	75 000
Frais d'administration	37 500
Total	202 500 $

Voici quelques données relatives au nombre d'unités vendues au cours des deux derniers mois.

	Courant	De luxe	Professionnel	Total
Avril	1 000	500	2 500	4 000
Mai	3 750	750	1 500	6 000

▶ **Travail à faire**

1. À l'aide de la méthode des coûts variables, dressez les états des résultats des mois d'avril et de mai en employant les en-têtes de colonne suivants.

Courant		De luxe		Professionnel		Total	
Montant	Pourcentage	Montant	Pourcentage	Montant	Pourcentage	Montant	Pourcentage

N'inscrivez les coûts fixes que dans la colonne « Total », sans présenter de pourcentage pour cet élément.

2. Après avoir consulté les états des résultats dressés à la question 1, le président de l'entreprise s'exclame : « Je n'arrive pas à y croire ! Nous avons vendu deux fois plus de lecteurs vidéo portatifs en mai qu'en avril, et pourtant, notre bénéfice a diminué. Il m'apparaît évident que les coûts sont hors de contrôle dans cette division. » Comment pouvez-vous expliquer autrement la réduction du bénéfice ?

3. Calculez le seuil de rentabilité de la division de produits vidéo dans son ensemble en dollars de ventes pour le mois d'avril.

4. Le seuil de rentabilité en dollars du mois de mai a-t-il augmenté ou diminué par rapport à celui du mois d'avril ? Justifiez votre réponse sans calculer le seuil de rentabilité du mois de mai.

5. Supposez que les ventes de lecteurs vidéo portatifs de modèle courant augmentent de 35 000 $. Quel effet cela aurait-il sur le bénéfice? Si c'était les ventes du modèle professionnel qui augmentaient de 35 000 $, quel effet cela aurait-il sur le bénéfice ? Pour répondre à cette question, ne dressez pas d'état des résultats ; servez-vous plutôt de la méthode de l'analyse différentielle.

P4.26 Diverses questions portant sur les relations CVB, le seuil de rentabilité, la structure des coûts et les ventes cibles

Beaujeu inc. fabrique des ballons de basket-ball. Son modèle courant se vend 25 $ et est fabriqué dans une petite usine qui dépend beaucoup de sa main-d'œuvre directe. Par conséquent, les coûts variables sont élevés et se chiffrent à un total de 15 $ par ballon.

Au cours de la dernière période, l'entreprise a vendu 30 000 ballons de ce modèle courant et a obtenu les résultats suivants :

Ventes (30 000 ballons)	750 000 $
Moins : Coûts variables	450 000
Marge sur coûts variables	300 000
Moins : Coûts fixes	210 000
Bénéfice	90 000 $

Travail à faire

1. a) Calculez le ratio de la marge sur coûts variables et le seuil de rentabilité en nombre de ballons.

   b) Calculez le ratio du levier d'exploitation.

2. À cause d'une augmentation du salaire horaire des employés, on estime que les coûts variables augmenteront de 3 $ par ballon au cours de la prochaine période. Si ce changement se produit et que le prix de vente à l'unité demeure constant à 25 $, quels seront le nouveau ratio de la marge sur coûts variables et le nouveau seuil de rentabilité en nombre de ballons ?

3. Servez-vous des données de la question 2 Si l'augmentation des coûts variables a lieu comme prévu, combien de ballons l'entreprise devra-t-elle vendre au cours de la prochaine période pour réaliser un bénéfice égal à celui de la période précédente, soit 90 000 $?

4. Servez-vous encore une fois des données de la question 2. Selon le président de Beaujeu inc., l'entreprise devrait augmenter le prix de vente des modèles de ballons courants. Si elle veut maintenir le même ratio de la marge sur coûts variables que lors de la période précédente, quel prix de vente par ballon devra-t-elle exiger pour la prochaine période pour couvrir l'augmentation des coûts de la main-d'œuvre ?

5. Revenez aux données de départ. L'entreprise étudie la possibilité de construire une usine automatisée pour fabriquer le modèle courant. Elle réduirait ainsi les coûts variables par ballon de 40 %, mais ses coûts fixes par période doubleraient. Si l'usine était construite, quels seraient le nouveau ratio de la marge sur coûts variables et le nouveau seuil de rentabilité de l'entreprise en nombre de ballons ?

6. Référez-vous aux données de la question précédente.
   a) Si l'usine est construite, combien de ballons l'entreprise devra-t-elle vendre au cours de la prochaine période pour réaliser un bénéfice égal à celui de la période précédente, soit 90 000 $?
   b) Supposez que la nouvelle usine est construite et que, au cours de la période suivante, l'entreprise fabrique et vend 30 000 ballons, soit le même nombre que lors de la période précédente. Préparez un état des résultats selon la méthode des coûts variables et calculez le ratio du levier d'exploitation.
   c) Si vous aviez été membre de la haute direction de l'entreprise, auriez-vous été en faveur de la construction de l'usine ? Justifiez votre réponse.

P4.27 Quelques données manquantes et l'intégration des facteurs CVB

Mirmen inc., une organisation bien connue et en pleine croissance, vient de vous engager. Votre première tâche consiste à effectuer une analyse portant sur un produit de l'entreprise pour la réunion du conseil d'administration qui aura lieu en fin de journée. Après avoir terminé cette analyse, vous vous absentez de votre bureau pendant quelques minutes pour découvrir, en revenant, qu'un gicleur défectueux a endommagé votre ordinateur et des documents que vous aviez imprimés. Voici tout ce qu'il reste de ces documents.

MIRMEN INC.
État des résultats réels
pour le mois terminé le 30 juin

	Total	Par unité	Pourcentage
Ventes (? unités)	? $	? $	100 %
Moins : Coûts variables	?	?	? %
Marge sur coûts variables	?	? $	? %
Moins : Coûts fixes	?		
Résultat	? $		
Seuil de rentabilité :			
en unités		? unités	
en dollars	180 000 $		
Marge de sécurité :			
en dollars		? $	
en pourcentage		20 %	
Ratio du levier d'exploitation		?	

➤ Les données précédentes sont basées sur les résultats réels du mois de juin. Voici l'état prévisionnel des résultats de l'entreprise pour ce produit, pour le mois de juillet.

MIRMEN INC.
État prévisionnel des résultats
pour le mois terminé le 31 juillet

	Total	Par unité	Pourcentage
Ventes (33 000 unités)..................................	? $	? $	? %
Moins : Coûts variables................................	?	?	? %
Marge sur coûts variables............................	?	? $	? %
Moins : Coûts fixes	?		
Bénéfice..	40 500 $		

Pour empirer la situation, l'ordinateur central de l'entreprise est en panne, de sorte que vous ne pouvez obtenir aucune donnée de cette source. Toutefois, vous vous rappelez que, selon les prévisions, les ventes de juillet devraient augmenter de 10 % par rapport à celles de juin. De plus, d'après vos souvenirs, le bénéfice du mois de juin s'élevait à 27 000 $. Enfin, vous savez que le ratio du levier d'exploitation est un outil de prévision très utile au gestionnaire.

Il est prévu que le total des coûts fixes, le prix de vente par unité et les coûts variables par unité seraient les mêmes en juillet qu'en juin.

Le conseil d'administration se réunit dans une heure.

Travail à faire

1. Pour les données du mois de juin, effectuez les tâches suivantes :
   a) Remplissez les trois colonnes de l'état des résultats pour le mois de juin.
   b) Calculez le seuil de rentabilité en unités et le seuil de rentabilité en dollars.
   c) Évaluez la marge de sécurité en dollars et en pourcentage des ventes.
   d) Calculez le ratio du levier d'exploitation en date du 30 juin.
2. Pour les données du mois de juillet, effectuez les tâches suivantes :
   a) Remplissez les trois colonnes de l'état prévisionnel des résultats du mois de juillet.
   b) Calculez la marge de sécurité en dollars et en pourcentage, ainsi que le ratio du levier d'exploitation. Pourquoi la marge de sécurité a-t-elle augmenté alors que le ratio du levier d'exploitation a diminué ?
3. Ayant repris confiance en vous après avoir effectué les tâches énumérées aux questions 1 et 2 en moins d'une heure, vous décidez de fournir au conseil d'administration quelques données supplémentaires. Vous savez que la main-d'œuvre directe représente 1,80 $ des coûts variables par unité de l'entreprise. Vous avez aussi appris que les coûts de la main-d'œuvre directe pourraient augmenter d'un tiers au cours de la prochaine période. Supposez que cette hausse des coûts se concrétise sans que le prix de vente et d'autres coûts changent. Combien d'unités l'entreprise devra-t-elle vendre en un mois pour réaliser un bénéfice égal à 20 % de ses ventes ?

P4.28 **L'analyse du seuil de rentabilité et l'analyse de sensibilité**

Au cours de la dernière période, Tour inc. a vendu 32 000 unités du seul produit qu'elle fabrique.

Ventes..		800 000 $
Moins :		
Coûts variables..	480 000 $	
Coûts fixes..	150 000	630 000
Bénéfice avant impôts		170 000
Moins : Impôts (45 %)...		76 500
Bénéfice..		93 500 $

L'entreprise envisage la possibilité d'améliorer son produit au cours de la prochaine période en remplaçant l'un de ses composants qui coûte 3,50 $ par une nouvelle pièce plus solide dont le coût est de 5,50 $ par unité. De plus, pour augmenter la capacité de production de l'usine, l'entreprise devra se procurer une nouvelle machine au coût de 18 000 $. La durée de vie utile du matériel est de six ans, mais il n'a aucune valeur résiduelle. Tour inc. procède à l'amortissement linéaire pour toutes ses immobilisations dans ses rapports financiers et ses déclarations fiscales.

Travail à faire

1. Quel était le seuil de rentabilité de l'entreprise, en nombre d'unités vendues, au cours de la dernière période ?
2. Combien d'unités de produit l'entreprise aurait-elle dû vendre au cours de la dernière période pour réaliser un bénéfice après impôts de 99 000 $?
3. Supposez que l'entreprise maintient son prix de vente constant et effectue les changements proposés. Combien d'unités de son produit devra-t-elle alors vendre au cours de la prochaine période pour atteindre son seuil de rentabilité ?
4. Admettez que l'entreprise maintient son prix de vente constant et effectue les changements proposés. Combien d'unités de son produit devra-t-elle alors vendre pour réaliser le même bénéfice après impôts que lors de la période précédente ?
5. Supposez que l'entreprise souhaite maintenir le même ratio de la marge sur coûts variables après la mise en application des changements proposés. Quel prix de vente par unité devra-t-elle alors demander au cours de la prochaine période pour couvrir l'augmentation des coûts des composants ?

(Adaptation d'un problème de CPA Canada)

P4.29 **Des variations des coûts fixes et variables, le seuil de rentabilité et l'analyse du bénéfice cible**

La société Dernier Cri inc. fabrique et vend des produits très en vogue destinés au marché des préadolescents. Elle souhaite vivement fabriquer et vendre un nouveau produit qui vient d'apparaître sur le marché. Son usine possède la capacité nécessaire pour en fabriquer 30 000 unités chaque mois. Les coûts variables de fabrication et de vente seraient de 1,60 $ par unité. Les coûts fixes s'élèveraient à 40 000 $ par mois.

Le service de marketing prévoit que la demande de ce produit dépassera les 30 000 unités que l'entreprise peut fabriquer. Or, il serait possible de louer une capacité de production supplémentaire d'une autre entreprise à un coût fixe de 2 000 $ par mois. Les coûts variables des installations louées se chiffreraient au total à 1,75 $ par unité parce que les activités y seraient un peu moins efficientes que dans l'usine principale. Le produit se vendrait 2,50 $ l'unité.

► **Travail à faire**

1. Calculez le seuil de rentabilité mensuel de ce nouveau produit en unités et en dollars.

2. Combien d'unités l'entreprise devrait-elle vendre chaque mois pour réaliser un bénéfice mensuel de 9 000 $?

3. Si le directeur du marketing reçoit une prime de 15 cents sur chaque unité vendue au-delà du seuil de rentabilité, combien d'unités l'entreprise devra-t-elle vendre chaque mois pour obtenir un taux de rendement de 25 % sur son investissement mensuel en coûts fixes ?

P4.30 Les changements dans la structure des coûts, l'analyse du seuil de rentabilité, le levier d'exploitation et la marge de sécurité

Voici l'état des résultats établi selon la méthode des coûts variables pour la plus récente période de l'entreprise Duchamp.

Ventes (30 000 unités)	900 000 $
Coûts variables	630 000
Marge sur coûts variables	270 000
Coûts fixes	180 000
Bénéfice	90 000 $

L'entreprise évolue dans un secteur très sensible aux mouvements cycliques de l'économie. Par conséquent, ses résultats varient beaucoup d'un exercice à l'autre selon la conjoncture économique générale. En ce moment, l'entreprise dispose d'une grande capacité de production non utilisée et cherche des moyens d'améliorer ses bénéfices.

Travail à faire

1. L'apparition d'un nouvel équipement sur le marché devrait permettre à Duchamp d'automatiser une partie de ses activités. Les coûts variables seraient ainsi réduits de 9 $ par unité. Toutefois, les coûts fixes s'élèveraient jusqu'à 450 000 $ par période. Dressez deux états des résultats selon la méthode des coûts variables : le premier doit indiquer les activités actuelles et le second, les activités dans l'éventualité où le nouvel équipement serait acheté. Insérez une colonne « Total », une colonne « Par unité » et une colonne « Pourcentage » dans chaque état. Ne présentez pas les pourcentages relatifs aux coûts fixes.

2. Référez-vous aux états des résultats établis à la question 1. Pour chaque possibilité présentée, calculez :
   a) le ratio du levier d'exploitation ;
   b) le seuil de rentabilité en dollars ;
   c) la marge de sécurité en dollars et en pourcentage.

3. Référez-vous encore une fois aux données fournies à la question 1. À titre de gestionnaire, quel facteur vous paraît primordial dans la décision concernant l'achat du nouvel équipement ? (Supposez que vous disposez des fonds nécessaires pour effectuer cet achat.)

4. Référez-vous aux données de départ. Plutôt que d'acquérir un nouvel équipement, le directeur du marketing affirme que l'entreprise devrait modifier sa méthode de commercialisation. Au lieu de verser des commissions sur les ventes, lesquelles figurent parmi les coûts variables, ce directeur est d'avis que l'entreprise devrait payer des salaires fixes aux vendeurs et investir des sommes importantes dans la publicité. Selon lui, cette nouvelle méthode permettrait d'augmenter les ventes de 60 % par période sans modifier le prix de vente, d'amener les coûts fixes par période à 247 500 $ et d'accroître le bénéfice de 25 %. Calculez le seuil de rentabilité de l'entreprise en dollars de ventes avec cette nouvelle méthode de commercialisation. Êtes-vous d'accord avec la proposition du directeur du marketing ?

P4.31 Des variations dans la structure des coûts, une analyse du seuil de rentabilité et le point d'indifférence

La société Sanzot inc. fabrique en ce moment un nouveau produit qui engendre les coûts suivants :

Matières premières par unité	6 $
Main-d'œuvre directe par unité.............................	0,8 HMOD à 15 $ par HMOD
Frais indirects de fabrication variables par unité	2/3 des coûts de la main-d'œuvre directe
Frais indirects de fabrication fixes	1 200 000 $
Frais de vente et frais d'administration.................	2 000 000 $
Prix de vente par unité...	40 $
Frais de vente variables par unité	2 $

Selon le directeur de la production, il serait possible de faire des économies en automatisant l'usine. Voici les changements qu'on observerait dans les coûts si la société avait recours à cette mesure.

Matières premières par unité	5,50 $
Main-d'œuvre directe par unité.............................	0,5 HMOD à 20 $ par HMOD
Frais indirects de fabrication variables par unité ...	1/2 des coûts de la main-d'œuvre directe
Frais indirects de fabrication fixes	1 600 000 $

Il n'y aurait aucun changement dans les autres coûts ni dans le prix de vente.

Travail à faire

1. Calculez le seuil de rentabilité du nouveau produit en unités si la société Sanzot inc. utilise :
   a) la méthode actuelle de production ;
   b) une méthode de production automatisée.
2. Calculez le nombre d'unités vendues annuellement pour lequel l'entreprise pourrait indifféremment employer l'une ou l'autre méthode de fabrication. Si la demande dépassait ce nombre, laquelle des deux méthodes de production devrait-on employer ?
3. Déterminez quatre facteurs que la société Sanzot inc. pourrait considérer avant de choisir soit la méthode actuelle de production, soit la méthode automatisée.

(Adaptation d'un problème de CPA Canada)

P4.32 Des changements dans la structure des coûts, une analyse du seuil de rentabilité et le bénéfice cible

La société Wallot inc. envisage la possibilité de remplacer une de ses machines par un nouvel équipement plus rapide et pouvant fabriquer un produit plus fiable (qui présente une meilleure tolérance). Comme ce changement permettrait à la société Wallot inc. de produire un article de qualité supérieure, elle pourrait augmenter son prix de vente. Il y aurait une hausse des coûts fixes, mais non des coûts variables. Voici une estimation des coûts et des revenus associés à ce changement.

	Ancienne machine	Nouvelle machine
Coûts fixes mensuels...	120 000 $	250 000 $
Coûts variables par unité......................................	14 $	14 $
Prix de vente par unité...	18 $	20 $

Travail à faire

1. Déterminez le seuil de rentabilité des deux machines en nombre d'unités.
2. Calculez le volume des ventes en unités auquel la nouvelle machine atteindrait un ratio cible bénéfice / ventes de 10 %. (Ne tenez pas compte des impôts.)
3. Évaluez le volume des ventes auquel les bénéfices seraient les mêmes, qu'on utilise l'ancienne machine ou la nouvelle.
4. Évaluez laquelle des deux machines représente le risque le moins élevé si la demande est incertaine. Expliquez votre réponse.

(Adaptation d'un problème de CPA Canada)

P4.33 Le seuil de rentabilité, la méthode des points extrêmes et le résultat net après impôts

La compagnie LeProha inc., qui fabrique et vend un seul produit, fait rapport de ce qui suit pour la période terminée le 31 décembre 20X9.

COMPAGNIE LEPROHA INC.
État des résultats
pour la période terminée le 31 décembre 20X9

Ventes (16 000 unités)..		400 000 $
Moins : Coût des ventes :		
Matières premières utilisées......................................	64 000 $	
Main-d'œuvre directe	96 000	
Frais indirects de fabrication*	92 000	252 000
Marge brute		148 000
Moins : Charges d'exploitation :		
Frais de vente*	26 000	
Frais d'administration fixes	30 000	56 000
Bénéfice avant impôts		92 000 $

* Fixes et variables

À un niveau de ventes de 20 000 unités au même prix de vente, la marge de sécurité est de 291 650 $, les frais indirects de fabrication sont de 100 000 $ et les frais de vente sont de 30 000 $.

Travail à faire

1. Déterminez le seuil de rentabilité en dollars et en unités.
2. Formulez l'équation des frais indirects de fabrication fixes et variables.
3. Formulez l'équation des frais de vente fixes et variables.
4. Calculez le nombre d'unités à vendre si l'entreprise veut obtenir un bénéfice avant impôts de 125 000 $.
5. Quel est le niveau des ventes en dollars lorsqu'il y a des ventes de 20 000 unités ?
6. Sans faire un état des résultats, établissez à combien s'élève le bénéfice avant impôts au niveau de ventes de 20 000 unités.
7. Si l'impôt représente habituellement 25 % du montant de bénéfice avant impôts, quel serait le bénéfice après impôts au niveau de ventes de 20 000 unités ? au niveau de ventes de 16 000 unités ?

P4.34 L'analyse du seuil de rentabilité et du bénéfice avec deux produits

La compagnie Pelchat inc. fabrique et vend deux produits. En 20X9, ces deux produits ont les prix de vente, la structure de coûts et les quantités de ventes suivants :

	Produit A	Produit B
Prix de vente unitaire	10,00 $	20,00 $
Coûts variables unitaires	7,25 $	12,00 $
Unités vendues au cours de l'année 20X9	10 000	25 000

Les coûts fixes annuels en 20X9 de la compagnie Pelchat inc. sont de 110 000 $.

Travail à faire

1. Sans faire un état des résultats, déterminez le bénéfice avant impôts pour l'année 20X9.
2. Déterminez la marge sur coûts variables moyenne de Pelchat inc. pour l'année 20X9.
3. Calculez le seuil de rentabilité en 20X9 pour l'ensemble de la compagnie et détaillez-le par produit.
4. Si la compagnie envisage d'améliorer la fabrication du produit A et d'économiser ainsi 10 % sur ses coûts variables, le seuil de rentabilité sera-t-il affecté ? Si oui, veuillez le recalculer par produit.
5. Il y a possibilité d'augmenter les ventes du produit B en établissant une campagne de publicité dynamique. En investissant un montant de 50 000 $ en publicité, la compagnie espère réaliser une augmentation des ventes du produit B. Le seuil de rentabilité serait-il modifié ? Si oui, recalculez-le par produit. (Considérez cette question indépendamment de la question précédente.)
6. Avec cette campagne de publicité dynamique (*voir la question 5*), si l'entreprise veut réaliser un bénéfice avant impôts de 20 % des ventes, quelle sera la quantité du produit B à vendre si les ventes du produit A restent au volume de 20X9, soit 10 000 unités ?

Cas

C4.35 La structure des coûts, le seuil de rentabilité et le bénéfice cible

Croissant inc. fabrique des photocopieurs multifonctions qu'elle vend à des entreprises par l'entremise d'un réseau d'agents de vente indépendants situés au Canada et aux États-Unis. Outre les photocopieurs multifonctions de Croissant inc., ces agents vendent divers produits aux entreprises. À l'heure actuelle, ils reçoivent une commission de 19 % sur les ventes. C'est ce taux qui était utilisé lorsque les gestionnaires de Croissant inc. ont dressé l'état prévisionnel suivant pour l'exercice à venir.

Ventes		15 000 000 $
Coûts des ventes		
Variables	8 400 000 $	
Fixes	1 400 000	9 800 000
Marge brute		5 200 000
Frais de vente et frais d'administration :		
Commissions des agents	2 850 000	
Coûts fixes de publicité	400 000	
Frais fixes d'administration	1 600 000	4 850 000
Bénéfice		350 000 $

Après la préparation de cet état des résultats, la direction de Croissant inc. apprend que les agents de vente indépendants exigent une hausse de leur taux de commission à 22 % pour l'exercice à venir, ce qui constitue leur troisième demande d'augmentation en cinq ans. En conséquence, la direction décide d'examiner la possibilité de se doter de son propre personnel de vente pour remplacer les agents de vente indépendants.

Le contrôleur de Croissant inc. estime que l'entreprise devrait engager six vendeurs pour s'occuper de son marché actuel et qu'au total ils entraîneraient des coûts de main-d'oeuvre annuels d'environ 350 000 $, avantages sociaux inclus. Les vendeurs recevraient également une commission de 12 % sur leurs ventes. Les frais de déplacement et de représentation devraient s'élever à environ 200 000 $ pour l'exercice. Par ailleurs, l'entreprise devrait engager un directeur des ventes et du personnel administratif, dont les salaires et les avantages sociaux atteindraient 100 000 $ par exercice. Enfin, pour assurer les activités de promotion que devaient auparavant mener les agents de vente au nom de Croissant inc., la direction croit qu'il faudrait augmenter le budget des coûts fixes de publicité de l'entreprise de 250 000 $.

Travail à faire

1. En supposant des ventes de 15 000 000 $, dressez un état prévisionnel des résultats à l'aide de la méthode des coûts variables pour l'exercice à venir, selon chacune des situations suivantes.
   a) Le taux de commission des agents de vente indépendants demeure inchangé à 19 %.
   b) Le taux de commission des agents de vente indépendants augmente à 22 %.
   c) L'entreprise emploie son propre personnel de vente.
2. Calculez le seuil de rentabilité de Croissant inc. en dollars de ventes pour l'exercice à venir, selon chacune des situations suivantes.
   a) Le taux de commission des agents de vente indépendants demeure inchangé à 19 %.
   b) Le taux de commission des agents de vente indépendants augmente à 22 %.
   c) L'entreprise emploie son propre personnel de vente.

3. Référez-vous à votre réponse à la question 1b). Si l'entreprise emploie son propre personnel de vente, déterminez le volume de ventes requis pour qu'elle réalise le même bénéfice que si ses ventes se chiffraient à 15 000 000 $ et qu'elle continuait de faire appel aux agents de vente indépendants (à un taux de commission de 22 %).

4. Déterminez le volume de ventes auquel le bénéfice resterait le même, que l'entreprise emploie des agents de vente (à une commission de 22 %) ou son propre personnel de vente.

5. Dans un graphique volume-bénéfice, représentez les bénéfices selon les deux situations suivantes.

   a) Le taux de commission des agents de vente indépendants augmente à 22 %.

   b) L'entreprise emploie son propre personnel de vente.

   Dans ce graphique, présentez les activités de l'entreprise en termes de dollars de ventes.

6. Dans une note adressée au président de Croissant inc., formulez une recommandation quant à la décision que l'entreprise devrait prendre au sujet du recours aux agents de vente (à un taux de commission de 22 %) ou de l'emploi de son propre personnel de vente. Justifiez votre réponse.

(Adaptation d'un problème de CPA Canada)

C4.36 Un état des résultats détaillé et une analyse de sensibilité CVB

Voici le dernier état des résultats de la société Motleau inc.

MOTLEAU INC.
État des résultats
pour la période terminée le 31 décembre

Ventes (45 000 unités à 10 $)			450 000 $
Moins : Coûts des ventes :			
Matières premières		90 000 $	
Main-d'œuvre directe		78 300	
Frais indirects de fabrication		98 500	266 800
Marge brute			183 200
Moins : Charges d'exploitation :			
Frais de vente :			
Variables :			
Commissions sur les ventes	27 000 $		
Expédition	5 400	32 400	
Fixes (publicité et salaires)		120 000	
Frais d'administration :			
Variables (facturation et autres)		1 800	
Fixes (salaires et autres)		48 000	202 200
Perte			(19 000) $

Tous les coûts variables de l'entreprise varient en fonction des unités vendues, sauf les commissions, qui sont basées sur un pourcentage des ventes. Les frais indirects de fabrication variables sont de 0,30 $ par unité. Il n'y a ni stock au début ni stock à la fin. La capacité de production de l'usine est de 75 000 unités par an.

L'entreprise enregistre des pertes depuis quelques années. La direction étudie différentes lignes de conduite possibles qui lui permettraient de rentabiliser la prochaine période.

▶ **Travail à faire**

1. Refaites l'état des résultats de l'entreprise sur le modèle des états des résultats établis selon la méthode des coûts variables. Incluez-y une colonne intitulée « Total » et une autre intitulée « Par unité ». Laissez assez d'espace à droite de vos chiffres pour pouvoir indiquer la réponse aux deux parties de la question 2 ci-après.

2. Le président de l'entreprise étudie deux suggestions présentées par des membres de son équipe.

   a) Pour la prochaine période, la vice-présidente propose de réduire le prix de vente unitaire de 20 %. Selon elle, l'usine fonctionnerait alors à plein régime.

   b) Pour la prochaine période, le directeur des ventes voudrait augmenter le prix de vente unitaire de 20 %, les commissions sur les ventes à 9 % des ventes, et le budget de la publicité, de 100 000 $. Toujours selon le directeur, des études de marché indiquent que de telles mesures auraient pour effet d'augmenter les ventes des unités d'un tiers.

   Préparez deux états des résultats selon la méthode des coûts variables, indiquant les résultats qui découleraient, l'un de la proposition de la vice-présidente, et l'autre de celle du directeur des ventes. Dans chaque rapport, insérez des colonnes intitulées « Total » et « Par unité ». (N'inscrivez aucune donnée unitaire pour les coûts fixes.)

3. Référez-vous aux données de départ. Le président estime que ce serait une erreur de modifier le prix de vente unitaire. Il préférerait utiliser des matières premières moins coûteuses dans la fabrication des produits pour réduire les coûts de 0,70 $ par unité. Combien d'unités l'entreprise devrait-elle vendre au cours de la prochaine période pour réaliser un bénéfice cible de 30 200 $?

4. Reprenez les données de départ. D'après le conseil d'administration, le problème de l'entreprise est dû à l'inefficacité de la promotion. De quel montant la direction peut-elle augmenter le budget de la publicité tout en s'assurant un bénéfice cible de 4,5 % sur des ventes de 60 000 unités ?

5. Référez-vous aux données de départ. Un distributeur outre-mer a offert à l'entreprise de lui acheter 9 500 unités à un prix de vente spécial. Aucune commission ne serait versée sur ces unités. Toutefois, les coûts d'expédition augmenteraient de 50 %, et les frais d'administration variables seraient réduits de 25 %. Par ailleurs, Motleau inc. devrait verser un montant forfaitaire de 5 700 $ en assurance pour la protection des marchandises en transit. Quel prix de vente unitaire l'entreprise devrait-elle proposer pour ces 9 500 unités afin de réaliser un bénéfice de 14 250 $ pour l'ensemble des activités de l'entreprise ? Les activités courantes ne seraient pas perturbées par cette commande spéciale.

C4.37 Une analyse du seuil de rentabilité et les coûts fixes par paliers

La clinique des Estacades exploite un centre de soins privé offrant des services distincts tels que les soins généraux, les soins ambulatoires et les soins postopératoires. Chaque section se voit attribuer les coûts des services fournis à ses patients, comme les repas et le blanchissage, ainsi que les services administratifs tels que la facturation et le recouvrement. Les coûts de l'espace et des lits restent fixes au cours de la période.

L'an dernier, le revenu moyen du service des soins généraux était de 480 $ par jour-patient. (Le jour-patient est l'unité de mesure des activités, et un jour-patient représente un patient qui occupe un lit pour une journée.) Le service avait une capacité de 70 lits, et il fonctionnait 24 heures sur 24 durant 365 jours.

Les coûts variables moyens par jour-patient étaient de 180 $, et les coûts fixes (excluant les salaires du personnel) étaient de 2 740 000 $.

Le seul personnel employé directement par le service des soins généraux consiste en des aides-infirmiers, des infirmiers et des infirmiers en chef. L'établissement a des exigences minimales quant au personnel qui doit être en place pour le service des soins généraux en fonction du total annuel des jours-patients de ce service. Voici ces exigences, en commençant par le niveau minimal d'exploitation prévu.

Jours-patients par an	Aides-infirmiers	Infirmiers	Infirmiers en chef
10 000 à 12 000	7	15	3
12 001 à 13 750	8	15	3
13 751 à 16 500	9	16	4
16 501 à 18 250	10	16	4
18 251 à 20 750	10	17	5
20 751 à 23 000	11	18	5

Ces niveaux de personnel représentent des équivalents à temps plein. On doit supposer que le service des soins généraux emploie toujours seulement la quantité minimale requise de personnel équivalent à temps plein.

Les salaires annuels pour chaque catégorie d'employés sont les suivants : aides-infirmiers, 36 000 $, infirmiers, 58 000 $ et infirmiers en chef, 76 000 $.

Travail à faire

1. Calculez le total des coûts fixes, y compris les coûts fixes attribués aux coûts du personnel du service des soins généraux pour chaque volume d'activité indiqué précédemment (par exemple, le total des coûts fixes entre 10 000 et 12 000 jours-patients, le total des coûts fixes entre 12 001 et 13 750 jours-patients, etc.).
2. À l'aide des données calculées à la question 1 et de toute autre donnée nécessaire, calculez le nombre minimal de jours-patients requis pour que le service des soins généraux atteigne son seuil de rentabilité.
3. Déterminez le nombre minimal de jours-patients requis pour que le service des soins généraux réalise un « surplus » annuel de 720 000 $.

(Adaptation d'un problème de l'American Institute of Certified Public Accountants)

C4.38 L'analyse CVB portant sur plusieurs produits et le bénéfice cible

Pause-café inc. fabrique des systèmes d'infusion à une tasse pour la maison ou le bureau qui permettent de préparer une tasse de café, de thé ou de chocolat chaud en moins d'une minute. Ces appareils fonctionnent avec des dosettes de café, de thé ou de chocolat chaud qu'on peut se procurer en ligne sur le site internet de Pause-café inc. ou en personne dans les cafés autorisés à distribuer les produits de l'entreprise. Ces systèmes d'infusion présentent deux attraits en particulier. Premièrement, ils sont extrêmement pratiques. En effet, grâce aux dosettes, on évite de devoir moudre les grains de café et de faire des dégâts. De plus, certains des systèmes d'infusion sont munis d'un réservoir d'eau suffisamment grand pour pouvoir faire jusqu'à 20 tasses de café d'affilée. Deuxièmement, chaque tasse d'une même variété de café, de thé ou de chocolat chaud a pratiquement le même goût, puisque le mécanisme sous pression des systèmes d'infusion utilise la même quantité d'eau pour chaque tasse et que le sceau hermétique des dosettes permet de conserver la fraîcheur des produits.

▶ Pause-café inc. offre trois modèles de systèmes d'infusion qui possèdent chacun des caractéristiques qui leur sont propres, par exemple en ce qui concerne la taille du réservoir d'eau, le choix de quantités possibles pour chaque tasse, et les types de filtres utilisés. Voici les données du plus récent exercice de l'entreprise relativement aux trois modèles de systèmes d'infusion offerts.

	Modèle		
	Pour la maison	Courant pour le bureau	De luxe pour le bureau
Volume des ventes (unités)	12 000	30 000	6 000
Prix de vente unitaire	150 $	200 $	300 $
Coûts variables par unité	120	140	180
Marge sur coûts variables par unité	30 $	60 $	120 $

Les coûts fixes de l'entreprise s'élèvent à 1 500 000 $ par exercice. Elle ne dispose d'aucun stock de produits en cours ni d'aucun stock de produits finis. Comme elle fait face à la concurrence de plus en plus féroce d'autres fabricants qui exploitent des technologies d'infusion semblables à la sienne, sa direction estime qu'il n'est pas possible d'augmenter ses prix de vente.

Travail à faire

1. Calculez le seuil de rentabilité de l'ensemble de l'entreprise en dollars de ventes et en unités.
2. Calculez le montant en dollars de ventes que doit atteindre l'ensemble de l'entreprise pour obtenir un bénéfice cible de 1 500 000 $ (sans tenir compte des impôts). Supposez que la composition des ventes ne change pas.
3. Calculez :
   a) le montant en dollars de ventes requis pour chaque produit selon le seuil de rentabilité calculé à la question 1 pour l'ensemble de l'entreprise ;
   b) le nombre d'unités vendues requis pour chaque produit selon le seuil de rentabilité calculé à la question 1 pour l'ensemble de l'entreprise.
4. Si le nombre de ventes de systèmes d'infusion de modèle courant pour le bureau doublait au cours de l'exercice à venir, quel effet cela aurait-il sur le seuil de rentabilité de l'ensemble de l'entreprise en dollars de ventes ? Supposez que le nombre de ventes de systèmes d'infusion des modèles pour la maison et de luxe pour le bureau ne change pas, que les prix de vente unitaires et les coûts variables demeurent les mêmes pour chaque modèle et que le total des coûts fixes ne varie pas.
5. Pause-café inc. envisage de lancer une nouvelle campagne publicitaire afin de mieux faire connaître ses produits. Le coût total de cette campagne qui durerait toute l'année s'élève à 180 000 $. De combien le nombre d'unités vendues devrait-il augmenter dans l'ensemble de l'entreprise pour que celle-ci puisse justifier le montant consacré à la nouvelle campagne publicitaire ? Combien d'unités de chaque produit devrait-elle vendre pour justifier cette campagne ? Supposez que la composition des ventes actuelle ne change pas.
6. Supposez qu'au lieu de viser à accroître le volume total des ventes, la nouvelle campagne publicitaire de 180 000 $ a pour objectif d'inciter les clients susceptibles d'acheter le modèle courant pour le bureau à se tourner plutôt vers le modèle de luxe pour le bureau. Pour justifier le coût de la nouvelle publicité, combien de clients doivent acheter le modèle de luxe au lieu du modèle courant ? La nouvelle campagne publicitaire n'aura aucun effet sur les ventes du modèle pour la maison.
7. L'entreprise songe à ajouter un nouveau produit à sa gamme de systèmes d'infusion destinés au bureau. Ce nouvel appareil, le modèle supérieur pour le bureau, se vendrait 250 $ l'unité, et ses coûts variables par unité se chiffreraient à 160 $. L'ajout de

ce modèle aurait pour effet d'accroître les coûts fixes de 102 000 $ par exercice et de réduire le nombre de ventes des modèles courants et de luxe pour le bureau de 10 % chacun annuellement. Si le nombre de ventes de modèles pour la maison ne change pas, combien de modèles supérieurs pour le bureau faudrait-il vendre pour justifier l'ajout de ce produit à la gamme de Pause-café inc. au cours de l'exercice à venir ?

C4.39 La structure des coûts, le seuil de rentabilité et le bénéfice cible

Pittman inc. est une petite entreprise de fabrication de matériel de télécommunication en plein essor. Elle ne dispose d'aucun personnel de vente et compte entièrement sur des agents de vente indépendants pour commercialiser ses produits. Ces agents reçoivent une commission de 15 % sur le prix de vente de chaque article.

Voici l'état prévisionnel des résultats de la prochaine période, tel que l'a préparé Barbara Chênevert, comptable de l'entreprise.

PITTMAN INC.
État prévisionnel des résultats
pour la période terminée le 31 décembre

Ventes		16 000 000 $
Moins : Coûts de fabrication :		
Variables	7 200 000 $	
Fixes	2 340 000	9 540 000
Marge brute		6 460 000
Moins : Frais de vente et frais d'administration :		
Commissions des agents	2 400 000	
Coûts fixes de vente	120 000*	
Coûts fixes d'administration	1 800 000	4 320 000
Bénéfice		2 140 000
Moins : Frais financiers fixes		540 000
Bénéfice avant impôts		1 600 000
Moins : Impôts (30 %)		480 000
Bénéfice		1 120 000 $

* Principalement l'amortissement des installations d'entreposage

En présentant son rapport à Carl Valois, président de Pittman inc., Mme Chênevert a eu avec lui la conversation qui suit :

Barbara : J'ai préparé cet état des résultats en utilisant un pourcentage de commission de 15 % pour les agents de vente. Je viens toutefois d'apprendre qu'ils refusent de vendre nos produits à partir de la prochaine période si nous n'augmentons pas ce taux à 20 %.

Carl : Ça, c'est un comble ! Ces gens en demandent toujours plus. Cette fois, ils ont dépassé les bornes. Comment peuvent-ils justifier une telle hausse ?

Barbara : Selon eux, après avoir payé la publicité, les frais de déplacement et les autres frais de promotion, il ne leur reste aucun profit.

Carl : C'est du vol manifeste ! Il est temps de mettre un terme à notre entente avec eux et de nous doter de notre propre personnel de vente. Pourriez-vous demander à vos employés de préparer quelques données sur les coûts, que nous pourrions consulter ?

Barbara : C'est déjà fait. Nous connaissons quelques entreprises qui versent une commission de 7,5 % à leur propre personnel de vente combinée à un modeste salaire. Naturellement, nous devrions aussi payer tous les frais de promotion. D'après nos calculs, nos coûts fixes augmenteraient de 2 400 000 $ par an. Ce montant serait toutefois amplement compensé par l'économie des 3 200 000 $ (soit 20 % × 16 000 000 $) que toucheraient les agents sous forme de commissions.

▶

► Voici comment se décompose ce montant de 2 400 000 $.

Salaires :	
Directeur des ventes	100 000 $
Vendeurs	600 000
Déplacements et représentation	400 000
Publicité	1 300 000
	2 400 000 $

Carl : Magnifique ! Je constate d'ailleurs que ce montant de 2 400 000 $ correspond exactement à ce que nous versons actuellement aux agents de vente sous forme de commissions au taux de 15 %.

Barbara : Attendez, il y a mieux ! Nous pourrions encore économiser 75 000 $ par période. C'est le montant que nous payons à nos auditeurs pour auditer les rapports de nos agents, mais nous n'aurions plus besoin de ces services. Par conséquent, nos frais d'administration devraient diminuer.

Carl : Mettez tous ces chiffres sur papier. Nous les présenterons au conseil de direction demain. Avec l'approbation du conseil, nous pourrons aller immédiatement de l'avant.

Travail à faire

1. Calculez, en dollars, le seuil de rentabilité de Pittman inc. de la prochaine période, en supposant :
   a) que la commission des agents demeure inchangée à 15 % ;
   b) que cette commission augmente à 20 % ;
   c) que l'entreprise emploie son propre personnel de vente.

2. Supposez que l'entreprise décide de continuer à retenir les services d'agents de vente et de payer une commission de 20 %. Déterminez le volume des ventes requis pour qu'elle réalise le même bénéfice que celui figurant à l'état prévisionnel des résultats de la prochaine période.

3. Déterminez à quel volume des ventes le bénéfice resterait le même, que l'entreprise emploie des agents (à une commission de 20 %) ou son propre personnel de vente.

4. Calculez le ratio du levier d'exploitation auquel l'entreprise devrait s'attendre en date du 31 décembre, à la fin de la prochaine période, en supposant :
   a) que la commission des agents demeure à 15 % ;
   b) que la commission des agents augmente à 20 % ;
   c) que l'entreprise emploie son propre personnel de vente.
   (Utilisez le bénéfice avant impôts pour le calcul du ratio du levier d'exploitation.)

5. En vous basant sur les données des quatre questions précédentes, formulez une recommandation concernant la décision de l'entreprise au sujet de l'emploi d'agents de vente (à une commission de 20 %) ou de l'emploi de son propre personnel de vente. Justifiez votre réponse.

(Adaptation d'un problème de CPA Canada)

C4.40 Les seuils de rentabilité de produits particuliers dans une entreprise à multiples produits

Carole Magny téléphone à son patron, Yves Chaput, vice-président au marketing chez Piedmont et frères inc. « Monsieur Chaput, je vous avoue que je ne sais pas trop comment répondre aux questions qui ont été soulevées à la réunion d'hier dans le bureau du président.
— De quoi s'agit-il ?
— Le président voudrait connaître le seuil de rentabilité de chacun de nos produits, mais j'ai de la difficulté à lui fournir une réponse.

— Je suis convaincu que vous y parviendrez. Je vous rappelle que je veux votre analyse sur mon bureau demain matin dès 8 h. J'en ai besoin pour notre deuxième réunion de 9 h. »

L'entreprise fabrique trois types d'attaches pour les vêtements dans son usine de Québec. Voici des données concernant ces produits.

	Velcro	Métal	Nylon
Volume des ventes annuel normal	100 000	200 000	400 000
Prix de vente unitaire	1,65 $	1,50 $	0,85 $
Coût variable par unité...	1,25 $	0,70 $	0,25 $

Le total des coûts fixes s'élève à 400 000 $ par an.

L'entreprise vend ses trois produits sur des marchés très concurrentiels, de sorte qu'elle ne peut pas augmenter ses prix de vente sans perdre un nombre important de clients. Comme elle s'est dotée d'un système de production optimisée très efficace, elle ne détient aucun stock de produits en cours ou de produits finis au début ou à la fin d'une période.

Travail à faire

1. Quel est le seuil de rentabilité de l'ensemble de l'entreprise en dollars ?
2. Sur le total de 400 000 $ de coûts fixes, l'entreprise pourrait économiser certaines sommes si elle cessait la fabrication de chacun de ses produits : 20 000 $ dans le cas du produit en velcro, 80 000 $ dans celui du produit en métal et 60 000 $ dans celui du produit en nylon. Le reste du montant, soit 240 000 $, consiste en des coûts fixes communs tels que les salaires du personnel administratif et le loyer de l'usine, qui ne pourraient être éliminés que si l'entreprise fermait ses portes.
   a) Quel est le seuil de rentabilité de chaque produit en unités ?
   b) Si l'entreprise vendait exactement la quantité correspondant au seuil de rentabilité de chaque produit, quel serait son bénéfice total ?

Cas de discussion

Les détracteurs de l'analyse CVB affirment qu'en pratique, des écarts par rapport aux hypothèses qui la sous-tendent sont presque assurés, ce qui limite grandement la valeur des différentes techniques présentées précédemment dans ce chapitre. En outre, toujours selon ces critiques, au sein des milieux extrêmement concurrentiels dans lesquels évoluent bon nombre d'entreprises, il s'avère encore plus probable que les hypothèses nécessaires à l'analyse CVB soient erronées. Par conséquent, les sociétés qui font face à la plus féroce concurrence et qui sont ainsi les plus susceptibles de profiter des avantages de l'analyse CVB sont aussi probablement les moins susceptibles de pouvoir s'en servir, étant donné la nature restrictive des hypothèses requises.

Travail à faire

Êtes-vous d'accord avec les affirmations des détracteurs de l'analyse CVB en ce qui concerne sa valeur limitée en pratique ? Expliquez votre réponse.

Réponses aux questions éclair

4.1 $(500 - 400) \times 100$ $ par haut-parleur = Augmentation du bénéfice de 10 000 $

4.2 Bénéfice = Marge sur coûts variables par unité $\times Q -$ Coûts fixes
Bénéfice = $(100 $ \times 100) - 35\,000$ $
Perte = 25 000 $

4.3 Variation de la marge sur coûts variables = $\dfrac{\text{Ratio de la marge}}{\text{sur coûts variables}} \times \text{Variation des ventes}$

$= 40\% \times 50\,000\,\$ = 20\,000\,\$$

4.4 Seuil de rentabilité en unités vendues = $\dfrac{\text{Coûts fixes}}{\text{Marge sur coûts variables par unité}}$

$= \dfrac{40\,000\,\$}{100\,\$} = 400$

Seuil de rentabilité en dollars de ventes = $\dfrac{\text{Coûts fixes}}{\text{Ratio de la marge sur coûts variables}}$

$= \dfrac{40\,000\,\$}{40\%} = 100\,000\,\$$

4.5 Unités vendues pour atteindre le bénéfice cible = $\dfrac{\text{Coûts fixes} + \text{Bénéfice cible}}{\text{Marge sur coûts variables par unité}}$

$= \dfrac{35\,000\,\$ + 55\,000\,\$}{40\,\$}$

$= 900$ unités

$\dfrac{\text{Dollars de ventes pour}}{\text{atteindre le bénéfice cible}} = \dfrac{\text{Coûts fixes} + \text{Bénéfice cible}}{\text{Ratio de la marge sur coûts variables}}$

$= \dfrac{35\,000\,\$ + 55\,000\,\$}{40\%} = 225\,000\,\$$

4.6 Unités vendues pour atteindre le bénéfice cible = $\dfrac{\text{Coûts fixes} + \dfrac{\text{Bénéfice cible après impôts}}{1 - \text{Taux d'imposition}}}{\text{Marge sur coûts variables par unité}}$

$= \dfrac{35\,000\,\$ + \dfrac{56\,000\,\$}{1 - 0,3}}{100\,\$}$

$= 1\,150$ haut-parleurs

4.7 Marge de sécurité = Total des ventes prévues − Seuil de rentabilité

$= 150\,000\,\$ - 100\,000\,\$ = 50\,000\,\$$

Pourcentage de la marge de sécurité = $\dfrac{\text{Marge de sécurité en dollars}}{\text{Total des ventes prévues}}$

$= \dfrac{50\,000\,\$}{150\,000\,\$} = 33,3\%$

4.8 Pourcentage de variation du bénéfice = Ratio du levier d'exploitation $\times$ $\dfrac{\text{Pourcentage}}{\text{de variation}}$ des ventes

$= 16 \times 25\% = 400\%$

Nouveau bénéfice en dollars :

$2\,000\,\$ + (2\,000\,\$ \times 400\%) = 10\,000\,\$$

4.9 Marge sur coûts variables pondérée par unité :

$(0,4 \times 6,25\,\$) + (0,6 \times 12,50\,\$) = 10\,\$$ par unité

Seuil de rentabilité en unités vendues = $\dfrac{\text{Coûts fixes}}{\text{Marge sur coûts variables pondérée par unité}}$

$= \dfrac{27\,000\,\$}{10\,\$} = 2\,700$ unités

LA CONCEPTION DE SYSTÈMES : LE SYSTÈME DE COÛTS DE REVIENT PAR COMMANDE

Mise en situation

Le «sur mesure» à la façon de IJTeam

Avec l'internet et le magasinage en ligne qui gagnent en popularité, une entreprise a lancé le site IJTeam.com pour y offrir des chandails personnalisés aux joueurs de hockey de tous les niveaux. Ainsi, au moyen d'un outil en ligne nommé «IJTeamBuilder», les clients peuvent choisir parmi diverses couleurs et différents styles, de même que fournir leur propre logo d'équipe. Outre le logo, le nom et le numéro de chaque joueur sont imprimés ou cousus sur son chandail selon les précisions données par le client.

Dans des entreprises comme IJTeam.com, l'établissement d'un prix adéquat pour des chandails sur mesure de ce genre repose en grande partie sur la qualité des renseignements dont disposent les gestionnaires relativement aux coûts de revient, ainsi que sur les prix demandés par leurs concurrents. De fait, le prix établi par IJTeam.com pour une commande de chandails de hockey personnalisés doit en couvrir les coûts et lui permettre de réaliser une marge bénéficiaire acceptable, tout en demeurant concurrentiel. Les coûts en question peuvent comprendre les salaires des employés dont la tâche consiste à concevoir les logos personnalisés et à effectuer d'autres travaux artistiques, le coût des matières utilisées et de la main-d'œuvre responsable de la fabrication des commandes de chandails d'équipe sur mesure ainsi que les coûts de l'équipement de fabrication, d'impression et de couture employé pour fabriquer des chandails au goût du client (frais indirects de fabrication). Comme ce même équipement servira à fabriquer plusieurs commandes de chandails sur mesure d'une année à l'autre, les gestionnaires de IJTeam.com doivent trouver un moyen de répartir ces coûts entre les commandes afin de pouvoir évaluer le coût total par chandail dans chaque commande. Au cours du présent chapitre, nous examinerons des méthodes qui permettent de prévoir le coût unitaire total de produits et services tels que des chandails d'équipe sur mesure et nous verrons pourquoi ce coût total unitaire s'avère essentiel pour fixer les prix de vente et pour contrôler les coûts dans bon nombre d'entreprises.

Source : Reproduit avec la permission de IJTeam, <www.ijteam.com>.

OBJECTIFS D'APPRENTISSAGE

Après avoir étudié ce chapitre, vous pourrez :

1. distinguer le système de coûts de revient en fabrication uniforme et continue du système de coûts de revient par commande, et désigner des entreprises recourant à chacun de ces systèmes ;

2. illustrer le cheminement des coûts dans un système de coûts de revient par commande ;

3. calculer les taux d'imputation prédéterminés des frais indirects de fabrication et expliquer pourquoi les frais indirects de fabrication prévus (plutôt que les frais réels) sont utilisés dans le calcul du coût de revient ;

4. préparer les écritures de journal pour enregistrer les coûts dans un système de coûts de revient par commande ;

5. imputer les frais indirects de fabrication aux produits en cours à l'aide d'un taux d'imputation prédéterminé ;

6. préparer des comptes en T pour illustrer le cheminement des coûts dans un système de coûts de revient par commande, et préparer un état du coût des produits fabriqués et un sommaire du coût des ventes ;

7. calculer les frais indirects de fabrication sous-imputés ou surimputés, et préparer l'écriture de journal pour clôturer le solde des frais indirects de fabrication dans les comptes appropriés ;

8. expliquer les effets d'un taux d'imputation prédéterminé des frais indirects de fabrication basé sur la capacité de production plutôt que sur l'activité prévue d'une période donnée (*voir l'annexe 5A en ligne*) ;

9. rendre compte des pertes de production (*voir l'annexe 5B en ligne*).

omme nous l'avons expliqué au chapitre 2, l'établissement du coût d'un produit ou d'un service consiste à attribuer des coûts aux produits et aux services d'une entreprise. Le gestionnaire doit comprendre ce processus de calcul des coûts, puisque la façon d'attribuer des coûts à un produit ou à un service pourra avoir des conséquences importantes sur le bénéfice déclaré et sur les décisions de gestion clés.

Nous devrions garder à l'esprit que le rôle central de tout système de coûts de revient est de fournir des données relatives aux coûts qui aideront le gestionnaire au cours de ses activités de planification, d'exécution, de contrôle et d'amélioration, ainsi qu'au moment de la prise de décisions. Néanmoins, les rapports financiers publiés à des fins externes et les déclarations de revenus obligatoires exerceront souvent une grande influence sur la façon dont les coûts sont accumulés et présentés dans les rapports de gestion, d'où l'impact du choix d'une méthode d'établissement du coût d'un produit.

La **méthode du coût complet** consiste à attribuer tous les coûts de fabrication, fixes et variables, à des unités de produit — on dit que les unités absorbent tous les coûts de fabrication. Au chapitre 8, nous étudierons l'établissement du coût d'un produit à l'aide de la méthode du coût variable, souvent proposée comme solution de rechange à la méthode du coût complet.

Les entreprises doivent utiliser la méthode du coût complet pour la préparation des rapports financiers publiés à des fins externes et des déclarations de revenus auprès des autorités fiscales. Souvent, ces mêmes entreprises emploient aussi la méthode du coût complet pour la production de rapports de gestion à l'intention des utilisateurs internes. Étant donné que la méthode du coût complet est la méthode la plus fréquemment employée, ce sera celle que nous présenterons d'abord.

Lorsque nous explorerons l'établissement du coût d'un produit, nous devrons garder à l'esprit que le rôle central de tout système de coûts de revient est d'accumuler les coûts aux fins de gestion. Un système de coûts de revient ne constitue pas une fin en soi. Il s'agit plutôt d'un outil de gestion fournissant des données relatives aux coûts, données nécessaires à la direction des activités d'une entreprise.

La conception de la méthode d'établissement du coût de revient peut varier en fonction des compromis à faire entre les coûts et les avantages tels qu'ils sont évalués par les gestionnaires. Le degré de précision et de complexité de ce type de système aura un effet sur les coûts qui seront engendrés par sa conception et son exploitation. La pertinence de l'information pour les gestionnaires constitue les avantages. En général, plus un système est perfectionné et complexe, plus il présente d'avantages, car il permet de fournir plus de renseignements pertinents. Toutefois, lorsque le coût supplémentaire associé à la production plus rapide de données nouvelles, plus précises ou plus complexes devient égal aux avantages résultant d'une pertinence accrue, le concepteur du système a atteint un point optimal dans le compromis entre les avantages et les coûts, et il devrait alors cesser d'améliorer le système.

La conception de ces systèmes est aussi influencée par la nature de ce qui fait l'objet d'un établissement des coûts. Ainsi, notre explication portera essentiellement sur la nature de ce dont on veut établir le coût plutôt que sur les compromis avantages-coûts.

Établir le coût de revient des produits ou des services est une activité qui met l'accent sur l'attribution de coûts aux efforts qui ont servi à la fabrication des produits ou à la prestation des services vendus par l'entreprise. L'attribution de coûts aux produits et aux services est l'une des activités principales de la comptabilité de gestion. Nous commencerons par traiter l'établissement des coûts parce que cette activité, présente dans de nombreux types d'entreprises, occupe une large part des tâches du contrôleur de gestion.

Méthode du coût complet

Méthode de calcul des coûts qui consiste à attribuer les coûts de fabrication, soit le coût des matières premières, le coût de la main-d'œuvre directe, ainsi que les frais indirects de fabrication fixes et variables, à des unités de produits finis.

5.1 Le système de coûts de revient en fabrication uniforme et continue, et le système de coûts de revient par commande

Lorsque le gestionnaire calcule le coût de revient d'un produit ou d'un service, il fait face à un problème délicat. De nombreux coûts, tels que le loyer, ne varieront pas d'un mois à l'autre, alors que le niveau de production changera souvent selon la période. Nombre de produits et services seront aussi fabriqués ou rendus sur une période donnée à l'aide du même équipement de production. Dans ce contexte, comment déterminer avec précision le coût de revient d'un produit ou d'un service ? L'attribution de coûts à des produits ou services supposera que l'on établit une moyenne pour des périodes et des produits donnés. La méthode de calcul de cette moyenne dépendra du type de processus de production utilisé par l'entreprise.

5.1.1 Le système de coûts de revient en fabrication uniforme et continue

L'entreprise opte pour un **système de coûts de revient en fabrication uniforme et continue** quand elle fabrique de nombreuses unités d'un produit, comme du concentré de jus d'orange congelé, au cours de plusieurs périodes. La fabrication de papier (Cascades), le raffinage de lingots d'aluminium (Rio Tinto Alcan), la préparation et l'embouteillage de boissons (Coca-Cola) et la production de saucisses fumées (Olymel) constituent d'autres exemples. Ces industries se caractérisent toutes par un produit sensiblement homogène circulant régulièrement et sur une base continue tout au long du processus de fabrication.

La structure du système de coûts de revient en fabrication uniforme et continue permet d'accumuler des coûts au sein d'un service particulier (ou d'un atelier de production) au cours d'une période entière (mois, trimestre, année), puis de diviser ce total par le nombre d'unités produites pendant la période. Voici la formule de base de ce système.

$$\text{Coût unitaire (par litre, kilogramme, bouteille)} = \frac{\text{Coût total de fabrication}}{\text{Total des unités produites (litres, kilogrammes, bouteilles)}}$$

On ne peut distinguer l'unité d'un produit spécifique (litre, kilogramme, bouteille) des autres unités fabriquées de ce même produit. C'est pourquoi le même coût de revient moyen est attribué à toutes les unités produites durant la période. Cette technique permet d'obtenir un coût unitaire moyen s'appliquant aux unités homogènes produites de façon continue.

5.1.2 Le système de coûts de revient par commande

L'entreprise privilégie un **système de coûts de revient par commande** quand elle fabrique des produits différents au cours de la même période. Par exemple, au cours d'un même mois, une usine de vêtements Parasuco Jeans fabriquerait habituellement plusieurs types de jeans pour homme et pour femme. Une commande précise consisterait à confectionner 1 000 jeans pour homme en denim bleu délavé à la pierre, numéro de modèle A312, tour de taille de 80 centimètres et couture d'entrejambe de 75 centimètres. Cette production de 1 000 jeans constitue un lot ou une commande. Dans un système de coûts de revient par commande, les coûts sont retracés puis affectés à chaque commande. On obtient le coût de revient moyen par unité en divisant les coûts de la commande par le nombre d'unités produites.

Les projets de construction de grande envergure de Pomerleau, les avions commerciaux fabriqués par Bombardier, les cartes de souhaits conçues et imprimées chez Hallmark, et les repas servis dans les avions après avoir été préparés par Gate Gourmet se prêteraient tous très bien à un système de coûts de revient par commande. Ces exemples se caractérisent tous par des produits différents. Chaque projet de Pomerleau sera unique (l'entreprise pourra construire simultanément un terminal maritime et un parc éolien). De même, chaque compagnie aérienne commandera un type de repas différent auprès du traiteur Gate Gourmet.

Le système de coûts de revient par commande est aussi largement utilisé dans l'industrie des services. Hôpitaux, cabinets d'avocats, studios de cinéma, cabinets d'expertise comptable, agences de publicité et ateliers de réparation fonctionnent tous avec un système de coûts de revient par commande pour accumuler les coûts aux fins de comptabilité et de facturation. Radio-Canada, par exemple, devrait recourir à ce système pour la retransmission des Jeux olympiques de Tokyo en 2020.

OA1

Distinguer le système de coûts de revient en fabrication uniforme et continue du système de coûts de revient par commande, et désigner des entreprises recourant à chacun de ces systèmes.

Système de coûts de revient en fabrication uniforme et continue

Système de calcul du coût de revient utilisé quand une entreprise fabrique de nombreuses unités d'un produit sensiblement homogène (par exemple, du papier ou des lingots d'aluminium) circulant régulièrement et sur une base continue tout au long du processus de fabrication.

5

Système de coûts de revient par commande

Système de calcul permettant de déterminer les coûts lorsque de nombreux produits ou services différents sont réalisés au cours de chaque période.

Bien que l'exemple détaillé du système de coûts de revient par commande de la section 5.2 traite d'une entreprise manufacturière, de nombreuses entreprises de service privilégient les mêmes concepts de base et procédures. La principale différence qu'on note dans le cas des entreprises de service est l'absence de matières premières dans leurs coûts. Par exemple, un cabinet d'expertise comptable indiquerait, dans ses composantes de coûts, la main-d'œuvre directe et des frais indirects, mais non les matières premières, parce que ce cabinet ne fabrique aucun produit matériel. Toutefois, pour éviter les répétitions, nous utiliserons la situation des entreprises manufacturières pour illustrer les concepts dans ce chapitre, et nous traiterons des particularités qui s'appliquent à la prestation de services dans les exercices et les problèmes.

La tenue des livres comptables et l'attribution des coûts sont plus complexes quand l'entreprise vend des produits et services variés plutôt qu'un seul. Les produits étant différents, les coûts seront en général différents aussi. Ainsi, l'entreprise devra tenir des registres de coûts pour chaque produit ou commande. Par exemple, l'avocat d'un grand cabinet spécialisé en droit pénal constatera séparément les coûts relatifs au conseil et à la défense de chaque client. L'usine Parasuco Jeans dont il a été question plus haut enregistrera séparément les coûts d'exécution d'une commande pour des teintes, des tailles et des modèles de jeans particuliers. En général, un système de coûts de revient par commande exigera donc plus d'efforts qu'un système de coûts de revient en fabrication uniforme et continue. En Amérique du Nord, plus de la moitié des entreprises manufacturières fonctionnent avec un système de coûts de revient par commande[1].

Dans le présent chapitre, nous nous concentrerons sur la conception d'un système de coûts de revient par commande. Au chapitre 6, nous étudierons le système de coûts de revient en fabrication uniforme et continue, et nous présenterons les similitudes et les différences des deux systèmes.

Question éclair 5.1

Parmi les produits et services suivants, déterminez ceux dont une entreprise est susceptible d'établir le coût de revient au moyen d'un système de coûts de revient par commande, et ceux pour lesquels elle est susceptible d'utiliser un système de coûts de revient en fabrication uniforme et continue : du papier essuie-tout, des services juridiques, des réparations d'automobiles, de la peinture pour bâtiments, des bagues de fiançailles, des produits d'entretien ménager, des croisières dans les Caraïbes et des feuilles de contreplaqué de 4 pieds sur 8.

5.2 Une vue d'ensemble du système de coûts de revient par commande

OA2

Illustrer le cheminement des coûts dans un système de coûts de revient par commande.

Pour comprendre la nature du système de coûts de revient par commande, nous suivrons le cheminement d'un produit tout au long de son processus de fabrication. Ce produit consiste en deux attelages expérimentaux que Machinerie Yost a accepté de fabriquer pour Loupe inc., un fabricant de montagnes russes. Les attelages relient les véhicules, et constituent un élément clé de la performance et de la sécurité du manège. Comme nous l'avons vu au chapitre 2, les entreprises classeront généralement les coûts de fabrication en trois grandes catégories :

1. Les matières premières ;
2. La main-d'œuvre directe ;
3. Les frais indirects de fabrication.

L'étude du système des coûts de revient par commande nous permettra de comprendre comment ces trois types de coûts sont enregistrés et accumulés. Au fil de l'exemple qui suit, vous pouvez vous reporter au résumé du cheminement des documents présenté plus loin dans le chapitre, à la figure 5.5 (*voir la page 205*).

5.2.1 La détermination du coût des matières premières

Nomenclature

Document indiquant le type et la quantité des matières premières nécessaires à la fabrication d'un produit.

Machinerie Yost a besoin de quatre attaches G7 et de deux boîtiers M46 afin de fabriquer deux attelages expérimentaux pour son client Loupe inc. Si l'attelage devenait un produit standard, il y aurait une **nomenclature** du type et de la quantité de matières premières nécessaires à sa fabrication. Comme il n'existe ici aucune nomenclature, le personnel de

---

1. Ce chapitre présente le fonctionnement d'un système de coûts de revient par commande qui suppose qu'une entreprise ne fabrique que des produits exempts de toute défectuosité. L'annexe 5B (disponible sur la plateforme *i+ Interactif*) explique comment tenir compte des pertes occasionnées par des unités défectueuses dans un tel système.

production de Machinerie Yost déterminera les matières premières nécessaires à partir du projet présenté par le client. La fabrication de chaque attelage nécessitera finalement deux attaches et un boîtier. Les deux attelages expérimentaux exigeront donc quatre attaches et deux boîtiers.

Lorsque les parties s'entendent sur les quantités, les prix et la date d'expédition d'une commande, l'entreprise qui exécute la commande remplit un ordre de travail. Le service de la production prépare alors un bon de sortie de matières semblable au bon de la figure 5.1. Le **bon de sortie de matières** précise la nature et la quantité de matières à obtenir, et autorise leur sortie du magasin. Ce document fait aussi état de la commande à laquelle les coûts des matières doivent être attribués. Enfin, il permet de contrôler le cheminement des matières en production et constitue un élément d'information pour enregistrer les opérations dans les livres comptables.

Selon le bon de sortie de matières de Machinerie Yost illustré à la figure 5.1, le service de fraisage a commandé deux boîtiers M46 et quatre attaches G7 pour la commande 2B47. Une fois rempli, ce bon sera présenté au magasinier qui, en retour, remettra les matières premières requises. Notons que le magasinier ne peut autoriser la sortie de matières premières sans qu'on lui remette un bon portant une signature autorisée. Précédemment, nous avons employé sans distinction les termes « matières premières » et « matières », qu'il convient ici de différencier. Les matières premières consistent en des éléments directement incorporés aux produits fabriqués ou aux services offerts, alors que les matières constituent des composantes brutes transformées en produits finis. Les produits semi-finis ou les fournitures nécessaires à la prestation d'un service peuvent parfois être considérés comme des matières premières s'ils revêtent suffisamment d'importance pour être directement incorporés aux produits ou aux services en question, même s'il ne s'agit pas de matières à proprement parler. En somme, les matières brutes peuvent constituer des matières premières, mais les matières premières ne sont pas forcément constituées de matières brutes.

Bon de sortie de matières

Document précisant la nature et la quantité de matières à obtenir, et autorisant leur sortie du magasin ; le document fait aussi état de la commande à laquelle les coûts des matières doivent être attribués.

FIGURE 5.1 Un exemple de bon de sortie de matières

No du bon de sortie de matières : 14873 | Date : 2 mars

No de la commande : 2B47

Service : de fraisage

Description	Quantité	Coût unitaire	Total
Boîtier M46	2	124 $	248 $
Attache G7	4	103 $	412
			660 $

5.2.2 La fiche de coût de revient

Après avoir été informé que l'ordre de travail a été rempli, le service de la comptabilité préparera une fiche de coût de revient semblable à celle de la figure 5.2 (*voir la page suivante*). La **fiche de coût de revient** est un formulaire préparé pour chaque commande sur lequel sont inscrits les matières premières, la main-d'œuvre et les frais indirects de

Fiche de coût de revient

Formulaire préparé pour chaque commande sur lequel on inscrit les matières premières, la main-d'œuvre et les frais indirects de fabrication imputés à la commande.

fabrication imputés à la commande. Une fois les matières premières acheminées à la production, le progiciel de coûts de revient par commande du service de la comptabilité créera automatiquement une fiche de coût de revient semblable à celle présentée à la figure 5.2.

Comme l'illustre la figure 5.2, le coût des matières premières de **660 $** figurant sur le bon de sortie de matières (*voir la figure 5.1 à la page 197*) a été attribué à la commande **2B47** sur la fiche de coût de revient. Le n° **14873** du bon de sortie apparaît aussi sur la fiche de coût de revient. Ce numéro permettra de déterminer le document ayant servi à la facturation des matières premières.

Non seulement la fiche de coût de revient permet-elle d'attribuer les coûts aux produits, mais elle constitue aussi une composante clé des livres comptables. Il suffira de faire la somme des coûts accumulés sur les fiches de coût de revient relatives aux commandes en cours de fabrication d'une période pour établir la valeur du stock de produits en cours.

Les fiches de coût de revient constituent en quelque sorte le grand livre auxiliaire du compte de stock de produits en cours. La somme des coûts accumulés sur les fiches de coût de revient en cours de réalisation doit être égale au solde du compte de stock de produits en cours.

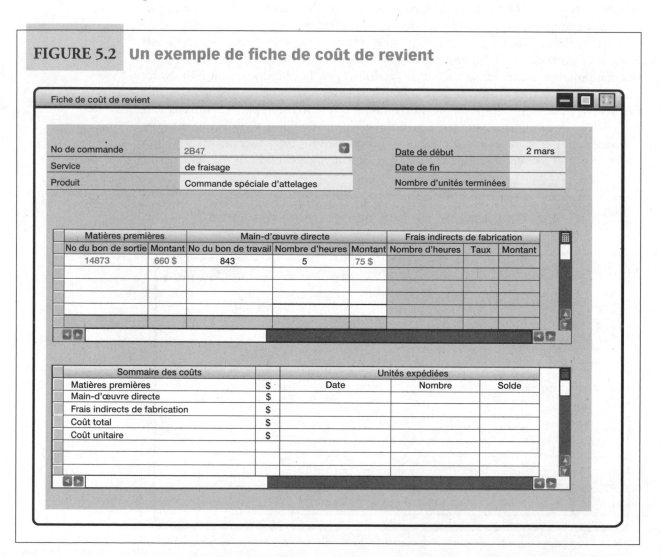

FIGURE 5.2 **Un exemple de fiche de coût de revient**

5.2.3 La détermination du coût de la main-d'œuvre directe

Le traitement du coût de la main-d'œuvre directe et du coût des matières premières est sensiblement le même. La main-d'œuvre directe se compose des coûts de main-d'œuvre qu'il est facile d'attribuer à une commande donnée. À l'opposé, les coûts de main-d'œuvre difficilement attribuables à une commande en particulier font partie des frais indirects de fabrication. Comme nous l'avons expliqué au chapitre 2, cette dernière catégorie de coûts de main-d'œuvre est désignée sous le nom de « main-d'œuvre indirecte ». Elle comprend des tâches comme l'entretien, la surveillance et le nettoyage.

Le **bon de travail** permet à l'employé d'enregistrer les heures qu'il consacre à chaque commande et à chaque tâche. La figure 5.3 constitue un exemple de bon de travail.

Bon de travail

Document servant à enregistrer les heures de travail qu'un employé consacre à chaque commande et à chaque tâche au cours d'une journée.

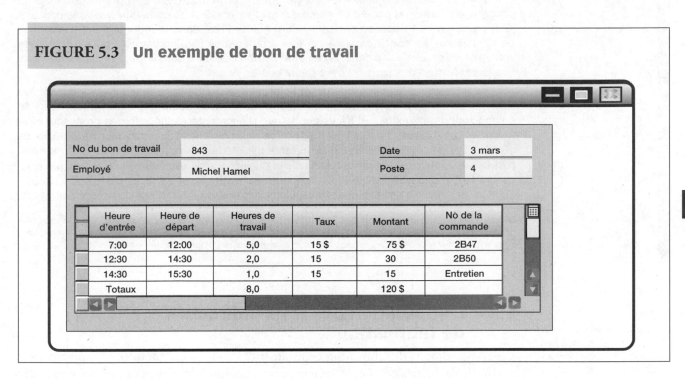

FIGURE 5.3 Un exemple de bon de travail

| No du bon de travail | 843 | | Date | 3 mars |
| Employé | Michel Hamel | | Poste | 4 |

	Heure d'entrée	Heure de départ	Heures de travail	Taux	Montant	Nò de la commande
	7:00	12:00	5,0	15 $	75 $	2B47
	12:30	14:30	2,0	15	30	2B50
	14:30	15:30	1,0	15	15	Entretien
	Totaux		8,0		120 $	

De nos jours, nombre d'entreprises se servent de systèmes informatiques (plutôt que de formats papier) pour tenir les bons de travail de leurs employés à jour. Un bon de travail dûment rempli présente le sommaire des heures de travail consacrées à différentes activités par un employé dans une journée. Pour créer des bons de travail par ordinateur, on peut notamment saisir les données au moyen de codes à barres. Chaque employé et chaque commande disposent d'un code à barres unique. Quand un employé commence un travail, il numérise trois codes à barres à l'aide d'un lecteur optique très semblable à ceux que l'on trouve dans les épiceries. Le premier code indique le début d'une commande ; le second est celui de la carte d'identité de l'employé ; enfin, le troisième est le code de la commande. Grâce à un réseau électronique, cette information est automatiquement acheminée vers un ordinateur qui enregistre l'heure et les données. Quand l'employé termine une tâche, il numérise un code à barres indiquant que le travail est terminé, le code à barres de sa carte d'identité et le code à barres de la commande. Cette information est transférée à l'ordinateur, qui enregistre à nouveau l'heure ; un bon de travail est ensuite préparé automatiquement. Puisque toutes les données de base se trouvent déjà dans les fichiers de l'ordinateur, les coûts de la main-d'œuvre peuvent être saisis automatiquement sur les fiches de coût de revient ou leur équivalent électronique. Les ordinateurs, associés à une technologie telle que celle des codes à barres, éliminent la corvée des activités routinières de la tenue des livres tout en réduisant les délais d'enregistrement et en offrant une précision accrue.

Par exemple, à la figure 5.3, un coût de main-d'œuvre directe de 75 $ est rattaché au numéro de commande 2B47. Ce montant s'affiche automatiquement sur la fiche de coût de revient présentée à la figure 5.2. Par ailleurs, le bon de travail de la figure 5.3 présente également un coût de main-d'œuvre indirecte de 15 $ lié à des activités d'entretien. Comme ce montant fait partie des frais indirects de fabrication, il ne se retrouve pas sur la fiche de coût de revient.

5

SUR LE TERRAIN

La révolution du code universel des produits (CUP)

Le concept était tout simple : une série de 59 barres noires et blanches utilisées en alternance pour réduire l'attente dans la file à l'épicerie et procurer aux supermarchés un nouvel outil pour assurer la traçabilité de leurs produits. Toutefois, depuis sa première utilisation pour lire le prix sur un paquet de gomme à mâcher en 1974, le code universel des produits (CUP) a largement dépassé cette vocation. Aujourd'hui, dans le monde entier, on lit plus de 10 milliards de codes à barres par jour à différentes fins, notamment pour retracer les ventes et les stocks en épicerie, enregistrer l'embarquement des passagers dans les avions et assurer le suivi des colis envoyés par la poste.

Les lecteurs d'identification par radiofréquence (RFID) commencent à remplacer les lecteurs de codes à barres, car malgré leur coût d'implantation plus élevé, notamment lié à l'apposition d'étiquettes RFID, ils permettent d'augmenter l'efficacité des processus. Par exemple, l'entreprise sud-coréenne Kumho Tire place de telles étiquettes dans tous les pneus qu'elle fabrique. Elle les installe dans le calandrage intérieur de chaque pneu, ce qui lui permet d'effectuer le suivi des données relatives à la qualité, à la performance et au temps de fabrication. Grâce à la technologie RFID, l'entreprise prévoit parvenir à réduire ses coûts de fabrication, de contrôle de la qualité et de logistique d'environ 9,5 millions de dollars par année.

Source : Adapté de « A Grocery Store Icon Turns 35 : Bar Code Birthday », *National Post*, 29 juin 2009, p. FP4 ; et de TIRE REVIEW STAFF, « Kumho Now Including RFID Tags in All Tires », *Tire Review*, 19 juin 2013, [En ligne], <www.tirereview. com/Article/114971/kumho_now_including_rfid_tags_in_all_tires.aspx> (Page consultée le 13 mars 2015).

OA3

Calculer les taux d'imputation prédéterminés des frais indirects de fabrication et expliquer pourquoi les frais indirects de fabrication prévus (plutôt que les frais réels) sont utilisés dans le calcul du coût de revient.

5.2.4 L'imputation des frais indirects de fabrication

Les frais indirects de fabrication étant aussi des coûts incorporables, ils doivent faire partie de la fiche de coût de revient d'une commande, tout comme les coûts des matières premières et de la main-d'œuvre directe. Cependant, l'attribution des frais indirects de fabrication à des unités de produit peut se révéler difficile. Il y a trois raisons à cela :

1. Les frais indirects de fabrication constituent des coûts indirects. Il est donc difficile, voire impossible, de les relier à une commande ou à un produit particulier.

2. Les frais indirects de fabrication se composent de nombreux éléments ; ces frais vont de la graisse utilisée dans les machines au salaire annuel du directeur de la production.

3. La production varie en raison de facteurs saisonniers ou d'autres facteurs et les frais indirects de fabrication peuvent être engagés de façon variable dans le temps. Par exemple, les taxes foncières peuvent être payées une fois l'an, alors que d'autres dépenses seront encourues trimestriellement, mensuellement ou au fur et à mesure de leur acquisition.

Étant donné ces difficultés, la seule manière d'attribuer des frais indirects de fabrication aux produits est le recours à une méthode d'imputation. Cette répartition des frais indirects de fabrication se fait à l'aide d'une base de répartition commune à tous les produits et services de l'entreprise. Une **base de répartition** est une mesure de l'activité qui permet d'imputer les frais indirects de fabrication aux produits et aux services.

Les bases de répartition les plus largement utilisées sont les heures de main-d'œuvre directe, les coûts de la main-d'œuvre directe, les heures-machines et certaines unités de produit (lorsque l'entreprise ne fabrique qu'un seul produit).

La base de répartition est utilisée pour calculer le **taux d'imputation prédéterminé des frais indirects de fabrication**. Pour ce faire, on divise le total des frais indirects de

Base de répartition

Mesure de l'activité, comme les heures de main-d'œuvre directe ou les heures-machines, permettant d'imputer les frais indirects aux objets de coût.

Taux d'imputation prédéterminé des frais indirects de fabrication

Taux permettant d'imputer les frais indirects de fabrication aux commandes en cours de production ; ce taux est prédéterminé pour chaque période à partir des frais indirects de fabrication prévus et du total d'activités prévu selon la base de répartition choisie.

fabrication prévus pour la période par le volume d'unités d'œuvre prédéterminé selon la base de répartition choisie, conformément à la formule suivante :

Taux d'imputation prédéterminé des frais indirects de fabrication = $\dfrac{\text{Total des frais indirects de fabrication prévus}}{\text{Volume d'unités d'œuvre prédéterminé selon la base de répartition choisie}}$

Notons que le taux d'imputation prédéterminé des frais indirects de fabrication est basé sur une prévision plutôt que sur des chiffres réels, et ce, parce que le taux d'imputation prédéterminé des frais indirects de fabrication est calculé avant que la période commence et est utilisé pour imputer les frais indirects de fabrication aux commandes pendant toute la période. Le processus d'imputation des frais indirects de fabrication aux commandes s'appelle **imputation des frais indirects de fabrication.** La formule permettant de déterminer le montant des frais indirects de fabrication à imputer à une commande donnée est la suivante :

Imputation des frais indirects de fabrication

Activité consistant à imputer les frais indirects de fabrication aux commandes.

Frais indirects de fabrication imputés à une commande = Taux d'imputation prédéterminé des frais indirects de fabrication × Volume d'unités d'œuvre réel attribué à la commande selon la base de répartition choisie

Supposons par exemple que le taux d'imputation prédéterminé des frais indirects de fabrication est de 8 $ par heure de main-d'œuvre directe. De ce fait, on imputera des frais indirects de fabrication de 8 $ à une commande pour chaque heure de main-d'œuvre directe découlant de cette commande. Quand la base de répartition repose sur les heures de main-d'œuvre directe, la formule devient :

Frais indirects de fabrication imputés à une commande = Taux d'imputation prédéterminé des frais indirects de fabrication × Heures de main-d'œuvre directe réelles attribuées à la commande

L'utilisation du taux d'imputation prédéterminé des frais indirects de fabrication

Pour illustrer les étapes nécessaires au calcul et à l'utilisation d'un taux d'imputation prédéterminé des frais indirects de fabrication, reprenons l'exemple de Machinerie Yost. Selon certaines estimations, les frais indirects de fabrication de la période totaliseront 320 000 $.

Le nombre d'heures de main-d'œuvre directe s'établira à 40 000[2]. Le taux d'imputation prédéterminé des frais indirects de fabrication de la période sera de 8 $ par heure de main-d'œuvre directe, comme on l'illustre ci-dessous :

Taux d'imputation prédéterminé des frais indirects de fabrication = $\dfrac{\text{Total des frais indirects de fabrication prévus}}{\text{Volume d'unités d'œuvre prédéterminé selon la base de répartition choisie}}$

8 $ par heure de main-d'œuvre directe = $\dfrac{320\ 000\ \$}{40\ 000\ \text{heures de main-d'œuvre directe}}$

---

2. L'annexe 5A (disponible sur la plateforme *i+ Interactif*) explique les effets sur le taux d'imputation prédéterminé des frais indirects de fabrication d'un volume d'unités d'œuvre fondé sur la capacité.

La fiche de coût de revient de la figure 5.4 indique que **27** heures de main-d'œuvre directe ont été attribuées à la commande **2B47**. On imputera donc à la commande des frais indirects de fabrication de **216 $**.

Système de coûts de revient rationnels (ou normalisés)

Système de coûts de revient dans lequel les frais indirects de fabrication sont imputés aux commandes ou aux produits en multipliant un taux d'imputation prédéterminé des frais indirects de fabrication par le volume d'unités d'œuvre réel attribué à la commande ou au produit, selon la base de répartition retenue.

Les frais indirects ont été inscrits sur la fiche de coût de revient de la figure 5.4. Notons qu'il ne s'agit pas du montant réel des frais indirects de fabrication engendrés par la commande. On ne peut relier les frais indirects de fabrication réels aux commandes; si on pouvait le faire, les frais seraient des coûts directs, et non des coûts indirects. Les frais indirects imputés à la commande sont simplement une part du total des frais indirects de fabrication prévus au début de la période. Quand une entreprise impute les frais indirects de fabrication aux commandes comme nous l'avons fait (c'est-à-dire en multipliant le volume réel de l'activité par le taux d'imputation prédéterminé des frais indirects de fabrication), il est alors question d'un **système de coûts de revient rationnels ou normalisés**.

FIGURE 5.4 **Un exemple de fiche de coût de revient remplie**

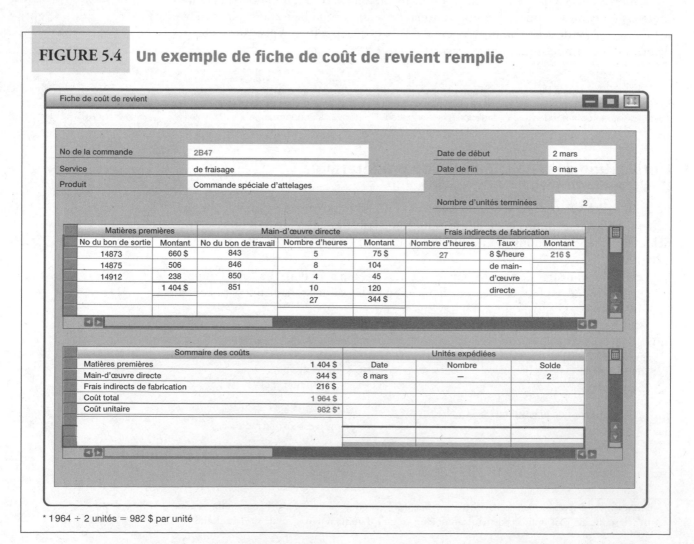

* 1 964 ÷ 2 unités = 982 $ par unité

Les frais indirects de fabrication peuvent être imputés à mesure que les heures de main-d'œuvre directe seront attribuées aux commandes ou lorsque la commande sera terminée. Ce choix revient à l'entreprise. Cependant, quand une commande n'est pas complétée à la fin d'une période, l'entreprise doit imputer les frais indirects de fabrication pour évaluer le coût des unités en cours de production.

La nécessité d'un taux prédéterminé

Au lieu d'utiliser un taux prédéterminé, l'entreprise pourrait attendre la fin de la période financière et calculer le taux d'imputation réel des frais indirects de fabrication basé sur le total réel des frais indirects de fabrication et le total réel du volume d'unités d'œuvre pour la période, selon la base de répartition retenue.

Les gestionnaires invoquent cependant de nombreuses raisons pour faire appel à des taux d'imputation prédéterminés des frais indirects de fabrication au lieu des taux d'imputation réels :

1. Avant la fin de la période financière, les gestionnaires aimeraient connaître le coût des commandes terminées. Supposons, par exemple, que Machinerie Yost attend la fin de la période pour calculer son taux d'imputation des frais indirects de fabrication. Il n'existe aucune façon pour les gestionnaires de connaître le coût de revient des produits vendus pour la commande 2B47 avant la fin de la période, même si la fabrication des attelages est terminée et qu'ils ont été expédiés au client en mars. L'entreprise peut relativiser ce problème en calculant les frais indirects de fabrication réels plus souvent. Elle se trouvera cependant devant un autre problème, comme il est expliqué ci-dessous.

2. Lorsque les taux d'imputation prédéterminés des frais indirects de fabrication sont fréquemment calculés, des facteurs saisonniers liés aux frais indirects de fabrication ou à la base de répartition peuvent engendrer des fluctuations de taux. Par exemple, les coûts du chauffage et de la climatisation d'une installation de production à Halifax seront plus élevés pendant les mois d'hiver et d'été qu'au printemps et à l'automne. Si on l'établissait chaque mois ou chaque trimestre, le taux d'imputation des frais indirects de fabrication augmenterait pendant l'hiver et pendant l'été, et diminuerait au cours des deux autres saisons. Deux commandes identiques, l'une achevée en hiver et l'autre au printemps, se verraient alors attribuer des coûts différents en raison des variations dues à l'utilisation d'un taux d'imputation des frais indirects de fabrication calculé sur une base mensuelle ou trimestrielle. En général, les gestionnaires pensent que de telles fluctuations des taux d'imputation des frais indirects de fabrication se révèlent inutiles et trompeuses.

3. L'utilisation d'un taux d'imputation prédéterminé des frais indirects de fabrication simplifie la tenue des livres. Le personnel comptable de Machinerie Yost déterminera les frais indirects de fabrication applicables à une commande en multipliant le nombre d'heures de main-d'œuvre directe inscrites pour la commande par le taux d'imputation prédéterminé des frais indirects de fabrication de 8 $ par heure de main-d'œuvre directe.

Pour ces raisons, la plupart des entreprises utiliseront des taux d'imputation prédéterminés des frais indirects de fabrication plutôt que des taux d'imputation réels dans leur système de coûts de revient.

Le choix d'une base de répartition pour les frais indirects de fabrication

La base de répartition retenue pour calculer le taux d'imputation prédéterminé des frais indirects de fabrication devrait être l'inducteur de coût de ces frais indirects. Un **inducteur de coût** est un facteur — tel que les heures-machines, le nombre de lits occupés, le temps d'utilisation des ordinateurs et les heures de vol — qui génère des coûts. Si, pour calculer les taux d'imputation des frais indirects de fabrication, on opte pour

Question éclair **5.2**

Les gestionnaires de Systèmes automatisés inc. prévoient, pour l'exercice en cours, des frais indirects de fabrication de 350 000 $ et 4 000 heures de fonctionnement de machines spécialisées. En supposant que l'entreprise utilise les heures-machines comme base de répartition, calculez le taux d'imputation prédéterminé qui lui servira à attribuer les frais indirects de fabrication à ses commandes. Si les machines spécialisées doivent fonctionner pendant 250 heures pour fabriquer les pièces nécessaires à la commande 427B, calculez le montant des frais indirects de fabrication qui sera imputé à cette commande.

5

Inducteur de coût

Facteur qui génère des coûts, tel que des heures-machines, le nombre de lits occupés, le temps d'utilisation des ordinateurs et les heures de vol.

une base qui n'induit pas les frais indirects, on obtiendra des taux d'imputation des frais indirects de fabrication imprécis et des coûts de revient des produits faussés. Par exemple, si les heures de main-d'œuvre directe sont utilisées pour imputer les frais indirects de fabrication, mais que dans les faits, les frais indirects de fabrication ont peu à voir avec les heures de main-d'œuvre directe, les produits requérant un nombre d'heures de main-d'œuvre directe élevé endosseront une portion irréaliste des frais indirects de fabrication et seront surévalués.

La plupart des entreprises prennent les heures de main-d'œuvre directe ou le coût de la main-d'œuvre directe comme base de répartition des frais indirects de fabrication. Cependant, la structure des coûts de nombreuses industries est l'objet de profondes modifications. Dans le passé, la main-d'œuvre directe constituait jusqu'à 60 % du coût d'un grand nombre de produits, les frais indirects de fabrication ne représentant qu'une partie du reste. Deux raisons sont à l'origine de ces changements. En premier lieu, l'outillage automatisé très perfectionné assume des fonctions qui étaient auparavant réservées à la main-d'œuvre directe. Les coûts d'acquisition et d'entretien d'un tel outillage étant classés à titre de frais indirects de fabrication, ils ont pour effet de faire augmenter les frais indirects et de réduire en même temps ceux de la main-d'œuvre directe. En second lieu, les produits deviennent de plus en plus perfectionnés et complexes, et font l'objet de changements plus fréquents. Ces modifications font augmenter le besoin de main-d'œuvre indirecte hautement qualifiée telle que les ingénieurs. Ces deux tendances ont pour conséquence que la main-d'œuvre directe devient un facteur moins important et, qu'à l'inverse, les frais indirects deviennent un facteur plus important dans le coût des produits de nombreuses industries.

Dans les entreprises où la main-d'œuvre directe et les frais indirects de fabrication se sont déplacés dans des directions opposées, il serait difficile d'affirmer que la main-d'œuvre directe « génère » les frais indirects. En conséquence, ces dernières années, les gestionnaires de certaines organisations ont utilisé les principes de la comptabilité par activités pour repenser leurs systèmes de coûts de revient. La méthode des coûts par activités permet de refléter de manière plus précise la consommation des ressources indirectes par les produits, les clients et d'autres objets de coûts. Nous expliquerons plus en détail l'approche basée sur les activités au chapitre 7.

Bien que la main-d'œuvre directe puisse ne pas être une base de répartition appropriée au sein de certaines industries, elle demeure néanmoins un inducteur important des frais indirects de fabrication dans d'autres organisations. Nous devons comprendre que la base de répartition retenue par l'entreprise devrait réellement induire les frais indirects, ou en être à l'origine, et que la main-d'œuvre directe ne constitue pas toujours une base de répartition appropriée.

5.2.5 Le calcul des coûts unitaires

Après avoir imputé les frais indirects de fabrication de Machinerie Yost de **216 $** sur la fiche de coût de revient de la figure 5.4 (*voir la page 202*), on a presque rempli la fiche. On doit ensuite transférer les totaux concernant les matières premières, la main-d'œuvre directe et les frais indirects de fabrication dans la section « Sommaire des coûts » de la fiche de coût de revient, puis additionner ces totaux pour obtenir le coût de revient total.

Le coût total (**1 964 $**) est ensuite divisé par le nombre d'unités (**2**) pour obtenir le coût unitaire (**982 $**). Comme nous l'avons précisé, le coût unitaire est un coût moyen et ne doit pas être interprété comme le coût réel qui serait engagé si une autre unité devait être produite. La plupart des frais indirects de fabrication réels ne changeraient pas si l'entreprise produisait une autre unité, car ces frais sont fixes. Par conséquent, le coût marginal d'une unité supplémentaire serait sans doute inférieur au coût unitaire moyen de 982 $.

Une fois remplie, la fiche de coût de revient permettra d'évaluer le coût du stock de produits finis pour les commandes non vendues et de déterminer le coût des ventes.

Question éclair **5.3**

Expliquez pourquoi il faut attribuer certains coûts de fabrication à des produits à l'aide d'un processus d'imputation.

5.2.6 Un résumé du cheminement des documents

La succession d'événements exposée précédemment est résumée à la figure 5.5. Une étude attentive du cheminement des documents présenté dans cette figure offrira une bonne vue d'ensemble du fonctionnement global d'un système de coûts de revient par commande.

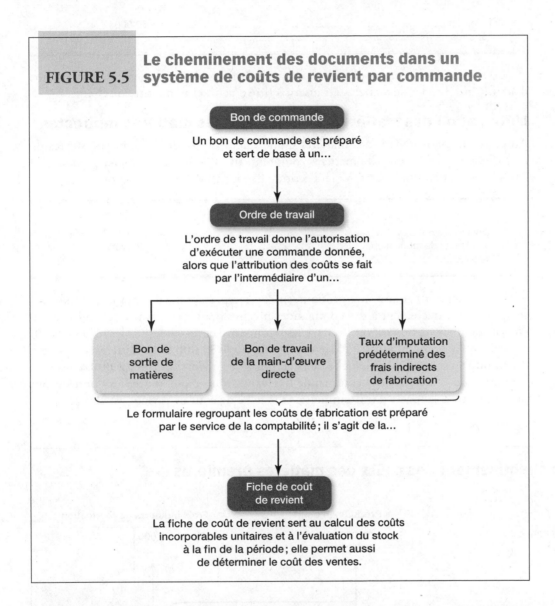

FIGURE 5.5 Le cheminement des documents dans un système de coûts de revient par commande

Bon de commande

Un bon de commande est préparé et sert de base à un...

Ordre de travail

L'ordre de travail donne l'autorisation d'exécuter une commande donnée, alors que l'attribution des coûts se fait par l'intermédiaire d'un...

Bon de sortie de matières

Bon de travail de la main-d'œuvre directe

Taux d'imputation prédéterminé des frais indirects de fabrication

Le formulaire regroupant les coûts de fabrication est préparé par le service de la comptabilité ; il s'agit de la...

Fiche de coût de revient

La fiche de coût de revient sert au calcul des coûts incorporables unitaires et à l'évaluation du stock à la fin de la période ; elle permet aussi de déterminer le coût des ventes.

5.3 Le coût de revient par commande et l'enregistrement des coûts

Examinons maintenant plus en détail le cheminement des coûts dans le système comptable d'une entreprise. Pour ce faire, nous analyserons les activités mensuelles de la société Rand, qui se spécialise dans la fabrication de médaillons commémoratifs en or et en argent. En avril, soit au cours du premier mois de sa période financière, deux commandes étaient en cours. Les coûts de fabrication de la commande A, qui a débuté en mars, s'élevaient à 30 000 $ au 1er avril. Cette commande consiste en une émission spéciale de 1 000 médaillons en or pour souligner le 150e anniversaire de la Confédération canadienne, qui sera célébré en 2017. La commande B consiste en la fabrication de 10 000 médaillons en argent commémorant le même événement ; elle a débuté en avril.

OA4

Préparer les écritures de journal pour enregistrer les coûts dans un système de coûts de revient par commande.

5.3.1 L'achat et l'utilisation des matières

Le 1er avril, Rand disposait de 7 000 $ de matières. Au cours du mois, l'entreprise a acquis des matières supplémentaires d'une valeur de 60 000 $. Voici l'écriture de journal de cette opération.

	1)		
Matières		60 000	
Comptes fournisseurs			60 000

Comme nous l'avons expliqué au chapitre 2, le stock de matières est un compte d'actif. Ainsi, l'achat de matières est inscrit à titre d'actif, et non à titre de charge.

L'utilisation des matières premières et des matières indirectes

Au cours du mois d'avril, des matières d'une valeur de 52 000 $ sont transférées du magasin à la production. Ces matières comprennent 50 000 $ de matières premières et 2 000 $ de matières indirectes. Voici l'écriture de journal de cette opération.

	2)		
Produits en cours		50 000	
Frais indirects de fabrication		2 000	
Matières			52 000

Les matières attribuées aux produits en cours représentent des matières premières se rattachant directement à des commandes précises. Comme ces matières figurent au compte de stock de produits en cours, elles seront aussi enregistrées sur les fiches de coût de revient. Ce point est illustré à la figure 5.6 où, sur le **50 000 $** de matières, une valeur de **28 000 $** est attribuée à la fiche de la commande A, alors que les **22 000 $** restants sont attribués à la fiche de la commande B. (Dans cet exemple, toutes les données sont présentées sous la forme d'un sommaire, et la fiche de coût de revient est abrégée.)

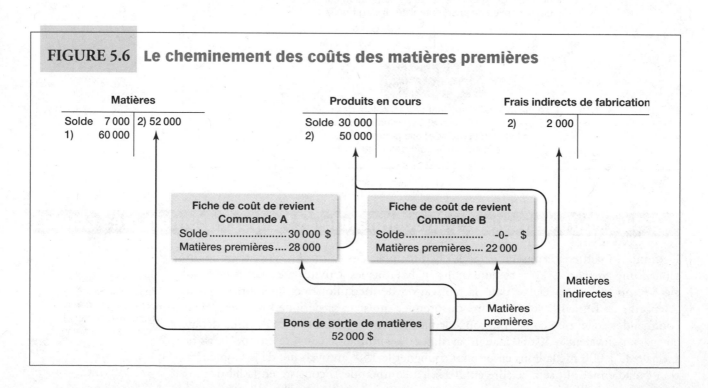

FIGURE 5.6 Le cheminement des coûts des matières premières

Le montant de **2 000 $** attribué aux frais indirects de fabrication dans l'écriture de journal 2) (*voir la figure 5.6*) correspond aux matières indirectes qui ont servi à la production du mois d'avril. Notons que le compte de frais indirects de fabrication est distinct du compte de stock de produits en cours. Le compte de frais indirects de fabrication sert à recenser tous les frais indirects de fabrication à mesure qu'ils sont engagés au cours d'une période donnée.

Le solde d'ouverture de la fiche de coût de revient de la commande A s'établit à **30 000 $**. Comme nous l'avons précisé, ce solde représente le coût du produit dont la fabrication a commencé en mars et s'est poursuivie en avril. Notons aussi que le compte de stock de produits en cours affiche un solde de **30 000 $**. Le montant de 30 000 $ apparaît aux deux endroits parce que le compte de stock de produits en cours est un compte de contrôle et que les fiches de coût de revient forment le grand livre auxiliaire. Ainsi, le compte de stock de produits en cours regroupe tous les coûts des commandes en cours figurant sur chacune des fiches de coût de revient à un moment donné.

La société Rand n'avait qu'une commande en cours de production au début du mois d'avril, soit la commande A. C'est pourquoi le solde de 30 000 $ figurant sur la fiche de coût de revient de la commande A est égal au solde du compte de stock de produits en cours.

L'utilisation de matières premières seulement

Les matières retirées du compte du stock de matières sont parfois toutes des matières premières. Voici l'écriture de journal requise pour enregistrer cette opération.

Produits en cours...	XXX	
Matières		XXX

5.3.2 Le coût de la main-d'œuvre

La fabrication du produit étant assurée par divers services de l'entreprise sur une base quotidienne, les travailleurs remplissent des bons de travail qui seront acheminés au service de la comptabilité. Les bons sont remplis selon le salaire horaire des employés, et les coûts obtenus sont classés à titre de main-d'œuvre directe ou indirecte. Pour le mois d'avril, les coûts de la main-d'œuvre directe s'élèvent à 60 000 $, et ceux de la main-d'œuvre indirecte, à 15 000 $; ils se constatent comme suit :

3)		
Produits en cours...	60 000	
Frais indirects de fabrication...	15 000	
Salaires et avantages à payer...		75 000

Seule la main-d'œuvre directe est ajoutée au compte des produits en cours. Au mois d'avril, le coût de la main-d'œuvre directe de la société Rand totalisait 60 000 $.

Comme l'illustre la figure 5.7 (*voir la page suivante*), on ajoute le coût de la main-d'œuvre directe aux produits en cours et on l'indique sur les fiches de coût de revient. En avril, les coûts de la main-d'œuvre directe affectée à la commande A et à la commande B étaient respectivement de **40 000 $** et de **20 000 $**.

Les coûts de main-d'œuvre attribués aux frais indirects de fabrication de 15 000 $ sont les coûts de la main-d'œuvre indirecte pour la période tels que ceux de la supervision et de l'entretien.

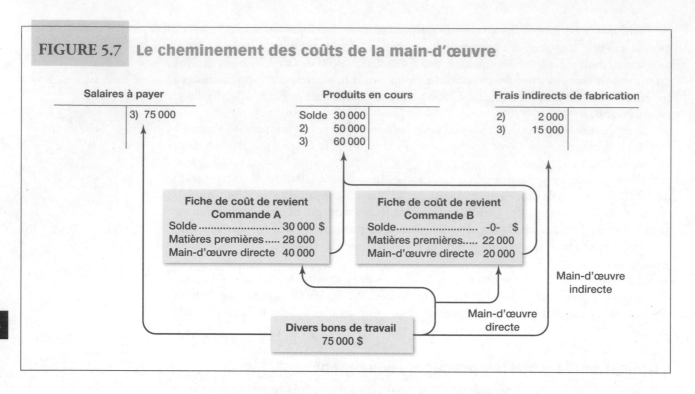

FIGURE 5.7   Le cheminement des coûts de la main-d'œuvre

5.3.3 Les frais indirects de fabrication

Rappelons que tous les coûts d'exploitation de l'usine autres que ceux des matières premières et de la main-d'œuvre directe sont classés en tant que frais indirects de fabrication. Ces coûts sont inscrits directement au compte de frais indirects de fabrication à mesure qu'ils sont engagés. Supposons que la société Rand a engagé les coûts de fonctionnement ci-après au cours du mois d'avril.

Services (chauffage, eau et électricité)	21 000 $
Location de matériel de production	16 000
Coûts de production divers	3 000
	40 000 $

Voici l'écriture de journal à passer pour enregistrer ces opérations.

4)		
Frais indirects de fabrication	40 000	
Comptes fournisseurs		40 000

L'assurance payée d'avance, acquise au coût de 7 000 $, a pris fin au mois d'avril. La protection de l'assurance concernait les bâtiments et les installations de l'usine. De plus, à cette date, Rand n'avait toujours pas effectué ses paiements d'impôt foncier de 13 000 $. Voici l'écriture de journal à passer pour enregistrer ces opérations.

5)		
Frais indirects de fabrication	20 000	
Impôt foncier à payer		13 000
Assurance payée d'avance		7 000

Enfin, supposons que l'amortissement de l'équipement de production du mois d'avril est de 18 000 $. Voici l'écriture de journal à passer pour enregistrer l'amortissement.

	6)		
Frais indirects de fabrication..		18 000	
Amortissement cumulé – Équipement de production........................			18 000

En bref, tous les frais indirects de fabrication sont enregistrés directement dans le compte de frais indirects de fabrication puisqu'ils sont engagés sur une base quotidienne tout au long d'une période. Il est important de comprendre que les frais indirects de fabrication constituent un compte de contrôle pour de nombreux comptes auxiliaires tels que les matières indirectes, la main-d'œuvre indirecte, les services de l'usine, etc. Puisque les coûts sont débités au compte de frais indirects de fabrication pendant une période, les divers comptes auxiliaires le seront aussi. Par souci de brièveté, nous avons omis les écritures de journal dans les comptes auxiliaires de l'exemple qui précède. Nous ferons de même pour les exercices de ce chapitre.

5.3.4 L'imputation des frais indirects de fabrication

Les frais indirects de fabrication réels étant attribués au compte de contrôle des frais indirects de fabrication plutôt qu'aux produits en cours, comment attribuer les frais indirects de fabrication aux produits en cours ? À l'aide du taux d'imputation prédéterminé. Rappelons qu'un taux d'imputation prédéterminé des frais indirects de fabrication est calculé au début de chaque période financière annuelle. Pour ce faire, on divise le total prévu des frais indirects de fabrication de la période financière par le volume d'unités d'œuvre prévu selon la base de répartition choisie (heures-machines, heures de main-d'œuvre directe, etc.). On privilégie alors le taux d'imputation prédéterminé des frais indirects de fabrication pour imputer les frais indirects aux commandes. Par exemple, supposons que les heures de main-d'œuvre directe constituent la base de répartition. Dans ce cas, on impute les frais indirects à chaque commande en multipliant le nombre d'heures de main-d'œuvre directe attribué à la commande par le taux d'imputation prédéterminé des frais indirects de fabrication.

Pour illustrer ce calcul, supposons que la société Rand a utilisé les heures-machines pour calculer son taux d'imputation prédéterminé des frais indirects et que ce taux est de 6 $ par heure-machine. Admettons aussi que, pendant le mois d'avril, le nombre d'heures-machines de la commande A et celui de la commande B s'élèvent respectivement à 10 000 et à 5 000, pour un total de 15 000 heures-machines.

Ainsi, des frais indirects de 90 000 $ (15 000 heures-machines × 6 $) seront imputés aux produits en cours. Voici l'écriture de journal requise pour enregistrer cette opération.

	7)		
Produits en cours..		90 000	
Frais indirects de fabrication[3]..			90 000

La figure 5.8 (*voir la page suivante*) illustre le cheminement des coûts dans le compte de frais indirects de fabrication. Les frais indirects de fabrication réels qui apparaissent au débit du compte de frais indirects de fabrication sont les coûts qui ont été ajoutés au compte dans les écritures de journal 2) à 6) (*voir les pages 206 à 209*). Notons que l'enregistrement de ces frais indirects réels et l'imputation des frais indirects aux produits en cours, soit l'écriture de journal 7) (*voir ci-dessus*), constituent deux processus séparés et entièrement distincts.

---

3. Notons que l'on pourrait utiliser un compte intitulé « Frais indirects de fabrication imputés ». À la fin de la période, on fermerait le compte de frais indirects de fabrication et celui de frais indirects de fabrication imputés en dégageant une surimputation ou une sous-imputation. Ces deux notions seront expliquées un peu plus loin.

OA5

Imputer les frais indirects de fabrication aux produits en cours à l'aide d'un taux d'imputation prédéterminé.

5

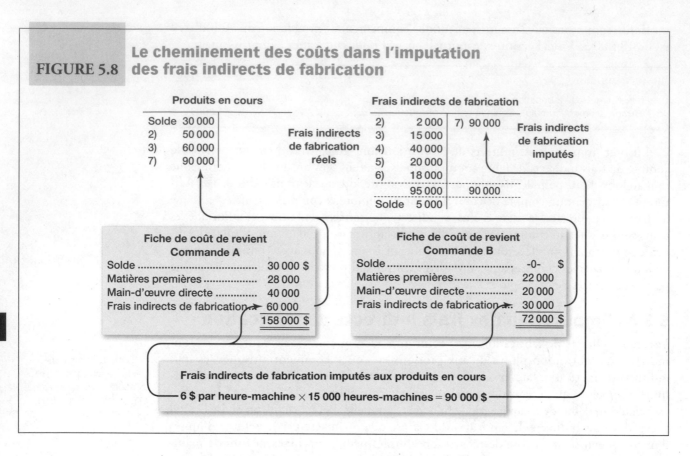

FIGURE 5.8 Le cheminement des coûts dans l'imputation des frais indirects de fabrication

Le concept de compte de contrôle

Le compte de frais indirects de fabrication est un compte de contrôle. Rappelons que les frais indirects de fabrication réels sont débités au compte à mesure qu'ils sont engagés, sur une base quotidienne, tout au long de la période. À certains intervalles au cours de la période, en général quand une commande est terminée, les frais indirects sont retirés du compte de frais indirects de fabrication, et imputés au compte de stock de produits en cours au moyen du taux d'imputation prédéterminé des frais indirects. Le compte de stock de produits en cours est alors débité et celui des frais indirects de fabrication est crédité. Cette suite d'événements est illustrée ci-après:

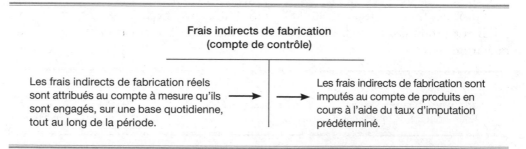

Le total des frais indirects réels engagés figurant au débit du compte de frais indirects de fabrication regroupe de nombreux types de frais indirects. Une courte liste de ces frais est présentée dans les écritures de journal 4), 5) et 6) (*voir les pages 208 et 209*). Le compte de contrôle au grand livre général est supporté par un grand livre auxiliaire contenant des renseignements détaillés sur chaque type de frais indirects.

Comme nous l'avons souligné précédemment, le taux d'imputation prédéterminé des frais indirects de fabrication est basé entièrement sur les prévisions de ce que devraient être les frais indirects, et il est établi avant que la période commence. En conséquence, les frais indirects imputés pendant une période se révéleront sans doute plus ou moins élevés que les frais indirects réellement engagés. Par exemple, à la figure 5.8, les frais indirects réels de la société Rand pour la période sont supérieurs de 5 000 $ aux frais indirects imputés aux produits en cours, d'où le solde débiteur de 5 000 $ dans le compte de frais indirects de fabrication. Nous parlerons de ce solde plus en détail à la section 5.4 (*voir la page 217*).

En se basant sur la figure 5.8, nous pouvons conclure pour le moment que le coût de fabrication d'un produit se compose du coût réel des matières premières utilisées, du coût réel de la main-d'œuvre et des frais indirects de fabrication imputés au produit. Nous devons porter une attention particulière au fait que les frais indirects réels ne sont pas attribués aux produits, que les frais indirects réels ne figurent ni sur la fiche de coût de revient ni au compte de stock de produits en cours, et que seuls les frais indirects basés sur le taux d'imputation prédéterminé des frais indirects doivent être présentés sur la fiche de coût de revient et au compte de stock de produits en cours.

Question éclair   5.4

Expliquez pourquoi les entreprises se servent de taux d'imputation prédéterminés des frais indirects de fabrication plutôt que des frais indirects de fabrication réels pour imputer les frais indirects de fabrication aux commandes.

5.3.5 Les coûts hors fabrication

Mis à part les coûts de fabrication, les entreprises engagent aussi des frais d'administration et des frais de vente. Comme nous l'avons expliqué au chapitre 2, ces frais devraient être traités comme des charges non incorporables et présentés directement à l'état des résultats. Les coûts hors fabrication ne doivent pas être inclus dans le compte de frais indirects de fabrication. Pour illustrer le traitement des coûts hors fabrication, supposons que la société Rand a engagé des frais d'administration de 30 000 $ au cours du mois d'avril, soit les salaires des employés de bureau. Voici l'écriture de journal à passer pour enregistrer cette opération.

8)		
Salaires	30 000	
Salaires et avantages à payer		30 000

Supposons que l'amortissement de l'équipement de bureau durant le mois d'avril a été de 7 000 $. Voici l'écriture de journal requise pour enregistrer cette opération.

9)		
Amortissement	7 000	
Amortissement cumulé – Équipement de bureau		7 000

Portez une attention particulière à la différence entre cette écriture de journal et l'écriture de journal 6) (*voir la page 209*) où l'amortissement de l'équipement de production a été débité aux frais indirects de fabrication et entre donc dans le coût de fabrication. À l'écriture de journal 9) ci-dessus, l'amortissement de l'équipement de bureau a été débité aux charges d'amortissement. L'amortissement de l'équipement de bureau est donc considéré comme un coût non incorporable qui ne fait pas partie du coût de fabrication. Il s'agit d'une charge de la période.

Admettons qu'au mois d'avril, les coûts de publicité et les autres frais de vente ont totalisé respectivement 42 000 $ et 8 000 $. Voici l'écriture de journal requise pour enregistrer ces coûts.

10)		
Publicité	42 000	
Autres frais de vente	8 000	
Comptes fournisseurs*		50 000
* Le compte « Caisse » aurait pu être crédité.		

Comme les montants des écritures de journal 8), 9) et 10) (*voir la page 211*) seront directement inscrits dans les comptes de charges, ils n'exerceront aucun effet sur l'établissement des coûts de revient de la production de la société Rand pour le mois d'avril. Il en sera de même pour les autres frais de vente et frais d'administration engagés durant le mois d'avril, soit les commissions sur les ventes, l'amortissement de l'équipement de vente, la location d'équipement de bureau, l'assurance de l'équipement de bureau et les autres coûts connexes.

Distinguer les frais indirects de fabrication et les coûts hors fabrication tels que les frais de vente et les frais d'administration s'avère parfois difficile, les types de coûts — par exemple, l'amortissement ou les salaires — étant les mêmes, mais leur classification étant différente. En pratique, la classification dépend de l'activité qui a généré les coûts. Quand il s'agit d'activités de vente ou de mise en marché, il n'est aucunement question d'activités de production, et la distinction est claire. Cependant, pour l'administration, la distinction dépend de ce qui est administré et de son importance lorsqu'il est question de séparer l'administration de la production de l'administration générale. Supposons, par exemple, qu'une entreprise fabrique uniquement une plateforme pétrolière comme Hibernia. Dans ce cas, l'administration fera partie des frais indirects de fabrication. Cependant, si l'entreprise gère de nombreuses commandes et sollicite de nouvelles commandes en même temps, elle pourra être incapable de partager le temps de la haute direction entre les frais indirects de fabrication, les frais d'administration et les frais de vente. À moins que la facturation prévoie le recouvrement de ces coûts, la manière la plus simple de traiter les salaires de la haute direction est de les considérer comme des frais d'administration.

5.3.6 Le coût des produits fabriqués

OA6

Préparer des comptes en T pour illustrer le cheminement des coûts dans un système de coûts de revient par commande, et préparer un état du coût des produits fabriqués et un sommaire du coût des ventes.

Quand une commande est terminée, le produit fini passe du service de la production à l'entrepôt des produits finis. Entre-temps, le service de la comptabilité aura attribué les coûts des matières premières et de la main-d'œuvre directe au produit, et les frais indirects de fabrication auront été imputés selon le taux prédéterminé. On doit transférer ces coûts dans le système de coûts de revient qui correspond au transfert physique des produits à l'entrepôt des produits finis. Les coûts de la commande terminée sont retirés du compte de stock de produits en cours et transférés au compte de stock de produits finis. Le total de tous les montants transférés entre ces deux comptes représente le coût des produits fabriqués et terminés pendant la période.

Supposons que la société Rand a terminé la commande A au cours du mois d'avril. L'écriture de journal ci-après permet d'enregistrer le transfert du coût de la commande A du compte des produits en cours au compte des produits finis.

	11)	
Produits finis	158 000	
Produits en cours		158 000

Le coût total de la commande A s'élève à 158 000 $, comme l'illustre la fiche de coût de revient illustrée à la figure 5.8 (*voir la page 210*). Ce montant représente aussi le coût des produits fabriqués et terminés au cours du mois d'avril, la commande A étant la seule commande terminée durant cette période.

La commande B n'était pas terminée à la fin du mois. Le coût de cette commande demeurera donc dans le compte de stock de produits en cours. Si un bilan était préparé à la fin du mois d'avril, le coût de la commande B figurerait alors à titre de produits en cours dans la section des actifs à court terme.

5.3.7 Le coût des ventes

Alors que les unités de produits finis sont expédiées chez les clients, leurs coûts sont transférés du compte de stock de produits finis au compte du coût des ventes. Si la commande entière est terminée et expédiée, comme c'est le cas lorsque la commande a été produite selon les spécifications du client, il est simple de transférer le coût total figurant sur la fiche de coût de revient au compte du coût des ventes. Cependant, dans beaucoup de cas, seule une partie des unités d'une commande particulière sera aussitôt vendue. Dans ce contexte, on doit utiliser le coût unitaire pour déterminer le montant qui devrait être retiré des produits finis et attribué au coût des ventes.

Supposons que la société Rand a expédié 750 des 1 000 médaillons en or de la commande A chez le client à la fin du mois, pour des ventes de 225 000 $. Comme elle a fabriqué 1 000 unités et que le coût de revient total du produit selon la fiche de coût de revient s'élève à 158 000 $, le coût d'une unité de produit sera de 158 $. Voici les écritures de journal à passer pour enregistrer les ventes, qui sont toutes à crédit.

12)		
Comptes clients..	225 000	
Ventes..		225 000

13)		
Coût des ventes..	118 500	
Produits finis (158 $ par unité × 750 unités)................................		118 500

L'écriture 13) met un terme au cheminement des coûts dans le système de coûts de revient par commande.

5.3.8 Un résumé de l'enregistrement des coûts

Toutes les écritures de journal de la société Rand sont résumées au tableau 5.1 (*voir la page suivante*). Le cheminement des coûts dans les comptes est présenté sous forme de comptes en T au tableau 5.2 (*voir la page 215*).

Le tableau 5.3 (*voir la page 216*) présente le coût des produits fabriqués et un sommaire du coût des ventes de la société Rand. Notons que les frais indirects de fabrication de l'état du coût des produits fabriqués correspondent aux frais indirects de fabrication imputés aux produits pendant le mois, et non aux frais indirects de fabrication réels engagés. Il suffit de se reporter à l'écriture de journal 7) (*voir la page 209*) et au compte en T des produits en cours du tableau 5.2 pour comprendre. Dans un système de coûts de revient rationnels tel que celui présenté dans ce chapitre, on attribue au coût des produits des frais indirects imputés, et non les frais indirects réels. On parle dans ce cas d'imputation des frais indirects. En comparaison, au chapitre 2, ce sont les frais indirects réels qui ont été attribués au compte de stock de produits en cours et qui sont inclus dans le coût des produits fabriqués. Cette manière de procéder a été utilisée dans le chapitre 2 parce que le concept de coût de revient rationnel n'avait pas encore été vu. Notons aussi que le coût des produits fabriqués pendant le mois (158 000 $) correspond au montant transféré du compte de stock de produits en cours au compte de stock de produits finis, comme l'illustre l'écriture de journal 11). Enfin, remarquons que le montant de 158 000 $ sert au calcul du coût des ventes durant le mois.

Le tableau 5.4 (*voir la page 216*) contient l'état des résultats pour le mois d'avril. Le coût des ventes de cet état (123 500 $) est tiré du tableau 5.3.

5

| | | | TABLEAU 5.1 | Un récapitulatif des écritures de journal – Rand |

TABLEAU 5.1 **Un récapitulatif des écritures de journal – Rand**

1)

Matières	60 000	
Comptes fournisseurs		60 000

2)

Produits en cours	50 000	
Frais indirects de fabrication	2 000	
Matières		52 000

3)

Produits en cours	60 000	
Frais indirects de fabrication	15 000	
Salaires et avantages à payer		75 000

4)

Frais indirects de fabrication	40 000	
Comptes fournisseurs		40 000

5)

Frais indirects de fabrication	20 000	
Impôt foncier à payer		13 000
Assurance payée d'avance		7 000

6)

Frais indirects de fabrication	18 000	
Amortissement cumulé – Équipement de production		18 000

7)

Produits en cours	90 000	
Frais indirects de fabrication		90 000

8)

Salaires	30 000	
Salaires et avantages à payer		30 000

9)

Amortissement	7 000	
Amortissement cumulé – Équipement de bureau		7 000

10)

Publicité	42 000	
Autres frais de vente	8 000	
Comptes fournisseurs		50 000

11)

Produits finis	158 000	
Produits en cours		158 000

12)

Comptes clients	225 000	
Ventes		225 000

13)

Coût des ventes	118 500	
Produits finis		118 500

TABLEAU 5.2 Un récapitulatif du cheminement des coûts – Rand

Comptes clients

	XXX		
12)	225 000		

Comptes fournisseurs

		XXX	
1)		60 000	
4)		40 000	
10)		50 000	

Capital-actions

	XXX

Assurance payée d'avance

	XXX		
		5)	7 000

Bénéfices non répartis

	XXX

Matières

Solde	7 000	2)	52 000
1)	60 000		
Solde	15 000		

Salaires et avantages à payer

		XXX	
		3)	75 000
		8)	30 000

Ventes

		12)	225 000

Produits en cours

Solde	30 000	11)	158 000
2)	50 000		
3)	60 000		
7)	90 000		
Solde	72 000		

Impôt foncier à payer

		XXX	
		5)	13 000

Coût des ventes

13)	118 500

Salaires

8)	30 000

Produits finis

Solde	10 000	13)	118 500
11)	158 000		
Solde	49 500		

Amortissement cumulé – Équipement de bureau

		XXX	
		9)	7 000

Amortissement

9)	7 000

Amortissement cumulé – Équipement de production

		XXX	
		6)	18 000

Publicité

10)	42 000

Autres frais de vente

10)	8 000

Frais indirects de fabrication

2)	2 000	7)	90 000
3)	15 000		
4)	40 000		
5)	20 000		
6)	18 000		
Solde	5 000		

Explication des écritures

1) Matières achetées
2) Matières premières et matières indirectes fournies à la production
3) Coût de la main-d'œuvre directe et indirecte
4) Coûts de fonctionnement engagés
5) Impôt foncier et assurance de l'usine
6) Amortissement de l'équipement de production

7) Frais indirects de fabrication imputés aux produits en cours
8) Salaires du personnel de l'administration
9) Amortissement de l'équipement de bureau
10) Publicité et autres frais de vente
11) Coût des produits fabriqués transféré aux produits finis
12) Ventes de la commande A
13) Coût des ventes pour la commande A

XXX : Solde normal figurant dans le compte (par exemple, les comptes clients affichent d'ordinaire un solde débiteur)

5

5

TABLEAU 5.3	Le coût des produits fabriqués et un sommaire du coût des ventes

Coût des produits fabriqués

Matières premières :

Stock de matières au début..	7 000 $	
Plus : Achat de matières...	60 000	
Matières disponibles pour l'utilisation...................................	67 000	
Moins : Stock de matières à la fin	15 000	
Matières utilisées dans la fabrication.....................................	52 000	
Moins : Matières indirectes incluses dans les frais indirects de fabrication...	2 000	
Matières premières utilisées dans la fabrication.........................		50 000 $
Main-d'œuvre directe..		60 000
Frais indirects de fabrication imputés aux produits en cours		90 000
Coût total de fabrication		200 000
Plus : Stock de produits en cours au début		30 000
		230 000
Moins : Stock de produits en cours à la fin		72 000
Coût des produits fabriqués		158 000 $

Coût des ventes

Stock de produits finis au début..		10 000 $
Plus : Coût des produits fabriqués.......................................		158 000
Marchandises destinées à la vente..		168 000
Moins : Stock de produits finis à la fin		49 500
Coût des ventes avant retraitement.......................................		118 500
Plus : Frais indirects de fabrication sous-imputés*		5 000
Coût des ventes..		123 500 $

* Notons que les frais indirects de fabrication sous-imputés sont ajoutés au coût des ventes. Si les frais indirects de fabrication étaient surimputés, ils seraient déduits du coût des ventes.

TABLEAU 5.4	Un état des résultats

RAND
État des résultats
pour la période d'un mois terminée le 30 avril

Chiffre d'affaires...		225 000 $
Moins : Coût des ventes (118 500 $ + 5 000 $)............................		123 500
Marge brute		101 500
Moins : Frais de vente et frais d'administration :		
Salaires	30 000 $	
Amortissement...	7 000	
Publicité	42 000	
Autres frais de vente	8 000	87 000
Bénéfice..		14 500 $

5.4 Les difficultés liées à l'imputation des frais indirects de fabrication

Deux difficultés peuvent survenir au moment d'imputer des frais indirects. Il s'agit du calcul des frais indirects de fabrication sous-imputés et surimputés, et de la disposition de ces frais indirects de fabrication sous-imputés ou surimputés.

5.4.1 Les frais indirects de fabrication sous-imputés et surimputés

Le taux d'imputation des frais indirects de fabrication est établi avant le début d'une période, et il repose entièrement sur des prévisions. En général, il y aura donc une différence entre les frais indirects de fabrication imputés aux produits en cours et les frais indirects réellement engagés durant une période. Par exemple, le taux d'imputation prédéterminé des frais indirects de fabrication de 6 $ par heure-machine de la société Rand a donné lieu à des frais indirects de fabrication de 90 000 $ imputés aux produits en cours, alors que les frais indirects réels du mois d'avril se sont en fait élevés à 95 000 $ (*voir la figure 5.8 à la page 210*). Les **frais indirects de fabrication sous-imputés** et les **frais indirects de fabrication surimputés** sont la différence entre les frais indirects imputés aux produits en cours et les frais indirects réels pour une période ; on parle aussi de « sous-imputation » ou de « surimputation ». Dans le cas de la société Rand, les frais indirects sont sous-imputés parce que les frais imputés de 90 000 $ sont inférieurs de 5 000 $ aux frais réels. Inversons les tableaux. Supposons que l'entreprise impute des frais indirects de fabrication de 95 000 $ aux produits en cours et que les frais indirects réels engagés ne sont que de 90 000 $. Dans ce cas, les frais indirects seraient surimputés.

Pourquoi y a-t-il sous-imputation ou surimputation des frais indirects de fabrication ? Les causes peuvent se révéler nombreuses ; nous les expliquerons en détail au chapitre 10. À la base, le problème tient en ce que la méthode d'imputation des frais indirects de fabrication aux produits à l'aide d'un taux d'imputation prédéterminé des frais indirects de fabrication suppose que les frais indirects réels seront proportionnels au volume réel d'unités d'œuvre de la période selon la base de répartition choisie. Supposons par exemple que le taux d'imputation prédéterminé des frais indirects de fabrication est de 6 $ par heure-machine. Les frais indirects sont présumés être réellement engagés à 6 $ pour chaque heure-machine réellement travaillée. Il existe au moins deux raisons pour lesquelles cela peut être faux. En premier lieu, la plupart des frais indirects de fabrication se composent d'ordinaire de frais fixes. Puisque ces frais sont constants, ils n'augmentent pas en fonction du nombre d'heures-machines. En second lieu, il est possible que les frais indirects de fabrication soient bien ou mal contrôlés. Si les personnes qui en sont responsables contrôlent bien leurs coûts, les frais indirects de fabrication pourraient se révéler moins élevés que ceux prévus au début de la période ; l'inverse est aussi vrai. Comme nous l'avons indiqué, nous expliquerons en détail les causes de sous-imputation et de surimputation des frais indirects de fabrication au chapitre 10.

Pour illustrer ce qui peut se produire, supposons que deux entreprises, Turbo et Propulsion, ont préparé les données prévisionnelles ci-après pour la période à venir.

OA7

Calculer les frais indirects de fabrication sous-imputés ou surimputés, et préparer l'écriture de journal pour clôturer le solde des frais indirects de fabrication dans les comptes appropriés.

Frais indirects de fabrication sous-imputés

Solde débiteur du compte de frais indirects de fabrication qui apparaît quand les frais indirects réellement engagés sont supérieurs aux frais indirects imputés aux produits en cours durant une période.

Frais indirects de fabrication surimputés

Solde créditeur du compte de frais indirects de fabrication qui apparaît quand les frais indirects imputés aux produits en cours sont supérieurs aux frais indirects réellement engagés durant une période.

	Compagnie	
	Turbo	Propulsion
Taux d'imputation prédéterminé des frais indirects de fabrication basé sur..............	heures-machines	coût des matières premières
Frais indirects de fabrication prévus....................	300 000 $ a)	120 000 $ a)
Heures-machines prévues...................................	75 000 b)	–
Coût des matières premières prévu.....................	–	80 000 $ b)
Taux d'imputation prédéterminé des frais indirects de fabrication, a) ÷ b)	4 $ par heure-machine	150 % du coût des matières premières

Remarquez que lorsque l'unité d'œuvre est exprimée en dollars — par exemple, le coût des matières premières dans le cas de Propulsion —, le coefficient prédéterminé d'imputation des frais indirects de fabrication constitue un pourcentage de l'unité d'œuvre. En effet, si l'on divise des dollars par des dollars, on obtient un pourcentage.

Les frais indirects de fabrication et la demande de produits des deux entreprises font l'objet de changements imprévus. Voici les frais indirects de fabrication réels et l'activité réelle au cours de la période pour chaque entreprise.

	Compagnie	
	Turbo	Propulsion
Frais indirects de fabrication réels	290 000 $	130 000 $
Heures-machines réelles	68 000	–
Coût réel des matières premières	–	90 000 $

Notons que les données réelles liées aux coûts et à l'activité de chaque société diffèrent des prévisions utilisées dans le calcul du taux d'imputation prédéterminé des frais indirects de fabrication, d'où les frais indirects de fabrication sous-imputés et surimputés suivants :

	Compagnie	
	Turbo	Propulsion
Frais indirects de fabrication réels	290 000 $	130 000 $
Frais indirects de fabrication imputés aux produits en cours durant la période :		
68 000 heures-machines réelles × 4 $	272 000	–
Coût réel des matières premières de 90 000 $ × 150 %	–	135 000
Frais indirects de fabrication sous-imputés (surimputés)	18 000 $	(5 000) $

Les frais indirects de fabrication imputés aux produits en cours (272 000 $) de la société Turbo sont inférieurs aux frais indirects réels de la période (290 000 $). Les frais indirects de fabrication de l'entreprise sont donc sous-imputés. Notons que la prévision initiale des frais indirects de la société Turbo (300 000 $) n'est pas directement comprise dans ce calcul. Elle aura une incidence seulement quand on établira le taux d'imputation prédéterminé des frais indirects de 4 $ par heure-machine.

En ce qui concerne la société Propulsion, les frais indirects de fabrication imputés aux produits en cours (135 000 $) sont supérieurs aux frais indirects réels de la période (130 000 $). Les frais indirects de l'entreprise sont donc surimputés.

5.4.2 La disposition des frais indirects de fabrication sous-imputés ou surimputés

Comment procéder à la disposition du solde d'un compte de frais indirects de fabrication à la fin d'une période qui présente une surimputation ou une sous-imputation ? Voici ce que stipulent la norme comptable internationale 2 (IAS 2) et le chapitre 3031 des normes comptables pour les entreprises à capital fermé (NCECF) :

NCECF

> Les frais généraux non affectés sont constatés comme une charge de la période au cours de laquelle ils sont engagés. Dans des périodes de production anormalement élevée, le

montant des frais généraux fixes affecté à chaque unité d'œuvre est diminué de telle sorte que les stocks ne soient pas évalués au-dessus du coût[4].

Notons que pour un usage interne, il n'est pas forcément nécessaire de se conformer à la norme de présentation de l'information financière IAS 2 ou au chapitre 3031 des NCECF. Malgré tout, par souci de simplicité, la plupart des entreprises appliquent le même traitement comptable à l'évaluation des stocks pour dresser leurs états financiers publiés à des fins externes et préparer les rapports de gestion visant à éclairer la prise de décisions à l'interne. Par conséquent, tout solde de compte doit être traité de l'une ou l'autre des façons suivantes, selon que les frais indirects de fabrication ont été sous-imputés ou surimputés au cours de l'exercice :

1. Si les frais indirects de fabrication ont été sous-imputés, le solde est attribué au coût des ventes. L'écriture de journal de cette opération consiste à débiter le compte du coût des ventes et à créditer celui des frais indirects de fabrication.

2. Si les frais indirects de fabrication ont été surimputés, le solde est réparti entre les produits en cours, les produits finis et le coût des ventes en proportion des frais indirects de fabrication imputés se retrouvant dans les soldes de clôture de ces comptes. L'écriture de journal de cette opération consiste à débiter le compte des frais indirects de fabrication et à créditer les comptes des produits en cours, des produits finis et le coût des ventes[5].

Question éclair 5.5

À partir des notions étudiées, expliquez pourquoi il est logique de répartir les frais indirects de fabrication surimputés entre les comptes de stock que constituent les produits en cours et les produits finis dans le bilan ainsi que le compte du coût des ventes dans l'état des résultats.

L'ajustement de la sous-imputation au coût des ventes

La fermeture du solde des frais indirects de fabrication au coût des ventes est plus simple que la méthode de répartition. Reprenons l'exemple de la société Rand. Voici l'écriture de journal à passer pour enregistrer la fermeture des frais indirects sous-imputés de 5 000 $ au coût des ventes.

14)		
Coût des ventes	5 000	
Frais indirects de fabrication		5 000

Puisque le compte de frais indirects de fabrication affiche un solde débiteur, les frais indirects devront être crédités pour clôturer le compte. Cette opération aura pour effet d'augmenter le coût des ventes en avril à 123 500 $.

Coût non retraité des ventes (*écriture de journal 13*)	118 500 $
Frais indirects sous-imputés (*écriture de journal 14*)	5 000
Coût des ventes	123 500 $

Après cet ajustement, l'état des résultats de la société Rand pour le mois d'avril apparaîtra tel qu'il est illustré au tableau 5.4 (*voir la page 216*).

La répartition dans les comptes

La répartition des frais indirects de fabrication surimputés permet d'ajuster les comptes dans lesquels il y a des frais indirects de fabrication aux montants qui auraient dû y

---

4. *Manuel de CPA Canada – Comptabilité – Partie I*, IAS 2, paragraphe 13 et *Partie II*, chapitre 3031, paragraphe 14.

5. Certaines entreprises préfèrent procéder à la répartition en proportion du solde des produits en cours, des produits finis et du coût des ventes à la fin de la période. Cette méthode n'est pas aussi précise que la répartition du solde du compte de frais indirects de fabrication sur la base des frais indirects imputés dans chaque compte pendant la période en cours.

figurer si le volume d'activité prévu et utilisé dans l'établissement du taux d'imputation prédéterminé des frais indirects de fabrication ne s'était pas avéré erroné.

À titre d'exemple, supposons que le solde de 5 000 $ du compte de frais indirects de fabrication de la société Rand a été surimputé.

Il faut d'abord déterminer les frais indirects de fabrication imputés se trouvant dans ces comptes à la fin du mois d'avril. Les calculs sont les suivants :

Frais indirects de fabrication imputés au stock de produits en cours au 30 avril..........................	30 000 $	33,33 %
Frais indirects de fabrication imputés au stock de produits finis au 30 avril (60 000 $ ÷ 1 000 unités = 60 $ par unité ; 60 $ × 250 unités)...........................	15 000	16,67 %
Frais indirects de fabrication imputés au coût des ventes en avril (60 000 $ ÷ 1 000 unités = 60 $ par unité ; 60 $ × 750 unités)...........................	45 000	50,00 %
Total des frais indirects de fabrication imputés..........................	90 000 $	100,00 %

Selon les pourcentages précédents, les frais indirects de fabrication surimputés (c'est-à-dire le solde créditeur du compte de frais indirects de fabrication) auraient dû être répartis comme suit :

Frais indirects de fabrication	5 000,00	
Produits en cours (33,33 % × 5 000 $)		1 666,50
Produits finis (16,67 % × 5 000 $)		833,50
Coût des ventes (50,00 % × 5 000 $)		2 500,00

Notons que la première étape de la répartition consistait à déterminer les frais indirects de fabrication imputés de chaque compte.

En ce qui concerne les produits finis, par exemple, on a divisé les frais indirects de 60 000 $ imputés à la commande A par le nombre d'unités de la même commande, soit 1 000 unités, pour obtenir des frais indirects moyens imputés de 60 $ par unité. Comme il y avait encore 250 unités de la commande A au stock de clôture des produits finis, les frais indirects imputés se trouvant au stock de produits finis étaient de 60 $ par unité, et ils ont été multipliés par 250 unités pour obtenir un total de 15 000 $.

Une autre manière moins précise de répartir les frais indirects sous-imputés ou surimputés entre les produits en cours, les produits finis et le coût des ventes consiste à faire appel au coût total de fabrication de chaque compte.

Si nous avions choisi de répartir les frais indirects surimputés selon cette façon de faire dans l'exemple de la société Rand, les calculs et écritures auraient été les suivants :

Produits en cours au 30 avril		72 000 $	36,00 %
Produits finis au 30 avril.......................		49 500	24,75 %
Coût des ventes.......................	118 500 $		
Moins : Produits en cours au 1er avril	30 000		
Moins : Produits finis au 1er avril.......................	10 000	78 500	39,25 %
Total du coût de fabrication.......................		200 000 $	100,00 %

Frais indirects de fabrication.......................	5 000,00	
Produits en cours (36,00 % × 5 000 $).......................		1 800,00
Produits finis (24,75 % × 5 000 $).......................		1 237,50
Coût des ventes (39,25 % × 5 000 $).......................		1 962,50

Une comparaison des pourcentages précédents avec ceux n'utilisant que les frais indirects de fabrication suggère que les proportions des coûts totaux de fabrication et des frais indirects n'étaient pas les mêmes dans chaque compte.

On déduit du coût des ventes le stock de produits en cours au début et le stock de produits finis au début pour répartir les coûts de la période en cours seulement. Ainsi, la portion de 39,25 % de l'exemple de la société Rand reflète uniquement les coûts du mois d'avril et correspond à la période au cours de laquelle les frais indirects de fabrication surimputés ont été engagés. Sans cet ajustement, on imputerait au coût des ventes des frais indirects de fabrication basés sur les coûts reportés du mois de mars, et ce coût des ventes supporterait par conséquent un montant disproportionné de frais indirects de fabrication surimputés.

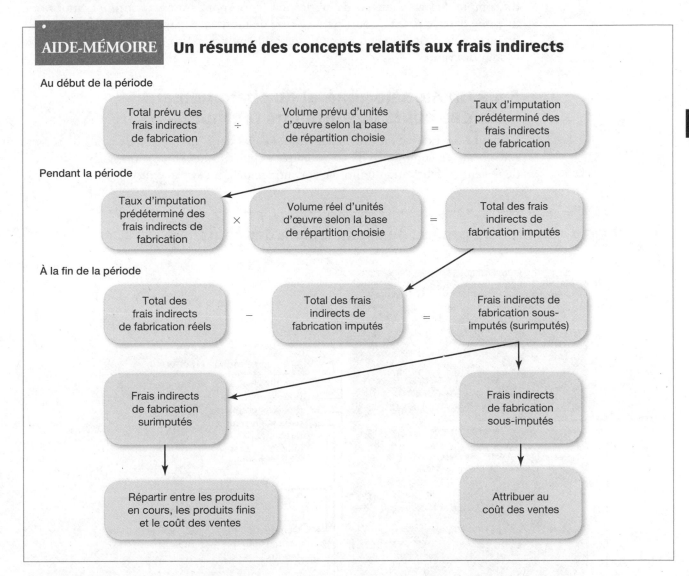

AIDE-MÉMOIRE **Un résumé des concepts relatifs aux frais indirects**

Au début de la période

Total prévu des frais indirects de fabrication ÷ Volume prévu d'unités d'œuvre selon la base de répartition choisie = Taux d'imputation prédéterminé des frais indirects de fabrication

Pendant la période

Taux d'imputation prédéterminé des frais indirects de fabrication × Volume réel d'unités d'œuvre selon la base de répartition choisie = Total des frais indirects de fabrication imputés

À la fin de la période

Total des frais indirects de fabrication réels − Total des frais indirects de fabrication imputés = Frais indirects de fabrication sous-imputés (surimputés)

Frais indirects de fabrication surimputés

Frais indirects de fabrication sous-imputés

Répartir entre les produits en cours, les produits finis et le coût des ventes

Attribuer au coût des ventes

Le report

Rappelez-vous la section 5.2.4 (*voir la page 200*). La production de certaines entreprises subit d'importantes variations saisonnières, et ces entreprises assument des frais indirects de fabrication relativement constants. Les frais indirects prédéterminés ont été utilisés pour limiter les fluctuations des frais indirects causées par les variations saisonnières de la production et des coûts (par exemple, les coûts de chauffage). Le taux prédéterminé des frais indirects est calculé à l'aide du total prévu des frais de fabrication d'une année financière. Le taux est divisé par le volume prévu d'unités d'œuvre selon la base de répartition choisie. Le nombre obtenu sera un taux moyen. Quand on applique le taux moyen prédéterminé à la production réelle de la période, on obtient les frais indirects de fabrication imputés. Les frais indirects de fabrication sous-imputés ou surimputés découlent de deux facteurs : un volume réel d'unités d'œuvre différent d'un douzième du volume prévu d'unités d'œuvre pour une année, et des frais indirects de fabrication réels n'égalant pas le douzième du total estimatif. De ce fait, on s'attendra chaque mois à des frais indirects de fabrication sous-imputés ou surimputés. Selon les mois, ces frais seront positifs ou négatifs, et pourront se compenser sur une ou plusieurs périodes. Dans ce cas, les débits et les crédits pourront être reportés jusqu'à la fin de la période. À des fins de présentation des états financiers intérimaires, le solde débiteur du compte de frais indirects de fabrication (correspondant à une sous-imputation) sera présenté dans l'actif à court terme à titre de charge payée d'avance. Le solde créditeur du compte de frais indirects de fabrication (correspondant à une surimputation) sera présenté dans le passif à court terme à titre de montant à payer. À la fin de la période financière, le coût des ventes sera ajusté, ou le montant sera réparti dans les stocks et le coût des ventes.

5.4.3 Un modèle général du cheminement des coûts des produits fabriqués

La figure 5.9 présente le cheminement des coûts dans un système de coûts de revient sous forme de comptes en T. Cet exemple s'applique aussi bien à un système de coûts de revient en fabrication uniforme et continue qu'à un système de coûts de revient par

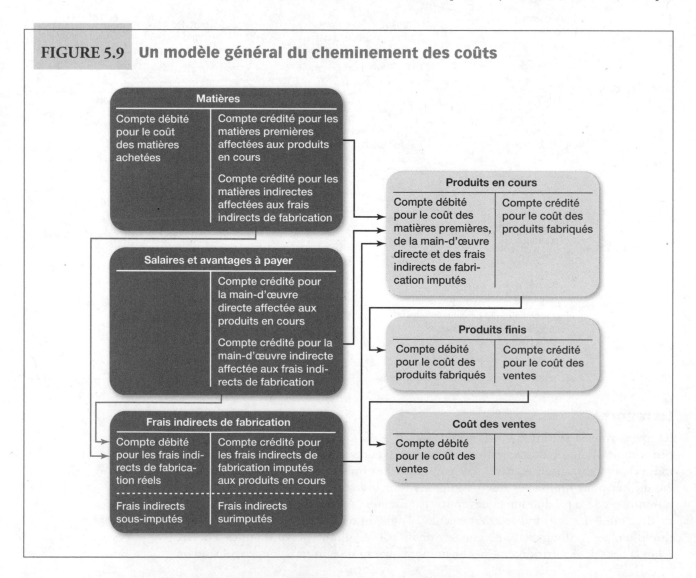

FIGURE 5.9 Un modèle général du cheminement des coûts

commande. Il se révèle très utile pour obtenir une vue d'ensemble sur la façon dont les coûts entrent et circulent dans le système pour finalement paraître à l'état des résultats à titre de coût des ventes. Dans les entreprises qui adoptent les principes de la production optimisée et qui mettent en place un système juste-à-temps (JAT), le cheminement des coûts pourra être plus simple.

Un système de coûts de revient peut s'écarter du modèle général proposé. Bien que ce modèle général offre la description la plus complète possible, les circonstances font parfois en sorte qu'il s'avère trop coûteux. Par exemple, une variante de ce système connue sous le nom de « comptabilité à rebours » permet d'inclure les coûts de main-d'œuvre avec les frais indirects de fabrication afin de calculer le taux d'imputation prédéterminé des frais indirects de fabrication. Les coûts de la main-d'œuvre sont ainsi considérés comme des frais indirects de fabrication. Puis, on attribue les matières et les frais indirects de fabrication (qui incluent la main-d'œuvre) aux coûts des commandes terminées. Cette façon de faire évite l'enregistrement de coûts dans le compte des produits en cours. Dans les entreprises qui adoptent les principes de la production optimisée et qui mettent en place un système juste-à-temps (JAT), un tel traitement minimal se justifie puisqu'en général les produits en cours seront inexistants ou de faible importance. Le coût des commandes terminées comprend alors toujours les coûts des matières et les frais indirects de fabrication (y compris les coûts de main-d'œuvre), mais le système de tenue de livres tient compte des besoins simplifiés de l'entreprise.

5.4.4 Les taux d'imputation prédéterminés des frais indirects multiples

Dans ce chapitre, nous avons supposé qu'il y avait un seul taux d'imputation prédéterminé des frais indirects pour l'ensemble d'une entreprise, soit le **taux d'imputation prédéterminé des frais indirects unique**. Il s'agit en fait d'une pratique courante, en particulier dans les petites entreprises. Par contre, les entreprises plus grandes utiliseront souvent un système de **taux d'imputation prédéterminés des frais indirects multiples**, selon lequel le taux d'imputation des frais indirects diffère pour chaque section de production. Bien que ce système s'avère complexe, il est plus précis. Il fait ressortir les différences entre les sections quant aux façons dont les frais indirects de fabrication sont engagés.

Par exemple, on pourrait ventiler les frais indirects de fabrication sur la base des heures de main-d'œuvre directe dans les sections à forte présence de main-d'œuvre et sur la base d'heures-machines dans les sections à forte utilisation de machines. Quand une entreprise choisit des taux d'imputation prédéterminés des frais indirects multiples, elle impute les frais indirects de fabrication à chaque section en fonction du taux d'imputation des frais indirects propre à celle-ci, et ce, à mesure que la commande progresse dans la section. Notons que la section pourrait aussi fonctionner avec plusieurs taux d'imputation.

À titre d'illustration, examinez les données du tableau à la page suivante concernant la société Carignan, qui compte deux ateliers (A et B) et plusieurs commandes en cours d'exécution. Les données fournies portent sur deux de ces commandes (X et Y). Si l'entreprise utilise un taux prédéterminé d'imputation des frais indirects de fabrication unique de 12 $ (336 000 $ ÷ 28 000 heures de main-d'œuvre directe), alors les frais indirects de fabrication imputés aux commandes X et Y seront respectivement de 8 400 $ [12 $ × (700 + 0) heures de main-d'œuvre directe] et de 12 $ [12 $ × (0 + 1) heure de main-d'œuvre directe]. Toutefois, si elle se sert de taux prédéterminés d'imputation des frais indirects de fabrication multiples qui varient selon les sections de production, elle imputera 2 800 $ à la commande X (4 $ × 700 heures de main-d'œuvre directe dans l'atelier A + 12 $ × 0 heure-machine dans l'atelier B) et 8 400 $ à la commande Y (4 $ × 0 heure de main-d'œuvre directe dans l'atelier A + 12 $ × 700 heures-machines dans l'atelier B).

Taux d'imputation prédéterminé des frais indirects unique

Taux d'imputation prédéterminé des frais indirects utilisé à l'échelle de l'entreprise.

Taux d'imputation prédéterminés des frais indirects multiples

Système de calcul des coûts comportant plusieurs centres de regroupement de frais indirects dont le taux d'imputation prédéterminé varie selon le centre ; souvent, chaque section de production (aussi appelée « atelier ») sera considérée comme un centre de regroupement des frais indirects.

| | CARIGNAN | | |
---	Atelier A	Atelier B	Total
Frais indirects de fabrication................	84 000 $	252 000 $	336 000 $
Heures de main-d'œuvre directe	21 000	7 000	28 000
Heures-machines........................	7 000	21 000	28 000
Inducteur de coût des frais indirects de fabrication...................	21 000 HMOD	21 000 HM	
Taux d'imputation des frais indirects de fabrication : unique (336 000 $ /28 000 HMOD)........			12 $/HMOD
par atelier (84 000 $ /21 000 $ HMOD) (252 000 $/21 000 HM)	4 $/HMOD	12 $/HM	
Heures de main-d'œuvre directe – commande X....................	700	-0-	
Heures de main-d'œuvre directe – commande Y....................	-0-	1	
Heures-machines – commande X........	1	-0-	
Heures-machines – commande Y........	-0-	700	
Frais indirects de fabrication imputés (taux unique).....................	8 400 $	12 $	
Frais indirects de fabrication imputés (taux multiple)....................	2 800 $	8 400 $	

HMOD : heures de main-d'œuvre directe
HM : heures-machines

La décision d'utiliser un taux unique pour l'ensemble de l'usine plutôt que des taux distincts selon les sections de production est une question d'avantages-coûts. Il est moins coûteux d'utiliser un taux unique, mais l'emploi de taux distincts fournit plus de renseignements lorsque les activités qui servent d'inducteurs de frais indirects diffèrent d'un atelier à un autre. Des données plus précises sur les frais indirects permettent de prendre des décisions plus éclairées, ce qui peut justifier les coûts additionnels que représente la collecte de ces données par section.

5.5 Le coût de revient par commande dans les entreprises de service

Nous avons dit dans ce chapitre que des entreprises de service, telles que les cabinets d'avocats, les studios de cinéma, les hôpitaux et les ateliers de réparation, font aussi appel à un système de coûts de revient par commande. Dans un cabinet d'avocats, par exemple, chaque client représente une « commande ». Les coûts de cette commande s'accumulent jour après jour sur une fiche de coût de revient à mesure que le cabinet s'occupe du client. La matière première de la commande se compose en quelque sorte de formulaires juridiques et d'autres données comparables. Le temps consacré par les avocats représente la main-d'œuvre directe ; les coûts des secrétaires et des employés, le loyer, l'amortissement, etc., sont des coûts indirects.

Dans un studio de cinéma tel que Walt Disney Studios ou Colombia Pictures, chaque film produit par le studio constitue une « commande ». Le coût des matières premières (costumes, accessoires, pellicule, etc.) et celui de la main-d'œuvre directe (acteurs, réalisateur et figurants) sont constatés, puis attribués à la fiche de coût de revient de chaque film. On impute aussi à chacun une part des frais indirects du studio, tels que les services publics, l'amortissement du matériel, les salaires des préposés à l'entretien, etc.

Très souple, la méthode du coût de revient par commande peut s'avérer utile dans presque toutes les organisations offrant différents produits et services.

5.6 Le coût de revient par commande dans la gestion de projets

Un système de coûts de revient par commande s'adapte, tout comme pour l'entreprise de service, à une organisation qui œuvre dans la gestion de projets. Les entreprises telles que Pomerleau qui construisent des hôpitaux, des écoles ou des immeubles de bureaux de même que les firmes d'ingénieurs comme SNC-Lavalin qui obtiennent des contrats de construction de ponts, de barrages ou de routes sont des exemples d'entreprises qui fonctionnent par projet. Les projets se distinguent des commandes vu l'importance des ressources humaines et financières mobilisées pour réaliser le projet et la durée de réalisation du projet. Un projet peut s'échelonner sur plus d'une année financière, voire sur plusieurs années dans le cas de grands projets comme le projet La Romaine d'Hydro-Québec ou celui du nouvel hôpital de Baie-Saint-Paul dans Charlevoix. En général, le projet est unique et ne comporte pas, comme dans une commande, plusieurs unités d'un même produit.

La fiche de coût de revient du projet (ou du contrat) comprend les coûts directs liés au projet. Les bons de sortie de matières permettront d'associer à chacun des projets en cours les matériaux utilisés pour sa réalisation. Pour la main-d'œuvre, les caractéristiques du projet pourraient faire en sorte que les salaires d'une équipe entière, composée de plusieurs personnes y compris les superviseurs, soient facilement attribuables à un seul projet. Par exemple, des travailleurs qui construisent un barrage dans le Grand Nord québécois risquent peu de travailler, à l'intérieur d'une même semaine ou d'un même mois, sur plusieurs projets à la fois. Ainsi, leurs salaires hebdomadaires ou mensuels se rattachent directement et facilement à un projet donné et ils seront compilés sur la fiche de coût de revient du projet. Cependant, dans le cas de certains projets, des bons de travail devront être remplis par les travailleurs affectés à la réalisation de plusieurs projets à l'intérieur d'une semaine ou d'un mois pour qu'il soit possible d'attribuer les coûts de la main-d'œuvre directe de manière appropriée aux divers projets. D'autres coûts directs tels que les plans et devis du projet ou l'amortissement des installations et des équipements spécifiquement utilisés pour réaliser un projet seront attribués au projet et inscrits sur la fiche de coût de revient à titre de coûts directs. Tous les autres coûts qui ne peuvent être attribués à des projets précis pourront être répartis entre les projets à l'aide d'un ou de plusieurs taux d'imputation prédéterminés des frais indirects de fabrication, selon les mêmes principes évoqués précédemment.

Les entreprises qui fabriquent sur commande vont inclure dans la fiche de coût de revient la matière première, la main-d'œuvre directe et les frais indirects de fabrication. Dans le cas des entreprises qui fonctionnent par projet, il n'est pas rare que la fiche de coût de revient comprenne aussi des frais d'administration ou tous autres frais engagés avant ou après la réalisation du projet et dont le remboursement est spécifié dans le contrat conclu avec le client.

Pour la publication d'information à des fins externes, l'IAS 11 traite de la constatation des contrats de construction. Cette norme internationale spécifie que les coûts d'un contrat de construction doivent comprendre les coûts directement liés au contrat concerné, les coûts attribuables à l'activité de contrats en général et qui peuvent être affectés au contrat et tous autres coûts qui peuvent être spécifiquement imputés au client selon les termes du contrat (IAS 11, paragraphe 16[6]). La norme permet donc d'attribuer à un contrat des frais généraux d'administration, des coûts d'assurance générale, des coûts d'emprunt ou des frais de développement pour lesquels le remboursement est spécifié dans les termes du contrat. Tous les autres coûts dont le remboursement n'est pas prévu au contrat doivent être exclus du coût du projet. Finalement, la norme précise que lorsque le résultat d'un contrat de construction peut être estimé de façon fiable, les produits du

---

6. *Manuel de CPA Canada – Comptabilité – Partie I*, IAS 11, paragraphe 16.

contrat et les coûts associés au contrat de construction doivent être constatés respectivement en produits et en charges en fonction du degré d'avancement de l'activité du contrat à la fin de l'exercice financier. Ainsi, en comparaison avec une entreprise qui fabrique des produits ou offre des services sur commande, les entreprises de construction ne peuvent pas attendre la livraison du projet au client pour constater son coût dans le coût des ventes et les produits correspondants. Elles doivent constater au fur et à mesure de l'avancement du projet, qui chevauche souvent un ou plusieurs exercices financiers, à la fois les produits et les charges associés au contrat de construction.

NCECF

Pour les entreprises qui suivent les NCECF, le chapitre 3400[7] recommande également la méthode de l'avancement des travaux lorsque le pourcentage d'avancement peut être estimé de manière raisonnable.

SUR LE TERRAIN

Le coût de revient d'une exposition

Le Musée d'art contemporain de Montréal, le Centre des sciences de Montréal et le Musée de la civilisation à Québec présentent tous des expositions permanentes qu'il est possible de voir tout au long de l'année. Par ailleurs, ils proposent aussi des expositions temporaires spéciales en vue d'attirer de nouveaux visiteurs et d'inciter leurs habitués à multiplier leurs visites. Cependant, combien une exposition spéciale peut-elle bien coûter à un tel établissement ? Selon Mark Walhimer, associé directeur général chez Museum Planning, LLC, la réponse dépend du type d'œuvres présentées ainsi que de la complexité de l'organisation de l'exposition. « Une exposition surtout composée d'œuvres d'art assez simples, qui n'exige que peu d'aménagement et de supports, peut coûter à partir de 75 $ le pied carré, le tout comprenant les documents de présentation. Par contre, une exposition d'envergure dans un centre des sciences qui comporte beaucoup d'éléments interactifs peut aller jusqu'à 550 $ le pied carré, voire davantage. Par exemple, lorsque Disney effectue des estimations préliminaires en vue de nouvelles attractions, elle prévoit 650 $ le pied carré », affirme M. Walhimer dans un billet de blogue. Bien que le système de coûts de revient par commande ait de prime abord été conçu pour des entreprises de fabrication qui réalisent des commandes spécialisées pour leurs clients, les techniques qui en font partie peuvent aussi se révéler utiles pour estimer les coûts de préparation d'expositions artistiques ou culturelles particulières. Il importe d'établir le coût de revient de telles expositions afin de pouvoir prendre des décisions qui y sont liées, notamment pour fixer le prix des billets d'entrée et pour obtenir du financement auprès des abonnés aux musées et des programmes gouvernementaux afin de veiller à la réussite de ces expositions tant sur le plan culturel que financier.

Source: Adapté de MUSEUMPLANNER.ORG, [En ligne], <museumplanner.org/how-much-do-exhibits-cost/> (Page consultée le 13 mars 2015).

5.7 L'utilisation des technologies de l'information

Précédemment dans ce chapitre, nous avons vu que la technologie des codes à barres peut servir à enregistrer les heures de travail — ce qui réduit le caractère fastidieux de cette tâche et augmente sa précision. Une telle technologie offre beaucoup d'autres avantages.

Dans une entreprise qui étend la technologie de système de code à barres à toutes ses activités de production, le cycle de production commence par la réception de la commande d'un client sous forme électronique. Il n'y a pas si longtemps, la commande aurait été reçue par la voie de l'échange de données informatisé (EDI), qui nécessite un réseau d'ordinateurs reliant les sociétés. Un réseau EDI permet aux entreprises d'échanger par voie électronique des documents commerciaux et d'autres éléments d'information qui touchent tous les domaines de l'activité de l'entreprise, de

---

7. *Manuel de CPA Canada – Comptabilité – Partie II*, chapitre 3400.

la commande de matières premières à l'expédition des produits finis. L'EDI a été mis au point dans les années 1980 et requiert des investissements importants en matériel de programmation et de réseautage. Depuis quelque temps dans l'internet, ce système a de nouveaux concurrents dont les services sont beaucoup moins coûteux, soit le langage XML (ou langage de balisage extensible, en anglais *Extensible Markup Language*), développé à partir du langage HTML (ou langage de balisage hypertexte, en anglais *Hypertext Markup Language*), et le langage JSON (dérivé de la notation des objets du langage JavaScript, en anglais *JavaScript Object Notation*). Le langage HTML utilise des codes pour indiquer à un navigateur web la façon d'afficher des renseignements sur un écran, mais l'ordinateur ne sait pas en quoi consiste cette information. Il se contente de l'afficher. Les langages XML et JSON fournissent des étiquettes supplémentaires qui indiquent le type d'information échangée. Par exemple, des données sur les prix pourraient avoir le code <prix> 14,95 <prix>. Lorsque l'ordinateur lit cette donnée et voit l'étiquette <prix> de chaque côté de 14,95, il sait immédiatement qu'il s'agit d'un prix. Les étiquettes XML permettent de désigner de nombreux types de renseignements différents — des commandes de clients, des dossiers médicaux, des relevés bancaires, et ainsi de suite — et indiquent à l'ordinateur la manière de les afficher, de les entreposer et de les récupérer. La société Office Depot a été l'une des premières entreprises à adopter le langage XML pour faciliter le commerce électronique avec ses principaux clients.

Une fois la commande reçue par EDI ou par l'internet sous la forme d'un fichier XML ou JSON, l'ordinateur dresse une liste des matières premières nécessaires et envoie des bons de commande électroniques aux fournisseurs. Dès l'arrivée de ces matières à l'usine, un numériseur enregistre les codes à barres apposés par les fournisseurs pour mettre à jour les comptes de stock et déclenche l'opération de paiement des matières reçues.

Les produits prêts pour l'expédition sont emballés et placés dans des contenants sur lesquels on inscrit un code à barres portant des renseignements tels que le numéro du client, le type et la quantité de produits prêts pour l'expédition et le numéro de la commande. Ce code sert ensuite à la préparation de la facture et au suivi des marchandises emballées jusqu'à ce qu'elles se retrouvent entre les mains du transporteur chargé de les expédier au client. Certains clients demandent que les produits emballés comportent un code à barres et qu'ils soient accompagnés d'une étiquette indiquant le point de vente. Le détaillant peut ainsi assurer la mise à jour de ses dossiers d'inventaire, vérifier les prix et remettre un reçu au client.

Bref, les entreprises sont en train d'intégrer la technologie des codes à barres à tous leurs champs d'activité. Cette technologie élimine une grande partie du travail de bureau fastidieux, et permet aux entreprises de saisir et d'échanger davantage de données ainsi que d'analyser et de communiquer ces renseignements beaucoup plus rapidement et de façon plus complète, tout en commettant moins d'erreurs qu'avec les systèmes manuels.

Le système de gestion intégré (mieux connu sous le nom de « système ERP ») est un système informatique en temps réel qui utilise une seule base de données uniforme combinée avec des modules de comptabilité, de logistique et de ressources humaines. Une pleine exploitation de ces modules permet d'obtenir des réponses intégrées en langage XML ou JSON pour les commandes par l'internet, les achats auprès des fournisseurs, la gestion des stocks, la production, les ventes et les comptes clients, la gestion de la trésorerie et celle des immobilisations. Parmi les principaux fournisseurs de systèmes ERP, mentionnons Oracle, SAP et Epicor[8]. D'autres entreprises fournissent des logiciels certifiés qui sont compatibles avec ces systèmes.

---

8. Les sites internet de ces entreprises fournissent des renseignements sur chacun de leurs produits et services : <www.oracle.com>, <www.sap.com/canada> et <www.epicor.com>.

MISE EN APPLICATION

Les gestionnaires peuvent mettre leurs connaissances relatives au système de coûts de revient par commande en application pour:

- calculer le coût de revient des produits ou services lorsque l'entreprise fabrique de nombreux produits ou offre de nombreux services au cours de la période;
- fixer des prix en veillant à ce qu'ils soient supérieurs aux coûts nécessaires pour fabriquer les produits ou offrir les services de l'entreprise;
- prévoir le montant des frais indirects de fabrication à imputer à chacun des différents produits ou services de l'entreprise;
- calculer la valeur des stocks à inscrire dans le bilan et le coût des ventes à présenter dans l'état des résultats.

Résumé

- L'organisation utilise les coûts de revient par commande quand elle offre de nombreux produits et services différents. Tel est le cas des fabricants de meubles, des hôpitaux et des cabinets d'avocats. (OA1)
- L'entreprise recourt à un système de coûts de revient en fabrication uniforme et continue quand les unités de produit sont homogènes, comme dans la meunerie et la fabrication de ciment. (OA1)
- Les bons de sortie de matières et les bons de travail permettent d'attribuer aux produits les coûts des matières premières et de la main-d'œuvre directe. On utilise un taux d'imputation prédéterminé des frais indirects de fabrication pour imputer les frais indirects de fabrication aux commandes. Pour enregistrer ces coûts dans le grand livre général, on passe des écritures de journal qui traduisent le cheminement de ces coûts dans le système de coûts de revient par commande. (OA2, OA3, OA4)
- On détermine ce taux avant le début de la période en divisant les frais indirects de fabrication prévus pour la période par le volume prévu d'unités d'œuvre selon la base de répartition choisie. Les bases de répartition les plus courantes sont les heures de main-d'œuvre directe et les heures-machines. On impute les frais indirects de fabrication aux produits en multipliant le taux d'imputation préétabli des frais indirects de fabrication par le volume réel d'unités d'œuvre selon la base de répartition choisie. (OA3, OA5)
- Puisque le taux prédéterminé des frais indirects de fabrication repose sur des prévisions, les frais indirects réels engagés au cours d'une période peuvent être supérieurs ou inférieurs aux frais indirects imputés à la production. Il s'agit de la sous-imputation ou de la surimputation des frais indirects de fabrication. (OA7)
- L'état du coût des produits fabriqués et le sommaire du coût des ventes présentent un résumé du cheminement des coûts dans le système de coûts de revient par commande. Le solde sous-imputé ou surimputé du compte de frais indirects de fabrication pour une période donnée peut soit être clôturé dans le coût des ventes, soit être réparti entre les produits en cours, les produits finis et le coût des ventes, soit être reporté à la période suivante. (OA6, OA7)

Activités d'apprentissage

Problème de révision 5.1

Le système de coûts de revient par commande

Hogle est une entreprise de fabrication qui utilise un système de coûts de revient par commande. Voici les soldes de certains comptes de l'entreprise au 1er janvier, date de début de la période.

Matières	20 000 $
Produits en cours..	15 000
Produits finis	30 000

Les frais indirects de fabrication sont imputés aux produits sur la base des heures-machines travaillées. Pour la période financière en cours, l'entreprise compte effectuer 75 000 heures-machines et engager des frais indirects de fabrication de 450 000 $. Voici les opérations enregistrées au cours de la période financière.

a) L'entreprise a acquis à crédit des matières au coût de 410 000 $.

b) Le coût des matières nécessaires à la production s'élève à 380 000 $ et se répartit comme suit : matières premières, 360 000 $, et matières indirectes, 20 000 $.

c) Les coûts de la main-d'œuvre directe, de la main-d'œuvre indirecte, des commissions sur les ventes et des salaires du personnel de l'administration s'élèvent respectivement à 75 000 $, 110 000 $, 90 000 $ et 200 000 $.

d) Les déplacements ont coûté 17 000 $.

e) Les coûts des services dans l'usine s'élèvent à 43 000 $.

f) La publicité a coûté 180 000 $.

g) L'amortissement pour la période est de 350 000 $, dont 80 % se rapporte aux activités d'exploitation de l'usine, et 20 % aux activités de vente et aux activités administratives.

h) L'entreprise dispose d'une assurance payée d'avance acquise au coût de 10 000 $, dont 70 % couvre les activités de l'usine, le reste couvrant les activités de vente et administratives.

i) Les frais indirects de fabrication ont été imputés à la production. La demande se révélant plus importante que prévu, l'entreprise a utilisé 80 000 heures-machines au cours de la période.

j) Le coût de fabrication des produits achevés au cours de la période s'élève à 900 000 $ selon les fiches de coût de revient.

k) Au cours de la période, des produits ont été vendus à crédit au prix de 1,5 million de dollars. Le coût de fabrication de ces produits s'élève à 870 000 $, selon les fiches de coût de revient.

Travail à faire

1. Préparez les écritures de journal pour enregistrer les opérations précédentes.
2. Reportez les écritures de la question précédente dans des comptes en T. N'oubliez pas d'inscrire les soldes d'ouverture dans les comptes de stock.

►

▶ 3. Les frais indirects de fabrication de la période sont-ils sous-imputés ou surimputés?
4. Préparez un état du coût des produits fabriqués et un sommaire du coût des ventes. Préparez l'écriture de journal appropriée pour disposer, à la fin de l'année, de la surimputation ou de la sous-imputation des frais directs de fabrication.
5. Préparez un état des résultats pour la période.

Solution au problème de révision 5.1

1.

a)	Matières	410 000	
	Comptes fournisseurs		410 000
b)	Produits en cours	360 000	
	Frais indirects de fabrication	20 000	
	Matières		380 000
c)	Produits en cours	75 000	
	Frais indirects de fabrication	110 000	
	Commissions sur les ventes	90 000	
	Salaires du personnel de l'administration	200 000	
	Salaires et avantages à payer		475 000
d)	Déplacements	17 000	
	Comptes fournisseurs		17 000
e)	Frais indirects de fabrication	43 000	
	Comptes fournisseurs		43 000
f)	Publicité	180 000	
	Comptes fournisseurs		180 000
g)	Frais indirects de fabrication	280 000	
	Amortissement	70 000	
	Amortissement cumulé		350 000
h)	Frais indirects de fabrication	7 000	
	Assurance	3 000	
	Assurance payée d'avance		10 000

i) Le taux d'imputation prédéterminé des frais indirects de fabrication de la période devrait être calculé comme suit:

$$\frac{\text{Frais indirects de fabrication prévus, 450 000 \$}}{\text{Nombre d'heures-machines prévu, 75 000}} = 6 \text{ \$ par heure-machine}$$

En se basant sur les 80 000 heures-machines réellement effectuées pendant l'année, l'entreprise imputera des frais indirects de fabrication de 480 000 $ à la production, soit 80 000 heures-machines × 6 $ = 480 000 $. Voici l'écriture à passer pour enregistrer cette opération.

	Produits en cours	480 000	
	Frais indirects de fabrication		480 000
j)	Produits finis	900 000	
	Produits en cours		900 000
k)	Comptes clients	1 500 000	
	Ventes		1 500 000
	Coût des ventes	870 000	
	Produits finis		870 000

2.

Matières		
Solde	20 000	b)	380 000
a)	410 000		
Solde	50 000		

Produits en cours		
Solde	15 000	j)	900 000
b)	360 000		
c)	75 000		
i)	480 000		
Solde	30 000		

Produits finis		
Solde	30 000	k)	870 000
j)	900 000		
Solde	60 000		

Coût des ventes	
k)	870 000		

Frais indirects de fabrication		
b)	20 000	i)	480 000
c)	110 000		
e)	43 000		
g)	280 000		
h)	7 000		
	460 000		480 000
		Solde	20 000

Assurance payée d'avance	
		h)	10 000

Amortissement cumulé	
		g)	350 000

Comptes clients	
k)	1 500 000		

Commissions sur les ventes	
c)	90 000		

Salaires du personnel de l'administration	
c)	200 000		

Comptes fournisseurs	
		a)	410 000
		d)	17 000
		e)	43 000
		f)	180 000

Ventes	
		k)	1 500 000

Déplacements	
d)	17 000		

Publicité	
f)	180 000		

Salaires et avantages à payer	
		c)	475 000

Amortissement	
g)	70 000		

Assurance	
h)	3 000		

3. Les frais indirects de fabrication sont surimputés pour la période. ▶

5

► 4.

HOGLE
État du coût des produits fabriqués et sommaire du coût des ventes
pour la période terminée le 31 décembre

Matières premières :
Stock de matières au 1er janvier..	20 000 $	
Plus : Achat de matières	410 000	
Matières disponibles pour l'utilisation	430 000	
Moins : Stock de matières au 31 décembre........................	50 000	
Matières utilisées dans la fabrication.................................	380 000	
Moins : Matières indirectes	20 000	
Matières premières utilisées dans la fabrication................		360 000 $
Main-d'œuvre directe...		75 000
Frais indirects de fabrication imputés		480 000
Coût total de fabrication...		915 000
Plus : Stock de produits en cours au début.........................		15 000
		930 000
Moins : Stock de produits en cours à la fin		(30 000)
Coût des produits fabriqués...		900 000 $ ◄──┐
Coût des ventes		
Stock de produits finis au 1er janvier		30 000 $
Plus : Coût des produits fabriqués		900 000 ◄─┘
Marchandises destinées à la vente		930 000
Moins : Stock de produits finis au 31 décembre		(60 000)
Coût des ventes avant retraitement		870 000
Moins : Frais indirects de fabrication surimputés*		(18 000)
Coût des ventes après retraitement		852 000 $

* Voici les calculs à effectuer pour procéder à la disposition des frais indirects de fabrication surimputés :

Produits en cours au 31 décembre		30 000 $	3 %
Produits finis au 31 décembre		60 000	7 %
Coût des ventes avant retraitement	870 000 $		
Moins : Produits en cours au 1er janvier	(15 000)		90 %
Moins : Produits finis au 1er janvier	(30 000)	825 000	
Total		915 000 $	100 %
Frais indirects de fabrication	20 000		
Produits en cours (20 000 $ × 3 %)		600	
Produits finis (20 000 $ × 7 %)		1 400	
Coût des ventes (20 000 $ × 90 %)		18 000	

5.

HOGLE
État des résultats pour la période terminée le 31 décembre

Chiffre d'affaires...		1 500 000 $
Moins : Coût des ventes (870 000 $ − 18 000 $)		852 000
Marge brute..		648 000
Moins : Frais de vente et frais d'administration :		
Commissions sur les ventes	90 000 $	
Salaires du personnel de l'administration..........................	200 000	
Déplacements...	17 000	
Publicité..	180 000	
Amortissement..	70 000	
Assurance...	3 000	560 000
Bénéfice		88 000 $

Questions

Q5.1 Pourquoi n'attribue-t-on pas les frais indirects de fabrication réels aux produits de la même manière que l'on attribue les coûts des matières premières et de la main-d'œuvre directe aux produits ?

Q5.2 Dans quel contexte utilise-t-on un système de coûts de revient par commande de préférence à un système de coûts de revient en fabrication uniforme et continue ?

Q5.3 Quelle est l'utilité de la fiche de coût de revient dans un système de coûts de revient par commande ?

Q5.4 En quoi consiste un taux d'imputation prédéterminé des frais indirects de fabrication ? Comment le calcule-t-on ?

Q5.5 Expliquez le rôle du bon de commande, de l'ordre de travail, de la fiche de coût de revient, du bon de sortie de matières et du bon de travail dans la fabrication du produit et l'établissement de son coût.

Q5.6 Définissez le terme « inducteur de coût » et précisez comment on l'utilise dans un système de coûts de revient par commande.

Q5.7 De quels facteurs doit-on tenir compte au moment de choisir une base d'activité qui servira à calculer le taux d'imputation prédéterminé des frais indirects de fabrication ?

Q5.8 Quel compte crédite-t-on quand on impute les frais indirects de fabrication aux produits en cours de fabrication ? Le montant imputé à la période concernée sera-t-il égal aux frais indirects de fabrication réels de cette période ? Justifiez votre réponse.

Q5.9 En quoi consistent les frais indirects de fabrication sous-imputés ? les frais indirects de fabrication surimputés ? Comment disposer de ces montants en fin de période ?

Q5.10 Pourquoi les frais indirects de fabrication peuvent-ils être sous-imputés pour une période donnée ? Illustrez votre réponse à l'aide de deux exemples.

Q5.11 La société Sigma impute ses frais indirects de fabrication aux produits en cours de fabrication en se basant sur le coût de la main-d'œuvre directe. La fiche de coût de revient de la commande A, dont la fabrication a commencé et s'est terminée durant la période courante, indique des coûts de 5 000 $ pour les matières premières, de 8 000 $ pour la main-d'œuvre directe et de 6 000 $ pour les frais indirects de fabrication. La commande B, qui est toujours en cours de fabrication à la fin de la période, indique des coûts de 2 500 $ pour les matières premières et de 4 000 $ pour la main-d'œuvre directe. Des frais indirects de fabrication devront-ils être ajoutés à la commande B à la fin de la période ? Justifiez votre réponse.

Q5.12 Une entreprise impute ses frais indirects de fabrication aux commandes terminées en se basant sur un taux de 125 % des coûts de la main-d'œuvre directe. Selon la fiche de coût de revient de la commande n° 313, le coût des matières premières et le coût de la main-d'œuvre directe s'élèvent respectivement à 10 000 $ et à 12 000 $. Quel serait le coût unitaire d'une commande de 1 000 unités ?

Q5.13 En quoi consiste un taux d'imputation des frais indirects de fabrication unique ? Pourquoi certaines entreprises utilisent-elles des taux d'imputation des frais indirects multiples plutôt qu'un taux unique ?

Q5.14 Sous quelles conditions est-ce que les heures de main-d'œuvre directe deviennent une base d'imputation des frais indirects de fabrication inappropriés ?

Q5.15 Les taux d'imputation des frais indirects de fabrication prédéterminés permettent d'uniformiser les coûts des produits. Êtes-vous d'accord avec cet énoncé ? Pourquoi ?

Q5.16 Expliquez pourquoi l'on devrait porter au bilan les frais indirects de fabrication sous-imputés et surimputés pour une période intermédiaire. Sur quel concept cet argument repose-t-il ?

Q5.17 Quel ajustement apporte-t-on au coût des ventes pour les frais indirects de fabrication sous-imputés ? Quel ajustement y apporte-t-on pour les frais indirects de fabrication surimputés ?

Q5.18 Pourquoi faut-il réduire le coût des ventes des soldes d'ouverture des produits en cours et des produits finis avant de calculer le pourcentage de ce coût qui servira à lui attribuer les frais indirects de fabrication surimputés ? Qu'arriverait-il si l'on ne procédait pas à une telle déduction ?

Exercices

E5.1 La fabrication uniforme et continue, et la fabrication sur commande

Pour chacune des situations ci-après, quel système serait le plus approprié pour établir le coût de revient d'un produit : un système de coûts de revient par commande, ou un système de coûts de revient en fabrication uniforme et continue ?

a) Une usine de fabrication de colle de la société Lepage
b) Un éditeur de manuels scolaires tel que Chenelière Éducation
c) Une raffinerie de pétrole Esso
d) Une unité de production de jus d'orange congelé Minute Maid
e) Une usine de papiers Cascades
f) Un constructeur de maisons personnalisées
g) Un atelier spécialisé dans la personnalisation des fourgonnettes
h) Un fabricant de produits chimiques spéciaux
i) Un atelier de réparation d'automobiles
j) Une usine de fabrication de pneus Michelin
k) Une agence de publicité
l) Un cabinet d'avocats

E5.2 Le calcul du coût de revient par commande

Le taux d'imputation prédéterminé de la société William inc. se chiffre à 18 $ par heure de main-d'œuvre directe, et sa main-d'œuvre directe gagne un salaire de 12 $ l'heure. Voici quelques renseignements à propos de la commande A-200.

Matières premières	200 $
Main-d'œuvre directe	120 $

Travail à faire

1. À combien s'élève le total du coût de fabrication attribué à la commande A-200 ?
2. Si la commande A-200 porte sur 50 unités, à combien s'élève le coût moyen attribué à chacune d'elles ?

E5.3 La variation du taux d'imputation prédéterminé des frais indirects de fabrication

Située aux Bahamas, Kingsport ltée se spécialise dans la fabrication de tonneaux d'acier de 200 litres. La demande de ses tonneaux est l'objet de grandes variations. Les tonneaux étanches en acier inoxydable qu'elle fabrique servent à l'entreposage de liquides et de matières en vrac, et d'instruments de musique improvisés. Ces tonneaux sont fabriqués sur demande et peints selon les spécifications du client, souvent avec des motifs et des dessins aux couleurs vives. L'entreprise est bien connue pour les illustrations figurant sur ses tonneaux. Elle calcule ses coûts unitaires sur une base trimestrielle en divisant ses coûts de fabrication de chaque trimestre (matières, main-d'œuvre directe et frais indirects) par la production d'unités du trimestre. Voici les coûts prévus par l'entreprise, par trimestre.

	Trimestre			
	Premier	Deuxième	Troisième	Quatrième
Matières premières	240 000 $	120 000 $	60 000 $	180 000 $
Main-d'œuvre directe............................	128 000	64 000	32 000	96 000
Frais indirects de fabrication................	300 000	220 000	180 000	260 000
Total des coûts de production	668 000 $	404 000 $	272 000 $	536 000 $
Nombre d'unités à produire..................	80 000	40 000	20 000	60 000
Coût unitaire prévu	8,35 $	10,10 $	13,60 $	8,93 $

La direction de l'entreprise est déroutée par la variation des coûts unitaires. Elle a supposé que les frais indirects de fabrication étaient à l'origine du problème, ces frais constituant la composante de coût la plus importante. On vous a demandé de trouver un moyen plus approprié d'imputer les frais indirects de fabrication aux unités produites. Après analyse, vous avez déterminé que les frais indirects de l'entreprise sont en général fixes et qu'ils sont donc très peu sensibles au niveau de production.

Travail à faire

1. L'entreprise utilise un système de coûts de revient par commande. Que lui recommanderiez-vous pour que les frais indirects de fabrication soient imputés à la production ? Formulez des recommandations précises et présentez tous vos calculs.
2. Calculez de nouveau les coûts unitaires de l'entreprise, cette fois à l'aide des recommandations que vous avez formulées à la question précédente.

E5.4 Des pièces justificatives pour le coût de revient par commande

La société Montbarre a engagé les coûts ci-après pour la commande ES34 de 40 engrenages qui doivent être livrés à la fin du prochain mois.
a) Matières premières :
   - 5 mars : réquisition n° 870 portant sur 40 flans de titane nécessaires pour exécuter la commande spéciale ; coût des flans : 8,00 $ l'unité.
   - 8 mars : réquisition n° 873 portant sur 960 pointes renforcées devant servir à l'exécution de la commande spéciale ; coût des pointes : 0,60 $ l'unité.
b) Main-d'œuvre directe :
   - 9 mars : Henri Ken a travaillé de 9 h à 12 h 15 sur la commande ES34. Il est payé 12 $ l'heure.
   - 21 mars : Mariette Rose a travaillé de 14 h 15 à 16 h 30 sur la commande ES34. Son salaire est de 14 $ l'heure.

Travail à faire

1. Dans quels documents ces coûts devraient-ils être enregistrés ?
2. Quels coûts auraient dû être enregistrés dans chacun des documents pour la commande ES34 ?

E5.5 Le calcul du taux d'imputation prédéterminé

Chaque année, l'entreprise Produits Lévesque ltée calcule son taux d'imputation prédéterminé sur la base des heures de main-d'œuvre directe. Au début de l'exercice, elle a prévu que le total de ses frais indirects de fabrication s'élèverait à 586 000 $ et que l'ensemble de sa main-d'œuvre directe travaillerait pendant 40 000 heures en tout. Or, ses frais indirects de fabrication réels pour l'exercice ont atteint 713 400 $ et sa main-d'œuvre directe a en réalité fourni 41 000 heures de travail.

5

► **Travail à faire**

Calculez le taux d'imputation prédéterminé de l'entreprise pour l'exercice, le total des frais indirects de fabrication imputés et le solde des frais indirects de fabrication sous-imputés ou surimputés au cours de l'exercice.

E5.6 La préparation des écritures de journal

Pour le mois qui vient de se terminer, l'entreprise Létourneau inc. a enregistré les opérations suivantes:

a) L'entreprise a acquis des matières à crédit au coût de 45 000 $.

b) Des matières ont été acheminées à la production. Le coût de ces matières se chiffre à 125 000 $, et il se répartit comme suit: matières premières, 70 000 $; et matières indirectes, le reste.

c) Au total, 212 000 $ ont été engagés en salaires pour la main-d'œuvre. De ce montant, 183 000 $ ont été engagés pour la main-d'œuvre directe, le reste ayant été engagé pour la main-d'œuvre indirecte.

d) Des frais indirects de fabrication de 189 000 $ ont également été engagés.

Travail à faire

Préparez les écritures de journal requises pour enregistrer les opérations précédentes.

E5.7 L'imputation des frais indirects de fabrication

La société Carreau utilise un taux d'imputation prédéterminé de 23,10 $ par heure de main-d'œuvre directe. Ce taux a été établi en prévoyant au total 12 000 heures de main-d'œuvre directe et 277 200 $ de frais indirects de fabrication.

Au cours de la période, le total réel des frais indirects de fabrication engagés par l'entreprise s'est élevé à 266 000 $, et la main-d'œuvre directe a en réalité fourni 12 600 heures de travail en tout.

Travail à faire

Déterminez le montant des frais indirects de fabrication imputés aux unités de produit au cours de la période ainsi que le solde des frais indirects de fabrication surimputés ou sous-imputés pour cette période.

E5.8 La préparation des comptes en T

Pour le mois qui vient de se terminer, la société Produits Granger, qui ne disposait d'aucun stock d'ouverture, a enregistré les opérations suivantes:

a) L'entreprise a acquis des matières au coût de 75 000 $, qu'elle a payées comptant.

b) Des matières ont été acheminées à la production. Le coût de ces matières se chiffre à 73 000 $, et il se répartit comme suit: matières premières, 67 000 $; et matières indirectes, le reste.

c) Au total, 152 000 $ ont été engagés et versés en salaires à la main-d'œuvre. De ce montant, 134 000 $ ont été engagés et versés à la main-d'œuvre directe, le reste à la main-d'œuvre indirecte.

d) Des frais indirects de fabrication de 126 000 $ ont également été engagés et payés.

e) L'entreprise a imputé des frais indirects de fabrication de 178 000 $ aux commandes en recourant à son taux d'imputation prédéterminé.

f) À la fin du mois, toutes les commandes ont été terminées, et l'entreprise les a expédiées aux clients.

g) Si les frais indirects de fabrication sont sous-imputés au cours de la période, leur solde est clôturé dans le coût des ventes. Si les frais indirects de fabrication sont surimputés au cours de la période, leur solde est réparti entre les comptes appropriés en fonction des frais indirects imputés dans chaque compte.

Travail à faire

1. Inscrivez les opérations précédentes dans des comptes en T.
2. Déterminez le coût des ventes pour la période.

E5.9 Les frais indirects de fabrication imputés et le coût des produits fabriqués

Les renseignements ci-après se rapportent aux activités de production de la société Chang pour la période qui vient de se terminer.

Frais indirects de fabrication engagés :	
Matières indirectes	15 000 $
Main-d'œuvre indirecte	130 000
Impôt foncier de l'usine	8 000
Services de l'usine	70 000
Amortissement de l'usine	240 000
Assurance de l'usine	10 000
Total des coûts réels engagés	473 000 $
Autres coûts engagés :	
Achat de matières premières et de matières indirectes	400 000 $
Main-d'œuvre directe	60 000
Stocks :	
Matières au début	20 000
Matières à la fin	30 000
Produits en cours au début	40 000
Produits en cours à la fin	70 000

L'entreprise utilise un taux d'imputation prédéterminé des frais indirects de fabrication. Ces frais sont imputés à la production. Le taux de la période était de 25 $ par heure-machine. L'entreprise a enregistré un total de 19 400 heures-machines.

Travail à faire

1. Calculez les frais indirects de fabrication sous-imputés ou surimputés de la période.
2. Préparez un état du coût des produits fabriqués pour la période qui vient de se terminer.

E5.10 Les frais indirects de fabrication, les écritures de journal et la fermeture de la sous-imputation ou de la surimputation

Les renseignements ci-après proviennent des comptes de la société Latta. Les écritures des comptes en T résument les opérations effectuées au cours de la période.

Frais indirects de fabrication					Produits en cours			
a)	460 000	b)	390 000		Solde	5 000	c)	710 000
Solde	70 000					260 000		
						85 000		
					b)	390 000		
					Solde	30 000		

Produits finis					Coût des ventes		
Solde	50 000	d)	640 000		d)	640 000	
c)	710 000						
Solde	120 000						

►

► Les frais indirects de fabrication imputés aux produits en cours pendant la période sont distribués comme suit :

Produits en cours à la fin	19 500 $
Produits finis	58 500
Coût des ventes..	312 000
Frais indirects de fabrication imputés	390 000 $

Par exemple, du solde de clôture de 30 000 $ du compte de stock de produits en cours, 19 500 $ sont des frais indirects de fabrication imputés au cours de la période.

Travail à faire

1. Justifiez les écritures a) à d).
2. Supposez que l'entreprise transfère directement tout solde du compte de frais indirects de fabrication au compte approprié. Préparez l'écriture de journal nécessaire.

E5.11 Les taux d'imputation prédéterminés multiples

La compagnie Vulcain inc. dispose d'un service de coupe et de finition. Elle utilise un système de coûts de revient par commande et elle calcule un taux d'imputation prédéterminé des frais indirects de fabrication pour chaque service. Le service de coupe base son taux sur les heures-machines, et le service de finition, sur le coût de la main-d'œuvre directe. Au début de la période, la société a établi les prévisions suivantes :

	Service	
	Coupe	Finition
Heures de main-d'œuvre directe	6 000	30 000
Heures-machines...	48 000	5 000
Frais indirects de fabrication..	360 000 $	486 000 $
Main-d'œuvre directe..	50 000 $	270 000 $

Travail à faire

1. Calculez le taux d'imputation prédéterminé des frais indirects de fabrication de chaque service.
2. Tenez pour acquis que les taux d'imputation prédéterminés des frais indirects de fabrication que vous avez calculés à la question précédente sont en vigueur. La fiche de coût de revient du produit n° 203, que l'on a commencé et achevé au cours de la période, contient les renseignements suivants :

	Service	
	Coupe	Finition
Heures de main-d'œuvre directe	6	20
Heures-machines...	80	4
Frais indirects de fabrication..	500 $	310 $
Main-d'œuvre directe..	70 $	150 $

Calculez les frais indirects de fabrication imputés au produit n° 203.

3. À votre avis, les frais indirects de fabrication imputés aux produits seraient-ils en substance différents si l'entreprise optait pour un taux d'imputation des frais indirects unique basé sur le coût de la main-d'œuvre directe plutôt que pour un taux différent pour chaque service ? Justifiez votre réponse. Aucun calcul n'est nécessaire.

E5.12 Les frais indirects de fabrication, les comptes en T et les écritures de journal

La société Harrison est une entreprise manufacturière. Elle utilise un système de coûts de revient par commande. Les frais indirects de fabrication sont imputés aux produits sur la base des heures-machines. Au début de la période, la direction a estimé que l'entreprise engagerait des frais indirects de fabrication de 192 000 $ et que 80 000 heures-machines seraient nécessaires.

Travail à faire

1. Calculez le taux d'imputation prédéterminé des frais indirects de fabrication de l'entreprise.
2. Supposez que, au cours de la période, seulement 75 000 heures-machines ont été nécessaires. Voici les coûts liés aux frais indirects de fabrication et aux produits en cours.

Frais indirects de fabrication			Produits en cours		
Entretien	21 000	?	Matières premières	710 000	
Matières indirectes	8 000		Main-d'œuvre directe	90 000	
Main-d'œuvre indirecte	60 000		Frais indirects de fabrication	?	
Services publics	32 000				
Assurance	7 000				
Amortissement	56 000				

Reprenez les données des comptes en T précédents sur votre feuille de réponses. Calculez les frais indirects de fabrication à imputer aux produits en cours pour la période et inscrivez-les dans les comptes en T.
3. Établissez si les frais indirects sont sous-imputés ou surimputés pour la période, et préparez l'écriture de fermeture appropriée du solde du compte de frais indirects de fabrication.
4. Expliquez pourquoi les frais indirects de fabrication sont sous-imputés ou surimputés.

E5.13 Les frais indirects de fabrication, les écritures de journal et les comptes en T

La société Dillon inc. fabrique une gamme de pièces détachées qu'elle usine selon les spécifications du client. L'entreprise recourt à un système de coûts de revient par commande et impute les frais indirects de fabrication aux produits sur la base des heures-machines. Au début de la période, on a estimé que 240 000 heures-machines seraient nécessaires et que les frais indirects de fabrication s'établiraient à 4,8 millions de dollars.

L'entreprise a consacré le mois de janvier à la fabrication de la commande n° 382 de 16 000 pièces usinées sur mesure, ne disposant au départ d'aucun produit en cours. Voici les coûts engagés au cours de ce mois.

a) Le coût des matières achetées à crédit s'élève à 325 000 $.
b) Le coût des matières premières nécessaires à la production s'établit à 290 000 $ et se répartit comme suit : matières premières, 80 %, et matières indirectes, 20 %.
c) Le coût de main-d'œuvre de l'usine s'établit à 180 000 $, soit un tiers sous forme de main-d'œuvre directe, et deux tiers sous forme de main-d'œuvre indirecte.

▶ d) L'amortissement du matériel de l'usine s'établit à 75 000 $.

e) L'entreprise a engagé d'autres frais indirects de fabrication qui s'élèvent à 62 000 $.

f) Au cours du mois, les frais indirects de fabrication ont été imputés à la production sur la base de 15 000 heures-machines réellement effectuées.

g) Les produits achevés ont été transférés dans le magasin des produits finis le 31 janvier, avant d'être livrés au client. (En préparant cette écriture de journal, rappelez-vous que le coût d'un produit achevé se compose des matières premières, de la main-d'œuvre directe et des frais indirects de fabrication imputés.)

Travail à faire

1. Préparez les écritures de journal pour enregistrer les opérations a) à f).
2. Préparez les comptes en T pour les frais indirects de fabrication et les produits en cours. Reportez-y vos écritures de journal.
3. Préparez une écriture de journal pour l'opération effectuée en g).
4. Calculez le coût unitaire qui figurera sur la fiche de coût de revient de la commande nᵒ 382.

E5.14 L'imputation des frais indirects dans une entreprise de service

La société d'architectes-conseils Lee a commencé ses activités le 2 janvier. Au cours du premier mois d'exploitation, on a enregistré les opérations ci-après au compte des produits en cours.

Produits en cours			
Coût du travail en sous-traitance	230 000	Projets achevés	390 000
Main-d'œuvre directe	75 000		
Frais indirects de création	120 000		

La société d'architectes-conseils Lee est une entreprise de service. De ce fait, les intitulés de ses comptes sont différents de ceux des entreprises manufacturières. Les coûts du travail en sous-traitance s'apparentent à ceux des matières premières ; il en est de même des frais indirects de création et des frais indirects de fabrication ; enfin, les projets achevés ont quelque analogie avec les produits finis. Mis à part le fait que les termes sont différents, les méthodes de comptabilité de la société sont identiques à celles utilisées par les entreprises manufacturières.

La société d'architectes-conseils Lee utilise un système de coûts de revient par commande. Elle impute les frais indirects de création aux projets en cours sur la base des coûts de main-d'œuvre directe. À la fin du mois de janvier, un seul projet était toujours en cours. La société avait attribué au projet des Jardins Lexington des coûts de main-d'œuvre directe de 6 500 $.

Travail à faire

1. Calculez le taux d'imputation prédéterminé des frais indirects utilisé au cours du mois de janvier.
2. Remplissez la fiche de coût de revient relative au projet des Jardins Lexington.

FICHE DE COÛT DE REVIENT
Projet des Jardins Lexington au 31 janvier

Coût du travail en sous-traitance..	? $
Main-d'œuvre directe..	?
Frais indirects de création...	?
Coût total au 31 janvier	? $

E5.15 **Les frais indirects de fabrication dans une entreprise de service et les écritures de journal**

La société Vista recourt à un système de coûts de revient par commande pour déterminer les coûts de ses projets. L'entreprise offre des services de conception de jardins et d'aménagement paysager. Le tableau ci-après contient des renseignements au sujet de trois projets d'aménagement paysager qui étaient en cours au mois d'avril. Notez qu'il n'y avait aucun projet en cours au début du mois.

	Projet		
	Tulipes	Roses	Lys
Nombre d'heures consacrées à la conception	120	100	90
Matières premières	4 500 $	3 700 $	1 400 $
Main-d'œuvre directe..	9 600 $	8 000 $	7 200 $

Les frais indirects réels s'élevaient à 30 000 $ au mois d'avril. Les frais indirects sont imputés aux projets sur la base des heures consacrées à la conception puisque la plus grande partie des frais indirects est relative aux coûts de conception des jardins. Le taux d'imputation prédéterminé des frais indirects est de 90 $ par heure consacrée à la conception. Les projets Tulipes et Roses ont été terminés en avril. De son côté, le projet Lys n'était toujours pas terminé à la fin du mois.

Travail à faire

1. Calculez les frais indirects imputés à chaque projet au cours du mois d'avril.
2. Préparez l'écriture de journal requise pour l'achèvement des projets Tulipes et Roses.
3. Quel est le solde du compte des projets en cours à la fin du mois ?
4. Quel est le solde du compte des frais indirects à la fin du mois ? Comment appelle-t-on ce solde ?

Problèmes

P5.16 **Les comptes en T et l'état des résultats**

Voici la balance de vérification de la société Hudson au 1er janvier, date d'ouverture de sa période financière annuelle.

Caisse..	7 000 $	
Comptes clients...	18 000	
Matières...	9 000	
Produits en cours...	20 000	
Produits finis...	32 000	
Assurance payée d'avance	4 000	
Immobilisations corporelles	210 000	
Amortissement cumulé – Immobilisations corporelles................		53 000 $
Comptes fournisseurs..		38 000
Capital-actions..		160 000
Bénéfices non répartis		49 000
	300 000 $	300 000 $

Hudson est une entreprise manufacturière qui utilise un système de coûts de revient par commande. Voici les opérations qui ont eu lieu au cours de la période.

a) Le coût des matières achetées à crédit s'élève à 40 000 $.
b) Le coût des matières ayant servi à la production totalise 38 000 $ et se répartit comme suit : matières premières, 85 %, et matières indirectes, 15 %.

▶ c) Le coût des services publics est de 19 100 $.

d) L'amortissement des immobilisations corporelles s'élève à 36 000 $ et se répartit comme suit : équipement de l'usine, 75 %, équipement du service des ventes et du service de l'administration, 25 %.

e) Les coûts de publicité totalisent 48 000 $.

f) Voici le coût de la main-d'œuvre.

Main-d'œuvre directe...	45 000 $
Main-d'œuvre indirecte...	10 000
Salaires du personnel de l'administration.......................................	30 000

g) L'assurance payée d'avance, acquise au coût de 3 000 $, a pris fin au cours de la période ; 80 % de l'assurance couvre les activités de l'usine, et 20 %, les activités de vente et d'administration.

h) Les frais de vente et les frais d'administration s'élèvent à 9 500 $.

i) Les frais indirects de fabrication ont été imputés à la production sur la base de 8 $ par heure-machine ; 7 500 heures-machines ont été enregistrées au cours de la période.

j) Selon leur fiche de coût de revient, des produits dont le coût de fabrication s'élevait à 140 000 $ ont été transférés à l'entrepôt des produits finis.

k) Les ventes de la période ont totalisé 250 000 $, et elles étaient toutes à crédit. Le coût de fabrication de ces produits a totalisé 130 000 $, selon leur fiche de coût de revient.

l) Les sommes provenant des clients s'élèvent à 245 000 $.

m) Les acomptes versés aux fournisseurs s'élèvent à 150 000 $. Le total des salaires payés est de 84 000 $.

Travail à faire

1. Préparez un compte en T pour chaque compte de la balance de vérification et notez-y chaque solde d'ouverture.

2. Inscrivez les opérations précédentes directement dans les comptes en T. Préparez de nouveaux comptes en T, le cas échéant. Enregistrez toutes les opérations précédentes. Déterminez le solde de clôture de chaque compte.

3. Les frais indirects de fabrication sont-ils sous-imputés ou surimputés ? Préparez les écritures nécessaires dans les comptes en T appropriés pour enregistrer tout solde de clôture des frais indirects de fabrication.

4. Préparez l'état des résultats pour la période. (Pour ce faire, ne préparez pas d'état du coût des produits fabriqués, l'information requise se trouvant dans les comptes en T que vous avez préparés.)

P5.17 Les taux des frais indirects et le coût de revient par unité

La société Poterie du désert fabrique divers produits en terre cuite qu'elle vend à des détaillants tels que RONA. L'entreprise utilise un système de coûts de revient par commande dans lequel elle se sert de taux d'imputation prédéterminés pour imputer les frais indirects de fabrication aux produits. Le taux d'imputation prédéterminé des frais indirects de fabrication du service de moulage est basé sur les heures-machines ; celui du service de peinture est basé sur le coût de la main-d'œuvre directe. La direction de la société a fait les prévisions ci-après au début de la période.

	Service	
	Moulage	Peinture
Heures de main-d'œuvre directe	12 000	60 000
Heures-machines	70 000	8 000
Coût des matières premières	510 000 $	650 000 $
Coût de la main-d'œuvre directe	130 000 $	420 000 $
Frais indirects de fabrication	602 000 $	735 000 $

L'entreprise a commencé à exécuter la commande n° 205 le 1er août pour la terminer le 10 août. Les livres comptables contenaient les renseignements ci-après au sujet de cette commande.

	Service	
	Moulage	Peinture
Heures de main-d'œuvre directe	30	85
Heures-machines	110	20
Matières premières mises en production	470 $	332 $
Coût de la main-d'œuvre directe	290 $	680 $

Travail à faire

1. Calculez le taux d'imputation prédéterminé des frais indirects de fabrication utilisé au cours de la période pour ce qui est du service de moulage et du service de peinture.
2. Calculez les frais indirects de fabrication imputés à la commande n° 205.
3. Quel serait le coût total de la commande n° 205? Si la commande comptait 50 unités, quel serait le coût unitaire?
4. À la fin de la période, les livres de Poterie du désert contenaient les renseignements ci-après au sujet des commandes exécutées.

	Service	
	Moulage	Peinture
Heures de main-d'œuvre directe	10 000	62 000
Heures-machines	65 000	9 000
Coût des matières premières	430 000 $	680 000 $
Coût de la main-d'œuvre directe	108 000 $	436 000 $
Frais indirects de fabrication	570 000 $	750 000 $

À la fin de la période, les frais indirects de fabrication de chaque service étaient-ils sous-imputés ou surimputés? De combien?

P5.18 L'état du coût des produits fabriqués et l'analyse des frais indirects de fabrication

La société Gitano recourt à un système de coûts de revient par commande. Les frais indirects de fabrication sont imputés aux produits sur la base des matières premières utilisées, et non sur la base des matières premières achetées. Lors du calcul du taux d'imputation prédéterminé des frais indirects de fabrication, lequel a été fait au début de la période, la société a prévu des frais indirects de fabrication de 800 000 $, tandis que le coût des matières premières devant être utilisées pour la production s'élevait à 500 000 $. ▶

► Voici les comptes de stock de la société au début et à la fin de la période.

	Au début	À la fin
Matières	20 000 $	80 000 $
Produits en cours	150 000	70 000
Produits finis	260 000	400 000

Les coûts réels engagés au cours de la période sont les suivants :

Achat de matières (uniquement des matières premières)	510 000 $
Main-d'œuvre directe	90 000
Frais indirects de fabrication :	
Main-d'œuvre indirecte	170 000
Impôt foncier	48 000
Amortissement du matériel	260 000
Entretien	95 000
Assurance	7 000
Loyer	180 000

Travail à faire

1. a) Calculez le taux d'imputation prédéterminé des frais indirects de fabrication de la période.

   b) Calculez les frais indirects de fabrication sous-imputés ou surimputés de la période.

2. Préparez l'état du coût des produits fabriqués pour la période.

3. Calculez le coût des ventes au cours de la période. (N'incluez pas les frais indirects de fabrication sous-imputés ou surimputés dans le coût des ventes.) Quelles possibilités s'offrent à vous pour présenter les frais indirects sous-imputés ou surimputés ?

4. L'entreprise a commencé et terminé la commande n° 215 au cours de la période. Supposez maintenant que le coût des matières premières et celui de la main-d'œuvre directe s'élèvent respectivement à 8 500 $ et à 2 700 $, et que le prix des produits vendus est de 25 % supérieur au coût de fabrication. Dans ce contexte, quel sera le prix de la commande n° 215 ?

5. Le coût des matières premières représentait 24 000 $ des 70 000 $ du solde de clôture des produits en cours. Déterminez le coût de la main-d'œuvre directe et les frais indirects de fabrication ci-dessous :

Matières premières	24 000 $
Main-d'œuvre directe	?
Frais indirects de fabrication	?
Produits en cours	70 000 $

P5.19 Les écritures de journal dans un système de coûts de revient par commande, les comptes en T et l'état des résultats

Spécialités vidéo inc. exploite un petit studio de production dans lequel elle produit des films publicitaires pour la télévision et d'autres types de films. L'entreprise utilise un système de coûts de revient par commande pour accumuler les coûts de chaque film. Voici la balance de vérification de la société au 1er mai, date de début de sa période financière annuelle.

Caisse	60 000 $	
Comptes clients	210 000	
Matières et fournitures	130 000	
Films en cours	75 000	
Films terminés	860 000	
Assurance payée d'avance	90 000	
Studio et équipement	5 200 000	
Amortissement cumulé – Studio et équipement		1 990 000 $
Comptes fournisseurs		700 000
Salaires à payer		35 000
Capital-actions		2 500 000
Bénéfices non répartis		1 400 000
	6 625 000 $	6 625 000 $

Spécialités vidéo inc. utilise un compte de frais indirects de fabrication pour y enregistrer les transactions relatives aux frais indirects. Les frais indirects sont imputés aux films sur la base des heures-caméras. Elle estime les frais indirects de fabrication à 1 350 000 $ et les heures-caméras à 15 000. Les opérations ci-après ont été réalisées au cours de la période.

a) Les matières et fournitures achetées à crédit ont totalisé 690 000 $.

b) Le coût des matières et des fournitures utilisées pour la production de différents films s'élève à 700 000 $. Le coût se répartit comme suit : 80 % des matières et des fournitures étaient directement liées aux films, et 20 %, indirectement.

c) Les coûts des services publics engagés par le studio de production totalisaient 90 000 $.

d) Les salaires des employés ont été répartis comme suit :

Comédiens, réalisateurs et équipe de tournage	1 300 000 $
Main-d'œuvre indirecte	230 000
Personnel du marketing et de l'administration	650 000

e) La publicité a coûté 800 000 $.

f) L'assurance payée d'avance, acquise au coût de 70 000 $, a pris fin au cours de la période. De ce montant, 60 000 $ se rapportaient à l'exploitation du studio de production ; les 10 000 $ restants se rapportaient aux activités de marketing et d'administration.

g) L'amortissement de la période s'établit à 650 000 $ et se répartit comme suit : amortissement du studio de production, des caméras et du matériel de production, 80 % ; amortissement des installations servant aux activités de marketing et d'administration, 20 %.

h) Les coûts de location des différentes pièces d'équipement et des installations servant à la production de films ont totalisé 360 000 $; les coûts de location de l'équipement servant aux activités de marketing et aux activités d'administration ont été de 40 000 $.

i) Les frais indirects de fabrication ont été imputés aux films produits durant la période. L'entreprise a enregistré 16 500 heures-caméras.

j) Le coût de fabrication des films achevés au cours de la période s'est chiffré à 3,4 millions de dollars, selon leur fiche de coût de revient. Ces films ont été transférés dans la section des films terminés dans l'attente d'être livrés aux clients.

k) Les ventes de films de la période, toutes à crédit, se sont élevées à 6 millions de dollars. Leur coût de fabrication s'établissait à 4 millions de dollars, selon leur fiche de coût de revient.

l) Les encaissements au cours de la période ont totalisé 5,4 millions de dollars.

▶ m) Au cours de la période, les paiements au comptant de la société s'élevaient à 4,7 millions de dollars, soit 2,5 millions de dollars aux créanciers et 2,2 millions de dollars sous forme de salaires.

Travail à faire

1. Rédigez les écritures de journal pour enregistrer les opérations de la période.
2. Préparez un compte en T pour chaque compte de la balance de vérification et inscrivez chaque solde d'ouverture. Reportez-y vos écritures. Préparez de nouveaux comptes en T, le cas échéant. Déterminez le solde de clôture de chaque compte.
3. Les frais indirects de fabrication de la période sont-ils sous-imputés ou surimputés ? Préparez l'écriture de journal appropriée pour enregistrer le solde de clôture des frais indirects de fabrication.
4. Dressez l'état des résultats pour la période.

P5.20 Les comptes en T, les taux d'imputation des frais indirects de fabrication et les écritures de journal

La société AOZT se spécialise dans la fabrication des moteurs de navires, des remorqueurs de port aux brise-glaces en eau libre, et utilise un système de coûts de revient par commande. Les commandes n°s 208, 209 et 210 étaient toujours en cours en mai et en juin. L'entreprise a achevé la commande n° 208 le 20 juin, alors qu'elle n'avait toujours pas terminé les deux autres le 30 juin. Voici les fiches de coût de revient relatives aux trois commandes. Tous les montants sont en milliers de dollars.

	Fiche de coût de revient		
	Commande n° 208	Commande n° 209	Commande n° 210
Coûts engagés au mois de mai* :			
Matières premières............................	9 500 $	5 100 $	–
Main-d'œuvre directe.........................	8 000	3 000	–
Frais indirects de fabrication..............	11 200	4 200	–
Coûts engagés au mois de juin :			
Matières premières.:..........................	–	6 000	7 200 $
Main-d'œuvre directe.........................	4 000	7 500	8 500
Frais indirects de fabrication..............	?	?	?

* Les commandes n°s 208 et 209 ont été commencées en mai.

Voici quelques renseignements supplémentaires.

a) Les frais indirects de fabrication sont imputés aux produits sur la base du coût de la main-d'œuvre directe.
b) Les soldes des comptes de stock au 31 mai étaient les suivants :

Matières	30 000 $
Produits en cours...	?
Produits finis	50 000

Travail à faire

1. Préparez des comptes en T pour les matières, les produits finis et les frais indirects de fabrication. Inscrivez les soldes au 31 mai donnés précédemment ; dans le cas des produits en cours, calculez le solde au 31 mai et inscrivez-le dans le compte en T des produits en cours.
2. Préparez les écritures de journal du mois de juin comme suit :
   a) Préparez une écriture pour enregistrer l'utilisation des matières et reportez-la aux comptes en T appropriés. (Il n'est pas nécessaire de préparer une écriture distincte pour chaque produit.) Le coût des matières indirectes du mois de mai totalisait 3 600 $.

b) Préparez une écriture pour enregistrer les coûts de la main-d'œuvre et reportez-la aux comptes en T appropriés. (Il n'est pas nécessaire de préparer une écriture distincte pour chaque produit.) Le coût de la main-d'œuvre indirecte du mois de juin totalisait 7 000 $.

c) Préparez une écriture pour enregistrer un montant de 19 400 $; il s'agit de divers frais indirects de fabrication réels engagés au mois de juin. Créditez les comptes fournisseurs et reportez cette écriture aux comptes en T appropriés.

3. Quel taux d'imputation prédéterminé des frais indirects de fabrication la société utilise-t-elle pour imputer les frais indirects aux commandes ? À l'aide de ce taux, préparez une écriture de journal pour enregistrer l'imputation des frais indirects de fabrication aux commandes du mois de juin. (Il n'est pas nécessaire de préparer une écriture distincte pour chaque produit.) Reportez cette écriture aux comptes en T appropriés.

4. Comme nous l'avons indiqué précédemment, l'entreprise a achevé la commande nº 208 au mois de juin. Préparez une écriture de journal pour enregistrer le transfert de cette commande à l'entrepôt des produits finis. Reportez cette écriture aux comptes en T appropriés.

5. Déterminez le solde du compte de produits en cours au 30 juin. Quelle proportion de ce solde est attribuable à la commande nº 209 ? à la commande nº 210 ?

P5.21 Les services et les taux d'imputation des frais indirects

Hobart, Evans et Nix est un petit cabinet d'avocats comptant 10 associés et 12 collaborateurs. Le cabinet utilise un système de coûts de revient par commande pour déterminer les coûts à attribuer à chaque client. Le cabinet se compose d'un service de recherche et de documentation, et d'un service du contentieux. Le cabinet utilise des taux d'imputation prédéterminés des frais indirects pour facturer le coût de ces services. Voici les prévisions de la direction au début de la période.

	Service	
	Recherche et documentation	Contentieux
Heures de recherche..	24 000	–
Heures directes de travail d'avocat	9 000	18 000
Formulaires juridiques et fournitures.......................................	16 000 $	5 000 $
Coûts directs de travail d'avocat..	450 000 $	900 000 $
Frais indirects des services...	840 000 $	360 000 $

Le taux d'imputation prédéterminé des frais indirects du service de recherche et de documentation est basé sur les heures de recherche. Pour le service du contentieux, ce taux est basé sur le coût direct de travail d'avocat.

Les coûts imputés à chaque client se composent des fournitures et des formulaires juridiques utilisés, des coûts directs de travail d'avocat, et de frais indirects liés à chaque cas et découlant de chaque service.

Le cas nº 418-3 s'est échelonné du 23 février au 16 mai. Au cours de cette période, on a enregistré les coûts et les heures ci-dessous :

	Service	
	Recherche et documentation	Contentieux
Heures de recherche..	26	–
Heures directes de travail d'avocat	7	114
Formulaires juridiques et fournitures.......................................	80 $	40 $
Coûts directs de travail d'avocat..	350 $	5 700 $

▶ **Travail à faire**

1. Calculez le taux d'imputation prédéterminé des frais indirects du service de recherche et de documentation pour la période. Calculez aussi le taux du service du contentieux.

2. À l'aide des taux calculés à la question précédente, calculez les frais indirects imputés au cas n° 418-3.

3. Quel serait le coût total du cas n° 418-3? Présentez vos calculs par service et indiquez-en le total.

4. À la fin de la période, les livres du cabinet contenaient les renseignements ci-après concernant les cas traités pendant l'année.

| | Service | |
	Recherche et documentation	Contentieux
Heures de recherche......................................	26 000	–
Heures directes de travail d'avocat	8 000	15 000
Formulaires juridiques et fournitures........................	19 000 $	6 000 $
Coûts directs de travail d'avocat	400 000 $	750 000 $
Frais indirects des services...............................	870 000 $	315 000 $

Déterminez les frais indirects sous-imputés ou surimputés de chaque service pour la période.

P5.22 Les taux d'imputation des frais indirects unique et multiples

« La barbe! dit David Wilson, président de la société Teledex. Nous venons de perdre la soumission du projet Koopers pour seulement 2 000 $. Nos tarifs sont, semble-t-il, soit trop élevés pour obtenir les contrats, soit trop bas pour rentabiliser la moitié des contrats que nous soumissionnons. »

Teledex fabrique des produits selon les spécifications des clients et privilégie un système de coûts de revient par commande. Les frais indirects de fabrication de l'entreprise sont imputés aux commandes sur la base du coût de la main-d'œuvre directe. Les prévisions ci-après remontent au début de la période.

| | Service | | | |
	Fabrication	Usinage	Assemblage	Total
Main-d'œuvre directe.........................	200 000 $	100 000 $	300 000 $	600 000 $
Frais indirects de fabrication...............	350 000	400 000	90 000	840 000

Les commandes nécessitent des volumes de travail différents au sein des trois services. La commande du client Koopers, par exemple, aurait nécessité les coûts de production suivants :

| | Service | | | |
	Fabrication	Usinage	Assemblage	Total
Matières premières	3 000 $	200 $	1 400 $	4 600 $
Main-d'œuvre directe............................	2 800	500	6 200	9 500
Frais indirects de fabrication..................	?	?	?	?

Travail à faire

1. Considérez que le taux d'imputation des frais indirects est unique.
   a) Calculez le taux d'imputation de la période en cours.
   b) Déterminez les frais indirects de fabrication imputés à la commande du client Koopers.

2. Supposez maintenant que l'entreprise utilise un taux d'imputation prédéterminé des frais indirects différent pour chaque service.
   a) Calculez le taux d'imputation de chaque service pour la période en cours.
   b) Déterminez les frais indirects de fabrication qui auraient été imputés à la commande du client Koopers.

3. Expliquez la différence entre les frais indirects de fabrication qui auraient été imputés à l'aide d'un taux unique et à l'aide d'un taux différent pour chaque service.

4. Supposez que la pratique de l'industrie consiste à soumissionner des travaux à 150 % du coût total de production (matières premières, main-d'œuvre directe et frais indirects imputés). Quel aurait été le prix proposé dans la soumission pour l'obtention de la commande du client Koopers dans le cas de l'utilisation d'un taux d'imputation unique ? Quel aurait été le prix de la soumission si la société avait utilisé des taux d'imputation prédéterminés des frais indirects pour chaque service ?

5. À la fin de la période, la société a regroupé les données relatives aux coûts réels. Ces coûts concernent les commandes exécutées au cours de la même période.

	Service			
	Fabrication	Usinage	Assemblage	Total
Matières premières	190 000 $	16 000 $	114 000 $	320 000 $
Main-d'œuvre directe.......................	210 000	108 000	262 000	580 000
Frais indirects de fabrication...........	360 000	420 000	84 000	864 000

Calculez les frais indirects sous-imputés ou surimputés de la période en supposant :
   a) que l'entreprise utilise un taux d'imputation prédéterminé des frais indirects unique ;
   b) que l'entreprise utilise un taux d'imputation des frais indirects différent pour chaque service.

P5.23 Les écritures de journal, les comptes en T, les états financiers et l'établissement des prix

Froya est une petite entreprise spécialisée dans la fabrication d'équipement lourd. L'équipement est utilisé dans les champs de pétrole de la mer du Nord. L'entreprise fait appel à un système de coûts de revient par commande et impute les frais indirects de fabrication aux commandes sur la base des heures de main-d'œuvre directe. Elle a utilisé les prévisions ci-après pour déterminer le taux d'imputation prédéterminé des frais indirects : frais indirects de fabrication, 360 000 $; et heures de main-d'œuvre directe, 900.

Les opérations ci-dessous ont eu lieu au cours de la période. (Notez que tous les achats et services ont été effectués à crédit.)

a) Achat de matières destinées à la production, 200 000 $.

b) Matières premières utilisées, 185 000 $.

c) Coût des services publics, 70 000 $ (90 % du coût est lié aux activités de l'usine ; le reste est associé aux activités de vente et d'administration).

d) Les salaires versés sont répartis comme suit :

Main-d'œuvre directe (975 heures)...	230 000 $
Main-d'œuvre indirecte...	90 000
Salaires liés aux activités de vente et d'administration.................................	110 000

e) Coûts d'entretien de l'usine, 54 000 $.

f) Publicité, 136 000 $.

g) Amortissement annuel, 95 000 $ (80 % de l'amortissement est lié à l'équipement de l'usine ; le reste est associé au matériel de vente et d'administration).

h) Coûts de location des bâtiments, 120 000 $ (85 % des coûts sont liés aux activités de l'usine ; le reste est associé aux installations du service des ventes et de l'administration).

► i) Frais indirects de fabrication imputés aux commandes, ___?___ .
j) Coût annuel des produits fabriqués, 770 000 $.
k) Total des ventes de la période, entièrement à crédit, 1 200 000 $; selon leur fiche de coût de revient, le coût de fabrication de ces produits s'élève à 800 000 $.
Voici les soldes des comptes de stock au début de la période :

Matières	30 000 $
Produits en cours..	21 000
Produits finis	60 000

Travail à faire

1. Préparez les écritures de journal requises pour enregistrer les opérations précédentes.
2. Reportez vos écritures dans les comptes en T. (N'oubliez pas d'inscrire les soldes des stocks d'ouverture.) Déterminez le solde de clôture des comptes de stock et du compte de frais indirects de fabrication.
3. Préparez un état du coût des produits fabriqués.
4. Préparez l'écriture de journal requise pour procéder à la disposition adéquate du solde du compte des frais indirects de fabrication.
5. Préparez la section du coût des ventes.
6. L'entreprise a exécuté un grand nombre de commandes au cours de la période. Le coût des matières premières de la commande n° 412, par exemple, s'élevait à 8 000 $, et cette commande a nécessité 39 heures de main-d'œuvre directe, pour un total de 9 200 $. La commande ne comptait que quatre unités. Supposez que l'entreprise facture ses produits à un prix 60 % supérieur au coût unitaire figurant sur la fiche de coût de revient. Quel sera alors le prix par unité facturé au client ?

P5.24 L'analyse du cheminement des coûts à l'aide de comptes en T

Quelques comptes du grand livre de la société Rollet apparaissent ci-dessous pour la période qui vient de se terminer.

Matières premières

Solde 01/01	30 000	Crédit	?
Débit	420 000		
Solde 31/12	60 000		

Frais indirects de fabrication

Débit	385 000	Crédit	?

Produits en cours

Solde 01/01	70 000	Crédit	810 000
Matières premières	320 000		
Main-d'œuvre directe	110 000		
Frais indirects de fabrication	400 000		
Solde 31/12	?		

Salaires à payer (usine)

Débit	179 000	Solde 01/01	10 000
		Crédit	175 000
		Solde 31/12	6 000

Produits finis

Solde 01/01	40 000	Crédit	?
Débit	?		
Solde 31/12	130 000		

Coût des ventes

Débit	?		

Travail à faire

1. Quel est le coût des matières utilisées dans la fabrication au cours de cette période ?
2. Quelle portion du coût des matières dont il est question en 1 représente les matières indirectes ?

3. Quelle portion du coût de la main-d'œuvre de production de la période représente le coût de la main-d'œuvre indirecte ?
4. À combien s'élève le coût des produits fabriqués de la période ?
5. À combien s'élève le coût des ventes de la période (avant qu'on considère les frais indirects de fabrication sous-imputés ou surimputés) ?
6. Si l'on avait imputé des frais indirects de fabrication en fonction du coût des matières premières utilisées, quel aurait été le taux d'imputation pour la période ?
7. A-t-on sous-imputé ou surimputé les frais indirects de fabrication avant la répartition de la surimputation des frais indirects de fabrication ? de combien ?
8. Calculez le solde de clôture du compte de stock de produits en cours. Supposez que ce solde correspond uniquement aux marchandises dont la fabrication a commencé au cours de la période. Si 32 000 $ de ce solde représentent le coût des matières premières, quel montant correspond au coût de la main-d'œuvre directe ? aux frais indirects de fabrication ?

P5.25 La disposition des frais indirects sous-imputés ou surimputés

Mobilart fabrique ses meubles à l'aide de la technologie automatisée la plus récente. L'entreprise recourt à un système de coûts de revient par commande et impute les frais indirects de fabrication aux meubles sur la base des heures-machines. Elle a utilisé les prévisions ci-après pour déterminer le taux d'imputation prédéterminé des frais indirects au début de la période.

Heures-machines	75 000
Frais indirects de fabrication	900 000 $

Au cours de la période, une saturation du marché du mobilier a contraint Mobilart à réduire sa production et à entreposer un grand nombre de meubles. Les livres comptables contenaient les renseignements suivants :

Heures-machines	60 000
Frais indirects de fabrication	850 000 $
Stocks de clôture :	
Matières	30 000 $
Produits en cours (y compris des frais indirects imputés de 36 000 $)	100 000 $
Produits finis (y compris des frais indirects imputés de 180 000 $)	500 000 $
Coût des ventes (y compris des frais indirects imputés de 504 000 $)	1 400 000 $

Travail à faire

1. Calculez le taux d'imputation prédéterminé des frais indirects de fabrication de l'entreprise.
2. Calculez les frais indirects sous-imputés ou surimputés.
3. Supposez que les frais indirects surimputés sont répartis entre les produits en cours, les produits finis et le coût des ventes en fonction des frais indirects imputés de chaque compte et qu'une sous-imputation est attribuée au coût des ventes. Préparez l'écriture de journal requise pour enregistrer la répartition annuelle de ces frais.

P5.26 Les écritures à partir de comptes en T

La société Cheko inc. fabrique des produits selon les spécifications des clients et recourt à un système de coûts de revient par commande. Vous trouverez ci-après les comptes en T de la société couvrant les transactions de l'année se terminant le 31 décembre 20X9. Les frais indirects de fabrication sont imputés aux commandes sur la base du coût des matières premières. Notez que le traitement des frais indirects de fabrication réels et imputés se fait à l'aide d'un seul compte en T.

► **Travail à faire**

1. Déterminez le taux d'imputation utilisé par la société Cheko inc.
2. Inscrivez, sous forme d'écritures de journal, toutes les opérations de l'année en vous fiant aux comptes en T suivants.
3. Déterminez le total de la surimputation ou de la sous-imputation.
4. Préparez un état du coût des produits fabriqués pour l'année 20X9.
5. Rédigez une écriture de journal pour enregistrer tout solde de clôture du compte « Frais indirects de fabrication » au compte approprié.
6. Dressez un état des résultats pour l'année 20X9 en détaillant le coût des ventes.

Caisse			Comptes clients			Assurance payée d'avance		
Solde	35 000	970 000	Solde	127 000	1 350 000	Solde	9 000	7 000
	1 350 000	300 000		1 400 000				2 000
	115 000			177 000				

Matières			Produits en cours			Produits finis		
Solde	10 000	370 000*	Solde	44 000	890 000	Solde	75 000	930 000
	400 000			320 000			890 000	
	40 000			76 000			35 000	
				480 000				
				30 000				

Immobilisations corporelles			Amortissement cumulé – Immobilisations corporelles			Comptes fournisseurs		
Solde	400 000				110 000 Solde		970 000	86 000 Solde
					40 000			400 000
					10 000			81 000
					160 000			43 000
								70 000
								9 000
								200 000
								120 000
								39 000

Salaires et avantages à payer			Capital-actions			Bénéfices non répartis		
	300 000	9 000 Solde			375 000 Solde			120 000 Solde
		76 000						
		130 000						
		110 000						
		25 000						

Ventes			Coût des ventes			Frais indirects de fabrication		
		1 400 000		930 000			50 000	480 000
							130 000	
							81 000	
Salaire personnel V/A							7 000	
	110 000						70 000	
							9 000	
							120 000	
							40 000	
							27 000	

Amortissement V/A			Déplacements			Publicité		
	10 000			43 000			200 000	

* Matières directes utilisées = 320 000 $

V/A : vente et administration

Cas

C5.27 L'éthique et le gestionnaire

Pierre Côté a récemment été muté au sein de la division des systèmes de sécurité domiciliaires de la société Nationale. Peu de temps après son entrée en fonction à titre de contrôleur de division, on lui a demandé de déterminer le taux d'imputation prédéterminé des frais indirects de fabrication de la division pour la période à venir. Le taux doit être précis, car il sera utilisé tout le long de la période, et les frais indirects sous-imputés ou surimputés ne sont fermés dans le compte approprié qu'à la fin de la période. Les divisions de l'entreprise utilisent les heures de main-d'œuvre directe comme base de répartition des frais indirects de fabrication.

Pour calculer le taux d'imputation prédéterminé des frais indirects, M. Côté divise le total des frais indirects de fabrication prévus pour l'année à venir par le nombre d'heures de main-d'œuvre directe prévu par la directrice de la production pour la même période. M. Côté soumet ses calculs à M. Henri Irving, directeur général de la division des systèmes de sécurité à domicile. Il est très surpris lorsque M. Irving lui suggère de modifier la base de ses calculs. Voici la conversation qu'ils ont eue.

Pierre : Voici mes calculs concernant le taux d'imputation prédéterminé des frais indirects de fabrication pour la prochaine année. Si vous les approuviez, nous pourrions appliquer le taux dès le 1er janvier et implanter aussitôt le système de coûts de revient par commande.

Henri : Vos calculs me semblent bien, et je vous en remercie. J'aimerais cependant qu'ils soient légèrement modifiés. Le nombre d'heures de main-d'œuvre directe prévu pour la période s'élève à 440 000 heures. Pourquoi ne pas réduire ce nombre à 420 000 ?

Pierre : J'ai des doutes. La directrice de la production estime à 440 000 les heures de main-d'œuvre directe pour être en mesure de répondre aux prévisions de ventes de la période. Il y aura plus de 430 000 heures de main-d'œuvre directe pour la période qui se termine. De plus, on prévoit une augmentation du volume des ventes l'an prochain.

Henri : Je sais. Je souhaite néanmoins que l'on réduise le nombre d'heures de main-d'œuvre directe à 420 000 heures. Votre prédécesseur et moi avions convenu de réduire d'environ 5 % par an le nombre d'heures de main-d'œuvre directe. De cette manière, nous gardions une réserve qui avait pour effet d'engendrer une forte hausse du bénéfice à la fin de la période. C'était notre « prime de Noël ». Les membres de la direction étaient ravis que nous puissions accomplir un tel miracle à la fin de l'année. Pourquoi tout changer, alors ?

Travail à faire

1. Expliquez en quoi la réduction de 5 % des heures de main-d'œuvre directe servant de base au taux d'imputation prédéterminé des frais indirects de fabrication aura pour effet d'engendrer une forte hausse du bénéfice à la fin de la période financière.

2. Pierre Côté devrait-il réduire à 420 000 le nombre d'heures de main-d'œuvre directe pour calculer le taux d'imputation prédéterminé des frais indirects de fabrication, comme le lui a proposé le directeur général ?

C5.28 Des données incomplètes et une révision du cheminement des coûts

Luc Lapointe est contrôleur chez Bucolic inc. Pour dissimuler un détournement de fonds, il a placé une bombe dans la pièce où se situent les serveurs de l'entreprise et les copies de sécurité (électroniques et sur papier) des livres comptables. L'explosion qui a eu lieu n'a laissé que des fragments de l'exemplaire sur papier du grand livre de la société. ▶

Matières premières		Frais indirects de fabrication	
Solde 01/06 8 000		Frais réels pour juin 79 000	
			Frais surimputés 6 100

Produits en cours		Comptes fournisseurs	
Solde 01/06 7 200			
			Solde 30/06 16 000

Produits finis		Coût des ventes	
Solde 30/06 21 000			

L'entreprise doit rétablir ses opérations du mois de juin pour que M. Lapointe soit traduit en justice. Vous avez été désigné pour réaliser cette tâche. Après avoir questionné certains salariés et passé au crible les fragments carbonisés, vous avez obtenu les renseignements suivants :

a) Selon le trésorier, les comptes fournisseurs ne servent qu'aux achats de matières premières. Le bilan au 31 mai indique que le solde des comptes fournisseurs était de 20 000 $ au début du mois de juin. La banque vous a fourni des photocopies des chèques honorés au mois de juin. Les documents indiquent que les paiements faits aux fournisseurs pour ce mois totalisaient 119 000 $. (Tous les matériaux utilisés au cours de cette même période étaient des matières premières.)

b) Le directeur de la production a confirmé que les frais indirects de fabrication sont imputés aux produits sur la base des heures de main-d'œuvre directe. Il ne se souvient toutefois pas du taux retenu.

c) Les fiches de coût de revient conservées dans le bureau du directeur de la production confirment qu'une seule commande était en cours le 30 juin, soit au moment de l'explosion. Le coût des matières attribué à la commande était de 6 600 $; le coût de la main-d'œuvre directe avait été évalué à 500 heures, à raison de 18 $ l'heure.

d) Le livre comptable du magasin des produits finis tient compte du transfert de tous les produits depuis l'usine. Au mois de juin, le coût des produits transférés de l'usine au magasin des produits finis s'élevait à 390 000 $.

e) Le bilan au 31 mai indique que le stock des produits finis totalisait 36 000 $ au début du mois de juin.

f) Un morceau carbonisé du livre de paie révèle que 11 500 heures de main-d'œuvre directe ont été enregistrées en juin. En vertu de la convention collective, il n'existe aucune variation des taux des salaires entre les employés de l'usine.

g) Il n'y avait aucuns frais indirects de fabrication sous-imputés ou surimputés au compte de frais indirects de fabrication au 31 mai, selon le directeur de la production.

Travail à faire

1. Déterminez le taux d'imputation prédéterminé des frais indirects de fabrication.
2. Calculez l'achat des matières acquises au mois de juin.
3. Déterminez le stock de produits en cours au 30 juin.
4. Calculez les frais indirects de fabrication imputés aux produits en cours du mois de juin.
5. Déterminez le coût des matières utilisées au cours du mois de juin.

6. Calculez le stock de matières au 30 juin.

7. Déterminez le coût des ventes du mois de juin.

Indice : Mettez à jour les fragments des comptes en T jusqu'au 30 juin et reportez toutes les écritures de journal que vous pourrez préparer à partir des renseignements fournis.

C5.29 Les taux d'imputation prédéterminés des frais indirects unique et multiples

Au fil des ans, Réparations Francœur s'est valu la réputation d'offrir des services de réparation fiables et de grande qualité à des prix raisonnables. D'abord uniquement formée de deux personnes (soit du propriétaire, Victor Francœur, et de sa femme, Sandra Jean), l'entreprise a vite pris de l'envergure, en embauchant en outre quatre réparateurs compétents et deux techniciens à l'entretien. Mme Jean gère le service à la clientèle et prépare tous les documents comptables de l'entreprise. Elle a récemment remarqué une baisse des bénéfices générés par les services de réparation. M. Francœur a lui aussi constaté une diminution du nombre de réparations effectuées au cours des derniers mois. Il croit que cette réduction pourrait être attribuable à une concurrence accrue, un nouvel atelier de réparation s'étant récemment installé dans la région. Comme l'établissement des prix repose en grande partie sur le coût des réparations, M. Francœur a demandé à Mme Jean de consacrer un certain temps à l'analyse de la façon dont le coût des commandes est établi dans l'espoir d'arriver à mieux cerner le problème. Il s'est par ailleurs empressé de lui rappeler qu'il tenait à continuer de payer tous ses employés par un salaire fixe annuel, peu importe le volume de commandes, convaincu que cela lui permet de conserver une bonne main-d'œuvre et de favoriser la fidélisation à l'entreprise.

Voici les renseignements recueillis par Mme Jean au sujet du système de coûts de revient de l'entreprise.

- Les matières premières utilisées pour effectuer les réparations sont directement attribuées aux commandes.
- Les quatre réparateurs de l'entreprise gagnent un salaire fixe de 50 000 $ par année et les deux techniciens, un salaire fixe de 38 000 $ par année. Mme Jean estime que chacun de ces six employés consacre 1 750 heures de travail par année aux commandes des clients.
- Les autres coûts indirects prévus pour l'exercice (par exemple, le loyer, les assurances, les services publics, les fournitures, l'entretien du camion-atelier, l'amortissement du camion-atelier) totalisent 178 450 $ et comprennent les salaires de M. Francœur et de Mme Jean.
- Le prix de chaque commande est calculé selon un coût majoré. Ainsi, les clients paient le coût total engagé par l'entreprise pour effectuer le travail en plus d'une marge bénéficiaire brute de 10 %.
- On calcule le coût total de chaque commande ainsi : coût total des matières premières plus coût total de la main-d'œuvre, obtenu par le produit du « tarif d'atelier » et du nombre d'heures nécessaire pour effectuer la réparation. Le tarif d'atelier s'applique à tous les types de réparations et correspond aux salaires des réparateurs et des techniciens auxquels sont ajoutés les coûts indirects prévus pour l'exercice, cette somme étant divisée par le nombre total d'heures de travail prévues pour répondre aux commandes des clients au cours de cette période.
- Mme Jean a constaté qu'au cours des dernières années, environ 65 % de tous les coûts indirects étaient liés à des réparations compliquées, alors que les autres 35 % étaient rattachés à des réparations plus simples. Or, environ la moitié des heures de travail consacrées aux commandes des clients par les réparateurs et les techniciens était associée aux réparations compliquées, tandis que l'autre moitié était attribuable aux réparations simples. Même si Mme Jean considérait ces renseignements comme importants, elle s'est aperçue qu'on n'en avait pas tenu compte au moment de calculer le tarif d'atelier pour l'exercice.

▶ **Travail à faire**

1. Calculez le tarif d'atelier pour l'exercice selon les renseignements recueillis par Mme Jean.

2. À partir des renseignements recueillis par Mme Jean à propos de la répartition des coûts indirects entre les réparations simples et compliquées à chaque exercice, calculez différents tarifs qui auraient pu être appliqués aux réparations de chacun de ces deux types.

3. Supposez que, le mois précédent, Réparations Francœur a terminé la commande 1246. La fiche de coût de revient indique un montant de 115 $ de matières premières et 6 heures de travail multipliées par le tarif d'atelier calculé à la question 1.

   a) Calculez le prix total demandé au client, en supposant un coût majoré de 10 %.

   b) Un examen un peu plus approfondi a permis à Mme Jean de déterminer que deux des six heures de travail consacrées à la commande 1246 étaient liées à des réparations compliquées, alors que les quatre autres se rapportaient à des réparations simples. À partir de ce renseignement et des deux tarifs calculés à la question 2, estimez le prix que l'entreprise aurait demandé au client pour la commande 1246 selon ce nouveau système.

4. À partir de tous les renseignements recueillis précédemment, donnez des raisons qui pourraient expliquer pourquoi l'entreprise Réparations Francœur effectue moins de réparations qu'auparavant, ce qui entraîne une baisse de rentabilité.

C5.30 Une réflexion critique : l'interprétation des taux des frais indirects de fabrication

Sher Aérospatial inc. fabrique des pièces telles que des articulations de gouverne pour l'industrie aérospatiale. L'entreprise recourt à un système de coûts de revient par commande et à un taux d'imputation prédéterminé des frais indirects unique basé sur les heures de main-d'œuvre directe. Le 16 décembre 20X2, le contrôleur de la société a effectué une première estimation du taux d'imputation prédéterminé des frais indirects de fabrication pour l'année 20X3. Le nouveau taux était basé sur le coût total prévu des frais indirects de fabrication de 3 402 000 $ et sur le temps de travail prévu total de 63 000 heures de main-d'œuvre directe.

$$\text{Taux d'imputation prédéterminé des frais indirects de fabrication} = \frac{3\ 402\ 000\ \$}{63\ 000\ \text{heures}}$$
$$= 54\ \$ \text{ par heure de main-d'œuvre directe}$$

On a fait part aux dirigeants du nouveau taux d'imputation prédéterminé des frais indirects de fabrication au cours de la réunion du 19 décembre. Le taux n'a suscité aucun commentaire, se rapprochant beaucoup de celui de l'année 20X2. Pendant la réunion, le directeur de la production a proposé l'achat d'une fraiseuse automatisée de marque Sunchi. Henri Arcand, président de Sher Aérospatial inc., a accepté de rencontrer la représentante commerciale des Industries Sunchi pour discuter de la proposition du directeur de la production.

Le lendemain, M. Arcand a rencontré Jasmine Ménard, représentante commerciale des Industries Sunchi. La discussion s'est déroulée comme suit :

Henri : Notre directeur de la production m'a prié de vous rencontrer, car l'achat d'une fraiseuse automatisée l'intéresse au plus haut point. Je vous avouerai que je suis très sceptique à l'égard de cette idée. Vous devrez me démontrer qu'il ne s'agit pas simplement d'un nouveau jouet coûteux.

Jasmine : Il s'agit d'une machine exceptionnelle qui rapportera des avantages directs. Notre fraiseuse automatisée offre trois principaux avantages. D'abord, elle se révélera beaucoup plus rapide que les méthodes manuelles que vous employez. Elle peut traiter près de deux fois plus de pièces par heure que vos fraiseuses. Ensuite, elle s'avère beaucoup plus flexible. Il y a certes des coûts initiaux de programmation, après quoi presque aucune configuration particulière ne sera nécessaire pour la réalisation d'une opération courante. Il vous suffira alors de saisir le code de l'opération courante, de remplir la trémie avec la matière première, et la fraiseuse fera le reste.

Henri : Qu'en est-il du prix ? Disposer de deux fois plus de capacité en fait de fraiseuse ne nous apportera pas grand-chose. De toute façon, le centre est inactif la plupart du temps.

Jasmine : J'y arrivais. Le troisième avantage de la fraiseuse automatisée est son coût de revient plus bas. Votre directeur de la production et moi avons jeté un coup d'œil aux opérations actuelles. Nous estimons que la fraiseuse automatisée permettrait d'éliminer, sur une base annuelle, environ 6 000 heures de main-d'œuvre. Quel est le coût horaire de la main-d'œuvre directe ?

Henri : Le salaire horaire moyen dans le secteur du fraisage est d'environ 32 $ l'heure. Les avantages sociaux le font augmenter à près de 41 $.

Jasmine : N'oubliez pas vos frais indirects de fabrication.

Henri : L'an prochain, le taux d'imputation des frais indirects de fabrication sera de 54 $ par heure.

Jasmine : Ainsi, en incluant les avantages sociaux et les frais indirects de fabrication, le coût par heure de la main-d'œuvre directe est d'environ 95 $.

Henri : C'est exact.

Jasmine : Puisque vous pouvez économiser 6 000 heures de main-d'œuvre directe par an, les économies sur la même base s'élèveraient à environ 570 000 $. Un contrat de location de 60 mois ne coûterait que 348 000 $ par an.

Henri : Cela tombe sous le sens. Quand pourriez-vous installer la fraiseuse ?

Peu après la réunion, M. Arcand fait part de sa décision au contrôleur. Il lui dit aussi que le nouveau matériel sera installé pendant les vacances de Noël. La décision aura des répercussions sur les frais indirects de fabrication et sur le nombre d'heures de main-d'œuvre directe pour la période. Un nouveau calcul du taux d'imputation prédéterminé des frais indirects de fabrication pour l'année 20X3 sera donc nécessaire. Après avoir discuté avec le directeur de la production et la représentante commerciale des Industries Sunchi, le contrôleur constate que, en plus du coût de location annuel de 348 000 $, la nouvelle fraiseuse exigera l'embauche d'un technicien-programmeur qualifié au coût de 50 000 $ par an. Le rôle du nouvel employé consistera à entretenir et à programmer le matériel. Les deux coûts seront inclus dans les frais indirects de l'usine. Les frais indirects de fabrication totaux, qui sont presque entièrement fixes, ne subiront aucune autre modification. Le contrôleur suppose que le nouveau matériel permettra de réduire de 6 000 heures la main-d'œuvre directe pour la période par rapport au nombre d'heures prévu à l'origine.

Les dirigeants de la société ont été atterrés par le nouveau taux d'imputation prédéterminé des frais indirects de fabrication de l'année 20X3.

Travail à faire

1. Calculez le taux d'imputation en supposant que la nouvelle fraiseuse sera installée. Expliquez pourquoi le nouveau taux d'imputation est plus élevé (ou plus faible) que le taux d'imputation initial.

2. Le cas échéant, quel effet aurait ce nouveau taux sur le coût des produits pour lesquels on n'utilise pas la nouvelle fraiseuse automatisée ?

3. Pourquoi les gestionnaires seraient-ils préoccupés par le nouveau taux d'imputation prédéterminé des frais indirects de fabrication ?

4. Après avoir pris connaissance du nouveau taux d'imputation prédéterminé des frais indirects de fabrication, le directeur de la production a admis qu'il serait sans doute incapable d'éliminer les 6 000 heures de main-d'œuvre directe. Il comptait y parvenir en ne remplaçant pas les employés sur le point de prendre leur retraite ou de quitter l'entreprise, mais en vain. En conséquence, les économies réelles de main-d'œuvre seraient seulement d'environ 2 000 heures, soit l'équivalent d'un employé. Dans ce contexte, évaluez la décision initiale autorisant l'acquisition de la fraiseuse automatisée.

C5.31 Une analyse du cheminement des coûts et des stocks dans un système de coûts de revient par commande

Verdure ltée fabrique des fournitures pour jardin et pelouse. Elle recourt à un système de coûts de revient par commande, car les produits sont fabriqués par lots plutôt que sur une base continue. L'entreprise a commencé ses activités le 2 janvier 20X9. Voici l'ensemble des opérations pour les 11 premiers mois de la période (jusqu'au 30 novembre).

Matières		Frais indirects de fabrication	
Solde 36 000		2 260 000*	?
		Solde ?	

Produits en cours		Coût des ventes	
Solde 1 200 000		Solde 14 200 000	

Produits finis	
Solde 2 785 000	

* Ce montant représente les frais indirects de fabrication réels engagés jusqu'au 30 novembre 20X9.

Voici d'autres renseignements au sujet de l'entreprise.

a) Le stock de produits en cours au 30 novembre se composait de deux commandes.

Commande n°	Nombre d'unités	Article	Coût total au 30 novembre
1105	50 000	Arroseur haut de gamme	700 000 $
1106	40 000	Arroseur bas de gamme	500 000
			1 200 000 $

b) Le stock de produits finis au 30 novembre se composait des cinq articles suivants :

Article	Quantité et coût unitaire	Coût total
Arroseur haut de gamme....	5 000 unités à 22 $ l'unité	110 000 $
Arroseur oscillant	115 000 unités à 17 $ l'unité	1 955 000
Jet en laiton	10 000 lots de 12 douzaines à 14 $ le lot	140 000
Simulateur de pluie	5 000 lots de 12 douzaines à 16 $ le lot	80 000
Raccord	100 000 lots de 12 douzaines à 5 $ le lot	500 000
		2 785 000 $

c) Les frais indirects de fabrication sont imputés aux produits sur la base des heures de main-d'œuvre directe. Pour l'année 20X9, la direction prévoit 400 000 heures de main-d'œuvre et des frais indirects de fabrication de 2,4 millions de dollars.

d) Les 11 premiers mois de la période ont nécessité 367 000 heures de main-d'œuvre directe. Les lettres e) à j) ci-après regroupent les opérations du mois de décembre 20X9.

e) Au cours du mois, l'entreprise s'est portée acquéreur de matières au coût de 708 000 $.

f) Les matières ont été retirées des stocks et imputées comme suit :

Commande n°	Quantité et article	Matière facturée
1105	*Voir la page précédente*	210 000 $
1106	*Voir la page précédente*	6 000
1201	30 000 lots de 12 douzaines de simulateurs de pluie	181 000
1202	10 000 arroseurs oscillants	92 000
1203	50 000 anneaux arroseurs	163 000
Matières indirectes	–	20 000
		672 000 $

g) Voici les salaires versés au mois de décembre.

Commande n°	Nombre d'heures de travail	Coût total
1105	6 000	62 000 $
1106	2 500	26 000
1201	18 000	182 000
1202	500	5 000
1203	5 000	52 000
Main-d'œuvre indirecte	8 000	84 000
Frais de vente et frais d'administration	–	120 000
		531 000 $

h) Voici les autres coûts engagés dans l'usine au mois de décembre.

Amortissement	62 500 $
Services publics	15 000
Assurance	1 000
Impôt foncier	3 500
Entretien	5 000
	87 000 $

i) Voici les commandes terminées et le nombre d'unités de produit transférées au magasin des produits finis au cours du mois de décembre.

Commande n°	Quantité	Article
1105	48 000 unités	Arroseur haut de gamme
1106	39 000 unités	Arroseur bas de gamme
1201	29 500 lots	12 douzaines de simulateurs de pluie
1203	49 000 unités	Anneau arroseur

j) En décembre, les produits finis ont été expédiés aux clients de la façon suivante :

Article	Quantité
Arroseur haut de gamme	16 000 unités
Arroseur oscillant	32 000 unités
Arroseur bas de gamme	20 000 unités
Anneau arroseur	22 000 unités
Jet en laiton	5 000 lots de 12 douzaines
Simulateur de pluie	10 000 lots de 12 douzaines
Raccord	26 000 lots de 12 douzaines

► **Travail à faire**

1. Déterminez les frais indirects de fabrication sous-imputés ou surimputés de l'année 20X9.

2. Quel est le traitement comptable approprié pour le solde des frais indirects sous-imputés ou surimputés? Justifiez votre réponse.

3. Déterminez le solde du compte de stock de produits en cours au 31 décembre 20X9. Présentez tous vos calculs.

4. Pour les arroseurs haut de gamme seulement, déterminez le solde du compte de stock de produits finis au 31 décembre 20X9. Partez de l'hypothèse d'un épuisement successif des unités. Présentez tous vos calculs.

5. Combien d'unités de simulateurs de pluie ont été perdues? Comment devrait-on traiter cette perte pour déterminer le coût de revient?

(Adaptation substantielle d'un problème de CPA Canada)

C5.32 Les systèmes de coûts de revient par commande

Carl ltée est une petite entreprise spécialisée dans la construction d'habitations et la rénovation de logements. Son système de coûts de revient par commande lui permet d'accéder à une foule de renseignements sur les coûts des commandes et de vérifier l'exactitude de ses soumissions.

Les renseignements ci-après se rapportent aux activités du mois de février de l'entreprise. Voici les soldes au 31 janvier:

Caisse	1 000 $
Comptes clients	2 500
Matières	500
Travaux en cours (commande n° 507)	1 500
Projets finis (commande n° 505)	400
Assurance payée d'avance	500
Biens immobiliers et équipement	50 000
Amortissement cumulé – Biens immobiliers et équipement	(20 000)
Véhicule	15 000
Amortissement cumulé – Véhicule	(3 500)
	47 900 $
Comptes fournisseurs	3 000 $
Emprunt bancaire	22 500
Capital-actions	2 500
Bénéfices non répartis	19 900
	47 900 $

Voici les écritures qui ont permis d'enregistrer les opérations du mois de février.

a)	Matières		3 000	
	Comptes fournisseurs			3 000
b)	Travaux de construction terminés		3 250*	
	Matières			3 250

       * Projets :   n° 601   400 $
                      n° 602   350
                      n° 603   1 500
                      n° 604   1 000

c)	Travaux de construction terminés		3 250*	
	Caisse**			3 250

       *   Projets :   n° 507   150 $
                      n° 601   350
                      n° 602   1 000
                      n° 603   1 250
                      n° 604   500

       ** Les déductions et les charges sociales ont été omises par souci de simplicité.

d)	Frais indirects de fabrication – Supervision.......................		1 000	
	Caisse...			1 000
e)	Frais indirects de fabrication – Amortissement			
	des biens immobiliers et de l'équipement		1 000	
	Frais indirects de fabrication – Amortissement du véhicule		500	
	Amortissement cumulé – Biens immobiliers et équipement			1 000
	Amortissement cumulé – Véhicule			500
f)	Frais indirects de fabrication – Assurance........................		75	
	Assurance payée d'avance			75
g)	Frais indirects de fabrication – Entretien		250	
	Comptes fournisseurs			250
h)	Travaux de construction terminés		2 925*	
	Frais indirects de fabrication imputés..............................			2 925

       * Projets :   n° 507   135 $
                      n° 601   315
                      n° 602   900
                      n° 603   1 125
                      n° 604   450

i)	Coûts de soumission		400	
	Caisse...			400
j)	Salaires du personnel de l'administration.........................		1 250	
	Caisse...			1 250
k)	Comptes clients..		11 850	
	Revenus de la construction..			11 850*

       * Projets :   n° 505   1 000 $
                      n° 507   2 500
                      n° 601   1 250
                      n° 602   2 100
                      n° 603   5 000

l)	Caisse...		11 500	
	Comptes clients..			11 500
m)	Comptes fournisseurs...		4 000	
	Caisse...			4 000
n)	Intérêts débiteurs...		250	
	Caisse...			250
o)	Travaux de construction terminés		1 500*	
	Stock de travaux en cours			1 500

       * Projet :   n° 507   1 500 $

p)	Travaux de construction terminés		400*	
	Stock de projets finis			400

       * Projet :   n° 505   400 $

q)	Stock de travaux en cours...		1 450*	
	Travaux de construction terminés....................................			1 450

       * Projet :   n° 604   1 450 $

►

▶ **Travail à faire**

1. Préparez l'état des résultats pour le mois de février et le bilan au 28 février.
2. Calculez les coûts et les revenus générés par les projets nᵒˢ 507 et 602.

C5.33 Les réductions des coûts et l'environnement

Propet inc. est une entreprise de service. Elle a obtenu récemment le contrat d'entretien et de nettoyage de 42 écoles membres d'une commission scolaire de la ville de Québec. Le contrat, évalué à 10,3 millions de dollars, sera d'une durée de 5 ans et mettra à contribution 35 préposés à l'entretien et 104 préposés au nettoyage.

La comptable de Propet inc., Marie Dugal, souhaite établir les coûts des services de nettoyage de chaque école importante afin de mettre en œuvre un programme de réduction des coûts conforme aux économies d'ensemble promises dans le contrat passé avec la commission scolaire. En comparant ces coûts dans le temps et en révisant les coûts liés aux activités d'entretien de chaque école, la direction croit être en mesure de réaliser les économies promises à la signature du contrat.

Voici les activités liées au nettoyage de deux écoles secondaires.

Nettoyage	382,5 heures
Accessoires de nettoyage..	310 $
Utilisation du matériel	120 heures

Les frais indirects ci-après sont imputés aux travaux.

a) Matériel : coût, 56 000 $; durée de vie, 28 000 heures.
b) Administration centrale : 330 000 $; l'évaluation est basée sur 165 000 heures de main-d'œuvre.
c) Entreposage des articles de nettoyage : 100 000 $; le coût des articles est évalué à 90 000 $.

Travail à faire

1. Déterminez le coût du premier mois de nettoyage des deux écoles secondaires. Tenez pour acquis que le salaire horaire des préposés à l'entretien est de 13 $.
2. Au cours du deuxième mois, le total des heures de nettoyage était de 380 heures, le coût des fournitures se chiffrait à 225 $, et le matériel a été utilisé pendant 130 heures. Décrivez l'amélioration, le cas échéant, enregistrée au cours du deuxième mois d'activité.
3. Quelles préoccupations environnementales Propet inc. devrait-elle considérer comme faisant partie de ses activités de nettoyage ?

C5.34 Le coût de revient et les mesures incitatives

Auto Fix est un garage avec atelier de réparation qui est situé à Port Sydney, en Ontario. Cette entreprise est réputée pour la qualité de son service et l'efficacité de son personnel.

La propriétaire du garage, Hélène Boivin, envisage un nouveau système de coûts de revient par commande. Elle compte aussi offrir un nouveau système de primes au gérant du service d'entretien et de réparation.

Le salaire horaire des mécaniciens facturé aux clients est de 50 $. Le client doit aussi assumer le coût des pièces de remplacement. Le fournisseur, qui dispose d'un vaste stock de pièces, répond immédiatement à chaque demande.

Le salaire horaire des mécaniciens est de 16,50 $. Le coût de location des installations s'élève à 50 000 $ par an. Le gérant du service d'entretien et de réparation est responsable de toutes les évaluations. Il assure la supervision des mécaniciens, qu'il affecte à l'un des cinq postes de travail. L'amortissement annuel de l'équipement s'élève à 30 000 $.

Le salaire annuel du gérant du service d'entretien et de réparation est de 40 000 $. La proposition de Mme Boivin consiste à réduire le salaire du gérant à 35 000 $ et à lui verser l'équivalent de 2 % du tarif horaire facturé aux clients.

Mme Boivin compare les deux modes de rémunération à l'aide de l'exemple suivant :

a) Pièces de rechange, 128 $.
b) Heures de travail, 2,5.

Les frais indirects sont imputés à chaque réparation sur la base des heures de main-d'œuvre directe. Le nombre d'heures de main-d'œuvre prévu pour la période s'établit à 7 800.

Travail à faire

1. Comparez le coût des deux modes de rémunération.
2. De quels facteurs éthiques Mme Boivin devrait-elle tenir compte au moment de proposer le nouveau mode de rémunération au gérant du service d'entretien et de réparation ?

Cas de discussion

Le système de coûts de revient par commande a d'abord été conçu pour les entreprises manufacturières. Toutefois, les organisations qui offrent des services plutôt que des produits fabriqués peuvent aussi s'en servir à bon escient. Les cabinets d'expertise comptable font notamment partie de ces entreprises de service.

Travail à faire

Dressez la liste des produits et des services qu'offrent les employés et les associés d'un cabinet d'expertise comptable type établi dans votre région. Ensuite, dressez la liste des coûts à engager pour fournir chacun de ces produits ou de ces services. Déterminez lesquels constituent des coûts directs, et lesquels constituent des coûts indirects (des frais indirects). Pour chaque type de frais indirects, nommez un inducteur de coût pertinent. Enfin, expliquez en quoi ces renseignements pourraient se révéler utiles pour aider le cabinet d'expertise comptable à fixer le tarif des services d'audit à offrir à un client en particulier pour l'exercice à venir.

Réponses aux questions éclair

5.1 Système de coûts de revient par commande : des services juridiques, des réparations d'automobiles, des bagues de fiançailles, des croisières dans les Caraïbes.

Système de coûts de revient en fabrication uniforme et continue : du papier essuie-tout, de la peinture pour bâtiments, des produits d'entretien ménager, des feuilles de contreplaqué de 4 sur 8 pieds.

5.2 Taux d'imputation prédéterminé = 350 000 $ ÷ 4 000 HM = 87,50 $ par HM. Frais indirects de fabrication imputés à la commande 427B = 250 HM × 87,50 $ = 21 875 $.

5.3 Certains frais indirects de fabrication, par exemple les salaires des gestionnaires d'une usine, ne peuvent être rattachés à un produit ou à une commande en particulier, puisqu'ils sont plutôt engagés dans le cadre des activités générales de fabrication. Par ailleurs, il s'avère parfois difficile d'associer certains frais indirects de fabrication, par exemple le coût des matières indirectes, à des commandes. Donc, pour attribuer ces frais indirects de fabrication à des produits, il faut les imputer à ces produits.

5.4 Si une entreprise décide d'attribuer les frais indirects de fabrication réels à ses commandes, il lui faudra attendre à la fin de la période financière pour le faire, ainsi que pour calculer le coût de revient de ces commandes. Si elle calcule son taux d'imputation plus souvent, il se peut que ce taux fluctue énormément. Les frais indirects de fabrication sont fréquemment engagés de façon assez uniforme d'un mois à l'autre (vu la présence des coûts fixes), mais les activités de production varient souvent beaucoup. En conséquence, les taux d'imputation établis à partir des données réelles seront élevés en période de faible activité, alors qu'ils seront faibles en période de grande activité. Voilà pourquoi la plupart des entreprises se servent de taux d'imputation prédéterminés pour imputer les frais indirects de fabrication aux commandes.

5.5 Lorsque les frais indirects de fabrication réels s'avèrent moins élevés que ceux imputés (c'est-à-dire qu'ils sont surimputés), il ne faut pas clôturer la totalité du montant de la surimputation au coût des ventes pour cette période, puisque cela entraînera une surévaluation des stocks dans le bilan. Si la surimputation est répartie entre les comptes de stock que constituent les produits en cours, les produits finis et le coût des ventes, les stocks ne seront pas surévalués, ce qui est conforme aux normes comptables en vigueur au Canada.

5

LA CONCEPTION DE SYSTÈMES : LE SYSTÈME DE COÛTS DE REVIENT EN FABRICATION UNIFORME ET CONTINUE

Mise en situation

Le coût de l'essuie-tout rapido presto

S'il vous est déjà arrivé de renverser du lait, il y a des chances que vous ayez utilisé du papier essuie-tout Bounty pour nettoyer le dégât. Pour fabriquer ce produit, Procter & Gamble (P&G)

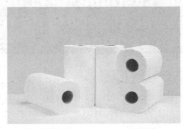

recourt principalement à deux ateliers de production, soit l'atelier de fabrication du papier et celui de transformation du papier. Dans le premier, on transforme de la pâte de bois en papier, avec lequel on forme ensuite des rouleaux d'un poids de 900 kilogrammes. Puis, dans le second, on fait dérouler deux de ces rouleaux simultanément, et le papier passe dans une machine qui le décore, le perfore et l'embosse de manière à produire du papier essuie-tout texturé à double épaisseur. Par la suite, les grandes feuilles d'essuie-tout ainsi créées sont enroulées autour d'un cylindre de carton de 2,5 mètres de longueur. Une fois l'épaisseur voulue enroulée autour du cylindre, on coupe celui-ci en plusieurs rouleaux d'essuie-tout Bounty, qui sont ensuite acheminés vers les étapes du conditionnement, de l'emballage et de l'expédition.

Dans un milieu de fabrication comme celui que l'on vient de décrire, il s'avère difficile de relier les coûts à des unités de produit, en l'occurrence, à chaque rouleau d'essuie-tout Bounty. Toutefois, dans ce cas, vu l'homogénéité du produit, on peut répartir la totalité des coûts engagés dans l'atelier de fabrication du papier uniformément entre les rouleaux de papier de 900 kilogrammes issus du processus. De même, il est possible de répartir uniformément la totalité des coûts engagés dans l'atelier de transformation du papier (y compris les coûts des rouleaux de papier de 900 kilogrammes transférés de l'atelier de fabrication du papier) entre le nombre d'emballages de papier essuie-tout Bounty fabriqué.

P&G se sert d'un système de coûts de revient similaire pour bon nombre de ses autres produits, notamment pour son détergent à lessive Tide, son dentifrice Crest et ses croustilles Pringles.

Source : Entretien avec Brad Bays, auparavant directeur financier chez P&G.

OBJECTIFS D'APPRENTISSAGE

Après avoir étudié ce chapitre, vous pourrez :

1. préparer des écritures de journal pour enregistrer le coût des matières premières, le coût de la main-d'œuvre directe et les frais indirects de fabrication dans un système de coûts de revient en fabrication uniforme et continue ;

2. calculer les unités équivalentes de production d'une période donnée à l'aide de la méthode du coût moyen pondéré ;

3. calculer les coûts par unité équivalente pour une période donnée à l'aide de la méthode du coût moyen pondéré ;

4. préparer un tableau de répartition des coûts pour une période donnée à l'aide de la méthode du coût moyen pondéré ;

5. calculer les unités équivalentes de production pour une période donnée à l'aide de la méthode de l'épuisement successif (*voir l'annexe 6A en ligne*) ;

6. calculer les coûts par unité équivalente pour une période donnée à l'aide de la méthode de l'épuisement successif (*voir l'annexe 6A en ligne*) ;

7. préparer un tableau de répartition des coûts pour une période donnée à l'aide de la méthode de l'épuisement successif (*voir l'annexe 6A en ligne*) ;

8. calculer et comptabiliser le coût des unités perdues normalement et anormalement (*voir l'annexe 6B en ligne*) ;

9. calculer le nombre d'unités de production lorsqu'il y a un changement de l'unité de mesure ou une augmentation du nombre d'unités traitées (*voir l'annexe 6C en ligne*).

C omme nous l'avons vu au chapitre précédent, il existe deux systèmes de base pour établir des coûts de revient : le système de coûts de revient par commande et le système de coûts de revient en fabrication uniforme et continue[1]. Le premier type de système est utilisé lorsqu'une entreprise doit s'occuper d'un grand nombre de commandes ou de produits différents à chaque période. Des secteurs comme ceux de la fabrication de mobilier, de l'impression publicitaire et de la construction navale, de même que divers types d'organisations de service tels que les firmes comptables et les services de réparation automobile emploient d'ordinaire un système de coûts de revient par commande.

Par contre, le **système de coûts de revient en fabrication uniforme et continue** est le plus souvent employé dans des secteurs où l'on fabrique des produits essentiellement homogènes (uniformes) de manière continue, par exemple des briques, des céréales ou du papier journal. C'est surtout le cas des entreprises qui transforment des matières premières de base en produits homogènes, comme Rio Tinto Alcan (lingots d'aluminium), Cascades (papier hygiénique), Industries Lassonde (jus de fruits), Petro-Canada (produits pétroliers) et Boulangerie Ace (pains). On utilise aussi parfois une forme du système de coûts de revient en fabrication uniforme et continue dans les services publics qui fournissent du gaz, de l'eau et de l'électricité. La longueur de cette liste montre bien qu'il s'agit d'un système très largement répandu.

Dans le présent chapitre, nous proposons d'étendre l'étude de l'établissement des coûts de revient des produits pour y inclure un système de coûts de revient en fabrication uniforme et continue[2].

> **Système de coûts de revient en fabrication uniforme et continue**
>
> Méthode d'établissement du coût de revient employée lorsqu'il y a fabrication de produits essentiellement homogènes de façon continue (du ciment ou de la farine, par exemple).

---

6 | ## 6.1 Une comparaison entre le système de coûts de revient par commande et le système de coûts de revient en fabrication uniforme et continue

Une grande partie de ce que nous avons vu au chapitre précédent concernant l'établissement des coûts de revient et le cheminement des coûts s'applique aussi au système de coûts de revient en fabrication uniforme et continue. En d'autres termes, il ne sera pas nécessaire de faire table rase de tout ce que vous avez appris sur l'établissement des coûts de revient et de recommencer à neuf avec un système entièrement différent. Les ressemblances entre le système de coûts de revient par commande et le système de coûts de revient en fabrication uniforme et continue peuvent se résumer comme suit :

1. Les deux systèmes possèdent les mêmes objectifs de base, soit attribuer les coûts des matières premières et de la main-d'œuvre ainsi que les frais indirects de fabrication aux produits, et permettre de calculer les coûts unitaires.
2. Les deux systèmes maintiennent et utilisent les mêmes comptes de fabrication de base, y compris ceux des frais indirects de fabrication, des matières premières, des produits en cours et des produits finis.
3. Le cheminement des coûts entre les comptes de fabrication est à peu près le même dans les deux systèmes.

Les différences entre les deux systèmes sont attribuables à trois facteurs. En premier lieu, dans un système de coûts de revient en fabrication uniforme et continue, les unités sont fabriquées par lots de grandes quantités de produits identiques en suivant un cheminement la plupart du temps continu.

En deuxième lieu, ces unités ne peuvent être distinguées les unes des autres. Il s'avère donc inutile d'essayer de rattacher les coûts des matières premières et de la main-d'œuvre directe ainsi que les frais indirects de fabrication à telle commande d'un client (comme il est possible de le

---

1. Les expressions « fabrication en série » et « fabrication par lots » sont aussi employées pour désigner la fabrication uniforme et continue.
2. Notons que les exemples présentés tout au long de ce chapitre ne traitent pas des pertes. La notion de pertes est expliquée à l'annexe 6B disponible sur la plateforme *i+ Interactif*. De plus, mentionnons que le changement de l'unité de mesure et l'augmentation du nombre d'unités traitées sont abordés à l'annexe 6C disponible sur la plateforme *i+ Interactif*.

faire dans le système de coûts de revient par commande), car il s'agit plutôt d'un grand nombre de lots exécutés à partir d'un flot continu d'unités presque identiques issues de la chaîne de production. Dans le système de coûts de revient en fabrication uniforme et continue, les coûts sont accumulés par atelier pour chacun des produits de l'entreprise plutôt que par commande. On attribue ces coûts aussi à toutes les unités qui passent dans un atelier au cours d'une période.

En troisième lieu, la fiche de coût de revient par commande s'avère inutile dans le système de coûts de revient en fabrication uniforme et continue puisque l'accent est mis sur les ateliers. On utilise plutôt un **rapport de production** préparé par chaque atelier dans lequel du travail est effectué sur les produits. Ce document remplit différentes fonctions. Il fournit un sommaire du nombre d'unités qui passent dans un atelier au cours d'une période et un calcul des coûts unitaires. En outre, il indique le total des coûts accumulés dans l'atelier et la manière dont ils ont été répartis. Le rapport de production d'atelier est un document essentiel dans un système d'établissement des coûts de revient en fabrication uniforme et continue.

Les principales différences entre ce système et celui des coûts de revient par commande sont résumées au tableau 6.1.

Rapport de production

Rapport servant à résumer toutes les activités qui influent sur le compte de stock de produits en cours de fabrication d'un atelier durant une période. Le rapport renferme trois parties : un tableau des quantités et des unités équivalentes, un calcul du coût total et des coûts unitaires, et un tableau de répartition des coûts.

TABLEAU 6.1   Les différences entre le système de coûts de revient par commande et le système de coûts de revient en fabrication uniforme et continue

Système de coûts de revient par commande	Système de coûts de revient en fabrication uniforme et continue
1. Il existe un grand nombre de commandes différentes en préparation au cours de chaque période. Chaque commande possède ses caractéristiques propres issues des spécifications fournies par le client.	1. Un seul produit est fabriqué, généralement en grande quantité, soit de manière continue, soit pendant de longues périodes. Les unités de produit sont toutes identiques.
2. Les coûts sont accumulés par commande.	2. Les coûts sont accumulés par atelier de production.
3. La fiche de coût de revient par commande constitue le document essentiel pour contrôler l'accumulation des coûts de chaque commande.	3. Le rapport de production par atelier et par produit constitue le document essentiel pour indiquer l'accumulation et la répartition des coûts dans cet atelier.
4. On calcule le coût total de la commande sur la fiche de coût de revient par commande. Pour déterminer le coût unitaire, on divise le coût total de la commande par le nombre d'unités fabriquées dans cette commande.	4. On calcule les coûts unitaires par atelier en se basant sur le rapport de production de l'atelier.

Question éclair   6.1

L'entreprise Trophées Montréal inc. fabrique des milliers de médailles chaque année. Ces médailles sont toutes identiques, et les clients les commandent en grandes quantités. Chaque envoi comprend la quantité de médailles commandées ainsi que le même nombre de rubans auxquels les suspendre (les couleurs de ces rubans étant précisées par les clients). Quel système de coûts de revient recommanderiez-vous à cette entreprise ? Pourquoi ?

6

SUR LE TERRAIN

Les ateliers de transformation de Coca-Cola

En 2014, la société Coca-Cola a vendu pour près de 46 milliards de dollars de produits dans plus de 200 pays. Parmi les principales étapes de la transformation qui font partie de son processus d'embouteillage, il y a le lavage et le rinçage des bouteilles, le mélange et la dilution des ingrédients, le remplissage et le capsulage, et enfin l'étiquetage et l'emballage. On additionne les coûts des matières premières aux différentes étapes de ce processus, là où ces matières sont utilisées. Par exemple, les coûts du sucre, de l'eau filtrée, du dioxyde de carbone et du sirop sont ajoutés à l'étape du remplissage et du capsulage, et celui des étiquettes de papier, à l'étape de l'étiquetage et de l'emballage.

Le système de coûts de revient en fabrication uniforme et continue convient à Coca-Cola en raison de son processus de production qui génère un flot continu de bouteilles de boissons gazeuses identiques. On peut attribuer aux produits les coûts des matières premières et de la transformation engagés aux différentes étapes de ce processus en les répartissant également sur le volume total de production.

Source : Rapport annuel (2014) de la société Coca-Cola et site internet <www.coca-colacompany.com/investors/>.

6.2 Un aperçu du cheminement des coûts de revient en fabrication uniforme et continue

Avant d'examiner en détail un exemple du système de coûts de revient en fabrication uniforme et continue, il serait utile de voir comment s'effectue le cheminement des coûts de fabrication dans un tel système.

6.2.1 Les ateliers de production

Atelier de production

Tout endroit dans une organisation où du travail est effectué sur un produit, et où des matières premières, de la main-d'œuvre directe et des frais indirects de fabrication sont ajoutés au produit en cours de fabrication.

On appelle **atelier de production** tout endroit d'une organisation où du travail est effectué sur un produit, et où l'on ajoute des matières premières, de la main-d'œuvre ou des frais indirects de fabrication à ce produit.

Par exemple, une usine de croustilles Frito-Lay pourrait compter trois ateliers de production — le premier pour la préparation des pommes de terre, le deuxième pour leur cuisson, et le troisième pour l'inspection et l'emballage. Un fabricant de briques disposerait sans doute de deux ateliers de production — l'un chargé du mélange et du moulage de l'argile en forme de briques, et l'autre, de la cuisson des briques moulées. Une entreprise peut avoir autant ou aussi peu d'ateliers de production qu'elle en aura besoin pour fabriquer un produit ou fournir un service. Certains produits et services peuvent passer par plusieurs ateliers de production ; d'autres passent par seulement un ou deux ateliers. Peu importe leur nombre, tous les ateliers de production ont en commun deux caractéristiques essentielles. D'abord, l'activité effectuée dans un atelier doit l'être de façon uniforme pour toutes les unités d'un produit qui y passent. Ensuite, l'extrant de cet atelier doit être homogène.

En général, les ateliers de production participant à la fabrication d'un produit comme des briques sont organisés suivant un schéma séquentiel. En d'autres termes, les unités passent successivement d'un atelier à l'autre. La figure 6.1 présente un exemple d'ateliers de production organisés de façon séquentielle dans une usine de transformation de pommes de terre en croustilles.

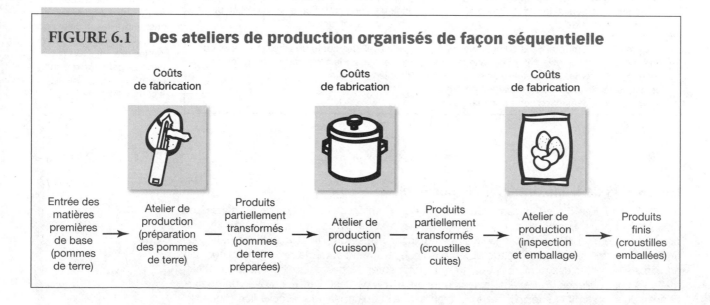

FIGURE 6.1 **Des ateliers de production organisés de façon séquentielle**

Il existe aussi un autre type de transformation, soit un processus commun de transformation des matières premières, qui sera traité au chapitre 13.

La bière des moines trappistes

Les moines trappistes de l'abbaye de Saint-Sixte en Belgique brassent de la bière depuis 1839. Pour s'en procurer, les clients doivent prendre rendez-vous avec le monastère, et ils ne peuvent acheter plus de deux caisses de 24 bouteilles par mois. Cette bière rare et très prisée se vend entre 30 et 40 euros la caisse, selon la sorte. La bière des moines se compose d'eau, de malt, de houblon, de sucre et de levure. Les étapes de fabrication comprennent le broyage et le pilage, le brassage, le filtrage, l'ébullition, la fermentation, l'entreposage et l'embouteillage.

Contrairement aux entreprises à but lucratif axées sur la croissance, le monastère n'a pas augmenté sa capacité de production depuis 1946, les moines cherchant plutôt à ne vendre que la bière nécessaire pour soutenir leur modeste mode de vie. La bière tant convoitée, souvent qualifiée de meilleure au monde, ne peut généralement être achetée qu'en se rendant à l'abbaye, laquelle se trouve dans la campagne belge. Cependant, en décembre 2012, les moines en ont exporté une quantité limitée dans certains pays nord-américains et européens afin de financer les rénovations qui s'imposaient au monastère. Selon leur porte-parole, Mark Bode, cela ne risque toutefois pas de se reproduire de sitôt. « Ils disent : "Nous sommes des moines ; nous ne voulons pas trop nous investir dans le commerce. Il nous fallait des fonds pour rénover l'abbaye, voilà tout", explique-t-il. À présent, tout est de retour à la normale. »

Sources : John W. MILLER, « Trappist Command: Thou Shalt Not Buy Too Much of Our Beer », *The Wall Street Journal*, 29 novembre 2007, p. A1 et A14, [En ligne], <online.wsj.com/news/articles/SB119628388037006909> (Page consultée le 9 avril 2015) ; [En ligne], <www.sintsixtus.be/eng/brouwerij.htm> (Page consultée le 9 avril 2015) ; et Teri SCHULTZ, « A Sign From Above? Needing New Roof, Monks Sell Rare Beer In U.S. », *the salt*, [En ligne], <www.npr.org/blogs/thesalt/2012/12/12/166987378/a-sign-from-above-needing-new-roof-monks-sell-rare-beer-in-u-s> (Page consultée le 9 avril 2015).

6.2.2 Le cheminement des coûts des matières premières, de la main-d'œuvre directe et des frais indirects de fabrication

L'accumulation des coûts est plus simple à effectuer dans un système de coûts de revient en fabrication uniforme et continue que dans un système de coûts de revient par commande. En effet, dans un système de coûts de revient en fabrication uniforme et continue, on rattache les coûts non pas à des centaines de commandes différentes, mais seulement à quelques ateliers de production. En général, on accumule les coûts sur une période donnée (une semaine, un mois, etc.). Une seule répartition suffit à la fin de la période pour les coûts accumulés entre les unités terminées et celles en cours de fabrication à la fin de cette période.

La figure 6.2 (*voir la page suivante*) présente un modèle de comptes en T pour illustrer le cheminement des coûts des matières premières et de la main-d'œuvre ainsi que des frais indirects de fabrication dans un système de coûts de revient en fabrication uniforme et continue. Il faut insister sur quelques aspects importants de ce modèle. Notons d'abord que l'on maintient un compte distinct de produits en cours de fabrication pour chaque atelier de production ; dans un système de coûts de revient par commande, il est possible de se contenter d'un seul compte de produits en cours pour l'ensemble des commandes de l'entreprise. Ensuite, le produit fini du premier atelier de production (atelier A de la figure) est transféré aux produits en cours du second atelier de production (atelier B), et du travail est à nouveau effectué sur lui. Les unités terminées sont alors transférées aux produits finis. (À la figure 6.2, nous n'avons représenté que deux ateliers de production, mais une entreprise en comporte souvent un bon nombre.)

Enfin, on peut ajouter des coûts de matières premières et de main-d'œuvre ainsi que des frais indirects de fabrication dans n'importe quel atelier, et non seulement dans le premier. Les coûts du compte de produits en cours de l'atelier B seraient alors composés des coûts des matières premières et de la main-d'œuvre directe ainsi que des frais indirects de fabrication qui y sont engagés, auxquels s'ajouteraient les coûts attachés aux unités partiellement transformées transférées de l'atelier A, appelés **coûts en amont**.

OA1

Préparer des écritures de journal pour enregistrer le coût des matières premières, le coût de la main-d'œuvre directe et les frais indirects de fabrication dans un système de coûts de revient en fabrication uniforme et continue.

Coûts en amont

Coûts rattachés aux produits reçus d'un atelier de production précédent.

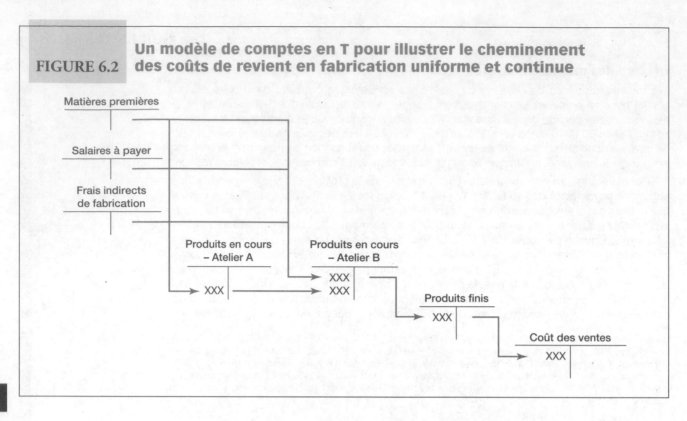

FIGURE 6.2 Un modèle de comptes en T pour illustrer le cheminement des coûts de revient en fabrication uniforme et continue

6.2.3 L'enregistrement comptable des coûts des matières premières, de la main-d'œuvre et des frais indirects de fabrication

Pour poursuivre notre analyse du cheminement des coûts dans un système de coûts de revient en fabrication uniforme et continue, nous présenterons maintenant des écritures de journal relatives au coût des matières premières, au coût de la main-d'œuvre directe et aux frais indirects de fabrication que passerait la société de Marianne Tremblay, qui produit un soda mousse traditionnel. Cette société a deux ateliers de production — la préparation et l'embouteillage. Dans l'atelier de préparation, les employés inspectent les différents ingrédients pour s'assurer de leur qualité, puis ils les mélangent et y injectent du dioxyde de carbone pour obtenir du soda mousse en vrac. Dans l'atelier d'embouteillage, d'autres employés inspectent les bouteilles pour s'assurer qu'elles ne présentent aucun vice de fabrication. Ils les remplissent ensuite de soda mousse, les capsulent, font une inspection visuelle pour s'assurer qu'elles sont en bon état et, enfin, les emballent pour l'expédition.

Le coût des matières premières

Comme dans le système de coûts de revient par commande, les employés retirent les matières premières du magasin en utilisant des bons de sortie. On peut ajouter le coût de ces matières dans tout atelier de production. Toutefois, il n'est pas inhabituel qu'on le fasse seulement dans le premier de ces ateliers, et que les ateliers subséquents se contentent d'ajouter le coût de la main-d'œuvre directe et les frais indirects de fabrication à mesure que les unités en cours progressent vers leur état final.

À l'entreprise de fabrication de soda mousse de Marianne Tremblay, on ajoute certaines matières premières (l'eau, les agents aromatisants, le sucre et le dioxyde de carbone) à l'atelier de préparation, et d'autres matières premières (les bouteilles, les capsules et le matériel d'emballage) à l'atelier d'embouteillage. L'écriture de journal qui reflète l'arrivée des matières dans le processus de production du premier atelier se présente comme suit :

Produits en cours – Préparation	XXX	
Matières premières..		XXX

Voici l'écriture de journal qui permet d'enregistrer le matériel utilisé dans le second atelier de production, celui de l'embouteillage.

Produits en cours – Embouteillage	XXX	
Matières premières..		XXX

Le coût de la main-d'œuvre

Dans un système de coûts de revient en fabrication uniforme et continue, on rattache le coût de la main-d'œuvre directe aux ateliers, et non aux commandes en particulier. On se sert d'un horodateur ou d'une feuille de présence pour accumuler les coûts de la main-d'œuvre directe et pour les attribuer à l'atelier approprié. L'écriture ci-après sert à enregistrer le coût de la main-d'œuvre de l'atelier de préparation dans l'entreprise de Marianne Tremblay.

Produits en cours – Préparation	XXX	
Salaires à payer..		XXX

Les frais indirects de fabrication

Si la production demeure stable d'une période à l'autre et que les frais indirects de fabrication sont engagés de façon régulière sur l'ensemble de la période, les frais indirects de fabrication réels peuvent être répartis aux produits. Toutefois, si les niveaux de production varient ou si les frais indirects de fabrication ne sont pas engagés de façon régulière, la répartition de ces frais réels aux produits aura pour effet de faire varier les coûts unitaires du produit d'une période à l'autre, et ce, de façon aléatoire. Dans une telle situation, on devrait employer des taux d'imputation prédéterminés des frais indirects de fabrication pour assigner les frais indirects de fabrication aux produits, comme dans le système de coûts de revient par commande. Chaque atelier a alors son propre taux d'imputation prédéterminé, calculé suivant le système présenté au chapitre 5. On impute ensuite les frais indirects de fabrication aux unités du produit à mesure qu'elles passent d'un atelier à un autre. Comme les taux d'imputation prédéterminés des frais indirects de fabrication sont fréquemment employés dans le système de coûts de revient en fabrication uniforme et continue, nous supposerons que toutes les entreprises dont il sera question dans le reste du chapitre les utilisent.

Voici l'écriture de journal qui sert à imputer les frais indirects de fabrication aux unités de produit dans le cas de l'atelier de préparation de l'entreprise de soda mousse de Marianne Tremblay.

Produits en cours – Préparation	XXX	
Frais indirects de fabrication		XXX

Les dernières étapes du cheminement des coûts

Une fois la transformation terminée dans l'atelier de préparation, on transfère les unités de produit à l'atelier suivant où elles subissent une transformation complémentaire, comme le montrent les comptes en T de la figure 6.2. L'écriture ci-après sert à enregistrer le transfert des coûts des unités partiellement transformées de l'atelier de préparation à l'atelier d'embouteillage.

Produits en cours – Embouteillage	XXX	
Produits en cours – Préparation		XXX

Une fois la transformation effectuée dans le dernier atelier[3], on transfère les coûts des unités terminées au compte « Produits finis ».

Produits finis	XXX	
Produits en cours – Embouteillage		XXX

Enfin, après la vente des unités de produit, le coût des unités est transféré au compte « Coût des ventes ».

Coût des ventes	XXX	
Produits finis		XXX

En résumé, le cheminement des coûts entre les comptes est essentiellement le même dans le cas du système de coûts de revient en fabrication uniforme et continue que dans le cas du système de coûts de revient par commande. La seule différence notable à ce stade réside dans le fait que le système de coûts de revient en fabrication uniforme et continue prévoit un compte « Produits en cours » distinct pour chaque atelier.

6.3 La production équivalente et la méthode du coût moyen pondéré

OA2

Calculer les unités équivalentes de production d'une période donnée à l'aide de la méthode du coût moyen pondéré.

Examinons maintenant le cas de la société Skis Double Diamant, une entreprise qui fabrique des skis à haute performance en neige poudreuse profonde. Cette entreprise utilise le système de coûts de revient en fabrication uniforme et continue pour déterminer ses coûts de revient unitaires. Son processus de fabrication est illustré à la figure 6.3. Les skis passent par une suite ordonnée de cinq ateliers de production, une séquence qui commence par l'atelier de façonnage et de fraisage, et se termine par celui de finition et d'appariement. Le système de coûts de revient en fabrication uniforme et continue est basé sur l'idée qu'il faut additionner tous les coûts engagés dans un atelier au cours d'une période, puis répartir ces coûts uniformément à toutes les unités fabriquées dans cet atelier pendant la même période. Comme nous le verrons, l'application de cette idée pourtant simple pose quelques difficultés.

Le comptable de Skis Double Diamant se préoccupe du problème suivant : après que les coûts des matières premières et de la main-d'œuvre directe ainsi que les frais indirects de fabrication ont été accumulés dans un atelier, il faut déterminer le nombre d'unités produites dans l'atelier pour pouvoir calculer les coûts unitaires. Dans le cas le plus simple, on calcule le coût unitaire moyen de production en divisant le coût total de production par le nombre d'unités fabriquées au cours d'une période donnée. Or, un atelier a généralement des unités en partie terminées à la fin d'une période, ce qui complique le calcul du coût unitaire. La présence d'unités en partie terminées résulte du fait que le calendrier de production ne concorde pas nécessairement avec le calendrier comptable. Le calendrier comptable correspond à la période où des états financiers seront

---

3. Selon les ressources utilisées dans l'atelier d'embouteillage, les écritures pour enregistrer l'ajout des matières premières et de la main-d'œuvre directe ainsi que l'imputation des frais indirects de fabrication seront effectuées comme dans le cas de l'atelier de préparation avant de transférer l'ensemble des coûts accumulés dans l'atelier d'embouteillage aux produits finis.

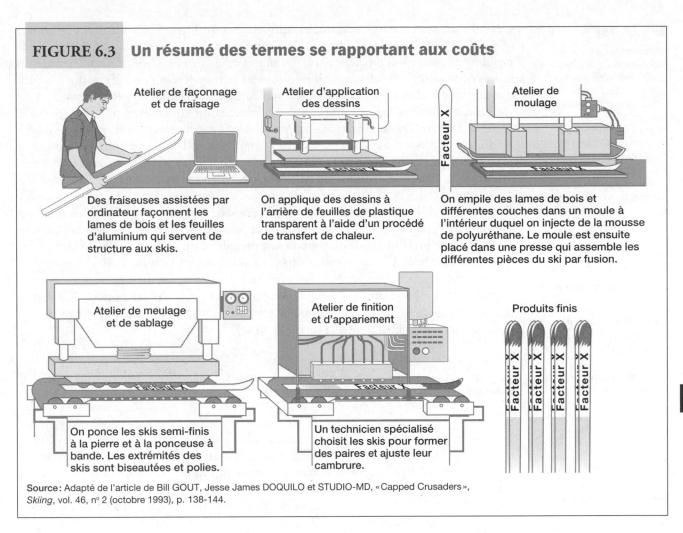

FIGURE 6.3 Un résumé des termes se rapportant aux coûts

Atelier de façonnage et de fraisage

Des fraiseuses assistées par ordinateur façonnent les lames de bois et les feuilles d'aluminium qui servent de structure aux skis.

Atelier d'application des dessins

On applique des dessins à l'arrière de feuilles de plastique transparent à l'aide d'un procédé de transfert de chaleur.

Atelier de moulage

On empile des lames de bois et différentes couches dans un moule à l'intérieur duquel on injecte de la mousse de polyuréthane. Le moule est ensuite placé dans une presse qui assemble les différentes pièces du ski par fusion.

Atelier de meulage et de sablage

On ponce les skis semi-finis à la pierre et à la ponceuse à bande. Les extrémités des skis sont biseautées et polies.

Atelier de finition et d'appariement

Un technicien spécialisé choisit les skis pour former des paires et ajuste leur cambrure.

Produits finis

Source : Adapté de l'article de Bill GOUT, Jesse James DOQUILO et STUDIO-MD, « Capped Crusaders »,
Skiing, vol. 46, n° 2 (octobre 1993), p. 138-144.

préparés (par exemple un mois). Il faudra alors déterminer la valeur des stocks à la fin de la période. Le calendrier de production, de son côté, est plutôt relié aux commandes des clients. Ainsi, à la fin d'une période financière, il est possible que des unités de produits soient en cours de fabrication.

Il ne paraît pas raisonnable de considérer ces unités en partie terminées comme équivalant à des unités terminées au moment de dénombrer la production d'un atelier. Par conséquent, Skis Double Diamant convertira mathématiquement les unités en partie terminées en un nombre équivalent d'unités terminées.

Dans le système de coûts de revient en fabrication uniforme et continue, on utilise pour ce faire la formule suivante :

| Unités équivalentes | = | Nombre d'unités partiellement terminées | × | Degré d'avancement[4] |

Comme cette formule l'indique, on définit les **unités équivalentes** comme le produit du nombre d'unités en partie terminées par leur degré d'avancement. En d'autres termes, il s'agit du nombre d'unités terminées qui auraient été obtenues à partir des matières premières et du travail déjà investis dans ces unités en partie terminées.

Supposons, par exemple, que l'atelier de moulage de Skis Double Diamant compte 500 unités avancées à 60 % dans son stock de produits en cours à la fin de la période.

Unités équivalentes

Nombre d'unités en partie terminées multiplié par leur degré d'avancement en ce qui concerne un élément de coût donné ; les unités équivalentes représentent, sous forme d'unités terminées, les unités en cours de fabrication en ce qui concerne la matière première, la main-d'œuvre directe et les frais indirects de fabrication.

---

4. On détermine le degré d'avancement en estimant le pourcentage de travail effectué sur les unités en cours de fabrication.

Question éclair   **6.2**

Supposons qu'il y a, à l'Université de Sherbrooke, 5 000 étudiants à temps plein et 1 250 étudiants à temps partiel (inscrits à environ la moitié des cours d'une session normale). À partir de la notion d'unités équivalentes, calculez le nombre d'étudiants à temps plein équivalents inscrits à l'Université de Sherbrooke.

Méthode de l'épuisement successif

Méthode de cheminement des coûts employée dans un système de coûts de revient en fabrication uniforme et continue selon laquelle on ne considère que les unités équivalentes et les coûts se rapportant uniquement au travail effectué pendant la période en cours pour calculer le coût unitaire de fabrication.

Méthode du coût moyen pondéré

Méthode utilisée en mode de fabrication uniforme et continue qui consiste à combiner les unités en cours de fabrication au début de la période aux unités fabriquées pendant la période en cours en considérant les coûts se rattachant à toutes ces unités pour calculer le coût unitaire de fabrication.

Production équivalente selon la méthode du coût moyen pondéré

Somme des unités transférées à l'atelier suivant (ou aux produits finis) au cours de la période et des unités équivalentes qui se trouvent dans le stock de produits en cours à la fin de l'atelier.

Ces 500 unités en partie terminées équivalent à 300 unités terminées (500 unités × 60 % = 300 unités équivalentes). Par conséquent, on pourrait dire que le stock de produits en cours à la fin comprend 300 unités équivalentes. Il suffit d'additionner ces unités équivalentes à toutes les unités terminées et transférées pour déterminer la production de l'atelier pendant la période, qui constitue la production équivalente.

Il existe diverses manières de calculer la production équivalente pour une période. Dans ce chapitre, nous étudierons en particulier la méthode du coût moyen pondéré. À l'annexe 6A disponible sur la plateforme *i+ Interactif*, vous trouverez une description de la méthode de l'épuisement successif. Dans le système de coûts de revient en fabrication uniforme et continue, la **méthode de l'épuisement successif** consiste à relier les unités équivalentes et les coûts uniquement au travail effectué pendant la période en cours. Par opposition, la **méthode du coût moyen pondéré** consiste à combiner les unités et les coûts de la période en cours avec ceux de la période précédente. Ainsi, la **production équivalente selon la méthode du coût moyen pondéré** d'un atelier correspond au nombre d'unités transférées à l'atelier suivant (ou aux produits finis) auquel on additionne les unités équivalentes du stock de produits en cours à la fin de l'atelier.

Selon la méthode du coût moyen pondéré, il faut calculer les unités équivalentes d'un atelier de la façon décrite ci-dessous (effectuer un calcul distinct pour chaque catégorie de coûts dans chaque atelier de production).

Production équivalente	=	Unités transférées à l'atelier suivant ou au stock de produits finis	+	Unités équivalentes dans le stock de produits en cours à la fin

Il n'est pas nécessaire d'effectuer un calcul des unités équivalentes pour les unités transférées à l'atelier suivant puisqu'on peut supposer qu'elles n'auraient pas été transférées si elles n'étaient pas entièrement terminées (du moins en ce qui a trait au travail exécuté dans l'atelier qu'elles ont quitté).

Considérez l'atelier de façonnage et de fraisage de Skis Double Diamant. Cet atelier utilise des fraiseuses assistées par ordinateur pour façonner le panneau latté et les feuilles métalliques qui serviront à former la structure de base du ski. L'activité ci-après a eu lieu dans cet atelier en mai, soit plusieurs mois après le début de la production du nouveau modèle L'Ultime.

		Degré d'avancement	
	Unités	Matières premières	Coût de transformation
Produits en cours au 1er mai	200	55 %	30 %
Unités mises en fabrication en mai	5 000		
Unités terminées au cours du mois de mai et transférées à l'atelier suivant	4 800	100 %*	100 %*
Produits en cours au 31 mai	400	40 %	25 %

* On suppose toujours que les unités transférées d'un atelier au suivant sont terminées à 100 % en ce qui a trait à la transformation effectuée dans le premier de ces deux ateliers.

Notez l'emploi du terme « transformation » dans le tableau qui précède. Le coût de transformation, tel que nous l'avons défini au chapitre 2, correspond à la somme du coût de la main-d'œuvre directe et des frais indirects de fabrication. Dans le système de coûts de revient en fabrication uniforme et continue, le coût de transformation combiné avec la matière première est souvent utilisé — mais pas toujours — pour représenter le coût incorporable.

Remarquez aussi que le 1ᵉʳ mai, les unités contenues dans le stock de produits en cours étaient avancées à 55 % en ce qui a trait aux matières premières et à 30 % en ce qui concerne le coût de transformation. En d'autres mots, 55 % du coût des matières premières requises pour compléter les unités avait déjà été engagé, tout comme l'avait été 30 % du coût de transformation nécessaire à l'achèvement des produits.

Comme les stocks de produits en cours de Skis Double Diamant se trouvent avancés à différents degrés de transformation pour les éléments du coût des matières premières et du coût de transformation qui leur ont été ajoutés, on doit calculer deux nombres d'unités équivalentes. Ces calculs sont illustrés au tableau 6.2.

TABLEAU 6.2 **La production équivalente : la méthode du coût moyen pondéré**

	Matières premières	Coût de transformation
Unités transférées à l'atelier suivant	4 800	4 800
Produits en cours au 31 mai :		
400 unités × 40 %	160	
400 unités × 25 %		100
Production équivalente	4 960	4 900

Notez que, dans ces calculs, on ne se préoccupe pas du fait que du travail avait été effectué sur les produits en cours au début. Par exemple, d'après la méthode du coût moyen pondéré, on considère qu'il y a 4 900 unités équivalentes en ce qui concerne le coût de transformation. Aucune distinction n'est faite entre le travail effectué au cours des périodes précédentes pour que les unités en cours de fabrication au 1ᵉʳ mai soient avancées à 30 % en ce qui concerne leur coût de transformation. Cet aspect essentiel de la méthode est trop souvent oublié.

La méthode du coût moyen pondéré permet de combiner le travail effectué au cours d'une période antérieure au travail effectué durant la période en cours. Le tableau ci-après permet de mieux comprendre la manière dont on considère le travail effectué au cours d'une période donnée et le travail effectué pendant la période en cours pour ce qui est du calcul de la production équivalente du coût de transformation selon la méthode du coût moyen pondéré.

Question éclair **6.3**

Parmi le coût des matières premières, le coût de la main-d'œuvre directe et les frais indirects de fabrication, lesquels composent le coût de transformation ?

Unités transférées à l'atelier suivant :	
Produits en cours au 1ᵉʳ mai :	
Unités avancées à 30 % au cours de la période précédente (200 unités × 30 %)	60
Unités achevées à 70 % pendant la période en cours (200 unités × 70 %)	140
Produits en cours au 1ᵉʳ mai terminés pendant la période en cours	200
Unités commencées et terminées pendant la période en cours	4 600*
Unités terminées au cours du mois de mai et transférées à l'atelier suivant	4 800
Produits en cours au 31 mai (400 unités × 25 %)	100
Production équivalente du coût de transformation	4 900

* En supposant un processus de fabrication uniforme et continue, 5 000 unités ont été mises en fabrication en mai, mais 400 d'entre elles n'étaient toujours pas terminées à la fin du mois. On compte donc 4 600 unités commencées et terminées au mois de mai (5 000 unités − 400 unités).

Si on utilisait méthode de l'épuisement successif plutôt que la méthode du coût moyen pondéré, le travail réalisé au cours de la période précédente pour que soient avancées à 30 % les 200 unités en cours de fabrication au 1er mai n'est pas considéré dans la production équivalente. Lorsqu'on recourt à la méthode de l'épuisement successif, le travail réalisé sur les unités au cours de la ou des périodes antérieures et les coûts se rattachant à ce travail sont clairement séparés de ceux de la période en cours. C'est pourquoi certains gestionnaires considèrent que la méthode de l'épuisement successif s'avère plus précise. Toutefois, elle se montre aussi plus complexe que la méthode du coût moyen pondéré. Rappelons que la méthode de l'épuisement successif est présentée à l'annexe 6A disponible sur la plateforme *i+ Interactif*.

Les moyennes ne permettent habituellement pas de connaître les particularités des éléments qui les composent. Le gestionnaire ne s'intéressant pas aux composantes des coûts trouvera l'information dont il a besoin dans ce type de mesures. En outre, quand les coûts ne varient à peu près pas d'une période à une autre, la moyenne sera aussi une représentation acceptable des coûts. Il y a une autre raison pouvant expliquer l'utilisation de la méthode du coût moyen pondéré. Elle concerne l'importance relative du stock de produits en cours au début par rapport à la production de la période courante.

En plus d'être assez simple, la méthode du coût moyen pondéré permet d'obtenir un coût se rapprochant beaucoup du coût de fabrication propre à la période lorsque les coûts sont relativement stables d'une période à une autre ou lorsque l'importance relative des unités produites au cours de la période est de beaucoup supérieure à celle des unités en cours de fabrication au début de la période.

La figure 6.4 permet de se représenter visuellement le calcul de la production équivalente. Les données concernent le coût de transformation de l'atelier de façonnage et de fraisage de Skis Double Diamant. Examinez cette figure avec soin avant de poursuivre l'étude du présent chapitre.

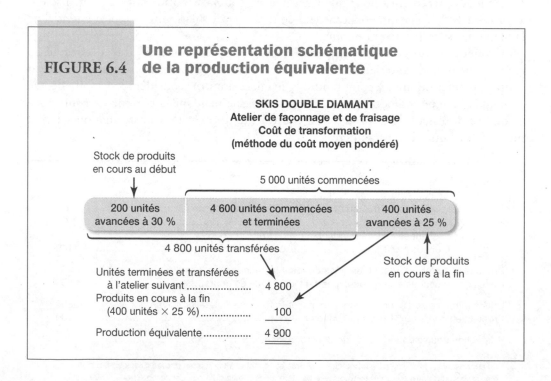

FIGURE 6.4 **Une représentation schématique de la production équivalente**

6.4 Le rapport de production – la méthode du coût moyen pondéré

L'objectif d'un rapport de production est de résumer toutes les activités ayant lieu dans l'atelier pendant une période donnée. Ces activités concernent le travail effectué sur les unités ayant circulé dans un atelier et les coûts qui passent par le compte de stock de produits en cours. Comme le montre la figure 6.5, on établit un rapport de production distinct pour chaque atelier.

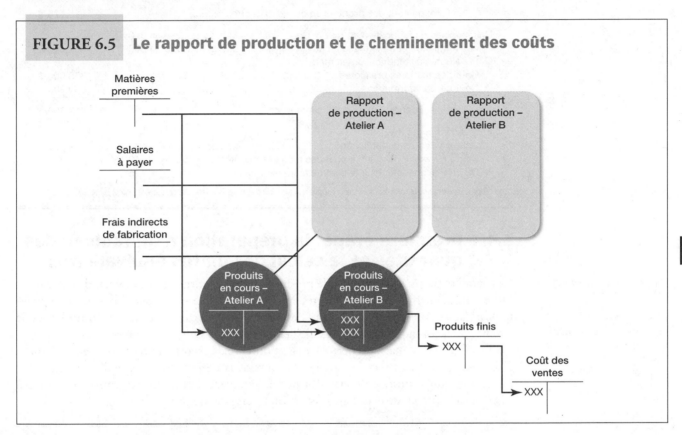

FIGURE 6.5 **Le rapport de production et le cheminement des coûts**

Lorsque nous avons décrit les différences entre le système de coûts de revient par commande et celui de coûts de revient en fabrication uniforme et continue, nous avons précisé que le rapport de production du second système remplace la fiche de coût de revient par commande du premier. Le rapport de production constitue un document indispensable au gestionnaire et essentiel au bon fonctionnement du système. Il renferme trois parties, étroitement liées les unes aux autres :

1. Un tableau des quantités indiquant le cheminement des unités au sein d'un atelier et un calcul des unités équivalentes.
2. Un tableau résumant les coûts accumulés dans un atelier et un calcul des coûts par unité équivalente.
3. Une répartition de tous les coûts d'un atelier au cours de la période considérée entre les unités terminées et transférées, et les produits en cours à la fin.

Nous utiliserons les données de la page suivante, relatives aux activités du mois de mai de l'atelier de façonnage et de fraisage de Skis Double Diamant, pour illustrer ce en quoi consiste un rapport de production. N'oubliez pas que ce document n'est qu'un des cinq rapports de production devant être établis par l'entreprise, puisqu'elle compte cinq ateliers de production.

Dans cette section, nous verrons comment préparer un rapport de production lorsqu'on emploie la méthode du coût moyen pondéré pour calculer les unités équivalentes et les coûts unitaires. Vous trouverez un exemple de rapport de production établi conformément à la méthode de l'épuisement successif à l'annexe 6A disponible sur la plateforme *i+ Interactif.*

Activités relatives au mois de mai – Atelier de façonnage et de fraisage

Produits en cours au début :		
Unités en cours de fabrication....................................	200	
Degré d'avancement sur le plan des matières premières	55 %	
Degré d'avancement sur le plan de la transformation...............	30 %	
Coûts accumulés dans le stock au début :		
Coût des matières premières		9 600 $
Coût de transformation		5 575
Total du coût des produits en cours au début		15 175 $
Unités mises en fabrication en mai..............................	5 000	
Unités terminées et transférées à l'atelier suivant	4 800	
Coûts ajoutés à la fabrication en mai :		
Coût des matières premières		368 600 $
Coût de transformation		350 900
Total des coûts ajoutés dans cet atelier *		719 500 $
Produits en cours à la fin :		
Unités en cours de fabrication....................................	400	
Degré d'avancement sur le plan des matières premières	40 %	
Degré d'avancement sur le plan de la transformation...............	25 %	

* Correspond au coût total de fabrication propre à la période tel qu'il a été défini au chapitre 2 (*voir la page 39*).

6.4.1 Première étape : la préparation d'un tableau des quantités et le calcul des unités équivalentes

Tableau des quantités

Partie du rapport de production indiquant le cheminement des unités au sein d'un atelier au cours d'une période et le calcul des unités équivalentes.

La première partie d'un rapport de production est constituée d'un **tableau des quantités** indiquant le cheminement des unités au sein d'un atelier et un calcul des unités équivalentes. Par exemple, voici un tableau des quantités et un calcul des unités équivalentes de l'atelier de façonnage et de fraisage de l'entreprise Skis Double Diamant.

Le tableau des quantités permet au gestionnaire de savoir en un coup d'œil le nombre d'unités ayant circulé dans un atelier au cours de la période et le degré d'avancement de n'importe quelle unité en cours. En outre, le tableau des quantités constitue un outil essentiel à la préparation des autres parties du rapport de production.

Tableau des quantités et des unités équivalentes – Atelier de façonnage et de fraisage

	Quantités	Unités équivalentes	
		Matières premières	Coût de transformation
Quantités dont il faut rendre compte :			
Produits en cours au 1er mai (55 % des matières premières, et 30 % de la transformation ajoutée le mois précédent)	200		
Unités mises en fabrication	5 000		
Total d'unités ....,...........	5 200		
Compte rendu des quantités :			
Unités transférées à l'atelier suivant..............	4 800	4 800	4 800
Produits en cours au 31 mai (40 % des matières premières, et 25 % de la transformation ajoutée pendant le présent mois)	400	160*	100**
Total d'unités et production équivalente...	5 200	4 960	4 900

*   400 unités avancées à 40 % = 160 unités équivalentes
** 400 unités avancées à 25 % = 100 unités équivalentes

6.4.2 Deuxième étape : le calcul des coûts par unité équivalente

OA3

Calculer les coûts par unité équivalente pour une période donnée à l'aide de la méthode du coût moyen pondéré.

Dans la section précédente, nous avons calculé la production équivalente sur les plans du coût des matières premières et du coût de transformation au sein de l'entreprise Skis Double Diamant. Dans la présente section, nous calculerons les coûts par unité équivalente en ce qui a trait aux matières premières et au coût de transformation. Nous nous servirons ensuite des coûts ainsi obtenus pour évaluer les stocks de produits en cours à la fin et de produits finis. Le tableau 6.3 (*voir la page 281*) présente toutes les données relatives aux activités du mois de mai de l'atelier de façonnage et de fraisage de Skis Double Diamant qui seront nécessaires pour réaliser ces tâches. D'après la méthode du coût moyen pondéré, il faut calculer les coûts par unité équivalente de la façon décrite ci-dessous (effectuer un calcul distinct pour chaque catégorie de coûts dans chaque atelier de production).

$$\text{Coût par unité équivalente} = \frac{\text{Coûts du stock de produits en cours au début} + \text{Coûts ajoutés durant la période}}{\text{Production équivalente}}$$

Notons que le numérateur consiste en la somme des coûts du stock de produits en cours au début et des coûts qui se sont ajoutés durant la période. Ainsi, la méthode du coût moyen pondéré combine les coûts de la période précédente avec ceux de la période en cours. Voilà pourquoi on parle de « méthode du coût moyen pondéré » : parce que cette méthode donne une moyenne des unités et des coûts issus de la période courante et de celle qui la précède.

Voici les calculs effectués pour établir les coûts par unité équivalente en ce qui concerne les matières premières et le coût de transformation dans le cas de l'atelier de façonnage et de fraisage pour le mois de mai :

Coûts par unité équivalente – Atelier de façonnage et de fraisage

	Coût total	Matières premières	Coût de transformation	Unité complète
Accumulation des coûts :				
Produits en cours au 1er mai.......	15 175 $	9 600 $	5 575 $	
Coût propre à la période de l'atelier de façonnage et de fraisage	719 500	368 600	350 900	
Total des coûts, a).................	734 675 $	378 200 $	356 475 $	
Production équivalente (*étape 1, page précédente*), b)....		4 960	4 900	
Coûts par UÉ, a) ÷ b)......................		76,25 $ +	72,75 $	= 149,00 $

UÉ : unités équivalentes

Question éclair 6.4

Selon les calculs de Michel Jean, directeur des services comptables de l'entreprise ABC, il y a 6 250 unités équivalentes de production en ce qui a trait aux matières premières dans l'atelier de mélange à la fin du mois en cours. Si le coût des matières premières associé au stock de produits en cours au début s'élevait à 7 250 $ et que des coûts de 10 750 $ s'y sont ajoutés durant la période, calculez le coût par unité équivalente pour ce qui est des matières premières dans l'atelier de mélange à l'aide de la méthode du coût moyen pondéré.

Le coût par unité équivalente (UÉ) calculé pour l'atelier de façonnage et de fraisage servira à déterminer le coût des unités transférées à l'atelier suivant, celui de l'application des dessins, et le coût des produits en cours à la fin de la période. Par exemple, chaque unité quittant l'atelier de façonnage et de fraisage pour entrer dans celui de l'application des dessins apporte un coût de 149,00 $. Comme les coûts sont transférés d'un atelier à un autre en même temps que les unités, le coût unitaire évalué dans le dernier atelier, celui de la finition et de l'appariement, représente le coût unitaire final d'une unité de production qui est passée par tous les ateliers et qui est maintenant un produit fini.

6.4.3 Troisième étape : la préparation d'un tableau de répartition des coûts

OA4

Préparer un tableau de répartition des coûts pour une période donnée à l'aide de la méthode du coût moyen pondéré.

L'objectif du tableau de répartition des coûts est de montrer comment les coûts accumulés dans un atelier au cours d'une période sont distribués entre les produits. En général, ces coûts se décomposent comme suit :

1. Le coût accumulé dans le stock de produits en cours au début.
2. Les coûts des matières premières et de la main-d'œuvre directe ainsi que les frais indirects de fabrication ajoutés au cours de la période.
3. Le coût provenant de l'atelier précédent, le cas échéant.

Dans un rapport de production, ces coûts figurent d'ordinaire sous l'intitulé « Accumulation des coûts ». On établit leur répartition en calculant les coûts suivants :

1. Le coût transféré à l'atelier suivant (ou aux produits finis).
2. Le coût qui reste dans le stock de produits en cours à la fin.

En résumé, au moment de préparer un tableau de répartition des coûts, les coûts accumulés à la deuxième étape sont rapprochés de la somme des coûts transférés à un autre atelier au cours de la période et du coût qui reste dans le compte du stock de produits en cours à la fin. Ce concept est illustré à la figure 6.6. Examinez-la avec soin avant de passer à la répartition des coûts de l'atelier de façonnage et de fraisage.

FIGURE 6.6 **Une illustration schématique de la partie d'un rapport de production consacrée à la répartition des coûts**

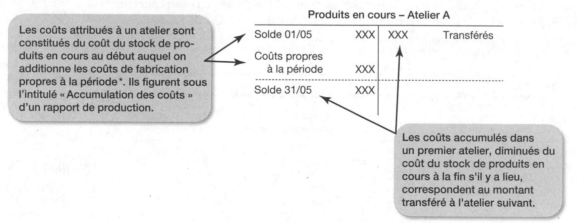

Les coûts attribués à un atelier sont constitués du coût du stock de produits en cours au début auquel on additionne les coûts de fabrication propres à la période*. Ils figurent sous l'intitulé « Accumulation des coûts » d'un rapport de production.

Produits en cours – Atelier A

Solde 01/05	XXX	XXX	Transférés
Coûts propres à la période	XXX		
Solde 31/05	XXX		

Les coûts accumulés dans un premier atelier, diminués du coût du stock de produits en cours à la fin s'il y a lieu, correspondent au montant transféré à l'atelier suivant.

* Les rapports de production des ateliers qui suivent l'atelier A (l'atelier B, l'atelier C, et ainsi de suite) doivent indiquer le total des coûts qui leur ont été transférés par l'atelier précédent.

Pour préparer une répartition de coûts, on doit suivre le tableau des quantités, ligne à ligne, et indiquer le coût associé à chaque groupe d'unités. Le tableau 6.3 en donne un exemple. Il s'agit du rapport de production complet de l'atelier de façonnage et de fraisage de Skis Double Diamant.

Le tableau des quantités indique que **200** unités étaient en cours de fabrication le 1er mai et que **5 000** unités supplémentaires ont été mises en production au cours de ce mois. En examinant l'accumulation des coûts de la partie centrale du tableau, on note qu'un coût de **15 175 $** était lié aux unités en cours de fabrication le 1er mai, et que l'atelier de façonnage et de fraisage a ajouté à ce coût une somme de **719 500 $** en coûts de fabrication propres à ce mois. Par conséquent, l'atelier est responsable de **734 675 $** (15 175 $ + 719 500 $) de coûts qui devront être répartis.

TABLEAU 6.3	Un rapport de production préparé selon la méthode du coût moyen pondéré

SKIS DOUBLE DIAMANT
Rapport de production de l'atelier de façonnage et de fraisage
pour la période terminée le 31 mai selon la méthode du coût moyen pondéré

Tableau des quantités et des unités équivalentes

	Quantités		
Quantités dont il faut rendre compte :			
Produits en cours de fabrication au 1er mai (55 % des matières premières ; 30 % de la transformation ajoutée le mois précédent)...............	200		
Unités mises en fabrication	5 000		
Total d'unités	5 200		

		Unités équivalentes	
	Quantités	Matières premières	Coût de transformation
Compte rendu des quantités :			
Unités transférées à l'atelier suivant.............................	4 800	4 800	4 800
Produits en cours au 31 mai (40 % des matières premières ; 25 % de la transformation ajoutée pendant le mois).....................	400	160*	100**
Total d'unités et production équivalente.................	5 200	4 960	4 900

Coûts par unité équivalente

	Coût total	Matières premières	Coût de transformation	Unité complète
Accumulation des coûts :				
Produits en cours au 1er mai..	15 175 $	9 600 $	5 575 $	
Coût propre à la période de l'atelier de façonnage et de fraisage	719 500	368 600	350 900	
Total des coûts, a)...	734 675 $	378 200 $	356 475 $	
Production équivalente (*ci-dessus*), b)		4 960	4 900	
Coûts par UÉ, a) ÷ b)...		76,25 $ +	72,75 $ =	149,00 $

Répartition des coûts

		Unités équivalentes (*ci-dessus*)	
	Coût total	Matières premières	Coût de transformation
Coûts à répartir comme suit :			
Unités transférées à l'atelier suivant :			
4 800 unités × 149,00 $	715 200 $	4 800	4 800
Produits en cours au 31 mai :			
Matières premières, à 76,25 $ par UÉ.....................	12 200	160	
Coût de transformation, à 72,75$ par UÉ	7 275		100
Total des produits en cours au 31 mai	19 475		
Coût total	734 675 $		

* 400 unités avancées à 40 % = 160 unités équivalentes
** 400 unités avancées à 25 % = 100 unités équivalentes

UÉ : unités équivalentes

6

Ce coût total est réparti entre deux objets de coûts. Comme le montre le tableau des quantités, **4 800** unités ont été transférées à l'atelier suivant, celui d'application des dessins. À la fin du mois, **400** autres unités étaient encore en cours de fabrication dans l'atelier de façonnage et de fraisage. Ainsi, une partie des **734 675 $** de coûts à répartir est transférée avec les **4 800** unités à l'atelier d'application des dessins, tandis que l'autre partie, liée aux **400** unités qui n'ont pas quitté le premier atelier, reste dans le stock de produits en cours à la fin de l'atelier de façonnage et de fraisage.

On a attribué à chacune des 4 800 unités transférées à l'atelier d'application des dessins un coût de 149 $, ce qui représente un total de **715 200 $**. On attribue ensuite des coûts aux 400 unités se trouvant toujours en cours de fabrication à la fin du mois en tenant compte de leur degré d'avancement. Pour ce faire, il faut se baser sur le calcul des unités équivalentes et reporter les résultats dans la partie du rapport consacrée à la répartition des coûts. On attribue alors des coûts à ces unités en multipliant le coût par unité équivalente déjà calculé par le nombre d'unités équivalentes pour chaque objet de coût du stock de produits en cours à la fin.

Lorsqu'un coût a été attribué au stock de produits en cours de fabrication, à la fin, on constate que le coût total réparti (734 675 $) concorde avec le total accumulé dans l'atelier. La répartition des coûts est donc terminée. Cette dernière étape fournit l'information nécessaire pour effectuer les écritures de journal dans le compte des produits en cours.

À noter que lorsque vous utilisez une calculatrice ou un tableur et que vous n'arrondissez pas les coûts par unité équivalente, aucun écart ne devrait exister entre le tableau d'accumulation des coûts et celui de la répartition des coûts au moment de les comparer. Par contre, quand vous arrondirez les coûts par unité équivalente, les deux résultats ne concorderont pas toujours en tous points. En ce qui concerne le rapport du tableau 6.3 (*voir la page 281*), les résultats concordent, mais ce ne sera pas toujours le cas. Dans tous les calculs de ce manuel qui requièrent un arrondissement, y compris ceux des activités d'apprentissage que vous aurez à effectuer, nous appliquons les deux règles suivantes :

1. Tous les coûts par unité équivalente sont arrondis à deux ou à trois décimales près comme au tableau 6.3.
2. Tout ajustement nécessaire pour faire concorder le tableau d'accumulation des coûts et celui de la répartition des coûts est apporté au coût « transféré » plutôt qu'au stock à la fin.

Il s'avère aussi judicieux de se pencher sur les liens entre les coûts présentés dans le rapport de production et ceux figurant dans les états du coût des produits fabriqués vus aux chapitres 2 et 5 ainsi que dans le compte des produits en cours du grand livre général.

Le tableau 6.4 donne un exemple de calcul du coût des produits fabriqués pour Skis Double Diamant. Le coût du stock de produits en cours au début, qui s'élève à **15 175 $**, constitue le solde d'ouverture du compte des produits en cours dans le

---

TABLEAU 6.4   Le calcul du coût des produits fabriqués

SKIS DOUBLE DIAMANT
Coût des produits fabriqués

Coût des produits fabriqués :	
Total des coûts de fabrication	719 500 $
Plus : Stock de produits en cours au début	15 175
	734 675
Moins : Stock de produits en cours à la fin	19 475
Coût des produits fabriqués	715 200 $

grand livre général. Le coût de fabrication total de **719 500 $** englobe le coût des matières premières utilisées, le coût de la main-d'œuvre directe employée, de même que les frais indirects de fabrication engagés au cours du mois de mai. Ces trois types de coûts d'une somme de **719 500 $** augmentent le solde du compte des produits en cours pour le mois de mai. Par ailleurs, le coût des produits terminés se chiffre à **715 200 $**, ce qui représente les coûts des produits en cours transférés durant le mois de mai, laissant dans le grand livre général un solde de **19 475 $** au titre des produits en cours à la fin.

6.5 Le système de coûts de revient pour la fabrication par lots

Les systèmes d'établissement des coûts étudiés au chapitre 5 et dans le présent chapitre représentent les deux extrémités d'un continuum. D'un côté, il y a le système de coûts de revient par commande employé par des entreprises produisant une grande variété d'articles différents — en général, conformément aux exigences de leurs clients — et, de l'autre, il y a le système de coûts de revient en fabrication uniforme et continue employé par des entreprises fabriquant essentiellement des produits homogènes en grande quantité. Entre ces deux extrêmes, on retrouve plusieurs méthodes hybrides comportant des caractéristiques de l'un et de l'autre système. L'une de ces méthodes porte le nom de « système de coûts de revient pour la fabrication par lots ».

Le **système de coûts de revient pour la fabrication par lots** est utilisé lorsque les produits possèdent certaines caractéristiques communes, mais aussi des caractéristiques particulières. Les chaussures, par exemple, ont des caractéristiques communes. En effet, peu importe le style, leur fabrication nécessite toujours des activités de coupe et de couture exécutées sur une base répétitive, à l'aide du même équipement et en suivant les mêmes étapes. Toutefois, les chaussures ont aussi des caractéristiques propres ; certaines sont fabriquées avec des cuirs coûteux ; d'autres, avec des matières synthétiques bon marché. Certaines chaussures devront passer par toutes les étapes de fabrication ; d'autres passeront seulement par quelques-unes. Dans de telles situations où les produits ont quelques caractéristiques communes, mais doivent aussi subir des transformations particulières, le système de coûts de revient pour la fabrication par lots peut servir à déterminer les coûts des produits fabriqués.

Comme nous l'avons mentionné, le système de coûts de revient pour la fabrication par lots est un système hybride comportant certains aspects du système de coûts de revient par commande, et d'autres du système de coûts de revient en fabrication uniforme et continue. On l'utilise en général lorsque les produits sont fabriqués par lots. Le coût de chaque lot est alors déterminé en fonction des matières que ce dernier requiert en propre. En ce sens, le système de coûts de revient pour la fabrication par lots ressemble au système de coûts de revient par commande. Toutefois, le coût de la main-d'œuvre et les frais indirects sont accumulés par activité ou par atelier, et on les attribue aux unités de la même façon que dans le système de coûts de revient en fabrication uniforme et continue. Par exemple, au moment de la fabrication d'un lot de chaussures, si ce lot passe par trois ateliers de fabrication, on attribue à chaque chaussure le même coût de transformation par unité dans chaque atelier de production, et on lui attribue le coût des matières premières qui lui sont propres. Quand un lot de fabrication passe par deux ateliers, les chaussures de ce lot n'endosseront que le coût de transformation de ces deux ateliers et le coût des matières premières qui leur sont propres. Ainsi, l'entreprise peut faire une distinction entre les styles sur le plan des matières premières et des étapes de production. Toutefois, elle a aussi la possibilité d'utiliser un système plus simple, celui des coûts de revient en fabrication uniforme et continue, pour la main-d'œuvre et les frais indirects de fabrication.

Système de coûts de revient pour la fabrication par lots

6

Système hybride d'établissement des coûts employé lorsque des produits sont fabriqués par lots, et qu'ils possèdent certaines caractéristiques communes et certaines caractéristiques particulières. Selon cette méthode, les matières sont traitées de la même façon que dans le système d'établissement des coûts de revient par commande, tandis que le coût de la main-d'œuvre directe ainsi que les frais indirects de fabrication le sont de la même façon que dans le système de coûts de revient en fabrication uniforme et continue.

D'autres exemples de production utilisant un système de coûts de revient pour la fabrication par lots touchent entre autres le matériel électronique (par exemple, les semi-conducteurs), les textiles, les vêtements et les bijoux (par exemple, les bagues, les bracelets et les médaillons). Ces types de produits sont le plus souvent fabriqués en lots. Ils peuvent toutefois varier de façon considérable d'un modèle à un autre ou d'un style à un autre en ce qui concerne le coût des matières premières utilisées et les étapes de production. Le système de coûts de revient pour la fabrication par lots se révèle alors particulièrement approprié pour fournir des données sur les coûts.

6.6 Les systèmes de fabrication flexible

Une usine qui utilise un système de fabrication flexible est fortement automatisée, et ses activités sont organisées autour de cellules, ou îlots de travail. Ce concept touche de différentes manières l'établissement des coûts de revient. Par exemple, il permet à l'entreprise de changer de méthode et de passer d'un système de coûts de revient par commande coûteux à un système de coûts de revient en fabrication uniforme et continue ou de coûts de revient pour la fabrication par lots, qui le sont moins. Ce changement est rendu possible par le fait que les systèmes de fabrication flexible se montrent d'une grande efficience au chapitre de la réduction du temps de mise en route requis entre les différents produits et les commandes. Lorsque ce temps représente seulement une fraction des délais antérieurs, l'entreprise peut changer rapidement de produit ou de commande comme s'il s'agissait d'un mode de fabrication uniforme et continue. L'entreprise est alors en mesure d'employer des méthodes propres au système de coûts de revient en fabrication uniforme et continue dans des contextes qui, auparavant, exigeaient un système de coûts de revient par commande. L'utilisation de plus en plus répandue (et l'efficience de plus en plus grande) des systèmes de fabrication flexible amène certains gestionnaires à prédire que le système de coûts de revient par commande est appelé à disparaître de manière progressive, sauf dans quelques secteurs choisis.

Un autre effet des systèmes de fabrication flexible est attribuable au fait qu'ils mettent l'accent sur les cellules plutôt que sur les ateliers. Bien que les entreprises qui ont adopté un système de fabrication flexible continuent de préparer des rapports de production, ceux-ci sont soit plus généraux, de façon à inclure tout le processus de fabrication (un grand nombre de cellules), soit beaucoup plus restreints, de façon à porter sur une seule cellule ou un seul poste de travail. Si la méthode juste-à-temps (JAT) est utilisée, le rapport de production devient alors beaucoup plus simple, peu importe le niveau auquel il a été établi.

MISE EN APPLICATION

Les gestionnaires peuvent mettre leurs connaissances relatives au système de coûts de revient en fabrication uniforme et continue en application pour:

- calculer le coût de revient des produits ou services lorsque l'entreprise fabrique de nombreux produits ou offre de nombreux services dont les unités sont relativement uniformes au cours de l'exercice;
- fixer des prix en veillant à ce qu'ils soient supérieurs aux coûts nécessaires pour fabriquer les produits ou offrir les services de l'entreprise;
- calculer la valeur des stocks à inscrire dans le bilan et le coût des ventes à présenter dans l'état des résultats.

Résumé

- Le système de coûts de revient en fabrication uniforme et continue est utilisé lorsque les entreprises fabriquent des produits ou fournissent des services homogènes sur une base continue. Le cheminement des coûts dans les comptes de fabrication est à peu près le même dans ce système que dans celui des coûts de revient par commande. (OA1)

- Pour calculer les coûts unitaires d'un atelier, on doit déterminer la production de cet atelier sous forme d'unités équivalentes. Lorsque l'entreprise recourt à la méthode du coût moyen pondéré, les unités équivalentes pour une période donnée correspondent à la somme des unités transférées à un autre atelier (ou au stock de produits finis pendant cette période) et des unités équivalentes dans le stock de produits en cours à la fin de la période. (OA2)

- Le rapport de production sert à résumer l'activité d'un atelier. Il comporte trois parties distinctes, mais étroitement reliées. La première partie présente un tableau des quantités comprenant un calcul des unités équivalentes et indiquant le cheminement des unités au sein d'un atelier au cours d'une période donnée. La deuxième partie comprend un calcul des coûts par unité équivalente dans lequel sont fournis les coûts unitaires déterminés distinctement pour les matières premières et la main-d'œuvre directe ainsi que pour les frais indirects de fabrication. On y trouve aussi le total des coûts pour la période donnée. Dans la troisième partie, une répartition des coûts résume tous les cheminements de coûts dans un atelier pour la période considérée. (OA2, OA3 et OA4)

- Selon la méthode du coût moyen pondéré, on calcule les coûts par unité équivalente d'une catégorie donnée en additionnant le coût du stock de produits en cours au début aux coûts ajoutés durant la période, puis en divisant la somme obtenue par la production équivalente (de manière à obtenir le coût moyen). (OA3)

- Le coût par unité équivalente sert ensuite à évaluer le stock de produits en cours à la fin de même que les unités transférées à l'atelier suivant ou aux produits finis. (OA4)

- Les coûts sont transférés d'un atelier à l'autre jusqu'au dernier atelier de production de la chaîne. Puis, le coût des unités terminées est transféré aux produits finis. À la fin de la période, on prépare un tableau de répartition des coûts afin de rendre compte des coûts transférés ainsi que des coûts qu'il reste dans le stock de produits en cours. (OA4)

6

Activités d'apprentissage

Problème de révision 6.1

Le cheminement des coûts et les rapports dans le système de coûts de revient en fabrication uniforme et continue

Les Peintures Benjamin fabriquent de la peinture d'extérieur au latex qui se vend dans des contenants de un litre. L'entreprise dispose de deux ateliers de production : la fabrication de la base et la finition. La peinture blanche servant de base à toutes les peintures de l'entreprise est fabriquée à partir de matières premières dans l'atelier de fabrication de la base. L'ajout de pigments à cette peinture et le remplissage sous pression de contenants de un litre, qui sont ensuite étiquetés et emballés pour être expédiés, se font dans l'atelier de finition.

Voici quelques renseignements sur les activités de l'entreprise pour le mois d'avril.

a) Utilisation de matières premières pour la production : atelier de fabrication de la base, 851 000 $, et atelier de finition, 629 000 $.

b) Coûts engagés pour la main-d'œuvre directe : atelier de fabrication de la base, 330 000 $, et atelier de finition, 270 000 $.

c) Imputation des frais indirects de fabrication : atelier de fabrication de la base, 665 000 $, et atelier de finition, 405 000 $.

d) Peinture blanche de base transférée de l'atelier de fabrication de la base à l'atelier de finition, 1 850 000 $.

e) Peinture préparée pour l'expédition, transférée de l'atelier de finition aux produits finis, 3 200 000 $.

Travail à faire

1. Préparez les écritures de journal requises pour enregistrer les éléments a) à e).

2. Reportez les écritures de journal effectuées à la question précédente dans des comptes en T. En date du 1ᵉʳ avril, le solde du compte des produits en cours de l'atelier de fabrication de la base s'élevait à 150 000 $, et celui de l'atelier de finition, à 70 000 $. Après avoir reporté ces écritures dans vos comptes en T, déterminez le solde du compte des produits en cours à la fin d'avril pour chacun des ateliers.

3. Préparez le rapport de production de l'atelier de fabrication de la base pour le mois d'avril. Voici des renseignements supplémentaires concernant la production de cet atelier au cours d'avril.

Données sur la production :	
Produits en cours au 1ᵉʳ avril (en litres) (100 % des matières premières, et 60 % de la main-d'œuvre directe et des frais indirects de fabrication)	30 000
Unités mises en fabrication en avril (en litres)	420 000
Unités terminées et transférées à l'atelier de finition (en litres)	370 000
Unités en cours au 30 avril (en litres) (50 % des matières premières, 25 % de la main-d'œuvre directe et des frais indirects de fabrication)	80 000

Données sur les coûts :

Produits en cours au 1er avril :

Matières premières..	92 000 $
Main-d'œuvre directe	21 000
Frais indirects de fabrication	37 000
Coût total	150 000 $

Coûts ajoutés au mois d'avril :

Matières premières	851 000 $
Main-d'œuvre directe	330 000
Frais indirects de fabrication..	665 000

Solution au problème de révision 6.1

1.

a) Produits en cours – Atelier de fabrication de la base	851 000	
Produits en cours – Atelier de finition	629 000	
Matières premières..		1 480 000
b) Produits en cours – Atelier de fabrication de la base	330 000	
Produits en cours – Atelier de finition	270 000	
Salaires à payer...		600 000
c) Produits en cours – Atelier de fabrication de la base	665 000	
Produits en cours – Atelier de finition	405 000	
Frais indirects de fabrication...		1 070 000
d) Produits en cours – Atelier de finition	1 850 000	
Produits en cours – Atelier de fabrication de la base..		1 850 000
e) Produits finis...	3 200 000	
Produits en cours – Atelier de finition		3 200 000

2.

Matières premières				Salaires à payer	
Solde	XXX	a) 1 480 000		b)	600 000

Produits en cours – Atelier de fabrication de la base				Frais indirects de fabrication	
Solde	150 000	d) 1 850 000	Différents coûts réels XXX	c)	1 070 000
a)	851 000				
b)	330 000				
c)	665 000				
Solde	146 000				

Produits en cours – Atelier de finition				Produits finis	
Solde	70 000	e) 3 200 000	Solde		XXX
a)	629 000		e) 3 200 000		
b)	270 000				
c)	405 000				
d)	1 850 000				
Solde	24 000				

6

▶

3.

LES PEINTURES BENJAMIN
Rapport de production de l'atelier de fabrication de la base
pour le mois terminé le 30 avril

Tableau des quantités et des unités équivalentes

	Quantités
Quantités (en litres) dont il faut rendre compte :	
Produits en cours au 1er avril (100 % des matières premières, et 60 % de la main-d'œuvre directe et des frais indirects de fabrication ajoutés le mois précédent)	30 000
Unités mises en fabrication	420 000
Total d'unités	450 000

		Unités équivalentes		
	Quantités	Matières premières	Main-d'œuvre directe	Frais indirects de fabrication
Compte rendu des quantités (en litres) :				
Unités transférées à l'atelier de finition	370 000	370 000	370 000	370 000
Produits en cours au 30 avril (50 % des matières premières ; 25 % de la main-d'œuvre directe et des frais indirects de fabrication ajoutés pendant le présent mois)......	80 000	40 000*	20 000*	20 000*
Total d'unités et production équivalente	450 000	410 000	390 000	390 000

Coûts par unité équivalente

	Coût total	Matières premières	Main-d'œuvre directe	Frais indirects de fabrication	Unité complète
Accumulation des coûts :					
Produits en cours au 1er avril	150 000 $	92 000 $	21 000 $	37 000 $	
Coût propre à la période de l'atelier de finition..............	1 846 000	851 000	330 000	665 000	
Total des coûts, a)..................	1 996 000 $	943 000 $	351 000 $	702 000 $	
Production équivalente, b)		410 000	390 000	390 000	
Coûts par UÉ, a) ÷ b)......................		2,30 $ +	0,90 $ +	1,80 $ =	5,00 $

Répartition des coûts

		Unités équivalentes (*ci-dessus*)		
	Coût total	Matières premières	Main-d'œuvre directe	Frais indirects de fabrication
Coûts à répartir comme suit :				
Unités transférées à l'atelier de finition :				
370 000 unités × 5,00 $................................	1 850 000 $**	370 000	370 000	370 000
Produits en cours au 30 avril :				
Matières premières, à 2,30 $ par UÉ	92 000	40 000		
Main-d'œuvre directe, à 0,90 $ par UÉ..........	18 000		20 000	
Frais indirects de fabrication, à 1,80 $ par UÉ ..	36 000			20 000
Total des produits en cours au 30 avril	146 000			
Coût total	1 996 000 $			

* Matières premières : 80 000 unités avancées à 50 % = 40 000 unités équivalentes ; main-d'œuvre directe et frais indirects de fabrication : 80 000 unités avancées à 25 % = 20 000 unités équivalentes

** Ce montant, une fois déterminé, permet de passer l'écriture de journal effectuée à la partie 1 d) de la solution (*voir la page 287*).

UÉ : unités équivalentes

Problème de révision 6.2

La répartition des coûts et le coût par unité

Les produits de la société Pierrôt inc. doivent passer par plusieurs ateliers de production. Dans le dernier atelier, soit celui de finition, le coût de transformation est ajouté aux unités, uniformément, tout au long du processus de fabrication. Vingt-cinq pour cent des matières premières sont ajoutées au début du processus de fabrication ; le reste étant ajouté lorsque le processus est avancé à 50 % en ce qui a trait au coût de transformation.

Au cours du mois de juin, 475 000 unités de produit ont été transférées aux produits finis. Parmi ces unités, 100 000 étaient avancées à 40 % en ce qui a trait au coût de transformation au début du mois de juin, et 375 000 unités ont été commencées et terminées durant cette période. À la fin du mois de juin, il y avait 225 000 unités en cours de fabrication qui étaient avancées à 30 % pour ce qui est du coût de transformation. Le coût total de l'atelier comprend un coût de transformation de 949 375 $ et des matières premières dont le coût s'élève à 616 250 $.

Travail à faire

1. Déterminez la production équivalente en ce qui a trait au coût de transformation et au coût des matières premières pour l'atelier de finition.
2. Calculez le coût de transformation et le coût des matières premières par unité équivalente.
3. Calculez le montant du coût de transformation et celui du coût des matières premières attribués aux unités terminées et au stock de produits en cours à la fin.

Solution au problème de révision 6.2

1. Calcul des unités équivalentes :

		Unités équivalentes (UÉ)	
		Matières premières	Coût de transformation
Unités transférées à l'atelier suivant	475 000	475 000	475 000
Produits en cours au 30 juin : Unités avancées à 25 % pour ce qui est des matières premières ; avancées à 30 % pour ce qui est du coût de transformation	225 000	56 250	67 500
Total d'unités et production équivalente	700 000	531 250	542 500

2. Calcul des coûts par unité équivalente :

Coût de transformation par unité équivalente = 949 375 $ ÷ 542 500 unités = 1,75 $

Coût des matières premières par unité équivalente = 616 250 $ ÷ 531 250 unités = 1,16 $ ▶

► 3. Répartition du coût des matières premières et du coût de transformation entre les produits :

	Unités équivalentes	Coût unitaire	Coût attribué
Unités transférées :			
Matières premières	475 000	1,16 $	551 000 $
Coût de transformation	475 000	1,75	831 250
			1 382 250 $, a)
Produits en cours :			
Matières premières			
(225 000 × 0,25)	56 250	1,16 $	65 250 $
Coût de transformation			
(225 000 × 0,3)..	67 500	1,75	118 125
			183 375 $, b)
Total des coûts : a) + b)			1 565 625 $

Questions

Q6.1 Dans quel contexte un système de coûts de revient en fabrication uniforme et continue est-il approprié ?

Q6.2 En quoi un système de coûts de revient par commande et un système de coûts de revient en fabrication uniforme et continue se ressemblent-ils ?

Q6.3 Dans un système de coûts de revient par commande, les coûts sont accumulés par commande. Comment ces coûts sont-ils accumulés dans un système de coûts de revient en fabrication uniforme et continue ?

Q6.4 Quelles sont deux des principales caractéristiques de la production des entreprises utilisant un système de coûts de revient en fabrication uniforme et continue ?

Q6.5 Pourquoi l'accumulation des coûts est-elle plus facile dans un système de coûts de revient en fabrication uniforme et continue que dans un système de coûts de revient par commande ?

Q6.6 Combien de comptes de produits en cours une entreprise doit-elle maintenir lorsqu'elle recourt à un système de coûts de revient en fabrication uniforme et continue ?

Q6.7 Supposez qu'une entreprise compte deux ateliers de production, soit l'atelier de mélange et l'atelier de cuisson. Préparez une écriture de journal pour enregistrer le transfert d'unités terminées de l'atelier de mélange à l'atelier de cuisson.

Q6.8 Supposez encore une fois qu'une entreprise compte deux ateliers, l'atelier de mélange et l'atelier de cuisson. Indiquez les coûts qui pourraient être ajoutés au compte de stock de produits en cours de l'atelier de cuisson pendant une période donnée et dites pourquoi.

Q6.9 Qu'entend-on par l'expression « production équivalente » lorsqu'on utilise la méthode du coût moyen pondéré ?

Q6.10 Quand on parle d'un système de coûts de revient en fabrication uniforme et continue, on compare souvent les produits à une boule de neige qui grossit en se déplaçant d'un atelier à un autre. Cette comparaison vous semble-t-elle juste ? Pourquoi ?

Q6.11 Les Trophées Watson inc. fabrique des milliers de médailles en bronze, en argent et en or. Ces médailles sont toutes identiques sauf en ce qui concerne les matières premières entrant dans leur fabrication. Quel système d'établissement des coûts de revient recommanderiez-vous à cette entreprise ?

Q6.12 « Le recours de plus en plus fréquent aux systèmes de fabrication flexible entraînera une réduction de l'importance des systèmes de coûts de revient en fabrication uniforme et continue au fil du temps. » Dites si vous êtes d'accord ou en désaccord avec cet énoncé et justifiez votre réponse.

Q6.13 Si, pour établir les coûts de revient, la méthode de l'épuisement successif s'avère plus précise que la méthode du coût moyen pondéré, pourquoi un gestionnaire déciderait-il quand même d'opter pour cette dernière ? Donnez au moins trois raisons.

Exercices

E6.1 Les écritures dans un système de coûts de revient en fabrication uniforme et continue

La Chocolaterie de Bruxelles, en Belgique, fabrique des truffes au chocolat très recherchées vendues dans des boîtes en fer-blanc gravées en relief. Elle compte deux ateliers de production : la cuisson et le moulage. À l'atelier de cuisson, on mélange les ingrédients de base des truffes et on les fait cuire dans des cuves à confiserie. À l'atelier de moulage, on verse avec soin dans des moules le chocolat fondu et d'autres ingrédients provenant de l'atelier de cuisson. On ajoute par la suite des décorations à la main. Lorsque les truffes sont refroidies, on les emballe pour la vente. L'entreprise emploie un système de coûts de revient en fabrication uniforme et continue. Les comptes en T ci-après indiquent le cheminement des coûts au sein des deux ateliers pour le mois d'avril (tous les montants sont en euros).

Produits en cours – Cuisson			
Solde 01/04	8 000	Unités transférées	
Matières premières	42 000	à l'atelier suivant	160 000
Main-d'œuvre directe	50 000		
Frais indirects de fabrication	75 000		

Produits en cours – Moulage			
Solde 01/04	4 000	Unités transférées au stock	
Unités reçues du premier atelier	160 000	de produits finis	240 000
Main-d'œuvre directe	36 000		
Frais indirects de fabrication	45 000		

6

Travail à faire

Préparez les écritures de journal requises pour enregistrer les opérations des deux ateliers de production pour le mois d'avril.

E6.2 Les écritures dans un système de coûts de revient en fabrication uniforme et continue

La Société Brique d'Abitibi fabrique des briques dans deux sections d'exploitation — le moulage et la cuisson. Voici des renseignements concernant ses activités au cours du mois de mars.

a) Des matières premières ont été acheminées aux sections de production à des coûts de 28 000 $ pour l'atelier de moulage et de 5 000 $ pour l'atelier de cuisson.

b) L'entreprise a engagé des coûts de main-d'œuvre directe : 18 000 $ pour l'atelier de moulage, et 5 000 $ pour l'atelier de cuisson.

c) Des frais indirects de fabrication ont été attribués comme suit : 24 000 $ à l'atelier de moulage et 37 000 $ à l'atelier de cuisson.

d) On a transféré des briques moulées mais non cuites de l'atelier de moulage à l'atelier de cuisson ; le coût des briques non cuites mais moulées s'élevait à 67 000 $.

e) On a transféré des briques terminées de l'atelier de cuisson à l'entrepôt des produits finis ; le coût de ces briques était alors de 108 000 $.

f) L'entreprise a vendu des briques à des clients. Le coût de ces produits finis vendus était de 106 000 $.

Travail à faire

Préparez les écritures de journal requises pour enregistrer les éléments a) à f) ci-dessus.

E6.3 Le calcul des unités équivalentes suivant la méthode du coût moyen pondéré

Les Laboratoires Clonex inc. utilisent un système de coûts de revient en fabrication uniforme et continue. Les données ci-après concernent un des ateliers pour le mois d'octobre.

	Unités	Pourcentage d'avancement	
		Matières premières	Coût de transformation
Produits en cours au 1er octobre.............	30 000	65 %	30 %
Produits en cours au 31 octobre.............	15 000	80 %	40 %

Cet atelier a mis en production 175 000 unités au cours du mois et a transféré 190 000 unités terminées à l'atelier suivant.

Travail à faire

Calculez la production équivalente du mois d'octobre en supposant que l'entreprise utilise la méthode du coût moyen pondéré pour calculer ses coûts unitaires.

E6.4 La répartition des coûts entre les unités de produit selon la méthode du coût moyen pondéré

Voici quelques renseignements à propos des activités récentes du premier atelier de production, soit l'atelier de préparation, d'une entreprise qui utilise un système de coûts de revient en fabrication uniforme et continue.

	Matières premières	Coût de transformation
Production équivalente dans le stock de produits en cours à la fin..	300	100
Coûts par unité équivalente......................................	31,56 $	9,32 $

Au total, 1 300 unités ont été terminées et transférées à l'atelier de production suivant au cours de la période.

Travail à faire

Calculez le coût des unités transférées à l'atelier de production suivant au cours de la période ainsi que le coût du stock de produits en cours à la fin.

E6.5 Les coûts par unité équivalente suivant la méthode du coût moyen pondéré

La société Belle-Isle utilise la méthode du coût moyen pondéré dans son système de coûts de revient en fabrication uniforme et continue. Voici des données provenant de son atelier de montage pour le mois de mai.

	Matières premières	Main-d'œuvre directe	Frais indirects de fabrication
Produits en cours au 1er mai	14 550 $	23 620 $	118 100 $
Coût ajouté en mai.................................	88 350 $	14 330 $	71 650 $
Unités équivalentes de production	1 200	1 100	1 100

Travail à faire

Calculez les coûts par unité équivalente des matières, de la main-d'œuvre et des frais indirects de fabrication, et le coût total.

E6.6 Les unités équivalentes selon la méthode du coût moyen pondéré

L'entreprise La Poissonnerie du Labrador inc. transforme du saumon pour le compte de différents distributeurs. Elle compte deux ateliers, l'atelier 1 et l'atelier 2. Les données relatives aux kilogrammes de saumon transformé à l'atelier 1 au cours du mois de juillet sont présentées ci-après.

	Kilogrammes de saumon	Pourcentage d'avancement*
Produits en cours au 1er juillet..........................	20 000	30 %
Unités mises en fabrication en juillet................	380 000	–
Produits en cours au 31 juillet..........................	25 000	60 %

* Main-d'œuvre directe et frais indirects de fabrication seulement

Toutes les matières premières sont ajoutées au début de la transformation dans l'atelier 1. Le coût de la main-d'œuvre directe et les frais indirects de fabrication sont engagés de façon uniforme tout au long du processus de préparation.

Travail à faire

Dressez un tableau des quantités et effectuez le calcul des unités équivalentes du mois de juillet pour l'atelier 1, en supposant que l'entreprise utilise la méthode du coût moyen pondéré pour calculer ses coûts unitaires.

E6.7 Les unités équivalentes selon la méthode du coût moyen pondéré

Unibois est une entreprise spécialisée dans la transformation de la pâte de bois pour différents fabricants de produits papetiers. Voici quelques données relatives aux tonnes de pâte transformées pendant le mois de juin.

		Pourcentage d'avancement	
	Tonnes de pâte de bois	Matières premières	Main-d'œuvre directe et frais indirects de fabrication
Produits en cours au 1er juin	20 000	90 %	80 %
Produits en cours au 30 juin	30 000	60 %	40 %
Unités mises en fabrication en juin	190 000	–	–

Travail à faire

1. Calculez le nombre de tonnes de pâte de bois terminées et transférées aux produits finis pendant le mois de juin.
2. Dressez un tableau des quantités et des unités équivalentes pour le mois de juin, en supposant que l'entreprise emploie la méthode du coût moyen pondéré.

E6.8 Les coûts des unités équivalentes selon la méthode du coût moyen pondéré

Pureforme inc. fabrique un produit qui doit passer par deux ateliers de production. Voici quelques données du dernier mois concernant le premier atelier.

	Unités	Matières premières	Main-d'œuvre directe	Frais indirects de fabrication
Produits en cours au début..............	5 000	4 500 $	1 250 $	1 875 $
Unités mises en fabrication..............	45 000			
Unités transférées au second atelier ..	42 000			
Produits en cours à la fin	8 000			
Coûts ajoutés pendant le mois		52 800 $	21 500 $	32 250 $

Les unités en cours au début étaient terminées à 80 % en ce qui a trait aux matières premières et à 60 % en ce qui concerne la transformation. Les unités en cours à la fin étaient terminées à 75 % en ce qui a trait aux matières premières et à 50 % en ce qui concerne la transformation.

Travail à faire

1. Supposez que l'entreprise emploie la méthode du coût moyen pondéré pour calculer ses coûts unitaires. Dressez un tableau des quantités et effectuez un calcul des unités équivalentes pour le mois.
2. Déterminez les coûts par unité équivalente pour le mois considéré.

E6.9 Les unités équivalentes selon la méthode du coût moyen pondéré

L'entreprise Maison nette inc. conçoit des liquides à détacher qui servent de base à des produits d'entretien ménager fabriqués par différents distributeurs. Elle compte deux ateliers, soit l'atelier de mélange et l'atelier de cuisson. Voici les données relatives aux litres d'essences à détacher traités dans l'atelier de mélange au cours du mois d'octobre.

	Litres d'essences à détacher	Pourcentage d'avancement*
Produits en cours au 1er octobre	25 000	35 %
Produits en cours au 31 octobre..	5 000	70 %

* Main-d'œuvre directe et frais indirects de fabrication seulement

Au total, 25 000 litres d'essences à détacher ont été mis en fabrication en octobre. Toutes les matières premières ont été ajoutées au début de la fabrication dans l'atelier de mélange.

Travail à faire

Calculez les unités équivalentes du mois d'octobre pour l'atelier de mélange, en supposant que l'entreprise utilise la méthode du coût moyen pondéré pour calculer ses coûts unitaires.

E6.10 Les coûts des unités équivalentes selon la méthode du coût moyen pondéré

Hélox inc. fabrique un produit qui doit passer par deux ateliers de production. Voici un tableau des quantités relatives au premier atelier pour le dernier mois.

Tableau des quantités et des unités équivalentes	Quantités		
Quantités dont il faut rendre compte :			
Produits en cours au 1er mai (100 % des matières premières, et 40 % du coût de transformation ajouté le mois précédent)	5 000		
Unités mises en fabrication	180 000		
Total d'unités	185 000		

		Unités équivalentes	
		Matières premières	Coût de transformation
Compte rendu des quantités :			
Unités transférées à l'atelier suivant	175 000	?	?
Produits en cours au 31 mai (100 % des matières premières, et 30 % du coût de transformation ajouté pendant le mois)	10 000	?	?
Total d'unités et production équivalente........	185 000	?	?

Voici les coûts accumulés du stock de produits en cours au début pour le premier atelier : matières premières, 1 200 $, et coût de transformation, 3 800 $. Les coûts ajoutés au cours du mois sont les suivants : matières premières, 54 000 $, et coût de transformation, 352 000 $.

Travail à faire

1. Supposez que l'entreprise utilise la méthode du coût moyen pondéré pour calculer ses coûts unitaires. Déterminez les unités équivalentes du premier atelier pour le mois.
2. Calculez les coûts par unité équivalente du premier atelier pour le mois.

E6.11 Le tableau de répartition des coûts

Servez-vous des données de l'exercice précédent, ainsi que des unités équivalentes et des coûts par unité équivalente que vous avez déjà calculés dans cet exercice.

Travail à faire

Remplissez le tableau de répartition des coûts ci-après pour le premier atelier.

Répartition des coûts		Unités équivalentes	
	Coût total	Matières premières	Coût de transformation
Coûts à répartir comme suit :			
Unités transférées à l'atelier suivant :			
__?__ unités × __?__ $...............................	? $		
Produits en cours au 31 mai :			
Matières premières, à __?__ par UÉ...........	?	?	
Coût de transformation, à __?__ par UÉ	?		?
Total des produits en cours au 31 mai ...	?		
Coût total	? $		

UÉ : unités équivalentes

E6.12 Les écritures de journal avec un système de coûts de revient en fabrication uniforme et continue

La société Pétrin est une boulangerie située à Montréal. Elle utilise un système de coûts de revient en fabrication uniforme et continue pour son unique produit — un pain de seigle noir. Elle a deux ateliers de production: l'atelier de préparation et l'atelier de cuisson. Les comptes en T ci-après indiquent le cheminement des coûts dans ces deux ateliers en avril.

Produits en cours – Préparation			
Solde 01/04	10 000	Coûts transférés	
Matières premières	330 000	à l'atelier de cuisson	760 000
Main-d'œuvre directe	260 000		
Frais indirects de fabrication	190 000		

Produits en cours – Cuisson			
Solde 01/04	20 000	Coûts transférés au stock	
Coûts reçus de l'atelier de préparation	760 000	de produits finis	980 000
Main-d'œuvre directe	120 000		
Frais indirects de fabrication	90 000		

Travail à faire

Préparez les écritures requises pour enregistrer le cheminement des coûts dans les deux ateliers de fabrication au cours du mois d'avril.

E6.13 Les unités équivalentes et les coûts par unité équivalente suivant la méthode du coût moyen pondéré

La société Kéramour fabrique un antiacide grâce à un procédé en deux étapes qui nécessite du travail dans deux ateliers de production, de façon successive. Les données du mois de mai concernant le premier de ces ateliers apparaissent ci-après.

	Litres	Matières premières	Main-d'œuvre directe	Frais indirects de fabrication
Produits en cours au 1er mai	80 000	68 600 $	30 000 $	48 000 $
Litres mis en fabrication	760 000			
Litres transférés à l'atelier suivant	790 000			
Produits en cours au 31 mai	50 000			
Coût ajouté au cours du mois de mai		907 200 $	370 000 $	592 000 $

Le stock de produits en cours au début du mois était terminé à 80% sur le plan des matières premières, et à 75% sur le plan de la main-d'œuvre et des frais indirects de fabrication. Le stock de produits en cours à la fin du mois était terminé à 60% sur le plan des matières premières, et à 20% sur le plan de la main-d'œuvre et des frais indirects de fabrication.

Travail à faire

Supposez que l'entreprise utilise la méthode du coût moyen pondéré.
1. Calculez les unités équivalentes pour les activités du mois de mai dans le premier atelier.
2. Déterminez les coûts par unité équivalente pour ce même mois.

E6.14 **Les unités équivalentes et les coûts par unité équivalente suivant la méthode du coût moyen pondéré**

La société Sabrevois fabrique du matériel d'isolation haut de gamme qui requiert deux étapes de production. Voici des données concernant la première étape pour le mois de juin.

	Unités	Achèvement sur le plan des matières premières	Achèvement sur le plan de la transformation
Stock de produits en cours au 1er juin	60 000	75 %	40 %
Stock de produits en cours au 30 juin	40 000	50 %	25 %
Coût des matières premières du stock de produits en cours au 1er juin		56 600 $	
Coût de transformation du stock de produits en cours au 1er juin		14 900 $	
Unités mises en fabrication.....................		280 000	
Unités transférées à l'atelier suivant		300 000	
Coût des matières premières ajouté au cours du mois de juin		385 000 $	
Coût de transformation ajouté au cours du mois de juin		214 500 $	

Travail à faire

Supposez que l'entreprise utilise la méthode du coût moyen pondéré.

1. Déterminez les unités équivalentes de la première étape de fabrication pour le mois de juin.
2. Calculez les coûts par unité équivalente de la première étape de fabrication pour le mois de juin.
3. Déterminez le coût total du stock de produits en cours à la fin et le coût total des unités transférées à l'étape de production suivante en juin.

E6.15 **Les coûts de revient en fabrication uniforme et continue – trois ateliers**

La compagnie Évard inc. fabrique un seul produit de façon uniforme et continue. L'usine comprend trois ateliers : l'atelier de mélange, l'atelier de raffinage et l'atelier de finition. Vous avez accès, pour le mois de février 20X9, au rapport de production de l'atelier de raffinage, auquel il manque plusieurs informations. Pour le compléter, vous avez recueilli les éléments ci-après concernant les deux autres ateliers.

a) Unités mises en fabrication dans l'atelier de mélange : 300 000 unités.
b) Stock de produits en cours à la fin dans l'atelier de mélange : 6 000 unités.
c) Unités terminées au mois de février dans l'atelier de finition : 280 000 unités.
d) Stock de produits en cours à la fin dans l'atelier de finition : 8 000 unités.

Vous espérez donc qu'avec le rapport de production partiel ci-après et les données précédentes, vous serez en mesure de compléter l'information pour l'atelier de raffinage. Notez que pour chacun des ateliers, il n'y avait aucun stock de produits en cours au début. Pour le stock de produits en cours à la fin dans tous les ateliers, le degré d'avancement est de 0 %.

►

ÉVARD INC.
Rapport de production de l'atelier de raffinage
pour le mois terminé le 28 février 20X9

Quantités et unités équivalentes

	Quantités
Quantités dont il faut rendre compte :	
Produits en cours au début	-0-
Unités reçues de l'atelier de mélange	?
Total d'unités	?

		Unités équivalentes			
		Amont	Matières premières	Main-d'œuvre directe	Frais indirects de fabrication
Compte rendu des quantités :					
Unités transférées à l'atelier suivant..............	?	?	?	?	?
Produits en cours à la fin................................	?	?	?	?	?
Total d'unités et production équivalente....	?	?	?	?	?

Coûts par unité équivalente

	Coût total	Amont	Matières premières	Main-d'œuvre directe	Frais indirects de fabrication
Accumulation des coûts :					
Produits en cours au début	-0- $	-0- $	-0- $	-0- $	-0- $
Coût propre à la période	?	?	?	?	?
Total des coûts, a)....................................	? $	? $	? $	? $	? $
Production équivalente, b)		?	?	?	?
Coûts par UÉ, a) ÷ b).....................................	0,17 $ =	0,12 $ +	0,00 $ +	0,02 $ +	0,03 $

Répartition des coûts

	Coût total	Unités équivalentes (*ci-dessus*)			
		Amont	Matières premières	Main-d'œuvre directe	Frais indirects de fabrication
Coûts à répartir comme suit :					
Unités transférées à l'atelier suivant............	?	?	?	?	?
Produits en cours à la fin :					
Amont	?	?			
Matières premières	?		?		
Main-d'œuvre directe...............................	?			?	
Frais indirects de fabrication...................	?				?
Total des produits en cours à la fin	?				
Coût total	?				

Travail à faire

1. Complétez le tableau de répartition des coûts du rapport de production de l'atelier de raffinage.
2. Rédigez l'écriture pour constater le transfert des unités de l'atelier de raffinage à l'atelier de finition.

E6.16 Les coûts de revient en fabrication uniforme et continue – trois ateliers et le rapport de production selon la méthode du coût moyen pondéré

La compagnie Bossé ltée fabrique un seul produit, lequel est traité successivement dans trois ateliers. La matière première A est versée à la production au premier atelier dès le début de la fabrication. Quant à elle, la matière première B est versée à la production dans le deuxième atelier quand le produit est avancé à 60 %. Il n'y a aucune nouvelle matière première ajoutée dans le troisième atelier.

Le service de la comptabilité a recueilli les renseignements ci-après pour la semaine terminée le 5 février 20X0.

	Premier atelier	Deuxième atelier	Troisième atelier
Unités terminées et transférées	50 000	30 000	21 000
Unités terminées et non transférées	10 000	5 000	-0-
Produits en cours à la fin avancés à 33,33 %	30 000	15 000	9 000

Notez qu'au début de la semaine, soit le 31 janvier 20X0, il n'y avait pas de stock de produits en cours, dans aucun des ateliers.

Les coûts engagés dans la semaine sont les suivants :

	Premier atelier	Deuxième atelier	Troisième atelier
Matières premières A...	36 000 $		
Matières premières B...		12 250 $	
Main-d'œuvre directe..	56 000	28 000	60 000 $
Frais indirects de fabrication...............................	35 000	40 000	45 000
	127 000 $	80 250 $	105 000 $

Travail à faire

1. Préparez le rapport de production, pour chacun des trois ateliers, de la semaine terminée le 5 février 20X0, selon la méthode du coût moyen pondéré.
2. Préparez les écritures de journal requises pour enregistrer les coûts engagés de la semaine, les transferts entre ateliers et les transferts du dernier atelier aux produits finis.

E6.17 Le tableau de répartition des coûts selon la méthode du coût moyen pondéré

L'entreprise Fournitures d'atelier inc. fabrique des rouleaux de serviettes jetables pour les marchands de pièces d'automobiles et les distributeurs de produits de nettoyage industriel. Ces serviettes ressemblent au papier essuie-tout conventionnel destiné à un usage domestique, mais leur épaisseur, leur résistance et leur texture accrues leur permettent de nettoyer la graisse et la saleté tenace plus efficacement. Dans l'atelier de mesure et d'enroulage, on coupe le papier qui défile en continu à la longueur appropriée avant de l'enrouler autour de cylindres de carton. Puis, on transfère ces rouleaux à l'atelier d'emballage, où ils sont emballés sous film plastique et mis dans des boîtes avant d'être expédiés aux clients.

▶ Au cours du mois de mars, l'atelier de mesure et d'enroulage a transféré 45 000 rouleaux de papier à l'atelier d'emballage. Dans l'atelier de mesure et d'enroulage, le stock de produits en cours à la fin du mois de mars comprenait 4 000 rouleaux avancés à 100 % sur le plan des matières premières, et à 80 % sur le plan du coût de transformation. Les coûts par unité équivalente pour ce même mois s'élevaient à 10,50 $ en ce qui concerne les matières premières, et à 4,00 $ pour ce qui est du coût de transformation.

Travail à faire

Préparez la section portant sur la répartition des coûts du rapport de production de l'atelier de mesure et d'enroulage pour le mois de mars.

Problèmes

P6.18 Les unités équivalentes, les coûts par unité équivalente et la répartition des coûts selon la méthode du coût moyen pondéré

L'entreprise Clavardeau inc. fabrique un produit qui doit passer par deux ateliers avant d'être terminé. Voici quelques renseignements relatifs au travail effectué dans le premier atelier, soit l'atelier de mélange, pour le mois de juin.

		Pourcentage d'avancement	
	Unités	Matières premières	Coût de transformation
Stock de produits en cours au début..................	50 000	75 %	30 %
Unités mises en fabrication.................................	430 000		
Unités terminées et transférées	380 000		
Stock de produits en cours à la fin	100 000	60 %	40 %
		Matières premières	Coût de transformation
Stock de produits en cours au début..		45 500 $	25 000 $
Coûts ajoutés au cours du mois de juin...................................		425 500 $	145 000 $

Travail à faire

Supposez que l'entreprise utilise la méthode du coût moyen pondéré.

1. Déterminez les unités équivalentes de la première étape de fabrication pour le mois de juin.
2. Calculez les coûts par unité équivalente de la première étape de fabrication pour le mois de juin.
3. Déterminez le coût total du stock de produits en cours à la fin et le coût total des unités transférées à l'étape de fabrication suivante en juin.
4. Préparez un tableau de répartition des coûts pour effectuer un rapprochement entre le coût total attribué au stock de produits en cours à la fin ainsi que le coût total des unités transférées à l'étape de fabrication suivante.

P6.19 Les unités équivalentes et la répartition des coûts selon la méthode du coût moyen pondéré

L'entreprise Fils Premium fabrique des fils électriques isolés de haute qualité qui passent par deux ateliers, soit l'atelier de tressage et l'atelier d'enrobage. Dans l'atelier de tressage, les matières premières sont ajoutées à différentes étapes du processus de fabrication. Une fois le tressage terminé, les produits sont transférés à l'atelier d'enrobage, où ils sont recouverts d'une matière plastique spéciale.

Données sur la production :
  Unités en cours de fabrication, au 1er mai
    (terminées à 100 % sur le plan des matières premières
    et à 80 % sur le plan de la transformation) 85 000
  Unités mises en fabrication en mai 365 000
  Unités terminées et transférées à l'atelier suivant .... ?
  Unités en cours au 31 mai (terminées à 65 % sur le plan des
    matières premières et à 30 % sur le plan
    de la transformation) 55 000

Données sur les coûts :
  Produits en cours au 1er mai :
    Matières premières .... 101 000 $
    Coût de transformation .... 51 000 $

  Coûts ajoutés au mois de mai :
    Matières premières .... 462 000 $
    Coût de transformation .... 213 000 $

L'entreprise utilise la méthode du coût moyen pondéré.

Travail à faire

1. Calculez la production équivalente.
2. Calculez les coûts par unité équivalente pour le mois de mai.
3. Déterminez le coût du stock de produits en cours à la fin ainsi que le coût des unités transférées à l'atelier d'enrobage.
4. Préparez un tableau de répartition des coûts pour effectuer un rapprochement entre les coûts calculés à la question 3, d'une part, et le coût du stock de produits en cours au début ainsi que les coûts ajoutés au cours de la période, d'autre part.

P6.20 La méthode du coût moyen pondéré et l'établissement d'un rapport de production étape par étape

Les Produits Expo inc. fabriquent un produit d'isolation par un processus comportant trois étapes de transformation. Voici des renseignements concernant l'activité du premier atelier de production, la cuisson, pour le mois de mai.

Données sur la production :
  Unités en cours de fabrication au 1er mai
    (terminées à 100 % sur le plan des matières premières,
    et à 80 % sur le plan de la main-d'œuvre directe et
    des frais indirects de fabrication) 10 000
  Unités mises en fabrication en mai 100 000
  Unités terminées et transférées à l'atelier suivant 95 000
  Unités en cours au 31 mai (terminées à 60 % sur le plan
    des matières premières, et à 20 % sur le plan de la main-
    d'œuvre directe et des frais indirects de fabrication) .... ?

Données sur les coûts :
  Produits en cours au 1er mai :
    Matières premières .... 1 500 $
    Main-d'œuvre directe 1 800
    Frais indirects de fabrication 5 400
  Coûts ajoutés au mois de mai :
    Matières premières 154 500
    Main-d'œuvre directe 22 700
    Frais indirects de fabrication 68 100

Les matières premières s'ajoutent à différentes étapes du processus de cuisson ; la main-d'œuvre et les frais indirects, de leur côté, sont engagés de manière uniforme. L'entreprise emploie la méthode du coût moyen pondéré.

► **Travail à faire**

Préparez le rapport de production de l'atelier de cuisson pour le mois de mai en suivant ces trois étapes.

1. Dressez un tableau des quantités et effectuez le calcul des unités équivalentes.
2. Calculez les coûts par unité équivalente pour le mois.
3. Répartissez les coûts à l'aide des données calculées précédemment.

P6.21 La méthode du coût moyen pondéré et l'établissement d'un rapport de production partiel

La Société Martin fabrique un seul produit. Elle utilise un système de coûts de revient en fabrication uniforme et continue, et la méthode du coût moyen pondéré. Ses activités du mois de juin viennent de se terminer. Voici un rapport de production incomplet relatif à son premier atelier de production.

Quantités et unités équivalentes

	Quantités			
Quantités dont il faut rendre compte :				
Produits en cours au 1er juin (100 % des matières premières, et 75 % de la main-d'œuvre directe et des frais indirects de fabrication ajoutés le mois précédent).....	8 000			
Unités mises en fabrication	45 000			
Total d'unités..	53 000			

		Unités équivalentes		
		Matières premières	Main-d'œuvre directe	Frais indirects de fabrication
Compte rendu des quantités :				
Unités transférées à l'atelier suivant..................	48 000	?	?	?
Produits en cours au 30 juin (100 % des matières premières, et 40 % de la main-d'œuvre directe et des frais indirects de fabrication ajoutés pendant le mois)........	5 000	?	?	?
Total d'unités et production équivalente ..	53 000	?	?	?

Coûts par unité équivalente

	Coût total	Matières premières	Main-d'œuvre directe	Frais indirects de fabrication	Unité complète
Accumulation des coûts :					
Produits en cours au 1er juin	7 130 $	5 150 $	660 $	1 320 $	
Coût propre à la période de l'atelier	58 820	29 300	9 840	19 680	
Total des coûts, a)..	65 950 $	34 450 $	10 500 $	21 000 $	
Production équivalente, b)		53 000	50 000	50 000	
Coûts par UÉ, a) ÷ b)..		0,65 $ +	0,21 $ +	0,42 $ =	1,28 $

UÉ : unités équivalentes

Travail à faire

1. Complétez la portion traitant des unités équivalentes du rapport de production ci-dessus pour le premier atelier.
2. Dressez la section intitulée « Répartition des coûts » du rapport de production pour le premier atelier.

P6.22 **La méthode du coût moyen pondéré et le rapport de production**

Les Boissons du Rivage inc. est une entreprise de Gatineau qui prépare des boissons aux fruits tropicaux en deux étapes. Dans l'atelier de mélange, on extrait d'abord les jus des fruits frais, puis on les combine et on les mélange. Les boissons ainsi obtenues sont ensuite embouteillées et emballées à l'atelier d'embouteillage. Les renseignements ci-après concernent les activités de l'atelier de mélange pour le mois de juin.

	Unités	Matières premières	Coût de transformation
		Pourcentage d'avancement	
Produits en cours au début.............................	20 000	100 %	75 %
Unités mises en fabrication..............................	180 000		
Unités terminées et transférées	160 000		
Produits en cours à la fin	40 000	100 %	25 %

Voici le coût accumulé du stock de produits en cours au début et le coût propre ajouté pendant le mois de juin de l'atelier de mélange.

	Matières premières	Coût de transformation
Produits en cours au début...................................	25 200 $	24 800 $
Coût propre ajouté pendant le mois de juin.........................	334 800 $	238 700 $

Travail à faire

Préparez le rapport de production de l'atelier de mélange pour le mois de juin. L'entreprise utilise la méthode du coût moyen pondéré.

P6.23 **La méthode du coût moyen pondéré**

Voici quelques renseignements concernant les activités de l'atelier d'embouteillage des Boissons du Rivage inc. Référez-vous au problème P6.22 pour les données de base.

	Unités	Matières premières	Coût de transformation
		Pourcentage d'avancement	
Produits en cours au début...........................	16 000	50 %	80 %
Unités reçues de l'atelier de mélange...............	?		
Unités terminées et transférées	?		
Produits en cours à la fin	12 000	40 %	60 %

Voici les coûts accumulés dans l'atelier d'embouteillage.

	Amont	Matières premières	Coût de transformation
Produits en cours au début............................	48 000 $	4 000 $	2 560 $
Coût propre ajouté pendant le mois de juin.....	536 000 $	96 480 $	56 560 $

Travail à faire

Préparez le rapport de production de l'atelier d'embouteillage pour le mois de juin en supposant que l'entreprise utilise la méthode du coût moyen pondéré.

P6.24 La méthode du coût moyen pondéré et l'interprétation d'un rapport de production

La Coopérative San José est située au sud de l'État de Sonora, au Mexique. L'entreprise fabrique un sirop unique à base de sucre de canne et de plantes locales. Vendu en petites bouteilles, ce sirop est très apprécié comme parfum dans les boissons et les desserts. Chaque bouteille se vend 12 $. La première étape du processus de fabrication a lieu dans l'atelier de mélange. Cette étape consiste à nettoyer les matières premières de toutes les impuretés et à les combiner selon les proportions voulues dans de grandes cuves. L'entreprise utilise la méthode du coût moyen pondéré dans son système de coûts de revient en fabrication uniforme et continue.

Voici un rapport de production préparé à la hâte. Il concerne l'atelier de mélange pour le mois d'avril.

Quantités	
Quantités dont il faut rendre compte :	
Produits en cours au 1er avril (90 % des matières premières, et 80 % du coût de transformation ajouté le mois précédent)	30 000
Unités mises en fabrication	200 000
Total d'unités	230 000
Compte rendu des quantités :	
Unités transférées à l'atelier suivant	190 000
Produits en cours au 30 avril (75 % des matières premières, et 60 % du coût de transformation ajouté pendant le mois)	40 000
Total d'unités	230 000
Coûts	
Accumulation des coûts :	
Produits en cours au 1er avril	98 000 $
Coût propre ajouté pendant le mois	827 000
Total des coûts	925 000 $
Répartition des coûts	
Coûts à répartir comme suit :	
Coûts transférés à l'atelier suivant	805 600 $
Produits en cours au 30 avril	119 400
Coût total	925 000 $

La Coopérative San José vient d'être achetée par une autre entreprise. La direction de cette société voudrait obtenir des renseignements supplémentaires sur les activités de sa nouvelle acquisition.

Travail à faire

1. Quelles étaient les unités équivalentes en avril ?
2. Quels étaient les coûts par unité équivalente en avril ? Les coûts accumulés du stock au début étaient les suivants : matières premières, 67 800 $, et coût de transformation, 30 200 $. Les coûts ajoutés pendant le mois étaient les suivants : matières premières, 579 000 $, et coût de transformation, 248 000 $.
3. Parmi les unités transférées à l'atelier suivant, combien avaient été commencées et terminées au cours du mois ?
4. Désireux de faire bonne impression auprès des nouveaux propriétaires, le directeur de l'atelier de mélange a déclaré ce qui suit : « Les prix des matières premières ont grimpé à environ 2,50 $ par unité en mars et à 3 $ en avril. Grâce à un contrôle efficace des coûts, j'ai réussi à maintenir le coût de revient des matières premières de l'entreprise à moins de 3 $ par unité pour le mois. » Ce directeur devrait-il être récompensé pour son efficacité à contrôler les coûts ? Expliquez votre réponse.

P6.25 **La méthode du coût moyen pondéré et une analyse d'un compte en T des produits en cours**

Les Produits Weston inc. fabriquent un produit de nettoyage industriel qui doit passer par trois ateliers de production : le tamisage, le mélange et la cuisson. Dans l'atelier de tamisage, les matières premières sont introduites tout au début des activités ; le coût de transformation, de son côté, est engagé de façon uniforme tout au long du processus. Voici le compte en T des produits en cours de l'atelier de tamisage pour le mois de mai.

Produits en cours – Tamisage			
Stock au 1er mai		Produits terminés et transférés	
(18 000 kg avancés à 33 %)	21 800	à l'atelier de mélange (___?___ kg)	?
Coûts ajoutés en mai :			
Matières premières			
(167 000 kg)	133 400		
Main-d'œuvre directe et frais			
indirects de fabrication	226 800		
Stock au 31 mai			
(15 000 kg avancés à 67 %)	?		

Les coûts accumulés du stock de produits en cours en date du 1er mai étaient répartis comme suit : coût des matières premières, 14 600 $, et coût de la main-d'œuvre directe et frais indirects de fabrication, 7 200 $. L'entreprise utilise la méthode du coût moyen pondéré pour calculer ses coûts unitaires.

Travail à faire

1. Préparez le rapport de production de l'atelier de tamisage pour le mois de mai.
2. Quelle critique pourrait-on formuler au sujet des coûts unitaires calculés dans votre rapport de production ?

P6.26 **La méthode du coût moyen pondéré, les écritures de journal, les comptes en T et le rapport de production**

Hilox inc. fabrique un antiacide nécessitant la présence de deux ateliers : un atelier de cuisson et un atelier de mise en flacons. Le comptable adjoint nouvellement embauché a préparé le résumé des coûts de fabrication de l'atelier de cuisson pour le mois de mai à l'aide de la méthode du coût moyen pondéré.

Coûts de l'atelier de cuisson :		
Produits en cours au 1er mai (70 000 litres, avancés à 60 % sur le plan des matières premières, et à 30 % sur le plan de la main-d'œuvre directe et des frais indirects de fabrication)	61 000 $*	
Coûts des matières premières ajoutés en mai	570 000	
Coûts de la main-d'œuvre directe ajoutés en mai	100 000	
Frais indirects de fabrication imputés en mai	235 000	
Total des coûts de l'atelier	966 000 $	
Coûts de l'atelier de cuisson répartis ainsi :		
Litres terminés et transférés à l'atelier de mise en flacons (400 000 litres à ___?___ $ par litre)	?	$
Produits en cours au 31 mai (50 000 litres avancés à 70 % sur le plan des matières premières, et à 40 % sur le plan de la main-d'œuvre directe et des frais indirects de fabrication)	?	
Total des coûts de l'atelier	?	$

* Comprend les matières premières, 39 000 $, la main-d'œuvre directe, 5 000 $, et les frais indirects de fabrication, 17 000 $.

► Le comptable adjoint a déterminé que le coût par litre terminé est de 2,415 $, soit :

$$\frac{\text{Total des coûts de l'atelier}}{\text{Nombre de litres terminés et transférés}} = \frac{966\,000\ \$}{400\,000\ \text{L}} = 2,415\ \$/\text{L}$$

Toutefois, le comptable adjoint ignore comment se servir de ce coût unitaire dans l'attribution des coûts au stock de produits en cours à la fin. En outre, le grand livre de l'entreprise indique des coûts transférés de l'atelier de cuisson à l'atelier de mise en flacons de seulement 900 000 $, ce qui ne concorde pas avec le montant de 966 000 $ calculé précédemment.

Le grand livre contient aussi les coûts engagés par l'atelier de mise en flacons pour le mois de mai : matières premières utilisées, 130 000 $, coût engagé pour la main-d'œuvre directe, 80 000 $, et frais indirects de fabrication imputés aux produits, 158 000 $.

Travail à faire

1. Préparez les écritures de journal nécessaires pour enregistrer les opérations de l'entreprise pour le mois de mai. Faites correspondre vos écritures avec les éléments a) à g) ci-après.
   a) Les activités des deux ateliers de fabrication ont nécessité des matières premières.
   b) Des coûts de main-d'œuvre directe ont été engagés dans les deux ateliers.
   c) Des frais indirects de fabrication réels de 400 000 $ ont été engagés. (Créditez les comptes fournisseurs.) L'entreprise tient un seul compte de frais indirects de fabrication réels pour toute l'usine.
   d) Les frais indirects de fabrication ont été imputés à la production dans chaque atelier à l'aide de taux d'imputation prédéterminés.
   e) Les unités dont la transformation était terminée à l'atelier de cuisson ont été transférées à l'atelier de mise en flacons, 900 000 $.
   f) Les unités dont la transformation était terminée à l'atelier de mise en flacons ont été transférées aux produits finis, 1 300 000 $.
   g) Des unités ont été vendues à crédit, 2 000 000 $. Le coût des ventes relatif à ces unités s'élevait à 1 250 000 $.
2. Reportez les écritures de journal passées à la question 1 dans des comptes en T. Voici les soldes de quelques comptes en date du 1er mai.

Matières premières	710 000 $
Produits en cours – Atelier de mise en flacons	85 000
Produits finis	45 000

Après avoir reporté les écritures dans des comptes en T, déterminez le solde de fin des comptes de stock et du compte de frais indirects de fabrication.

3. Préparez le rapport de production de l'atelier de cuisson pour le mois de mai.

P6.27 La méthode du coût moyen pondéré, les unités équivalentes et l'évaluation des stocks à la fin d'une période

Spirit inc. est un fabricant de montres à affichage numérique. Le directeur financier de l'entreprise voudrait vérifier l'exactitude des soldes à la fin de l'année du stock de produits en cours et du stock de produits finis avant de fermer les livres. On vous a demandé de procéder à cette vérification. Voici les soldes de fin de période figurant dans les livres de l'entreprise.

	Unités	Coûts
Produits en cours au 31 décembre (avancés à 50 % en ce qui a trait à la main-d'œuvre directe et aux frais indirects de fabrication)	300 000	660 960 $
Produits finis au 31 décembre	200 000	1 009 800 $

Les matières premières sont ajoutées à la production au début du processus de fabrication. Les frais indirects de fabrication sont imputés à chaque produit au taux de 60 % du coût de la main-d'œuvre directe. Il n'y avait aucun stock de produits finis au début de la période. Une révision des stocks et des comptes de coûts de l'entreprise a permis de présenter les données ci-après, qui sont rigoureusement exactes.

		Coûts	
	Unités	Matières premières	Main-d'œuvre directe
Produits en cours au 1er janvier (avancés à 80 % en ce qui a trait à la main-d'œuvre directe et aux frais indirects de fabrication)	200 000	200 000 $	315 000 $
Unités mises en fabrication.................................	1 000 000		
Coût propre ajouté au cours de la période :			
Coût des matières premières		1 300 000 $	
Coût de la main-d'œuvre directe..................			1 995 000 $
Unités terminées au cours de la période	900 000		

L'entreprise utilise la méthode du coût moyen pondéré.

Travail à faire

1. Déterminez la production équivalente et les coûts par unité équivalente des matières premières, de la main-d'œuvre directe et des activités de soutien (ou frais indirects de fabrication) pour la période.
2. Déterminez les coûts que l'on devrait attribuer au stock de produits en cours à la fin et au stock de produits finis.
3. Passez l'écriture de correction nécessaire pour ramener les comptes du stock de produits en cours et du stock de produits finis à leur solde exact en date du 31 décembre.
4. Déterminez le coût des ventes au cours de la période en supposant qu'il n'y a aucun frais indirects de fabrication sous-imputés ou surimputés.

(Adaptation d'un problème de l'American Institute of Certified Public Accountants)

P6.28 La méthode du coût moyen pondéré, les écritures de journal, les comptes en T et le rapport de production

Les Lubrifiants inc. fabriquent un type de graisse particulier très prisé des coureurs automobiles. La fabrication de cette graisse requiert deux processus, le raffinage et le mélange. Dans l'atelier de raffinage, les produits de pétrole brut sont introduits à différents stades ; la main-d'œuvre et les frais indirects de fabrication, de leur côté, sont engagés de façon uniforme tout au long de cette opération. Le produit raffiné est ensuite transféré à l'atelier de mélange.

▶ Voici une partie du compte des produits en cours des activités de l'atelier de raffinage montrant certaines opérations du mois de mars.

Produits en cours – Atelier de raffinage	
Stock au 1er mars (20 000 litres; produits avancés à 100 % sur le plan des matières premières, et à 90 % sur le plan de la main-d'œuvre directe et des frais indirects de fabrication) 38 000	Produits terminés et transférés à l'atelier de mélange (___?___ litres) ?
Coûts propres ajoutés en mars: Matières premières de pétrole brut (390 000 litres) 495 000 Main-d'œuvre directe 72 000 Frais indirects de fabrication 181 000	
Stock au 31 mars (40 000 litres; produits avancés à 75 % sur le plan des matières premières, et à 25 % sur le plan de la main-d'œuvre directe et des frais indirects de fabrication) ?	

Au 1er mars, le stock des produits en cours de l'atelier de raffinage était composé des éléments de coûts suivants: matières premières, 25 000 $, main-d'œuvre directe, 4 000 $, et frais indirects de fabrication, 9 000 $.

L'atelier de mélange a engagé les coûts ci-après pendant le mois de mars: matières premières utilisées, 115 000 $, main-d'œuvre directe, 18 000 $, et frais indirects de fabrication imputés, 42 000 $. L'entreprise calcule ses coûts unitaires à l'aide de la méthode du coût moyen pondéré.

Travail à faire

1. Passez les écritures de journal requises pour enregistrer les opérations de l'atelier de raffinage et de l'atelier de mélange pour le mois de mars. Faites correspondre vos écritures avec les éléments a) à g) ci-après.
   a) Des matières premières ont été utilisées par les ateliers pour leurs activités de fabrication.
   b) Des coûts de main-d'œuvre directe ont été engagés.
   c) Des frais indirects de fabrication réels de 225 000 $ ont été engagés pour l'usine entière. (Créditez les comptes fournisseurs.)
   d) Des frais indirects de fabrication ont été imputés à la production à l'aide d'un taux d'imputation prédéterminé.
   e) Les unités dont la transformation était terminée à l'atelier de raffinage ont été transférées à l'atelier de mélange, 740 000 $.
   f) Les unités dont la transformation était terminée à l'atelier de mélange ont été transférées aux produits finis, 950 000 $.
   g) Des unités terminées ont été vendues à crédit au prix de 1 500 000 $; le coût des ventes relatif à ces unités s'élevait à 900 000 $.

2. Reportez les écritures de journal passées à la question 1 dans des comptes en T. Voici les soldes de quelques comptes au début du mois de mars. (Le solde du stock de produits en cours au début de l'atelier de raffinage est fourni à la page précédente.)

Matières premières	618 000 $
Produits en cours – Atelier de mélange	65 000
Produits finis	20 000

Après avoir reporté les écritures dans des comptes en T, déterminez le solde à la fin des comptes de stock et du compte de frais indirects de fabrication.

3. Préparez le rapport de production de l'atelier de raffinage pour le mois de mars.

P6.29 La méthode du coût moyen pondéré et l'analyse des coûts

Les Produits Chimiques ARB inc. préparent un type particulier de produit chimique dont le processus de fabrication, unique au monde, dure 10 jours. L'entreprise est en activité 365 jours par an.

Les matières premières sont introduites comme suit : 10 % tout au début du processus ; lorsque le processus est avancé à 35 %, on ajoute un supplément de 30 % ; à 65 % d'avancement, on ajoute encore 40 % ; enfin, lorsque le processus est avancé à 95 %, on ajoute le reste.

Le coût de transformation est ajouté de façon uniforme tout au long du processus. Toutefois, la fabrication de ce produit ne requiert ni main-d'œuvre indirecte ni matières indirectes. L'entreprise utilise la méthode du coût moyen pondéré pour établir le coût de ses produits. Voici quelques renseignements qui la concernent pour le mois de juillet 20X1.

Produits en cours au 31 juillet (produits avancés à 20 % sur le plan du coût de transformation)............................	15 000 unités
Unités mises en fabrication en juillet..................................	57 000
Unités terminées en juillet...	54 000
Produits finis au 31 juillet..	58 000
Produits en cours au 1er juillet (produits avancés à 70 % sur le plan du coût de transformation)...........................	?

Les comptes en T ci-après contiennent des renseignements partiels pour le mois de juillet.

Matières premières

01/07	20 000	
15/07	74 000	
31/07	35 000	

Produits en cours

01/07	62 590*	
31/07	9 573	

Salaires à payer

15/07	48 000	01/07	48 000
		31/07	40 000

Frais indirects de fabrication

01/07	44 000	
15/07	76 000	
31/07	58 150	

* De ce montant, 26 400 $ sont attribuables aux matières premières.

Travail à faire

1. Combien d'unités réelles se trouvent dans le stock de produits en cours au début ?
2. Quelle était la production du mois de juillet en unités équivalentes en ce qui a trait aux matières premières et au coût de transformation ?

▶ 3. Quel était le coût unitaire des produits terminés et transférés au mois de juillet? (Présentez vos calculs à trois décimales près.) Indiquez la partie des matières premières et celle du coût de transformation séparément, de même que le coût complet des unités.

4. Quelle est la valeur du produit chimique terminé et transféré aux produits finis? Quelle est la valeur du stock de produits en cours à la fin en ce qui a trait aux matières premières et au coût de transformation?

5. Quel était le coût unitaire des matières premières du stock de produits en cours au début?

6. Un client a commandé 60 000 unités du produit, qui devraient être livrées le 10 août. L'entreprise est-elle en mesure d'exécuter cette commande? Fournissez tous vos calculs.

(Adaptation d'un problème de CPA Canada)

P6.30 **La méthode du coût moyen pondéré et le coût unitaire**

La société Cycle inc. fabrique des vélos de montagne de façon uniforme et continue. Chaque vélo doit passer par trois ateliers de production: la fabrication du cadre, la peinture du cadre et l'assemblage des pièces. Au sein de chaque atelier, les matières premières et la main-d'œuvre directe sont engagées de manière uniforme; les frais indirects de fabrication sont imputés au taux de 125 % du coût de la main-d'œuvre directe.

Les données informatiques enregistrées au mois de janvier concernant le troisième atelier ont été supprimées accidentellement par le nouveau contrôleur, qui connaissait mal le logiciel comptable de l'entreprise. Ainsi, toutes les données relatives aux coûts de revient de fabrication pour le mois ont été perdues. Les renseignements dont dispose l'entreprise proviennent du grand livre et du rapport de production de cet atelier pour le mois de décembre. Le contrôleur sollicite votre aide pour reconstituer les données supprimées à partir des renseignements suivants:

1.

Produits en cours au 31 décembre (400 unités avancées à 60 %):	
Coûts liés aux 400 unités:	
Coûts provenant du premier et du second atelier:	
Matières premières	12 000 $
Main-d'œuvre directe..	8 000
Frais indirects de fabrication imputés...................................	10 000
	30 000 $
Coûts du troisième atelier:	
Matières premières	2 400 $
Main-d'œuvre directe..	1 200
Frais indirects de fabrication imputés...................................	?
	? $

2. Au cours du mois de janvier, 2 700 unités ont été transférées du deuxième atelier au troisième atelier. Le directeur de production se rappelle que 600 unités du troisième atelier étaient toujours en cours de fabrication à la fin du mois et qu'elles étaient avancées à 30 %.

3. Le processus de fabrication ne compte aucune unité gâchée.

4. Les écritures de journal ci-après ont été passées au mois de janvier.

a) Produits en cours – Troisième atelier......................................	202 500	
Produits en cours – Deuxième atelier		202 500
b) Produits en cours – Troisième atelier......................................	85 752	
Matières premières		37 800
Main-d'œuvre directe		21 312
Frais indirects de fabrication imputés...............................		26 640
c) Produits finis	272 250	
Produits en cours – Troisième atelier		272 250

Travail à faire

1. Calculez le coût de fabrication d'une unité transférée aux produits finis à l'aide de la méthode du coût moyen pondéré.
2. Calculez le coût total des produits en cours à la fin du troisième atelier à l'aide de la méthode du coût moyen pondéré. Veillez à distinguer les coûts relatifs aux deux premiers ateliers combinés du coût propre au troisième atelier.
3. À partir de la réponse que vous avez trouvée à la question 2, passez l'écriture de journal nécessaire pour constater correctement les produits en cours à la fin du troisième atelier.

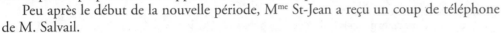

Cas

C6.31 L'éthique et les gestionnaires

Georges Salvail et Marie St-Jean sont directeurs de production des produits électroniques de consommation de Électro inc., qui compte plusieurs douzaines d'usines établies à différents endroits dans le monde. Mme St-Jean dirige l'usine de Montréal, et M. Salvail, celle de Calgary. Les directeurs de production reçoivent un salaire ainsi qu'une prime équivalant à 5 % de leur rémunération de base lorsque la division entière atteint ou dépasse ses bénéfices cibles pour la période. L'attribution de la prime est déterminée en mars après la préparation du rapport annuel de l'entreprise et son envoi aux actionnaires.

Peu après le début de la nouvelle période, Mme St-Jean a reçu un coup de téléphone de M. Salvail.

Georges : Comment ça va, Marie ?

Marie : Très bien, et toi, Georges ?

Georges : À merveille ! Je viens de recevoir les chiffres préliminaires des bénéfices de la division pour la dernière période. Nous en sommes à 200 000 $ des bénéfices cibles de la période. Il suffit de tirer quelques ficelles, et nous y serons !

Marie : Que veux-tu dire ?

Georges : Par exemple, on pourrait facilement modifier ton estimation du pourcentage d'avancement des stocks de produits en cours à la fin.

Marie : Je ne sais pas si je peux faire ça. Ces pourcentages d'avancement ont été établis par Thomas Thibault, mon principal superviseur d'atelier. Je lui ai toujours fait confiance pour me fournir de bonnes estimations. Et puis, j'ai déjà expédié les pourcentages au siège social de l'entreprise.

Georges : Tu pourrais toujours leur dire qu'il y a eu une erreur. Penses-y, Marie ! Nous, directeurs, travaillons comme des forcenés pour obtenir cette prime. Ce chèque-là te laisse peut-être indifférente mais, pour le reste d'entre nous, il est bien utile !

Le dernier atelier de production de l'usine de Mme St-Jean a commencé la période sans stock de produits en cours. Au cours de la période, 210 000 unités lui ont été transférées de l'atelier précédent, et 200 000 unités ont été terminées et vendues. Les coûts provenant de l'atelier précédent s'élevaient à 39 375 000 $. Aucun coût de matières premières n'est ajouté dans le dernier atelier de production. Le coût total de transformation engagé à ce dernier atelier au cours de la période se chiffre à 20 807 500 $.

Travail à faire

1. Thomas Thibault a estimé que les unités du stock à la fin du dernier atelier de production étaient avancées à 30 % en ce qui concerne le coût de transformation engagé. Si l'on utilisait cette estimation du pourcentage d'avancement, quel serait le coût des ventes de la période ?
2. M. Salvail souhaite-t-il que l'estimation du pourcentage d'avancement soit augmentée ou diminuée ? Expliquez pourquoi.
3. Quel pourcentage d'avancement entraînerait un accroissement de 200 000 $ du bénéfice constaté ?

▶ 4. À votre avis, Mme St-Jean devrait-elle se plier à la demande de son collègue et modifier les estimations du pourcentage d'achèvement ?

C6.32 La méthode du coût moyen pondéré

« Je crois que nous nous sommes trompés en engageant ce contrôleur adjoint, s'exclame Ruth Scarpino, présidente d'Industries Provost. Regardez le rapport de production du mois dernier qu'il a préparé pour l'atelier de finition ! Je n'y comprends rien !

— Il essaie d'apprendre notre système, répond François Harvey, directeur de l'exploitation. Malheureusement, il y a trop longtemps qu'il n'a pas travaillé dans un environnement de fabrication uniforme et continue. Ça lui revient lentement.

— Ce n'est pas uniquement la présentation de son rapport qui m'inquiète. Qu'est-ce que c'est que ce coût unitaire de 25,71 $ pour le mois d'avril ? Il ne vous paraît pas un peu élevé ?

— Vous avez raison. D'un autre côté, je sais que le coût des matières premières a augmenté en avril, ce qui pourrait expliquer bien des choses. Je vais demander à une autre personne de refaire ce rapport. Nous y verrons peut-être un peu plus clair. »

Industries Provost fabrique un produit de céramique en deux étapes correspondant à deux ateliers de production : le moulage et la finition. L'entreprise emploie la méthode du coût moyen pondéré pour calculer ses coûts unitaires.

Voici le rapport de production pour le mois d'avril.

Coûts de l'atelier de finition :	
Stock de produits en cours au 1er avril	
(450 unités avancées à 100 % sur le plan	
des matières premières, et à 60 % sur le plan	
du coût de transformation)	8 208 $*
Coûts reçus en avril de l'atelier précédent, 1 950 unités	17 940
Coûts des matières premières ajoutés en avril	
(lorsque la transformation est avancée à 50 %	
dans l'atelier de finition)	6 210
Coût de transformation engagé en avril	13 920
Total des coûts de l'atelier	**46 278 $**
Coûts de l'atelier de finition répartis aux :	
Unités terminées et transférées aux produits finis :	
1 800 unités à 25,71 $	46 278 $
Produits en cours au 30 avril (600 unités avancées	
à 0 % sur le plan des matières premières,	
et à 35 % sur le plan de la transformation)	-0-
Total des coûts de l'atelier	**46 278 $**

* Comprend les coûts reçus de l'atelier précédent, 4 068 $; les coûts des matières premières, 1 980 $; et le coût de transformation, 2 160 $.

Travail à faire

1. Préparez un rapport de production révisé pour l'atelier de finition.
2. Expliquez à la présidente pourquoi le coût unitaire est si élevé dans le rapport du nouveau contrôleur adjoint.

C6.33 L'évaluation des stocks dans un système de coûts de revient en fabrication uniforme et continue selon la méthode du coût moyen pondéré

À l'aide d'une vieille recette de famille, Rachel Archambault a mis sur pied une entreprise de production de racinette. La société Authentique racinette a ainsi vu le jour un 1er janvier. Durant les premiers mois, l'entreprise a connu certaines difficultés, mais à la fin de septembre, sa liste de clients s'allongeait déjà rapidement. Alors qu'elle ne cessait de recevoir de nouvelles commandes, Mme Archambault a constaté qu'il s'avérait de plus en plus ardu d'embouteiller ses boissons manuellement. Elle s'est rendu compte que pour acheter le matériel automatisé nécessaire pour poursuivre son expansion, il lui faudrait emprunter de l'argent.

À sa grande déception, Mme Archambault a découvert que peu de banques étaient disposées à consentir un prêt à une entreprise aussi petite que la sienne. Malgré tout, elle en a finalement trouvé une prête à étudier son cas. On l'a toutefois informée qu'il lui faudrait accompagner sa demande d'emprunt d'états financiers à jour.

Jusqu'à maintenant, Mme Archambault ne s'est jamais souciée de dresser des états financiers en bonne et due forme, considérant que tant que le solde du compte bancaire de son entreprise continuait d'augmenter, celle-ci se portait bien. Elle se demande donc comment déterminer la valeur de la racinette dans les stocks de produits en cours et de produits finis à présenter dans le bilan de son entreprise.

Mme Archambault fait alors appel à Édouard Saucier, un ami de longue date qui travaille à présent dans un cabinet d'expertise comptable de la région. Après avoir discuté avec Mme Archambault et visité ses installations de production, M. Saucier lui recommande de recourir à un système de coûts de revient en fabrication uniforme et continue (plus précisément à la méthode du coût moyen pondéré), étant donné que son entreprise ne fabrique qu'un produit homogène qui exige un processus de fabrication continu. Durant sa visite, M. Saucier a remarqué que Mme Archambault dirigeait son entreprise comme si elle ne comportait qu'un seul atelier de production. Au début du processus, les employés inspectent les différents ingrédients pour s'assurer de leur qualité, puis ils les mélangent et y dissolvent du dioxyde de carbone afin d'obtenir de la racinette en vrac. Ensuite, d'autres employés inspectent les bouteilles pour s'assurer qu'elles ne présentent aucun défaut de fabrication, puis ils les remplissent de racinette, les capsulent, en font une nouvelle inspection visuelle pour s'assurer de leur bon état et les emballent dans des caisses (à raison de 12 bouteilles par caisse) pour l'expédition. À cette étape, les caisses terminées sont transférées au stock de produits finis.

Mme Archambault demande à M. Saucier de l'aider à calculer les coûts des stocks de produits en cours et de produits finis à inscrire dans son bilan à la fin du mois d'août. Pour commencer, elle lui procure plusieurs renseignements qu'il lui a demandés. Voici ces renseignements.

a) Environ 75 % du coût des matières premières est ajouté au début de la fabrication, et 25 % est ajouté lorsque le produit est avancé à 85 %. Le coût de transformation est pour sa part réparti de façon uniforme tout au long de la fabrication.

b) Mme Archambault estime qu'au 1er août, 550 unités de produit étaient avancées à 75 % pour ce qui est des matières premières et à 60 % en ce qui a trait à la transformation. À partir de ses relevés bancaires, elle a calculé que le coût des matières premières ajouté au stock de produits en cours au début était d'environ 650 $ et que le coût de transformation qui s'y était aussi ajouté se chiffrait à environ 430 $.

c) Au cours du mois d'août, 3 000 unités de produit ont été mises en fabrication, et 2 400 d'entre elles ont été terminées et transférées aux produits finis. Les coûts ajoutés à la fabrication pendant ce mois se chiffrent à 3 840 $ en ce qui concerne les matières premières et à 3 480 $ pour ce qui est de la transformation.

d) À la fin du mois d'août, le stock de produits en cours comportait 1 150 unités qui étaient avancées à 75 % sur le plan des matières premières et à 50 % sur le plan de la transformation.

À l'aide de ces renseignements, M. Saucier accepte de dresser un rapport présentant les coûts des stocks de produits en cours et de produits finis que Mme Archambault devrait inscrire dans le bilan de son entreprise au 31 août.

Travail à faire

En adoptant le rôle de M. Saucier, dressez le rapport demandé par Mme Archambault. Veillez à fournir tous les éléments nécessaires, notamment un rapport de production complet, pour aider Mme Archambault à comprendre la façon dont les coûts ont été calculés.

Cas de discussion

Les méthodes employées pour établir les coûts de revient reposent en grande partie sur les estimations des gestionnaires en ce qui concerne le degré d'avancement des produits. Elles servent à la fois à calculer la production équivalente et les coûts des produits. La plupart des gestionnaires comprennent toute l'importance de l'exactitude de leurs estimations pour l'intégrité du système de coûts de revient de leur entreprise. Néanmoins, ils sont aussi encouragés à réaliser des profits qui seront présentés aux actionnaires.

Travail à faire

Expliquez comment on pourrait se servir d'estimations erronées pour accroître les profits de manière artificielle. Adoptez d'abord le point de vue des gestionnaires, puis celui des actionnaires.

Réponses aux questions éclair

6.1 Comme l'entreprise fabrique et vend des produits identiques en grandes quantités, le système de coûts de revient en fabrication uniforme et continue est celui qui lui convient le mieux.

6.2 Le nombre d'étudiants à temps plein équivalents inscrits à l'Université de Sherbrooke est de $5\,000 + (50\,\% \times 1\,250) = 5\,625$.

6.3 Au chapitre 2, nous avons vu que le coût de transformation correspond à la somme du coût de la main-d'œuvre directe et des frais indirects de fabrication.

6.4 Coût par unité équivalente $= (7\,250\,\$ + 10\,750\,\$) \div 6\,250 = 2{,}88\,\$$.

6

LA COMPTABILITÉ PAR ACTIVITÉS : UN OUTIL D'AIDE À LA PRISE DE DÉCISIONS

Mise en situation

L'évaluation du coût de la complexité

La diversification des produits et la complexification de la chaîne logistique entraînent parfois une augmentation des coûts fixes et variables. Les frais indirects fixes, notamment les dépenses d'acquisition, les coûts de manutention et les frais de contrôle des stocks, connaissent tous une hausse au fur et à mesure que les produits gagnent en variété et la chaîne logistique, en complexité. Récemment, la société Toyota a fait de cette préoccupation un objectif clé en matière d'initiative future de contrôle des coûts en décidant d'utiliser 10 types de coussins gonflables plutôt que 50, ainsi que 21 types de radiateurs plutôt que 100 dans l'ensemble de sa gamme de produits. Elle estime que son programme visant à diminuer le nombre de pièces différentes employées dans la construction des véhicules ainsi qu'à se procurer davantage de composantes auprès d'un nombre restreint de fournisseurs a permis de réduire le temps et les coûts nécessaires à la création de nouveaux modèles d'au moins 30 %. Les systèmes traditionnels de coûts de revient étudiés dans les chapitres précédents sont conçus pour répartir les frais indirects de fabrication uniformément entre des unités de produit, sans tenir compte des coûts indirects hors fabrication, par exemple des coûts de livraison. Or, cette omission peut avoir pour effet de masquer les coûts accrus en raison de la variété ou de la complexité des produits. En revanche, la comptabilité par activités (CPA) est conçue pour fournir aux gestionnaires des données sur les coûts qui intègrent les deux types de coûts indirects de fabrication et hors fabrication, ce qui leur permet de prendre des décisions mieux éclairées en ce qui concerne la fixation des prix des produits, la gestion des coûts, l'utilisation de la capacité de production et la rentabilité des clients.

Quelle est l'utilité de la CPA ? Comment procéder pour mettre la CPA en place ? Comment les entreprises choisissent-elles les unités d'œuvre à utiliser ? Quels sont les types de centres de regroupement des coûts par activité ? Comment attribue-t-on les coûts par activité aux objets de coûts ? Voilà les principales questions dont traite le présent chapitre.

Source : Ma JIE et Masatsugu HORIE, « Toyota Targets Fewer Parts, Complexity to Speed Product Creation », *Automotive News*, 15 juin 2013, [En ligne], <www.autonews.com/apps/pbcs. dll/article?AID=/20130615/OEM/306159999#ixzz2YmgrOPIV> (Page consultée le 28 avril 2015).

OBJECTIFS D'APPRENTISSAGE

Après avoir étudié ce chapitre, vous pourrez :

1. expliquer la comptabilité par activités (CPA) et les différences qui existent entre cette méthode et l'établissement du coût de revient selon une approche traditionnelle ;

2. attribuer des coûts à des centres de regroupement des coûts par activité à l'aide de la première phase de la répartition des coûts et calculer les coûts unitaires des activités ;

3. attribuer des coûts à un objet de coûts à l'aide de la deuxième phase de la répartition des coûts ;

4. utiliser la CPA pour calculer les marges sur coûts des produits et la rentabilité des clients ;

5. comparer les coûts des produits calculés suivant l'approche traditionnelle d'établissement du coût de revient et le modèle de la CPA ;

6. utiliser la CPA pour établir les coûts unitaires des produits pour la publication d'états financiers à des fins externes (*voir l'annexe 7A en ligne*) ;

7. effectuer les enregistrements des coûts à l'aide de la CPA (*voir l'annexe 7B en ligne*) ;

8. préparer et interpréter un rapport d'analyse des activités basé sur des données obtenues grâce à la CPA (*voir l'annexe 7C en ligne*) ;

9. analyser les coûts de marketing à l'aide de divers inducteurs de coûts (*voir l'annexe 7D en ligne*).

7

Comptabilité par activités (CPA)

Méthode d'établissement du coût de revient basée sur les activités; elle fournit des renseignements sur les coûts qui permettent aux gestionnaires de prendre des décisions d'ordre stratégique, et d'autres types de décisions susceptibles d'influer sur la capacité de production de l'entreprise et, par conséquent, sur ses coûts.

Ce chapitre présente le concept de la comptabilité par activités qui est adoptée par des entreprises de fabrication, des entreprises de service et des organismes à but non lucratif partout dans le monde. La **comptabilité par activités (CPA)** est une méthode d'établissement du coût de revient conçue pour fournir aux gestionnaires des renseignements sur les coûts qui leur permettent de prendre des décisions stratégiques, ou d'autres décisions susceptibles d'avoir des effets sur la capacité de production de leur entreprise et, par conséquent, sur ses coûts fixes et ses coûts variables. En général, la CPA sert de complément à la méthode traditionnelle de détermination du coût de revient d'une entreprise plutôt que de méthode de remplacement. La plupart des organisations qui y ont recours utilisent deux méthodes d'établissement du coût de revient — la méthode traditionnelle pour la préparation des états financiers à des fins externes, et la CPA pour la prise de décisions internes et la gestion des activités.

Dans le présent chapitre, nous nous intéresserons aux applications de la CPA, ce qui constituera un changement par rapport à ce que nous avons vu aux chapitres précédents. En effet, les chapitres 5 et 6 portaient sur la méthode du coût complet traditionnelle employée par des entreprises qui ont des modes de production par commande ou en fabrication uniforme et continue pour calculer les coûts unitaires des produits en vue principalement d'évaluer des stocks et de déterminer le coût des ventes pour la publication des états financiers à des fins externes. Ici, nous procéderons différemment et nous expliquerons comment ces entreprises peuvent se servir de la CPA plutôt que de la méthode traditionnelle pour établir les coûts unitaires des produits afin de gérer leurs coûts indirects et de prendre des décisions. En raison du rôle important que la CPA peut jouer dans la prise de décisions en matière de fixation des prix des produits, de gestion des coûts, d'utilisation de la capacité de production et de rentabilité des clients, il est essentiel que les comptables, mais aussi les gestionnaires et différents employés, comprennent sa raison d'être et son application.

7.1 Le traitement des coûts dans la CPA

OA1

Expliquer la comptabilité par activités (CPA) et les différences qui existent entre cette méthode et l'établissement du coût de revient selon une approche traditionnelle.

Centre de regroupement des coûts indirects

Groupe d'éléments de coûts indirects influencé par la même unité d'œuvre.

Comme nous venons de le mentionner, la méthode traditionnelle du coût de revient complet a d'abord été conçue pour fournir principalement des données destinées à la publication d'états financiers à des fins externes. Pour sa part, la CPA sert à la prise de décisions internes. Il en résulte qu'elle diffère de la comptabilité traditionnelle du coût de revient par divers aspects, comme le montrent les points ci-dessous.

1. Les coûts hors fabrication comme les coûts de fabrication peuvent être attribués à des produits, mais uniquement sur une base de cause à effet.
2. On peut exclure certains coûts de fabrication du coût des produits.
3. On utilise de nombreux **centres de regroupement des coûts indirects,** et on répartit leurs coûts entre des produits et d'autres objets de coûts à l'aide d'une unité d'œuvre qui leur est propre.
4. Les taux d'imputation des coûts indirects, ou coûts unitaires des activités, peuvent être établis en fonction du volume d'activité correspondant à la capacité de production plutôt qu'en fonction de l'activité prévue.

Nous étudierons séparément chacune de ces différences entre la CPA et le coût de revient traditionnel.

7.1.1 Les coûts hors fabrication et la CPA

Dans le coût de revient traditionnel, seuls les coûts de fabrication sont attribués aux produits. Les frais de vente et les frais d'administration y sont considérés comme des coûts non incorporables qui ne doivent pas être attribués aux produits. Toutefois, bon nombre de ces coûts ne sont pas des coûts de fabrication, mais font quand même partie des coûts pour vendre, distribuer et offrir un service après-vente pour des produits de l'entreprise. Par exemple, on peut facilement rattacher les commissions versées aux vendeurs, les coûts de livraison et les coûts de réparation compris dans la garantie à des produits particuliers. Dans ce chapitre, nous emploierons l'expression « coûts indirects » pour désigner les coûts hors fabrication aussi bien que les frais indirects de fabrication. Dans la CPA, tous les coûts indirects — de fabrication et hors fabrication (hors production) — sont attribués aux produits dont on peut raisonnablement supposer qu'ils en sont la cause. Nous allons donc déterminer la totalité du coût d'un produit, alors que dans les chapitres 5 et 6, nous nous contentions de chercher à établir son coût de fabrication.

7.1.2 Les coûts de fabrication exclus de la CPA

Avec le coût de revient traditionnel, tous les coûts de fabrication sont attribués aux produits — même s'il n'y a parfois aucune relation de cause à effet entre eux et ces produits. Par exemple, au chapitre 5, nous avons vu qu'on calcule le taux d'imputation prédéterminé des frais indirects de fabrication en divisant les frais indirects de fabrication budgétés par un volume d'activité budgété comme les heures de main-d'œuvre directe prévues. Cette méthode a pour effet de répartir tous les frais indirects de fabrication entre les produits en fonction des heures de main-d'œuvre directe liées à chacun. Ainsi, un produit exigeant plus d'heures de main-d'œuvre directe supportera plus de frais indirects qu'un autre qui en exige moins. En revanche, dans la CPA, on n'attribue un coût à un produit que lorsqu'on a de bonnes raisons de croire que ce coût sera modifié si les activités générées par le produit sont modifiées. Par exemple, le nombre de fournisseurs requis pour s'approvisionner en pièces au moment de la fabrication d'un produit ou encore le nombre de tests de qualité exigés au cours de sa fabrication affecteront les coûts des activités à engager pour la réalisation du produit. À titre de rappel, les frais indirects de fabrication comprennent tous les coûts liés à la fabrication, à l'exception de ceux des matières premières et de la main-d'œuvre directe. Certains des frais indirects de fabrication, par exemple le salaire du contrôleur ou de l'agent de sécurité d'une usine, ne génèrent pas d'activités spécifiques à la réalisation d'un produit, de sorte que, selon la CPA, il faut les traiter comme des coûts de période plutôt que comme des coûts de produits.

Par ailleurs, dans l'approche traditionnelle d'établissement du coût de revient complet, il est possible d'imputer les coûts de la capacité non utilisée ou excédentaire aux produits. Lorsque l'activité budgétée diminue, le taux d'imputation prédéterminé des frais indirects de fabrication augmente, puisque les coûts accrus de la capacité non utilisée sont répartis sur un plus petit volume, ce qui provoque une hausse des coûts unitaires de production imputés aux produits. En revanche, selon la CPA, on attribue toujours aux produits les coûts de la capacité qu'ils utilisent, et non ceux de la capacité qu'ils n'utilisent pas. Il en résulte des coûts unitaires plus stables, qui respectent mieux l'objectif de n'attribuer aux produits que les coûts des ressources qu'ils consomment. Dans la CPA, plutôt que d'attribuer les coûts de la capacité non utilisée aux produits, on considère ces coûts comme des coûts de période qui figurent dans l'état des résultats à titre de charges pour la période en cours. Cette façon de procéder met en évidence le coût de la capacité non utilisée plutôt que de l'inclure dans le coût unitaire des produits qui sert ensuite à établir le coût des stocks et le coût des ventes. Nous verrons que cette différence par rapport au coût de revient traditionnel représente un des principaux avantages de la CPA parce que celle-ci fournit des informations pour une prise de décisions de meilleure qualité.

7.1.3 Les centres de regroupement, les unités d'œuvre et la CPA

Dans le passé, la conception des systèmes de coût de revient était simple. En général, on imputait les frais indirects de fabrication aux produits en se servant soit d'un taux unique d'imputation qui englobait les frais indirects de fabrication de toute l'usine, soit de taux d'imputation des frais indirects de fabrication par atelier. Que l'on ait eu recours à un seul taux d'imputation pour l'ensemble de l'usine ou à des taux d'imputation par atelier, une caractéristique commune ressortait : on se servait le plus souvent d'unités d'œuvre comme les heures de main-d'œuvre directe ou les heures-machines pour répartir les frais indirects de fabrication entre les produits. Autrefois, la main-d'œuvre était prédominante à l'intérieur des processus de production. Ainsi, la main-d'œuvre directe était l'unité d'œuvre la plus couramment employée parce qu'elle constituait une composante importante des coûts de fabrication, que les heures de main-d'œuvre directe faisaient l'objet d'un suivi minutieux, et que, pour bon nombre de gestionnaires, il existait une corrélation positive très étroite entre les heures de main-d'œuvre directe, la quantité totale d'unités produites et les frais indirects de fabrication. Étant donné que la plupart des entreprises de l'époque produisaient une gamme très réduite de produits dont la fabrication exigeait des ressources semblables, des unités d'œuvre comme les heures de main-d'œuvre directe ou même les heures-machines donnaient de bons résultats parce qu'en fait, il y avait probablement peu de différences entre les frais indirects de fabrication attribuables aux différents produits, ces frais comptant pour une faible proportion du coût total.

Au début des années 1990, les conditions ont évolué. De nombreuses tâches jusque-là effectuées par la main-d'œuvre directe ont peu à peu été exécutées par un outillage automatisé — une composante des frais indirects de fabrication. Les entreprises se sont également mises à créer à un rythme sans cesse accéléré de nouveaux produits et de nouveaux services dont le volume et la complexité variaient, de la même façon qu'étaient modifiées les opérations des machines nécessaires à leur production. La gestion et le maintien de cette diversité de produits commandaient des investissements dans un nombre croissant de ressources « indirectes ». Comme le montre la figure 7.1, la gestion et le maintien de cette diversité de produits commandaient d'engager un nombre croissant de ressources indirectes pour, par exemple, concevoir des produits ou planifier la production d'une multitude de produits variés, lesquels n'avaient aucun lien évident avec les heures de main-d'œuvre directe ou les heures-machines. Dans ce nouvel environnement, la proportion des frais indirects de fabrication dans le coût total de production augmente de façon importante. Le fait de continuer à utiliser exclusivement un taux unique d'imputation ou des taux par atelier ainsi que des unités d'œuvre traditionnelles risque alors d'entraîner des distorsions dans les coûts unitaires des produits présentés et, par conséquent, de rendre le résultat moins utile pour la prise de décisions. Grâce aux progrès des technologies de l'information qui rendent possible la mise en place de systèmes de coûts de revient plus complexes, la CPA devient de plus en plus attrayante dans l'environnement actuel de beaucoup d'entreprises. Elle utilise des centres de regroupement des coûts ainsi que des unités d'œuvre spécifiques qui permettent de mieux comprendre le comportement des coûts relatifs à la gestion et au maintien de la diversité des produits.

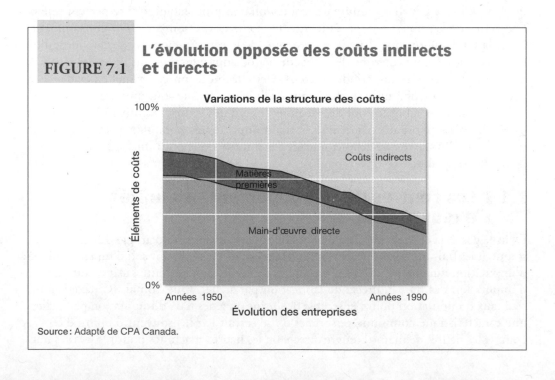

FIGURE 7.1 L'évolution opposée des coûts indirects et directs

Variations de la structure des coûts

Éléments de coûts

100%

Coûts indirects

Matières premières

Main-d'œuvre directe

0%

Années 1950   Années 1990

Évolution des entreprises

Source : Adapté de CPA Canada.

Dans la CPA, on définit une **activité** comme étant n'importe quel événement, tâche ou partie d'un processus qui entraîne la consommation de ressources. Pour déterminer les activités, on recueille généralement l'information auprès des employés. Un **centre de regroupement des coûts par activité** est un « compte » dans lequel on accumule les coûts des activités influencées par le même inducteur de coût.

Un **inducteur de coût** (aussi appelé **unité d'œuvre**) est un facteur — tel que les heures-machines, le nombre de lits occupés, le temps d'utilisation des ordinateurs et les heures de vol — qui génère des coûts. Idéalement, un inducteur de coût mesure de façon quantitative l'activité inductrice de coûts dans un centre de regroupement des coûts par activité. L'expression « unité d'œuvre » sert également à désigner l'inducteur de coût parce que cette unité devrait « induire » le coût qu'on est en train de répartir ou en être la cause. Les deux types d'unités d'œuvre les plus courants sont l'inducteur fondé sur les opérations et l'inducteur fondé sur la durée. L'**inducteur fondé sur les opérations** est simplement le compte du nombre de fois qu'une activité se produit, par exemple, le nombre de factures envoyées à des clients. L'**inducteur fondé sur la durée** mesure le temps requis pour effectuer une activité, par exemple, le temps que des employés mettent à préparer les factures individuelles des clients. De manière générale, pour mesurer la consommation des ressources, les inducteurs fondés sur la durée se veulent plus précis que ceux fondés sur les opérations, mais il faut plus de travail pour les enregistrer. Voilà pourquoi on se sert plus souvent des inducteurs fondés sur les opérations en pratique.

De nombreuses entreprises dans le monde continuent à se servir des heures de main-d'œuvre directe et des heures-machines comme unités d'œuvre pour répartir leurs frais indirects. Dans les situations où les frais indirects et les heures de main-d'œuvre directe (ou les heures-machines) ont une corrélation positive très étroite, ou lorsque le processus de répartition de ces coûts sert à la préparation des états financiers, cette façon de procéder est appropriée. Toutefois, si dans l'ensemble de l'usine, les frais indirects ne varient pas en corrélation avec les heures de main-d'œuvre directe ou les heures-machines, l'utilisation de telles unités d'œuvre entraînera une distorsion du coût des produits. La CPA s'attaque à ce problème en définissant cinq types d'activités — les activités liées aux unités, les activités liées aux lots, les activités de soutien aux produits, les activités de soutien aux clients et les activités de soutien à l'organisation — parmi lesquels seuls les coûts et les unités d'œuvre correspondant aux activités liées aux unités ont un rapport avec le volume des unités produites. Les autres catégories n'en ont pas. On peut décrire ces types de la façon suivante[1] :

1. Les **activités liées aux unités** sont effectuées chaque fois qu'une unité est fabriquée ou vendue. Les coûts de ces activités devraient être proportionnels au nombre d'unités produites ou vendues. Par exemple, fournir l'énergie nécessaire pour faire fonctionner le matériel de production est une activité liée aux unités lorsque l'énergie est consommée en proportion du nombre d'unités fabriquées.

2. Les **activités liées aux lots** sont effectuées chaque fois qu'un lot est manipulé ou transformé, peu importe le nombre d'unités contenues dans ce lot. Des tâches telles que la préparation des bons de commande, le réglage d'une machine et l'ordonnancement des livraisons aux clients sont des activités liées aux lots. Elles sont effectuées chaque fois qu'un lot (ou une commande) est traité. Les coûts dépendent ainsi du nombre de lots traités plutôt que du nombre d'unités fabriquées ou vendues, ou de toute autre mesure de volume. Par exemple, le coût de réglage d'une machine pour produire un lot sera le même, que ce lot renferme 100 ou 10 000 unités.

3. Les **activités de soutien aux produits** sont liées à l'existence de gammes précises de produits et doivent généralement être effectuées, quel que soit le nombre de lots exécutés ou d'unités fabriquées ou vendues. Par exemple, la conception d'un produit, sa publicité ou le maintien d'un service des ventes comprenant un directeur et son personnel constituent tous des activités de soutien aux produits.

Activité

Événement (tâche ou partie d'un processus) entraînant la consommation de ressources dans une organisation, par exemple l'assemblage ou la gestion des comptes clients.

Centre de regroupement des coûts par activité

« Compte » dans lequel on accumule les coûts des activités influencées par le même inducteur de coût dans la CPA.

Inducteur de coût (ou unité d'œuvre)

Facteur — tel que les heures-machines, le nombre de lits occupés, le temps d'utilisation des ordinateurs et les heures de vol — qui génère des coûts.

Inducteur fondé sur les opérations

Simple décompte du nombre de fois qu'une activité se produit.

Inducteur fondé sur la durée

Mesure de la quantité de temps requise pour effectuer une activité.

Activité liée aux unités

Activité qui est en lien avec le volume total de marchandises et de services produits ou vendus, et qui est effectuée chaque fois qu'une unité est fabriquée ou vendue.

Activité liée aux lots

Activité effectuée chaque fois qu'un lot de marchandises est manipulé ou transformé, quel que soit le nombre d'unités qu'il contient; la quantité de ressources consommées dépend du nombre de lots plutôt que du nombre d'unités dans le lot.

Activité de soutien aux produits

Activité devant être effectuée en raison de l'existence de gammes précises de produits, peu importe le nombre d'unités fabriquées et vendues ou le nombre de lots exécutés.

7

---

1. Robin COOPER, « Cost Classification in Unit-Based and Activity-Based Manufacturing Cost Systems », *Journal of Cost Management*, automne 1990, p. 4-14.

Activité de soutien aux clients

Activité effectuée en raison de l'existence de clients, mais qui n'est pas liée à l'existence de gammes précises de produits, au nombre de lots exécutés, ou au nombre d'unités fabriquées et vendues.

Activité de soutien à l'organisation

Activité réalisée, peu importe la clientèle servie, les gammes existantes de produits, le nombre de lots exécutés, ou le nombre d'unités fabriquées et vendues.

Question éclair   7.1

Expliquez les quatre principales différences entre la CPA et l'approche traditionnelle d'établissement du coût de revient.

Question éclair   7.2

Donnez un exemple précis d'activité liée aux unités, d'activité liée aux lots, d'activité de soutien aux produits, d'activité de soutien aux clients et d'activité de soutien à l'organisation.

4. Les **activités de soutien aux clients** se rapportent à l'existence de clients et comprennent des activités (telles que la visite de représentants, la livraison de catalogues et un soutien technique général) qui ne sont pas liées à l'existence de gammes précises de produits ou au nombre d'unités fabriquées et vendues.

5. Les **activités de soutien à l'organisation** sont effectuées, quels que soient les clients servis, les gammes existantes de produits, le nombre de lots exécutés, ou le nombre d'unités fabriquées et vendues. Cette catégorie comprend des activités telles que l'entretien des bureaux de la direction, la mise en réseau des postes de travail, les démarches en vue d'obtenir des prêts et la préparation des rapports annuels destinés aux actionnaires.

7.1.4 L'établissement des coûts unitaires des activités selon la capacité de production utilisée plutôt que selon l'activité budgétée

Dans l'établissement du coût de revient traditionnel, on calcule souvent les taux d'imputation prédéterminés des frais indirects de fabrication en divisant les frais indirects de fabrication budgétés par un volume d'activité budgété comme les heures de main-d'œuvre directe prévues. Il en résulte qu'on impute les coûts de la capacité non utilisée ou excédentaire aux produits, ce qui donne des coûts unitaires de produits instables, comme nous l'avons vu à l'annexe 5A disponible sur la plateforme *i+ Interactif*. Lorsque l'activité budgétée diminue, le taux d'imputation prédéterminé des frais indirects de fabrication augmente parce que les composantes fixes de ces coûts sont réparties sur un plus petit volume, ce qui provoque une hausse des coûts unitaires de production.

Selon la CPA, on attribue toujours aux produits les coûts de la capacité qu'ils utilisent, et non ceux de la capacité qu'ils n'utilisent pas[2]. Autrement dit, selon cette méthode, on ne répartit pas les coûts de la capacité non utilisée entre les produits, comme il arrive qu'on le fasse avec le coût de revient traditionnel. Il en résulte des coûts unitaires plus stables, ce qui est conforme à l'objectif de n'attribuer aux produits que des coûts dont ils sont effectivement la cause. Dans la CPA, plutôt que d'attribuer les coûts de la capacité non utilisée aux produits, on considère ces coûts comme des coûts de période qui apparaissent dans l'état des résultats à titre de charges pour la période en cours. Cette façon de procéder met en évidence le coût de la capacité non utilisée plutôt que de l'inclure dans le coût unitaire des produits qui sert ensuite à établir le coût des stocks et le coût des ventes.

SUR LE TERRAIN

Les inducteurs de coûts au Club Med

Le Club Med de Bora Bora, à Tahiti, est un complexe touristique détenu et exploité par l'entreprise française Club Med. La plupart des visiteurs achètent des séjours à forfait qui comprennent l'hébergement, le droit de participer aux nombreuses activités sur place, un large éventail de boissons et de somptueux buffets. Les personnes qui logent dans ce complexe touristique viennent de partout dans le monde. Or, cette diversité de la clientèle pose un défi de taille pour les cuisiniers. Par exemple, les petits-déjeuners japonais se composent de soupe miso, de légumes à l'étuvée en sauce soya et de porridge au riz, alors que les Allemands sont habitués à se nourrir de charcuterie, de fromage et de pain lors de ce repas. En outre, le nombre de visiteurs varie grandement d'une période à l'autre, pouvant passer de 300 en haute saison à seulement 20 en basse saison. Les chefs cuisiniers doivent s'assurer de disposer d'aliments variés en quantités suffisantes pour satisfaire la clientèle hétéroclite du Village. Pour que cela soit réalisable, on dresse quotidiennement une liste dans laquelle on indique le nombre de

---

2. Rappelons que, pour n'attribuer aux produits que le coût de la capacité utilisée, c'est le concept de capacité pratique de production (vu à l'annexe 5A) qui sera choisi pour attribuer les coûts indirects aux produits, plutôt que la capacité normale de production ou encore l'activité prévue.

visiteurs japonais, allemands, français, polonais, américains, et ainsi de suite, actuellement enregistrés dans le complexe touristique. Ces renseignements aident les chefs à cuisiner les bonnes quantités de mets spécialisés. En somme, les coûts de la cuisine ne sont pas induits seulement par le nombre total de visiteurs, mais aussi par le nombre de visiteurs de chaque nationalité ; ils découlent donc de plusieurs inducteurs de coûts.

Source : Entretien avec Dominique Tredano, chef de village (c'est-à-dire directeur général) du Club Med de Bora Bora. Pour obtenir de plus amples renseignements à propos du Club Med, on peut visiter le site internet de l'entreprise à l'adresse <www.clubmed.com>.

Les catégories d'activités chez Canadian River Expeditions

Canadian River Expeditions offre des expéditions de rafting sur la rivière Nahanni. Son forfait de sept jours le long de la rivière Nahanni, dans les Territoires du Nord-Ouest, compte parmi les plus populaires. Les voyageurs parcourent alors plus de 240 kilomètres, partant des chutes Virginia pour se rendre à la petite communauté de Nahanni Butte. L'entreprise dirige des descentes en eau vive d'un ou deux radeaux pneumatiques, garantissant la présence d'au moins un guide par groupe de quatre voyageurs. Elle offre par ailleurs tous les repas au fil du parcours.

En ce qui a trait à la hiérarchie des activités, on peut considérer chaque voyageur comme une unité et chaque embarcation comme un lot. Dans ce contexte, les salaires versés aux guides constituent un coût lié aux lots, puisqu'il faut au moins un guide par radeau, quel que soit le nombre de personnes à bord. Par ailleurs, supposons que tous les voyageurs se voient offrir une grande tasse pour boire durant le parcours et qu'ils peuvent la ramener chez eux par la suite en guise de souvenir. Le coût de ces tasses constitue alors un coût lié aux unités, puisque la quantité distribuée est exactement proportionnelle au nombre de voyageurs participant à une expédition.

Pour ce qui est du coût des repas servis aux voyageurs et aux guides, s'agit-il d'un coût lié aux unités, lié aux lots, de soutien aux produits ou de soutien à l'organisation ? À première vue, on pourrait penser que le coût de ces repas est lié aux unités, puisque plus les voyageurs sont nombreux, plus ce coût est élevé. Toutefois, ce n'est pas tout à fait vrai. Si on réfléchit à la façon de transporter tous les aliments nécessaires pour le parcours, on constate que la plupart des aliments sont vendus en grandes quantités préemballées. Il n'est donc pas toujours facile d'ajuster minutieusement les quantités en fonction du nombre exact de voyageurs prévus pour une expédition. Par exemple, pour préparer un coquetel de crevettes, on pourrait avoir besoin de deux grands sacs de crevettes surgelées par embarcation, de sorte qu'on emporterait plusieurs sacs quel que soit le nombre de voyageurs prévus par radeau. Dans ce cas, le coût des aliments, qui ne varie pas nécessairement en fonction du nombre de participants à chaque expédition, mais davantage en fonction du nombre d'embarcations, n'est donc pas lié aux unités, mais bien aux lots.

Source : Site internet de Nahanni River Adventures & Canadian River Expeditions, <nahanni.com/about-us/>.

7.2 La conception d'un modèle de CPA

Trois caractéristiques s'avèrent essentielles au succès de la mise en œuvre de la CPA. En premier lieu, l'initiative d'une telle mise en application doit être solidement appuyée par la haute direction, car le leadership des cadres supérieurs est crucial pour motiver tous les employés à accepter le fait qu'un changement s'impose. En deuxième lieu, la haute direction devrait veiller à ce que les données utilisées dans la CPA aient un lien avec la façon dont les employés sont évalués et récompensés. Si on continue d'évaluer et de récompenser ceux-ci au moyen d'informations sur les coûts établies selon une approche traditionnelle (plutôt que d'après la CPA mise en place), ils en concluront rapidement que la CPA n'a pas d'importance et cesseront de tenir compte des données fournies par ce système. En troisième lieu, la conception et l'application de la CPA devraient être prises en charge par une équipe plurifonctionnelle. Cette équipe devrait comprendre des représentants de chaque service de l'entreprise qui utilisera des données fournies par la CPA, notamment des représentants des services du marketing, de la production, de l'ingénierie et de la comptabilité. Les membres de l'équipe plurifonctionnelle formée devraient posséder une connaissance approfondie de nombreux aspects des activités de l'organisation, ce qui se veut essentiel à l'élaboration d'un système de CPA efficace. De surcroît, faire appel aux connaissances des gestionnaires des différents services de l'entreprise les rend moins réfractaires au changement, puisqu'ils se sentent alors engagés dans le processus de mise en œuvre de la CPA. À maintes reprises, lorsque des gestionnaires comptables ont tenté d'implanter la CPA de leur propre chef, sans l'appui de la haute direction et sans la collaboration des autres gestionnaires, les résultats se sont révélés lamentables.

Pour illustrer la conception et l'utilisation d'un modèle de CPA, prenons l'exemple de la société Laiton classique inc., qui fabrique principalement deux gammes de produits pour les yachts de luxe — des chandeliers standards et des boîtiers à compas personnalisés. Le président de l'entreprise, Jean Toupin, est préoccupé par ses résultats financiers décevants (*voir le tableau 7.1*). Il se demande si les prix de ses chandeliers standards ne seraient pas trop élevés, mais Thomas Olafson, le directeur du marketing, croit que ses concurrents établissent peut-être leurs prix de vente à un niveau très bas, voire inférieur à leurs coûts, afin d'accroître leur part de marché. Marie Goudrault, la directrice financière, se demande si Laiton classique inc. ne calculerait pas mal le coût des chandeliers et des boîtiers et est d'avis que la CPA pourrait permettre de le découvrir. Comme c'est souvent le cas, la CPA serait destinée à compléter plutôt qu'à remplacer la méthode actuelle de détermination du coût de revient, qui pourrait continuer de servir à la préparation des états financiers à des fins externes. La CPA serait utile à la préparation de rapports spéciaux de calcul des coûts en vue d'éclairer les décisions de la direction concernant, par exemple, les soumissions pour de nouvelles commandes.

TABLEAU 7.1 **L'état des résultats de Laiton classique inc.**

LAITON CLASSIQUE INC.
État des résultats
pour la période terminée le 31 décembre 20X8

Chiffre d'affaires..		3 200 000 $
Moins : Coût des ventes :		
Matières premières...	975 000 $	
Main-d'œuvre directe.......................................	351 250	
Frais indirects de fabrication*...........................	1 000 000	2 326 250
Marge brute...		873 750
Moins : Frais de vente et frais d'administration :		
Livraison...	65 000	
Coûts de marketing...	300 000	
Administration générale...................................	510 000	875 000
Perte..		(1 250) $

* Suivant son approche traditionnelle d'établissement du coût de revient, l'entreprise répartit les frais indirects de fabrication entre les produits à l'aide d'un taux unique d'imputation prédéterminé des frais indirects de fabrication pour l'ensemble de l'usine et en utilisant les heures-machines comme unités d'œuvre. Les niveaux de stocks n'ont pas varié au cours de la période.

La directrice financière a préparé la figure 7.2 pour expliquer la structure générale de la CPA. Dans ce modèle, on suppose que des objets de coûts comme des produits ou des clients génèrent des activités. Par exemple, la commande de barres de gouvernail entraîne un ordre de travail, qui est une activité. On présume aussi que les activités consomment des ressources. Ainsi, un ordre de travail requiert une feuille de papier et du temps pour qu'une personne puisse la remplir. On suppose également que la consommation de ressources entraîne des coûts. Plus on utilise de feuilles de papier pour inscrire les ordres de travail et plus on consacre de temps à le faire, plus le coût est élevé. La CPA tente de repérer ces relations dans le but de déterminer comment les produits et les clients agissent sur les coûts.

Comme dans la plupart des entreprises, l'équipe responsable de la CPA de Laiton classique inc. a constaté que la méthode traditionnelle de détermination du coût de revient mesurait correctement les coûts des produits en ce qui a trait aux matières premières et à la main-d'œuvre directe. Leur étude devait donc porter principalement sur les autres coûts de l'entreprise, soit les frais indirects de fabrication, les frais de vente et les frais d'administration.

L'équipe a reconnu l'importance de planifier avec soin le processus de mise en œuvre de la CPA chez Laiton classique inc. Par conséquent, ce processus a été décomposé en cinq étapes de base, qui sont présentées à l'encadré 7.1 et expliquées dans les pages qui suivent.

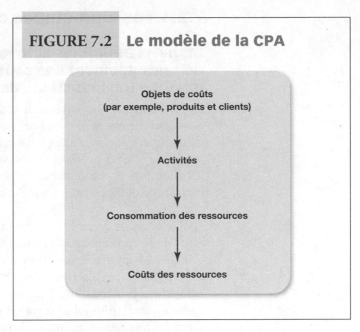

FIGURE 7.2 **Le modèle de la CPA**

Objets de coûts
(par exemple, produits et clients)

↓

Activités

↓

Consommation des ressources

↓

Coûts des ressources

ENCADRÉ 7.1 **Les cinq étapes de base de la mise en œuvre de la CPA**

1. Définir les activités, et déterminer les centres de regroupement des coûts par activité et les unités d'œuvre (ou inducteurs de coûts).

2. Attribuer des coûts indirects aux centres de regroupement des coûts par activité.

3. Calculer les coûts unitaires des activités pour chaque centre de regroupement.

4. Attribuer les coûts des activités à des objets de coûts à l'aide du coût unitaire des activités et des unités d'œuvre consommées par l'objet de coûts.

5. Préparer des rapports de gestion.

7.2.1 Les cinq étapes de la mise en œuvre de la CPA

Étape 1: Définir les activités, et déterminer les centres de regroupement des coûts par activité et les unités d'œuvre (ou inducteurs de coûts)

La première étape importante de la mise en œuvre de la CPA consiste à définir les activités qui constitueront la base du système. Cette tâche peut se révéler difficile, exiger beaucoup de temps et nécessiter une bonne dose de jugement. Les membres de l'équipe de mise en œuvre de la CPA procèdent souvent en interviewant tout le monde, ou, du moins, tous les directeurs et gestionnaires des services qui génèrent des coûts indirects pour leur demander de décrire leurs principales activités. En général, il en résulte une très longue liste d'activités.

La longueur de ces listes pose un problème. D'un côté, plus la CPA repère d'activités, plus l'évaluation du coût de revient a de chances d'être précise. D'un autre côté, la conception, la mise en application, le maintien et l'utilisation d'un modèle complexe comprenant un grand nombre d'activités peuvent devenir très coûteux. Par conséquent, on réduit généralement la longue liste de départ à un petit nombre d'activités en combinant celles qui sont similaires. Ainsi, il peut y avoir plusieurs actions liées à la manutention et au déplacement des matières premières — de la réception de ces matières sur la plate-forme de chargement jusqu'à leur triage en vue de leur rangement dans divers contenants appropriés dans l'entrepôt. Il est possible de combiner toutes ces activités en une seule appelée «manutention des matières».

Lorsqu'on combine des activités dans le cadre de la CPA, on doit les regrouper sur un plan approprié. En d'autres termes, on ne doit pas combiner des activités liées aux lots à des activités liées aux unités, ou des activités de soutien aux produits à des activités liées aux lots, et ainsi de suite. En général, il vaut mieux réunir seulement des activités étroitement liées à l'intérieur d'un même type. Deux activités sont liées l'une à l'autre lorsqu'elles tendent à évoluer en même temps. Par exemple, le nombre de commandes reçues devrait être étroitement lié au nombre de commandes exécutées et expédiées. En général, on peut donc combiner ces deux activités liées aux lots (réception et livraison des commandes) sans vraiment perdre en matière de précision.

Chez Laiton classique inc., l'équipe d'implantation de la CPA, en collaboration avec les principaux directeurs, a choisi les centres de regroupement des coûts par activité et les unités d'œuvre présentées ci-après.

Centres de regroupement de Laiton classique inc.

Centre de regroupement des coûts par activité	Unité d'œuvre
Commandes des clients	Nombre de commandes des clients
Conception des produits	Nombre de produits conçus
Opération des machines	Heures-machines
Relations avec les clients	Nombre de clients actifs
Autres	Sans objet

On attribuera au centre de regroupement intitulé « Commandes des clients » tous les coûts des ressources employées pour la réception et le traitement des commandes des clients, y compris les coûts liés à la production de documents écrits et tout autre coût lié à l'exécution d'une commande précise. L'unité d'œuvre de ce centre de regroupement est simplement le nombre de commandes de clients reçues. Il s'agit d'une activité liée aux lots puisque chaque commande exige du travail, indépendamment du fait qu'elle porte sur une ou sur 1 000 unités. De même, on attribue au centre de regroupement des coûts par activité « Conception des produits » tous les coûts des ressources employées pour

Une meilleure connaissance des coûts dans le milieu hospitalier

Le milieu de la santé réalise que la CPA peut lui être utile pour mieux estimer ses coûts de fonctionnement et améliorer sa performance en général. Le Centre hospitalier de l'Université de Montréal (CHUM) utilise depuis près de 10 ans le logiciel MAGIC conçu par MédiaMed Technologies. Cet outil a permis à la Direction de la performance médico-économique du CHUM d'établir les activités de soins au CHUM et d'en estimer les coûts. Une meilleure connaissance des coûts relatifs à chacune des activités de soins permet une analyse plus fine afin de préparer les budgets. La direction s'en sert aussi pour la planification stratégique et comme outil d'analyse comparative avec d'autres établissements. Le CHUM compte même utiliser la CPA pour faire des représentations auprès du gouvernement afin de justifier des changements au modèle de financement actuel des centres hospitaliers.

Source : Site internet de MédiaMed Technologies, <www.mediamedtech.com/index.php/fr/etude_de_cas/details_etude/10>.

concevoir des produits. L'unité d'œuvre de ce centre de regroupement est le nombre de produits conçus. Il s'agit d'une activité de soutien aux produits puisque la quantité de travail de conception exigée par un nouveau produit ne dépend ni du nombre d'unités qui seront commandées ni des lots qui seront produits.

On attribue au centre de regroupement « Opération des machines » tous les coûts des ressources consommées en raison du nombre d'unités fabriquées, y compris les coûts de différentes matières indirectes, de l'énergie requise pour faire fonctionner les machines et de l'amortissement d'une partie du matériel. Il s'agit d'une activité liée aux unités puisque chaque unité requiert une partie de ces ressources. L'unité d'œuvre de ce centre est les heures-machines.

Dans le cas du centre de regroupement « Relations avec les clients », on lui attribue tous les coûts associés au maintien des relations avec la clientèle, y compris les coûts des visites des représentants et les coûts engagés pour fidéliser des clients. L'unité d'œuvre utilisée ici est le nombre de clients que l'entreprise compte sur sa liste de clients actifs. Il s'agit d'une activité de soutien aux clients.

Enfin, le centre de regroupement « Autres » se voit attribuer tous les coûts indirects (ou de soutien) qui ne sont associés ni aux commandes des clients, ni à la conception des produits, ni à l'opération des machines, ni aux relations avec les clients. Il s'agit principalement de coûts de soutien à l'organisation et des coûts de la capacité non utilisée. Rappelons que ces coûts ne doivent pas être attribués aux produits puisqu'ils représentent des ressources qui ne sont pas consommées par les produits.

Il est peu probable qu'une autre entreprise adopte exactement les mêmes centres de regroupement et les mêmes activités que Laiton classique inc. En effet, en raison de l'importance que prend le jugement dans ces choix, il existe des variations considérables dans le nombre et les définitions des centres de regroupement et des unités d'œuvre employées par les entreprises.

Étape 2 : Attribuer des coûts indirects aux centres de regroupement des coûts par activité

Après la conception du système de CPA, l'équipe était prête à entreprendre concrètement le processus du calcul du coût de revient de plusieurs objets de coûts : les produits, les clients, etc. La figure 7.3 (*voir la page suivante*) montrent que, suivant la CPA, l'attribution de coûts à des objets de coûts se fait en deux phases. Dans la première phase, on attribue les frais indirects de fabrication et hors fabrication aux centres de regroupement des coûts par activité, et on calcule les coûts unitaires des activités. Au cours de la deuxième phase, on impute les coûts unitaires des activités aux différents objets de coûts. Comme dans le

OA2

Attribuer des coûts à des centres de regroupement des coûts par activité à l'aide de la première phase de la répartition des coûts et calculer les coûts unitaires des activités.

cas du coût de revient traditionnel, que nous avons étudié aux chapitres 5 et 6, on rattache directement les coûts directs aux objets de coûts. Commençons notre analyse des mécanismes de la CPA par la première phase de répartition, qui comprend les étapes 2 et 3 de la mise en œuvre de la CPA.

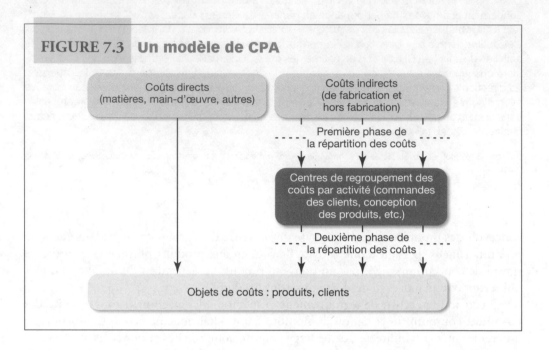

FIGURE 7.3 **Un modèle de CPA**

Le tableau 7.2 dresse la liste des coûts indirects annuels (de fabrication et hors fabrication) que la société Laiton classique inc. compte attribuer aux centres de regroupement des coûts par activité. Remarquez que les données du tableau sont présentées par service (production, administration générale et marketing). Cette façon de procéder s'explique par le fait que les données sont tirées du grand livre général de l'entreprise. Dans ce type de document, on classe les coûts selon les fonctions dans lesquelles ils sont engagés. Par exemple, les salaires, les fournitures, le loyer, etc. engagés par le service de marketing sont attribués à ce service. La structure du grand livre général reflète la présentation des coûts de l'état des résultats apparaissant dans le tableau 7.1 (*voir la page 322*), laquelle respecte les règles de la comptabilité financière. En fait, vous remarquerez que le total des coûts du service de la production (**1 000 000 $**) dans le tableau 7.2 est égal au total des frais indirects de fabrication de l'état des résultats du tableau 7.1. De même, les coûts totaux des services d'administration générale et de marketing dans le tableau 7.2 (**510 000 $** et **300 000 $**) sont égaux aux frais de vente et aux frais d'administration indiqués au tableau 7.1.

Trois des coûts inclus dans l'état des résultats du tableau 7.1 — les matières premières, la main-d'œuvre directe et la livraison — n'apparaissent pas dans le tableau 7.2. Les membres de l'équipe chargée de l'implantation de la CPA les ont exclus parce qu'il est possible de rattacher directement, et avec précision, ces coûts aux produits.

Le modèle de la CPA de Laiton classique inc. doit répartir les neuf types de coûts indirects énumérés dans le tableau 7.2 entre ses centres de regroupement des coûts par activité. Il s'agit de l'étape 2 que l'on retrouve dans la première phase de la répartition des coûts. Dans la CPA, la **première phase de la répartition des coûts** est un processus par lequel on attribue à des centres de regroupement des coûts par activité des coûts indirects (ou coûts de soutien) organisés par service, et provenant du grand livre général de l'entreprise. Ensuite, on calcule le coût unitaire des activités de chacun de ces centres de regroupement des activités.

Dans certains cas, une partie de ces coûts peuvent être directement rattachés à l'un des centres de regroupement des coûts par activité. Par exemple, lorsque la CPA comporte une activité intitulée « Traitement des approvisionnements », on pourra sans doute rattacher

Première phase de la répartition des coûts

Processus par lequel on attribue à des centres de regroupement des coûts par activité des coûts indirects (ou coûts de soutien) organisés par service, et provenant du grand livre général de l'entreprise et par lequel on calcule le coût unitaire des activités de chacun de ces centres de regroupement des activités.

TABLEAU 7.2	**Les frais indirects de fabrication et hors fabrication de Laiton classique inc.**	

Production :
Salaires de la main-d'œuvre indirecte	500 000 $	
Amortissement du matériel de l'usine	300 000	
Services publics	120 000	
Loyer du bâtiment de l'usine	80 000	1 000 000 $

Administration générale :
Salaires du personnel de l'administration	400 000	
Amortissement du matériel de bureau	50 000	
Loyer de l'immeuble de l'administration	60 000	510 000

Marketing :
Salaires du personnel de marketing	250 000	
Frais de vente	50 000	300 000

Total des coûts indirects		1 810 000 $

tous les coûts du service des achats (ou service de l'approvisionnement) à cette activité. Dans la mesure du possible, les coûts devraient être rattachés directement aux centres de regroupement des coûts par activité. Toutefois, il est très courant de voir un service participer à la réalisation de plusieurs activités définies dans le modèle de la CPA. Dans de telles situations, les coûts de ce service devront être répartis entre les centres de regroupement des coûts par activité. Les répartitions de cette étape sont généralement basées sur des données recueillies au cours d'entrevues avec des employés qui connaissent bien les activités visées. Au cours de ces entrevues, on obtient des informations sur les unités d'œuvre que certains appellent « inducteurs de ressources », par exemple, le temps consacré par un employé à diverses activités, les mètres carrés occupés par les activités ou le nombre de photocopies consommées par les activités. Ainsi, la société Laiton classique inc. doit répartir **500 000 $** de salaires de sa main-d'œuvre indirecte entre ses cinq centres de regroupement des coûts par activité. Ces répartitions se feront avec plus d'exactitude si l'on demande au personnel directement concerné (notamment les chefs de service, les ingénieurs et les inspecteurs de la qualité) d'estimer le pourcentage du temps qu'ils consacrent au traitement des commandes de clients, à la conception des produits, à la fabrication des produits (par exemple, à l'opération des machines) et aux relations avec les clients. Ces entrevues doivent être préparées avec soin. Les personnes interviewées doivent comprendre parfaitement tout ce qui entre dans la définition de chaque activité et ce que l'entrevue vise à mettre en lumière. On rencontre généralement les directeurs des services pour qu'ils établissent la manière dont les coûts non liés au personnel devraient être répartis entre les centres de regroupement des coûts par activité. Dans le cas de la société Laiton classique inc., on interrogera la directrice de production pour déterminer les façons d'attribuer le montant de 300 000 $ servant à l'amortissement du matériel de l'usine (*voir le tableau 7.2*) aux centres de regroupement. La question déterminante est la suivante : Quel pourcentage de la capacité de production du matériel disponible chaque activité consomme-t-elle en fonction, par exemple, du nombre de commandes de clients ou du nombre d'unités fabriquées ?

Les résultats des entrevues effectuées à la société Laiton classique inc. apparaissent dans le tableau 7.3 (*voir la page 329*). Ainsi, on y voit que l'amortissement du matériel de l'usine est réparti comme suit : **20 %** aux commandes des clients, **60 %** à l'opération des machines et **20 %** au centre de regroupement des coûts par activité intitulé « Autres ». Dans ce cas, il s'agira de répartir le coût de l'amortissement du matériel de l'usine. La ressource consommée ici est le temps machine. D'après les estimations de la directrice de production, 60 % du temps disponible total a été consacré à la fabrication d'unités pour exécuter des commandes. Par ailleurs, chaque commande nécessite un réglage requérant aussi du temps machine. Cette activité emploie 20 % du temps machine total disponible, et ce pourcentage est inscrit dans la colonne des commandes des clients. Le 20 % de temps machine restant représente du temps mort (ou temps improductif), et il entre dans la colonne « Autres ».

Nous n'examinerons pas en détail la façon dont tous les pourcentages du tableau 7.3 ont été déterminés. Remarquons toutefois que l'ensemble du pourcentage du loyer du bâtiment de l'usine (**100 %**) a été attribué au centre de regroupement intitulé « Autres ». Laiton classique inc. possède une seule installation de production. L'entreprise n'a aucun projet d'agrandissement de ses locaux ou de sous-location de l'espace inutilisé. Le coût de cette installation est traité comme un coût de soutien à l'organisation, puisqu'il n'y a pas moyen d'éviter même une partie de ce coût dans le cas où l'entreprise renoncerait à un client ou à un produit. (N'oubliez pas que les coûts de soutien à l'organisation sont attribués au centre de regroupement intitulé « Autres », et non alloués à des produits.) Certaines entreprises ont des installations distinctes pour la fabrication de différents produits. Le cas échéant, les coûts de ces installations pourraient être directement rattachés aux produits en question.

Une fois que l'on a établi les pourcentages de répartition du tableau 7.3, il suffit de répartir les coûts entre les divers centres de regroupement des coûts par activité. Les résultats de cette phase de la répartition des coûts sont illustrés au tableau 7.4. On répartit chaque coût entre les centres de regroupement en le multipliant par les pourcentages du tableau 7.3. Par exemple, le montant de **500 000 $** des salaires de la main-d'œuvre indirecte est multiplié par le taux de **25 %** inscrit dans la colonne « Commandes des clients » du tableau 7.3 pour obtenir le montant de **125 000 $** inscrit dans la colonne « Commandes des clients » du tableau 7.4. De même, on multiplie ce montant de **500 000 $** par le pourcentage de **40 %** de la colonne « Conception des produits » du tableau 7.3 pour obtenir **200 000 $** dans la colonne « Conception des produits » du tableau 7.4. Toutes les données du tableau 7.4 sont calculées de cette manière.

Lorsqu'on a terminé l'étape 2 de la première phase de la répartition des coûts entre les centres de regroupement des coûts par activité, l'étape 3 consiste à calculer les coûts unitaires des activités.

Étape 3 : Calculer les coûts unitaires des activités pour chaque centre de regroupement

Le calcul du coût unitaire des activités qui servira à attribuer les coûts indirects à des produits et à des clients apparaît dans le tableau 7.5 (*voir la page 330*). L'équipe chargée de l'implantation de la CPA a déterminé l'activité totale requise dans chaque centre de regroupement pour produire la combinaison de produits actuelle et pour servir les clients de l'entreprise. Ces données sont énumérées dans le tableau 7.5. Par exemple, l'équipe a établi qu'il fallait **400** nouveaux produits conçus chaque année pour répondre à la demande des clients actuels de la société. On calcule les coûts unitaires d'activité en divisant le coût total de chaque activité par le nombre correspondant à l'activité totale. Ainsi, on divise le coût total annuel de **320 000 $** pour le centre de regroupement des coûts par activité « Commandes des clients » par le total de **1 000** commandes de clients par année pour obtenir un coût unitaire d'activité de **320 $** par commande de client. De même, on divise le montant de **252 000 $** représentant le coût total du centre de regroupement des coûts de l'activité « Conception des produits » par le nombre total de produits conçus (c'est-à-dire 400 produits conçus) pour obtenir le coût unitaire d'activité de **630 $** par produit conçu. Remarquez qu'on ne calcule pas de coût unitaire des activités pour la catégorie de la colonne « Autres ». En effet, ce centre de regroupement comprend essentiellement des coûts de soutien à l'organisation et des coûts de capacité non utilisée que Laiton classique inc. a choisi de n'attribuer ni à des produits ni à des clients.

Le tableau 7.5 indique qu'en moyenne, la commande d'un client consomme **320 $** de ressources ; la conception d'un produit en consomme **630 $** ; une unité de produit, **19 $** par heure-machine, et le maintien des relations avec un client, **1 470 $**. Remarquez qu'il s'agit de moyennes. Certains membres de l'équipe qui a élaboré le modèle de CPA de Laiton classique inc. ont affirmé qu'il serait inapproprié d'attribuer à tous les nouveaux produits le même montant de 630 $ en coûts de conception sans égard au temps réellement requis pour les concevoir. Après avoir examiné les avantages et les inconvénients

TABLEAU 7.3   Les résultats des entrevues : la distribution des activités

Modèle de la CPA – Laiton classique inc.

	A	B	C	D	E	F	G
1		Centres de regroupement des coûts par activité					
2		Commandes des clients	Conception des produits	Opération des machines	Relations avec les clients	Autres	Total
3	Production :						
4	Salaires de la main-d'œuvre indirecte	25 %	40 %	20 %	10 %	5 %	100 %
5	Amortissement du matériel de l'usine	20 %	0 %	60 %	0 %	20 %	100 %
6	Services publics	0 %	10 %	50 %	0 %	40 %	100 %
7	Loyer du bâtiment de l'usine	0 %	0 %	0 %	0 %	100 %	100 %
8	Administration générale :						
9	Salaires du personnel de l'administration	15 %	5 %	10 %	30 %	40 %	100 %
10	Amortissement du matériel de bureau	30 %	0 %	0 %	25 %	45 %	100 %
11	Loyer de l'immeuble de l'administration	0 %	0 %	0 %	0 %	100 %	100 %
12	Marketing :						
13	Salaires du personnel de marketing	22 %	8 %	0 %	60 %	10 %	100 %
14	Frais de vente	10 %	0 %	0 %	70 %	20 %	100 %
15							
16							
17							
18							

TABLEAU 7.4   Étape 2 : L'attribution des coûts indirects aux centres de regroupement des coûts par activité

Modèle de la CPA – Laiton classique inc.

	A	B	C	D	E	F	G
1		Centres de regroupement des coûts par activité					
2		Commandes des clients	Conception des produits	Opération des machines	Relations avec les clients	Autres	Total provenant du GL*
3	Production :						
4	Salaires de la main-d'œuvre indirecte	125 000 $	200 000 $	100 000 $	50 000 $	25 000 $	500 000 $
5	Amortissement du matériel de l'usine	60 000	0	180 000	0	60 000	300 000
6	Services publics	0	12 000	60 000	0	48 000	120 000
7	Loyer du bâtiment de l'usine	0	0	0	0	80 000	80 000
8							
9	Administration générale :						
10	Salaires du personnel de l'administration	60 000	20 000	40 000	120 000	160 000	400 000
11	Amortissement du matériel de bureau	15 000	0	0	12 500	22 500	50 000
12	Loyer de l'immeuble de l'administration	0	0	0	0	60 000	60 000
13							
14	Marketing :						
15	Salaires du personnel de marketing	55 000	20 000	0	150 000	25 000	250 000
16	Frais de vente	5 000	0	0	35 000	10 000	50 000
17							
18	Total	320 000 $	252 000 $	380 000 $	367 500 $	490 500 $	1 810 000 $
19							
20	*GL : Grand livre						

Le tableau 7.3 indique que les commandes des clients consomment 25 % des ressources représentées par le montant de 500 000 $ affecté aux salaires de la main-d'œuvre indirecte.

$$25 \% \times 500\ 000\ \$ = 125\ 000\ \$$$

Les autres éléments de ce tableau ont été calculés de la même manière.

de l'établissement d'un coût de conception qui tiendrait compte du temps réel consacré à chaque produit, l'équipe a conclu que, pour le moment, les efforts requis pour tenir compte du temps de conception réel consacré à chaque nouveau produit n'en vaudraient pas la peine. De même, certains membres de l'équipe se sentaient mal à l'aise de devoir allouer le même

TABLEAU 7.5 Étape 3 : Le calcul des coûts unitaires des activités

Modèle de la CPA – Laiton classique inc.

	Centre de regroupement des coûts par activité	(a) Coût total*	(b) Activité totale		(a) ÷ (b) Coût unitaire de l'activité
1					
2	Commandes des clients	320 000 $	1 000	commandes	320 $ par commande
3	Conception des produits	252 000 $	400	produits conçus	630 $ par produit conçu
4	Opération des machines	380 000 $	20 000	HM	19 $ par HM
5	Relations avec les clients	367 500 $	250	clients	1 470 $ par client
6	Autres	490 500 $		Sans objet	Sans objet
7					
8	* Tiré du tableau 7.4				
9	HM : heures-machines				
10					

Question éclair 7.3

Viking inc. a attribué des coûts indirects de 25 200 $ au centre de regroupement des coûts de l'activité «Traitement des commandes». Au total, 350 commandes ont été traitées durant l'exercice. Calculez le coût unitaire des activités qui servira à attribuer les coûts indirects de ce centre de regroupement des coûts à l'objet de coût que constituent les commandes des clients.

montant de 1 470 $ à chaque client. Certains clients sont peu exigeants et commandent des produits de modèles courants bien avant d'en avoir besoin. Par contre, d'autres sont très capricieux et accaparent une forte proportion du temps du personnel du marketing et de l'administration. En général, ils commandent des produits personnalisés, le plus souvent à la dernière minute, et changent d'avis plusieurs fois. Bien que tous les membres de l'équipe aient reconnu la justesse de ces observations, les données nécessaires à la mesure des demandes de chaque client en matière de ressources n'étaient pas disponibles. Pour éviter de retarder la mise en œuvre de la CPA, l'équipe a décidé de remettre à plus tard les améliorations à cet égard.

Avant de continuer, il serait utile de revoir dans son ensemble le processus de répartition des coûts aux produits et aux autres objets de coûts avec la CPA. La figure 7.4, donne une représentation schématique de ce processus chez Laiton classique inc. Nous vous recommandons de l'examiner attentivement. Deux éléments en particulier doivent attirer votre attention.

FIGURE 7.4 Le modèle de la CPA appliqué à Laiton classique inc.

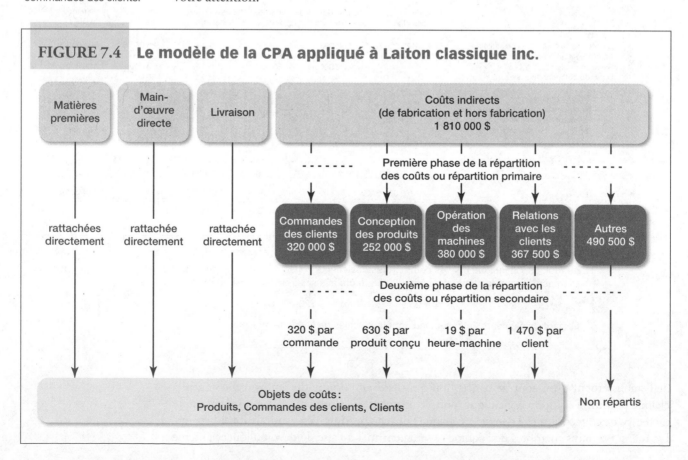

Premièrement, les coûts des matières premières et de la main-d'œuvre directe ainsi que les coûts de livraison sont attribués directement aux objets de coûts parce que tous constituent des coûts directs et qu'on doit les considérer lorsqu'on analyse le total des coûts liés aux produits, aux commandes des clients et aux clients. Ils ne faisaient pas partie de la première phase de la répartition des coûts parce que ce processus consiste à attribuer des coûts indirects aux centres de regroupement des coûts par activité. Deuxièmement, les coûts de la catégorie « Autres », dans laquelle se trouvent les coûts de soutien à l'organisation et ceux de la capacité non utilisée, ne sont attribués ni aux produits ni aux clients.

Étape 4 : Attribuer les coûts des activités à des objets de coûts à l'aide du coût unitaire des activités et des unités d'œuvre consommées par l'objet de coûts

Dans la **deuxième phase de la répartition des coûts**, on se sert des coûts unitaires des activités pour attribuer des coûts à des objets de coûts tels que les produits et les clients. Cette phase ne compte qu'une seule étape.

Nous montrerons d'abord la manière d'attribuer des coûts à des produits, puis nous examinerons un exemple de la façon d'attribuer des coûts aux clients. Voici les données dont les membres de l'équipe de Laiton classique inc. ont besoin pour répartir des coûts indirects entre les deux produits de l'entreprise — les chandeliers standards et les boîtiers à compas personnalisés.

OA3

Attribuer des coûts à un objet de coûts à l'aide de la deuxième phase de la répartition des coûts.

Deuxième phase de la répartition des coûts

Processus par lequel on utilise les coûts unitaires des activités pour attribuer des coûts à des objets de coûts tels que les produits et les clients en CPA.

Chandeliers standards

1. Cette gamme de produits ne requiert aucune nouvelle ressource de conception.
2. Au cours de la période, 600 commandes distinctes ont été reçues portant sur 30 000 unités en tout.
3. Chaque chandelier requiert 35 minutes d'heure-machine pour un total de 17 500 heures-machines.

Boîtiers à compas personnalisés

1. Il s'agit d'un produit personnalisé qui requiert de nouvelles ressources de conception.
2. Il y a eu 400 commandes de boîtiers à compas personnalisés. Les commandes pour ce produit sont passées séparément de celles qui portent sur des chandeliers.
3. Au total, 400 produits personnalisés ont été conçus. On a effectué une conception personnalisée pour chacune des commandes.
4. Comme certaines commandes portaient sur plus d'une unité, l'entreprise a fabriqué un total de 1 250 boîtiers à compas personnalisés au cours de la période. La fabrication d'un tel boîtier requiert en moyenne 2 heures-machines pour un total de 2 500 heures-machines.

Remarquez qu'il y a eu 600 commandes de chandeliers standards et 400 commandes de boîtiers à compas personnalisés, ce qui fait 1 000 commandes au total. Les 400 produits conçus sont tous liés aux boîtiers à compas personnalisés ; il n'y a aucune conception associée à la fabrication des chandeliers. Pour produire 30 000 chandeliers standards, il a fallu 17 500 heures-machines, et 2 500 heures-machines pour produire 1 250 boîtiers à compas personnalisés, ce qui fait au total 20 000 heures-machines.

Le tableau 7.6 (*voir la page suivante*) montre la façon dont on attribue des coûts indirects aux chandeliers standards et aux boîtiers à compas personnalisés. Par exemple, d'après le tableau, **192 000 $** des coûts indirects du centre de regroupement des coûts de l'activité « Commandes des clients » sont attribuables aux chandeliers standards (**320 $** par commande × **600** commandes). De même, **128 000 $** des coûts indirects du centre de regroupement des commandes des clients ont été attribués aux boîtiers à compas personnalisés (**320 $** par commande × **400** commandes). Ce centre de coûts contenait un montant de 320 000 $ (*voir les tableaux 7.4 et 7.5 aux pages 329 et 330*) qui a été alloué en totalité aux deux produits (192 000 $ + 128 000 $ = 320 000 $).

TABLEAU 7.6	**Étape 4: L'attribution des coûts des activités à des objets de coûts à l'aide du coût unitaire des activités et des unités d'œuvre consommées par l'objet de coût**		

Modèle de la CPA – Laiton classique inc.

	A	B	C	D	E	F	G
1	Coûts indirects liés aux chandeliers standards						
2	Centre de regroupement des coûts par activité	(a) Coût unitaire des activités*		(b) Activité		(a) × (b) Coût selon la CPA	
3	Commandes des clients	320 $ par commande		600	commandes	192 000 $	
4	Conception des produits	630 $ par produit conçu		0	produit conçu	0	
5	Opération des machines	19 $ par HM		17 500	HM	332 500	
6	Total					524 500 $	
7							
8	Coûts indirects liés aux boîtiers à compas personnalisés						
9	Centre de regroupement des coûts par activité	(a) Coût unitaire des activités*		(b) Activité		(a) × (b) Coût selon la CPA	
10	Commandes des clients	320 $ par commande		400	commandes	128 000 $	
11	Conception des produits	630 $ par produit conçu		400	produits conçus	252 000	
12	Opération des machines	19 $ par HM		2 500	HM	47 500	
13	Total					427 500 $	
14							
15	* Données tirées du tableau 7.5						
16	HM : heures-machines						
17							

Question éclair 7.4

Voici quelques données sur les coûts indirects attribués à différentes activités pour la fabrication du produit Q43 durant la période en cours : 120 heures de main-d'œuvre directe à 12 $ l'heure; 43 heures-machines à 2 $ l'heure; 4 réglages de machines à 63 $ chacun; et 5 livraisons à 12 $ chacune. Déterminez le total des coûts indirects qu'on devrait attribuer à ce produit selon la CPA.

D'après le tableau 7.6, on attribue un montant total de 952 000 $ en coûts indirects aux deux gammes de produits de la société Laiton classique inc., soit 524 500 $ aux chandeliers standards et 427 500 $ aux boîtiers à compas personnalisés. Ce montant est inférieur à celui des coûts indirects compris dans les calculs de la CPA, c'est-à-dire 1 810 000 $ (*voir le tableau 7.4 à la page 329*). Pourquoi? Le montant total des coûts indirects attribués aux produits ne correspond pas au montant total des coûts indirects établi selon la CPA parce que l'équipe d'implantation de la CPA n'a délibérément pas attribué aux produits les montants engagés pour les activités « Relations avec les clients » et « Autres », soit 367 500 $ et 490 500 $, respectivement. Les relations avec les clients constituent une activité de soutien aux clients tandis que la catégorie « Autres » est une activité de soutien à l'organisation — l'existence de ces deux activités n'est pas causée par les produits. Lorsqu'on additionne les coûts des relations avec les clients et des autres activités au montant de 952 000 $ des coûts indirects attribués aux produits, on obtient un total de 1 810 000 $, comme montré ci-dessous.

	Chandeliers standards	Boîtiers à compas personnalisés	Total
Coûts indirects attribués aux produits :			
Commandes des clients	192 000 $	128 000 $	320 000 $
Conception des produits	-0-	252 000	252 000
Opération des machines	332 500	47 500	380 000
Total partiel	524 500 $	427 500 $	952 000
Coûts indirects non attribués aux produits :			
Relations avec les clients			367 500
Autres			490 500
Total partiel			858 000
Total des coûts indirects			1 810 000 $

Nous allons maintenant décrire un autre aspect de la deuxième phase de la répartition des coûts — l'attribution des coûts des activités aux clients.

Les données nécessaires à l'équipe pour attribuer des coûts indirects à l'un des clients de l'entreprise, Bateaux basques, sont les suivantes :

Bateaux basques

1. L'entreprise a passé au total trois commandes.
   a) Deux commandes portaient sur 150 chandeliers standards chacune.
   b) Une commande portait sur un seul boîtier à compas personnalisé.
2. Il a fallu un total de 177 heures-machines pour remplir les trois commandes.
   a) La fabrication des 300 chandeliers standards a nécessité 175 heures-machines.
   b) La fabrication du boîtier à compas personnalisé a demandé 2 heures-machines.
3. Bateaux basques est l'un des 250 clients de Laiton classique inc.

Comme l'indique le tableau 7.7, l'équipe chargée de la CPA a calculé qu'un montant de 6 423 $ en coûts indirects devrait être attribué à la société Bateaux basques. Elle lui a attribué **960 $** (**320 $** par commande × **3** commandes) de coûts indirects provenant du centre de regroupement « Commandes des clients »; 630 $ (630 $ par produit conçu × 1 produit conçu) provenant du centre de regroupement « Conception des produits »; 3 363 $ (19 $ par heure-machine × 177 heures-machines) provenant du centre de regroupement « Opération des machines » et 1 470 $ (1 470 $ par client × 1 client) provenant du centre de regroupement « Relations avec les clients ».

Une fois la deuxième phase de la répartition des coûts terminée, l'équipe d'implantation de la CPA a concentré son attention sur la réalisation de rapports qui permettraient d'expliquer les premières pertes d'exploitation de l'entreprise.

7

TABLEAU 7.7 **L'attribution de coûts indirects aux clients**

Modèle de la CPA – Laiton classique inc.

	A	B	C	D	E	F
1	Coûts indirects pour la société Bateaux basques					
2	Centre de regroupement des coûts par activité	(a) Coût unitaire des activités*		(b) Activité		(a) × (b) Coût selon la CPA
3	Commandes des clients	320 $	par commande	3	commandes	960 $
4	Conception des produits	630 $	par produit conçu	1	produit conçu	630
5	Opération des machines	19 $	par HM	177	HM	3 363
6	Relations avec les clients	1 470 $	par client	1	client	1 470
7	Total des coûts indirects attribués au client					6 423 $
8						
9	* Données tirées du tableau 7.5					
10	HM : heures-machines					
11						

Étape 5 : Préparer des rapports de gestion

La préparation des rapports de gestion est la cinquième et dernière étape de la mise en œuvre de la CPA. Les rapports de gestion les plus couramment préparés à partir de données obtenues à l'aide de la CPA portent sur la rentabilité des produits et des clients. Ces rapports permettent aux entreprises d'orienter leurs ressources vers les secteurs de croissance les plus rentables tout en attirant l'attention sur les produits et les clients qui grugent leurs profits. Nous étudierons donc deux rapports, l'un sur la rentabilité des produits, puis un autre sur celle des clients.

OA4

Utiliser la CPA pour calculer les marges sur coûts des produits et la rentabilité des clients.

L'équipe de conception de la CPA de la société Laiton classique inc. s'est rendu compte que le profit découlant d'un produit, appelé aussi « marge sur coûts d'un produit », dépend des ventes de ce produit, et des coûts directs et indirects qu'il occasionne. Les répartitions de coûts suivant le modèle de la CPA présentées dans le tableau 7.6 (*voir la page 332*) font uniquement état des coûts indirects de chaque produit. Par conséquent, pour calculer le profit généré par un produit (c'est-à-dire la marge sur coûts de ce produit), l'équipe a dû recueillir des données sur le montant des ventes du produit et sur ses coûts directs en plus des coûts indirects déjà calculés. Les données pertinentes concernant les ventes et les coûts directs de chaque produit apparaissent ci-dessous. Remarquez que les chiffres inscrits dans la colonne du total concordent avec ceux de l'état des résultats du tableau 7.1 (*voir la page 322*).

	Chandeliers standards	Boîtiers à compas personnalisés	Total
Ventes...	2 660 000 $	540 000 $	3 200 000 $
Coûts directs :			
Matières premières.........................	905 500	69 500	975 000
Main-d'œuvre directe...............................	263 750	87 500	351 250
Livraison	60 000	5 000	65 000

Après avoir recueilli ces données, l'équipe a préparé le rapport de rentabilité des produits présenté au tableau 7.8. Ce rapport montre que les chandeliers standards sont rentables — la marge sur coûts de ce produit est positive et s'élève à **906 250 $** — tandis que les boîtiers à compas personnalisés ne le sont pas — leur marge sur coûts de **49 500 $** étant négative. Rappelez-vous que, dans le rapport de rentabilité des produits, on laisse délibérément de côté les centres de regroupement « Relations avec les clients » et « Autres ». Ces coûts, qui atteignent un total de 858 000 $, ont été exclus du rapport parce qu'ils ne sont pas attribuables aux produits. Ainsi, les coûts des relations avec les clients sont occasionnés par les clients, et non par les produits. De même, les coûts classés dans la catégorie « Autres » sont des coûts de soutien à l'organisation et ne sont imputables à aucun produit en particulier.

TABLEAU 7.8   Étape 5 : La préparation des rapports de gestion

Modèle de la CPA – Laiton classique inc.

	A	B	C	D	E	F
1	Marges sur coûts des produits – CPA					
2		Chandeliers standards			Boîtiers à compas personnalisés	
3	Ventes		2 660 000 $			540 000 $
4	Coûts :					
5	Matières premières	905 500 $			69 500 $	
6	Main-d'œuvre directe	263 750			87 500	
7	Livraison	60 000			5 000	
8	Commandes des clients (*voir le tableau 7.6*)	192 000			128 000	
9	Conception des produits (*voir le tableau 7.6*)	0			252 000	
10	Opération des machines (*voir le tableau 7.6*)	332 500			47 500	
11	Coût total		1 753 750			589 500
12	Marge sur coûts des produits		906 250 $			(49 500) $
13						
14						
15						

On peut rapprocher les marges sur coûts des produits de la perte de l'entreprise présentée au tableau 7.1 (*voir la page 322*) comme suit :

	Chandeliers standards	Boîtiers à compas personnalisés	Total
Ventes (*voir le tableau 7.8*)	2 660 000 $	540 000 $	3 200 000 $
Coût total (*voir le tableau 7.8*)	1 753 750	589 500	2 343 250
Marges sur coûts des produits (*voir le tableau 7.8*)	906 250 $	(49 500) $	856 750
Moins : Coûts indirects non attribués aux produits :			
Relations avec les clients (*voir le tableau 7.5 à la page 330*)			367 500
Autres (*voir le tableau 7.5*)			490 500
Total des coûts indirects non attribués aux produits			858 000
Perte			(1 250) $

L'équipe de la conception de la CPA de Laiton classique inc. a ensuite préparé un rapport sur la rentabilité des clients pour Bateaux basques. Comme dans le cas du rapport sur la rentabilité des produits, les membres de l'équipe devaient recueillir des données sur les ventes à Bateaux basques ainsi que sur les coûts des matières premières, de la main-d'œuvre directe et de la livraison associés à ces ventes. Voici ce qu'ils ont obtenu.

	Bateaux basques
Ventes	11 350 $
Coûts directs :	
Matières premières	2 123
Main-d'œuvre directe	1 900
Livraison	205

À l'aide de ces données et de celles du tableau 7.7 (*voir la page 333*), l'équipe a préparé le rapport sur la rentabilité du client qui apparaît dans le tableau 7.9. Ce rapport a révélé que la marge sur coûts du client, dans le cas de Bateaux basques, était de **699 $**. Il a été possible d'établir un rapport semblable pour chacun des 250 clients de Laiton classique inc., ce qui a permis à l'entreprise de déterminer ses clients les plus rentables et de renforcer les relations avec ceux-ci, tout en prenant des mesures pour améliorer la rentabilité de ses autres clients.

Question éclair 7.5

Entretien ménager inc. fabrique et vend divers produits d'entretien ménager naturels. Au cours de l'exercice, Quincaillerie Michel ltée a commandé 1 200 boîtes (à raison de 50 boîtes par commande) de ZipZap !, le nettoyant le plus vendu d'Entretien ménager inc. Chaque boîte contient 24 bouteilles de ZipZap ! et se vend 72 $. Des coûts de matières premières de 0,95 $ et de main-d'œuvre directe de 0,40 $ sont attribués à chaque bouteille. Par ailleurs, des coûts indirects de 1,10 $ par bouteille et de 250 $ par commande traitée sont également ajoutés. Calculez la marge sur coûts du client Quincaillerie Michel ltée.

TABLEAU 7.9 La marge sur coûts du client avec la CPA

Modèle de la CPA – Laiton classique inc.

	A	B	C
1	Marge sur coûts du client – CPA		
2			Bateaux basques
3	Ventes		11 350 $
4	Coûts :		
5	Matières premières	2 123 $	
6	Main-d'œuvre directe	1 900	
7	Livraison	205	
8	Commandes du client (*voir le tableau 7.7*)	960	
9	Conception des produits (*voir le tableau 7.7*)	630	
10	Opération des machines (*voir le tableau 7.7*)	3 363	
11	Relations avec le client (*voir le tableau 7.7*)	1 470	10 651
12	Marge sur coûts du client		699 $
13			
14			

7.3 Une comparaison de l'établissement du coût de revient suivant l'approche traditionnelle et le modèle de la CPA

OA5

Comparer les coûts des produits calculés suivant l'approche traditionnelle d'établissement du coût de revient et le modèle de la CPA.

L'équipe d'implantation de la CPA de la société Laiton classique inc. a utilisé un processus en deux parties pour comparer le coût de revient de l'entreprise calculé suivant l'approche traditionnelle d'établissement du coût de revient et le modèle de la CPA. Premièrement, ses membres ont examiné les marges sur coûts des produits présentées suivant l'approche traditionnelle d'établissement du coût de revient. Deuxièmement, ils ont mis en évidence les différences entre ces marges et celles obtenues à l'aide de la CPA.

7.3.1 Le calcul des marges sur coûts des produits suivant l'approche traditionnelle d'établissement du coût de revient

Dans la méthode traditionnelle employée par Laiton classique inc., seuls les coûts de fabrication — qui comprennent les coûts des matières premières et de la main-d'œuvre directe ainsi que les frais indirects de fabrication — sont attribués aux produits. Les frais de vente et les frais d'administration ne le sont pas. Le tableau 7.10 montre les marges sur coûts des produits présentées suivant cette approche. Nous allons expliquer le calcul de ces marges en trois étapes. Premièrement, on utilise les mêmes données sur les ventes ainsi que sur les coûts des matières premières et de la main-d'œuvre directe que celles recueillies par l'équipe de la CPA pour la préparation du tableau 7.8 (*voir la page 334*). Autrement dit, l'approche traditionnelle d'établissement du coût de revient et la CPA traitent ces trois types de données (ventes, coûts des matières et de la main-d'œuvre) de la même manière, puisqu'il s'agit de revenus et de coûts qui peuvent être directement rattachés aux produits.

Deuxièmement, suivant l'approche traditionnelle d'établissement du coût de revient, on se sert d'un taux d'imputation prédéterminé des frais indirects à l'échelle de l'entreprise pour imputer les frais indirects de fabrication aux produits. Pour calculer ce taux, on a utilisé comme numérateur 1 000 000 $, ce qui correspond au montant total des frais indirects de fabrication apparaissant dans l'état des résultats du tableau 7.1 (*voir la page 322*). La note de ce tableau indique que, dans l'approche traditionnelle d'établissement du coût de revient, on a recours aux heures-machines comme unité d'œuvre pour imputer des frais indirects de fabrication aux produits. Le volume d'activité de 20 000 heures-machines (*voir le tableau 7.5 à la page 330*) a été employé comme dénominateur pour établir le taux d'imputation prédéterminé des frais indirects de fabrication, comme nous l'illustrons ci-après.

$$
\begin{array}{rcl}
\text{Taux d'imputation des frais indirects de fabrication pour l'ensemble de l'usine} & = & \dfrac{\text{Total estimé des frais indirects de fabrication}}{\text{Total estimé des heures-machines}} \\[2mm]
& = & \dfrac{1\ 000\ 000\ \$}{20\ 000\ \text{heures-machines}} \\[2mm]
& = & 50\ \$\ \text{par heure-machine}
\end{array}
$$

Comme la fabrication des chandeliers standards a nécessité 17 500 heures-machines, on attribue à cette gamme de produits **875 000 $** (17 500 heures-machines × 50 $ par heure-machine) en frais indirects de fabrication. De même, la fabrication de boîtiers à compas personnalisés a exigé 2 500 heures-machines, de sorte qu'on a attribué à cette gamme de produits **125 000 $** (2 500 heures-machines × 50 $ par heure-machine) en frais indirects de fabrication. Si l'on soustrait le coût des ventes du montant des ventes, on obtient une marge sur coûts des produits qui s'élève à **615 750 $** dans le cas des chandeliers, et à **258 000 $** dans le cas des boîtiers.

Remarquez que la perte de 1 250 $ indiquée dans le tableau 7.10 concorde avec la perte présentée dans l'état des résultats du tableau 7.1 et avec celle qui apparaît dans l'encadré

TABLEAU 7.10	Les marges sur coûts des produits dans l'approche traditionnelle d'établissement du coût de revient

Méthode traditionnelle – Laiton classique inc.

	A	B	C	D	E	F	G	H	I
1	Marges sur coûts des produits – Méthode traditionnelle d'établissement du coût de revient								
2									
3			Chandeliers standards		Boîtiers à compas personnalisés			Total	
4	Ventes		2 660 000 $		540 000 $				3 200 000 $
5	Coûts :								
6	Matières premières	905 500 $			69 500 $		975 000 $		
7	Main-d'œuvre directe	263 750			87 500		351 250		
8	Frais indirects de fabrication	875 000	2 044 250		125 000	282 000	1 000 000	2 326 250	
9	Marge sur coûts des produits		615 750 $			258 000 $		873 750	
10	Frais de vente et frais d'administration							875 000	
11	Perte							(1 250) $	
12									

présentant le rapprochement de la marge et des bénéfices, lequel est situé immédiatement après le tableau 7.8 (*voir la page 334*). Le chiffre d'affaires total de l'entreprise, le total de ses coûts et la perte qui en résulte sont identiques, peu importe qu'on examine l'état des résultats du tableau 7.1 (*voir la page 322*), l'analyse de rentabilité des produits selon la CPA présentée après le tableau 7.8 ou encore l'analyse de rentabilité des produits du tableau 7.10. Toutefois, même si l'ensemble de la « tarte » demeure constant de la méthode traditionnelle à la CPA, sa répartition entre les deux gammes de produits varie. Selon les calculs établis avec l'approche traditionnelle, la marge sur coûts des produits des chandeliers standards est de **615 750 $**, et celle des boîtiers personnalisés, de **258 000 $**.

Ces marges sur coûts des produits diffèrent de celles obtenues avec la CPA qui sont présentées au tableau 7.8. L'approche traditionnelle d'établissement du coût de revient peut ainsi envoyer des messages trompeurs aux gestionnaires de Laiton classique inc. concernant la rentabilité de chaque produit. Nous en verrons les raisons dans la prochaine section.

7.3.2 Les différences entre la CPA et l'approche traditionnelle d'établissement du coût de revient

Les variations dans les marges sur coûts des produits qui surviennent lorsqu'on passe de l'approche traditionnelle d'établissement du coût de revient à la CPA sont représentées ci-dessous.

	Chandeliers standards	Boîtiers à compas personnalisés
Marges sur coûts des produits – approche traditionnelle (*voir le tableau 7.10*)	615 750 $	258 000 $
Marges sur coûts des produits – CPA (*voir le tableau 7.8*)	906 250	(49 500)
Variation dans les marges sur coûts des produits	290 500 $	(307 500) $

L'approche traditionnelle d'établissement du coût de revient surestime le coût des chandeliers standards et, par conséquent, présente une marge sur coûts de ce produit artificiellement basse. Lorsqu'on passe à l'analyse de rentabilité des produits selon la CPA, la marge sur coûts de ce produit augmente de 290 500 $. Par contre, la méthode traditionnelle sous-estime le coût des boîtiers à compas et présente une marge sur coûts artificiellement élevée pour ce produit, alors que dans les calculs de la CPA, cette marge diminue de 307 500 $.

Les raisons de la variation des marges sur coûts des produits entre les deux approches apparaissent au tableau 7.11. La partie supérieure de ce tableau présente l'attribution à chaque produit de coûts directs et indirects comme celle effectuée à l'aide de la méthode traditionnelle (*voir le tableau 7.10 à la page précédente*). Par exemple, le tableau 7.11 renferme les données ci-après concernant les coûts des chandeliers standards : matières premières, 905 500 $, main-d'œuvre directe, 263 750 $, et frais indirects de fabrication, 875 000 $. Ces coûts correspondent à ceux qui apparaissent dans le tableau 7.10. Remarquez que les frais de vente et les frais d'administration de 875 000 $ n'ont délibérément pas été attribués aux produits parce qu'on les considère comme des coûts de période. De même, la partie inférieure du tableau 7.11 résume la répartition des coûts directs et indirects suivant la CPA telle qu'elle a été présentée dans le tableau 7.8 (*voir la page 334*). Les seuls renseignements nouveaux contenus dans le tableau 7.11 sont les deux colonnes de pourcentages. La première de ces colonnes indique le pourcentage de chaque coût attribué aux chandeliers standards. Ainsi, le montant de **905 500 $** de matières premières rattaché à ce produit représente **92,9 %** du total des coûts des matières premières de l'entreprise, qui s'élève à **975 000 $**. La seconde colonne présente les pourcentages associés aux boîtiers à compas.

TABLEAU 7.11 **Une comparaison de l'approche traditionnelle d'établissement du coût de revient et de la CPA en matière d'attribution des coûts**

	Chandeliers standards		Boîtiers à compas personnalisés		Total
	(a) Montant	(a) ÷ (c) %	(b) Montant	(b) ÷ (c) %	(c) Montant
Approche traditionnelle d'établissement du coût de revient					
Matières premières	905 500 $	92,9	69 500 $	7,1	975 000 $
Main-d'œuvre directe	263 750	75,1	87 500	24,9	351 250
Frais indirects de fabrication	875 000	87,5	125 000	12,5	1 000 000
Total des coûts attribués aux produits	2 044 250 $		282 000 $		2 326 250
Frais de vente et frais d'administration					875 000
Total des coûts					3 201 250 $
CPA					
Coûts directs :					
Matières premières	905 500 $	92,9	69 500 $	7,1	975 000 $
Main-d'œuvre directe	263 750	75,1	87 500	24,9	351 250
Livraison	60 000	92,3	5 000	7,7	65 000
Coûts indirects :					
Commandes des clients	192 000	60,0	128 000	40,0	320 000
Conception des produits	-0-	-0-	252 000	100,0	252 000
Opération des machines	332 500	87,5	47 500	12,5	380 000
Total des coûts attribués aux produits	1 753 750 $		589 500 $		2 343 250
Coûts non attribués aux produits :					
Relations avec les clients					367 500
Autres					490 500
					858 000
Total des coûts					3 201 250 $

Il y a trois raisons pour lesquelles l'approche traditionnelle d'établissement du coût de revient et la CPA parviennent à des marges sur coûts des produits différentes :

1. L'approche traditionnelle d'établissement du coût de revient attribue tous les coûts de fabrication à des produits, qu'ils aient ou non consommé ce type de coûts. La CPA n'attribue pas de frais indirects de fabrication aux produits en ce qui concerne les activités « Relations avec les clients » et « Autres » (activités de soutien à l'organisation) parce qu'ils ne sont pas occasionnés par un produit en particulier. Du point de vue de la CPA, attribuer ces coûts aux produits est nécessairement arbitraire et inutile.

2. L'approche traditionnelle d'établissement du coût de revient attribue tous les frais indirects de fabrication en se basant sur les heures-machines, une unité d'œuvre associée au volume de production. La CPA utilise des unités d'œuvre particulières (dont la plupart ne sont pas associées au volume de production) pour attribuer les coûts de chaque centre de regroupement des coûts par activité. Ces unités d'œuvre sont choisies en fonction de l'évaluation par les gestionnaires de l'inducteur des coûts de cette activité. Ainsi, l'approche traditionnelle d'établissement du coût de revient attribue par exemple des coûts de conception des produits aux chandeliers standards, même si ce produit n'occasionne aucun coût de ce type. En fait, tous les coûts liés à la conception des produits devraient être attribués aux boîtiers à compas personnalisés. Dans l'ensemble, il en résulte que l'approche traditionnelle surestime le coût des produits à volume de production élevé (comme les chandeliers standards) et sous-estime le coût des produits à faible volume de production (comme les boîtiers à compas personnalisés) parce qu'elle attribue des coûts pour des activités liées aux lots et des activités de soutien aux produits à l'aide d'unités d'œuvre associées au volume de production.

3. La CPA attribue aux produits des coûts indirects hors fabrication tels que les coûts de livraison, en raison d'une relation de cause à effet. La méthode traditionnelle exclut ces coûts parce qu'ils sont classés dans la catégorie des charges de la période.

7.3.3 Un résumé de la comparaison de l'établissement du coût de revient selon les deux modèles

L'équipe de conception de la CPA présente les résultats de son travail au cours d'une réunion de tous les cadres supérieurs de Laiton classique inc., dont le président, Jean Toupin, la directrice de production, Suzanne Richard, le directeur du marketing, Thomas Olafson, et la directrice financière, Marie Goudrault. Les membres de l'équipe ont apporté des exemplaires du modèle de la CPA qu'ils ont élaboré (*voir la figure 7.4 à la page 330*), les tableaux indiquant les marges sur coûts des produits (les chandeliers et les boîtiers à compas personnalisés) dans l'ancien modèle de comptabilité de l'entreprise (*voir le tableau 7.10 à la page 337*), et les tableaux présentant l'analyse des coûts de ces mêmes produits à l'aide de la CPA (*voir le tableau 7.8 à la page 334*). Après la présentation officielle de l'équipe, la discussion ci-après a été engagée.

Jean : Je voudrais personnellement remercier les membres de l'équipe de CPA pour tout le travail qu'ils ont accompli et pour leur présentation très intéressante. J'avoue que je commence à m'interroger sur un grand nombre de décisions que nous avons prises par le passé à l'aide de l'ancien modèle d'établissement du coût de revient. D'après cette analyse de CPA, notre raisonnement était erroné. En fait, nous perdons de l'argent sur les produits personnalisés et nous en faisons vraisemblablement sur les produits de modèle courant.

Marie : J'avoue que j'ignorais totalement qu'en matière de conception des produits, les boîtiers à compas personnalisés coûtaient aussi cher ! Je savais que l'intégration de ces coûts dans le taux unique d'imputation prédéterminé des frais indirects de fabrication pour l'ensemble de l'usine pénalisait les chandeliers standards, mais je ne voyais pas l'ampleur du problème.

Suzanne : J'avoue que je n'ai jamais cru que les commandes personnalisées étaient très rentables. Vous devriez voir tous les problèmes qu'elles nous causent à la fabrication !

Thomas : Je déteste devoir l'admettre, Suzanne, mais tu as raison. Ces commandes personnalisées sont aussi un véritable cauchemar du côté du marketing.

Jean : Si la fabrication des boîtiers à compas nous fait perdre de l'argent, pourquoi ne pas suggérer à nos clients de les commander ailleurs ?

Thomas : Un petit instant, Jean ! Nous perdrions une bonne partie de notre chiffre d'affaires !

Suzanne : Et alors ? Nous réaliserions encore plus d'économies sur les coûts !

Marie : Pas si sûr, Suzanne ! Certains coûts ne disparaîtraient pas, même si nous abandonnions tous ces produits.

Thomas : De quels coûts parles-tu, Marie ?

Marie : Si je ne me trompe pas, tu as dit que tu consacrais environ 10 % de ton temps à t'occuper des nouveaux produits. Par conséquent, 10 % de ton salaire a été attribué au centre de regroupement « Conception des produits ». Si nous abandonnons tous les produits requérant du travail de conception, serais-tu prêt à renoncer à 10 % de ton salaire ?

Thomas : J'espère que tu veux rire ?

Marie : Comprends-tu notre problème ? Ce n'est pas parce que tu consacres 10 % de ton temps aux produits personnalisés que l'entreprise économiserait 10 % de ton salaire en laissant tomber leur fabrication. Avant de prendre une grave décision comme celle d'abandonner la production de produits personnalisés, il faudrait déterminer les coûts réellement pertinents.

Jean : Je commence à comprendre où tu veux en venir, Marie. Il serait inutile d'abandonner toute une série de produits pour découvrir ensuite que nos coûts n'ont pas vraiment diminué. C'est vrai que l'abandon de certains produits libérerait des ressources comme le temps dont dispose Thomas. Il vaudrait mieux toutefois nous assurer que nous savons comment réutiliser ces ressources avant d'agir !

Cette discussion illustre qu'il faut toujours se montrer prudent avant de prendre des décisions basées sur l'information produite avec la CPA comme celle qui apparaît dans les tableaux 7.8 et 7.9 (*voir les pages 334 et 335*). Les marges sur coûts des produits et des clients calculées dans ces tableaux constituent un point de départ utile pour des analyses plus approfondies, mais les gestionnaires doivent déterminer comment les coûts se comportent réellement avant de décider d'abandonner un produit ou de cesser de faire affaire avec un client, ou encore de modifier les prix de leurs produits ou de leurs services. L'annexe 7C disponible sur la plateforme *i+ Interactif* montre la manière de préparer un rapport d'analyse des activités qui aiderait les gestionnaires à prendre de telles décisions. Un **rapport d'analyse des activités** fournit plus de renseignements sur les coûts et sur la façon dont ils se comportent à la suite de changements dans les activités que l'analyse de la CPA présentée dans les tableaux 7.8 et 7.9.

7

Rapport d'analyse des activités

Rapport indiquant les coûts attribués à un objet de coûts, par exemple un produit ou un client, et le degré de difficulté de chaque coût à s'ajuster en cas de variation du volume d'activité.

SUR LE TERRAIN

Les meilleures pratiques en matière de coûts de revient

Afin de comprendre comment les systèmes de coûts de revient sont utilisés, le Business Research and Analysis Group (BRAG) a effectué une étude auprès de 400 répondants principalement localisés en Amérique du Nord. Les répondants provenaient essentiellement des secteurs manufacturier et de services. Le BRAG a classé les entreprises en deux catégories à des fins de comparaison : les entreprises classées comme ayant les meilleures pratiques en matière de conception et d'utilisation des systèmes de coûts de revient et les autres entreprises. Une des principales différences entre ces deux catégories d'entreprises est le type de système de coûts de revient qu'elles utilisent. Les entreprises classées comme ayant les meilleures pratiques utilisent couramment la CPA alors que seulement un tiers des autres entreprises l'emploient. Les entreprises qui adoptent de meilleures pratiques ont recours à la CPA, dans une proportion de 70 %, afin de mieux comprendre leurs opérations. Elles sont également d'avis dans la même proportion que la CPA offre une meilleure compréhension de la consommation des ressources par leurs produits que ne le font d'autres types de systèmes de coûts de revient. De plus, 60 % de ces entreprises croient que la CPA fournit des informations plus appropriées pour améliorer les processus que d'autres types de systèmes de coûts de revient. Le BRAG suggère en conclusion de son étude que les entreprises qui veulent se doter des meilleures pratiques en matière de système de coûts de revient doivent considérer que leur système doit fournir des informations sur divers objets de coûts tels que les clients, les produits, les services, les canaux de distribution et les activités. Il souligne également que la compréhension des ressources consommées par chacun de ces objets de coûts améliorera la qualité des décisions prises.

Source : R. LAWSON, W. STRATTON, D. DESROCHES et T. HATCH, « Best Practices in Cost and Profitability Systems », *Cast Management*, septembre/octobre 2009, 23(5), p. 13-19.

7.4 L'amélioration ciblée des processus

La CPA peut servir à déterminer les domaines où une amélioration des processus serait souhaitable. En fait, un grand nombre de gestionnaires considèrent que c'est l'un de ses principaux avantages[3]. Quand la CPA est utilisée à cette fin, elle est souvent appelée « gestion par activités ». On allie la **gestion par activités (GPA)** à la CPA en vue d'améliorer les processus et de réduire les coûts. Elle est employée dans des types d'organisations aussi différents que les entreprises de fabrication, Passeports canadiens et Santé Canada[4]. Par exemple, lorsque « 40 % des coûts du fonctionnement d'un hôpital sont attribuables à l'entreposage, à la collecte et à l'acheminement de l'information », de toute évidence, il y a beaucoup de gaspillage à éliminer et d'améliorations à apporter[5]. Dans ce contexte, la gestion par activités pourrait s'avérer très utile.

Dans tout programme d'amélioration, la première étape consiste à décider ce qu'il faut améliorer. La théorie des contraintes, dont il sera question au chapitre 12, est un outil efficace pour déterminer les améliorations les plus utiles à l'organisation. La GPA en est un autre. Les coûts unitaires des activités et le coût total de l'activité calculés à l'aide de la CPA peuvent fournir des indices précieux sur les endroits où il y a du gaspillage et où il y a de la place pour l'amélioration dans une organisation. Par exemple, les gestionnaires de Laiton classique inc. ont été surpris de constater le coût élevé de la prise de commandes des clients. Certaines de ces commandes ont une valeur inférieure à 100 $ en produits ; pourtant, leur traitement coûte en moyenne 320 $, d'après les coûts unitaires calculés au tableau 7.5 (*voir la page 330*). Ce montant a paru considérable aux gestionnaires pour une activité qui n'ajoute aucune valeur au produit. Par conséquent, ils ont ciblé l'activité « Commandes des clients » en vue de l'améliorer.

L'**analyse comparative** constitue un autre moyen d'exploiter les informations relatives aux coûts unitaires des activités. Cette méthode systématique permet de cerner les activités qui nécessitent le plus d'amélioration. Elle consiste à comparer le rendement d'une activité donnée dans une organisation (par exemple, le contrôle de la qualité) avec le rendement de cette même activité au sein d'autres organisations similaires reconnues pour leur excellence en la matière. Lorsque la norme de référence réside dans une autre organisation, il est question d'analyse comparative externe. Par ailleurs, certaines entreprises recourent aussi à l'analyse comparative interne, laquelle consiste plutôt à comparer le rendement d'une activité en particulier dans une certaine division de l'organisation (par exemple, le traitement des commandes des clients) avec celui de cette même activité au sein d'autres divisions qui se démarquent en la matière. En somme, si le rendement d'un

Gestion par activités (GPA)

Méthode de gestion privilégiant la gestion des activités pour l'élimination du gaspillage, et l'amélioration des délais et de la qualité.

7

Analyse comparative

Méthode systématique qui consiste à comparer le rendement d'une activité donnée dans une organisation avec le rendement de cette même activité au sein d'autres organisations similaires ou d'autres divisions à l'interne reconnues pour leur excellence en la matière.

---

3. Dan SWENSON, « The Benefits of Activity-Based Cost Management to the Manufacturing Industry », *Journal of Management Accounting Research*, vol. 7 (automne 1995), p. 168-180.
4. Pour Passeports canadiens, aller à l'adresse <www.cic.gc.ca/francais/passeport/>; pour Santé Canada, aller à l'adresse <www.hc-sc.gc.ca/index-fra.php> (Pages consultées le 11 mai 2015).
5. Kambiz FOROOHAR, « Rx : Software », *Forbes*, vol. 159, n° 7 (7 avril 1997), p. 114.

certain secteur de l'organisation s'avère de loin inférieur à la norme de référence externe ou interne pour une activité donnée, les gestionnaires chercheront sans doute à y apporter des améliorations.

SUR LE TERRAIN

L'analyse comparative dans le secteur de la santé

Tous les secteurs de l'économie peuvent utiliser l'analyse comparative, l'amélioration des processus et la gestion par activités pour accroître leur performance. Ces outils ne sont plus réservés au secteur manufacturier. Dans le réseau de la santé, plusieurs initiatives à cet égard ont vu le jour dans les 20 dernières années. Par exemple, une étude d'analyse comparative auprès de cinq centres hospitaliers (CH) québécois a d'abord divisé le processus de la logistique hospitalière en trois groupes de sous-processus (ou centres de regroupement des activités): Commander et gérer les stocks, Recevoir les commandes et Réapprovisionner les stocks des services. Ces trois groupes de processus ont ensuite été décomposées en plusieurs activités. Des coûts ont été rattachés à des activités spécifiques et ils ont servi de point de comparaison entre les CH. Diverses mesures de la performance relatives à la qualité du service logistique ont également été utilisées pour comparer les établissements et désigner les plus performants. Les objectifs de cette étude étaient d'évaluer les coûts et l'impact des pratiques de logistique hospitalière sur la qualité des soins et de définir les meilleures pratiques dont tout le réseau pourrait s'inspirer pour l'amélioration de ses processus.

Source: E. POULIN, «L'analyse comparative du processus de gestion hospitalière : un remède aux maux du secteur de la santé ?», *CMA Management*, novembre 2006.

7.5 La CPA et les états financiers publiés à des fins externes

Bien que la CPA fournisse généralement des renseignements plus précis sur les coûts des produits que l'approche traditionnelle d'établissement du coût de revient, il est rare qu'on s'en serve pour dresser les états financiers publiés à des fins externes. Il y a plusieurs raisons à cela. Premièrement, les états financiers publiés à des fins externes sont moins détaillés que les rapports internes préparés à des fins de prise de décisions. Par exemple, les coûts de chaque produit n'apparaissent pas dans les états financiers publiés à des fins externes. On y indique le coût des ventes et la valeur des stocks, mais on ne décompose pas ces comptes par produit. Si les coûts de certains de ces produits sont sous-évalués, et ceux d'autres produits, surévalués, ces erreurs auront tendance à s'annuler lorsque les coûts seront additionnés ensemble.

Deuxièmement, il s'avère souvent difficile d'apporter des changements au système d'information comptable d'une entreprise. Dans la plupart des grandes sociétés, le système de coûts de revient officiel est généralement intégré à des logiciels informatiques complexes qui ont pu être modifiés à l'interne au cours de nombreux exercices pour répondre à des besoins précis d'information. Or, il peut être extrêmement ardu de transformer de tels logiciels sans causer nombre de bogues, lesquels risquent d'entraîner des résultats erronés.

Troisièmement, un modèle de la CPA comme celui que nous décrivons dans le présent chapitre n'est pas conforme aux normes comptables en vigueur. Comme nous l'avons vu au chapitre 2, pour la publication d'états financiers à des fins externes, tous les coûts de fabrication, mais seulement ces coûts, doivent être inclus dans le coût des stocks et le coût de ventes. Tous les autres types de coûts en sont exclus. Or, dans le modèle de la CPA, il est possible que les coûts incorporables ne comprennent pas certains coûts de fabrication et englobent certains coûts hors fabrication. Il est possible, à la fin d'une période, d'effectuer un ajustement des données obtenues par la CPA pour les rendre conformes aux normes comptables en vigueur, mais ce procédé requiert davantage de travail. L'annexe 7A présente une méthode permettant d'utiliser une forme modifiée de la CPA pour la préparation des états financiers à des fins externes. L'annexe 7B explique l'enregistrement des coûts à l'aide de la CPA. Enfin, l'annexe 7D illustre la manière d'analyser les coûts de marketing en s'inspirant de la CPA. Les annexes 7A, 7B et 7D sont disponibles sur la plateforme *i+ Interactif*.

Quatrièmement, il est probable que les auditeurs se sentent mal à l'aise à l'égard d'allocations de coûts fondées, par exemple, sur des entrevues avec le personnel de l'entreprise, car comme de telles données sont subjectives, la direction peut facilement les manipuler de manière à donner une image exagérément flatteuse de ses résultats.

Pour toutes ces raisons, la plupart des entreprises réservent leur utilisation de la CPA à des études pour améliorer la performance, sans intégrer formellement la CPA à leur système d'information comptable.

AIDE-MÉMOIRE — Une comparaison entre la CPA et l'approche traditionnelle d'établissement du coût de revient

Élément	CPA	Approche traditionnelle
1. Nombre de centres de regroupement des coûts	1. Nombreux ; fondés sur les principales activités liées aux produits ou aux services	1. Peu nombreux ; fondés sur les principaux ateliers de fabrication ou services
2. Traitement des frais indirects de fabrication	2. Attribués aux produits, mais uniquement sur une base de cause à effet	2. Tous attribués aux produits
3. Unités d'œuvre utilisées pour imputer les coûts indirects	3. À la fois liées aux unités (p. ex., heures de main-d'œuvre) et à d'autres bases (p. ex., lots) ; varient en fonction des activités	3. Généralement liées aux unités (p. ex., heures de main-d'œuvre) ; varient en fonction des ateliers
4. Traitement des coûts indirects hors fabrication	4. Attribués aux produits ou aux clients qui en sont la cause	4. Passés en charges à titre de coûts de période
5. Traitement des coûts des matières premières et de la main-d'œuvre directe	5. Directement attribués aux objets de coûts correspondants	5. Directement attribués aux objets de coûts correspondants
6. Utilisation de la méthode pour la présentation des états financiers à des fins externes	6. Exige généralement des modifications en raison des éléments 2 et 4 (*voir l'annexe 7A disponible sur la plateforme i+ Interactif*)	6. N'exige généralement pas de modifications, puisqu'elle est conforme aux normes comptables en vigueur

7.6 Les limites de la CPA

L'implantation d'un système de CPA est un projet d'envergure qui nécessite des ressources importantes. Et, une fois implanté, un tel système est plus coûteux à maintenir que l'approche traditionnelle d'établissement du coût de revient. Il faut dans le premier cas recueillir des données concernant de nombreuses unités d'œuvre, les vérifier et les intégrer au système. Les avantages que procure une plus grande exactitude ne contrebalancent pas nécessairement ces coûts.

La CPA permet d'obtenir des chiffres, tels que les marges sur coûts des produits, qui ne correspondent pas toujours à ceux déterminés à l'aide de l'approche traditionnelle d'établissement du coût de revient. Toutefois, les gestionnaires ont l'habitude d'employer cette approche traditionnelle, qui est souvent utilisée pour évaluer la performance. La CPA change les règles du jeu. Or, par leur nature, les êtres humains ont tendance à résister aux changements dans les organisations, surtout lorsque celles-ci modifient les règles auxquelles ils sont habitués. Cela met en lumière l'importance de l'appui de la haute direction, et de l'entière participation des cadres intermédiaires et du personnel du service de la comptabilité à toute implantation de la CPA. Si la CPA est considérée comme une simple initiative du service de la comptabilité qui n'a pas l'appui inconditionnel de la haute direction, son implantation risque fort d'être un échec.

En pratique, les gestionnaires qui recourent à la CPA insistent pour attribuer la totalité des coûts, y compris ceux de la capacité non utilisée et des activités de soutien, à l'organisation, aux produits, aux clients, ainsi qu'à d'autres objets de coûts. Il en résulte alors une surestimation des coûts et une sous-estimation des marges bénéficiaires, ce qui entraîne des erreurs dans la fixation des prix et la prise d'autres décisions importantes[6].

Il est facile de se tromper dans l'interprétation des données de la CPA, de sorte qu'on doit les utiliser avec précaution lorsqu'il s'agit de prendre des décisions. Les coûts attribués aux produits, aux clients et à d'autres objets de coûts ne sont que potentiellement pertinents. Avant de prendre toute décision importante à l'aide de données fournies par la CPA, les gestionnaires doivent déterminer les coûts qui sont réellement pertinents dans les circonstances.

Comme nous l'avons vu dans la section précédente, les rapports produits selon la CPA ne sont pas nécessairement conformes aux normes comptables. Une entreprise qui se sert de la CPA devrait probablement avoir deux systèmes d'établissement du coût de revient — un pour l'information de gestion, et l'autre pour la préparation des états financiers. Le recours à deux méthodes est plus coûteux que le maintien d'une seule, et peut entraîner de la confusion quant il s'agit de déterminer laquelle est la plus crédible et la plus fiable compte tenu de la décision à prendre.

MISE EN APPLICATION

Les gestionnaires peuvent mettre leurs connaissances relatives à la CPA en application pour :

- calculer le coût de revient des produits ou des services lorsque l'entreprise en offre une grande variété ou lorsqu'ils sont très personnalisés et que les processus de conception et de fabrication sont complexes. Dans pareils cas, la répartition uniforme des coûts indirects entre les produits risque fort d'entraîner des erreurs notables dans le coût de revient des produits ou des services ;

- fixer des prix de vente en veillant à ce qu'ils soient supérieurs aux coûts nécessaires pour fabriquer les produits ou offrir les services de l'entreprise ;

- cerner les activités qui gagneraient à être améliorées (par exemple, en éliminant le gaspillage, en réduisant les délais de traitement ou en diminuant les défectuosités et les remises en fabrication).

Résumé

- L'approche traditionnelle d'établissement du coût de revient attribue tous les coûts de fabrication — même ceux qui ne sont pas occasionnés par des produits particuliers — aux produits. Aucun des coûts hors fabrication générés par ces produits ne leur sont attribués. Elle leur assigne également parfois les coûts de la capacité non utilisée. (OA1)

- L'approche traditionnelle d'établissement du coût de revient a tendance à dépendre trop étroitement d'unités d'œuvre liées aux unités telles que la main-d'œuvre directe et les heures-machines. Il en résulte une surestimation des coûts des produits à

---

6. Philip BEAULIEU et Anila LAKRA, « Coverage of the Criticism of Activity-Based Costing in Canadian Textbooks », *Canadian Accounting Perspectives* 4, 2005, p. 87-109. À partir d'analyses récentes documentées, cette ressource présente des commentaires pertinents à propos du traitement comptable approprié à appliquer aux coûts des activités de soutien à l'organisation et de la capacité non utilisée.

volume élevé et une sous-estimation des coûts des produits à faible volume qui peuvent entraîner des erreurs au moment de la prise de décisions. (OA1)

- Dans la CPA, on estime les coûts des ressources consommées par des objets de coûts comme les produits et les clients. En appliquant cette méthode, on suppose que les objets de coûts génèrent des activités qui, à leur tour, consomment des ressources, lesquelles ont des coûts. Les activités constituent le lien entre les coûts et les objets de coûts. (OA1, OA2)

- La CPA s'intéresse aux coûts indirects – les frais indirects de fabrication ainsi que les frais de vente et d'administration. L'attribution des coûts de la main-d'œuvre directe et des matières premières reste généralement la même que dans la méthode traditionnelle. (OA1, OA2)

- Si elles adoptent le modèle de la CPA, les entreprises choisissent le plus souvent un petit ensemble d'activités qui résument une grande partie du travail effectué dans les sections génératrices de coûts indirects. On associe alors à chaque activité un centre de regroupement des coûts. Dans la mesure du possible, on rattache directement les coûts à ces centres de regroupement. Les coûts indirects qui restent sont attribués aux centres de regroupement au cours de la première phase de la répartition des coûts. (OA2)

- On détermine un coût unitaire des activités pour chaque centre de regroupement en divisant les coûts attribués à ce centre par la quantité de l'unité d'œuvre qui y correspond. (OA3)

- Au cours de la deuxième phase de la répartition des coûts, on se sert des coûts unitaires des activités pour attribuer des coûts aux objets de coûts tels que les produits et les clients. (OA4)

- La GPA utilise les informations de la CPA pour cibler les activités qui doivent être améliorées. L'analyse comparative peut aider l'entreprise à déterminer les activités qui nécessitent des améliorations en les comparant avec des activités semblables d'autres entreprises de classe mondiale ou avec d'autres divisions performantes. (OA4)

- Les coûts calculés à l'aide de la CPA sont souvent très différents de ceux que fournit l'approche traditionnelle d'établissement du coût de revient, car dans la CPA, on attribue uniquement aux produits les coûts dont ils sont la cause ; on emploie des unités d'œuvre qui ne sont pas nécessairement liées à des volumes d'activité tel que le nombre d'unités produites, et on attribue aussi les coûts hors fabrication (tels que les frais de livraison) sur une base de cause à effet. (OA5)

Activités d'apprentissage

Une comparaison entre l'approche traditionnelle d'établissement du coût de revient et la CPA

La Société des Rocheuses fabrique deux types de paires de bottes de randonnée, soit les modèles X-Actif et Explorateur. Voici quelques renseignements à propos de ces deux gammes de produits.

	X-Actif	Explorateur
Prix de vente unitaire	127,00 $	89,00 $
Matières premières par unité	64,80 $	51,00 $
Main-d'œuvre directe par unité.......................................	18,20 $	13,00 $
Heures de main-d'œuvre directe par unité	1,4 HMOD	1,0 HMOD
Production et ventes annuelles prévues	25 000 unités	75 000 unités

L'entreprise recourt à une approche traditionnelle d'établissement du coût de revient et elle impute ses frais indirects de fabrication aux unités sur la base des heures de main-d'œuvre directe. Voici des données relatives aux frais indirects de fabrication et aux heures de main-d'œuvre directe pour l'exercice à venir.

Total des frais indirects de fabrication prévus	2 200 000 $
Total des heures de main-d'œuvre directe prévues	110 000 HMOD
HMOD : heures de main-d'œuvre directe	

Travail à faire

1. En vous servant du tableau 7.10 (*voir la page 337*) comme modèle, calculez les marges sur coûts des produits X-Actif et Explorateur selon le système de coûts de revient traditionnel utilisé par la Société des Rocheuses.

2. L'entreprise envisage de remplacer son approche traditionnelle d'établissement du coût de revient par un système de CPA dans lequel elle attribuerait ses frais indirects de fabrication aux quatre centres de regroupement des coûts par activité suivants (les coûts de ses activités de soutien à l'organisation et de sa capacité non utilisée sont inclus dans le centre de regroupement des coûts intitulé « Autres »).

Centre de regroupement des coûts (et unités d'œuvre)	Frais indirects de fabrication prévus	Activité totale prévue		
		X-Actif	Explorateur	Total
Soutien à la fabrication (heures de main-d'œuvre directe)	797 500 $	35 000	75 000	110 000
Réglage des lots (nombre de réglages)	680 000	250	150	400
Soutien aux produits (nombre de produits)	650 000	1	1	2
Autres	72 500	S.O.	S.O.	S.O.
Total des frais indirects de fabrication	2 200 000 $			

En vous servant du tableau 7.8 (*voir la page 334*) comme modèle, calculez les marges sur coûts des produits X-Actif et Explorateur selon la CPA.

3. En vous servant du tableau 7.11 (*voir la page 338*) comme modèle, dressez un tableau comparatif entre l'approche traditionnelle d'établissement du coût de revient et la CPA, puis expliquez ce qui les distingue l'une de l'autre.

Solution au problème de révision 7.1

1. D'après le système de coûts de revient traditionnel fondé sur les heures de main-d'œuvre directe, on impute les frais indirects de fabrication aux produits selon un taux d'imputation prédéterminé des frais indirects de fabrication qui se calcule comme suit.

$$\text{Taux d'imputation prédéterminé des frais indirects de fabrication} = \frac{\text{Total des frais indirects de fabrication prévus}}{\text{Total des heures de main-d'œuvre directe prévues}}$$

$$= \frac{2\ 200\ 000\ \$}{110\ 000\ \text{HMOD*}} = 20,00\ \$\ \text{par HMOD}$$

HMOD : heures de main-d'œuvre directe

*25 000 unités (paires) du modèle X-Actif × 1,4 HMOD par unité (paire) + 75 000 unités (paires) du modèle Explorateur × 1,0 HMOD par unité (paire) = 35 000 HMOD + 75 000 HMOD = 110 000 HMOD

Voici donc les marges sur coûts des produits calculées selon l'approche traditionnelle d'établissement du coût de revient.

	X-Actif	Explorateur	Total
Ventes..............................	3 175 000 $	6 675 000 $	9 850 000 $
Matières premières.............................	1 620 000	3 825 000	5 445 000
Main-d'œuvre directe	455 000	975 000	1 430 000
Frais indirects de fabrication imputés (à 20,00 $ par heure de main-d'œuvre directe)..................	700 000	1 500 000	2 200 000
Total des coûts de fabrication............	2 775 000	6 300 000	9 075 000
Marge sur coûts des produits.............	400 000 $	375 000 $	775 000 $

HMOD : heures de main-d'œuvre directe

Notons que tous les frais indirects de fabrication sont imputés aux produits selon le système de coûts de revient traditionnel utilisé par l'entreprise.

2. La première étape consiste à déterminer les coûts unitaires des activités de la façon suivante.

Centre de regroupement des coûts par activité*	(a) Coût total	(b) Activité totale	(a) ÷ (b) Coût unitaire de l'activité
Soutien à la fabrication..	797 500 $	110 000 HMOD	7,25 $ par HMOD
Réglage des lots	680 000 $	400 réglages	1 700 $ par réglage
Soutien aux produits	650 000 $	2 produits	325 000 $ par produit

HMOD : heures de main-d'œuvre directe

* Le centre de regroupement des coûts par activité « Autres » ne figure pas dans ce tableau, puisqu'il comprend les coûts des activités de soutien à l'organisation et de la capacité non utilisée, lesquels ne doivent pas être attribués aux produits.

Voici le calcul des marges sur coûts des produits selon la CPA.

	X-Actif	Explorateur	Total
Ventes	3 175 000 $	6 675 000 $	9 850 000 $
Matières premières	1 620 000	3 825 000	5 445 000
Main-d'œuvre directe	455 000	975 000	1 430 000
Soutien à la fabrication	253 750	543 750	797 500
Réglage des lots	425 000	255 000	680 000
Soutien aux produits	325 000	325 000	650 000
Coût total	3 078 750	5 923 750	9 002 500
Marge sur coûts des produits	96 250 $	751 250 $	847 500 $

3. Voici le tableau comparatif.

	X-Actif		Explorateur		Total
	(a) Montant	(a) ÷ (c) Pourcentage	(b) Montant	(b) ÷ (c) Pourcentage	(c) Montant
Approche traditionnelle d'établissement du coût de revient					
Matières premières	1 620 000 $	29,8 %	3 825 000 $	70,2 %	5 445 000 $
Main-d'œuvre directe	455 000	31,8 %	975 000	68,2 %	1 430 000
Frais indirects de fabrication	700 000	31,8 %	1 500 000	68,2 %	2 200 000
Total des coûts attribués aux produits	2 775 000 $		6 300 000 $		9 075 000 $
CPA					
Coûts directs :					
Matières premières	1 620 000 $	29,8 %	3 825 000 $	70,2 %	5 445 000 $
Main-d'œuvre directe	455 000	31,8 %	975 000	68,2 %	1 430 000
Coûts indirects :					
Soutien à la fabrication	253 750	31,8 %	543 750	68,2 %	797 500
Réglage des lots	425 000	62,5 %	255 000	37,5 %	680 000
Soutien aux produits	325 000	50,0 %	325 000	50,0 %	650 000
Total des coûts attribués aux produits	3 078 750 $		5 923 750 $		9 002 500
Coûts non attribués aux produits :					
Autres					72 500
Total des coûts					9 075 000 $

L'approche traditionnelle d'établissement du coût de revient et la CPA se distinguent de deux façons. En premier lieu, selon la méthode traditionnelle, on répartit la totalité des frais indirects de fabrication de 2 200 000 $ entre les produits alors que, d'après la CPA, on n'attribue que des frais indirects de fabrication de 2 127 500 $ à ces produits. En effet, dans la CPA, le montant de 72 500 $ attribué au centre de regroupement des coûts «Autres» n'est pas réparti sur les produits, car il représente les coûts des activités de soutien à l'organisation et de la capacité non utilisée. En second lieu, selon le système de coûts de revient traditionnel, on ne recourt qu'à une seule unité d'œuvre, soit aux heures de main-d'œuvre directe, pour attribuer 31,8 % des frais indirects de fabrication à la gamme de produits X-Actif, et 68,2 % à la gamme de produits Explorateur. Or, dans la CPA, on attribue 62,5 % des coûts du réglage des lots (qui constitue une activité liée aux lots) à la gamme de produits X-Actif, et 37,5 % à la gamme de produits Explorateur. Toujours selon la CPA, on attribue 50 % des coûts de soutien aux produits (soit une activité liée aux produits) à chacune des gammes de produits.

Questions

Q7.1 Comment les coûts hors fabrication liés aux activités de vente, de livraison et de distribution sont-ils traités dans la CPA ?

Q7.2 Pourquoi la main-d'œuvre directe est-elle une unité d'œuvre inappropriée pour la répartition des coûts indirects dans un grand nombre d'entreprises ?

Q7.3 Dans la CPA, pourquoi les coûts unitaires des activités sont-ils établis en fonction du volume d'activité correspondant à la capacité de production plutôt qu'en fonction de l'activité prévue ?

Q7.4 Qu'est-ce qu'un centre de regroupement des coûts par activité ?

Q7.5 Définissez les activités liées aux unités et aux lots ainsi que les activités de soutien aux produits, de soutien aux clients et de soutien à l'organisation.

Q7.6 Quels types de coûts ne devrait-on pas attribuer aux produits dans un modèle de CPA ?

Q7.7 Pourquoi la première phase de la mise en œuvre de la CPA est-elle souvent basée sur des entrevues ?

Q7.8 Quelle différence y a-t-il entre un inducteur fondé sur les activités et un inducteur fondé sur la durée ?

Q7.9 Dans la CPA, quelle est la deuxième phase de la répartition des coûts ?

Q7.10 Dans la CPA, pourquoi les frais indirects de fabrication sont-ils souvent transférés des produits à volume élevé aux produits à faible volume ?

Q7.11 Quelles sont les deux principales limites de la CPA ?

Q7.12 Pourquoi l'utilisation de la CPA décrite dans ce chapitre pourrait-elle être inacceptable pour la préparation d'états financiers à des fins externes ?

Q7.13 Qu'est-ce qu'une analyse comparative ?

Exercices

Pour savoir quels tableaux utiliser au moment de répondre aux exercices, aux problèmes et aux cas, servez-vous du guide suivant :

a) pour la première phase de la répartition des coûts entre les centres de regroupement des coûts par activité, le tableau 7.4 (*voir la page 329*) ;

b) pour le calcul des coûts unitaires des activités, le tableau 7.5 (*voir la page 330*) ;

c) pour l'attribution de coûts indirects aux produits, le tableau 7.6 (*voir la page 332*) ;

d) pour l'attribution de coûts indirects aux clients, le tableau 7.7 (*voir la page 333*) ;

e) pour les marges sur coûts des produits dans la CPA, le tableau 7.8 (*voir la page 334*) ;

f) pour la marge sur coûts du client avec la CPA, le tableau 7.9 (*voir la page 335*).

E7.1 La classification des activités

CD Express inc. offre des services de reproduction de cédéroms aux sociétés de conception de logiciels. Le client fournit un cédérom modèle dont l'entreprise fait des copies. Les commandes peuvent varier de un exemplaire à plusieurs milliers. La plupart d'entre elles sont décomposées en lots de façon que les machines soient disponibles pour que la production exécute d'autres commandes moins considérables mais urgentes. Voici la liste d'un certain nombre d'activités effectuées chez CD Express.

a) Visites périodiques de représentants chez des clients pour les tenir au courant des services offerts par CD Express.

b) Commande d'étiquettes à l'imprimeur pour un cédérom en particulier (le coût des étiquettes fait partie des matières premières).

c) Réglage de la machine de reproduction des cédéroms pour fabriquer des exemplaires d'un cédérom donné.

d) Alimentation en étiquettes de la machine à étiquetage automatique pour un cédérom donné (le coût des étiquettes fait partie des matières premières).

e) Inspection visuelle et rangement à la main des cédéroms dans des boîtiers de plastique protecteurs avant leur livraison.

f) Préparation des documents de livraison relatifs à la commande.

▶

g) Entretien périodique du matériel.

h) Éclairage et chauffage des installations de production de l'entreprise.

i) Préparation des rapports financiers trimestriels.

Travail à faire

Classez chacune des activités précédentes dans l'une des catégories suivantes : activités liées aux unités ou aux lots, ou activités de soutien aux produits, aux clients ou à l'organisation. Supposez que la commande est assez importante pour être décomposée en lots.

E7.2 La hiérarchie des coûts

La société Prévert construit des voiturettes de golf qu'elle vend directement à des clubs de golf dans le monde entier. Elle offre plusieurs modèles de base pouvant être modifiés pour répondre aux besoins particuliers de chaque terrain. Par exemple, pour un terrain de golf situé en Colombie-Britannique, le client (c'est-à-dire le club) exige généralement que ses voiturettes soient équipées de toits imperméables rétractables. En outre, chaque client demande des voiturettes personnalisées, c'est-à-dire peintes à ses couleurs et portant son logo. En général, l'entreprise fabrique toutes les voiturettes destinées à un même client avant de commencer la production de celles d'un autre. Voici un aperçu de ses activités et de ses coûts.

a) Le service des achats commande au fournisseur de l'entreprise la peinture de la couleur précisée par le client.

b) Un employé installe le volant d'une voiturette de golf.

c) Un avocat externe rédige un nouveau contrat de vente général qui limite la responsabilité de la société Prévert en cas d'accidents causés par ses voiturettes de golf.

d) L'atelier de peinture de l'entreprise fabrique un pochoir pour le logo d'un client.

e) Un représentant de la société Prévert rend visite à un client de longue date pour savoir s'il est satisfait des voiturettes de golf qui lui ont été vendues et essayer de lui en vendre d'autres.

f) Le service des comptes clients prépare la facture d'une commande terminée.

g) Le système de chauffage et d'éclairage de l'usine et des bureaux de l'administration consomme de l'électricité.

h) Des employés peignent les voiturettes de golf.

i) L'ingénieur de l'entreprise modifie la conception d'un modèle pour éliminer un problème de sécurité potentiel.

j) Le service de marketing fait imprimer un catalogue des produits de l'entreprise et en poste des exemplaires à des directeurs de clubs de golf.

k) Des employés testent chaque voiturette de golf terminée sur la piste d'essai de l'entreprise.

l) L'entreprise expédie un nouveau modèle de voiturette au magazine de golf le plus prestigieux pour qu'il l'évalue dans son classement annuel.

Travail à faire

Classez chacun des coûts ou chacune des activités ci-dessus selon qu'il s'agit de coûts ou d'activités liés aux unités ou aux lots, ou encore de soutien aux produits, aux clients ou à l'organisation. Dans le cas présent, les clients sont des clubs de golf, les produits sont des modèles de voiturette de golf, un lot correspond à la commande d'un client particulier et une unité désigne une voiturette.

E7.3 Les unités d'œuvre

Voici une liste d'activités que vous avez observées chez Martin inc., une entreprise de fabrication. Chaque activité est classée dans l'une des catégories suivantes : activités liées aux unités ou aux lots, ou activités de soutien aux produits ou aux clients.

Activité	Catégorie d'activité	Exemples d'unités d'œuvre
a) La main-d'œuvre directe assemble un produit.......................	Unités	
b) Les ingénieurs conçoivent des produits................................	Produits	
c) On procède au réglage des machines....................................	Lots	
d) Les machines façonnent et découpent la matière première	Unités	
e) On expédie des factures mensuelles aux clients réguliers.....	Clients	
f) On déplace les matières premières de l'aire de réception aux chaînes de montage.........................	Lots	
g) Toutes les unités terminées sont inspectées aux fins de recherche de défauts	Unités	

Travail à faire

Remplissez le tableau précédent en fournissant pour chaque activité des exemples d'unités d'œuvre qui pourraient servir à attribuer ces coûts aux produits ou aux clients.

E7.4 La première phase de la répartition des coûts dans une entreprise de service

La société Les Transporteurs $$ inc. exploite un parc de véhicules blindés qui récupèrent et livrent régulièrement des montants d'argent auprès de ses clients. L'entreprise œuvre à l'implantation de la CPA constitué de quatre centres de regroupement des coûts par activité, soit ceux du transport, de la collecte et de la livraison, du service à la clientèle et des autres activités. En ce qui concerne les unités d'œuvre, il s'agit des kilomètres, pour ce qui est du transport ; du nombre de collectes et de livraisons, pour ce qui est de la collecte et de la livraison ; et du nombre de clients, pour ce qui est du service à la clientèle. En ce qui a trait au centre de regroupement des coûts par activité intitulé « Autres », aucune unité d'œuvre n'y est associée. Voici les coûts attribués selon la CPA mise en place.

Salaires des chauffeurs et des gardiens de sécurité	840 000 $
Frais d'exploitation des véhicules...	270 000
Amortissement des véhicules	150 000
Salaires et dépenses des commis au service à la clientèle	180 000
Frais de bureau	40 000
Frais d'administration	340 000
Total des coûts	1 820 000 $

Voici la façon dont la consommation des ressources est répartie entre les centres de regroupement des coûts par activité.

	Transport	Collecte et livraison	Service à la clientèle	Autres	Total
Salaires des chauffeurs et des gardiens de sécurité	40 %	45 %	10 %	5 %	100 %
Frais d'exploitation des véhicules..................................	75 %	5 %	0 %	20 %	100 %
Amortissement des véhicules......	70 %	10 %	0 %	20 %	100 %
Salaires et dépenses des commis au service à la clientèle..........	0 %	0 %	85 %	15 %	100 %
Frais de bureau....................	0 %	25 %	35 %	40 %	100 %
Frais d'administration	0 %	5 %	55 %	40 %	100 %

►

► **Travail à faire**

Exécutez la première phase de la répartition des coûts indirects entre les centres de regroupement des coûts par activité.

E7.5 La première phase de la répartition

La vice-présidente à l'exploitation de la Banque provinciale a décidé de se pencher sur la question de l'efficience des activités de la banque. Elle se préoccupe particulièrement des coûts des activités habituelles et voudrait les comparer à ceux des différentes succursales de l'institution. Elle croit que s'il était possible de déterminer les succursales ayant les activités les plus efficientes, on devrait étudier leurs méthodes et les reproduire ailleurs. Bien que la banque enregistre les salaires et d'autres coûts avec minutie, aucun effort n'a été déployé jusqu'ici pour établir des liens entre ces coûts et les services qu'elle offre. La vice-présidente à l'exploitation vous a demandé de collaborer à une étude des activités de la banque au moyen de la CPA. Elle voudrait savoir en particulier le coût de l'ouverture d'un compte, le coût du traitement des dépôts et des retraits, ainsi que le coût du traitement d'autres transactions effectuées par des clients.

La succursale Bas-du-Fleuve a fourni les renseignements ci-après sur ses coûts pour la période qui vient de se terminer.

Salaires des caissiers..	160 000 $
Salaire du directeur adjoint de la succursale..	75 000
Salaire du directeur de la succursale...	80 000
	315 000 $

Presque tous les autres coûts de la succursale (le loyer, l'amortissement, les services publics, etc.) sont des coûts de soutien à l'organisation que l'on peut difficilement — et de façon logique — attribuer aux transactions individuelles des clients comme le dépôt d'un chèque.

En plus de recueillir les données sur les coûts présentées ci-dessus, on a interrogé les employés de la succursale Bas-du-Fleuve sur la répartition de leur temps au cours de la dernière période entre les activités incluses dans l'étude de CPA. Les résultats de ces entrevues donne la répartition des ressources entre les activités suivante :

	Ouverture de comptes	Traitement des dépôts et des retraits	Traitement des autres transactions des clients	Autres activités	Total
Salaires des caissiers..	5 %	65 %	20 %	10 %	100 %
Salaire du directeur adjoint de la succursale.........................	15 %	5 %	30 %	50 %	100 %
Salaire du directeur de la succursale....................................	5 %	-0- %	10 %	85 %	100 %

Travail à faire

Préparez la première phase de la répartition pour l'étude de CPA.

E7.6 L'établissement et l'interprétation du coût unitaire des activités

(Cet exercice est la suite de l'exercice E7.5. Les étudiants ne peuvent l'entreprendre que s'ils ont déjà fait ce dernier.) Le directeur de la succursale Bas-du-Fleuve de la Banque provinciale a fourni les renseignements ci-après concernant les transactions de sa succursale au cours de la dernière année.

Activité	Volume total d'activité à la succursale Bas-du-Fleuve
Ouverture de comptes	500 nouveaux comptes ouverts
Traitement des dépôts et des retraits	100 000 dépôts et retraits traités
Traitement des autres transactions des clients	5 000 autres transactions traitées

Les coûts les plus bas enregistrés par les autres succursales pour ces activités se présentent comme suit :

Activité	Coût le plus bas de toutes les succursales de la Banque provinciale
Ouverture de comptes	26,75 $ par nouveau compte
Traitement des dépôts et des retraits	1,24 $ par dépôt ou par retrait
Traitement des autres transactions des clients	11,86 $ par transaction

Travail à faire

1. En vous basant sur les données précédentes, calculez les coûts unitaires des activités suivant un système de CPA. Arrondissez tous vos calculs à deux décimales près.
2. Qu'est-ce que ces résultats vous indiquent concernant les activités de la succursale Bas-du-Fleuve ?

E7.7 Le calcul des coûts unitaires des activités et l'attribution à des objets de coûts

Société de gestion immobilière au service de petits centres commerciaux, Gestion immobilière Bienvenue inc. recourt à la CPA pour estimer ses coûts en vue de l'établissement de ses prix ainsi qu'à d'autres fins. D'après le propriétaire de l'entreprise, ses coûts découlent surtout du secteur de l'entretien extérieur (soit de l'entretien des aires de stationnement, des trottoirs et des plates-bandes), du secteur de l'espace occupé par les locataires à l'intérieur des centres commerciaux, de la distance à parcourir pour se rendre aux centres commerciaux et du nombre de centres commerciaux gérés. Par ailleurs, les coûts de la gestion de l'espace occupé par les locataires à l'intérieur des centres commerciaux diffèrent selon qu'ils sont situés à l'étage principal ou aux autres étages. Par conséquent, l'entreprise utilise les cinq centres de regroupement des coûts par activité suivants.

Centre de regroupement des coûts par activité	Unité d'œuvre
Gestion de l'espace extérieur	Mètres carrés d'espace extérieur
Gestion de l'espace intérieur à l'étage principal	Mètres carrés d'espace intérieur à l'étage principal
Gestion de l'espace intérieur aux autres étages	Mètres carrés d'espace intérieur aux autres étages
Transport vers les centres commerciaux	Kilomètres
Facturation et service à la clientèle	Nombre de centres commerciaux

►

7

▶ L'entreprise a déjà procédé à la première phase de la répartition des coûts. Voici un résumé de ses activités et de ses coûts annuels.

Centre de regroupement des coûts par activité	Frais indirects de fabrication prévus	Activité totale prévue
Gestion de l'espace extérieur	69 850 $	127 000 mètres carrés d'espace extérieur
Gestion de l'espace intérieur à l'étage principal	114 400 $	104 000 mètres carrés d'espace intérieur à l'étage principal
Gestion de l'espace intérieur aux autres étages	307 500 $	246 000 mètres carrés d'espace intérieur aux autres étages
Transport vers les centres commerciaux	6 600 $	22 000 kilomètres
Facturation et service à la clientèle ...	13 800 $	8 centres commerciaux

Le Mail Primevère est l'un des plus anciens clients de Gestion immobilière Bienvenue inc. Voici quelques renseignements à propos des installations de ce centre commercial, de son espace extérieur et de sa distance par rapport au siège social de Gestion immobilière Bienvenue inc.

Activité	Activité totale pour le Mail Primevère
Gestion de l'espace extérieur	16 000 mètres carrés d'espace extérieur
Gestion de l'espace intérieur à l'étage principal................................	25 000 mètres carrés d'espace intérieur à l'étage principal
Gestion de l'espace intérieur aux autres étages...................................	0 mètre carré (pas d'autres étages)
Transport vers le centre commercial........	2 500 kilomètres
Facturation et service à la clientèle..........	1 centre commercial

Travail à faire

1. Calculez le coût unitaire des activités pour chacun des centres de regroupement des coûts par activité.
2. Déterminez le total des coûts indirects qui devraient être attribués au Mail Primevère selon la CPA en place.

E7.8 L'analyse de rentabilité d'un produit et d'un client

La société Ulysse construit des aérovoiliers qu'elle vend par l'intermédiaire de magasins d'articles de sport. Outre un modèle standard, elle propose aussi des modèles personnalisés. La direction a conçu un système de CPA qui compte les centres de regroupement des coûts par activité et les coûts unitaires des activités suivants:

Centre de regroupement des coûts par activité	Coût unitaire des activités
Soutien à la fabrication	18 $ par heure de main-d'œuvre directe
Traitement des commandes	192 $ par commande
Conception personnalisée	261 $ par conception personnalisée
Service à la clientèle	426 $ par client

La direction voudrait avoir une analyse de la rentabilité d'un client en particulier, la boutique Les ailes de l'aigle, qui a commandé les produits ci-après au cours des 12 derniers mois.

	Modèle standard	Modèle personnalisé
Nombre d'aérovoiliers...	10	2
Nombre de commandes	1	2
Nombre de conceptions personnalisées	-0-	2
Heures de main-d'œuvre directe par aérovoilier................	28,5	32,0
Prix de vente d'un aérovoilier................................	1 650 $	2 300 $
Coût des matières premières par aérovoilier	462 $	576 $

Le taux horaire de la main-d'œuvre directe est de 19 $.

Travail à faire

À l'aide de la CPA, calculez la marge sur coûts du client pour la boutique Les ailes de l'aigle.

E7.9 Le calcul des coûts des produits dans la CPA

Produits Haut calibre inc. fabrique deux produits, soit des jantes et des montants en titane. Voici quelques données relatives à ces produits.

	Heures de main-d'œuvre directe par unité	Production annuelle
Jantes..	0,40	20 000 unités
Montants	0,20	80 000 unités

Voici d'autres renseignements à propos de l'entreprise :

a) Pour fabriquer les jantes, il faut des matières premières dont le coût s'élève à 17 $ par unité, et pour fabriquer les montants, le coût des matières premières nécessaires se chiffre à 10 $ par unité.

b) La main-d'œuvre directe gagne un salaire de 16 $ l'heure.

c) La fabrication des jantes est plus compliquée que celle des montants et elle exige l'utilisation d'un équipement spécial.

d) Le modèle de CPA de l'entreprise comprend les centres de regroupement des coûts par activité suivants.

Centre de regroupement des coûts par activité	Unité d'œuvre	Frais indirects de fabrication prévus	Activité totale		
			Jantes	Montants	Total
Réglage des machines...........	Nombre de réglages	21 600 $	100	80	180
Traitement spécial.................	Heures-machines	180 000 $	4 000	-0-	4 000
Production............................	Heures de main-d'œuvre directe	288 000 $	8 000	16 000	24 000

Travail à faire

1. Calculez le coût unitaire de chacun des centres de regroupement des coûts par activité.
2. Déterminez le coût unitaire de chaque produit selon la CPA, en tenant compte des matières premières et de la main-d'œuvre directe.

E7.10 La deuxième phase de la répartition des coûts et le calcul des marges sur coûts

Rouli-roulants inc. fabrique plusieurs modèles de planches à roulettes de grande qualité. Le modèle de CPA de l'entreprise comprend quatre centres de regroupement des coûts par activité, que voici, avec les unités d'œuvre et les coûts unitaires des activités correspondants.

Centre de regroupement des coûts par activité	Unité d'œuvre	Coût unitaire de l'activité
Soutien à la fabrication............	Nombre d'heures de main-d'œuvre directe	14 $ par heure de main-d'œuvre directe
Traitement des lots.................	Nombre de lots	98 $ par lot
Traitement des commandes....	Nombre de commandes	173 $ par commande
Service à la clientèle...............	Nombre de clients	1 320 $ par client

L'entreprise vient de terminer une commande pour Planchistes inc. Cette commande de 3 200 planches à roulettes d'entrée de gamme a été exécutée en 27 lots. Chaque planche a nécessité 0,7 heure de main-d'œuvre directe. Par unité, le prix de vente s'élevait à 125 $; le coût des matières premières, à 77,50 $; et le coût de la main-d'œuvre directe, à 17,50 $. Il s'agit de la seule commande de Planchistes inc. au cours de l'exercice.

Travail à faire

Préparez un rapport indiquant la marge sur coûts du client Planchistes inc. pour l'exercice.

E7.11 Le calcul et l'interprétation des données de la CPA

Buffet asiatique est un restaurant très fréquenté situé à Montréal. Dans le but de mieux comprendre les coûts de son entreprise, la propriétaire a engagé un jeune étudiant en dernière année de comptabilité et lui a demandé d'effectuer une étude de CPA. Avec son aide, le jeune étudiant est parvenu à déterminer les principales activités suivantes :

Centre de regroupement des coûts par activité	Unité d'œuvre
Service d'un groupe..	Nombre de groupes servis
Service d'un client	Nombre de clients servis
Service de consommations................................	Nombre de consommations commandées

Un certain nombre de personnes demandant à être assises à la même table constituent un groupe. Certains coûts, comme ceux de la buanderie, sont identiques, qu'il y ait une ou plusieurs personnes à une table. D'autres coûts, comme ceux du lavage de la vaisselle, dépendent du nombre de clients servis.

Les renseignements concernant les activités du mois dernier sont présentés ci-après. Le jeune étudiant a déjà effectué la première phase de la répartition des coûts entre les centres de regroupement des coûts par activité.

	Service d'un groupe	Service d'un client	Service de consommations	Total
Coût..	33 000 $	138 000 $	24 000 $	195 000 $
Volume d'activité	6 000 groupes	15 000 clients	10 000 consommations	

Tous les coûts du restaurant sont indiqués ci-dessus, sauf les coûts de soutien à l'organisation tels que le loyer, l'impôt foncier et les salaires de la direction.

Avant de consulter l'étude de CPA, la propriétaire avait une connaissance très limitée des coûts du restaurant. Elle savait que le coût total du dernier mois (y compris les coûts de soutien à l'organisation) s'élevait à 240 000 $ et que 15 000 repas avaient été servis. Par conséquent, le coût moyen par repas était de 16 $.

Travail à faire

1. D'après la CPA, quel est le coût total lié au service de chacun des groupes de personnes suivants ?

a) Un groupe de quatre personnes commandant trois consommations au total.

b) Un groupe de deux personnes ne commandant aucune consommation.

c) Une seule personne commandant deux consommations.

2. Transformez les coûts totaux que vous avez calculés en 1 en coût par personne. En d'autres termes, quel est le coût moyen par client pour le service de chacun des groupes de personnes suivants ?

a) Un groupe de quatre personnes commandant trois consommations au total.

b) Un groupe de deux personnes ne commandant aucune consommation.

c) Une seule personne commandant deux consommations.

3. Pourquoi les coûts par personne de ces trois groupes diffèrent-ils les uns des autres et pourquoi diffèrent-ils du coût moyen total de 16 $ par client ?

E7.12 Un exercice élaboré sur la CPA

Communications Candide inc. a fourni les renseignements suivants.

Coûts indirects	
Salaires	262 500 $
Autres coûts indirects	150 000
Total des coûts indirects	412 500 $

Centre de regroupement des coûts par activité	Unité d'œuvre	Activité totale
Soutien à la fabrication	Nombre d'heures de main-d'œuvre directe	7 500 HMOD
Traitement des commandes	Nombre de commandes	600 commandes
Soutien aux clients	Nombre de clients	120 clients
Autres	Coûts non attribués aux produits ni aux clients	S.O.

	Répartition de la consommation des ressources entre les centres de regroupement des coûts par activité				
	Soutien à la fabrication	Traitement des commandes	Soutien aux clients	Autres	Total
Salaires	20 %	40 %	30 %	10 %	100 %
Autres coûts indirects	15 %	25 %	25 %	35 %	100 %

Au cours de l'exercice, Communications Candide inc. a exécuté une commande de matériel de téléphonie spécialisé pour un nouveau client, UnTel ltée. Ce client n'a pas passé d'autre commande pendant cet exercice. Voici les données relatives à cette commande.

Prix de vente	220 $ par unité
Unités commandées	115 unités
Matières premières	195 $ par unité
Heures de main-d'œuvre directe	0,6 HMOD par unité
Taux horaire de la main-d'œuvre directe	22 $ par HMOD

Travail à faire

1. Préparez un rapport indiquant la première phase de la répartition des coûts indirects entre les centres de regroupement des coûts par activité.

2. Calculez le coût unitaire des activités pour chacun des centres de regroupement des coûts par activité.

▶ 3. Préparez un rapport indiquant les coûts indirects liés à la commande d'UnTel ltée, incluant les coûts de soutien aux clients.

4. Préparez un rapport indiquant la marge sur coûts du client UnTel ltée.

E7.13 L'analyse de rentabilité d'un client

Med Max distribue des fournitures médicales aux cabinets de médecins et aux cliniques d'un bout à l'autre du Québec. L'entreprise fixe ses prix en majorant son coût des ventes de 5 %. Par exemple, si elle achète des fournitures au montant de 100 $ auprès de fabricants, elle demande 105 $ à ses clients pour ces mêmes fournitures.

Pendant des années, Med Max a cru que cette majoration de 5 % couvrait ses frais de vente et ses frais d'administration, tout en lui procurant un bénéfice satisfaisant. Toutefois, en voyant ses résultats diminuer, l'entreprise a décidé d'implanter la CPA afin de mieux évaluer la rentabilité de ses clients. Elle a donc réparti ses frais de vente et ses frais d'administration entre cinq activités, comme dans le tableau suivant.

Centre de regroupement des coûts par activité	Unité d'œuvre	Coût total	Activité totale
Livraison aux clients	Nombre de livraisons	400 000 $	5 000 livraisons
Traitement des commandes manuelles	Nombre de commandes manuelles	300 000	4 000 commandes
Traitement des commandes électroniques..................	Nombre de commandes électroniques	200 000	12 500 commandes
Localisation des articles	Nombre d'articles localisés	500 000	400 000 articles
Autres activités de soutien à l'organisation.................	S.O.	600 000	
Total des frais de vente et des frais d'administration .		2 000 000 $	

Voici quelques renseignements recueillis par Med Max à propos de deux des nombreuses cliniques qu'elle compte parmi ses clients, soit la Clinique de la Cité et la Clinique du Comté (les deux ayant acheté une quantité totale de fournitures médicales qui a coûté à Med Max 30 000 $ chacune auprès des fabricants).

	Activité totale	
Unité d'œuvre	Clinique de la Cité	Clinique du Comté
Nombre de livraisons	10	20
Nombre de commandes manuelles	-0-	40
Nombre de commandes électroniques..........................	10	-0-
Nombre d'articles localisés...	100	260

Travail à faire

1. Calculez le revenu total, selon sa politique de prix de vente, que Med Max recevrait de la Clinique de la Cité et de la Clinique du Comté.

2. Calculez le coût unitaire des activités pour chacun des centres de regroupement des coûts par activité.

3. Calculez le coût total des activités qui serait attribué à la Clinique de la Cité et à la Clinique du Comté.

4. Calculez la marge sur coûts des clients. (N'oubliez pas de tenir compte du coût des ventes de 30 000 $ engagé par Med Max pour servir chacune de ces cliniques.)

5. Décrivez les comportements d'achat susceptibles de caractériser les clients les moins rentables de Med Max.

Problèmes

P7.14 Les coûts unitaires des activités et les soumissions aux clients

Nettoyage d'amiante inc. est chargée d'enlever l'isolation potentiellement toxique en amiante et autres produits apparentés dans les immeubles. Il y a un vieux sujet de discorde entre l'évaluateur de l'entreprise et les contremaîtres. Selon ces derniers, l'évaluateur ne tient pas assez compte de la distinction entre le travail habituel, comme l'enlèvement de l'isolation en amiante autour des tuyaux de chauffage dans les vieilles maisons, et un travail occasionnel, comme l'enlèvement du plâtre des plafonds contaminés à l'amiante dans les immeubles industriels. À leur avis, le travail occasionnel s'avère beaucoup plus coûteux et il devrait entraîner des frais plus élevés pour le client que le travail habituel. L'évaluateur résume sa position comme suit : « Mon travail consiste à mesurer l'espace qui sera nettoyé pour en éliminer l'amiante. Comme me l'a demandé la direction, je multiplie tout simplement les mètres carrés par 20 $ pour déterminer le prix de la soumission. Notre coût moyen de nettoyage est de 17,40 $ par mètre carré. La différence est donc suffisante pour couvrir les coûts supplémentaires en cas de travail occasionnel. Et puis, il est difficile de déterminer ce qui sera du travail habituel et ce qui sera du travail occasionnel tant que l'on n'a pas à ouvrir les murs. »

En partie pour faire la lumière sur cette question, l'entreprise a amorcé une étude de tous ses coûts à l'aide de la CPA. Voici les renseignements obtenus.

Information sur les activités

Centre de regroupement des coûts par activité	Unité d'œuvre
Surface à nettoyer	Milliers de mètres carrés
Estimation et mise en œuvre des travaux	Nombre de travaux
Exécution des travaux occasionnels	Nombre de travaux occasionnels
Autres (coûts de soutien à l'organisation)	Sans objet ; ces coûts ne sont pas attribués aux travaux.

Coûts pour la période

Salaires	300 000 $
Coûts d'élimination des déchets	700 000
Amortissement du matériel	90 000
Fournitures	50 000
Salaires du personnel de l'administration et fournitures de bureau	200 000
Taxes et assurances	400 000
	1 740 000 $

Répartition des ressources consommées entre les activités

	Surface à nettoyer	Estimation et mise en œuvre des travaux	Exécution des travaux occasionnels	Autres	Total
Salaires	50 %	10 %	30 %	10 %	100 %
Coûts d'élimination des déchets	60 %	-0- %	40 %	-0- %	100 %
Amortissement du matériel	40 %	5 %	20 %	35 %	100 %
Fournitures	60 %	30 %	10 %	-0- %	100 %
Salaires du personnel de l'administration et fournitures de bureau	10 %	35 %	25 %	30 %	100 %
Taxes et assurances	30 %	-0- %	50 %	20 %	100 %

Information sur les volumes d'activité

Centre de regroupement des coûts par activité	Activité totale de la période
Surface à nettoyer	100 000 m²
Estimation et mise en œuvre des travaux	500 travaux
Exécution des travaux occasionnels	100 travaux occasionnels

7

► **Remarque :** Les 100 travaux occasionnels sont calculés dans le total de 500 travaux. Les travaux occasionnels comme les travaux habituels requièrent une estimation et une mise en œuvre.

Travail à faire

1. Effectuez la répartition des coûts entre les centres de regroupement des coûts par activité.

2. Calculez les coûts unitaires des activités pour chaque centre de regroupement.

3. À l'aide des coûts unitaires que vous avez calculés, déterminez le coût total et le coût moyen par millier de mètres carrés de chacun des travaux ci-après, conformément à la CPA.

   a) Un travail habituel d'enlèvement de l'amiante sur 125 mètres carrés.

   b) Un travail habituel d'enlèvement de l'amiante sur 250 mètres carrés.

   c) Un travail occasionnel d'enlèvement de l'amiante sur 250 mètres carrés.

4. Compte tenu des résultats obtenus en 3, croyez-vous, comme l'évaluateur, que la politique actuelle de l'entreprise en matière de soumissions est appropriée ?

P7.15 Une analyse des activités d'un marché

Le studio Pixel inc. est une petite entreprise qui produit des films d'animation par ordinateur pour le cinéma et la télévision. Une grande partie du travail consiste à produire de courts films publicitaires pour la télévision, mais l'entreprise conçoit aussi des animations sur ordinateur pour les effets spéciaux au cinéma.

Les jeunes fondateurs de Pixel inc. s'inquiètent de plus en plus de la rentabilité de leur entreprise, en particulier depuis que de nombreux concurrents sont apparus sur le marché local. Pour mieux comprendre la structure des coûts de leur entreprise, on a eu recours à la CPA. Chez Pixel inc., il y a trois activités principales à considérer : la conception de films d'animation, la production de films d'animation et l'administration des contrats. L'activité de conception a lieu à l'étape de la proposition des contrats, lorsque l'entreprise présente des soumissions. Il s'agit d'une activité importante requérant la participation de personnes provenant de tous les secteurs de l'entreprise, et consistant à créer des ébauches de scénarios et des prototypes d'images qui seront présentés au client potentiel. Lorsque le client accepte le projet, le film d'animation entre en production, et l'administration du contrat commence. Presque tout le travail de production est effectué par le personnel technique ; le personnel de l'administration s'occupe en grande partie de la gestion du contrat.

Voici les centres de regroupement des coûts par activité de l'entreprise ainsi que les unités d'œuvre et les coûts unitaires des activités correspondantes.

Centre de regroupement des coûts par activité	Unité d'œuvre	Coût unitaire de l'activité
Conception de films d'animation..	Nombre de propositions	6 000 $ par proposition
Production de films d'animation...	Minutes d'animation	7 700 $ par minute d'animation
Administration des contrats.........	Nombre de contrats	6 600 $ par contrat

Ces coûts unitaires des activités englobent tous les coûts de l'entreprise, sauf ceux de la capacité non utilisée et des activités de soutien à l'organisation. Par ailleurs, aucun coût n'est engagé pour la main-d'œuvre directe et les matières premières.

Une analyse préliminaire basée sur ces coûts unitaires des activités montre que le marché local des films publicitaires n'est peut-être pas rentable. Il s'agit d'un marché très concurrentiel. Les producteurs de films publicitaires peuvent demander à trois ou quatre entreprises comme Pixel inc. de soumettre des projets. Il en résulte une proportion remarquablement faible de contrats acceptés par rapport aux soumissions présentées. De plus, les séquences d'animation ont tendance à être beaucoup plus courtes pour les publicités locales que pour toute autre forme de contrat. Comme le travail d'animation est facturé à des taux relativement standards selon la durée de l'animation, les revenus provenant de ces petits projets sont, en général, inférieurs à la moyenne. Voici quelques renseignements relatifs au marché local des films publicitaires.

Unité d'œuvre	Volume d'activité pour les publicités locales
Nombre de propositions	20
Minutes d'animation	12
Nombre de contrats	8

Le chiffre d'affaires total pour les contrats de films publicitaires locaux s'élève à 240 000 $.

Travail à faire

1. Déterminez le coût du marché local des films publicitaires d'après la CPA. (Considérez le marché local des films publicitaires comme un produit.)
2. Préparez un rapport indiquant la marge sur coûts du marché local des films publicitaires. (Souvenez-vous que Pixel inc. n'engage aucun coût pour les matières premières et la main-d'œuvre directe.)
3. En ce qui concerne le marché local des films publicitaires, que recommanderiez-vous à la direction de l'entreprise ?

P7.16 La CPA comme solution de rechange à l'approche traditionnelle d'établissement du coût de revient

Ellix inc. fabrique deux modèles de haut-parleurs haute fidélité, le modèle X200 et le modèle X99. Les renseignements ci-après concernent ces produits.

7

Produit	Heures de main-d'œuvre directe par unité	Production annuelle	Total des heures de main-d'œuvre directe
X200	1,8	5 000 unités	9 000
X99	0,9	30 000 unités	27 000
			36 000

Voici des renseignements supplémentaires sur l'entreprise.

a) Le modèle X200 requiert 72 $ de matières premières par unité ; le modèle X99 en requiert 50 $.
b) Le salaire horaire de la main-d'œuvre directe est de 20 $.
c) L'entreprise a toujours utilisé les heures de main-d'œuvre directe comme base d'imputation des frais indirects de fabrication aux produits.
d) Le modèle X200 est plus compliqué à fabriquer que le modèle X99 et requiert l'utilisation d'un équipement spécial.
e) Compte tenu du travail spécialisé requis comme mentionné en d), l'entreprise songe à utiliser la CPA pour attribuer les frais indirects de fabrication aux produits pour la préparation de ses états financiers. Elle a déterminé les trois centres de regroupement suivants :

Centre de regroupement des coûts par activité	Unité d'œuvre	Frais indirects de fabrication prévus
Réglage des machines...........	Nombre de réglages	360 000 $
Traitement spécial.................	Heures-machines	180 000
Production	Heures de main-d'œuvre directe	1 260 000
		1 800 000 $

	Activité totale prévue		
Unité d'œuvre	Modèle X200	Modèle X99	Total
Nombre de réglages	50	100	150
Heures-machines...............................	12 000	-0-	12 000
Heures de main-d'œuvre directe	9 000	27 000	36 000

Travail à faire

1. Supposez que l'entreprise continue d'utiliser les heures de main-d'œuvre directe comme base d'imputation des frais indirects de fabrication à ses produits.
   a) Calculez le taux d'imputation prédéterminé des frais indirects de fabrication.
   b) Calculez le coût de fabrication par unité de chaque modèle.
2. Supposez que l'entreprise décide d'utiliser la CPA pour attribuer les frais indirects de fabrication à ses produits.
   a) Calculez les coûts unitaires des activités pour chaque centre de regroupement des coûts par activité. Déterminez les frais indirects de fabrication attribués à chaque modèle à l'aide de la CPA.
   b) Calculez le coût de fabrication par unité de chaque modèle.
3. Expliquez pourquoi la CPA a fait passer les frais indirects de fabrication du modèle à fort volume au modèle à faible volume.

P7.17 Les coûts unitaires des activités et la CPA

Aérotraiteur SA est une entreprise québécoise. Elle fournit des repas aux passagers et aux équipages des compagnies aériennes dont les activités s'effectuent à partir de deux aéroports, soit l'aéroport international Pierre-Elliott-Trudeau et l'aéroport international Pearson à Toronto. Les activités de l'entreprise sont gérées séparément dans ces deux aéroports. La direction générale croit toutefois qu'elle pourrait tirer profit d'un plus grand partage d'informations entre ses deux centres d'exploitation.

Pour mieux comparer ces centres d'exploitation, on a mis en place la CPA avec la participation des gestionnaires de l'aéroport Pierre-Elliott-Trudeau et de l'aéroport Pearson. Ce système est basé sur les centres de regroupement des coûts par activité et sur les unités d'œuvre qui suivent :

Centre de regroupement des coûts par activité	Unité d'œuvre
Préparation des repas...	Nombre de repas
Activités relatives aux vols..	Nombre de vols
Service à la clientèle	Nombre de clients
Autres (coûts de soutien à l'organisation).................................	Sans objet

À l'aéroport Pierre-Elliott-Trudeau, l'entreprise sert 1,5 million de repas par an sur 7 500 vols de 10 compagnies aériennes différentes. (Chaque compagnie aérienne est considérée comme un client.) Le coût annuel de l'exploitation des activités à cet aéroport, en excluant les coûts des matières premières pour les repas, s'élève à 29 400 000 $.

Coût annuel du centre d'exploitation de l'aéroport Pierre-Elliott-Trudeau

Salaires des cuisiniers et du personnel de livraison	24 000 000 $
Fournitures de cuisine...	300 000
Salaires des chefs...	1 800 000
Amortissement du matériel	600 000
Salaires du personnel de l'administration..	1 500 000
Coûts de gestion des immeubles	1 200 000
	29 400 000 $

Voici les résultats des entrevues réalisées auprès des employés de l'aéroport Pierre-Elliott-Trudeau.

Répartition des ressources consommées entre les activités au centre d'exploitation de l'aéroport Pierre-Elliott-Trudeau

	Préparation des repas	Activités relatives aux vols	Service à la clientèle	Autres	Total
Salaires des cuisiniers et du personnel de livraison	75 %	20 %	-0- %	5 %	100 %
Fournitures de cuisine...	100 %	-0- %	-0- %	-0- %	100 %
Salaires des chefs...	30 %	20 %	40 %	10 %	100 %
Amortissement du matériel...	60 %	-0- %	-0- %	40 %	100 %
Salaires du personnel de l'administration.............................	-0- %	20 %	60 %	20 %	100 %
Coûts de gestion des immeubles	-0- %	-0- %	-0- %	100 %	100 %

Travail à faire

1. Effectuez la première phase de la répartition des coûts entre les centres de regroupement des coûts par activité.
2. Calculez les coûts unitaires des activités pour chacun des centres de regroupement des coûts par activité.
3. Le centre d'exploitation de l'aéroport Pearson a déjà effectué une étude de CPA et a enregistré les coûts unitaires ci-après pour ses activités : 12,86 $ par repas pour la préparation des repas, 857 $ par vol pour les activités relatives aux vols et 122 000 $ pour le service à la clientèle. En comparant les coûts unitaires des activités du centre d'exploitation de l'aéroport Pierre-Elliott-Trudeau calculés en 2 aux coûts unitaires des activités de l'aéroport Pearson, auriez-vous des suggestions à formuler auprès de la haute direction d'Aérotraiteur SA ?

P7.18 La CPA comme solution de rechange à l'approche traditionnelle d'établissement du coût de revient

Singelois fabrique un produit offert à la fois sous forme de modèle de luxe et de modèle courant. Le modèle courant est offert depuis des années. Il y a quelques années, l'entreprise a lancé le modèle de luxe pour s'attaquer à un nouveau segment du marché. Depuis l'apparition du modèle de luxe, les bénéfices de l'entreprise ont diminué de façon constante. La direction doute de plus en plus de la précision de son modèle d'établissement du coût de revient. Notons que les ventes du modèle de luxe ont augmenté rapidement.

Les frais indirects de fabrication sont imputés aux produits en fonction des heures de main-d'œuvre directe. Pour la période en cours, l'entreprise a estimé qu'elle devra engager 900 000 $ en frais indirects de fabrication, et qu'elle produira 5 000 unités du modèle de luxe et 40 000 unités du modèle courant. Le modèle de luxe requiert deux heures de main-d'œuvre directe par unité; le modèle courant n'en exige qu'une. Les coûts des matières premières et de la main-d'œuvre directe par unité sont les suivants :

	Modèle de luxe	Modèle courant
Matières premières	40 $	25 $
Main-d'œuvre directe	28 $	14 $

Travail à faire

1. En vous servant des heures de main-d'œuvre directe comme unité d'œuvre pour imputer les frais indirects de fabrication aux produits, calculez le taux d'imputation prédéterminé des frais indirects de fabrication. À l'aide de ce taux et des autres données du problème, déterminez le coût de fabrication par unité de chaque modèle.

2. La direction songe à employer la CPA pour attribuer les frais indirects de fabrication aux produits. Voici les quatre centres de regroupement que comprendrait ce modèle.

Centre de regroupement des coûts par activité	Unité d'œuvre	Frais indirects de fabrication prévus
Achat	Émission de bons de commande	204 000 $
Production	Heures-machines	182 000
Mise au rebut / réusinage	Nombre d'unités mises au rebut / réusinées	379 000
Livraison	Nombre de livraisons	135 000
		900 000 $

	Activité totale prévue		
Unité d'œuvre	Modèle de luxe	Modèle courant	Total
Émission de bons de commande	200	400	600
Heures-machines	20 000	15 000	35 000
Nombre d'unités mises au rebut / réusinées	1 000	1 000	2 000
Nombre de livraisons	250	650	900

Calculez les coûts unitaires des activités pour chaque centre de regroupement.

3. En vous servant des coûts unitaires des activités que vous avez calculés en 2, effectuez les opérations suivantes :

   a) Calculez les coûts indirects qui seraient attribués à chaque modèle selon la CPA. Lorsque vous aurez trouvé chaque montant, déterminez les frais indirects de fabrication par unité de chaque modèle.

   b) Calculez le coût de fabrication par unité de chaque modèle.

4. À l'aide des réponses aux questions 1 à 3, déterminez les facteurs qui pourraient expliquer la baisse des bénéfices de l'entreprise.

P7.19 La CPA comme solution de rechange à l'approche traditionnelle d'établissement du coût de revient

Pendant plusieurs années, Zapro a fabriqué un seul produit, appelé « Mono-lame ». Il y a trois ans, l'entreprise a automatisé une partie de son usine et, en même temps, elle a lancé un deuxième produit, appelé « Bi-lame », qui est devenu de plus en plus populaire. Le second produit est plus complexe que le premier, et requiert une heure de main-d'œuvre directe par unité à fabriquer et une quantité considérable d'usinage dans la partie automatisée de l'usine. Le Mono-lame demande seulement 0,75 heure de main-d'œuvre directe par unité et une petite quantité d'usinage. En ce moment, les frais indirects de fabrication sont imputés aux produits en fonction des heures de main-d'œuvre directe requises.

Malgré la popularité grandissante du nouveau produit, les bénéfices de l'entreprise ont diminué de façon constante. La direction commence à croire que le problème serait attribuable à l'établissement du coût de revient. Voici les coûts des matières premières et de la main-d'œuvre directe par unité.

	Mono-lame	Bi-lame
Matières premières	35 $	48 $
Main-d'œuvre directe (0,75 h et 1,00 h à 20 $ l'heure)........................	15 $	20 $

La direction estime que l'entreprise engagera des frais indirects de fabrication de l'ordre de un million de dollars pendant la période en cours, et qu'elle fabriquera et vendra 40 000 unités du Mono-lame et 10 000 unités du Bi-lame.

Travail à faire

1. Calculez le taux d'imputation prédéterminé des frais indirects de fabrication en supposant que l'entreprise continue d'imputer ses frais indirects de fabrication en fonction des heures de main-d'œuvre directe. À l'aide de ce taux et des autres données du problème, déterminez le coût de fabrication par unité de chaque article.

2. La direction songe à utiliser la CPA pour attribuer ses coûts indirects à ses produits. Ce système comporterait les quatre centres de regroupement suivants :

Centre de regroupement des coûts par activité	Unité d'œuvre	Frais indirects de fabrication prévus
Gestion du stock de pièces.................	Nombre de types de pièces	180 000 $
Traitement des achats.......................	Nombre de bons de commande	90 000
Contrôle de la qualité	Nombre de tests effectués	230 000
Usinage	Heures-machines	500 000
		1 000 000 $

	Activité totale prévue		
Unité d'œuvre	Mono-lame	Bi-lame	Total
Nombre de types de pièces	75	150	225
Nombre de bons de commande	800	200	1 000
Nombre de tests effectués.................................	2 500	3 250	5 750
Heures-machines	4 000	6 000	10 000

Calculez les coûts unitaires prédéterminés des activités pour chaque centre de regroupement.

3. En vous servant des coûts unitaires que vous avez déterminés en 2, effectuez les calculs suivants :
   a) Calculez les coûts indirects qui seraient attribués à chaque produit à l'aide de la CPA. Par la suite, déterminez les coûts indirects par unité de chaque produit.
   b) Calculez le coût de fabrication par unité de chaque article.

4. Examinez les données que vous avez obtenues en réponse aux questions 1 à 3. En ce qui concerne les coûts indirects, quels facteurs rendent la fabrication du Bi-lame plus coûteuse que celle du Mono-lame ? Le Bi-lame est-il aussi rentable que la direction le pense ? Justifiez votre réponse.

P7.20 La reconstitution des coûts unitaires par activité

Une entreprise fondée en 1992 fabrique des produits destinés au commerce de détail. Cette entreprise produit, dans son usine, deux modèles de base qui se vendent respectivement 50 $ et 230 $. L'entreprise utilise en ce moment la CPA pour calculer le coût de revient de ses deux modèles de base. Durant l'année, elle a fabriqué 300 000 unités du modèle A et 80 000 unités du modèle B.

Vous avez accès aux détails ci-après concernant le coût de revient des deux modèles.

		Modèle	
Détail des coûts	Unité d'œuvre	A	B
Coût unitaire direct :			
Matières premières........................		8,000 $	12,000 $
Main-d'œuvre directe.....................		2,000	3,000
Coût unitaire indirect selon la CPA :			
Direction et supervision.................	Heures de supervision	1,667	12,500
Conception de devis.......................	Nombre de devis	-0-	12,500
Développement de composants.......	Nombre de composants	-0-	32,500
Contrôle de la qualité	Nombre d'inspections	0,583	5,833
Fonctionnement des machines	Heures-machines	9,608	51,471
Utilisation de l'espace	Surface en m²	5,000	18,750
Autres	Heures-machines	0,343	1,838
Coût total unitaire		27,201 $	150,392 $

Pour reconstituer ces coûts unitaires selon la CPA, vous avez accès aux informations suivantes :

a) Le modèle A requiert 5 000 des 15 000 heures de direction et de supervision.

b) Le modèle B est le seul modèle qui requiert la conception de devis et le développement de composants.

c) Le modèle A est inspecté selon le ratio suivant : une inspection toutes les 1 000 unités fabriquées ; le modèle B suit le ratio suivant : une inspection toutes les 100 unités.

d) Les heures de fonctionnement des machines ont été de 14 000 heures pour le modèle A et de 20 000 heures pour le modèle B.

e) Les deux modèles utilisent presque le même espace. Les coûts liés à l'espace sont fixes.

Travail à faire

1. Reconstituez les montants totaux des coûts indirects selon les activités énumérées ci-dessus. Détaillez également le coût unitaire par activité lorsque c'est possible.

2. Si le total des coûts indirects était réparti en fonction des heures-machines (approche traditionnelle d'imputation des frais indirects de fabrication), quel serait le taux d'imputation global ?

3. Calculez le coût unitaire selon l'approche traditionnelle d'imputation des frais indirects de fabrication pour les deux modèles, en utilisant le taux d'imputation global calculé en 2.

4. Quelles seraient les marges brutes pour les deux modèles, en pourcentages et en dollars, selon l'approche traditionnelle d'établissement du coût de revient ? Calculez également les marges brutes en pourcentages et en dollars pour les deux modèles, selon la CPA.

Cas

C7.21 **La CPA et la fixation des prix de vente**

Béton Ouimet inc. fabrique et distribue différents types de ciment. L'entreprise achète de la roche extraite de carrières locales ainsi que du calcaire et de la chaux provenant de partout dans le monde, puis elle les mélange, les homogénéise et emballe le ciment traité pour la revente. Béton Ouimet inc. offre une grande variété de types de ciment qu'elle vend en sacs d'un kilogramme à des détaillants locaux à des fins de menus travaux. Le principal coût associé au ciment est celui des matières premières qui entrent dans sa fabrication. Toutefois, les processus de mélange, d'homogénéisation et d'emballage fortement automatisés entraînent des frais indirects de fabrication substantiels. Par ailleurs, l'entreprise utilise assez peu de main-d'œuvre directe.

Certains des mélanges de ciment de Béton Ouimet inc. sont très populaires et se vendent en volumes importants, alors que quelques-uns des mélanges de ciment récemment lancés sur le marché se vendent très peu. Pour fixer les prix de vente de son ciment, Béton Ouimet inc. utilise son coût de fabrication majoré de 25 %, en y apportant quelques ajustements afin de continuer à offrir des prix concurrentiels.

Pour l'exercice à venir, le budget de Béton Ouimet inc. comprend des frais indirects de fabrication prévus de 4 400 000 $. L'entreprise attribue ses frais indirects de fabrication aux produits sur la base des heures de main-d'œuvre directe. Le coût total de la main-d'œuvre directe s'élève à 1 200 000 $, ce qui représente 100 000 heures de main-d'œuvre directe. Selon les prévisions de ventes et de coûts des matières premières, l'entreprise devra acheter et utiliser 10 000 000 $ de matières premières (surtout constituées de roche extraite des carrières, de calcaire et de chaux) au cours de l'exercice.

Voici les coûts prévus des matières premières et de la main-d'œuvre directe par sac d'un kilogramme de deux des types de ciment de l'entreprise.

	Durabilité normale	Résistance élevée aux sulfates
Matières premières	9,00 $	5,80 $
Main-d'œuvre directe (0,02 heure par sac)	0,24 $	0,24 $

Le contrôleur de Béton Ouimet inc. croit que l'approche traditionnelle d'établissement du coût de revient dont se sert l'entreprise lui procure peut-être des informations trompeuses en ce qui concerne les coûts. Pour vérifier si c'est effectivement le cas, il a préparé l'analyse qui suit relativement aux frais indirects de fabrication prévus pour l'exercice.

Centre de regroupement des coûts par activité	Unité d'œuvre	Activité prévue pour l'exercice	Coût prévu pour l'exercice
Achat	Nombre de bons de commande	4 000 commandes	1 120 000 $
Manutention	Nombre de réglages	2 000 réglages	386 000
Contrôle de la qualité	Nombre de lots	1 000 lots	180 000
Mélange	Heures de mélange	190 000 heures de mélange	2 090 000
Homogénéisation	Heures d'homogénéisation	64 000 heures d'homogénéisation	384 000
Emballage	Heures d'emballage	48 000 heures d'emballage	240 000
Total des frais indirects de fabrication			4 400 000 $

▶

▶ Voici les prévisions en ce qui concerne la production des mélanges de ciment Durabilité normale et Résistance élevée aux sulfates.

	Durabilité normale	Résistance élevée aux sulfates
Ventes prévues	160 000 kilogrammes	8 000 kilogrammes
Poids des lots	10 000 kilogrammes	500 kilogrammes
Réglage	4 par lot	4 par lot
Poids par bon de commande	20 000 kilogrammes	500 kilogrammes
Heures de mélange par 100 kilogrammes	3 heures de mélange	3 heures de mélange
Heures d'homogénéisation par 100 kilogrammes	1 heure d'homogénéisation	1 heure d'homogénéisation
Heures d'emballage par 100 kilogrammes............	0,6 heure d'emballage	0,6 heure d'emballage

Travail à faire

1. En utilisant les heures de main-d'œuvre directe comme base d'imputation des frais indirects de fabrication aux produits :
   a) calculez le taux d'imputation prédéterminé des frais indirects de fabrication qui servira au cours de l'exercice;
   b) calculez le coût de fabrication par kilogramme de ciment Durabilité normale et par kilogramme de ciment Résistance élevée aux sulfates.

2. En utilisant la CPA pour attribuer les frais indirects de fabrication aux produits :
   a) calculez le montant total des frais indirects de fabrication attribués au ciment Durabilité normale et au ciment Résistance élevée aux sulfates pour l'exercice;
   b) et en vous servant des données élaborées à la question 2 a), calculez les frais indirects de fabrication par kilogramme de ciment Durabilité normale et par kilogramme de ciment Résistance élevée aux sulfates. Arrondissez tous vos résultats à deux décimales près;
   c) calculez le coût de fabrication par kilogramme de ciment Durabilité normale et par kilogramme de ciment Résistance élevée aux sulfates.

3. Rédigez une brève note à l'intention du président de Béton Ouimet inc. afin de lui expliquer ce que vous avez découvert aux questions 1 et 2 et de l'informer des répercussions du recours aux heures de main-d'œuvre directe comme base d'imputation des frais indirects de fabrication aux produits.

C7.22 L'analyse des activités[7]

Les renseignements ci-après concernent la société Métallik.

Les données de base

Marc Sauvé a été engagé comme contrôleur chez Métallik il y a deux ans. Située dans le sud-ouest du Québec, cette entreprise familiale est en exploitation depuis environ 20 ans et, jusqu'à cette année, elle a toujours été rentable. Toutefois, au cours de la période actuelle, elle présente une perte, principalement attribuable à une grève dans le secteur de l'automobile qui, en ralentissant la production, a entraîné une diminution des commandes chez Métallik. Pourtant, M. Sauvé n'est pas convaincu que la diminution du chiffre d'affaires est la seule

---

7. Traduction libre de Priscilla S. WISNER et Harold P. ROTH, « Metalworks Company », *Issues in Accounting Education,* vol. 13, n° 4 (novembre 1998), p. 1043-1058. © American Accounting Association. Mme Wisner est professeure adjointe à l'American Graduate School of International Management et M. Roth est professeur à l'University of Tennessee. Ce cas est basé sur une entreprise réelle. Les noms et les chiffres ont été modifiés pour préserver l'anonymat. Les auteurs souhaitent exprimer leur reconnaissance à Jim Ross de l'University of Tennessee Center for Industrial Studies pour son aide.

raison des pertes enregistrées par l'entreprise. Le tableau 7.12 (*voir la page 371*) contient l'état des résultats de Métallik pour la période terminée le 31 décembre 20X5.

Métallik est une entreprise de production de composants métalliques réalisés grâce à la métallurgie des poudres. Sa gamme de produits comprend environ 150 modèles de pièces fabriquées à partir de différentes combinaisons de fer, de cuivre, de laiton et d'acier inoxydable. Chaque type de pièce est conçu et fabriqué spécialement pour un client. Le secteur de l'automobile représente environ 65 % de la clientèle de Métallik, le reste consistent en des fabricants d'outils électriques et d'appareils électroménagers.

Les procédés

Métallik fabrique tous ses produits à partir de poudres métalliques. Ces poudres sont mélangées dans de vastes cuves. L'entreprise compte environ 80 mélanges différents préparés selon une « recette » par un technicien spécialisé. Lorsque le mélange est prêt et qu'on l'a testé pour vérifier si sa composition est satisfaisante, il est versé dans des moules puis compressé. Chaque commande requiert un ensemble unique d'outils pour l'opération de compression. La durée de vie de ces outils varie en fonction du type de pièces fabriquées. Certains ensembles d'outils peuvent servir à produire des millions de pièces (par exemple, des tiges de mélangeur) ; d'autres doivent être remplacés assez souvent (pour certaines pièces d'automobile).

Après la compression, on inspecte les pièces pour déterminer si elles ont été correctement modelées. Sinon, les pièces défectueuses peuvent être compressées de nouveau.

Par la suite, toutes les pièces sont soumises à un traitement au cours duquel le mélange poudreux est chauffé jusqu'à ce que les poudres s'agglomèrent par frittage. Le frittage est un traitement qui permet aux poudres métalliques de se souder les unes aux autres sans qu'il soit nécessaire d'atteindre le point de fusion des poudres. C'est le cœur du procédé de la métallurgie des poudres. Les pièces comprimées sont posées sur une courroie transporteuse qui se déplace à travers un long four. Selon leur destination, elles sont placées sur des ripeurs, des plateaux ou des tabliers pour le frittage. La vitesse de la courroie et la température du four varient selon la composition chimique et la taille du type de pièces. Certains mélanges de poudres se frittent à des températures peu élevées ; d'autres requièrent de fortes températures. Les techniciens s'occupant du four règlent manuellement la vitesse de la courroie transporteuse en fonction de la pièce à fritter. Ils ajustent la température du four en modifiant le type et la quantité des gaz utilisés pour le chauffage. En général, il s'agit d'azote, d'ammoniac, de gaz naturel ou d'autres gaz endothermiques. Ces gaz sont essentiels au procédé de la métallurgie des poudres, car ils empêchent l'oxydation des pièces à température élevée. Le coût de ces gaz par mètre cube varie de façon considérable. L'ammoniac, par exemple, est le plus coûteux. On s'en sert pour toutes les opérations de frittage, mais les quantités augmentent dans le cas des pièces en acier inoxydable (qui requièrent une température très élevée pour s'amalgamer). Tous les gaz sont constatés dans le compte « Services publics ».

À leur sortie du four, les pièces sont inspectées. Celles qui ne répondent pas aux normes sont soit broyées de nouveau pour être utilisées dans d'autres produits, soit mises au rebut, selon le type de métal qu'elles contiennent.

Après l'opération de frittage, toutes les pièces sont envoyées à une section d'ébavurage où elles sont nettoyées à l'intérieur de tonneaux dans lesquels on ajoute parfois des cailloux lisses. Le procédé d'ébavurage (ou d'ébarbage) les débarrasse des particules étrangères. On inspecte alors de nouveau les pièces pour déterminer si elles répondent aux normes prescrites. Sinon, elles doivent être broyées ou mises au rebut.

Après l'ébavurage, 40 % des produits sont prêts pour l'étape de la finition et celle de la livraison. Le procédé de finition nécessite que l'on enduise le produit d'une mince pellicule d'huile. On met ensuite les pièces en boîte et on les expédie à leur destinataire. En général, les frais de transport sont payés par le client sauf lorsqu'il faut accélérer la livraison d'une commande à cause de retards dans le déroulement des processus de l'entreprise. Environ 80 % des frais de transport de Métallik sont engagés en raison de la nécessité d'accélérer les livraisons.

► Le reste des produits (60 %) requiert un traitement complémentaire. Le plus souvent, il s'agit d'usinage. Au cours de cette opération, la pièce est modifiée d'une manière ou d'une autre, par l'ajout d'une rainure, l'alésage ou le taraudage d'un trou. Un autre traitement complémentaire consiste à combiner des pièces fabriquées par Métallik avec des pièces achetées à une autre entreprise. Encore une fois, on inspecte les pièces pour déterminer si l'usinage ou l'opération de combinaison a réussi. Sinon, les pièces doivent être mises au rebut. Après le traitement complémentaire, 75 % des pièces retournent à l'ébavurage, puis passent à l'étape de la finition et à celle de la livraison.

Les pièces restantes requièrent un second traitement à la chaleur semblable à celui du frittage et effectué dans les mêmes fours. Après cette étape, elles repassent à l'ébavurage, à la finition, puis à la livraison.

Métallik accorde une grande importance à la qualité. Des employés sont chargés d'inspecter certains types de pièces à 100 %, et d'autres, par échantillonnage. Le taux de mise au rebut s'élève entre 10 % et 15 % pour certaines pièces, mais en moyenne, il se situe entre 6 % et 7 %. La mise au rebut peut être attribuable à divers facteurs et peut survenir à différentes étapes du traitement. L'inspection est particulièrement minutieuse après l'étape de la compression et avant celle du frittage. Si une pièce défectueuse se rend jusqu'à l'étape du frittage, il faut des opérations supplémentaires pour broyer de nouveau la matière. Or, il est impossible de rebroyer certaines matières après le frittage, de sorte qu'elles doivent être mises au rebut.

Le système de comptabilité

Avant d'effectuer chaque nouvelle commande, on assigne un numéro au lot de pièces que l'on s'apprête à fabriquer. Chaque employé affecté à la fabrication enregistre quotidiennement son temps de travail par numéro de lot et par traitement, ainsi que la quantité de pièces traitées. Cette information quotidienne est intégrée à un système informatique, et constitue une base de données sur les heures consacrées à chaque lot et à chaque procédé. On calcule les coûts de fabrication par numéro de lot, en attribuant directement à chaque lot la main-d'œuvre, les matières premières, les services extérieurs requis et les commissions sur les ventes. Les coûts de la main-d'œuvre sont calculés en multipliant les heures de travail par un taux standard de 15 $ l'heure ou de 17 $ l'heure (les salaires réels varient entre 12 $ et 22 $ l'heure). Les coûts des matières premières sont attribués suivant la recette de fabrication et la composition des pièces. Les coûts réels des services extérieurs sont attribués directement aux lots, et les commissions correspondent à 2,5 % du prix de vente de la plupart des produits. On a établi trois catégories de coûts indirects : les coûts relatifs à l'usinage, les coûts de livraison et d'inspection, et les frais d'administration. Ces coûts sont alloués à chaque produit sous forme d'un pourcentage de différentes catégories de main-d'œuvre et conformément aux formules suivantes :

- Les coûts d'usinage correspondent à 200 % de la main-d'œuvre d'usinage.
- Les coûts de livraison et d'inspection représentent 50 % de la main-d'œuvre de livraison et d'inspection.
- Les frais d'administration équivalent à 350 % de la main-d'œuvre directe.

Le tableau 7.13 (*voir la page 372*) permet de comprendre les relations entre l'état des résultats et le coût de revient. Le tableau 7.14 (*voir la page 372*) contient un exemple de rapport sur les coûts des produits de Métallik.

Travail à faire

1. Comment peut-on utiliser les concepts de la CPA pour mieux comprendre les coûts des produits de Métallik ? Discutez des applications potentielles de ce type de comptabilité.
2. Réalisez un diagramme pour illustrer les activités de la société Métallik.

TABLEAU 7.12	L'état des résultats pour la période terminée le 31 décembre 20X5

MÉTALLIK
État des résultats
pour la période terminée le 31 décembre 20X5

			%
Chiffre d'affaires		5 900 000 $	100,0
Moins : Main-d'œuvre :			
Main-d'œuvre directe	255 000 $		4,3
Main-d'œuvre d'usinage	220 000		3,7
Main-d'œuvre d'enduisage	52 000		0,9
Main-d'œuvre de traitement thermique	95 000		1,6
Ingénieurs chargés de l'outillage	96 000		1,6
Livraison	59 000		1,0
Inspection	50 000		0,9
Total des coûts de la main-d'œuvre		827 000	14,0
Moins : Autres éléments de coûts directs :			
Poudres métalliques	1 960 000		33,2
Procédés externes (pièces externes)	675 900		11,5
Total des autres éléments de coûts directs		2 635 900	44,7
Moins : Coûts indirects :			
Surveillance de la main-d'œuvre	167 200		2,8
Gestion des déchets	136 500		2,3
Commissions	225 000		3,8
Services publics	360 000		6,1
Remplacement de l'outillage	155 000		2,6
Fournitures	114 000		1,9
Ordonnancement	22 000		0,4
Entretien	168 000		2,8
Ingénierie, outillage et vente	67 500		1,1
Assurance	140 500		2,4
Loyer	103 500		1,8
Livraison	100 000		1,7
Autres	62 000		1,1
Total des coûts indirects		1 821 200	30,8
Moins : Frais d'administration :			
Salaires	550 000		9,3
Intérêts	65 000		1,1
Amortissement	185 000		3,2
Total des frais d'administration		800 000	13,6
Total des coûts		6 084 100	103,1
Perte		(184 100) $	(3,1)

7

TABLEAU 7.13	**La relation entre les charges inscrites dans l'état des résultats et le coût de revient**	

Main-d'œuvre...	Heures réelles, déterminées d'après les cartes de pointage, attribuées aux lots à 17 \$/h pour l'usinage et l'inspection, et à 15 \$/h pour tous les autres procédés
Poudres métalliques	Attribuées d'après la recette de fabrication du mélange de chaque lot
Procédés externes (pièces externes)...	Pièces ou services achetés à d'autres entreprises – attribués directement
Surveillance de la main-d'œuvre.........	Coûts indirects
Gestion des déchets...........................	Coûts indirects
Commissions.......................................	2,5 % du prix de vente
Services publics..................................	Coûts indirects
Remplacement de l'outillage...............	3 % du prix de vente attribué directement au produit
Fournitures...	Coûts indirects
Ordonnancement................................	Coûts indirects
Entretien...	Coûts indirects
Ingénierie, outillage et vente	Coûts indirects
Assurance...	Coûts indirects
Loyer...	Coûts indirects
Livraison...	Coûts indirects (80 % pour les commandes accusant un retard)
Autres...	Coûts indirects
Frais d'administration	Coûts indirects

TABLEAU 7.14	**Les coûts associés au produit 400**

		Mars 20X4 Lot 55	Sept. 20X4 Lot 61	Avr. 20X5 Lot 65	Avr. 20X5 Lot 68
Nombre de pièces..		49 000	41 064	17 000	35 550
Main-d'œuvre :					
Mélange des poudres (D)	heures × 15 \$	0,002 0 \$	0,002 1 \$	0,001 4 \$	0,002 6 \$
Réglage (D)...	heures × 15 \$	0,002 2	0,002 5	0,004 2	0,001 9
Ajustement de la presse (D)....................	heures × 15 \$	0,002 5	0,002 2	0,004 3	0,002 5
Compression (D).....................................	heures × 15 \$	0,012 5	0,009 9	0,015 6	0,010 0
Frittage (D)..	heures × 15 \$	0,007 2	0,003 1	0,009 3	0,005 8
Ébavurage/Finition (LI)...........................	heures × 15 \$	0,004 6	0,004 2	0,004 3	0,004 9
Inspection en cours de fabrication (LI)	heures × 17 \$	0,012 2	0,007 0	0,010 3	0,006 4
Inspection finale (LI)..............................	heures × 17 \$	0,001 5	0,000 3	0,000 5	0,002 8
Inspection à 100 % (LI)...........................	heures × 15 \$	0,013 8	0,023 0	0,036 0	0,020 9
Réparation et entretien (U).....................	heures × 15 \$	0,004 7	0,006 7	0,005 7	0,012 2
Mise en boîte des pièces (LI)..................	heures × 15 \$	0,002 9	0,005 1	0,003 0	0,002 9
Premier perçage (U)................................	heures × 15 \$	0,029 8	0,035 7	0,034 2	0,032 8
Ajustement complémentaire (U)	heures × 15 \$	0,007 6	0,007 3	0,010 8	0,010 2
Inspection de la première pièce (LI)	heures × 15 \$	-0-	-0-	-0-	-0-
Usinage (U)...	heures × 17 \$	0,051 5	0,041 2	0,032 9	0,040 3
Deuxième ébavurage (LI)........................	heures × 15 \$	0,003 3	0,000 6	0,002 3	0,002 0
Réglage complémentaire (U)	heures × 15 \$	0,002 0	0,003 2	0,001 6	0,001 5
Chambrage (U)	heures × 15 \$	0,014 2	0,012 6	0,014 0	0,014 1

TABLEAU 7.14 (*suite*)

		Mars 20X4 Lot 55	Sept. 20X4 Lot 61	Avr. 20X5 Lot 65	Avr. 20X5 Lot 68
Total des coûts :					
Main-d'œuvre directe		0,026 4 $	0,019 8 $	0,034 8 $	0,022 8 $
Main-d'œuvre d'usinage		0,109 8	0,106 7	0,099 2	0,111 1
Main-d'œuvre de livraison et d'inspection		0,038 3	0,040 2	0,056 4	0,039 9
Matières premières	prix de la poudre	0,126 3	0,126 3	0,126 3	0,126 3
Autres	procédés externes	0,040 0	0,040 0	0,040 0	0,040 0
Remplacement des outils	3 % du prix	0,020 1	0,020 5	0,020 5	0,020 5
Frais d'administration / heure	350 % de la main-d'œuvre directe	0,092 4	0,069 3	0,121 8	0,079 8
Coûts indirects d'usinage / heure..	main-d'œuvre d'usinage × 2,0 $	0,219 6	0,213 4	0,198 4	0,222 2
Coûts indirects de livraison et d'inspection / heure	main-d'œuvre de LI × 0,5 $	0,019 2	0,020 1	0,028 2	0,020 0
Commissions	2,5 % du prix	0,016 8	0,017 1	0,017 1	0,017 1
Total des coûts		0,708 9	0,673 4	0,742 7	0,699 7
Prix de vente unitaire		0,671 4	0,682 2	0,682 2	0,682 2
Bénéfice (perte) par unité		(0,037 5) $	0,008 8 $	(0,060 5) $	(0,017 5) $
Bénéfice (perte) en pourcentage		(5,59) %	1,29 %	(8,87) %	(2,57)%

D : main-d'œuvre directe
LI : livraison et inspection
U : usinage

Réponses aux questions éclair

7.1 Voici les quatre principales différences entre la CPA et l'approche traditionnelle d'établissement du coût de revient :

1. Dans la CPA, on peut attribuer autant les coûts de fabrication que les coûts hors fabrication à des produits, ce qui n'est pas le cas selon l'approche traditionnelle d'établissement du coût de revient.

2. Certains des coûts de fabrication inclus dans le calcul du taux d'imputation prédéterminé des frais indirects de fabrication selon l'approche traditionnelle d'établissement du coût de revient ne sont pas attribués à des objets de coûts dans la CPA parce qu'il n'y a pas de relation de cause à effet avec ces objets de coûts.

3. Dans l'approche traditionnelle d'établissement du coût de revient, on recourt à un nombre limité de taux d'imputation, alors que, selon la CPA, on utilise un grand nombre de centres de regroupement des coûts par activité en fonction des activités inductrices de coûts.

4. Dans la CPA, on établit souvent les coûts unitaires des activités en fonction du volume d'activité correspondant à la capacité de production, tandis que, d'après l'approche traditionnelle d'établissement du coût de revient, on se sert souvent du volume d'activité prévu comme dénominateur pour établir les taux d'imputation prédéterminés des frais indirects de fabrication.

7.2 À titre d'exemple, prenons une entreprise qui fabrique et vend des téléviseurs à écran plat. Une activité liée aux unités pourrait consister à installer un récepteur numérique dans chaque téléviseur fabriqué. Une activité liée aux lots résiderait notamment dans la commande de pieds de trois différentes couleurs à utiliser dans la fabrication des trois modèles de téléviseurs produits par l'entreprise. La conception d'un nouveau modèle de téléviseur doté de composantes électroniques de nouvelle génération constituerait une activité de soutien aux produits. Une activité de soutien aux clients aurait lieu si un vendeur se rendait chez un client afin de s'assurer de sa satisfaction quant à la qualité du produit acheté et à sa livraison. Enfin, une activité de soutien à l'organisation pourrait consister à demander un avis juridique externe sur les conditions des contrats de travail des cadres dirigeants de l'entreprise.

7.3 Le total des coûts indirects liés au traitement des commandes s'élève à 25 200 $, et 350 commandes ont été traitées durant l'exercice en tout. Le coût unitaire des activités qui servira à attribuer les coûts indirects du traitement des commandes à l'objet de coûts que constituent les commandes des clients est donc de 25 200 $ ÷ 350 = 72 $ par commande.

7.4 Total des coûts indirects à attribuer au produit Q43 = (120 heures de main-d'œuvre directe × 12 $ l'heure) + (43 heures-machines × 2 $ l'heure) + (4 réglages de machines × 63 $ chacun) + (5 livraisons × 12 $ chacune) = 1 838 $.

7.5 Voici la marge sur coûts du client Quincaillerie Michel ltée.

Ventes..	1 200 boîtes × 72 $ par boîte	86 400 $
Moins les coûts :		
Matières premières..................	(1 200 boîtes × 24 bouteilles) × 0,95 $	27 360
Main-d'œuvre directe..............	(1 200 boîtes × 24 bouteilles) × 0,40 $	11 520
Coûts indirects unitaires..........	(1 200 boîtes × 24 bouteilles) × 1,10 $	31 680
Traitement des commandes....	(1 200 boîtes ÷ 50 boîtes par commande) =	
	24 commandes × 250 $ par commande	6 000
Marge sur coûts du client........		9 840 $

LA MÉTHODE DES COÛTS VARIABLES : UN OUTIL DE GESTION

Mise en situation

Trois grands constructeurs d'automobiles augmentent leur stock avant une opération de sauvetage

Dans le cadre d'une étude sur les pratiques comptables en cours avant la crise économique de 2008 au sein de l'industrie automobile américaine (lors de laquelle le gouvernement a dû mettre en œuvre une opération de sauvetage), des chercheurs ont découvert que les trois plus importants constructeurs (General Motors, Ford Motors et Chrysler) auraient fabriqué beaucoup plus de véhicules que le nombre qu'il leur était possible de vendre. L'étude a montré que de 2005 à 2006, leurs gestionnaires auraient subi des pressions pour générer des bénéfices à court terme, au détriment de la stabilité de leur entreprise à long terme. Obligés de recourir à la méthode du coût complet pour produire les rapports financiers publiés à des fins externes, et poussés à générer des bénéfices à brève échéance, ces gestionnaires auraient ainsi cédé à la tentation d'accroître le stock en vue de hausser les bénéfices sans avoir à augmenter le volume des ventes. N'apparaît-il pas pourtant évident que la simple production d'un nombre accru d'unités n'aura aucune incidence sur les bénéfices si elle ne s'accompagne pas de leur vente ? Comme nous le verrons dans le présent chapitre, la méthode du coût complet, qui est la plus couramment utilisée pour déterminer le coût des produits, peut servir à accroître artificiellement les bénéfices à la suite d'une augmentation de la quantité d'unités produites. Cependant, on lui préfère parfois la méthode des coûts variables pour la prise de décisions à l'interne. D'ordinaire, la méthode du coût complet et la méthode des coûts variables donnent des bénéfices différents, et l'écart peut s'avérer assez considérable entre les deux approches. Dans le présent chapitre, en plus de montrer en quoi ces deux méthodes de calcul des coûts de revient diffèrent, nous considérerons le pour et le contre de chacune, puis nous verrons à quel point la méthode de calcul retenue peut influer sur les décisions de gestion.

Source: Alexander BRÜGGEN, Ranjani KRISHNAN et Karen L. SEDATOLE, «Drivers and Consequences of Short-Term Production Decisions: Evidence from the Auto Industry», *Contemporary Accounting Research*, vol. 28, n° 1, 2011, p. 83-123. Reproduit avec la permission de John Wiley and Sons, Inc. Permission transmise par Copyright Clearance Center, Inc.

OBJECTIFS D'APPRENTISSAGE

Après avoir étudié ce chapitre, vous pourrez :

1. expliquer en quoi la méthode des coûts variables diffère de la méthode du coût complet et calculer le coût par unité de produit à l'aide des deux méthodes ;

2. préparer des états des résultats à l'aide de la méthode des coûts variables et de la méthode du coût complet ;

3. rapprocher les bénéfices obtenus à l'aide de la méthode des coûts variables et à l'aide de la méthode du coût complet, et expliquer pourquoi les deux montants diffèrent ;

4. expliquer les avantages et les limites de la méthode des coûts variables et de la méthode du coût complet.

Deux méthodes permettent de déterminer le coût de revient des produits. Il s'agit de la méthode du coût complet, dont il a été question aux chapitres 2, 5 et 6, et de la méthode des coûts variables. La première sert habituellement à présenter des rapports financiers externes. Quelques gestionnaires lui préfèrent cependant la méthode des coûts variables pour le processus décisionnel interne. En général, le bénéfice est différent selon qu'il est calculé à l'aide de la méthode du coût complet ou de la méthode des coûts variables ; cette différence peut se révéler très importante. Dans le présent chapitre, nous montrerons en quoi ces deux méthodes diffèrent, et nous pèserons le pour et le contre de chaque méthode de calcul des coûts de revient. Enfin, nous verrons à quel point la méthode de calcul retenue peut influer sur les décisions de gestion.

Dans les chapitres précédents, nous avons fait référence à des situations où la production et les ventes étaient égales. Cependant, ce n'est pas toujours le cas. Si le volume de production diffère des ventes, cela peut avoir un impact important sur les résultats. Les explications qui vont suivre montreront que le volume de production et le volume des ventes influent sur le bénéfice.

8.1 Un aperçu de la méthode du coût complet et de la méthode des coûts variables

OA1

Expliquer en quoi la méthode des coûts variables diffère de la méthode du coût complet et calculer le coût par unité de produit à l'aide des deux méthodes.

L'analyse coût-volume-bénéfice (CVB) constitue un outil de gestion fort utile qui tient compte du comportement des coûts (*voir le chapitre 4*). Pour que cet outil soit efficace, le gestionnaire devra cependant être en mesure de distinguer les frais variables des frais fixes. La méthode du coût complet attribue à la fois des frais variables et fixes aux produits (*voir le chapitre 5*). De son côté, la méthode des coûts variables attribue uniquement les frais variables aux produits. La méthode des coûts variables s'harmonise parfaitement avec la marge sur coûts variables et les concepts de l'analyse CVB ; c'est l'un de ses points forts.

8.1.1 La méthode du coût complet

Méthode du coût complet

Méthode d'établissement du coût de revient d'une unité de produit consistant à y inclure tous les coûts de fabrication variables et fixes (matières premières, main-d'œuvre directe, et frais indirects de fabrication variables et fixes).

Comme nous l'avons expliqué au chapitre 5, la **méthode du coût complet** consiste à inclure tous les coûts de fabrication à titre de coûts incorporables au produit, qu'ils soient variables ou fixes. Le coût d'une unité de produit calculé à l'aide de la méthode du coût complet comprend donc le coût des matières premières, le coût de la main-d'œuvre directe, de même que les frais indirects de fabrication variables et fixes. La méthode du coût complet attribue à chaque unité de produit une partie des frais indirects de fabrication fixes et les coûts de fabrication variables.

8.1.2 La méthode des coûts variables

Méthode des coûts variables

Méthode selon laquelle on inclut uniquement dans le coût d'une unité de produit les coûts de fabrication variables, soit le coût des matières premières, le coût de la main-d'œuvre directe et les frais indirects de fabrication variables.

Avec la **méthode des coûts variables,** seuls les coûts de fabrication qui varient en fonction du volume de production sont traités comme des coûts incorporables. En général, ces coûts concernent les matières premières, la main-d'œuvre directe et les frais indirects de fabrication variables. Ici, les frais indirects de fabrication fixes ne sont pas considérés comme des coûts incorporables. Ils sont plutôt traités comme des coûts non incorporables au même titre que les frais de vente et les frais d'administration, et ils sont attribués intégralement aux résultats de la période. Le coût d'une unité de produit en stock et le coût unitaire des produits vendus calculés à l'aide de la méthode des coûts variables ne contiennent donc aucuns frais indirects de fabrication fixes.

8.1.3 Les frais de vente et les frais d'administration

Pour terminer cette comparaison très sommaire de la méthode du coût complet et de la méthode des coûts variables, examinons brièvement le traitement des frais de vente et des frais d'administration. Ces frais ne sont jamais considérés comme des coûts incorporables, quelle que soit la méthode de calcul des coûts privilégiée. Ils sont toujours traités comme des frais liés à la période, et ils sont déduits en tant que tels des revenus de la période.

Les concepts vus jusqu'ici sont illustrés à la figure 8.1.

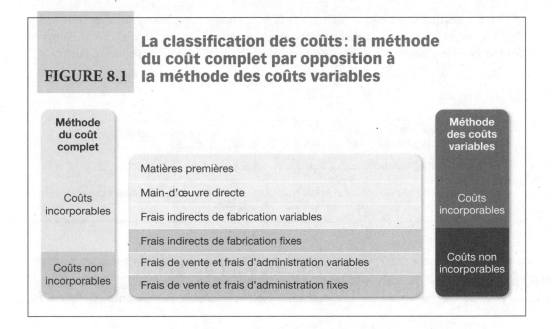

FIGURE 8.1 La classification des coûts : la méthode du coût complet par opposition à la méthode des coûts variables

8.1.4 La détermination du coût unitaire

Le calcul du coût unitaire selon la méthode du coût complet et la méthode des coûts variables sera illustré à l'aide de l'exemple de la société Boley, une petite entreprise qui fabrique un seul produit. Voici la structure de coûts de l'entreprise.

Nombre d'unités produites chaque année	6 000
Coûts variables à l'unité :	
Matières premières	2 $
Main-d'œuvre directe	4
Frais indirects de fabrication	1
Frais de vente et frais d'administration	3
Coûts fixes annuels :	
Frais indirects de fabrication	30 000 $
Frais de vente et frais d'administration	10 000

Notons qu'avec la méthode du coût complet, on inclut tous les coûts de fabrication, variables et fixes, lorsqu'on détermine le coût unitaire du produit. Lorsqu'une unité de produit est vendue alors que l'entreprise utilise la méthode du coût complet, on déduit dans l'état des résultats 12 $ pour ce qui est du coût des ventes, soit des frais variables de 7 $ et des coûts fixes de 5 $. De même, toutes les unités non vendues figurent au compte de stock du bilan, au coût unitaire de 12 $.

Méthode du coût complet

Matières premières	2 $
Main-d'œuvre directe	4
Frais indirects de fabrication variables	1
Total des coûts de fabrication variables	7
Frais indirects de fabrication fixes (30 000 $ ÷ 6 000 unités de produit)	5
Coût par unité de produit	12 $

Avec la méthode des coûts variables, seuls les coûts de fabrication variables sont inclus dans le coût du produit. Quand une unité de produit est vendue, on déduit 7 $ à titre de coût des ventes, et les unités non vendues sont portées au compte de stock, au coût unitaire de 7 $.

Méthode des coûts variables

Matières premières	2 $
Main-d'œuvre directe	4
Frais indirects de fabrication variables	1
Coût par unité de produit	7 $

Les frais indirects de fabrication fixes de 30 000 $ sont intégralement attribués aux résultats à titre de coûts non incorporables avec les frais de vente et les frais d'administration.

8.2 Une comparaison du bénéfice calculé à l'aide de la méthode du coût complet et de la méthode des coûts variables

OA2

Préparer des états des résultats à l'aide de la méthode des coûts variables et de la méthode du coût complet.

Les états des résultats de la société Boley, à la figure 8.2, ont été préparés à l'aide de la méthode du coût complet et de la méthode des coûts variables. Voici quelques renseignements supplémentaires concernant l'entreprise.

Unités dans le stock au début	-0-
Unités produites	6 000
Unités vendues	5 000
Unités dans le stock à la fin	1 000
Prix de vente à l'unité	20 $
Frais de vente et frais d'administration :	
Variables à l'unité	3 $
Fixes pour la période	10 000 $

	Méthode du coût complet	Méthode des coûts variables
Coût par unité de produit :		
Matières premières	2 $	2 $
Main-d'œuvre directe	4	4
Frais indirects de fabrication variables	1	1
Frais indirects de fabrication fixes (30 000 $ ÷ 6 000 unités de produit)	5	—
Coût par unité de produit	12 $	7 $

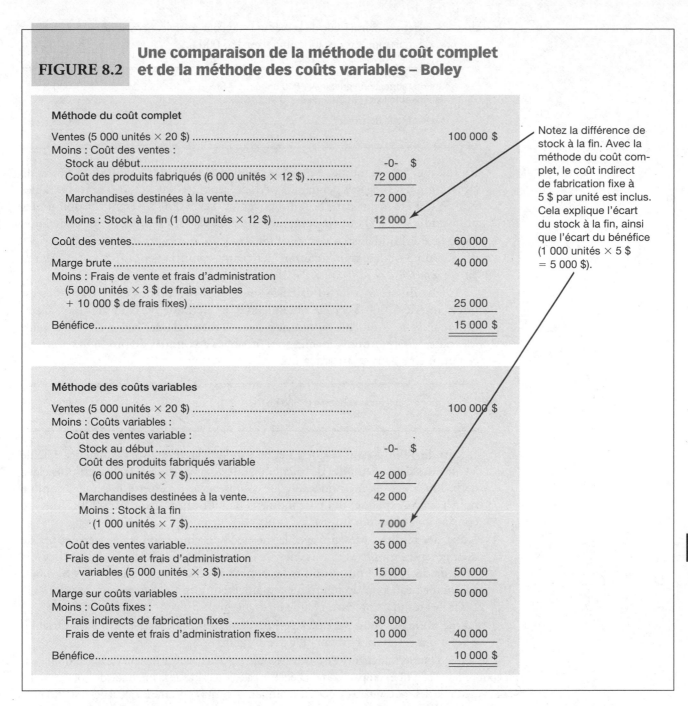

FIGURE 8.2 Une comparaison de la méthode du coût complet et de la méthode des coûts variables – Boley

Méthode du coût complet

Ventes (5 000 unités × 20 $)		100 000 $
Moins : Coût des ventes :		
Stock au début...	-0- $	
Coût des produits fabriqués (6 000 unités × 12 $)	72 000	
Marchandises destinées à la vente.....................................	72 000	
Moins : Stock à la fin (1 000 unités × 12 $)	**12 000**	
Coût des ventes...		60 000
Marge brute		40 000
Moins : Frais de vente et frais d'administration (5 000 unités × 3 $ de frais variables + 10 000 $ de frais fixes)		25 000
Bénéfice..		15 000 $

Notez la différence de stock à la fin. Avec la méthode du coût complet, le coût indirect de fabrication fixe à 5 $ par unité est inclus. Cela explique l'écart du stock à la fin, ainsi que l'écart du bénéfice (1 000 unités × 5 $ = 5 000 $).

Méthode des coûts variables

Ventes (5 000 unités × 20 $)		100 000 $
Moins : Coûts variables :		
Coût des ventes variable :		
Stock au début	-0- $	
Coût des produits fabriqués variable (6 000 unités × 7 $)...	42 000	
Marchandises destinées à la vente.................................	42 000	
Moins : Stock à la fin (1 000 unités × 7 $)	**7 000**	
Coût des ventes variable..	35 000	
Frais de vente et frais d'administration variables (5 000 unités × 3 $)	15 000	50 000
Marge sur coûts variables		50 000
Moins : Coûts fixes :		
Frais indirects de fabrication fixes	30 000	
Frais de vente et frais d'administration fixes........................	10 000	40 000
Bénéfice..		10 000 $

8

Nous pouvons tirer plusieurs conclusions des états financiers présentés à la figure 8.2.

1. Avec la méthode du coût complet, quand il y a une augmentation des stocks, certains coûts de fabrication fixes pour la période en cours ne figurent pas dans l'état des résultats. Ces frais sont plutôt inscrits au compte de stock du bilan et sont reportés aux résultats d'une période ultérieure. On désigne ce report de frais sous le nom de **frais indirects de fabrication fixes comptabilisés dans le stock.** Pour mieux comprendre ce concept, reprenons quelques données de l'entreprise Boley. Pendant la période en cours, Boley a produit 6 000 unités, mais n'en a vendu que 5 000. Il reste donc 1 000 unités invendues dans le stock à la fin. Conformément à la méthode du coût complet, on a attribué des frais indirects fixes de 5 $ à chaque unité produite (*voir les calculs du coût unitaire à la page 378*). Par conséquent, on attribue des frais indirects fixes de 5 $ à chacune des 1 000 unités faisant partie du stock à la fin de la période, soit 5 000 $. Ces frais indirects de fabrication fixes pour la période en cours seront comptabilisés dans le stock jusqu'à ce que ces unités soient vendues. L'analyse

Frais indirects de fabrication fixes comptabilisés dans le stock

Part des frais indirects de fabrication fixes d'une période attribuée au stock selon la méthode du coût complet.

'du stock à la fin calculé à l'aide de la méthode du coût complet permet de voir clairement le report des frais indirects de fabrication fixes de 5 000 $.

Coûts de fabrication variables (1 000 unités × 7 $)......................	7 000 $
Frais indirects fixes (1 000 unités × 5 $)...............................	5 000
Valeur totale du stock..	12 000 $

En résumé, avec la méthode du coût complet, des 30 000 $ de frais indirects de fabrication fixes engagés pendant la période, seuls 25 000 $ (5 000 unités vendues × 5 $) ont été inclus dans le coût des ventes. Les 5 000 $ restants (1 000 unités non vendues × 5 $) ont été comptabilisés dans le stock pour la période suivante.

2. Avec la méthode des coûts variables, les frais indirects de fabrication fixes de 30 000 $ ont été traités comme des charges pour la période en cours (*voir la partie inférieure de la figure 8.2 à la page 379*).

3. La valeur du stock à la fin calculée selon la méthode des coûts variables est inférieure de 5 000 $ à celle obtenue avec la méthode du coût complet. Cette différence est attribuable au fait que, avec la méthode des coûts variables, seuls les coûts de fabrication variables sont attribués aux unités de produit et sont, de ce fait, inclus dans le stock à la fin.

Coûts de fabrication variables (1 000 unités × 7 $)....................................	7 000 $

L'écart de 5 000 $ dans le stock à la fin explique la différence de bénéfice calculé à l'aide des deux méthodes de calcul du coût de revient. Le bénéfice est plus élevé de 5 000 $ avec la méthode du coût complet, car avec cette méthode, comme nous l'avons expliqué, des frais indirects de fabrication fixes de 5 000 $ ont été constatés dans le coût du stock à la fin.

4. L'état des résultats présenté avec la méthode du coût complet ne permet pas de distinguer les frais fixes et variables, ce qui complique les calculs CVB utiles à la prise de décisions. Pour produire les données nécessaires à l'analyse CVB, il faut consacrer beaucoup de temps au remaniement et au reclassement des coûts de l'état des résultats préparé à l'aide de la méthode du coût complet.

5. La méthode des coûts variables permet de présenter la marge sur coûts variables à l'état des résultats, comme l'illustre la figure 8.2.

Il se peut qu'une lecture attentive des deux sections précédentes, qui traitent de la détermination du coût unitaire et d'une comparaison du bénéfice calculé à l'aide de la méthode du coût complet et de la méthode des coûts variables, porte à confusion en ce qui concerne le calcul des frais indirects de fabrication fixes par unité de produit. Dans l'aide-mémoire du chapitre 5 (*voir la page 221*) et à l'annexe 5A (disponible sur la plateforme *i+ Interactif*), nous avons proposé le recours à un taux d'imputation prédéterminé des frais indirects de fabrication. Un tel taux s'applique aux frais indirects de fabrication fixes et variables par unité de produit dont il est question ici. Or, dans les exemples du présent chapitre, nous utilisons des taux d'imputation prédéterminés basés sur l'activité prévue qui correspond à l'activité réelle afin de ne pas indûment compliquer les explications.

La différence fondamentale entre la méthode du coût complet et la méthode des coûts variables concerne la prise en compte des frais indirects de fabrication fixes à l'état des résultats. Selon les partisans de la méthode des coûts variables, les frais indirects de fabrication fixes devraient être portés immédiatement aux charges, alors que, selon les défenseurs de la méthode du coût complet, ces frais devraient être attribués graduellement aux résultats, à mesure que les unités de produit sont vendues. Dans la méthode du coût complet, les coûts de fabrication fixes des unités non vendues sont constatés dans le coût des produits figurant au compte de stock du bilan. Nous discuterons plus loin des arguments de chaque partie dès que nous connaîtrons mieux les deux

8

Question éclair   8.1

Selon la méthode du coût complet, les frais de vente et d'administration sont-ils traités comme des coûts incorporables ou comme des frais liés à la période ? Et qu'en est-il selon la méthode des coûts variables ?

méthodes. Néanmoins, comme l'illustre le cas de l'entreprise Tricots d'Écosse présenté ci-après, la méthode du coût complet peut parfois avoir des effets étranges sur l'état des résultats.

8.3 Une comparaison plus détaillée des données relatives aux résultats

Tricots d'Écosse est une petite entreprise de la Nouvelle-Écosse qui se spécialise dans la confection d'un chandail de laine traditionnel pour les pêcheurs.

Les données de base concernant l'entreprise figurent dans la partie supérieure du tableau 8.1. Les états des résultats des trois dernières années d'exploitation préparés à l'aide de la méthode du coût complet et présentés à la banque se trouvent à la page suivante. M. MacLaren, le comptable de l'entreprise, a utilisé la méthode des coûts variables pour voir quel effet elle aurait sur le bénéfice. Ses états des résultats des trois dernières années, préparés à l'aide de la méthode des coûts variables, se trouvent aussi à la page suivante.

Notons que Tricots d'Écosse a maintenu un niveau de fabrication de 25 000 chandails par an. Les ventes ont cependant varié d'une année à l'autre. Au cours de la première année, le niveau de production et le volume des ventes ont été les mêmes. Pendant la deuxième année, la fabrication a été supérieure aux ventes à cause d'une commande annulée. Au cours de la troisième année, les ventes se sont stabilisées et ont dépassé le volume de production. Par conséquent, il n'y a aucune variation du stock pendant la première année, alors que le stock a augmenté au cours de la deuxième année, pour diminuer ensuite pendant la troisième année. La variation du stock au cours de l'année nous permet de comprendre pourquoi la méthode du coût complet diffère de la méthode des coûts variables.

OA3

Rapprocher les bénéfices obtenus à l'aide de la méthode des coûts variables et à l'aide de la méthode du coût complet, et expliquer pourquoi les deux montants diffèrent.

TABLEAU 8.1 — **Des états des résultats préparés à l'aide de la méthode du coût complet et de la méthode des coûts variables – Tricots d'Écosse**

Données de base

Prix de vente par unité vendue	20 $
Coûts de fabrication variables par unité produite	7
Frais indirects de fabrication fixes par année	150 000
Frais de vente et frais d'administration variables par unité vendue	1
Frais de vente et frais d'administration fixes par année	90 000

	1re année	2e année	3e année	Ensemble des trois années
Stock au début (en unités)	-0-	-0-	5 000	-0-
Unités produites	25 000	25 000	25 000	75 000
Unités vendues	25 000	20 000	30 000	75 000
Stock à la fin (en unités)	-0-	5 000	-0-	-0-

Coût unitaire du produit

	1re année	2e année	3e année
Avec la méthode des coûts variables :			
Coûts de fabrication variables seulement	7 $	7 $	7 $
Avec la méthode du coût complet :			
Coûts de fabrication variables	7 $	7 $	7 $
Frais indirects de fabrication fixes (150 000 $ répartis sur le nombre d'unités produites chaque année)	6	6	6
Coût unitaire obtenu avec la méthode du coût complet	13 $	13 $	13 $

TABLEAU 8.1 (*suite*)

Méthode du coût complet

	1re année	2e année	3e année	Ensemble des trois années
Ventes	500 000 $	400 000 $	600 000 $	1 500 000 $
Moins: Coût des ventes:				
Stock au début	-0- $	-0- $	65 000 $	-0- $
Coût des produits fabriqués (25 000 unités × 13 $)	325 000	325 000	325 000	975 000
Marchandises destinées à la vente	325 000	325 000	390 000	975 000
Moins: Stock à la fin (5 000 unités × 13 $)	-0-	65 000	-0-	-0-
Coût des ventes	325 000	260 000	390 000	975 000
Marge brute	175 000	140 000	210 000	525 000
Moins: Frais de vente et frais d'administration	115 000*	110 000*	120 000*	345 000
Bénéfice	60 000 $	30 000 $	90 000 $	180 000 $

* Les frais de vente et les frais d'administration sont calculés comme suit:
1re année: (25 000 unités × 1 $ de frais variables) + 90 000 $ de frais fixes = 115 000 $
2e année: (20 000 unités × 1 $ de frais variables) + 90 000 $ de frais fixes = 110 000 $
3e année: (30 000 unités × 1 $ de frais variables) + 90 000 $ de frais fixes = 120 000 $

Méthode des coûts variables

	1re année	2e année	3e année	Ensemble des trois années
Ventes	500 000 $	400 000 $	600 000 $	1 500 000 $
Moins: Coûts variables:				
Coût des ventes variable:				
Stock au début	-0- $	-0- $	35 000 $	-0- $
Coût des produits fabriqués variable (25 000 unités × 7 $)	175 000	175 000	175 000	525 000
Marchandises destinées à la vente	175 000	175 000	210 000	525 000
Moins: Stock à la fin (5 000 unités × 7 $)	-0-	35 000	-0-	-0-
Coût des ventes variable	175 000**	140 000**	210 000**	525 000
Frais de vente et frais d'administration variables (1 $ par unité vendue)	25 000	20 000	30 000	75 000
Marge sur coûts variables	300 000	240 000	360 000	900 000
Moins: Coûts fixes:				
Frais indirects de fabrication fixes	150 000	150 000	150 000	450 000
Frais de vente et frais d'administration fixes	90 000	90 000	90 000	270 000
Bénéfice	60 000 $	-0- $	120 000 $	180 000 $

** Le coût des ventes variable aurait pu être calculé plus simplement, comme suit:
1re année: 25 000 unités vendues × 7 $ = 175 000 $
2e année: 20 000 unités vendues × 7 $ = 140 000 $
3e année: 30 000 unités vendues × 7 $ = 210 000 $

Notons ensuite que lorsque le stock augmente au cours de la deuxième année, le bénéfice calculé à l'aide de la méthode du coût complet est supérieur à celui calculé à l'aide de la méthode des coûts variables. À l'opposé, quand le stock diminue au cours de la troisième année, le bénéfice calculé à l'aide de la méthode des coûts variables est supérieur à celui obtenu au moyen de la méthode du coût complet.

Enfin quand il n'y a aucune variation du stock, à l'exemple de la première année, le bénéfice calculé à l'aide des deux méthodes est le même. Pourquoi ? Nous en expliquons les raisons ci-après.

1. Quand le niveau de production et les ventes s'équivalent, à l'exemple de la première année, le bénéfice est généralement le même, quelle que soit la méthode utilisée. Voici pourquoi : la seule différence pouvant exister entre le bénéfice calculé à l'aide de la méthode du coût complet et celui calculé à l'aide de la méthode des coûts variables est le montant des frais indirects de fabrication fixes considérés à titre de charges à l'état des résultats. Quand l'entreprise vend tout ce qu'elle produit pendant l'année, tous les frais indirects de fabrication fixes attribués aux unités de produit à l'aide de la méthode du coût complet font partie du coût annuel des ventes. Avec la méthode des coûts variables, tous les frais indirects de fabrication fixes sont directement inscrits à titre de charges à l'état des résultats. Ainsi, peu importe la méthode retenue, quand la production est égale aux ventes, c'est-à-dire lorsqu'il n'y a aucune variation du stock, tous les frais indirects de fabrication fixes engagés pendant l'année figurent à titre de charges à l'état des résultats. C'est pourquoi le bénéfice calculé à l'aide des deux méthodes est le même.

AIDE-MÉMOIRE	**Les effets de la méthode du coût complet et de la méthode des coûts variables sur les bénéfices**	
Relation entre la production et les ventes pour la période	**Effet sur le stock**	**Relation entre les bénéfices calculés à l'aide de la méthode du coût complet et de la méthode des coûts variables**
Production = Ventes	Aucune variation du stock 	Bénéfice calculé à l'aide de la méthode du coût complet = Bénéfice calculé à l'aide de la méthode des coûts variables
Production > Ventes	Augmentation du stock	Bénéfice calculé à l'aide de la méthode du coût complet > Bénéfice calculé à l'aide de la méthode des coûts variables *
Production < Ventes	Diminution du stock	Bénéfice calculé à l'aide de la méthode du coût complet < Bénéfice calculé à l'aide de la méthode des coûts variables **

* Le bénéfice est plus élevé avec la méthode du coût complet, parce que les frais indirects de fabrication fixes sont comptabilisés dans le stock à mesure que celui-ci augmente.

** Le bénéfice est moins élevé avec la méthode du coût complet parce que les frais indirects de fabrication fixes sont passés en charges à l'état des résultats à mesure que le stock diminue.

2. Quand le volume de production est supérieur au volume des ventes, le bénéfice déclaré à l'aide de la méthode du coût complet est en général plus élevé que le bénéfice déclaré avec la méthode des coûts variables (*voir les données de la deuxième année dans le tableau 8.1*). Cet écart est attribuable au fait que, avec la méthode du coût complet, une partie des frais indirects de fabrication fixes pour la période en cours est comptabilisée dans le stock. Au cours de la deuxième année donc, des frais indirects de fabrication fixes de 30 000 $ (5 000 unités × 6 $ par unité) ont été attribués au stock à la fin. Ces frais sont exclus du coût des ventes.

Cependant, avec la méthode des coûts variables, tous les frais indirects de fabrication fixes de la deuxième année ont été directement attribués aux résultats à titre de frais non incorporables. Par conséquent, le bénéfice pour la deuxième année calculé avec la méthode des coûts variables est inférieur de 30 000 $ à celui obtenu avec la méthode du coût complet. Le tableau 8.2 illustre le rapprochement des montants des bénéfices obtenus à l'aide de la méthode des coûts variables et de la méthode du coût complet.

TABLEAU 8.2 **Le rapprochement de la méthode des coûts variables et de la méthode du coût complet**

	1re année	2e année	3e année
Bénéfice obtenu avec la méthode des coûts variables*	60 000 $	-0- $	120 000 $
Plus : Frais indirects de fabrication fixes comptabilisés dans le stock à la fin et reportés au bilan avec la méthode du coût complet (5 000 unités × 6 $ par unité)	-0-	30 000	-0-
Moins : Frais indirects de fabrication fixes comptabilisés dans le stock au début et passés en charges avec la méthode du coût complet (5 000 unités × 6 $ par unité)	-0-	-0-	30 000
Bénéfice obtenu avec la méthode du coût complet*	60 000 $	30 000 $	90 000 $

* Les données relatives au bénéfice proviennent du tableau 8.1 (*voir les pages 381 et 382*).

---

3. Quand la production est inférieure aux ventes, le bénéfice déterminé à l'aide de la méthode du coût complet est généralement inférieur au bénéfice déterminé à l'aide de la méthode des coûts variables (*voir les données de la troisième année dans le tableau 8.1 aux pages 381 et 382*). Pourquoi ? Parce que le stock a diminué et que les frais indirects de fabrication fixes comptabilisés dans le stock à l'aide de la méthode du coût complet sont passés en charges, les unités ayant été vendues. Ainsi, au cours de la troisième année, par exemple, les frais indirects de fabrication fixes de 30 000 $ comptabilisés dans le stock au début à l'aide de la méthode du coût complet sont passés en charges parce que ces unités ont été vendues.

Par conséquent, le coût des ventes au cours de la troisième année comprend les frais indirects de fabrication fixes pour la même année, toute la production de cette période ayant été vendue au cours de la même période, et une partie des frais indirects de fabrication fixes de l'année précédente, soit 30 000 $.

Par contre, avec la méthode des coûts variables, seuls les frais indirects de fabrication fixes de la troisième année ont été attribués au cours de cette année. Le bénéfice obtenu à l'aide de cette méthode est donc plus élevé de 30 000 $ qu'il ne l'est quand il est calculé à l'aide de la méthode du coût complet. Le tableau 8.2 illustre le rapprochement des bénéfices obtenus au moyen de la méthode des coûts variables et de la méthode du coût complet.

4. Sur une période prolongée, les montants de bénéfices cumulés obtenus à l'aide de la méthode du coût complet et de la méthode des coûts variables tendent à être les mêmes parce qu'à long terme, les ventes ne peuvent être supérieures à la production, pas plus que la production ne peut excéder de beaucoup les ventes. Plus la période est courte, plus les montants de bénéfices tendent à être différents.

Question éclair **8.2**

Parcs inc., dont le chiffre d'affaires s'élevait à 5 000 000 $, a déclaré un bénéfice de 300 000 $ dans son rapport annuel destiné aux actionnaires. D'après une analyse CVB préparée pour la direction, le chiffre d'affaires qui correspond au seuil de rentabilité de l'entreprise est de 5 000 000 $. Le niveau du stock de l'entreprise a-t-il augmenté, diminué, ou est-il demeuré le même ? Justifiez votre réponse.

8

8.3.1 L'effet des variations de la production sur le bénéfice

Dans l'exemple de Tricots d'Écosse, la production était constante, mais les ventes ont fluctué au cours de la période de trois années. Les données du tableau 8.1 (*voir les pages 381 et 382*) nous ont permis de constater l'effet des fluctuations des ventes sur le bénéfice obtenu à l'aide de la méthode des coûts variables et de la méthode du coût complet.

Afin d'étudier plus en profondeur les différences entre ces deux méthodes, la direction a ensuite analysé l'exemple hypothétique présenté au tableau 8.3. Ici, les ventes sont constantes, et la production fluctue, contrairement au cas du tableau 8.1.

La méthode des coûts variables

Comme l'illustre le tableau 8.3, avec la méthode des coûts variables, les changements de la production n'ont aucun effet sur le bénéfice. Ainsi, pour un volume de ventes constant, le bénéfice est demeuré le même au cours des trois années d'exploitation, bien que la production ait été supérieure aux ventes pendant une année et inférieure aux ventes une autre année.

TABLEAU 8.3 — **L'effet de la méthode des coûts variables et de la méthode du coût complet lorsqu'il y a variation de la production – données hypothétiques**

Données de base

Prix de vente par unité vendue	25 $
Coûts de fabrication variables par unité produite..	10
Frais indirects de fabrication fixes par année	300 000
Frais de vente et frais d'administration variables par unité vendue................................	1
Frais de vente et frais d'administration fixes par année...	200 000

	1re année	2e année	3e année
Stock au début (en unités)	-0-	-0-	10 000
Unités produites...	40 000	50 000	30 000
Unités vendues	40 000	40 000	40 000
Stock à la fin (en unités).................................	-0-	10 000	-0-

Coût unitaire du produit

	1re année	2e année	3e année
Avec la méthode des coûts variables :			
Coûts de fabrication variables seulement.......................	10,00 $	10,00 $	10,00 $
Avec la méthode du coût complet :			
Coûts de fabrication variables....................................	10,00 $	10,00 $	10,00 $
Frais indirects de fabrication fixes (300 000 $ répartis sur le nombre d'unités produites chaque année[1])............	7,50	6,00	10,00
Coût unitaire obtenu avec la méthode du coût complet....................	17,50 $	16,00 $	20,00 $

---

1. Cette façon de faire suppose un taux d'imputation prédéterminé des frais indirects de fabrication fixes basé sur l'activité prévue qui correspond à la production réelle.

8

TABLEAU 8.3 (*suite*)

	1re année	2e année	3e année
Méthode du coût complet			
Ventes (40 000 unités)...............	1 000 000 $	1 000 000 $	1 000 000 $
Moins : Coût des ventes :			
Stock au début...........	-0- $	-0- $	160 000 $
Coût des produits fabriqués...........	700 000*	800 000*	600 000*
Marchandises destinées à la vente...........	700 000	800 000	760 000
Moins : Stock à la fin...........	-0-	160 000**	-0-
Coût des ventes...........	700 000	640 000	760 000
Marge brute...........	300 000	360 000	240 000
Moins : Frais de vente et frais d'administration (40 000 unités × 1 $ de frais variables + 200 000 $ de frais fixes)...........	240 000	240 000	240 000
Bénéfice...........	60 000 $	120 000 $	-0- $

* Coût des produits fabriqués :
1re année : 40 000 unités × 17,50 $ = 700 000 $
2e année : 50 000 unités × 16,00 $ = 800 000 $
3e année : 30 000 unités × 20,00 $ = 600 000 $
** Stock à la fin de la 2e année : 10 000 unités × 16 $ = 160 000 $

	1re année	2e année	3e année
Méthode des coûts variables			
Ventes (40 000 unités)...............	1 000 000 $	1 000 000 $	1 000 000 $
Moins : Coûts variables :			
Coût des ventes variable :			
Stock au début...........	-0- $	-0- $	100 000 $
Coût des produits fabriqués variable (10 $ par unité produite)...........	400 000	500 000	300 000
Marchandises destinées à la vente...........	400 000	500 000	400 000
Moins : Stock à la fin...........	-0-	100 000***	-0-
Coût des ventes variable...........	400 000	400 000	400 000
Frais de vente et frais d'administration variables...........	40 000	40 000	40 000
Marge sur coûts variables...........	560 000	560 000	560 000
Moins : Coûts fixes :			
Frais indirects de fabrication fixes...........	300 000	300 000	300 000
Frais de vente et frais d'administration fixes...........	200 000	200 000	200 000
Bénéfice...........	60 000 $	60 000 $	60 000 $

*** Stock à la fin de la 2e année : 10 000 unités × 10 $ = 100 000 $

La méthode du coût complet

Le tableau 8.3 montre aussi qu'avec la méthode du coût complet, les variations de production influent sur le bénéfice. Ainsi, le bénéfice calculé avec la méthode du coût complet a augmenté au cours de la deuxième année, par suite d'une hausse de la production, puis a diminué de nouveau lors de la troisième année, à la suite d'une baisse de production pendant cette période. Notons que le bénéfice s'accroît et diminue entre ces années bien que le même nombre d'unités aient été vendues chaque année. Cet écart s'explique par la variation des frais indirects de fabrication fixes entre les années (attribuable à la variation du stock qu'on observe avec la méthode du coût complet).

Pendant la deuxième année, la production a été supérieure aux ventes, ce qui a entraîné une augmentation du stock de 10 000 unités. Des frais indirects de fabrication fixes de 6 $ par unité produite ont été imputés cette année-là (*voir les calculs du coût unitaire dans la première partie du tableau 8.3 à la page 385*). Par conséquent, des frais indirects de fabrication fixes de 60 000 $ (10 000 unités × 6 $) n'ont pas été attribués à cette année, mais ajoutés au compte de stock avec les coûts de fabrication variables. Le bénéfice de la deuxième année a augmenté en raison du report de ces frais dans le stock, bien que le même nombre d'unités ait été vendues.

L'effet contraire se produit au cours de la troisième année. Les ventes étant supérieures à la production durant la période, l'entreprise doit alors absorber tous les frais indirects de fabrication fixes de l'année de même que les frais indirects de fabrication fixes de l'année précédente comptabilisés dans le stock et maintenant passés en charges puisque les unités ont été vendues. L'importante baisse du bénéfice de la troisième année provient de la prise en charge des frais indirects de fabrication fixes du stock même si le nombre d'unités vendues est le même que celui des autres années.

Le tableau 8.4 présente le rapprochement des bénéfices calculés à l'aide de la méthode des coûts variables et de la méthode du coût complet. Ce tableau nous permet de comprendre que les différences entre les bénéfices calculés au moyen des deux méthodes sont attribuables à l'effet de la variation du stock sur le bénéfice calculé à l'aide de la méthode du coût complet. Si l'entreprise adopte la méthode du coût complet, les frais indirects de fabrication fixes sont comptabilisés dans le stock quand le stock augmente, et sont passés en charges quand le stock diminue.

TABLEAU 8.4	Le rapprochement de la méthode des coûts variables et de la méthode du coût complet lors d'un changement dans la production		
	1re année	2e année	3e année
Bénéfice obtenu avec la méthode des coûts variables*..................................	60 000 $	60 000 $	60 000 $
Plus : Frais indirects de fabrication fixes comptabilisés dans le stock à la fin et reportés au bilan avec la méthode du coût complet (10 000 unités × 6 $ par unité)..........	-0-	60 000	-0-
Moins : Frais indirects de fabrication fixes comptabilisés dans le stock au début et passés en charges avec la méthode du coût complet (10 000 unités × 6 $ par unité)..........	-0-	-0-	60 000
Bénéfice obtenu avec la méthode du coût complet*..................................	60 000 $	120 000 $	-0- $

* Les données relatives au bénéfice proviennent du tableau 8.3.

Question éclair **8.3**

Expliquez comment les frais indirects de fabrication fixes sont reportés d'une période à l'autre selon la méthode du coût complet.

8.4 Le choix d'une méthode de calcul des coûts

8.4.1 L'effet sur le gestionnaire

Les opposants à la méthode du coût complet sont d'avis que le transfert des frais indirects de fabrication fixes entre les périodes peut s'avérer déroutant et mener à des interprétations erronées, voire à de mauvaises décisions. Reportez-vous au tableau 8.3 (*voir les pages 385 et 386*). Un gestionnaire pourrait se demander pourquoi le bénéfice calculé à l'aide de la méthode du coût complet a augmenté de façon considérable pendant la deuxième année alors que les ventes au cours de la même période ont été identiques à celles de l'année précédente. Est-ce parce que les frais de vente sont plus bas ou parce que les opérations sont plus efficaces? À moins qu'il s'agisse d'un autre facteur? Le gestionnaire sera incapable de le déterminer en observant simplement l'état des résultats préparé à l'aide de la méthode du coût complet. Puis, pour la troisième année d'exploitation, le bénéfice chute, bien que le nombre d'unités vendues soit identique à celui des deux années précédentes. Pourquoi le bénéfice augmenterait-il une année et chuterait-il l'année suivante? Les données semblent erronées et contradictoires. Elles pourraient semer la confusion dans les esprits et nous amener à douter de l'intégrité de l'état des résultats.

En revanche, les états des résultats préparés à l'aide de la méthode des coûts variables présentés au tableau 8.3 sont clairs et faciles à comprendre. Les ventes demeurent constantes pendant la période de trois ans; c'est pourquoi la marge sur coûts variables et le bénéfice demeurent aussi constants. L'état des résultats doit correspondre logiquement aux attentes du gestionnaire dans un tel contexte. Il suscitera donc davantage de confiance que de confusion.

Selon la méthode des coûts variables, ce sont surtout les revenus qui font augmenter le bénéfice, tandis que selon la méthode du coût complet, ce sont à la fois les revenus et la production. La présence de ces deux inducteurs de bénéfices peut semer la confusion pour quiconque s'intéresse au bénéfice, car il est difficile de concevoir la présence d'un bénéfice si les produits fabriqués ne sont pas d'abord vendus. Or, voilà justement ce que permet la méthode du coût complet.

Le lecteur des états financiers préparés à l'aide de la méthode du coût complet doit être très sensible à la variation du stock. Avec la méthode du coût complet, toute augmentation du stock a pour effet de faire accroître le bénéfice. Les frais indirects de fabrication fixes sont alors comptabilisés en partie dans le stock. Au contraire, lorsque le stock diminue, les frais indirects de fabrication fixes comptabilisés dans le stock au début sont passés en charges, les unités étant vendues. C'est pourquoi les fluctuations du bénéfice peuvent être attribuables à la variation du stock plutôt qu'aux fluctuations des ventes.

8.4.2 L'analyse CVB et la méthode du coût complet

La méthode du coût complet est largement utilisée à la fois pour les rapports internes et pour les rapports externes. D'ailleurs, la méthode du coût complet est la méthode exigée pour les états financiers selon le chapitre 3031 et l'IAS 2. Si une entreprise établit ses états financiers avec la méthode des coûts variables, elle n'est pas conforme aux normes. Cela explique pourquoi la plupart des entreprises utilisent cette méthode. La méthode, cependant, s'harmonise plutôt mal avec l'analyse CVB.

Pour illustrer ce point, reportons-nous une fois de plus au tableau 8.1 (*voir les pages 381 et 382*) et établissons le seuil de rentabilité de Tricots d'Écosse.

Prix de vente à l'unité	20 $
Moins : Coûts variables à l'unité	8
Marge sur coûts variables à l'unité	12 $
Frais indirects de fabrication fixes	150 000 $
Frais de vente et frais d'administration fixes	90 000
Total des frais fixes..	240 000 $

$$\frac{\text{Total des frais fixes}}{\text{Marge sur coûts variables à l'unité}} = \frac{240\ 000\ \$}{12\ \$} = 20\ 000\ \text{unités}$$

Le seuil de rentabilité est de 20 000 unités. Notons que, selon le tableau 8.1 (*voir les pages 381 et 382*), Tricots d'Écosse a vendu exactement 20 000 unités au cours de la deuxième année, soit le volume correspondant au seuil de rentabilité. En travaillant avec la méthode des coûts variables et en dégageant la marge sur coûts variables, on notera que l'entreprise atteint son seuil de rentabilité au cours de la deuxième année, affichant un bénéfice égal à zéro. Pourtant, avec la méthode du coût complet, l'entreprise affiche un bénéfice de 30 000 $ lors de la deuxième année d'exploitation. Comment expliquer un tel écart ? Comment la méthode du coût complet permet-elle d'obtenir un bénéfice quand l'entreprise a vendu un nombre d'unités correspondant au seuil de rentabilité ?

La réponse se trouve du côté de la méthode du coût complet, où des frais indirects de fabrication fixes de 30 000 $ sont comptabilisés dans le stock de la deuxième année et reportés au bilan. Ces frais ne sont donc pas déduits du bénéfice. En raison du report des frais indirects de fabrication fixes dans le stock, l'état des résultats présente un bénéfice bien que l'entreprise ait vendu un nombre d'unités correspondant au seuil de rentabilité. La méthode du coût complet est à l'origine de difficultés semblables dans d'autres domaines de l'analyse CVB. C'est pourquoi l'entreprise devrait faire ses rapports internes avec la méthode des coûts variables.

8.4.3 La prise de décisions

La méthode du coût complet pose un problème fondamental : elle donne une perception erronée des frais indirects de fabrication fixes, qui semblent variables. Par exemple, au tableau 8.1, le coût complet de l'unité de produit est de 13 $, mais la partie variable de ce coût est seulement de 7 $. Comme les coûts incorporables du produit sont établis à l'unité, le gestionnaire pourrait croire à tort que, si une autre unité était fabriquée, son coût s'établirait à 13 $.

La perception erronée selon laquelle le coût complet de l'unité de produit est variable peut causer de nombreux problèmes de gestion, dont des décisions à court terme inappropriées en matière de prix et le choix d'abandonner des produits qui, en réalité, se révèlent rentables. Nous traiterons plus en détail des problèmes de coût des produits liés à la méthode du coût complet dans le chapitre 12.

8.4.4 Les rapports financiers publiés à des fins externes et l'impôt sur les bénéfices

En pratique, pour préparer les rapports financiers publiés à des fins externes, la méthode du coût complet est obligatoire au Canada. En effet, au Canada, la norme comptable internationale IAS 2 et le chapitre 3031 « Stocks » exigent qu'une entreprise attribue aux produits en cours et aux produits finis le coût des matières en magasin, le coût de la main-d'œuvre directe, ainsi que l'affectation systématique des frais indirects de fabrication fixes et variables qui s'appliquent. En ce qui concerne l'impôt sur les bénéfices des entreprises canadiennes, le bulletin d'interprétation IT-473R de l'Agence du revenu du Canada, « Évaluation des biens figurant à un inventaire », permet le recours à la méthode des coûts variables ou à celle du coût complet aux fins de l'établissement du bénéfice imposable.

Bien que l'entreprise applique la méthode du coût complet pour ses états financiers à vocation générale, le gestionnaire pourrait utiliser des états financiers préparés avec la méthode des coûts variables pour ses rapports internes. Le double emploi des méthodes (la méthode des coûts variables pour les rapports internes, et la méthode du coût complet pour les états financiers à vocation générale) ne présente aucun problème comptable particulier. Comme l'illustrent les tableaux 8.2 et 8.4 (*voir les pages 384 et 387*), l'ajustement du bénéfice obtenu à l'aide de la méthode des coûts variables et du bénéfice obtenu à l'aide de la méthode du coût complet est une opération réalisable en fin de période.

Notons cependant que l'utilisation de deux formes d'états des résultats pourrait poser des problèmes du côté des dirigeants d'entreprises cotées en bourse. En général, ces cadres sont évalués à partir des rapports qu'ils présentent aux actionnaires. Ils peuvent penser que, puisqu'ils sont évalués selon des résultats obtenus avec la méthode du coût complet, ils doivent prendre des décisions sur cette base.

8.4.5 Les avantages de la méthode des coûts variables et de l'approche de la marge sur coûts variables

Comme nous l'avons expliqué, bien que les rapports externes soient présentés à l'aide de la méthode du coût complet, la méthode des coûts variables, associée à l'approche de la marge sur coûts variables, demeure une solution de rechange valable pour les rapports internes. On peut résumer les avantages de la méthode des coûts variables comme suit :

1. Les données indispensables à l'analyse CVB peuvent être tirées directement des états des résultats préparés à l'aide de la méthode des coûts variables, contrairement aux états des résultats préparés à l'aide de la méthode du coût complet.

2. Avec la méthode des coûts variables, la variation du stock n'a aucun effet sur le bénéfice. Ainsi, lorsque les prix de vente, les frais, la composition du chiffre d'affaires, etc., demeurent identiques, les bénéfices évoluent dans la même direction que les ventes.

3. Souvent, les gestionnaires supposent que les coûts unitaires du produit sont des coûts variables. C'est un problème que présente la méthode du coût complet, car les coûts unitaires du produit combinent à la fois des frais fixes et des coûts variables, contrairement à la méthode des coûts variables.

4. La méthode des coûts variables et la marge sur coûts variables accentuent l'effet des frais fixes sur les bénéfices. Le total des frais fixes apparaît clairement à l'état des résultats. Avec la méthode du coût complet, cependant, ces frais s'ajoutent aux coûts variables, et se fondent dans le coût des ventes et le coût du stock à la fin.

5. Il est plus facile d'établir la rentabilité des produits, des clients et des autres secteurs d'activité à partir des données obtenues à l'aide de la méthode des coûts variables. Avec la méthode du coût complet, les ventilations de frais fixes arbitraires pourraient dissimuler la rentabilité de ces éléments. Nous traiterons de ces questions au cours des prochains chapitres.

6. La méthode des coûts variables se prête bien aux méthodes de contrôle des coûts comme celle des coûts de revient standards et le budget flexible, que nous étudierons au cours des prochains chapitres.

7. Le bénéfice obtenu à l'aide de la méthode des coûts variables se rapproche davantage des flux de trésorerie que le bénéfice obtenu à l'aide de la méthode du coût complet. Cela est très important pour les entreprises éprouvant des problèmes de trésorerie.

Compte tenu de tous ces avantages, il y a lieu de se demander pourquoi la méthode du coût complet, en plus d'être utilisée dans les états financiers à vocation générale, constitue le choix prédominant pour les rapports financiers internes. Cette situation est attribuable en partie à la tradition. La méthode du coût complet trouve aussi preneurs auprès de nombreux comptables et gestionnaires, car ils sont convaincus qu'elle permet de mieux combiner les coûts et les revenus. Ses ardents défenseurs invoquent le fait que tous les coûts de fabrication doivent être attribués aux produits de façon à combiner correctement les coûts de fabrication des unités de produit avec les revenus de ces unités au moment de leur vente. Les coûts fixes d'amortissement, les taxes, les assurances, le salaire du superviseur, etc., sont aussi indispensables à la fabrication des produits que les coûts variables.

Les défenseurs de la méthode des coûts variables soutiennent que les frais fixes de fabrication ne font pas réellement partie des frais d'une unité de produit en particulier. Le fait d'engager ces frais permet d'avoir la capacité de fabriquer des produits pour une période donnée, et ils seront engagés bien qu'aucune unité ne soit fabriquée pendant cette période. De plus, les frais fixes de fabrication seront exactement les mêmes, peu importe que l'unité soit fabriquée ou non. C'est pourquoi les défenseurs de la méthode des coûts variables soutiennent que les coûts de fabrication fixes ne font pas partie des coûts de fabrication d'une unité de produit en particulier, et donc que, selon le principe de rattachement, il serait préférable d'attribuer les coûts de fabrication fixes à la période en cours.

La méthode du coût complet présente aussi un autre inconvénient en ce qu'elle permet au gestionnaire peu soucieux de l'éthique de commettre certaines fraudes en toute connaissance de cause. Les bénéfices déclarés seront directement touchés par toute augmentation ou diminution du stock quand les frais fixes seront inclus dans le stock. Le gestionnaire aux pratiques douteuses dont la prime au rendement repose sur le bénéfice, par exemple, pourrait hausser les résultats en présentant un niveau du stock plus élevé qu'il ne l'est. Gardez à l'esprit qu'il existe un lien direct entre l'augmentation du stock à la fin et le bénéfice. Les responsables de l'évaluation de la performance devraient regarder au-delà du résultat afin de reconnaître de tels abus.

Selon l'IAS 2 et le chapitre 3031, les stocks doivent être évalués au plus faible du coût et de la valeur nette de réalisation. L'application de ce principe peut restreindre l'usage contraire à l'éthique qui consiste à employer la méthode du coût complet pour accroître le bénéfice en augmentant le niveau du stock à la fin. Si la valeur de réalisation nette est inférieure au coût historique, la pratique consiste à déprécier les stocks au-dessous du coût pour les ramener à leur valeur nette de réalisation. On inscrit alors une perte dans l'état des résultats de la période concernée. Par conséquent, une réduction de valeur qui se matérialise fera diminuer, sans toutefois nécessairement éliminer, la part du bénéfice attribuable au gonflement du stock. Quant à savoir si le bénéfice déterminé à l'aide de la méthode du coût complet serait alors parfaitement égal à celui obtenu au moyen de la méthode des coûts variables, il est peu probable que ce soit le cas.

En bref, la méthode du coût complet servira à la préparation des états financiers à vocation générale et des déclarations de revenus. La plupart des entreprises appliqueront la méthode du coût complet pour leurs états financiers à vocation générale et leurs rapports internes, sans doute en raison du coût et de la confusion que pourrait engendrer le maintien de deux systèmes de coûts distincts.

Il y a aussi parfois d'importantes raisons stratégiques qui motivent l'emploi de la méthode du coût complet. Par exemple, la haute direction pourrait craindre que la méthode des coûts variables mette exagérément l'accent sur la marge sur coûts variables et n'attire pas suffisamment l'attention sur la gestion des coûts fixes. Certains gestionnaires chargés de prendre des décisions accordent en effet trop d'importance à la rentabilité à court terme au détriment de la rentabilité à long terme. Ainsi, la rentabilité à long terme risque de décroître si, séduits par les attraits de marges sur coûts variables élevées, ils établissent les prix des produits à des niveaux trop bas parce qu'ils ne tiennent pas compte des coûts fixes. Ce risque est particulièrement sérieux dans des secteurs où les structures de coûts sont majoritairement constituées de coûts fixes. Si l'on en juge par l'emploi très répandu

8

Question éclair 8.5

Quels arguments pourraient appuyer le traitement des frais indirects de fabrication fixes à titre de coûts incorporables ?

de la méthode du coût complet, il semble que la plupart des gestionnaires aient conclu que ces facteurs stratégiques et les coûts supplémentaires inhérents au maintien de systèmes parallèles l'emportent sur les avantages qu'ils peuvent tirer des informations fournies par la méthode des coûts variables.

8.5 L'effet de la production optimisée

Comme nous l'avons vu plus tôt dans ce chapitre, la méthode des coûts variables et la méthode du coût complet produisent des bénéfices différents lorsque le nombre d'unités fabriquées diffère du nombre d'unités vendues — autrement dit, chaque fois qu'il y a une variation du nombre d'unités dans le stock au début et à la fin d'une période. Nous avons également vu que le montant du bénéfice calculé suivant la méthode du coût complet n'est pas toujours prévisible et peut même évoluer dans une direction opposée à celle des ventes.

Ce type de problèmes diminue lorsque les entreprises ont recours aux méthodes de production optimisée. L'évolution irrégulière du bénéfice calculé suivant la méthode du coût complet, et l'écart entre les montants de ce bénéfice calculés à l'aide de la méthode des coûts variables et à l'aide de la méthode du coût complet sont dus aux variations du nombre d'unités dans le stock. Avec la production optimisée, l'entreprise fabrique des marchandises en fonction des commandes de ses clients, et son objectif consiste à éliminer complètement son stock de produits finis et à réduire le plus possible son stock de produits en cours. Lorsqu'il y a très peu de stock, les variations entre le stock au début et à la fin sont minimes, et on obtient essentiellement le même montant de bénéfice, qu'on utilise la méthode des coûts variables ou celle du coût complet. Le cas échéant, le bénéfice obtenu à l'aide de la méthode du coût complet se déplace dans la même direction que les ventes.

Naturellement, le coût d'une unité d'un produit sera toujours différent suivant qu'on le calcule à l'aide de la méthode des coûts variables ou de la méthode du coût complet, comme nous l'avons vu précédemment. Toutefois, lorsqu'on utilise la production optimisée, les différences dans le montant du bénéfice disparaissent en grande partie.

SUR LE TERRAIN

La production optimisée

ConMed, un fabricant de produits chirurgicaux d'Utica, dans l'État de New York, a adopté la production optimisée en remplaçant ses chaînes de montage par un aménagement cellulaire. L'entreprise a également commencé à ne fabriquer que le nombre d'unités nécessaires pour répondre à la demande de sa clientèle, au lieu de produire le plus d'unités possible et de les stocker dans des entrepôts. Elle a calculé que ses clients utilisaient l'un de ses instruments chirurgicaux jetables toutes les 90 secondes ; elle a donc porté à cette fréquence la fabrication de chaque nouvelle unité de cet instrument. Auparavant, son aire de montage réservée aux dispositifs d'injection de liquides occupait 300 mètres carrés et comprenait des pièces d'une valeur totale de 93 000 $. À présent, l'entreprise fabrique ces mêmes dispositifs dans un espace de 60 mètres carrés où se trouvent des pièces d'une valeur de seulement 6 000 $ en tout.

Lorsque la société ConMed a adopté la méthode de la production optimisée, elle a considérablement réduit son stock de produits finis. Selon vous, quel effet cette réduction initiale du stock a-t-elle eu sur le bénéfice net ? Pourquoi ?

Source : Pete ENGARDIO, « Lean and Mean Gets Extreme », *BusinessWeek*, 23 et 30 mars 2009, p. 60-62.

Les gestionnaires peuvent mettre leurs connaissances relatives à la méthode des coûts variables en application pour :

- effectuer une analyse CVB en vue de déterminer le nombre d'unités de produit ou de service que doit vendre l'entreprise pour atteindre son seuil de rentabilité ;
- expliquer les variations du bénéfice, puisque les variations des niveaux de stock n'ont aucun effet sur les états des résultats dressés selon la méthode des coûts variables ;
- déterminer les coûts variables supplémentaires qu'il faudrait engager pour fabriquer une seule unité de produit de plus, renseignement d'une grande importance dont les gestionnaires doivent tenir compte au moment de prendre des décisions relatives à l'éventuelle expansion de la production ;
- examiner l'effet des coûts fixes sur les bénéfices en déterminant le montant total des coûts fixes que l'entreprise doit couvrir pour s'avérer rentable.

Résumé

- La méthode des coûts variables et la méthode du coût complet permettent de déterminer les coûts de revient d'un produit. (OA1)
- Suivant la méthode des coûts variables, seuls les coûts de fabrication qui varient en fonction du volume de production sont traités comme des coûts incorporables. Ils comprennent les coûts des matières premières, les frais indirects de fabrication variables et, en général, les coûts de la main-d'œuvre directe. Les frais indirects de fabrication fixes, comme les frais de vente et les frais d'administration, sont traités comme des coûts non incorporables et attribués aux résultats à mesure qu'ils sont engagés. (OA2)
- Suivant la méthode du coût complet, on traite les frais indirects de fabrication fixes comme des coûts incorporables au même titre que les coûts des matières premières, les coûts de la main-d'œuvre directe et les frais indirects de fabrication variables. Par conséquent, une partie des frais indirects de fabrication fixes est attribuée à chaque unité produite. Quand des unités de produit demeurent invendues à la fin d'une période, on rattache ces frais aux unités du compte de stock et on les reporte à la période suivante. Plus tard, quand ces unités seront vendues, les frais indirects de fabrication fixes seront passés en charges comme une partie du coût des ventes. Ainsi, avec la méthode du coût complet, il est possible de reporter une partie des frais indirects de fabrication fixes d'une période à une autre par l'intermédiaire du compte de stock. (OA2)
- Ces transferts des frais indirects de fabrication fixes d'une période à une autre peuvent faire varier le bénéfice de façon imprévisible, semer la confusion et amener la direction à prendre des décisions incorrectes. Pour éviter des erreurs dans l'interprétation des données d'un état des résultats, les gestionnaires devraient surveiller avec attention les moindres changements qui surviennent dans le niveau des stocks et dans les coûts unitaires des produits au cours de la période considérée. (OA3)
- En pratique, il n'est pas possible de recourir à la méthode des coûts variables pour préparer les rapports financiers publiés à des fins externes. Toutefois, on peut employer la méthode des coûts variables à l'interne à des fins de planification, de contrôle et de prise de décisions, où elle s'avère particulièrement utile. (OA4)

8

Activités d'apprentissage

Problème de révision 8.1

Une comparaison entre la méthode des coûts variables et la méthode du coût complet

La société Desmeules fabrique et vend un seul produit, un métier à tisser manuel en bois pour la confection de petits articles comme des écharpes. Voici quelques données sur les coûts et les activités d'exploitation associés à ce produit pour deux périodes.

Prix de vente à l'unité	50 $	
Coûts de fabrication :		
Coûts variables par unité produite :		
Matières premières	11	
Main-d'œuvre directe...	6	
Frais indirects de fabrication variables	3	
Coûts fixes par période	120 000	
Frais de vente et frais d'administration :		
Frais variables par unité vendue....................................	5	
Frais fixes par période...	70 000	

	Période 1	Période 2
Stock au début (en unités)...	-0-	2 000
Unités produites au cours de la période............................	10 000	6 000
Unités vendues au cours de la période..............................	8 000	8 000
Stock à la fin (en unités)...	2 000	-0-

Travail à faire

1. Supposez que l'entreprise utilise la méthode du coût complet.
   a) Calculez le coût de fabrication d'une unité de produit pour chaque période.
   b) Préparez un état des résultats pour chaque période.
2. Supposez que l'entreprise utilise la méthode des coûts variables.
   a) Calculez le coût de fabrication d'une unité pour chaque période.
   b) Préparez un état des résultats pour chaque période.
3. Rapprochez les bénéfices calculés suivant la méthode des coûts variables et suivant la méthode du coût complet.

Solution au problème de révision 8.1

1. a) Suivant la méthode du coût complet, tous les coûts de fabrication variables et fixes sont inclus dans les coûts d'une unité de produit.

	Période 1	Période 2
Matières premières	11 $	11 $
Main-d'œuvre directe..	6	6
Frais indirects de fabrication variables	3	3
Frais indirects de fabrication fixes		
(120 000 $ ÷ 10 000 unités)	12	
(120 000 $ ÷ 6 000 unités)		20
Coût du produit à l'unité	32 $	40 $

b) L'état des résultats suivant la méthode du coût complet se présente comme suit :

		Période 1		Période 2
Chiffre d'affaires (8 000 unités × 50 $ l'unité)..............................		400 000 $		400 000 $
Moins : Coût des ventes :				
Stock au début	-0- $		64 000 $	
Coût des produits fabriqués				
(10 000 unités × 32 $ l'unité).....................................	320 000			
(6 000 unités × 40 $ l'unité)			240 000	
Coût des marchandises destinées à la vente.........................	320 000		304 000	
Moins : Stock à la fin				
(2 000 unités × 32 $ par unité ; 0 unité)	64 000	256 000	-0-	304 000
Marge brute		144 000		96 000
Moins : Frais de vente et frais d'administration........................		110 000*		110 000*
Bénéfice..		34 000 $		(14 000) $

* Frais de vente et frais d'administration :	
Coûts variables (8 000 unités × 5 $ l'unité)...................	40 000 $
Coûts fixes par période	70 000
	110 000 $

2. a) Suivant la méthode des coûts variables, seuls les coûts de fabrication variables sont ajoutés aux coûts d'une unité de produit.

	Période 1	Période 2
Matières premières	11 $	11 $
Main-d'œuvre directe..	6	6
Frais indirects de fabrication variables	3	3
Coût incorporable unitaire...	20 $	20 $

b) L'état des résultats suivant la méthode des coûts variables apparaît ci-après. Remarquez qu'on calcule le coût des ventes variable d'une façon plus simple et plus directe que dans les exemples précédents. Dans un état des résultats de ce type, on peut utiliser indifféremment l'une ou l'autre des méthodes de calcul du coût des ventes présentées dans ce chapitre.   ▶

8

	Période 1		Période 2	
Chiffre d'affaires (8 000 unités × 50 $ l'unité)......................		400 000 $		400 000 $
Moins : Coûts variables :				
Coût des ventes variable (8 000 unités × 20 $ l'unité).....	160 000 $		160 000 $	
Frais de vente et frais d'administration				
variables (8 000 unités × 5 $ l'unité).............	40 000	200 000	40 000	200 000
Marge sur coûts variables...		200 000		200 000
Moins : Coûts fixes :				
Frais indirects de fabrication fixes..................................	120 000		120 000	
Frais de vente et frais d'administration fixes	70 000	190 000	70 000	190 000
Bénéfice..		10 000 $		10 000 $

3. Le rapprochement des bénéfices calculés suivant la méthode des coûts variables et la méthode du coût complet se présente comme suit :

	Période 1	Période 2
Bénéfice suivant la méthode des coûts variables.....................................	10 000 $	10 000 $
Plus : Frais indirects de fabrication fixes reportés dans le compte de stock à la fin suivant la méthode du coût complet (2 000 unités × 12 $ l'unité)............................	24 000	
Moins : Frais indirects de fabrication fixes provenant du stock au début suivant la méthode du coût complet (2 000 unités × 12 $ l'unité)............................		(24 000)
Bénéfice (perte) suivant la méthode du coût complet	34 000 $	(14 000) $

Questions

Q8.1 Quelle est la différence fondamentale entre la méthode du coût complet et la méthode des coûts variables ?

Q8.2 Pourquoi la méthode des coûts variables convient-elle davantage à la planification à court terme et à la prise de décisions que la méthode du coût complet ?

Q8.3 Les frais de vente et les frais d'administration sont-ils traités comme des coûts incorporables ou des coûts non incorporables avec la méthode des coûts variables ?

Q8.4 Décrivez comment les frais indirects de fabrication fixes sont transférés d'une période à une autre avec la méthode du coût complet.

Q8.5 Quels arguments militent en faveur du traitement des frais indirects de fabrication fixes en tant que frais incorporables ?

Q8.6 Quels arguments militent en faveur du traitement des frais indirects de fabrication fixes en tant que frais non incorporables ?

Q8.7 Supposez que le volume de production correspond au volume des ventes. À votre avis, quelle méthode affichera le bénéfice le plus élevé : la méthode des coûts variables ou la méthode du coût complet ? Pourquoi ?

Q8.8 Supposez que le volume de production est supérieur au volume des ventes. À votre avis, quelle méthode affichera le bénéfice le plus élevé : la méthode des coûts variables ou la méthode du coût complet ? Pourquoi ?

Q8.9 Supposez que les frais indirects de fabrication fixes comptabilisés dans le stock avec la méthode du coût complet sont passés en charges. Que révèle cette information au sujet du volume de production par rapport au volume des ventes ?

Q8.10 Les ventes de la société Parker ont totalisé 5 millions de dollars au cours de la période, mais l'entreprise a déclaré une perte de 300 000 $ dans son rapport aux actionnaires. Une analyse CVB préparée à l'intention de la direction révèle que le seuil de rentabilité de l'entreprise se situe à 5 millions de dollars. Dans ce cas, est-ce que le niveau du stock de l'entreprise a augmenté, a diminué ou est demeuré le même? Justifiez votre réponse.

Q8.11 À l'aide de la méthode du coût complet, comment est-il possible d'accroître le bénéfice sans pour autant augmenter les ventes?

Q8.12 En quoi la méthode des coûts variables est-elle limitée?

Q8.13 Comment un système de production optimisée permet-il de réduire ou d'éliminer la différence entre les bénéfices déclarés à l'aide de la méthode du coût complet et de la méthode des coûts variables?

Exercices

E8.1 Le coût unitaire d'un produit, l'état des résultats selon la méthode des coûts variables et le seuil de rentabilité

La société Alberta Grille inc. vend un seul produit. Il s'agit d'un barbecue fabriqué à la main et vendu au prix de 210 $. Voici quelques renseignements concernant les activités de la dernière période.

Stock au début (en unités)	-0-
Unités produites	20 000
Unités vendues	19 000
Stock à la fin (en unités)	1 000
Coûts variables à l'unité :	
Matières premières	50 $
Main-d'œuvre directe	80
Frais indirects de fabrication variables	20
Frais de vente et frais d'administration variables	10
Total des coûts variables à l'unité	160 $
Coûts fixes :	
Frais indirects de fabrication fixes	700 000 $
Frais de vente et frais d'administration fixes	285 000
Total des coûts fixes	985 000 $

Travail à faire

1. Supposez que l'entreprise opte pour la méthode des coûts variables. Calculez le coût unitaire d'un barbecue.
2. En supposant que l'entreprise opte pour la méthode des coûts variables, préparez un état des résultats pour la période en utilisant l'approche de la marge sur coûts variables.
3. Combien de barbecues l'entreprise doit-elle vendre pour atteindre son seuil de rentabilité?

E8.2 La méthode du coût complet

Reprenez les données de l'exercice précédent, en supposant cette fois que l'entreprise fonctionne avec la méthode du coût complet.

Travail à faire

1. Calculez le coût unitaire d'un barbecue.
2. Préparez l'état des résultats pour la période.

8

E8.3 Les coûts unitaires d'un produit calculés suivant la méthode des coûts variables et la méthode du coût complet

Ida Sidha Karya est une entreprise familiale située dans le village de Gianyar, à Bali, en Indonésie. Elle fabrique à la main un instrument de musique comparable au xylophone, appelé « métallophone ». Les lames en cuivre de l'instrument sont limées à la main et permettent d'obtenir des sons très précis. Les lames sont ensuite montées sur une base en bois sculpté. Le prix de vente à l'unité d'un métallophone est de 950 $. Voici quelques renseignements sur les activités de l'entreprise pour la dernière période.

Stock au début (en unités)	-0-
Unités produites	250
Unités vendues	225
Stock à la fin (en unités)	25
Coûts variables à l'unité :	
Matières premières	100 $
Main-d'œuvre directe	320
Frais indirects de fabrication variables	40
Frais de vente et frais d'administration variables	20
Coûts fixes :	
Frais indirects de fabrication fixes	60 000 $
Frais de vente et frais d'administration fixes	20 000

Travail à faire

1. Supposez que l'entreprise applique la méthode du coût complet. Calculez le coût unitaire d'un métallophone.
2. Supposez que l'entreprise applique la méthode des coûts variables. Calculez le coût unitaire d'un métallophone.

E8.4 L'application de la méthode du coût complet et de la méthode des coûts variables

Reprenez les données de l'exercice précédent. Voici l'état des résultats préparé à l'aide de la méthode du coût complet.

Ventes (225 unités × 950 $)		213 750 $
Moins : Coût des ventes :		
Stock au début	-0- $	
Coût des produits fabriqués (250 unités × __?__)	?	
Marchandises destinées à la vente	?	
Moins : Stock à la fin (25 unités × __?__)	?	?
Marge brute		?
Moins : Frais de vente et frais d'administration :		
Variables	4 500	
Fixes	20 000	24 500
Bénéfice		? $

Travail à faire

1. Déterminez la portion des frais indirects de fabrication fixes comptabilisée dans le stock à la fin.
2. Préparez l'état des résultats pour la période à l'aide de la méthode des coûts variables. Expliquez l'écart quant au bénéfice obtenu avec chacune des deux méthodes.

E8.5 Une déduction de la méthode d'établissement du coût de revient du produit

Sierra fabrique et vend un seul produit. Les coûts ci-après se rapportent à la production et aux ventes de l'entreprise.

Coûts variables à l'unité :	
Matières premières	9 $
Main-d'œuvre directe	10
Frais indirects de fabrication	5
Frais de vente et frais d'administration	3
Coûts fixes par année :	
Frais indirects de fabrication	150 000 $
Frais de vente et frais d'administration	400 000

L'an dernier, l'entreprise a fabriqué 25 000 unités et en a vendu 22 000. À la fin de la période, le compte de stock de produits finis affichait un solde de 72 000 $ pour les 3 000 unités invendues.

Travail à faire

1. L'entreprise utilise-t-elle la méthode du coût complet ou la méthode des coûts variables pour établir le coût de revient des unités du compte de stock de produits finis? Donnez tous vos calculs pour justifier votre réponse.

2. Supposez que l'entreprise souhaite préparer ses états financiers pour les présenter à ses actionnaires.
   a) Le montant de 72 000 $ correspondant au stock de produits finis est-il celui à utiliser dans les états financiers externes? Justifiez votre réponse.
   b) Quelle somme devrait être affectée aux 3 000 unités portées au stock dans les états financiers externes?

E8.6 Les coûts unitaires du produit et les états des résultats suivant la méthode des coûts variables et la méthode du coût complet

Lynch fabrique et vend un seul produit. Les coûts ci-après ont été engagés pendant la première année d'exploitation de l'entreprise.

Coûts variables à l'unité :	
Production :	
Matières premières	6 $
Main-d'œuvre directe	9
Frais indirects de fabrication	3
Frais de vente et frais d'administration	4
Coûts fixes :	
Frais indirects de fabrication	300 000 $
Frais de vente et frais d'administration	190 000

Au cours de la période, l'entreprise a fabriqué 25 000 unités et en a vendu 20 000. Le prix de vente unitaire est de 50 $. ▶

8

► **Travail à faire**

1. Supposez que l'entreprise travaille avec la méthode du coût complet.
   a) Calculez le coût unitaire du produit.
   b) Préparez l'état des résultats pour la période.
2. Supposez que l'entreprise travaille avec la méthode des coûts variables.
   a) Calculez le coût unitaire du produit.
   b) Préparez l'état des résultats pour la période.

E8.7 Un état des résultats établi selon la méthode des coûts variables et un rapprochement avec la méthode du coût complet

La société Mann vient de terminer sa première année d'exploitation. Son état des résultats pour la période a été préparé à l'aide de la méthode du coût complet et il se présente comme suit :

MANN		
État des résultats		
Ventes (35 000 unités à 25 $)		875 000 $
Moins : Coût des ventes :		
Stock au début	-0- $	
Coût des produits fabriqués (40 000 unités à 16 $)	640 000	
Marchandises destinées à la vente	640 000	
Moins : Stock à la fin (5 000 unités à 16 $)	80 000	560 000
Marge brute		315 000
Moins : Frais de vente et frais d'administration		280 000
Bénéfice		35 000 $

Les frais de vente et les frais d'administration de l'entreprise comprennent des frais fixes annuels de 210 000 $, et les coûts variables par unité vendue sont de 2 $. Voici comment est calculé le coût de fabrication unitaire de 16 $.

Matières premières	5 $
Main-d'œuvre directe	6
Frais indirects de fabrication variables	1
Frais indirects de fabrication fixes (160 000 $ ÷ 40 000 unités)	4
Coût unitaire du produit	16 $

Travail à faire

1. Dressez l'état des résultats de l'entreprise, cette fois à l'aide de la méthode des coûts variables.
2. Rapprochez tout écart du montant de bénéfices obtenu à l'aide de la méthode des coûts variables et de la méthode du coût complet.

E8.8 Le rapprochement entre des bénéfices calculés suivant la méthode du coût complet et la méthode des coûts variables

La société Transformateurs HT fabrique des transformateurs de grande puissance pour des postes de sectionnement (ou installations à haute tension). Elle se sert de la méthode des coûts variables pour ses rapports de gestion interne, et de la méthode du coût complet pour les rapports destinés à ses actionnaires, ses créanciers et le gouvernement. Elle a fourni les données ci-après concernant ses trois premières périodes d'activité de l'année.

L'entreprise a calculé que le montant de ses frais indirects de fabrication fixes par unité est demeuré constant à 450 $ pendant les trois périodes.

	Période 1	Période 2	Période 3
Stock :			
Au début (en unités)............................	180	150	160
À la fin (en unités)..............................	150	160	200
Bénéfice suivant la méthode			
des coûts variables............................	292 400 $	269 200 $	251 800 $

Travail à faire

1. Déterminez le bénéfice de chaque période suivant la méthode du coût complet. Conciliez les bénéfices obtenus selon les deux méthodes.

2. Au cours de la période 4, le bénéfice de l'entreprise s'élevait à 240 200 $, suivant la méthode des coûts variables, et à 267 200 $, suivant la méthode du coût complet. Le stock a-t-il augmenté ou diminué pendant cette période ? Quel montant du total des frais indirects de fabrication fixes l'entreprise a-t-elle reporté ou retiré dans le stock au cours de la période 4 ?

E8.9 Une évaluation de la méthode du coût complet et de la méthode des coûts variables comme méthodes d'établissement du coût de revient

Les questions ci-après portent sur deux scénarios différents concernant une entreprise de fabrication. Dans chacun d'eux, la structure de coûts de l'entreprise demeure constante d'une période à l'autre. Les prix de vente, les coûts variables unitaires et le total des coûts fixes restent eux aussi les mêmes d'une période à l'autre. Toutefois, les ventes d'unités ou les volumes de production peuvent varier selon les années.

Travail à faire

1. Examinez les données ci-après correspondant au scénario A.

	Période 1	Période 2	Période 3
Bénéfice suivant la méthode			
des coûts variables..............................	16 847 $	16 847 $	16 847 $
Bénéfice suivant la méthode			
du coût complet	16 847 $	29 378 $	6 018 $

   a) Les ventes d'unités sont-elles restées constantes d'une période à l'autre ? Expliquez votre réponse.

   b) Quelle est la relation entre les ventes d'unités et les volumes de production de chacune des périodes ? Dans chaque cas, indiquez si le stock a augmenté ou diminué.

2. Examinez les données ci-après correspondant au scénario B.

	Période 1	Période 2	Période 3
Bénéfice (perte) suivant la méthode			
des coûts variables..............................	16 847 $	(18 153) $	(53 153) $
Bénéfice suivant la méthode			
du coût complet	16 847 $	17 583 $	18 318 $

► a) Les ventes d'unités sont-elles restées constantes d'une période à l'autre ? Expliquez votre réponse.

b) Quelle est la relation entre les ventes d'unités et les volumes de production de chacune des périodes ? Dans chaque cas, indiquez si le stock a augmenté ou diminué.

3. Compte tenu des tendances que vous observez en matière de bénéfices dans les scénarios A et B ci-dessus, quelle méthode d'établissement du coût de revient — la méthode des coûts variables ou la méthode du coût complet — représente le plus fidèlement la rentabilité de l'entreprise à votre avis ? Justifiez votre réponse.

Problèmes

P8.10 Une comparaison des méthodes de calcul du coût de revient

Plein air inc. fabrique et vend de nombreux produits pour usage récréatif. L'entreprise vient d'ouvrir une nouvelle usine. On y fabriquera un lit de camp pliant qui sera vendu partout au Canada. Les renseignements ci-après portent sur les activités du mois de mai, premier mois d'exploitation de l'usine.

Stock au début (en unités)..	-0-
Unités produites..	10 000
Unités vendues	8 000
Prix de vente à l'unité	75 $
Frais de vente et frais d'administration :	
Variables à l'unité	6 $
Fixes	200 000
Coûts de fabrication :	
Matières premières à l'unité	20 $
Main-d'œuvre directe à l'unité...	8
Frais indirects de fabrication variables à l'unité	2
Frais indirects de fabrication fixes.....................................	100 000

La direction a hâte de savoir si le nouveau lit de camp sera vraiment rentable. Elle a demandé que l'on prépare un état des résultats pour le mois de mai.

Travail à faire

1. Supposez que l'entreprise applique la méthode du coût complet.
   a) Déterminez le coût unitaire du produit.
   b) Préparez l'état des résultats pour le mois de mai.
2. Supposez que l'entreprise applique la méthode des coûts variables.
   a) Déterminez le coût unitaire du produit.
   b) Préparez l'état des résultats pour le mois de mai.
3. Expliquez tout écart quant au coût du stock à la fin obtenu à l'aide des deux méthodes, et l'effet de cet écart sur le bénéfice obtenu.

P8.11 Des états des résultats préparés à l'aide de la méthode des coûts variables

Au cours de ses deux premières années d'exploitation, la société Hervé a déclaré le bénéfice suivant (calculé à l'aide de la méthode du coût complet) :

	1re année	2e année
Ventes	1 000 000 $	1 250 000 $
Moins : Coût des ventes :		
Stock au début	-0-	90 000
Coût des produits fabriqués	810 000	810 000
Marchandises destinées à la vente	810 000	900 000
Moins : Stock à la fin	90 000	-0-
Coût des ventes	720 000	900 000
Marge brute	280 000	350 000
Moins : Frais de vente et frais d'administration*	210 000	230 000
Bénéfice	70 000 $	120 000 $

* Frais variables par unité de 2 $; frais fixes chaque année de 130 000 $.

Le coût unitaire de 18 $ du produit de l'entreprise est calculé comme suit :

Matières premières	4 $
Main-d'œuvre directe	7
Frais indirects de fabrication variables	1
Frais indirects de fabrication fixes (270 000 $ ÷ 45 000 unités)	6
Coût unitaire du produit	18 $

Les données relatives aux deux années d'exploitation sont les suivantes :

	1re année	2e année
Unités produites	45 000	45 000
Unités vendues	40 000	50 000

Travail à faire

1. Préparez un état des résultats pour chaque année à l'aide de la méthode des coûts variables.
2. Pour chaque année, rapprochez les montants de bénéfices obtenus à l'aide de la méthode du coût complet et de la méthode des coûts variables.

P8.12 La préparation des états financiers à l'aide de la méthode des coûts variables et le rapprochement avec la méthode du coût complet

Demon fabrique et vend un seul produit. Les données relatives au coût du produit se présentent comme suit :

Coûts variables à l'unité :	
Matières premières.........	7 $
Main-d'œuvre directe.........	10
Frais indirects de fabrication variables.........	5
Frais de vente et frais d'administration variables.........	3
Total des coûts variables à l'unité.........	25 $
Coûts fixes par mois :	
Frais indirects de fabrication.........	315 000 $
Frais de vente et frais d'administration.........	245 000
Total des coûts fixes par mois.........	560 000 $

Le produit est vendu 60 $ l'unité. Les données concernant les activités d'exploitation pour les mois de juillet et août, soit les deux premiers mois d'exploitation, se présentent comme suit :

	Unités produites	Unités vendues
Juillet.........	17 500	15 000
Août	17 500	20 000

Le service de la comptabilité de l'entreprise a préparé des états des résultats des mois de juillet et août à l'aide de la méthode du coût complet.

	Juillet	Août
Ventes.........	900 000 $	1 200 000 $
Moins : Coût des ventes :		
Stock au début.........	-0-	100 000
Coût des produits fabriqués.........	700 000	700 000
Marchandises destinées à la vente	700 000	800 000
Moins : Stock à la fin.........	100 000	-0-
Coût des ventes.........	600 000	800 000
Marge brute	300 000	400 000
Moins : Frais de vente et frais d'administration.........	290 000	305 000
Bénéfice.........	10 000 $	95 000 $

Travail à faire

1. a) Déterminez le coût unitaire du produit à l'aide de la méthode du coût complet.
   b) Calculez le coût unitaire du produit selon la méthode des coûts variables.
2. Préparez les états des résultats des mois de juillet et août à l'aide de la méthode des coûts variables.
3. Rapprochez les montants de bénéfices calculés à l'aide de la méthode des coûts variables et de la méthode du coût complet.

4. Le service de la comptabilité a déterminé le seuil de rentabilité mensuel de l'entreprise à 16 000 unités, qu'il a calculé comme suit :

$$\frac{\text{Frais fixes par mois}}{\text{Marge sur coûts variables à l'unité}} = \frac{560\,000\,\$}{35\,\$} = 16\,000\ \text{unités}$$

« Je suis perplexe, déclare le président de la société. Au dire de notre personnel comptable, le seuil de rentabilité de l'entreprise s'établit à 16 000 unités par mois. Or, nous n'avons vendu que 15 000 unités en juillet, et l'état des résultats pour ce mois affiche un bénéfice de 10 000 $. De deux choses l'une : ou l'état des résultats est erroné, ou le seuil de rentabilité est inexact. » Préparez une courte note que vous adresserez au président dans laquelle vous expliquerez l'état des résultats pour le mois de juillet.

P8.13 Une comparaison des méthodes de calcul du coût de revient

Télécom ltée a mis sur pied une nouvelle division pour la fabrication et la vente de ses agendas électroniques. Les coûts mensuels associés à ces produits et à l'usine dans laquelle ils sont fabriqués se présentent comme suit :

Coûts de fabrication :	
Coûts variables à l'unité :	
Matières premières	48 $
Frais indirects de fabrication variables	2 $
Frais indirects de fabrication fixes..	360 000 $
Frais de vente et frais d'administration :	
Variables..	12 % des ventes
Fixes...	470 000 $

Télécom ltée considère tous ses travailleurs comme des employés à temps plein. L'entreprise a depuis longtemps adopté une politique de non-licenciement. De plus, la production est entièrement automatisée.

Par conséquent, tous les frais de main-d'œuvre sont inclus dans les frais indirects de fabrication fixes de l'entreprise. Les agendas électroniques sont vendus au prix unitaire de 150 $. Durant le mois de septembre, premier mois d'exploitation de la société, on a enregistré l'activité suivante :

Unités produites...	12 000
Unités vendues	10 000

Travail à faire

1. a) Calculez le coût unitaire du produit à l'aide de la méthode du coût complet.
   b) Déterminez le coût unitaire d'un agenda électronique selon la méthode des coûts variables.
2. Préparez l'état des résultats pour le mois de septembre à l'aide de la méthode du coût complet.
3. Dressez l'état des résultats pour le mois de septembre selon la méthode des coûts variables.
4. Partez de l'hypothèse que l'entreprise doit obtenir un financement supplémentaire pour poursuivre ses activités. En tant que membre de la direction, lequel des états des résultats préparés en 2 et en 3 apporteriez-vous pour rencontrer un groupe d'investisseurs éventuels ?
5. Rapprochez les montants de bénéfices calculés à l'aide de la méthode du coût complet et de la méthode des coûts variables.

8

P8.14 La méthode du coût complet et la méthode des coûts variables avec une production constante et un volume des ventes variable

Créations Tami inc. est une petite entreprise de fabrication qui a ouvert ses portes au début de l'année. Pour que l'entreprise puisse survivre à son premier trimestre d'exploitation, la propriétaire, Mme Éthier, a été contrainte d'y placer une forte somme d'argent. Un ami, qui vient de terminer son cours en comptabilité de gestion dans une université locale, a préparé l'état des résultats pour le premier trimestre, que voici:

CRÉATIONS TAMI INC.
État des résultats
pour le trimestre terminé le 31 mars

Ventes (28 000 unités)..		1 120 000 $
Moins: Coûts variables:		
Coût variable des ventes*..	462 000 $	
Frais de vente et frais d'administration	168 000	630 000
Marge sur coûts variables..		490 000
Moins: Coûts fixes:		
Frais indirects de fabrication	300 000	
Frais de vente et frais d'administration	200 000	500 000
Perte		(10 000)$

* Comprend les matières premières, la main-d'œuvre directe et les frais indirects de fabrication variables.

Mme Éthier est découragée par la perte présentée dans l'état des résultats pour le trimestre, notamment parce qu'elle avait prévu se servir de cet état pour une demande d'emprunt bancaire. Un autre ami, qui est comptable de profession, insiste pour que l'entreprise adopte la méthode du coût complet plutôt que la méthode des coûts variables. À ses yeux, la méthode du coût complet aurait sans doute permis à l'entreprise d'afficher un bénéfice, si minime soit-il.

En ce moment, l'entreprise ne fabrique qu'un produit, soit un maillot de bain. Les données relatives aux activités d'exploitation du premier trimestre se présentent comme suit:

Unités produites...	30 000
Unités vendues	28 000
Coûts variables à l'unité:	
Matières premières...	3,50 $
Main-d'œuvre directe..	12,00
Frais indirects de fabrication variables.....................................	1,00
Frais de vente et frais d'administration variables.......................	6,00

Travail à faire

1. a) Calculez le coût unitaire du produit à l'aide de la méthode du coût complet.
   b) Dressez l'état des résultats de l'entreprise pour le trimestre, cette fois à l'aide de la méthode du coût complet.
   c) Rapprochez les montants de bénéfices (pertes) calculés à l'aide de la méthode du coût complet et de la méthode des coûts variables.
2. L'ami comptable avait-il raison d'affirmer que l'entreprise a affiché en fait un bénéfice pour le trimestre? Justifiez votre réponse.
3. Au cours du deuxième trimestre, l'entreprise a une fois de plus fabriqué 30 000 unités, mais en a vendu 32 000. (Supposez que le total des coûts fixes demeure inchangé.)
   a) Préparez l'état des résultats pour le trimestre à l'aide de la méthode des coûts variables.
   b) Présentez l'état des résultats pour le trimestre à l'aide de la méthode du coût complet.
   c) Rapprochez les montants de bénéfices calculés à l'aide de la méthode du coût complet et de la méthode des coûts variables.

P8.15 La préparation et l'interprétation des états financiers, les fluctuations du volume des ventes et de la production, et un système de production optimisée

Starfax inc. fabrique une petite pièce entrant dans la composition de nombreux produits électroniques, dont les ordinateurs domestiques. Préparés à l'aide de la méthode du coût complet, les résultats des trois premières années d'activité se présentent comme suit :

	1re année	2e année	3e année
Ventes...	800 000 $	640 000 $	800 000 $
Moins : Coût des ventes :			
Stock au début..............................	-0-	-0-	200 000
Coût des produits fabriqués.............................	580 000	600 000	560 000
Marchandises destinées à la vente	580 000	600 000	760 000
Moins : Stock à la fin.............................	-0-	200 000	140 000
Coût des ventes..	580 000	400 000	620 000
Marge brute	220 000	240 000	180 000
Moins : Frais de vente et frais d'administration............................	190 000	180 000	190 000
Bénéfice (perte)..	30 000 $	60 000 $	(10 000)$

À la fin de la deuxième année, un concurrent a inondé le marché avec un grand nombre d'unités. Par conséquent, les ventes de Starfax inc. ont chuté de 20 % cette année-là, bien que sa production ait augmenté au cours de la même période. La direction de l'entreprise s'attendait à ce que les ventes restent constantes à 50 000 unités. L'augmentation de la production avait pour objet de protéger l'entreprise de toute hausse inattendue de la demande. Au début de la troisième année, la direction a constaté que le stock était excessif et que les augmentations de la demande étaient purement hypothétiques. Pour résorber le stock trop élevé, Starfax inc. a freiné quelque peu sa production pendant la troisième année.

	1re année	2e année	3e année
Unités produites...	50 000	60 000	40 000
Unités vendues	50 000	40 000	50 000

Voici quelques renseignements supplémentaires au sujet de l'entreprise.

a) L'usine est hautement automatisée. Les coûts de fabrication variables (matières premières, main-d'œuvre directe et frais indirects de fabrication variables) sont seulement de 2 $ par unité ; les frais indirects de fabrication fixes s'élèvent à 480 000 $ par année.

b) Les frais indirects de fabrication fixes sont attribués aux unités de produit sur la base des unités. La production prévue correspond à la production réelle. (Ainsi, un nouveau taux d'imputation des frais indirects de fabrication fixes est calculé chaque année.)

c) Les frais de vente et les frais d'administration variables étaient de 1 $ par unité vendue chaque année. Le total des frais de vente et des frais d'administration fixes était de 140 000 $.

d) L'entreprise utilise la méthode de l'épuisement successif.

La direction de Starfax inc. ne comprend pas pourquoi les bénéfices ont doublé pendant la deuxième année, alors que les ventes ont chuté de 20 %. Elle ne comprend pas non plus pourquoi l'entreprise a subi une perte au cours de la troisième année, alors que le volume des ventes était comparable à celui des années antérieures.

►

► **Travail à faire**

1. Préparez un nouvel état des résultats pour chaque année à l'aide de la méthode des coûts variables.

2. Reportez-vous aux états des résultats précédents préparés à l'aide de la méthode du coût complet.

   a) Calculez pour chaque année le coût unitaire du produit à l'aide de la méthode du coût complet. (Décomposez ce coût pour en illustrer la partie variable et la partie fixe.)

   b) Pour chaque année, rapprochez les montants de bénéfices obtenus à l'aide de la méthode des coûts variables et de la méthode du coût complet.

3. Revenez une fois de plus aux états des résultats préparés à l'aide de la méthode du coût complet. Expliquez pourquoi le bénéfice enregistré au cours de la deuxième année était supérieur à celui de la première année avec la méthode du coût complet, considérant que le nombre d'unités vendues a été inférieur au cours de la deuxième année.

4. Reportez-vous encore une fois aux états des résultats préparés à l'aide de la méthode du coût complet. Expliquez pourquoi l'entreprise a subi une perte au cours de la troisième année, alors qu'elle a affiché un bénéfice lors de la première année, bien que le nombre d'unités vendues ait été le même pour chacune de ces périodes.

5. a) Expliquez en quoi les activités auraient été différentes pendant la deuxième année et la troisième année si l'entreprise avait utilisé un système de production optimisée.

   b) Supposez que l'entreprise a implanté un système de production optimisée dès la deuxième année. Quel aurait alors été le bénéfice (ou la perte) de l'entreprise la deuxième et la troisième année selon la méthode du coût complet? Expliquez tout écart entre les montants de bénéfices obtenus et ceux présentés aux états financiers précédents.

P8.16 Le calendrier de production et l'éthique du gestionnaire

Carlos Cavalas, directeur de la division brésilienne de Produits Écho, doit décider du calendrier de production pour le dernier trimestre de la période. La division avait prévu vendre 600 unités au cours de la période. Voici les activités de l'entreprise au 30 septembre.

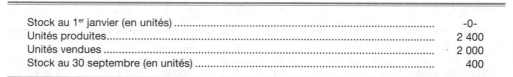

Stock au 1er janvier (en unités)	-0-
Unités produites	2 400
Unités vendues	2 000
Stock au 30 septembre (en unités)	400

La division peut louer un espace d'entreposage qui pourrait stocker jusqu'à 1 000 unités. Le niveau de stock minimal que la division devrait maintenir est de 50 unités. M. Cavalas sait que la production doit être au minimum de 200 unités par trimestre pour qu'il puisse retenir ses employés clés. La production maximale est de 1 500 unités par trimestre.

La demande a été faible, et les prévisions de ventes pour le dernier trimestre sont de seulement 600 unités. En raison de la nature des opérations de la division, les frais indirects de fabrication fixes constituent un élément majeur du coût du produit.

Travail à faire

1. Supposez que la division utilise la méthode des coûts variables. Combien d'unités devraient être fabriquées au cours du dernier trimestre de la période? Montrez tous vos calculs, et justifiez votre réponse. Le nombre d'unités produites influera-t-il sur le bénéfice (ou la perte) de la division pour la période? Justifiez votre point de vue.

2. Supposez que la division utilise la méthode du coût complet et qu'elle offre une prime annuelle basée sur le bénéfice au directeur de la division. Supposez également que M. Cavalas veut maximiser le bénéfice de sa division pour la période. Dans ce cas, combien d'unités devraient être fabriquées au cours du dernier trimestre? Montrez tous vos calculs et justifiez votre réponse.

3. Déterminez les questions éthiques liées à la décision de M. Cavalas.

P8.17 Une comparaison des méthodes de calcul du coût de revient

Les renseignements ci-après ont trait aux ventes, à la production et à certains coûts de la période terminée le 31 mars 20X2 de la société Saskatoon inc.

Ventes (10 000 unités)..	600 000 $
Coûts de fabrication des unités produites :	
Coûts de revient de base	330 000
Frais indirects de fabrication variables..................................	110 000
Frais indirects de fabrication fixes.......................................	88 000
Coûts d'exploitation :	
Frais de vente variables...	10 000
Frais de vente fixes...	35 000
Frais d'administration fixes..	55 000

Saskatoon inc. a produit 11 000 unités pendant la période, ce qui correspond à sa capacité normale de production. Le stock au début des produits finis comptait 1 000 unités, et le coût de fabrication unitaire variable s'élevait à 38 $; les frais indirects de fabrication fixes sont de 7 $ par unité. Saskatoon inc. a adopté la méthode de l'épuisement successif.

Travail à faire

1. Calculez le nombre d'unités du stock à la fin.
2. Déterminez le coût du stock à la fin à l'aide de la méthode des coûts variables.
3. Évaluez le coût du stock à la fin selon la méthode du coût complet.
4. Établissez le pourcentage de marge brute.
5. Déterminez la marge sur coûts variables de fabrication.
6. Établissez le ratio de la marge sur coûts variables.
7. Calculez l'écart entre les montants de bénéfices obtenus à l'aide de la méthode des coûts variables et de la méthode du coût complet.

P8.18 Une comparaison des méthodes de calcul du coût de revient

Voici quelques renseignements sur les activités de l'entreprise SIA inc. pour le premier trimestre de 20X0.

	Janvier	Février	Mars
Unités vendues	12 000	14 000	18 000
Prix de vente à l'unité	12 $	12 $	12 $
Frais indirects de fabrication variables à l'unité..............	5 $	5 $	5 $
Frais de vente variables à l'unité........................	2 $	2 $	2 $
Unités produites..	15 000	18 000	13 000

Voici quelques renseignements supplémentaires au sujet de l'entreprise.

a) Au 1er janvier, l'entreprise disposait de 2 000 unités. Les frais indirects de fabrication unitaires pour le stock de début sont de 3 $ par unité.

b) Les frais indirects de fabrication fixes réels sont attribués aux unités produites mensuellement et s'élèvent à 42 000 $ par mois.

c) SIA inc. utilise la méthode de l'épuisement successif. Le stock de produits en cours est négligeable.

d) Les frais de vente et les frais d'administration fixes s'élèvent à 20 000 $ par mois.

8

▶ **Travail à faire**

1. Préparez l'état des résultats pour les mois de janvier, février et mars à l'aide de :
   a) la méthode du coût complet ;
   b) la méthode des coûts variables.
2. Rapprochez les montants de bénéfices obtenus à l'aide de la méthode du coût complet et de la méthode des coûts variables.
3. Déterminez les avantages et les inconvénients de la méthode des coûts variables pour ce qui est des rapports internes.

(Adaptation d'un problème de CPA Canada)

P8.19 Une comparaison des méthodes d'établissement du coût de revient

La société Altamont vient d'ouvrir une nouvelle division spécialisée dans la fabrication et la vente de lecteurs de DVD. L'usine est fortement automatisée de sorte que ses coûts fixes mensuels sont élevés, comme le montre la liste des coûts mensuels budgétés qui apparaît ci-après. Pour préparer cette liste, on s'est servi d'un volume de production prévu de 1 500 unités par mois.

Au cours du mois d'août 20X8, on a enregistré les données ci-dessous sur les activités de la division.

Unités produites..	1 500
Unités vendues	1 200
Prix de vente par unité..	150 $
Coûts de fabrication :	
Coûts variables par unité :	
Matières premières	25 $
Main-d'œuvre directe...	30 $
Frais indirects de fabrication variables	5 $
Frais indirects de fabrication fixes....................................	60 000 $
Frais de vente et frais d'administration :	
Variables...	6 % du chiffre d'affaires
Fixes	45 000 $

Travail à faire

1. Préparez un état des résultats pour le mois terminé le 31 août 20X8 à l'aide de la méthode du coût complet.
2. Dressez un état des résultats pour la même période selon la méthode des coûts variables.
3. Rapprochez les montants des bénéfices du mois d'août calculés à l'aide de la méthode du coût complet et de la méthode des coûts variables.
4. Présentez quelques-uns des arguments qu'on pourrait invoquer en faveur de l'utilisation de la méthode des coûts variables. Donnez quelques-uns des arguments favorables à l'utilisation de la méthode du coût complet.

(Adaptation d'un problème de CPA Canada)

P8.20 Un état des résultats selon la méthode des coûts variables

Les ventes et le bénéfice avant impôts de la compagnie Tabco inc. pour les deux premiers trimestres de l'année ont été les suivants :

	Premier trimestre	Deuxième trimestre
Ventes..	300 000 $	450 000 $
Bénéfice avant impôts	55 000	57 000

Les administrateurs de la compagnie se préoccupent du fait qu'une augmentation de 50 % des ventes n'a eu pour résultat qu'un faible accroissement du bénéfice. Le contrôleur de gestion explique que des frais indirects de fabrication non imputés ont influé sur les opérations au second trimestre. Son exposé est basé sur les données suivantes :

	Premier trimestre	Deuxième trimestre
Ventes en unités..............................	20 000	30 000
Production en unités..........................	30 000	24 000
Stock à la fin en unités......................	10 000	À déterminer
Prix de vente à l'unité	15 $	15 $
Frais de fabrication variable par unité..........	5	5
Frais de vente et frais d'administration..........	25 000	27 000

La compagnie emploie la méthode de l'épuisement successif pour l'évaluation des stocks. Les frais indirects de fabrication fixes réels sont attribués aux unités produites mensuellement et s'élèvent à 180 000 $.

Travail à faire

1. Préparez un état des résultats pour le second trimestre, en utilisant la méthode employée actuellement par Tabco inc., soit la méthode du coût complet. Veuillez établir le coût des ventes en détaillant le coût des stocks au début et à la fin.
2. Dressez un état des résultats pour le second trimestre, en utilisant la méthode des coûts variables.
3. Si la production avait égalé le niveau des ventes au second trimestre, soit 30 000 unités, quel aurait été le bénéfice avant impôts selon chacune des méthodes ?

P8.21 Un état des résultats selon la méthode des coûts variables avec l'équation de régression

Vous avez accès à l'équation de régression ci-après concernant les frais indirects de fabrication d'une entreprise située en Estrie. La portion variable des frais indirects de fabrication (la variable dépendante) est influencée par le nombre d'unités produites. Cette entreprise est spécialisée dans la fabrication de pièces nécessaires aux unités réfrigérées destinées aux réfrigérateurs et aux congélateurs des épiceries.

8

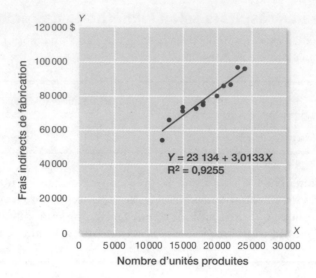

Durant la dernière période, la comptable de l'entreprise a préparé les états financiers selon la méthode habituelle basée sur le coût complet. Elle aimerait maintenant présenter l'état des résultats selon la méthode des coûts variables, sachant qu'il lui est parfois difficile d'expliquer les variations de bénéfices selon la méthode du coût complet. C'est dans ce but qu'elle a effectué l'analyse de régression précédente.

Vous avez accès à certaines informations sommaires basées sur l'état des résultats selon la méthode du coût complet, ce qui vous permettra de l'aider.

	Dernière période
Ventes (25 000 unités)...	256 250,00 $
Moins : Coût des ventes...	185 966,50
Marge brute...	70 283,50
Moins :	
Frais d'administration...	10 250,00
Frais de vente...	11 340,00
Bénéfice avant impôts..	48 693,50 $

Les stocks au début et à la fin n'ont connu aucune variation en ce qui a trait aux unités. Les coûts variables relatifs à la matière première sont de 2 $ par unité ; ceux liés à la main-d'œuvre directe s'élèvent à 1,50 $ par unité.

Pour ce qui est des frais d'administration, la partie variable peut être estimée en fonction d'un coût unitaire de 0,15 $ par unité. Pour les frais de vente, les commissions de 3 % versées aux vendeurs constituent la majeure partie des dépenses variables ; le reste peut être considéré comme fixe.

Travail à faire

1. Préparez un état des résultats pour la dernière période, en utilisant la méthode des coûts variables comme le souhaite la comptable.
2. Veuillez concilier le bénéfice avant impôts selon la méthode du coût complet par rapport à la méthode des coûts variables.
3. Quelles informations supplémentaires les résultats de la dernière période présentés avec la méthode des coûts variables fournissent-ils maintenant à la comptable ? Quels usages pourra-t-elle en faire ?

Cas

C8.22 Le gestionnaire et l'éthique, et l'état des résultats préparé à l'aide de la méthode du coût complet

Pierre Lessard a été embauché à titre de directeur général à la fin du mois de novembre par le conseil d'administration de Contact Global. L'entreprise fabrique un système mondial de localisation de pointe (GPS) pouvant localiser avec précision l'emplacement de son utilisateur partout dans le monde. Le conseil d'administration a licencié le directeur général précédent à cause d'une série d'opérations commerciales louches, dont l'expédition de GPS défectueux à des concessionnaires.

M. Lessard estime que sa priorité sera de renforcer la motivation des employés (peu encouragés pendant le règne du directeur général précédent). M. Lessard est particulièrement désireux de créer un sentiment de confiance au sein de l'entreprise. Il veut aussi préparer le budget pour la prochaine période, budget que le conseil d'administration compte scruter à la loupe au cours de la réunion du 15 décembre.

M. Lessard met la dernière main au budget en compagnie de son équipe. De l'avis de M. Lessard, le budget, qui est présenté ci-après, pourra être respecté sans problème.

Données de base du budget

Stock au début (en unités)	-0-
Unités produites	400 000
Unités vendues	400 000
Stock à la fin (en unités)	-0-
Coûts variables à l'unité :	
Matières premières	57,20 $
Main-d'œuvre directe	15,00
Frais indirects de fabrication variables	5,00
Frais de vente et frais d'administration variables	10,00
Total des coûts variables à l'unité	87,20 $
Coûts fixes :	
Frais indirects de fabrication fixes	6 888 000 $
Frais de vente et frais d'administration fixes	4 560 000
Total des coûts fixes	11 448 000 $

CONTACT GLOBAL
État des résultats budgétés
(méthode du coût complet)

Ventes (400 000 unités × 120 $ l'unité)		48 000 000 $
Moins : Coût des ventes :		
Stock au début	-0- $	
Coût des produits fabriqués (400 000 unités × 94,42 $ par unité)	37 768 000	
Marchandises destinées à la vente	37 768 000	
Moins : Stock à la fin	-0-	37 768 000
Marge brute		10 232 000
Moins : Frais de vente et frais d'administration :		
Frais de vente et frais d'administration variables (400 000 unités × 10 $ l'unité)	4 000 000	
Frais de vente et frais d'administration fixes	4 560 000	8 560 000
Bénéfice		1 672 000 $

▶ Le conseil d'administration a déclaré que ce budget n'était pas aussi radical qu'il l'aurait espéré. Le membre le plus influent du conseil s'est exprimé: «Les gestionnaires devraient se surpasser pour que l'entreprise puisse atteindre les bénéfices souhaités.» Après avoir débattu la question, le conseil souhaiterait générer un bénéfice de deux millions de dollars pour la prochaine période. Le conseil propose un programme de mesures incitatives alléchant. Il consentirait à verser aux gestionnaires des primes de 10 000 $ à 25 000 $, si le bénéfice réel de deux millions de dollars ou plus était atteint; autrement, aucune prime ne serait versée.

Travail à faire

1. Supposez que l'entreprise ne constitue aucun stock, c'est-à-dire que le volume de production est égal au volume des ventes, et que le prix de vente et la structure de coûts demeurent les mêmes. Combien de GPS devra-t-elle vendre pour atteindre le bénéfice prévu de deux millions de dollars?

2. Vérifiez la réponse à la question précédente en préparant un état des résultats budgétés qui présentera un bénéfice de deux millions de dollars. Utilisez la méthode du coût complet.

3. Malheureusement, au mois d'octobre suivant, il est clair que l'entreprise n'atteindra pas son objectif. En fait, l'entreprise terminera sans doute l'année comme on l'avait prévu au départ, soit avec des ventes de 400 000 unités, aucun stock à la fin et un bénéfice de 1 672 000 $.

   Plusieurs gestionnaires qui ne désirent en rien perdre leur gratification à la fin de la période disent au président qu'il est encore possible de dégager un bénéfice de deux millions de dollars. Les gestionnaires relèvent que, selon le volume des ventes actuel, l'entreprise dispose d'une capacité suffisante pour fabriquer des dizaines de milliers de GPS supplémentaires qui seraient entreposés. Les frais indirects de fabrication fixes pourraient ainsi être reportés à la prochaine période. Supposez que les ventes pour l'année totalisent 400 000 unités, et que le prix de vente et la structure de coûts restent les mêmes. Combien d'unités l'entreprise devrait-elle fabriquer pour réaliser un bénéfice d'au moins deux millions de dollars à l'aide de la méthode du coût complet?

4. Validez la réponse à la question précédente en préparant un état des résultats à l'aide de la méthode du coût complet.

5. À votre avis, M. Lessard devrait-il approuver la proposition de constituer un stock à la fin de la période afin que le bénéfice projeté soit atteint?

6. Que conseilleriez-vous aux membres du conseil d'administration quant à la manière de déterminer les primes à l'avenir?

C8.23 Une chute des bénéfices et l'effet d'un système de production optimisée

«Ces états financiers sont erronés, dit Benoît Riendeau, président de Rayco inc. Les ventes du deuxième trimestre étaient en hausse de 25 %, comparativement au premier trimestre, alors que ces états montrent une chute soudaine du bénéfice pour le deuxième trimestre. Les membres du service de la comptabilité se sont certainement fourvoyés dans leurs calculs.» M. Riendeau faisait allusion à l'état des résultats suivant:

RAYCO INC.
État des résultats
pour les deux premiers trimestres

	Trimestre 1		Trimestre 2	
Ventes...		480 000 $		600 000 $
Moins : Coût des ventes :				
Stock au début............................	80 000 $		140 000 $	
Coût des produits fabriqués..............	300 000		180 000	
Marchandises destinées à la vente	380 000		320 000	
Moins : Stock à la fin........................	140 000		20 000	
Coût des ventes..................................	240 000		300 000	
Frais indirects de fabrication sous-imputés.....................................	–	240 000	72 000	372 000
Marge brute		240 000		228 000
Moins : Frais de vente et frais d'administration.................................		200 000		215 000
Bénéfice..		40 000 $		13 000 $

M. Riendeau parcourt les états financiers, puis convoque le contrôleur : « Y a-t-il des erreurs en ce qui concerne le deuxième trimestre ? J'aimerais bien le savoir, car je dois communiquer les montants à la presse.

— Je suis désolé, dit le contrôleur, mais ces montants sont exacts. Les ventes ont en effet augmenté au cours du deuxième trimestre. Le problème se situe toutefois du côté de la production. Le budget de l'entreprise avait été prévu en fonction d'une production de 15 000 unités par trimestre. Mais une grève de nos fournisseurs nous a forcés à réduire notre production à 9 000 unités pendant le deuxième trimestre. C'est pourquoi le bénéfice a chuté. »

Perplexe, M. Riendeau réplique : « Cela n'a aucun sens. Je vous ai demandé de m'expliquer pourquoi le bénéfice a chuté alors que les ventes ont augmenté, et vous me parlez de production ! Et même si nous avons dû réduire la production, nous étions encore en mesure d'augmenter les ventes de 25 %. Si les ventes augmentent, le bénéfice devrait augmenter, non ? Si vos états financiers ne peuvent démontrer une chose aussi simple, vous devriez vous recycler ! »

La production et les ventes budgétisées pour la période, ainsi que la production et les ventes réelles pour les deux premiers trimestres se présentent comme suit :

	Trimestre			
	1	2	3	4
Ventes prévues (en unités)...................	12 000	15 000	15 000	18 000
Ventes réelles (en unités).....................	12 000	15 000	–	–
Production prévue (en unités)...............	15 000	15 000	15 000	15 000
Production réelle (en unités).................	15 000	9 000	–	–

L'usine de l'entreprise est hautement automatisée. Les frais indirects de fabrication fixes s'élèvent à 180 000 $ par trimestre. Les coûts de fabrication variables sont de 8 $ l'unité. Les frais indirects de fabrication fixes sont imputés aux unités au taux de 12 $ par unité (sur la base de la production prévue, présentée ci-dessus). La politique de l'entreprise consiste à fermer, à chaque trimestre, la surimputation dans les comptes de stock de produits en cours, de stock de produits finis et de coût des ventes ou la sous-imputation dans le compte de coût des ventes. L'entreprise disposait de 4 000 unités en stock au début du premier trimestre, et elle fonctionne selon la méthode de l'épuisement successif. Les frais de vente et les frais d'administration variables sont de 5 $ par unité.

8

►

▶ **Travail à faire**

1. Quelle caractéristique de la méthode du coût complet a provoqué la chute du bénéfice pour le deuxième trimestre ? Qu'aurait pu dire le contrôleur pour expliquer clairement la situation ?

2. Préparez l'état des résultats pour chaque trimestre à l'aide de la méthode des coûts variables.

3. Pour chaque trimestre, rapprochez les montants de bénéfices obtenus à l'aide de la méthode du coût complet et de la méthode des coûts variables.

4. Déterminez les avantages et les inconvénients de la méthode des coûts variables pour ce qui est des rapports internes.

5. Supposez que l'entreprise a adopté un système de production optimisée au début du deuxième trimestre. (Le volume des ventes et le volume de production pour le premier trimestre demeurent inchangés.)

   a) Combien d'unités auraient été produites au cours du deuxième trimestre avec le système de production optimisée ?

   b) Au début du troisième trimestre, vous attendriez-vous à un écart entre le bénéfice obtenu à l'aide de la méthode du coût complet et le bénéfice obtenu à l'aide de la méthode des coûts variables ? Justifiez votre réponse.

C8.24 La méthode du coût complet et la méthode des coûts variables, les fluctuations de la production, l'analyse du seuil de rentabilité et l'effet d'un système de production optimisée

« Cela n'a aucun sens, confirme Johanne Fisette, vice-présidente aux finances de la société Wagner. Les ventes des derniers mois ont augmenté régulièrement, mais on ne peut en dire autant des bénéfices. En septembre, les ventes ont franchi le cap des deux millions de dollars, mais le résultat pour la même période n'a cessé de chuter pour se transformer en une perte de 100 000 $. Pourquoi n'existe-t-il pas une corrélation plus étroite entre les bénéfices et le volume des ventes ? » Voici les états des résultats auxquels Mme Fisette fait allusion.

WAGNER
État des résultats mensuels

	Juillet	Août	Septembre
Ventes....................................	1 750 000 $	1 875 000 $	2 000 000 $
Moins : Coût des ventes :			
Stock au début..........................	80 000	320 000	400 000
Coût des produits fabriqués :			
Coûts de fabrication variables.....................	765 000	720 000	540 000
Frais indirects de fabrication fixes	595 000	560 000	420 000
Coût des produits fabriqués....................	1 360 000	1 280 000	960 000
Marchandises destinées à la vente	1 440 000	1 600 000	1 360 000
Moins : Stock à la fin.......................	320 000	400 000	80 000
Coût des ventes............................	1 120 000	1 200 000	1 280 000
Frais indirects de fabrication fixes sous-imputés (ou surimputés)...................	(26 765)*	–	140 000
Coût redressé des ventes............................	1 093 235	1 200 000	1 420 000
Marge brute..............................	656 765	675 000	580 000
Moins : Frais de vente et frais d'administration..	620 000	650 000	680 000
Bénéfice (perte)............................	36 765 $	25 000 $	(100 000)$

* Les frais indirects de fabrication sont surimputés de 35 000 $. De ce montant, 26 765 $ sont attribués au coût des ventes et 8 235 $ sont attribués au stock de produits finis au bilan.

Pierre Trudel est un jeune diplômé de l'université qui a été engagé récemment. Voici ce qu'il a confié à Mme Fisette : « La méthode des coûts variables est une bien meilleure façon de rendre compte des résultats. » Voici les données relatives aux ventes et à la production pour le dernier trimestre.

	Juillet	Août	Septembre
Unités produites............................	85 000	80 000	60 000
Unités vendues..............................	70 000	75 000	80 000

Voici quelques renseignements supplémentaires concernant les activités de l'entreprise.
a) Il y avait 5 000 unités en stock au 1er juillet.
b) Les frais indirects de fabrication fixes s'élèvent à 1 680 000 $ par trimestre et sont engagés de façon uniforme. Ces frais sont imputés aux unités de produit sur la base d'un volume de production prévu de 80 000 unités par mois.
c) Les frais de vente et les frais d'administration variables sont de 6 $ par unité vendue. Les autres frais de vente et frais d'administration sont fixes.
d) L'entreprise a implanté la méthode de l'épuisement successif. Le stock de produits en cours est négligeable.

« La production est certes un peu décalée par rapport aux ventes, dit Carole Vanier, contrôleuse de l'entreprise. Mais nous devions constituer un stock au début du trimestre en prévision d'une grève en septembre. Puisque les syndiqués n'ont pas fait la grève, nous avons réduit la production en septembre pour liquider le stock excédentaire. Les états des résultats dont vous disposez sont rigoureusement exacts. »

Travail à faire

1. Préparez l'état des résultats pour chaque mois à l'aide de la méthode des coûts variables.
2. Calculez le seuil de rentabilité mensuel.
3. Expliquez à Mme Fisette pourquoi les bénéfices n'ont pas été constants au cours de la période de trois mois. Expliquez-lui aussi pourquoi il n'existe pas une corrélation plus étroite entre les bénéfices et le volume des ventes.
4. Pour chaque mois, rapprochez les montants de bénéfices (pertes) obtenus à l'aide de la méthode des coûts variables et de la méthode du coût complet. Montrez tous vos calculs et indiquez comment vous calculez chaque chiffre utilisé dans votre rapprochement.
5. Supposez que l'entreprise a adopté un système de production optimisée au début de septembre. (Le volume des ventes et le volume de production des mois de juillet et août sont demeurés les mêmes.)
   a) Combien d'unités auraient été produites en septembre si l'entreprise avait adopté ce système ?
   b) Au début du trimestre suivant, vous attendriez-vous à un écart entre le bénéfice obtenu à l'aide de la méthode du coût complet et le bénéfice obtenu à l'aide de la méthode des coûts variables ? Justifiez votre réponse.
   c) Reportez-vous à vos calculs de la question 2. En quoi le système de production optimisée rendrait-il « crédible » l'analyse du seuil de rentabilité si on utilisait la méthode du coût complet ?

8

C8.25 **La méthode du coût complet et l'éthique**

« Il y a certainement quelque chose qui cloche dans ces états financiers ! s'exclame Hugo Richard, le président d'Abaque inc. Ils n'ont tout simplement pas de sens. Au cours de l'exercice, nous avons vendu le même nombre d'unités que durant l'exercice précédent ; pourtant, nos bénéfices ont triplé ! Qui s'est fourvoyé dans les calculs ? »

En affaires depuis 25 ans, Abaque inc. est une entreprise de taille moyenne qui fournit des pièces de plastique à ses clients de l'industrie automobile. Les prévisions des ventes s'effectuent plutôt aisément, puisque l'entreprise entretient depuis longtemps avec la plupart de ses clients une relation axée sur la fourniture exclusive de ses pièces.

Au cours de l'exercice 20X5, toutefois, une grève menaçait d'éclater chez l'un des principaux fournisseurs de matières premières d'Abaque inc. En conséquence, pour éviter de manquer de matières premières à l'exercice 20X6, la direction de l'entreprise a décidé d'acheter davantage de matières premières et de fabriquer plus de produits que nécessaire durant l'exercice 20X5. Puisque d'ordinaire l'équipement de fabrication de l'entreprise fonctionne à un niveau inférieur à sa capacité de production maximale, on est parvenu à accroître la production sans avoir à engager de coûts de fabrication fixes supplémentaires. Voici les états des résultats et les rapports de production auxquels M. Richard fait référence.

	20X4	20X5
Ventes (40 000 unités par exercice)	1 250 000 $	1 250 000 $
Coût des ventes	840 000	720 000
Marge brute	410 000	530 000
Frais de vente et frais d'administration	350 000	350 000
Bénéfice	60 000 $	180 000 $

	20X4	20X5
Production en unités	40 000	50 000
Ventes en unités	40 000	40 000
Coût de fabrication variable par unité produite	6 $	6 $
Frais de vente et frais d'administration variables par unité vendue	2 $	2 $
Frais indirects de fabrication fixes	600 000 $	600 000 $

Abaque inc. recourt à la méthode du coût complet et attribue ses frais indirects de fabrication fixes à son unique produit en fonction de la production réelle de chaque exercice (de sorte qu'un nouveau taux d'imputation des frais indirects de fabrication fixes est calculé à chaque exercice).

Travail à faire

À titre de directeur financier d'Abaque inc., écrivez une note à M. Richard afin de lui expliquer pourquoi le bénéfice de l'exercice 20X5 s'est révélé supérieur à celui de l'exercice 20X4 selon la méthode du coût complet, même si l'entreprise a vendu le même nombre d'unités à chacun de ces exercices. Prenez soin d'inclure les éléments suivants dans votre note :

1. Un état des résultats établi selon la méthode des coûts variables pour chaque exercice concerné ainsi qu'un rapprochement entre le bénéfice déterminé à l'aide de la méthode des coûts variables et celui déterminé à l'aide de la méthode du coût complet pour chacun de ces exercices.

2. Une brève description des avantages et des inconvénients de la méthode des coûts variables par rapport à la méthode du coût complet en ce qui concerne la préparation des rapports internes.

3. Une explication des conséquences qu'aurait un retour au niveau de production « normal » à l'exercice suivant.

4. Une recommandation à savoir si l'entreprise devrait poursuivre sa « surproduction » au cours des exercices à venir afin de gonfler ses bénéfices.

C8.26 La surproduction et la méthode du coût complet

Un 15 décembre, Jeanne Jean, directrice d'usine pour l'entreprise ABC Ventilateurs inc., doit prendre une décision difficile. Les activités se déroulent de façon régulière depuis les 11 derniers mois. Durant cette période, Mme Jean a œuvré de pair avec les ingénieurs de production afin de pousser l'exploitation de l'équipement de fabrication tout juste assez pour permettre une légère augmentation de la capacité de production disponible. Du début de janvier à la fin de novembre, l'usine a fabriqué 18 000 ventilateurs, et elle prévoit en produire encore 2 000 au mois de décembre. Selon le directeur des ventes, les 20 000 ventilateurs fabriqués seront vendus d'ici la fin de l'exercice. Mme Jean réalise toutefois que l'investissement supplémentaire dans les coûts d'ingénierie permettrait à l'usine de fabriquer 500 ventilateurs de plus au mois de décembre. Voici quelques renseignements pertinents sur les coûts et les prix.

Coûts variables par unité :	
Matières premières	3$
Main-d'œuvre directe	2$
Frais de fabrication variables	1$
Frais de vente variables	1$
Frais de fabrication fixes	61 500$
Stock au début (en unités)	-0-
Prix de vente par unité	12$

Les coûts de possession de stock sont négligeables et les clients de l'entreprise sont reconnus pour passer des commandes spéciales inattendues généralement difficiles à remplir. Mme Jean suppose qu'un petit stock de sécurité de 500 ventilateurs procurerait un coussin à l'entreprise pour pouvoir remplir d'éventuelles commandes spéciales à l'avenir. Malgré tout, Mme Jean hésite à prendre la décision de fabriquer 500 ventilateurs supplémentaires. Sa performance est principalement évaluée en fonction du bénéfice généré par l'usine, et sa prime de fin d'exercice est calculée selon la rentabilité de l'usine. Mme Jean craint que d'engager des coûts supplémentaires ait un effet négatif sur cette rentabilité.

Travail à faire

À titre d'expert-comptable de l'usine, effectuez pour Mme Jean une analyse qui lui permettra de prendre une décision éclairée. En supposant que l'entreprise se sert de la méthode du coût complet, analysez l'effet qu'aurait la fabrication de 500 ventilateurs supplémentaires sur la rentabilité de l'usine et le montant de la prime versée à Mme Jean, puis formulez vos recommandations quant aux mesures à prendre.

Cas de discussion

Les périodes difficiles font parfois ressortir le mauvais côté des gens. Il arrive que des entreprises cherchent désespérément à assurer leur survie en présentant aux intervenants du marché des bénéfices supérieurs aux bénéfices réels. Certains gestionnaires semblent incapables de résister à la tentation de manipuler les bénéfices déclarés. Malheureusement, le stock peut se prêter à de telles manipulations. Certaines entreprises gonflent leur propre stock afin de déclarer des bénéfices accrus. D'autres manipulent les données de façon plus

▶ subtile en fabriquant des marchandises excédentaires, puis en trouvant des moyens d'inciter leurs clients à acheter plus de produits que nécessaire (on parle alors de « saturation du circuit » ou d'« encouragement au surstockage »).

Travail à faire

En vous référant aux notions étudiées dans le présent chapitre, réfléchissez à la façon dont l'obligation de préparer les rapports financiers publiés à des fins externes selon la méthode du coût complet peut jouer un rôle dans une telle situation. Une entreprise dont les ventes se situeraient au-dessous du seuil de rentabilité pourrait-elle quand même déclarer un bénéfice?

Réponses aux questions éclair

8.1 Les frais de vente et les frais d'administration sont traités comme des frais liés à la période tant selon la méthode du coût complet que selon celle des coûts variables.

8.2 Le niveau du stock de l'entreprise a augmenté. En raison de cette augmentation, des frais indirects de fabrication fixes ont été imputés au stock à la fin dans le bilan. Les frais indirects de fabrication fixes comptabilisés dans le coût des ventes à l'état des résultats ont ainsi diminué, ce qui a entraîné un bénéfice, même si l'entreprise avait un chiffre d'affaires correspondant à son seuil de rentabilité.

8.3 Selon la méthode du coût complet, les frais indirects de fabrication fixes sont compris dans le coût des produits, au même titre que le coût des matières premières, le coût de la main-d'œuvre directe et les frais indirects de fabrication variables. Si certaines des unités produites ne sont pas vendues à la fin de la période, elles se retrouvent dans le stock de fin qui devient le stock du début de la période suivante. Lorsque ces unités sont enfin vendues, les frais indirects de fabrication fixes contenus dans le stock du début sont intégrés au coût des ventes de la période où a eu lieu la vente.

8.4 Selon la méthode des coûts variables, les revenus font augmenter le bénéfice, alors que selon la méthode du coût complet, ce sont les revenus et la production qui font augmenter le bénéfice.

8.5 Selon les défenseurs de la méthode du coût complet, celle-ci permet mieux de rattacher les coûts aux revenus que la méthode des coûts variables. Ils soutiennent que tous les coûts de production doivent être attribués aux produits de façon à rapprocher correctement les coûts de production des unités de produit avec les revenus de ces unités au moment de leur vente. D'après eux, en ce qui concerne le rattachement des charges aux produits, il ne devrait pas y avoir de distinction entre les coûts de fabrication variables et les coûts de fabrication fixes.

LE PROCESSUS BUDGÉTAIRE

Mise en situation

Les avantages de la budgétisation

Quelles que soient leur taille et la nature de leurs activités, la plupart des entreprises préparent des budgets. Comme ils procurent des informations financières prévisionnelles sur les activités à venir de l'entité, les budgets sont utilisés tant à l'interne (par la direction) qu'à l'externe (par les créanciers) et offrent des avantages concrets pour évaluer la performance réelle au cours d'une période donnée.

Souvenez-vous de l'entreprise d'aménagement paysager SPD ltée (*voir le chapitre 2*) dont l'établissement d'un budget pour le prochain exercice aidera son propriétaire, Simon Kirani, de différentes manières. Premièrement, en budgétant les revenus que devraient générer ses services d'aménagement paysager, M. Kirani aura une bonne idée du nombre d'employés nécessaires qu'exigera le niveau d'activité prévu. Deuxièmement, cela l'aidera à déterminer les ressources requises dans différents secteurs. Ainsi, s'il prévoit une augmentation de ses services d'entretien de la pelouse, il doit s'assurer de disposer d'assez de tondeuses à gazon pour répondre à la demande. Troisièmement, cela lui permettra d'avoir une image claire de la rentabilité prévue et en cas d'insatisfaction, il pourra trouver des améliorations. Enfin, il aura la possibilité d'estimer les encaissements et les décaissements pour l'exercice visé, ce qui lui permettra, par exemple, de conclure à l'avance des ententes avec sa banque pour s'assurer d'un accès aux emprunts à court terme.

Tous ces avantages procurés aux entreprises, même les plus petites, ne doivent pas occulter les nombreux autres sujets liés à la préparation et à l'utilisation des budgets. Qui devrait prendre part à leur élaboration ? Comment estime-t-on les montants à y inscrire ? De quelle façon procède-t-on pour comparer la performance réelle avec la rentabilité prévue ? Voilà quelques-unes des questions sur lesquelles porte le présent chapitre.

OBJECTIFS D'APPRENTISSAGE

Après avoir étudié ce chapitre, vous pourrez :

1. comprendre les raisons pour lesquelles les organisations préparent des budgets et décrire le processus d'élaboration des budgets ;

2. préparer les composantes d'un budget directeur et les états financiers prévisionnels ;

3. préparer un budget flexible et expliquer l'utilité d'une telle méthode ;

4. préparer un rapport d'analyse de la performance en y intégrant un budget flexible ;

5. décrire les variations dans le processus d'établissement d'un budget directeur lorsqu'on l'applique à des organismes à but non lucratif (OBNL) ;

6. calculer le niveau optimal des stocks et les quantités à commander (*voir l'annexe 9A en ligne*) ;

7. analyser les écarts par rapport aux budgets des ventes (*voir l'annexe 9B en ligne*).

Les budgets constituent un outil important pour la direction des entreprises, qui les utilise pour communiquer les objectifs financiers de la période (ou des périodes) à venir, attribuer des ressources et coordonner les activités de différentes fonctions au sein de l'organisation. Ils peuvent aussi se révéler utiles pour comparer périodiquement la performance réelle en matière de revenus, de coûts et de bénéfices à celle prévue dans les budgets. Lorsque les résultats réels sont sensiblement meilleurs que ceux prévus au budget, la direction cherche à en expliquer les raisons et tente de déterminer si cette tendance favorable se poursuivra ou non. Si les résultats réels sont nettement pires que ceux qui ont été budgétés, elle tâchera également de comprendre les causes de cette mauvaise performance et de prendre les mesures nécessaires pour corriger la situation au moment opportun. Dans ce chapitre, nous nous intéresserons aux différentes étapes de la préparation des budgets, de même qu'à certains facteurs qui influent sur la façon dont les gestionnaires tirent profit de ces budgets et y réagissent. Les exemples présentés concernent principalement les entreprises de fabrication, mais les concepts exposés s'adaptent aux entreprises commerciales et de service, qu'elles soient à but lucratif ou non.

9.1 Le cadre de travail de la budgétisation

OA1

Comprendre les raisons pour lesquelles les organisations préparent des budgets et décrire le processus d'élaboration des budgets.

Budget directeur

Budget tenant compte des objectifs de l'organisation en matière de ventes, de production, de distribution et d'activités de financement, et regroupant généralement un budget de trésorerie, un état des résultats prévisionnels et un bilan prévisionnel.

9.1.1 La budgétisation

Un budget est un plan détaillé de l'obtention et de l'utilisation des ressources, financières et autres, pour une période donnée. Il est exprimé en termes quantitatifs formels. L'établissement des budgets porte le nom de «budgétisation». Le contrôle budgétaire, comme son nom l'indique, sert à contrôler les activités de l'entreprise à l'aide du budget.

Le **budget directeur**, de son côté, tient compte des objectifs de l'organisation en matière de ventes, de production, de distribution et d'activités de financement. En général, il regroupe un budget de trésorerie, un état des résultats prévisionnels et un bilan prévisionnel. En bref, le budget directeur fournit une vue d'ensemble des plans de la direction et indique comment ces plans devront être menés à bien.

9.1.2 Le double rôle des budgets : la planification et le contrôle

Les budgets sont utilisés dans les organisations comme outils de planification et de contrôle. La planification consiste à choisir un plan d'action et à préciser les paramètres de sa mise en œuvre. Des objectifs seront établis et des budgets seront préparés en vue de la réalisation de ces objectifs. Le contrôle ou le suivi budgétaire, de son côté, est un processus par lequel on établit des procédures, puis obtient une rétroaction pour s'assurer que les objectifs définis à l'étape de la planification sont en voie d'être atteints. L'analyse des différences entre les résultats réels et les prévisions budgétaires fait partie du système de contrôle. Pour être vraiment efficace, un système de budgétisation doit permettre à la fois la planification et le contrôle. Une bonne planification sans contrôle efficace s'avère inutile.

9.1.3 Les avantages de la budgétisation

Les organisations tirent de nombreux avantages d'un programme de budgétisation. En voici quelques-uns :

1. Les budgets sont un moyen de communiquer les plans de la direction à l'ensemble de l'organisation, ce qui permet à tous les employés de mieux en comprendre les objectifs.
2. Les budgets contraignent les gestionnaires à réfléchir et à élaborer des plans axés sur l'avenir. Sans la nécessité de préparer un budget, trop nombreux seraient les gestionnaires qui consacreraient tout leur temps à s'occuper des urgences quotidiennes.
3. La budgétisation permet de répartir les ressources dans les secteurs de l'organisation où elles peuvent être utilisées le plus efficacement.

4. La budgétisation permet d'entrevoir d'éventuels **goulots d'étranglement** avant même qu'ils se manifestent, puisqu'elle aide à établir la demande liée aux activités et aux processus clés. Au besoin, il est alors possible d'apporter des modifications à toute activité ou à tout processus qui, dans son état actuel, ne possède pas suffisamment de capacité pour répondre au niveau d'activité prévu.

5. Les budgets permettent la coordination des activités de l'ensemble de l'organisation en intégrant les plans des différents secteurs. Ils permettent de s'assurer que tous les employés travaillent à la réalisation des objectifs de l'entreprise.

6. Les budgets fixent des objectifs pouvant servir de référence au moment de l'évaluation de la performance. Une comparaison périodique entre les résultats réels et les prévisions budgétaires permet aux gestionnaires de déterminer si l'entreprise atteint bien ses objectifs ainsi que de prendre les mesures correctives qui s'imposent au besoin.

9.1.4 La comptabilité par centres de responsabilité

Ce chapitre et le chapitre 11 traitent de la comptabilité par centres de responsabilité. L'idée de base sous-tendant la **comptabilité par centres de responsabilité** est qu'un gestionnaire devrait être uniquement responsable des revenus et des coûts sur lesquels il exerce un contrôle réel. Ainsi, le gestionnaire devrait être responsable de son budget, et des déviations entre les objectifs budgétés et les résultats réels. Ce concept est essentiel à toute planification des résultats financiers et à tout système de contrôle. La responsabilité de chaque coût doit incomber à quelqu'un, sans quoi personne n'en sera tenu pour responsable, et les coûts pourraient alors prendre une ampleur démesurée.

Être responsable de certains coûts et de certains revenus ne signifie pas que l'on pénalise le gestionnaire lorsque les résultats réels n'atteignent pas les objectifs budgétés. Le gestionnaire devra cependant veiller à remédier à tout écart défavorable, comprendre l'origine des écarts importants, favorables ou défavorables, et être prêt à expliquer à la haute direction les raisons de ces écarts. L'intérêt d'un système de comptabilité par centres de responsabilité efficace est de s'assurer que l'organisation réagit rapidement et comme il se doit aux dérives par rapport à ses plans, et qu'elle tire des leçons des données obtenues en comparant les objectifs budgétés aux résultats réels.

9.1.5 Le choix d'une période budgétaire

En règle générale, les budgets d'exploitation couvrent une année. Cette année devra correspondre à la période financière de l'entreprise afin que les chiffres du budget puissent être comparés aux résultats réels. Un grand nombre d'organisations répartissent leur année budgétaire sur quatre trimestres. Le premier trimestre est ensuite subdivisé en mois, et des budgets mensuels sont établis. La précision de ces chiffres à court terme se révèle souvent remarquable. Les trois derniers trimestres ne peuvent figurer au budget que sous forme de totaux trimestriels. À mesure que l'année progresse, les chiffres du deuxième trimestre sont détaillés en montants mensuels, puis les chiffres du troisième trimestre sont précisés de la même façon, et ainsi de suite. Cette méthode a l'avantage d'exiger une révision périodique et une réévaluation des données du budget tout au long de l'année.

Un grand nombre d'organisations utilisent des budgets continus. Un **budget continu** (ou **budget perpétuel**) est un budget d'une période de 12 mois se prolongeant d'un mois (ou d'un trimestre) quand le mois (ou le trimestre) en cours est achevé. En d'autres termes, on ajoute un mois (ou un trimestre) à la fin du budget à mesure que chaque mois (ou trimestre) arrive à échéance. Cette méthode oblige les gestionnaires à se concentrer sur l'avenir au moins une année à l'avance. Les défenseurs des budgets continus soutiennent qu'avec cette méthode, il y a moins de risques que les gestionnaires se préoccupent trop des résultats à court terme à mesure que l'année progresse.

Dans ce chapitre, nous nous concentrerons sur les budgets d'exploitation annuels. Pourtant, en recourant presque aux mêmes méthodes, il est possible de préparer des

Goulot d'étranglement

Capacité d'une activité ou d'un processus qui est insuffisante pour répondre aux besoins prévus de l'entreprise et qui limite par conséquent le volume global des activités à produire. Cette limite peut s'exprimer par exemple en termes de main-d'œuvre ou de temps-machine.

Comptabilité par centres de responsabilité

Système de comptabilité tenant uniquement compte des éléments de revenus et des coûts relevant de la responsabilité des gestionnaires, c'est-à-dire les éléments sur lesquels ils peuvent exercer un contrôle ; les gestionnaires sont responsables des revenus et des coûts sur lesquels ils exercent un contrôle réel.

9

Budget continu (ou budget perpétuel)

Budget d'une période de 12 mois se prolongeant d'un mois (ou d'un trimestre) quand le mois (ou le trimestre) en cours est achevé.

budgets d'exploitation pour des périodes couvrant de nombreuses années. Il est parfois difficile de prévoir avec précision les ventes et les données nécessaires pour une période dépassant un an. Cependant, des estimations peuvent se révéler très utiles pour découvrir des problèmes potentiels et des occasions d'affaires.

9.1.6 Le budget participatif

Le succès d'un programme budgétaire dépendra dans une large mesure de la manière dont le budget sera préparé. Dans les programmes budgétaires qui ont le plus de succès, les gestionnaires préparent leurs propres prévisions, plutôt que d'avoir un budget imposé par la direction. Cette méthode de préparation des données budgétaires s'avère particulièrement importante quand le budget doit servir à contrôler et à évaluer les activités d'un gestionnaire. Un budget imposé hiérarchiquement à un gestionnaire peut susciter du ressentiment et de la démotivation plutôt que favoriser la coopération et une productivité accrue.

Budget participatif

Méthode de budgétisation à l'aide de laquelle les gestionnaires préparent leurs propres budgets ; le superviseur du gestionnaire révise ensuite ce budget, et tous les problèmes sont résolus d'un commun accord.

Un **budget participatif** est un budget préparé avec la participation et la coopération de tous les gestionnaires, à tous les échelons. Cette méthode est illustrée à la figure 9.1.

Les budgets participatifs ont de nombreux avantages :

1. Les employés, à tous les échelons, sont considérés comme des membres de l'équipe dont la haute direction apprécie les points de vue et le jugement.

2. L'employé en contact direct avec une activité est le mieux placé pour effectuer des prévisions budgétaires. C'est pourquoi les données qu'il prépare tendent à être plus précises et plus fiables.

3. Les employés sont plus motivés à respecter un budget qu'ils ont élaboré qu'un budget qui leur serait imposé par la direction. Le budget participatif favorise l'engagement du gestionnaire à atteindre les objectifs qu'il s'est fixés.

4. Quand un budget leur est imposé par la direction, les employés peuvent toujours alléguer que le budget n'était pas raisonnable ou qu'il était irréaliste, et donc impossible à respecter. Avec le budget participatif, cette excuse ne peut pas être invoquée.

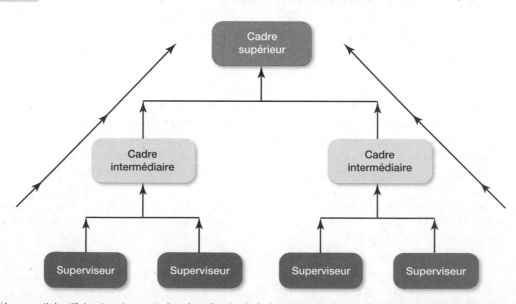

FIGURE 9.1 | **Le cheminement des données budgétaires dans un système de budgétisation participatif**

Dans un système participatif, le cheminement des données budgétaires va des niveaux de responsabilité les plus bas aux niveaux de responsabilité les plus élevés. Chaque personne responsable du contrôle des revenus et des coûts prépare ses propres prévisions budgétaires, qu'elle soumet à l'échelon hiérarchique supérieur. Ces prévisions sont révisées et consolidées à mesure qu'elles remontent dans l'organisation.

Une fois préparés, les budgets participatifs sont-ils révisés ? La réponse est « oui ». Lorsqu'il n'y a aucune vérification, les budgets participatifs peuvent comporter un **coussin budgétaire** excessif. Un coussin budgétaire renvoie à la différence entre les revenus et les coûts qu'un gestionnaire croit vraiment réalistes et ceux qu'il présente dans son budget. On dit des revenus prévus intentionnellement sous-estimés et des coûts prévus intentionnellement surestimés qu'ils donnent lieu à un coussin budgétaire[1]. Par exemple, un gestionnaire des ventes prévoyant que le nombre d'unités vendues pour la prochaine année sera de 20 000 et qu'un montant de 12 000 $ devra être investi en publicité afin d'atteindre cet objectif pourrait présenter dans son budget des ventes un nombre d'unités prévues de 17 000 tout en planifiant un budget de 15 000 $ pour la publicité. Lorsque les résultats réels seront comparés aux prévisions, le nombre d'unités vendues sera fort probablement plus près de 20 000 que de 17 000, ce qui donnera une bonne image de la performance de ce gestionnaire puisqu'on jugera qu'il a dépassé son objectif de ventes. Sa performance sera aussi meilleure en ce qui concerne les frais de publicité, qui seront sans doute inférieurs à ceux qui étaient prévus au budget, ce qui laissera penser qu'il y a eu des économies de coûts. Il arrive que des gestionnaires tentent de créer un coussin budgétaire en vue d'augmenter leurs chances d'obtenir des récompenses établies en fonction de l'atteinte ou du dépassement des prévisions budgétaires ou dans le but de réduire les efforts nécessaires pour respecter le budget de la période. Un coussin budgétaire excessif peut se solder par une mauvaise répartition des ressources, de l'inefficacité, du gaspillage ou un manque d'efforts de la part des gestionnaires. Ainsi, les supérieurs immédiats révisent les budgets avec soin avant de les accepter. Si des modifications au budget initial semblent souhaitables, les gestionnaires et leurs subalternes discutent des problèmes, et modifient les données par consentement mutuel.

Des représentants de tous les niveaux de l'organisation devraient participer à la préparation du budget. Comme les cadres supérieurs savent en général peu de choses sur les détails des opérations quotidiennes, ils s'en remettront à leurs subordonnés pour obtenir des données budgétaires détaillées. D'un autre côté, les cadres supérieurs considèrent l'organisation comme un tout, ce qui est essentiel pour prendre des décisions stratégiques pendant la préparation du budget. Des employés de chaque niveau de responsabilité de l'organisation devraient contribuer du mieux qu'ils peuvent à un effort coopératif visant à préparer un document budgétaire intégré.

Afin d'assurer l'efficience et l'efficacité du processus budgétaire, plusieurs organisations ont un **comité du budget**. Ce comité est habituellement responsable de la politique générale en matière de programme budgétaire et de la coordination des efforts en vue de la préparation du budget. En général, ce comité se compose du président, des vice-présidents responsables de fonctions diverses (ventes, production et achats) et du contrôleur. Le comité du budget résout les difficultés et litiges concernant le budget entre les différentes sections de l'organisation. De plus, il approuve le budget final et reçoit les rapports périodiques sur les progrès de l'organisation en ce qui a trait à l'atteinte des objectifs budgétés.

Malgré les avantages des budgets participatifs, certaines entreprises continuent d'attribuer, ou d'imposer, des budgets à leurs employés. L'attribution de budgets se révèle souvent plus efficace que les budgets participatifs, puisqu'elle ne comprend généralement ni négociations ni discussions entre les gestionnaires et leurs subordonnés, lesquelles peuvent mobiliser beaucoup de temps et d'efforts. Par ailleurs, dans certains cas, il arrive que la direction impose des budgets serrés à son personnel lorsqu'elle croit l'atteinte des objectifs budgétés essentielle à la survie de l'entreprise. Comme les employés sont souvent peu disposés à se fixer eux-mêmes des objectifs très difficiles à réaliser, on peut juger nécessaire de leur imposer des budgets pour assurer la viabilité de l'entreprise à long terme.

Coussin budgétaire

Différence entre les revenus et les coûts qu'un gestionnaire croit vraiment réalistes et ceux qu'il présente dans son budget. Il y a coussin budgétaire lorsque les revenus prévus sont intentionnellement sous-estimés ou que les coûts prévus sont intentionnellement surestimés.

Comité du budget

Groupe de personnes clés de la direction responsables de la politique générale en matière de programme budgétaire, de la coordination de la préparation du budget, de la résolution des différends relatifs au budget et de l'approbation du budget final.

9

---

1. Stan DAVIS, Todd DE ZOORT et Lori KOPP, « The Effect of Obedience Pressure and Perceived Responsibility on Management Accountants' Creation of Budgetary Slack », *Behavioural Research in Accounting*, vol. 18, n° 1 (2006), p. 19-36.

L'usage des budgets est répandu

En juillet 2009, une enquête réalisée auprès de 439 répondants dans des organisations de tous secteurs, de toutes tailles et provenant de toutes les régions du monde révèle que le budget continu, les prévisions financières annuelles, les prévisions de trésorerie et la comparaison des résultats réels avec les résultats prévus comptent parmi les 10 outils de comptabilité de gestion les plus utilisés par ces entreprises. Avec une utilisation par près de 90 % des répondants, les prévisions financières annuelles constituent l'outil de comptabilité de gestion le plus populaire suivi de près par les prévisions de trésorerie.

Source : CHARTERED INSTITUTE OF MANAGEMENT ACCOUNTANTS (CIMA), *Management Accounting Tool for Today and Tomorrow*, novembre 2009, 30 p.

9.1.7 Les relations humaines

Le fait que les cadres inférieurs donnent ou non leur aval à un programme budgétaire révélera dans quelle mesure les cadres supérieurs acceptent que le budget soit un élément vital de l'entreprise, de même que la manière dont ils utilisent les données budgétaires. Pour connaître le succès, le programme budgétaire doit obtenir l'approbation et le soutien sans réserve des personnes occupant des postes de gestion clés. Quand les cadres inférieurs ou intermédiaires ont l'impression que la haute direction manque d'enthousiasme à l'égard des prévisions budgétaires, ou qu'elle tolère simplement la budgétisation comme un mal nécessaire, ils manquent eux aussi d'enthousiasme. La budgétisation est un travail difficile. Si la haute direction manifeste peu d'intérêt pour le programme budgétaire et y participe peu, il est probable que tout le personnel fera de même.

Quand les cadres supérieurs administrent le programme budgétaire, il est très important qu'ils ne considèrent pas le budget comme un moyen de faire pression sur les employés ou comme un moyen de trouver un coupable quand il y a un problème. Cette attitude ne fera qu'engendrer de l'hostilité, de la tension et de la méfiance plutôt que d'encourager la coopération et la productivité. Malheureusement, le budget est souvent utilisé comme un moyen de pression et les décideurs pourraient insister sur le « respect du budget », peu importe les circonstances. Plutôt que d'employer le budget de cette manière, on devrait s'en servir de façon positive et le mettre à contribution pour fixer les objectifs, évaluer les résultats et cerner les secteurs à améliorer.

Il est facile de concentrer son attention sur les aspects techniques du programme budgétaire sans tenir compte de ses aspects humains. Pourtant, le gestionnaire devrait se rappeler qu'un budget a pour objectifs de motiver les employés et de coordonner leurs efforts. Lorsque la direction se préoccupe uniquement de réduire les coûts ou qu'elle administre le budget de façon rigide, ses efforts se révèlent généralement improductifs et peuvent décourager les employés, qui se sentent sous-estimés. Sur le plan de la motivation, l'un des principaux problèmes du budget réside dans le niveau de difficulté des objectifs fixés. Si les objectifs sont trop élevés, les employés se rendent vite compte qu'ils sont irréalistes, ce qui nuit à leur motivation et à leur moral. Si, au contraire, les objectifs sont trop peu élevés, il en résulte de l'inefficacité ou un manque d'efforts. Selon certains experts, les cibles budgétaires devraient présenter un défi considérable et obliger les gestionnaires à se dépasser pour les atteindre. Un **budget serré** s'entend d'un budget qui contient des objectifs difficiles à atteindre, ce qui exige souvent des changements importants dans la façon d'exécuter les activités qui y sont rattachées.

Dans la pratique, la plupart des organisations fixent leurs cibles budgétaires à des niveaux « réalisables[2] ». Un budget réaliste comporte des défis, mais des gestionnaires

Budget serré

Budget qui contient des objectifs difficiles à atteindre, ce qui exige souvent des changements importants dans la façon d'exécuter les activités qui y sont rattachées.

---

2. Joseph FISHER, Sean PEFFER et Geoffrey SPRINKLE, « Budget-Based Contracts, Budget-Levels, and Group Performance », *Journal of Management Accounting Research*, 2003, vol. 15, n° 1, p. 51-74.

compétents arrivent généralement à le respecter en fournissant une quantité raisonnable d'efforts. Ces budgets sont aussi plus motivants que les budgets serrés.

Les primes associées au respect ou au dépassement des objectifs des budgets constituent souvent des éléments de la rémunération des gestionnaires. En général, aucune prime n'est versée en cas de non-respect du budget. Par contre, les primes augmentent souvent lorsque les gestionnaires dépassent les objectifs budgétés même si, dans la plupart des cas, elles finissent par plafonner à un certain niveau. Les gestionnaires qui disposent de tels plans de rémunération incitative ou dont on évalue la performance selon qu'ils atteignent ou non les cibles budgétaires préfèrent généralement administrer des budgets réalistes plutôt que des budgets serrés. Par ailleurs, les budgets réalistes contribuent à accroître la confiance des gestionnaires et à favoriser une adhésion accrue aux cibles budgétaires ainsi que, de façon plus générale, à l'organisation dans son ensemble. Enfin, les budgets réalistes entraînent moins de comportements non souhaitables de la part de gestionnaires, comme des réductions importantes de coûts, puisque les objectifs pourront vraisemblablement être atteints et qu'ils pourront obtenir leurs primes.

SUR LE TERRAIN

Les technologies accélèrent l'accès à l'information budgétaire

L'infonuagique, l'intégration de la veille stratégique aux systèmes ERP, la recherche de données avec Google et la croissance fulgurante des applications mobiles sont des tendances bien présentes, et les gestionnaires qui recherchent des outils pour obtenir rapidement des données et des informations pour la gestion de la performance les utilisent de plus en plus. Ils souhaitent aussi accéder à cette information peu importe où ils se trouvent. Pour consulter en temps réel de l'information afin de régler divers problèmes liés aux ventes et à la production, les gestionnaires peuvent disposer de tableaux de bord qui sont mis à jour continuellement. Ces tableaux de bord peuvent, par exemple, présenter un graphique comparant les ventes de l'année avec celle de l'année précédente et avec les prévisions budgétaires. Des outils de requête qui permettent de sélectionner les données par type (factures, ventes par clients), de faire des tris ou de les exporter vers Excel offrent d'autres possibilités d'analyses budgétaires.

Source : Michael BURNS, « Sondage 2012 sur les logiciels de gestion », *CAmagazine*, avril 2012.

9.1.8 Le budget base zéro

Selon l'approche traditionnelle de la budgétisation, le gestionnaire part du budget de la période précédente et l'ajuste en fonction des besoins prévus. Il s'agit d'une approche de **budgétisation différentielle**, dans laquelle le budget et les résultats de la période précédente sont considérés comme une base de référence.

Le budget base zéro est une approche utilisée notamment dans les organismes gouvernementaux et les OBNL. Dans un **budget base zéro**, les gestionnaires sont priés de justifier toutes les charges budgétées, et non pas uniquement les changements budgétaires par rapport à la période précédente. La base de référence n'existe plus, et tout est repris à zéro. Par conséquent, un budget base zéro peut se révéler efficace pour cerner des sources d'inefficience dans les opérations ainsi que pour réduire les coûts de façon importante.

Un budget base zéro nécessite une documentation considérable. En plus de tous les tableaux du budget directeur habituel, le gestionnaire doit préparer une série d'analyses dans lesquelles toutes les activités du service sont classées en fonction de leur importance relative et le coût de chaque activité est déterminé. La direction peut ensuite examiner les analyses, et comprimer les coûts des secteurs qui semblent moins essentiels ou ne semblent pas justifiés.

Presque tout le monde s'entend pour dire que le budget base zéro est une bonne idée. Le seul problème est la fréquence à laquelle on procède à un examen base zéro. Dans le budget base zéro, l'examen est réalisé chaque année. Les personnes réfractaires ou les opposants au budget base zéro invoquent qu'il exige trop de temps et qu'il est trop onéreux pour justifier

Budgétisation différentielle

Méthode de budgétisation dans laquelle le budget et les résultats de la période précédente sont considérés comme une base de référence.

Budget base zéro

Méthode de budgétisation dans laquelle les gestionnaires doivent justifier toutes les charges comme si les programmes concernés étaient proposés pour la première fois.

9

son utilisation sur une base annuelle. De plus, les révisions annuelles deviennent rapidement machinales, ce qui fait perdre tout son intérêt au budget base zéro.

Qu'une organisation procède ou non à un examen annuel est affaire de jugement. Dans certaines situations, les examens annuels peuvent se justifier ; dans d'autres cas, non, en raison de la durée et des coûts à engager. Néanmoins, la plupart des gestionnaires s'entendent sur le fait que les budgets base zéro peuvent se révéler très utiles. Bien que certains organismes gouvernementaux et OBNL privilégient l'approche du budget base zéro pour évaluer la plupart de leurs coûts, dans les organismes à but lucratif, elle est ordinairement appliquée aux coûts discrétionnaires comme la publicité, la formation du personnel, et la recherche et le développement.

9.2 Un aperçu du budget directeur

OA2

Préparer les composantes d'un budget directeur et les états financiers prévisionnels.

Le budget directeur se compose de plusieurs budgets séparés mais interdépendants. La figure 9.2 donne une vue d'ensemble des parties du budget directeur et indique la façon dont elles sont liées. La préparation d'un budget directeur pour une entreprise de fabrication s'avère un peu plus compliquée que pour les autres types d'organisations (les entreprises de service ou les entreprises commerciales, notamment). Voilà pourquoi l'exemple qui suit porte précisément sur une telle entreprise. Cependant, la plupart des étapes décrites ci-après pour l'établissement du budget des ventes, du budget des frais de vente et des frais d'administration, du budget de trésorerie, et ainsi de suite, sont similaires, quel que soit le type d'organisation. Afin de diversifier quelque peu les exemples, à la fin du chapitre, le problème de révision 9.1 (*voir la page 454*) porte sur l'établissement du budget directeur d'une entreprise commerciale.

9.2.1 Le budget des ventes

Budget des ventes

Plan détaillé indiquant les ventes prévues pour les périodes à venir ; ces ventes sont habituellement exprimées à la fois en dollars et en unités.

Le **budget des ventes** est un plan détaillé indiquant les ventes prévues pour les périodes à venir ; ces ventes sont habituellement exprimées à la fois en dollars et en unités. Un budget des ventes précis est la clé de l'ensemble du processus budgétaire. Tous les autres éléments du budget directeur dépendent d'une certaine manière du budget des ventes, comme le montre la figure 9.2. Par conséquent, quand le budget des ventes n'est pas préparé avec soin, le reste du processus budgétaire sera en grande partie une perte de temps.

Le budget des ventes permet de déterminer le nombre d'unités qui devront être produites. Le budget de production sera donc préparé après le budget des ventes. Il servira à son tour à déterminer le budget des matières premières, le budget de la main-d'œuvre directe et le budget des frais indirects de fabrication. Ces budgets seront ensuite combinés avec les données du budget des ventes et du budget des frais de vente et des frais d'administration pour déterminer le budget de trésorerie. Le budget des ventes déclenchera une réaction en chaîne qui aboutira à la préparation des autres budgets.

Comme le montre la figure 9.2, le budget des frais de vente et des frais d'administration dépend du budget des ventes. Cette relation de réciprocité existe parce que les ventes sont en partie déterminées par les fonds engagés pour la publicité et la promotion des ventes.

9.2.2 Le budget de trésorerie

Budget de trésorerie (ou budget de caisse)

Plan détaillé indiquant comment les ressources de trésorerie seront acquises et utilisées pour une période donnée.

Une fois les budgets d'exploitation (ventes, production, etc.) élaborés, on peut préparer le budget de trésorerie et d'autres budgets financiers. Un **budget de trésorerie** (ou **budget de caisse**) est un plan détaillé indiquant comment les ressources de trésorerie seront acquises et utilisées pendant une période donnée. Notons qu'à la figure 9.2, tous les budgets d'exploitation influent sur le budget de trésorerie. Dans le cas du budget des ventes, ce sont les encaissements prévus provenant des ventes qui influent sur le budget de trésorerie. Dans le cas des autres budgets, les changements sont attribuables aux décaissements prévus dans ces budgets.

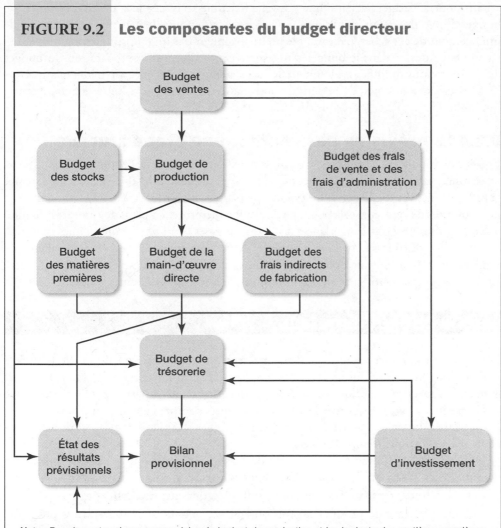

FIGURE 9.2 **Les composantes du budget directeur**

Note : Pour les entreprises commerciales, le budget de production et les budgets des matières premières, de la main-d'œuvre directe et des frais indirects de fabrication sont remplacés par le budget des achats de marchandises.

Source : Adapté de Nicholas C. SIROPOLIS, *Small Business Management : A Guide to Entrepreneurship*, 5ᵉ éd., Florence (Kentucky), South-Western, une division de Cengage Learning Inc., © 1994. Reproduit avec permission (<www.cengage.com/permissions>).

9.2.3 Le budget d'investissement

Le budget d'investissement présente les montants prévus qui seront engagés au cours de la période budgétaire en actifs à long terme (terrain, bâtiments, équipements de production, etc.). Il pourrait aussi inclure les montants de ventes des actifs dont l'entreprise prévoit se départir au cours de la prochaine année. Les projets d'investissement découlent en général des objectifs à long terme et du plan stratégique de l'entreprise, et ils ont fait l'objet d'analyses de rentabilité[3].

Cependant, les prévisions de ventes exercent une influence sur le budget d'investissement. Si la capacité de production est insuffisante pour répondre à la demande prévue, des investissements pour augmenter cette capacité de production deviendront peut être nécessaires au cours du prochain exercice. À l'inverse, si la capacité de production est largement supérieure à la demande et qu'on prévoit que cette tendance va se maintenir sur plusieurs exercices, l'entreprise devra peut être se départir de certaines immobilisations. Par exemple, le lancement d'un nouveau produit dont la durée de vie est de

---

3. L'analyse de la rentabilité de projets est étudiée dans les cours de finance.

15 ans pourrait exiger l'achat d'une nouvelle machine au cours de la prochaine année. Le budget d'investissement inclut le coût d'achat de cette nouvelle machine et les sources de financement de cet achat, par exemple un financement par un emprunt à long terme. Les éléments contenus dans le budget d'investissements affectent la préparation du budget de trésorerie puisqu'il faudra y inclure les décaissement et les encaissements relatifs à ces investissements au cours de la période budgétaire. Le bilan prévisionnel devra, quant à lui, inclure les actifs et les passifs découlant de ces projets d'investissement.

9.2.4 La prévision des ventes : une étape cruciale

En général, le budget des ventes est basé sur la prévision des ventes de l'entreprise. D'ordinaire, on se fonde sur les ventes des périodes précédentes ou sur des études de marché pour préparer la prévision des ventes. De plus, le gestionnaire peut examiner les commandes en souffrance non honorées de l'entreprise, la politique de fixation des prix et les plans de commercialisation de l'entreprise, ainsi que les tendances de l'industrie et les conditions économiques générales. Il peut utiliser des outils statistiques complexes pour l'analyse des données et la préparation de modèles utiles pour prévoir les facteurs clés qui agissent sur les ventes de l'entreprise. Cependant, nous n'expliquerons pas en détail comment les prévisions de ventes sont effectuées.

9.3 La préparation du budget directeur

Pour illustrer la conception du budget directeur, nous examinerons le cas de la société Friandises glacées inc., dont Pierre Bélanger est actionnaire majoritaire et directeur général. L'entreprise, fabrique des sucettes glacées de qualité supérieure. Elle n'utilise que des ingrédients naturels et offre des saveurs exotiques comme la mandarine piquante et la mangue mentholée. Les activités de l'entreprise sont saisonnières, la plupart de ses ventes étant réalisées au printemps et en été.

Michel Lafleur, le directeur financier de Friandises glacées inc., a dressé la liste des documents ci-après, qui feront partie du budget directeur.

1. Un budget des ventes comportant un plan des encaissements prévus.
2. Un budget de production (ou budget des achats de marchandises pour une entreprise commerciale).
3. Un budget des matières premières comportant un plan des décaissements prévus pour les matières premières.
4. Un budget de la main-d'œuvre directe.
5. Un budget des frais indirects de fabrication.
6. Un budget des stocks des produits finis à la fin.
7. Un budget des frais de vente et des frais d'administration.
8. Un budget de trésorerie.
9. Un état des résultats prévisionnels.
10. Un bilan prévisionnel.

Chacun de ces documents sera étudié dans les sections suivantes. Le bilan de Friandises glacées inc. au 31 décembre 20X6 est présenté au tableau 9.1. Nous expliquerons plus loin que des montants apparaissant au bilan au 31 décembre 20X6 seront utilisés lors de la préparation de certains documents budgétaires.

9.3.1 Le budget des ventes

Le budget des ventes constitue le point de départ de la préparation du budget directeur. Comme le montre la figure 9.2 (*voir la page 429*), tous les autres postes du budget, y compris la production, les stocks et les divers frais, en dépendent.

Le budget des ventes est préparé en multipliant les ventes budgétées en unités par le prix de vente. Le tableau 9.2 contient le budget des ventes de Friandises glacées inc. pour l'année 20X7, par trimestre. Notons que l'entreprise prévoit vendre **100 000** boîtes de sucettes glacées au cours de la période, le sommet des ventes se situant au troisième trimestre.

TABLEAU 9.1	Le bilan de Friandises glacées inc. au 31 décembre 20X6

FRIANDISES GLACÉES INC.
Bilan
au 31 décembre 20X6

Actif
À court terme :

Encaisse...		42 500 $	
Comptes clients		90 000	
Stock de matières premières (7 000 kilogrammes)		4 200	
Stock de produits finis (2 000 boîtes).............		26 000	
Total de l'actif à court terme.......................			162 700 $
Terrain		80 000	
Bâtiments et matériel..	700 000 $		
Amortissement cumulé	(292 000)	408 000	488 000
			650 700 $

Passif
À court terme :

Comptes fournisseurs			25 800 $
Capitaux propres :			
Capital-actions sans valeur nominale		175 000 $	
Bénéfices non répartis		449 900	624 900
			650 700 $

TABLEAU 9.2	Le budget des ventes (document 1)

	A	B	C	D	E	F	G
1		FRIANDISES GLACÉES INC. Budget des ventes pour la période terminée le 31 décembre 20X7					
2				Trimestre			
3		1	2	3	4	Année	
4	Ventes prévues au budget, en unités (boîtes de sucettes glacées)	10 000	30 000	40 000	20 000	100 000	
5	Prix de vente à l'unité ×	20 $	20 $	20 $	20 $	20 $	
6	Total des ventes	200 000 $	600 000 $	800 000 $	400 000 $	2 000 000 $	
7							
8		Prévisions des encaissements					
9	Comptes clients, solde au début au 31/12/20X6 *	90 000 $				90 000 $	
10	Ventes du premier trimestre (200 000 $ × 70 %, 30 %)	140 000	60 000 $			200 000	
11	Ventes du deuxième trimestre (600 000 $ × 70 %, 30 %) **		420 000	180 000 $		600 000	
12	Ventes du troisième trimestre (800 000 $ × 70 %, 30 %)			560 000	240 000 $	800 000	
13	Ventes du quatrième trimestre (400 000 $ × 70 %) ***				280 000	280 000	
14	Total des encaissements	230 000 $	480 000 $	740 000 $	520 000 $	1 970 000 $	
15							

*   Encaissement des ventes du quatrième trimestre de la période précédente (*voir le tableau 9.1*).

** Les encaissements sont les suivants : 70 % des ventes sont encaissées pendant le trimestre des ventes, et les 30 % restants, pendant le trimestre suivant.

*** Les ventes non encaissées du quatrième trimestre figurent sous forme de comptes clients au bilan de fin de période de l'entreprise (*voir le tableau 9.11 à la page 444*).

9

Question éclair   **9.1**

Calculez le montant des encaissements des ventes du troisième trimestre d'une entreprise qui prévoit effectuer des ventes à crédit de 100 000 $ au deuxième trimestre et de 150 000 $ au troisième trimestre, si 80 % des encaissements ont lieu pendant le trimestre au cours duquel les ventes surviennent, et les autres 20 %, pendant le trimestre suivant.

Budget de production

Plan détaillé indiquant le nombre d'unités devant être produites pendant une période donnée de façon à répondre à la fois aux besoins en ce qui a trait aux ventes et aux besoins des stocks.

Un tableau des encaissements prévus est préparé après le budget des ventes. On a besoin de ce tableau pour préparer le budget de trésorerie. Les encaissements englobent ceux liés aux ventes des périodes antérieures et ceux liés aux ventes réalisées pendant la période en cours du budget. Chez Friandises glacées inc., l'expérience montre que 70 % des encaissements des ventes ont lieu pendant le trimestre au cours duquel la vente est faite, et les autres 30 %, pendant le trimestre suivant. Ainsi, l'entreprise encaisse 70 % des 200 000 $ de ventes du premier trimestre (soit **140 000 $**) pendant le premier trimestre, et 30 % (soit **60 000 $**), pendant le deuxième trimestre.

9.3.2 Le budget de production

Le budget de production est préparé après le budget des ventes. Le **budget de production** indique le nombre d'unités devant être produites pendant chaque période budgétaire de façon à répondre aux besoins en ce qui a trait aux ventes et à constituer les stocks souhaités à la fin. Les besoins de la production peuvent être déterminés comme suit :

Ventes prévues en unités...	XXXX
Plus : Stock de produits finis souhaité à la fin	XXXX
Total des besoins	XXXX
Moins : Stock de produits finis au début	XXXX
Production requise..	XXXX

Le tableau 9.3 présente le budget de production de Friandises glacées inc. Notons que le niveau des stocks à la fin influe sur les exigences de production pour un trimestre donné. Les stocks devraient être planifiés avec soin. Des stocks excessifs immobilisent de la trésorerie et créent des problèmes d'entreposage. Des stocks insuffisants peuvent être à l'origine de pertes de ventes ou perturber les efforts de production pendant la période suivante. La planification et le contrôle des stocks doivent être exécutés avec soin. L'annexe 9A disponible en ligne sur la plateforme *i+ Interactif* examine plus en profondeur les méthodes de contrôle des stocks et les coûts pertinents associés aux quantités à commander ou à produire. La direction de Friandises glacées inc. est convaincue qu'un stock à la fin égal à 20 % des ventes du trimestre suivant représente un juste équilibre.

Question éclair   **9.2**

Calculez la production requise d'une entreprise qui prévoit vendre 10 000 unités au deuxième trimestre et dont le stock de produits finis souhaité à la fin se chiffre à 2 000 unités, et le stock de produits finis au début, à 1 500 unités.

TABLEAU 9.3   **Le budget de production (document 2)**

FRIANDISES GLACÉES INC.
Budget de production pour la période terminée le 31 décembre 20X7
(en boîtes)

	Trimestre				
	1	**2**	**3**	**4**	**Année**
Ventes prévues (*voir le tableau 9.2*)	10 000	30 000	40 000	20 000	100 000
Plus : Stock de produits finis souhaité à la fin *	6 000	8 000	4 000	3 000 **	3 000
Total des besoins	16 000	38 000	44 000	23 000	103 000
Moins : Stock de produits finis au début ***	2 000	6 000	8 000	4 000	2 000
Production requise	14 000	32 000	36 000	19 000	101 000

*   20 % des ventes du trimestre suivant
**   Estimation
*** Identique au stock à la fin du trimestre précédent

9.3.3 L'acquisition des stocks et l'entreprise commerciale

Friandises glacées inc. prépare un budget de production, car elle est une entreprise manufacturière.

Si Friandises glacées inc. était une entreprise commerciale, au lieu d'un budget de production, elle préparerait uniquement un **budget des achats de marchandises** indiquant le volume des marchandises à acheter auprès de ses fournisseurs pendant une période donnée. Le budget des achats de marchandises a le même format que le budget de production, sauf qu'il indique les marchandises à acheter plutôt que les marchandises à produire. Ces besoins sont déterminés comme dans l'encadré ci-après :

Ventes prévues	XXXX
Plus : Stock de marchandises souhaité à la fin..	XXXX
Total des besoins	XXXX
Moins : Stock de marchandises au début..	XXXX
Achats requis	XXXX

Budget des achats de marchandises

Budget d'une entreprise commerciale dans lequel est indiqué le volume des marchandises à acheter auprès des fournisseurs pendant une période donnée.

L'entreprise commerciale prépare un budget des achats de marchandises comme celui ci-dessus pour chaque article figurant à l'inventaire. Le budget des achats de marchandises peut être établi en unités ou en dollars de coût d'achat. Certains grands détaillants font fréquemment de tels calculs, en particulier durant les périodes de pointe, afin de s'assurer qu'ils disposent des quantités appropriées pour répondre aux besoins des clients.

9.3.4 Le budget des matières premières

Revenons aux données budgétaires de Friandises glacées inc. Une fois les besoins de la production calculés, on peut préparer un budget des matières premières. Le **budget des matières premières** fait état du détail des matières premières à acheter pour répondre au budget de production et au maintien des stocks. Les achats de matières premières requis sont calculés comme suit :

Matières premières nécessaires pour répondre aux besoins de la production	XXXX
Plus : Stock de matières premières souhaité à la fin	XXXX
Total des besoins en matières premières............................	XXXX
Moins : Stock de matières premières au début	XXXX
Matières premières à acheter	XXXX

Budget des matières premières

Budget détaillé indiquant la quantité de matières premières à acheter pendant une période donnée pour répondre à la fois aux besoins de la production et au maintien des stocks.

9

La préparation d'un budget de ce type fait partie de la planification des besoins en matières d'une entreprise. Le but de la planification est de s'assurer que les matières sont disponibles, en quantité suffisante et au bon moment, pour soutenir la production. La plupart des ouvrages traitant de la gestion des opérations expliquent en détail la planification des besoins en matières.

Le tableau 9.4 (*voir la page suivante*) présente le budget des matières premières de Friandises glacées inc. La seule matière première figurant dans ce budget est du sucre enrichi de fructose, principal ingrédient (mis à part l'eau) des sucettes glacées. Les autres matières premières sont relativement négligeables et sont incluses dans les frais indirects de fabrication variables. Notons que les besoins en matières sont d'abord déterminés en unités (kilogrammes, litres, etc.) puis convertis en dollars en multipliant le nombre d'unités par le coût unitaire. Notons aussi que la direction de Friandises glacées inc. désire maintenir le stock de sucre à la fin à 10 % des besoins de la production pour le trimestre suivant.

TABLEAU 9.4   Le budget des matières premières (document 3)

FRIANDISES GLACÉES INC.
Budget des matières premières
pour la période terminée le 31 décembre 20X7

	A	B	C	D	E	F
				Trimestre		
		1	2	3	4	Année
4	Unités devant être produites (*voir le tableau 9.3*)	14 000	32 000	36 000	19 000	101 000
5	Matières premières nécessaires par unité (kilogrammes) ×	5	5	5	5	5
6	Besoins de la production (kilogrammes)	70 000	160 000	180 000	95 000	505 000
7	Plus : Stock de matières premières souhaité à la fin (kilogrammes)	16 000	18 000	9 500	7 500 ****	7 500
8	Total des besoins (kilogrammes)	86 000	178 000	189 500	102 500	512 500
9	Moins : Stock de matières premières au début (kilogrammes)	7 000	16 000	18 000	9 500	7 000
10	Matières premières à acheter (kilogrammes)	79 000	162 000	171 500	93 000	505 500
11	Coût des matières premières à acheter à 0,60 $ le kilogramme	47 400 $	97 200 $	102 900 $	55 800 $	303 300 $
12						
13	**Prévisions des décaissements pour les matières premières**					
14	Comptes fournisseurs au début au 31/12/20X6 *	25 800 $				25 800 $
15	Achats du premier trimestre (47 400 $ × 50 %, 50 %) **	23 700	23 700 $			47 400
16	Achats du deuxième trimestre (97 200 $ × 50 %, 50 %)		48 600	48 600 $		97 200
17	Achats du troisième trimestre (102 900 $ × 50 %, 50 %)			51 450	51 450 $	102 900
18	Achats du quatrième trimestre (55 800 $ × 50 %) ***				27 900	27 900
19	Total des décaissements	49 500 $	72 300 $	100 050 $	79 350 $	301 200 $
20						
21						

* Paiements des achats de matières premières pour le quatrième trimestre de la période précédente (*voir le tableau 9.1 à la page 431*).

** Les paiements des achats se font comme suit : 50 % sont payés pendant le trimestre où a lieu l'achat, et les 50 % restants sont payés le trimestre suivant.

*** Les achats non payés du quatrième trimestre figurent sous forme de comptes fournisseurs au bilan de fin de période de l'entreprise (*voir le tableau 9.11 à la page 444*).

**** Estimation.

9

À la première ligne du budget des matières premières, on trouve la production requise pour chaque trimestre, des données provenant directement du budget de production (*voir le tableau 9.3 à la page 432*).

En examinant le premier trimestre, on constate les éléments suivants :

- Total des besoins de production : 14 000 boîtes de sucettes glacées × 5 kilogrammes de sucre = 70 000 kilogrammes de sucre

- Stock souhaité à la fin : 10 % × 160 000 kilogrammes (besoins du trimestre suivant) = 16 000 kilogrammes

- Besoins en sucre : 70 000 kg pour la production du trimestre en cours + 16 000 kilogrammes en stock souhaité à la fin = 86 000 kilogrammes

- Total des achats : 86 000 kilogrammes (total des besoins en sucre) − 7 000 kilogrammes (stock au début) = 79 000 kilogrammes

- Coût d'achat des matières premières : 79 000 kilogrammes de sucre × 0,60 $ le kilogramme = 47 400 $)

Comme dans le cas du budget de production, les montants indiqués dans la colonne « Année » ne correspondent pas toujours à la somme des montants trimestriels. Le stock de matières premières souhaité à la fin de l'année est le même que le stock de matières premières souhaité à la fin du quatrième trimestre. De même, le stock de matières premières au début de l'année renferme un nombre d'unités égal au stock de matières premières au début du premier trimestre.

En général, un calendrier prévisionnel des décaissements pour les matières premières accompagne le budget des matières premières. Ce calendrier est nécessaire quand on prépare le budget de trésorerie. Les décaissements pour les matières premières consistent en des paiements pour des achats à crédit effectués pendant les périodes précédentes plus les paiements pour les achats effectués pendant la période budgétaire en cours. Le tableau 9.4 contient un calendrier des décaissements.

D'habitude, les entreprises ne paient pas immédiatement leurs fournisseurs. La politique de la société Friandises glacées inc. consiste à payer 50 % des achats au cours du trimestre où ils ont eu lieu et de régler le reste de la facture au trimestre suivant. Par conséquent, si l'entreprise compte acheter pour 47 400 $ de sucre au premier trimestre, elle ne paiera que la moitié de ce montant au premier trimestre, soit **23 700 $**, et l'autre moitié au deuxième trimestre. L'entreprise déboursera aussi **25 800 $** au premier trimestre pour le sucre qui a été acheté à crédit au trimestre précédent et qui n'est pas encore payé. Il s'agit du solde au début des comptes fournisseurs qui apparaît au bilan du 31 décembre 20X6 (*voir le tableau 9.1 à la page 431*). Par conséquent, le total des décaissements pour le sucre au premier trimestre s'élève à **49 500 $** (23 700 $ + 25 800 $).

9.3.5 Le budget de la main-d'œuvre directe

Le **budget de la main-d'œuvre directe** est lui aussi préparé à partir du budget de production. Les besoins en main-d'œuvre directe doivent être calculés de façon que l'entreprise sache si elle dispose d'un temps de main-d'œuvre suffisant pour répondre aux besoins de la production.

En sachant à l'avance, avec précision, le temps de main-d'œuvre nécessaire tout au long de la période budgétaire, l'entreprise peut préparer des plans afin d'ajuster la main-d'œuvre au contexte. Les entreprises négligeant de préparer un budget courent le risque de faire face à une pénurie de main-d'œuvre, ou de devoir embaucher et licencier du personnel au mauvais moment. Des politiques de travail instables engendrent insécurité et inefficacité chez les employés.

Pour calculer les besoins en main-d'œuvre directe, on multiplie le nombre d'unités de produits finis à fabriquer pendant chaque période (mois, trimestre, etc.) par le nombre d'heures de main-d'œuvre directe nécessaires pour produire une seule unité. Par exemple, le tableau 9.5 (*voir la page suivante*) indique qu'il est prévu de produire 14 000 boîtes de sucettes glacées pendant le premier trimestre, chaque boîte exigeant 0,4 heure de main-d'œuvre directe. Ainsi, un total de **5 600** heures de main-d'œuvre directe (14 000 boîtes × 0,4 heure de main-d'œuvre directe par boîte) sera nécessaire au cours du premier trimestre. De nombreux types de main-d'œuvre peuvent être concernés. Dans ce cas, les calculs devront être faits par type de main-d'œuvre nécessaire.

Les besoins en main-d'œuvre directe peuvent ensuite être traduits en coûts prévus de main-d'œuvre directe. Pour ce faire, on tiendra compte de la politique de l'entreprise en matière de main-d'œuvre. Au tableau 9.5, la direction de Friandises glacées inc. est partie de l'hypothèse qu'elle ajustera la main-d'œuvre directe à mesure que les besoins changeront, de trimestre en trimestre. Dans ce cas, on calcule le coût total de la main-d'œuvre directe en multipliant les heures requises de main-d'œuvre directe par le taux horaire de la main-d'œuvre directe. Ainsi, le tableau 9.5 montre que le coût de la main-d'œuvre directe pour le premier trimestre sera de **84 000 $** (5 600 heures de main-d'œuvre directe × 15 $ par heure de main-d'œuvre directe).

Question éclair 9.3

Calculez le total des décaissements du deuxième trimestre d'une entreprise qui doit acheter 93 000 kilogrammes de matières premières au coût de 0,60 $ par kilogramme, si elle paie 50 % de ses achats pendant le trimestre au cours duquel ils sont effectués, et le reste pendant le trimestre suivant. Supposez également qu'au cours du premier trimestre, l'entreprise a acheté 171 500 kilogrammes de matières premières au coût de 0,60 $ par kilogramme.

Budget de la main-d'œuvre directe

Budget détaillé indiquant les besoins en main-d'œuvre directe pour une période donnée.

9

TABLEAU 9.5 **Le budget de la main-d'œuvre directe (document 4)**

		A	B	C	D	E	F
1		FRIANDISES GLACÉES INC. Budget de la main-d'œuvre directe pour la période terminée le 31 décembre 20X7					
2					Trimestre		
3			1	2	3	4	Année
4		Unités (boîtes) à produire (*voir le tableau 9.3*)	14 000	32 000	36 000	19 000	101 000
5		Temps de main-d'œuvre directe à l'unité (heures) ×	0,4	0,4	0,4	0,4	0,4
6		Total des heures de main-d'œuvre directe nécessaire	5 600	12 800	14 400	7 600	40 400
7		Coût de la main-d'œuvre directe à l'heure ×	15 $	15 $	15 $	15 $	15 $
8		Coût total de la main-d'œuvre directe *	84 000 $	192 000 $	216 000 $	114 000 $	606 000 $
9							

* Ce tableau part de l'hypothèse que la main-d'œuvre directe, c'est-à-dire le « total des heures de temps de main-d'œuvre directe nécessaire », sera ajustée en fonction de la charge de travail de chaque trimestre.

Nombre d'entreprises ont des politiques d'emploi ou des contrats qui leur évitent de devoir licencier et réembaucher des travailleurs en fonction des besoins. Si, par exemple, Friandises glacées inc. a 25 employés classés dans la catégorie de la main-d'œuvre directe et qu'elle garantit à chaque employé un minimum de 480 heures de salaire par trimestre au taux horaire de 15 $, le coût minimal de main-d'œuvre directe pour un trimestre est le suivant :

25 travailleurs × 480 heures × 15 $ l'heure = 180 000 $

Notons qu'au tableau 9.5, les coûts de la main-d'œuvre directe pour les premier et quatrième trimestres devraient être augmentés à 180 000 $ si la politique de Friandises glacées inc. en matière de main-d'œuvre ne lui permettait pas d'adapter la main-d'œuvre à ses besoins.

9.3.6 Le budget des frais indirects de fabrication

Budget des frais indirects de fabrication

Budget détaillé indiquant les coûts de fabrication, autres que les matières premières et la main-d'œuvre directe, qui seront engagés pour une période donnée.

Le **budget des frais indirects de fabrication** comprend un tableau de tous les coûts de fabrication autres que les matières premières et la main-d'œuvre directe. Le tableau 9.6 présente le budget de Friandises glacées inc. concernant les frais indirects de fabrication. Notons que ces frais sont divisés en deux catégories : variables et fixes. La partie variable est de 4 $ par heure de main-d'œuvre directe, et la partie fixe, de **60 600 $** par trimestre.

Comme la composante variable des frais indirects dépend des heures de main-d'œuvre directe, la première ligne du budget des frais indirects de fabrication est occupée par les heures prévues de main-d'œuvre directe provenant du budget de la main-d'œuvre directe (*voir le tableau 9.5*). Le nombre d'heures de main-d'œuvre directe prévu pour chaque trimestre est multiplié par le taux d'imputation prédéterminé des frais indirects de fabrication variables pour déterminer la composante variable des frais indirects de fabrication. Par exemple, les frais indirects de fabrication variables pour le premier trimestre se chiffrent à 22 400 $ (5 600 heures de main-d'œuvre directe × 4 $ par heure de main-d'œuvre directe). On ajoute ensuite ce montant aux frais indirects de fabrication fixes pour le trimestre de façon à déterminer l'ensemble des frais indirects de fabrication du trimestre. Ainsi, pour le premier trimestre, ces frais s'élèvent à un total de **83 000 $** (22 400 $ + 60 600 $).

TABLEAU 9.6 **Le budget des frais indirects de fabrication (document 5)**

	A	B	C	D	E	F	G
1		FRIANDISES GLACÉES INC. Budget des frais indirects de fabrication pour la période terminée le 31 décembre 20X7					
2		Trimestre					
3		1	2	3	4	Année	
4	Heures de main-d'œuvre directe budgétées (*voir le tableau 9.5*)	5 600	12 800	14 400	7 600	40 400	
5	Taux d'imputation prédéterminé des frais indirects de fabrication variables ×	4 $	4 $	4 $	4 $	4 $	
6	Frais indirects de fabrication variables	22 400 $	51 200 $	57 600 $	30 400 $	161 600 $	
7	Frais indirects de fabrication fixes	60 600	60 600	60 600	60 600	242 400	
8	Total des frais indirects de fabrication	83 000	111 800	118 200	91 000	404 000	
9	Moins : Amortissement	(15 000)	(15 000)	(15 000)	(15 000)	(60 000)	
10	Décaissements pour les frais indirects de fabrication	68 000 $	96 800 $	103 200 $	76 000 $	344 000 $	
11							
12	Total des frais indirects de fabrication					404 000 $	
13	Heures de main-d'œuvre directe budgétées				÷	40 000	
14	Taux d'imputation prédéterminé des frais indirects de fabrication pour la période					10 $	
15							

Dans la plupart des cas, les coûts fixes sont ceux qui fournissent la capacité d'effectuer des activités, comme fabriquer des produits, traiter des bons de commande, répondre aux appels des clients, etc. La capacité utilisée dépend du niveau d'activité prévu pour la période. Si le niveau d'activité prévu est supérieur à la capacité actuelle de l'entreprise, il faudra peut-être augmenter les coûts fixes. Si, au contraire, le niveau d'activité prévu est sensiblement inférieur à la capacité actuelle de l'entreprise, il pourrait se révéler souhaitable de diminuer les coûts fixes, lorsque c'est possible. Cependant, une fois qu'on a déterminé le niveau des coûts fixes dans le budget, ces coûts sont véritablement fixes. Par conséquent, c'est au cours du processus d'établissement du budget qu'il est possible de l'ajuster. Pour déterminer le niveau approprié de coûts fixes durant ce processus, la méthode de la comptabilité par activités (CPA) décrite au chapitre 7 peut s'avérer très utile. Cette méthode permet de répondre à des questions telles que : Combien faut-il engager d'employés de bureau pour traiter le nombre de bons de commande prévu au cours de la prochaine période ? Par souci de simplicité, dans tous les exemples de budgets présentés dans l'ensemble du manuel, nous supposons toujours que les niveaux appropriés de coûts fixes ont déjà été déterminés à l'aide de la CPA ou de toute autre méthode.

Les décaissements prévus par la société Friandises glacées inc. pour les frais indirects de fabrication sont indiqués dans le tableau 9.6. Comme certains frais indirects de fabrication ne requièrent pas de décaissements, on doit ajuster le total des frais indirects de fabrication budgétés afin de déterminer les décaissements qu'entraîneront ces frais. Pour Friandises glacées inc., les seuls frais indirects de fabrication sans décaissements importants sont ceux de l'amortissement, qui s'élèvent à **15 000 $** par trimestre. Cette charge d'amortissement est donc déduite du total des frais indirects de fabrication budgétés pour obtenir les décaissements prévus. L'entreprise paie tous les frais indirects de fabrication qui nécessitent des décaissements pendant le trimestre où ils ont été engagés. Notons que le taux d'imputation prédéterminé des frais indirects de fabrication pour la période est de 10 $ par heure de main-d'œuvre directe. Il est déterminé en divisant le montant total des frais indirects de fabrication budgétés pour l'année par le nombre total des heures de main-d'œuvre directe prévues pour cette même année.

9

9.3.7 Le budget des stocks de produits finis à la fin

Après avoir préparé les documents 1 à 5, la direction de Friandises glacées inc. dispose de toutes les données nécessaires pour calculer le coût unitaire des produits finis. Ce calcul est nécessaire pour deux raisons : en premier lieu, pour déterminer le coût des ventes à inscrire à l'état des résultats prévisionnels et, en second lieu, pour connaître le montant à porter au compte de stocks du bilan pour les unités invendues. Le coût des unités invendues est calculé dans le **budget des stocks de produits finis à la fin.**

Le tableau 9.7 présente les calculs du coût unitaire du produit. Pour Friandises glacées inc., le coût unitaire du produit calculé à l'aide de la méthode du coût complet est de **13 $** par boîte de sucettes glacées (matières premières de 3 $, main-d'œuvre directe de 6 $ et frais indirects de fabrication de 4 $). Pour plus de facilité, les frais indirects de fabrication sont imputés aux unités de produit sur la base des heures de main-d'œuvre directe. Le coût budgété des stocks de produits finis à la fin est de **39 000 $.**

TABLEAU 9.7   Le budget du stock de produits finis à la fin (document 6)

	A	B	C	D
1	**FRIANDISES GLACÉES INC.** Budget du stock de produits finis à la fin (méthode du coût complet) pour la période terminée le 31 décembre 20X7			
2		Quantité	Coût	Total
3	Coût de production à l'unité (boîte) :			
4	Matières premières	5,0 kilogrammes	0,60 $ par kilogramme	3 $
5	Main-d'œuvre directe	0,4 heure	15 $ par heure	6
6	Frais indirects de fabrication	0,4 heure	10 $ par heure *	4
7	Coût unitaire du produit			13 $
8				
9	Stock de produits finis prévu :			
10	Stock de produits finis à la fin en unités (*voir le tableau 9.3*)			3 000
11	Coût unitaire du produit (*voir ci-dessus*)		×	13 $
12	Stock de produits finis à la fin en dollars			39 000 $
13				

* 404 000 $ ÷ 40 400 heures = 10 $ par heure

9.3.8 Le budget des frais de vente et des frais d'administration

Le **budget des frais de vente et des frais d'administration** présente une liste des charges prévues qui seront engagées dans des secteurs autres que la fabrication. Dans les grandes organisations, ce budget est une compilation de nombreux autres budgets moins importants, soumis par les chefs de service et d'autres personnes responsables des frais de vente et des frais d'administration. Par exemple, le gestionnaire du marketing d'une grande organisation présentera un budget où sont détaillées les charges de publicité pour chaque période budgétaire.

Tout comme le budget des frais indirects de fabrication, le budget des frais de vente et des frais d'administration se divise en deux composantes : les coûts variables et les coûts fixes. Chez Friandises glacées inc., les frais de vente et les frais d'administration variables sont de **1,80 $** par boîte. Les ventes de boîtes prévues pour chaque trimestre sont donc inscrites au haut du tableau. Ces données proviennent du budget des ventes (*voir le tableau 9.2 à la page 431*). Les frais de vente et les frais d'administration variables prévus sont calculés en multipliant le nombre de boîtes vendues budgété par le montant de ces charges variables par boîte. Par exemple, les frais de vente et les frais d'administration variables prévus pour le premier trimestre s'élèvent à **18 000 $** (10 000 boîtes × 1,80 $ par boîte). On additionne ensuite les frais de vente et les frais d'administration fixes (toutes les données présentées dans cette catégorie) aux charges variables correspondantes pour obtenir le total des frais de vente et des frais d'administration prévus.

Enfin, pour déterminer les décaissements liés aux frais de vente et aux frais d'administration, on ajuste le montant total des frais prévus en lui soustrayant tout élément inclus dans le budget qui ne correspond pas à un décaissement et en lui additionnant tous les décaissements qui ne sont pas intégrés dans les montants budgétés. Comme le montre le tableau 9.8, il y a trois éléments à soustraire : l'amortissement de **2 000 $** par trimestre, parce qu'il ne s'agit pas d'un décaissement, l'assurance de **9 912 $** par trimestre, parce que même s'il s'agit d'une charge en comptabilité d'exercice, ce montant ne représente pas un décaissement réel pour chaque trimestre, et l'impôt foncier de **4 538 $**, parce qu'encore une fois, cette charge en comptabilité d'exercice ne représente pas un décaissement pour chaque trimestre. Par contre, il y a deux décaissements à additionner : les paiements des primes d'assurance de **1 900 $** et de **37 750 $** effectués respectivement aux deuxième et troisième trimestres, et l'impôt foncier de **18 150 $** versé au quatrième trimestre. Chacun de ces ajouts est nécessaire pour indiquer le moment réel des décaissements requis par l'assurance et l'impôt foncier.

TABLEAU 9.8 **Le budget des frais de vente et des frais d'administration (document 7)**

FRIANDISES GLACÉES INC.
Budget des frais de vente et des frais d'administration
pour la période terminée le 31 décembre 20X7

	A	B	C	D	E	F
		Trimestre				
		1	2	3	4	Année
4	Ventes budgétées en unités (boîtes) (*voir le tableau 9.2*)	10 000	30 000	40 000	20 000	100 000
5	Frais de vente et frais d'administration variables par unité* ×	1,80 $	1,80 $	1,80 $	1,80 $	1,80 $
6	Total des frais de vente et des frais d'administration variables budgétés	18 000 $	54 000 $	72 000 $	36 000 $	180 000 $
7	Frais de vente et frais d'administration fixes budgétés :					
8	Publicité	40 000	40 000	40 000	40 000	160 000
9	Rémunération du personnel de direction	35 000	35 000	35 000	35 000	140 000
10	Assurance	9 912	9 912	9 912	9 912	39 648
11	Impôt foncier	4 538	4 538	4 538	4 538	18 152
12	Amortissement	2 000	2 000	2 000	2 000	8 000
13	Total des frais de vente et des frais d'administration fixes budgétés	91 450	91 450	91 450	91 450	365 800
14	Total des frais de vente et des frais d'administration budgétés	109 450	145 450	163 450	127 450	545 800
15	Moins : Amortissement	(2 000)	(2 000)	(2 000)	(2 000)	(8 000)
16	Moins : Assurance	(9 912)	(9 912)	(9 912)	(9 912)	(39 648)
17	Plus : Prime d'assurance		1 900	37 750		39 650
18	Moins : Impôt foncier	(4 538)	(4 538)	(4 538)	(4 538)	(18 152)
19	Plus : Impôt foncier payé				18 150	18 150
20	Décaissements pour les frais de vente et les frais d'administration	93 000 $	130 900 $	184 750 $	129 150 $	537 800 $

* Commissions, travail de bureau et expédition

9.3.9 Le budget de trésorerie

Comme l'illustre la figure 9.2 (*voir la page 429*), le budget de trésorerie, ou budget de caisse, réunit une grande partie des données préparées au cours des étapes précédentes. Examinez une fois de plus la figure 9.2 pour garder en mémoire une vue d'ensemble du processus avant de continuer.

Le budget de trésorerie se compose de quatre sections importantes :
1. La section des encaissements ;
2. La section des décaissements ;
3. La section de l'excédent de trésorerie ou du déficit ;
4. La section du financement (emprunts, remboursements, charges d'intérêts).

La section des encaissements se compose de tous les encaissements prévus pendant la période budgétaire, à l'exception du financement. En général, les encaissements proviennent principalement des ventes.

La section des décaissements se compose de tous les débours prévus pour la période budgétaire. Ces débours comprennent les achats de matières premières, les coûts de la main-d'œuvre directe, les frais indirects de fabrication, etc., figurant dans leurs budgets respectifs. On y trouve également d'autres décaissements, notamment les achats d'équipements, les dividendes payés ainsi que divers retraits effectués par les propriétaires de l'entreprise.

L'excédent ou le déficit de trésorerie est calculé comme suit :

Solde de trésorerie au début	XXXX
Plus : Encaissements	XXXX
Total de la trésorerie disponible	XXXX
Moins : Décaissements	XXXX
Excédent (ou déficit) de trésorerie	XXXX

Lorsque l'entreprise manque de trésorerie pendant une période budgétaire donnée, elle doit emprunter des fonds. Quand elle a un excédent de trésorerie pendant une période budgétaire donnée, après s'être assurée de disposer du solde de trésorerie souhaité, elle peut rembourser les fonds empruntés pendant les périodes précédentes, ou placer les fonds inactifs à court terme ou dans d'autres investissements.

La section du financement fournit un relevé détaillé des emprunts et des remboursements prévus pendant la période budgétaire. Elle comprend aussi les détails des paiements de l'intérêt qui sera dû sur l'argent emprunté. Une planification des besoins en trésorerie à l'aide du processus budgétaire évite des surprises désagréables aux entreprises. Peu de choses sont plus inquiétantes pour une organisation que de faire face à des problèmes de trésorerie. Un programme de budgétisation bien coordonné élimine les incertitudes quant à la situation de trésorerie qui aura cours dans deux mois, six mois ou un an.

En règle générale, le budget de trésorerie devrait être détaillé en périodes aussi courtes que possible. Les fluctuations marquées dans les mouvements de trésorerie passeraient inaperçues sur une période plus longue. Bien que l'on utilise le plus souvent un budget mensuel, de nombreuses entreprises font des budgets de trésorerie sur une base hebdomadaire, même quotidienne, surtout les entreprises en démarrage, dont les besoins en trésorerie sont particulièrement élevés au cours des premiers mois (voire des premières années) d'exploitation. Dans le cas de Friandises glacées inc., le budget de trésorerie trimestriel est présenté au tableau 9.9. Le budget de trésorerie est établi à l'aide des montants déterminés dans les tableaux 9.2, 9.4, 9.5, 9.6 et 9.8 (*voir les pages 431, 434, 436, 437 et 439*) et des données additionnelles suivantes :
- La trésorerie au début du premier trimestre est de 42 500 $.
- La direction envisage de débourser 30 000 $ au premier trimestre et 20 000 $ au deuxième trimestre pour des achats de matériel.
- Le conseil d'administration a approuvé un versement de dividendes aux actionnaires de 17 500 $ par trimestre.
- La direction souhaite avoir un solde de trésorerie d'au moins 40 000 $ à la fin de chaque trimestre.
- Les versements d'impôt seront de 10 500 $ par trimestre.

- Friandises glacées inc. pourra utiliser au besoin une marge de crédit négociée auprès de la banque pour soutenir la position de trésorerie de l'entreprise. Tout prêt consenti à l'aide de cette marge de crédit aura un taux d'intérêt annuel de 4 %. Pour simplifier, on a supposé que tous les emprunts sont effectués au début d'un trimestre et que tous les remboursements sont effectués à la fin d'un trimestre. Nous supposons de plus que le paiement des intérêts sur tout solde d'emprunt est fait à la fin de chaque trimestre. Cependant, en pratique, les banques et autres créanciers exigent chaque mois le paiement des intérêts calculés sur le solde moyen des emprunts pour cette période.

Le budget de trésorerie (ou budget de caisse) est préparé un trimestre à la fois, en débutant par le premier trimestre. Le solde de trésorerie au début est de **42 500 $** pour le premier trimestre. Ce montant provient du bilan au 31 décembre 20X6 (*voir le tableau 9.1 à la page 431*). Les encaissements sont ajoutés — dans ce cas, il s'agit simplement de **230 000 $** recouvrés des clients — pour obtenir un montant total de trésorerie disponible de **272 500 $**. Comme le total des décaissements se chiffre à 352 500 $ et que le total de la trésorerie disponible ne dépasse pas 272 500 $, il y a un déficit de **80 000 $**. Toutefois, la direction souhaite avoir un solde de trésorerie d'au moins **40 000 $** à la fin de chaque trimestre, de sorte qu'elle doit emprunter un montant de **121 212 $**.

TABLEAU 9.9   Le budget de trésorerie (document 8)

FRIANDISES GLACÉES INC.
Budget de trésorerie
pour la période terminée le 31 décembre 20X7

	Tableau	Trimestre 1	2	3	4	Année
Trésorerie au début		42 500 $	40 000 $	40 000 $	40 000 $	42 500 $
Plus : Encaissements :						
Recouvrements auprès des clients	9.2	230 000	480 000	740 000	520 000	1 970 000
Total de la trésorerie disponible		272 500	520 000	780 000	560 000	2 012 500
Moins : Décaissements :						
Matières premières	9.4	49 500	72 300	100 050	79 350	301 200
Main-d'œuvre directe	9.5	84 000	192 000	216 000	114 000	606 000
Frais indirects de fabrication	9.6	68 000	96 800	103 200	76 000	344 000
Frais de vente et frais d'administration	9.8	93 000	130 900	184 750	129 150	537 800
Impôts sur le bénéfice	9.10	10 500	10 500	10 500	10 500	42 000
Achats de matériel		30 000	20 000			50 000
Dividendes		17 500	17 500	17 500	17 500	70 000
Total des décaissements		352 500	540 000	632 000	426 500	1 951 000
Excédent (déficit) de trésorerie		(80 000)	(20 000)	148 000	133 500	61 500
Financement :						
Emprunts (au début)*		121 212	61 830			183 042
Remboursements (à la fin)				(106 170)	(76 872)	(183 042)
Intérêt *		(1 212)	(1 830)	(1 830)	(769)	(5 641)
Financement total		120 000	60 000	(108 000)	(77 641)	(5 641)
Trésorerie à la fin		40 000 $	40 000 $	40 000 $	55 859 $	55 859 $

* Le calcul de chaque trimestre pour établir le montant de l'emprunt et des intérêts payés qui est basé sur le taux d'intérêt annuel de 4% (soit 1 % par trimestre) est le suivant :

Trimestre 1 : $(80\ 000\ \$) + X - 0,01X = 40\ 000\ \$$
Emprunt $X = 121\ 212\ \$$
Intérêts $121\ 212\ \$ \times 4\% \times 3/12 = 1\ 212\ \$$

Trimestre 2 : $(20\ 000\ \$) + X - 0,01(X + 121\ 212\ \$) = 40\ 000\ \$$
Emprunt $X = 61\ 830\ \$$
Intérêts $121\ 212\ \$ + 61\ 830\ \$ = 183\ 042\ \$ \times 4\% \times 3/12 = 1\ 830\ \$$

Trimestre 3: $148\ 000\ \$ - X - 0,01(121\ 212\ \$ + 61\ 830\ \$) = 40\ 000\ \$$
Remboursement $X = 106\ 170\ \$$
Intérêts $121\ 212\ \$ + 61\ 830\ \$ = 183\ 042\ \$ \times 4\% \times 3/12 = 1\ 830\ \$$

Trimestre 4 : $133\ 500\ \$ - 0,01(183\ 042\ \$ - 106\ 170\ \$) = 132\ 731\ \$$
Le solde d'emprunt de 76 872 $ (183 042 $ − 106 170 $) peut être entièrement remboursé.
Remboursement $76\ 872\ \$$
Intérêts $183\ 042\ \$ - 106\ 170\ \$ = 76\ 872\ \$ \times 4\% \times 3/12 = 769\ \$$

9

Remarquons que le montant de l'emprunt de **121 212 \$** inclut les intérêts de 1 % (4 % × 3 mois/12 mois) qui devront être payés sur cet emprunt à la fin du trimestre. La formule algébrique suivante permet de calculer le montant qui devra être emprunté pour maintenir le solde minimum d'encaisse souhaité par la direction et les intérêts sur cet emprunt.

Excédent (déficit) de trésorerie	+	Emprunts	−	Intérêts sur les emprunts	=	Solde de trésorerie souhaité
(80 000 \$)	+	X	−	0,01 X	=	40 000 \$
				X	=	121 212 \$

* 4 % × 3/12 = 1 %, soit 0,01.

Notons que dans cette formule, en présence d'un excédent de trésorerie, on intègre la valeur positive de ce montant à la formule ci-dessus, comme on le fait pour les troisième et quatrième trimestres, alors qu'en présence d'un déficit de trésorerie, on y intègre plutôt ce montant comme une valeur négative. Enfin, dans cette formule, la variable « X » correspond au montant de l'emprunt nécessaire au début du trimestre, et l'expression « $0,01X$ » représente les intérêts (de 1 % par trimestre, dans notre exemple) à verser à la fin du trimestre.

Le budget de trésorerie du deuxième trimestre est préparé de la même manière. Remarquez que le solde de trésorerie à la fin du premier trimestre est reporté à titre de solde de trésorerie au début du deuxième trimestre.

La même approche est utilisée pour établir le montant d'emprunt supplémentaire dont Friandises glacées inc. a besoin au deuxième trimestre. Toutefois, le calcul des intérêts doit tenir compte du montant de l'emprunt effectué au premier trimestre, car les intérêts sur ce montant devront être à nouveau payés à la fin du deuxième trimestre. La formule algébrique modifiée est la suivante :

$$(20\,000\,\$) \ + \ X \ + \ 0,01(X + 121\,212\,\$) \ = \ 40\,000\,\$$$
$$X \ = \ 61\,830\,\$$$

Pour le troisième trimestre, la situation de trésorerie s'est grandement améliorée et l'excédent de trésorerie est de **148 000 \$**. Cela rend possible le remboursement d'une partie de l'emprunt qui s'élève à 183 042 \$ (121 212 \$ + 61 830 \$) en plus des intérêts de 1 830 \$ sur ce solde d'emprunt. Le calcul du montant à rembourser est le suivant :

$$148\,000\,\$ \ - \ X \ - \ 0,01(183\,042) \ = \ 40\,000\,\$$$
$$X \ = \ 106\,170\,\$$$

À la fin du troisième trimestre, le solde de l'emprunt est de 76 872 \$ (183 042 \$ − 106 170 \$). Ce solde peut être remboursé en entier au quatrième trimestre puisque l'excédent de trésorerie de 133 500 \$ est suffisant pour effectuer ce remboursement, payer les intérêts de 769 \$ sur le solde de l'emprunt au début du trimestre et respecter le solde minimum d'encaisse souhaité. Après le remboursement du solde d'emprunt et le paiement des intérêts, la trésorerie à la fin du quatrième trimestre est de 55 859 \$, ce qui est au-dessus du solde minimum souhaité.

Dans le cas de la société Friandises glacées inc., tous les emprunts ont été remboursés à la fin de l'année. Si tous les emprunts ne l'étaient pas, et qu'on préparait un état des résultats prévisionnels ou un bilan prévisionnel, il faudrait calculer les intérêts courus sur les montants empruntés et non remboursés. Par exemple, si les intérêts sont normalement payés le 15 de chaque mois et que des états financiers prévisionnels sont préparés à la fin d'un mois, des intérêts courus pour la période entre le 16 et la fin du mois devraient être calculés. Ces intérêts n'apparaîtraient pas dans le budget de trésorerie (parce qu'ils n'ont pas encore été payés), mais ils se retrouveraient sous forme de frais financiers dans l'état des résultats prévisionnels et à titre d'élément du passif dans le bilan prévisionnel. Le solde de l'emprunt apparaîtrait aussi dans le passif du bilan prévisionnel.

Question éclair   **9.5**

Une entreprise dispose d'un solde de trésorerie au début de 40 000 \$, prévoit des encaissements de 400 000 \$ et des décaissements de 425 000 \$ pour le premier trimestre, et souhaite avoir un solde de trésorerie à la fin d'au moins 40 000 \$. Si le taux d'intérêt est de 1 % par trimestre et que l'entreprise doit rembourser les intérêts courus sur les montants empruntés et non remboursés à la fin de chaque trimestre, quel montant devra-t-elle emprunter au début du premier trimestre ?

9

Comme dans le cas du budget de production et du budget des matières premières, les montants inscrits dans la colonne intitulée « Année » du budget de trésorerie ne correspondent pas toujours à la somme des montants des quatre trimestres. Par exemple, le solde de trésorerie au début pour l'ensemble de l'année est identique à celui du premier trimestre, et le solde de trésorerie à la fin est identique à celui du quatrième trimestre. Notons également que, pour tous les trimestres, le solde de trésorerie au début est le même que le solde de trésorerie à la fin du trimestre précédent.

Question éclair 9.6

À partir de votre réponse à la question éclair 9.5, calculez le montant des intérêts à payer à la fin du premier trimestre.

9.3.10 L'état des résultats prévisionnels

L'état des résultats prévisionnels peut être préparé à partir des données calculées aux tableaux 9.2 à 9.9 (*voir les pages 431 à 441*). L'état des résultats prévisionnels est un des documents clés du processus budgétaire. Il montre que l'entreprise a planifié le résultat pour la période budgétaire à venir, et il sert de point de repère pour comparer et analyser le résultat réel de l'entreprise.

Le tableau 9.10 présente l'état des résultats prévisionnels pour Friandises glacées inc.

TABLEAU 9.10 **L'état des résultats prévisionnels (document 9)**

	A	B	C
1	**FRIANDISES GLACÉES INC.** **État des résultats prévisionnels** **pour la période terminée le 31 décembre 20X7**		
2		**Tableau**	
3	Ventes (100 000 unités à 20 $)	9.2	2 000 000 $
4	Moins : Coût des ventes (100 000 unités à 13 $)	9.7	1 300 000
5	Marge brute		700 000
6	Moins : Frais de vente et frais d'administration	9.8	545 800
7	Bénéfice		154 200
8	Moins : Intérêt débiteur	9.9	5 641
9	Bénéfice avant impôts		148 559
10	Moins : Impôts sur les bénéfices*	9.9	42 000
11	Bénéfice		106 559 $
12			

* Normalement, les impôts sont calculés sur le bénéfice après déduction de la charge d'intérêts. Toutefois, comme les impôts varient selon le montant de ces intérêts et que ces deux montants influent sur les calculs des flux de trésorerie qui figurent dans le document 8, nous simplifions ici les calculs en déduisant le montant de 42 000 $ (10 500 $ × 4), qui correspond aux versements d'impôt et non à la charge réelle d'impôt à payer.

9.3.11 Le bilan prévisionnel

Le bilan prévisionnel de Friandises glacées inc. est présenté au tableau 9.11 (*voir la page suivante*). Certaines données du bilan prévisionnel sont extraites du bilan de fin de période de l'entreprise pour 20X6 (*voir le tableau 9.1 à la page 431*), ajusté selon les données contenues dans certains budgets.

Il importe de souligner que, parmi les entreprises qui préparent un budget directeur, toutes n'établissent pas nécessairement un bilan prévisionnel, puisque la comptabilité par centres de responsabilité, dont il a précédemment été question dans le présent chapitre, se veut fortement axée sur la comparaison entre les revenus et les coûts réels, d'une part, et ceux budgétés, d'autre part. Par conséquent, on dresse généralement un état des résultats prévisionnels ainsi qu'un budget de trésorerie, mais il en va parfois autrement du bilan prévisionnel. Il arrive toutefois que des parties prenantes externes, par exemple des créanciers, exigent des bilans prévisionnels pour faciliter leur évaluation de la situation financière d'une entreprise en vue de prendre des décisions relatives aux modalités de crédit telles que les taux d'intérêt, les montants des prêts consentis et les dates d'échéance.

L'examen de l'état des résultats prévisionnels (*voir le tableau 9.10*), du bilan prévisionnel (*voir le tableau 9.11*) et du budget de trésorerie (*voir le tableau 9.9 à la page 441*) nous permet de constater que la présentation des impôts sur les bénéfices a été simplifiée, bien que ceux-ci représentent parfois un pourcentage important du résultat avant impôts.

9

TABLEAU 9.11 Le bilan prévisionnel (document 10)

	A	B	C	D	E	F
1		FRIANDISES GLACÉES INC. Bilan prévisionnel au 31 décembre 20X7				
2						
3	Actif					
4	À court terme :					
5	Encaisse		55 859 $	a)		
6	Comptes clients		120 000	b)		
7	Stock de matières premières		4 500	c)		
8	Stock de produits finis		39 000	d)	219 359 $	
9						
10	Terrain		80 000	e)		
11	Bâtiments et matériel	750 000 $		f)		
12	Amortissement cumulé	(360 000)	390 000	g)	470 000	
13					689 359 $	
14						
15	Passif					
16	À court terme :					
17	Comptes fournisseurs			h)	27 900 $	
18	Capitaux propres :					
19	Capital-actions sans valeur nominale		175 000 $	i)		
20	Bénéfices non répartis		486 459	j)	661 459	
21					689 359 $	
22						

Explication des chiffres du bilan prévisionnel au 31 décembre 20X7 :

a) Solde de trésorerie prévu au budget de trésorerie au 9.9 (*voir la page 441*).

b) Trente pour cent des ventes du quatrième trimestre, d'après le tableau 9.2 (*voir la page 431*), soit 400 000 $ × 30 % = 120 000 $.

c) D'après le tableau 9.4 (*voir la page 434*), le stock de matières premières à la fin sera de 7 500 kg. La matière première coûte 0,60 $ le kilogramme. Le stock à la fin exprimé en dollars sera donc de 7 500 kg × 0,60 $ = 4 500 $.

d) D'après le tableau 9.7 (*voir la page 438*).

e) D'après le bilan au 31 décembre 20X6 (*voir le tableau 9.1 à la page 431*) : aucun changement.

f) Au 31 décembre 20X6, le bilan indiquait un solde de 700 000 $.
En 20X7, l'entreprise achètera pour 50 000 $ de matériel supplémentaire (*voir le tableau 9.9*), portant le solde au 31 décembre 20X7 à 750 000 $.

g) Au 31 décembre 20X6, le bilan indiquait un solde de 292 000 $. Pour 20X7, on prévoit une charge d'amortissement de 68 000 $ (60 000 $ au tableau 9.6 [*voir la page 437*], et 8 000 $ au tableau 9.8 [*voir la page 439*]), portant le solde au 31 décembre 20X7 à 360 000 $.

h) La moitié des achats de matières premières du quatrième trimestre, d'après le tableau 9.4.

i) D'après le bilan au 31 décembre 20X6 : aucun changement.

j)

Solde au début..	449 900 $
Plus : Bénéfice, d'après le tableau 9.10 (*voir la page 443*)	106 559
	556 459
Moins : dividendes payés, d'après le tableau 9.9................................	70 000
Solde à la fin	486 459 $

De plus, les impôts sur les bénéfices ne sont pas toujours gérés par le centre de responsabilité pour lequel le budget est préparé. Il s'agit d'un domaine très complexe, et des spécialistes de la haute direction peuvent être amenés à les gérer. L'imposition du bénéfice est une responsabilité à l'échelle de l'entreprise, et il est parfois difficile de la répartir entre les centres de responsabilité.

Plusieurs aspects de l'impôt sur les bénéfices doivent être considérés au moment de l'établissement des budgets. Mentionnons la complexité des gains et pertes en capital, les récupérations et les pertes finales. L'intégration de tous les aspects opérationnels des impôts sur les bénéfices au budget directeur exige que l'on prenne en considération les montants futurs des impôts à payer et à récupérer, les versements échelonnés et les reports de pertes. Ces sujets sont couverts dans les cours de fiscalité.

9.4 Les budgets flexibles

Les budgets présentés dans les tableaux 9.2 à 9.11 (*voir les pages 431 à 444*) sont des budgets fixes ou statiques. Un **budget fixe** est préparé uniquement pour le niveau d'activité prévu ou planifié. Dans notre exemple, ce niveau d'activité correspondait au volume des ventes prévu de 100 000 unités. Cette méthode convient bien à des fins de planification, mais elle n'est pas nécessairement appropriée à des fins de contrôle si, au cours d'une période, le niveau d'activité réel diffère de façon appréciable du niveau prévu. Plus particulièrement, lorsqu'un écart important est observé entre les niveaux d'activité réels et prévus, il devient très difficile d'évaluer la performance du gestionnaire en matière d'accroissement des revenus et de contrôle des coûts. Par exemple, si les niveaux d'activité sont plus élevés que prévu, les revenus réels et les coûts variables seront également plus élevés que les montants apparaissant dans le budget fixe. Doit-on en conclure que le gestionnaire a fait un bon travail en augmentant les revenus, mais qu'il n'a pas aussi bien réussi dans le contrôle des coûts ? Il est clair que cette évaluation ne serait pas équitable puisque le dépassement des coûts prévus au budget s'explique par le fait que le niveau d'activité réel a été supérieur à celui indiqué dans le budget fixe. Il faut donc avoir recours à une autre approche pour que les budgets retrouvent leur utilité en tant qu'outils de contrôle.

Les budgets flexibles permettent de tenir compte des variations de revenus et de coûts qui pourraient survenir par suite de changements dans le volume d'activité. Un **budget flexible** fournit des estimations de ce que devraient être les revenus et les coûts à différents niveaux d'activité à l'intérieur d'un segment significatif donné. Lorsqu'un budget flexible est utilisé dans l'évaluation de la performance, les revenus et les coûts réels sont rapprochés de ce qu'ils auraient dû être au niveau d'activité réellement atteint pendant la période plutôt que d'être comparés aux revenus et aux coûts prévus dans le budget fixe. Il s'agit là d'une distinction très importante — en particulier pour les coûts variables. Si aucun ajustement n'est apporté en fonction du niveau d'activité, il est extrêmement difficile d'interpréter des écarts entre les revenus et les coûts réels et ceux prévus.

OA3

Préparer un budget flexible et expliquer l'utilité d'une telle méthode.

Budget fixe

Budget conçu uniquement pour le niveau d'activité prévu.

Budget flexible

Budget qui fournit des estimations des revenus et des coûts à différents niveaux d'activité à l'intérieur d'un segment significatif donné.

9.4.1 Les caractéristiques d'un budget flexible

Le budget flexible est basé sur le principe qu'il faut ajuster un budget pour indiquer ce que les revenus et les coûts devraient être à un niveau d'activité donné. Pour illustrer la façon d'utiliser ce type de budget, nous allons préparer, à l'aide des données concernant la société Friandises glacées inc., des états des résultats correspondant à différents niveaux d'activité à l'intérieur d'un segment significatif de ventes annuelles de 90 000 à 110 000 unités. Pour simplifier notre exemple, nous n'avons pas tenu compte des charges financières et des impôts sur les bénéfices, bien qu'il nous aurait été facile d'inclure ces données en suivant les étapes utilisées dans la préparation d'un budget fixe. Notez que, même si le tableau 9.12 (*voir la page suivante*) présente un budget flexible pour l'année entière, on peut élaborer des budgets flexibles pour des périodes plus courtes, comme des trimestres ou des mois. Notez aussi que nous avons préparé les états des résultats prévisionnels du tableau 9.12 à l'aide de la méthode des coûts variables. Par conséquent, le bénéfice d'exploitation qui apparaît dans ce tableau pour un volume de ventes de 100 000 unités se chiffre à 151 800 $ tandis que le bénéfice d'exploitation du tableau 9.10 (*voir la page 443*) s'élevait à 154 200 $. Cet écart de 2 400 $ est dû au fait que le bénéfice d'exploitation du tableau 9.10 a été calculé à l'aide de la méthode du coût complet et que 1 000 unités supplémentaires ont été ajoutées au stock de produits finis en 20X7 (*voir le tableau 9.3 à la page 432*). Les frais indirects de fabrication supplémentaires reportés dans le compte « Stock de produits finis » suivant la méthode du coût complet étaient de 2 400 $: 1 000 unités × 2,40 $ l'unité en frais indirects de fabrication fixes (6 $ l'heure × 0,4 heure par unité).

Le taux de 6 $ l'heure pour les frais indirects de fabrication fixes est basé sur le taux total de 10 $ l'heure moins 4 $ l'heure pour les frais indirects de fabrication variables (*voir le tableau 9.6 à la page 437*). Nous avons employé la méthode des coûts variables pour souligner les tendances en matière de comportement des revenus et des coûts dans ce segment significatif d'activité. Plus précisément, d'après les prévisions, le prix de vente et les coûts variables par unité demeureront constants alors qu'il n'y a pas de variations prévues dans les coûts fixes totaux pour ce même segment.

Le calcul des revenus et des charges dans le tableau 9.12 est simple. Les montants par unité des ventes et des coûts variables y ont été multipliés par le niveau d'activité (le nombre d'unités) pour obtenir les totaux de la période. Par exemple, à un volume d'activité de 90 000 unités, le total des ventes se calcule comme suit : 20 $ × 90 000 unités = 1 800 000 $. Chacun des éléments de coûts variables a été obtenu de la même manière. Puisqu'on ne s'attend pas à ce que les coûts fixes varient pour le segment significatif d'activité choisi, ils restent les mêmes pour chaque niveau d'activité présenté dans le tableau 9.12. Le budget flexible constitue un outil utile quand il s'agit d'estimer le bénéfice d'exploitation à divers niveaux d'activité. Comme le montre le tableau 9.12, une variation de 10 000 unités dans le volume des ventes, au-dessus ou au-dessous du volume de 100 000 unités prévu, entraîne une variation du bénéfice d'exploitation de 76 000 $ (10 000 unités × 7,60 $ de marge sur coûts variables par unité). Il est important de noter qu'on peut préparer un budget flexible pour n'importe quel niveau d'activité à l'intérieur du segment significatif. Par conséquent, si le volume des ventes réel pour l'année se chiffre à 95 000 unités, il est possible de préparer un budget flexible qui indique ce qu'auraient été les revenus et les charges à ce niveau d'activité.

TABLEAU 9.12 **Un état des résultats prévisionnels pour plusieurs niveaux d'activité à l'aide du budget flexible**

FRIANDISES GLACÉES INC.
État des résultats prévisionnels
pour la période terminée le 31 décembre 20X7

	Montant budgété par unité	Budget flexible Ventes en unités		
		90 000	100 000	110 000
Ventes	20,00 $	1 800 000 $	2 000 000 $	2 200 000 $
Moins : Charges variables :				
Matières premières *	3,00	270 000	300 000	330 000
Main-d'œuvre directe *	6,00	540 000	600 000	660 000
Frais indirects de fabrication variables **	1,60	144 000	160 000	176 000
Frais de vente et frais d'administration ***	1,80	162 000	180 000	198 000
Total des charges variables	12,40	1 116 000	1 240 000	1 364 000
Marge sur coûts variables	7,60 $	684 000	760 000	836 000
Moins : Charges fixes :				
Frais indirects de fabrication #		242 400	242 400	242 400
Frais de vente et frais d'administration ##		365 800	365 800	365 800
Total des charges fixes		608 200	608 200	608 200
Bénéfice d'exploitation		75 800 $	151 800 $	227 800 $

*   Montant par unité selon le tableau 9.7 (*voir la page 438*)
** Frais indirects de fabrication variables par heure (*voir le tableau 9.6 à la page 437*) multipliés par
    le nombre d'heures par unité (*voir le tableau 9.7*) : 4 $ × 0,4 h = 1,60 $
*** Montant par unité selon le tableau 9.8 (*voir la page 439*)
\#   Total des frais indirects de fabrication fixes budgétés selon le tableau 9.6
\#\# Total des frais de vente et des frais d'administration fixes budgétés selon le tableau 9.8

9.5 L'utilisation du concept de budget flexible dans l'évaluation de la performance

Pour illustrer les avantages de l'utilisation de la méthode du budget flexible dans l'évaluation de la performance, poursuivons avec notre exemple de la société Friandises glacées inc. Le rapport d'analyse de la performance qui intègre un budget flexible et qui est présenté dans le tableau 9.13 compte trois composantes principales. Premièrement, il présente les revenus et les charges réels pour l'année selon un volume réel des ventes de 110 000 unités. Deuxièmement, il comprend un budget flexible basé sur ces ventes réelles de 110 000 unités et qui utilise les montants des revenus et des charges apparaissant dans le tableau 9.12. Troisièmement, il indique l'**écart sur prix de vente et sur coûts**, aussi appelé **écart budgétaire et de rendement**. La combinaison des écarts budgétaires et de rendement est aussi appelée «écart d'efficience». Ces écarts expliquent la différence entre les résultats réels et le budget flexible, les écarts favorables et défavorables étant respectivement désignés par les lettres *F* et *D*.

OA4

Préparer un rapport d'analyse de la performance en y intégrant un budget flexible.

Écart sur prix de vente et sur coûts (ou écart budgétaire et de rendement)

Différence entre les montants réels et ceux du budget flexible en matière de revenus et de coûts.

TABLEAU 9.13 Un rapport d'analyse de la performance qui intègre un budget flexible

FRIANDISES GLACÉES INC.
Rapport d'analyse de la performance qui intègre un budget flexible
pour la période terminée le 31 décembre 20X7

	Montant prévu par unité	Montant réel (110 000 unités)	Budget flexible (110 000 unités)	Écart par rapport au budget flexible	
Ventes..	20,00 $	2 145 000 $	2 200 000 $	55 000 $	D
Moins : Charges variables :					
Matières premières *...................................	3,00	335 500	330 000	5 500	D
Main-d'œuvre directe *................................	6,00	671 000	660 000	11 000	D
Frais indirects de fabrication variables **	1,60	165 000	176 000	11 000	F
Frais de vente et frais d'administration ***	1,80	203 500	198 000	5 500	D
Total des charges variables	12,40	1 375 000	1 364 000	11 000	D
Marge sur coûts variables................................	7,60 $	770 000	836 000	66 000	D
Moins : Charges fixes :					
Frais indirects de fabrication #		241 000	242 400	1 400	F
Frais de vente et frais d'administration ##		367 500	365 800	1 700	D
Total des charges fixes		608 500	608 200	300	D
Bénéfice d'exploitation		161 500 $	227 800 $	66 300 $	D

* Montant par unité selon le tableau 9.7 (*voir la page 438*)
** Frais indirects de fabrication variables par heure (*voir le tableau 9.6 à la page 437*) multipliés par le nombre d'heures par unité (*voir le tableau 9.7*) : 4 $ × 0,4 h = 1,60 $
*** Montant par unité selon le tableau 9.8 (*voir la page 439*)
\# Total des frais indirects de fabrication fixes prévus selon le tableau 9.6
\#\# Total des frais de vente et des frais d'administration fixes prévus selon le tableau 9.8
D : écart défavorable ; F : écart favorable

9

Comme le montre le tableau 9.13 (*voir la page 447*), le bénéfice réel de 20X7 était de 161 500 $ tandis que, d'après le budget flexible, à un volume réel de ventes de 110 000 unités, il aurait dû s'élever à 227 800 $. Les écarts par rapport au budget flexible observés pour chacun des éléments permettent de comprendre les raisons pour lesquelles il y a un écart défavorable du bénéfice de 66 300 $. Le principal facteur qui explique cette différence est un écart défavorable dans les ventes de 55 000 $, de sorte que la direction voudra déterminer pourquoi le prix de vente unitaire réel de 19,50 $ (2 145 000 $ ÷ 110 000 unités) différait du montant budgété de 20 $ l'unité. Le contrôle des coûts semble également avoir posé des problèmes à la société Friandises glacées inc., dans le cas de nombreux coûts variables car, au total, ils excèdent le budget de 11 000 $. Comme nous le verrons plus en détail au chapitre 10, les écarts des coûts de fabrication (matières premières, main-d'œuvre directe, frais indirects de fabrication variables) par rapport au budget flexible pourraient être dus à une différence entre les coûts d'achat unitaires réels des facteurs de production et les coûts d'achat budgétés, ou encore entre les quantités réelles utilisées dans la fabrication des 110 000 unités et les quantités budgétées. La direction voudra savoir de quelles façons chacun de ces deux facteurs a contribué aux écarts observables dans le tableau 9.13.

Pour mieux comprendre la valeur du rapport d'analyse de la performance qui intègre un budget flexible, examinons le tableau 9.14, qui présente ce type de rapport associé à un budget fixe.

TABLEAU 9.14 **Un rapport d'analyse de la performance qui intègre un budget fixe**

FRIANDISES GLACÉES INC.
Rapport d'analyse de la performance qui intègre un budget fixe
pour la période terminée le 31 décembre 20X7

	Montant budgété par unité	Montant réel (110 000 unités)	Budget fixe (100 000 unités)	Écart global	
Ventes...	20,00 $	2 145 000 $	2 000 000 $	145 000 $	F
Moins : Charges variables :					
Matières premières *.............................	3,00	335 500	300 000	35 500	D
Main-d'œuvre directe *..........................	6,00	671 000	600 000	71 000	D
Frais indirects de fabrication variables **..............	1,60	165 000	160 000	5 000	D
Frais de vente et frais					
d'administration ***.............................	1,80	203 500	180 000	23 500	D
Total des charges variables.................	12,40	1 375 000	1 240 000	135 000	D
Marge sur coûts variables.....................	7,60 $	770 000	760 000	10 000	F
Moins : Charges fixes :					
Frais indirects de fabrication #..............		241 000	242 400	1 400	F
Frais de vente et frais					
d'administration ##.............................		367 500	365 800	1 700	D
Total des charges fixes......................		608 500	608 200	300	D
Bénéfice d'exploitation		161 500 $	151 800 $	9 700 $	F

* Montant par unité selon le tableau 9.7 (*voir la page 438*)
** Frais indirects de fabrication variables par heure (*voir le tableau 9.6 à la page 437*) multipliés par
  le nombre d'heures par unité (*voir le tableau 9.7*) : 4 $ × 0,4 h = 1,60 $
*** Montant par unité selon le tableau 9.8 (*voir la page 439*)
\# Total des frais indirects de fabrication fixes budgétés selon le tableau 9.6
\#\# Total des frais de vente et des frais d'administration fixes budgétés selon le tableau 9.8
D : écart défavorable ; F : écart favorable

Dans le tableau 9.14, l'**écart global** représente la différence entre les résultats réels (un niveau d'activité de 110 000 unités) et les montants du budget fixe (un niveau d'activité de 100 000 unités). Il y a un écart sur bénéfice favorable de 9 700 $, ce qui laisse croire que, dans l'ensemble, la société Friandises glacées inc. a connu une bonne année. Toutefois, cette impression est trompeuse, car elle est en grande partie attribuable à l'écart sur volume des ventes favorable de 145 000 $ qui proviennent de la vente de 10 000 unités de plus que le nombre prévu dans le budget fixe. Même si le fait de vendre plus d'unités que prévu est une bonne chose du point de vue des revenus et de la marge sur coûts variables, les écarts entre les résultats réels et les montants du budget fixe en ce qui concerne les éléments de coûts variables ne sont pas utiles pour évaluer à quel point les gestionnaires ont réussi à contrôler les coûts au niveau de l'activité réelle.

Comme le montre le tableau 9.14, le total des coûts variables réels dépasse le budget fixe de 135 000 $, mais on peut associer une grande partie de cet écart à la différence de 10 000 unités dans le volume d'activité, qui correspond à 10 000 unités supplémentaires vendues. Par conséquent, le principal avantage du rapport d'analyse de la performance du tableau 9.13 (*voir la page 447*) consiste à éliminer les effets des différences de volume de ventes entre les résultats réels et le budget fixe. On obtient ainsi une analyse plus pertinente de la capacité des gestionnaires à gérer les prix de vente et à contrôler les coûts.

Enfin, certaines entreprises intègrent les renseignements contenus dans les tableaux 9.13 et 9.14 dans la préparation d'un rapport d'analyse de la performance plus complet qui comprend les résultats réels, ainsi que les montants des budgets flexible et fixe. Le tableau 9.15 constitue un exemple de ce type de rapport.

Écart global

Différence entre les montants réels et ceux du budget fixe en matière de revenus et de charges. Il correspond à la somme de l'écart sur prix de vente et sur coûts et de l'écart d'activité.

Question éclair **9.7**

Supposez qu'une entreprise prépare un budget fixe en prévoyant des ventes de 50 000 unités et une marge sur coûts variables de 5 $ par unité. Si les ventes réelles se chiffrent à 60 000 unités, calculez la marge sur coûts variables du budget flexible.

TABLEAU 9.15 **Un rapport d'analyse de la performance complet**

FRIANDISES GLACÉES INC.
Rapport d'analyse de la performance complet*
pour la période terminée le 31 décembre 20X7

	Montant réel (110 000 unités)	Écart sur prix de vente et sur coûts		Budget flexible (110 000 unités)	Écart d'activité		Budget fixe (100 000 unités)
Ventes	2 145 000 $	55 000 $	D	2 200 000 $	200 000 $	F	2 000 000 $
Moins : Charges variables :							
Matières premières	335 500	5 500	D	330 000	30 000	D	300 000
Main-d'œuvre directe	671 000	11 000	D	660 000	60 000	D	600 000
Frais indirects de fabrication variables	165 000	11 000	F	176 000	16 000	D	160 000
Frais de vente et frais d'administration	203 500	5 500	D	198 000	18 000	D	180 000
Total des charges variables	1 375 000	11 000	D	1 364 000	124 000	D	1 240 000
Marge sur coûts variables	770 000	66 000	D	836 000	76 000	F	760 000
Moins : Charges fixes :							
Frais indirects de fabrication	241 000	1 400	F	242 400	-0-	–	242 400
Frais de vente et frais d'administration	367 500	1 700	D	365 800	-0-	–	365 800
Total des charges fixes	608 500	300	D	608 200	-0-	–	608 200
Bénéfice d'exploitation	161 500 $	66 300 $	D	227 800 $	76 000 $	F	151 800 $

Écart sur prix de vente et sur coûts ⟶ Écart d'activité

9 700 $ F

Écart global

* Tous les montants réels et ceux du budget flexible proviennent du tableau 9.13 (*voir la page 447*) ;
   tous les montants du budget fixe proviennent du tableau 9.14.
D : écart défavorable ; F : écart favorable

Remarquez que l'écart global favorable de 9 700 $ par rapport au budget fixe est identique à ce qui a été calculé dans le tableau 9.14 (*voir la page 448*). Toutefois, le tableau 9.15 (*voir la page 449*) montre que cet écart global de 9 700 $ comporte deux composantes :

1. un écart défavorable sur prix de vente et sur coûts de 66 300 $ provenant du tableau 9.13 (*voir la page 447*);
2. un écart favorable d'activité, aussi appelé « écart sur volume des ventes » ou « écart d'efficacité » de 76 000 $.

L'**écart d'activité** représente la différence entre les montants du budget flexible et ceux du budget fixe en matière de revenus et de coûts. Comme le budget flexible et le budget fixe ont été préparés à l'aide des montants prévus par unité, la seule différence observable entre eux concerne le volume d'activité réel, qui varie par rapport au volume indiqué dans le budget fixe. Par exemple, pour le montant des ventes, l'écart d'activité favorable de 200 000 $ est calculé comme suit : (110 000 unités − 100 000 unités) × 20 $ par unité. Le calcul des écarts d'activité pour les coûts variables s'effectue d'une manière semblable. Comme le total des coûts fixes budgétés est constant à l'intérieur d'un segment significatif d'activité, aucun écart n'est observé entre les budgets flexible et fixe pour ces éléments. Le fait de préparer un rapport complet comme celui du tableau 9.15 a l'avantage d'aider les gestionnaires à isoler la partie de l'écart par rapport au budget fixe attribuable uniquement aux différences de volumes de celles qui sont dues à d'autres facteurs comme l'écart entre les coûts d'achat unitaires réels et ceux du budget.

Écart d'activité

Différence entre les montants du budget flexible et ceux du budget fixe en matière de revenus et de coûts.

Question éclair 9.8

À partir des renseignements donnés à la question éclair 9.7 (*voir la page 449*), calculez l'écart sur prix de vente et sur coûts ainsi que l'écart d'activité, si la marge sur coûts variables réelle fondée sur des ventes de 60 000 unités s'élève à 285 000 $.

SUR LE TERRAIN

Les budgets dans la Ligue nationale de hockey

La plupart des organisations déterminent les montants à inscrire au budget directeur à l'aide d'une méthode semblable à celle décrite dans le présent chapitre. Cependant, dans le cas de nombreux sports professionnels, on établit le budget des salaires des joueurs de chaque équipe en vertu d'une convention collective de travail conclue entre ces joueurs et les propriétaires. Par exemple, selon le budget salarial de la convention collective de la Ligue nationale de hockey (LNH) conclue en 2013, pour la saison 2013-2014, il y a une fourchette de 44 à 64 millions de dollars en salaires versés aux joueurs. Le budget total des salaires des joueurs de chacune des équipes devait se situer dans cet intervalle, sans excéder le niveau maximum ni se trouver en deçà du niveau minimum. Dans la LNH, pour établir le budget salarial, on estime le total des revenus que généreront les parties de hockey au cours d'une saison, puis on fixe la médiane du budget des salaires pour chaque équipe à 50 % de ce montant. Ensuite, on établit les budgets minimum et maximum à un montant de 15 % inférieur et supérieur à la médiane, respectivement. Donc, si on estime que les revenus attribuables aux parties de hockey pour une saison donnée s'élèveront à 120 millions de dollars, le total maximum de salaires que peut verser une équipe se chiffre à 69 millions de dollars (soit à 15 % de plus que 60 millions), et le total minimum, à 51 millions de dollars. Bien que le budget des salaires des joueurs soit imposé à chacune des équipes de la LNH en vertu de la convention collective de travail, il repose sur les revenus prévus, lesquels, comme nous l'avons vu au cours du présent chapitre, constituent également le point de départ de l'élaboration du budget directeur. Par ailleurs, comme dans le cas d'autres types d'organisations, pour préparer ses budgets, la direction des équipes de la LNH doit faire des prévisions ainsi que prendre des décisions concernant la répartition des ressources. Une planification minutieuse de l'attribution des nouveaux contrats aux joueurs, du montant et de la durée de ces contrats, ainsi que la détermination des secteurs où des améliorations sont nécessaires (par exemple, au regard des attaquants, des défenseurs ou des gardiens de but) sont autant d'avantages qui peuvent découler de l'établissement d'un budget des salaires des joueurs.

Source : THE CANADIAN PRESS, « NHL Labour Deal: The Nuts & Bolts », *CBC Sports*, 6 janvier 2013, [En ligne], <www.cbc.ca/sports/hockey/nhl/story/2013/01/06/sp-nhl-nhlpa-labour-deal-nuts-and-bolts.html> (Page consultée le 13 mai 2015).

9

Les divers facteurs susceptibles d'entraîner des écarts entre le bénéfice réel et le bénéfice prévu au budget fixe peuvent être précisés en détaillant l'écart global sur prix de vente et sur coûts et l'écart global d'activité. Au chapitre 10, nous examinerons en détail tous les écarts qui peuvent expliquer l'écart global sur prix de vente et sur coûts. Nous verrons, entre autres, qu'il est possible de déterminer des écarts sur matières premières, sur main-d'œuvre directe et sur frais indirects de fabrication. À l'annexe 9B disponible en ligne sur la plateforme *i+ Interactif*, nous aborderons les facteurs spécifiques qui entraînent l'écart global d'activité. Ces facteurs sont tous liés à la variation du volume de ventes entre l'activité réelle et l'activité prévue au budget fixe.

9.6 La budgétisation des organismes à but non lucratif

OA5

Décrire les variations dans le processus d'établissement d'un budget directeur lorsqu'on l'applique à des organismes à but non lucratif (OBNL) .

Jusqu'à présent, nous avons discuté de l'établissement du budget dans le contexte d'entreprises recherchant un profit. La prévision des ventes constitue l'élément crucial dont dépend le reste du budget directeur. Des prévisions des ventes inexactes sont à l'origine d'erreurs dans tous les autres budgets. Dans les organismes à but lucratif, il existe habituellement une relation entre les charges et les revenus. En ce qui concerne les OBNL, il n'existe souvent aucune relation entre les revenus attendus et les charges prévues. Font partie des OBNL les unités des gouvernements municipaux, provinciaux et fédéraux, les hôpitaux, les universités, les fondations, les associations professionnelles, etc. Dans ce genre d'organisme, une vocation de prestation de services remplace d'ordinaire le souci de la rentabilité. Par exemple, le Musée de la civilisation à Québec a pour mandat de faire connaître l'histoire de notre civilisation avec une programmation diffusée par des expositions, des animations et des activités éducatives. Le Musée doit également assurer la conservation des diverses collections représentatives de cette histoire. L'information prévisionnelle est réunie pour aider l'organisme à prendre des décisions concernant le choix des programmes privilégiés et des charges autorisées. Par la suite, l'OBNL évalue les revenus nécessaires au soutien de ces programmes et les prévisions des charges correspondantes. Les sources de revenus peuvent prendre la forme de subventions, de dons, de taxe spéciale ou de cotisations des membres. La survie de certains OBNL dépend de leur capacité à attirer les donateurs.

L'obligation de rendre des comptes revêt une importance cruciale pour la plupart des OBNL. Si ceux-ci veulent s'assurer d'un soutien durable des donateurs, il leur est avantageux de disposer d'un processus budgétaire qui les aidera à planifier la manière dont les ressources sont réellement utilisées et si elles le sont efficacement. Le conseil d'administration devrait approuver officiellement les budgets de l'OBNL. L'approbation officielle d'un budget indique aux employés et aux bénévoles que le conseil d'administration s'engage à atteindre et à respecter les prévisions budgétaires.

Un budget peut être préparé sur la base des catégories de charges ou sur la base des programmes. Un budget préparé sur la base des charges présente le total des coûts prévisionnels par catégories comme le loyer, les assurances, les salaires et l'entretien. Il ne précise toutefois pas le montant de ces charges se rapportant à des programmes particuliers. De nombreux OBNL doivent rendre compte de cette information en se basant sur les programmes plutôt que sur les catégories de charges. La préparation du budget basé sur les programmes facilite l'évaluation de la performance et permet de comparer ce qui a été budgété avec les revenus et charges réels de chaque programme. Cette façon de faire devrait faciliter la prise de décisions concernant la répartition des ressources entre les programmes. La budgétisation par programmes facilite aussi la gestion en présentant l'information dans un format qui permet de vérifier si les ressources concernées sont bien utilisées comme prévu.

9

SUR LE TERRAIN

Les administrations publiques et la budgétisation

Nombre de contribuables évaluent l'efficacité d'une administration publique, du moins en partie, selon la mesure dans laquelle elle atteint l'« équilibre budgétaire » en établissant des revenus prévus qui équivalent aux coûts prévus. Au moment de préparer leur budget, il n'est donc pas étonnant que les élus consacrent beaucoup de temps et d'efforts à l'atteinte de l'équilibre budgétaire, ou du moins qu'ils cherchent à réduire au minimum le déficit causé par des dépenses qui excèdent les revenus. Par exemple, dans une mise à jour datée du 2 décembre 2014, le ministre des Finances, Carlos Leitao, maintient sa cible de déficit de 2,35 milliards de dollars pour 2014-2015 ainsi que le retour à l'équilibre budgétaire pour 2015-2016. Pour atteindre cet équilibre budgétaire, le Ministre a prévu une mince augmentation de 8 % des dépenses du gouvernement et la révision des dépenses de nombreux programmes dont les programmes en santé et en éducation. Il est prévu que la révision des dépenses devrait entraîner des réductions de près de 2,5 milliards de dollars pour 2015-2016.

Source: ICI RADIO-CANADA, « Québec garde le cap sur l'équilibre budgétaire en 2015-2016 », *Ici Radio-Canada.ca*, 2 décembre 2014, [En ligne], <http://ici.radio-canada.ca/nouvelles/politique/2014/12/02/001-quebec-mise-a-jour-economique-leitao-finances.shtml> (Page consultée le 29 mai 2015).

MISE EN APPLICATION

Les gestionnaires peuvent mettre leurs connaissances relatives au processus budgétaire en application pour :

- déterminer la mesure dans laquelle les employés responsables de l'atteinte des objectifs devraient prendre part à l'élaboration des budgets ;
- déterminer le degré de difficulté que devrait présenter la réalisation des cibles budgétaires et décider si les récompenses des employés devraient être liées à l'atteinte de ces objectifs ou non ;
- prendre des décisions de nature opérationnelle, notamment en ce qui concerne la planification des niveaux de stock et de main-d'œuvre ainsi que l'ordonnancement de la production ;
- prévoir les encaissements et les décaissements à venir ainsi que pour organiser les emprunts à court terme nécessaires ;
- évaluer la performance réelle de l'entreprise en comparant ses revenus et ses coûts réels avec les montants d'un budget fixe ou d'un budget flexible ;
- déterminer les causes des écarts entre les résultats réels et les prévisions budgétaires (*voir le chapitre 10, qui aborde ce point plus en détail*).

Résumé

- Dans les organisations, les budgets jouent deux rôles (soit de planification et de contrôle) et offrent plusieurs avantages. Parmi ceux-ci figurent la communication des plans de la direction, la répartition des ressources, la coordination des activités et la fixation d'objectifs pouvant servir de référence pour évaluer la performance. (OA1)
- Les budgets constituent un élément clé de la comptabilité par centres de responsabilité, selon laquelle les gestionnaires ne sont responsables que des revenus et des coûts sur lesquels ils exercent un contrôle. La comparaison entre les résultats réels et les prévisions budgétaires est un élément important pour évaluer la performance des centres de responsabilité. (OA1)
- Beaucoup d'entreprises optent pour l'établissement de budgets participatifs, ce qui permet aux gestionnaires de prendre part à l'élaboration de leurs propres budgets.

Une telle méthode favorise souvent l'engagement des gestionnaires à atteindre les objectifs qu'ils se sont fixés, mais elle pose parfois problème lorsque certains tentent d'établir des cibles budgétaires trop faciles à réaliser en créant des coussins budgétaires. (OA1)

- La préparation du budget directeur exige la préparation de plusieurs budgets et commence avec le budget des ventes, qui sert de base à la planification des bénéfices. Une fois le budget des ventes établi, on peut préparer le budget de production. Le budget des frais de vente et des frais d'administration est aussi en partie lié aux prévisions de ventes. Le budget de production détermine le nombre d'unités devant être produites. Une fois ce dernier établi, les différents budgets des coûts de fabrication peuvent l'être à leur tour. (OA2)

- Tous ces budgets servent à préparer le budget de trésorerie, l'état des résultats prévisionnels et le bilan prévisionnel. (OA2)

- Le budget flexible est utilisé par certaines entreprises pour remédier aux lacunes des budgets fixes lorsque les niveaux d'activité réels diffèrent des niveaux prévus. Pour préparer un budget flexible, on reprend les montants unitaires prévus des revenus et des coûts variables du budget d'une période donnée, qui sont modifiés selon le niveau d'activité réel. Le budget flexible constitue un meilleur outil que le budget fixe pour évaluer la performance des gestionnaires en matière de génération de revenus et de contrôle des coûts en fonction du volume d'activité réel. (OA3)

- L'établissement de budgets flexibles permet également aux entreprises de préparer des rapports d'analyse de la performance qui traduisent les différences entre les résultats réels et les montants du budget fixe en écart sur prix de vente et sur coûts (ou écart budgétaire de rendement) ainsi qu'en écart d'activité. Utile pour cerner les causes de ces écarts, une telle méthode sert de point de départ pour une analyse plus poussée. (OA4)

- Dans le cas des OBNL, la préparation du budget commence par l'établissement des coûts associés à la réalisation des programmes et des activités prévus. Puis, on détermine les revenus nécessaires pour mener ces programmes ou ces activités à bien et on budgète les charges correspondantes. Si une telle méthode s'impose pour les OBNL, c'est que, dans leur cas, il n'existe souvent aucune relation entre les revenus et les coûts, leurs sources de financement prenant fréquemment la forme de dons ou de subventions. (OA5)

9

Activités d'apprentissage

Problème de révision 9.1

Les composantes du budget directeur

Les données ci-après concernent les activités de la société Soper, un distributeur de biens de consommation.

Actif à court terme au 31 mars :	
Encaisse	8 000 $
Comptes clients	20 000
Stock	36 000
Bâtiments et matériel (valeur nette)	120 000
Comptes fournisseurs	21 750
Actions ordinaires	150 000
Bénéfices non répartis	12 250

a) La marge brute représente 25 % du chiffre d'affaires.

b) Voici des données réelles et prévues concernant les ventes.

Mars (réelles)	50 000 $
Avril	60 000
Mai	72 000
Juin	90 000
Juillet	48 000

c) Les ventes se répartissent comme suit : 60 % sont réglées au comptant, et 40 %, à crédit. Le recouvrement des ventes à crédit se fait au cours du mois qui suit celui de la vente. Les comptes clients au 31 mars sont le résultat des ventes à crédit effectuées pendant ce mois.

d) Le stock à la fin de chaque mois devrait être égal à 80 % du coût des ventes prévu pour le mois suivant.

e) L'entreprise paie la moitié du stock qu'elle achète chaque mois au cours du mois où l'achat a lieu. Elle paie l'autre moitié le mois suivant. Les comptes fournisseurs en date du 31 mars résultent d'achats de stock effectués au cours du mois de mars.

f) Les charges mensuelles sont les suivantes : commissions, 12 % du chiffre d'affaires ; loyer, 2 500 $ par mois ; autres charges (excepté l'amortissement), 6 % du chiffre d'affaires. Supposez que ces charges sont payées chaque mois. L'amortissement s'élève à 900 $ par mois (y compris l'amortissement des nouveaux actifs).

g) En avril, l'entreprise achètera comptant du matériel au coût de 1 500 $.

h) L'entreprise doit maintenir un solde de trésorerie minimal de 4 000 $. Elle dispose d'une marge de crédit à la banque locale. Tous les emprunts se font au début du mois, et tous les remboursements, à la fin du mois. Le taux d'intérêt annuel est fixé à 6 %. L'entreprise paie ses intérêts sur tout solde d'emprunt et ce paiement est fait à la fin de chaque mois.

Travail à faire

1. À l'aide des données précédentes, remplissez le tableau suivant :

Liste des encaissements prévus	Avril	Mai	Juin	Trimestre
Ventes au comptant.................	36 000 $*			
Ventes à crédit.........................	20 000**			
Total des encaissements	56 000 $			

* 60 000 $ × 60 % = 36 000 $
** 50 000 $ (ventes du mois précédent) × 40 % = 20 000 $

2. À l'aide des données précédentes, remplissez les tableaux suivants :

Budget des achats de marchandises	Avril	Mai	Juin	Trimestre
Coût budgété des ventes.........	45 000 $*	54 000 $		
Plus : Stock souhaité à la fin....	43 200**			
Total des besoins.....................	88 200			
Moins : Stock au début...........	36 000			
Achats requis	52 200 $			

Tableau des décaissements prévus – achats de marchandises	Avril	Mai	Juin	Trimestre
Achats du mois de mars	21 750 $***			21 750 $
Achats du mois d'avril..............	26 100****	26 100 $		52 200
Achats du mois de mai				
Achats du mois de juin.............				
Total des décaissements	47 850 $			

* Pour le mois d'avril : chiffre d'affaires de 60 000 $ × (1 − 25 %) (ratio du coût des ventes) = 45 000 $
** 54 000 $ × 80 % = 43 200 $
*** Correspond au total des comptes fournisseurs au 31 mars
**** 52 200 $ × 50 % = 26 100 $

3. À l'aide des données précédentes, remplissez le tableau suivant :

Tableau des décaissements prévus – charges opérationnelles	Avril	Mai	Juin	Trimestre
Commissions	7 200 $*			
Loyer..	2 500			
Autres charges.........................	3 600**			
Total des décaissements	13 300 $			

* 60 000 $ × 12 % = 7 200 $
** 60 000 $ × 6 % = 3 600 $

9

► 4. À l'aide des données précédentes, complétez le budget de trésorerie suivant :

Budget de trésorerie	Avril	Mai	Juin	Trimestre
Trésorerie au début............................	8 000 $			
Plus : Encaissements auprès des clients	56 000			
Total de la trésorerie disponible................................	64 000			
Moins : Décaissements :				
Pour les achats de marchandises ...	47 850			
Pour les charges opérationnelles ...	13 300			
Pour le matériel	1 500			
Total des décaissements	62 650			
Excédent (déficit) de trésorerie.............	1 350			
Financement :				
etc.				

5. Préparez un état des résultats prévisionnels à l'aide de la méthode du coût complet, semblable à celui qui apparaît dans le tableau 9.10 (*voir la page 443*), pour le trimestre terminé le 30 juin.

6. Préparez un bilan prévisionnel en date du 30 juin.

Solution au problème de révision 9.1

1. Liste des encaissements prévus

	Avril	Mai	Juin	Trimestre
Ventes au comptant.................	36 000 $*	43 200 $	54 000 $	133 200 $
Ventes à crédit	20 000**	24 000	28 800	72 800
Total des encaissements	56 000 $	67 200 $	82 800 $	206 000 $

* 60 000 $ × 60 % = 36 000 $
** 50 000 $ (ventes du mois précédent) × 40 % = 20 000 $

2. Budget des achats de marchandises

	Avril	Mai	Juin	Trimestre
Coût budgété des ventes*........	45 000 $	54 000 $	67 500 $	166 500 $
Plus : Stock souhaité à la fin**...	43 200	54 000	28 800	28 800
Total des besoins.....................	88 200	108 000	96 300	195 300
Moins : Stock au début............	36 000	43 200	54 000	36 000
Achats requis	52 200 $	64 800 $	42 300 $	159 300 $

Tableau des décaissements prévus – achats de marchandises

	Avril	Mai	Juin	Trimestre
Achats du mois de mars	21 750 $***			21 750 $
Achats du mois d'avril..............	26 100****	26 100 $		52 200
Achats du mois de mai		32 400	32 400 $	64 800
Achats du mois de juin.............			21 150	21 150
Total des décaissements	47 850 $	58 500 $	53 550 $	159 900 $

* Pour le mois d'avril : 60 000 $ de ventes × (1 − 25%) (ratio du coût des ventes) = 45 000 $
** Au 30 avril : 54 000 $ × 80 % = 43 200 $
*** Correspond au total des comptes fournisseurs au 31 mars
**** 52 200 $ × 50 % = 26 100 $

3. Tableau des décaissements prévus – charges opérationnelles

	Avril	Mai	Juin	Trimestre
Commissions	7 200 $*	8 640 $	10 800 $	26 640 $
Loyer	2 500	2 500	2 500	7 500
Autres charges	3 600**	4 320	5 400	13 320
Total des décaissements	13 300 $	15 460 $	18 700 $	47 460 $

* 60 000 $ $\times$ 12 % = 7 200 $
** 60 000 $ $\times$ 6 % = 3 600 $

4. Budget de trésorerie

	Avril	Mai	Juin	Trimestre
Trésorerie au début	8 000 $	4 000 $	4 000 $	8 000 $
Plus : Encaissements auprès des clients	56 000	67 200	82 800	206 000
Total de la trésorerie disponible	64 000	71 200	86 800	214 000
Moins : Décaissements :				
Pour les achats de marchandises	47 850	58 500	53 550	159 900
Pour les charges opérationnelles	13 300	15 460	18 700	47 460
Pour le matériel	1 500	–	–	1 500
Total des décaissements	62 650	73 960	72 250	208 860
Excédent (déficit) de trésorerie ..	1 350	(2 760)	14 550	5 140
Financement :				
Emprunts (au début)*	2 663	6 807	–	9 470
Remboursements	–	–	(9 470)	(9 470)
Intérêts*	(13)	(47)	(47)	(107)
Financement total	2 650	6 760	(9 517)	(107)
Trésorerie à la fin	4 000 $	4 000 $	5 033 $	5 033 $

* Le calcul de chaque mois pour établir le montant de l'emprunt et des intérêts payés qui est basé sur le taux d'intérêt annuel de 6 % (0,5 % mensuel) est le suivant :

Avril	1 350 $ + X − 0,005X = 4 000 $
Emprunt	X = 2 663 $
Intérêts	2 663 $ $\times$ 6 % $\times$ 1/12 = 13 $

Mai	(2 760 $) + X − 0,005(X + 2 663 $) = 4 000 $
Emprunt	X = 6 807 $
Intérêts	2 663 $ + 6 807 $ = 9 470 $ $\times$ 6 % $\times$ 1/12 = 47 $

Juin	14 550 $ − 0,005(9 470 $)
Remboursement	9 470 $
Intérêts	9 470 $ $\times$ 6% $\times$ 1/12 = 47 $

9

▶

► 5.

SOPER
État des résultats prévisionnels
pour le trimestre terminé le 30 juin

Ventes (60 000 $ + 72 000 $ + 90 000 $)............................		222 000 $
Moins : Coût des ventes :		
Stock au début (fourni)..	36 000 $	
Plus : Achats (question 2)..	159 300	
Coût des marchandises destinées à la vente.................	195 300	
Moins : Stock à la fin (question 2)...............................	28 800	166 500*
Marge brute		55 500
Moins : Charges opérationnelles :		
Commissions (question 3)..	26 640	
Loyer (question 3)...	7 500	
Amortissement (900 $ × 3 mois).................................	2 700	
Autres charges (question 3)..	13 320	50 160
Bénéfice d'exploitation		5 340
Moins : Charges financières (question 4)..........................		107
Bénéfice...		5 233 $

* Le calcul suivant est également possible : 222 000 $ × 75 % = 166 500 $.

6.

SOPER
Bilan prévisionnel
au 30 juin

Actif		
À court terme :		
Encaisse (question 4)...	5 033 $	
Comptes clients (90 000 $ × 40 %)	36 000	
Stock (question 2)...	28 800	69 833 $
Bâtiments et matériel – valeur nette		
(120 000 $ + 1 500 $ − 2 700 $).....................................		118 800
		188 633 $
Passif		
À court terme :		
Comptes fournisseurs (question 2 ; 42 300 $ × 50 %)		21 150 $
Capitaux propres :		
Actions ordinaires (fourni)...	150 000 $	
Bénéfices non répartis*..	17 483	167 483
		188 633 $

* Solde au début	12 250 $	
Plus : Bénéfice...	5 233	
Solde à la fin...	17 483 $	

Questions

Q9.1 Qu'est-ce qu'un budget ? Qu'est-ce que le contrôle budgétaire ?

Q9.2 Qu'entend-on par « comptabilité par centres de responsabilité » ?

Q9.3 Qu'est-ce qu'un budget directeur ? Décrivez brièvement son contenu.

Q9.4 Pourquoi la prévision des ventes constitue-t-elle le point de départ de la budgétisation ?

Q9.5 Quel est le rôle d'un comité du budget ?

Q9.6 Qu'est-ce qu'un budget continu ou perpétuel ?

Q9.7 Qu'est-ce qu'un budget participatif ? Quels sont les avantages importants des budgets participatifs ? Quelle précaution doit-on prendre quand on en utilise un ?

Q9.8 En quoi le budget base zéro diffère-t-il de la budgétisation traditionnelle ?

Q9.9 « Le succès d'un programme budgétaire dépend en grande partie de la formation et d'un bon sens de la vente. » Êtes-vous d'accord avec cet énoncé ? Justifiez votre réponse.

Q9.10 Qu'est-ce qu'un coussin budgétaire ? Pourquoi des gestionnaires pourraient-ils être tentés de prévoir une telle marge de manœuvre dans leurs budgets ?

Q9.11 Qu'est-ce qu'un budget serré ? Qu'est-ce qu'un budget réaliste ?

Q9.12 Quel type de budget remplace le budget de production dans les entreprises commerciales ?

Q9.13 « Dans les organisations à but lucratif, à but non lucratif et gouvernementales, il existe en général une relation directe entre revenus et charges. » Êtes-vous d'accord avec cet énoncé ? Justifiez votre réponse.

Q9.14 Décrivez ce qui distingue un budget fixe d'un budget flexible.

Exercices

E9.1 Un tableau des encaissements

Hamel inc. fabrique un produit très populaire que l'on donne en cadeau à la fête des Mères. Tous les ans, le sommet des ventes de l'entreprise a lieu au mois de mai. Voici le budget des ventes de l'entreprise pour le deuxième trimestre.

	Avril	Mai	Juin	Trimestre
Ventes budgétées	300 000 $	500 000 $	200 000 $	1 000 000 $

L'expérience acquise montre que 20 % des ventes d'un mois sont encaissées pendant le mois de la vente, 70 %, pendant le mois qui suit la vente, et les 10 % restants, deux mois après la vente. Les créances irrécouvrables sont négligeables et peuvent être ignorées. Les ventes du mois de février et du mois de mars ont atteint un total de 230 000 $ et de 260 000 $, respectivement.

Travail à faire

1. Préparez un tableau des encaissements prévus provenant des ventes, par mois et au total, pour le deuxième trimestre.

2. Supposez que l'entreprise prépare un bilan prévisionnel au 30 juin. Calculez les comptes clients à cette date.

E9.2 Le budget des ventes et le budget de production

Le service du marketing de Grandbois inc. a présenté les prévisions suivantes en ce qui concerne les ventes de l'exercice à venir.

	1er trimestre	2e trimestre	3e trimestre	4e trimestre
Ventes prévues en unités..........	16 000	15 000	14 000	15 000

Le prix de vente du produit offert par l'entreprise se chiffre à 22 $ l'unité. La direction prévoit encaisser 75 % des ventes pendant le trimestre où celles-ci sont effectuées, et 20 % pendant le trimestre suivant. Elle s'attend en outre à ce que les 5 % restants soient irrécouvrables. Le solde d'ouverture des comptes clients, que l'entreprise prévoit encaisser en entier au cours du premier trimestre, s'élève à 66 000 $.

L'entreprise s'attend à amorcer son premier trimestre avec un stock de produits finis de 3 200 unités. À la fin de chaque trimestre, la direction souhaite disposer d'un stock de produits finis correspondant à 20 % des ventes budgétées du trimestre suivant. Le stock de produits finis souhaité à la fin du quatrième trimestre est de 3 400 unités.

Travail à faire

1. Préparez le budget des ventes et le tableau des encaissements prévus de l'entreprise.
2. Préparez le budget de production de l'entreprise pour l'exercice à venir.

9

E9.3 **Un budget des achats de matières premières**

Ô de fleur est un parfum très populaire fabriqué par une petite entreprise en Sibérie occidentale. Une bouteille de ce parfum requiert trois grammes d'huile de musc. Le coût de l'huile de musc est de 150 roubles le gramme. (La Sibérie se situe en Russie, où la monnaie est le rouble.) Vous trouverez ci-dessous les données de la production budgétée d'Ô de fleur par trimestre pour la deuxième année et pour le premier trimestre de la troisième année.

	2e année, Trimestre				3e année, Trimestre
	1	2	3	4	1
Production budgétée, en bouteilles	60 000	90 000	150 000	100 000	70 000

L'huile de musc est devenue si populaire comme ingrédient de base du parfum qu'il est nécessaire de constituer des stocks importants en prévision des ruptures de stock. C'est pourquoi le stock d'huile de musc à la fin d'un trimestre doit être égal à 20 % des besoins de la production du trimestre suivant. Environ 36 000 grammes d'huile de musc seront disponibles pour commencer le premier trimestre de la deuxième année.

Travail à faire

Préparez un budget des achats de matières premières pour l'huile de musc pour chaque trimestre de la deuxième année et pour toute cette année. Indiquez le montant des achats en roubles (RUB) pour chaque trimestre et pour l'année.

E9.4 **Un budget de la main-d'œuvre directe**

Le service de la production de l'usine de la société Roy a présenté les prévisions ci-après concernant le nombre d'unités que doit fabriquer l'usine au cours de chacun des trimestres de la période à venir. L'usine fabrique des barbecues haut de gamme pour l'extérieur.

	1er trimestre	2e trimestre	3e trimestre	4e trimestre
Unités devant être produites	5 000	4 400	4 500	4 900

La fabrication de chaque unité nécessite 0,4 heure de main-d'œuvre directe, et le coût de cette main-d'œuvre est de 11 $ l'heure.

Travail à faire

1. Préparez le budget de la main-d'œuvre directe de l'entreprise pour la prochaine période en supposant que cette main-d'œuvre sera ajustée chaque trimestre en fonction du nombre d'heures requis pour fabriquer la quantité d'unités prévue.
2. Préparez le budget de la main-d'œuvre directe de la prochaine période en supposant que cette main-d'œuvre ne sera pas ajustée chaque trimestre. Posez plutôt l'hypothèse qu'elle est constituée d'employés permanents auxquels l'entreprise a garanti un salaire équivalent à au moins 1 800 heures de travail chaque trimestre. Autrement dit, même lorsque la fabrication du produit exige moins d'heures de main-d'œuvre directe que ce nombre, les travailleurs sont payés l'équivalent de 1 800 heures de toute façon. Pour chaque heure de travail dépassant 1 800 heures par trimestre, ils reçoivent 1,5 fois le salaire horaire normal de la main-d'œuvre directe.

E9.5 **Le budget des frais indirects de fabrication**

Le budget de la main-d'œuvre directe de Petit monde inc. pour l'exercice à venir comprend les renseignements qui suivent relativement aux heures de main-d'œuvre directe prévues.

	1er trimestre	2e trimestre	3e trimestre	4e trimestre
Heures de main-d'œuvre directe prévues	5 000	4 800	5 200	5 400

Le taux d'imputation prédéterminé des frais indirects de fabrication variables est de 1,75 $ par heure de main-d'œuvre directe, et les frais indirects de fabrication fixes de l'entreprise se chiffrent à 35 000 $ par trimestre. Le seul élément hors trésorerie compris dans les frais indirects de fabrication fixes est l'amortissement, qui s'élève à 15 000 $ par trimestre.

Travail à faire

1. Préparez le budget des frais indirects de fabrication de l'entreprise pour l'exercice à venir.
2. Calculez le taux d'imputation prédéterminé des frais indirects de fabrication (variables et fixes) de l'entreprise pour l'exercice à venir, en l'arrondissant à deux décimales près.

E9.6 Le budget des frais de vente et des frais d'administration

Voici les ventes prévues, en unités, de Hudon inc. pour l'exercice à venir.

	1er trimestre	2e trimestre	3e trimestre	4e trimestre
Ventes prévues en unités	12 000	14 000	11 000	10 000

Les frais de vente et les frais d'administration variables se chiffrent à 2,75 $ par unité. Les frais de vente et les frais d'administration fixes comprennent des frais de publicité de 12 000 $ par trimestre, une rémunération du personnel de direction de 40 000 $ par trimestre et un amortissement de 16 000 $ par trimestre. De plus, l'entreprise devra payer des primes d'assurance de 6 000 $ au deuxième trimestre et de 6 000 $ au quatrième trimestre. Enfin, elle acquittera un impôt foncier de 6 000 $ au troisième trimestre.

Travail à faire

Préparez le budget des frais de vente et des frais d'administration de l'entreprise pour l'exercice à venir, en y intégrant les décaissements relatifs aux frais de vente et aux frais d'administration.

E9.7 Un budget de trésorerie

On vous a demandé de préparer le budget de trésorerie pour le mois de décembre de l'entreprise Ashton, un distributeur d'appareils d'exercice. Vous disposez des données suivantes :

a) Le solde de l'encaisse au 1er décembre sera de 40 000 $.
b) Les ventes réelles pour octobre et novembre, et les ventes prévues pour décembre sont les suivantes :

	Octobre	Novembre	Décembre
Ventes au comptant..............................	65 000 $	70 000 $	83 000 $
Ventes à crédit..	400 000 $	525 000 $	600 000 $

Les ventes à crédit sont encaissées sur une période de trois mois d'après le ratio suivant : 20 % pendant le mois de la vente, 60 % pendant le mois qui suit la vente, et 18 % deux mois après la vente. Les 2 % restants sont irrécouvrables.

c) L'acquisition des matières premières totalisera 280 000 $ pour le mois de décembre. Trente pour cent des stocks achetés dans un mois sont payés au cours du mois de l'achat. Les comptes fournisseurs pour l'acquisition des stocks du mois de novembre s'élèvent à 161 000 $, que l'entreprise paiera intégralement au mois de décembre.

d) Les frais de vente et les frais d'administration sont budgétés à 430 000 $ pour décembre, dont 50 000 $ pour l'amortissement.

e) Le service de marketing achètera au comptant un nouveau serveur pour une somme de 76 000 $ au cours du mois de décembre, et l'entreprise paiera 9 000 $ de dividendes pendant le mois.

f) L'entreprise doit maintenir un solde de trésorerie minimal de 20 000 $. Elle dispose d'une marge de crédit à la banque locale. Tous les emprunts se font au début du mois et tous les remboursements, à la fin du mois. Le taux d'intérêt annuel est fixé à 6 % sur tout solde d'emprunt et le remboursement est fait à la fin de chaque mois.

Travail à faire

1. Préparez un tableau des encaissements pour le mois de décembre.
2. Préparez un tableau des décaissements pour les matières premières achetées au mois de décembre.
3. Dressez le budget de trésorerie pour le mois de décembre.

E9.8 Des données manquantes et le budget de trésorerie

Vous trouverez ci-après le budget de trésorerie, par trimestre, d'une entreprise de vente au détail. L'entreprise doit maintenir un solde de trésorerie minimal de 5 000 $. Elle dispose d'une marge de crédit à la banque locale. Tous les emprunts se font au début du trimestre, et tous les remboursements, à la fin du trimestre. Le taux d'intérêt annuel est fixé à 6 % sur tout solde d'emprunt au début du trimestre et le remboursement est fait à la fin de chaque trimestre.

| | Trimestre | | | | |
	1er	2e	3e	4e	Année
Trésorerie au début..........................	6 $	? $	? $	? $	? $
Plus : Recouvrement auprès des clients...............	?	?	96	?	323
Total de la trésorerie disponible..........	71	?	?	?	?
Moins : Décaissements :					
Acquisition des stocks	35	45	?	35	?
Charges d'exploitation	?	30	30	?	113
Achats de matériel..........................	8	8	10	?	36
Dividendes..................................	2	2	2	2	?
Total des décaissements	?	85	?	?	?
Excédent (déficit) de trésorerie	(2)	?	11	?	?
Financement :					
Emprunts..................................	?	?	–	–	?
Remboursements	–	–	(?)	(16,79)	(?)
Intérêts	(?)	(?)	(?)	(?)	(?)
Financement total	?	15	?	?	?
Trésorerie à la fin	? $	? $	? $	? $	? $

Tous les montants sont en milliers de dollars.

Travail à faire

Remplissez le tableau précédent.

E9.9 **Le budget flexible et les données manquantes**

Lavage rapide est une entreprise possédant et exploitant un lave-auto près de Sherbrooke. Son budget, présenté ci-après, est incomplet.

LAVAGE RAPIDE
Budget flexible
pour le mois terminé le 31 août

Frais indirects	Formule de coûts (par véhicule)	Volume d'activité (nombre de voitures)		
		8 000	9 000	10 000
Frais indirects variables :				
Accessoires de nettoyage	? $	? $	7 200 $	? $
Électricité...	?	?	2 700	?
Entretien	?	?	1 800	?
Total des frais indirects variables..........	? $	?	?	?
Frais indirects fixes :				
Salaires des opérateurs............................		?	9 000	?
Amortissement		?	6 000	?
Loyer...		?	8 000	?
Total des frais indirects fixes		?	?	?
Total des frais indirects................................		? $	? $	? $

Travail à faire

Remplissez le tableau précédent.

E9.10 **Un rapport d'analyse de la performance**

Reportez-vous aux données de l'exercice E9.9. Le niveau réel d'activité de Lavage rapide au cours du mois d'août a été de 8 900 véhicules, bien que le propriétaire ait préparé son budget fixe pour le mois en supposant que le niveau d'activité serait de 8 800 voitures. Voici les frais indirects réels engagés au cours du mois d'août.

	Coûts réels engagés pour 8 900 véhicules
Frais indirects variables :	
Accessoires de nettoyage	7 080 $
Électricité..	2 460
Entretien	1 550
Frais indirects fixes :	
Salaires des opérateurs..	9 100
Amortissement	7 000
Loyer...	8 000

Travail à faire

Préparez un rapport d'analyse de la performance à l'aide du budget flexible pour les frais indirects variables et les frais indirects fixes pour le mois d'août.

Problèmes

P9.11 Les budgets des ventes, de production et des achats

Milo inc. fabrique des parasols de plage. Elle prépare actuellement des budgets détaillés pour le troisième trimestre et a réuni l'information suivante :

a) Le service du marketing a estimé les ventes ci-après pour le reste de l'année (en unités).

Juillet	30 000	Octobre	20 000
Août	70 000	Novembre	10 000
Septembre	50 000	Décembre	10 000

Le prix de vente des parasols de plage est de 12 $ l'unité.

b) Toutes les ventes sont réalisées à crédit. Selon l'expérience acquise, le produit des ventes est encaissé comme suit : 30 % pendant le mois de la vente, et 65 % le mois suivant la vente ; 5 % des ventes sont irrécouvrables.

Les ventes du mois de juin s'élèvent à 300 000 $.

c) L'entreprise maintient un stock de produits finis correspondant à 15 % des ventes du mois suivant. Cette condition sera remplie à la fin du mois de juin.

d) Chaque parasol de plage exige un mètre de coton imperméable, un tissu qu'il est parfois difficile de se procurer. L'entreprise exige donc que le stock de coton disponible à la fin de chaque mois soit égal à 50 % des besoins de production du mois suivant. Le stock de coton disponible au début et à la fin du trimestre sera le suivant :
- 30 juin : 18 000 mètres ;
- 30 septembre : __?__ mètres.

e) Le coton coûte 3,20 $ le mètre. L'entreprise paie la moitié des achats mensuels de coton au cours du mois où elle effectue l'achat ; elle paie l'autre moitié le mois suivant. Les comptes fournisseurs au 1er juillet pour les achats de coton du mois de juin seront de 76 000 $.

Travail à faire

1. Préparez le budget trimestriel et mensuel des ventes en unités et en dollars pour le troisième trimestre. Présentez aussi le tableau des encaissements du troisième trimestre, par mois et pour le trimestre.

2. Dressez le budget de production mensuel de la période s'échelonnant de juillet à octobre.

3. Présentez le budget mensuel et trimestriel des achats de matières pour le coton. Présentez aussi un tableau des décaissements prévus pour le coton, par mois et par trimestre, pour le troisième trimestre.

P9.12 Les budgets de production et les budgets des achats

Une entreprise située en Chine fabrique et distribue des jouets dans toute l'Asie du Sud-Est. La fabrication de chaque unité de Supermix, un des produits de l'entreprise, nécessite 3 centimètres cubes de solvant H300. L'entreprise planifie actuellement ses besoins en matières premières pour le troisième trimestre, période au cours de laquelle Supermix atteint son niveau des ventes le plus élevé. Pour que la production et les ventes se déroulent sans problème, l'entreprise doit maintenir les stocks suivants :

a) Le stock de produits finis à la fin de chaque mois doit être égal à 3 000 unités de Supermix plus 20 % des ventes du mois suivant. L'entreprise a budgété que le stock de produits finis au 30 juin sera de 10 000 unités.

b) Le stock de matières premières à la fin de chaque mois doit être égal à la moitié des besoins en matières premières requises pour la production du mois suivant. Le stock de matières premières budgété au 30 juin correspond à 54 000 centimètres cubes de solvant H300.

c) Voici le budget des ventes de Supermix pour les six derniers mois de la période.

	Ventes budgétées en unités
Juillet	35 000
Août	40 000
Septembre	50 000
Octobre	30 000
Novembre	20 000
Décembre	10 000

Travail à faire

1. Préparez le budget de production pour Supermix pour les mois de juillet à octobre.

2. Examinez le budget de production que vous avez préparé à la question précédente. Pourquoi l'entreprise produira-t-elle plus d'unités qu'elle n'en vend en juillet et en août, et moins d'unités qu'elle n'en vend en septembre et en octobre ?

3. Préparez un budget indiquant la quantité de solvant H300 à acheter en juillet, août et septembre, ainsi que pour tout le trimestre.

P9.13 Le budget de la main-d'œuvre directe et le budget des frais indirects de fabrication

L'atelier de boulangerie des Desserts Colbert inc. a présenté les prévisions suivantes relativement à la production de tartes aux fruits par trimestre au cours du prochain exercice.

	1er trimestre	2e trimestre	3e trimestre	4e trimestre
Unités à produire	8 000	11 000	9 000	13 000

Chaque unité exige 0,30 heure de main-d'œuvre directe à 11,50 $ l'heure.

De plus, le taux d'imputation prédéterminé des frais indirects de fabrication variables est de 1,50 $ par heure de main-d'œuvre directe. Les frais indirects de fabrication fixes s'élèvent à 23 000 $ par trimestre. L'unique élément hors trésorerie des frais indirects de fabrication est l'amortissement, qui se chiffre à 7 000 $ par trimestre.

Travail à faire

1. Préparez le budget de la main-d'œuvre directe de l'entreprise pour l'exercice à venir, en supposant qu'à chaque trimestre, les heures de main-d'œuvre directe sont modifiées en fonction du nombre d'heures requises pour produire la quantité prévue d'unités.

2. Préparez le budget des frais indirects de fabrication de l'entreprise, en y intégrant les décaissements prévus pour les frais indirects de fabrication.

P9.14 Les budgets des matières premières et de la main-d'œuvre directe

Le département de la production de la société Tessier a présenté les prévisions ci-après concernant les unités devant être fabriquées par trimestre au cours de la prochaine période. ►

	1er trimestre	2e trimestre	3e trimestre	4e trimestre
Unités à produire	6 000	7 000	8 000	5 000

En outre, pour le premier trimestre, le département a prévu un stock de matières premières au début de 3 600 kilogrammes et des comptes fournisseurs au début de 11 775 $.

La fabrication de chaque unité requiert trois kilogrammes de matières premières à 2,50 $ le kilogramme. La direction souhaite terminer chaque trimestre avec un stock de matières premières équivalant à 20 % des besoins de production du trimestre suivant. Le stock souhaité à la fin du quatrième trimestre compte 3 700 kilogrammes. La direction prévoit également payer 70 % de ses achats de matières premières au cours du trimestre où ces achats ont lieu, et 30 % pendant le trimestre suivant. La fabrication de chaque unité exige 0,5 heure de main-d'œuvre directe, et chaque employé de cette catégorie reçoit un salaire de 12 $ l'heure.

Travail à faire

1. Préparez le budget des matières premières de l'entreprise et le tableau des décaissements affectés à l'achat de ces matières pour la prochaine période.
2. Présentez le budget de la main-d'œuvre directe de l'entreprise pour la prochaine période en supposant que, chaque trimestre, la société ajuste sa main-d'œuvre directe en fonction du nombre d'heures requises pour fabriquer le nombre d'unités prévu.

P9.15 Les politiques d'encaissement et de décaissement

Les opérations de l'entreprise Cannebergerie inc. consistent en la mise en conserve de petits fruits que l'on récolte à l'automne. Toutes les activités manufacturières ont lieu d'octobre à décembre, bien que les ventes soient enregistrées durant toute l'année. L'année financière de l'entreprise s'étend du 1er juillet au 30 juin. Ainsi, le premier trimestre couvre les mois de juillet à septembre, le deuxième trimestre, les mois d'octobre à décembre, le troisième trimestre, de janvier à mars, et le dernier trimestre, d'avril à juin.

La contrôleuse de la compagnie Cannebergerie inc. a préparé une partie de son budget de trésorerie divisé en quatre trimestres. Vous avez donc accès aux parties concernant les encaissements des ventes à crédit et les décaissements concernant les achats de fruits, présentées ci-après. Certaines informations sont toutefois manquantes.

	Premier trimestre	Deuxième trimestre	Troisième trimestre	Quatrième trimestre
Encaissements :				
Comptes clients............................	25 000 $			
Sur les ventes courantes..............	253 500	? $	? $	? $
Sur les ventes du trimestre précédent.................................		132 600	?	?
Total des encaissements	278 500 $	620 100 $	? $	? $
Décaissements :				
Comptes fournisseurs	-0- $			
Sur les achats courants................	90 000	270 000 $	? $	? $
Sur les achats du trimestre précédent.................................		30 000	90 000	?
Total des décaissements	90 000 $	300 000 $	90 000 $	? $

Les ventes à crédit et les achats de fruits par trimestre se détaillent comme suit :

	Ventes à crédit	Achats de fruits
Premier trimestre	390 000 $	120 000 $
Deuxième trimestre...	750 000	360 000
Troisième trimestre...	390 000	-0-
Quatrième trimestre..	390 000	-0-

Au moment de l'encaissement des ventes à crédit, la contrôleuse a estimé qu'un certain pourcentage de ces ventes n'était pas recouvré.

Travail à faire

Déterminez les politiques d'encaissement et de décaissement de la compagnie Cannebergerie inc.

P9.16 Les budgets d'exploitation

Vader inc. produit un composant délicat. Récemment, le directeur général de l'entreprise s'est inquiété d'un manque de coordination entre le personnel d'achat et le personnel de production. Il croit qu'un système de budgétisation mensuelle serait préférable au système actuel.

Le directeur général a préparé de l'information prévisionnelle pour le troisième trimestre de l'année en cours à titre d'essai avant de mettre en œuvre le système de budgétisation pour une période financière entière. Le directeur général ayant demandé des données qui pourraient être utilisées pour préparer le nouveau budget, le contrôleur de Vader inc. a réuni les données suivantes :

Ventes

Au 30 juin, les ventes étaient de 24 000 unités au cours des six premiers mois de l'année en cours. Les ventes réelles en unités pour les mois de mai et juin, et les ventes prévues en unités pour les cinq mois suivants se détaillent comme suit :

Mai (ventes réelles)	4 000
Juin (ventes réelles)...	4 000
Juillet (ventes prévues)...	5 000
Août (ventes prévues)	6 000
Septembre (ventes prévues)	7 000
Octobre (ventes prévues)...	7 500
Novembre (ventes prévues)	8 000

Vader inc. prévoit vendre 65 000 unités au cours de l'année se terminant le 31 décembre.

Matières premières

Les données concernant les matières utilisées dans le composant sont indiquées dans le tableau ci-après. Le stock de matières premières mensuel à la fin doit répondre à 50 % des besoins de production du mois suivant.

Matières premières	Unités de matières premières par composant fini	Coût à l'unité	Niveau de stock au 30 juin
N° 101..	6 g	2,40 $	35 000 g
N° 211..	4 kg	5,00 $	30 000 kg

▶

► **Main-d'œuvre directe**

Chaque composant doit passer par trois étapes. Les données concernant la main-d'œuvre directe sont les suivantes :

Étape	Heures de main-d'œuvre directe par composant	Coût par heure de main-d'œuvre directe
Mise en forme	0,80	20 $
Assemblage	2,00	15 $
Finition	0,25	16 $

Frais indirects de fabrication

Vader inc. a produit 27 000 composants pendant le semestre terminé le 30 juin. Les frais indirects de fabrication variables réels engagés pendant ce semestre sont présentés ci-après. Le contrôleur de Vader inc. pense que le taux des frais indirects de fabrication variables sera le même au deuxième semestre.

Fournitures	59 400 $
Électricité	27 000
Main-d'œuvre indirecte	54 000
Autres	8 100
Total des frais indirects de fabrication variables	148 500 $

Les frais indirects de fabrication fixes engagés pendant le premier semestre se sont élevés à 93 500 $. Les frais indirects de fabrication fixes pour l'année sont budgétés comme suit :

Supervision	60 000 $
Taxes	7 200
Amortissement	86 400
Autres	32 400
Total des frais indirects de fabrication fixes	186 000 $

Stock de produits finis

Le stock à la fin d'un mois souhaité en matière d'unités de composants finis est de 80 % des ventes prévues du mois suivant. Il y a 4 000 unités finies en stock au 30 juin.

Travail à faire

1. Préparez le budget de production de Vader inc. pour le troisième trimestre, terminé le 30 septembre.
2. Dressez le budget des achats de matières premières en unités et en dollars pour chaque matière pour le troisième trimestre. Présentez vos calculs par mois et pour le trimestre.
3. Préparez le budget de la main-d'œuvre directe en heures et en dollars pour le troisième trimestre. Montrez seulement les totaux pour le trimestre. Supposez que la main-d'œuvre est ajustée en fonction des besoins de production.
4. Supposez que l'entreprise envisage de produire 65 000 unités au cours de l'année. Préparez un budget des frais indirects de fabrication pour le semestre terminé le 31 décembre. Il n'est pas nécessaire de montrer les calculs par mois.

(Adaptation d'un problème de CPA Canada)

P9.17 **Les aspects comportementaux de la budgétisation, l'éthique et le gestionnaire**

Grégoire Sanguinet, associé directeur de la société de capital de risque Roy et Sanguinet, est mécontent de la haute direction de SuperLecteur, un fabricant de lecteurs DVD et Blu-ray. Sa société a investi 20 millions de dollars dans cette entreprise, mais le rendement du capital investi est insatisfaisant depuis plusieurs années. Au cours d'une réunion du conseil d'administration de SuperLecteur où les tensions sont palpables, M. Sanguinet a fait valoir les droits de sa société en tant que principal détenteur de capitaux propres dans l'entreprise et il a renvoyé le chef de la direction. Puis, il a rapidement manœuvré pour que le conseil d'administration le nomme à ce poste.

M. Sanguinet se vante d'avoir une poigne de fer en matière de gestion. À la première réunion de la direction, il a congédié deux gestionnaires choisis au hasard simplement pour bien montrer à tous qu'il avait pris le contrôle de l'entreprise. À la réunion suivante, qui portait sur la révision du budget, il a déchiré les états prévisionnels des services qu'on lui a présentés et a vilipendé les gestionnaires pour leurs cibles « molles et sans ambition ». Il a ensuite ordonné à tous de lui soumettre de nouveaux budgets prévoyant une augmentation d'au moins 40 % du volume des ventes et a annoncé qu'il n'accepterait aucune excuse pour des résultats inférieurs aux prévisions.

Vers la fin de la période, Karine Lacharité, la comptable de production chez Super-Lecteur, découvre que son patron, le directeur de production, n'a pas éliminé les lecteurs défectueux qui ont été rapportés par des clients. Il les a plutôt réexpédiés à d'autres clients dans de nouveaux emballages pour éviter des pertes comptables. Le contrôle de la qualité s'est détérioré au cours de l'année en raison de l'effort fourni pour augmenter le volume de production, et les retours de lecteurs défectueux constituent jusqu'à 15 % du nombre de nouveaux lecteurs expédiés aux clients. Lorsqu'elle fait part de ses constatations à son patron, celui-ci lui répond de se mêler de ses affaires. Puis, pour justifier son comportement, il ajoute : « Tous les gestionnaires de l'entreprise cherchent des moyens d'atteindre les objectifs fixés par Sanguinet. »

Travail à faire

1. Grégoire Sanguinet utilise-t-il les budgets comme outils de planification et de contrôle ?
2. Quelles sont les conséquences de son utilisation des budgets sur le comportement des gestionnaires de SuperLecteur ?
3. À votre avis, que devrait faire Karine Lacharité ?

P9.18 **La déontologie et le gestionnaire**

Nortam inc. fabrique des fournitures et des poussettes pour enfants. Elle en est aux premières phases de préparation de son budget annuel pour l'année prochaine. Pierre Hamel s'est joint récemment au service de comptabilité de Nortam inc. et veut en apprendre le plus possible sur le processus budgétaire de l'entreprise. Au cours d'un dîner avec Marie Brault, directrice commerciale, et Paul Ranger, gestionnaire de la production, Pierre a engagé la conversation suivante :

Pierre : Puisque je suis nouveau ici et que je participerai à la préparation du budget annuel, j'aimerais savoir comment vous estimez les chiffres des ventes et de la production.

Marie : Nous commençons de manière très méthodique. Nous examinons ce qui s'est passé récemment tout en discutant de ce que nous savons sur les comptes courants, les clients potentiels et l'état des charges de consommation. Nous nous fions ensuite à notre intuition pour parvenir aux meilleures prévisions possible. ▶

9

▶ **Paul :** D'habitude, je me sers des prévisions des ventes comme base pour mes propres prévisions. Bien sûr, nous devons évaluer les stocks à la fin de l'année, et c'est parfois difficile.

Pierre : En quoi cela est-il un problème ? Il doit y avoir une évaluation des stocks à la fin dans le budget de l'année en cours.

Paul : Ces données ne sont pas toujours fiables, car Marie procède à quelques ajustements des chiffres de ventes avant de me les faire parvenir.

Pierre : Quel type d'ajustements ?

Marie : Nous voulons atteindre les prévisions de ventes. Nous nous donnons donc un peu de marge en diminuant les prévisions de ventes initiales de 5 % à 10 %.

Paul : Vous comprendrez donc pourquoi le budget de cette année ne constitue pas un point de départ très fiable. Nous devons toujours ajuster les taux de production prévus à mesure que l'année avance, et, bien sûr, cela modifie les estimations des stocks à la fin. Nous ajustons les charges de la même manière, soit en ajoutant au moins 10 % aux estimations. Je pense que tout le monde ici fait la même chose.

Travail à faire

1. Mme Brault et M. Ranger ont décrit la pratique que l'on appelle parfois un relâchement budgétaire.

   a) Expliquez pourquoi Mme Brault et M. Ranger se comportent de cette façon. Décrivez les avantages qu'ils espèrent retirer de l'utilisation du relâchement budgétaire.

   b) Expliquez comment l'utilisation du relâchement budgétaire peut nuire à Mme Brault et à M. Ranger.

2. En tant que gestionnaire comptable, M. Hamel pense que l'attitude décrite par Mme Brault et M. Ranger peut être considérée comme contraire aux règles éthiques. En vous référant aux normes de conduite éthique pour les comptables exposées au chapitre 1, expliquez pourquoi on peut considérer le relâchement budgétaire comme contraire aux règles éthiques.

(Adaptation d'un problème de CPA Canada)

P9.19 La préparation du budget directeur

Minden inc. est un distributeur en gros de chocolats européens de qualité supérieure. Voici le bilan de l'entreprise au 30 avril.

MINDEN INC.
Bilan au 30 avril

Actif

À court terme :

Encaisse	9 000 $	
Comptes clients	54 000	
Stock	30 000	93 000 $
Bâtiments et matériel – valeur nette		207 000
		300 000 $

Passif

À court terme :

Comptes fournisseurs	63 000 $	
Effet à payer	14 500	77 500 $

Capitaux propres :

Actions ordinaires, sans valeur nominale	180 000	
Bénéfices non répartis	42 500	222 500
		300 000 $

L'entreprise prépare les données budgétaires pour le mois de mai. Elle a déjà préparé les postes budgétaires suivants :

a) Les ventes sont budgétées à 200 000 $ pour le mois de mai ; 60 000 $ de ces ventes seront au comptant ; le reste sera à crédit. La moitié des ventes à crédit d'un mois est encaissée pendant le mois où les ventes sont réalisées, et l'autre moitié, le mois suivant. Tous les comptes clients au 30 avril seront encaissés au mois de mai.

b) L'entreprise prévoit acheter pour 120 000 $ de stock en mai. Ces achats seront tous à crédit. Elle paiera 40 % des achats au cours du mois où les achats sont effectués et le reste le mois suivant. Tous les comptes fournisseurs au 30 avril seront payés au mois de mai.

c) Le stock au 31 mai est budgété à 40 000 $.

d) Les charges d'exploitation pour le mois de mai sont budgétées à 72 000 $, sans l'amortissement. L'entreprise paiera ces charges au comptant. L'amortissement est budgété à 2 000 $ pour le mois, incluant l'amortissement relatif au nouveau matériel acquis.

e) L'entreprise acquittera au mois de mai l'effet à payer figurant au bilan au 30 avril, avec 100 $ de frais d'intérêt. (Les charges financières se rapportent au mois de mai.)

f) Au mois de mai, l'entreprise achètera au comptant du matériel de réfrigération pour la somme de 6 500 $.

g) À la fin du mois de mai, l'entreprise empruntera 20 000 $ à la banque. Cet effet à payer et les intérêts seront remboursables dans un an.

Travail à faire

1. Préparez un budget de trésorerie pour le mois de mai. Préparez des tableaux indiquant les encaissements liés aux ventes budgétées et les décaissements pour l'acquisition des stocks.

2. Utilisez la méthode du coût complet pour préparer l'état des résultats prévisionnels pour le mois de mai.

3. Préparez le bilan prévisionnel au 31 mai.

P9.20 **Le budget de trésorerie**

Beau jardin inc. vend des accessoires de jardin. La direction planifie ses besoins en trésorerie pour le deuxième trimestre. D'ordinaire, l'entreprise doit emprunter pendant ce trimestre pour faire face au sommet des ventes du matériel d'entretien des pelouses, qui a lieu au mois de mai. Les données ci-après ont été réunies pour faciliter la préparation du budget de trésorerie du trimestre.

a) Voici les états des résultats mensuels prévisionnels de la période allant du mois d'avril au mois de juillet.

	Avril	Mai	Juin	Juillet
Ventes.........................	600 000 $	900 000 $	500 000 $	400 000 $
Moins : Coût des ventes..................	420 000	630 000	350 000	280 000
Marge brute	180 000	270 000	150 000	120 000
Moins : Charges opérationnelles :				
Frais de vente............................	79 000	120 000	62 000	51 000
Frais d'administration*................	45 000	52 000	41 000	38 000
Total des charges opérationnelles..................	124 000	172 000	103 000	89 000
Bénéfice..	56 000 $	98 000 $	47 000 $	31 000 $

* Comprend un amortissement de 20 000 $ chaque mois.

▶ b) Les ventes se répartissent comme suit : 20 % au comptant et 80 % à crédit.

c) L'entreprise encaisse les ventes à crédit sur une période de trois mois selon les ratios suivants : 10 % pendant le mois de la vente, 70 % pendant le mois qui suit la vente, et les 20 % restants, deux mois après la vente. Le total des ventes était de 200 000 $ pour le mois de février et de 300 000 $ pour le mois de mars.

d) L'entreprise paie les stocks acquis dans les 15 jours suivant la date d'achat. Par conséquent, elle paie 50 % des stocks pendant le mois de l'achat et les 50 % restants le mois suivant. Les comptes fournisseurs au 31 mars pour l'acquisition des stocks pendant le mois de mars totalisent 126 000 $.

e) À la fin de chaque mois, le stock disponible doit être égal à 20 % du coût des marchandises qui seront vendues le mois suivant. Le stock de marchandises au 31 mars est de 84 000 $.

f) Des dividendes de 49 000 $ seront déclarés et payés en avril.

g) Au mois de mai, l'entreprise achètera au comptant pour 16 000 $ de matériel.

h) Le solde de l'encaisse est de 52 000 $ au 31 mars. L'entreprise doit maintenir un solde de trésorerie minimal de 40 000 $. Elle dispose d'une marge de crédit à la banque locale. Tous les emprunts se font au début du mois, et tous les remboursements, à la fin du mois. Le taux d'intérêt annuel est fixé à 6 % sur tout solde d'emprunt et le remboursement est fait à la fin de chaque mois.

Travail à faire

1. Préparez un tableau des encaissements prévus provenant des ventes pour les mois d'avril, de mai et de juin, ainsi que pour le trimestre.

2. Présentez, pour le stock de marchandises :
   a) le budget mensuel de l'acquisition des stocks pour les mois d'avril, de mai et de juin ;
   b) le tableau des décaissements prévus pour les stocks des mois d'avril, de mai, et de juin, et du trimestre.

3. Préparez le budget de trésorerie pour les mois d'avril, de mai et de juin, et du trimestre au total. Indiquez les emprunts et les remboursements faits à la banque pour maintenir le solde de trésorerie minimal.

P9.21 Le budget de trésorerie et les documents à l'appui selon de nouvelles hypothèses

Référez-vous aux données du problème P9.20, qui porte sur la société Beau jardin inc. La présidente de l'entreprise souhaite connaître les répercussions qu'auraient une réduction des niveaux de stock et un recouvrement des comptes clients plus rapide sur le budget de trésorerie. Voici ses nouvelles hypothèses relatives aux encaissements et au stock à la fin.

1. Les ventes continuent à se répartir comme suit : 20 % au comptant et 80 % à crédit. Toutefois, l'entreprise encaisse les ventes à crédit des mois d'avril, de mai et de juin sur une période de trois mois selon les ratios suivants : 25 % pendant le mois de la vente, 60 % pendant le mois qui suit la vente, et les 15 % restants deux mois après la vente. Les ventes à crédit des mois de février et de mars sont encaissées au cours du troisième trimestre selon les pourcentages présentés au problème P9.20.

2. À la fin des mois d'avril, de mai et de juin, le stock disponible doit être égal à 15 % du coût des marchandises qui seront vendues le mois suivant. Le stock de marchandises au 31 mars est toujours de 84 000 $, et les comptes fournisseurs au 31 mars pour l'acquisition des stocks pendant le mois de mars totalisent encore 126 000 $.

Tous les autres renseignements du problème P9.20 non mentionnés ici ne changent pas.

Travail à faire

1. À partir des nouvelles hypothèses de la présidente énoncées au point 1 ci-dessus, préparez un tableau des encaissements prévus provenant des ventes pour les mois d'avril, de mai et de juin, ainsi que pour le trimestre au total.

2. À partir des nouvelles hypothèses de la présidente énoncées au point 2 ci-dessus, présentez, pour le stock de marchandises :
   a) le budget mensuel de l'acquisition des stocks pour les mois d'avril, de mai et de juin ;
   b) le tableau des décaissements prévus pour les stocks des mois d'avril, de mai et de juin ainsi que du trimestre au total.
3. À partir des nouvelles hypothèses de la présidente, préparez le budget de trésorerie pour les mois d'avril, de mai et de juin, ainsi que pour le trimestre au total.
4. Expliquez brièvement en quoi les nouvelles hypothèses de la présidente modifient le budget de trésorerie.

P9.22 La planification du financement bancaire à l'aide d'un budget de trésorerie

Produits pro est un grossiste de produits de nettoyage industriels. Quand le trésorier de l'entreprise a pris contact avec la banque à la fin de 20X5 pour solliciter un financement à court terme, un conseiller lui a dit que l'argent était très rare, et que tout emprunt pour l'année suivante devrait être appuyé par un état détaillé des encaissements et des décaissements. Il lui a aussi mentionné qu'il serait très utile pour la banque que les emprunteurs indiquent les trimestres au cours desquels ils auraient besoin de trésorerie, ainsi que les sommes dont ils auraient besoin et les trimestres au cours desquels ils pourraient effectuer les remboursements.

Comme le trésorier est incertain quant aux trimestres où l'entreprise aura besoin du financement de la banque, il a réuni les données ci-après pour l'aider à préparer un budget de trésorerie détaillé.

a) Les ventes et les achats de marchandises budgétés pour l'année 20X6, et les ventes et les achats réels pour le dernier trimestre de 20X5 sont présentés dans le tableau ci-dessous.

	A	B	C
1		Ventes	Marchandises achetées
2	20X5		
3	Quatrième trimestre, réel	200 000 $	126 000 $
4	20X6		
5	Premier trimestre, estimation	300 000	186 000
6	Deuxième trimestre, estimation	400 000	246 000
7	Troisième trimestre, estimation	500 000	305 000
8	Quatrième trimestre, estimation	200 000	126 000
9			

b) D'ordinaire, l'entreprise encaisse 65 % des ventes d'un trimestre avant que ce dernier se termine, et 33 % pendant le trimestre suivant. Le reste est irrécouvrable. Les données réelles pour le quatrième trimestre de l'année 20X5 confirment ce rythme d'encaissement.

c) Quatre-vingts pour cent des achats de marchandises d'un trimestre sont payés pendant le trimestre. Le reste est payé au cours du trimestre suivant.

d) Les charges opérationnelles pour l'année 20X6 sont budgétées chaque trimestre à 50 000 $ plus 15 % des ventes. De ce montant, 20 000 $ servent à l'amortissement (cet amortissement comprend l'amortissement du nouveau matériel acheté).

e) L'entreprise paiera 10 000 $ de dividendes chaque trimestre.

f) L'entreprise achètera pour 75 000 $ de matériel au cours du deuxième trimestre, et des achats totalisant 48 000 $ pour du matériel additionnel auront lieu au troisième trimestre. L'entreprise paiera tous ces achats au comptant.

g) Le solde de l'encaisse est de 10 000 $ à la fin de l'année 20X5. L'entreprise doit maintenir un solde de trésorerie minimal de 10 000 $. Elle dispose d'une marge de crédit à la banque locale. Tous les emprunts se font au début du trimestre, et tous les remboursements, à la fin du trimestre. Le taux d'intérêt annuel est fixé à 6 % sur tout solde d'emprunt et le remboursement est fait à la fin de chaque trimestre.

h) Pour le moment, l'entreprise n'a aucun emprunt.

°9

► **Travail à faire**

1. Préparez les éléments ci-après par trimestre et pour l'année 20X6.
   a) Un tableau des encaissements prévus.
   b) Un tableau des décaissements prévus pour les achats de marchandises.
2. Calculez les paiements au comptant prévus pour les charges opérationnelles, par trimestre et pour l'année 20X6.
3. Préparez le budget de trésorerie, par trimestre et pour l'année 20X6.

P9.23 La préparation du budget directeur

Payette est un magasin spécialisé dans la vente de fournitures de bureau. Ce détaillant est à préparer son budget directeur sur une base trimestrielle. Les données ci-après ont été réunies pour la préparation du budget directeur du premier trimestre.

a) Voici les soldes inscrits au grand livre au 31 décembre, soit à la fin du trimestre précédent.

Encaisse	48 000 $
Comptes clients	224 000
Stocks	60 000
Bâtiments et matériel (valeur nette)	370 000
Comptes fournisseurs	93 000
Actions ordinaires	500 000
Bénéfices non répartis	109 000

b) Les ventes réelles de décembre et les ventes budgétées des quatre prochains mois sont les suivantes :

Décembre (ventes réelles)	280 000 $
Janvier	400 000
Février	600 000
Mars	300 000
Avril	200 000

c) Vingt pour cent des ventes sont réalisées au comptant, et 80 %, à crédit. Toutes les ventes à crédit sont encaissées pendant le mois qui suit la vente. Les comptes clients au 31 décembre sont le résultat des ventes à crédit du mois de décembre.

d) Le ratio de la marge brute de l'entreprise représente 40 % des ventes.

e) Les charges mensuelles sont budgétées comme suit : salaires, 27 000 $ par mois ; publicité, 70 000 $ par mois ; expédition, 5 % des ventes ; amortissement, 14 000 $ par mois (incluant l'amortissement du nouveau matériel) ; autres charges, 3 % des ventes.

f) À la fin de chaque mois, le stock doit être égal à 25 % du coût des ventes du mois suivant.

g) La moitié des achats de stocks du mois est payée pendant le mois de l'achat, l'autre moitié, le mois suivant.

h) Au cours du mois de février, l'entreprise achètera au comptant un nouveau photocopieur au prix de 1 700 $. Pendant le mois de mars, l'entreprise achètera au comptant pour 84 500 $ de matériel.

i) En janvier, l'entreprise déclarera et paiera 45 000 $ de dividendes en espèces.

j) L'entreprise doit maintenir un solde de trésorerie minimal de 30 000 $. Elle dispose d'une marge de crédit à la banque locale. Tous les emprunts se font au début du mois, et tous les remboursements, à la fin du mois. Le taux d'intérêt annuel est fixé à 6 % sur tout solde d'emprunt et le remboursement est fait à la fin de chaque mois.

Travail à faire

À l'aide des renseignements précédents, remplissez les états et tableaux suivants pour le premier trimestre :

1. Tableau des encaissements prévus.

	Janvier	Février	Mars	Trimestre
Ventes au comptant	80 000 $			
Ventes à crédit	224 000			
Total des encaissements	304 000 $			

2. a) Budget des achats de marchandises.

	Janvier	Février	Mars	Trimestre
Coût budgété des ventes	240 000 $*	360 000 $		
Plus : Stock souhaité à la fin	90 000**			
Total des besoins	330 000			
Moins : Stock au début	60 000			
Achats requis	270 000 $			

* Pour les ventes du mois de janvier :
400 000 $ de ventes × 60 % (ratio du coût des ventes) = 240 000 $
** 360 000 $ × 25 % = 90 000 $

b) Tableau des décaissements pour l'acquisition des marchandises.

	Janvier	Février	Mars	Trimestre
Achats du mois de décembre	93 000 $			93 000 $
Achats du mois de janvier	135 000	135 000 $		270 000
Achats du mois de février				
Achats du mois de mars				
Total des décaissements pour l'acquisition des stocks	228 000 $			

3. Tableau des décaissements pour les charges opérationnelles.

	Janvier	Février	Mars	Trimestre
Salaires	27 000 $			
Publicité	70 000			
Expédition	20 000			
Autres charges	12 000			
Total des décaissements pour les charges opérationnelles	129 000 $			

► 4. Budget de trésorerie.

	Janvier	Février	Mars	Trimestre
Trésorerie au début............................	48 000 $			
Plus : Encaissements	304 000			
Total de la trésorerie disponible ...	352 000			
Moins : Décaissements :				
Achats de marchandises..............	228 000			
Charges opérationnelles..............	129 000			
Achats de matériel........................	-0-			
Dividendes en espèces	45 000			
Total des décaissements	402 000			
Excédent (déficit) de trésorerie	(50 000)			
Financement :				
Etc.				

5. Préparez un état des résultats prévisionnels pour le trimestre terminé le 31 mars.
6. Dressez le bilan prévisionnel au 31 mars.

P9.24 La préparation du budget directeur

Vous trouverez ci-dessous des données concernant les opérations de Solo, un distributeur en gros.

Encaisse..	8 000 $
Comptes clients	20 000
Stocks...	36 000
Immobilisations corporelles (valeur nette).............................	120 000
Comptes fournisseurs	21 750
Actions ordinaires	150 000
Bénéfices non répartis	12 250

Voici des renseignements supplémentaires au sujet de la société.

a) La marge brute est de 25 % des ventes.

b) Données réelles et budgétées concernant les ventes :

Mars (ventes réelles)	50 000 $
Avril	60 000
Mai	72 000
Juin	90 000
Juillet..	48 000

c) Les ventes se répartissent comme suit : 60 % au comptant et 40 % à crédit. Les ventes à crédit sont encaissées pendant le mois qui suit la vente. Les comptes clients au 31 mars sont le résultat des ventes à crédit du mois de mars.

d) À la fin de chaque mois, l'entreprise doit disposer d'un stock égal à 80 % du coût des ventes du mois suivant.

e) La moitié des coûts de stocks d'un mois est payée pendant le mois de l'achat, et l'autre moitié, le mois suivant. Les comptes fournisseurs au 31 mars sont le résultat des achats de stocks du mois de mars.

f) Les charges mensuelles sont les suivantes : salaires et traitements, 12 % des ventes ; loyer, 2 500 $ par mois ; autres charges (sans l'amortissement), 6 % des ventes. Supposez que ces charges sont payées sur une base mensuelle. L'amortissement est de 900 $ par mois, ce qui comprend l'amortissement des nouveaux actifs.

g) L'entreprise achètera au comptant pour 1 500 $ de matériel au mois d'avril.

h) L'entreprise doit maintenir un solde de trésorerie minimal de 4 000 $. Elle dispose d'une marge de crédit à la banque locale. Tous les emprunts se font au début du mois, et tous les remboursements, à la fin du mois. Le taux d'intérêt annuel est fixé à 6 % sur tout solde d'emprunt et le remboursement est fait à la fin de chaque mois.

Travail à faire

1. À l'aide des données précédentes, remplissez le tableau suivant :

Tableau des encaissements prévus

	Avril .	Mai	Juin	Trimestre
Ventes au comptant............................	36 000 $			
Ventes à crédit	20 000			
Total des encaissements...............	56 000 $			

2. À l'aide des données précédentes, remplissez le tableau suivant :

Budget des achats de marchandises

	Avril	Mai	Juin	Trimestre
Coût budgété des ventes....................	45 000 $*	54 000 $		
Plus : Stock souhaité à la fin	43 200**			
Total des besoins..............................	88 200			
Moins : Stock au début......................	36 000			
Achats requis..................................	52 200 $			

* Pour les ventes du mois d'avril : 60 000 $ de ventes × 75 % (ratio du coût des ventes) = 45 000 $
** 54 000 $ × 80 % = 43 200 $

Tableau des décaissements prévus – achats

	Avril	Mai	Juin	Trimestre
Achats du mois de mars	21 750 $			21 750 $
Achats du mois d'avril........................	26 100	26 100 $		52 200
Achats du mois de mai				
Achats du mois de juin.......................				
Total des décaissements...............	47 850 $			

3. À l'aide des données précédentes, remplissez le tableau suivant :

Tableau des décaissements prévus – charges opérationnelles

	Avril	Mai	Juin	Trimestre
Salaires et traitements	7 200 $			
Loyer..	2 500			
Autres charges.................................	3 600			
Total des décaissements...............	13 300 $			

► 4. À l'aide des données précédentes, préparez le budget de trésorerie suivant :

Budget de trésorerie

	Avril	Mai	Juin	Trimestre
Trésorerie au début............................	8 000 $			
Plus : Encaissements	56 000			
Total de la trésorerie disponible	64 000			
Moins : Décaissements :				
Pour les achats de marchandises ..	47 850			
Pour les charges opérationnelles ...	13 300			
Pour le matériel	1 500			
Total des décaissements	62 650			
Excédent (déficit) de trésorerie	1 350			
Financement :				
Etc.				

5. Utilisez la méthode du coût complet pour préparer l'état des résultats prévisionnels pour le trimestre terminé le 30 juin.

6. Préparez le bilan prévisionnel en date du 30 juin.

P9.25 **Le budget de trésorerie pour un mois**

Productions Wallace ltée planifie ses besoins en trésorerie pour le mois de juillet. Comme l'entreprise achètera du nouveau matériel pendant ce mois, le trésorier est certain qu'il faudra demander un prêt à une institution financière, mais hésite sur la somme. Les données ci-après ont été réunies pour que le trésorier puisse préparer un budget de trésorerie pour le mois.

a) L'entreprise achètera le matériel au comptant au mois de juillet pour un montant de 45 000 $.

b) Les frais de vente et les frais d'administration se détaillent comme suit :

Publicité	110 000 $
Salaires des vendeurs...	50 000
Salaires du personnel de l'administration...	35 000
Expédition	2 100

c) Les ventes sont budgétées à 800 000 $ pour le mois de juillet. Les clients ont droit à un escompte de caisse de 2,5 % sur les montants payés dans les 10 jours suivant la fin du mois où a eu lieu la vente. Seulement 50 % des encaissements effectués au cours du mois qui suit la vente sont concernés par la période d'escompte. (Toutes les ventes de l'entreprise sont à crédit.)

d) Le 30 juin, l'entreprise aura les comptes clients suivants :

Mois	Ventes	Comptes clients au 30 juin	Pourcentage des ventes non encaissées au 30 juin	Pourcentage des ventes devant être encaissées au mois de juillet
Mars	430 000 $	6 450 $	1,5 %	?
Avril	590 000	35 400	6,0 %	?
Mai	640 000	128 000	20,0 %	?
Juin................	720 000	720 000	100,0 %	?

Les créances irrécouvrables sont négligeables. Toutes les sommes à recevoir du mois de mars indiquées précédemment auront été récupérées vers la fin du mois de juillet.

Le mode d'encaissement implicite du tableau précédent sera le même en juillet que lors des mois précédents.

e) Les coûts de production budgétés pour le mois de juillet sont les suivants :

Coût de revient de base :		
Matières premières devant servir à la production		342 000 $
Main-d'œuvre directe		95 000
Frais indirects de fabrication :		
Main-d'œuvre indirecte	36 000 $	
Services...	1 900	
Avantages sociaux	14 800	
Amortissement	28 000	
Impôts fonciers..	1 100	
Assurance incendie	1 700	
Amortissement des brevets..................................	3 500	
Radiation comptable des marchandises périmées.............	2 600	89 600
Total des coûts de production		526 600 $

f) On prévoit que le stock de matières premières augmentera de 18 000 $ au mois de juillet. Les autres stocks ne changeront pas.

g) La moitié des matières premières achetées chaque mois est payée pendant le mois de l'achat, l'autre moitié, le mois suivant. Les comptes fournisseurs pour les achats de matières premières seront de 172 000 $ au 30 juin.

h) Les salaires du personnel pour le mois de juillet seront réglés au cours de ce mois.

i) Les coûts des services engagés durant un mois sont payés pendant le mois.

j) La charge mensuelle de 14 800 $ pour les avantages sociaux comprend les charges suivantes :

Régime de pension de l'entreprise, y compris 1/12 d'un	
ajustement spécial de 9 600 $ payé au mois d'avril......................................	7 000 $
Assurance collective (payable semestriellement,	
le dernier paiement ayant été effectué en janvier)......................................	900
Assurance-emploi (payable mensuellement)	1 300
Vacances, qui représentent 1/12 du coût annuel (les vacances qui seront	
payées au mois de juillet représenteront un montant de 14 100 $)...............	5 600

k) Les impôts fonciers sont payés au mois de juin de chaque année.

l) Les primes d'assurance incendie ont été payées à l'avance en janvier.

m) L'entreprise dispose d'une marge de crédit à la banque.

n) Le solde de l'encaisse au 30 juin sera de 78 000 $. L'entreprise doit maintenir un solde de trésorerie minimal de 75 000 $. Tous les emprunts se font au début du mois, et tous les remboursements, à la fin du mois. Le taux d'intérêt annuel est fixé à 6 % sur tout solde d'emprunt et le remboursement est fait à la fin de chaque mois.

Travail à faire

1. Préparez un tableau indiquant les encaissements prévus pour le mois de juillet.
2. Calculez :
   a) les décaissements prévus pour les achats de matières premières du mois de juillet ;
   b) les décaissements prévus pour les frais indirects de fabrication de ce mois.
3. Préparez le budget de trésorerie pour le mois de juillet.
4. Un membre du conseil d'administration de Productions Wallace ltée a déclaré : « Le budget de trésorerie mensuel montre l'excédent ou le déficit de trésorerie de l'entreprise, et nous garantit qu'un découvert de trésorerie imprévu ne se produira pas. » Commentez cette déclaration.

(Adaptation d'un problème de CPA Canada)

P9.26 L'application de la méthode du budget flexible à un OBNL

Située dans les Antilles, la Banque de sang de Sainte-Lucie est un OBNL privé subventionné en partie par le gouvernement. L'organisme vient de terminer ses activités pour septembre. Le mois a été particulièrement chargé à cause d'un puissant ouragan qui a sévi dans les îles voisines, laissant derrière lui de nombreux blessés. L'ouragan a épargné en grande partie Sainte-Lucie, et les insulaires ont volontairement donné de leur sang pour venir en aide aux habitants des îles voisines. La Banque de sang de Sainte-Lucie a recueilli et traité un volume de sang dépassant de 20 % les prévisions du mois de septembre.

Le rapport ci-après a été préparé par un fonctionnaire. On y compare les coûts réels et les coûts budgétés de l'OBNL. L'unité monétaire de Sainte-Lucie est le dollar des Caraïbes orientales ($EC). Les subventions du gouvernement reposent sur la capacité de l'organisme à démontrer qu'il contrôle ses coûts.

BANQUE DE SANG DE SAINTE-LUCIE
Rapport sur le contrôle des coûts
du mois terminé le 30 septembre

	Montant réel	Budget	Écart	
Litres de sang recueillis	620	500	120	F
Coûts variables :				
Fournitures médicales	9 350 $EC	7 500 $EC	1 850 $EC	D
Essais en laboratoire	6 180	6 000	180	D
Rafraîchissements destinés aux donneurs de sang	1 340	1 000	340	D
Fournitures administratives	400	250	150	D
Total des coûts variables	17 270	14 750	2 520	D
Coûts fixes :				
Salaires des employés......................	10 000	10 000	-0-	
Amortissement du matériel..............	2 800	2 500	300	D
Loyer...	1 000	1 000	-0-	
Services..	570	500	70	D
Total des coûts fixes...................	14 370	14 000	370	D
Coût total	31 640 $EC	28 750 $EC	2 890 $EC	D

D : écart défavorable ; F : écart favorable

Fort mécontent du rapport, le directeur général de la Banque de sang de Sainte-Lucie a déclaré que les coûts ont été plus élevés que prévu à cause de la situation d'urgence des îles voisines. Il a aussi fait remarquer que les personnes ayant reçu du sang, très reconnaissantes, ont entièrement assumé les coûts supplémentaires. De son côté, l'auteur du rapport a affirmé que toutes les données avaient été soumises au gouvernement par l'OBNL. Il désirait simplement souligner que les coûts réels se révélaient beaucoup plus élevés que ceux prévus au budget.

Travail à faire

1. Préparez un nouveau rapport d'analyse de la performance du mois de septembre à l'aide du budget flexible.
2. À votre avis, devrait-on examiner certains des écarts figurant au rapport que vous avez préparé ? Pourquoi ?

Cas

C9.27 Le budget directeur

Vous venez d'être embauché à titre de stagiaire en gestion par un distributeur de boucles d'oreilles dont les points de vente au détail sont dans des centres commerciaux situés partout au pays. Par le passé, l'entreprise s'est très peu préoccupée de budgétisation, de sorte qu'à certains moments de l'année, elle a dû faire face à un manque de trésorerie.

Puisque vous êtes très compétent en budgétisation, vous avez décidé de préparer des budgets détaillés pour le deuxième trimestre afin de montrer à la direction les avantages d'un programme de budgétisation intégré. Pour ce faire, vous avez réuni les renseignements présentés ci-après.

L'entreprise vend de nombreux modèles de boucles d'oreilles, et tous sont vendus au prix de 10 $ la paire. Les ventes réelles de boucles d'oreilles pour les trois derniers mois et les ventes budgétées pour les six prochains mois (en paires de boucles d'oreilles) se présentent comme suit :

Janvier (ventes réelles)	20 000	Juin (ventes prévues)	50 000
Février (ventes réelles)	26 000	Juillet (ventes prévues)	30 000
Mars (ventes réelles)	40 000	Août (ventes prévues)	28 000
Avril (ventes prévues)	65 000	Septembre (ventes prévues)	25 000
Mai (ventes prévues)	100 000		

La concentration des ventes avant et pendant le mois de mai est attribuable à la fête des Mères. Un stock suffisant devrait être disponible à la fin de chaque mois pour fournir 40 % des boucles d'oreilles vendues le mois suivant.

Les fournisseurs touchent une somme de 4 $ par paire de boucles d'oreilles. La moitié des achats d'un mois est payée pendant le mois de l'achat, l'autre moitié le mois suivant. Toutes les ventes sont à crédit, sans remise et payables dans les 15 jours. Seulement 20 % des ventes d'un mois sont encaissées pendant le mois de la vente, 70 % le mois suivant, et les 10 % restants, deux mois après la vente. Les créances irrécouvrables sont négligeables.

Les charges opérationnelles mensuelles de l'entreprise se présentent comme suit :

Coûts variables :	
Commissions sur les ventes	4 % des ventes
Coûts fixes :	
Publicité	200 000 $
Loyer	18 000
Salaires	106 000
Services	7 000
Assurance expirée	3 000
Amortissement	14 000

L'assurance est payée sur une base annuelle, au mois de novembre.

L'entreprise envisage d'acheter pour 16 000 $ de matériel en mai, et 40 000 $ de matériel en juin. Elle paiera ces deux achats au comptant. Chaque trimestre, l'entreprise déclare des dividendes de 15 000 $, payables le premier mois du trimestre suivant. Voici la liste des comptes du grand livre au 31 mars.

Encaisse	74 000 $
Comptes clients (ventes de février, 26 000 $; ventes de mars, 320 000 $)	346 000
Stocks	104 000
Assurance payée d'avance	21 000
Biens et matériel (valeur nette)	950 000
Comptes fournisseurs	100 000
Dividendes à payer	15 000
Actions ordinaires	800 000
Bénéfices non répartis	580 000

► Le programme de budgétisation servira en partie à obtenir une marge de crédit auprès d'une banque locale. L'entreprise doit maintenir un solde de trésorerie minimal de 50 000 $. Elle dispose d'une marge de crédit à la banque locale. Tous les emprunts se font au début du mois, et tous les remboursements, à la fin du mois. Le taux d'intérêt annuel est fixé à 6 % sur tout solde d'emprunt au début du mois.

Travail à faire

Préparez un budget directeur pour la période de trois mois qui se terminera le 30 juin. Incluez-y les budgets détaillés suivants :

1. a) Un budget des ventes, par mois et pour le trimestre.
   b) Un tableau des encaissements prévus provenant des ventes, par mois et pour le trimestre.
   c) Un budget des achats de marchandises en unités et en dollars, par mois et pour le trimestre.
   d) Un tableau des décaissements prévus pour les achats de marchandises, par mois et pour le trimestre.
2. Un budget de trésorerie, par mois et pour le trimestre.
3. Un état des résultats prévisionnels pour le trimestre terminé le 30 juin. Utilisez la méthode des coûts variables.
4. Un bilan prévisionnel au 30 juin.

C9.28 L'évaluation des modalités budgétaires d'une entreprise

La période financière de la société DGJ correspond à l'année civile. La société commence le processus annuel de budgétisation à la fin du mois d'août, quand le président détermine les prévisions de ventes totales en dollars et le bénéfice pour l'année suivante.

Les prévisions des ventes sont remises au service du marketing, où le directeur du service prépare un budget des ventes par gamme de produits en unités et en dollars. De là, des quotas de vente, par gamme de produits en unités et en dollars, sont établis pour chaque district des ventes.

Le directeur du marketing évalue aussi le coût des activités de commercialisation nécessaires pour soutenir l'objectif du volume des ventes, et prépare un budget provisoire des frais de vente.

Le vice-président à la direction utilise les prévisions de ventes et de bénéfice, le budget des ventes par gamme de produits et le budget provisoire des frais de vente pour déterminer les sommes en dollars pouvant être affectées aux coûts de production et aux charges de la direction générale. Le vice-président à la direction prépare aussi le budget des charges du siège social, et remet au service de la production le budget des ventes de la gamme de produits en unités et la somme totale en dollars pouvant influer sur la production.

Le directeur de la production rencontre les chefs d'usine pour mettre au point un plan de production des unités requises, en respectant les contraintes de coûts déterminées par le vice-président à la direction. Le processus budgétaire s'arrête en général à ce stade, car le service de la production considère que les ressources financières allouées sont insuffisantes. Le cas échéant, le vice-président des finances, le vice-président à la direction, le directeur du marketing et le directeur de la production se rencontrent pour déterminer les budgets finaux qui seront alloués à chaque secteur.

En général, il s'ensuit une augmentation modeste du montant total alloué aux coûts de production, et une diminution des budgets des frais de vente et des charges du siège social. Les chiffres que propose le président pour le total des ventes et les revenus nets sont rarement modifiés. Bien que les parties concernées soient rarement satisfaites du compromis, ces budgets sont définitifs. Chaque directeur prépare ensuite un nouveau budget détaillé pour les opérations de son secteur.

Ces dernières années, aucun secteur n'a respecté son budget. Les ventes sont souvent sous les prévisions. Quand les ventes budgétées ne se réalisent pas, chaque secteur est censé réduire ses coûts pour que l'objectif de bénéfice du président puisse malgré tout être atteint. La prévision de bénéfice se concrétise rarement, car les coûts ne sont pas assez réduits. En fait, les coûts se situent souvent au-dessus du budget directeur dans tous les services fonctionnels. Le président s'inquiète du fait que DGJ n'est pas parvenue à atteindre les prévisions de ventes et de bénéfice. Il a engagé un expert-conseil possédant une expérience considérable des entreprises du secteur d'activité de DGJ. L'expert-conseil a examiné les budgets des quatre dernières années. Il en a conclu que les budgets des ventes de la gamme de produits étaient raisonnables, et que les budgets des coûts et des charges étaient adaptés aux ventes budgétées et aux niveaux de production.

Travail à faire

1. Expliquez pourquoi le processus budgétaire de DGJ ne permet pas de réaliser les prévisions de ventes et de bénéfice du président.
2. Proposez des modifications à apporter au processus budgétaire de DGJ pour remédier au problème.
3. Les services fonctionnels devraient-ils réduire leurs coûts quand les volumes des ventes tombent sous les prévisions budgétaires ? Justifiez votre réponse.

(Adaptation d'un problème de CPA Canada)

C9.29 Le budget de trésorerie d'une entreprise en croissance

Labelle inc., une société en pleine croissance, distribue des étagères à des boutiques commerciales. En ce moment, l'entreprise prépare des plans pour l'année prochaine. Jeanne Proulx, directrice du marketing, a terminé son budget des ventes. Elle est persuadée que les prévisions de ventes seront atteintes ou dépassées. Les chiffres des ventes budgétés présentés ci-après montrent la croissance escomptée. Ils serviront de base aux autres services de l'entreprise pour leur planification.

	Ventes budgétées		Ventes budgétées
Janvier	1 800 000 $	Juillet	3 000 000 $
Février	2 000 000	Août	3 000 000
Mars	1 800 000	Septembre	3 200 000
Avril	2 200 000	Octobre	3 200 000
Mai	2 500 000	Novembre	3 000 000
Juin	2 800 000	Décembre	3 400 000

On a confié à Georges Bourque, contrôleur adjoint, la responsabilité de préparer le budget de trésorerie, un élément crucial en période de croissance rapide. Les renseignements ci-après, fournis par les chefs d'exploitation, serviront à la préparation du budget.

a) L'entreprise affiche d'excellents résultats en ce qui concerne le recouvrement des comptes clients. Elle croit que cette tendance se poursuivra. Soixante pour cent des factures sont encaissées dans le mois qui suit les ventes, et 40 %, deux mois après la vente. Les créances irrécouvrables sont négligeables, et elles ne seront pas prises en compte au cours de cette analyse.

b) L'achat des étagères est la plus grosse dépense de Labelle inc. ; le coût de ces articles est égal à 50 % des ventes. Soixante pour cent des étagères sont reçues le mois précédant leur vente, et 40 % sont reçues pendant le mois de leur vente.

c) L'expérience acquise montre que Labelle inc. paie 80 % des comptes fournisseurs un mois après réception des étagères, et les 20 % restants, deux mois après la réception.

d) Les salaires horaires, y compris les avantages sociaux, dépendent du volume des ventes. Ils correspondent à 20 % des ventes du mois courant. Ces salaires sont payés au cours du mois.

e) Les charges générales et administratives sont budgétées à 2 640 000 $ pour l'année. La composition de ces charges est précisée ci-après. Ces charges sont engagées

▶ régulièrement tout au long de l'année, mis à part les impôts fonciers, qui sont payés en quatre versements égaux le dernier mois de chaque trimestre.

Salaires	480 000 $
Promotion	660 000
Impôts fonciers	240 000
Assurance	360 000
Services	300 000
Amortissement	600 000
	2 640 000 $

f) Labelle inc. paie ses impôts sur les bénéfices le premier mois de chaque trimestre en se basant sur le bénéfice du trimestre précédent. Le taux d'imposition de l'entreprise est de 40 %. Pour le premier trimestre, l'entreprise prévoit un impôt de 408 000 $.

g) Du matériel et des installations pour l'entreposage sont en cours d'achat pour faire face à l'augmentation rapide des ventes de l'entreprise. Ces achats sont budgétés à 28 000 $ pour avril et à 324 000 $ pour mai.

h) L'entreprise doit maintenir un solde de trésorerie minimal de 100 000 $. Elle dispose d'une marge de crédit à la banque locale. Tous les emprunts se font au début du mois, et tous les remboursements, à la fin du mois. Le taux d'intérêt annuel est fixé à 6 % sur tout solde d'emprunt au début du mois.

i) La période financière de Labelle inc. est l'année civile.

Travail à faire

1. Préparez un budget de trésorerie pour le deuxième trimestre, par mois et pour le trimestre. Assurez-vous d'y indiquer les encaissements, les décaissements, et les montants empruntés ou investis pour chaque mois.

2. Expliquez pourquoi le budget de trésorerie est très important pour une entreprise en croissance rapide comme Labelle inc.

(Adaptation d'un problème de CPA Canada)

C9.30 Le budget directeur d'une entreprise de fabrication

Fabrication Garneau ltée fabrique et distribue un type spécial de substance chimique que l'on nomme « composé WX ». Les informations sur les activités de l'entreprise qui sont présentées ci-dessous ont été réunies en vue de la préparation du budget. Fabrication Garneau ltée œuvre actuellement à l'établissement de son budget directeur pour le premier trimestre de l'exercice 20X6. Ce budget comprendra des renseignements détaillés à propos des activités de chaque mois ainsi que pour l'ensemble du trimestre. Le budget directeur reposera sur les données suivantes.

a) Le prix de vente est de 60 $ par unité en 20X5, et il demeurera le même pour les deux premiers trimestres de 20X6. Voici les ventes réelles de 20X5 et les ventes prévues de 20X6.

Ventes réelles de 20X5		Ventes prévues de 20X6	
Novembre	10 000 unités	Janvier	11 000 unités
Décembre	12 000 unités	Février	10 000 unités
		Mars	13 000 unités
		Avril	11 000 unités
		Mai	10 000 unités

b) Chaque mois, l'entreprise fabrique suffisamment d'unités pour assurer les ventes de ce mois ainsi qu'un niveau de stock souhaité correspondant à 20 % des ventes prévues pour le mois suivant. Le stock de produits finis à la fin de 20X5 comptait 2 200 unités au coût variable de 33 $ chacune.

c) Chaque mois, l'entreprise achète suffisamment de matières premières pour répondre aux besoins de production du mois en cours et à 25 % des besoins de production du mois suivant. Chaque unité de produit exige 5 kilogrammes de matières premières à 0,60 $ par kilogramme. À la fin de 20X5, il y avait 13 500 kilogrammes de matières premières en stock. Fabrication Garneau ltée paie 40 % de ses achats de matières premières pendant le mois où ils ont lieu, et les autres 60 % pendant le mois suivant.

d) Chaque unité de produit fini exige 1,25 heure de main-d'œuvre à un salaire moyen de 16 $ l'heure.

e) Les frais indirects de fabrication variables constituent 50 % du coût de la main-d'œuvre directe.

f) Les ventes à crédit représentent 60 % du total des ventes. L'entreprise encaisse 50 % des ventes à crédit au cours du mois qui suit celui où elles ont lieu, puis 50 % le deuxième mois suivant.

g) Voici les frais indirecs de fabrication fixes (par mois).

Salaire du superviseur de l'usine	75 000 $
Assurance de l'usine	1 400
Loyer de l'usine	8 000
Amortissement du matériel de l'usine	1 200

h) Voici le total des frais de vente et des frais d'administration fixes (par mois).

Publicité	300 $
Amortissement	9 000
Assurance	250
Salaires	4 000
Autres	14 550

i) Les frais de vente et les frais d'administration variables se composent de coûts d'expédition de 4 $ par unité vendue et de commissions de 10 % sur les ventes.

j) L'entreprise prévoit acquérir des actifs qui seront utilisés dans son bureau de vente au coût de 300 000 $, qu'elle acquittera à la fin de janvier 20X6. L'amortissement mensuel de ces nouvelles immobilisations se chiffrera à 6 000 $.

k) Voici le bilan au 31 décembre 20X5.

Actif
À court terme :

Encaisse	80 000 $	
Comptes clients	612 000	
Stock de matières premières	8 100	
Stock de produits finis	72 600	
Total de l'actif à court terme		772 700 $
Bâtiments et matériel :	1 000 000	
Amortissement cumulé	(100 000)	900 000
		1 672 700 $

Passif
À court terme :

Comptes fournisseurs		24 000 $
Effets à payer à long terme (6 %)		900 000
Capitaux propres :		
Capital-actions sans valeur nominale	735 000 $	
Bénéfices non répartis	13 700	748 700
		1 672 700 $

▶ Voici quelques renseignements supplémentaires au sujet de l'entreprise :

- Tous les décaissements, sauf ceux des achats de matières premières, sont effectués pendant le mois où ils sont engagés.
- Tous les emprunts sont effectués au début de chaque mois, et tous les remboursements, à la fin du même mois. Les emprunts et les remboursements correspondants peuvent atteindre n'importe quel montant.
- Tous les intérêts sur les emprunts sont remboursés à la fin de chaque mois au taux de 0,5 % par mois.
- Un solde de trésorerie d'au moins 30 000 $ est requis à la fin de chaque mois.

Travail à faire

1. Préparez les budgets suivants pour chacun des trois premiers mois de 20X6 :
   a) Le budget des ventes.
   b) Le budget de production.
   c) Le budget des matières premières.
   d) Le budget de la main-d'œuvre directe et le budget des frais indirects de fabrication.
   e) Le budget des frais de vente et des frais d'administration.
   f) Le budget de trésorerie.
2. Préparez un état des résultats prévisionnels pour chacun des trois premiers mois de 20X6 ainsi qu'un bilan prévisionnel au 31 mars 20X6.

C9.31 Un budget flexible des frais de vente

Marc Fleury, chef de la direction d'Éducentre, a hâte de voir les rapports d'analyse de la performance du mois de novembre, car il sait que les ventes de l'entreprise pour ce mois ont considérablement dépassé les prévisions. La société Éducentre est un grossiste de progiciels éducatifs qui a connu une croissance soutenue depuis environ deux ans. À ce stade, le principal défi de M. Fleury consiste à s'assurer que l'entreprise ne perde pas le contrôle de ses charges pendant cette période de croissance. Toutefois, en recevant les rapports du mois de novembre, M. Fleury est consterné par les écarts très défavorables inscrits dans celui qui porte sur les frais de vente mensuels, présenté ci-après.

SOCIÉTÉ ÉDUCENTRE
Rapport d'analyse de la performance sur les frais de vente
du mois de novembre

	Budget annuel	Novembre Montant réel	Novembre Budget fixe	Novembre Écart global	
Ventes en unités	2 000 000	310 000	280 000	30 000	F
Ventes en dollars	80 000 000 $	12 400 000 $	11 200 000 $	1 200 000 $	F
Commandes traitées	54 000	5 800	6 500	700	D
Nombre de vendeurs par mois	90	96	90	6	D
Charges :					
Publicité	19 800 000 $	1 660 000 $	1 650 000 $	10 000 $	D
Salaires du personnel	1 500 000	125 000	125 000	-0-	
Salaires des vendeurs	1 296 000	115 400	108 000	7 400	D
Commissions	3 200 000	496 000	448 000	48 000	D
Charges de déplacements	1 782 000	162 600	148 500	14 100	D
Charges de bureau	4 080 000	358 400	340 000	18 400	D
Charges de livraison	6 750 000	976 500	902 500	74 000	D
Total des charges	38 408 000 $	3 893 900 $	3 722 000 $	171 900 $	D

D : écart défavorable ; F : écart favorable

M. Fleury convoque alors à son bureau la nouvelle contrôleuse de l'entreprise, Suzanne Pothier, en vue de discuter avec elle des conséquences des écarts enregistrés pour le mois de novembre et de planifier une stratégie qui améliorerait le rendement de l'entreprise. Mme Pothier lui laisse entendre que le mode de présentation du rapport d'analyse de la performance adopté par l'entreprise ne donne peut-être pas un portrait fidèle des activités d'Éducentre et elle lui propose plutôt d'intégrer un budget flexible au rapport d'analyse de la performance. Elle offre de refaire le rapport des frais de vente du mois de novembre et d'y intégrer un budget flexible pour permettre à M. Fleury de comparer les deux rapports et de se rendre compte des avantages d'un budget flexible.

Après avoir procédé à quelques analyses, Mme Pothier en a déduit les données ci-après concernant les frais de vente de l'entreprise.

a) Le total de la rémunération versée au personnel de vente comporte deux composantes : un salaire mensuel de base et une commission. La commission varie en fonction des ventes.

b) Les charges du bureau de vente constituent des coûts semi-variables, dont la partie variable est liée au nombre de commandes traitées. La partie fixe de ces charges représente 3 000 000 $ par an et est engagée de façon régulière tout au long de l'année.

c) Après l'adoption du budget annuel pour la période en cours, la direction a décidé d'ouvrir un nouveau territoire de vente. Elle a donc approuvé l'embauche de six nouveaux vendeurs, qui sont entrés en fonction le 1er novembre. Selon Mme Pothier, ces six nouveaux employés devraient être pris en compte dans son rapport révisé.

d) Les charges de déplacement du personnel de vente, même si celles-ci représentent un montant fixe par jour, sont variables en fonction du nombre de vendeurs et du nombre de leurs jours de déplacement. Le budget initial de la société pour toute l'année était basé sur un personnel de vente d'en moyenne 90 personnes et 15 jours de déplacement par vendeur, par mois.

e) Les charges de livraison de l'entreprise constituent également des coûts semi-variables dont la partie variable, de 3 $ par unité, dépend du nombre d'unités vendues. La partie fixe est engagée de façon continue tout au long de la période.

À l'aide des données ci-dessus, Mme Pothier est convaincue de pouvoir refaire le rapport du mois de novembre et le présenter à M. Fleury pour qu'il le révise.

Travail à faire

1. Décrivez les avantages de l'établissement d'un budget flexible et expliquez pourquoi Mme Pothier a proposé que la société Éducentre utilise ce type de budget dans la situation décrite.

2. Préparez un rapport d'analyse de la performance complet et révisé du mois de novembre qui permettrait à M. Fleury d'évaluer plus clairement le contrôle de la société sur ses frais de vente.

3. Quelle partie du montant de l'écart défavorable global de 171 900 $ est liée à la différence entre les niveaux d'activité réels et ceux du budget flexible ?

(Adaptation d'un problème de CPA Canada)

9

Cas de discussion

De nombreuses personnes considèrent que la création intentionnelle d'un coussin budgétaire est contraire à l'éthique. Êtes-vous d'accord ou en désaccord avec cette opinion ? Justifiez votre réponse. Existe-t-il des situations où la création d'un coussin budgétaire peut s'avérer acceptable, voire souhaitable, du point de vue d'une organisation ? Justifiez votre réponse.

Réponses aux questions éclair

9.1 Encaissements des ventes
effectuées au deuxième trimestre : 100 000 $ × 20 % =   20 000 $
Encaissements des ventes
effectuées au troisième trimestre : 150 000 $ × 80 % = 120 000

Total des encaissements du troisième trimestre :   140 000 $

9.2 Ventes prévues en unités 10 000
Plus : Stock de produits finis souhaité à la fin 2 000

Total des besoins 12 000
Moins : Stock de produits finis au début 1 500

Production requise 10 500

9.3 Paiement des achats effectués pendant le
premier trimestre : 171 500 kg × 0,60 $ par kg × 50 % =   51 450 $
Paiement des achats effectués pendant le
deuxième trimestre : 93 000 kg × 0,60 $ par kg × 50 % =   27 900

Total des décaissements du deuxième trimestre :   79 350 $

9.4 Matières premières : 15 kg × 0,20 $ par kg =   3,00 $
Main-d'œuvre directe : 0,4 heure × 15 $ l'heure =   6,00
Frais indirects de fabrication : 0,4 heure × 10 $ l'heure =   4,00
Coût de fabrication à l'unité :   13,00 $

9.5 $\begin{array}{c}\text{Solde de trésorerie} \\ \text{au début}\end{array}$ + Encaissements − Décaissements = $\begin{array}{c}\text{Excédent (déficit)} \\ \text{de trésorerie}\end{array}$
40 000 $ + 400 000 $ − 425 000 $ = Excédent de 15 000 $
Comme l'excédent de 15 000 $ est inférieur au solde souhaité de 40 000 $,
l'entreprise devra emprunter des fonds.
Formule :
$$15\,000\ \$ + X - 0{,}01X = 40\,000\ \$$$
$$0{,}99X = 25\,000\ \$$$
$$X = 25\,253\ \$\ \text{(montant arrondi)}$$

9.6 25 253 $ × 1 % = 253 $ (montant arrondi)

9.7 60 000 unités × 5 $ = 300 000 $

9.8 Écart sur prix de vente et sur coûts = 285 000 $ − 300 000 $
= Écart défavorable de 15 000 $
Écart d'activité = 300 000 $ − 250 000 $ (50 000 × 5 $)
= Écart favorable de 50 000 $

LES COÛTS DE REVIENT STANDARDS ET L'ANALYSE DES FRAIS INDIRECTS DE FABRICATION

Mise en situation

La gestion des coûts de distribution

Au cours des dernières années, la hausse des coûts du carburant a forcé de nombreuses organisations à améliorer la gestion de leur distribution. En effet, le coût de la livraison des produits représente une importante partie de la structure de coûts de beaucoup d'entreprises. Pour s'attaquer à ce problème, la société Catalyst Paper, un fabricant de pâtes et papiers de la Colombie-Britannique, a mis au point une méthode globale de gestion de ses coûts de distribution.

Pour améliorer le suivi des coûts de livraison, les analystes de Catalyst Paper ont élaboré un modèle très détaillé, qui nécessite des estimations concernant les modes de transport à utiliser (train, camion ou navire porte-conteneurs), le transporteur qui sera chargé de l'expédition pour chaque mode de transport (par exemple, l'entreprise de camionnage ABC), les tarifs exigés par ce transporteur, et les entrepôts qui seront utilisés pour l'exécution de la commande. En combinant toutes ces estimations, les analystes peuvent calculer le coût standard, ou coût budgété, de chacun des chargements envoyés à un client. À la fin de chaque mois, ils comparent les coûts de distribution réels aux montants standards estimés à l'aide de leur modèle. Les écarts peuvent être dus à différents facteurs. Lorsqu'ils ont déterminé les causes des écarts, les gestionnaires peuvent trouver des mesures de suivi visant à éliminer ou du moins à réduire les écarts défavorables pour les périodes à venir.

Grâce à cette nouvelle méthode, les gestionnaires de Catalyst Paper réussissent à mieux comprendre les inducteurs des coûts de distribution. Ils croient aussi qu'elle leur a permis d'améliorer leur capacité de planifier et de contrôler ces coûts.

Comment définit-on les standards? Comment les utilise-t-on? Comment calcule-t-on les écarts? Comment les gestionnaires décident-ils quels écarts analyser? Le présent chapitre répond à toutes ces questions.

Source: Kevin GAFFNEY, Valeri GLADKIKH et Alan WEBB, «A Case Study of a Variance Analysis Framework for Managing Distribution Costs», *Accounting Perspectives*, vol. 6, n° 2 (mai 2007), p. 167-190.

OBJECTIFS D'APPRENTISSAGE

Après avoir étudié ce chapitre, vous pourrez:

1. expliquer comment établir des standards pour les matières premières, la main-d'œuvre directe et les frais indirects de fabrication variables;

2. calculer les écarts sur coût d'achat et sur quantité des matières premières, et les expliquer;

3. calculer les écarts sur taux et sur temps de la main-d'œuvre directe, et les expliquer;

4. calculer les écarts sur dépense et sur rendement des frais indirects de fabrication variables, et les expliquer;

5. expliquer l'importance du volume d'activité prévu dans la détermination du coût de revient standard d'une unité de produit;

6. calculer les écarts sur dépense et sur volume des frais indirects de fabrication fixes, et les expliquer;

7. préparer un rapport d'analyse de la performance concernant les frais indirects de fabrication et effectuer une analyse de la capacité utilisée;

8. expliquer comment tenir compte des pertes normales dans un système de coûts de revient standards (*voir l'annexe 10A en ligne*);

9. calculer le temps de la main-d'œuvre à l'aide de la courbe d'apprentissage lorsqu'il y a lieu (*voir l'annexe 10B en ligne*);

10. préparer les écritures de journal servant à enregistrer les coûts de revient standards et les écarts sur coûts standards (*voir l'annexe 10C en ligne*);

11. calculer les écarts sur composition et sur rendement des matières premières, et les expliquer (*voir l'annexe 10D en ligne*).

Avec ce chapitre, nous poursuivons notre étude des processus de planification, de contrôle et d'évaluation de la performance. Ces expressions ont très souvent des connotations négatives puisque bien des gens considèrent l'évaluation de la performance comme quelque chose à craindre. Il est vrai que le contrôle et l'évaluation de la performance peuvent être utilisés de façon négative pour jeter le blâme ou pour punir. On ne devrait toutefois pas s'en servir de cette manière. Comme le montre le passage ci-après, l'évaluation de la performance a une fonction essentielle dans notre vie personnelle comme dans celle des organisations.

> Vous souhaitez améliorer votre habileté à lancer des paniers au basket-ball. Pour ce faire, vous décidez de vous entraîner. Vous vous rendez donc au gymnase et, là, vous commencez à lancer le ballon en direction du panier. Toutefois, chaque fois que le ballon s'approche du cercle, votre vision s'embrouille durant une seconde et vous êtes incapable de voir où il aboutit par rapport à la cible. (Est-ce trop à gauche, à droite, à l'avant, à l'arrière ou à l'intérieur?) Dans ces conditions, il est assez difficile d'améliorer votre performance! (Et combien de temps vous intéresserez-vous au lancer du ballon si vous ne pouvez pas observer les résultats de vos efforts?)
>
> Imaginez plutôt qu'une personne entreprend un régime amaigrissant. Une des étapes normales dans ce genre de programme consiste à s'acheter un pèse-personne pour pouvoir constater ses progrès. Ce régime donne-t-il des résultats? Y a-t-il une perte de poids? Une réponse affirmative serait encourageante et stimulerait la personne à persévérer dans ses efforts; une réponse négative l'inciterait à réfléchir. A-t-elle choisi le bon régime et le bon programme d'exercices? Fait-elle tout ce qui est recommandé? Supposons que cette personne ne veuille pas d'un système de mesure compliqué et qu'elle décide de se passer d'un pèse-personne. Dans ce cas, elle pourrait encore juger de ses progrès par des méthodes simples comme la façon dont ses vêtements lui font, la capacité de serrer sa ceinture d'un cran ou une simple observation dans le miroir. Essayez ensuite d'imaginer quelqu'un essayant de suivre un programme d'amaigrissement sans la moindre rétroaction pour l'informer de ses progrès!
>
> Dans ces exemples, disposer de mesures quantitatives de performance peut procurer deux types d'avantages. D'abord, la rétroaction sur la performance permet d'améliorer le «processus de production» grâce à une meilleure compréhension de ce qui fonctionne et de ce qui échoue. Par exemple, lancer de telle manière permet de mieux réussir que de telle autre manière. Ensuite, la rétroaction sur la performance accroît la motivation et soutient l'effort parce qu'elle est encourageante ou qu'elle indique qu'il faut déployer plus d'efforts pour atteindre le but fixé[1].

De même, l'évaluation de la performance peut s'avérer utile à une organisation. Elle fournit une rétroaction sur ce qui donne de bons résultats et sur ce qui n'en donne pas. En outre, elle motive les employés à poursuivre leurs efforts.

Dans le présent chapitre, notre étude de l'évaluation de la performance commencera par le niveau opérationnel de l'organisation. Nous examinerons comment différentes mesures servent à contrôler les activités et à évaluer la performance. Bien que nous abordions le sujet au niveau opérationnel, gardez à l'esprit que les mesures de performance utilisées devraient découler de la stratégie globale de l'organisation. Par exemple, une entreprise comme Sony, dont la stratégie se fonde sur le lancement rapide de nouveaux produits destinés aux consommateurs, devrait utiliser des mesures de performance différentes de celles d'une entreprise comme Purolator, pour laquelle les livraisons ponctuelles, la satisfaction du client et des coûts peu élevés constituent des avantages concurrentiels clés. La première voudra surveiller de près le pourcentage des revenus associés aux produits lancés au cours de la dernière période; la seconde préférera contrôler avec soin le pourcentage de colis livrés à temps. Au chapitre 11, nous étudierons plus longuement le rôle de la stratégie dans le choix des mesures de la performance lorsqu'il sera question de tableau de bord équilibré. Pour l'instant, examinons comment les gestionnaires se servent des coûts de revient standards comme moyens de contrôler les coûts.

10

---

1. Soumitra DUTTA et Jean-François MANZONI, *Process Reengineering, Organizational Change and Performance Improvement*, Londres, McGraw-Hill, 1999, p. 198-199.

Les entreprises de secteurs très concurrentiels comme IKEA, Purolator, Air Canada, Cascades, Imperial Oil et Toyota doivent être en mesure de fournir des biens et des services de grande qualité à faible coût. Sinon, elles risquent de disparaître. Les gestionnaires doivent obtenir des intrants tels que les matières premières et l'électricité aux coûts les plus bas possible et doivent les utiliser de la façon la plus efficiente possible, tout en maintenant ou en augmentant la qualité de leur production. Lorsque l'entreprise achète ses intrants à des coûts trop élevés ou qu'elle en utilise plus qu'elle en a réellement besoin, les coûts augmentent.

Comment les gestionnaires contrôlent-ils les coûts d'achat pour les intrants et les quantités utilisées? Ils pourraient examiner chaque transaction ou opération à la loupe. Ce ne serait évidemment pas une utilisation efficiente du temps consacré à la gestion. Dans un grand nombre d'entreprises, les coûts de revient standards combinés à la gestion par exceptions constituent une façon de régler, en partie du moins, ce problème de contrôle.

L'établissement de budgets, comme on le décrit au chapitre 9, met d'abord l'accent sur la planification, mais on a aussi recours à ce processus à des fins de contrôle lorsque la direction le souhaite. Les standards constituent des normes concernant certains éléments des budgets comme les besoins en matières premières ou en main-d'œuvre, aussi bien que les frais indirects de fabrication. Ils servent à la fois à la planification et au contrôle. Ce processus de contrôle peut être réalisé avec des coûts standards. Les gestionnaires peuvent aussi décider de mettre en place un système de coûts standards pour établir le coût de revient des produits. Cependant, même s'ils choisissent d'employer les coûts réels pour déterminer le coût des produits, ils peuvent néanmoins se servir du système de coûts de revient standards pour l'établissement de leurs budgets et la planification de leurs activités.

Le contrôle des frais indirects de fabrication est également une préoccupation majeure pour les gestionnaires d'entreprise. En effet, les frais indirects de fabrication constituent un coût important, sinon le coût le plus important dans de nombreuses grandes organisations. Leur contrôle pose des problèmes particuliers, en partie parce qu'ils sont plus difficiles à cerner que les coûts des matières premières et de la main-d'œuvre directe. Ces frais se composent de nombreux éléments qui représentent parfois séparément de faibles montants en dollars. En outre, certains d'entre eux sont variables, et d'autres, fixes. Dans ce chapitre, le modèle général pour l'analyse des écarts sera présenté avec des coûts standards. On pourrait aussi utiliser ce modèle avec des coûts budgétés (ou estimés).

10.1 Les coûts de revient standards et la gestion par exceptions

Une norme, ou un standard, est un point de repère permettant de mesurer la performance. On en retrouve partout. Les médecins évaluent le poids de leurs patients à l'aide de normes établies en fonction de l'âge, de la taille et du sexe. La préparation des aliments servis dans les restaurants doit respecter des normes précises de propreté. De même, les immeubles dans lesquels nous habitons doivent être conformes aux normes du Code du bâtiment. En comptabilité de gestion, on utilise aussi un grand nombre de normes liées à la quantité et au coût des intrants employés dans la fabrication de produits ou la prestation de services.

Les gestionnaires, souvent assistés par des ingénieurs et des comptables, établissent des standards de quantité et de coût pour chacun des principaux intrants tels que les matières premières et la main-d'œuvre. Les standards de quantité servent à indiquer la quantité d'un intrant à utiliser dans la fabrication d'une unité de produit ou dans la prestation d'une unité de service. Les standards de coût indiquent le coût d'achat d'un intrant. On compare les quantités réellement utilisées et les coûts réels des intrants à ces normes. Lorsque la quantité ou le coût des intrants diffère des normes de façon significative, les gestionnaires étudient cette différence dans le but de trouver la cause de l'écart. Ce procédé porte le nom de **gestion par exceptions.**

Dans la vie de tous les jours, nous recourons souvent à la gestion par exceptions. Songez à ce qui se passe lorsque vous vous installez au volant de votre voiture. Vous

10

Gestion par exceptions

Système de gestion dans lequel, après avoir établi des standards ou des normes pour diverses activités d'exploitation, on compare les données réelles à ces standards ou normes ; toute différence significative est alors portée à l'attention de la direction.

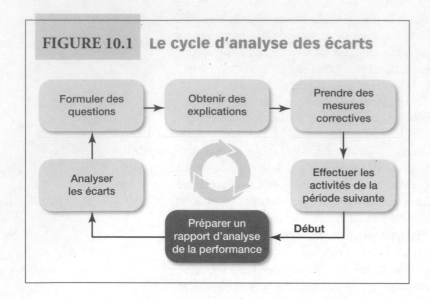

FIGURE 10.1 Le cycle d'analyse des écarts

insérez la clé de contact, vous la tournez, et le moteur se met en marche. Votre attente (norme) relativement au moteur est satisfaite. Vous n'avez pas besoin d'ouvrir le capot pour vérifier la batterie, les câbles de raccordement, la canalisation d'essence, etc. Si, au moment où vous tournez la clé de contact, le moteur ne démarre pas, vous constatez une discordance (un écart par rapport à la norme). Vos attentes ne sont pas comblées, et vous devez essayer de déterminer pourquoi. Bien que le moteur se mette en marche au second essai, il serait plus prudent de procéder à une vérification. Le fait qu'une attente ne soit pas satisfaite devrait être considéré comme une occasion de déceler la cause du problème plutôt qu'être interprété comme un simple désagrément. Si sa cause n'est pas mise en lumière et éliminée, le problème pourrait se répéter et s'aggraver.

Une approche pour analyser les écarts est présentée à la figure 10.1. Ce cycle commence par la préparation, au service de la comptabilité, de rapports d'analyse de la performance portant sur les coûts standards. De tels rapports font ressortir les écarts, c'est-à-dire les différences entre les données réelles et les données auxquelles on s'attendait suivant les standards. Les écarts soulèvent des questions. Par exemple, pourquoi y a-t-il eu un écart? Pourquoi cet écart est-il plus important qu'il ne l'était l'année dernière ou au trimestre précédent? Il faut enquêter sur les écarts importants pour déterminer leurs causes profondes. Des mesures correctives sont prises avant le début des activités de l'année ou du trimestre suivant, et sont ensuite exécutées. Puis, le cycle recommence par la préparation d'un nouveau rapport d'analyse de la performance sur les coûts standards pour la période la plus récente. Il s'agit surtout de mettre en lumière les problèmes, d'en découvrir les causes profondes et de prendre des mesures correctives. En effet, l'objectif est d'améliorer les activités, et non de trouver quelqu'un à blâmer.

10.2 L'établissement des coûts de revient standards

OA1

Expliquer comment établir des standards pour les matières premières, la main-d'œuvre directe et les frais indirects de fabrication variables.

L'établissement de standards de coût d'achat et de quantité requiert l'expertise combinée de toutes les personnes qui ont la responsabilité de contrôler les coûts des intrants et leur utilisation efficace. Dans un contexte de fabrication, il peut s'agir de comptables, de responsables du service des achats, d'ingénieurs, de directeurs de production, de directeurs des services et de travailleurs de production. Les données historiques concernant les coûts d'achat et l'utilisation des intrants peuvent se révéler utiles pour l'établissement de standards. Toutefois, ces standards devraient être conçus en vue d'encourager l'efficience dans les activités à venir, et non la répétition d'activités passées non efficientes.

10.2.1 Les utilisateurs de coûts de revient standards

Les entreprises de fabrication et de service ainsi que les organismes à but non lucratif (OBNL) utilisent des standards à des degrés divers. Les centres auto comme Canadian Tire, par exemple, établissent souvent des standards précis relatifs au temps de main-d'œuvre requis pour l'exécution de certaines tâches telles que l'installation d'un carburateur ou d'une soupape. Par la suite, ils mesurent la performance réelle de leurs employés d'après ces standards. Les chaînes de restauration rapide comme Harvey's ont des standards précis concernant la quantité et le coût de la viande entrant dans un hamburger. Les hôpitaux ont des coûts standards en matière de repas, de buanderie et d'autres éléments pour chaque lit occupé par jour, ainsi que des normes concernant le temps alloué à certaines activités régulières comme les tests de laboratoire.

Les entreprises de fabrication emploient souvent des méthodes de coûts de revient standards très élaborées dans lesquelles les standards concernant les matières premières, la main-d'œuvre directe et les frais indirects de fabrication sont établis en détail pour chaque produit. La **fiche de coût standard** contient de l'information sur les quantités et les coûts standards des intrants nécessaires pour fabriquer une unité d'un produit précis. On calcule le coût de revient standard par unité en multipliant la quantité standard de chaque intrant requis pour fabriquer une unité de produit ou de service par le coût d'achat ou le taux de rémunération standard établi pour cet intrant. Les fiches de coût standard, qui étaient autrefois en format papier, sont maintenant créées en format électronique et mises à jour dans le système d'information comptable des entreprises. La présente section propose un exemple détaillé d'établissement de coûts standards en vue de la préparation d'une fiche de coût standard. Les coûts hors fabrication ne font pas partie de la fiche de coût standard. Cependant, une entreprise peut établir des standards pour les coûts hors fabrication si elle souhaite mieux les contrôler et en évaluer la performance. Dans la suite du chapitre, nous traiterons uniquement des coûts de fabrication. Les principes abordés peuvent cependant être appliqués aux coûts hors fabrication.

Fiche de coût standard

Liste détaillée des quantités standards de matières premières, de main-d'œuvre directe et de frais indirects de fabrication qui devraient être utilisées pour une unité de produit, multipliées par le coût d'achat ou le taux de rémunération standard établi pour chaque élément de coût.

L'utilisation des coûts standards dans les PME

Une enquête par questionnaire menée auprès de 247 propriétaires ou dirigeants de petites et moyennes entreprises (PME) indique que 78 % des répondants utilisent les coûts standards pour prévoir les coûts qui sont inclus dans leurs budgets. Par ailleurs, 83,3 % des répondants affirment comparer leurs données réelles relatives à l'exploitation à leurs budgets.

Source : Sylvie BERTHELOT et Janet MORRILL, *Strategy, Control Systems and Performance : An Empirical Study of Small and Medium Sized Enterprises (SME's)* [document de travail], Sherbrooke, Université de Sherbrooke, 2009, 20 p.

10.2.2 **Les standards théoriques et pratiques**

Les standards devraient-ils être réalisables en tout temps, seulement une partie du temps ou être si élevés qu'ils constituent en fait un idéal impossible à réaliser ? Les opinions des gestionnaires sur cette question varient. Toutefois, les standards ont tendance à entrer dans l'une des deux catégories suivantes : ils sont soit théoriques, soit pratiques.

Un **standard théorique** (ou **idéal**) est une norme atteignable seulement dans les meilleures conditions. Il ne tient pas compte du bris des machines ni d'aucune autre interruption de travail. Il requiert un niveau d'effort dont seuls les employés les plus habiles et les plus efficients sont capables en travaillant au maximum de leur capacité 100 % du temps. Certains gestionnaires considèrent que de tels standards sont une source de motivation. Selon eux, bien que les employés sachent qu'ils satisferont rarement à de telles exigences, elles leur rappellent la nécessité d'augmenter sans cesse l'efficience de leur travail et leurs efforts.

Toutefois, selon la plupart des gestionnaires, les standards théoriques ont tendance à décourager même les travailleurs les plus consciencieux. En outre, leur utilisation a pour effet d'enlever aux écarts une grande partie de leur pertinence. Effectivement, avec ces standards, il y a la plupart du temps des écarts importants, et il est difficile d'effectuer une gestion par exceptions. Peu d'entreprises ont recours à des standards théoriques.

Standard théorique (ou idéal)

Norme ne tenant compte d'aucun bris des machines ni d'autres interruptions de travail, et requérant une efficience maximale en tout temps.

10

Standard pratique

Norme qui tient compte des pannes de machines et autres interruptions normales du travail, et que les travailleurs moyens peuvent atteindre par des efforts raisonnables tout en étant efficients.

On définit les **standards pratiques** comme des normes établies à un niveau élevé mais accessible. Ces normes tiennent compte des temps d'arrêt normaux et des périodes de repos des employés. Grâce à des efforts raisonnables qui permettent d'être efficients, les travailleurs moyens sont en mesure de respecter ces normes. Les écarts relatifs à ces standards se révèlent très utiles aux gestionnaires parce qu'ils représentent des différences par rapport aux conditions normales d'exploitation et qu'ils leur indiquent les points où leur attention doit se concentrer. Les standards pratiques peuvent aussi s'avérer utiles à d'autres fins. Outre qu'ils signalent des situations qui s'éloignent des conditions normales, ils peuvent être employés pour faire des prévisions financières. Les standards théoriques, par contre, ne peuvent servir à de telles fins. Comme les coûts réels seront nécessairement supérieurs aux coûts standards théoriques, ils génèrent des prévisions irréalistes, car celles-ci s'éloignent considérablement de la réalité.

Dans le reste de ce chapitre, nous supposerons que les gestionnaires utilisent des standards pratiques plutôt que théoriques.

10.2.3 L'établissement de standards concernant les matières premières

Nous allons employer l'entreprise Reproductions antiques inc. pour expliquer le développement et l'utilisation d'un système de coûts de revient standards.

L'entreprise a été mise sur pied il y a un an. Pour le moment, le seul produit qu'elle fabrique est une reproduction d'un appui-livres en étain datant du XVIIIᵉ siècle. On le fabrique en grande partie à la main, à l'aide d'outils de travail traditionnels des métaux. Par conséquent, il s'agit d'une entreprise à prédominance de main-d'œuvre et dont le procédé de fabrication requiert un degré d'habileté élevé.

Récemment, l'entreprise a augmenté son personnel pour profiter d'un accroissement imprévu de la demande d'appuis-livres. Elle avait commencé par un petit groupe d'employés expérimentés dans le travail de l'étain, mais elle a dû embaucher des travailleurs moins chevronnés pour accroître son rythme de production. Valérie Sirois est la directrice des finances de la compagnie. Elle a été embauchée pour mettre en place un système de coûts de revient.

La première tâche de Valérie Sirois consiste à préparer des standards de coût d'achat et de quantité pour la seule matière première importante de l'entreprise, les lingots d'étain. Le **coût d'achat standard par unité** des matières premières devrait refléter le coût final des matières au point de livraison, déduction faite de toute remise.

Après avoir consulté la directrice des achats, Valérie a rassemblé les renseignements ci-après sur le coût d'achat standard d'un kilogramme d'étain sous forme de lingot.

Coût d'achat standard par unité

Somme que l'entreprise devrait payer pour une unité de matières premières en tenant compte de la qualité, de la quantité achetée, du transport, de la réception et d'autres coûts semblables, et dont on soustrait toute forme de remises.

Coût d'achat de lingots d'étain de qualité supérieure (en lingots de 15 kg)	3,60 $ par kilogramme
Transport par camion depuis l'entrepôt du fournisseur	0,44
Réception et manutention	0,05
Moins : Remise sur achats	(0,09)
Coût d'achat standard	4,00 $ par kilogramme

Notons que ce coût d'achat standard s'applique à une qualité précise de matière première (qualité supérieure), achetée en lots de taille déterminée (lingots de 15 kg) et livrée par un type de transporteur particulier (en camion). Il tient aussi compte de la manutention et des remises sur achats. Si tout se déroule conformément à ces prévisions, le coût d'achat standard net d'un kilogramme d'étain devrait être de 4 $.

Pour les matières premières, la **quantité standard par unité** doit indiquer la quantité de matières premières entrant dans la fabrication de chaque unité du produit fini en tenant compte du gaspillage et des pertes, des rejets ainsi que d'autres manques d'efficience normaux. Après avoir consulté le directeur de la production, Valérie a

Quantité standard par unité

Quantité de matières premières qui devrait servir à fabriquer une unité de produit, en tenant compte du gaspillage, des pertes, des rejets et autres manques d'efficience semblables.

préparé les renseignements ci-après sur la quantité standard d'étain entrant dans la fabrication d'une paire d'appuis-livres.

Matériel requis selon la liste des matières pour une paire d'appuis-livres	2,7 kg
Gaspillage	0,2
Rejets	0,1
Quantité standard par paire d'appuis-livres	3,0 kg

Une **liste des matières** est une liste indiquant le type et la quantité de chaque élément de matière entrant dans la fabrication d'une unité de produit fini. Il s'agit d'un instrument pratique pour déterminer les matières de base par unité, mais dont les données devraient être ajustées pour tenir compte du gaspillage et d'autres facteurs, comme le montre le tableau précédent. Le terme «gaspillage» fait référence aux matières gaspillées dans le cours normal d'un processus de production. Les rejets désignent les unités perdues qui, étant défectueuses, doivent être mises au rebut. Le sujet des pertes normales est traité à l'annexe 10A disponible sur la plateforme *i+ Interactif*.

Bien qu'il soit courant que des entreprises incluent le gaspillage, les pertes et les rejets dans leur coût de revient standard, la tendance actuelle remet cette pratique en question. En gestion intégrale de la qualité (GIQ), comme dans l'approche six sigma, on vise à réduire au maximum le gaspillage ou les défectuosités. Lorsqu'une organisation intègre le gaspillage, les pertes et les rejets dans son coût de revient standard, elle devrait se fixer comme objectif de les réduire avec le temps par l'amélioration des procédés, de la formation et du matériel, et réviser leurs niveaux périodiquement.

Lorsqu'elle a établi les standards de coût et de quantité des matières premières, la directrice des finances peut calculer le coût standard de la matière première par unité de produit fini comme suit :

3,0 kg par unité	×	4,00 $ par kilogramme	=	12,00 $ par unité

Le montant de 12 $ apparaîtra sous forme d'un élément de la fiche de coût standard du produit.

10.2.4 L'établissement de standards concernant la main-d'œuvre directe

En général, on exprime les standards en matière de coût de la main-d'œuvre directe et de temps de main-d'œuvre directe sous forme de taux horaire et d'heures de main-d'œuvre. Le **taux horaire standard** de la main-d'œuvre directe comprend les salaires, les avantages sociaux et les autres coûts de la main-d'œuvre. En examinant les données portant sur les salaires du mois précédent et après avoir consulté le directeur de la production, la directrice des finances a pu déterminer le taux horaire standard de Reproductions antiques inc. comme suit :

Taux horaire de base	15,00 $
Avantages sociaux, 40 %	6,00
Taux standard par heure de main-d'œuvre directe	21,00 $

Un grand nombre d'entreprises calculent un seul taux standard pour tous les employés d'un même service ou atelier de production. Ce montant reflète la combinaison des travailleurs prévue bien que les taux horaires réels puissent varier compte tenu

Liste des matières

Liste des quantités de tous les types de matières requises pour la fabrication d'une unité de produit.

10

Taux horaire standard

Taux horaire de la main-d'œuvre qui devrait être engagé par heure de travail, et qui comprend les avantages sociaux et les autres coûts de la main-d'œuvre.

des compétences ou de l'ancienneté de chacun. Un seul taux horaire standard simplifie l'utilisation des coûts standards. Il permet au gestionnaire de contrôler l'« utilisation » des employés à l'intérieur des services. Nous y reviendrons un peu plus loin. D'après le calcul précédent, le taux horaire de la main-d'œuvre directe de Reproductions antiques inc. devrait s'élever à 21 $.

Temps standard par unité

Nombre d'heures de travail qui devraient être requises pour fabriquer une seule unité de produit, en tenant compte des bris, des arrêts de machines, du nettoyage, des rejets et des autres manques d'efficience normaux.

Le temps standard de main-d'œuvre directe requis pour fabriquer une unité de produit, appelé généralement **temps standard par unité**, est peut-être la norme unitaire la plus difficile à déterminer. Une des méthodes pour la calculer consiste à diviser chaque opération effectuée sur un produit en des mouvements corporels de base (par exemple, allonger le bras, pousser un objet ou le retourner). On peut même se procurer des tableaux de temps standards pour de tels mouvements. Il est possible d'appliquer ces temps aux mouvements puis d'en faire l'addition pour déterminer le temps standard total requis par opération. Une autre méthode consiste à faire appel à un ingénieur industriel pour qu'il effectue une étude sur le temps et les mouvements au cours de laquelle il chronomètre certaines tâches. Comme nous l'avons vu précédemment, le temps standard doit comprendre du temps supplémentaire pour les pauses-café, les besoins personnels des employés, le nettoyage et les arrêts de machines. Après avoir consulté le directeur de la production, voici ce que la directrice des finances a préparé sur le temps standard par unité.

Temps de travail de base par unité..	1,9 h
Temps alloué aux pauses et aux besoins personnels des employés	0,1
Temps alloué au nettoyage et aux arrêts de machines..	0,3
Temps alloué aux rejets	0,2
Temps standard par unité de produit	2,5 h

Après l'établissement des standards en matière de taux horaire et de temps, il est possible de calculer le coût standard de la main-d'œuvre directe par unité de produit comme suit :

$$2,5 \text{ h par unité} \quad \times \quad 21,00 \text{ \$ l'heure} \quad = \quad 52,50 \text{ \$ par unité}$$

Ce montant de 52,50 $ est, avec le coût des matières premières, l'un des éléments de la fiche de coût standard du produit.

Les heures de travail ont diminué de manière relative dans certaines organisations, en particulier dans les entreprises de fabrication fortement automatisées. Toutefois, les entreprises de service ainsi que nombre d'entreprises de construction et de transformation ont encore beaucoup de main-d'œuvre et veulent connaître le rendement de leurs employés. Le temps standard indique aux employés ce que la direction attend d'eux et aux gestionnaires comment la main-d'œuvre devrait être « utilisée ». Le temps standard aide à formuler, à tester et à réviser les plans de l'organisation. Plus précisément, ces normes et les comparaisons qu'elles permettent avec le temps de travail réel peuvent servir à stimuler les employés et les gestionnaires. Elles peuvent les influencer dans l'établissement de leurs propres objectifs. Lorsque les standards sont perçus comme réalistes et que les écarts par rapport à ces normes sont utilisés de façon équitable et constructive, les employés peuvent être motivés à travailler pour réaliser les objectifs de l'organisation tels qu'ils sont communiqués par ces standards. Les sentiments de réussite ou d'échec exercent une influence sur le rendement ; de même, la pression peut stimuler les employés ou les intimider. On peut assister à une diminution progressive des efforts et des niveaux de rendement lorsque les standards sont établis de façon inappropriée et utilisés sans discernement.

Mentionnons également que, à force d'exécuter leurs tâches, les travailleurs acquièrent des compétences qui permettent de diminuer le temps initialement alloué à une activité. Les courbes d'apprentissage peuvent servir à réviser les temps standards. L'annexe 10B disponible sur la plateforme *i+ Interactif* porte sur le calcul du temps de la main-d'oeuvre à l'aide des courbes d'apprentissage.

10.2.5 L'établissement de standards pour les frais indirects de fabrication variables

Comme dans le cas de la main-d'œuvre directe, les standards en matière de coût et de quantité relatifs aux frais indirects de fabrication variables sont généralement exprimés sous forme de taux et d'heures. Le taux représente la partie variable du taux d'imputation prédéterminé des frais indirects de fabrication dont il a été question au chapitre 5. La détermination du taux requiert une estimation du coût unitaire et de la quantité de chacun des éléments composant les frais indirects de fabrication variables. Les heures correspondent à n'importe quelle base horaire utilisée pour imputer des frais indirects de fabrication aux unités de produit (le plus souvent des heures-machines ou des heures de main-d'œuvre directe, comme nous l'avons vu au chapitre 5). Chez Reproductions antiques inc., la partie variable du taux d'imputation prédéterminé des frais indirects de fabrication est de 3 $ par heure de main-d'œuvre directe. Par conséquent, les frais indirects de fabrication variables standards par unité se calculent comme suit:

$$2,5 \text{ h par unité} \quad \times \quad 3,00 \text{ $ l'heure} \quad = \quad 7,50 \text{ $ par unité}$$

Le taux d'imputation prédéterminé de 3 $ par heure représente le coût standard par heure de main-d'œuvre directe pour les frais indirects de fabrication variables. Toute déviation du coût réel par rapport à cette norme se traduira par un écart sur frais indirects de fabrication variables.

Le montant de 7,50 $ constitue, avec le coût des matières premières et de la main-d'œuvre directe, un des éléments de la fiche de coût standard du tableau 10.1. Notons que l'on détermine le **coût de revient standard par unité** en multipliant la quantité standard d'intrants (ou facteurs de production) par le coût standard de l'intrant pour chacun des éléments de coûts. Ces éléments de coûts sont par la suite additionnés.

Coût de revient standard par unité

Coût de revient tel qu'il est indiqué sur la fiche de coût standard; on le calcule en multipliant la quantité standard de l'intrant (ou facteur de production) par le coût standard de l'intrant pour chaque élément de coût. Ces éléments de coût sont par la suite additionnés.

TABLEAU 10.1 La fiche de coût standard – coût variable de production

Facteurs de production (intrants) par unité	1) Quantité ou temps standard	2) Coût ou taux standard	3) Coût standard 1) × 2)
Matières premières	3,0 kg	4,00 $ le kilogramme	12,00 $
Main-d'œuvre directe	2,5 h	21,00 $ l'heure	52,50
Frais indirects de fabrication variables	2,5 h	3,00 $ l'heure	7,50
Total du coût variable standard par unité			72,00 $

10.2.6 Les standards et les budgets

Le coût de revient standard des matières premières de Reproductions antiques inc. est de 12 $ par paire d'appuis-livres. Si l'entreprise devait fabriquer 1 000 paires d'appuis-livres au cours d'une période budgétaire, le coût budgété ou prévu des matières premières serait de 12 000 $. En fait, si une entreprise dispose de coûts standards, ils seront utilisés pour établir le budget. Si l'entreprise n'a pas déterminé de coûts standards, elle devra estimer ses coûts unitaires de production pour établir son budget. Dans ce cas, le coût unitaire « estimé » est moins précis que le coût standard.

10.3 Un modèle général pour l'analyse des écarts

Les standards se divisent en deux catégories : les standards de coût et ceux de quantité. La raison est simple. En fait, ce ne sont généralement pas les mêmes gestionnaires qui sont chargés de l'achat et de l'utilisation des intrants, et ces deux activités ont lieu à des moments différents. Par exemple, dans le cas des matières premières, le directeur des achats a la responsabilité du coût, et il exerce cette responsabilité au moment de l'achat. Par contre, le directeur de la production contrôle la quantité de matières premières utilisées. Il exerce cette tâche lorsque ces matières entrent dans la fabrication de produits, ce qui peut avoir lieu des semaines ou même des mois après la date de leur achat. Il est donc important de distinguer nettement les écarts dus à des variations par rapport aux coûts standards et ceux dus à des différences par rapport aux quantités standards. Les responsabilités de l'achat et de l'utilisation des intrants diffèrent, tout comme les facteurs causant les écarts. Du point de vue de la gestion par exceptions, il est important de connaître l'impact financier des écarts dus aux coûts et des écarts dus aux quantités afin que les gestionnaires concentrent leur analyse sur les catégories d'écarts qui sont significatives. Les différences entre les coûts standards et les coûts réels, et entre les quantités standards et les quantités réelles portent le nom d'**écarts**. On appelle «analyse des écarts» l'opération qui consiste à calculer et à interpréter les écarts observés.

Un modèle général de calcul des écarts sur coûts standards pour les coûts variables est illustré à la figure 10.2. Ce modèle sépare les écarts sur coût d'achat des écarts sur quantité et montre comment calculer chaque catégorie. Nous l'emploierons tout au long du chapitre pour calculer les écarts relatifs aux matières premières, à la main-d'œuvre directe et aux frais indirects de fabrication variables. Nous discuterons plus loin dans ce chapitre d'un modèle pour le calcul des écarts sur frais indirects de fabrication fixes.

Quatre points devraient attirer notre attention à la figure 10.2. En premier lieu, notons qu'il est possible de calculer un écart sur coût et un écart sur quantité pour les trois éléments de coûts de fabrication variables — les matières premières, la main-d'œuvre directe et les frais indirects de fabrication — bien que l'écart ne porte pas le même nom dans les trois cas. Par exemple, l'écart sur coût devient un écart sur coût d'achat des matières premières dans le cas des matières premières, mais un écart sur taux horaire de la main-d'œuvre, dans le cas de la main-d'œuvre directe, et un écart sur dépense dans le cas des frais indirects de fabrication variables.

Écart

Différence entre les coûts et les quantités standards des intrants, et les coûts et les quantités réels de ces intrants.

10

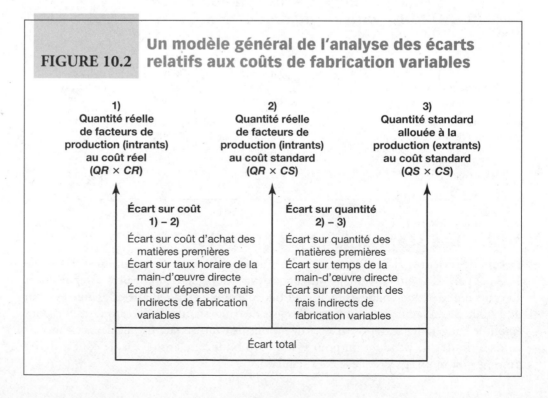

FIGURE 10.2 | Un modèle général de l'analyse des écarts relatifs aux coûts de fabrication variables

En deuxième lieu, bien que l'on puisse donner différents noms à un écart sur coût, on le calcule toujours de la même manière, qu'il s'agisse de matières premières, de main-d'œuvre directe ou de frais indirects de fabrication variables. Cela vaut aussi pour les écarts sur quantité.

En troisième lieu, notons que l'analyse des écarts est en réalité une forme d'analyse intrants-extrants. Les intrants comprennent la quantité réelle de matières premières et de main-d'œuvre directe utilisée, et les frais indirects de fabrication variables engagés. Les extrants représentent la production de la période exprimée sous forme de quantité standard allouée (ou de temps standard alloué) à la production réelle (*voir la colonne 3 de la figure 10.2*). Les expressions **quantité standard allouée** et **temps standard alloué** désignent les quantités de matières premières, de main-d'œuvre directe ou de frais indirects de fabrication variables qui auraient dû être utilisées ou engagées pour obtenir la production réelle de la période. Il peut s'agir de quantités supérieures ou inférieures aux quantités de matières premières, de main-d'œuvre directe et de frais indirects de fabrication réellement utilisées ou engagées selon le degré d'efficience réelle des activités. Notons que les quantités réelles utilisées proviennent des documents comptables comme les bons de sortie et les feuilles de bons de travail ou feuilles de temps. Toutefois les quantités standards allouées sont calculées en multipliant le nombre réel d'unités produites par l'intrant standard alloué par unité.

Quatrièmement, remarquez que la quantité inscrite dans la colonne 3 ($QS \times CS$) présente le budget flexible pour la période. Au chapitre 9, nous avons préparé une version simplifiée d'un budget flexible basé sur la multiplication de la quantité réelle d'unités produites pendant l'année et du coût budgété par unité. Lorsqu'on utilise la méthode des coûts standards, le budget flexible est établi en fonction de la quantité standard de matières premières pour la production réelle obtenue multipliée par le coût d'achat standard par unité. Comme nous le verrons dans les sections ci-après, cette méthode de calcul du budget flexible permet de décomposer l'écart budgétaire d'une période en ses composantes : le coût (taux ou dépenses) et la quantité (efficience).

En ce qui concerne l'analyse des écarts, il est essentiel de noter la différence entre les standards préétablis en termes de coûts unitaires et de coûts totaux. Par exemple, le coût d'achat unitaire standard des matières est de 4 $ par kilogramme d'étain, mais comme on en utilise 3 kilogrammes par paire d'appuis-livres, c'est-à-dire par unité de production, le coût standard par paire est de 12 $. Toutefois, lorsqu'on détermine les écarts, il faut tenir compte de la quantité standard de matières premières pour la production de la période, soit 2 000 paires d'appuis-livres.

En gardant en mémoire ce modèle général, nous allons maintenant examiner plus en détail les écarts sur coût et les écarts sur quantité.

Quantité standard allouée

Quantité de matières premières qui aurait dû être utilisée pour terminer la production d'une période et calculée en multipliant le nombre réel d'unités produites (ou la production équivalente) par la quantité standard par unité.

Temps standard alloué

Heures de main-d'œuvre qui auraient dû être consacrées pour terminer la production d'une période, qu'on calcule en multipliant le nombre réel d'unités produites (ou la production équivalente) par le temps standard par unité.

10.4 L'utilisation des coûts de revient standards et les écarts relatifs aux matières premières

Après avoir déterminé les coûts de revient standards des matières premières, de la main-d'œuvre directe et des frais indirects de fabrication variables, la directrice des finances de Reproductions antiques inc. a calculé les écarts du mois de juin. Comme nous l'avons vu dans la section précédente, on détermine les écarts en comparant les coûts standards aux coûts réels. Pour simplifier cette comparaison, Mme Sirois s'est référée aux données sur les coûts de revient standards du tableau 10.1 (*voir la page 497*). D'après ces données, le coût de revient standard des matières premières par unité de produit correspond à ce qui suit :

OA2

Calculer les écarts sur coût d'achat et sur quantité des matières premières, et les expliquer.

| 3,0 kg par unité | × | 4,00 $ par kilogramme | = | 12,00 $ par unité |

Le livre des achats de Reproductions antiques inc. du mois de juin indique que l'entreprise s'est procuré 6 500 kilogrammes d'étain à 3,80 $ le kilogramme. Ce coût comprend le transport et la manutention, et a été diminué de la remise sur achats en gros. Toute la matière première achetée a été utilisée au cours du mois de juin et a servi à fabriquer 2 000 paires d'appuis-livres en étain. À l'aide de ces données et des coûts de revient standards du tableau 10.1 (*voir la page 497*), Mme Sirois a calculé les écarts sur coût d'achat et sur quantité indiqués à la figure 10.3.

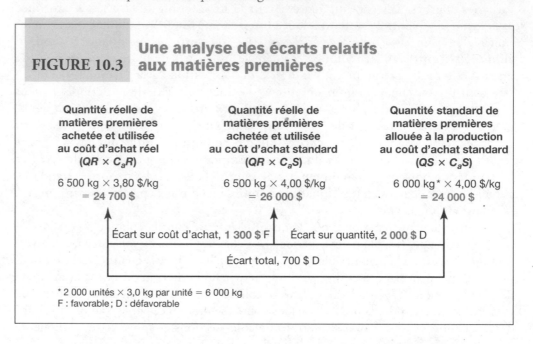

FIGURE 10.3 Une analyse des écarts relatifs aux matières premières

Quantité réelle de matières premières achetée et utilisée au coût d'achat réel ($QR \times C_aR$)	Quantité réelle de matières premières achetée et utilisée au coût d'achat standard ($QR \times C_aS$)	Quantité standard de matières premières allouée à la production au coût d'achat standard ($QS \times C_aS$)
6 500 kg × 3,80 $/kg = 24 700 $	6 500 kg × 4,00 $/kg = 26 000 $	6 000 kg* × 4,00 $/kg = 24 000 $

Écart sur coût d'achat, 1 300 $ F   Écart sur quantité, 2 000 $ D

Écart total, 700 $ D

* 2 000 unités × 3,0 kg par unité = 6 000 kg
F : favorable ; D : défavorable

Les trois flèches de la figure 10.3 pointent en direction de trois coûts totaux différents. Le premier montant, **24 700 $**, représente le coût total réel de l'étain acheté et utilisé dans la production au cours du mois de juin. Le deuxième, **26 000 $**, correspond à ce que la même quantité d'étain aurait coûté si cette matière première avait été achetée au coût standard de 4,00 $ le kilogramme plutôt qu'au coût réel de 3,80 $ le kilogramme. La différence de **1 300 $** entre les deux montants (26 000 $ − 24 700 $) constitue l'écart sur coût d'achat. Elle découle du fait que le coût d'achat réel était inférieur de 0,20 $ par kilogramme au coût d'achat standard. Comme l'entreprise a acheté 6 500 kg, le montant total de l'écart s'élève à 1 300 $ (soit 0,20 $ × 6 500 kg). Cet écart est considéré comme favorable (F) puisque le coût d'achat réel est inférieur au coût d'achat standard. Un écart sur coût est considéré comme défavorable (D) lorsque le coût réel est supérieur au coût standard.

La troisième flèche de la figure 10.3 pointe en direction d'un montant de **24 000 $**. Cette somme correspond au coût de fabrication que l'entreprise aurait engagé pour l'étain si celui-ci avait été acheté au coût standard et si l'on avait utilisé, pour produire les 2 000 unités réelles d'appuis-livres, la quantité standard allouée. D'après les standards, il faut 3 kg d'étain par unité. Comme l'entreprise a fabriqué 2 000 unités, la quantité d'étain utilisée aurait dû être de 6 000 kg. C'est ce qu'on appelle la « quantité standard allouée à la production ». Si les 6 000 kg d'étain avaient été achetés au coût d'achat standard de 4 $ le kilogramme, ils auraient coûté 24 000 $. La différence entre ce montant (24 000 $) et le montant vers lequel pointe la flèche du milieu de la figure 10.3, soit 26 000 $, constitue un écart sur quantité de **2 000 $**.

On comprend mieux cet écart sur quantité quand on sait que la quantité réelle d'étain utilisée dans la production des 2 000 appuis-livres était de 6 500 kg. Toutefois, la quantité standard de cette matière première allouée à la production réelle des 2 000 unités est fixée à seulement 6 000 kg. Par conséquent, un total de 500 kg d'étain en excès a été consommé dans la fabrication des 2 000 unités d'appuis-livres. Pour exprimer cette situation en dollars, il suffit de multiplier les 500 kg par le coût d'achat standard de 4 $ par kilogramme afin d'obtenir l'écart sur quantité de **2 000 $**. Pourquoi utiliser le coût d'achat standard de l'étain plutôt que son coût réel dans ce calcul ? En général, c'est au directeur de production que revient la responsabilité de l'écart sur quantité. Si l'on employait le coût réel dans le calcul de cet écart, l'efficience ou le manque d'efficience du directeur des achats serait inclus dans le montant de l'écart sur quantité. En plus d'être injuste, une telle situation occasionnerait des discussions stériles entre les deux directeurs chaque fois que le coût réel d'un intrant s'écarterait de son coût standard. Pour éviter ces discussions et établir un montant d'écart sur quantité qui ne tient compte que de l'intrant dont est responsable le directeur de production, soit la quantité, on recourt au coût d'achat standard dans le calcul de l'écart sur quantité.

L'écart sur quantité de la figure 10.3 est considéré comme défavorable. En effet, l'entreprise a utilisé plus d'étain pour fabriquer le nombre de produits réels que l'exige la norme. Un écart sur quantité est considéré comme défavorable lorsque la quantité réelle excède la quantité standard. Inversement, il est considéré comme favorable lorsque la quantité réelle est inférieure à la quantité standard.

Les calculs de la figure 10.3 reflètent le fait que la quantité totale de matière première achetée au cours du mois de juin a été utilisée pendant ce mois. Comment calcule-t-on les écarts lorsque la quantité des matières premières achetées diffère de la quantité utilisée ? En voici un exemple. Supposons qu'au cours du mois de juin, l'entreprise a acheté **6 500** kg de matières premières, comme précédemment, mais qu'elle a utilisé seulement **5 000** kg pendant cette période et qu'elle a produit seulement **1 600** unités. Dans ce cas, les écarts sur coût d'achat et sur quantité seraient ceux de la figure 10.4.

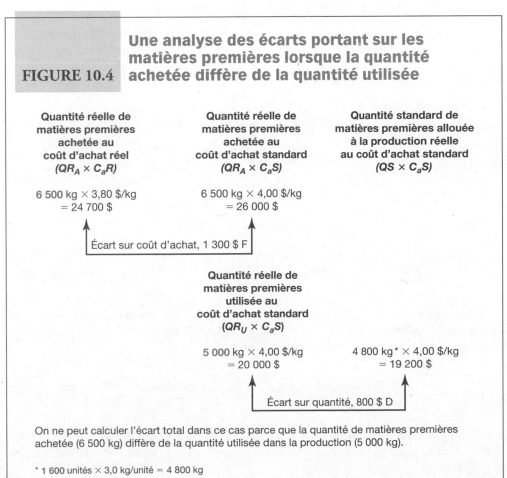

FIGURE 10.4 **Une analyse des écarts portant sur les matières premières lorsque la quantité achetée diffère de la quantité utilisée**

Quantité réelle de matières premières achetée au coût d'achat réel $(QR_A \times C_aR)$	Quantité réelle de matières premières achetée au coût d'achat standard $(QR_A \times C_aS)$	Quantité standard de matières premières allouée à la production réelle au coût d'achat standard $(QS \times C_aS)$
6 500 kg × 3,80 $/kg = 24 700 $	6 500 kg × 4,00 $/kg = 26 000 $	

Écart sur coût d'achat, 1 300 $ F

Quantité réelle de matières premières utilisée au coût d'achat standard $(QR_U \times C_aS)$

5 000 kg × 4,00 $/kg = 20 000 $	4 800 kg* × 4,00 $/kg = 19 200 $

Écart sur quantité, 800 $ D

On ne peut calculer l'écart total dans ce cas parce que la quantité de matières premières achetée (6 500 kg) diffère de la quantité utilisée dans la production (5 000 kg).

* 1 600 unités × 3,0 kg/unité = 4 800 kg
F : favorable ; D : défavorable

10

La plupart des entreprises calculent l'écart sur coût d'achat des matières premières au moment de l'achat des matières premières plutôt qu'au moment où elles sont utilisées en production, principalement pour deux raisons. Premièrement, cette démarche permet d'isoler plus tôt l'écart sur coût d'achat puisque les matières premières peuvent rester en entreposage avant d'être utilisées. Deuxièmement, le fait d'isoler l'écart sur coût d'achat au moment de l'achat des matières premières permet aussi aux entreprises de constater leurs matières premières dans les comptes de stock au coût standard. Un tel procédé simplifie grandement l'attribution des coûts des matières premières aux produits en cours. L'annexe 10C disponible sur la plateforme *i+ Interactif* présente des exemples d'écritures de journal dans un système de coûts de revient standards. Notons cependant que, dans un environnement de production qui fonctionne avec un système JAT, l'achat de la matière première et son utilisation dans la production sont presque simultanés, ce qui permet de calculer les écarts sur coût d'achat et sur quantité des matières premières au même moment.

Notons que, dans la figure 10.4 (*voir la page 501*), l'écart sur coût d'achat se calcule à partir de la quantité totale de matière première achetée (6 500 kg), comme précédemment, tandis que l'écart sur quantité est calculé seulement sur la portion de cette matière première qui est utilisée en production au cours du mois (5 000 kg). L'écart sur quantité relatif aux 1 500 kilogrammes de matières premières achetés au cours du mois, mais non utilisés dans la production (6 500 kg achetés − 5 000 kg utilisés), sera calculé dans une période à venir lorsque ces matières premières seront sorties du stock et utilisées en production. La situation illustrée à la figure 10.4 s'observe couramment au sein des entreprises qui achètent leurs matières premières bien avant de les utiliser et qui les entreposent jusqu'au moment de s'en servir en production.

10.4.1 Un examen approfondi de l'écart sur coût d'achat des matières premières

Écart sur coût d'achat des matières premières

Mesure de la différence entre le coût réel unitaire payé pour un article et le coût standard, multipliée par la quantité achetée.

L'**écart sur coût d'achat des matières premières** mesure la différence entre le montant payé pour une quantité donnée de matières premières et le montant qui aurait dû être payé d'après le standard prédéterminé. Voici la formule pour calculer cette différence, comme on peut la déduire de la figure 10.3 (*voir la page 500*).

$$\text{Écart sur coût d'achat des matières premières} = (QR \times C_aR) - (QR \times C_aS)$$

Quantité réelle — Coût d'achat réel — Coût d'achat standard

Pour simplifier cette expression, il suffit de la présenter comme suit :

$$\text{Écart sur coût d'achat des matières premières} = QR\,(C_aR - C_aS)$$

Certains gestionnaires préfèrent cette formule simplifiée puisqu'elle leur permet de calculer très rapidement l'écart en question. En reportant dans cette formule les données de la figure 10.3, on obtient le montant suivant :

$$6\ 500 \text{ kg} \,(3,80 \text{ \$ par kilogramme} - 4,00 \text{ \$ par kilogramme}) = 1\ 300 \text{ \$ F}$$

Notons que cette formule permet d'obtenir la même réponse que celle de la figure 10.3. Voici ce à quoi ressemblerait un rapport d'analyse de la performance dans lequel on inscrirait ces données.

REPRODUCTIONS ANTIQUES INC.
Rapport d'analyse de la performance – Service des achats

Type de matières premières	1) Quantité achetée	2) Coût réel	3) Coût standard	4) Différence de coût 2) − 3)	5) Écart total sur coût d'achat 1) × 4)	Explication
Étain..............................	6 500 kg	3,80 $/kg	4,00 $/kg	0,20 $/kg	1 300 $ F	La transaction a été conclue à un coût particulièrement favorable.

F : favorable ; D : défavorable

Le moment du calcul des écarts

À quel moment faut-il calculer les écarts et les porter à l'attention des dirigeants? En fait, le plus tôt est le mieux. Plus les différences par rapport aux standards sont signalées rapidement, plus les problèmes peuvent être évalués et réglés sans tarder. Lorsqu'on laisse s'écouler de longues périodes entre les calculs d'écarts, des coûts qui autrement auraient pu être contrôlés peuvent s'accumuler au point de nuire de façon significative à la performance financière.

Lorsque le rapport d'analyse de la performance est prêt, comment la direction se sert-elle des données relatives aux écarts sur coût? Elle doit considérer les écarts les plus importants comme des signaux avertisseurs visant à attirer l'attention sur la présence d'une exception exigeant des explications, et peut-être même un effort de suivi. En règle générale, le rapport d'analyse de la performance contient des explications des causes de l'écart, comme nous l'avons illustré précédemment. Dans le cas de Reproductions antiques inc., la directrice des achats a précisé que l'écart sur coût d'achat favorable était dû à une négociation pour obtenir un coût d'achat très avantageux.

La responsabilité de l'écart

Qui a la responsabilité de l'écart sur coût d'achat des matières premières? De façon générale, le directeur des achats exerce un contrôle sur le coût d'achat des matières premières, de sorte qu'il doit répondre de tout écart sur coût. Un grand nombre de facteurs influent sur ces coûts, entre autres le nombre d'unités commandées dans un lot, le mode de livraison de la commande, le fait qu'il s'agisse ou non d'une commande urgente, et la qualité des matières premières achetées. Une différence dans n'importe lequel de ces facteurs par rapport à ce que l'on présumait au moment de l'établissement des standards peut entraîner un écart sur coût d'achat. Par exemple, l'achat de matières premières de moindre qualité plutôt que de qualité supérieure occasionne souvent un écart sur coût d'achat favorable puisque les matières premières de qualité inférieure coûtent d'ordinaire moins cher que les autres. Elles peuvent toutefois aussi convenir moins bien à la production.

Il arrive parfois qu'une autre personne que le directeur des achats ait la responsabilité de l'écart sur coût d'achat des matières premières. Par exemple, la production peut être organisée de telle manière que le directeur des achats soit obligé de demander une livraison de matières premières par avion plutôt que par camion. Dans de tels cas, c'est le directeur de la production qui aurait à justifier les écarts sur coût d'achat qui en résulteraient.

Une mise en garde s'impose ici. L'analyse des écarts ne devrait pas être utilisée comme prétexte pour mener des enquêtes sur les gestionnaires et les travailleurs, ou pour leur imposer des sanctions. Il faut insister sur la fonction de suivi et d'apprentissage de l'analyse des écarts, car elle est destinée à soutenir les gestionnaires et à les aider à atteindre les objectifs qu'ils ont établis pour l'entreprise. En d'autres termes, on doit mettre l'accent sur l'aspect positif de cette analyse, et non sur son côté répressif. S'appesantir indûment sur ce qui s'est passé, en particulier dans le but d'essayer de trouver quelqu'un à blâmer, peut se révéler destructeur pour le fonctionnement de toute organisation.

10

Question éclair   10.1

Montagne de jouets inc. a conçu un nouveau jouet, le Remue-méninges. Pour contrôler ses coûts, l'entreprise utilise un système de coûts de revient standards. Dans le cas du Remue-méninges, elle a établi les standards suivants:

Matières premières: 8 diodes par jouet à 0,30 $ par diode

Main-d'œuvre directe: 1,2 heure par jouet à 12 $ l'heure

Au cours du mois d'août, l'entreprise a fabriqué 5 000 Remue-méninges. Voici quelques données sur la fabrication de ces jouets pour le mois d'août:

Matières premières: L'entreprise a acheté 70 000 diodes au coût de 0,28 $ par unité. À la fin du mois, 20 000 de ces diodes se trouvaient encore dans le stock (et il n'y avait aucun stock au début du mois).

Main-d'œuvre directe: La main-d'œuvre directe a travaillé pendant 6 400 heures au coût total de 83 200 $.

Calculez l'écart sur coût d'achat des matières premières pour le mois d'août. Quelle pourrait être la cause de cet écart?

10.4.2 Un examen approfondi de l'écart sur quantité des matières premières

Écart sur quantité des matières premières

Mesure de la différence entre la quantité réelle de matières premières utilisée dans la production et la quantité standard allouée, multipliée par le coût d'achat standard unitaire des matières premières.

L'écart sur quantité des matières premières est une mesure de la différence entre la quantité de matières premières utilisée dans la production et la quantité qui aurait dû être utilisée d'après les standards alloués. Bien que cet écart porte sur l'utilisation physique de matières premières, il est généralement énoncé en dollars, comme le montre la figure 10.3 (*voir la page 500*). Voici la formule servant à calculer l'écart sur quantité des matières premières.

Écart sur quantité des matières premières $= (QR \times C_aS) - (QS \times C_aS)$

- Quantité réelle
- Coût d'achat standard
- Quantité standard allouée à la production

Encore une fois, cette formule peut être simplifiée:

Écart sur quantité des matières premières $= C_aS (QR - QS)$

Si l'on intègre les données de la figure 10.3 à cette formule, on obtient les chiffres suivants:

4,00 $ par kilogramme (6 500 kg − 6 000 kg*) = 2 000 $ D

* 2 000 unités × 3,0 kg par unité = 6 000 kg

Bien entendu, la réponse est la même que celle de la figure 10.3. Ces données se présenteraient comme suit dans un rapport d'analyse de la performance.

REPRODUCTIONS ANTIQUES INC.
Rapport d'analyse de la performance – Service de la production

Type de matières premières	1) Coût standard	2) Quantité réelle	3) Quantité standard allouée	4) Différence de quantité 2) − 3)	5) Écart total sur quantité 1) × 4)	Explication
Étain.................................	4,00 $/kg	6 500 kg	6 000 kg	500 kg	2 000 $ D	La matière première est de moindre qualité et moins efficiente pour la production.

F: favorable; D: défavorable

L'écart sur quantité des matières premières est calculé lorsque celles-ci se trouvent au stade de la production. Différents facteurs peuvent entraîner une utilisation excessive des matières premières, entre autres des machines défectueuses, des matières premières de qualité inférieure, des travailleurs n'ayant pas reçu une formation suffisante, et une supervision inappropriée. De façon générale, le service de la production doit s'assurer que l'utilisation des matières premières respecte les standards. Toutefois, il peut arriver qu'un écart sur quantité des matières premières soit attribuable au service des achats quand, par exemple, ce service se procure des matières premières de qualité inférieure dans le but d'économiser sur le coût. Ces matières premières pourraient alors être moins appropriées pour la production, et il en résulterait un gaspillage excessif. Dans ce cas, le directeur des achats, et non celui de la production, devrait porter la responsabilité de l'écart sur quantité. Le directeur de la production de Reproductions antiques inc. a affirmé que des matières premières de piètre qualité pouvaient expliquer l'écart sur quantité défavorable du mois de juin.

L'annexe 10D disponible sur la plateforme *i+ Interactif* présente une analyse plus poussée de l'écart sur quantité des matières premières lorsque l'entreprise utilise plusieurs sortes de matières premières.

Question éclair 10.2

À partir des données sur l'entreprise Montagne de jouets inc. présentées à la question éclair 10.1, calculez l'écart sur quantité des matières premières pour le mois d'août, et indiquez-en une cause possible.

10.5 L'utilisation des coûts de revient standards et les écarts relatifs à la main-d'œuvre

L'étape suivante de la démarche de Mme Sirois dans la détermination des écarts de Reproductions antiques inc. survenus en juin consiste à calculer les écarts sur coûts de la main-d'œuvre directe pour le mois. D'après le tableau 10.1 (*voir la page 497*), le coût standard de la main-d'œuvre directe par unité de produit s'élève à 52,50 $, montant qui a été calculé comme suit :

OA3

Calculer les écarts sur taux et sur temps de la main-d'œuvre directe, et les expliquer.

2,5 h par unité	×	21,00 $ par heure	= 52,50 $ par unité

Au cours du mois de juin, l'entreprise a versé à sa main-d'œuvre directe 108 000 $ pour 5 400 heures de travail, ce qui comprend les avantages sociaux. Il s'agit d'une moyenne de 20,00 $ l'heure. À l'aide de ces données et des coûts standards du tableau 10.1, Mme Sirois a calculé l'écart sur taux horaire et l'écart sur temps de la main-d'œuvre directe de la figure 10.5.

Notons que les titres des colonnes de la figure 10.5 sont similaires à ceux des deux figures précédentes. Les termes « quantité » et « coût » y sont remplacés par « temps » et « taux ».

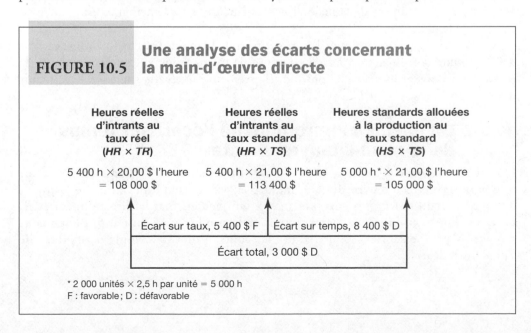

FIGURE 10.5 **Une analyse des écarts concernant la main-d'œuvre directe**

Heures réelles d'intrants au taux réel (*HR* × *TR*)	Heures réelles d'intrants au taux standard (*HR* × *TS*)	Heures standards allouées à la production au taux standard (*HS* × *TS*)
5 400 h × 20,00 $ l'heure = 108 000 $	5 400 h × 21,00 $ l'heure = 113 400 $	5 000 h* × 21,00 $ l'heure = 105 000 $

Écart sur taux, 5 400 $ F | Écart sur temps, 8 400 $ D

Écart total, 3 000 $ D

* 2 000 unités × 2,5 h par unité = 5 000 h
F : favorable ; D : défavorable

10

10.5.1 Un examen approfondi de l'écart sur taux de la main-d'œuvre directe

L'écart sur taux de la main-d'œuvre directe (ou **écart sur taux horaire**) sert à mesurer toute différence par rapport aux standards quant au taux horaire moyen versé à la main-d'œuvre directe et s'exprime par la formule suivante :

$$\text{Écart sur taux de la main-d'œuvre directe} = (\underset{\substack{\text{Heures}\\\text{réelles}}}{HR} \times \underset{\substack{\text{Taux}\\\text{réel}}}{TR}) - (HR \times \underset{\substack{\text{Taux}\\\text{standard}}}{TS})$$

On peut simplifier cette formule comme suit :

$$\text{Écart sur taux de la main-d'œuvre directe} = HR\,(TR - TS)$$

Si l'on intègre les données de la figure 10.5 (*voir la page 505*) à cette formule, on obtient le montant suivant :

$$5\,400\ \text{h}\ (20,00\ \$\ \text{l'heure} - 21,00\ \$\ \text{l'heure}) = 5\,400\ \$\ \text{F}$$

Dans la plupart des entreprises, les salaires versés aux travailleurs sont des facteurs prévisibles. Néanmoins, des écarts sur taux horaire peuvent être occasionnés par la façon dont la main-d'œuvre est «utilisée». Par exemple, des travailleurs qualifiés, qui reçoivent des taux horaires élevés, se voient parfois confier des tâches requérant peu de qualifications et généralement rémunérées à des taux horaires beaucoup moindres. Il en résulte des écarts sur taux horaire défavorables puisque le taux horaire réel excède le taux horaire standard pour l'exécution des tâches en question. À l'inverse, on assigne parfois à des travailleurs non qualifiés ou sans formation appropriée des tâches requérant certaines qualifications ou une formation donnée. En raison du taux horaire moins élevé de cette main-d'œuvre, l'écart sur taux horaire sera favorable, même si les travailleurs se révéleront peut-être d'une efficience moindre. Enfin, on peut observer des écarts sur taux horaire défavorables lorsque des travailleurs effectuent des heures supplémentaires à taux majoré si une partie quelconque de la majoration pour heures supplémentaires est ajoutée au compte de la main-d'œuvre directe.

Qui est chargé du contrôle de l'écart sur taux de la main-d'œuvre? Comme ce type d'écart résulte d'ordinaire de la façon d'utiliser la main-d'œuvre, les responsables de la production doivent exercer un contrôle relativement aux écarts sur taux de la main-d'œuvre directe.

10.5.2 Un examen approfondi de l'écart sur temps de la main-d'œuvre directe

L'écart sur quantité relatif à la main-d'œuvre directe, appelé couramment **écart sur temps de la main-d'œuvre directe**, mesure la productivité du temps de la main-d'œuvre. Aucun écart n'est surveillé aussi attentivement par la direction. En effet, on croit d'ordinaire qu'une augmentation de la productivité du temps de la main-d'œuvre s'avère essentielle pour réduire les coûts. Voici la formule permettant de calculer cet écart.

$$\text{Écart sur temps de la main-d'œuvre directe} = (HR \times TS) - (HS \times TS)$$

Heures réelles   Taux standard   Heures standards allouées à la production

Cette formule peut être simplifiée comme suit :

$$\text{Écart sur temps de la main-d'œuvre directe} = TS\,(HR - HS)$$

À l'aide des données de la figure 10.5 (*voir la page 505*), on obtient le montant suivant :

$$21,00\ \$\ \text{l'heure}\ (5\,400\ \text{h} - 5\,000\ \text{h*}) = 8\,400\ \$\ \text{D}$$

* 2 000 unités × 2,5 h par unité = 5 000 h

Un écart sur temps de la main-d'œuvre défavorable peut s'expliquer par une formation insuffisante ou un manque de motivation des travailleurs, une piètre qualité des matières premières dont le traitement requiert plus de temps de main-d'œuvre, un équipement défectueux qui occasionne des pannes et des arrêts de travail, une supervision inefficace des travailleurs et des normes imprécises. En général, les gestionnaires chargés de la production ont la responsabilité de contrôler l'écart sur temps de la main-d'œuvre. Toutefois, cet écart pourrait être attribuable au service des achats quand l'acquisition de matières premières de piètre qualité a entraîné plus d'heures de main-d'œuvre directe que le temps standard requis pour transformer cette matière première.

Lorsque, à court terme, l'essentiel de la main-d'œuvre est fixe, une demande insuffisante des produits de l'entreprise peut constituer une autre cause importante de l'écart sur temps de la main-d'œuvre défavorable. Dans certaines entreprises, le nombre d'heures réelles de main-d'œuvre directe est fixe, particulièrement à court terme. Selon les dirigeants de ces entreprises, il est difficile et peut-être même inconsidéré d'ajuster constamment le nombre de travailleurs en fonction des variations de la charge de travail. Par conséquent, la seule manière d'éviter un écart sur temps de la main-d'œuvre défavorable dans de telles entreprises consiste à maintenir tous les employés occupés en tout temps. Le choix de réduire le nombre d'employés disponibles n'existe tout simplement pas.

Ainsi, lorsque les commandes des clients sont insuffisantes pour faire travailler les employés, le gestionnaire a deux possibilités : soit il accepte un écart sur temps de la main-d'œuvre défavorable, soit il accumule des stocks. Or, l'étude de la production optimisée a démontré qu'accumuler des stocks sans perspective de les vendre rapidement ne constitue pas une solution viable. Quand les stocks s'accumulent, on risque de se retrouver avec des taux élevés de défectuosité, des marchandises désuètes et des activités généralement non efficientes. Par conséquent, lorsque la main-d'œuvre directe est essentiellement fixe à court terme, les gestionnaires doivent être prudents avant de prendre une décision qui permettrait d'éviter les écarts sur temps de la main-d'œuvre directe. Certains conseillent même de ne pas agir et de laisser ces écarts se produire, du moins lorsqu'il s'agit de motiver les employés et de contrôler leur travail dans l'atelier.

10

Question éclair   **10.3**

À partir des données sur l'entreprise Montagne de jouets inc. présentées à la question éclair 10.1 (*voir la page 504*), calculez l'écart sur taux de la main-d'œuvre directe ainsi que l'écart sur temps de la main-d'œuvre directe, puis indiquez une cause possible pour chacun.

SUR LE TERRAIN

Le temps standard

Operations Workforce Optimization (OWO), qui fait maintenant partie d'Accenture Ltd., offre des solutions logicielles pour réduire le manque d'efficience de la main-d'œuvre dans les milieux de vente au détail. S'inspirant des concepts de l'étude des temps et mouvements d'abord mis au point par le pionnier de l'organisation scientifique du travail Frederick Taylor pour les aciéries et les usines, OWO commence par diviser en unités quantitatives les tâches telles que le traitement du passage à la caisse des clients, puis elle leur attribue des durées d'exécution standards, qu'on appelle « normes scientifiques de main-d'œuvre ». Elle conçoit ensuite des logiciels pour aider les magasins de détail à surveiller le travail de leurs employés. Si des détaillants comme Gap Inc., Nike et Toys "R" Us mettent le logiciel d'OWO en œuvre, c'est qu'il leur permet de réduire leur coût de main-d'œuvre de 5 à 15 %. D'après OWO, en utilisant des normes scientifiques de main-d'œuvre, les détaillants peuvent évaluer le rendement de leurs employés et trouver des moyens de diminuer leur coût de main-d'œuvre, lequel constitue la dépense la plus importante qu'il est possible de contrôler dans les établissements de vente au détail.

Source: Vanessa O'CONNELL, « Stores Count Seconds to Cut Labor Costs », *The Wall Street Journal*, 13 novembre 2008, p. A1-A5.

10.6 L'utilisation des coûts de revient standards et les écarts sur frais indirects de fabrication variables

OA4

Calculer les écarts sur dépense et sur rendement des frais indirects de fabrication variables, et les expliquer.

L'étape suivante de l'analyse des écarts de Reproductions antiques inc. pour le mois de juin consiste à calculer les écarts sur frais indirects de fabrication variables. On peut analyser la partie variable des frais indirects de fabrication à l'aide des mêmes formules de base qui ont servi à évaluer les matières premières et la main-d'œuvre directe. Nous avons vu au tableau 10.1 (*voir la page 497*) que les frais indirects de fabrication variables standards s'élèvent à 7,50 $ par unité de produit.

2,5 h par unité $\times$ 3,00 $ l'heure = 7,50 $ par unité

D'après les livres de Reproductions antiques inc., le total des frais indirects de fabrication variables réels pour le mois de juin s'élevait à 15 390 $. En calculant les écarts sur main-d'œuvre directe, nous avons constaté précédemment que le temps de main-d'œuvre enregistré pour ce mois était de 5 400 heures, et que l'entreprise avait fabriqué 2 000 paires d'appuis-livres. L'analyse que la directrice des finances a faite des données relatives aux frais indirects de fabrication variables est reproduite à la figure 10.6.

Remarquez les ressemblances entre les figures 10.5 (*voir la page 505*) et 10.6. Elles sont dues au fait que les frais indirects de fabrication variables sont en relation étroite avec les heures de main-d'œuvre directe et qu'ainsi nous nous sommes servi des heures de main-d'œuvre directe comme unité d'œuvre pour déterminer le coût standard par unité d'œuvre des frais indirects de fabrication variables. Par conséquent, nous retrouvons les mêmes nombres d'heures à la figure 10.6 pour les frais indirects de fabrication variables que ceux de la figure 10.5 pour la main-d'œuvre directe. La principale différence entre les deux figures se situe du côté du taux horaire standard utilisé qui, dans cette entreprise, est plus bas en ce qui a trait aux frais indirects variables.

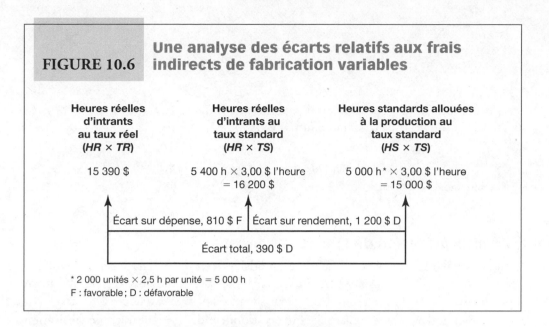

FIGURE 10.6 Une analyse des écarts relatifs aux frais indirects de fabrication variables

10.6.1 Un examen approfondi des écarts sur frais indirects de fabrication variables

La formule de l'**écart sur dépense en frais indirects de fabrication variables** s'exprime comme suit :

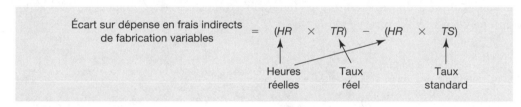

Cette formule peut être simplifiée comme suit :

$$\text{Écart sur dépense en frais indirects de fabrication variables} = HR (TR - TS)$$

En l'appliquant aux données de la figure 10.6, on obtient le montant suivant :

$$5\ 400\ h\ (2{,}85\ \$\ \text{l'heure}^* - 3{,}00\ \$\ \text{l'heure}) = 810\ \$\ F$$

* 15 390 \$ ÷ 5 400 h = 2,85 \$ l'heure

La formule de l'**écart sur rendement des frais indirects de fabrication variables** s'exprime comme suit :

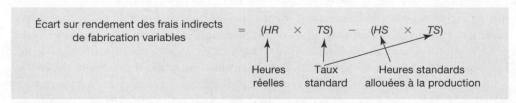

Écart sur dépense en frais indirects de fabrication variables

Différence entre les frais indirects de fabrication variables réels engagés au cours d'une période et les frais indirects de fabrication variables standards qui auraient dû être engagés d'après l'activité réelle de la période.

Écart sur rendement des frais indirects de fabrication variables

Différence entre l'activité réelle (les heures de main-d'œuvre directe, les heures-machines ou toute autre unité d'œuvre) d'une période et l'activité standard allouée, multipliée par la partie variable du taux d'imputation prédéterminé des frais indirects de fabrication variables[2].

10

---

2. Le taux d'imputation prédéterminé des frais indirects de fabrication variables correspond au coût standard des frais indirects de fabrication variables par unité d'œuvre.

Elle s'abrège ainsi :

Écart sur rendement des frais indirects de fabrication variables　=　TS (HR — HS)

Encore une fois, en nous servant des données de la figure 10.6 (*voir la page 509*), on peut calculer cet écart de la manière suivante :

3,00 $ l'heure (5 400 h　—　5 000 h*)　=　1 200 $ D

* 2 000 unités × 2,5 h par unité = 5 000 h

Une interprétation de l'écart sur dépense

Dans le cas où les frais indirects de fabrication variables réels varient en fonction du nombre réel d'heures travaillées dans une période, l'écart sur dépense en frais indirects de fabrication variables se révèle parfois très informatif. Deux situations peuvent expliquer cet écart :

1. Le coût d'achat réel des articles qui occasionnent des frais indirects de fabrication variables diffère du coût standard ;
2. La quantité réelle des articles qui occasionnent des frais indirects de fabrication variables diffère de la quantité standard.

Pour mettre en lumière les deux composantes distinctes de l'écart sur dépense, reprenons l'exemple de la compagnie Reproductions antiques inc. Supposons qu'on calcule le taux d'imputation prédéterminé des frais indirects de fabrication variables de 3 $ l'heure indiqué dans le tableau 10.1 (*voir la page 497*).

Taux d'imputation prédéterminé des frais indirects de fabrication variables　=　$\dfrac{\text{Total estimé des frais indirects de fabrication variables en juin}}{\text{Total estimé des heures de main-d'œuvre directe en juin}}$

3,00 $ l'heure　=　$\dfrac{15\ 000\ \$}{5\ 000\ h^*}$

* 2 000 unités × 2,5 h par unité = 5 000 h

Supposons également que le total des frais indirects de fabrication variables, soit 15 000 $, se compose des trois éléments suivants :

Main-d'œuvre indirecte	7 500 $
Fournitures	5 000
Services publics	2 500
Total des frais indirects de fabrication variables	15 000 $

Le taux de 3 $ par heure tient compte à la fois des estimations du coût unitaire qui sera engagé pour chaque élément inclus dans les frais indirects de fabrication variables (par exemple, les fournitures) et de la quantité de ces éléments qui sera utilisée pour chaque heure de main-d'œuvre directe consacrée au produit. Ainsi, supposons que l'estimation de 5 000 $ en fournitures est basée sur une utilisation prévue de 200 kg à un coût de 25 $ le kilogramme. On en déduit qu'il y aura 0,04 kg de fournitures utilisées (200 kg ÷ 5 000 heures) à chaque heure de travail, par paire d'appuis-livres. Compte tenu de ces caractéristiques du taux prédéterminé d'imputation des frais indirects de fabrication, deux facteurs peuvent expliquer que ce taux budgété de 3 $ l'heure diffère du taux réel de 2,85 $ par heure (15 390 $ ÷ 5 400 heures) sous-entendu dans la figure 10.6 (*voir la page 509*). Premièrement, en raison de l'écart sur dépense favorable du mois de juin, le coût réel des fournitures pourrait avoir été inférieur à 25 $ le kilogramme. Deuxièmement, il est possible que la production ait utilisé moins que 0,04 kg de fournitures par heure pour fabriquer 2 000 paires d'appuis-livres en juin. Naturellement, diverses combinaisons de ces facteurs peuvent aussi avoir occasionné un écart sur dépense favorable. En principe, on peut présenter séparément les composantes de l'écart sur dépense, soit le coût d'achat et la quantité de chaque élément qui compose les frais indirects de fabrication variables (main-d'œuvre indirecte, fournitures, etc.). Toutefois, on le fait rarement parce qu'en général, le coût de chaque élément qui compose les frais indirects de fabrication variables représente une faible proportion du total de ces frais. Même si l'on procède rarement à une analyse de ses composantes « coût » et « quantité », l'écart sur dépense a son utilité pour les gestionnaires. Par exemple, un écart sur dépense défavorable leur indique qu'ils doivent trouver des moyens de se procurer des éléments qui entraînent des frais indirects de fabrication à des coûts moins élevés, en utiliser une quantité moindre ou appliquer une combinaison de ces deux mesures.

Une interprétation de l'écart sur rendement

Comme l'écart sur dépense en frais indirects de fabrication variables, l'écart sur rendement des frais indirects de fabrication variables ne se révèle utile pour Reproductions antiques inc. que si l'inducteur de ces coûts est vraiment le nombre réel d'heures de travail. Le cas échéant, toute augmentation ou diminution de ce nombre d'heures devrait entraîner une hausse ou une baisse des frais indirects de fabrication variables réellement engagés. L'écart sur rendement des frais indirects de fabrication variables constitue une estimation de l'effet sur ces frais de l'efficacité ou de l'inefficacité avec laquelle est utilisée l'unité d'œuvre (par exemple, les heures de travail). Dans un sens, l'expression « écart sur rendement des frais indirects de fabrication variables » n'est pas appropriée. Elle semble suggérer une mesure de l'efficience avec laquelle les ressources inductrices de frais indirects de fabrication variables ont été utilisées. Or, ce n'est pas le cas. Il s'agit plutôt d'une estimation de l'effet indirect, sur les frais indirects de fabrication variables, de l'efficacité ou de l'inefficacité avec laquelle on se sert de l'unité d'œuvre.

Pour bien comprendre cette mise au point, reportons-nous encore une fois à la figure 10.6. Au mois de juin, l'entreprise a consacré 400 heures de main-d'œuvre de plus que nécessaire pour fabriquer les unités de la période. On suppose que chacune de ces heures a requis l'engagement de 3 $ en frais indirects de fabrication variables, ce qui a entraîné un écart défavorable de 1 200 $ (400 heures × 3 $).

Même si cet écart de 1 200 $ porte le nom d'« écart sur rendement des frais indirects de fabrication », il serait plus juste de le qualifier d'« écart sur rendement des heures de main-d'œuvre » puisqu'il découle d'un trop grand nombre d'heures de travail. Toutefois, l'expression « écart sur rendement des frais indirects de fabrication » est très solidement ancrée dans les habitudes. Lorsqu'on interprète cet écart, il est donc essentiel de s'assurer de bien comprendre ce qu'il mesure réellement. Il faut aussi noter qu'il est impossible de calculer l'écart sur rendement des frais indirects de fabrication variables s'il n'existe pas de nombre standard d'heures allouées pour la quantité réelle d'unités produites au cours d'une période. En l'absence d'une norme en matière de quantité pour les intrants, on ne peut calculer que l'écart sur dépense, comme nous le verrons plus loin dans ce chapitre.

Qui a la responsabilité de contrôler l'écart sur rendement des frais indirects de fabrication ? Comme cet écart reflète en réalité l'efficience de l'utilisation de l'unité d'œuvre employée pour imputer les frais indirects de fabrication variables et que cette unité d'œuvre est reconnue comme l'inducteur de coûts de ces frais, la personne chargée du contrôle de cette unité d'œuvre devrait également être responsable de cet écart. Lorsque la main-d'œuvre directe constitue l'unité d'œuvre, le directeur qui a la responsabilité de l'utilisation du temps de main-d'œuvre alloué à la production aura aussi celle de tout écart sur rendement des frais indirects de fabrication.

Question éclair 10.4

Service à l'écoute inc. offre des services de centres d'assistance téléphonique aux clients de certains cybercommerçants. Selon les standards de l'entreprise, il faut 0,15 heure de main-d'œuvre directe pour remplir la demande d'assistance d'un client, et les frais indirects de fabrication variables s'élèvent à 1,30 $ par heure de main-d'œuvre directe. Durant la période en cours, les employés ont répondu à 35 000 demandes d'assistance, pour 5 700 heures de main-d'œuvre directe. Au total, l'entreprise a engagé 7 125 $ en frais indirects de fabrication variables.

À quel montant les frais indirects de fabrication variables auraient-ils dû se chiffrer pour répondre aux 35 000 demandes d'assistance ? À combien s'élève l'écart entre ce montant et le montant des frais indirects de fabrication variables réellement engagés ?

10

Avant d'aller plus loin, revenez sur les données contenues dans les figures 10.2 à 10.6 (*voir les pages 498 à 509*). Ces figures et les explications qui les accompagnent vous donneront une vue d'ensemble de l'établissement des standards et de l'analyse des écarts.

AIDE-MÉMOIRE

Les formules pour le calcul des écarts sur coûts variables

1. **Matières premières**

   Écart sur coût d'achat des matières premières : $QR_a (C_aR - C_aS)$

   Écart sur quantité des matières premières : $C_aS (QR_a - QS)$

   où

   QR_a = quantité réelle achetée

   C_aR = coût d'achat réel

   C_aS = coût d'achat standard

   QR_a = quantité réelle utilisée

   QS = quantité standard

2. **Main-d'œuvre directe**

   Écart sur taux de la main-d'œuvre directe : $HR (TR - TS)$

   Écart sur temps de la main-d'œuvre directe : $TS (HR - HS)$

   où

   HR = heures réelles

   TR = taux de la main-d'œuvre directe réel

   TS = taux de la main-d'œuvre directe standard

   HS = heures standards de main-d'œuvre directe

3. **Frais indirects de fabrication variables**

   Écart sur dépense en frais indirects de fabrication variables : $HR (TR - TS)$

   Écart sur rendement des frais indirects de fabrication variables : $TS (HR - HS)$

   où

   HR = heures d'activité réelles

   TR = taux d'imputation réel des frais indirects de fabrication variables

   TS = taux d'imputation standard des frais indirects de fabrication variables

   HS = heures d'activité standards

10.7 Les taux d'imputation des frais indirects de fabrication et l'analyse des frais indirects de fabrication fixes

OA5

Expliquer l'importance du volume d'activité prévu dans la détermination du coût de revient standard d'une unité de produit.

L'analyse détaillée des frais indirects de fabrication fixes diffère considérablement de l'analyse des frais indirects de fabrication variables décrite dans la section précédente parce que la nature des coûts en question est différente. D'abord, revoyons brièvement pourquoi les taux d'imputation prédéterminés des frais indirects de fabrication sont nécessaires et comment ils sont calculés. Cette révision se révélera fort utile, car le taux d'imputation prédéterminé des frais indirects de fabrication joue un rôle important dans l'analyse des frais indirects de fabrication fixes. Nous montrerons ensuite comment calculer les écarts sur frais indirects de fabrication fixes et nous verrons leur utilité pour les gestionnaires.

10.7.1 Les budgets flexibles et les taux d'imputation prédéterminés des frais indirects de fabrication

Les coûts fixes se présentent sous forme de grandes catégories indivisibles qui, par définition, ne changent pas selon les variations du niveau d'activité à l'intérieur d'un segment significatif. Comme nous l'avons vu au chapitre 5, l'établissement du coût d'un produit pose alors un problème puisque la répartition d'un montant donné de frais indirects de fabrication fixes sur un petit nombre d'unités entraîne un coût unitaire plus élevé que la répartition de ce même coût sur un grand nombre d'unités. Examinons les données du tableau suivant :

Mois	1) Frais indirects de fabrication fixes	2) Nombre d'unités produites	3) Coût unitaire 1) ÷ 2)
Janvier	6 000 $	1 000	6,00 $
Février	6 000	1 500	4,00
Mars...	6 000	800	7,50

Notons que le nombre élevé d'unités produites en février entraîne un coût unitaire faible, soit 4,00 $. Par contre, le petit nombre d'unités produites en mars donne lieu à un coût unitaire élevé, soit 7,50 $. Seule la partie fixe des frais indirects de fabrication est à l'origine de cette différence car, par définition, la partie variable de ces frais demeure constante sur une base unitaire, augmentant et diminuant au total en proportion des variations du niveau d'activité. La plupart des gestionnaires croient que l'on devrait stabiliser la partie fixe du coût unitaire de façon à pouvoir utiliser un seul coût unitaire tout au long de l'année.

Comme nous l'avons vu au chapitre 5, il est possible de stabiliser cette partie fixe du coût à l'aide d'un taux d'imputation prédéterminé des frais indirects de fabrication.

Nous allons analyser les frais indirects de fabrication fixes de la société Reproductions antiques inc. en étudiant son budget flexible, présenté dans le tableau 10.2. Notons que le total des frais indirects de fabrication fixes prévus liés au segment d'activité s'élève à **300 000 $**.

TABLEAU 10.2 **Un budget flexible**

REPRODUCTIONS ANTIQUES INC.
Budget flexible à différents volumes d'activité

Frais indirects de fabrication	Coût standard (par heure de main-d'œuvre directe)	Volume d'activité pour la période (en heures de main-d'œuvre directe)		
		40 000	50 000	60 000
Frais indirects de fabrication variables :				
Main-d'œuvre indirecte	1,50 $	60 000 $	75 000 $	90 000 $
Fournitures	1,00	40 000	50 000	60 000
Services publics	0,50	20 000	25 000	30 000
Total des frais indirects de fabrication variables..............	3,00 $	120 000	150 000	180 000
Frais indirects de fabrication fixes :				
Amortissement		120 000	120 000	120 000
Salaires du personnel de supervision...........................		144 000	144 000	144 000
Assurance...		36 000	36 000	36 000
Total des frais indirects de fabrication fixes....................		300 000	300 000	300 000
Total des frais indirects de fabrication............................		420 000 $	450 000 $	480 000 $

Dans le tableau 10.2, le budget flexible sert à établir des coûts à différents volumes d'activité. Les budgets flexibles sont aussi utilisés dans le modèle d'analyse des écarts.

10

Le volume d'activité servant au calcul du taux d'imputation

Rappelons la formule pour calculer le taux d'imputation prédéterminé des frais indirects de fabrication.

$$\text{Taux d'imputation prédéterminé des frais indirects de fabrication} = \frac{\text{Total des frais indirects de fabrication prévus}}{\text{Volume d'activité prévu selon l'unité d'œuvre choisie pour répartir les frais (HM, HMOD, etc.)}}$$

HM : heures-machines ; HMOD : heures de main-d'œuvre directe

Volume d'activité prévu

Volume d'activité servant au calcul du taux d'imputation prédéterminé des frais indirects de fabrication. Il peut s'agir soit du volume d'activité prévu pour la prochaine période, soit de la capacité théorique, pratique ou normale de l'entreprise.

Dans la formule de calcul du taux d'imputation prédéterminé des frais indirects de fabrication, le **volume d'activité prévu** constitue le dénominateur. Le volume d'activité choisi demeurera inchangé tout au long de la période même si l'activité réelle se révèle différente des prévisions. En effet, on ne modifie pas ce volume afin que les frais indirects de fabrication imputés à chaque unité de produit demeurent stables, quel que soit le moment où elle est fabriquée dans l'année.

Le calcul du taux d'imputation prédéterminé des frais indirects de fabrication

Lorsque nous avons étudié les taux d'imputation prédéterminés des frais indirects de fabrication au chapitre 5, nous n'avons donné aucune explication quant au calcul de l'ensemble des frais indirects de fabrication prévus. Ce chiffre peut être déduit du budget flexible. Une fois que le volume d'activité prévu est choisi, le budget flexible peut servir à déterminer le montant total des frais indirects de fabrication qui devraient être engagés à ce niveau d'activité. On peut obtenir le taux d'imputation prédéterminé des frais indirects de fabrication à l'aide de la formule de base du calcul de ce taux.

$$\text{Taux d'imputation prédéterminé des frais indirects de fabrication} = \frac{\text{Frais indirects de fabrication provenant du budget flexible au volume d'activité prévu}}{\text{Volume d'activité prévu}}$$

Pour illustrer notre propos, reportons-nous au budget flexible des frais indirects de fabrication de la compagnie Reproductions antiques inc. du tableau 10.2 (*voir la page 513*). Supposons que le niveau d'activité prévu pour la période est de **50 000** heures de main-d'œuvre directe (HMOD) et qu'il servira de dénominateur dans la formule du taux d'imputation prédéterminé des frais indirects de fabrication.

Le numérateur correspond au total des frais indirects de fabrication prévus, soit 450 000 $, quand le volume d'activité est de 50 000 heures de main-d'œuvre directe. Par conséquent, on calculera le taux d'imputation prédéterminé des frais indirects de fabrication de la compagnie Reproductions antiques inc. comme suit :

$$\frac{450\ 000\ \$}{50\ 000\ \text{HMOD}} = 9,00\ \$ \text{ par HMOD}$$

L'entreprise peut aussi décomposer son taux d'imputation prédéterminé des frais indirects de fabrication en un taux variable et un taux fixe plutôt que de se baser sur un taux combiné.

$$\text{Taux d'imputation variable} = \frac{150\ 000\ \$}{50\ 000\ \text{HMOD}} = 3,00\ \$ \text{ par HMOD}$$

$$\text{Taux d'imputation fixe} = \frac{300\ 000\ \$}{50\ 000\ \text{HMOD}} = 6,00\ \$ \text{ par HMOD}$$

Pour chaque heure de main-d'œuvre directe, on imputera des frais indirects de fabrication de 9 $ aux produits en cours, dont 3 $ en frais indirects de fabrication variables et 6 $ en frais indirects de fabrication fixes. Lorsque la fabrication d'une paire d'appuis-livres exige deux heures et demie de main-d'œuvre directe, son coût comprend des frais indirects de fabrication variables de 7,50 $ et des frais indirects de fabrication fixes de 15,00 $, selon la fiche de coût standard révisée présentée dans le tableau 10.3, laquelle inclut maintenant les frais indirects de fabrication fixes.

En résumé, le budget flexible peut fournir les frais indirects de fabrication prévus nécessaires au calcul du taux d'imputation prédéterminé des frais indirects de fabrication. Ce type de budget peut donc être utile dans la détermination des frais indirects fixes et variables à attribuer aux unités de produit.

TABLEAU 10.3 — **La fiche de coût standard – méthode du coût complet**

Facteurs de production (intrants) par unité	1) Quantité ou temps standard	2) Coût ou taux standard	3) Coût standard 1) × 2)
Matières premières*	3,0 kg	4,00 $ le kilogramme	12,00 $
Main-d'œuvre directe*	21,5 h	21,00 $ l'heure	52,50
Frais indirects de fabrication variables*	2,5 h	3,00 $ l'heure	7,50
Frais indirects de fabrication fixes	2,5 h	6,00 $ l'heure	15,00
Total du coût standard par unité			87,00 $

* Tiré du tableau 10.1 (*voir la page 497*)

10.8 L'imputation des frais indirects de fabrication et les écarts sur frais indirects de fabrication fixes

Pour comprendre les écarts se rapportant aux frais indirects de fabrication fixes, il faut d'abord comprendre comment imputer ceux-ci aux produits en cours dans un système de coûts standards. Nous examinerons donc maintenant ce processus d'imputation en détail.

OA6

Calculer les écarts sur dépense et sur volume des frais indirects de fabrication fixes, et les expliquer.

10.8.1 L'imputation des frais indirects de fabrication dans un système de coûts de revient standards

Au chapitre 5, nous avons imputé des frais indirects de fabrication aux produits en cours sur la base des heures d'activité réelles — multipliées par le taux d'imputation prédéterminé des frais indirects de fabrication. Cette façon de faire était correcte dans un système de coûts normalisés (aussi appelés «coûts rationnels»).

Ici, cependant, nous utilisons un système de coûts standards. Dans un tel système, il faut imputer les frais indirects de fabrication sur la base des heures standards (ou de n'importe quelle autre unité d'œuvre choisie) allouées à la production de la période plutôt que sur la base du nombre réel d'heures de travail. Le tableau 10.4 (*voir la page suivante*) illustre cette distinction. Dans un système de coûts standards, on attribue à chaque unité de produit qui progresse le long de la chaîne de production le même montant de frais indirects de fabrication, indépendamment des variations de production et d'efficience.

10

TABLEAU 10.4	**Les frais indirects de fabrication imputés : comparaison entre un système de coûts normalisés et un système de coûts standards**

SYSTÈME DE COÛTS NORMALISÉS

Frais indirects de fabrication

Frais indirects de fabrication réels engagés	Frais indirects de fabrication imputés : Heures réelles × Taux d'imputation prédéterminé des frais indirects de fabrication

Frais indirects de fabrication sous-imputés ou surimputés

SYSTÈME DE COÛTS STANDARDS

Frais indirects de fabrication

Frais indirects de fabrication réels engagés	Frais indirects de fabrication imputés : Heures standards allouées à la production réelle × Taux d'imputation prédéterminé des frais indirects de fabrication

Frais indirects de fabrication sous-imputés ou surimputés

10.8.2 Les écarts sur frais indirects de fabrication fixes

Reportons-nous encore une fois aux données de la compagnie Reproductions antiques inc. pour illustrer le calcul des écarts sur frais indirects de fabrication fixes.

Volume d'activité prévu en heures de main-d'œuvre directe	50 000
Frais indirects de fabrication fixes prévus pour la période	300 000 $
Partie fixe du taux d'imputation prédéterminé des frais indirects de fabrication (*calculé à la page 514*)	6,00 $

Supposons maintenant que les activités d'exploitation réelles du mois de juin ont été les suivantes :

Heures réelles de main-d'œuvre directe	5 400
Heures standards de main-d'œuvre directe allouées à la production réelle*	5 000
Frais indirects de fabrication fixes réels :	
Amortissement	10 000 $
Salaires du personnel de supervision	14 000
Assurance	3 500
Coût réel total	27 500 $

* Pour la production réelle du mois de juin, soit 2 000 unités × 2,5 h par unité = 5 000 h

À partir de ces données, il est possible de calculer deux écarts pour les frais indirects de fabrication fixes, soit un écart sur dépense et un écart sur volume. Ces écarts pour le mois de juin apparaissent dans la figure 10.7.

Comme le montre cette figure, on a imputé des frais indirects de fabrication fixes aux produits en cours sur la base des 5 000 heures standards allouées à la production du mois

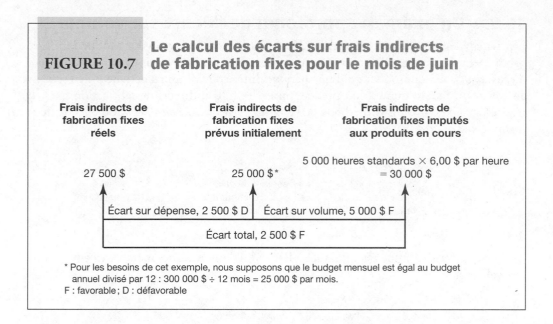

FIGURE 10.7 Le calcul des écarts sur frais indirects de fabrication fixes pour le mois de juin

de juin plutôt que sur la base des 5 400 heures de travail réelles, évitant ainsi que les coûts unitaires soient modifiés par des variations du rendement[3].

10.8.3 Un examen approfondi de l'écart sur dépense

L'**écart sur dépense** consiste en la différence entre les frais indirects de fabrication fixes réels engagés pendant la période et les frais indirects de fabrication fixes prévus initialement. Comme le montre la figure 10.7, on peut calculer ce type d'écart à l'aide de la formule suivante :

Écart sur dépense	=	Frais indirects de fabrication fixes réels	−	Frais indirects de fabrication fixes prévus initialement

Écart sur dépense

Mesure de la différence entre les frais indirects de fabrication fixes réels engagés pendant la période et les frais indirects de fabrication fixes prévus initialement.

L'application de cette formule à la compagnie Reproductions antiques inc. donnerait l'écart sur dépense suivant :

$$27\ 500\ \$\ -\ 25\ 000\ \$\ =\ 2\ 500\ \$\ D$$

Les écarts sur dépense concernant les frais indirects de fabrication fixes peuvent se révéler très utiles puisqu'ils représentent la différence entre le montant qui aurait dû être dépensé d'après le budget et le montant réellement dépensé. Par exemple, pour le mois de juin, les frais indirects de fabrication fixes réels de la compagnie Reproductions antiques inc. sont de 2 500 $ plus élevés que le montant prévu dans le budget. La direction pourrait donc vouloir déterminer quels éléments spécifiques de ces coûts fixes sont à l'origine d'un tel écart. Nous présentons un rapport d'analyse de la performance détaillé concernant les frais indirects de fabrication au tableau 10.5 (*voir la page 522*).

10

---

3. Le coût standard unitaire pour les frais indirects de fabrication fixes est de 15 $ (2,5 h × 6 $). En utilisant les 5 000 heures standards allouées à la production pour l'imputation, on s'assure d'attribuer à chaque unité le coût standard unitaire de 15 $. Si l'on avait utilisé les heures réelles, soit 5 400 heures pour l'imputation, chaque unité aurait un coût unitaire supérieur à 15 $, et ce coût varierait en fonction de l'activité réelle de chaque mois, ce qui n'est pas appropriée dans un système de coûts standards.

10.8.4 Un examen approfondi de l'écart sur volume

L'**écart sur volume** permet de mesurer l'utilisation des installations de production. Il se produit chaque fois que le volume standard (exprimé en heures ou par une autre unité d'œuvre) alloué à la production d'une période diffère du volume d'activité prévu servant au calcul du taux d'imputation prédéterminé des frais indirects de fabrication fixes. Il peut être calculé suivant la méthode de la figure 10.7 (*voir la page 517*) ou à l'aide de la formule suivante :

$$\text{Écart sur volume} = \begin{pmatrix} \text{Taux d'imputation} \\ \text{prédéterminé des} \\ \text{frais indirects de} \\ \text{fabrication fixes} \end{pmatrix} \times \begin{pmatrix} \text{Volume prévu} \\ \text{servant au calcul du} \\ \text{taux d'imputation} \\ \text{prédéterminé} \end{pmatrix} - \begin{pmatrix} \text{Volume standard} \\ \text{alloué à} \\ \text{la production} \\ \text{réelle} \end{pmatrix}$$

Lorsque cette formule est appliquée à Reproductions antiques inc., l'écart sur volume a la valeur suivante :

$$6,00 \text{ \$ par HMOD (4 167 − 5 000 heures)} = 4\,998 \text{ \$ F}$$

Comme nous l'avons vu au chapitre 5, on établit souvent les taux prédéterminés d'imputation des frais indirects de fabrication sur une base annuelle pour éviter des disparités dans les coûts incorporables dus aux fluctuations saisonnières de certains éléments des frais indirects (tels les coûts de chauffage). À la compagnie Reproductions antiques inc., le taux de 6 \$ par heure pour les frais indirects de fabrication fixes est établi à partir de l'estimation des coûts fixes annuels qui est de 300 000 \$ et d'un volume annuel prévu d'activité de 50 000 heures de main-d'œuvre. Toutefois, en vue de simplifier le calcul d'un écart sur volume pour le mois de juin, on a réparti également le volume d'activité annuel prévu de 50 000 heures de main-d'œuvre directe entre tous les mois. Par conséquent, le volume d'activité prévu pour le mois de juin correspond à 4 167 heures (50 000 heures ÷ 12 mois). Exception faite d'une différence de 2 \$ pour arrondir, l'écart sur volume de 4 998 \$ ci-dessus concorde avec le montant de 5 000 \$ qui apparaît dans la figure 10.7.

Il ne faut pas oublier que, lorsqu'on calcule l'écart sur volume annuel, il faut utiliser le volume d'activité total prévu pour l'année de 50 000 heures et les heures standards allouées à la production réelle pour l'ensemble de l'année.

Comme nous l'avons noté précédemment, l'écart sur volume constitue une mesure de l'utilisation des installations disponibles d'une usine. Un écart favorable, comme ci-dessus, indique que l'entreprise fonctionne à un niveau d'activité supérieur à celui qu'elle a prévu pour la période. Par contre, un écart défavorable signifierait que le niveau d'activité de l'entreprise est inférieur à celui qui a été planifié pour la période en question.

Il est important de noter que l'écart sur volume ne détermine pas si les dépenses sont excessives ou insuffisantes. Une entreprise engage normalement le même montant de frais indirects de fabrication fixes, que le volume d'activité soit supérieur ou inférieur à ce qui a été prévu. Il faut aussi savoir qu'il n'y a pas d'écart de rendement dans le cas des frais indirects de fabrication fixes parce que le montant de frais indirects de fabrication fixes budgétés (ou prévus) pour un volume de 5 400 heures de main-d'œuvre directe ou pour 5 000 heures de main-d'œuvre directe, c'est-à-dire 25 000 \$ par mois, aurait été le même. De plus, par définition, ces frais sont fixes, et ne sont pas touchés par l'efficience ou le rendement de l'unité d'œuvre qui est utilisée pour les imputer.

L'écart sur volume dépend de la différence entre les heures standards de main-d'œuvre directe allouées à la production réelle et le volume d'activité prévu, soit 833 heures de main-d'œuvre directe (5 000 − 4 167 heures). Bref, l'écart sur volume est lié au niveau d'activité. On ne peut l'expliquer et le contrôler que par le niveau d'activité. L'écart sur volume est un écart comptable. Il indique que le niveau d'activité n'a pas été le même que celui qui a été utilisé pour calculer le taux d'imputation prédéterminé des frais indirects de fabrication fixes. Il n'existe que dans les cas où les frais indirects de fabrication fixes sont imputés aux produits, c'est-à-dire lorsque le coût complet est utilisé pour constater les coûts engagés dans les stocks. Avec la méthode des coûts variables, l'écart sur volume ne peut exister, car les frais indirects de fabrication fixes ne sont pas imputés aux produits en cours.

En résumé :

1. Lorsque le volume d'activité prévu (par exemple, les heures utilisées pour le calcul du taux d'imputation prédéterminé des frais indirects de fabrication fixes) et les heures standards d'activité allouées à la production réelle de la période sont les mêmes, il n'y a pas d'écart sur volume d'activité.

2. Lorsque le volume d'activité prévu (par exemple, les heures utilisées pour le calcul du taux d'imputation prédéterminé des frais indirects de fabrication fixes) est supérieur aux heures standards d'activité allouées à la production réelle de la période, l'écart sur volume d'activité est défavorable ; dans ce cas, les installations sont moins utilisées.

3. Lorsque le volume d'activité prévu est inférieur au nombre d'heures standards allouées à la production réelle de la période, l'écart sur volume d'activité est favorable ; dans ce cas, les installations sont plus utilisées.

Question éclair   10.5

Carleton inc. utilise un système de coûts de revient standards dans lequel les frais indirects de fabrication sont imputés aux produits selon les heures standards de main-d'œuvre directe allouées à la production réelle d'une période donnée. Voici des renseignements relatifs à son exercice le plus récent :

Total des frais indirects de fabrication fixes prévus pour l'exercice	400 000 $
Frais indirects de fabrication fixes réels pour l'exercice	394 000 $
Heures standards de main-d'œuvre directe prévues (volume d'activité prévu)...	50 000
Heures réelles de main-d'œuvre directe..	51 000
Heures standards de main-d'œuvre directe allouées à la production réelle..........	48 000

Calculez la partie fixe du taux d'imputation prédéterminé des frais indirects de fabrication pour l'exercice ainsi que l'écart sur dépense et l'écart sur volume des frais indirects de fabrication fixes.

10.8.5 Une analyse graphique des écarts sur frais indirects de fabrication fixes

Une analyse graphique permettra de mieux comprendre les écarts sur dépense et sur volume. Ces écarts sont représentés à la figure 10.8 (*voir la page suivante*).

Comme l'illustre cette figure, les frais indirects de fabrication fixes sont imputés aux produits en cours au taux prédéterminé de 6 $ par heure standard de main-d'œuvre directe (la droite ascendante est celle des frais imputés.)

Puisqu'on a retenu un volume d'activité de 4 167 heures de main-d'œuvre directe comme volume d'activité prévu pour calculer le taux de 6 $, la droite des frais imputés coupe la droite des frais prévus exactement au point de 4 167 heures de main-d'œuvre directe. Par conséquent, si les heures utilisées pour le calcul du taux d'imputation prédéterminé des frais indirects de fabrication fixes et les heures standards allouées à la production réelle sont les mêmes, il ne peut y avoir d'écart sur volume d'activité puisque la droite des coûts imputés et la droite des frais prévus coïncident exactement sur la figure. Ce n'est que lorsque le nombre standard d'heures allouées à la production réelle est différent du nombre d'heures utilisées pour le calcul du taux d'imputation des frais indirects de fabrication fixes qu'un écart sur volume peut apparaître.

10

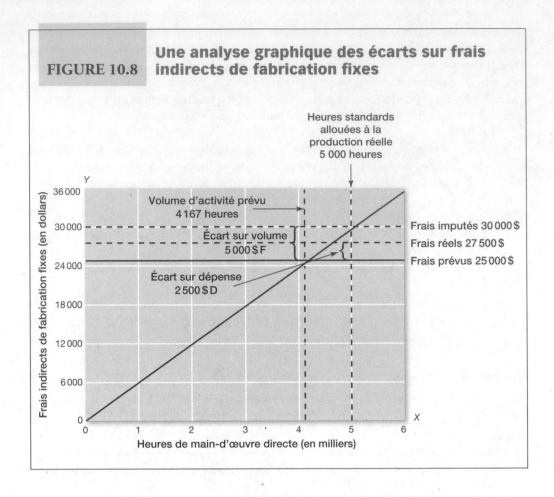

FIGURE 10.8 Une analyse graphique des écarts sur frais indirects de fabrication fixes

Dans le cas présent, le nombre d'heures standards allouées à la production réelle (5 000 heures) dépasse le nombre d'heures du volume d'activité prévu (4 167 heures) pour le mois de juin. Il en résulte un écart sur volume favorable puisqu'on a imputé à la production un coût supérieur à celui qui avait été budgété initialement. Dans le cas contraire, si le nombre d'heures standards allouées à la production réelle avait été inférieur au nombre d'heures utilisées pour le calcul du taux d'imputation des frais indirects de fabrication fixes, l'écart sur volume indiqué aurait été défavorable.

10.8.6 Quelques mises en garde concernant l'analyse des frais indirects de fabrication fixes

Nous obtenons un écart sur volume pour les frais indirects de fabrication fixes parce que le total des coûts fixes ne dépend pas de l'activité. Toutefois, lorsque nous imputons les coûts aux produits en cours, nous procédons comme si les coûts fixes étaient variables et dépendaient de l'activité. C'est ce que montre la figure 10.8. Notez que, dans cette figure, les frais indirects de fabrication fixes sont imputés aux produits en cours au taux de 6 $ par heure, comme s'ils étaient variables. On doit traiter ces coûts comme s'ils étaient variables pour la constatation des stocks de produits en cours. Le procédé comporte toutefois certains risques. Le gestionnaire pourrait en effet être induit en erreur et considérer les coûts fixes comme s'ils étaient réellement variables.

Le gestionnaire doit garder en mémoire le fait que les frais indirects de fabrication fixes se présentent sous forme de grands blocs indivisibles. Exprimer les coûts fixes sur une base unitaire ou horaire a quelque chose d'artificiel même s'il est nécessaire de le faire en vue d'établir le coût de revient servant à valoriser les stocks dans les livres comptables. En fait, les augmentations ou les diminutions du niveau d'activité n'ont aucun effet sur le total des coûts fixes à l'intérieur d'un segment significatif donné. Même lorsque les coûts fixes sont exprimés sur une base unitaire ou horaire, ils ne sont pas proportionnels à l'activité. En un sens, l'écart sur volume d'activité résulte du traitement comptable des frais indirects de fabrication fixes et constitue un signal de l'utilisation des installations. L'écart sur volume d'activité peut prêter à confusion. C'est pourquoi certaines entreprises le présentent sous la forme d'unité d'œuvre (les heures) plutôt qu'en dollars. Elles ont l'impression qu'exprimer cet écart en unités permet à la direction de mieux comprendre sa cause.

10.8.7 Les écarts sur frais indirects de fabrication, et les frais indirects sous-imputés ou surimputés

Dans ce chapitre, nous avons calculé quatre écarts relatifs aux frais indirects de fabrication de la compagnie Reproductions antiques inc.

Écart sur dépense en frais indirects de fabrication variables*	810 $	F
Écart sur rendement des frais indirects de fabrication variables*	1 200	D
Écart sur dépense en frais indirects de fabrication fixes**	2 500	D
Écart sur volume des frais indirects de fabrication fixes**	5 000	F
Total des écarts relatifs aux frais indirects de fabrication	2 110 $	F

* Tiré de la figure 10.6 (*voir la page 509*)
** Tiré de la figure 10.7 (*voir la page 517*)

Comme nous l'avons vu au chapitre 5, les frais indirects de fabrication sous-imputés ou surimputés correspondent à la différence entre les frais indirects de fabrication imputés aux produits et les frais indirects de fabrication réels engagés pendant une période. En principe, les écarts sur frais indirects de fabrication calculés dans ce chapitre permettent de décomposer les frais indirects sous-imputés ou surimputés sous forme d'écarts que le gestionnaire peut utiliser à des fins de contrôle. Par conséquent, la somme des écarts sur frais indirects de fabrication est égale aux frais indirects sous-imputés ou surimputés pour une période.

En outre, dans un système de coûts standards, les écarts défavorables équivalent aux frais indirects de fabrication sous-imputés, et les écarts favorables, aux frais indirects surimputés. Il y a écart défavorable lorsque les frais indirects de fabrication réels dépassent les frais standards alloués à la production réelle. Il y a des frais indirects de fabrication sous-imputés lorsque les frais indirects de fabrication réels excèdent le montant imputé aux produits au cours de la période. Toutefois, dans le système de coûts standards, les frais indirects de fabrication alloués et les frais indirects de fabrication imputés aux produits sont les mêmes. Par conséquent, dans un tel système, les écarts défavorables et les frais indirects de fabrication sous-imputés sont les mêmes, tout comme s'équivalent les écarts favorables et les frais indirects de fabrication surimputés.

Dans le cas de la compagnie Reproductions antiques inc., l'écart total sur frais indirects de fabrication de 2 110 $ est favorable, c'est-à-dire que ses frais pour l'année étaient surimputés de 2 110 $. En effet, les frais réels ont été de 42 890 $ (15 390 $ et 27 500 $) et les frais imputés aux stocks de produits en cours, de 45 000 $ (15 000 $ et 30 000 $). Pour bien comprendre ce concept, examinez attentivement le problème de révision 10.1 (*voir la page 533*).

10

10.9 Le rapport d'analyse de la performance relatif aux frais indirects de fabrication et l'analyse de la capacité

Pour terminer son analyse des frais indirects de fabrication de Reproductions antiques inc. au mois de juin, Mme Sirois prépare le rapport d'analyse de la performance qui apparaît au tableau 10.5 (*voir la page suivante*). Ce rapport est basé sur l'analyse des frais indirects de fabrication variables et fixes présentés dans les figures 10.6 et 10.7 (*voir les pages 509 et 517*), et fournit des précisions sur les éléments inclus dans chaque catégorie. Ce niveau additionnel de renseignements permet aux gestionnaires de déterminer la contribution de chaque élément des frais indirects de fabrication à l'écart sur dépense, à l'écart sur rendement et à l'écart sur volume.

OA7

Préparer un rapport d'analyse de la performance concernant les frais indirects de fabrication et effectuer une analyse de la capacité utilisée.

TABLEAU 10.5   Un rapport d'analyse de la performance relatif aux frais indirects de fabrication

REPRODUCTIONS ANTIQUES INC.
Rapport d'analyse de la performance relatif aux frais indirects de fabrication
du mois terminé le 30 juin

Production réelle (unités)	2 000
Heures réelles de main-d'œuvre directe	5 400
Heures standards de main-d'œuvre directe allouées à la production réelle	5 000

> Les prévisions sont basées sur le nombre d'heures de main-d'œuvre directe (5 000) qui auraient dû être consacrées à la production de 2 000 unités et le nombre d'heures réellement utilisées (5 400).

> **Décomposition de l'écart total de 2 110 $ F**
> Cette méthode permet d'obtenir à la fois un écart sur dépense et un écart sur rendement des frais indirects de fabrication variables, ainsi qu'un écart sur dépense et un écart sur volume des frais indirects de fabrication fixes.

Frais indirects de fabrication	Coût standard (par heure de main-d'œuvre directe)	1) Coûts réels engagés pour 5 400 heures de main-d'œuvre directe*	2) Budget flexible basé sur 5 400 heures de main-d'œuvre directe*	3) Coût standard pour 5 000 heures de main-d'œuvre directe**	Écart total 1) − 3)**	Écart sur dépense 1) − 2)	Écart sur rendement 2) − 3)
Frais indirects de fabrication variables :							
Main-d'œuvre indirecte	1,50 $	7 830 $	8 100 $	7 500 $	330 $ D	270 $ F	600 $ D
Fournitures	1,00	5 022	5 400	5 000	22 D	378 F	400 D
Services publics	0,50	2 538	2 700	2 500	38 D	162 F	200 D
Total des frais indirects de fabrication variables	3,00 $	15 390 $	16 200 $	15 000 $	390 $ D	810 $ F	1 200 $ D

						Écart sur dépense	Écart sur volume
Frais indirects de fabrication fixes :							
Amortissement		10 000 $	10 000 $	12 000 $	2 000 $ F	-0- $	2 000 $ F
Salaires du personnel de supervision		14 000	12 000	14 400	400 F	2 000 D	2 400 F
Assurance............................		3 500	3 000	3 600	100 F	500 D	600 F
Total des frais indirects de fabrication fixes		27 500	25 000	30 000	2 500 F	2 500 D	5 000 F
Total des frais indirects de fabrication...................		42 890 $	41 200 $	45 000 $	2 110 $ F	1 690 $ D	3 800 $ F

* On détermine le budget pour les frais indirects de fabrication variables en multipliant les heures budgétées par le taux horaire de main-d'œuvre directe, soit
5400 × 1,50 $ = 8 100 $
5000 × 1,50 $ = 7 500 $
** Les écarts pour les frais indirects de fabrication variables et fixes sont ceux des figures 10.6 et 10.7 (*voir les pages 509 et 517*).
F : favorable ; D : défavorable

Il faut faire deux remarques concernant le tableau 10.5. Premièrement, comme Mme Sirois a élaboré un système de coûts standards et qu'elle veut présenter à la fois l'écart sur dépense, l'écart sur rendement et l'écart sur volume des frais indirects de fabrication, elle a inclus les frais prévus des heures réelles de main-d'œuvre directe (5 400) et des heures standards de main-d'œuvre directe allouées (5 000) pour les 2 000 unités produites au mois de juin. Il en résulte, pour les frais indirects de fabrication variables, que la somme de l'écart sur dépense (810 $ F) et de l'écart sur rendement (1 200 $ D) inscrite dans la figure 10.6 (*voir la page 509*) correspond aux calculs généraux qui apparaissent dans le tableau 10.5. Deuxièmement, dans le cas des frais indirects de fabrication fixes du tableau 10.5, Mme Sirois a calculé l'écart sur dépense et l'écart sur volume. Cette façon de procéder est conforme à ce qu'on retrouve dans la figure 10.7 (*voir la page 517*) puisque, dans le cas des frais indirects de fabrication fixes, il est impossible de calculer un écart sur rendement. Comme nous l'avons vu précédemment, à l'intérieur du segment significatif, les coûts fixes demeurent constants même lorsque le niveau d'activité varie. Par conséquent, le budget pour chaque élément de ces coûts fixes est le même dans la colonne 2 du tableau 10.5 que celui prévu initialement, même si le volume d'activité diffère de 400 heures (5 400 − 5 000 heures). À des fins de contrôle, l'écart sur dépense relatif aux frais indirects de fabrication fixes est une information essentielle. En comparant les montants réellement dépensés pour chaque élément des frais indirects de fabrication fixes aux montants prévus, Mme Sirois peut évaluer la performance du gestionnaire qui a la responsabilité de contrôler le coût de ces éléments.

La préparation d'un rapport d'analyse de la performance qui présente à la fois l'écart sur dépense et l'écart sur rendement n'est possible que dans le cadre d'un système de coûts standards. Toutefois, même lorsqu'une entreprise n'utilise pas de système de coûts standards, il est toujours possible de préparer un rapport d'analyse de la performance relatif aux frais indirects de fabrication variables, mais il ne renfermera que les écarts sur dépense. Le tableau 10.6 donne un exemple de ce type de rapport. Il faut noter que les écarts sur dépense présentés dans ce tableau sont les mêmes que ceux qui apparaissent dans le tableau 10.5.

TABLEAU 10.6	Un rapport d'analyse de la performance relatif aux frais indirects de fabrication portant seulement sur les écarts sur dépense

REPRODUCTIONS ANTIQUES INC.
Rapport d'analyse de la performance relatif aux frais indirects de fabrication
du mois terminé le 30 juin

Production réelle (unités) 2 000
Heures réelles de main-d'œuvre directe.............. 5 400

Frais indirects de fabrication	Coût standard (par heure de main-d'œuvre directe)	1) Coûts réels engagés pour 5 400 heures de main-d'œuvre directe	2) Budget basé sur 5 400 heures de main-d'œuvre directe	Écart sur dépense 1) − 2)
Frais indirects de fabrication variables :				
Main-d'œuvre indirecte	1,50 $	7 830 $	8 100 $	270 $ F
Fournitures	1,00	5 022	5 400	378 F
Services publics	0,50	2 538	2 700	162 F
Total des frais indirects de fabrication variables	3,00 $	15 390	16 200	810 F
Frais indirects de fabrication fixes :				
Amortissement		10 000	10 000	-0-
Salaires du personnel de supervision...............		14 000	12 000	2 000 D
Assurance..		3 500	3 000	500 D
Total des frais indirects de fabrication fixes		27 500	25 000	2 500 D
Total des frais indirects de fabrication..................		42 890 $	41 200 $	1 690 $ D

F : favorable ; D : défavorable

La seule différence qui existe entre ces deux rapports d'analyse de la performance réside dans le fait que celui du tableau 10.5 (*voir la page 522*) présente également des écarts sur rendement, ayant été préparé dans un contexte où Reproductions antiques inc. a recours à un système de coûts standards. Il est aussi possible de faire un rapport d'analyse de la performance pour les frais indirects de fabrication fixes, mais il ne renfermera que les écarts sur volume.

Après avoir élaboré leur rapport d'analyse de la performance, les gestionnaires doivent encore déterminer si les écarts qu'ils ont calculés nécessitent des mesures correctives. Par exemple, l'écart sur dépense en frais indirects de fabrication fixes défavorable de 2 000 $ lié aux salaires du personnel de supervision est le plus important écart du mois de juin. Faut-il entreprendre une enquête? Faut-il trouver la cause de cet écart? La détermination des écarts qui doivent faire l'objet d'une enquête approfondie est une composante importante du cycle d'analyse des écarts présenté à la figure 10.1 (*voir la page 492*). Nous verrons plus loin comment les gestionnaires prennent ce type de décision.

10.9.1 L'analyse de la capacité de production à des fins de gestion

La compagnie Reproductions antiques inc. a prévu un volume de production annuel de 20 000 paires d'appuis-livres. Nous avons utilisé ce niveau d'activité précédemment pour calculer le coût standard par paire d'appuis-livres, soit 87,00 $ pour 20 000 unités ou 50 000 heures de main-d'œuvre directe (*voir le tableau 10.3 à la page 515*). Supposons maintenant que l'année est terminée et que l'entreprise a fabriqué, en 40 000 heures de main-d'oeuvre directe, 16 000 paires d'appuis-livres.

Si la compagnie Reproductions antiques inc. utilisait tout le temps de production dont elle dispose et qu'il n'y avait aucun gaspillage, elle pourrait atteindre un volume d'activité qui porte le nom de **capacité d'utilisation maximale** ou **capacité théorique**. À ce niveau de capacité, les opérations de l'entreprise se poursuivraient 24 heures par jour, 365 jours par année, sans temps d'arrêt, comme dans la définition du standard idéal que nous avons déjà présentée dans ce chapitre (*voir la page 493*). Si le volume d'activité prévu de 20 000 unités ou de 50 000 heures de main-d'œuvre directe représentait 50 % de sa capacité théorique, la compagnie Reproductions antiques inc. pourrait produire 40 000 unités (20 000 unités ÷ 0,50) en 100 000 heures.

La **capacité pratique** désigne ce qui pourrait être produit si l'on soustrayait les temps d'arrêt inévitables de la capacité théorique. L'entretien, les pannes et le temps de réglage des nouvelles opérations sont considérés comme des temps d'arrêt inévitables. Si le volume d'activité prévu correspond à 80 % de la capacité pratique, alors, il est possible de produire 25 000 unités (20 000 unités ÷ 0,80) en 62 500 heures de main-d'œuvre directe.

Dans une analyse de la capacité, on commence par examiner les frais indirects de fabrication (variables et fixes) à chaque niveau de capacité.

Capacité d'utilisation maximale (ou capacité théorique)

Utilisation maximale des installations au cours d'une période en l'absence totale de défaillances techniques ou humaines.

Capacité pratique

Utilisation maximale des installations au cours d'une période en l'absence totale de défaillances techniques ou humaines, ou d'arrêts de production qu'il est impossible d'éviter, par exemple à cause des mises en route.

		Total des frais indirects de fabrication
Capacité théorique	(100 000 HMOD × 3,00 $) + 300 000 $	= 600 000 $
Capacité pratique	(62 500 HMOD × 3,00 $) + 300 000 $	= 487 500 $
Volume d'activité prévu	(50 000 HMOD × 3,00 $) + 300 000 $	= 450 000 $
Volume d'activité réel	(40 000 HMOD × 3,00 $) + 300 000 $	= 420 000 $

Si la compagnie Reproductions antiques inc. peut vendre toute sa production à 105 $ l'unité, il est possible de calculer comme suit les coûts d'opportunité auxquels elle s'expose en ne fonctionnant pas à divers niveaux de capacité.

	Marge sur coût de matière première et main-d'œuvre directe	Total des frais indirects de fabrication	Bénéfice
Capacité théorique............................	40 000 unités × (105,00 $ − 64,50 $)	−600 000 $	= 1 020 000 $
Capacité pratique	25 000 unités × (105,00 $ − 64,50 $)	−487 500 $	= 525 000 $
Volume d'activité prévu	20 000 unités × (105,00 $ − 64,50 $)	−450 000 $	= 360 000 $
Volume d'activité réel........................	16 000 unités × (105,00 $ − 64,50 $)	−420 000 $	= 228 000 $

Le montant de 64,50 $ se décompose comme suit: le coût standard des matières premières, soit 12 $ par unité, et le coût standard de la main-d'œuvre directe, soit 52,50 $ par unité, tous deux tirés du tableau 10.3 (*voir la page 515*). Le montant restant de 7,50 $, soit 2,5 heures multiplié par 3 $, en coûts de fabrication variables pour les frais indirects de fabrication est inclus dans les frais indirects calculés ci-dessus.

Pour déterminer le coût d'opportunité correspondant à un niveau de capacité de 16 000 unités (un bénéfice de 228 000 $), on commence par considérer le bénéfice supplémentaire qu'il aurait été possible d'enregistrer au niveau de capacité théorique: 1 020 000 $ − 228 000 $, soit 792 000 $ de manque à gagner. En étudiant des stratégies de marketing qui lui permettraient de vendre 24 000 unités de plus (40 000 − 16 000 unités), la direction pourrait améliorer sensiblement son bénéfice. Il lui faudrait aussi effectuer une analyse pour évaluer l'effet potentiel de la vente d'unités supplémentaires sur les coûts de mise en route, l'entretien, le gaspillage, etc. Cependant, si on pense que la demande à long terme devrait se situer à 16 000 unités, il faudrait penser à réduire la capacité, car seulement 16 000/25 000, soit 64 %, est utilisée. Par conséquent, certains frais fixes pourraient être réduits, ce qui améliorerait les résultats.

Au moment d'établir un budget, l'analyse de la capacité se révèle un outil de planification stratégique très utile. L'engagement de coûts de capacité (ou de structure) et les modifications à la capacité nécessitent du temps, de sorte que l'utilisation de la capacité, les goulots d'étranglement potentiels et les possibilités en matière de marketing constituent des éléments importants à considérer.

10.10 Les décisions concernant l'analyse des écarts et la gestion par exceptions

L'analyse des écarts et les rapports d'analyse de la performance sont des éléments clés de la gestion par exceptions. Dans ce type de gestion, la direction concentre son attention sur les parties de l'organisation dans lesquelles les objectifs et les prévisions ne sont pas réalisés.

Les budgets et les standards dont il a été question dans ce chapitre et dans le précédent reflètent les plans de la direction. Si tout se déroule conformément à ces plans, il y aura très peu de différences entre les résultats obtenus et ceux prévus d'après les standards et les budgets. Toutefois, lorsque les résultats obtenus ne respectent ni le budget ni les standards, le rapport d'analyse de la performance signale au gestionnaire la présence d'une « exception ». Cet avertissement prend la forme d'un écart par rapport au budget et aux standards.

Tous les écarts valent-ils la peine d'être examinés? Non. Il y a presque toujours des différences entre les résultats obtenus et les attentes. Si la direction devait examiner chaque écart, elle perdrait beaucoup de temps à tenter de retracer des différences de quelques sous. Les écarts peuvent être dus à toutes sortes de raisons, dont quelques-unes seulement ont de l'importance et requièrent l'attention de la direction. Par exemple, des températures estivales plus chaudes que la normale pourraient occasionner des factures d'électricité plus élevées que prévu pour la climatisation. En raison de facteurs aléatoires imprévisibles, on peut s'attendre à ce qu'il y ait un écart dans presque chaque catégorie de coûts.

Comment les gestionnaires devraient-ils déterminer les écarts qui valent la peine d'être examinés? Le montant de l'écart constitue un indice utile. Un écart de 5 $ n'est sans doute pas assez important pour s'y intéresser. Par contre, un écart de 5 000 $ pourrait valoir la peine que l'on essaie d'en retrouver la source. Un autre indice est l'importance de l'écart par rapport au montant de dépenses engagées. Un écart qui représente seulement 0,1 % des dépenses relatives à un élément se situe sans doute à l'intérieur de limites prévisibles, compte tenu des facteurs aléatoires. Par contre, un écart correspondant à 10 % des dépenses risque davantage d'indiquer un problème.

Une méthode fiable consiste à reporter les données sur les écarts dans un graphique de contrôle statistique semblable à celui de la figure 10.9. D'après le principe de base qui sous-tend ce type de graphique, il est normal que des fluctuations aléatoires dans les écarts apparaissent d'une période à l'autre. Il faut s'y attendre même lorsque l'entreprise contrôle bien ses coûts. On doit s'intéresser à un écart uniquement lorsqu'il est inhabituel par rapport au niveau normal de fluctuations aléatoires. En général, on se sert de l'écart type pour mesurer le niveau normal des fluctuations. De nombreuses entreprises emploient une règle empirique selon laquelle il faut examiner tous les écarts supérieurs à X écart type par rapport à zéro. Dans le diagramme de contrôle statistique de la figure 10.9, X est égal à 1,0. Autrement dit, la règle en vigueur dans cette entreprise prescrit l'examen de tous les écarts supérieurs à l'écart type de 1,0, dans une direction ou dans l'autre (favorable ou défavorable), par rapport à zéro. Ainsi, il faudrait examiner les écarts des semaines 7, 11 et 17, mais aucun des autres n'en vaudrait la peine.

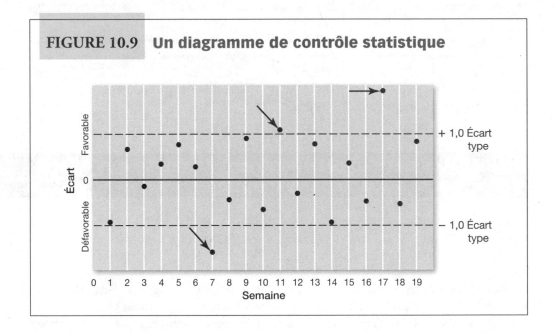

FIGURE 10.9 **Un diagramme de contrôle statistique**

Quelle valeur doit-on donner à X? Plus sa valeur est élevée, plus la bande des écarts acceptables, et sur lesquels il n'est pas nécessaire d'enquêter, s'élargit. Par conséquent, plus cette valeur augmente, moins on consacre de temps à essayer de trouver l'origine des écarts, mais plus il y a de risques de laisser se développer, sans la voir, une situation difficile à redresser par la suite. En général, lorsque la valeur de X est fixée à 1,0, environ 30 % de tous les écarts déclencheront une enquête, même dans le cas où il n'y a pas vraiment de problème. Lorsque X est établi à 1,5, ce pourcentage diminue à environ 13 %. Si X se situait à 2,0, le pourcentage tomberait à environ 5 %.

En plus de surveiller les écarts qui s'éloignent de la norme de façon inhabituelle, on doit aussi prêter attention à la répétition de ces écarts. Par exemple, une série d'écarts qui se répètent de façon constante devrait donner lieu à un examen approfondi, même si aucun des écarts n'est assez grand pour justifier un tel effort.

10.11 Les coûts de revient standards et les écarts dans le secteur des services

Bien que l'établissement de coûts de revient standards ait vu le jour dans le secteur de la fabrication, les techniques en la matière peuvent aussi aider les entreprises du secteur des services à mieux comprendre et gérer leurs coûts. En ce qui concerne l'établissement des coûts de revient standards au sein des secteurs de la fabrication et des services, les principales différences résident dans la terminologie employée. Par exemple, pour un fabricant, le coût des produits fabriqués consiste en la somme du coût des matières premières, du coût de la main-d'œuvre directe et des frais indirects de fabrication. Pour sa part, une entreprise de distribution (un grand magasin de détail, par exemple) calcule son coût des ventes en établissant le coût d'achat net des produits qu'elle a vendus au cours d'une période donnée. Enfin, le coût des services fournis par une entreprise de service est principalement constitué du coût de la main-d'œuvre, des frais indirects, et parfois d'un petit montant engagé pour se procurer les matières premières nécessaires à la prestation des services aux clients.

L'analyse des écarts peut également se révéler utile pour les entreprises de service, dans lesquelles le coût de la main-d'œuvre directe constitue une forte proportion du coût total.

Même si elle porte généralement sur des éléments liés à la production, l'analyse des écarts peut s'avérer très utile aux gestionnaires des entreprises du secteur des services. L'analyse des écarts relatifs à la main-d'œuvre se veut particulièrement utile, puisque les salaires et les honoraires des employés qui offrent les services constituent généralement la majeure partie des coûts de ces entreprises. Par exemple, un écart sur taux de la main-d'œuvre directe permet parfois de révéler des heures de travail supplémentaires excessives ou le recours à des cadres supérieurs avec rémunération plus élevée, ce qui entraîne une augmentation du salaire moyen global pour la période concernée. Par ailleurs, un écart sur temps de la main-d'œuvre directe survient lorsque des employés prennent plus longtemps que le temps prévu pour offrir un service en particulier.

10.12 Le recours aux coûts de revient standards à l'échelle internationale

Même si certains prétendent que la méthode des coûts de revient standards est désuète, beaucoup d'entreprises de partout dans le monde continuent d'y recourir. Selon de récents sondages sur les pratiques en comptabilité de gestion, la méthode des coûts de revient standards se veut toujours très présente, cette approche étant entre autres couramment utilisée au Royaume-Uni (70 %), au Japon (80 %), en Nouvelle-Zélande (73 %) et en Malaisie (70 %)[4].

Les coûts de revient standards ont d'abord vu le jour au Japon à la suite de la Deuxième Guerre mondiale. La société Nippon Electric a été l'une des premières entreprises japonaises à adopter la méthode des coûts de revient standards pour tous ses produits. Puis, après la guerre, beaucoup d'autres sociétés du Japon ont suivi son exemple, mettant au point divers systèmes de coûts de revient standards. Les entreprises qui se servent des coûts de revient standards les intègrent généralement dans les processus suivants :

- Le contrôle des coûts et l'évaluation de la performance ;
- L'établissement du coût de revient des produits ;
- L'établissement de budgets et les prévisions.

Selon les gestionnaires ayant participé aux sondages susmentionnés, les principaux écarts utilisés à des fins de contrôle sont, par ordre d'importance, l'écart sur dépense en frais indirects de fabrication fixes, l'écart sur coût d'achat des matières premières, l'écart

---

4. ATTIEA, Marie et RAO, Ananth (2010). « Is Standard Costing Still Relevant ? Evidence from Dubai », *Management Accounting Quarterly*, p. 1-10.

sur quantité des matières premières et l'écart sur temps de la main-d'œuvre directe. De manière générale, les faits portent à croire que la méthode des coûts de revient standards est loin d'être tombée en désuétude et qu'elle continue à jouer un rôle important dans les organisations du monde entier.

10.13 Les évaluations basées sur les systèmes de coûts de revient standards

10.13.1 Les avantages des systèmes de coûts de revient standards

Les systèmes de coûts de revient standards offrent de nombreux avantages.

1. Comme nous l'avons vu, la méthode des coûts de revient standards constitue un élément fondamental de la gestion par exceptions. Aussi longtemps que les coûts demeurent dans les limites fixées par les standards, les gestionnaires peuvent se préoccuper d'autres problèmes. Lorsque les coûts ne respectent plus les standards, ils sont avertis de la possibilité que des problèmes requièrent leur attention. Cette méthode aide les gestionnaires à se concentrer sur les questions importantes.

2. Tant qu'ils sont considérés comme raisonnables par les employés, les standards peuvent favoriser l'économie et l'efficience. Ils fournissent aussi des repères permettant aux employés d'évaluer leur propre rendement.

3. L'utilisation de coûts de revient standards peut grandement simplifier la tenue des livres comptables. Au lieu d'enregistrer les coûts réels dans les comptes de stocks, on constate les coûts de revient standards des matières premières et de la main-d'œuvre directe ainsi que les frais indirects de fabrication dans les stocks.

4. La méthode des coûts de revient standards s'intègre facilement à une structure par centres de responsabilité. Elle permet d'établir des coûts standards et de déterminer qui en aura la responsabilité, et de vérifier si le contrôle des coûts réels est efficace.

10.13.2 Les problèmes potentiels liés aux systèmes de coûts de revient standards

L'utilisation de la méthode des coûts de revient standards peut poser un certain nombre de problèmes. La plupart d'entre eux résultent d'un emploi inapproprié de cette méthode et d'une mauvaise application du principe de gestion par exceptions, ou encore d'un recours à des coûts standards dans des situations qui ne s'y prêtent pas.

1. En général, les rapports traitant des écarts sur coûts standards sont préparés chaque mois et sont souvent communiqués des jours, parfois même des semaines après la fin du mois. Conséquence : les renseignements contenus dans ces rapports diffèrent parfois tellement de la situation actuelle qu'ils se révèlent presque inutiles. Des rapports rapides, fréquents et à peu près corrects valent mieux que des rapports trop espacés et très précis, mais qui sont déjà dépassés au moment de leur communication. Certaines entreprises publient leurs écarts et d'autres données d'exploitation essentielles chaque jour, sinon plus souvent encore.

2. Lorsque les gestionnaires manquent de tact et qu'ils se servent des rapports d'analyse des écarts pour formuler des reproches à leurs employés, le moral du personnel de l'entreprise peut s'en ressentir. Les employés devraient être encouragés lorsqu'ils accomplissent bien leurs tâches. Malheureusement, de par sa nature, la gestion par exceptions a tendance à mettre l'accent sur ce qui ne va pas. Si l'on utilise les écarts comme des instruments de réprimande, les employés résisteront difficilement à la tentation de les dissimuler quand ils sont défavorables ou de

prendre des mesures contraires aux intérêts de l'entreprise pour s'assurer qu'ils sont favorables. Par exemple, les travailleurs intensifieront leurs efforts pour augmenter la production à la fin du mois en vue d'éviter un écart sur temps de la main-d'œuvre défavorable, bien que cette pratique puisse avoir des effets déplorables sur la qualité des produits.

3. Les écarts sur main-d'œuvre sont basés sur deux hypothèses importantes. En premier lieu, ils supposent que le processus de production suit le rythme de la main-d'œuvre directe : lorsque la main-d'œuvre accélère son rythme de travail, la production devrait augmenter. Toutefois, de nos jours, la production d'un bon nombre d'entreprises n'est plus déterminée par la rapidité de travail de la main-d'œuvre, mais plutôt par la vitesse de traitement des machines. En second lieu, dans les calculs, la main-d'œuvre directe est considérée comme un coût variable. Toutefois, comme nous l'avons vu dans les chapitres précédents, la main-d'œuvre directe d'un grand nombre d'entreprises peut représenter essentiellement un coût fixe. Le cas échéant, l'importance exagérée accordée aux écarts sur temps de la main-d'œuvre directe exerce une pression sur les travailleurs pour qu'ils accumulent des stocks excessifs de produits en cours et de produits finis.

4. Dans certains cas, un écart favorable peut se révéler aussi mauvais, sinon pire qu'un écart défavorable. Par exemple, chez McDonald's, il y a une norme concernant la quantité de viande hachée devant se trouver dans un Big Mac. Un écart « favorable » signifie que l'on a utilisé moins de viande que la quantité spécifiée. Le résultat est un Big Mac inférieur à la norme, et peut-être même un client insatisfait.

5. Dans les systèmes d'information basés sur des coûts de revient standards, on tend parfois à mettre l'accent sur le respect des standards au détriment d'autres objectifs importants comme le maintien et l'amélioration de la qualité, la livraison dans les délais prescrits et la satisfaction de la clientèle. Il est possible de contrôler cette tendance grâce à des mesures de la performance supplémentaires axées sur ces autres objectifs.

6. Il ne suffit pas toujours de respecter les standards. Il peut être nécessaire de travailler à des améliorations continues pour survivre à la concurrence actuelle du milieu. C'est pourquoi les gestionnaires de certaines entreprises concentrent leur attention sur les tendances qu'ils observent dans les écarts sur coûts standards, c'est-à-dire qu'ils recherchent une amélioration continue plutôt que de se contenter du respect des standards. Dans d'autres entreprises, les normes d'ingénierie sont remplacées par une moyenne de coûts réels réexaminée à intervalles réguliers que l'on s'attend à voir diminuer ou par des objectifs de coûts qui se révèlent très stimulants.

En résumé, les gestionnaires devraient être très prudents lorsqu'ils mettent en place un système de coûts de revient standards. Il est très important qu'ils s'efforcent de mettre l'accent sur les aspects positifs plutôt qu'uniquement sur les mauvais rendements et qu'ils soient conscients de la possibilité de conséquences inattendues.

10

SUR LE TERRAIN

L'application des coûts standards

Des hausses importantes dans les coûts des soins de santé au cours des dernières décennies au Canada, aux États-Unis et dans d'autres pays du monde ont provoqué la réclamation de nouvelles mesures destinées à améliorer leur contrôle. Dans un article, Thibadoux, Scheidt et Luckey ont examiné l'élaboration et l'emploi possibles de la méthode des coûts standards dans le système de santé américain. L'établissement de coûts standards exigerait l'utilisation des meilleures méthodes basées sur des éléments éprouvés, c'est-à-dire des directives cliniques pour les diagnostics et des traitements fondés sur la recherche scientifique. Dans ce système, on recommande aux médecins de respecter une approche standard de traitement de leurs patients requérant l'utilisation de listes de contrôle publiées pour chacun des principaux

▶

groupes homogènes de malades (GHM) qui ont le même diagnostic. Prenons comme exemple de ces groupes celui des patients qui ont subi un pontage aorto-coronarien. En déterminant le coût de chaque « étape » de la liste de contrôle des meilleures méthodes basées sur des éléments probants pour un GHM particulier, on peut déterminer un coût standard pour le diagnostic et le traitement de chaque patient concerné. Il serait ensuite possible de comparer les coûts réels à ces coûts standards et d'enquêter sur les écarts.

Des entrevues réalisées avec de nombreux praticiens concernant l'utilisation de coûts standards dans le système de santé suggèrent que les inconvénients de cette méthode dépasseraient largement ses avantages. Même si certains médecins ont indiqué qu'une telle méthode les aiderait à déterminer les causes possibles de l'augmentation des coûts, la plupart ont exprimé de sérieuses inquiétudes quant au concept. Par exemple, nombre d'entre eux ont fait remarquer que la responsabilité de respecter des coûts standards pourrait entraîner des décisions visant davantage à contrôler les coûts qu'à assurer le bien-être des patients. De même, d'autres ont souligné que l'interprétation des écarts par rapport aux coûts standards pourrait se révéler problématique, en ce sens qu'un écart favorable serait susceptible d'indiquer qu'un patient a reçu des soins de mauvaise qualité. Enfin, certains répondants ont expliqué que, contrairement à ce qui se passe dans les entreprises de fabrication pour lesquelles il est possible d'élaborer des normes relativement précises de production, les moyens utilisés pour soigner une maladie grave peuvent varier considérablement d'un patient à un autre. Par conséquent, ils doutaient même de la possibilité d'élaborer des standards pertinents.

L'adoption par les administrateurs des systèmes de santé d'une méthode des coûts standards est loin d'être chose faite. Toutefois, il est intéressant de noter les similitudes entre les problèmes signalés par les praticiens en ce qui a trait aux coûts standards et ceux dont nous avons traité précédemment dans ce chapitre.

Source : Greg M. THIBADOUX, Marsha SCHEIDT et Elizabeth LUCKEY, « Accounting and Medicine : An Exploratory Investigation into Physicians' Attitudes Toward the Use of Standard Cost-Accounting Methods in Medicine », *Journal of Business Ethics*, vol. 75, n° 2 (octobre 2007), p. 137-149. Avec la permission de Springer Science + Business Media.

10.14 Le coût de revient selon l'approche Kaizen dans un contexte de production optimisée

Dans un environnement de plus en plus concurrentiel, certaines entreprises doivent réduire leurs coûts de fabrication de façon continue pour survivre. Si ces entreprises utilisent des coûts de revient standards, elles doivent s'efforcer de réduire ceux-ci, chaque année, chaque mois, chaque semaine. Plutôt que d'effectuer des changements importants dans leur processus de fabrication, dans la conception de leurs produits ou de faire des investissements massifs dans des immobilisations pour réduire leurs coûts de revient, les gestionnaires peuvent recourir à l'approche Kaizen de réduction des coûts. Cette approche préconise une amélioration continue et graduelle, effectuée par de petits changements dans les processus, les intrants et les produits, plutôt que par des changements radicaux. L'approche Kaizen consiste à se fixer comme objectif la réduction du coût de revient de la période courante avant la prochaine période (semaine, mois, année). Par exemple, si le coût de revient standard[5] unitaire pour la période qui vient de se terminer est de 15,00 $, les gestionnaires pourraient avoir comme objectif de réduire de 2 % ce coût pour le ramener à 14,70 $. La cible à atteindre pour la prochaine période devient donc 14,70 $ par unité. L'atteinte de cet objectif passera par l'implication de tous les employés de l'entreprise, du personnel opérationnel jusqu'à la direction. Tout un chacun a la responsabilité de trouver des moyens d'atteindre cet objectif par des améliorations continues des opérations, chaque jour et en tout temps.

---

5. Il est aussi possible d'utiliser le coût de revient par période.

MISE EN APPLICATION

Les gestionnaires établissent des standards en matière de coûts et de quantités qui leur permettent d'évaluer l'efficience de leurs processus de fabrication de produits ou de prestation de services. Les coûts de revient standards s'avèrent utiles pour les raisons suivantes :

- En comparant les données réelles avec les standards établis, les gestionnaires peuvent facilement déterminer les éléments sur lesquels axer leurs efforts en matière de contrôle des coûts.

- Les standards considérés comme raisonnables par les employés leur fournissent des repères qui leur permettent d'évaluer leur propre rendement, voire de constater eux-mêmes qu'il leur faudrait accroître l'efficience de leur travail.

- L'analyse des écarts s'intègre à une structure par centres de responsabilité, dans laquelle on évalue le rendement des gestionnaires de chaque division selon leur capacité à gérer les coûts des produits fabriqués ou des services offerts par la division dont ils ont la responsabilité.

Résumé

- Un standard est un point de repère permettant de mesurer la performance. On établit des standards concernant le coût d'achat et la quantité des intrants nécessaires à la fabrication de produits ou à la prestation de services. Les standards de quantité servent à indiquer la quantité d'un élément de coût, tel que les heures de main-d'œuvre ou les quantités de matières premières qui devraient être utilisées pour fabriquer une unité de produit ou pour fournir une unité de service. Les standards relatifs au coût précisent ce que devrait être le taux horaire des heures de main-d'œuvre ou le coût d'achat des matières premières. (OA1)

- En général, les standards sont de nature pratique, c'est-à-dire que l'on doit les atteindre ou les respecter grâce à des efforts raisonnables, mais très efficients. D'ordinaire, l'effet de telles normes est considéré comme favorable parce qu'elles motivent les employés. (OA1)

- Dans la comparaison entre les standards et les résultats réels, la différence porte le nom d'« écarts ». On calcule les écarts sur coût d'achat des matières premières, les écarts sur taux horaire et les écarts sur dépense des frais indirects de fabrication variables en déterminant la différence entre les coûts d'achat unitaires réels et les coûts d'achat unitaires standards des intrants, et en multipliant le résultat par la quantité d'intrants achetés ou utilisés. On obtient les écarts sur quantité, les écarts sur temps et les écarts sur rendement des frais indirects de fabrication variables en déterminant la différence entre la quantité réelle de l'intrant utilisée et la quantité de l'intrant qui a été allouée selon les standards pour la production réelle, et en multipliant ensuite le résultat par le coût d'achat unitaire standard de l'intrant. (OA2, OA3 et OA4)

- Il existe également deux écarts pour les frais indirects de fabrication fixes. L'écart sur dépense consiste en la différence entre les montants réels et les montants budgétés du total des frais indirects de fabrication fixes. L'écart sur volume se définit comme la différence entre le montant des frais indirects de fabrication fixes imputés aux stocks et le montant total des frais indirects de fabrication fixes initialement budgétés pour la période. (OA6)

- Le volume d'activité prévu est le volume d'activité utilisé pour calculer le taux d'imputation prédéterminé des frais indirects de fabrication variables et fixes. On se sert du taux d'imputation prédéterminé des frais indirects de fabrication pour établir le coût de revient standard total par unité de produit, en le multipliant par le volume d'activité standard pour produire chaque unité. (OA5)

10

- Les gestionnaires n'ont pas besoin d'analyser tous les écarts. En réalité, ils ne devraient examiner que ceux qui sont inhabituels ou très significatifs — autrement, ils consacreraient beaucoup de temps ou d'attention à enquêter sur des éléments sans importance ou qui sont normaux. En outre, il est nécessaire d'insister sur le fait que l'objectif d'un tel examen n'est pas de trouver quelqu'un sur qui jeter le blâme. (OA7)

- Un rapport d'analyse de la performance concernant les frais indirects de fabrication procure des renseignements à propos de chaque élément entrant dans le calcul du total des frais indirects de fabrication variables et fixes. Ce rapport comprend à la fois les données réelles et les données prévues. Les entreprises qui recourent à un système de coûts de revient standards peuvent inclure dans leur rapport d'analyse de la performance l'écart sur dépense et l'écart sur rendement des frais indirects de fabrication variables et l'écart sur dépense en frais indirects de fabrication fixes. Les gestionnaires se servent du rapport d'analyse de la performance pour déterminer les composants précis qui contribuent le plus aux écarts relatifs aux frais indirects de fabrication variables et fixes. (OA7)

- L'analyse de la capacité utilisée constitue un outil stratégique utile qui permet aux gestionnaires d'évaluer les répercussions financières d'une exploitation inférieure à la capacité de production maximale. La capacité d'utilisation maximale se définit de différentes façons. On la désigne notamment par les expressions « capacité théorique » ou « capacité pratique ». La capacité théorique correspond au volume d'activité qu'on obtiendrait si les opérations d'une entreprise se poursuivaient 24 heures par jour, 365 jours par année, sans temps d'arrêt. On établit la capacité pratique en soustrayant les temps d'arrêt inévitables de la capacité théorique. (OA7)

Activités d'apprentissage

Problème de révision 10.1

Les coûts de revient standards

La société Deschambault fabrique un jouet appelé Labyrinthe. Ses gestionnaires imputent les frais indirects de fabrication aux produits en se basant sur les heures de main-d'œuvre directe. L'entreprise a récemment mis en place un système de coûts standards. Voici d'ailleurs les coûts standards relatifs à une unité de produit.

- Matières premières : 6 microns par jouet à 0,50 $ par micron.
- Main-d'œuvre directe : 1,3 heure par jouet à 12 $ l'heure.
- Frais indirects de fabrication variables : 1,3 heure par jouet à 4 $ l'heure.
- Frais indirects de fabrication fixes : 1,3 heure par jouet à 6 $ l'heure.

Au cours du mois de juillet, l'entreprise a fabriqué 3 000 unités de Labyrinthe. Les frais indirects de fabrication fixes budgétés pour ce mois se chiffraient à 24 180 $, et le volume d'activité prévu était de 4 030 heures de main-d'œuvre directe. Voici des données relatives à la production de ce jouet pour juillet.

- Matières premières : L'entreprise a acheté 25 000 microns à 0,48 $ le micron. Il restait 5 000 de ces microns en stock à la fin du mois.
- Main-d'œuvre directe : La main-d'œuvre directe a effectué 4 000 heures de travail pour un coût total de 52 000 $.
- Frais indirects de fabrication variables : Leur coût réel se chiffrait à 17 000 $ en juillet.
- Frais indirects de fabrication fixes : Leur coût réel s'élevait à 25 000 $ en juillet.

Travail à faire

1. Calculez les écarts sur coût d'achat des matières premières et de la main-d'œuvre directe, ainsi que les écarts sur frais indirects de fabrication variables et fixes.
2. Calculez le total des frais indirects de fabrication surimputés ou sous-imputés pour le mois de juillet.

Solution au problème de révision 10.1

1. **Les écarts relatifs aux matières premières**

Quantité réelle de matières premières achetée au coût d'achat réel ($QR_A \times C_aR$)	Quantité réelle de matières premières achetée au coût d'achat standard ($QR_A \times C_aS$)	Quantité standard de matières premières allouée à la production réelle au coût d'achat standard ($QS \times C_aS$)
25 000 microns × 0,48 $ le micron = 12 000 $	25 000 microns × 0,50 $ le micron = 12 500 $	

Écart sur coût d'achat, 500 $ F

Quantité réelle de matières premières utilisée au coût d'achat standard ($QR_U \times C_aS$)

20 000 microns × 0,50 $ le micron = 10 000 $	18 000 microns* × 0,50 $ le micron = 9 000 $

Écart sur quantité, 1 000 $ D

* 3 000 jouets × 6 microns par jouet = 18 000 microns
F : favorable ; D : défavorable

10

▶ Il est impossible de calculer un écart total dans ce cas parce que la quantité de matières premières achetée (25 000 microns) diffère de la quantité de matières premières utilisée dans la production (20 000 microns).

À l'aide des formules présentées dans ce chapitre, on pourrait calculer les mêmes écarts comme suit :

Écart sur coût d'achat des matières premières $= QR\ (C_aR\ -\ C_aS)$

25 000 microns (0,48 $ le micron $-$ 0,50 $ le micron) $=$ 500 $ F

Écart sur quantité de matières premières $= C_aS\ (QR\ -\ QS)$

0,50 $ le micron (20 000 microns $-$ 18 000 microns) $=$ 1 000 $ D

Les écarts relatifs aux coûts de la main-d'œuvre directe

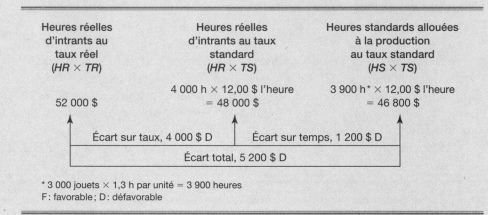

Heures réelles d'intrants au taux réel ($HR \times TR$)	Heures réelles d'intrants au taux standard ($HR \times TS$)	Heures standards allouées à la production au taux standard ($HS \times TS$)
52 000 $	4 000 h × 12,00 $ l'heure = 48 000 $	3 900 h* × 12,00 $ l'heure = 46 800 $

Écart sur taux, 4 000 $ D   Écart sur temps, 1 200 $ D

Écart total, 5 200 $ D

* 3 000 jouets × 1,3 h par unité = 3 900 heures
F : favorable ; D : défavorable

À l'aide des formules présentées dans ce chapitre, on pourrait calculer les mêmes écarts comme suit :

Écart sur taux horaire de la main-d'œuvre directe $= HR\ (TR\ -\ TS)$

4 000 h (13,00 $ l'heure* $-$ 12,00 $ l'heure) $=$ 4 000 $ D

Écart sur temps de la main-d'œuvre directe $= TS\ (HR\ -\ HS)$

12,00 $ l'heure (4 000 h $-$ 3 900 h) $=$ 1 200 $ D

* 52 000 $ ÷ 4 000 h = 13,00 $ l'heure

Les écarts relatifs aux frais indirects de fabrication variables

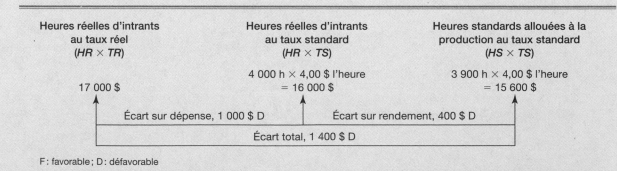

Heures réelles d'intrants au taux réel ($HR \times TR$)	Heures réelles d'intrants au taux standard ($HR \times TS$)	Heures standards allouées à la production au taux standard ($HS \times TS$)
17 000 $	4 000 h × 4,00 $ l'heure = 16 000 $	3 900 h × 4,00 $ l'heure = 15 600 $

Écart sur dépense, 1 000 $ D   Écart sur rendement, 400 $ D

Écart total, 1 400 $ D

F : favorable ; D : défavorable

À l'aide des formules présentées dans ce chapitre, on peut calculer les mêmes écarts comme suit :

Écart sur dépense en frais indirects de fabrication variables $\quad = \quad HR\,(TR \quad - \quad TS)$

4 000 h (4,25 $ l'heure* $\quad - \quad$ 4,00 $ l'heure) $\quad = \quad$ 1 000 $ D

Écart sur rendement des frais indirects de fabrication variables $\quad = \quad TS\,(HR \quad - \quad HS)$

4,00 $ l'heure (4 000 h $\quad - \quad$ 3 900 h) $\quad = \quad$ 400 $ D

* 17 000 $ ÷ 4 000 h = 4,25 $ l'heure

Les écarts relatifs aux frais indirects de fabrication fixes

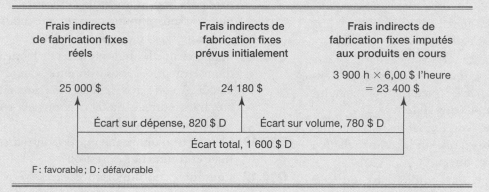

Frais indirects de fabrication fixes réels	Frais indirects de fabrication fixes prévus initialement	Frais indirects de fabrication fixes imputés aux produits en cours
		3 900 h × 6,00 $ l'heure = 23 400 $
25 000 $	24 180 $	

Écart sur dépense, 820 $ D | Écart sur volume, 780 $ D

Écart total, 1 600 $ D

F : favorable ; D : défavorable

À l'aide des formules présentées dans ce chapitre, on peut calculer l'écart sur volume comme suit :

$$\begin{array}{c}\text{Écart sur} \\ \text{volume}\end{array} = \begin{array}{c}\text{Taux d'imputation} \\ \text{prédéterminé des} \\ \text{frais indirects de} \\ \text{fabrication}\end{array} \times \left(\begin{array}{c}\text{Volume prévu} \\ \text{servant au calcul du} \\ \text{taux d'imputation} \\ \text{prédéterminé}\end{array} - \begin{array}{c}\text{Volume standard} \\ \text{alloué à} \\ \text{la production} \\ \text{réelle}\end{array}\right)$$

6,00 $ (4 030 h $\quad - \quad$ 3 900 h) $\quad = \quad$ 780 $ D

2. On calcule les frais indirects de fabrication réels engagés comme suit :

Frais indirects de fabrication variables	17 000 $
Frais indirects de fabrication fixes	25 000
Total des frais indirects de fabrication réels..	42 000 $

On calcule les frais indirects de fabrication imputés comme suit :

Frais indirects de fabrication variables	15 600 $
Frais indirects de fabrication fixes	23 400
Total des frais indirects de fabrication imputés......................................	39 000 $

Par conséquent, il y a des frais indirects de fabrication sous-imputés de 3 000 $ (42 000 $ − 39 000 $).

10

Questions

Q10.1 Qu'est-ce qu'un standard de quantité? Qu'est-ce qu'un standard de coût?

Q10.2 Établissez une distinction entre des standards théoriques et des standards pratiques.

Q10.3 Si, de façon systématique, les employés ne parviennent pas à respecter un standard, quel effet peut-on s'attendre à observer sur leur productivité?

Q10.4 Quelle est la différence entre un élément standard et un élément budgété?

Q10.5 Qu'entend-on par l'expression «gestion par exceptions»?

Q10.6 En général, pourquoi distingue-t-on les écarts sur coût d'achat et les écarts sur quantité?

Q10.7 En général, qui assume la responsabilité des écarts sur coût d'achat des matières premières? des écarts sur quantité des matières premières? des écarts sur temps de la main-d'œuvre directe?

Q10.8 Quel effet peut avoir l'achat de matières premières de piètre qualité sur les écarts relatifs à la main-d'œuvre directe?

Q10.9 Supposez qu'on impute des frais indirects de fabrication variables à la production en utilisant les heures de main-d'œuvre directe comme unité d'œuvre et que l'écart sur temps de cette main-d'œuvre se révèle défavorable. L'écart sur rendement des frais indirects de fabrication variables sera-t-il favorable ou défavorable? Expliquez votre réponse.

Q10.10 Que signifie l'expression «volume prévu d'activité servant au calcul du taux d'imputation prédéterminé des frais indirects de fabrication»?

Q10.11 Pourquoi imputons-nous les frais indirects de fabrication aux produits en cours sur la base des heures standards allouées à la production réelle alors que nous les avons imputés sur la base des heures réelles dans le chapitre 5? En quoi ces systèmes d'établissement des coûts de revient sont-ils différents?

Q10.12 Dans un système de coûts standards, quels sont les deux écarts calculés pour les frais indirects de fabrication fixes?

Q10.13 Qu'est-ce que l'écart sur dépense en frais indirects de fabrication fixes permet de mesurer?

Q10.14 Dans quel contexte pourrait-on s'attendre à ce que l'écart sur volume soit favorable? défavorable? Cet écart permet-il de mesurer les variations dans les dépenses en éléments de frais indirects de fabrication? Expliquez votre réponse.

Q10.15 De quelle manière, autre qu'en dollars, est-il possible de mesurer l'écart sur volume?

Q10.16 Dans un système de coûts de revient standards, les frais indirects de fabrication surimputés ou sous-imputés peuvent être subdivisés en quatre types d'écarts. Lesquels?

Q10.17 Supposez que les frais indirects de fabrication d'une entreprise sont surimputés pour le mois d'août. À votre avis, le total des écarts relatifs aux frais indirects de fabrication sera-t-il favorable ou défavorable?

Q10.18 Qu'est-ce qu'un diagramme de contrôle statistique et comment s'en sert-on?

Q10.19 Pourquoi une importance excessive accordée aux écarts sur temps de la main-d'œuvre directe peut-elle entraîner un surplus de produits en cours dans les stocks?

Q10.20 L'analyse de la capacité va plus loin que l'analyse typique des écarts relatifs aux frais indirects de fabrication. Comment utilise-t-on différentes définitions de la capacité comme point de départ à ce type d'analyse?

Q10.21 Quels sont les deux moments dans le temps où l'on peut calculer l'écart sur coût d'achat des matières premières? Lequel de ces moments est le plus approprié? Pourquoi?

Q10.22 Un examen des comptes de la société Beaux Meubles inc. révèle que l'écart sur coût d'achat des matières premières est favorable, mais que celui sur quantité de matières premières est défavorable d'un montant important. Qu'est-ce que cette situation peut indiquer?

Q10.23 Comment les gestionnaires décident-ils des écarts sur lesquels porter leur attention?

Exercices

E10.1 La préparation d'une fiche de coût standard

Svenska Pharmacie, une entreprise pharmaceutique suédoise, fabrique un anticoagulant. Le principal ingrédient de ce médicament est une matière première connue sous l'appellation « Alpha SR40 ». Voici des données concernant l'achat et l'utilisation de cette matière première.

- Achat d'Alpha SR40 : L'entreprise achète la matière première Alpha SR40 dans des contenants de 2 kilogrammes au coût d'achat de 3 000 $ le kilogramme. Le fournisseur offre un escompte de 2 % lorsque la facture est payée dans les 10 jours suivant l'achat, et l'entreprise se prévaut systématiquement de ces escomptes. Les coûts de livraison, que la société Svenska Pharmacie doit assumer, s'élèvent à 1 000 $ pour un envoi moyen de 10 contenants de 2 kilogrammes.
- Utilisation de l'Alpha SR40 : D'après la nomenclature, il faut 6 grammes d'Alpha SR40 par capsule d'anticoagulant. Toutefois, le laboratoire rejette environ 4 % de la quantité totale d'Alpha SR40 achetée par l'entreprise avant de commencer le processus de fabrication pour des raisons de non-conformité aux normes établies. Enfin, une capsule d'anticoagulant sur 26 est rejetée après inspection, en raison d'un défaut quelconque.

Travail à faire

1. Calculez le coût d'achat standard de un gramme d'Alpha SR40.
2. Déterminez la quantité standard d'Alpha SR40 (en grammes) par capsule qui est approuvée à l'inspection finale. (Calculez jusqu'à deux décimales.)
3. À l'aide de vos réponses aux questions 1 et 2, préparez une fiche de coût standard indiquant le coût standard de l'Alpha SR40 par capsule d'anticoagulant.

E10.2 Les écarts sur matières premières

La société Hémon fabrique un certain nombre d'articles pour la maison. L'un d'eux, une planche à découper, requiert une essence de bois coûteuse. Au cours du dernier mois, l'entreprise a fabriqué 12 000 planches à découper à l'aide de 11 000 mètres de bois franc. Elle a payé ce bois 56 100 $.

D'après les standards de l'entreprise, il faut 0,8 mètre de bois franc à 5,40 $ le mètre pour fabriquer une planche à découper.

Travail à faire

1. Quel coût l'entreprise aurait-elle dû engager pour le bois nécessaire à la fabrication des 12 000 planches à découper ? De combien ce montant est-il supérieur ou inférieur à celui qu'elle a réellement engagé ?
2. Décomposez la différence calculée en 1 en écart sur coût d'achat des matières premières et en écart sur quantité de matières premières.

E10.3 Les écarts sur main-d'œuvre directe

La société Agapes aériennes prépare des repas à servir pendant les vols pour quelques grands transporteurs aériens. Un de ses produits consiste en un cannelloni farci nappé d'une sauce aux poivrons grillés, et accompagné de maïs miniatures frais et d'une salade printanière. Au cours de la dernière semaine, la confection de 6 000 unités de ce repas a requis 1 150 heures de main-d'œuvre directe. L'entreprise a versé à ses travailleurs un total de 17 250 $ pour ce travail, selon un taux horaire de 15 $.

D'après sa fiche de coût standard, ce plat requiert 0,20 heure de main-d'œuvre directe à 14 $ l'heure.

10

▶

► **Travail à faire**

1. Quels coûts de main-d'œuvre directe auraient dû être engagés pour la préparation de 6 000 plats ? Quelle est la différence entre ce montant et le coût de la main-d'œuvre réelle ?

2. Décomposez la différence que vous avez calculée en 1 en écart sur taux de la main-d'œuvre directe et en écart sur temps de la main-d'œuvre directe.

E10.4 Les écarts sur frais indirects de fabrication variables

La société Commandez-et-vous-recevrez fournit des services d'exécution de commandes pour les marchands dans l'internet. Elle possède des entrepôts dans lesquels elle stocke des produits appartenant à ses clients. Lorsqu'un de ses clients reçoit une commande, il la lui expédie pour que l'entreprise retire l'article en question des stocks, l'emballe et le livre à l'acheteur. L'entreprise utilise un taux prédéterminé d'imputation des frais indirects de fabrication variables établi en fonction des heures de main-d'œuvre directe.

Au cours du plus récent mois, elle a expédié 140 000 articles pour ses clients, ce qui a nécessité 5 800 heures de main-d'œuvre directe. Le total des frais indirects de fabrication variables qu'elle a engagés s'est chiffré à 15 950 $.

D'après les standards de l'entreprise, il faut 0,04 heure de main-d'œuvre directe pour remplir une commande concernant un article ; le taux d'imputation des frais indirects de fabrication variables est de 2,80 $ par heure de main-d'œuvre directe.

Travail à faire

1. Quel montant de frais indirects de fabrication variables l'entreprise aurait-elle dû engager pour exécuter les commandes portant sur les 140 000 articles ? Quelle différence y a-t-il entre ce montant et le montant réel des frais indirects de fabrication variables ?

2. Décomposez la différence que vous avez calculée en 1 en écart sur dépense en frais indirects de fabrication variables et en écart sur rendement des frais indirects de fabrication variables.

E10.5 Les écarts sur frais indirects de fabrication fixes

La société Lucinda applique un système de coûts standards selon lequel elle impute ses frais indirects de fabrication à ses produits en fonction du nombre standard d'heures de main-d'œuvre directe allouées à la production réelle de la période. Voici des données concernant la période la plus récente.

Frais indirects de fabrication fixes budgétés pour la période	400 000 $
Frais indirects de fabrication fixes réels pour la période	394 000 $
Heures standards de main-d'œuvre directe budgétées (volume d'activité prévu) ...	50 000
Heures réelles de main-d'œuvre directe..	51 000
Nombre standard d'heures de main-d'œuvre directe allouées à la production réelle....	48 000

Travail à faire

1. Calculez la partie fixe du taux d'imputation prédéterminé des frais indirects de fabrication pour la période.

2. Calculez l'écart sur dépense et l'écart sur volume relatifs aux frais indirects de fabrication fixes. Faites l'analyse de l'écart d'imputation.

E10.6 Un rapport d'analyse de la performance concernant les frais indirects de fabrication variables

La société Jessel établit son rapport d'analyse de la performance concernant les frais indirects de fabrication variables en fonction des heures réelles de main-d'œuvre directe de la période. Les données ci-après portent sur la période la plus récente terminée le 31 décembre.

Heures budgétées de main-d'œuvre directe	42 000
Heures réelles de main-d'œuvre directe..	44 000
Nombre standard d'heures de main-d'œuvre directe allouées à la production réelle..	45 000
Coûts standards (par heure de main-d'œuvre directe):	
Main-d'œuvre indirecte	0,90 $
Fournitures	0,15
Électricité..	0,05
Coûts réels engagés:	
Main-d'œuvre indirecte	42 000 $
Fournitures	6 900
Électricité..	1 800

Travail à faire

Préparez un rapport d'analyse de la performance concernant les frais indirects de fabrication variables. Calculez l'écart sur dépense et l'écart sur rendement de ces frais.

E10.7 L'établissement de standards

À la société Grandbois Chocolatier, établie à Montréal, les employés confectionnent à la main des chocolats de première qualité. Le propriétaire de l'entreprise a implanté un système de coûts standards concernant un de ses produits, la truffe impériale. Ce produit est confectionné avec divers ingrédients de qualité et le chocolat blanc le plus fin. Les données ci-après portent uniquement sur le chocolat blanc utilisé dans la préparation de cette truffe.

Matières requises, kilogrammes de chocolat blanc par douzaine de truffes..	0,80 kg
Provision pour gaspillage, kilogrammes de chocolat blanc par douzaine de truffes..	0,02 kg
Provision pour rejets, kilogrammes de chocolat blanc par douzaine de truffes..	0,03 kg
Coût d'achat, chocolat blanc de première qualité........................	9,00 $ par kilogramme
Escompte obtenu..	5 % du prix d'achat
Frais de livraison chargés par le fournisseur de Belgique................	0,20 $ par kilogramme
Coût de réception et de manutention	0,05 $ par kilogramme

10

Travail à faire

1. Déterminez le coût d'achat standard d'un kilogramme de chocolat blanc.
2. Calculez la quantité standard de chocolat blanc nécessaire pour confectionner une douzaine de truffes.
3. Déterminez le coût standard du chocolat blanc pour une douzaine de truffes.

E10.8 L'écart sur matières premières et l'écart sur main-d'œuvre directe

La société Solène fabrique un parfum appelé Caprice. Voici les standards concernant les matières premières et la main-d'œuvre directe pour un flacon de Caprice.

	Quantité ou temps standard	Coût ou taux standard	Coût standard
Matières premières	7,2 g	2,50 $ le gramme	18,00 $
Main-d'œuvre directe............................	0,4 h	12,50 $ l'heure	5,00 $

Au cours du dernier mois, on a enregistré les activités suivantes :

a) L'entreprise a acheté 20 000 grammes de matières premières à 2,40 $ le gramme.

b) Elle a utilisé toutes les matières premières pour fabriquer 2 500 flacons de Caprice.

c) La main-d'œuvre directe s'est élevée à 900 heures, pour un coût total de 11 700 $.

Travail à faire

1. Calculez l'écart sur coût d'achat et l'écart sur quantité de matières premières pour ce mois.

2. Calculez l'écart sur taux de la main-d'œuvre directe et l'écart sur temps de la main-d'œuvre directe pour ce mois.

E10.9 Les écarts sur matières premières

Reportez-vous aux données de l'exercice E10.8. Supposez qu'au cours du mois, l'entreprise n'a produit que 2 000 flacons de Caprice au lieu de 2 500, en utilisant seulement 16 000 grammes de matières. (Le surplus des matières achetées est resté dans le stock de matières premières.)

Travail à faire

Calculez l'écart sur coût d'achat des matières premières et l'écart sur quantité de matières premières pour ce mois.

E10.10 L'écart sur taux de la main-d'œuvre et l'écart sur dépense en frais indirects de fabrication variables

La société Hollowell Audio fabrique des lecteurs DVD suivant des caractéristiques techniques fournies par l'armée. Elle a recours à des standards pour contrôler ses coûts. Les standards établis en matière de main-d'œuvre pour la production d'un lecteur DVD sont les suivants :

Temps standard	Taux horaire standard	Coût standard
24 minutes	12,00 $	4,80 $

Au cours du mois de juillet, l'entreprise a enregistré 8 500 heures de main-d'œuvre directe pour la production de 20 000 lecteurs DVD. Le coût de cette main-d'œuvre se chiffrait à 98 600 $ pour ce mois.

Travail à faire

1. Quel montant en coûts de la main-d'œuvre directe l'entreprise aurait-elle dû engager pour fabriquer 20 000 lecteurs DVD ? Quelle différence y a-t-il entre ce montant et le coût réellement engagé ?

2. Décomposez la différence entre les coûts que vous avez obtenue à la question 1 en écart sur taux de la main-d'œuvre directe et en écart sur temps de la main-d'œuvre directe.

3. Le taux prédéterminé d'imputation des frais indirects de fabrication variables est de 8 $ par heure de main-d'œuvre directe. Au cours du mois de juillet, l'entreprise a engagé 78 200 $ en frais indirects de fabrication variables. Calculez l'écart sur dépense en frais indirects de fabrication et l'écart sur rendement de ces frais.

E10.11 Des calculs à rebours à partir des écarts sur main-d'œuvre

La société Carte de crédit internationale utilise des standards pour contrôler le temps consacré par ses employés à ouvrir le courrier provenant des détenteurs de cartes. À son arrivée, le courrier est recueilli par lots; l'entreprise établit des normes concernant le temps requis pour ouvrir et enregistrer chaque lot. Voici des données concernant les standards de la main-d'œuvre pour un lot.

	Temps standard	Taux standard	Coût standard
Par lot..............................	2,5 heures	12,00 $ l'heure	30,00 $

Quelqu'un a égaré la fiche indiquant le temps consacré à l'ouverture des lots de courrier de la semaine dernière. Toutefois, le superviseur des lots se rappelle qu'au cours de la semaine, son service a reçu et ouvert 168 lots. Le contrôleur se souvient des écarts ci-après relatifs à ces lots.

Écart sur coût total de la main-d'œuvre..	660 $ D
Écart sur taux de la main-d'œuvre..	300 $ F

Travail à faire

1. Déterminez le nombre réel d'heures de main-d'œuvre consacrées à ouvrir les lots de courrier au cours de la dernière semaine.

2. Calculez le taux horaire réel de la main-d'œuvre chargée d'ouvrir les lots de courrier au cours de la dernière semaine.

E10.12 Le taux d'imputation prédéterminé des frais indirects de fabrication et les écarts sur frais indirects de fabrication

Voici, sous forme condensée, le budget flexible des frais indirects de fabrication de la société Wallot.

Frais indirects de fabrication	Coût standard (par heure-machine)	Heures-machines		
		8 000	9 000	10 000
Frais variables.........................	1,05 $	8 400 $	9 450 $	10 500 $
Frais fixes.................................		24 800	24 800	24 800
Total des frais indirects de fabrication		33 200 $	34 250 $	35 300 $

Les renseignements ci-après concernent une période récente.

a) La direction de Wallot a choisi un volume d'activité prévu de 8 000 heures-machines pour le calcul du taux d'imputation prédéterminé des frais indirects de fabrication.

10

► b) À un niveau d'activité standard de 8 000 heures-machines, l'entreprise devrait fabriquer 3 200 unités de produit.

c) Les données d'exploitation réelles de l'entreprise sont les suivantes :

Nombre d'unités produites	3 500
Nombre réel d'heures-machines	8 500
Frais indirects de fabrication variables réels	9 860 $
Frais indirects de fabrication fixes réels	25 100 $

Travail à faire

1. Calculez le taux d'imputation prédéterminé des frais indirects de fabrication, et décomposez-le en ses éléments fixes et variables.
2. Quel était le nombre standard d'heures allouées à la production réelle de la période ?
3. Calculez l'écart sur dépense et l'écart sur rendement des frais indirects de fabrication variables. Calculez aussi l'écart sur dépense et l'écart sur volume des frais indirects de fabrication fixes.

E10.13 L'utilisation des écarts sur frais indirects de fabrication fixes

La fiche de coût standard du seul produit fabriqué par la société Prince apparaît ci-après.

Fiche de coût standard – par unité de produit	
Matières premières : 3,5 m à 4,00 $ le mètre	14,00 $
Main-d'œuvre directe : 0,8 HMOD à 18,00 $ par HMOD	14,40
Frais indirects de fabrication variables : 0,8 HMOD à 2,50 $ par HMOD	2,00
Frais indirects de fabrication fixes : 0,8 HMOD à 6,00 $ par HMOD	4,80
Total des coûts standards par unité	35,20 $

HMOD : heures de main-d'œuvre directe

L'an dernier, l'entreprise a fabriqué 10 000 unités de son produit et a enregistré 8 200 heures réelles de main-d'œuvre directe. Elle impute ses frais indirects de fabrication à la production en fonction des heures de main-d'œuvre directe. Voici quelques données concernant les frais indirects de fabrication fixes de l'entreprise pour la période.

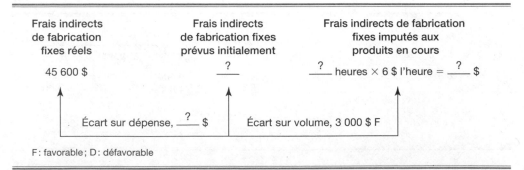

Travail à faire

1. Quel était le nombre standard d'heures allouées à la production réelle de la période ?
2. À combien s'élevaient les frais indirects de fabrication fixes budgétés pour la période ?

3. Quel a été l'écart sur dépense en frais indirects de fabrication pour la période?

4. Pour établir le taux prédéterminé des frais indirects de fabrication, quel volume d'activité prévu l'entreprise a-t-elle utilisé?

E10.14 Les écarts sur frais indirects de fabrication fixes

Voici quelques renseignements concernant les activités de trois entreprises différentes pour une période récente.

	Entreprise		
	X	Y	Z
Heures de main-d'œuvre directe à pleine capacité	20 000	9 000	10 000
Heures budgétées de main-d'œuvre directe*	19 000	8 500	8 000
Heures réelles de main-d'œuvre directe	19 500	8 000	9 000
Nombre standard d'heures de main-d'œuvre directe allouées à la production réelle	18 500	8 250	9 500

* Volume d'activité prévu servant au calcul du taux d'imputation prédéterminé des frais indirects de fabrication.

Travail à faire

Pour chaque entreprise, déterminez si l'écart sur volume serait favorable ou défavorable ; expliquez également pour chacune pourquoi cet écart serait favorable ou non.

E10.15 Un rapport d'analyse de la performance concernant les frais indirects de fabrication

Le bureau de compensation de chèques de la Banque de Calgary doit traiter tous les chèques envoyés à la banque pour paiements. Selon les gestionnaires de la banque, les frais indirects de service variables sont essentiellement proportionnels au nombre d'heures de main-d'œuvre travaillées dans le bureau. C'est pourquoi on utilise ces heures comme unités d'œuvre dans la préparation des budgets et des rapports d'analyse de la performance en matière de frais indirects de service variables du bureau. Les données ci-dessous concernent le mois d'activité le plus récent, soit octobre.

Heures budgétées de main-d'œuvre	865
Heures réelles de main-d'œuvre	860
Nombre standard d'heures de main-d'œuvre allouées pour le nombre réel de chèques traités	880

Frais indirects de service variables	Coût standard (par heure de main-d'œuvre)	Coût réel engagé au cours du mois d'octobre
Fournitures de bureau	0,15 $	146 $
Salon du personnel	0,05	124
Main-d'œuvre indirecte	3,25	2 790
Total des frais indirects de service variables	3,45 $	3 060 $

Les frais indirects fixes de la Banque de Calgary consistent entièrement en salaires du personnel de supervision et ils sont imputés au taux de 5 $ par heure de main-d'œuvre directe. Le total des frais indirects fixes réels se chiffrait à 4 200 $ en octobre, alors que le budget flexible prévoyait un montant de 4 000 $ pour ce mois.

10

▶ **Travail à faire**

Préparez un rapport d'analyse de la performance concernant les frais indirects du bureau de compensation des chèques pour le mois d'octobre. Incluez-y l'écart sur dépense et l'écart sur rendement des frais indirects variables, ainsi que l'écart sur dépense en frais indirects fixes.

E10.16 Une analyse de la capacité

La société Joinville fabrique des selles en cuir pour les vélos de course. Le coût standard par siège se décompose comme suit :

Matières premières	28 $
Main-d'œuvre directe..	12
Frais indirects de fabrication variables : 2 heures-machines à 3 $ l'heure*..................	6
Frais indirects de fabrication fixes : 2 heures-machines à 12 $ l'heure*........................	24
Coût standard total par siège	70 $

* Les taux d'imputation prédéterminés des frais indirects de fabrication sont basés sur un volume d'activité prévu de 50 000 heures-machines.

Au cours de l'année 20X8, la société Joinville a fabriqué et vendu 22 000 selles de vélo. Selon la direction, le volume d'activité prévu représente 75 % de la capacité d'utilisation maximale (ou capacité théorique) et 80 % de la capacité pratique.

Travail à faire

Calculez le total des frais indirects de fabrication aux niveaux d'activité suivants : maximal, pratique, prévu et réel pour l'année 20X8.

Problèmes

P10.17 Une analyse complète des écarts

L'usine de Ruisseau-aux-Roches de la société Humbert produit des lingots prémoulés pour usage industriel. Carlos Santiago, récemment nommé chef de la direction de l'usine, vient de recevoir l'état des résultats de l'usine ci-après pour le mois d'octobre.

	Montant budgété	Montant réel
Chiffre d'affaires (5 000 lingots)	250 000 $	250 000 $
Moins : Coûts variables :		
Coûts des ventes variables*...	86 000	108 270
Frais de vente variables..	20 000	20 000
Total des coûts variables..	106 000	128 270
Marge sur coûts variables..	144 000	121 730
Moins : Coûts fixes :		
Frais indirects de fabrication	60 000	59 000
Frais de vente et frais d'administration	75 000	75 000
Total des coûts fixes	135 000	134 000
Bénéfice (perte)..	9 000 $	(12 270)$

* Ces coûts comprennent les matières premières, la main-d'œuvre directe et les frais indirects de fabrication variables.

M. Santiago est atterré par les pertes indiquées pour ce mois, d'autant plus que les ventes correspondent exactement aux chiffres budgétés. « J'espère que l'usine dispose déjà d'un système de coûts standards parce que sinon, je n'aurai pas la moindre idée de ce que je devrai commencer à examiner pour trouver le problème. »

Fort heureusement pour M. Santiago, l'usine utilise un tel système. Les renseignements concernant les coûts variables standards par lingot sont fournis ci-après.

	Quantité ou temps standard	Coût ou taux standard	Coût standard
Matières premières	4,0 kg	2,50 $ le kilogramme	10,00 $
Main-d'œuvre directe...................	0,6 h	11,00 $ l'heure	6,60
Frais indirects de fabrication variables	0,3 h*	2,00 $ l'heure	0,60
Total des coûts variables standards................................			17,20 $

* En fonction des heures-machines

M. Santiago a déterminé qu'au cours du mois d'octobre, l'usine a fabriqué 5 000 lingots et qu'elle a engagé les coûts suivants :

a) L'usine a acheté 25 000 kilogrammes de matières premières à 2,95 $ le kilogramme. Il n'y avait aucune matière première en stock au début du mois.

b) L'usine a utilisé 19 800 kilogrammes de matières premières pour sa production. (Les stocks de produits finis et de produits en cours sont négligeables, et il est inutile d'en tenir compte dans les calculs.)

c) On a enregistré 3 600 heures de main-d'œuvre directe au taux de 12 $ l'heure.

d) Le total des frais indirects de fabrication variables engagés se chiffre à 4 320 $ pour le mois d'octobre. On a aussi enregistré un total de 1 800 heures-machines.

L'entreprise a pour politique d'attribuer tous les écarts d'un mois au coût des ventes.

Travail à faire

1. Calculez les écarts ci-dessous pour le mois d'octobre.
   a) L'écart sur coût d'achat et l'écart sur quantité de matières premières.
   b) L'écart sur taux et l'écart sur temps de la main-d'œuvre directe.
   c) L'écart sur dépense en frais indirects de fabrication variables et l'écart sur rendement des frais indirects de fabrication variables.

2. Faites le total des écarts que vous avez calculés à la question 1 en indiquant l'écart global net favorable ou défavorable pour le mois d'octobre. Quel effet ce montant a-t-il eu sur l'état des résultats de l'entreprise ?

3. Parmi les écarts que vous avez calculés en 1, choisissez les deux plus importants. Expliquez à M. Santiago les causes possibles de ces écarts.

P10.18 Une analyse complète des écarts dans une clinique médicale privée

« Que se passe-t-il au labo ? demande Denise Valois, la gestionnaire de la clinique Coteaux Boisés, tout en examinant les rapports du mois précédent. Chaque mois, ses résultats oscillent entre un bénéfice et une perte. Va-t-il encore falloir hausser les frais des tests ?

— Impossible ! lui répond Louise Aquin, la contrôleuse. Nous recevons déjà beaucoup de plaintes concernant la dernière hausse, en particulier des compagnies d'assurances et des services de santé gouvernementaux. En ce moment, ils ne paient que 80 % environ de ce que nous facturons. Je commence à penser que le problème se situe du côté des coûts. »

▶ Pour déterminer si les coûts de son laboratoire restent comparables à ceux des autres cliniques, Mme Valois vous demande de les évaluer pour le dernier mois. Voici les renseignements que Mme Aquin vous fournit.

a) Les employés du laboratoire effectuent essentiellement deux types de tests — des frottis et des tests sanguins. Au cours du dernier mois, ils ont effectué 2 700 frottis et 900 tests sanguins.

b) Pour ces deux types de tests, on utilise de petites lames de verre. Au cours du dernier mois, la clinique a acheté 16 000 de ces lames au coût total de 38 400 $. Ce montant tient compte d'un escompte de 4 % sur les achats en gros. Il restait un total de 2 000 lames non utilisées à la fin du mois. Par contre, au début du mois, il n'y avait aucune lame en stock.

c) Au cours du mois, il a fallu 1 800 heures de main-d'œuvre pour effectuer les deux types de tests. Le coût de ces heures de main-d'œuvre s'est élevé à 19 800 $.

d) Les frais indirects variables du laboratoire représentaient un total de 11 700 $ pour le mois.

e) Le total des frais indirects fixes se chiffrait à 10 400 $.

La clinique Coteaux Boisés n'a jamais eu recours à un système de coûts standards. Toutefois, en faisant une recherche dans la documentation concernant le milieu médical, vous avez déterminé les moyennes nationales ci-après concernant les laboratoires de cliniques médicales.

- Lames de verre : Chaque test de laboratoire requiert l'utilisation de trois lames. Ces lames coûtent 2,50 $ l'unité et sont jetées aussitôt l'analyse terminée.
- Main-d'œuvre : Chaque frottis devrait nécessiter 0,3 heure de travail et chaque test sanguin, 0,6 heure. Le taux horaire des employés de laboratoire est en moyenne de 12 $.
- Frais indirects : Les frais indirects sont imputés en fonction des heures de main-d'œuvre directe requises. Le taux moyen d'imputation des frais indirects variables est de 6 $ l'heure ; celui des frais indirects fixes est de 8 $ l'heure. Ces taux sont basés sur un volume d'activité prévu de 1 250 heures par mois.

Travail à faire

1. Déterminez l'écart sur coût d'achat des matières premières pour les lames achetées le mois dernier et l'écart sur quantité de matières premières pour les lames utilisées au cours de ce même mois.

2. Concernant le coût de la main-d'œuvre du laboratoire :
   a) Calculez un écart sur taux et un écart sur temps de la main-d'œuvre directe.
   b) Dans la plupart des cliniques, les trois-quarts des employés de laboratoire sont des techniciens diplômés et les autres sont des assistants. Dans le but de réduire ses coûts, la clinique Coteaux Boisés emploie 50 % de techniciens diplômés et 50 % d'assistants. Recommanderiez-vous le maintien de cette mesure ? Expliquez votre réponse.

3. Calculez l'écart sur dépense en frais indirects variables et l'écart sur rendement des frais indirects variables. Existe-t-il une relation entre l'écart sur rendement des frais indirects variables et l'écart sur temps de la main-d'œuvre ? Expliquez votre réponse.

4. Calculez l'écart sur dépense et l'écart sur volume des frais indirects fixes.

P10.19 L'ensemble des écarts sur coût standard

« Ça fait du bien de voir un écart aussi faible dans l'état des résultats après toutes les difficultés que nous avons eues récemment à contrôler nos coûts de fabrication, constate Linda Leblanc, vice-présidente de la société Molinard. En fait, l'écart total sur les frais indirects de fabrication de 12 250 $ enregistré pour la plus récente période est bien en deçà de la limite de 3 % que nous avons fixée pour les écarts. Les employés ont fait du bon travail, il faut tous les féliciter pour cette réussite. »

L'entreprise fabrique et vend un seul produit. La fiche de coût standard de ce produit apparaît ci-après.

Fiche de coût standard – par unité de produit

Matières premières : 4 m à 3,50 $ le mètre	14 $
Main-d'œuvre directe : 1,5 HMOD à 12,00 $ par HMOD	18
Frais indirects de fabrication variables : 1,5 HMOD à 2,00 $ par HMOD	3
Frais indirects de fabrication fixes : 1,5 HMOD à 6,00 $ par HMOD	9
Coût standard par unité	44 $

HMOD : heures de main-d'œuvre directe

Voici quelques renseignements supplémentaires concernant la période qui vient de se terminer.

a) L'entreprise a fabriqué 20 000 unités de son produit au cours de la période.

b) Elle a fait l'achat d'un total de 78 000 mètres de matériel au cours de la période au coût de 3,75 $ le mètre. Toute cette matière première a servi à la fabrication des 20 000 unités. Il n'y a eu ni stock au début ni stock à la fin de la période.

c) Au cours de la période, l'entreprise a enregistré 32 500 heures de main-d'œuvre directe au coût de 11,80 $ l'heure.

d) Les frais indirects de fabrication sont imputés aux unités de produit en fonction des heures standards de main-d'œuvre directe. Voici des données relatives à ces frais.

Volume d'activité prévu (heures de main-d'œuvre directe)............................	25 000
Frais indirects de fabrication fixes budgétés	150 000 $
Frais indirects de fabrication fixes réels...	148 000 $
Frais indirects de fabrication variables réels...	68 250 $

Travail à faire

1. Calculez l'écart sur coût d'achat et l'écart sur quantité de matières premières pour la période.

2. Calculez l'écart sur taux et l'écart sur temps de la main-d'œuvre directe pour la période.

3. Pour les frais indirects de fabrication, calculez :
   a) l'écart sur dépense et l'écart sur rendement des frais indirects de fabrication variables ;
   b) l'écart sur dépense et l'écart sur volume des frais indirects de fabrication fixes.

4. Effectuez le total des écarts que vous avez déterminés ci-dessus et comparez votre résultat au montant de 12 250 $ mentionné par la vice-présidente de Molinard. Croyez-vous que tous les employés méritent des félicitations pour avoir bien fait leur travail ? Expliquez votre réponse.

P10.20 L'imputation des frais indirects de fabrication et les écarts sur frais indirects de fabrication

La société Aberdeen, en Écosse, fabrique un seul produit et utilise un système de coûts standards pour contrôler ses coûts. Elle impute ses frais indirects de fabrication à la production en se servant des heures-machines comme unités d'œuvre. D'après son budget flexible, elle devrait engager les frais indirects de fabrication ci-après à un niveau d'activité de 18 000 heures-machines (le volume d'activité prévu pour l'année).

10

Frais indirects de fabrication variables		31 500 $
Frais indirects de fabrication fixes		72 000
Total des frais indirects de fabrication		103 500 $

Au cours de l'année, l'entreprise a enregistré les données d'exploitation suivantes :

Nombre réel d'heures-machines..	15 000
Nombre standard d'heures-machines allouées à la production réelle....................	16 000
Frais indirects de fabrication variables réellement engagés	26 500 $
Frais indirects de fabrication fixes réellement engagés	70 000 $

À la fin de la période, le compte « Frais indirects de fabrication » renfermait les données suivantes :

Frais indirects de fabrication			
Frais réels	96 500	Frais imputés	92 000
	4 500		

La direction aimerait déterminer la cause des frais indirects sous-imputés qui s'élèvent à un montant de 4 500 $.

Travail à faire

1. Calculez le taux d'imputation prédéterminé des frais indirects de fabrication pour l'année. Décomposez-le en ses éléments de frais fixes et variables.
2. Expliquez comment on a obtenu le montant de 92 000 $ en frais imputés au compte « Frais indirects de fabrication ».
3. Analysez le montant de 4 500 $ de frais indirects sous-imputés en le décomposant en écart sur dépense et en écart sur rendement des frais indirects de fabrication variables ainsi qu'en écart sur dépense et en écart sur volume relatifs aux frais indirects de fabrication fixes.
4. Expliquez la signification de chacun des écarts que vous avez calculés à la question 3.

P10.21 Une analyse d'écarts

La société Babincourt fabrique un produit appelé Frutox. Elle utilise une méthode des coûts variables en combinaison avec un système de coûts standards et a établi les standards ci-dessous pour une unité de son produit.

	Quantité ou temps standard	Coût ou taux standard	Coût standard
Matière premières	1,5 kg	6,00 $ le kilogramme	9,00 $
Main-d'œuvre directe...................	0,6 h	12,00 $ l'heure	7,20
Frais indirects de fabrication variables	0,6 h	2,50 $ l'heure	1,50
Coût variable standard par unité			17,70 $

Au cours du mois de juin, l'entreprise a enregistré les activités ci-après relativement à la production du Frutox.

a) L'entreprise a fabriqué 3 000 unités en juin.

b) Elle a acheté un total de 8 000 kilogrammes de matières premières au coût de 46 000 $.

c) Il n'y avait aucun stock de matières premières au début. Toutefois, il restait 2 000 kilogrammes de matières premières non utilisées dans le stock à la fin.

d) L'entreprise emploie 10 personnes à la fabrication du Frutox. Au cours du mois de juin, chacune d'elles a travaillé en moyenne 160 heures à un taux horaire moyen de 12,50 $.

e) Les frais indirects de fabrication variables sont imputés au Frutox en fonction des heures de main-d'œuvre directe. Le total de ces frais s'est élevé à 3 600 $ pour le mois de juin.

La direction de la société Babincourt veut déterminer l'efficience des activités de fabrication du Frutox.

Travail à faire

1. En ce qui concerne les matières premières utilisées dans la fabrication du Frutox :
   a) Calculez l'écart sur coût d'achat et l'écart sur quantité de ces matières.
   b) Les achats de matières premières ont été effectués chez un nouveau fournisseur qui souhaite vivement conclure une entente d'approvisionnement à long terme avec la société Babincourt. Recommanderiez-vous à la direction de cette société la signature d'un tel contrat ? Expliquez votre réponse.

2. En ce qui concerne la main-d'œuvre employée à la fabrication du Frutox :
   a) Calculez l'écart sur taux de la main-d'œuvre directe et l'écart sur temps de cette main-d'œuvre.
   b) Auparavant, parmi les 10 employés chargés de la fabrication du Frutox, il y avait 4 travailleurs expérimentés et 6 assistants. Au cours du mois de juin, l'entreprise a modifié à l'essai cette proportion, confiant la production à 5 travailleurs expérimentés et à 5 assistants. Recommanderiez-vous le maintien de cette nouvelle composition de la main-d'œuvre directe ? Expliquez votre réponse.

3. Calculez l'écart sur dépense et l'écart sur rendement des frais indirects de fabrication variables. Quelle relation observez-vous entre cet écart sur rendement et l'écart sur temps de la main-d'œuvre ?

P10.22 Le rapport d'analyse de la performance concernant les frais indirects de fabrication

La société Élégie a récemment introduit l'établissement du budget dans son processus global de planification stratégique. Un membre inexpérimenté du personnel du service de comptabilité s'est vu confier la tâche d'élaborer un budget flexible pour les frais indirects de fabrication et il a préparé ce qui suit :

	Capacité	
	80 %	100 %
Heures-machines..	40 000	50 000
Services publics...	41 000 $	49 000 $
Fournitures..	4 000	5 000
Main-d'œuvre indirecte...	8 000 .	10 000
Entretien...	37 000	41 000
Supervision	10 000	10 000
Total des frais indirects de fabrication prévus...............	100 000 $	115 000 $

10

►

► L'entreprise impute ses frais indirects de fabrication à la production en se servant du nombre standard d'heures-machines comme unité d'œuvre. Les coûts standards utilisés pour préparer les montants budgétés ci-dessus sont pertinents pour un segment significatif se situant entre 80 % et 100 % de la capacité mensuelle. Les gestionnaires qui devront respecter ces budgets exercent un contrôle sur les frais indirects de fabrication fixes et variables.

Travail à faire

1. À l'aide de la méthode des points extrêmes, séparez les coûts fixes et les coûts variables.
2. Élaborez une formule de coûts unique pour tous les frais indirects de fabrication en vous basant sur l'analyse que vous avez effectuée en 1.
3. Au cours du mois de mai, l'entreprise a fonctionné à 86 % de sa capacité en heures-machines. Les frais indirects de fabrication réels engagés au cours de cette période apparaissent ci-dessous.

Services publics	42 540 $
Fournitures	6 450
Main-d'œuvre indirecte	9 890
Entretien	35 190
Supervision	10 000
Total des frais indirects de fabrication réels	104 070 $

Il n'y a eu aucun écart sur dépense en frais indirects de fabrication fixes. Préparez un rapport d'analyse de la performance concernant les frais indirects de fabrication du mois de mai. Traitez les frais indirects fixes et variables dans des sections distinctes. Organisez votre rapport de façon qu'il présente uniquement un écart sur dépense en frais indirects de fabrication variables. Au début, l'entreprise avait budgété 40 000 heures-machines pour le mois de mai. Le nombre standard total d'heures allouées à la production réelle mensuelle s'élevait à 41 000 heures-machines.

4. Expliquez les causes possibles de l'écart sur dépense relatif aux fournitures.

P10.23 L'établissement de standards

L'Essence est une petite société de produits de beauté située au cœur d'une région bien connue pour ses parfums, Grasse, dans le sud de la France. L'entreprise planifie de lancer une nouvelle huile pour le corps, appelée Énergique, pour laquelle il lui faut établir un coût de revient standard. Les renseignements ci-après concernent la fabrication de ce produit.

a) La base d'Énergique est faite d'une combinaison de lanoline et d'alcool de la meilleure qualité. Ces deux ingrédients perdent une partie de leur volume lorsqu'ils sont mélangés. Par conséquent, il faut 100 litres de lanoline et 8 litres d'alcool pour produire chaque lot de 100 litres d'Énergique.

b) Une fois la base préparée, on lui ajoute une poudre de lilas fortement concentrée pour lui donner un parfum agréable. Une quantité de 200 grammes de poudre suffit pour un lot de 100 litres. L'ajout de cette poudre ne modifie en rien le volume total du liquide.

c) La lanoline et la poudre de lilas sont susceptibles d'être contaminées par des matières naturelles. Par exemple, la poudre de lilas renferme souvent des traces d'insectes qui n'ont été ni décelées ni éliminées lors du traitement des pétales de fleurs. Certains de ces corps étrangers interagissent parfois de telle façon qu'il en résulte un produit de qualité inacceptable et à l'odeur désagréable. Environ 1 lot sur 20 est rejeté comme impropre à la vente pour cette raison et mis au rebut.

d) Les employés mettent respectivement deux heures à préparer un lot de 100 litres d'Énergique. Ils travaillent huit heures par jour, incluant deux heures pour le repas du midi, les pauses et le nettoyage.

Travail à faire

1. Déterminez la quantité standard de chaque matière première nécessaire pour produire un lot de 100 litres d'Énergique de qualité acceptable.
2. Calculez le nombre standard d'heures allouées à la production d'un lot de 100 litres d'Énergique de qualité acceptable.
3. Voici les coûts d'achat standards des matières premières et le taux standard de la main-d'œuvre directe.

Lanoline	16 $ le litre
Alcool	2 $ le litre
Poudre de lilas	1 $ le gramme
Coût de la main-d'œuvre directe	12 $ l'heure

Préparez une fiche de coût standard pour les matières premières et la main-d'œuvre qui sont utilisées dans la production d'un lot de 100 litres d'Énergique de qualité acceptable.

(Adaptation d'un problème de CPA Canada)

P10.24 L'imputation des frais indirects de fabrication et les écarts sur frais indirects de fabrication

La société Vimont fabrique un seul produit qui requiert un grand nombre d'heures de main-d'œuvre. Elle impute ses frais indirects de fabrication en fonction du nombre standard d'heures de main-d'œuvre directe. Voici une version condensée de son budget flexible portant sur ce type de frais.

Frais indirects de fabrication	Coût standard (par heure de main-d'œuvre directe)	Heures de main-d'œuvre directe		
		24 000	30 000	36 000
Frais indirects de fabrication variables	2 $	48 000 $	60 000 $	72 000 $
Frais indirects de fabrication fixes		180 000	180 000	180 000
Total des frais indirects de fabrication		228 000 $	240 000 $	252 000 $

Pour fabriquer le produit, il faut 4 mètres de matières premières, dont le coût d'achat standard est de 3 $ le mètre, et 1,5 heure de main-d'œuvre directe, à un taux horaire standard de 12 $.

Pour l'ensemble de l'année, l'entreprise planifiait un volume d'activité de 30 000 heures de main-d'œuvre directe et une production de 20 000 unités. Voici le volume d'activité et les coûts réels pour cette période.

Nombre d'unités produites	22 000
Heures réelles de main-d'œuvre directe..	35 000
Frais indirects de fabrication variables réels engagés	63 000 $
Frais indirects de fabrication fixes réels engagés............................	181 000 $

Travail à faire

1. Calculez le taux d'imputation prédéterminé des frais indirects de fabrication pour la période. Décomposez-le en ses éléments fixes et variables.
2. Préparez une fiche de coût standard pour le produit de l'entreprise et présentez-y des renseignements sur tous les frais indirects de fabrication.

10

▶ 3. a) Calculez le nombre standard d'heures de main-d'œuvre directe allouées à la production réelle de la période.

b) Remplissez le compte en T ci-après concernant les frais indirects de fabrication de l'année.

Frais indirects de fabrication	
?	?
?	?

4. Déterminez la cause des frais indirects de fabrication sous-imputés ou surimputés en 3 en calculant l'écart sur dépense et l'écart sur rendement des frais indirects de fabrication variables, et l'écart sur dépense et l'écart sur volume des frais indirects de fabrication fixes.

5. Supposez que l'entreprise a prévu 36 000 heures de main-d'œuvre directe comme volume d'activité plutôt que 30 000. Indiquez lesquels des écarts calculés en 4 (s'il y en a) seraient modifiés et expliquez en quoi consisteraient les changements. Il n'est pas nécessaire d'effectuer des calculs.

P10.25 Un budget flexible et un rapport d'analyse de la performance concernant les frais indirects de fabrication

La société Duranceau a beaucoup de difficulté à contrôler ses frais indirects de fabrication. Lors d'un congrès récent, le président et chef de la direction a entendu parler du budget flexible. Il vous a engagé pour mettre au point des budgets de ce type pour son entreprise. Après quelques efforts, vous êtes parvenu à élaborer les formules de coûts ci-après pour l'atelier d'usinage. Les coûts sont basés sur un niveau d'activité normal situé entre 10 000 et 20 000 heures-machines par mois.

Frais indirects de fabrication	Coût standard
Services publics	0,70 $ par heure-machine
Lubrifiants	1,00 $ par heure-machine plus 8 000 $ par mois
Réglage des machines	0,20 $ par heure-machine
Main-d'œuvre indirecte	0,60 $ par heure-machine plus 120 000 $ par mois
Amortissement	32 000 $ par mois

Au cours du mois de mars, le premier mois après la préparation des données ci-dessus, l'atelier d'usinage a enregistré 18 000 heures-machines et a produit 9 000 unités. Les frais indirects de fabrication réels pour ce mois sont les suivants :

Services publics	12 000 $
Lubrifiants	24 500
Réglage des machines	4 800
Main-d'œuvre indirecte	132 500
Amortissement	32 000
Total des frais indirects de fabrication	205 800 $

Il n'y a eu aucun écart sur dépense en frais fixes. Un total de 20 000 heures-machines avait été prévu pour l'atelier d'usinage au mois de mars.

Travail à faire

1. Préparez un rapport d'analyse de la performance concernant les frais indirects de fabrication de l'atelier d'usinage pour le mois de mars. Incluez-y à la fois les frais fixes et les frais variables (dans des sections distinctes). Indiquez uniquement l'écart sur dépense dans ce rapport.
2. De quel renseignement supplémentaire auriez-vous besoin s'il s'agissait de calculer un écart sur rendement des frais indirects pour cet atelier ?

P10.26 L'évaluation d'un rapport d'analyse de la performance concernant les frais indirects de fabrication

Roland Davoult, le superviseur de l'atelier d'usinage de la société Masson, est très satisfait de son rapport d'analyse de la performance du mois dernier. Voici le contenu de ce rapport.

SOCIÉTÉ MASSON			
Rapport d'analyse de la performance concernant les frais indirects de fabrication			
Atelier d'usinage			
	Frais réels	Frais budgétés	Écart
Heures-machines	30 000	35 000	
Frais indirects de fabrication variables :			
Main-d'œuvre indirecte	19 700 $	21 000 $	1 300 $ F
Services publics	50 800	59 500	8 700 F
Fournitures	12 600	14 000	1 400 F
Entretien	24 900	28 000	3 100 F
Total des frais indirects de fabrication variables	108 000	122 500	14 500 F
Frais indirects de fabrication fixes :			
Entretien	52 000	52 000	0
Supervision	110 000	110 000	0
Amortissement	80 000	80 000	0
Total des frais indirects de fabrication fixes	242 000	242 000	0
Total des frais indirects de fabrication	350 000 $	364 500 $	14 500 $ F

En recevant un exemplaire de ce rapport, Jean Arnaud, le directeur de la production, a fait le commentaire suivant : « Voilà des mois que je reçois des rapports comme celui-ci, et je ne comprends toujours pas comment ils peuvent m'aider à évaluer la performance et le contrôle des coûts dans cet atelier. Je reconnais qu'il y avait 35 000 heures-machines budgétées pour le mois, mais ça représente 17 500 unités puisque, normalement, deux heures suffisent pour fabriquer une unité. Or, l'atelier a produit seulement 14 000 unités au cours du mois, et il a fallu 30 000 heures-machines pour le faire. Pourquoi les écarts sont-ils tous favorables ? »

Travail à faire

1. Comme le demande M. Arnaud, pourquoi les écarts sont-ils tous favorables ? Commentez ce rapport d'analyse de la performance.
2. Préparez un nouveau rapport d'analyse de la performance concernant les frais indirects de fabrication qui pourrait aider M. Arnaud à évaluer la performance et le contrôle des coûts dans l'atelier d'usinage.

10

P10.27 Le choix d'un volume d'activité prévu, une analyse des frais indirects de fabrication et une fiche de coût standard

Un résumé du budget flexible des frais indirects de fabrication de la société Sicotte apparaît ci-dessous.

Frais indirects de fabrication	Coût standard (par heure de main-d'œuvre directe)	Heures de main-d'œuvre directe		
		30 000	40 000	50 000
Frais indirects de fabrication variables	2,50 $	75 000 $	100 000 $	125 000 $
Frais indirects de fabrication fixes		320 000	320 000	320 000
Total des frais indirects de fabrication		395 000 $	420 000 $	445 000 $

L'entreprise fabrique un seul produit qui requiert 2,5 heures de main-d'œuvre directe par unité. Le taux horaire de cette main-d'œuvre est de 20 $. Il faut 3 mètres de matières premières pour fabriquer chaque unité de produit ; ces matières coûtent 5 $ le mètre.

La demande pour ce produit varie considérablement d'une année à l'autre. Cette année, l'entreprise prévoit un niveau d'activité de 50 000 heures de main-d'œuvre directe, même si normalement, ce niveau se situe à 40 000 heures de main-d'œuvre directe par an.

Travail à faire

1. Supposez que l'entreprise choisit un volume d'activité prévu de 40 000 heures de main-d'œuvre directe. Calculez le taux d'imputation prédéterminé des frais indirects de fabrication, en le décomposant en ses éléments fixes et variables.
2. Supposez que l'entreprise fixe le volume d'activité prévu à 50 000 heures de main-d'œuvre directe. Refaites les calculs demandés en 1.
3. Remplissez les deux fiches de coût standard ci-dessous.

Volume d'activité prévu : 40 000 heures de main-d'œuvre directe

Matières premières : 3 m à 5 $ le mètre	15,00 $
Main-d'œuvre directe : ___?___	?
Frais indirects de fabrication variables : ___?___	?
Frais indirects de fabrication fixes : ___?___	?
Coût standard total par unité	? $

Volume d'activité prévu : 50 000 heures de main-d'œuvre directe

Matières premières : 3 m à 5 $ le mètre	15,00 $
Main-d'œuvre directe : ___?___	?
Frais indirects de fabrication variables : ___?___	?
Frais indirects de fabrication fixes : ___?___	?
Coût standard total par unité	? $

4. Supposez que l'entreprise a enregistré 48 000 heures réelles de main-d'œuvre directe au cours de l'année et qu'elle a produit 18 500 unités. Voici les frais indirects de fabrication réels pour cette période.

Frais indirects de fabrication variables	124 800 $
Frais indirects de fabrication fixes	321 700
Total des frais indirects de fabrication	446 500 $

a) Déterminez le nombre standard d'heures allouées à la production réelle de la période.

b) Calculez et inscrivez les éléments manquants dans le compte «Frais indirects de fabrication» ci-dessous. Supposez que le nombre d'heures de main-d'œuvre directe qui correspond au niveau d'activité normal de l'entreprise est toujours de 40 000 et qu'il sert de volume d'activité prévu dans le calcul des taux d'imputation prédéterminés des frais indirects de fabrication, comme en 1.

Frais indirects de fabrication		
Frais réels	446 500	?
	?	?

c) Analysez le solde des frais indirects de fabrication sous-imputés ou surimputés que vous avez obtenu en le décomposant en écart sur dépense et en écart sur rendement des frais indirects de fabrication variables, ainsi qu'en écart sur dépense et en écart sur volume des frais indirects de fabrication fixes.

5. Lorsque vous considérez les écarts que vous avez calculés, quel semble être le principal inconvénient du recours au niveau d'activité normal plutôt qu'au niveau d'activité prévu dans le calcul du taux d'imputation prédéterminé des frais indirects de fabrication? Quels avantages, à votre avis, peuvent compenser cet inconvénient?

P10.28 L'établissement de coûts standards

La société Le Forestier est une petite entreprise qui transforme des champignons sauvages cueillis dans les forêts du centre de la France. Pendant de nombreuses années, ses produits se sont bien vendus dans l'Hexagone. Toutefois, des entreprises d'autres pays de l'Union européenne, comme l'Italie et l'Espagne, ont commencé à mettre en marché des produits similaires en France, et la guerre des prix est devenue de plus en plus forte. Jean Lévêque, le contrôleur de la société, veut y implanter un système de coûts standards et, dans ce but, il a recueilli auprès du directeur du service des achats et du contrôleur de gestion de grandes quantités de données qui concernent la fabrication et les besoins en fournitures pour les produits de l'entreprise. Selon lui, l'utilisation d'un système de coûts standards devrait permettre à Le Forestier d'améliorer son contrôle des coûts et donc de concurrencer plus efficacement les nouveaux arrivants sur le marché français.

Le produit le plus populaire de la société Le Forestier est la chanterelle séchée, qui se vend en petits pots de 15 grammes emballés sous vide. L'entreprise achète les champignons frais en vrac, à 60 € le kilogramme, de personnes qui les cueillent dans les forêts locales. (Le symbole € représente l'euro.) En raison d'imperfections et de pertes normales, on rejette le quart des champignons achetés. Il faut 15 minutes à la main-d'œuvre directe pour inspecter et trier un kilogramme de chanterelles fraîches. Une fois ces deux opérations terminées, celles qui sont considérées comme acceptables sont séchées à la vapeur, ce qui nécessite 10 minutes de main-d'œuvre directe par kilogramme de chanterelles déjà triées et inspectées. Cette méthode de séchage retire la plus grande partie de l'humidité des champignons et, par conséquent, réduit considérablement leur poids. En fait, elle le réduit de 80 %. Par conséquent, un kilogramme de champignons frais acceptables donne

► seulement environ 200 grammes de produit séché. Après le séchage, les champignons sont emballés sous vide dans de petits pots sur lesquels est apposée une étiquette.

Le salaire de la main-d'œuvre directe est de 12 € l'heure. Les pots de verre, les couvercles et les étiquettes coûtent 10 € par 100 pots. Il faut 10 minutes de main-d'œuvre pour emballer 100 pots.

Travail à faire

1. Établissez, pour la main-d'œuvre directe et les matières premières, le coût standard d'un seul pot de chanterelles séchées en y incluant les coûts des champignons, de l'inspection, du tri, du séchage et de l'emballage.

2. M. Lévêque se demande qui devrait assumer la responsabilité — le directeur du service des achats ou le contrôleur de gestion — des écarts sur matières premières pour les chanterelles.

   a) Qui devrait être tenu responsable des écarts sur coût d'achat des matières premières en ce qui concerne les chanterelles? Expliquez votre réponse.

   b) Qui devrait assumer la responsabilité des écarts sur quantité de matières premières dans le cas des chanterelles? Expliquez votre réponse.

P10.29 **Une analyse globale des écarts**

La société Hélix fabrique plusieurs produits dans son usine, y compris un kimono de karaté. Elle utilise un système de coûts standards en vue de contrôler ses coûts. D'après les standards établis pour le kimono, le volume d'activité prévu de l'usine est de 780 heures de main-d'œuvre directe par mois, ce qui devrait permettre la production de 1 950 kimonos. Voici les coûts standards associés à ce volume de production.

	Total	Par unité de produit
Matières premières	35 490 $	18,20 $
Main-d'œuvre directe...	9 360	4,80
Frais indirects de fabrication variables*..................................	2 340	1,20
Frais indirects de fabrication fixes*......................................	4 680	2,40
		26,60 $

* Calculés en fonction des heures de main-d'œuvre directe

Au cours du mois d'avril, les travailleurs de l'usine n'ont effectué que 760 heures de main-d'œuvre directe, mais ils ont produit 2 000 kimonos de karaté. Les coûts réels enregistrés au cours de ce mois sont les suivants:

	Total	Par unité de produit
Matières premières (6 000 m de tissu)....................................	36 000 $	18,00 $
Main-d'œuvre directe...	8 360	4,18
Frais indirects de fabrication variables	3 800	1,90
Frais indirects de fabrication fixes	4 600	2,30
		26,38 $

D'après les standards, il faudrait 2,8 mètres de tissu pour chaque kimono. Toutes les matières achetées au cours du mois ont servi à la fabrication de ce produit.

Travail à faire

Calculez les écarts ci-après pour le mois d'avril.

1. L'écart sur coût d'achat et l'écart sur quantité de matières premières.
2. L'écart sur taux horaire et l'écart sur temps de la main-d'œuvre directe.
3. L'écart sur dépense et l'écart sur rendement des frais indirects de fabrication variables.
4. L'écart sur dépense et l'écart sur volume des frais indirects de fabrication fixes.

P10.30 Un rapport d'analyse de la performance concernant les frais indirects de fabrication

La société Ronson a établi les formules de coûts ci-après pour les frais indirects de fabrication variables de l'un de ses ateliers d'usinage.

Frais indirects de fabrication variables	Coût standard (par heure-machine)
Fournitures	0,70 $
Énergie	1,20
Lubrifiants	0,50
Outillage	3,10
	5,50 $

Les montants inscrits dans le budget flexible à titre de frais indirects de fabrication fixes pour le mois de juillet sont les suivants :

Frais indirects de fabrication fixes	Budget flexible
Amortissement	10 000 $
Salaires du personnel de supervision	14 000
Entretien	3 000
	27 000 $

L'entreprise avait prévu qu'au cours du mois de juillet, l'atelier d'usinage allait consacrer 3 200 heures-machines à la fabrication de 16 000 unités d'un produit. Le nombre standard d'heures-machines par unité de produit est de 0,2 heure. Toutefois, une violente tempête a obligé l'entreprise à fermer ses portes plusieurs jours pendant cette période, ce qui a réduit le volume de production du mois. Les résultats réels pour le mois de juillet apparaissent ci-dessous.

Heures-machines réellement effectuées	2 700
Nombre d'unités réellement produites	14 000

10

► Voici les coûts réels enregistrés pour le mois de juillet.

Frais indirects de fabrication	Coût réel total	Par heure-machine
Frais indirects de fabrication variables :		
Fournitures	1 836 $	0,68 $
Énergie	3 348	1,24
Lubrifiants	1 485	0,55
Outillage	8 154	3,02
Total des frais indirects de fabrication variables..	14 823	5,49 $
Frais indirects de fabrication fixes :		
Amortissement	10 000	
Salaires du personnel de supervision	14 600	
Entretien	2 500	
Total des frais indirects de fabrication fixes	27 100	
Total des frais indirects de fabrication	41 923 $	

Travail à faire

Préparez un rapport d'analyse de la performance concernant les frais indirects de fabrication qui inclut les frais indirects fixes et variables de l'atelier d'usinage pour le mois de juillet. Dans votre rapport, utilisez les titres de colonnes suivants :

Élément de frais indirects de fabrication	Coût standard (par heure-machine)	Coûts réels engagés pour 2 700 heures-machines	Budget flexible basé sur 2 700 heures-machines	Budget flexible basé sur 2 800 heures-machines	Écart total	Décomposition de l'écart total	
						Écart sur dépense	Écart sur rendement

P10.31 Une analyse de la capacité

La société Yamaska fabrique, entre autres produits, des tailleuses électriques pour mauvaises herbes. Voici les coûts standards par unité associés à ce produit.

	Quantité et coût par intrant	Coût par unité
Matières premières	4 pièces à 5,00 $	20,00 $
Main-d'œuvre directe	2 heures à 12,00 $	24,00
Frais indirects de fabrication variables	2 heures à 3,00 $	6,00
Frais indirects de fabrication fixes	2 heures à 5,00 $	10,00
		60,00 $

L'entreprise utilise comme volume d'activité prévu le niveau d'activité normal, qui est de 60 000 heures. Il y a d'autres niveaux de capacité possibles, que voici :

Capacité annuelle prévue	55 000 heures
Capacité annuelle pratique	75 000
Capacité annuelle maximale (ou théorique)	100 000

Une analyse de la différence entre la capacité pratique et la capacité d'utilisation maximale ou théorique de la dernière année a donné les résultats suivants : 10 000 heures de travail possibles sont restées inutilisées parce que la direction a décidé de ne pas employer deux équipes de travailleurs. On a dû allouer 5 000 heures supplémentaires de capacité au réglage lorsque les machines ont passé de la fabrication d'un produit à celle d'un autre. Un autre bloc de 5 000 heures n'a pas servi, car il a été affecté à l'entretien nécessaire et déjà prévu du matériel de production. Enfin, les dernières 5 000 heures de capacité théorique n'ont pas été utilisées parce que les marchés existants ne pouvaient absorber l'ensemble de cette capacité d'utilisation maximale sans une réduction substantielle du prix de vente. La direction s'est adressée au service de marketing pour déterminer la politique de prix de vente qui lui permettrait de passer du volume d'activité prévu (30 000 unités) à la capacité pratique (37 500 unités). Selon ce service, une baisse de 10 % du prix de vente par rapport au prix de vente actuel de 80 $ accroîtrait la demande de 30 000 à 37 500 unités.

Le service de marketing a aussi fait remarquer que, pour passer de la capacité pratique (37 500 unités) à la capacité théorique (50 000 unités), il faudrait embaucher deux équipes de travailleurs, éliminer les réglages et reporter l'entretien à plus tard. Pour accroître la demande de 12 500 unités additionnelles, il faudrait plutôt offrir une réduction de 20 % sous le prix actuel de 80 $.

Travail à faire

Analysez les conséquences en matière de bénéfice des différentes capacités de production que peut choisir la direction de la société Yamaska.

P10.32 Un système de coût de revient à fabrication uniforme et continue et une analyse détaillée d'écarts

XYZ inc. utilise la méthode de la moyenne pondérée et des coûts réels pour préparer ses rapports financiers publiés à des fins externes. Pour assurer un meilleur contrôle de la gestion, XYZ inc. utilise un système de coûts standards. Voici comment se présentent les standards établis par XYZ inc. pour le seul produit qu'elle fabrique.

Matières premières par unité	10 kg à 15 $ le kilogramme
Main-d'œuvre directe par unité..	10 HMOD à 30 $ par HMOD
Frais indirects de fabrication par unité....................................	10 HMOD à 10 $ par HMOD

HMOD : heures de main-d'œuvre directe

Toutes les matières premières sont ajoutées au début du processus. La main-d'œuvre directe et les frais indirects de fabrication sont engagés régulièrement pendant le processus.

Au cours du mois dernier, les frais indirects de fabrication budgétés se sont élevés à 145 000 $. Voici quelques renseignements au sujet de cette période.

	Nombre d'unités
Produits en cours au début (terminés à 25 %)................................	500
Unités mises en fabrication pendant le mois	1 240
Produits en cours à la fin (terminés à 75 %)	240

	Coûts réels
Produits en cours au début :	
Matières premières..	80 000 $
Main-d'œuvre directe	39 000
Frais indirects de fabrication	13 000
Unités mises en fabrication pendant le mois :	
Matières premières, 12 500 kg	200 000 $
Main-d'œuvre directe, 17 000 heures	476 000
Frais indirects de fabrication	150 000

► **Travail à faire**

Partie A

1. Calculez les unités équivalentes de production pour les matières premières.
2. Calculez les unités équivalentes de production pour les coûts de transformation.
3. Déterminez les coûts des matières premières servant au calcul du coût par unité équivalente pour les matières premières.
4. Déterminez les coûts de la main-d'œuvre directe servant au calcul du coût par unité équivalente pour la main-d'œuvre directe.
5. Déterminez le montant des frais indirects de fabrication servant au calcul du coût par unité équivalente des frais indirects de fabrication.
6. Calculez le coût réel des produits en cours à la fin.

Partie B

7. Déterminez les écarts suivants:
   a) L'écart sur coût d'achat des matières premières.
   b) L'écart sur quantité des matières premières.
   c) L'écart sur taux de la main-d'œuvre directe.
   d) L'écart sur temps de la main-d'œuvre directe.
   e) L'écart sur dépense en frais indirects de fabrication.
   f) L'écart sur volume des frais indirects de fabrication.
   g) L'écart total sur frais indirects de fabrication.
8. Expliquez brièvement pourquoi les écarts ci-après pourraient survenir.
   a) Un écart sur quantité des matières premières défavorable.
   b) Un écart sur taux de la main-d'œuvre défavorable.
   c) Un écart sur temps de la main-d'œuvre directe favorable.
   d) Un écart sur dépense en frais indirects de fabrication variables favorable.

(Adaptation d'un problème de CPA Canada)

P10.33 Le suivi budgétaire

L'état des résultats prévisionnels et l'état des résultats de la compagnie Swing inc. sont illustrés respectivement dans les tableaux ci-après.

SWING INC.
État des résultats prévisionnels
pour la période se terminant le 31 décembre 20X9

Ventes (30 000 unités × 50,00 $ l'unité)		1 500 000 $
Moins: Coût des ventes:		
Matières premières (2,5 kg l'unité × 3,00 $ le kilogramme) .	225 000 $	
Main-d'œuvre directe (1,5 h l'unité × 12,00 $ l'heure)	540 000	
Frais indirects de fabrication (variables et fixes)..................	290 000	1 055 000
Marge brute		445 000
Moins: Frais de vente et frais d'administration		
(variables et fixes)..		320 000
Bénéfice prévisionnel avant impôts		125 000 $

D'autre part, on remarque qu'à un volume budgété de 25 000 unités, les frais indirects de fabrication variables et fixes sont de 275 000 $. De plus, à ce même volume, les frais de vente et les frais d'administration variables et fixes se situent à 300 000 $. Par ailleurs, pour un volume de ventes (et de production) supérieur à 30 000 unités, les frais indirects de fabrication fixes changent de palier. Ainsi, à partir de 35 000 unités, ils se situent à 210 000 $ en raison des changements relatifs aux machines de production. On note également un changement de palier pour les frais de vente et les frais d'administration fixes, qui se situent à 250 000 $ à partir de 35 000 unités vendues. Les frais indirects de fabrication sont imputés sur la base des heures de main-d'œuvre directe, tandis que les frais de vente et les frais d'administration le sont sur la base du nombre d'unités.

SWING INC.
État des résultats
pour la période se terminant le 31 décembre 20X9

Ventes (35 000 unités × 49,00 $ l'unité)		1 715 000 $
Moins : Coût des ventes :		
Matières premières (84 000 kg × 3,10 $ le kilogramme)......	260 400 $	
Main-d'œuvre directe (49 000 h × 11,80 $ l'heure).............	578 200	
Frais indirects de fabrication :		
Variables (49 000 h × 2,10 $ l'heure)...........................	102 900	
Fixes..	209 000	1 150 500
Marge brute		564 500
Moins : Frais de vente et frais d'administration :		
Variables (5,00 $ l'unité)	175 000	
Fixes..	240 000	415 000
Bénéfice avant impôts.		149 500 $

À noter qu'il n'y a aucun stock au début et à la fin pour les matières premières, les produits en cours et les produits finis.

Travail à faire

1. Établissez le budget flexible de la période annuelle terminée le 31 décembre 20X9.
2. Déterminez les écarts expliquant la différence de bénéfice avant impôts prévu initialement et le bénéfice avant impôts réalisé pour la période annuelle terminée le 31 décembre 20X9.

P10.34 L'écart sur volume et le taux d'imputation

Une entreprise intègre le coût de revient standard dans ses livres comptables et impute ses frais indirects de fabrication en fonction de l'activité standard. La formule de budget flexible relative aux frais indirects de fabrication concernant son atelier de production est fonction des kilogrammes de matières premières.

Sur une période, la production équivalente de cet atelier a été de 90 000 unités et la capacité normale a été estimée à 87 500 unités.

Vous avez accès à certains détails sur le coût de revient standard. Les frais indirects de fabrication variables sont imputés au taux de 8 $ par unité. Chaque unité requiert une quantité standard de matières premières de 5 kilogrammes. L'écart sur volume des frais indirects de fabrication pour cette période est favorable de 10 000 $.

Travail à faire

1. Déterminez le montant des frais indirects de fabrication fixes budgété initialement.
2. Établissez la formule de budget flexible relative aux frais indirects de fabrication.
3. Calculez l'écart sur rendement des frais indirects de fabrication variables en sachant que 446 250 kilogrammes de matières premières ont été utilisés.
4. Quelle est la quantité réelle de kilogrammes de matières premières par unité fabriquée ?

10

P10.35 Les écarts sur coût standard

Le Fabricant de chaises inc. produit un modèle de chaise en plastique très populaire. Durant le mois d'avril 20X8, l'entreprise a fabriqué 42 000 chaises. Il s'agit d'un bon mois de production, car on a dépassé la capacité normale mensuelle évaluée à 40 000 chaises. L'entreprise utilise un système de coûts de revient standards, car elle produit son modèle de chaise selon le principe de la fabrication uniforme et continue.

La fiche de coût standard de cette chaise se détaille comme suit :

Matières premières..........................	4 m à 1,00 $ le mètre	4,00 $
Main-d'œuvre directe.......................	3 h à 11,20 $ l'heure	33,60
Frais indirects de fabrication............	3 h à 2,40 $ l'heure	7,20
		44,80 $

Vous avez accès à une série d'informations concernant le mois d'avril.

Écart sur coût d'achat des matières premières............................	6 000 $ D
Écart sur quantité de matières premières............................	2 000 $ D
Quantité de matières premières achetées............................	150 000 mètres
Écart sur taux de la main-d'œuvre directe............................	12 571 $ F
Écart sur temps de la main-d'œuvre directe............................	3 248 $ F
Budget des frais indirects de fabrication fixes............................	138 000 $
Frais indirects de fabrication réels............................	293 600 $

F : favorable ; D : défavorable

Travail à faire

Calculez, pour le mois d'avril, en fonction des données précédentes :
1. le coût réel total des matières premières achetées et le coût par mètre ;
2. la quantité réelle de matières premières utilisées ;
3. le nombre réel d'heures travaillées ;
4. le nombre standard d'heures relatives à la production obtenue ;
5. le taux horaire réel de la main-d'œuvre directe ;
6. le taux d'imputation des frais indirects de fabrication variables et fixes ;
7. tous les écarts concernant les frais indirects de fabrication.

P10.36 Les écarts relatifs aux matières premières et à la main-d'œuvre directe ; des calculs à partir de données incomplètes

Fabrications Grande rivière fabrique une bride de métal qu'elle vend à plusieurs détaillants de matériaux de construction résidentielle de la région. Voici les standards que l'entreprise a établis en ce qui concerne ses matières premières et sa main-d'œuvre.

	Matières premières	Main-d'œuvre directe
Quantité standard ou nombre standard d'heures par unité	1,5 kilogramme	? heure(s)
Coût d'achat standard ou taux horaire standard	3 $ par kilogramme	? $ l'heure
Coût de revient standard par unité	4,50 $	? $

Au cours du dernier mois, l'entreprise a acheté 1 285 kilogrammes de matières premières au coût de 3 598 $. Toutes ces matières ont servi à la production de 840 unités de produit, qui a nécessité 425 heures de main-d'œuvre directe. Le coût total de la main-d'œuvre directe pour le mois s'est chiffré à 4 675 $. Voici les écarts calculés pour cette période.

Écart sur taux de la main-d'œuvre directe..	425 $ D
Écart total sur main-d'œuvre directe	375 $ F
Écart sur quantité des matières premières	75 $ D

F : favorable ; D : défavorable

Travail à faire

1. En ce qui concerne la main-d'œuvre directe, calculez :
   a) le taux horaire standard de la main-d'œuvre directe ;
   b) le nombre standard d'heures de main-d'œuvre directe allouées à la production réelle du mois ;
   c) le nombre standard d'heures de main-d'œuvre directe allouées par unité de produit.
2. En ce qui concerne les matières premières, calculez :
   a) le coût d'achat réel par kilogramme de matières premières pour ce mois ;
   b) l'écart sur coût d'achat des matières premières.

Cas

C10.37 Les conséquences négatives possibles de la gestion en fonction des standards

Vélocité inc. fabrique des accessoires pour les vélos de route et de montagne. La concurrence dans le marché des accessoires de cyclisme étant très forte, Vélocité inc. utilise un système de coûts de revient standards pour contrôler ses coûts. La gestion quotidienne de chacune des gammes de produits principales est assurée par un chef de produit différent. Les gestionnaires en question sont responsables de toutes les décisions importantes liées à la fabrication, y compris de l'achat des matières premières, de l'embauche et de la formation du personnel de fabrication, de la planification de la production, et du contrôle de la qualité. Chaque mois, des rapports d'analyse de la performance présentent les écarts relatifs aux matières premières, à la main-d'œuvre directe, aux frais indirects de fabrication variables et aux frais indirects de fabrication fixes pour chacune des gammes de produits. On dresse et distribue ces rapports cinq jours ouvrables après la fin du mois, puis on les examine lors d'une réunion mensuelle à laquelle assistent tous les chefs de produit, le vice-président à la fabrication et le directeur financier. Chaque mois, les chefs de produit doivent expliquer tous les écarts défavorables importants, et leur évaluation annuelle repose en partie sur leur aptitude à veiller à ce que les coûts réels soient conformes aux coûts standards établis pour leur gamme de produits respective. Les analyses de la performance des gestionnaires influent sur leurs augmentations de salaire et leurs primes au mérite annuelles.

Vélocité inc. offre une gamme de cyclomètres de haute qualité appelés « Compteurs éclair », qui affichent la vitesse courante, la distance parcourue, l'heure, le rythme et divers autres renseignements. Chef de produit responsable du Compteur éclair, Daniel Rouleau ne travaille pour Vélocité inc. que depuis environ 14 mois. Avant de se joindre à cette entreprise, M. Rouleau travaillait pour l'un de ses principaux concurrents à titre de contremaître de production. Son premier exercice passé au sein de Vélocité inc. ne s'est pas révélé très fructueux. En raison de plusieurs facteurs, les écarts mensuels relevés pour le Compteur éclair, en particulier les écarts relatifs aux matières premières et à la

10

▶ main-d'œuvre directe, ont été défavorables la plupart des mois. Même si Vélocité inc. se sert de standards pratiques, M. Rouleau considérait les coûts d'achat et les quantités standards des matières premières ainsi que les taux horaires et les nombres d'heures standards de la main-d'œuvre directe comme trop serrés. Qui plus est, l'augmentation des coûts d'achat des matières premières durant l'exercice n'a fait qu'aggraver la situation, et comme M. Rouleau l'a à maintes reprises fait remarquer au cours des réunions mensuelles, il n'exerce aucun contrôle sur les prix demandés par les fournisseurs. Comme les arguments de M. Rouleau n'ont pas convaincu la haute direction, son augmentation de salaire au mérite a été de loin inférieure à l'augmentation moyenne accordée aux autres chefs de produit, et sa prime annuelle s'est aussi avérée peu élevée.

Pour l'exercice en cours, M. Rouleau a décidé de jouer un rôle plus actif dans la gestion des coûts de fabrication du Compteur éclair. Pour la production de ce cyclomètre, il a ainsi trouvé un microprocesseur, le Zip, qui coûtait 20 % moins cher par unité que le microprocesseur ayant servi à la fabrication du modèle de l'exercice précédent, le Zap. Même si M. Rouleau savait le Zip de moindre qualité et beaucoup moins fiable que le Zap, il a jugé ce compromis acceptable, puisqu'il devrait entraîner un écart sur coût d'achat des matières premières favorable pour le Compteur éclair, tout en n'ayant aucune incidence sur l'écart sur quantité des matières premières. En outre, puisque les causes des écarts favorables ne sont généralement pas abordées lors des réunions mensuelles, M. Rouleau était à peu près certain qu'il n'aurait pas à expliquer le compromis sur la qualité qu'il a fait. Par ailleurs, M. Rouleau a commencé à embaucher des employés de fabrication moins expérimentés afin d'éliminer l'écart sur taux horaire de la main-d'œuvre directe défavorable pour le Compteur éclair. Bien que cette mesure se soit soldée par une baisse de qualité de la main-d'œuvre et que les travailleurs ayant moins d'expérience prennent plus de temps pour fabriquer chaque unité de produit, l'écart sur temps de la main-d'œuvre directe défavorable obtenu est plus que contrebalancé par l'écart sur taux horaire favorable.

M. Rouleau est content de son rendement des trois premiers mois de l'exercice en cours. Au total, ses écarts relatifs aux matières premières et à la main-d'œuvre directe s'avèrent favorables, et la haute direction semble satisfaite de l'amélioration de sa gestion des coûts. Même si le nombre de Compteurs éclair retournés à l'entreprise en vertu de la garantie offerte a augmenté de près de 15 % par rapport à la même période de l'exercice précédent, M. Rouleau a attribué cette situation à des événements relevant du hasard, et donc peu susceptibles de se reproduire au cours des autres mois de l'exercice.

Travail à faire

1. Les mesures prises par M. Rouleau durant l'exercice en cours pour améliorer sa performance sur le plan des coûts liés aux matières premières et à la main-d'œuvre directe sont-elles conformes à l'éthique? Justifiez votre réponse.
2. À long terme, quelles conséquences le comportement de M. Rouleau pourrait-il entraîner pour Vélocité inc.?
3. Quelles mesures la haute direction de Vélocité inc. pourrait-elle prendre pour réduire les chances que d'autres gestionnaires adoptent le type de comportement manifesté par M. Rouleau?

C10.38 L'effet des coûts standards et des écarts sur le comportement

Thierry Trahan est directeur du service de production à la société Aurora, qui fabrique différents produits en plastique. Certains de ces produits sont des articles de modèles courants qui apparaissent dans le catalogue de l'entreprise; d'autres sont fabriqués suivant les spécifications des clients. Chaque mois, M. Trahan reçoit un rapport d'analyse de la performance qui présente le budget mensuel, le volume d'activité réel, et l'écart entre les prévisions et la réalité. Une partie de l'évaluation annuelle de sa performance est basée sur le rendement de son service par rapport au budget établi. La directrice du service des achats, Suzanne Christian, reçoit également des rapports d'analyse de la performance mensuels; elle est aussi partiellement évaluée d'après ces rapports.

La distribution des rapports mensuels du mois de juin vient d'avoir lieu lorsque M. Trahan rencontre Mme Christian dans le corridor qui mène à leurs bureaux respectifs. Mécontent, M. Trahan aborde sa collègue.

Thierry : Je vois que vous aussi avez reçu votre rapport d'analyse de la performance du bureau des budgets. Le jeune employé pas très sympathique qui nous l'apporte semble prendre un malin plaisir à m'annoncer qu'encore une fois ma performance n'est pas satisfaisante.

Suzanne : J'ai eu droit au même traitement. Les seules rétroactions que je reçois concernent mes erreurs. Maintenant, je vais devoir consacrer un temps fou à examiner ce rapport et à préparer des explications. Le pire, c'est que nous sommes le 21 juillet et que ces renseignements datent d'il y a presque un mois. Par conséquent, je perds tout ce temps à m'occuper de choses auxquelles je ne peux plus rien !

Thierry : Mon principal sujet de mécontentement, c'est que, même si notre volume d'activité varie beaucoup d'un mois à l'autre, on nous donne un budget annuel coulé dans le béton ! Le mois dernier, nous avons dû interrompre la production durant trois jours parce qu'une grève a retardé la livraison de la matière de base dans la fabrication de notre plastique et que nous n'en avions plus en stock. Vous êtes au courant de ce problème parce que je vous avais demandé de téléphoner dans toutes les régions du pays pour nous trouver une autre source d'approvisionnement. Lorsque nous avons enfin reçu ce dont nous avions besoin, par commande urgente, il a fallu payer plus cher que d'habitude.

Suzanne : Je m'attends à ce que des problèmes de ce genre surviennent de temps à autre — ça fait partie de mon travail de les régler ! —, mais nous allons maintenant devoir examiner attentivement nos rapports pour déterminer où les charges de cette commande urgente sont constatées. Chaque mois, je consacre plus de temps à m'assurer que tout ce qu'on attribue à mon service tombe sous ma responsabilité plutôt qu'à élaborer des plans pour le travail quotidien de ma section. Je trouve vraiment frustrant de me voir attribuer des coûts pour des éléments sur lesquels je n'ai aucun contrôle !

Thierry : La façon dont on nous informe n'aide pas non plus. Par exemple, je ne reçois aucun exemplaire des rapports qui vous sont adressés. Pourtant, une grande partie du travail de mon service subit les effets de décisions prises dans le vôtre et dans la plupart de nos autres sections. Pourquoi les employés du budget et de la comptabilité s'obstinent-ils à me renseigner uniquement sur les activités de mon service alors que le président et chef de la direction profite de toutes les occasions pour nous rappeler l'importance de travailler en équipe ?

Suzanne : Quant à moi, j'ai l'impression de recevoir plus de rapports qu'il ne m'en faut. Pourtant, on ne me demande jamais de les commenter, sauf lorsque la haute direction me convoque à propos de ce qui cloche dans mon service. Avez-vous droit à des commentaires élogieux lorsque votre service affiche un bon rendement ?

Thierry : Il faut croire que la haute direction n'a pas le temps de s'intéresser aux bonnes nouvelles ! Le fait que les rapports sont tous formulés en dollars et en cents constitue aussi un problème. Je travaille avec des personnes, des machines et des matières. J'ai besoin de renseignements pour m'aider à résoudre les problèmes du mois en cours — pas d'un autre rapport sur des dollars dépensés le mois dernier ou le mois précédent.

Travail à faire

1. En vous basant sur la conversation entre Thierry Trahan et Suzanne Christian, décrivez les effets possibles de l'utilisation que fait la société Aurora du système de coûts standards, et de la présentation des écarts sur la motivation et le comportement de ces deux gestionnaires.

► 2. Un système de coûts standards et la présentation d'écarts mis en œuvre de façon appropriée devrait se révéler avantageux à la fois pour les employés et pour l'entreprise.

a) Décrivez les avantages que peut procurer un système de coûts standards.

b) En tenant compte de la situation décrite à la page précédente, suggérez des moyens pour la société Aurora d'améliorer son système de coûts standards et la présentation des écarts de façon à accroître la motivation de ses employés.

(Adaptation d'un problème de CPA Canada)

C10.39 L'éthique et le gestionnaire

Laurent Pratte est contrôleur des immobilisations de production de la société Tech Systems, à Red Deer, en Alberta. Il doit préparer de nombreux rapports pour le siège social de l'entreprise, dont le rapport annuel d'analyse de la performance concernant les frais indirects de fabrication. Ce document couvre l'ensemble de la période qui se termine le 31 décembre et il est attendu au siège social peu après le début de l'année. M. Pratte, qui n'aime pas faire son travail à la dernière minute, a élaboré juste avant Noël une ébauche préliminaire de ce rapport. Plus tard, il compte effectuer certains ajustements nécessaires pour tenir compte des quelques transactions qui auront lieu entre Noël et le Premier de l'an. Ce projet de rapport, que M. Pratte a terminé le 21 décembre, apparaît ci-après.

IMMOBILISATIONS DE PRODUCTION DE RED DEER
Rapport d'analyse de la performance concernant les frais indirects de fabrication
Version préliminaire datée du 21 décembre

Heures-machines budgétées............. 100 000
Heures-machines réelles.................... 90 000

Frais indirects de fabrication	Coût standard (par heure-machine)	Coûts réels engagés pour 90 000 heures-machines	Budget flexible basé sur 90 000 heures-machines	Écart sur dépense	
Frais indirects de fabrication variables :					
Électricité..	0,03 $	2 840 $	2 700 $	140 $	D
Fournitures	0,86	79 060	77 400	1 660	D
Abrasifs	0,34	32 580	30 600	1 980	D
Total des frais indirects de fabrication variables........	1,23 $	114 480	110 700	3 780	D
Frais indirects de fabrication fixes :					
Amortissement		228 300	226 500	1 800	D
Salaires du personnel de supervision........		187 300	189 000	1 700	F
Assurance......................................		23 000	23 000	-0-	
Génie industriel.............................		154 000	160 000	6 000	F
Loyer du bâtiment de l'usine		46 000	46 000	-0-	
Total des frais indirects de fabrication fixes...........		638 600	644 500	5 900	F
Total des frais indirects de fabrication..........		753 080 $	755 200 $	2 120 $	F

F : favorable ; D : défavorable

Tab Kapp, le directeur général de l'usine de Red Deer, a demandé à examiner un exemplaire de ce document le 23 décembre à 16 h 45. M. Pratte lui en apporte un à son bureau, où a lieu la conversation suivante :

Tab : Oh là là ! Presque tous les écarts de ce rapport sont défavorables. Il n'y a rien de vraiment bon là-dedans, sauf les écarts favorables qui concernent les salaires du personnel de supervision et le génie industriel. Comment expliquez-vous cet écart défavorable pour l'amortissement ?

Laurent: Vous rappelez-vous cette machine à fraiser qui est tombée en panne parce que l'opérateur utilisait le mauvais type de lubrifiant?

Tab: Vaguement …

Laurent: Finalement, nous n'avons pas pu la réparer. Il a fallu la mettre au rebut et en acheter une nouvelle.

Tab: Ce rapport ne me paraît pas très encourageant. Déjà l'an dernier, j'ai subi les foudres de la haute direction alors que nous n'avions que quelques écarts défavorables.

Laurent: J'ai bien peur que le rapport final soit encore pire que celui-ci!

Tab: Ah?

Laurent: Voyez le poste «Génie industriel» dans le rapport. Il s'agit du travail que les ingénieurs de la société Klein ont effectué pour nous. Le contrat initial s'élevait à 160 000 $, mais nous leur avons demandé de faire certains travaux supplémentaires non prévus dans l'entente. Suivant les clauses du contrat, nous devrons payer les coûts de ces travaux à la société Klein. Le montant de 154 000 $ en coûts réels qui apparaît ici ne tient compte que des factures reçues avant le 21 décembre. La dernière facture date du 28 novembre, mais les ingénieurs ont terminé le projet la semaine dernière. Hier, j'ai reçu un coup de fil de Mme Martinet de chez Klein. Elle m'a assuré que nous allions recevoir la facture finale avant la fin de l'année. Le montant total, en incluant les travaux supplémentaires, devrait s'élever à …

Tab: Je ne suis pas sûr de vouloir entendre ça!

Laurent: 176 000 $.

Tab: Ouille!

Laurent: Les travaux supplémentaires que nous avons commandés ont accru le coût du projet de 16 000 $.

Tab: Il n'est pas question que je présente un rapport d'analyse de la performance dont l'écart global est défavorable! Sinon, ils vont m'étriper au siège social! Téléphonez chez Klein et demandez à Mme Martinet de ne pas envoyer sa facture avant le 1er janvier. Il nous faut cet écart favorable de 6 000 $ pour le génie industriel dans le rapport d'analyse de la performance.

Travail à faire

Que devrait faire Laurent Pratte? Expliquez votre réponse.

C10.40 Le travail à rebours à partir de données sur les écarts

Vous venez d'obtenir votre diplôme universitaire et vous avez accepté un poste à la société Vibiz, le fabricant d'un produit de consommation très en demande. Au cours de la première semaine, la vice-présidente a vivement apprécié votre travail. En fait, vous l'avez si favorablement impressionnée qu'elle vous a convoqué hier à son bureau pour vous demander d'assister ce matin à une réunion du comité de direction et de mener la discussion sur les écarts enregistrés au cours de la dernière période. Comme vous tenez à faire bonne figure devant le comité, vous avez consulté le rapport sur les écarts et les données justificatives qui s'y rapportent chez vous, hier soir.

10

► Malheureusement, lorsque vous avez essayé d'ouvrir le fichier ce matin, quelques-uns des rapports s'étaient altérés. Vous n'avez réussi à récupérer que ce qui apparaît ci-après.

Fiche de coût standard – par unité de produit

Matières premières : 6 kg à 6 $ le kilogramme......................................	36,00 $
Main-d'œuvre directe : 0,8 HMOD à 30 $ par HMOD	24,00
Frais indirects de fabrication variables : 0,8 HMOD à 6 $ par HMOD	4,80
Frais indirects de fabrication fixes : 0,8 HMOD à 14 $ par HMOD	11,20
Coût standard par unité	76,00 $

		Écart enregistré			
	Coût standard total*	sur coût d'achat ou sur taux horaire	sur dépense en frais indirects de fabrication	sur quantité ou sur temps	sur volume
Matières premières	810 000 $	13 800 $ F		18 000 $ D	
Main-d'œuvre directe.....	540 000 $	29 100 $ D		42 000 $ D	
Frais indirects de fabrication variables ..	108 000 $		2 600 $ F	? $ D**	
Frais indirects de fabrication fixes	252 000 $		1 000 $ F		28 000 $ D

* Attribués aux produits en cours pendant la période
** Donnée altérée
HMOD : heures de main-d'œuvre directe

Vous vous rappelez que les frais indirects de fabrication sont imputés à la production en fonction des heures de main-d'œuvre directe et que toutes les matières achetées au cours de la période ont servi à la production. Étant donné que l'entreprise utilise la méthode juste-à-temps pour contrôler le flux des travaux, les stocks de produits en cours sont négligeables, et il est inutile d'en tenir compte.

Il est 8 h 30, et la réunion du comité de direction commence dans une heure. Vous vous apercevez que, pour ne pas paraître d'une totale incompétence, vous devez produire les données nécessaires pour justifier les écarts avant le début de la réunion. Sans ces données, il vous sera impossible d'animer la discussion ou de répondre aux questions qui vous seront posées.

Travail à faire

1. Combien d'unités l'entreprise a-t-elle fabriquées au cours de la dernière période ?
2. Combien de kilogrammes de matières premières a-t-elle achetés et utilisés pour sa production ?
3. Quel était le coût réel de ces matières par kilogramme ?
4. Combien d'heures réelles de main-d'œuvre directe ont été effectuées au cours de cette période ?
5. Quel était le taux horaire réel de cette main-d'œuvre directe ?
6. Quel est le montant réel des frais indirects de fabrication variables engagés pendant cette période ?
7. Quel est le montant total des frais indirects de fabrication fixes inscrit dans le budget de l'entreprise ?
8. Quel était le volume d'activité prévu en heures de main-d'œuvre directe servant au calcul du taux d'imputation prédéterminé pour la dernière période ?

C10.41 **Le suivi budgétaire : une analyse complète d'écarts**

La société Abbotsford Tech fabrique et distribue des circuits intégrés pour des entreprises d'électronique. En décembre 20X7, elle a cherché à obtenir un emprunt bancaire. Le gérant de l'institution financière a exigé de Christine Dasilva, la présidente d'Abbotsford

Tech, qu'elle prépare un budget pour 20X8. En janvier 20X9, l'entreprise a eu besoin d'un autre emprunt, et Mme Dasilva a demandé à son comptable d'établir un budget pour 20X9, qu'elle compte présenter au gérant. Toutefois, Mme Dasilva est préoccupée par le fait que les bénéfices de 20X8 sont très inférieurs aux montants du budget de cette période qui avait été remis à la banque, étant donné que le gérant voudra sûrement en connaître la raison. Comme première étape dans son analyse des écarts, Mme Dasilva a recopié les montants réels de 20X8 dans un formulaire de budget bancaire de l'année, qui apparaît ci-après.

ABBOTSFORD TECH
Suivi du budget de 20X8 préparé en vue d'un emprunt bancaire

En milliers de dollars

	Budget initial	Résultats réels	Écart	
Chiffre d'affaires – unités	110 000	105 000	5 000	D
Chiffre d'affaires – dollars	5 500 $	5 040 $	460 $	D
Moins : Coût des ventes :				
Matières premières.....................................	880	842	38	F
Main-d'œuvre	1 760	1 690	70	F
Frais indirects de fabrication variables........	440	410	30	F
Frais indirects de fabrication fixes..............	600	606	6	D
	3 680	3 548	132	F
Marge brute	1 820	1 492	328	D
Moins :				
Frais de vente :				
Variables	440	418	22	F
Fixes..	200	204	4	D
Frais d'administration fixes........................	400	394	6	F
	1 040	1 016	24	F
Bénéfice avant impôt	780	476	304	D
Moins : Impôt	312	190	122	F
Bénéfice..	468 $	286 $	182 $	D

Coûts standards sur lesquels est basé le budget

		Standard par unité
Prix de vente...		50 $
Matières premières		8 $
Main-d'œuvre : 0,5 HMOD à 32 $ par HMOD		16
Frais indirects de fabrication : 0,5 HMOD à 8 $ par HMOD		4
Frais indirects de fabrication fixes :		
Amortissement	400 000 $	
Autres	200 000	
	600 000 $	
Capacité normale : 100 000 unités à 0,5 HMOD par unité = 50 000 HMOD ;		
600 000 $ ÷ 50 000 HMOD × 0,5 HMOD par unité................................		6
Frais de vente :		
Variables		4
Fixes : 200 000 $ ÷ 100 000 unités		2
Frais d'administration fixes : 400 000 $ ÷ 100 000 unités		4
		44 $

Les coûts standards ont été utilisés pour préparer les soumissions alors qu'on a enregistré les coûts réels aux livres comptables.
HMOD : heures de main-d'œuvre directe

► **Travail à faire**

1. Refaites le budget pour 20X8 en y indiquant le budget initial, le budget flexible, les montants réels et les écarts par rapport au budget flexible, ainsi que les marges sur coûts variables.

2. Effectuez une analyse quantitative qui présente à la direction les principales causes des écarts par rapport au budget flexible, et qui lui servira de base pour adopter des mesures correctives, mais aussi pour expliquer au gérant de la banque l'écart par rapport au budget initial.

3. Si les résultats d'exploitation prévus pour 20X9 ressemblent à ceux de 20X8, expliquez au gérant de la banque quelle portion du prêt l'entreprise serait en mesure de rembourser grâce aux bénéfices de 20X9. (Supposez qu'il n'y a aucun changement dans les comptes clients et dans les comptes fournisseurs.)

4. Si la concurrence s'accroît fortement en 20X9 et que la société Abbotsford Tech fonctionne bien au-dessous de sa capacité, à 85 000 unités, expliquez, avec calculs à l'appui, la soumission la plus basse que vous présenteriez pour une commande de 10 000 unités.

5. Quelles modifications proposeriez-vous de faire à la comptabilité de gestion et au système d'information comptable de la société Abbotsford Tech ?

(Adaptation d'un problème de CPA Canada)

C10.42 **Des données incomplètes**

Tous les cas ci-après sont indépendants. Supposez que chaque entreprise recourt à un système de coûts standards et que le budget flexible pour les frais indirects de fabrication de chacune est basé sur les heures-machines standards.

	Société A	Société B
1. Volume d'activité prévu en heures	?	40 000
2. Heures standards allouées aux unités produites	32 000	?
3. Heures réelles de travail	30 000	?
4. Budget des frais indirects de fabrication variables par heure-machine	? $	2,80 $
5. Budget des frais indirects de fabrication fixes (total)	?	?
6. Frais indirects de fabrication variables réels engagés.........	54 000	117 000
7. Frais indirects de fabrication fixes réels engagés	209 400	302 100
8. Frais indirects de fabrication variables imputés à la production*	?	117 600
9. Frais indirects de fabrication fixes imputés à la production*	192 000	?
10. Écart sur dépense en frais indirects de fabrication variables.....................................	?	?
11. Écart sur rendement des frais indirects de fabrication variables.....................................	3 500 F	8 400 D
12. Écart sur dépense en frais indirects de fabrication fixes.....................................	?	2 100 D
13. Écart sur volume des frais indirects de fabrication fixes.....	18 000 D	?
14. Partie variable du taux d'imputation prédéterminé des frais indirects de fabrication.....................................	?	?
15. Partie fixe du taux d'imputation prédéterminé des frais indirects de fabrication.....................................	?	?
16. Frais indirects de fabrication sous-imputés ou surimputés...	?	?

* Sur la base des heures standards allouées aux unités produites
F : favorable ; D : défavorable

Travail à faire

Calculez les données manquantes.

Cas de discussion

Les systèmes de coûts de revient standards sont utiles aux gestionnaires, car ils permettent de mettre en évidence les performances de piètre qualité tout comme les rendements exceptionnels. L'utilisation des coûts de revient standards, dans le contexte d'une gestion par exceptions, peut aider les gestionnaires à déterminer précisément les secteurs auxquels ils doivent prêter une attention particulière au cours des périodes à venir. Dans le but d'améliorer le rendement, il peut être avantageux de mieux comprendre les points forts d'un secteur en particulier, ce qui pourrait éventuellement servir dans d'autres secteurs de l'organisation. Toutefois, les systèmes de coûts de revient standards sont aussi susceptibles d'entraîner d'autres résultats moins positifs. Par exemple, ils peuvent donner lieu à des réprimandes, ou des employés peuvent cesser de fournir des efforts pour accroître leur efficience une fois que les standards établis sont atteints.

Travail à faire

Discutez de ces points ainsi que d'autres conséquences négatives potentielles. Ensuite, proposez des moyens de résoudre ces problèmes au moment de la conception et de l'utilisation d'un système de coûts de revient standards.

Réponses aux questions éclair

10.1 Écart sur coût d'achat des matières premières = $QR\,(CR - CS)$.

Donc, 70 000 diodes (0,28 $ par diode − 0,30 $ par diode) = 1 400 $ F.

Le coût d'achat réel des matières premières par unité est inférieur au coût d'achat standard, ce qui peut se produire lorsqu'une entreprise achète des matières premières de moindre qualité à rabais ou qu'elle s'en procure une quantité exceptionnellement substantielle afin de profiter d'une remise sur achats en gros. L'entreprise aurait également obtenu un écart favorable si la valeur de marché des matières premières avait changé ou si son service des achats avait mené des négociations particulièrement avantageuses.

10.2 Écart sur quantité des matières premières = $CS\,(QR - QS)$.

Donc, 0,30 $ par diode (50 000 diodes − 40 000 diodes) = 3 000 $ D.

Pour fabriquer les unités, il a fallu utiliser plus de matières premières que la quantité standard établie, soit en raison d'une main-d'œuvre mal formée ou mal supervisée, de machines réglées de manière inappropriée ou de matières premières défectueuses.

10.3 Écart sur taux de la main-d'œuvre directe : $HR\,(TR - TS)$.

Donc, 6 400 heures (13,00 $* l'heure −12,00 $ l'heure) = 6 400 $ D.

* 83 200 $ ÷ 6 400 heures = 13,00 $ l'heure

Le taux moyen de la main-d'œuvre directe réel est plus élevé que le taux de la main-d'œuvre directe standard. Cela pourrait s'expliquer par une augmentation des salaires qui n'aurait pas été considérée dans l'établissement des standards, par des heures de travail supplémentaires imprévues ou par l'embauche de nouveaux employés mieux payés.

Écart sur temps de la main-d'œuvre directe = $TS\,(HR - HS)$.

Donc, 12,00 $ l'heure (6 400 heures − 6 000 heures) = 4 800 $ D.

Le nombre d'heures réelles de main-d'œuvre directe est supérieur au nombre d'heures standards de main-d'œuvre directe allouées à la production réelle, ce qui pourrait être attribuable à une mauvaise supervision, à des employés mal formés, à des matières premières de piètre qualité nécessitant plus d'heures de traitement de la part de la main-d'œuvre, ou à des bris de machines. Par ailleurs, si la main-d'œuvre directe est essentiellement fixe, un écart sur temps de la main-d'œuvre directe défavorable pourrait découler d'une diminution de la production causée par une baisse de la demande pour les produits de l'entreprise.

10

10.4 Total des heures de main-d'œuvre directe allouées = 35 000 demandes × 0,15 heure standard de main-d'œuvre directe par demande = 5 250 HMOD.

Frais indirects de fabrication variables standards = 5 250 HMOD × 1,30 $ par HMOD = 6 825 $.

Frais indirects de fabrication variables réellement engagés = 7 125 $ − 6 825 $ = 300 $ D.

10.5 Partie fixe du taux d'imputation prédéterminé des frais indirects de fabrication = Frais indirects de fabrication fixes ÷ Volume d'activité prévu = 400 000 $ ÷ 50 000 HMOD = 8,00 $ par HMOD.

Écart sur dépense en frais indirects de fabrication fixes = Frais indirects de fabrication fixes réels − Frais indirects de fabrication fixes prévus = 394 000 $ − 400 000 $ = 6 000 $ F.

Écart sur volume des frais indirects de fabrication fixes = Partie fixe du taux d'imputation prédéterminé des frais indirects de fabrication × (Volume d'activité prévu – Temps standard) = 8,00 $ par HMOD (50 000 HMOD − 48 000 HMOD) = 16 000 $ D.

LA DÉCENTRALISATION ET LA PUBLICATION D'INFORMATIONS À DES FINS DE CONTRÔLE

Mise en situation

L'efficacité de la gestion de la performance

Un sondage mené auprès de comptables professionnels employés dans des entreprises canadiennes portait sur la capacité de celles-ci à gérer leur performance financière et non financière. Et certaines constatations sont surprenantes. Notamment, quand on leur a demandé d'évaluer la performance globale de leur organisation (en termes de revenus et de bénéfices, par exemple), près du tiers des répondants ont dit considérer qu'elle se situait en deçà de leur objectif. Dans les organisations qui utilisent des systèmes d'évaluation de la performance comportant des indicateurs financiers et non financiers (le nombre de plaintes formulées par des clients, par exemple), la moitié des répondants ont affirmé qu'ils continuaient à employer davantage d'indicateurs de performance financiers que non financiers. Néanmoins, les répondants qui utilisaient plus d'indicateurs non financiers que financiers ont déclaré en tirer des avantages. Par ailleurs, contrairement aux résultats des sondages similaires précédents, 68 % des répondants ont affirmé que leurs tableaux de bord équilibrés les aidaient à améliorer la performance de leur organisation.

Dans le présent chapitre, après avoir abordé la structure organisationnelle et la gestion décentralisée dans les organisations, nous examinerons les indicateurs de performance financiers et non financiers dont se servent les organisations d'aujourd'hui à des fins de contrôle et d'évaluation de la performance. Nous tenterons en outre d'expliquer en quoi les objectifs stratégiques d'une entreprise peuvent guider le choix de ses mesures de la performance, lui permettant ainsi de mieux évaluer les dimensions « pertinentes » de la performance en fonction des stratégies qui lui sont propres. Finalement, les concepts de prix de cession interne seront exposés.

Source : Robert ANGEL, « Performance gagnante », *CA Magazine*, octobre 2010, p. 18-23.

OBJECTIFS D'APPRENTISSAGE

Après avoir étudié ce chapitre, vous pourrez :

1. dresser un état des résultats sectoriels à l'aide de la méthode des coûts variables, et expliquer la différence entre les coûts fixes spécifiques et les coûts fixes communs ;

2. faire la différence entre des centres de responsabilité tels que les centres de coûts, les centres de profit ainsi que les centres d'investissement, et décrire des moyens de mesurer la performance de chacun d'eux ;

3. calculer et analyser le rendement du capital investi (RCI) ;

4. calculer le résultat net résiduel (RNR), et comprendre les forces et les faiblesses de cette méthode de mesure de la performance ;

5. expliquer l'utilisation du tableau de bord équilibré pour évaluer la performance ;

6. déterminer, s'il y a lieu, la fourchette à l'intérieur de laquelle un prix de cession interne devrait se situer, et expliquer les méthodes d'établissement du prix de cession interne ;

7. présenter et expliquer quelques mesures de la performance des processus internes (*voir l'annexe 11A en ligne*).

Les gestionnaires déterminent la direction qu'ils souhaitent voir prendre par leur organisation. On emploie l'expression « planification stratégique » pour désigner cet ensemble de décisions. L'établissement du budget est l'expression financière des plans établis dans ce contexte. Nous avons présenté, au chapitre 9, les concepts liés à l'établissement d'un budget. Toutefois, la planification constitue seulement une étape du processus de gestion. Pour s'assurer que leur entreprise progresse dans la direction voulue, les gestionnaires recourent à des rapports mettant en relation les résultats réels, les budgets ou les résultats des périodes antérieures, et même à des comparaisons avec d'autres organisations. C'est ce qu'on appelle le « processus de contrôle (ou de suivi budgétaire) et d'évaluation de la performance ».

Ces comparaisons financières favorisant la rétroaction servent aussi de base aux systèmes de récompense visant à encourager les gestionnaires à atteindre les objectifs de l'organisation.

La publication d'informations sectorielles, l'évaluation de la performance des centres de responsabilité et l'établissement de prix de cession interne sont d'autres manières, pour la direction, d'assurer les fonctions de contrôle et d'évaluation de la performance de l'organisation.

L'environnement de fabrication moderne a mis en lumière la nécessité d'une certaine flexibilité de gestion pour répondre à la souplesse de la production. Toutefois, cette flexibilité exige des prises de décisions appropriées et en temps utile de tous les membres de l'organisation, de la direction générale jusqu'au travailleur. Pour prendre de telles décisions, il leur faut des données de contrôle précises, fournies en temps opportun, et qui conviennent au vaste éventail d'employés formant l'organisation.

Ainsi, les organisations ont de plus en plus recours à des indicateurs de performance non financiers combinés avec des indicateurs financiers pour suivre la stratégie. Le regroupement de ces indicateurs dans le tableau de bord est également présenté dans ce chapitre.

En appliquant ce que vous avez appris sur la performance dans les chapitres précédents aux analyses présentées dans ce chapitre et le suivant, vous pourrez mieux comprendre le processus de contrôle et d'évaluation de la performance d'une organisation.

11.1 La gestion décentralisée dans les organisations

Organisation décentralisée

Organisation dans laquelle la prise de décisions n'est pas réservée à quelques cadres supérieurs, mais se fait à tous les niveaux de l'organisation.

Décentralisation

Délégation du pouvoir de décision partout au sein de l'organisation, ce qui donne aux gestionnaires des divers niveaux d'exploitation le pouvoir de prendre des décisions dans leur secteur de responsabilité.

Les organisations se composant de nombreuses personnes et de plusieurs activités, la direction doit atteindre ses objectifs par l'intermédiaire de ces personnes. De plus, à mesure que la taille de l'organisation augmente, il devient difficile pour la direction générale de déployer seule toutes les stratégies de l'organisation et de prendre des décisions sur toutes les questions. Par exemple, on ne peut pas s'attendre à ce que le directeur général de la chaîne d'hôtels Delta décide si tel client de l'établissement de Montréal peut quitter sa chambre un peu plus tard que l'heure de départ normale. Jusqu'à un certain point, les directeurs doivent déléguer le pouvoir de décision à leurs subalternes. Toutefois, l'ampleur de cette délégation varie selon l'organisation.

Une **organisation décentralisée** est une organisation dans laquelle les décisions sont prises non pas uniquement par quelques cadres supérieurs, mais aussi par des gestionnaires de différents niveaux qui prennent des décisions d'exploitation cruciales liées à leur sphère de responsabilité. La **décentralisation** consiste ainsi à déléguer le pouvoir de décision partout au sein de l'organisation. Elle est question de degrés puisque toutes les organisations sont nécessairement décentralisées dans une certaine mesure. À l'une des extrémités du spectre se trouvent les organisations fortement décentralisées. Ici, il y a peu, sinon pas de contraintes au moment de prendre des décisions, et ce, même pour les gestionnaires et les employés situés au plus bas de l'échelle. À l'autre extrémité de ce spectre se trouvent les organisations fortement centralisées, où les gestionnaires des niveaux inférieurs ont très peu de liberté en matière de prise de décisions. La plupart des organisations se situent quelque part entre ces deux extrêmes.

11.1.1 La structure organisationnelle

Dans une entreprise décentralisée, il sera utile de mettre sur pied une structure organisationnelle qui pourra être représentée par un organigramme.

L'**organigramme** présenté à la figure 11.1 illustre la répartition des responsabilités parmi les gestionnaires, et la structure des rapports et de la communication, ou voie hiérarchique. Chaque case représente un domaine de responsabilité de gestion, et les lignes reliant les cases indiquent les voies d'autorité officielles entre responsables. Les relations non officielles et les réseaux de communication débouchent souvent sur des relations personnelles entre gestionnaires, et ce, à l'extérieur de la structure officielle mise en évidence dans l'organigramme. La structure non officielle ne figure pas sur l'organigramme, mais elle s'avère souvent indispensable à l'efficacité des activités d'exploitation.

Organigramme

Représentation graphique de la structure organisationnelle d'une entreprise mettant en évidence les voies officielles de hiérarchie et de communication entre gestionnaires ainsi que leurs responsabilités.

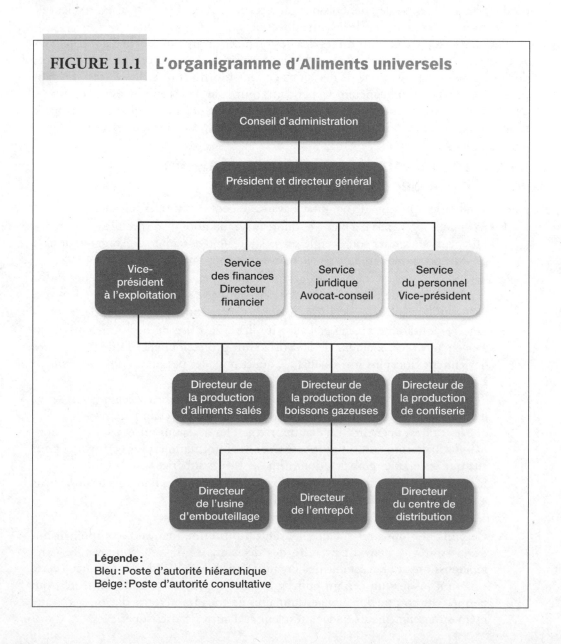

FIGURE 11.1 **L'organigramme d'Aliments universels**

Conseil d'administration

Président et directeur général

Vice-président à l'exploitation

Service des finances Directeur financier

Service juridique Avocat-conseil

Service du personnel Vice-président

Directeur de la production d'aliments salés

Directeur de la production de boissons gazeuses

Directeur de la production de confiserie

Directeur de l'usine d'embouteillage

Directeur de l'entrepôt

Directeur du centre de distribution

Légende :
Bleu : Poste d'autorité hiérarchique
Beige : Poste d'autorité consultative

11

11.1.2 Les relations entre les postes d'autorité hiérarchique et les postes d'autorité consultative

Poste d'autorité hiérarchique

Poste participant directement à la réalisation des objectifs de base de l'organisation.

Poste d'autorité consultative

Poste participant indirectement à la réalisation des objectifs de base de l'organisation. Un tel poste est par nature d'un grand soutien, car il offre des services ou de l'aide aux postes d'autorité hiérarchique ou à d'autres postes de soutien.

L'organigramme met aussi en évidence les postes d'autorité hiérarchique et les postes d'autorité consultative de l'organisation. La personne occupant un **poste d'autorité hiérarchique** participe directement à la réalisation des objectifs de base de l'organisation. En revanche, la personne occupant un **poste d'autorité consultative** participe indirectement à la réalisation de ces mêmes objectifs. Cette personne soutient ou aide les employés occupant des postes d'autorité hiérarchique ou d'autres postes de soutien de l'organisation. Elle n'exerce toutefois aucune autorité directe sur les postes d'autorité hiérarchique.

Reportons-nous à la figure 11.1 (*voir la page 575*) qui représente l'organigramme partiel de la société Aliments universels, une entreprise spécialisée dans les aliments pour casse-croûte et les boissons gazeuses. Un des objectifs de base d'Aliments universels est de vendre à profit des aliments et des boissons gazeuses. Les directeurs dont les secteurs de responsabilité sont directement liés à l'effort de vente occupent des postes d'autorité hiérarchique. Ces postes, illustrés en bleu dans l'organigramme, comprennent les directeurs de l'usine d'embouteillage, de l'entrepôt et du centre de distribution, ceux de la production d'aliments salés, des boissons gazeuses et de la confiserie, le vice-président de l'exploitation et les membres de la haute direction.

Par contraste, le directeur du service des finances occupe un poste d'autorité consultative, car une fonction du service des finances est de soutenir et d'aider les services de la hiérarchie dans la prise de décisions en leur fournissant, entre autres, des rapports financiers et non financiers. Cependant, tout comme les employés qui occupent des postes d'autorité hiérarchique, ceux qui occupent des postes d'autorité consultative exercent une autorité au regard du personnel qui est sous leur responsabilité.

11.1.3 Les avantages et les inconvénients de la décentralisation

La décentralisation présente de nombreux avantages, entre autres les suivants:

1. La direction générale n'a plus à résoudre un grand nombre de problèmes courants. Elle peut concentrer son énergie sur la stratégie d'ensemble de l'organisation, la prise de décisions à un niveau plus élevé et la coordination des activités.

2. La décentralisation fournit aux gestionnaires subalternes une expérience indispensable en matière de prise de décisions. Sans cette expérience, ils seraient mal préparés à prendre des décisions lorsqu'ils accèdent à des postes supérieurs.

3. Une responsabilité accrue et l'autorité liée à la prise de décisions entraînent souvent un accroissement de la satisfaction professionnelle. Différents postes deviennent alors plus intéressants, ce qui stimule les personnes qui les occupent à fournir un maximum d'efforts.

4. D'ordinaire, les gestionnaires subalternes disposent de renseignements plus détaillés et plus à jour sur la situation dans leur propre champ de responsabilité que les cadres supérieurs. En d'autres termes, les décisions prises par des gestionnaires subalternes sont souvent basées sur des informations plus pertinentes pour eux que celles, plus globales, dont disposent leurs supérieurs.

5. Il est difficile d'évaluer la performance de gestionnaires si l'on ne leur donne pas assez de latitude pour qu'ils puissent faire leurs preuves.

La décentralisation présente quatre inconvénients de taille:

1. Certains gestionnaires subalternes, en raison d'une mauvaise compréhension de la stratégie, peuvent prendre des décisions sans bien comprendre leurs répercussions sur l'ensemble de l'organisation. Il est possible de remédier à cette situation jusqu'à un certain point grâce aux systèmes de gestion intégrés, qui permettent en principe aux gestionnaires de tous les niveaux d'avoir accès aux mêmes renseignements que le président et d'autres cadres supérieurs.

2. Dans une organisation vraiment décentralisée, il peut y avoir un manque de coordination entre les gestionnaires autonomes. Il est possible de minimiser ce problème en définissant clairement la stratégie de l'entreprise et en la communiquant de façon efficace à tous les échelons de l'organisation.

3. Les gestionnaires subalternes peuvent avoir des objectifs différents de ceux de l'organisation dans son ensemble. Par exemple, certains gestionnaires souhaitent davantage accroître la taille de leur unité qu'augmenter les résultats de l'ensemble de l'organisation. Il est possible de régler ce problème en élaborant des systèmes d'évaluation de la performance susceptibles de motiver les gestionnaires à prendre des décisions favorables aux intérêts de l'organisation.

4. Dans une organisation fortement décentralisée, il est parfois plus difficile d'implanter des idées neuves avec succès. Quelqu'un dans une unité d'exploitation a parfois une idée brillante qui profiterait à d'autres unités, mais sans une direction centrale forte, les autres unités peuvent ne jamais pouvoir partager et adopter cette idée.

11.2 La publication d'informations sectorielles

Pour qu'une décentralisation soit efficace, l'entreprise doit recourir à l'information sectorielle, qui permet d'analyser et d'évaluer les décisions prises par les directeurs de section (ou unité d'exploitation). Outre l'état des résultats de l'ensemble de l'entreprise, les gestionnaires ont besoin de rapports provenant de chacune des unités d'exploitation. Une **unité d'exploitation** (ou **section d'exploitation**) est toute partie ou activité d'une organisation pour laquelle un gestionnaire et son équipe assument la responsabilité des coûts, des revenus, des bénéfices ou des investissements. Les activités d'une entreprise peuvent être divisées de différentes manières. Par exemple, une chaîne de magasins d'alimentation comme Loblaw ou Sobeys peut diviser ses activités par régions géographiques, par magasins, d'après la nature des marchandises (par exemple, les aliments frais, les aliments en conserve et les produits du papier), par marques de commerce, etc. Comme nous allons le voir, il est possible de classer les unités d'exploitation en fonction de la capacité de leurs gestionnaires à contrôler les coûts, les revenus, les bénéfices et les investissements. Il est important de noter que l'évaluation de la performance des gestionnaires d'unités d'exploitation dépend directement de ce sur quoi ils exercent un contrôle.

À des fins de comptabilité, une unité d'exploitation est une composante d'une entreprise :

- qui effectue des activités d'affaires pouvant lui rapporter des revenus et lui occasionner des dépenses ;
- dont le directeur examine régulièrement les bénéfices d'exploitation en vue de prendre des décisions concernant l'attribution de ressources à cette unité et d'évaluer sa performance ;
- sur laquelle des informations financières détaillées sont disponibles.

Pour effectuer leur travail efficacement, les gestionnaires et les décideurs doivent avoir accès à beaucoup plus de renseignements que ce que leur fournit un seul état des résultats à l'échelle de l'entreprise. Qu'ils soient préparés suivant la méthode des coûts variables ou celle du coût complet, ces états ne donnent généralement qu'un résumé de l'ensemble des activités. Ils ne renferment pas suffisamment d'éléments pour permettre au gestionnaire ou à un investisseur de déceler des problèmes qui pourraient exister dans l'entreprise. Par exemple, certaines gammes de produits peuvent être rentables alors que d'autres ne le sont pas ; certains secteurs de vente peuvent présenter une mauvaise composition du chiffre d'affaires ou laisser échapper des occasions de vente. Un gestionnaire souhaite parfois analyser les résultats de façon plus détaillée pour voir si certains représentants sont plus efficaces que d'autres, ou si certaines sections de production (ou ateliers de fabrication) utilisent leur capacité ou leurs ressources de façon efficace ou inefficace. Pour découvrir de tels problèmes, il a besoin non pas d'un, mais de plusieurs états des résultats qui concernent les unités d'exploitation de l'entreprise. C'est ce qu'on appelle la « publication d'informations sectorielles ».

Unité d'exploitation (ou section d'exploitation)

Toute partie ou activité d'une organisation pour laquelle un gestionnaire et son équipe assument la responsabilité des coûts, des revenus, des bénéfices ou des investissements.

OA1

Dresser un état des résultats sectoriels à l'aide de la méthode des coûts variables, et expliquer la différence entre les coûts fixes spécifiques et les coûts fixes communs.

11

11.2.1 Les différents niveaux des états financiers sectoriels

Des états financiers sectoriels peuvent être préparés pour différents niveaux d'activité dans une entreprise et sous différentes formes. Le tableau 11.1 montre trois niveaux d'états financiers sectoriels pour la société Solutions inc. L'état des résultats établi à l'aide de la méthode des coûts variables pour l'ensemble de l'entreprise apparaît au haut du tableau, dans la colonne intitulée «Total de l'entreprise». À droite de cette colonne, il y a deux autres colonnes réservées à chacune des deux divisions. Nous pouvons constater que la division Produits destinés aux entreprises présente un bénéfice sectoriel de **60 000 $**, et la division Produits destinés aux consommateurs, un bénéfice de **40 000 $**. Ces bénéfices sectoriels indiquent aux gestionnaires de divisions la part des bénéfices de l'entreprise qui provient de leur secteur.

On peut préparer des états des résultats sectoriels pour des activités effectuées à différents niveaux de l'entreprise. Les divisions sont alors décomposées en fonction de leurs principales gammes de produits. Dans le cas de la division Produits destinés aux consommateurs, il s'agit d'animation par ordinateur et de jeux sur ordinateur. On peut aller plus loin et diviser chacune de ces gammes de produits en fonction de son mode de vente — dans des magasins de détail ou en ligne. Remarquez qu'à mesure qu'on progresse d'un état des résultats sectoriel à un autre, on considère des composantes de plus en plus restreintes de l'entreprise. Même s'ils n'apparaissent pas dans le tableau 11.1, on aurait également pu établir des états des résultats sectoriels pour les principales gammes de produits de la division Produits destinés aux entreprises.

Une série d'états financiers comme celle du tableau 11.1 présente des avantages considérables pour les gestionnaires. En examinant attentivement les tendances et les résultats de chaque division, les dirigeants peuvent avoir une meilleure compréhension de l'entreprise dans son ensemble, et même découvrir des possibilités et des plans d'action qui, autrement, ne leur seraient pas apparus aussi clairement. Des systèmes d'information sophistiqués facilitent l'élaboration de tels états financiers et permettent de les maintenir sans cesse à jour.

L'examen attentif du tableau 11.1 soulève toutefois une question. Pourquoi décomposer les résultats d'abord par division, ensuite par gamme de produits, puis par circuit de vente?

L'ordre dans lequel se fait la ventilation dépend du type de renseignements voulus. Il pourrait sûrement se révéler avantageux de commencer par chaque division de vente, d'examiner ensuite les gammes de produits pour chacune de ces divisions, puis les circuits de vente de chacune de ces gammes. Cette façon de procéder permettrait de comparer les résultats d'une même gamme de produits dans différentes divisions. Ce que les gestionnaires veulent savoir et le type de comparaison qu'ils souhaitent établir sont les facteurs qui servent à déterminer l'ordre de ventilation. Cet ordre ne devrait pas avoir d'effet sur les chiffres, mais il peut modifier le contenu d'un rapport et la facilité avec laquelle on l'examine.

11.2.2 L'attribution de coûts aux unités d'exploitation

Les états des résultats sectoriels préparés à des fins internes sont généralement établis à l'aide de la méthode des coûts variables (*voir les chapitres 3 et 8*). On utilise les mêmes façons de faire en matière d'attribution des coûts dans la préparation de ces rapports que dans celle des états des résultats suivant la méthode des coûts variables, à une exception près qui concerne le traitement des coûts fixes. Comme vous pouvez le constater dans le tableau 11.1, les coûts fixes sont divisés en deux catégories dans un état des résultats sectoriels — d'une part, les coûts fixes spécifiques, et de l'autre, les coûts fixes communs. Seuls les coûts fixes spécifiques sont attribués aux différentes unités d'exploitation. Lorsqu'il est impossible de rattacher directement un coût fixe à

TABLEAU 11.1 **Des états des résultats sectoriels établis selon la méthode des coûts variables – Solutions inc.**

Unités d'exploitation définies comme des divisions de l'entreprise

	Total de l'entreprise	Division	
		Produits destinés aux entreprises	Produits destinés aux consommateurs
Ventes..	500 000 $	300 000 $	200 000 $
Moins: Coûts variables:			
Coûts des ventes variables	180 000	120 000	60 000
Autres coûts variables	50 000	30 000	20 000
Total des coûts variables	230 000	150 000	80 000
Marge sur coûts variables.....................................	270 000	150 000	120 000
Moins: Coûts fixes spécifiques...............................	170 000	90 000	80 000*
Bénéfice sectoriel de la division............................	100 000	60 000 $	40 000 $
Moins: Coûts fixes communs impossibles à rattacher aux divisions particulières	85 000		
Bénéfice...	15 000 $		

Unités d'exploitation définies en fonction des gammes de produits de la division Produits destinés aux consommateurs

	Produits destinés aux consommateurs	Gamme de produits	
		Animation par ordinateur	Jeux sur ordinateur
Ventes..	200 000 $	75 000 $	125 000 $
Moins: Coûts variables:			
Coûts des ventes variables	60 000	20 000	40 000
Autres coûts variables	20 000	5 000	15 000
Total des coûts variables	80 000	25 000	55 000
Marge sur coûts variables.....................................	120 000	50 000	70 000
Moins: Coûts fixes spécifiques...............................	70 000	30 000	40 000
Bénéfice sectoriel de la gamme de produits............	50 000	20 000 $	30 000 $
Moins: Coûts fixes communs impossibles à rattacher aux gammes particulières de produits	10 000		
Bénéfice sectoriel de la division.............................	40 000 $		

Unités d'exploitation définies en fonction des circuits de vente d'une gamme de produits, les jeux sur ordinateur, de la division Produits destinés aux consommateurs

	Jeux sur ordinateur	Circuit de vente	
		Ventes en ligne	Magasins de détail
Ventes..	125 000 $	100 000 $	25 000 $
Moins: Coûts variables:			
Coûts des ventes variables	40 000	32 000	8 000
Autres coûts variables	15 000	5 000	10 000
Total des coûts variables	55 000	37 000	18 000
Marge sur coûts variables.....................................	70 000	63 000	7 000
Moins: Coûts fixes spécifiques...............................	25 000	15 000	10 000
Bénéfice sectoriel du circuit de vente.......................	45 000	48 000 $	(3 000) $
Moins: Coûts fixes communs impossibles à rattacher à des circuits de vente particuliers.......................	15 000		
Bénéfice sectoriel de la gamme de produits.............	30 000 $		

* Remarquez que ce montant de 80 000 $, inscrit à titre de coûts fixes spécifiques, se sépare en deux parties lorsqu'on décompose la division Produits destinés aux consommateurs en gammes de produits — soit 70 000 $ en coûts spécifiques et 10 000 $ en coûts communs. Nous examinerons les raisons de cette distinction plus loin dans la partie du chapitre intitulée «Une transformation possible des coûts spécifiques en coûts communs» (*voir la page 584*).

11

une unité d'exploitation, on le considère comme un coût commun et on ne l'associe pas aux unités d'exploitation elles-mêmes. Par conséquent, dans l'approche des résultats établis selon la méthode des coûts variables, on n'attribue jamais arbitrairement un coût à une unité d'exploitation de l'organisation.

En résumé, deux règles s'appliquent dans l'attribution des coûts aux différentes unités d'exploitation d'une entreprise selon la méthode des coûts variables. Cette attribution se fait :

1. conformément aux modèles de comportement des coûts (c'est-à-dire variables et fixes) ;
2. selon que les coûts peuvent être ou non rattachés directement aux unités d'exploitation en question.

Examinons maintenant plus en détail certains aspects du tableau 11.1 (*voir la page précédente*).

11.2.3 Le chiffre d'affaires et la marge sur coûts variables

Pour préparer des états des résultats sectoriels à des fins de gestion, il est nécessaire de tenir des documents relatifs aux ventes par unité d'exploitation de même que pour l'ensemble de l'entreprise. Après avoir soustrait les coûts variables qui s'y rattachent, on calcule le montant de la marge sur coûts variables de chaque unité d'exploitation, comme le montre le tableau 11.1. Nous avons vu, dans notre étude de la méthode des coûts variables, que la marge sur coûts variables est un élément d'information extrêmement utile pour les gestionnaires — en particulier lorsqu'il s'agit de déterminer l'impact de l'augmentation ou de la diminution du volume des ventes sur le bénéfice. Pour calculer l'effet des variations du volume des ventes sur le bénéfice, il suffit de multiplier la marge sur coûts variables unitaire par la différence entre les nombres d'unités vendues, ou encore de multiplier la variation du montant du chiffre d'affaires par le ratio de la marge sur coûts variables. On se base ici sur l'hypothèse implicite que les prix de vente et les coûts variables ne fluctuent pas en fonction des variations du volume. Les états des résultats sectoriels permettent aux gestionnaires d'effectuer des calculs de ce type pour un produit, pour une division ou pour un secteur de vente à la fois, leur fournissant ainsi les renseignements nécessaires à la détermination des domaines où il y a des points faibles ou de ceux où l'on peut tirer parti des réussites.

La marge sur coûts variables est essentiellement un instrument de planification à court terme. Comme telle, elle est particulièrement utile dans la prise de décisions relatives à des utilisations temporaires de la capacité de l'entreprise, aux commandes spéciales ou à la promotion à brève échéance d'une gamme de produits. Les décisions portant sur des activités à court terme touchent en général seulement des coûts et des revenus variables, c'est-à-dire les éléments qui servent au calcul de la marge sur coûts variables. En contrôlant minutieusement la marge sur coûts variables des unités d'exploitation et le ratio de cette marge, les gestionnaires sont en mesure de prendre les décisions à court terme susceptibles de maximiser l'apport de l'unité à la rentabilité de l'ensemble de l'organisation. Nous analyserons ce type de décisions en détail au chapitre 12.

11.2.4 L'importance des coûts fixes

L'importance accordée jusqu'ici à la marge sur coûts variables ne devrait pas laisser croire que les coûts fixes sont des facteurs négligeables. Au contraire, ils sont très importants dans n'importe quelle organisation. En fait, ce que sous-entend la méthode des coûts variables est que chaque coût sert à une fin différente. Il arrive que, pour un objectif donné, seule la connaissance des revenus et des coûts variables réponde adéquatement aux besoins des gestionnaires. Pour un autre objectif, la connaissance des coûts fixes pourrait également leur être nécessaire.

La décomposition des coûts en éléments fixes et variables rappelle aux gestionnaires que, comme ces coûts doivent être contrôlés différemment, il leur faut être attentifs à ces différences dans leur planification à court et à long terme. De plus, le regroupement des coûts fixes dans la méthode des coûts variables met en lumière le fait qu'après le remboursement de ces coûts, le bénéfice s'accroît du montant de la marge sur coûts variables générée par chaque unité supplémentaire vendue. Tous ces concepts sont utiles aux gestionnaires à des fins de planification.

11.2.5 Les coûts fixes spécifiques et les coûts fixes communs

On peut définir les **coûts fixes spécifiques** comme étant des coûts fixes qu'il est possible d'associer à une unité d'exploitation en particulier et qui sont occasionnés par l'existence même de cette unité. Autrement dit, si l'unité d'exploitation n'avait jamais existé, ces coûts fixes n'auraient pas été engagés ; de même, si l'on éliminait l'unité d'exploitation, ces coûts fixes disparaîtraient. Seuls les coûts fixes spécifiques sont attribués à des unités d'exploitation en particulier. Lorsqu'il est impossible de rattacher un coût à une unité d'exploitation, on ne le lui attribue pas. Voici quelques exemples de coûts fixes spécifiques.

Coût fixe spécifique

Coût fixe qu'on peut associer à une unité d'exploitation en particulier et qui est occasionné par l'existence même de cette unité.

- Le salaire du chef des produits Fritos à la société PepsiCo constitue un coût fixe spécifique de la division Fritos de PepsiCo.
- Le coût d'entretien du bâtiment dans lequel a lieu l'assemblage des avions à réaction Challenger est un coût fixe spécifique de l'unité d'exploitation du Challenger chez Bombardier.

Un **coût fixe commun** est un coût fixe engagé pour soutenir les activités de plus d'une unité d'exploitation sans qu'on puisse le rattacher en totalité ou en partie à l'une d'elles en particulier. L'abandon complet d'une unité d'exploitation n'aura aucun effet sur le montant des coûts fixes communs. En voici des exemples.

Coût fixe commun

Coût fixe qui soutient les activités de plus d'une unité d'exploitation, mais qui ne peut pas être rattaché, en totalité ou en partie, à l'une de ces unités en particulier.

- Le salaire du président et chef de la direction de la société General Motors du Canada est un coût fixe commun aux différentes divisions de l'entreprise.
- Le coût du système de codage à barres de la société Solutions inc. constitue un coût fixe commun aux divisions Produits destinés aux consommateurs et Produits destinés aux entreprises.
- Le coût du salaire de la réceptionniste dans un cabinet de médecins est un coût fixe commun à tous ces médecins. Ce coût se rattache au cabinet et n'est imputable à aucun médecin en particulier.

Plutôt que d'attribuer des coûts fixes communs aux unités d'exploitation, on soustrait simplement leur montant total pour parvenir au bénéfice de l'entreprise dans son ensemble (*voir le tableau 11.1 à la page 579*). Le comptable pourrait prétendre qu'on n'ajoute rien à l'utilité générale d'un état des résultats sectoriels en répartissant les coûts communs entre les unités d'exploitation. Plus précisément, il soutiendrait même que de telles répartitions ont tendance à diminuer l'utilité de ces états financiers. En effet, les attributions arbitraires détournent l'attention des coûts qu'on peut rattacher directement à une unité d'exploitation et qui devraient servir de base à l'évaluation de sa performance.

En outre, certains affirment que toute tentative de répartir des coûts fixes communs entre des unités d'exploitation peut avoir pour résultat des données trompeuses, ou cacher des relations importantes entre les revenus d'une unité et son bénéfice. Une attribution arbitraire des coûts fixes communs donne souvent l'impression qu'une unité d'exploitation n'est pas rentable alors que non seulement elle couvre ses propres coûts spécifiques, mais elle contribue aussi de façon substantielle à la rentabilité de l'ensemble de l'entreprise. Le cas échéant, les coûts attribués peuvent entraîner l'abandon injustifié d'une unité d'exploitation et une baisse des bénéfices de l'entreprise dans son ensemble parce que, même en cas d'élimination de l'unité visée, les coûts communs ne disparaissent pas.

Une mise en garde s'impose à ce stade. L'attitude de la direction envers les coûts communs peut aider à contrôler leur accroissement. Les gestionnaires se servent parfois de la répartition des coûts communs comme d'un signal concernant le coût des avantages procurés par le siège social et, par conséquent, ils modifient leurs actions en vue du bien de l'entreprise dans son ensemble. Des études sur le terrain montrent que des organisations attribuent souvent des coûts communs à leurs unités d'exploitation pour toutes sortes de raisons. Une analyse rigoureuse du traitement des coûts non contrôlables et des coûts communs répartis permet de croire qu'il peut être avantageux d'attribuer des coûts non contrôlables à des unités d'exploitation sous la responsabilité des gestionnaires ou de répartir des coûts communs entre des unités d'exploitation.

11.2.6 L'établissement des coûts fixes spécifiques

La distinction entre coûts fixes spécifiques et coûts fixes communs est essentielle dans la publication des informations sectorielles, parce que les coûts fixes spécifiques sont attribués aux unités d'exploitation alors que les coûts fixes communs ne le sont pas. Dans une situation concrète, il est parfois difficile de déterminer si un coût se classe dans la catégorie des coûts spécifiques ou des coûts communs.

Un principe directeur consiste à traiter comme des coûts spécifiques uniquement les coûts qui disparaîtraient avec le temps si l'unité d'exploitation était fermée. Par exemple, si la société Solutions inc. vendait ou fermait sa division Produits destinés aux consommateurs (*voir le tableau 11.1 à la page 579*), elle n'aurait plus à verser un salaire à son directeur. Par conséquent, on devrait classer ce salaire comme un coût fixe spécifique de la division Produits destinés aux consommateurs. Par contre, le directeur de Solutions inc. continuerait sans aucun doute de recevoir un salaire, même si la division Produits destinés aux consommateurs était supprimée. En fait, il pourrait même avoir une augmentation de salaire si l'abandon de cette division se révélait une bonne idée. Le salaire du directeur est donc un coût commun aux deux divisions de l'entreprise et ne devrait pas être attribué à l'une ou à l'autre.

Il existera toujours des coûts qui n'appartiennent vraiment ni à la catégorie des coûts spécifiques ni à celle des coûts communs, et il faut faire preuve de beaucoup de jugement pour les classer de façon appropriée. L'important est de résister à la tentation d'attribuer des coûts (comme l'amortissement des installations de l'entreprise) qui sont clairement communs et qui subsisteraient, que l'une des unités d'exploitation soit ou non éliminée. Toute attribution des coûts communs à des unités d'exploitation nuit à l'interprétation que l'on pourrait faire de la rentabilité sectorielle à long terme et de la performance de cette unité.

Question éclair   11.1

Expliquez la différence entre les coûts fixes spécifiques et les coûts fixes communs, puis donnez trois exemples de chacune de ces catégories de coûts.

11.2.7 La décomposition des coûts fixes spécifiques

Lorsqu'ils établissent des états des résultats sectoriels, certains gestionnaires préfèrent séparer les coûts fixes spécifiques en deux catégories — les coûts discrétionnaires et les coûts de structure. Comme nous l'avons vu au chapitre 3, les coûts fixes discrétionnaires sont sous le contrôle immédiat du gestionnaire, contrairement aux coûts de structure. Par conséquent, une décomposition des coûts fixes spécifiques en ces deux catégories permet à l'entreprise de faire une distinction entre la performance du gestionnaire de l'unité d'exploitation et la performance de l'unité, même en tant qu'investissement à long terme.

Dans certaines situations, cette distinction entre les performances peut avoir une importance capitale. Un excellent gestionnaire pourrait ainsi se voir confier une division dont l'usine tombe en désuétude ou dont la structure de coûts est composée en majorité de coûts fixes sur lesquels il n'a aucun contrôle. Dans ces conditions, il serait injuste d'évaluer sa performance simplement d'après la marge bénéficiaire générée par cette unité d'exploitation. Il faudrait plutôt séparer les coûts fixes discrétionnaires des coûts de structure et les regrouper pour les soustraire de la marge sur coûts variables de la division. Le montant qui reste après la soustraction des coûts fixes discrétionnaires, appelé parfois « bénéfice sectoriel contrôlable », devrait alors servir de base pour l'évaluation de la performance du gestionnaire. Il s'agirait d'une mesure de performance valable puisque le montant considéré représenterait la marge générée par l'unité d'exploitation après la soustraction de tous les coûts que le gestionnaire peut contrôler.

La comptabilité par activités

Il est relativement facile de classer certains coûts dans la catégorie des coûts spécifiques. Par exemple, les coûts de publicité du dentifrice Crest à la télévision peuvent clairement être rattachés à cette marque. La situation se complique lorsqu'au moins deux unités d'exploitation partagent le même immeuble, la même machine ou toute autre ressource. Supposons qu'une entreprise fabriquant différents produits loue de l'espace dans un immeuble pour y entreposer toutes ses gammes de produits. Le coût du loyer de l'entrepôt constitue-t-il alors un coût spécifique ou un coût commun à tous les produits? Les gestionnaires qui se servent de la comptabilité par activités (CPA) pourraient répondre que le loyer est un coût spécifique et qu'il devrait être attribué aux produits en fonction de l'espace que chacun occupe dans l'entrepôt. De même, ils soutiendraient que les frais de traitement des commandes, de soutien à la vente, ainsi que d'autres frais de vente et frais d'administration devraient également être attribués aux unités d'exploitation d'après leur consommation respective de ces ressources.

Pour illustrer cette situation, prenons l'exemple de la société Holt, qui fabrique des tuyaux en béton pour usage industriel. L'entreprise fabrique trois produits — des tuyaux de 23, de 30 et de 46 centimètres de diamètre. Elle loue annuellement de l'espace dans un vaste entrepôt selon ses besoins. Le coût de location de cet espace est de 10 $ du mètre carré par an. Les tuyaux de 23 centimètres occupent 400 mètres carrés d'espace; ceux de 30 centimètres, 1 600, et ceux de 46 centimètres, 2 000. L'entreprise compte aussi un service de traitement des commandes, qui a engagé des coûts de 150 000 $ pour l'exécution de cette tâche au cours de la dernière période. Selon la direction, le montant de ces coûts dépend du nombre de commandes passées par des clients dans une année. Au cours de la dernière période, les clients de l'entreprise ont passé 2 500 commandes dont 1 200 portaient sur les tuyaux de 23 centimètres, 800, sur des tuyaux de 30 centimètres, et 500, sur des tuyaux de 46 centimètres. Compte tenu de ces données, voici comment on a réparti les coûts entre chaque produit suivant la CPA.

Coût de l'espace d'entreposage:	
Tuyaux de 23 cm (10 $ × 400 m²)	4 000 $
Tuyaux de 30 cm (10 $ × 1 600 m²)	16 000
Tuyaux de 46 cm (10 $ × 2 000 m²)	20 000
Total des coûts attribués	40 000 $
Coûts de traitement des commandes	
(150 000 $ ÷ 2 500 commandes = 60 $ par commande):	
Tuyaux de 23 cm (60 $ × 1 200 commandes)	72 000 $
Tuyaux de 30 cm (60 $ × 800 commandes)	48 000
Tuyaux de 46 cm (60 $ × 500 commandes)	30 000
Total des coûts attribués	150 000 $

Cette méthode d'attribution des coûts combine les avantages de la CPA et l'efficacité de la méthode des coûts variables, de même qu'elle améliore considérablement la capacité des gestionnaires à mesurer la rentabilité et la performance des unités d'exploitation. Toutefois, les gestionnaires doivent quand même se demander si ces coûts disparaîtraient vraiment avec le temps advenant l'élimination de l'unité d'exploitation. Dans le cas de la société Holt, il est clair que l'entreprise économiserait fort probablement un montant de 20 000 $ en coûts d'entreposage si elle cessait de fabriquer des tuyaux de 46 centimètres. Elle louerait simplement moins d'espace d'entreposage l'année suivante, réduisant ainsi son coût de location. Supposons, par contre, que l'entreprise possède l'entrepôt. Il devient alors moins évident que le coût d'entreposage de 20 000 $ disparaîtrait réellement avec l'abandon de la fabrication de tuyaux de 46 centimètres. L'espace occupé par ces produits pourrait rester vacant, mais les coûts de l'entrepôt continueraient d'être engagés.

11

11.2.8 Une transformation possible des coûts spécifiques en coûts communs

Des coûts fixes qu'on peut rattacher à une unité d'exploitation sont parfois aussi des coûts communs pour une autre unité. En effet, la précision avec laquelle il est possible de fractionner un coût sans recourir à une attribution arbitraire a ses limites. Moins on décompose finement la définition des unités d'exploitation, plus les coûts communs sont nombreux.

On peut observer ce phénomène dans le tableau 11.2. Remarquez que lorsque les unités d'exploitation sont définies comme des divisions, celle des Produits destinés aux consommateurs enregistre des coûts fixes spécifiques de **80 000 $**. Toutefois, une partie seulement de ce montant, soit **70 000 $**, demeure sous forme de coûts spécifiques lorsqu'on arrête la décomposition au niveau des gammes de produits. Notez que l'autre partie du montant, soit **10 000 $**, devient alors un coût commun des gammes de produits de la division Produits destinés aux consommateurs.

TABLEAU 11.2	**Un reclassement des coûts fixes spécifiques* – Solutions inc.**		
			Division
	Total de l'entreprise	Produits destinés aux entreprises	Produits destinés aux consommateurs
Marge sur coûts variables....................	270 000 $	150 000 $	120 000 $
Coûts fixes spécifiques........................	170 000 $	90 000 $	80 000 $
		Gamme de produits	
	Produits destinés aux consommateurs	Animation par ordinateur	Jeux sur ordinateur
Marge sur coûts variables....................	120 000 $	50 000 $	70 000 $
Moins : Coûts fixes spécifiques............	70 000	30 000	40 000
Bénéfice sectoriel de la gamme de produits	50 000	20 000 $	30 000 $
Moins : Coûts fixes communs..............	10 000		
Bénéfice sectoriel de la division...........	40 000 $		

*Les données proviennent du tableau 11.1 (*voir la page 579*).

Pourquoi ce montant de 10 000 $, d'abord établi comme un coût fixe spécifique, devient-il un coût commun lorsqu'on décompose la division en ses gammes de produits ? Parce qu'il correspond au salaire mensuel du directeur de la division Produits destinés aux consommateurs. Ce montant constitue un coût spécifique de la division dans son ensemble, mais il est aussi un coût commun des gammes de produits de la division. Le salaire du directeur est un coût nécessaire en raison de l'existence des deux gammes de produits ; cependant, même si l'entreprise abandonnait une des deux gammes, elle ne le réduirait probablement pas. Par conséquent, on ne peut réellement rattacher aucune partie du salaire de ce cadre à des produits particuliers.

Le montant de 70 000 $ du coût fixe spécifique des gammes de produits correspond aux frais de la publicité propre à chaque produit. L'entreprise a dépensé au total 30 000 $ pour la publicité du logiciel d'animation pour les entreprises et 40 000 $ pour celle des jeux sur ordinateur. Ces coûts peuvent clairement être rattachés à chacune des gammes de produits.

11.2.9 Le bénéfice sectoriel

Dans le tableau 11.2, on a obtenu le **bénéfice sectoriel** (ou **résultat sectoriel**) en sous-trayant les coûts fixes spécifiques d'une unité d'exploitation de la marge sur coûts variables de cette unité. Ce bénéfice représente la marge disponible après que l'unité a acquitté ses propres coûts. Il constitue la meilleure mesure de la rentabilité à long terme d'une unité d'exploitation en raison du fait qu'il ne comprend que les coûts attribuables à l'unité. L'expression «long terme» s'applique ici parce que des coûts fixes pourraient être modifiés à la suite de l'élimination de cette unité. Lorsqu'une unité d'exploitation est incapable de couvrir ses propres coûts, l'entreprise devrait probablement l'éliminer (à moins que, par ses activités, elle ne joue un rôle essentiel dans le maintien des ventes des autres unités). On constate par exemple que, dans le tableau 11.1 (*voir la page 579*), les ventes des magasins de détail présentent un bénéfice sectoriel négatif. Cette unité d'exploitation ne génère donc pas suffisamment de revenus pour couvrir ses propres coûts. En fait, elle diminue les bénéfices puisque les autres unités doivent éponger sa perte de 3 000 $. Nous approfondirons cette question du maintien ou de l'élimination de gammes de produits et d'unités d'exploitation au chapitre 12.

Du point de vue des gestionnaires, le bénéfice sectoriel se révèle un outil très précieux lorsqu'il s'agit de prendre des décisions importantes susceptibles de modifier la capacité de l'entreprise, comme l'abandon d'une unité d'exploitation. Par contre, nous avons mentionné précédemment que la marge sur coûts variables est particulièrement utile pour prendre des décisions concernant des changements à court terme, tels que l'établissement du prix de commandes spéciales qui requièrent l'utilisation temporaire de la capacité de production existante.

> **Bénéfice sectoriel (ou résultat sectoriel)**
>
> Marge disponible après qu'une unité d'exploitation a acquitté ses propres coûts, obtenue en soustrayant les coûts fixes spécifiques de la marge sur coûts variables de cette unité.

11.3 La publication d'informations sectorielles dans les rapports financiers publiés à des fins externes

En vertu de la norme internationale d'information financière (IFRS) 8[1], *Secteurs d'exploitation*, les divergences entre les rapports sur les bénéfices sectoriels destinés à la gestion interne et ceux qui sont requis pour la publication des états financiers à des fins externes sont réduites au minimum[2]. Cette norme exige en effet le recours aux mêmes méthodes et définitions pour l'établissement des rapports sectoriels destinés aux utilisateurs externes que pour la préparation de ceux dressés à l'interne à des fins décisionnelles. D'ordinaire, les entreprises ne sont pas tenues de communiquer aux utilisateurs externes les mêmes données qu'elles fournissent à l'interne pour aider à la prise de décisions. Le fait de présenter à des fins internes des informations relatives aux secteurs d'exploitation qui sont présentées selon les exigences de l'IFRS 8, parce que destinées à des fins externes, présente des inconvénients considérables. Premièrement, les gestionnaires auront besoin d'informations parfois plus détaillées que ce qui est exigé par la norme, par exemple certaines données confidentielles de nature concurrentielle. Deuxièmement, dans les rapports sectoriels préparés conformément à l'IFRS 8, on ne fait pas de distinction entre les coûts fixes et les coûts variables ni entre les coûts spécifiques et les coûts communs, qui, comme nous l'avons vu, sont des distinctions utiles pour la prise de décisions des gestionnaires. Troisièmement, dans les états financiers sectoriels préparés conformément à l'IFRS 8, l'entreprise doit effectuer des rapprochements entre les bénéfices nets des secteurs et ceux de l'ensemble de l'entreprise. Pour éviter les complications inhérentes à ces rapprochements, il est probable qu'un certain nombre de gestionnaires œuvrant dans des entreprises qui ont une obligation publique de rendre des comptes choisiront d'élaborer leurs rapports internes conformément à la norme internationale applicable aux résultats de l'entreprise dans son ensemble. Cette façon de procéder accroît la fréquence des problèmes que nous allons examiner dans la prochaine section.

11

---

1. Il n'y a aucune directive au sujet de la publication d'informations sectorielles pour les entreprises qui suivent les NCECF.
2. *Manuel de CPA Canada – Comptabilité – Partie I*, IFRS 8.

11.4 Des obstacles à une répartition appropriée des coûts

Il est essentiel de répartir les coûts entre les unités d'exploitation de façon appropriée. Tous les coûts attribuables à une unité d'exploitation — et seulement ces coûts-là — devraient lui être attribués. Malheureusement, les entreprises commettent souvent des erreurs dans l'attribution des coûts aux unités d'exploitation. Dans ce processus, elles oublient certains coûts et attribuent des coûts de façon inappropriée.

11.4.1 L'omission de certains coûts

Les coûts attribués à une unité d'exploitation devraient comprendre tous les coûts attribuables à cette unité. Toutes les activités — de la recherche et du développement jusqu'au service à la clientèle, en passant par la conception des produits, leur fabrication, leur mise en marché et leur distribution — sont nécessaires pour faire parvenir un produit ou un service au client, et générer ainsi des revenus.

Toutefois, comme nous l'avons vu aux chapitres 2, 5 et 8, seuls les coûts de fabrication entrent dans les coûts incorporables établis suivant la méthode du coût complet. Or, c'est la méthode requise pour préparer les états financiers à des fins externes montrant les résultats de l'ensemble de l'entreprise. Pour éviter d'avoir deux systèmes de coût de revient et pour ne pas avoir à réconcilier les rapports internes et externes, de nombreuses organisations utilisent aussi la méthode du coût complet pour leurs rapports internes, comme les informations sectorielles. Il en résulte que ces entreprises n'indiquent pas dans leur analyse de rentabilité une partie, sinon la totalité des coûts de recherche et développement, de conception de produits, de mise en marché, de distribution ainsi que ceux liés au service à la clientèle. Pourtant, ces coûts hors fabrication se révèlent tout aussi importants que les coûts de fabrication dans la détermination de la rentabilité d'un produit. Situés en amont et en aval des coûts de fabrication, ils se retrouvent généralement sous le poste intitulé «Frais de vente, frais d'administration et frais généraux» dans l'état des résultats. Ils peuvent représenter la moitié, et même plus, du total des coûts d'une organisation. Lorsqu'on ne tient pas compte des coûts en amont ou des coûts en aval dans l'analyse de rentabilité, on sous-estime le coût du produit, et la direction pourrait, sans s'en apercevoir, concevoir et conserver des produits qui entraîneront des pertes à long terme.

11.4.2 Des méthodes inappropriées de répartition des coûts entre les unités d'exploitation

En plus d'omettre des coûts, beaucoup d'entreprises ne traitent pas correctement certains coûts dans les états des résultats sectoriels. Premièrement, il leur arrive de ne pas rattacher de coûts à des unités d'exploitation, même lorsqu'il est possible de le faire. Deuxièmement, il leur arrive d'utiliser des unités d'œuvre inappropriées pour attribuer des coûts aux unités d'exploitation. Enfin, il leur arrive aussi de faire une répartition arbitraire des coûts communs entre les unités d'exploitation.

Le non-rattachement des coûts

Les coûts qu'on peut rattacher directement à une unité d'exploitation donnée ne devraient pas être attribués à d'autres unités. Au contraire, il faudrait les attribuer directement à l'unité qui les a occasionnés. Par exemple, on devrait passer directement en charge le loyer d'une succursale d'une compagnie d'assurance à laquelle il se rapporte plutôt que de l'incorporer dans un centre de regroupement des frais indirects qui se rapporte à toute l'entreprise, avant de le répartir entre toutes les succursales.

Le choix d'unités d'œuvre inappropriées

Certaines entreprises attribuent des coûts à des unités d'exploitation à l'aide d'unités d'œuvre arbitraires comme le chiffre d'affaires ou le coût des ventes. Ainsi, lorsqu'on utilise le chiffre d'affaires, on répartit des coûts entre les différentes unités d'exploitation en fonction du pourcentage du chiffre d'affaires de l'entreprise généré par chaque unité d'exploitation. Par exemple, une division ou une gamme de produits qui enregistre 20 % du chiffre d'affaires total de l'entreprise se voit attribuer 20 % des frais de vente et des frais d'administration comme étant sa part équitable de ces coûts. On procède de la même manière lorsqu'on utilise le coût des ventes ou toute autre mesure semblable comme unité d'œuvre.

L'attribution de coûts aux unités d'exploitation à des fins de prise de décisions internes doit se faire à la seule condition que l'unité d'œuvre choisie soit réellement inductrice du coût à répartir (ou qu'elle ait une étroite relation avec le véritable inducteur de ce coût). Par exemple, on ne devrait utiliser le chiffre d'affaires pour attribuer des frais de vente et des frais d'administration que si une augmentation de 10 % de ce chiffre entraîne une augmentation de 10 % des frais de vente et des frais d'administration. Dans la mesure où le volume des ventes n'est pas l'inducteur des frais de vente et des frais d'administration, ces coûts ne seraient pas correctement répartis — et on attribuerait un pourcentage démesurément élevé de ces coûts aux unités d'exploitation qui génèrent les chiffres d'affaires les plus importants.

Une répartition arbitraire des coûts communs entre les unités d'exploitation

Une autre pratique qui entraîne une distorsion des coûts sectoriels consiste à répartir des coûts communs entre des unités d'exploitation. Par exemple, certaines entreprises attribuent les coûts de l'immeuble de leur siège social à des produits dans leurs rapports sectoriels. Toutefois, lorsqu'une entreprise fabrique plusieurs produits, on ne peut rattacher aucune partie importante de ce coût à un produit en particulier. Même l'abandon d'un produit n'a généralement aucun effet notable sur les coûts de l'immeuble du siège social de l'entreprise. Autrement dit, il n'y a pas de relation de cause à effet entre le coût de cet immeuble et l'existence de l'un ou l'autre des produits que l'entreprise fabrique. Par conséquent, toute attribution des coûts de cet immeuble aux produits est arbitraire.

Les coûts communs, comme les coûts de l'immeuble d'un siège social, sont évidemment nécessaires au fonctionnement d'une entreprise. On justifie souvent la pratique courante de les répartir de façon arbitraire entre les unités d'exploitation en évoquant le fait que « quelqu'un doit payer pour les coûts communs ». Bien que la nécessité de couvrir les coûts communs soit indéniable, leur attribution arbitraire à des unités d'exploitation ne garantit pas qu'ils seront couverts. En fait, l'ajout d'une partie des coûts communs aux coûts spécifiques d'une unité d'exploitation peut faire paraître celle-ci non rentable alors qu'elle l'est en réalité. Si un gestionnaire élimine cette unité apparemment peu rentable, il en résultera à la fois une économie sur les coûts spécifiques constatés et une perte de revenus. Qu'adviendra-t-il des coûts fixes communs qu'on a attribués à cette unité ? Non seulement ils ne disparaîtront pas, mais ils seront de nouveau attribués aux unités d'exploitation restantes de l'entreprise. Ces unités paraîtront à leur tour moins rentables qu'elles l'étaient auparavant, ce qui pourrait entraîner l'élimination de quelques-unes d'entre elles. L'effet net sera une diminution des bénéfices de l'entreprise dans son ensemble, et il deviendra encore plus difficile de couvrir les coûts communs.

En outre, les coûts fixes communs ne peuvent pas être gérés par le gestionnaire à qui l'on a attribué ces coûts de façon arbitraire ; ils relèvent de cadres supérieurs. La répartition de coûts fixes communs entre des centres de responsabilité va donc à l'encontre du but recherché dans une comptabilité par centres de responsabilité. Lorsqu'on attribue des coûts fixes communs à des gestionnaires, ceux-ci doivent en assumer la responsabilité, même s'ils n'ont aucun contrôle sur ces coûts.

En résumé, la façon dont de nombreuses entreprises s'y prennent pour dresser des rapports sectoriels peut entraîner une distorsion des coûts. Cette distorsion est due à trois pratiques : le non-rattachement des coûts à une unité d'exploitation donnée lorsqu'il est possible de le faire, l'utilisation d'unités d'œuvre inappropriées pour la répartition des coûts et l'attribution arbitraire des coûts communs aux unités d'exploitation. Ces pratiques sont très répandues.

Les exemples des rapports sectoriels des tableaux 11.1 et 11.2 (*voir les pages 579 et 584*) ne font pas état des difficultés éprouvées par les entreprises qui n'utilisent pas la méthode

11

des coûts variables. Cette méthode permet une meilleure répartition des coûts entre les unités d'exploitation parce qu'elle n'entraîne pas de distorsions comme celles qui résultent de l'attribution de frais indirects de fabrication fixes quand on utilise la méthode du coût complet. Nous suggérons donc d'avoir recours à la méthode des coûts variables pour les rapports sectoriels et d'attribuer aux unités d'exploitation les frais indirects de fabrication fixes, considérés comme coûts de période, en fonction de la possibilité de rattachement, c'est-à-dire les coûts fixes qui disparaîtraient avec le temps si l'unité d'exploitation était abandonnée. Si la possibilité de rattachement n'est pas là, il faut les considérer comme des coûts communs.

11.5 Les centres de coûts, de profit et d'investissement

OA2

Faire la différence entre des centres de responsabilité tels que les centres de coûts, les centres de profit ainsi que les centres d'investissement, et décrire des moyens de mesurer la performance de chacun d'eux.

En général, les organisations décentralisées subdivisent leurs unités d'exploitation en centres de coûts, en centres de profit et en centres d'investissement, en fonction des responsabilités des gestionnaires de ces unités[3].

Le **centre de responsabilité** se définit de façon générale comme une partie d'une organisation dont le gestionnaire exerce un contrôle sur les coûts, les revenus, les bénéfices ou les investissements. Les centres de coûts, les centres de profit et les centres d'investissement sont tous considérés comme des centres de responsabilité.

Centre de responsabilité

Toute unité d'exploitation dont le gestionnaire exerce un contrôle sur les coûts, les revenus, les bénéfices ou les investissements.

11.5.1 Le centre de coûts

Le **centre de coûts** est une unité d'exploitation dont le gestionnaire contrôle les coûts, mais non les revenus ni les investissements. Des services auxiliaires tels que la comptabilité, les services financiers, l'administration générale, le service juridique, le service du personnel, etc. sont d'ordinaire considérés comme des centres de coûts. L'usine (la fabrication) est aussi souvent considérée comme un centre de coûts. Les gestionnaires de ces centres doivent minimiser les coûts tout en fournissant le niveau de service ou la quantité de produits demandés par les autres sections de l'organisation. Par exemple, le gestionnaire d'une installation industrielle est évalué, en partie du moins, au moyen d'une comparaison entre les coûts réels et ceux qui auraient dû être engagés en fonction du nombre réel d'unités fabriquées au cours de la période considérée. Les écarts budgétaires qui ont été étudiés au chapitre 9 et ceux sur les coûts standards qui ont été traités au chapitre 10 sont des informations souvent utilisées pour évaluer la performance d'un centre de coûts. Les gestionnaires ne doivent pas être tenus responsables des coûts communs qu'ils ne contrôlent pas et qui peuvent être attribués arbitrairement à leur unité d'exploitation.

Centre de coûts

Unité d'exploitation dont le gestionnaire contrôle les coûts, mais non les revenus ni les investissements.

11.5.2 Le centre de profit

Le **centre de profit** est une unité d'exploitation dont le gestionnaire contrôle à la fois les coûts, les revenus et, par conséquent, les bénéfices, mais non les investissements. Par exemple, le directeur de l'une des stations touristiques d'Intrawest peut avoir la responsabilité de la gestion des revenus et des coûts, et, cela étant, des bénéfices. Toutefois, il se peut qu'il n'exerce aucun contrôle sur les investissements importants effectués dans cette station. On évalue souvent les gestionnaires de centres de profit en comparant le bénéfice réel de ces unités à leur bénéfice cible ou budgété.

Centre de profit

Unité d'exploitation dont le gestionnaire contrôle les coûts et les revenus, et donc les bénéfices, mais non les investissements.

11

11.5.3 Le centre d'investissement

Le **centre d'investissement** est une unité d'exploitation d'une organisation dans laquelle le gestionnaire exerce un contrôle sur les coûts, les revenus et, par conséquent, les bénéfices, ainsi que sur les investissements dans les actifs d'exploitation. Ainsi, le président de

Centre d'investissement

Unité d'exploitation dont le gestionnaire contrôle les bénéfices et les investissements.

---

3. Certaines entreprises classent les unités d'exploitation dont la fonction première est de générer des revenus, par exemple un bureau de vente d'assurances, dans la catégorie des centres de revenus. D'autres les considèrent comme un autre type de centres de profit puisque certaines catégories de coûts (salaires, loyer ou services publics) sont généralement soustraites des revenus à l'état des résultats de ces unités.

General Motors du Canada prend la plupart des décisions concernant les investissements de sa division. À titre de président, il a la responsabilité de soumettre des propositions d'investissements, comme la poursuite de la recherche visant la mise au point de moteurs à meilleur rendement énergétique pour les véhicules utilitaires sport (VUS). Lorsqu'une proposition est approuvée par les cadres supérieurs et par le conseil d'administration de General Motors du Canada, le président a pour tâche de s'assurer que l'investissement est rentable. En règle générale, on évalue les gestionnaires de centres d'investissement en fonction de mesures comme le rendement du capital investi (RCI) ou le résultat net résiduel (RNR), dont il sera question plus loin dans ce chapitre.

Reprenons l'exemple de la société Aliments universels présenté au début de ce chapitre. La figure 11.2 reprend l'organigramme partiel de la société et montre le classement des unités d'exploitation en fonction de leur responsabilité. Notons que les centres de coûts correspondent aux sections et aux postes de travail ne générant aucun revenu significatif. Il s'agit de services fonctionnels tels que le service des finances, le service juridique et le service du personnel, et des sections comme l'usine d'embouteillage, l'entrepôt et le centre de distribution des boissons gazeuses. Les centres de profit sont les unités d'exploitation générant des revenus, entre autres celles des boissons gazeuses, des aliments salés et de la confiserie. Le vice-président à l'exploitation supervise l'attribution des investissements aux sections de production. Il a aussi la responsabilité des revenus et des coûts, de sorte que son unité est considérée comme un centre d'investissement. Enfin, le siège social, sous la responsabilité du président et directeur général de l'entreprise, est un centre d'investissement puisqu'il est responsable de tous les revenus, coûts et investissements.

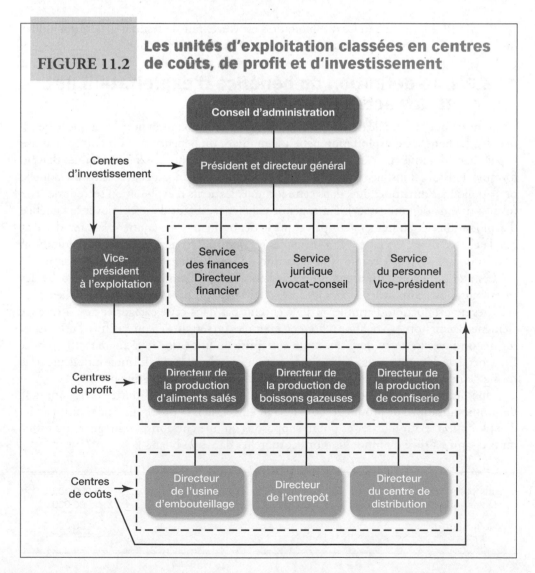

FIGURE 11.2 **Les unités d'exploitation classées en centres de coûts, de profit et d'investissement**

11.6 L'évaluation de la performance d'un centre d'investissement – le taux de RCI

Précédemment dans ce chapitre, nous avons vu comment attribuer les coûts aux centres de responsabilité. C'est là une question importante pour évaluer la performance des centres de coûts et de profit. Cependant, l'évaluation de la performance d'un centre d'investissement exige davantage. Le centre d'investissement sera responsable de générer un retour sur investissement approprié. Dans cette section et la suivante, nous allons présenter deux méthodes pour évaluer cet aspect de la performance du centre d'investissement. La première méthode concerne le taux de rendement que les gestionnaires de centres d'investissement réussissent à obtenir de leurs actifs. Ce taux porte le nom de « rendement du capital investi (RCI) ». La seconde méthode porte le nom de « résultat net résiduel (RNR) ».

11.6.1 Le calcul du rendement du capital investi

Rendement du capital investi (ou RCI)

Ratio qui indique la rentabilité du capital investi et dont le calcul correspond au bénéfice d'exploitation net divisé par la moyenne des actifs d'exploitation ; ce rendement est aussi égal au taux du bénéfice net multiplié par le taux de rotation du capital.

Le **rendement du capital investi** (ou **RCI**) se définit comme le bénéfice d'exploitation net divisé par la moyenne des actifs d'exploitation.

$$ \text{RCI} = \frac{\text{Bénéfice d'exploitation net}}{\text{Moyenne des actifs d'exploitation}} $$

Plus le RCI dans une unité d'exploitation est élevé, plus le résultat généré par dollar investi dans les actifs d'exploitation de cette unité se révèle important.

11.6.2 Une définition du bénéfice d'exploitation net et des actifs d'exploitation

Bénéfice d'exploitation net

Bénéfice avant déduction des intérêts et des impôts sur les bénéfices.

Il faut noter que la formule du RCI utilise le bénéfice d'exploitation net plutôt que le bénéfice net. Le **bénéfice d'exploitation net** est le montant du bénéfice avant qu'on en déduise le paiement des intérêts et des impôts. L'utilisation du bénéfice d'exploitation net dans la formule du RCI est justifiée par le fait que ce montant doit concorder avec la base à laquelle on l'applique. Remarquez que, dans cette formule, les actifs d'exploitation servent de base (c'est-à-dire de dénominateur). Par souci de cohérence, il faut donc employer le bénéfice d'exploitation net au numérateur parce que le dénominateur ne contient aucune dette et que la charge d'intérêts est payée à même les résultats provenant des actifs d'exploitation. Elle est donc interprétée comme une répartition de ces résultats plutôt qu'une charge.

Actifs d'exploitation

Encaisse, comptes clients, stocks, immobilisations et tous les actifs détenus aux fins de production dans une organisation.

Les **actifs d'exploitation** comprennent l'encaisse, les comptes clients, les stocks, les immobilisations corporelles et tous les autres actifs détenus par l'organisation en vue de ses activités de production. Parmi les actifs n'entrant pas dans cette catégorie, c'est-à-dire les éléments d'actif hors exploitation, citons en exemples un terrain détenu aux fins d'utilisation future, un investissement dans une autre entreprise ou une usine louée à une autre partie. En général, le dénominateur « actifs d'exploitation » employé dans la formule est calculé sous forme de moyenne des actifs d'exploitation entre le début et la fin d'une période.

Une des questions importantes concernant les calculs du RCI porte sur le montant des immobilisations de production qui devrait entrer dans la base constituée par les actifs d'exploitation. Pour illustrer ce point, supposons qu'une entreprise a enregistré les montants ci-après à titre d'immobilisations corporelles dans son bilan.

Immobilisations de production	3 000 000 $
Moins : Amortissement cumulé	900 000
Coût amorti	2 100 000 $

Quel montant en immobilisations corporelles l'entreprise devrait-elle inclure dans son calcul du RCI ? L'une des méthodes couramment employées consiste à utiliser le coût amorti de ces immobilisations, soit leur coût historique moins l'amortissement cumulé (2 100 000 $ dans l'exemple précédent). Une autre méthode consiste à ne pas tenir compte de l'amortissement et à inclure le coût d'acquisition total des immobilisations corporelles dans les actifs d'exploitation (3 000 000 $ dans notre exemple). Les deux méthodes sont employées couramment, bien que de toute évidence elles aient pour résultats des RCI très différents.

Voici divers arguments en faveur de l'utilisation du coût amorti et du coût d'acquisition pour mesurer les actifs d'exploitation dans le calcul du RCI.

Des arguments en faveur de l'utilisation du coût amorti pour mesurer les actifs d'exploitation dans le calcul du RCI:

1. La méthode du coût amorti concorde avec la façon dont les immobilisations de production peuvent être enregistrées dans le bilan, soit le coût moins l'amortissement cumulé jusqu'à la date du bilan.

2. La méthode du coût amorti concorde avec le calcul du bénéfice d'exploitation net, qui comprend l'amortissement à titre de charge d'exploitation.

Des arguments en faveur de l'utilisation du coût d'acquisition pour mesurer les actifs d'exploitation dans le calcul du RCI:

1. La méthode du coût d'acquisition élimine à la fois l'âge de l'actif et la méthode de l'amortissement comme facteurs dans le calcul du RCI. (Dans la première méthode, le RCI tend à augmenter dans le temps à mesure que le coût amorti diminue en raison de l'amortissement.)

2. La méthode du coût d'acquisition n'a pas d'effet dissuasif sur le propriétaire, lorsqu'il s'agit pour celui-ci de remplacer son matériel vieilli et usé. (Avec la méthode du coût amorti, le remplacement du matériel entièrement amorti par du nouveau matériel peut avoir un effet défavorable spectaculaire sur le RCI.)

La juste valeur des actifs d'exploitation pourrait aussi être utilisée pour calculer le RCI. Elle offre les mêmes avantages que le coût d'acquisition en plus de rendre comparables des unités d'exploitation d'âges différents. Cependant, cette valeur est difficile à obtenir de manière objective. Par conséquent, la plupart des entreprises recourent à la méthode du coût amorti pour leurs calculs du RCI, car elle concorde en général avec la façon dont les immobilisations sont enregistrées au bilan. Dans ce manuel, nous utiliserons la méthode du coût amorti, sauf indication contraire dans un exercice ou un problème.

11.6.3 La compréhension du taux de RCI

L'équation du RCI qui consiste à diviser le bénéfice d'exploitation net par la moyenne des actifs d'exploitation n'aide pas beaucoup les gestionnaires désireux de prendre des mesures pour améliorer leur RCI. Elle ne leur procure en effet que deux leviers pour améliorer la performance, soit le bénéfice d'exploitation net et la moyenne des actifs d'exploitation. Heureusement, on peut aussi exprimer le RCI de la façon suivante :

$$\text{RCI} = \text{Taux de bénéfice d'exploitation net} \times \text{Taux de rotation du capital}$$

où :

$$\text{Taux de bénéfice d'exploitation net} = \frac{\text{Bénéfice d'exploitation net}}{\text{Chiffre d'affaires}}$$

11

Taux de bénéfice d'exploitation net

Mesure de la capacité de la direction à contrôler les charges et dont le calcul correspond au bénéfice d'exploitation net divisé par le chiffre d'affaires.

Taux de rotation du capital

Montant du chiffre d'affaires généré dans un centre d'investissement pour chaque dollar investi dans les actifs d'exploitation; on le calcule en divisant le chiffre d'affaires par la moyenne des actifs d'exploitation.

Le **taux de bénéfice d'exploitation net** est une mesure de la capacité de la direction à contrôler les charges par rapport au chiffre d'affaires. Plus les charges d'exploitation par dollar du chiffre d'affaires sont faibles, plus le taux de bénéfice d'exploitation net obtenu est élevé et:

$$\text{Taux de rotation du capital} = \frac{\text{Chiffre d'affaires}}{\text{Moyenne des actifs d'exploitation}}$$

Le **taux de rotation du capital** est une mesure du chiffre d'affaires produit pour chaque dollar investi dans les actifs d'exploitation.

Il existe donc une autre formule du RCI, celle que nous utiliserons le plus souvent, qui combine le bénéfice d'exploitation net et le taux de rotation du capital.

$$\text{RCI} = \frac{\text{Bénéfice d'exploitation net}}{\text{Chiffre d'affaires}} \times \frac{\text{Chiffre d'affaires}}{\text{Moyenne des actifs d'exploitation}}$$

Remarquez que les facteurs «chiffre d'affaires» des formules du taux de bénéfice d'exploitation net et du taux de rotation du capital s'annulent lorsqu'ils sont multipliés l'un par l'autre. On obtient alors la formule initiale du RCI énoncée sous forme de bénéfice d'exploitation net divisé par la moyenne des actifs d'exploitation. Par conséquent, l'une et l'autre formules du RCI donneront toujours la même réponse. Toutefois, la formule qui comprend le taux de bénéfice d'exploitation net et le taux de rotation du capital permet de mieux comprendre certains aspects du RCI. Du point de vue des gestionnaires, le taux de bénéfice d'exploitation net et le taux de rotation du capital sont deux concepts importants. On améliore généralement le taux de bénéfice d'exploitation net en augmentant le chiffre d'affaires ou en réduisant les charges d'exploitation, notamment le coût des ventes ainsi que les frais de vente et les frais d'administration. Parfois, les gestionnaires ont tendance à accorder trop d'importance au taux de bénéfice d'exploitation net et à ne pas tenir compte du taux de rotation du capital.

Le bénéfice d'exploitation net peut se révéler, jusqu'à un certain point, un indicateur précieux de la performance d'un gestionnaire. Toutefois, lorsqu'on le considère isolément, on néglige un aspect très important de la tâche du gestionnaire: l'investissement dans les actifs d'exploitation. Une quantité excessive de fonds bloqués dans les actifs d'exploitation a pour effet de réduire le taux de rotation du capital et peut faire obstacle à la rentabilité tout autant que les charges d'exploitation excessives, qui abaissent le taux de bénéfice d'exploitation net. Comme mesure de la performance, le RCI comporte certains avantages, entre autres celui d'obliger le gestionnaire à contrôler l'investissement dans les actifs d'exploitation aussi bien que les charges et le taux de bénéfice d'exploitation net.

11

Question éclair 11.2

Division d'une importante compagnie pétrolière, Services Tamarin inc. offre différents services aux exploitants d'un champ de pétrole situé dans le nord de l'Alberta. Voici quelques renseignements à propos de son dernier exercice.

Chiffre d'affaires	12 000 000 $
Bénéfice d'exploitation net	3 600 000
Moyenne des actifs d'exploitation	24 000 000

Calculez le taux de bénéfice d'exploitation net, le taux de rotation du capital et le RCI de Services Tamarin inc.

La société DuPont a été la première à se servir du concept de RCI et à reconnaître l'importance d'observer à la fois le taux de bénéfice d'exploitation net et le taux de rotation du capital dans l'évaluation de la performance d'un gestionnaire. La formule du RCI est désormais largement répandue comme mesure clé de la performance d'un centre d'investissement. Elle combine de nombreux aspects des tâches d'un gestionnaire dans un seul chiffre que l'on peut ensuite comparer aux performances de centres d'investissement concurrents ou à ceux d'autres entreprises du même secteur, ainsi qu'aux performances passées du centre d'investissement lui-même.

DuPont a aussi élaboré le modèle de la figure 11.3. Ce modèle aide les gestionnaires à comprendre comment il leur est possible de contrôler le RCI. En gros, le gestionnaire d'un centre d'investissement peut accroître le RCI de trois manières différentes, soit :

1. en augmentant le chiffre d'affaires;
2. en diminuant les charges;
3. en diminuant les actifs d'exploitation.

Bien souvent, dans le cadre des mesures qui sont prises, on apporte à la fois des modifications au chiffre d'affaires, aux charges et aux actifs d'exploitation, ou à une quelconque combinaison de ces éléments. Par exemple, un gestionnaire pourrait investir dans des actifs d'exploitation (et ainsi les accroître) en vue de réduire les charges d'exploitation de l'entreprise ou d'en augmenter le chiffre d'affaires. Pour déterminer si l'effet net de telles mesures s'avère positif ou non, il faut évaluer leur incidence globale sur le RCI.

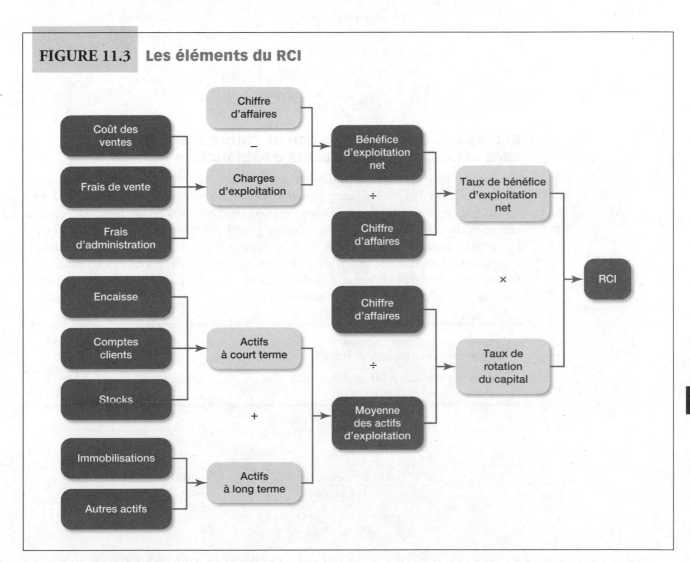

FIGURE 11.3 **Les éléments du RCI**

Pour illustrer comment chaque mesure peut servir à améliorer le taux de RCI, examinons de quelle manière est évalué le gestionnaire de Bistro Tapas, une petite chaîne de restaurants haut de gamme décontractés dont les franchises se sont rapidement multipliées. La franchise de Montréal appartient à un groupe de médecins locaux qui n'ont pas beaucoup de temps à consacrer à la gestion et qui ont fort peu d'expérience dans le domaine des affaires. Ils ont donc délégué la prise des décisions d'exploitation, y compris celles concernant l'investissement dans des actifs d'exploitation tels que les stocks, à un gestionnaire professionnel qu'ils ont engagé. Ce gestionnaire est évalué en grande partie en fonction du RCI que génère la franchise.

Les données ci-dessous correspondent aux résultats des activités du mois le plus récent.

Chiffre d'affaires	100 000 $
Charges d'exploitation	90 000
Bénéfice d'exploitation net	10 000
Moyenne des actifs d'exploitation	50 000

Le taux de RCI de Bistro Tapas est calculé comme suit:

$$\text{RCI} = \text{Taux de bénéfice d'exploitation net} \times \text{Taux de rotation du capital}$$

$$= \frac{\text{Bénéfice d'exploitation net}}{\text{Chiffre d'affaires}} \times \frac{\text{Chiffre d'affaires}}{\text{Moyenne des actifs d'exploitation}}$$

$$= \frac{10\ 000\ \$}{100\ 000\ \$} \times \frac{100\ 000\ \$}{50\ 000\ \$}$$

$$= 10\ \% \times 2 = 20\ \%$$

Exemple 1: Une augmentation du chiffre d'affaires sans accroissement des actifs d'exploitation

Supposons que le gestionnaire du restaurant Bistro Tapas est en mesure d'accroître son chiffre d'affaires de 10 % sans aucune augmentation de ses actifs d'exploitation. Toutefois, cet accroissement nécessitera une augmentation des charges d'exploitation. Or, comme certaines de ces charges sont fixes, elles ne seront probablement pas influencées par l'accroissement du chiffre d'affaires de 10 %. Par conséquent, l'augmentation des charges d'exploitation devrait être inférieure à 10 %. Supposons qu'elle est de 7,8 %. Suivant ces hypothèses, le nouveau bénéfice d'exploitation net s'élèverait à 12 980 $, une augmentation de 29,8 %, que l'on calcule comme suit:

Chiffre d'affaires (1,10 × 100 000 $)	110 000 $
Moins: Charges d'exploitation (1,078 × 90 000 $)	97 020
Bénéfice d'exploitation net	12 980 $

Dans ce cas, le nouveau RCI correspond à:

$$\text{RCI} = \frac{\text{Bénéfice d'exploitation net}}{\text{Chiffre d'affaires}} \times \frac{\text{Chiffre d'affaires}}{\text{Moyenne des actifs d'exploitation}}$$

$$= \frac{12\ 980\ \$}{110\ 000\ \$} \times \frac{110\ 000\ \$}{50\ 000\ \$}$$

$$= 11,8\ \% \times 2,2 = 25,96\ \% \text{ (par rapport à 20 \% au départ)}$$

11

Lorsque le chiffre d'affaires augmente sans qu'il y ait accroissement des actifs d'exploitation, on observe généralement des répercussions sur la marge bénéficiaire et sur le taux de rotation du capital. Dans l'exemple précédent, comme le chiffre d'affaires a augmenté de 10 % tandis que les charges d'exploitation s'accroissaient de seulement 7,8 %, la marge bénéficiaire est passée de 10 % à 11,8 %. Cet accroissement de la marge bénéficiaire qui s'accompagne d'une augmentation du taux de rotation du capital (de 2 à 2,2) a entraîné une hausse du RCI. De toute évidence, lorsque le pourcentage d'augmentation du chiffre d'affaires est supérieur au pourcentage d'accroissement des charges d'exploitation, le RCI s'améliore, à condition que la variation des ventes à la hausse ne nécessite pas une augmentation des actifs d'exploitation. Toutefois, il faut noter que, compte tenu de l'accroissement du taux de rotation du capital, on aurait pu maintenir le RCI initial à 20 % tant que la nouvelle marge bénéficiaire ne devenait pas inférieure à 9,09 % (20 % ÷ 2,2). Lorsque la nouvelle marge dépasse 9,09 %, comme dans l'exemple précédent, le RCI augmente. Ce type d'analyse permet aux gestionnaires d'évaluer jusqu'à quel point il est possible d'augmenter les charges d'exploitation sans que le RCI commence à diminuer.

Exemple 2 : Une diminution des charges d'exploitation sans variation du chiffre d'affaires ou des actifs d'exploitation

Supposons maintenant que le gestionnaire de Bistro Tapas est en mesure de diminuer les charges de 1 000 $ sans influer sur le chiffre d'affaires ou les actifs d'exploitation, de sorte que le bénéfice d'exploitation net passe de 10 000 $ à 11 000 $.

$$\text{RCI} = \frac{\text{Bénéfice d'exploitation net}}{\text{Chiffre d'affaires}} \times \frac{\text{Chiffre d'affaires}}{\text{Moyenne des actifs d'exploitation}}$$

$$= \frac{11\,000\,\$}{100\,000\,\$} \times \frac{100\,000\,\$}{50\,000\,\$}$$

$$= 11\,\% \times 2 = 22\,\% \text{ (par rapport à 20 \% au départ)}$$

Lorsque les marges bénéficiaires ou les bénéfices d'exploitation diminuent, la première mesure que prennent les gestionnaires consiste souvent à réduire les coûts. Pour ce faire, ils s'attaquent de préférence aux coûts fixes discrétionnaires. Toutefois, ils doivent prendre garde d'appliquer des réductions excessives ou aux mauvais endroits. Une compression inappropriée des coûts peut entraîner une baisse du chiffre d'affaires et une hausse des coûts dans d'autres secteurs, tout en ayant un effet démoralisant sur les employés.

Exemple 3 : Une réduction des actifs d'exploitation sans variation du chiffre d'affaires ou des charges d'exploitation

Supposons maintenant que le gestionnaire du restaurant Bistro Tapas a recours à la production optimisée pour réduire ses stocks de 10 000 $. Cette mesure pourrait avoir un effet bénéfique sur le chiffre d'affaires (en raison des ingrédients plus frais) et sur les charges d'exploitation (en raison d'une diminution du gaspillage dans les stocks), mais, pour les besoins de cet exemple, supposons que la diminution des stocks n'influe en aucune façon sur le chiffre d'affaires et sur les charges d'exploitation. Cette diminution des stocks entraîne une réduction de la moyenne des actifs d'exploitation de 10 000 $, de sorte que sa valeur passe de 50 000 $ à 40 000 $. On obtient alors le RCI suivant :

$$\text{RCI} = \frac{\text{Bénéfice d'exploitation net}}{\text{Chiffre d'affaires}} \times \frac{\text{Chiffre d'affaires}}{\text{Moyenne des actifs d'exploitation}}$$

$$= \frac{10\,000\,\$}{100\,000\,\$} \times \frac{100\,000\,\$}{40\,000\,\$}$$

$$= 10\,\% \times 2,5 = 25\,\% \text{ (par rapport à 20 \% au départ)}$$

11

Dans cet exemple, le gestionnaire s'est servi de la production optimisée pour réduire les actifs d'exploitation. Une autre stratégie couramment employée pour réduire ce type d'actifs consiste à accélérer le recouvrement des comptes clients. Par exemple, un grand nombre d'entreprises encouragent leurs clients à payer des factures par internet plutôt que par la poste.

Exemple 4 : Un investissement dans les actifs d'exploitation et un accroissement du chiffre d'affaires

Supposons que le gestionnaire de Bistro Tapas investit 2 000 $ dans l'achat d'une machine à glace molle ultramoderne pouvant offrir une variété de parfums. Cette nouvelle machine permettrait d'accroître le chiffre d'affaires de 4 000 $, mais entraînerait une hausse des charges d'exploitation de 1 000 $. Le bénéfice d'exploitation net augmenterait quant à lui de 3 000 $ pour atteindre 13 000 $. Ce nouveau RCI se traduirait de la façon suivante :

$$
\text{RCI} = \frac{\text{Bénéfice d'exploitation net}}{\text{Chiffre d'affaires}} \times \frac{\text{Chiffre d'affaires}}{\text{Moyenne des actifs d'exploitation}}
$$

$$
= \frac{13\,000\ \$}{104\,000\ \$} \times \frac{104\,000\ \$}{52\,000\ \$}
$$

$$
= 12,5\,\% \times 2 = 25\,\% \text{ (par rapport à 20\,\% au départ)}
$$

Dans cet exemple, l'investissement n'a pas influé sur le taux de rotation du capital, qui demeure à 2, si bien que le taux de bénéfice d'exploitation net devait augmenter pour qu'il y ait une amélioration du RCI.

SUR LE TERRAIN

Le rendement du capital investi et le commerce de détail

Au mois d'octobre 2013, Sears Canada a annoncé la fermeture du Eaton Centre, son magasin phare établi dans le centre-ville de Toronto, ainsi que de trois autres magasins situés dans le sud-ouest de l'Ontario et d'un autre à Richmond, en Colombie-Britannique. Tous ces magasins se trouvaient dans des centres commerciaux très achalandés et l'entreprise a accepté 400 millions de dollars pour céder ses espaces de location aux propriétaires Cadillac Fairview Corporation Limited et Ivanhoé Cambridge. Sears Canada prévoyait réinvestir ces fonds dans un centre de distribution à la fine pointe de la technologie à Calgary afin d'améliorer ses services destinés aux clients du magasinage en ligne dans l'ouest du Canada et de continuer à raffiner ses magasins existants d'un bout à l'autre du pays. Selon Doug Campbell, chef de la direction, l'équipe de gestion cherche constamment à maintenir un équilibre entre les besoins de l'entreprise en matière d'investissements en capital et la nécessité d'accroître la valeur de la société aux yeux des actionnaires. Dès que les gestionnaires ont l'occasion d'accroître leur rendement du capital investi, ils agissent en conséquence.

Source : Francine KOPUN, «Sears Canada to Close Toronto Eaton Centre Store, Four Others : Will Nordstrom Move in ? », *Toronto Star*, 29 octobre 2013.

11.6.4 Quelques critiques concernant le RCI

Bien que le RCI soit largement utilisé pour évaluer la performance, il constitue un outil imparfait. Son application a fait l'objet de certaines critiques.

1. Normalement, il ne suffit pas de dire aux gestionnaires d'accroître le RCI. Certains d'entre eux ignorent tout simplement comment procéder ; d'autres peuvent choisir des moyens d'y parvenir ne concordant pas avec la stratégie de l'entreprise, ou prendre des mesures qui donneront le résultat escompté à court terme, mais

qui, à long terme, nuiront à l'entreprise (par exemple, une réduction des fonds destinés à la recherche et au développement).

2. En général, le gestionnaire prenant la direction d'une unité d'exploitation hérite de nombreux coûts déjà engagés sur lesquels il n'a aucun contrôle. Ces coûts peuvent être pertinents pour l'évaluation de la performance de l'unité en tant que centre d'investissement. Ils compliquent toutefois l'évaluation de la performance du gestionnaire par rapport à celle de ses collègues.

3. Comme nous le verrons dans la prochaine section, le gestionnaire évalué en fonction du RCI peut refuser des occasions d'investissements rentables.

11.7 L'évaluation de la performance d'un centre d'investissement – le RNR

Une autre méthode pour mesurer la rentabilité d'un centre d'investissement repose sur le concept de résultat net résiduel. Le **résultat net résiduel (RNR)** se définit comme l'excédent du bénéfice d'exploitation net réalisé par un centre d'investissement par rapport au rendement minimum requis sur ses actifs d'exploitation. Par conséquent, on utilise le bénéfice d'exploitation net, mais en lui soustrayant une charge théorique calculée en pourcentage de la moyenne des actifs d'exploitation. Sous forme d'équation, le RNR se calcule comme suit :

OA4

Calculer le résultat net résiduel (RNR), et comprendre les forces et les faiblesses de cette méthode de mesure de la performance.

Résultat net résiduel (RNR)

Excédent du bénéfice d'exploitation net réalisé par un centre d'investissement par rapport au rendement requis sur les actifs d'exploitation.

$$\text{Résultat net résiduel} = \text{Bénéfice d'exploitation net} - \left(\text{Moyenne des actifs d'exploitation} \times \text{Taux de rendement minimum requis}\right)$$

La **valeur économique ajoutée (VEA)** est un concept qui se rapproche du RNR, mais en diffère par certains aspects[4]. Par exemple, d'après ce concept, les fonds consacrés à la recherche et au développement sont considérés comme des investissements plutôt que comme des charges[5]. Toutefois, dans le cadre de ce manuel, nous ne ferons pas de distinction entre le RNR et la VEA. Nous utiliserons le RNR parce que les nombreux ajustements au bénéfice d'exploitation net requis pour le calcul de la VEA sont complexes et pourraient créer une confusion inutile à la compréhension des concepts présentés dans ce chapitre.

L'utilisation du RNR ou de la VEA pour mesurer la performance a pour but de maximiser le montant total de l'un ou de l'autre, et non celui du RCI global.

Pour illustrer ce concept, examinons les données ci-après concernant un centre d'investissement, soit la division Ketchican de la Société marine de l'Alaska.

Valeur économique ajoutée (VEA)

Concept similaire au RNR, mais qui se distingue par les ajustements apportés au bénéfice d'exploitation net et au taux de rendement sur les actifs utilisés dans le calcul.

Moyenne des actifs d'exploitation	100 000 $
Bénéfice d'exploitation net	20 000 $
Taux de rendement minimal requis..	15 %

L'entreprise évalue depuis longtemps ses gestionnaires de centres d'investissement en fonction du RCI. Elle considère toutefois la possibilité de remplacer cette mesure par le RNR. Le comptable de l'entreprise, qui préconise un tel changement, a préparé le tableau présenté dans le haut de la page suvante pour montrer comment la performance de la division Ketchican serait évaluée conformément à chacune des deux méthodes.

11

---

4. Le principe sous-tendant les concepts de RNR et de VEA existe depuis plus de 100 ans. L'idée de VEA a fait son chemin grâce à la société d'experts-conseils Stern, Stewart & Co.

5. La VEA permet d'effectuer plus de 100 ajustements différents pour les impôts futurs, les dettes estimatives, les regroupements d'entreprises, les profits et pertes attribuables à des changements dans les méthodes comptables, les contrats de location et autres comptes. La plupart des entreprises n'en font toutefois que quelques-uns.

Question éclair   11.3

Les Plans du milieu ltée se spécialisent dans la conception de plans pour les entrepreneurs qui aménagent des zones résidentielles. Au dernier exercice, le bénéfice d'exploitation net de l'entreprise s'élevait à 600 000 $ et son chiffre d'affaires, à 2 400 000 $. Par ailleurs, sa moyenne des actifs d'exploitation pour l'exercice était de 4 400 000 $ et son taux de rendement minimal requis, de 9 %. Calculez le résultat net résiduel de l'entreprise pour cet exercice.

SOCIÉTÉ MARINE DE L'ALASKA
Division Ketchican

	Mesure de la performance	
	RCI	RNR
Moyenne des actifs d'exploitation	100 000 $ a)	100 000 $
Bénéfice d'exploitation net	20 000 $ b)	20 000 $
RCI, b) ÷ a)	20 %	
Moins : Taux de rendement minimal requis (100 000 $ × 15 %)....		15 000
RNR		5 000 $

Le raisonnement sur lequel s'appuie le calcul du RNR est fort simple. L'entreprise peut obtenir un taux de rendement d'au moins 15 % sur ses investissements. Comme elle a investi 100 000 $ dans la division Ketchican sous forme d'actifs d'exploitation, elle devrait réaliser au moins 15 000 $ (100 000 $ × 15 %) avec cet investissement. Or, le bénéfice d'exploitation net de la division Ketchican s'élève à 20 000 $, de sorte que le RNR en excès du rendement minimal requis est de 5 000 $. Si l'entreprise adoptait le RNR comme mesure de la performance en remplacement du RCI, elle évaluerait le gestionnaire de la division Ketchican en fonction de la croissance annuelle de ce résultat (RNR).

11.7.1 La motivation et le RNR

Le comptable de la Société marine de l'Alaska souhaiterait remplacer le RCI par le RNR. Selon lui, la façon dont les gestionnaires considèrent les nouveaux investissements à l'aide de ces deux méthodes de mesure de la performance est différente. La méthode du RNR encourage les gestionnaires à effectuer des investissements rentables pour l'ensemble de l'entreprise, alors que ces investissements pourraient être rejetés par des gestionnaires évalués d'après la formule du RCI.

Pour illustrer cette situation, supposons que le gestionnaire de la division Ketchican songe à acquérir un appareil de diagnostic informatisé pour faciliter l'entretien des moteurs diesels marins. L'appareil coûte 25 000 $, et il devrait générer un bénéfice d'exploitation net supplémentaire de 4 500 $ par an. Du point de vue de l'entreprise, il s'agit d'un bon investissement puisqu'il permet d'espérer un taux de rendement de 18 % (4 500 $ ÷ 25 000 $), ce qui dépasse le taux de rendement minimal requis, soit 15 %.

Si le gestionnaire de la division Ketchican était évalué d'après le RNR, il devrait se prononcer en faveur d'un tel investissement, comme le montrent les données ci-après.

SOCIÉTÉ MARINE DE L'ALASKA
Division Ketchican
Évaluation de la performance à l'aide du RNR

	Situation actuelle	Nouveau projet	Ensemble
Moyenne des actifs d'exploitation	100 000 $	25 000 $	125 000 $
Bénéfice d'exploitation net	20 000 $	4 500 $	24 500 $
Moins : Taux de rendement minimal requis...............	15 000	3 750*	18 750
RNR	5 000 $	750 $	5 750 $

* 25 000 $ × 15 % = 3 750 $

Comme le projet augmenterait le RNR de la division, le gestionnaire voudra investir dans le nouvel appareil.

Supposons maintenant que le gestionnaire de la division Ketchican est évalué d'après le RCI. Voici le calcul de l'effet qu'aurait l'achat de l'appareil de diagnostic sur le RCI de sa section.

SOCIÉTÉ MARINE DE L'ALASKA
Division Ketchican
Évaluation de la performance à l'aide du RCI

	Situation actuelle	Nouveau projet	Ensemble
Moyenne des actifs d'exploitation, a)	100 000 $	25 000 $	125 000 $
Bénéfice d'exploitation net, b)	20 000 $	4 500 $	24 500 $
RCI, b) ÷ a)	20 %	18 %	19,6 %

Le nouveau projet réduit le RCI de la division de 20 % à 19,6 %. Cette réduction s'explique par le fait que le taux de rendement de 18 % du nouvel appareil de diagnostic, tout en étant supérieur au taux de rendement minimal de 15 % requis par l'entreprise, se révèle néanmoins inférieur au RCI actuel de la section, soit 20 %. L'achat du nouvel appareil ferait donc baisser le RCI, bien que, du point de vue de l'entreprise, il s'agisse d'un bon investissement. Si le gestionnaire de la division était évalué d'après le RCI, il pourrait se montrer réticent à l'idée même de suggérer un tel investissement.

En fait, le gestionnaire évalué en fonction du RCI pourrait rejeter tout projet dont le taux de rendement est inférieur au RCI actuel de sa division bien que le taux de rendement du projet soit supérieur au taux de rendement minimal requis pour l'ensemble de l'entreprise. Par contre, tout projet dont le taux de rendement est supérieur au taux minimal requis par l'entreprise entraînera un accroissement du RNR. Comme l'acceptation de tout projet ayant un taux de rendement de ce type serait profitable à l'ensemble de l'entreprise, le gestionnaire évalué d'après le RNR aura tendance à prendre de meilleures décisions concernant les projets d'investissements que le gestionnaire évalué d'après le RCI.

SUR LE TERRAIN

Les programmes de rémunération des gestionnaires

Une étude réalisée par PriceWaterhouseCoopers LLP et la National Association of Stock Plan Professionals révèle que la majorité des organisations qui ont répondu à l'enquête utilisent le résultat net résiduel, aussi appelé la « valeur économique ajoutée », comme cible de performance à atteindre dans les programmes de rémunération incitative qu'elles offrent à leurs employés. Selon les entreprises, cette mesure motive davantage les employés à respecter leurs cibles budgétaires et à gérer les charges. De 2011 à 2012, le pourcentage d'entreprises utilisant des mesures comme le résultat net résiduel dans les programmes de rémunération incitative est passé de 19 % à 27 %. Pour Hugh Johnston, directeur des finances de PepsiCo Inc., le résultat net résiduel permet aux employés de faire eux-mêmes les choix nécessaires entre la génération de bénéfices et la réduction des dépenses au lieu de simplement s'en tenir à respecter leur budget. Selon M. Johnston, depuis que PepsiCo utilise le résultat net résiduel, les dépenses en capital ont été réduites, passant de 5,5 % des ventes à 4,5 % des ventes en 2012, parce que les employés prennent de meilleures décisions. L'entreprise a aussi réussi à réduire ses comptes clients et ses stocks, améliorant ainsi la trésorerie.

Source: Emily CHASAN, « CFO Journal : Stock Loses Some Sway on Pay – "Economic Profit" Is Becoming Benchmark of Choice for Middle Managers' Bonuses », *Wall Street Journal, Eastern Edition*, New York, 30 octobre 2012, p. B.4, [En ligne], <http://blogs.wsj.com/cfo/2012/10/30/stock-loses-some-sway-on-pay/> (Page consultée le 11 juin 2015).

11

11.7.2 La comparaison des unités d'exploitation et le RNR

La méthode du RNR présente toutefois un inconvénient majeur. Elle ne peut être utilisée pour comparer le rendement d'unités d'exploitation de tailles différentes, mais semblables quant à leur type d'exploitation. On s'attendrait à ce que les sections plus importantes aient des RNR supérieurs à ceux des sections plus petites, pas nécessairement parce qu'elles sont mieux gérées que les autres, mais simplement parce que les résultats y sont sans doute plus élevés.

Prenons comme exemple les calculs de RNR ci-dessous pour les divisions X et Y.

	Division	
	X	Y
Moyenne des actifs d'exploitation, a)	1 000 000 $	250 000 $
Bénéfice d'exploitation net	120 000 $	40 000 $
Moins : Rendement minimal requis, a) × 10 %	100 000	25 000
RNR	20 000 $	15 000 $

Notons que le RNR de la division X s'avère légèrement plus élevé que celui de la division Y, alors que la première a des actifs d'exploitation de 1 000 000 $, et la seconde, de seulement 250 000 $. Par conséquent, le RNR plus élevé de la division X est sans doute attribuable à la taille de cette division plutôt qu'à la qualité de sa gestion. En fait, il semble que la division la plus petite soit la mieux gérée des deux, car elle a réussi à générer presque autant de RNR à partir de seulement un quart des actifs d'exploitation de la plus grande. On peut minimiser ce problème jusqu'à un certain point en mettant l'accent sur le pourcentage de variation du RNR d'une période à l'autre plutôt que sur le montant absolu de ce facteur.

11.7.3 Quelques critiques concernant le RNR

Comme nous venons de le voir, l'utilisation du RNR, en comparaison de celle du RCI, peut amener les gestionnaires à prendre des décisions qui concordent davantage avec les objectifs des actionnaires. En outre, selon certains analystes, cette mesure est plus étroitement liée aux sommes versées aux actionnaires que d'autres comme la croissance du chiffre d'affaires, le bénéfice net ou le RCI.

Voici quelques critiques dont il faut tenir compte au sujet du RNR.

1. Le RNR est souvent basé sur les coûts apparaissant dans les livres comptables. Ainsi, les valeurs comptables utilisées pour le calcul des immobilisations y figurent au coût d'origine ou au coût amorti. On risque alors de se retrouver avec des montants de RNR gonflés lorsque les immobilisations sont âgées et complètement amorties. En fait, les mêmes limites que celles soulevées pour le RCI s'appliquent dans le cas des actifs utilisés dans le calcul du RNR.

2. La méthode du RNR n'indique pas si les résultats atteints sont les meilleurs possible, de sorte que l'on doit trouver un moyen de les comparer pour les évaluer. Cela pourrait nécessiter l'utilisation de références extérieures basées sur l'analyse des résultats des principaux concurrents ou l'évaluation des tendances du RNR dans le temps (par exemple, étudier les variations de son pourcentage sur plusieurs périodes).

3. Le RNR est une mesure financière qui ne tient pas compte des principaux indicateurs non financiers de réussite tels que la motivation des employés et la satisfaction des clients. Cette dernière critique s'applique également au RCI.

11.8 Le tableau de bord équilibré

Un **tableau de bord** consiste en un ensemble de mesures de la performance qui découle de la stratégie de l'entreprise et qui favorise son application dans toute l'organisation. Une stratégie est d'abord et avant tout une théorie sur les façons de réaliser les objectifs de l'organisation. Il existe plusieurs modèles de tableau de bord, dont le plus connu est le tableau de bord équilibré de Kaplan et Norton[6] qui repose sur l'intégration de quatre dimensions fondamentales. Ces dimensions visent à répondre à des questions telles que « Comment attirer la clientèle ? », « Quels sont les produits ou les services à offrir ? », « Quels marchés conquérir ? » et « Comment faire concurrence à d'autres entreprises du même secteur ? » Selon certains spécialistes, il existe trois approches stratégiques générales qui permettent à une entreprise de l'emporter sur ses concurrents[7].

OA5

Expliquer l'utilisation du tableau de bord équilibré pour évaluer la performance.

Tableau de bord

Ensemble intégré de mesures de la performance qui découle de la stratégie de l'organisation et qui la soutient.

1. La stratégie de domination par les coûts : Une entreprise qui maintient ses coûts à un faible niveau, grâce à une plus grande efficience que ses concurrents, est en mesure d'augmenter ses résultats tout en vendant aux prix courants du secteur. Sinon, l'entreprise peut exercer un leadership en matière de prix parce que d'autres entreprises sont incapables d'en proposer qui sont inférieurs aux siens. Des coûts peu élevés peuvent aussi servir de barrière à l'entrée sur le marché de nouveaux joueurs potentiels et protéger ainsi la rentabilité de l'entreprise à long terme. Toutefois, des changements technologiques ou l'imitation par des concurrents de techniques peu coûteuses risquent de mettre en péril la réussite de cette stratégie.

2. La stratégie de différenciation du produit : Les clients sont parfois prêts à payer le prix fort pour des produits ou des services qu'ils considèrent comme uniques, ce qui donne à l'entreprise des marges bénéficiaires plus élevées. La fidélité à une marque peut cependant disparaître si la différence entre les prix que demande l'entreprise et ceux que demande le leader du secteur devient trop élevée.

3. La stratégie de concentration ou de créneau : En servant un marché cible restreint de façon plus efficace que ses concurrents qui visent une clientèle plus large, une entreprise peut atteindre une plus grande rentabilité. Toutefois, le risque qu'elle soit supplantée par des organisations qui ciblent des marchés plus vastes, mais qui réalisent des économies d'échelle reste une menace constante au succès de cette stratégie.

L'usage du tableau de bord équilibré requiert que la haute direction énonce sa stratégie sous forme de mesures de la performance que les employés peuvent comprendre et pour lesquelles ils peuvent agir. Par exemple, le temps d'attente en file des passagers avant que leurs bagages soient enregistrés pourrait constituer une mesure de la performance pour le superviseur chargé du comptoir d'enregistrement d'Air Canada à l'aéroport Montréal-Trudeau. L'employé comprend rapidement une telle mesure et peut même améliorer sa performance en prenant des dispositions à cet effet.

11.8.1 Les caractéristiques courantes des tableaux de bord équilibrés

En général, les mesures de la performance utilisées dans le tableau de bord équilibré entrent dans l'une des quatre catégories présentées à la figure 11.4 (*voir la page suivante*) : finances, clientèle, processus internes, ainsi qu'apprentissage et innovation. Les processus internes sont les activités exécutées par l'entreprise pour satisfaire la clientèle. Par exemple, dans une entreprise de fabrication, l'assemblage d'un produit est un processus interne. Pour une compagnie aérienne, la manutention des bagages entre aussi dans cette catégorie. On trouve à

11

---

6. Le concept de tableau de bord équilibré a été élaboré par Robert S. KAPLAN et David P. NORTON. Plusieurs publications de ces auteurs, dont l'ouvrage *The Balanced Scoreboard : Translating Strategy into Action*, Boston, Harvard Business School Press, 1996, 332 p., traitent du sujet.

7. Michael E. PORTER, *Competitive Advantage : Creating and Sustaining Superior Performance*, New York, Free Press, 1985, 557 p.

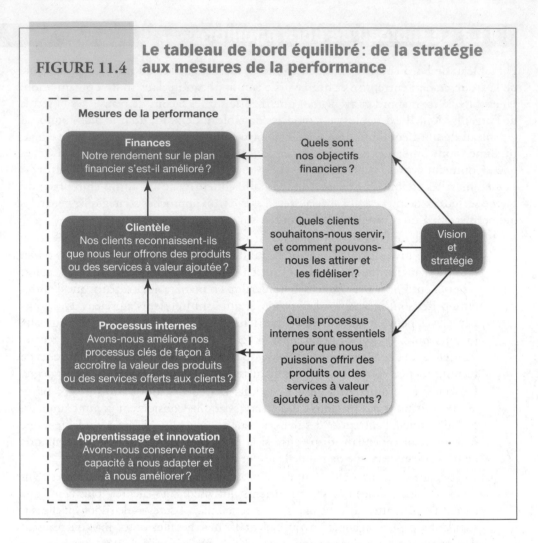

FIGURE 11.4 **Le tableau de bord équilibré : de la stratégie aux mesures de la performance**

 l'annexe 11A, disponible sur la plateforme *i+ Interactif*, quelques exemples de mesures de la performance des processus internes.

Le concept de base du tableau de bord équilibré est le suivant: l'apprentissage et l'innovation s'avèrent nécessaires pour améliorer les processus internes, l'amélioration des processus internes est essentielle pour accroître la satisfaction de la clientèle, et l'accroissement de la satisfaction de la clientèle est indispensable pour accroître les résultats financiers.

La figure 11.4 met l'accent sur l'amélioration, et non pas simplement sur la réalisation d'un objectif précis comme des résultats de 10 millions de dollars. Le tableau de bord équilibré encourage l'amélioration continue. Dans de nombreux secteurs, il s'agit d'une question de survie. Lorsqu'une organisation ne s'améliore pas sans arrêt, elle finit par être supplantée par des concurrents.

Les mesures de la performance financière apparaissent dans la partie supérieure de la figure 11.4. Le but suprême de la plupart des entreprises est de fournir des rendements financiers à leurs propriétaires. Toutefois, il y a des exceptions. Certaines organisations, par exemple The Body Shop, accordent la priorité à des objectifs différents comme offrir à leurs clients des produits écologiques. Reste que même les organisations de ce type doivent générer assez de ressources financières pour subsister.

Toutefois, pour différentes raisons, les mesures de la performance financière (même le RCI ou la VEA) ne suffisent pas en elles-mêmes — il faut les intégrer à des mesures non financières dans un tableau de bord équilibré soigneusement conçu. Premièrement, les mesures financières sont des indicateurs témoins qui informent les gestionnaires sur les résultats d'activités passées. Par contre, les mesures non financières pour les principaux facteurs de réussite comme la satisfaction des clients constituent des indicateurs guides de la performance financière à venir. Deuxièmement, la haute direction, et non les gestionnaires subalternes, a généralement la responsabilité des mesures de la performance financière. Il est plus facile pour les gestionnaires subalternes d'influencer, par leurs décisions, les mesures de la performance non financière.

Prenons par exemple une compagnie aérienne régionale dont la stratégie consisterait à se tailler une place unique sur le marché en se spécialisant dans les vols directs réguliers sur de courtes distances à bas prix au sein de la partie est de l'Amérique du Nord. Le tableau 11.3 montre, à l'aide d'une carte stratégique, la façon dont cette entreprise pourrait intégrer sa stratégie dans un tableau de bord équilibré.

Si ce tableau de bord équilibré était bien construit, les mesures de la performance devraient se rattacher les unes aux autres selon une logique de cause à effet. Chaque lien pourrait alors se lire sous la forme d'une hypothèse selon laquelle « si on améliore cette mesure de la performance, telle autre mesure de la performance devrait aussi s'améliorer ». En observant le tableau 11.3 de bas en haut, on peut interpréter les liens entre les mesures de la performance de la façon suivante : Si les employés de l'équipe au sol acquièrent les habiletés nécessaires pour s'améliorer et deviennent actionnaires de l'entreprise, ils accroîtront leur rendement et seront plus motivés à réduire les temps d'escale, de sorte que plus de vols partiront à l'heure prévue. Si un nombre accru de vols à l'heure prévue s'accompagnent de bas prix, la satisfaction et la fidélité de la clientèle devraient augmenter, entraînant une hausse des revenus et une réduction des coûts, et, par le fait même, une augmentation des bénéfices.

TABLEAU 11.3 Un exemple de carte stratégique chez une compagnie aérienne régionale, et le tableau de bord équilibré qui y correspondrait

Vision : Continuer à nous tailler une place unique sur le marché en devenant le seul transporteur spécialisé dans les vols directs réguliers sur de courtes distances à bas prix au Canada.

	Carte stratégique simplifiée	Mesures de la performance	Objectifs	Initiatives
Finances	Augmentation de la rentabilité / Réduction des coûts / Augmentation des revenus	• Valeur au marché des actions • Revenus par siège • Coût de fonctionnement des avions	• 25 % par année • 20 % par année • 5 % par année	• Optimisation des trajets • Standardisation des avions
Clientèle	Augmentation du nombre de clients / Vols à l'heure prévue / Prix les plus bas	• Taux d'arrivées à l'heure prévue • Satisfaction des clients • Nombre de clients	• Première place dans l'industrie • Taux de satisfaction de 98 % • Pourcentage de changement	• Gestion de la qualité • Programme de fidélisation de la clientèle
Processus internes	Réduction des temps d'escale	• Temps d'escale • Départs à l'heure prévue	• Moins de 25 minutes • 93 %	• Programme d'optimisation du temps de cycle
Apprentissage	Harmonisation du travail des équipes au sol	• Pourcentage des employés au sol actionnaires • Pourcentage des employés au sol formés	• An 1 : 70 % An 4 : 90 % An 6 : 100 %	• Programme d'actionnariat des employés • Formation des employés au sol

Source : Élaboré à partir de documents du Balanced Scorecard Collaborative et de la revue *Harvard Business Review* (Kaplan & Norton). © Balanced Scorecard Institute, une entreprise de Strategy Management Group.

Le tableau 11.4 contient d'autres exemples de mesures de la performance que l'on peut retrouver dans les tableaux de bord des entreprises. Peu d'entreprises, si elles disposaient

TABLEAU 11.4 Des exemples de mesures de la performance pour les tableaux de bord équilibrés

Volet de la clientèle	
Mesure de la performance	**Changement souhaité**
Satisfaction des clients telle qu'elle a été mesurée par des résultats de sondages	+
Nombre de réclamations des clients	−
Part de marché	+
Retours de marchandises en pourcentage du chiffre d'affaires	−
Pourcentage de clients conservés d'une période à l'autre	+
Nombre de nouveaux clients	+

Volet des processus internes	
Mesure de la performance	**Changement souhaité**
Pourcentage du chiffre d'affaires provenant des nouveaux produits	+
Délai écoulé avant la mise en marché de nouveaux produits	−
Pourcentage des appels de clients acheminés en moins de 20 secondes	+
Livraisons à temps en pourcentage de l'ensemble des livraisons	+
Stock de produits en cours en pourcentage du chiffre d'affaires	−
Écarts sur coûts de revient standards défavorables	−
Unités sans défaut en pourcentage des unités terminées	+
Temps de cycle de livraison*	−
Délai effectif de fabrication*	−
Efficience du temps de cycle de fabrication*	+
Coût de la qualité	−
Délai entre l'appel d'un client et la réparation d'un produit	−
Pourcentage de réclamations des clients réglées dès la première conversation	+
Temps requis pour régler la réclamation d'un client	−
Temps de mise en route	−

Volet de l'apprentissage et de l'innovation	
Mesure de la performance	**Changement souhaité**
Nombre de nouveaux produits conçus par année	+
Suggestions par employé	+
Taux de rotation des employés	−
Heures de formation par employé	+

* Ces concepts sont expliqués à l'annexe 11A, disponible sur la plateforme *i+ Interactif*.

d'un tel outil, appliqueraient toutes ces mesures, et presque toutes en ajouteraient de nouvelles. Les gestionnaires devraient choisir avec soin les mesures de la performance du tableau de bord de leur entreprise. D'abord et avant tout, les mesures de la performance devraient concorder avec la stratégie de l'entreprise et en résulter. Lorsque les mesures de la performance ne concordent pas avec la stratégie de l'entreprise, les employés agissent en contradiction avec les intérêts de l'organisation. En outre, le tableau de bord ne devrait pas compter un trop grand nombre de mesures, et ce, pour éviter un manque de cohésion et une certaine confusion.

Alors que l'organisation entière doit avoir un tableau de bord équilibré général, chaque personne chargée d'une responsabilité devra aussi avoir le sien. Ce tableau doit comprendre des éléments sur lesquels la personne peut influer et il doit être directement lié aux mesures de la performance du tableau de bord général. Les mesures de la performance qu'il contient ne devraient pas trop dépendre des activités effectuées par d'autres personnes de l'entreprise ni être dictées par des événements sur lesquels la personne n'a aucun contrôle.

Chaque entreprise doit décider du type de clientèle qu'elle cible, et des processus internes les plus susceptibles d'attirer et de retenir des clients. Comme différentes entreprises ont diverses stratégies, elles visent différents types de clientèle au moyen de produits et de services qui les distinguent des autres. Prenons l'exemple de l'industrie automobile. BMW insiste sur l'ingénierie et sur la maniabilité; Volvo met l'accent sur la sécurité, Jaguar sur le luxe du détail, Corvette sur le style «voiture de course», et Toyota sur la fiabilité. Comme chaque entreprise met de l'avant des caractéristiques différentes, un modèle universel de mesure de la performance ne saurait convenir pour toutes, même à l'intérieur d'un seul secteur. En d'autres termes, les mesures de la performance doivent être adaptées à la stratégie particulière de l'entreprise.

En gardant en mémoire ces principes généraux, examinons maintenant un dernier exemple illustrant comment la stratégie d'une entreprise influe sur son tableau de bord équilibré.

Supposons, par exemple, que la stratégie de Jaguar consiste à offrir des voitures de luxe distinctives à des clients riches appréciant le travail fait à la main et les produits personnalisés. Une partie de cette stratégie pourrait consister à créer un nombre important d'options comme des sièges en cuir, des combinaisons de couleurs intérieures et extérieures, et des tableaux de bord en bois, de sorte que chaque voiture devienne presque unique. Ainsi, au lieu d'offrir des sièges marron clair ou bleus en cuir de vache standard, l'entreprise pourrait proposer une palette quasi infinie de couleurs dans n'importe quel type de cuir exotique. Pour qu'un tel système soit efficace, Jaguar devrait être en mesure de livrer une voiture entièrement personnalisée dans un délai raisonnable et sans engager plus de coûts que le client est prêt à en payer pour cette personnalisation. La figure 11.5 (*voir la page suivante*) montre comment le tableau de bord équilibré de l'entreprise pourrait refléter cette stratégie.

En observant cette figure de bas en haut, on peut interpréter les liens entre les mesures de la performance comme suit: si les employés acquièrent les habiletés nécessaires pour installer les nouvelles caractéristiques de façon plus efficace, l'entreprise devrait pouvoir offrir à ses clients un plus grand nombre d'options susceptibles d'être installées dans un délai plus court. Si un plus grand nombre d'options sont offertes et qu'elles sont installées dans un délai plus court, les sondages auprès de la clientèle devraient refléter une plus grande satisfaction concernant l'éventail d'options offertes. Si la satisfaction des clients s'accroît, le nombre de voitures vendues devrait aussi augmenter.

En outre, si la satisfaction des clients augmente, l'entreprise devrait pouvoir maintenir ou même augmenter ses prix de vente et, si le délai d'installation des options diminue, les coûts de cette activité devraient aussi diminuer. La combinaison de ces deux effets entraînerait nécessairement un accroissement de la marge sur coûts variables par voiture. Et si cette marge augmente et que le nombre de voitures vendues augmente aussi, il devrait en résulter un accroissement des bénéfices.

Question éclair 11.4

Pourquoi le tableau de bord équilibré comprend-il à la fois des mesures de la performance financière et de la performance non financière? Pourquoi les mesures présentées dans un tableau de bord équilibré diffèrent-elles d'une entreprise à l'autre?

11

FIGURE 11.5 Une stratégie possible chez Jaguar, et le tableau de bord qui y correspondrait

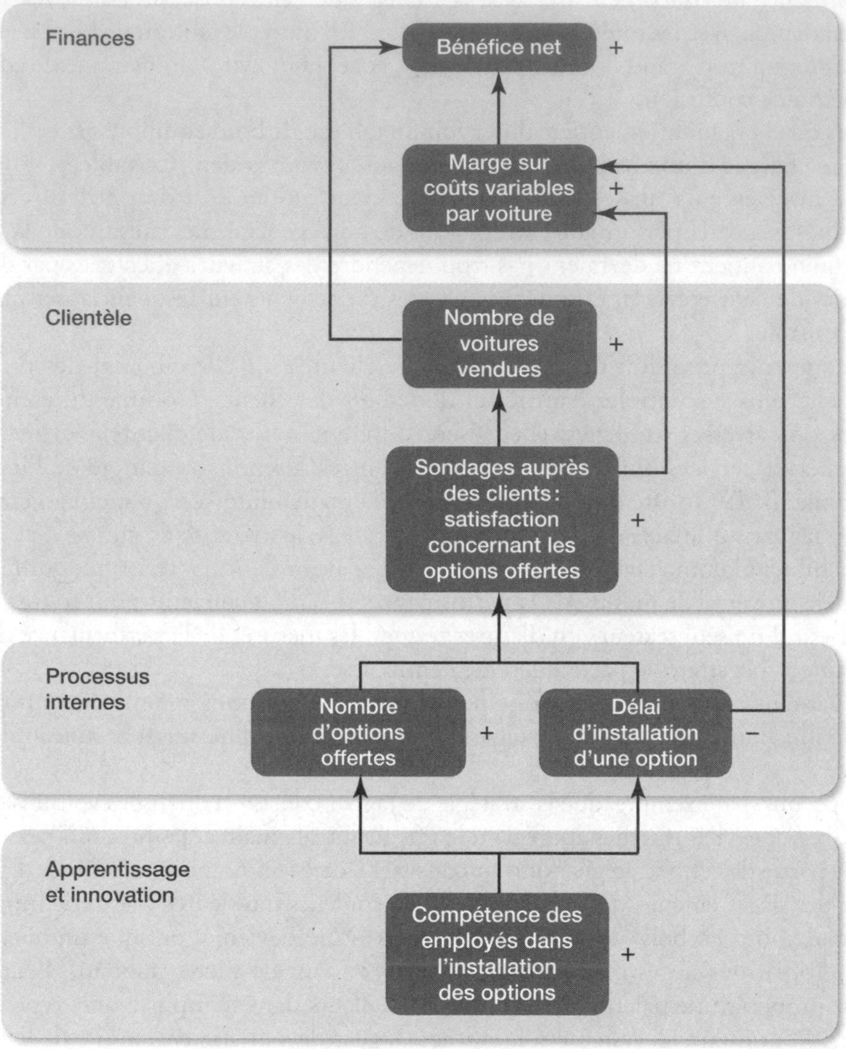

Essentiellement, le tableau de bord équilibré exprime avec clarté la façon dont, en théorie, l'entreprise peut atteindre les résultats souhaités en faisant des gestes concrets. Bien que la stratégie exposée aux figures 11.4 (*voir la page 602*) et 11.5 paraisse plausible, on doit la considérer comme une théorie à abandonner si elle se révèle inappropriée. Supposons, par exemple, que la compagnie aérienne parvient à augmenter le pourcentage d'employés au sol formés et les départs à l'heure prévus, mais sans qu'il en résulte un accroissement de la clientèle ou des revenus par siège. Dans ce cas, l'entreprise devrait réexaminer sa stratégie. Entre autres avantages, le tableau de bord équilibré permet de mettre sans cesse à l'épreuve les théories sous-tendant la stratégie de la direction. Quand une stratégie s'avère inefficace et que certains des effets prévus (par exemple, la hausse des revenus) ne se concrétisent pas, la direction devrait s'en rendre compte. Sans cette rétroaction, elle pourrait dériver indéfiniment en se cramponnant à une stratégie inefficace basée sur des hypothèses erronées.

11.8.2 Le rattachement de la rémunération au tableau de bord équilibré

La rémunération incitative des employés, par exemple les primes, peut et devrait probablement être liée aux mesures de la performance du tableau de bord équilibré. Toutefois, il faut d'abord parvenir à gérer l'entreprise avec succès et pendant un certain temps — par exemple, un an ou plus — à l'aide du tableau de bord avant de lier les mesures de la performance à la rémunération. Les gestionnaires doivent être convaincus que les mesures de la performance sont fiables, raisonnables, bien comprises par ceux qu'elles servent à évaluer et difficiles à manipuler. Comme le font remarquer Robert S. Kaplan et David P. Norton au sujet du tableau de bord équilibré, la rémunération constitue un levier si puissant qu'il faut une quasi-certitude d'avoir recours aux mesures appropriées et de disposer des données pertinentes concernant ces mesures avant d'y lier la rémunération.

11.8.3 Les avantages de la rétroaction rapide

Quelles que soient les mesures de la performance utilisées, elles doivent faire l'objet de fréquents rapports présentés rapidement. Par exemple, des données concernant les défauts devraient être communiquées aux gestionnaires touchés au moins une fois par jour pour que ces derniers puissent prendre rapidement des mesures lorsqu'un nombre inhabituel de défauts se produisent. Dans les entreprises les mieux organisées, tout défaut est signalé sur-le-champ, et on en détermine la cause avant qu'il se reproduise. Les mesures de la performance du tableau de bord équilibré ont une autre caractéristique commune: les gestionnaires concentrent leur attention sur les tendances dans le temps. Ils mettent l'accent sur le progrès et sur l'amélioration continue plutôt que sur la réalisation de standards précis.

11.8.4 Quelques observations supplémentaires concernant le tableau de bord équilibré

En terminant, il convient de souligner quelques points concernant le tableau de bord équilibré. Premièrement, rappelons qu'il doit correspondre à la stratégie de l'organisation. Autrement dit, le tableau de bord de chaque entreprise devrait être propre à cette entreprise. Les modèles présentés dans ce chapitre ne sont rien de plus que des exemples. On ne devrait pas les voir comme des modèles généraux convenant à chaque organisation. Deuxièmement, le tableau de bord équilibré reflète une théorie ou une stratégie en particulier sur la façon dont une entreprise peut favoriser la réalisation de ses objectifs en prenant certaines mesures bien définies. Cette théorie devrait être considérée comme provisoire et sujette à changements si les mesures proposées n'aident pas réellement l'entreprise à atteindre ses objectifs financiers ou autres. Lorsqu'on change de théorie (ou de stratégie), on doit modifier en conséquence les mesures de la performance du tableau de bord équilibré. Il faut considérer ce tableau comme un système dynamique qui évolue au même rythme que la stratégie de l'entreprise. Troisièmement, même si le tableau de bord équilibré est une composante importante du système d'information et du système de contrôle d'une organisation, il n'est pas le seul outil de ce type. Les gestionnaires doivent aussi préparer et utiliser régulièrement de nombreux rapports complémentaires, ainsi que recueillir des renseignements additionnels pour superviser et contrôler au jour le jour les activités dont ils ont la responsabilité. Autrement dit, un tableau de bord ne suffit pas à combler tous les besoins d'information des gestionnaires. Ces derniers utiliseront régulièrement divers rapports détaillés sur les activités d'exploitation clés de l'entreprise. La publication d'informations sectorielles et les mesures de la performance utilisées pour évaluer les centres de responsabilité (RCI et RNR) que nous avons vues au cours de ce chapitre sont des exemples de rapports complémentaires.

11

Une image vaut mille chiffres

On intègre régulièrement des diagrammes au tableau de bord, avec des images d'indicateurs de niveaux, et des graphiques à barres ou en forme de tarte. Le gouvernement du Québec a créé un tableau de bord en ressources informatiques qui permet aux organismes publics de présenter l'état de santé des projets en ressources informationnelles de 100 000 $ ou plus. Des indicateurs de coût et d'échéancier y sont présentés et on peut y consulter certaines tendances mises en comparaison avec la collecte de données précédente. Des graphiques interactifs et des fonctions de recherche facilitent l'obtention de l'information.

Les graphiques sont souvent accompagnés de symboles en vert, en jaune ou en rouge selon que les indicateurs sont satisfaisants, à la limite du satisfaisant ou en deçà de cette limite.

Source: QUÉBEC, « Tableau de bord en ressources informationnelles », [En ligne], <www.tableaudebordprojetsri.gouv.qc.ca/tableau-de-bord> (Page consultée le 11 juin 2015).

11.9 La fixation des prix de cession interne

OA6

Déterminer, s'il y a lieu, la fourchette à l'intérieur de laquelle un prix de cession interne devrait se situer, et expliquer les méthodes d'établissement du prix de cession interne.

Prix de cession interne

Prix demandé par une unité d'exploitation lorsqu'elle fournit des produits ou des services à une autre unité d'exploitation de la même organisation.

Dans les sections précédentes, nous avons examiné différentes questions liées à la présentation de l'information et aux analyses de la performance des centres de responsabilité. Nous allons maintenant traiter d'une autre question essentielle qui se pose lorsqu'il y a échange de biens et de services entre des unités d'exploitation d'une même entreprise (qu'on appelle souvent « divisions » ou « sections »). Cette question concerne l'établissement du « prix de cession interne » de ces biens et services. Un **prix de cession interne** est le prix qu'une unité d'exploitation demande à une autre de la même entreprise pour les biens ou les services qu'elle lui fournit. Comme le montant en dollars de telles cessions est parfois très élevé, le prix de cession interne peut avoir un effet considérable sur les résultats de chacune des deux unités d'exploitation, celle qui achète et celle qui vend. Par conséquent, les gestionnaires ont tout avantage à se préoccuper de la façon dont ces prix sont établis.

Par exemple, la plupart des entreprises du secteur pétrolier, telles que Imperial Oil, Shell et Petro-Canada, ont des divisions de raffinage et de vente au détail dont la performance est évaluée d'après le RCI ou le RNR. La section de raffinage transforme le pétrole brut en essence, en kérosène, en lubrifiants et en d'autres produits finis. La section de vente au détail prend l'essence et les autres produits provenant de la section de raffinage, et les vend par l'intermédiaire de la chaîne de stations-service de l'entreprise. Chaque produit a un prix de cession à l'intérieur de l'entreprise. Supposons que le prix de cession interne de l'essence est de 1 $ le litre. Le cas échéant, la section de raffinage enregistre un revenu de 1 $ par litre dans son rapport sectoriel. La section de vente au détail, de son côté, doit déduire 1 $ par litre à titre de charge dans son propre rapport sectoriel pour l'achat de l'essence auprès de la section de raffinage. À vrai dire, la section de raffinage souhaiterait que le prix de cession interne soit le plus élevé possible; la section de vente au détail préférerait qu'il soit le moins élevé possible. Toutefois, ce type de transaction n'a aucun effet direct sur les résultats enregistrés par l'ensemble de l'entreprise puisque, en fait, les revenus de l'une sont annulés par les charges de l'autre.

Il existe trois méthodes couramment employées pour déterminer ces prix.

1. Permettre aux gestionnaires participant à une cession de négocier leur propre prix à l'interne.
2. Établir les prix de cession en se basant sur l'un de ces coûts:
   a) le coût de revient variable;
   b) le coût de revient complet.
3. Établir les prix de cession au prix du marché.

Nous examinerons séparément chaque méthode de fixation du prix de cession interne en commençant par les prix de cession interne négociés. Tout au long de cet exposé, il faut garder à l'esprit que l'objectif fondamental dans l'établissement des prix de cession interne est de motiver les gestionnaires à agir dans l'intérêt de l'ensemble de l'entreprise. Il y a sous-optimisation lorsque ces dirigeants perdent de vue les intérêts globaux de l'entreprise ou même ceux de leur propre unité d'exploitation.

11.9.1 Le prix de cession interne négocié

Un **prix de cession interne négocié** est un prix de cession interne sur lequel la section qui vend et celle qui achète se sont entendues. Cette méthode comporte plusieurs avantages importants. En premier lieu, elle permet aux sections de préserver leur autonomie et respecte le principe de la décentralisation. En second lieu, les dirigeants des sections acheteuses et fournisseuses sont sans doute beaucoup mieux informés sur les coûts et les bénéfices potentiels de ces cessions que qui que ce soit d'autre dans l'organisation.

Lorsqu'une entreprise recourt à la méthode des prix négociés, les gestionnaires touchés par la transaction proposée à l'intérieur de l'organisation se rencontrent pour en discuter les conditions générales. Ils peuvent décider de ne pas procéder à la cession mais, dans le cas contraire, ils doivent s'entendre sur un prix de cession interne. En général, il est impossible de prévoir ce prix avec exactitude. Toutefois, les négociations impliquent généralement deux choses:

1. la section qui vend accepte la cession uniquement lorsqu'elle croit que ses bénéfices augmenteront à la suite de cette transaction;
2. la section qui achète accepte la cession uniquement si ses bénéfices sont aussi susceptibles d'augmenter à la suite de cette transaction.

Ces remarques peuvent paraître évidentes, mais elles ont leur importance.

En clair, quand le prix de cession se révèle inférieur au coût de fabrication d'une unité, la transaction entraînera une perte pour la section qui vend. Cette dernière refusera alors de conclure l'affaire. De même, lorsque le prix de cession se montre trop élevé, la section qui achète ne pourra réaliser aucun bénéfice sur l'article cédé. Pour toute cession proposée, le prix de cession présente à la fois une limite inférieure, déterminée par la situation de la section qui vend, et une limite supérieure, déterminée par la situation de la section qui achète. Le prix de cession interne réel dont conviennent les gestionnaires des deux sections doit se situer entre ces deux limites. Ces limites définissent la **fourchette de prix de cession interne acceptables,** une plage de prix à l'intérieur de laquelle les bénéfices des deux sections participant à la cession peuvent augmenter.

Pour mieux comprendre le concept des prix de cession interne négociés, prenons l'exemple de Henri et Laurent inc. Cette entreprise possède des établissements de restauration rapide et des usines de transformation alimentaire. L'une de ses chaînes de restaurants, Pizza Maven, vend différentes boissons avec ses pizzas, entre autres de la bière blonde servie à la pression. Le siège social de Henri et Laurent inc. vient d'acquérir une nouvelle division, Brasserie impériale, qui produit une telle variété de bière. L'administrateur délégué de Brasserie impériale a rencontré son homologue de Pizza Maven pour lui proposer d'offrir aux clients de ses restaurants la bière blonde de Brasserie impériale plutôt que la marque vendue jusqu'ici. Les gestionnaires de Pizza Maven reconnaissent que la qualité de la boisson fabriquée par Brasserie impériale est comparable à celle de la bière qu'elle achète à son fournisseur actuel. Le problème se pose au chapitre du prix. Voici les données de base concernant cette situation.

Prix de cession interne négocié

Prix de cession interne convenu entre l'unité d'exploitation qui achète et celle qui vend.

Fourchette de prix de cession interne acceptables

Fourchette de prix de cession interne à l'intérieur de laquelle les bénéfices de la section qui vend et ceux de la section qui achète augmentent en raison de cette cession.

11

Brasserie impériale:	
Capacité de production de la bière blonde par mois	10 000 barils
Coûts variables	8 $ par baril
Coûts fixes par mois	70 000 $
Prix de vente de la bière blonde sur le marché externe	20 $ par baril
Pizza Maven:	
Coût d'achat de la marque habituelle de bière blonde	18 $ par baril
Consommation mensuelle de bière blonde	2 000 barils

Le prix de cession interne minimal acceptable par la section qui vend

La section qui vend, c'est-à-dire Brasserie impériale, est intéressée à la cession suggérée uniquement si ses bénéfices peuvent augmenter. De toute évidence, le prix de cession interne ne doit pas être inférieur aux coûts variables par baril de 8 $. En outre, si sa capacité de production ne suffisait pas à répondre à la demande de Pizza Maven, Brasserie impériale devrait renoncer à une partie de ses ventes habituelles. Elle s'attendrait alors à recevoir une certaine compensation pour la marge sur coûts variables correspondant à ces ventes perdues. Bref, si la cession n'a aucun effet sur les coûts fixes, alors du point de vue de la section qui vend, le prix de cession interne doit couvrir à la fois les coûts variables de production des unités cédées et tout coût de renonciation attribuable à des ventes perdues.

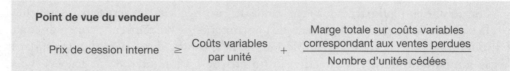

Point de vue du vendeur

$$\text{Prix de cession interne} \geq \text{Coûts variables par unité} + \frac{\text{Marge totale sur coûts variables correspondant aux ventes perdues}}{\text{Nombre d'unités cédées}}$$

Le prix de cession interne maximal acceptable par la section qui achète

La section qui achète, Pizza Maven, sera intéressée par la proposition seulement si ses bénéfices sont susceptibles d'augmenter. Dans une situation comme celle-ci, où une section a déjà un fournisseur extérieur, la décision de son gestionnaire est simple. Il s'agit d'acheter du fournisseur à l'interne quand son prix est inférieur au prix offert par le fournisseur extérieur.

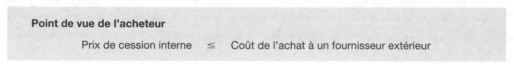

Point de vue de l'acheteur

$$\text{Prix de cession interne} \leq \text{Coût de l'achat à un fournisseur extérieur}$$

Nous examinerons différentes situations hypothétiques et déterminerons la fourchette de prix de cession interne acceptables dans chaque cas.

La section vendeuse a une capacité de production non utilisée

Supposons que Brasserie impériale a assez de capacité inexploitée pour lui permettre de satisfaire la demande de bière blonde de Pizza Maven sans diminuer ses ventes de bière à ses clients habituels. Plus précisément, supposons que l'organisation vend seulement 7 000 barils de bière blonde par mois à l'extérieur de l'entreprise. Elle a donc une capacité de production non utilisée de 3 000 barils par mois, soit plus qu'il n'en faut pour répondre aux exigences de Pizza Maven, qui se chiffrent à 2 000 barils mensuellement. Quelle fourchette de prix, le cas échéant, profiterait aux deux sections en cas de cession interne de 2 000 barils par mois?

1. La section qui vend, Brasserie impériale, sera intéressée par cette proposition à la condition que:

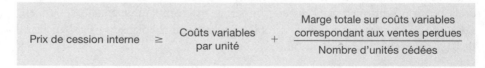

$$\text{Prix de cession interne} \geq \text{Coûts variables par unité} + \frac{\text{Marge totale sur coûts variables correspondant aux ventes perdues}}{\text{Nombre d'unités cédées}}$$

Comme Brasserie impériale a une capacité de production non utilisée, il n'y aurait aucune perte du côté des ventes extérieures. En outre, étant donné que les coûts variables par unité sont de 8 $, le prix le plus bas de cession interne acceptable pour la section se situe aussi à 8 $.

$$\text{Prix de cession interne} \geq 8\ \$ + \frac{0\ \$}{2\ 000\ \text{barils}} = 8\ \$$$

2. La section qui achète, Pizza Maven, peut se procurer une bière blonde similaire auprès d'un fournisseur extérieur pour 18 $. Par conséquent, elle n'est pas prête à payer plus de 18 $ par baril pour la bière de Brasserie impériale.

> Prix de cession interne ≤ Coût de l'achat à un fournisseur extérieur = 18 $

3. En combinant les exigences de la section vendeuse et de la section acheteuse, on obtient la fourchette de prix de cession interne acceptables suivante:

> 8 $ ≤ Prix de cession interne ≤ 18 $

Supposons que les gestionnaires connaissent bien les intérêts de leur organisation et qu'ils se montrent coopératifs. Ils devraient alors pouvoir s'entendre sur un prix de cession interne à l'intérieur de cette fourchette.

La section vendeuse n'a aucune capacité non utilisée

Supposons maintenant que Brasserie impériale ne dispose d'aucune capacité inexploitée. Elle vend chaque mois 10 000 barils de bière blonde à des clients de l'extérieur à 20 $ le baril. Pour exécuter la commande de Pizza Maven, Brasserie impériale devrait détourner 2 000 barils qui iraient normalement à ses clients habituels. Quelle fourchette de prix de cession interne, le cas échéant, rendrait la cession de ces 2 000 barils à Pizza Maven rentable pour les deux sections?

1. La section qui vend, Brasserie impériale, serait intéressée à cette proposition à la condition suivante:

> Prix de cession interne ≥ Coûts variables par unité + $\dfrac{\text{Marge totale sur coûts variables correspondant aux ventes perdues}}{\text{Nombre d'unités cédées}}$

Comme Brasserie impériale n'a aucune capacité de production inutilisée, il y a des ventes perdues à l'extérieur. La marge sur coûts variables par baril relative à ces ventes à l'extérieur s'élève à 12 $ (20 $ − 8 $).

> Prix de cession interne ≥ 8 $ + $\dfrac{(20\ \$ - 8\ \$) \times 2\ 000\ \text{barils}}{2\ 000\ \text{barils}}$
> ≥ 8 $ + (20 $ − 8 $) = 20 $

Ainsi, en ce qui concerne la section qui vend, le prix de cession interne doit au moins couvrir la perte de revenus due aux ventes perdues, qui se chiffre à 20 $ le baril. C'est logique puisque le coût de la fabrication de 2 000 barils est identique, qu'on les vende à l'interne ou à d'autres entreprises. La seule différence est que la section qui vend perd des revenus de 20 $ le baril si elle les cède à Pizza Maven.

2. Comme nous l'avons vu précédemment, la section qui achète, Pizza Maven, ne veut pas payer plus que les 18 $ par baril qu'elle verse déjà à son fournisseur habituel pour une bière de même qualité.

> Prix de cession interne ≤ Coût de l'achat à un fournisseur extérieur = 18 $

3. Par conséquent, la section qui vend insisterait pour que le prix de cession interne soit d'au moins 20 $. La section qui achète refuserait cependant tout prix de cession interne supérieur à 18 $. Il est impossible de satisfaire à la fois les directeurs des deux sections. Il ne peut donc y avoir aucune entente sur un prix de cession interne, et la transaction n'aura pas lieu. Est-ce souhaitable? Oui, car pour

11

l'ensemble de l'entreprise, la cession ne serait pas logique. Pourquoi renoncer à des ventes de 20 $ pour économiser 18 $?

En principe, le prix de cession interne est un mécanisme permettant de diviser entre les deux sections tout bénéfice que l'entreprise réalise à la suite d'une telle transaction. Lorsque l'entreprise perd de l'argent dans cette opération, il n'y aura aucun bénéfice à séparer. Il sera alors impossible pour les deux sections d'en venir à une entente. Par contre, quand l'entreprise génère des bénéfices grâce à la cession, il y aura un bénéfice potentiel à partager. Les deux sections pourront toujours établir un prix de cession interne convenant à l'une et à l'autre, et qui aura pour effet d'augmenter les bénéfices de chacune. Lorsque la tarte s'agrandit, il est toujours possible de la diviser de telle manière que chacun obtienne une pointe plus large.

La section vendeuse dispose d'un certain niveau de capacité inutilisée

Supposons encore que Brasserie impériale vend chaque mois 9 000 barils de bière blonde à l'extérieur de l'organisation. Pizza Maven ne veut offrir qu'une seule bière de ce type à la pression. En d'autres termes, elle ne peut pas acheter 1 000 barils de Brasserie impériale et 1 000 autres de son fournisseur habituel. Toute sa bière blonde doit provenir de la même source.

Pour exécuter la commande de 2 000 barils par mois de Pizza Maven, Brasserie impériale devrait détourner 1 000 des barils qu'elle vend en ce moment 20 $ le baril à ses clients habituels. Elle pourrait fournir les 1 000 autres barils nécessaires à l'aide de sa capacité inexploitée. Quelle serait la fourchette de prix de cession interne, le cas échéant, à l'intérieur de laquelle les deux sections gagneraient à ce transfert de 2 000 barils à l'intérieur de l'organisation ?

1. Encore une fois, la section qui vend, c'est-à-dire Brasserie impériale, exigera un prix de cession interne qui couvrira au moins ses coûts variables et son coût de renonciation.

$$\text{Prix de cession interne} \geq \text{Coûts variables par unité} + \frac{\text{Marge totale sur coûts variables correspondant aux ventes perdues}}{\text{Nombre d'unités cédées}}$$

Comme la capacité inutilisée de Brasserie impériale est insuffisante pour exécuter la totalité de la commande de 2 000 barils, les ventes perdues à l'extérieur de l'entreprise représenteraient un manque à gagner. La marge sur coûts variables par baril pour les 1 000 barils dont la vente est perdue sur le marché extérieur correspond à 12 $ (20 $ − 8 $).

$$\text{Prix de cession interne} \geq 8\ \$ + \frac{(20\ \$ - 8\ \$) \times 1\ 000\ \text{barils}}{2\ 000\ \text{barils}}$$
$$\geq 8\ \$ + 6\ \$ = 14\ \$$$

Par conséquent, en ce qui concerne la section qui vend, le prix de cession interne doit couvrir les coûts variables de 8 $ additionnés au coût moyen de renonciation de 6 $ pour les ventes perdues.

2. Bien sûr, la section qui achète, c'est-à-dire Pizza Maven, refuserait de payer un prix plus élevé que 18 $ par baril, soit le montant qu'elle verse à son fournisseur habituel.

$$\text{Prix de cession interne} \leq \text{Coût de l'achat à un fournisseur extérieur} = 18\ \$$$

3. En combinant les exigences de la section qui vend et de celle qui achète, on obtient la fourchette de prix de cession interne acceptables suivante:

$$14\ \$ \quad \leq \quad \text{Prix de cession interne} \quad \leq \quad 18\ \$$$

Encore une fois, si les directeurs de section ont le sens des affaires et qu'ils se montrent coopératifs, ils devraient pouvoir s'entendre sur un prix de cession interne à l'intérieur de cette fourchette.

La section acheteuse n'a pas de fournisseur extérieur

Supposons que Pizza Maven ne dispose d'aucun fournisseur extérieur pour la bière blonde. Le prix le plus élevé que la section qui achète sera prête à payer dépend du bénéfice qu'elle espère réaliser sur les bières à la pression revendues dans son restaurant sans tenir compte du prix de cession interne. Par exemple, si Pizza Maven s'attend à gagner 30 \$ par baril de bière blonde après avoir réglé ses propres dépenses, elle serait prête à verser jusqu'à 30 \$ le baril à Brasserie impériale. Toutefois, on doit garder à l'esprit que cette conclusion se fonde sur l'hypothèse selon laquelle Pizza Maven ne peut acheter de bière blonde d'aucune autre source.

L'aide-mémoire ci-dessous présente un résumé de la fourchette de prix de cession interne acceptables de la section qui vend et de la section qui achète selon les divers scénarios précédemment donnés en exemple.

AIDE-MÉMOIRE **La fourchette des prix de cession interne négociés**

Le prix de cession interne minimal acceptable par la section qui vend

1. La section vendeuse a une capacité de production non utilisée:

Prix de cession interne $\geq$ Coûts variables par unité

Le prix de cession interne minimal de Brasserie impériale:

Prix de cession interne $\geq 8\ \$ + \dfrac{0\ \$}{2\,000} = 8\ \$$

2. La section vendeuse n'a aucune capacité non utilisée:

$$\underset{\text{interne}}{\text{Prix de cession}} \geq \underset{\text{par unité}}{\text{Coûts variables}} + \dfrac{\text{Marge totale sur coûts variables correspondant aux ventes perdues}}{\text{Nombre d'unités cédées}}$$

Le prix de cession interne minimal de Brasserie impériale:

$$\underset{\text{interne}}{\text{Prix de cession}} \geq 8\ \$ + \dfrac{(20\ \$ - 8\ \$) \times 2\,000}{2\,000} = 8\ \$ + (20\ \$ - 8\ \$) = 20\ \$$$

3. La section vendeuse dispose d'un certain niveau de capacité inutilisée:

$$\underset{\text{interne}}{\text{Prix de cession}} \geq \underset{\text{par unité}}{\text{Coûts variables}} + \dfrac{\text{Marge totale sur coûts variables correspondant aux ventes perdues}}{\text{Nombre d'unités cédées}}$$

Le prix de cession interne minimal de Brasserie impériale:

$$\underset{\text{interne}}{\text{Prix de cession}} \geq 8\ \$ + \dfrac{(20\ \$ - 8\ \$) \times 1\,000}{2\,000} = 8\ \$ + 6\ \$ = 14\ \$$$

Le prix de cession interne maximal acceptable par la section qui achète

1. La section acheteuse a un fournisseur extérieur:

$$\underset{\text{interne}}{\text{Prix de cession}} \leq \underset{\text{extérieur}}{\begin{array}{c}\text{Coût de l'achat}\\\text{à un fournisseur}\end{array}}$$

2. La section acheteuse n'a pas de fournisseur extérieur:

$$\underset{\text{interne}}{\text{Prix de cession}} \leq \begin{array}{c}\text{Bénéfice}\\\text{d'exploitation net}\\\text{attendu de la vente}\\\text{aux clients finaux}\end{array}$$

11

L'évaluation des prix de cession interne négociés

Comme nous l'avons vu, lorsqu'une cession interne permettrait à l'organisation de réaliser des bénéfices globaux plus élevés, il existe toujours une fourchette de prix à l'intérieur de laquelle les sections qui vendent et qui achètent pourraient aussi augmenter leurs propres bénéfices à condition de s'entendre sur une telle transaction. Par conséquent, lorsque les gestionnaires connaissent bien les intérêts de leur section et qu'ils se montrent coopératifs, ils devraient pouvoir s'entendre sur un prix de cession interne quand une telle entente favorise les intérêts de l'organisation.

Ce ne sont pas tous les gestionnaires qui connaissent parfaitement leur section et qui se montrent coopératifs. Il en résulte souvent que des négociations échouent, alors qu'il serait dans l'intérêt des gestionnaires d'en arriver à une entente. Parfois, c'est la manière même dont ces dirigeants sont évalués qui est en cause. Quand ils sont sans cesse opposés les uns aux autres plutôt que d'être jugés par rapport à leur performance passée ou à des points de comparaison raisonnables, il n'y aura presque jamais de coopération.

Sans doute à cause des querelles improductives et interminables qui accompagnent souvent les discussions concernant les prix de cession interne, la plupart des organisations emploient d'autres moyens de les fixer. Malheureusement, nous verrons que toutes les solutions de rechange à la méthode des prix de cession interne négociés présentent de sérieux inconvénients.

11.9.2 Les prix de cession interne basés sur les coûts de la section vendeuse

Un grand nombre d'organisations établissent leurs prix de cession interne en fonction du coût de revient variable ou du coût de revient complet engagé par la section qui vend. Bien que cette méthode basée sur les coûts soit relativement simple à appliquer, elle comporte des failles importantes.

En premier lieu, l'utilisation d'un coût, et en particulier du coût de revient complet, comme prix de cession interne peut entraîner de mauvaises décisions et, par conséquent, une sous-optimisation. Revenons à l'exemple de la bière blonde. Le coût de revient complet de cette boisson ne peut jamais être inférieur à 15 $ par baril (8 $ par baril de coûts variables et 7 $ par baril de coûts fixes à la capacité de production actuelle). Que se passe-t-il lorsque le coût d'achat de la bière auprès d'un fournisseur extérieur est inférieur à 15 $, par exemple 14 $ par baril ? Supposons que le prix de cession interne correspond au coût de revient complet. Le gestionnaire de Pizza Maven ne sera pas intéressé alors à acheter la bière de Brasserie impériale, car il pourrait s'en procurer chez son fournisseur extérieur à un coût moindre. Toutefois, du point de vue de l'ensemble de l'entreprise, la bière blonde devrait être cédée par Brasserie impériale à Pizza Maven chaque fois que Brasserie impériale dispose d'une capacité inutilisée de plus de 1 000 unités. Pourquoi ? Parce que lorsque Brasserie impériale a une capacité inexploitée de plus de 1 000 unités, son prix de cession interne (incluant le coût de renonciation) sera moins élevé que le prix de 14 $ payé au fournisseur extérieur par Pizza Maven. Rappelons que dans l'exemple précédent où Brasserie impériale disposait de 1 000 unités de capacité inutilisée, son prix de cession interne était de 14 $ {8 $ + [(20 $ − 8 $) × 1 000 barils ÷ 2 000 barils]}. Ainsi, si la capacité inutilisée est plus grande que 1 000 unités, le prix de cession interne sera toujours inférieur au prix de 14 $ du fournisseur extérieur, et la cession devrait avoir lieu. Par exemple, si la capacité inexploitée est de 1 200 unités, le prix de cession interne sera 12,80 $, calculé ainsi : {8 $ + [(20 $ − 8 $) × 800 barils ÷ 2 000 barils]}.

En deuxième lieu, lorsqu'on utilise le coût comme prix de cession interne, la section qui vend n'obtient jamais de bénéfices pour ce type de transaction à moins de majorer le coût. En fait, la seule section qui réalise habituellement des bénéfices est celle qui effectue la vente finale à un acheteur de l'extérieur.

En troisième lieu, l'utilisation de prix de cession interne basés sur des coûts n'incite pas à un contrôle de ces coûts. Lorsque les coûts d'une section sont simplement transférés à la section suivante, aucun employé de la première section n'est vraiment motivé à déployer des efforts pour les minimiser. Il est possible de surmonter en partie ce problème en basant les prix de cession interne sur des coûts standards plutôt que sur les coûts réels.

Malgré ces inconvénients, les prix de cession interne basés sur les coûts de la section vendeuse sont couramment employés dans les entreprises. Les partisans de cette méthode soutiennent que c'est parce qu'ils sont faciles à comprendre et à utiliser, et qu'ils permettent d'éviter les éventuels problèmes sur le plan des comportements des gestionnaires lorsque les prix de cession interne négociés sont utilisés.

11.9.3 Les prix de cession interne basés sur le marché

On considère souvent l'adoption d'un **prix du marché** compétitif, c'est-à-dire le prix réclamé pour un article sur le marché libre, comme la meilleure manière de régler le problème de la fixation des prix de cession interne, en particulier lorsque les négociations qui les concernent ont tendance à s'éterniser.

La méthode du prix du marché s'applique dans les situations où il existe un marché intermédiaire pour le produit ou le service cédé. Le **marché intermédiaire** est un marché sur lequel le produit ou le service est vendu sous sa forme actuelle à des clients extérieurs. Lorsque la section qui vend ne dispose d'aucune capacité inutilisée, le prix qui a cours sur le marché intermédiaire est le choix idéal pour le prix de cession interne. En voici la raison. Lorsque la section vendeuse peut céder un article sur le marché extérieur plutôt qu'à l'interne, le coût réel de la cession, du point de vue de l'organisation, est le coût de renonciation au revenu perdu sur la vente extérieure. Que l'article fasse l'objet d'une cession interne ou qu'il soit vendu sur un marché intermédiaire extérieur, les coûts de production sont les mêmes. Lorsque l'entreprise considère le prix du marché comme prix de cession interne, le directeur de la section qui vend ne perd rien à la transaction. Le directeur de la section qui achète reçoit une indication juste concernant le coût réel de cette cession pour l'organisation.

Bien que le prix du marché convienne parfaitement aux situations dans lesquelles il n'y a aucune capacité inexploitée, les difficultés commencent lorsque la section qui vend n'utilise pas toute sa capacité de production. Revenons encore une fois à l'exemple de la bière blonde. Le prix du marché de la bière blonde que fabrique Brasserie impériale est de 20 $ par baril. Toutefois, Pizza Maven peut acheter la bière blonde dont elle a besoin auprès de fournisseurs extérieurs à 18 $ le baril. Pourquoi cette chaîne de restaurants achèterait-elle le produit de Brasserie impériale si elle est forcée de le prendre à sa valeur de marché? Dans certaines stratégies de fixation des prix de cession interne basés sur le prix du marché, le prix de cession serait réduit à 18 $, la valeur de marché du fournisseur extérieur, et Pizza Maven recevrait la directive d'acheter la bière de Brasserie impériale aussi longtemps que cette dernière consentirait à la lui vendre. Cette stratégie peut se révéler relativement efficace. Toutefois, elle présente un inconvénient: les gestionnaires de Pizza Maven considéreront le coût de la bière blonde comme étant 18 $ plutôt que 8 $, lequel correspond au coût réel engagé par l'organisation lorsque la section qui vend dispose de suffisamment de capacité de production inutilisée pour satisfaire la demande de la division acheteuse. Par conséquent, ils établiront leurs prix et prendront différentes décisions en se basant sur un coût incorrect.

11.9.4 L'autonomie des sections et l'imposition d'un prix de cession interne

Suivant les principes de la décentralisation, les entreprises devraient accorder aux gestionnaires l'autonomie en matière d'établissement des prix de cession interne, et de décision quant à la vente à l'intérieur ou à l'extérieur de l'organisation. La haute direction trouve parfois très difficile d'accepter un tel principe lorsque des gestionnaires subalternes s'apprêtent à prendre des décisions qui ont pour résultat une sous-optimisation. Toutefois, chaque intervention de sa part fait échouer les objectifs de la décentralisation. En outre,

Prix du marché

Prix demandé pour un article ou un service sur le marché libre (intermédiaire).

Marché intermédiaire

Marché sur lequel un produit ou un service cédé est vendu sous sa forme actuelle à des clients de l'extérieur.

11

pour pouvoir imposer un prix de cession interne approprié, les cadres dirigeants devraient se renseigner sur les conditions du marché externe des sections acheteuse et vendeuse, sur les coûts variables et sur l'utilisation de la capacité de production. Or, la décentralisation repose sur le principe selon lequel les gestionnaires locaux ont accès à des renseignements plus détaillés pour prendre des décisions opérationnelles que ceux dont disposent les cadres supérieurs au siège social.

Naturellement, si un directeur de section prend systématiquement des décisions sous-optimales, la performance de sa section en souffrira. La rémunération de ce gestionnaire en subira les contrecoups, et il est peu probable qu'il bénéficie d'une promotion. Toutefois, si la haute direction souhaite instaurer un climat d'autonomie et de responsabilité distincte en matière de résultats, elle doit permettre à ses gestionnaires subalternes d'exercer un contrôle réel sur leur propre destin — et même leur accorder le droit de commettre des erreurs.

11.9.5 Les aspects internationaux de la fixation des prix de cession interne

Partout dans le monde, on se sert de la fixation des prix de cession interne pour contrôler la circulation des produits et des services entre les unités d'exploitation de la même organisation. Cependant, les objectifs de cette fixation de prix de cession interne changent lorsqu'il s'agit d'une société multinationale, et que les marchandises et les services cédés doivent traverser des frontières internationales. Une brève comparaison entre les objectifs de la fixation des prix à l'échelle nationale et à l'échelle internationale est établie au tableau 11.5.

TABLEAU 11.5   Les objectifs de la fixation des prix de cession interne à l'échelle nationale et internationale

À l'échelle nationale	À l'échelle internationale
Plus grande autonomie des sections	Moins d'impôts et de droits
Plus grande motivation des directeurs	Moins de risques dans les opérations de change
Meilleure évaluation de la performance	Meilleure situation concurrentielle
Meilleure convergence des efforts	Meilleures relations avec les gouvernements

Comme le montre le tableau 11.5, la fixation des prix de cession interne à l'échelle internationale[8] a pour principaux objectifs de minimiser les impôts, les droits et les risques liés aux opérations de change tout en renforçant la position concurrentielle de l'entreprise et en améliorant ses relations avec les gouvernements étrangers. Bien que des objectifs nationaux tels que la motivation des gestionnaires et l'autonomie des sections aient toujours leur place dans une organisation, ils sont d'ordinaire relégués au second plan lorsque les cessions internes se font à l'échelle internationale. Les entreprises cherchent plutôt à établir un prix de cession interne qui réduira les impôts et droits à payer, ou qui consolidera la position d'une filiale à l'étranger.

Par exemple, un prix de cession interne peu élevé pour des pièces vendues à une filiale d'un autre pays permet de réduire les paiements de droits de douane sur ces pièces aux frontières ou d'aider la filiale à être concurrentielle sur les marchés étrangers en maintenant ses coûts d'achat à un niveau peu élevé. Par contre, en fixant un prix de cession interne élevé, la société multinationale peut rapatrier des bénéfices en provenance d'un pays où le contrôle sur les envois de fonds à l'étranger est rigoureux. Un prix de cession interne peut aussi permettre à une entreprise de transférer des bénéfices d'un pays à taux d'impôt élevé à un autre à un taux d'impôt moindre.

---

8. Le terme « prix de transfert » peut aussi être employé pour désigner le prix de cession interne à l'échelle internationale.

Compte tenu du fait que la fixation de ces prix se fait par des parties qui ne sont pas indépendantes les unes des autres (dans ce cas, elles n'utilisent pas nécessairement un prix de pleine concurrence, ou prix normal du marché), il existe une possibilité de réduire les impôts en déplaçant des bénéfices vers des pays où les taux d'imposition sont moins élevés ou en réduisant au minimum les droits payés. L'Agence du revenu du Canada (ARC) cherche à obtenir une juste part des impôts sur le revenu en adoptant des politiques et des pratiques basées sur le principe de pleine concurrence en matière d'établissement des prix. Dans les cas simples, il suffit à la direction de montrer à l'ARC que le prix de cession interne est comparable à un prix similaire dans des conditions de pleine concurrence. Dans d'autres cas, l'entreprise doit fournir des documents sur des processus complexes d'allocation des coûts et des résultats, et justifier son choix d'avoir recours à de tels processus pour déterminer un prix de cession interne. L'article 247 de la *Loi de l'impôt sur le revenu* prévoit des sanctions sévères pour tout cas d'infraction au règlement du prix du marché dans des conditions de pleine concurrence pour des transactions conclues avec des filiales de l'entreprise à l'étranger ayant des liens de dépendance.

En résumé, les gestionnaires doivent être bien informés des règlements qui s'appliquent en matière d'établissement de prix de cession interne.

SUR LE TERRAIN

Les pays de l'Organisation de coopération et de développement économiques s'unissent pour contrer l'érosion de la base d'imposition et le transfert des bénéfices

À la demande du G20, l'Organisation de coopération et de développement économiques (OCDE), dont fait partie le Canada, a commencé en 2013 des travaux afin de proposer son Plan d'action concernant l'érosion de la base d'imposition et le transfert des bénéfices (BEPS). Ce plan a pour but de répondre aux préoccupations internationales de plus en plus grandes en ce qui concerne le transfert artificiel de bénéfices par des multinationales dans des territoires à faible taux d'imposition. Le plan d'action a été déposé le 16 septembre 2014 et comprend 15 actions visant à améliorer la cohérence, la substance et la transparence du régime de fiscalité internationale. Une des actions contient des normes révisées pour la documentation des prix de transfert et un modèle de communication pays par pays. La société mère d'un groupe multinational doit fournir aux administrations fiscales visées un fichier qui donne un aperçu du groupe, de ses politiques en matière de prix de cession interne et de la répartition mondiale de ses bénéfices, ses revenus, ses impôts et ses activités économiques. Cette information doit être produite pour chaque pays où le groupe exerce ses activités. Un autre fichier doit comprendre des renseignements détaillés sur les transactions intergroupes. Par exemple, le fichier doit contenir des informations financières et des tableaux de répartition qui montrent les liens entre les données financières utilisées pour l'établissement des prix de cession interne et les états financiers annuels. La multinationale doit aussi consigner dans le fichier les raisons permettant de conclure que la juste valeur marchande a été déterminée pour les transactions compte tenu de l'application de la méthode d'établissement des prix de transfert retenue. Une société doit étayer l'assertion selon laquelle la politique en matière de prix de transfert respecte le principe de pleine concurrence. Une fois les principes en matière de documentation énoncés dans le plan d'action mis en œuvre, les multinationales devront fournir plus d'informations, augmentant ainsi la transparence au sujet de leurs véritables intentions au regard des transferts internationaux. Des entreprises comme Google, Starbucks, Apple, Amazon et McDonald ont été accusées, ces dernières années, d'utiliser les prix de transfert pour éviter de payer plusieurs millions de dollars en impôt dans certains pays d'Europe. Les nouvelles exigences de documentation préconisées par l'OCDE aideront les sociétés à se défendre lors de telles accusations et permettront aux administrations fiscales de mieux cibler leurs actions en matière de lutte à l'évasion fiscale.

11

Source : Alfred ZORZI, «OCDE : la nouvelle donne sur les prix de transfert», *CPA – Ordre des comptables professionnels agréés du Québec*, 4 novembre 2014, [En ligne], <http://cpaquebec.ca/fr/public-et-medias/salle-de-presse/nouvelles-et-publications/ocde-la-nouvelle-donne-sur-les-prix-de-transfert/> (Page consultée le 12 juin 2015).

11.9.6 L'utilisation de plusieurs prix de cession interne

En théorie, les prix de cession interne doivent favoriser la meilleure prise de décisions possible. Dans une organisation décentralisée, on entend par «meilleure prise de décisions possible» celle qui saura satisfaire aux objectifs des actionnaires. En plus de favoriser une prise de décisions conforme aux intérêts de toute l'organisation, le prix de cession interne permet de fournir une information pertinente pour la prise de décisions dans le centre de responsabilité, tout en facilitant la mesure de la performance de ces centres.

Parfois, pour résoudre certains dilemmes concernant la fixation du prix de cession interne, la direction permettra l'utilisation de deux prix différents pour la même transaction, soit un prix pour le centre qui vend, et un autre, plus faible, pour celui qui achète. Cette méthode, connue sous le nom de «méthode du double prix», vise à faciliter les transferts d'un centre de responsabilité à un autre sans qu'aucun des deux centres soit désavantagé. Elle présente cependant plusieurs inconvénients, dont la difficulté de conciliation, la confusion et la difficulté à motiver les responsables à procéder à la gestion des coûts. C'est pourquoi elle est rarement utilisée.

Rappelons également qu'un prix de cession interne valable dépend des conditions économiques, fiscales et légales, ainsi que de la décision à prendre. On pourrait donc utiliser un prix pour la motivation, un pour l'évaluation de la performance et un autre pour les déclarations fiscales.

MISE EN APPLICATION

Les gestionnaires peuvent mettre leurs connaissances relatives à la décentralisation et à la publication d'informations à des fins de contrôle en application pour :

- se servir de rapports sectoriels afin d'examiner les tendances et les résultats de chaque unité d'exploitation d'une entreprise de façon suffisamment détaillée pour pouvoir mieux déterminer ce qui sous-tend des résultats plus positifs ou négatifs que prévu. Dans les rapports sectoriels, les résultats d'une organisation sont répartis entre des sous-ensembles plus faciles à gérer, en fonction des gammes de produits, des régions géographiques, des territoires de vente, etc.;

- rendre compte de la performance de leur section. Dans une organisation décentralisée, les gestionnaires des centres de responsabilité sont responsables de la performance de leur propre section. Les résultats dont ils doivent rendre compte dépendent de la mesure dans laquelle ils exercent un contrôle sur les coûts, les revenus et les investissements au sein de leur section. Les gestionnaires des centres de profit sont responsables de l'atteinte des bénéfices cibles de leur section, alors que les gestionnaires des centres d'investissement sont responsables de la réalisation des objectifs en matière de RCI ou de RNR;

- rendre compte des bénéfices ou du RCI générés par leur section. Pour communiquer aux employés de leur entreprise les moyens visant à accroître les bénéfices ou le RCI, les gestionnaires peuvent recourir à un tableau de bord équilibré. Les indicateurs de performance et les objectifs présentés dans le tableau de bord équilibré guident les employés en leur indiquant les mesures qu'ils peuvent prendre pour aider leur section à atteindre ses objectifs financiers et non financiers et l'organisation dans son ensemble à réaliser ses objectifs stratégiques;

- établir des prix de cession interne en fonction des objectifs à atteindre en utilisant une méthode d'établissement du prix de cession interne appropriée.

11

Résumé

- Les états des résultats sectoriels fournissent des renseignements qui permettent d'évaluer la rentabilité et la performance des sections, des gammes de produits, des territoires de vente et des autres unités d'exploitation d'une entreprise. Dans les résultats sectoriels établis selon la méthode des coûts variables, on fait une distinction claire entre les coûts fixes et les coûts variables, et seuls les coûts qu'on peut directement rattacher à une unité d'exploitation lui sont attribués. (OA1)

- Un centre de responsabilité se définit comme n'importe quelle unité d'exploitation ou section d'une organisation dont le gestionnaire exerce un contrôle sur les coûts, les bénéfices ou les investissements et en assume la responsabilité. Le gestionnaire d'un tel centre est évalué en fonction de ce qu'il peut contrôler. (OA2)

- Un centre de coûts est une unité d'exploitation de l'entreprise dont le gestionnaire contrôle seulement les coûts. De même, un centre de profit est une unité dont le gestionnaire contrôle les revenus et les coûts, mais non les investissements en actifs d'exploitation. Le gestionnaire d'un centre d'investissement contrôle à la fois les bénéfices et les investissements en actifs d'exploitation. (OA2)

- Le rendement du capital investi (RCI), le résultat net résiduel (RNR) et la valeur économique ajoutée (VEA) peuvent être utilisés pour évaluer la performance des centres d'investissement. (OA3, OA4)

- Le tableau de bord équilibré est un système intégré de mesures de la performance qui découle de la stratégie de l'entreprise et la soutient. Il est composé de quatre catégories : apprentissage et innovation, processus internes, clientèle et finances. Différentes entreprises auront des tableaux de bord équilibrés différents parce que chacune a une stratégie qui lui est propre. (OA5)

- Lorsqu'une unité d'exploitation vend des produits ou des services à une autre, il faut que ces deux parties déterminent un prix de cession interne. L'objectif principal de l'établissement du prix de cession interne est de motiver les gestionnaires à prendre des mesures dans l'intérêt de l'ensemble de l'entreprise. Il existe trois méthodes d'établissement d'un prix de cession interne : les gestionnaires négocient entre eux leur propre prix ; le prix est basé sur le coût (suivant la méthode du coût de revient variable ou celle du coût de revient complet) des produits ou des services qui font l'objet d'une cession ; le prix du marché est utilisé pour les produits ou les services vendus à l'interne. Lorsque les parties négocient un prix de cession interne, le montant minimal acceptable pour la section vendeuse devrait correspondre aux coûts variables auxquels on ajoute tout coût de renonciation engagé en raison de la transaction. La section acheteuse ne devrait pas accepter de payer à la section vendeuse un montant plus important que le prix couramment exigé par un fournisseur de l'extérieur. (OA6)

11

Activités d'apprentissage

Problème de révision 11.1

Les états financiers sectoriels

Le personnel du cabinet d'avocats Bonin et Lupien a préparé le rapport ci-après, qui décompose les résultats globaux du cabinet en fonction de ses deux principales unités d'exploitation : le droit de la famille et le droit commercial.

Toutefois, cet état financier n'est pas tout à fait exact. En effet, il attribue des coûts fixes communs tels que le salaire de l'associé directeur général, les frais d'administration et les coûts de publicité du cabinet aux deux unités d'exploitation d'après les revenus provenant des clients.

	Total	Droit de la famille	Droit commercial
Revenus provenant des clients.........................	1 000 000 $	400 000 $	600 000 $
Moins : Coûts variables	220 000	100 000	120 000
Marge sur coûts variables.................................	780 000	300 000	480 000
Moins : Coûts fixes spécifiques........................	670 000	280 000	390 000
Bénéfice sectoriel	110 000	20 000	90 000
Moins : Coûts fixes communs	60 000	24 000	36 000
Bénéfice (perte)...	50 000 $	(4 000) $	54 000 $

Travail à faire

1. Refaites cet état des résultats sectoriels en éliminant l'attribution des coûts fixes communs. Le cabinet d'avocats serait-il en meilleure situation financière s'il supprimait sa section Droit de la famille ? (Note : De nombreux clients de la section Droit commercial s'adressent également au cabinet pour des questions de droit de la famille, par exemple pour la rédaction d'un testament.)

2. L'agence de publicité du cabinet a proposé de lancer une campagne visant à faire augmenter les revenus de la section Droit de la famille. Le coût de cette campagne s'élèverait à 20 000 $, mais l'agence affirme qu'elle pourrait accroître les revenus de la division de 100 000 $. Selon l'associé directeur général de Bonin et Lupien, cette augmentation du chiffre d'affaires n'occasionnerait aucune hausse des coûts fixes. Quel serait l'effet de cette campagne publicitaire sur le bénéfice de la division Droit de la famille et sur le bénéfice global du cabinet ?

11

Solution au problème de révision 11.1

1. Voici la nouvelle version de l'état des résultats sectoriels.

	Total	Droit de la famille	Droit commercial
Revenus provenant des clients.................	1 000 000 $	400 000 $	600 000 $
Moins : Coûts variables	220 000	100 000	120 000
Marge sur coûts variables.........................	780 000	300 000	480 000
Moins : Coûts fixes spécifiques.................	670 000	280 000	390 000
Bénéfice sectoriel	110 000	20 000 $	90 000 $
Moins : Coûts fixes communs	60 000		
Bénéfice..	50 000 $		

Non, la situation financière du cabinet ne serait pas meilleure si ses dirigeants décidaient d'abandonner la pratique du droit de la famille. Cette unité d'exploitation assume ses propres coûts et contribue au paiement des coûts fixes communs du cabinet à concurrence de 20 000 $ par mois. Son bénéfice sectoriel est plus faible que celui de la section du droit commercial, mais elle demeure rentable. En outre, le droit de la famille constitue probablement un service que le cabinet doit fournir à ses clients commerciaux pour rester concurrentiel.

2. La campagne de publicité augmenterait le bénéfice de la section Droit de la famille de 55 000 $, comme le montrent les calculs suivants :

Accroissement des revenus provenant des clients......................................	100 000 $
Ratio de la marge sur coûts variables de la section	
Droit de la famille (300 000 $ ÷ 400 000 $)...	× 75 %
Marge sur coûts variables différentielle	75 000 $
Moins : Coût de la campagne publicitaire......................................	20 000
Accroissement de la marge sur coûts variables	55 000 $

Comme il n'y aurait aucune hausse des coûts fixes (y compris des coûts fixes communs), l'augmentation du bénéfice global serait également de 55 000 $.

Problème de révision 11.2

Le RCI et le RNR

Voici quelques données concernant deux divisions de la société Brasserie Outback ltée.

	Division	
	Québec	Nouveau-Brunswick
Chiffre d'affaires...	4 000 000 $	7 000 000 $
Moyenne de l'ensemble des actifs d'exploitation......	2 000 000	2 000 000
Bénéfice d'exploitation net	360 000	420 000
Immobilisations corporelles (coût amorti).................	950 000	800 000

11

▶

► **Travail à faire**

1. Calculez le taux de RCI de chaque division en détaillant ce taux en fonction du taux de bénéfice d'exploitation net et du taux de rotation du capital.
2. Calculez le RNR de chaque division en supposant que le taux de rendement requis est de 15 %.

Solution au problème de révision 11.2

1. Voici comment calculer le RCI.

$$\text{RCI} = \text{Taux de bénéfice d'exploitation net} \times \text{Taux de rotation du capital}$$

$$= \frac{\text{Bénéfice d'exploitation net}}{\text{Chiffre d'affaires}} \times \frac{\text{Chiffre d'affaires}}{\text{Moyenne des actifs d'exploitation}}$$

Division du Québec

$$\text{RCI} = \frac{360\,000\ \$}{4\,000\,000\ \$} \times \frac{4\,000\,000\ \$}{2\,000\,000\ \$}$$

$$= 9\,\% \times 2 = 18\,\%$$

Division du Nouveau-Brunswick

$$\text{RCI} = \frac{420\,000\ \$}{7\,000\,000\ \$} \times \frac{7\,000\,000\ \$}{2\,000\,000\ \$}$$

$$= 6\,\% \times 3,5 = 21\,\%$$

2. On calcule le RNR de chaque unité d'exploitation comme suit:

$$\text{RNR} = \text{Bénéfice d'exploitation net} - \left(\text{Moyenne des actifs d'exploitation} \times \text{Taux de rendement minimum requis} \right)$$

Division du Québec

$$\text{RNR} = 360\,000\ \$ - (2\,000\,000\ \$ \times 15\,\%)$$
$$= 60\,000\ \$$$

Division du Nouveau-Brunswick

$$\text{RNR} = 420\,000\ \$ - (2\,000\,000\ \$ \times 15\,\%)$$
$$= 120\,000\ \$$$

Problème de révision 11.3

La fixation des prix de cession interne

Exemple A

Produits Collyer inc. a une section Robinet, qui fabrique et vend un modèle de robinet standard. Voici quelques données à ce sujet.

a) Capacité de production en unités: 100 000.
b) Prix de vente aux clients extérieurs sur le marché intermédiaire: 30 $.
c) Coûts variables par unité: 16 $.
d) Coûts fixes par unité (d'après la capacité de production): 9 $.

L'entreprise a aussi une section Pompe qui pourrait utiliser ce robinet dans la fabrication de l'un de ses produits. Cette section achète actuellement 10 000 robinets par an d'un fournisseur étranger au coût de 29 $ le robinet.

Travail à faire

1. Supposez que la section Robinet a une capacité de production inutilisée suffisante pour répondre à tous les besoins de la section Pompe. Quelle fourchette de prix de cession interne, le cas échéant, serait acceptable pour les deux sections ?

2. Admettez que la section Robinet vend tout ce qu'elle peut fabriquer à des clients extérieurs sur le marché intermédiaire. Quelle fourchette de prix de cession interne, le cas échéant, serait acceptable pour les deux sections ?

3. Supposez encore une fois que la section Robinet vend tout ce qu'elle peut fabriquer à des clients extérieurs sur le marché intermédiaire. Admettez aussi qu'il serait possible d'éliminer les coûts variables de 3 $ dans les cessions à l'intérieur de l'entreprise, grâce à une réduction des frais de vente. Quelle fourchette de prix de cession interne, le cas échéant, serait acceptable pour les deux sections ?

Solution au problème de révision 11.3 – Exemple A

1. Comme la section Robinet compte sur une certaine capacité de production inutilisée, elle n'a pas à renoncer à ses ventes extérieures pour répondre à la demande de la section Pompe. Si l'on applique la formule du plus bas prix de cession interne acceptable du point de vue de la section qui vend, on obtient ce qui suit :

$$\text{Prix de cession interne} \geq \frac{\text{Coûts variables}}{\text{par unité}} + \frac{\text{Marge totale sur coûts variables correspondant aux ventes perdues}}{\text{Nombre d'unités cédées}}$$

$$\text{Prix de cession interne} \geq 16\ \$ + \frac{0\ \$}{10\ 000} = 16\ \$$$

La section Pompe refuserait de payer plus de 29 $, montant qu'elle verse déjà à un fournisseur extérieur pour chaque robinet. Par conséquent, le prix de cession interne doit se situer entre ces deux résultats.

$$16\ \$ \leq \text{Prix de cession interne} \leq 29\ \$$$

2. Comme la section Robinet vend tout ce qu'elle peut fabriquer sur le marché intermédiaire, elle devrait renoncer à une partie de ces ventes extérieures pour exécuter les commandes de la section Pompe. Dans ce contexte, son coût de renonciation correspondrait à la marge totale sur coûts variables relative aux ventes perdues.

$$\text{Prix de cession interne} \geq \frac{\text{Coûts variables}}{\text{par unité}} + \frac{\text{Marge totale sur coûts variables correspondant aux ventes perdues}}{\text{Nombre d'unités cédées}}$$

$$\geq 16\ \$ + \frac{(30\ \$ - 16\ \$) \times 10\ 000}{10\ 000} = 16\ \$ + 14\ \$ = 30\ \$$$

Comme la section Pompe peut acheter les robinets d'un fournisseur extérieur à seulement 29 $ l'unité, il n'y aura aucun produit cédé entre les deux sections.

3. Lorsqu'on applique la formule du prix de cession le plus bas qui soit acceptable du point de vue de la section vendeuse, on obtient ce qui suit :

$$\text{Prix de cession interne} \geq \frac{\text{Coûts variables}}{\text{par unité}} + \frac{\text{Marge totale sur coûts variables correspondant aux ventes perdues}}{\text{Nombre d'unités cédées}}$$

$$\geq (16\ \$ - 3\ \$) + \frac{(30\ \$ - 16\ \$) \times 10\ 000}{10\ 000} = 13\ \$ + 14\ \$ = 27\ \$$$

11

►

► Dans ce cas, le prix de cession interne doit se situer dans la fourchette suivante:

$$27\ \$\ \leq\ \text{Prix de cession interne}\ \leq\ 29\ \$$$

Exemple B

Reportez-vous aux données de base de l'exemple A. Supposez que la section Pompe a besoin de 20 000 régulateurs de pression de condensation par an. Les coûts variables de la section Robinet engagés pour fabriquer et expédier ces articles spéciaux sont de 20 $ par unité. Si la section Pompe décide de les fabriquer, la section Robinet devra réduire sa production et ses ventes de robinets ordinaires de 100 000 unités à 70 000 unités par an.

Travail à faire

En ce qui concerne la section Robinet, quel prix de cession interne le plus bas serait acceptable?

Solution au problème de révision 11.3 – Exemple B

Pour fabriquer 20 000 régulateurs de pression de condensation, la section Robinet devra renoncer à la vente de 30 000 robinets ordinaires à des clients extérieurs. Voici la formule pour calculer le prix de cession interne le plus bas qui soit acceptable du point de vue de la section vendeuse et le résultat de ce calcul.

$$\text{Prix de cession interne} \geq \frac{\text{Coûts variables}}{\text{par unité}} + \frac{\text{Marge totale sur coûts variables correspondant aux ventes perdues}}{\text{Nombre d'unités cédées}}$$

$$\geq\ 20\ \$\ +\ \frac{(30\ \$\ -\ 16\ \$)\ \times\ 30\ 000}{20\ 000}\ =\ 20\ \$\ +\ 21\ \$\ =\ 41\ \$$$

Questions

Q11.1 Que signifie le terme «décentralisation»?

Q11.2 Quels sont les avantages de la décentralisation?

Q11.3 En quoi les postes d'autorité hiérarchique et les postes d'autorité consultative sont-ils différents?

Q11.4 Expliquez en quoi consiste une unité d'exploitation dans une organisation. Donnez différents exemples d'unités d'exploitation.

Q11.5 Quels types de coûts attribue-t-on à une unité d'exploitation suivant la méthode des coûts variables?

Q11.6 Faites la distinction entre un coût fixe spécifique et un coût fixe commun. Donnez des exemples dans chaque cas.

Q11.7 Expliquez en quoi le bénéfice sectoriel diffère de la marge sur coûts variables.

Q11.8 Pourquoi ne répartit-on pas les coûts communs entre les unités d'exploitation lorsqu'on utilise la méthode des coûts variables?

Q11.9 Comment un coût que l'on peut rattacher à une unité d'exploitation peut-il devenir un coût commun lorsque cette unité est subdivisée en d'autres unités d'exploitation?

Q11.10 Nommez trois méthodes inappropriées de répartition des coûts fixes spécifiques entre les unités d'exploitation.

Q11.11 Faites la distinction entre un centre de coûts, un centre de profit et un centre d'investissement.

Q11.12 Qu'entend-on par «taux de bénéfice d'exploitation net» et par «taux de rotation du capital»?

Q11.13 Quelles sont les trois méthodes de base pour améliorer le RCI ?

Q11.14 Que signifie le sigle RNR ?

Q11.15 Comment l'utilisation du RCI comme mesure de la performance des centres d'investissement peut-elle conduire à de mauvaises décisions ? Comment la méthode du RNR permet-elle de surmonter ce problème ?

Q11.16 Devrait-on utiliser le résultat net résiduel pour comparer le rendement d'unités d'exploitation de tailles différentes ? Pourquoi ?

Q11.17 Quelles sont les quatre catégories de mesures de la performance généralement incluses dans un tableau de bord équilibré ?

Q11.18 Que signifie l'expression « prix de cession interne » ? En quoi ce prix est-il utile ?

Q11.19 Du point de vue d'une section vendeuse disposant d'une capacité de production inutilisée, quel serait le prix de cession interne minimal acceptable pour un produit ?

Q11.20 Du point de vue d'une section vendeuse ne disposant d'aucune capacité de production inutilisée, quel serait le prix de cession interne minimal acceptable pour un produit ?

Q11.21 Quels sont les avantages et les inconvénients du prix de cession interne établi en fonction des coûts ?

Q11.22 Lorsqu'il est possible de déterminer le prix du marché d'un produit, pourquoi s'agit-il généralement du meilleur prix de cession interne qui soit ?

Exercices

E11.1 Un état des résultats sectoriels

Caltec inc. produit et vend des ensembles CD et DVD. Voici des informations concernant ses activités.

	Produit	
	CD	DVD
Prix de vente par paquet..	8,00 $	25,00 $
Coûts variables par paquet..	3,20 $	17,50 $
Coûts fixes spécifiques annuels	138 000 $	45 000 $

Le total des coûts fixes communs de l'entreprise s'élève à 105 000 $ par période. Lors de la dernière période, l'entreprise a fabriqué et vendu 37 500 paquets de CD et 18 000 paquets de DVD.

Travail à faire

Préparez un état des résultats à l'aide de la méthode des coûts variables, pour la période en question, en le subdivisant par gamme de produits.

E11.2 Un état des résultats sectoriels

Depuis quelque temps, la société Beaupré, un distributeur en gros de calculatrices, éprouve des pertes, comme le montre son état des résultats mensuels le plus récent, établi selon la méthode des coûts variables.

Chiffre d'affaires..	1 500 000 $
Moins : Coûts variables	588 000
Marge sur coûts variables...................................	912 000
Moins : Coûts fixes	945 000
Perte	(33 000) $

11

▶ Dans un effort pour circonscrire le problème des pertes de l'entreprise, le chef de la direction a demandé un état des résultats par secteur géographique. Le service de la comptabilité a donc préparé le tableau suivant :

| | Secteur géographique | | |
	Sud	Centre	Nord
Chiffre d'affaires..	400 000 $	600 000 $	500 000 $
Coûts variables en pourcentage du chiffre d'affaires..	52 %	30 %	40 %
Coûts fixes spécifiques..	240 000 $	330 000 $	200 000 $

Travail à faire

1. Préparez un état des résultats sectoriels à l'aide de la méthode des coûts variables par secteur géographique, comme le souhaite le chef de la direction de la société.

2. Selon le directeur commercial de l'entreprise, on pourrait augmenter de 15 % les ventes dans le secteur géographique du centre si l'on accroissait de 25 000 $ les charges mensuelles de publicité. Recommanderiez-vous une augmentation de ces charges ? Donnez tous vos calculs pour justifier votre réponse.

E11.3 L'utilisation d'un état des résultats sectoriels

Mayrand et associés est une firme d'experts-conseils spécialisée dans les systèmes d'information pour les entreprises de construction et d'aménagement paysager. La firme compte deux bureaux, l'un à Toronto et l'autre à Vancouver. Elle classe les coûts directs de ses activités de conseil à titre de coûts variables. Vous trouverez ci-après l'état des résultats sectoriels établi selon la méthode des coûts variables de sa période d'activité la plus récente.

| | Total de la firme | | Bureau | | | |
			Toronto		Vancouver	
Chiffre d'affaires..	750 000 $	100,0 %	150 000 $	100 %	600 000 $	100 %
Moins : Coûts variables..	405 000	54,0 %	45 000	30 %	360 000	60 %
Marge sur coûts variables..	345 000	46,0 %	105 000	70 %	240 000	40 %
Moins : Coûts fixes spécifiques..	168 000	22,4 %	78 000	52 %	90 000	15 %
Bénéfices sectoriels par bureau..	177 000	23,6 %	27 000 $	18 %	150 000 $	25 %
Moins : Coûts fixes communs impossibles à rattacher aux bureaux..	120 000	16,0 %				
Bénéfice..	57 000 $	7,6 %				

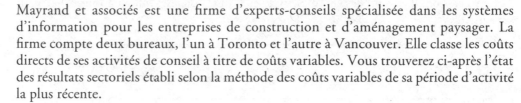

Travail à faire

1. De quel montant le bénéfice de la firme augmenterait-il si le bureau de Vancouver accroissait son chiffre d'affaires de 75 000 $ annuellement ? Supposez qu'il n'y a aucun changement dans les tendances en matière de comportement des coûts.

2. Reportez-vous aux données de départ et supposez que le chiffre d'affaires du bureau de Toronto s'accroît de 50 000 $ au cours de la période suivante, tandis que celui du bureau de Vancouver demeure inchangé. Supposez aussi que les coûts fixes ne varient pas.

   a) Préparez un nouvel état des résultats sectoriels pour la firme ci-dessus. Indiquez les montants et les pourcentages.

b) Dans l'état des résultats que vous avez préparé, vous remarquerez que le taux de la marge sur coûts variables du bureau de Toronto est demeuré inchangé à 70 %, mais que le taux des bénéfices sectoriels est différent. Comment expliquez-vous la variation de ce taux ?

E11.4 L'utilisation d'informations sectorielles

Reportez-vous aux données de l'exercice E11.3. Supposez que le chiffre d'affaires du bureau de Vancouver est réparti entre deux principaux groupes de clients, comme suit :

	Vancouver		Type de clientèle			
			Clientèle de la construction		Clientèle de l'aménagement paysager	
Chiffre d'affaires..............................	600 000 $	100 %	400 000 $	100 %	200 000 $	100 %
Moins: Coûts variables.........................	360 000	60 %	260 000	65 %	100 000	50 %
Marge sur coûts variables.....................	240 000	40 %	140 000	35 %	100 000	50 %
Moins: Coûts fixes spécifiques............	72 000	12 %	20 000	5 %	52 000	26 %
Bénéfices sectoriels par type de clientèle............	168 000	28 %	120 000 $	30 %	48 000 $	24 %
Moins: Coûts fixes communs impossibles à rattacher aux clientèles..............	18 000	3 %				
Bénéfice sectoriel du bureau	150 000 $	25 %				

L'entreprise voudrait lancer une importante campagne de publicité destinée à un de ces deux types de clientèle au cours du prochain mois. Cette campagne coûterait 8 000 $. D'après des études de marketing, elle augmenterait le chiffre d'affaires du marché de la clientèle de la construction de 70 000 $ ou celui de la clientèle de l'aménagement paysager de 60 000 $.

Travail à faire

1. À votre avis, sur quel marché l'entreprise devrait-elle concentrer ses efforts publicitaires ? Donnez les calculs qui justifient votre réponse.
2. Dans l'exercice E11.3, les coûts fixes spécifiques du bureau de Vancouver s'élevaient à 90 000 $. Qu'advient-il de ce montant dans le présent exercice ?

E11.5 La décentralisation et les centres de responsabilité

Voici quelques termes liés à la décentralisation et aux centres de responsabilité :

bénéfices	investissement
centre de coûts	responsable
coûts	résultat net résiduel
flexible	revenus

Complétez les énoncés suivants en choisissant le ou les termes qui conviennent le mieux. Vous pouvez employer chaque terme plus d'une fois, et chaque espace vide peut contenir plus d'un terme.

1. Un centre de responsabilité s'entend de toute partie d'une organisation dont le gestionnaire est _____ de la performance.
2. Un centre de profit est une unité d'exploitation dont le gestionnaire contrôle à la fois les _____ et les _____.

11

▶ 3. Le gestionnaire d'un centre d'investissement est responsable du _____ de cette unité d'exploitation.

4. On évalue souvent la performance d'un _____ en fonction des écarts par rapport aux _____ budgétés.

5. Le gestionnaire d'un centre d'_____ a la responsabilité de soumettre des propositions d'investissements.

E11.6 Le calcul et l'interprétation du RCI

Voici quelques données d'exploitation concernant deux sections de l'entreprise Brasse-tout du Canada.

	Section	
	Reine du Nord	Reine du Sud
Chiffre d'affaires..	8 000 000 $	14 000 000 $
Moyenne des actifs d'exploitation	4 000 000	4 000 000
Bénéfice d'exploitation net	720 000	840 000
Immobilisations corporelles (coût amorti)	1 900 000	1 600 000

Travail à faire

1. Calculez le taux de RCI de chaque section d'après la formule exprimée sous forme de taux de bénéfice d'exploitation net et de taux de rotation du capital.

2. D'après les données dont vous disposez, quel directeur de section semble accomplir le meilleur travail? Pourquoi?

E11.7 Le RCI et le RNR comparés

Miko inc. compte deux sections régionales dont les sièges sociaux respectifs se trouvent à Montréal et à Québec. Voici quelques données concernant ces deux sections.

	Section	
	Montréal	Québec
Chiffre d'affaires..	3 000 000 $	9 000 000 $
Bénéfice d'exploitation net	210 000	720 000
Moyenne des actifs d'exploitation	1 000 000	4 000 000

Travail à faire

1. Pour chaque section, calculez le RCI d'après la formule exprimée sous forme de taux de bénéfice d'exploitation net et de taux de rotation du capital. Effectuez vos calculs jusqu'à deux décimales près.

2. Supposez que l'entreprise évalue la performance à l'aide du RNR et que le taux de rendement minimal requis de chaque section est de 15 %. Calculez le RNR de chacune.

3. Le montant du RNR de la section de Québec est le plus élevé des deux. Cela signifie-t-il que cette section est mieux gérée que l'autre? Justifiez votre réponse.

E11.8 Les effets des variations des bénéfices et des actifs sur le RCI

FormePlus est une chaîne régionale de centres de mise en forme. Le gestionnaire de chaque centre, appelé Club, dispose de l'autorité nécessaire pour faire les investissements qui s'imposent et est surtout évalué selon le RCI. Voici les résultats présentés par le centre FormePlus Club 52 à l'exercice précédent.

Chiffre d'affaires	500 000 $
Bénéfice d'exploitation net	15 000
Moyenne des actifs d'exploitation	80 000

Travail à faire

Répondez aux questions qui suivent indépendamment les unes des autres. Arrondissez les résultats de tous vos calculs jusqu'à deux décimales près.

1. Calculez le RCI du centre de mise en forme Club 52.
2. Supposez que le gestionnaire du centre arrive à accroître le chiffre d'affaires de 80 000 $ et que le bénéfice d'exploitation net augmente ainsi de 6 000 $. Supposez également qu'il parvient à ces résultats sans avoir à accroître les actifs d'exploitation. Quel est alors le RCI de ce centre?
3. Supposez que le gestionnaire du czentre parvient à réduire les coûts de 3 200 $ sans toutefois apporter de changement au chiffre d'affaires ou aux actifs d'exploitation. Quel est alors le RCI de ce centre?
4. Supposez que le gestionnaire du centre parvient à réduire les actifs d'exploitation de 20 000 $ sans toutefois apporter de changement au chiffre d'affaires ou au bénéfice d'exploitation net. Quel est alors le RCI de ce centre?

E11.9 Le RCI, le RNR et un projet d'investissement

Voici quelques données sur le chiffre d'affaires et sur les activités d'exploitation des trois divisions d'une société de construction multinationale.

	Division		
	Asie	Europe	Amérique du Nord
Chiffre d'affaires..........................	12 000 000 $	14 000 000 $	25 000 000 $
Moyenne des actifs d'exploitation	3 000 000 $	7 000 000 $	5 000 000 $
Bénéfice d'exploitation net	600 000 $	560 000 $	800 000 $
Taux de rendement minimal requis................	14 %	10 %	16 %

Travail à faire

1. Calculez le RCI de chaque division à l'aide de la formule exprimée sous forme de taux de bénéfice d'exploitation net et de taux de rotation du capital.
2. Calculez le RNR de chaque section.
3. Supposez que l'on présente à chaque section une possibilité d'investissement dont le taux de rendement serait de 15 %.
   a) Si la performance des divisions est mesurée à l'aide du RCI, laquelle ou lesquelles d'entre elles accepteront sans doute cette offre? Laquelle ou lesquelles la rejetteront? Pourquoi?
   b) Si la performance des divisions est mesurée à l'aide du RNR, laquelle ou lesquelles d'entre elles accepteront sans doute cette offre? Laquelle ou lesquelles la rejetteront? Pourquoi?

E11.10 Des données manquantes

Un ami de la famille vous demande de l'aider à analyser les activités de trois organisations anonymes.

11

► **Travail à faire**

Inscrivez les données manquantes dans le tableau suivant:

| | Entreprise | | |
	A	B	C
Chiffre d'affaires.............................	9 000 000 $	7 000 000 $	4 500 000 $
Bénéfice d'exploitation net	? $	280 000 $	? $
Moyenne des actifs d'exploitation	3 000 000 $	? $	1 800 000 $
RCI..	18 %	14 %	? %
Taux de rendement minimal requis:			
Pourcentage..	16 %	? %	15 %
Montant en dollars.....................................	? $	320 000 $	? $
RNR	? $	? $	90 000 $

E11.11 Le prix de cession interne

La section Audio de Sako inc. fabrique un haut-parleur utilisé par de nombreux fabricants de produits audio. Voici des données sur les ventes et les coûts de ce haut-parleur.

Prix de vente par unité sur le marché intermédiaire...................................	60 $
Coûts variables par unité	42 $
Coûts fixes par unité (d'après la capacité de production)	8 $
Capacité de production en unités...	25 000

L'entreprise vient d'établir une section Haute-fidélité, qui pourrait utiliser ce haut-parleur dans l'un de ses produits. La section en question a besoin de 5 000 haut-parleurs par année. Un autre fabricant lui propose un prix de 57 $ par haut-parleur. Sako inc. évalue ses directeurs d'après les bénéfices d'exploitation de leur section.

Travail à faire

1. Supposez que la section Audio vend en ce moment seulement 20 000 haut-parleurs par an à des clients extérieurs sur le marché intermédiaire.
   a) Du point de vue de la section Audio, quel serait le plus bas prix de cession interne acceptable pour des haut-parleurs vendus à la section Haute-fidélité?
   b) Du point de vue de la section Haute-fidélité, quel serait le prix de cession interne le plus élevé qui soit acceptable pour l'acquisition des haut-parleurs de la section Audio?
   c) Si les deux directeurs de section pouvaient négocier librement (sans intervention extérieure), croyez-vous qu'ils accepteraient la cession de 5 000 haut-parleurs de la section Audio à la section Haute-fidélité? Pourquoi?
   d) Du point de vue de l'ensemble de l'entreprise, la cession devrait-elle avoir lieu? Pourquoi?
2. Supposez que la section Audio vend tous les haut-parleurs qu'elle peut fabriquer à des clients extérieurs sur le marché intermédiaire.
   a) Du point de vue de la section Audio, quel serait le plus bas prix de cession interne acceptable pour la vente de ces haut-parleurs à la section Haute-fidélité?
   b) Du point de vue de la section Haute-fidélité, quel serait le prix de cession interne le plus élevé qui soit acceptable pour l'achat de haut-parleurs à la section Audio?
   c) Si les deux directeurs de section pouvaient négocier librement, croyez-vous qu'ils accepteraient la cession de 5 000 haut-parleurs de la section Audio à la section Haute-fidélité? Pourquoi?
   d) Du point de vue de l'ensemble de l'entreprise, la cession devrait-elle avoir lieu? Pourquoi?

11

E11.12 La fixation des prix de cession interne

Les Produits Coulée douce inc. possèdent une section de robinetterie qui fabrique et vend un modèle de robinet standard, comme suit:

Capacité de production en unités	100 000
Prix de vente aux clients extérieurs sur le marché intermédiaire	15 $
Coûts variables par unité	8 $
Coûts fixes par unité (selon la capacité de production)	5 $

L'entreprise dispose également d'une section de pompage qui pourrait employer ce robinet dans la fabrication de l'une de ses pompes. Actuellement, cette section achète 10 000 robinets par année auprès d'un fournisseur à l'étranger au coût de 14 $ par unité.

Travail à faire

1. Supposez que la section de la robinetterie possède une capacité de production inutilisée suffisante pour répondre à tous les besoins de la section de pompage. Le cas échéant, quelle fourchette de prix de cession interne serait acceptable pour les deux sections?

2. Supposez que la section de la robinetterie vend tout ce qu'elle peut fabriquer à des clients extérieurs sur le marché intermédiaire. Le cas échéant, quelle fourchette de prix de cession interne serait acceptable pour les deux sections?

3. Supposez de nouveau que la section de la robinetterie vend tout ce qu'elle peut fabriquer à des clients extérieurs sur le marché intermédiaire. Imaginez également qu'il serait possible d'éliminer des coûts variables de 2 $ grâce à une réduction des frais de livraison, pour les cessions internes de l'entreprise. Le cas échéant, quelle fourchette de prix de cession interne serait acceptable pour les deux sections?

4. Supposez maintenant que la section de pompage a besoin de 20 000 robinets à haute pression spéciaux chaque année et que les coûts variables engagés par la section de la robinetterie pour les fabriquer et les expédier s'élèvent à 10 $ par unité. Par ailleurs, pour fabriquer ces robinets particuliers, la section de la robinetterie devrait réduire sa production et ses ventes de robinets standards, qui passerait ainsi de 100 000 unités à 70 000 unités par année. Quel serait alors le prix de cession interne minimal acceptable pour la section de la robinetterie?

E11.13 Diverses situations de prix de cession interne

Pour chacune des situations présentées ci-après, supposez que la section X fabrique un produit qu'elle peut vendre soit à des clients extérieurs sur un marché intermédiaire, soit à la section Y de l'entreprise, qui s'en servirait dans son processus de production. Les directeurs sont évalués en fonction des bénéfices d'exploitation de leur section.

	Situation	
	A	B
Section X:		
Capacité de production en unités	200 000	200 000
Nombre d'unités vendues sur le marché intermédiaire	200 000	160 000
Prix de vente par unité sur le marché intermédiaire	90 $	75 $
Coûts variables par unité...	70 $	60 $
Coûts fixes par unité (d'après la capacité de production)........	13 $	8 $
Section Y:		
Nombre d'unités requises pour la production......................	40 000	40 000
Prix d'achat par unité payé au fournisseur extérieur actuel	86 $	74 $

11

►

► **Travail à faire**

1. Reportez-vous aux données de la situation A. Supposez que, dans le cas présent, on peut éliminer un montant de 3 $ par unité en coûts variables sur les ventes à l'intérieur de l'entreprise. Si les directeurs de section peuvent négocier librement et prendre leurs propres décisions, accepteront-ils la cession? Le cas échéant, quelle serait la fourchette à l'intérieur de laquelle se situerait le prix de cession interne? Justifiez votre réponse.

2. Reportez-vous aux données de la situation B. Dans le cas présent, il n'y a aucune économie de coûts variables possible pour les ventes à l'intérieur de l'entreprise. Si les deux directeurs de section peuvent négocier librement et prendre leurs propres décisions, accepteront-ils la cession? Le cas échéant, quelle serait la fourchette à l'intérieur de laquelle se situerait le prix de cession interne? Justifiez votre réponse.

E11.14 Le prix de cession interne du point de vue global de l'entreprise

La section A fabrique des cartes de circuits imprimés. Ces cartes peuvent être vendues à la section B de la même entreprise ou à des clients extérieurs. Au cours de la dernière période, la section A a enregistré les données ci-dessous.

Prix de vente par carte de circuits imprimés	125 $
Coût de fabrication par carte...	90 $
Nombre de cartes:	
Fabriquées pendant la période..	20 000
Vendues à des clients extérieurs...	16 000
Vendues à la section B...	4 000

Le prix de vente à la section B était identique à celui payé par les clients extérieurs. Les cartes de circuits imprimés achetées par la section B servent à la fabrication d'un appareil électronique produit par la section, à raison d'une carte par appareil. La section B a engagé un coût supplémentaire de 100 $ par appareil, puis les a vendus 300 $ l'unité.

Travail à faire

1. Préparez des états des résultats pour la section A, la section B et l'ensemble de l'entreprise.

2. Supposez que la capacité de production de la section A est de 20 000 cartes de circuits imprimés. Au cours de la prochaine période, la section B veut acheter 5 000 cartes de circuits imprimés de la section A plutôt que 4 000, comme au cours de la dernière période. (Ces cartes ne peuvent être achetées de fournisseurs extérieurs.) Du point de vue de l'ensemble de l'entreprise, la section A devrait-elle céder les 1 000 cartes supplémentaires à la section B ou devrait-elle continuer à les vendre à des clients extérieurs? Justifiez votre réponse.

E11.15 Les rapports qui caractérisent le RCI

La société Faitout veut reconstituer certaines données manquantes pour trois de ses unités d'exploitation.

Travail à faire

Trouvez les données manquantes dans le tableau suivant.

| | Unité d'exploitation | | |
	Fabrication	Consultation	Technologies de l'information
Chiffre d'affaires................................	800 000 $	? $	? $
Bénéfice d'exploitation net	72 000 $	? $	40 000 $
Moyenne des actifs d'exploitation	? $	130 000 $	? $
Taux de bénéfice d'exploitation net......	? %	4 %	8 %
Taux de rotation du capital	?	5	?
RCI..	18 %	? %	20 %

Problèmes

P11.16 La préparation d'un organigramme

Située au Québec, l'Université Mont-Royal est une grande institution. L'université est dirigée par un recteur qui compte cinq vice-recteurs sous ses ordres. Les vice-recteurs sont respectivement responsables des services auxiliaires, des admissions et des inscriptions, des études, des services financiers, et des installations.

L'université compte aussi des gestionnaires dans différents domaines, qui relèvent tous des vice-recteurs. Parmi ces gestionnaires, certains s'occupent des achats, des presses universitaires et de la librairie de l'université ; tous sont sous la responsabilité du vice-recteur des services auxiliaires. Les directeurs des services informatiques et des services comptables et financiers sont sous la responsabilité du vice-recteur des services financiers. Les directeurs des services de l'équipement et de l'entretien relèvent du vice-recteur des installations.

L'université se compose de quatre facultés : administration, sciences humaines, beaux-arts, ingénierie et méthodes quantitatives ; on y trouve aussi une école de droit. Chacune des facultés a un doyen responsable devant le vice-recteur des études. Chaque faculté comprend différents départements mais l'école de droit n'a pas de département sous sa responsabilité.

Travail à faire

1. Préparez l'organigramme de l'Université Mont-Royal.
2. Quels postes de l'organigramme seraient des postes d'autorité hiérarchique? Pourquoi? Quels postes seraient des postes d'autorité consultative? Pourquoi?
3. Quels postes de l'organigramme pourraient avoir besoin d'information comptable? Expliquez votre réponse.

P11.17 Les postes d'autorité hiérarchique et les postes d'autorité consultative

La société Alliages spécialisés fabrique divers produits métalliques spécialisés à usage industriel. La plus grande partie de ses revenus provient de contrats importants avec des entreprises en affaires avec le ministère de la Défense. Alliages spécialisés produit aussi des pièces qu'elle vend aux grands constructeurs de véhicules automobiles. Elle fait appel à de nombreux métallurgistes et techniciens qualifiés, car la plupart de ses produits se composent d'alliages très complexes.

Alliages spécialisés paraphait récemment deux contrats importants, ce qui a rendu la charge de travail du directeur général, Simon Cloutier, écrasante. Pour alléger quelque peu cette lourde tâche, Marc Johnson, ancien chef métallurgiste et superviseur au service de planification de la recherche, a été nommé adjoint au directeur général.

11

▶ Lors de leur première réunion, M. Cloutier a confié plusieurs responsabilités à M. Johnson. Désormais, M. Johnson surveillera les essais de nouveaux alliages effectués au service de planification de la recherche. Son pouvoir décisionnel s'étendra à l'utilisation de ces alliages dans le développement des produits. M. Johnson veillera aussi au respect du calendrier de production de l'un des nouveaux contrats. Enfin, M. Johnson devra rencontrer les superviseurs des services de production sur une base régulière pour discuter d'éventuels problèmes dans ce secteur.

M. Cloutier pense pouvoir diriger l'entreprise avec beaucoup plus d'efficacité en compagnie de M. Johnson.

Travail à faire

1. Les postes offerts dans les organisations sont souvent décrits comme a) des postes d'autorité hiérarchique ou b) des postes d'autorité consultative. En quoi consistent ces deux types de postes?
2. Parmi les responsabilités assignées à M. Johnson en tant qu'adjoint au directeur général, quelles tâches lui confèrent une autorité hiérarchique? Quelles tâches lui confèrent une autorité consultative?
3. Déterminez et décrivez les conflits auxquels M. Johnson pourrait prendre part au sein des services de production, en raison de ses nouvelles responsabilités.

(Adaptation d'un problème de CPA Canada)

P11.18 L'organigramme des postes hiérarchiques et consultatifs

L'Association du personnel médical (APM) est une organisation éducative qui soutient un large éventail de personnes travaillant dans des établissements de santé, notamment des hôpitaux, des cliniques et des cabinets médicaux. Ses membres sont des médecins, des infirmiers, des adjoints médicaux et des gestionnaires professionnels. Cette organisation professionnelle s'est donné pour mission d'offrir aux travailleurs du domaine médical des possibilités de s'instruire et de se perfectionner à travers ses sections régionales, un magazine mensuel (*La revue de l'APM*), des programmes de formation continue, des séminaires, des cours d'autoformation et des publications de recherche.

L'APM est dirigée par un conseil d'administration élu par ses membres. Le président du conseil est le bénévole le plus haut placé; il dirige le conseil, dont le rôle consiste à élaborer les politiques de l'organisation. Ces politiques sont mises en œuvre par le personnel professionnel rémunéré de l'APM. La principale fonction du président est de gérer les activités des employés professionnels. Comme dans n'importe quelle organisation, ces employés occupent des postes hiérarchiques et consultatifs. La figure suivante présente un organigramme partiel du personnel professionnel de l'APM.

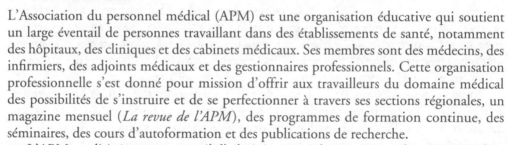

L'organigramme partiel de l'Association du personnel médical

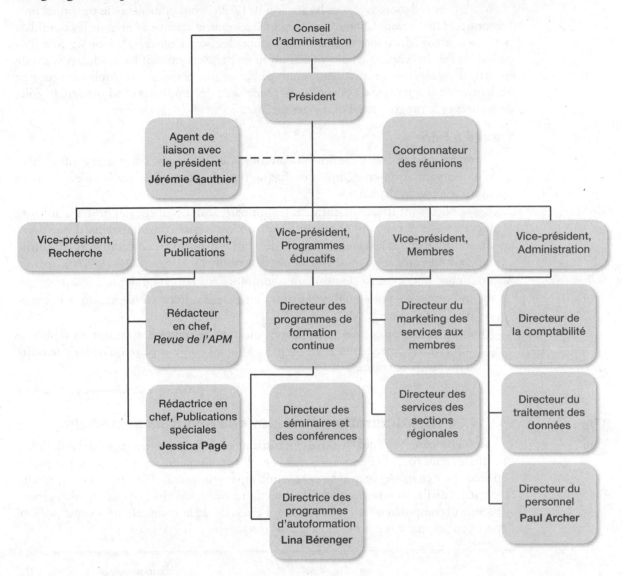

Voici une description de quatre postes figurant dans l'organigramme.

Jérémie Gauthier, agent de liaison avec le président

M. Gauthier agit comme intermédiaire entre le président de l'APM et le personnel professionnel. Toute communication adressée au président passe par lui. De plus, M. Gauthier travaille très étroitement avec celui-ci, notamment pour toute question devant être soumise au président et au conseil d'administration.

Lina Bérenger, directrice des programmes d'autoformation

Mme Bérenger est chargée d'élaborer et de promouvoir les cours d'autoformation offerts par l'APM. Ces cours s'appuient sur des formations en ligne et un manuel. La plupart sont élaborés par des sous-traitants qui travaillent sous sa direction. Mme Bérenger compte sur le directeur du marketing des services aux membres pour l'aider à faire connaître ces cours.

Jessica Pagé, rédactrice en chef des publications spéciales

Mme Pagé est surtout responsable de la publication et de la vente des comptes rendus de recherche produits par le service de la recherche. De plus, elle coordonne la publication de tous les documents spéciaux préparés par d'autres comités ou services de l'APM. Mme Pagé travaille également avec le Comité de publication de l'APM, qui établit les politiques sur les types de documents que l'organisation devrait publier.

11

► **Paul Archer, directeur du personnel**

M. Archer collabore avec tous les services de l'APM pour embaucher le personnel professionnel et de bureau. Chaque service présélectionne et reçoit en entrevue les candidats potentiels, mais M. Archer se charge d'annoncer les postes ouverts. Il joue un rôle plus actif dans l'embauche des employés de bureau en présélectionnant les candidats avant de les diriger vers les services pertinents où ils passeront une entrevue. M. Archer coordonne également le programme d'évaluation du rendement des employés et administre la grille de salaires et le programme d'avantages sociaux.

Travail à faire

1. Comparez les postes d'autorité hiérarchique et les postes d'autorité consultative d'une organisation en définissant chaque type de poste. Précisez le rôle, le but et l'importance de chacun.

2. Les conflits sont fréquents entre les gestionnaires qui occupent des postes d'autorité hiérarchique et ceux qui occupent des postes d'autorité consultative dans une organisation. Décrivez les caractéristiques des postes d'autorité consultative et d'autorité hiérarchique susceptibles de provoquer ces conflits.

3. Pour chacun des quatre gestionnaires nommés dans l'organigramme :
   a) indiquez si le poste qu'il occupe est de type consultatif ou hiérarchique et expliquez votre choix;
   b) évoquez des problèmes que chaque gestionnaire pourrait affronter en raison de son type de poste (consultatif ou hiérarchique) ou de la place qu'occupe ce poste dans l'organigramme.

(Adaptation d'un problème de CPA Canada)

P11.19 La restructuration d'un état des résultats sectoriels

La société Brabant N.V. des Pays-Bas, un distributeur en gros de fromages hollandais, fait des affaires dans toute l'Union européenne. Malheureusement, depuis quelque temps, ses bénéfices sont en baisse, ce qui inquiète beaucoup ses dirigeants. Pour mieux comprendre la situation de l'entreprise, le chef de la direction a demandé que l'état des résultats mensuels soit décomposé en secteurs de vente. Le service de la comptabilité a donc préparé l'état financier qui suit pour le mois le plus récent, soit celui de mars.

	Secteur de vente		
	Sud de l'Europe	Europe centrale	Nord de l'Europe
Chiffre d'affaires	300 000 $	800 000 $	700 000 $
Moins : Frais par secteur (spécifiques) :			
Coût des ventes	93 000	240 000	315 000
Salaires..	54 000	56 000	112 000
Assurance...	9 000	16 000	14 000
Publicité...	105 000	240 000	245 000
Amortissement	21 000	32 000	28 000
Expédition...	15 000	32 000	42 000
Total des frais par secteur	297 000	616 000	756 000
Bénéfice (perte) par secteur avant les charges du siège social	3 000	184 000	(56 000)
Moins : Charges du siège social :			
Publicité (général)...................................	15 000	40 000	35 000
Frais d'administration............................	20 000	20 000	20 000
Total des charges du siège social...................	35 000	60 000	55 000
Bénéfice (perte)..	(32 000) $	124 000 $	(111 000) $

Seuls le coût des ventes et les frais d'expédition sont variables. Tous les autres coûts sont fixes. La société Brabant N.V. achète ses fromages dans des ventes aux enchères ainsi qu'à des coopératives d'agriculteurs, et les distribue dans les trois secteurs indiqués précédemment. Chacun de ces secteurs a son propre chef de la direction et son propre personnel de vente. La rentabilité des fromages varie beaucoup d'un produit à l'autre ; quelques-uns ont une marge élevée, d'autres, une marge faible. (Certains types de fromages, qu'on a laissé vieillir durant de longues périodes, sont ceux qui ont le prix de vente et la marge les plus élevés.)

Travail à faire

1. Dressez une liste de tous les inconvénients ou points faibles de l'état financier précédent.
2. Expliquez l'unité d'œuvre apparemment utilisée pour répartir les charges du siège social entre les secteurs de vente. Approuvez-vous ce mode de répartition ? Justifiez votre réponse.
3. Préparez un nouvel état des résultats sectoriels à l'aide de la méthode des coûts variables pour le mois de mai. Ajoutez une colonne des totaux ainsi que des données pour chaque secteur. Ajoutez aussi des pourcentages pour chacune des colonnes de votre état et exprimez-les à une décimale près.
4. Analysez l'état des résultats que vous avez préparé à la question 3. Sur quels éléments susceptibles d'aider à améliorer la performance de l'entreprise attireriez-vous l'attention de la direction ?

P11.20 L'état des résultats sectoriels et la prise de décisions

L'état des résultats mensuels le plus récent de la société Restigouche, préparé à l'aide de la méthode des coûts variables, apparaît ci-dessous.

RESTIGOUCHE		
État des résultats		
pour le mois terminé le 31 mai		
Chiffre d'affaires	900 000 $	100,0 %
Moins : Coûts variables	408 000	45,3 %
Marge sur coûts variables	492 000	54,7 %
Moins : Coûts fixes	465 000	51,7 %
Bénéfice	27 000 $	3,0 %

La direction est déçue de la performance de l'entreprise et se demande ce qu'elle pourrait faire pour augmenter les bénéfices. En examinant des documents relatifs aux ventes et aux coûts, vous avez constaté ce qui suit :

a) L'entreprise compte deux secteurs de vente — le secteur central et le secteur de l'Est. Pour le mois de mai, le secteur central a enregistré un chiffre d'affaires de 400 000 $ et des coûts variables de 208 000 $, tandis que le secteur de l'Est enregistrait un chiffre d'affaires de 500 000 $ et des coûts variables de 200 000 $. On peut rattacher des coûts fixes de 160 000 $ et de 130 000 $ aux secteurs central et de l'Est, respectivement. Quant au reste des coûts fixes, il s'agit de coûts communs aux deux secteurs.
b) L'entreprise est le distributeur exclusif de deux produits, Oups et Toups, dont les ventes totalisaient respectivement 100 000 $ et 300 000 $ dans le secteur central, en mai. Les coûts variables représentent 25 % du prix de vente des Oups, et 61 % de celui des Toups. D'après des documents relatifs aux coûts, 60 000 $ des coûts fixes du secteur central peuvent être rattachés aux Oups, et 54 000 $, aux Toups, le reste étant des coûts communs aux deux produits.

11

► **Travail à faire**

1. Préparez des états des résultats sectoriels à l'aide de la méthode des coûts variables en indiquant d'abord l'ensemble de l'entreprise décomposée en secteurs de vente, puis le secteur central décomposé en ses gammes de produits. Prévoyez une colonne des montants et une colonne des pourcentages pour l'ensemble de l'entreprise et pour chaque secteur. Arrondissez vos calculs de pourcentages à une décimale près.

2. Examinez l'état financier que vous avez préparé par secteur de vente pour l'ensemble de l'entreprise. Quels éléments mis en lumière dans ce document devraient être portés à l'attention de la direction ?

3. Étudiez maintenant l'état financier que vous avez préparé par gamme de produits pour le secteur central. Quels éléments de ce document devraient être mentionnés aux gestionnaires ?

P11.21 Des états des résultats multisectoriels

La société Severo S.A., de Sao Paulo, au Brésil, comporte deux divisions. L'état des résultats sectoriels pour le mois le plus récent, préparé à l'aide de la méthode des coûts variables, apparaît ci-dessous.

	Ensemble de l'entreprise	Division	
		Étoffe	Cuir
Chiffre d'affaires..................................	3 500 000 $	2 000 000 $	1 500 000 $
Moins : Coûts variables	1 721 000	960 000	761 000
Marge sur coûts variables...................	1 779 000	1 040 000	739 000
Moins : Coûts fixes spécifiques :			
Publicité...	612 000	300 000	312 000
Administration	427 000	210 000	217 000
Amortissement	229 000	115 000	114 000
Total des coûts fixes spécifiques.	1 268 000	625 000	643 000
Bénéfice sectoriel de la division...........	511 000	415 000 $	96 000 $
Moins : Coûts fixes communs.............	390 000		
Bénéfice..	121 000 $		

La haute direction ne comprend pas les raisons pour lesquelles la division Cuir présente un bénéfice sectoriel si faible alors que ses ventes sont seulement de 25 % inférieures à celles de la division Étoffe. Dans le but de circonscrire le problème, la direction a demandé que la division Cuir soit décomposée en ses différentes gammes de produits. Voici des renseignements qui découlent de cette opération.

	Gamme de produits de la division Cuir		
	Vêtements	Chaussures	Sacs à main
Chiffre d'affaires....................................	500 000 $	700 000 $	300 000 $
Coûts fixes spécifiques :			
Publicité...	80 000	112 000	120 000
Administration	30 000	35 000	42 000
Amortissement	25 000	56 000	33 000
Coûts variables en pourcentage du chiffre d'affaires............................	65 %	40 %	52 %

D'après une analyse, une partie des frais d'administration de la division Cuir, soit un montant de 110 000 $, est un coût commun aux trois gammes de produits.

Travail à faire

1. Préparez un état des résultats sectoriels à l'aide de la méthode des coûts variables pour la division Cuir en considérant les gammes de produits comme des sections.

2. La direction est surprise des mauvais résultats de la gamme de produits des sacs à main et souhaiterait que cette gamme soit encore subdivisée par marchés. Elle a obtenu les renseignements ci-après concernant les marchés sur lesquels se vendent les sacs à main.

	Marché des sacs à main	
	Local	Extérieur
Chiffre d'affaires..	200 000 $	100 000 $
Coûts fixes spécifiques :		
Publicité..	40 000	80 000
Coûts variables en pourcentages du chiffre d'affaires...	43 %	70 %

Tous les frais d'administration de la gamme de produits des sacs à main ainsi que l'amortissement sont des coûts communs aux deux marchés sur lesquels le produit est vendu. Préparez un état des résultats sectoriels à l'aide de la méthode des coûts variables pour la gamme de produits des sacs à main, en considérant les marchés comme des secteurs.

3. Reportez-vous à l'état financier préparé à la question 1. Le directeur des ventes veut organiser une campagne de promotion spéciale pour une des gammes de produits au cours du mois prochain. D'après une étude de marché, une telle campagne pourrait faire augmenter les ventes de la gamme des vêtements de 200 000 $ ou celles de la gamme des chaussures de 145 000 $, et elle ne coûterait que 30 000 $. Déterminez sur quelle gamme de produits l'entreprise devrait faire porter cette campagne et présentez les calculs qui justifient votre choix.

P11.22 La publication d'informations sectorielles avec la CPA

«Le marché commercial nous fait perdre de l'argent depuis des années. » Stéphanie Vachon, présidente de Produits Labo, est déçue des bénéfices peu reluisants enregistrés par le marché commercial. «Le marché commercial représente trois millions de dollars de plus en chiffre d'affaires que le marché des consommateurs, mais seulement quelques milliers de dollars de bénéfices de plus. C'est un désastre. »

Voici l'état des résultats auquel se réfère Mme Vachon.

	Ensemble de l'entreprise		Marché commercial	Marché des consommateurs	Marché scolaire
Chiffre d'affaires..............................	20 000 000 $	100,0 %	8 000 000 $	5 000 000 $	7 000 000 $
Moins : Charges opérationnelles :					
Coût des ventes	9 500 000	47,5 %	3 900 000	2 400 000	3 200 000
Matériel de promotion des ventes.........	3 600 000	18,0 %	1 440 000	900 000	1 260 000
Traitement des commandes.................	1 720 000	8,6 %	688 000	430 000	602 000
Entreposage	940 000	4,7 %	376 000	235 000	329 000
Emballage et expédition......................	520 000	2,6 %	208 000	130 000	182 000
Publicité...	1 690 000	8,4 %	676 000	422 500	591 500
Frais d'administration	1 310 000	6,6 %	524 000	327 500	458 500
Total des charges opérationnelles	19 280 000	96,4 %	7 812 000	4 845 000	6 623 000
Bénéfice..	720 000 $	3,6 %	188 000 $	155 000 $	377 000 $

11

▶ Le vice-président de l'entreprise, Pierre Lebeau, est d'accord avec Mme Vachon : « Nous devons concentrer une plus grande partie de nos efforts sur le marché scolaire, car c'est notre meilleure section. Si nous réussissons à augmenter nos bénéfices, les actionnaires seront peut-être satisfaits ! »

Voici quelques renseignements supplémentaires sur l'entreprise.

a) Produits Labo est un producteur grossiste de différentes marchandises. Les montants du tableau précédent indiquent le coût des ventes pouvant être rattaché aux différents marchés.

b) La direction considère le matériel de promotion des ventes, le traitement des commandes, et l'emballage et l'expédition comme des coûts variables. Par contre, l'entreposage, les frais généraux de gestion et la publicité constituent, selon elle, des coûts fixes. Ces coûts ont tous été répartis entre les marchés en fonction du chiffre d'affaires. Il s'agit d'une pratique qui a cours dans l'entreprise depuis des années.

c) Vous avez recueilli les données suivantes :

Centre de regroupement de coûts par activité (et unité d'œuvre)	Total des coûts	Niveau d'activité			
		Total	Marché commercial	Marché des consommateurs	Marché scolaire
Matériel de promotion des ventes (nombre d'appels)	3 600 000 $	24 000	8 000	5 000	11 000
Traitement des commandes (nombre de commandes)	1 720 000	8 600	1 750	5 200	1 650
Entreposage (mètres carrés d'espace)	940 000	39 000	11 000	22 000	6 000
Emballage et expédition (kilogrammes expédiés)	520 000	52 000	12 000	8 000	32 000

d) Vous avez déterminé que les dépenses de l'entreprise en publicité et en frais d'administration se décomposent comme suit :

	Total	Marché		
		Commercial	Consommateurs	Scolaire
Publicité :				
Coûts spécifiques	1 460 000 $	700 000 $	180 000 $	580 000 $
Coûts communs	230 000	–	–	–
Frais d'administration :				
Coûts spécifiques – salaires	410 000	150 000	120 000	140 000
Coûts communs	900 000	–	–	–

La direction cherche des moyens d'augmenter ses bénéfices. Vous lui avez proposé d'établir un état des résultats sectoriels dans lequel les coûts seraient répartis en fonction des activités. Les gestionnaires pourraient ainsi obtenir plus d'informations.

Travail à faire

1. Reportez-vous aux données fournies en c). Déterminez un taux de répartition pour chaque centre de regroupement des coûts, puis, à l'aide de ce taux, calculez les coûts attribuables à chaque marché.

2. À l'aide des résultats obtenus à la question précédente et d'autres données tirées de l'énoncé du problème, préparez un état des résultats sectoriels révisé. Utilisez la méthode des coûts variables. Prévoyez une colonne des montants et une colonne des pourcentages pour l'ensemble de l'entreprise et pour chaque segment de marché. Calculez les pourcentages à une décimale près. (N'oubliez pas d'inclure l'entreposage dans les coûts fixes.)

3. Y a-t-il un ou plusieurs éléments de votre rapport qui devraient être signalés à l'attention de la direction ? Le cas échéant, lesquels ? Justifiez votre réponse.

P11.23 L'entreprise de service et la publication d'informations sectorielles

L'Association des professeurs de musique inc. compte 20 000 membres. L'association fonctionne à partir d'un siège social central, mais elle comprend des sections régionales partout au Canada. Ces sections tiennent des assemblées mensuelles pour discuter de nouvelles récentes concernant des sujets qui intéressent les professeurs de musique. La revue de l'association, *Musique*, paraît chaque mois et contient des articles sur les événements récents dans le domaine. L'association publie aussi des ouvrages et des rapports. En outre, elle parraine des cours qui fournissent des crédits en formation professionnelle continue. Voici l'état des résultats de l'association pour la période en cours.

ASSOCIATION DES PROFESSEURS DE MUSIQUE INC.
État des résultats
pour la période terminée le 30 novembre

Revenus	3 275 000 $
Moins : Charges opérationnelles :	
Salaires	920 000
Avantages sociaux	230 000
Charges locatives	280 000
Remboursement des coûts des membres aux sections régionales	600 000
Autres services aux membres	500 000
Impression et papier	320 000
Frais de poste et d'expédition	176 000
Rémunération des formateurs	80 000
Frais d'administration	38 000
Total des charges opérationnelles	3 144 000
Excédent des revenus sur les charges	131 000 $

Le conseil d'administration de l'association a demandé un état des résultats sectoriels pour connaître la contribution de chaque centre de profit. Il y a quatre centres de profit : les sections Admission, Abonnement à la revue, Livres et rapports, et Formation continue. On a confié à Michel Doyle la tâche de préparer l'état des résultats sectoriels de l'association. Voici les renseignements qu'il a recueillis.

a) La cotisation des membres à l'association s'élève à 100 $ par an, dont 20 $ servent à payer un abonnement annuel à la revue *Musique*. Elle donne droit, entre autres avantages, au titre de membre de l'association et à une affiliation à une section régionale. La partie de la cotisation consacrée à la souscription à la revue (20 $) devrait être attribuée à la section Abonnement à la revue.

b) L'association a vendu des abonnements d'un an à la revue *Musique* à des non-membres et à des bibliothèques, au prix de 30 $ par abonnement. L'an dernier, elle en avait vendu 2 500 au total. En outre, la revue a généré 100 000 $ en recettes publicitaires. Les coûts par abonnement à la revue sont de 7 $ pour l'impression et le papier, et de 4 $ en frais de poste et d'expédition.

c) La section Livres et rapports a vendu au total 28 000 rapports techniques et manuels professionnels à un prix unitaire moyen de 25 $. Les coûts moyens par publication ont été de 4 $ pour l'impression et le papier, et de 2 $ en frais de poste et d'expédition.

11

► d) L'association offre différents cours en formation continue à ses membres, mais aussi au public en général. Pour les cours d'un jour, elle réclame des droits de scolarité de 75 $ par personne, et 2 400 étudiants y ont assisté. Au total, 1 760 étudiants ont suivi des cours de 2 jours pour lesquels l'association réclame 125 $ par personne. Des professeurs de l'extérieur ont été payés pour donner certains cours.

e) Voici comment sont répartis les coûts des salaires et l'espace occupé par section.

	Salaires	Espace occupé (en mètres carrés)
Admission	210 000 $	2 000
Abonnement à la revue	150 000	2 000
Livres et rapports	300 000	3 000
Formation continue	180 000	2 000
Personnel de direction	80 000	1 000
	920 000 $	10 000

Les avantages sociaux représentent 25 % des salaires des sections et du personnel de direction. Les dépenses locatives de 280 000 $ comprennent un loyer de 50 000 $ pour un immeuble qui sert d'entrepôt à la section Livres et rapports. Cette section occupe un espace de 3 000 mètres carrés dans l'immeuble loué, en plus d'utiliser un entrepôt pour ses activités.

f) Les coûts d'impression et de papier autres que ceux provenant des abonnements à la revue et des livres et rapports sont liés à la section Formation continue.

g) Les frais d'administration comprennent les coûts relatifs à l'administration de l'association. Le personnel de direction effectue certaines tâches d'expédition de matériel par la poste aux fins d'administration générale.

Les dépenses pouvant être rattachées au personnel de direction ainsi que toutes les autres dépenses que l'on ne peut rattacher à aucun centre de profit seront traitées comme des coûts communs. Il n'est pas nécessaire de faire une distinction entre les coûts variables et les coûts fixes.

Travail à faire

1. Préparez un état des résultats par section pour l'Association des professeurs de musique inc. Votre état devrait indiquer les bénéfices sectoriels de chaque section et les résultats de l'association.

2. Pesez le pour et le contre de la répartition de tous les coûts de l'association entre les quatre sections.

(Adaptation d'un problème de l'American Institute of Certified Public Accountants)

P11.24 La rentabilité des clients

William Watson est directeur des ventes chez WW ltée. Il s'inquiète de la concentration et de l'orientation des activités de vente de l'entreprise. Voici les données recueillies pour l'aider à analyser la situation.

Éventail du chiffre d'affaires par client	10 000 $ et plus	de 1 000 $ à 9 999 $	de 0 $ à 999 $
Nombre de clients	50	350	3 500 *
Visites des représentants	250	1 500	9 000 **
Commandes par an	700	1 800	5 000
Chiffre d'affaires annuel moyen par client actif	18 000 $	3 500 $	120 $
Chiffre d'affaires total	900 000 $	1 225 000 $	408 000 $
Pourcentage de marge brute	20 %	25 %	30 %
Pourcentage de la marge sur coûts variables	30 %	40 %	45 %

Coûts de la section des ventes :	
Supervision	48 000 $
Salaires et avantages sociaux des vendeurs	280 000
Salaires des employés de bureau	18 000
Déplacements	45 000
Représentation	12 000
Échantillons	7 000
Loyer	6 900
Autres	3 800
Total des coûts de la section des ventes	420 700 $

* Comprend 1 900 clients inactifs.
** Compte 3 800 visites à des clients inactifs.

Une analyse a aussi permis de déterminer le temps que consacre le personnel de vente à chaque client.

Client	50 %
Déplacements	30 %
Heures de bureau	20 %
	100 %

Les huit personnes constituant le personnel de vente consacrent en moyenne les proportions de temps indiquées ci-dessus en visites aux clients.

Le coût des heures de bureau par commande représente en moyenne 2,40 $. Ce coût comprend les frais de bureau attribuables au traitement des commandes obtenues par les vendeurs et des commandes téléphoniques effectuées directement par les clients.

Travail à faire

Analysez la situation des activités de vente de WW ltée, puis formulez des recommandations à M. Watson.

P11.25 Une analyse à l'aide du RCI

Voici l'état des résultats pour la dernière période de la société Huerra.

	Total	Par unité
Chiffre d'affaires	4 000 000 $	80,00 $
Moins : Coûts variables	2 800 000	56,00
Marge sur coûts variables	1 200 000	24,00
Moins : Coûts fixes	840 000	16,80
Bénéfice d'exploitation net	360 000	7,20
Moins : Impôts (30 %)	108 000	2,16
Bénéfice net	252 000 $	5,04 $

11

▶

► La moyenne des actifs d'exploitation au cours de la période a été de deux millions de dollars.

Travail à faire

1. Calculez le RCI de la période à l'aide de la formule basée sur le taux de bénéfice d'exploitation net et le taux de rotation du capital.

Pour chacune des questions suivantes, indiquez si, à la suite des événements décrits ci-après, le taux de bénéfice d'exploitation net et le taux de rotation du capital augmenteront, diminueront ou demeureront inchangés, puis calculez le nouveau RCI. Considérez chaque question séparément en vous servant, dans chaque cas, des données utilisées pour calculer le RCI à la question 1.

2. Grâce au système JAT, l'entreprise a pu diminuer le niveau moyen de ses stocks de 400 000 $. Les sommes ainsi débloquées servent à rembourser des dettes échéant à court terme.

3. L'entreprise réalise une économie d'échelle de 32 000 $ par période grâce à des matières moins coûteuses.

4. L'entreprise émet des obligations, et en utilise les sommes obtenues pour acheter de l'équipement et de l'outillage au coût de 500 000 $. L'intérêt sur ces obligations s'élève à 60 000 $ par an. Le chiffre d'affaires demeure inchangé. Le nouvel équipement, plus efficient que l'ancien, diminue les coûts de fabrication de 20 000 $ par période.

5. Grâce à un effort intense du personnel de vente, le chiffre d'affaires a augmenté de 20 %. Les actifs d'exploitation demeurent inchangés.

6. On met au rebut des articles désuets du stock qui sont enregistrés dans les livres au coût de 40 000 $ et on les traite à titre de perte dans l'état des résultats parce qu'ils sont invendables.

7. L'encaisse, qui provient des comptes clients, s'établit à 200 000 $. L'entreprise la consacre au rachat et au remboursement de quelques-unes de ses actions ordinaires.

P11.26 Le RCI et le RNR

Voici quelques données financières concernant Joël de Paris inc. pour la dernière période.

JOËL DE PARIS INC.		
Bilan		
	Solde final	Solde initial
Actif		
Encaisse..	120 000 $	140 000 $
Comptes clients..	530 000	450 000
Stock..	380 000	320 000
Immobilisations (coût amorti).............................	620 000	680 000
Investissement dans Buisson S.A.......................	280 000	250 000
Terrain non aménagé..	170 000	180 000
Total des actifs..	2 100 000 $	2 020 000 $
Passif et capitaux propres		
Comptes fournisseurs...	310 000 $	360 000 $
Passif à long terme..	1 500 000	1 500 000
Capitaux propres...	290 000	160 000
Total du passif et des capitaux propres..............	2 100 000 $	2 020 000 $

JOËL DE PARIS INC.
État des résultats

Chiffre d'affaires		4 050 000 $
Moins: Charges d'exploitation		3 645 000
Bénéfice d'exploitation net		405 000
Moins: Intérêts et impôts:		
Frais financiers	150 000 $	
Impôts	110 000	260 000
Bénéfice net		145 000 $

L'entreprise a versé 15 000 $ en dividendes au cours de la dernière période. Le poste « Investissement dans Buisson S.A. » du bilan représente un investissement dans les actions d'une autre entreprise.

Travail à faire

1. Calculez le taux de bénéfice d'exploitation net, le taux de rotation du capital et le RCI de l'entreprise pour la dernière période.
2. Le conseil d'administration de Joël de Paris inc. a établi le rendement minimal requis du l'entreprise à 15 %. Quel était son RNR à la dernière période?

P11.27 Le RCI et le RNR

Michel Côté est directeur de la section des fournitures de bureau de la société Buro inc. Il est fort mécontent de la situation: « Les grands patrons insistent pour que nous ajoutions cette nouvelle gamme de produits à celles que nous fabriquons déjà. Je tiens toutefois à voir toutes les données avant de faire quoi que ce soit. Notre section affiche la meilleure performance de l'entreprise depuis trois ans, et je ne veux pas qu'elle perde du terrain. »

Buro inc. est une organisation décentralisée comptant cinq sections autonomes. Les sections sont évaluées en fonction du rendement qu'elles génèrent sur les actifs investis. Les directeurs de section dont les RCI sont les plus élevés reçoivent des primes de fin d'année. Voici les résultats de la section Fournitures de bureau de la dernière période.

Chiffre d'affaires	10 000 000 $
Moins: Coûts variables	6 000 000
Marge sur coûts variables	4 000 000
Moins: Coûts fixes	3 200 000
Bénéfice d'exploitation net	800 000 $
Actifs d'exploitation sectoriels	4 000 000 $

L'entreprise a eu un RCI global de 15 % pour la dernière période, si l'on tient compte de toutes les sections. La section Fournitures de bureau a l'occasion de lancer une nouvelle gamme de produits. Elle devra cependant d'abord investir une somme supplémentaire de 1 000 000 $ sous forme d'actifs d'exploitation. Voici quelques données annuelles sur les coûts et les revenus d'exploitation prévus de cette nouvelle gamme de produits.

Chiffre d'affaires	2 000 000 $
Coûts variables	60 % du chiffre d'affaires
Coûts fixes	640 000 $

11

►

▶ **Travail à faire**

1. Calculez le RCI de la section Fournitures de bureau pour la dernière période. Calculez aussi la valeur du RCI en supposant que cette section entreprendra la fabrication de la nouvelle gamme de produits.

2. Si vous occupiez le poste de M. Côté, auriez-vous tendance à accepter ou à refuser de fabriquer la nouvelle gamme de produits ? Justifiez votre réponse.

3. À votre avis, pourquoi le siège social souhaite-t-il que la section Fournitures de bureau ajoute cette nouvelle gamme à l'ensemble de ses produits ?

4. Supposez que l'entreprise considère un rendement de 12 % sur les actifs investis comme un minimum pour chaque section et que la performance est évaluée en fonction du RNR.

   a) Calculez le RNR de la section Fournitures de bureau pour la dernière période. Évaluez aussi le RNR qu'elle enregistrerait en supposant qu'elle ajoute la nouvelle gamme à ses produits existants.

   b) Dans le contexte, si vous occupiez le poste de M. Côté, accepteriez-vous ou refuseriez-vous de fabriquer la nouvelle gamme de produits ? Justifiez votre réponse.

P11.28 Le prix de cession interne et un marché intermédiaire bien défini

Produits en papier inc. exploite une section Pâte, qui fabrique de la pâte à papier destinée à la production de différents articles de papier. Des données sur les revenus d'exploitation et les coûts associés à une tonne de pâte sont présentées ci-après.

Prix de vente		70 $
Moins : Charges d'exploitation :		
Coûts variables	42 $	
Coûts fixes (en fonction d'une capacité de production de 50 000 tonnes par an)	18	60
Bénéfice net		10 $

Produits en papier inc. vient d'acquérir une petite entreprise de fabrication de boîtes en carton qui sera dorénavant considérée comme l'une de ses sections et qui aura l'entière responsabilité de ses propres résultats. La nouvelle section Cartons achète actuellement 5 000 tonnes de pâte par an d'un fournisseur extérieur à 70 $ la tonne, dont il faut soustraire une remise sur quantité de 10 %. Le président de Produits en papier inc. voudrait qu'elle commence à acheter sa pâte à papier de la section Pâte, à condition que les deux directeurs puissent s'entendre sur un prix de cession interne acceptable.

Travail à faire

Pour les questions 1 et 2, supposez que la section Pâte peut vendre toute sa pâte à papier à des clients extérieurs au prix courant de 70 $.

1. Est-il probable que les directeurs des sections Cartons et Pâte s'entendent sur un prix de cession interne pour 5 000 tonnes de pâte à papier au cours de la prochaine période ? Pourquoi ?

2. Si la section Pâte accepte le prix que la section Cartons paie actuellement à son fournisseur et qu'elle lui vend 5 000 tonnes de pâte à papier chaque année, quel sera l'effet de cette transaction sur les résultats de la section Pâte, de la section Cartons et de l'ensemble de l'entreprise ?

Pour les questions 3 à 6, supposez que la section Pâte vend en ce moment seulement 30 000 tonnes de pâte à papier chaque année à des clients extérieurs au prix indiqué de 70 $.

3. Est-il probable que les directeurs des sections Cartons et Pâte s'entendent sur un prix de cession interne pour 5 000 tonnes de pâte à papier au cours de la prochaine période? Pourquoi?

4. Supposez que le fournisseur extérieur de la section Cartons réduit son prix, après déduction de la remise sur quantité, à seulement 59 $ par tonne. La section Pâte devrait-elle proposer le même prix? Justifiez votre réponse. Si elle refusait d'abaisser son prix à ce niveau, quel serait l'effet de cette décision sur les résultats de l'ensemble de l'entreprise?

5. Reportez-vous à la question 4. Si la section Pâte refusait d'abaisser son prix à 59 $, devrait-on exiger de la section Cartons qu'elle achète néanmoins son produit à un prix supérieur dans l'intérêt de l'ensemble de l'entreprise?

6. Reportez-vous encore une fois à la question 4. Supposez que, en raison de certaines politiques de gestion inflexibles, la section Cartons doit acheter chaque année 5 000 tonnes de pâte à papier de la section Pâte à 70 $ par tonne. Quel serait l'effet de cette décision sur les résultats de l'entreprise dans son ensemble?

P11.29 Le prix de cession interne

Alpha et Bêta sont deux sections de la même entreprise. L'évaluation de leurs directeurs respectifs repose sur le RCI de chaque section. Voici quelques renseignements relatifs à ces sections.

	Cas			
	1	2	3	4
Section Alpha:				
Capacité de production en unités	80 000	400 000	150 000	300 000
Nombre d'unités actuellement vendues à des clients extérieurs sur le marché intermédiaire	80 000	400 000	100 000	300 000
Prix de vente par unité sur le marché intermédiaire	30 $	90 $	75 $	50 $
Coûts variables par unité	18 $	65 $	40 $	26 $
Coûts fixes par unité (en fonction de la capacité de production)	6 $	15 $	20 $	9 $
Section Bêta:				
Nombre d'unités requises annuellement	5 000	30 000	20 000	120 000
Prix d'achat payé actuellement à un fournisseur extérieur	27 $	89 $	75 $*	–

* Avant remise sur quantité

Les directeurs ont toute la latitude voulue pour décider s'ils participeront à des cessions internes. Chaque prix de cession interne est négocié.

Travail à faire

1. Reportez-vous au premier cas du tableau précédent. La section Alpha peut économiser une somme de 2 $ par unité en commissions pour chaque vente à la section Bêta. Les directeurs des deux sections s'entendront-ils sur un prix de cession interne? Le cas échéant, quelle serait la fourchette à l'intérieur de laquelle se situerait le prix de cession interne? Justifiez votre réponse.

2. Analysez le deuxième cas du tableau précédent. D'après une étude, la section Alpha peut économiser une somme de 5 $ par unité en coûts d'expédition pour chaque vente à la section Bêta.

   a) Croyez-vous qu'il puisse exister des sujets de mésentente entre les directeurs des deux sections concernant le montant du prix de cession interne? Justifiez votre réponse.

   b) Supposez que la section Alpha propose à la section Bêta de lui vendre 30 000 unités à 88 $ l'unité et que la section Bêta refuse ce prix. Quelle sera la perte en résultats potentiels pour l'ensemble de l'entreprise?

11

►　3. Reportez-vous au troisième cas du tableau précédent. Supposez que la section Bêta reçoit une remise sur quantité de 8 % de son fournisseur extérieur.

　　a) Les directeurs de section s'entendront-ils sur une cession interne? Le cas échéant, quelle serait la fourchette à l'intérieur de laquelle se situerait le prix de cession interne?

　　b) Supposez que la section Bêta propose à la section Alpha de lui acheter 20 000 unités à 60 $ l'unité. Si la section Alpha accepte ce prix, devrait-elle s'attendre à ce que son RCI augmente, diminue ou demeure inchangé? Pourquoi?

4. Examinez le quatrième cas du tableau précédent. Supposez que la section Bêta demande à la section Alpha de lui fournir 120 000 unités d'un produit différent de celui qu'elle fabrique actuellement. Les coûts variables de ce nouveau produit s'élèveraient à 21 $ par unité. La section Alpha devrait alors réduire sa production actuelle de 45 000 unités par an. Dans ce contexte, quel serait le plus bas prix de cession interne acceptable du point de vue de la section Alpha?

P11.30 L'élaboration d'un tableau de bord équilibré

La société Papiers Masson (PM) fabrique du papier de catégorie «bon marché» pour les imprimantes et les photocopieurs. L'entreprise a enregistré des pertes d'exploitation pour les deux dernières années à cause de la forte concurrence en matière de prix de vente que lui font des compétiteurs beaucoup plus gros qu'elle. Son équipe de direction — qui comprend Christine Tanguay, chef de la direction, Michel Martinez, vice-président de la fabrication, Thomas Landry, vice-président du marketing, et Wendy Chen, directeur financier — songe à modifier la stratégie de l'entreprise pour la sauver de la faillite. Voici des extraits d'une conversation récente qui a eu lieu entre eux lors d'une réunion de l'équipe de direction.

Christine : Comme vous le savez, le secteur de la fabrication du papier bon marché dépend essentiellement des économies d'échelle. Les plus gros concurrents, ceux qui réussissent à atteindre les coûts les plus bas par unité, l'emportent sur les autres. La capacité limitée de notre vieux matériel nous empêche de leur faire concurrence. Par ailleurs, il est hors de question d'accroître notre capacité en achetant une nouvelle machine à papier, étant donné le prix prohibitif de ce matériel. Par conséquent, je propose que nous renoncions à la réduction des coûts comme objectif stratégique et que nous concentrions plutôt nos efforts sur une fabrication flexible pour assurer notre réussite future.

Wendy : La « fabrication flexible »? Qu'est-ce que ça veut dire?

Michel : Tout simplement que nous devons abandonner l'idée de produire le plus de tonnes de papier possible et plutôt rechercher des occasions d'affaires à faibles volumes, par exemple dans les papiers non standards et spéciaux. Toutefois, pour réussir dans ce domaine, nous devons augmenter notre flexibilité de trois façons.

Premièrement, il nous faut améliorer notre capacité à passer d'une catégorie de papier à une autre. En ce moment, ce type de réglage nous prend en moyenne quatre heures. Le passage rapide d'une tâche à une autre nous permettrait de respecter plus facilement les délais de livraison aux clients.

Deuxièmement, nous devons élargir l'éventail des catégories de papier que nous pouvons fabriquer. Pour l'instant, nous ne pouvons produire que trois types de papier. Nos clients doivent considérer notre entreprise comme un « tout-en-une-fois » qui peut satisfaire tous leurs besoins en diverses sortes de papier.

Troisièmement, nous devons améliorer notre rendement (c'est-à-dire les tonnes de produits acceptables par rapport à la quantité totale de tonnes traitées) en types de papier non standards. Notre pourcentage de gaspillage dans ce domaine restera tout à fait inacceptable tant que nous ne ferons rien pour améliorer nos processus. Et nos coûts variables vont exploser si nous ne réussissons pas à augmenter notre rendement!

Wendy : Un instant! Ces changements vont rendre inutiles nos taux d'utilisation du matériel!

Thomas: Très juste, Wendy. Toutefois, le niveau d'utilisation du matériel n'est pas vraiment une priorité lorsqu'il s'agit de dépasser nos concurrents sur le plan de la flexibilité. Nos clients se moquent bien de l'utilisation que nous faisons de notre matériel. En fait, comme Michel vient de le suggérer, ils veulent une livraison juste-à-temps de petites quantités de produits choisis parmi un éventail complet de catégories de papier. Si nous parvenons à réduire le délai entre la passation d'une commande et sa livraison tout en élargissant l'éventail des produits que nous offrons, nous vendrons davantage à nos clients actuels et nous recruterons de nouveaux clients. En outre, nous serons en mesure de leur demander un prix majoré, car nos gros compétiteurs, obsédés par leurs coûts, nous feront peu de concurrence dans ce créneau de marché. Notre marge sur coûts variables par tonne devrait augmenter de façon spectaculaire!

Michel: Naturellement, ce changement de stratégie ne sera pas facile à appliquer. Il faudra investir de gros montants dans la formation parce que, tout compte fait, ce sont nos employés qui rendent possible la production flexible de l'entreprise!

Wendy: Si nous adoptons cette nouvelle stratégie, il y aura certainement des modifications à apporter à notre façon de mesurer la performance. Il faudra élaborer des mesures qui motivent nos employés à prendre des décisions propres à soutenir nos objectifs de flexibilité.

Christine: Tout à fait juste! D'ici notre prochaine réunion, pourriez-vous dresser une liste de quelques mesures pertinentes susceptibles de favoriser l'implantation de notre nouvelle stratégie?

Travail à faire

1. Comparez la stratégie actuelle de PM en matière de production avec celle qu'elle s'apprête à adopter.

2. De façon générale, pourquoi une entreprise qui change ses objectifs stratégiques devrait-elle également modifier son système de mesure de la performance? Donnez quelques exemples de mesures qui auraient convenu à PM avant son changement de stratégie. Pourquoi ces mesures ne lui permettraient-elles pas de soutenir sa nouvelle stratégie?

3. En vous servant de la figure 11.5 (*voir la page 606*) comme modèle, construisez un tableau de bord équilibré qui soutiendrait la nouvelle stratégie de production de PM. Utilisez des flèches pour indiquer les relations causales entre les mesures de la performance, et indiquez si ces mesures devraient croître ou décroître avec le temps. N'hésitez pas à proposer des mesures qui n'ont pas été précisément mentionnées dans ce chapitre, mais qui vous paraissent logiques compte tenu des objectifs stratégiques de l'entreprise.

4. Quelles hypothèses le tableau de bord équilibré de PM sous-tend-il? Lesquelles vous paraissent les plus discutables? Pourquoi?

P11.31 Le RCI et le RNR

Raddington fabrique de l'outillage conçu pour certains fabricants. L'entreprise a effectué une expansion à la verticale en achetant, il y a quelques années, Aciéries Régis, l'un de ses fournisseurs de plaques en acier allié. Raddington a décidé de laisser à Aciéries Régis son caractère distinct. Elle a donc fait de la section Régis l'un de ses centres d'investissement.

Raddington évalue ses sections en fonction du RCI. Les primes des gestionnaires sont aussi calculées en fonction du RCI. Tous les investissements dans les actifs d'exploitation doivent avoir un taux de rendement minimal de 11%.

Le RCI de la section Régis varie entre 14% et 17% depuis l'acquisition de cette entreprise par Raddington. Au cours de la dernière période, la direction de la section Régis a eu la possibilité d'effectuer un investissement dont le taux de rendement était estimé à 13%. Toutefois, elle l'a rejeté, convaincue que cet investissement diminuerait le RCI total de la section.

11

▶ Voici l'état des résultats pour la dernière période de la section Régis. Les actifs d'exploitation utilisés par la section étaient de 12 960 000 $ à la fin de la période, ce qui représente un accroissement de 8 % par rapport au solde de la période précédente.

RÉGIS
État des résultats sectoriels
pour la période terminée le 31 décembre

Chiffre d'affaires		31 200 000 $
Moins : Coût des ventes		16 500 000
Marge brute		14 700 000
Moins : Charges d'exploitation :		
Frais de vente	5 620 000 $	
Frais d'administration	7 208 000	12 828 000
Bénéfice d'exploitation net		1 872 000 $

Travail à faire

1. a) Calculez le RCI pour la section Régis. N'oubliez pas que le RCI est établi d'après la moyenne des actifs d'exploitation, calculés à partir des soldes initial et final de la période. Utilisez la formule exprimée sous forme de taux de bénéfice d'exploitation net et de taux de rotation du capital.

   b) Calculez le RNR de la section Régis.

2. Aurait-il été plus probable que la direction de la section Régis accepte l'offre d'investissement qui lui a été faite l'an dernier si elle avait utilisé le RNR plutôt que le RCI comme mesure de la performance ? Justifiez votre réponse.

3. La section Régis est un centre d'investissement distinct. Déterminez les éléments sur lesquels elle doit exercer librement un contrôle pour que son évaluation, qui repose sur des mesures de la performance telles que le RCI ou le RNR, soit équitable.

(Adaptation d'un problème de l'American Institute of Certified Public Accountants)

P11.32 Une analyse des interactions CVB, le RCI et le prix de cession interne

La section Soupapes de la société Bendix inc. fabrique une petite soupape qui fait partie intégrante des produits de différentes entreprises. La société dirige ses sections comme s'il s'agissait d'unités d'exploitation autonomes. Les directeurs des sections ont beaucoup de latitude en matière d'établissement de prix et en ce qui a trait à d'autres décisions. Chaque section doit avoir un taux de rendement d'au moins 14 % sur ses actifs d'exploitation. La section Soupapes a des actifs d'exploitation se chiffrant en moyenne à 700 000 $. Ses soupapes se vendent 5 $ l'unité ; leurs coûts variables sont de 3 $ par unité. Les coûts fixes de la section s'élèvent à 462 000 $ par période, et sa capacité de production est de 300 000 soupapes annuellement.

Travail à faire

1. Combien la section doit-elle vendre de soupapes par année pour atteindre le taux de rendement requis sur ses actifs ?

   a) Quel est le taux de bénéfice d'exploitation net à ce niveau de ventes ?

   b) Quel est le taux de rotation du capital à ce niveau de ventes ?

2. Supposez que le RCI actuel de la section est égal au minimum de 14 % requis par la haute direction. Pour accroître le RCI de sa section, le directeur souhaite augmenter le prix de vente unitaire des soupapes de 4 %. D'après des études de marché, cette augmentation entraînerait une diminution des ventes de 20 000 unités par an. Toutefois, la section pourrait en profiter pour réduire ses actifs d'exploitation de 50 000 $, compte tenu de besoins moindres en matière de stocks. Calculez le taux de

bénéfice d'exploitation net, le taux de rotation du capital et le RCI en présumant que ces changements se réaliseront.

3. Reportez-vous aux données de départ. Supposez encore une fois que le RCI actuel de la section est égal au minimum de 14 % requis par la haute direction. Plutôt que d'augmenter le prix de vente, le directeur songe à le réduire de 4 % par unité. D'après des études de marché, cette mesure amènerait l'entreprise à produire à plein régime. Toutefois, pour soutenir ce niveau accru de ventes, l'entreprise devrait augmenter ses actifs d'exploitation de 50 000 $. Calculez le taux de bénéfice d'exploitation net, le taux de rotation du capital et le RCI en présumant que ces changements seront appliqués.

4. Revenez aux données de départ. Supposez que le volume normal de ventes est de 280 000 soupapes par an au prix de 5 $ l'unité. Une autre section de l'entreprise achète déjà 20 000 soupapes par an à un fournisseur étranger à 4,25 $ l'unité. Le directeur de la section Soupapes a catégoriquement refusé de vendre son produit à ce prix sous prétexte qu'il en résulterait des pertes pour sa section.

Prix de vente par soupape		4,25 $
Moins : Coûts par soupape :		
Variables	3,00 $	
Fixes (462 000 $ ÷ 300 000 soupapes)	1,54	4,54
Perte par soupape..		(0,29) $

Le directeur de la section Soupapes fait aussi remarquer que le prix de vente normal de 5 $ permet à peine à sa section d'atteindre le taux de rendement requis de 14 %. « Si nous acceptons un contrat à 4,25 $ l'unité, notre RCI va certainement en souffrir ! Or, mon avenir dépend du maintien de ce RCI. En outre, la fabrication de ces unités supplémentaires nous obligerait à accroître nos actifs d'exploitation d'au moins 50 000 $ à cause de l'augmentation inévitable de nos stocks et de nos comptes clients. » Recommanderiez-vous à la section Soupapes de vendre son produit 4,25 $ à l'autre section ? Donnez tous vos calculs du RCI pour justifier votre réponse.

P11.33 La fixation des prix de cession interne et l'inefficacité

Courants d'air inc. fabrique des ventilateurs de plafond destinés à un usage résidentiel ou industriel. La section des pièces de l'entreprise fabrique les pièces utilisées pour les différents styles de ventilateurs et les vend à la section du montage. Les coûts variables de la section des pièces s'élèvent à 12 $ par ventilateur. Il en coûte 6 $ par ventilateur à la section du montage pour assembler les pièces achetées de manière à obtenir les produits finis, qu'elle vend ensuite à un grossiste extérieur au prix de 25 $ par unité. En raison de la technologie exclusive utilisée pour assurer le fonctionnement particulièrement silencieux des ventilateurs fabriqués par Courants d'air inc., la section des pièces n'est pas autorisée à vendre les pièces qu'elle fabrique à des clients extérieurs. Les deux sections de l'entreprise possèdent chacune un certain niveau de capacité de production inutilisée. Enfin, les gestionnaires sont évalués en fonction de la rentabilité de leur section respective.

Travail à faire

1. Si le prix de cession interne est de 15 $ par unité, à combien s'élève le bénéfice par unité des deux sections ?

2. Si le prix de cession interne est de 12 $ par unité, à combien s'élève le bénéfice par unité des deux sections ?

3. Si la section des pièces exerce ses activités de façon inefficace, que cela entraîne une augmentation du coût des pièces, qui passe à 13 $ par unité, et que ce coût sert de prix de cession interne, à combien s'élève le bénéfice des deux sections ?

11

4. À titre de gestionnaire de la section du montage, évaluez la réponse donnée à la question 3. Êtes-vous d'accord ou non avec le prix de cession interne de 13 $? Pourquoi ?

5. En vous basant sur les prix de cession interne suggérés dans les numéros précédents et du point de vue de l'entreprise dans son ensemble, quel est le meilleur prix de cession interne possible ? Pourquoi ?

P11.34 **Le prix de cession interne basé sur la valeur du marché**

La section Meubles de Mobilier Stratos fabrique un meuble standard pour les téléviseurs. Les coûts de production de ce meuble sont les suivants :

Coûts variables par meuble	70 $
Coûts fixes par meuble*	30
Coût total par unité	100 $

* Calculés en fonction d'une capacité de production de 10 000 unités par an.

Une partie de la production de la section est vendue à des fabricants de téléviseurs de l'extérieur et une autre partie à la section Audio de Mobilier Stratos, qui fabrique des téléviseurs portant son propre nom. La section Meubles exige de tous ses clients 140 $ par unité.

Voici les coûts, les revenus d'exploitation et le bénéfice net de la section Audio.

Prix de vente par téléviseur..		480 $
Moins : Coûts variables par téléviseur :		
Coûts du meuble	140 $	
Coûts variables des pièces électroniques............................	210	
Total des coûts variables		350
Marge sur coûts variables..		130
Moins : Coûts fixes par téléviseur*.......................................		80
Bénéfice net par téléviseur...		50 $

* Calculés en fonction d'une capacité de production de 3 000 téléviseurs par an.

La section Audio a reçu une commande de 1 000 téléviseurs d'un client étranger. Ce client souhaite payer seulement 340 $ par téléviseur.

Travail à faire

1. Supposez que la section Audio a une capacité de production inutilisée suffisante pour exécuter la commande de 1 000 téléviseurs. Est-il probable qu'elle accepte le prix de 340 $ proposé ou qu'elle le refuse ? Justifiez votre réponse.

2. Admettez que la section Meubles et la section Audio ont une capacité de production inexploitée. Dans ce contexte, serait-il avantageux ou désavantageux pour l'ensemble de l'entreprise que la section Audio rejette le prix de 340 $? Justifiez votre réponse et montrez tous vos calculs.

3. Supposez que la section Audio a une certaine capacité de production inutilisée, mais que la section Meubles fonctionne à plein rendement et qu'elle peut vendre tous ses produits à des fabricants de l'extérieur. Déterminez en dollars l'avantage ou le désavantage financier que représente l'acceptation de la commande de 1 000 téléviseurs au prix unitaire de 340 $ par la section Audio.

4. Que concluez-vous à propos de l'utilisation de la valeur marchande comme prix de cession interne ?

P11.35 Le prix de cession interne négocié

Nomades inc. compte plusieurs sections indépendantes. La section Matrice fabrique une matrice à cristaux liquide pour les écrans de téléviseurs. Voici l'état des résultats de cette section pour la dernière période, au cours de laquelle 8 000 matrices ont été vendues.

	Total	Par unité
Chiffre d'affaires...	1 360 000 $	170,00 $
Moins : Coût des ventes...	840 000	105,00
Marge brute	520 000	65,00
Moins : Frais de vente et frais d'administration............................	390 000	48,75
Bénéfice sectoriel	130 000 $	16,25 $

Comme on peut le voir, le coût de fabrication d'une matrice dans cette section s'établit à 105 $. Voici comment se décompose ce montant.

Matières premières	38 $
Main-d'œuvre directe..	27
Frais indirects de fabrication (75 % de coûts fixes)...............................	40
Coût total par matrice...	105 $

La section Matrice a des frais de vente et des frais d'administration fixes totalisant 350 000 $ par période.

Nomades inc. vient de se doter d'une nouvelle section Télévision, qui fabriquera un téléviseur à écran plat équipé d'une matrice à cristaux liquide à haute définition. On a demandé à la section Matrice de fabriquer 2 500 de ces matrices par an et de les vendre à la section Télévision. Dans le processus d'établissement du prix qui devrait être exigé de la section Télévision, la section Matrice a estimé les coûts ci-dessous pour chaque nouvelle matrice à haute définition.

Matières premières	60 $
Main-d'œuvre directe..	49
Frais indirects de fabrication (2/3 de coûts fixes)	54
Coût total par matrice...	163 $

Pour fabriquer ces nouvelles matrices, la section devrait réduire sa production de matrices ordinaires de 3 000 unités par an. Toutefois, il n'y aurait aucuns frais de vente ou frais d'administration variables pour les transactions internes de l'entreprise, et le total des frais indirects de fabrication fixes ne varierait pas. Supposez que la main-d'œuvre directe représente un coût variable.

Travail à faire

1. Déterminez le plus bas prix de cession interne acceptable du point de vue de la section Matrice pour chaque nouvelle matrice à haute définition.
2. Supposez que la section Télévision a trouvé un fournisseur de l'extérieur qui lui vendrait ces nouvelles matrices pour seulement 200 $ l'unité. Si la section Matrice égalait ce prix, quel serait l'effet de cette transaction sur les résultats de l'entreprise ?

11

P11.36 L'établissement d'un prix de cession interne avec ou sans capacité de production inutilisée

La section Électronique de Far Telecom fabrique un autocommutateur électrique vendu à des clients de l'extérieur et qu'elle pourrait vendre à la section Fibres optiques de l'entreprise. Voici quelques données concernant l'exploitation des deux sections.

Section Électronique :	
Prix de vente à l'unité aux clients de l'extérieur	80 $
Coûts de fabrication variables par unité..	52
Frais de vente et frais d'administration variables par unité	9
Coûts fixes de fabrication *	300 000
Section Fibres optiques :	
Prix d'achat à l'extérieur par unité (avant toute remise sur quantité)	80

* Calculés en fonction d'une capacité de production de 25 000 unités par an

La section Fibres optiques achète l'autocommutateur d'un fournisseur de l'extérieur au prix courant de 80 $ dont on soustrait un paiement de 5 % effectué par le fournisseur. Comme la section Électronique fabrique un autocommutateur de même qualité et du même type que celui utilisé par la section Fibres optiques, la direction étudie la possibilité d'un achat négocié à l'intérieur de l'entreprise plutôt qu'à l'extérieur. Selon les propres mots du président, « […] la simple logique veut que l'on achète et que l'on vende au sein de la grande famille qu'est l'entreprise ».

D'après une étude, les frais de vente et les frais d'administration variables de la section Électronique se trouveraient réduits d'un tiers pour chaque vente à la section Fibres optiques. La direction générale désire toutefois traiter chaque section comme une unité d'exploitation indépendante ayant ses propres responsabilités en matière de résultats.

Travail à faire

1. Supposez qu'en ce moment, la section Électronique vend seulement 20 000 unités par an à des clients extérieurs et que la section Fibres optiques a besoin de 5 000 unités par an.

   a) Quel serait le plus bas prix de cession interne acceptable du point de vue de la section Électronique ? Justifiez votre réponse.

   b) Quel serait le prix de cession interne le plus élevé qui soit acceptable du point de vue de la section Fibres optiques ? Justifiez votre réponse.

   c) Supposez que la section Fibres optiques trouve un fournisseur extérieur qui lui vendrait l'autocommutateur à seulement 65 $ l'unité. Devrait-on demander à la section Électronique d'égaler ce prix ? Justifiez votre réponse.

   d) Reportez-vous aux données de départ. Supposez que la section Électronique décide d'augmenter son prix à 85 $ l'unité et que la section Fibres optiques, étant obligée de lui acheter ce produit dont elle a besoin, accepte de payer ce nouveau prix. Cette transaction entraînera-t-elle une augmentation ou une diminution du total des bénéfices de l'entreprise ? de quel montant par unité ?

   e) Dans le contexte décrit à la question d), la section Fibres optiques devrait-elle être obligée d'acheter ses autocommutateurs à la section Électronique ? Justifiez votre réponse.

2. Supposez que la section Électronique peut vendre tout ce qu'elle produit à des clients de l'extérieur. Répondez à nouveau aux questions a) à e).

P11.37 Une comparaison des performances à l'aide du RCI

Voici des données concernant trois entreprises appartenant au même secteur de service.

	Société		
	A	B	C
Chiffre d'affaires..	4 000 000 $	1 500 000 $	? $
Bénéfice d'exploitation net	560 000 $	210 000 $	? $
Moyenne des actifs d'exploitation	2 000 000 $	? $	3 000 000 $
Taux de bénéfice d'exploitation net...............	? %	? %	3,5 %
Taux de rotation du capital	?	?	2
RCI..	? %	7 %	? %

Travail à faire

1. Quels avantages résultent de la décomposition des calculs du RCI en deux éléments distincts, soit le taux de bénéfice d'exploitation net et le taux de rotation du capital ?

2. Trouvez les renseignements manquants dans le tableau qui précède et comparez les performances de ces trois entreprises, en les commentant de façon aussi détaillée que vous le permettent les données dont vous disposez. Faites des recommandations précises concernant les façons d'améliorer le RCI.

(Adaptation d'un problème de la National Association of Accountants, *Research Report n° 35*, p. 34)

P11.38 L'élaboration d'un tableau de bord équilibré

La station de ski Valmont a longtemps été une petite entreprise familiale qui offrait des services à la journée aux skieurs des villes avoisinantes. Tout récemment, Mountain Associates, une importante société qui exploite plusieurs stations de ski dans l'Ouest canadien, en a fait l'acquisition. Les nouveaux propriétaires planifient d'aménager la station en vue de pouvoir y accueillir des vacanciers à la semaine ou plus. Ils souhaitent entre autres apporter des améliorations majeures au pavillon Linus, l'établissement de restauration rapide situé près des pentes. Le menu de ce restaurant est très limité — des hamburgers, des hot-dogs, du chili, des sandwiches au thon, des pommes de terre frites et des goûters emballés. Les précédents propriétaires n'ont pas cru nécessaire d'offrir un service d'alimentation de meilleure qualité au pavillon puisqu'il y a très peu de concurrence. En effet, quand les skieurs veulent se restaurer sur la montagne, ils n'ont que deux possibilités, un repas au Linus ou leur propre lunch.

Dans le contrat d'acquisition de Valmont, la société Mountain Associates à accepté de conserver tous les employés actuels de la station. Quoique travaillant et dynamique, le gérant du pavillon a peu d'expérience dans le domaine de la restauration. Pourtant, son rôle consiste à établir les menus, à embaucher et à former les employés, ainsi qu'à superviser les activités au jour le jour. Le personnel de la cuisine prépare les repas et nettoie la vaisselle. Les employés de la salle à manger sont chargés de prendre les commandes, de s'occuper de la caisse et de nettoyer la salle.

Peu après l'acquisition de Valmont, la direction de la société Mountain Associates a organisé une journée de rencontre avec tous les employés du Linus pour discuter de l'avenir de la station de ski et des plans de la direction au sujet du pavillon. À la fin de cette journée, la haute direction et les employés ont élaboré un tableau de bord équilibré qui devait servir à orienter les activités du pavillon pour la prochaine saison de ski. La quasi-totalité des personnes qui ont participé à cet exercice affichaient un grand enthousiasme concernant le tableau de bord et les plans de la direction.

Voici des mesures de la performance qui apparaissent dans le tableau de bord équilibré du pavillon Linus.

a) La satisfaction des clients en ce qui a trait au service, mesurée par des sondages auprès de la clientèle.

b) Le bénéfice total du pavillon Linus.

c) La propreté de la salle à manger, évaluée par un représentant de la direction de Mountain Associates.

d) La durée moyenne d'exécution d'une commande.

► e) La satisfaction des clients concernant le choix des plats au menu, mesurée par des sondages.

f) La durée moyenne pour prendre une commande.

g) Le pourcentage des employés de cuisine qui termineront un cours de cuisine au collège local.

h) Le chiffre d'affaires.

i) Le pourcentage des employés de la salle à manger qui termineront un cours en hôtellerie au collège local.

j) Le nombre d'éléments au menu.

La société Mountain Associates s'engage à payer le coût des cours suivis par le personnel au collège local.

Travail à faire

1. En vous servant des mesures de la performance énoncées ci-dessus, construisez un tableau de bord équilibré pour le pavillon Linus. Représentez les relations de causalité à l'aide de flèches, et indiquez par un « + » ou un « − » si ces mesures devraient augmenter ou diminuer.

2. Quelles hypothèses le tableau de bord équilibré du Linus sous-tend-il? Lesquelles vous paraissent les plus discutables et pourquoi?

3. Comment la direction saura-t-elle si l'une des hypothèses sur lesquelles repose le tableau de bord équilibré est erronée?

P11.39 Les tableaux de bord équilibrés et les mesures de la performance liées à la clientèle

Beaucoup d'organisations axent leur stratégie sur l'offre de services de grande qualité à leurs clients et intègrent ainsi dans leur tableau de bord équilibré des mesures de la performance liées à la gestion des relations avec la clientèle. À titre d'exemple, prenons le cas de Pitas chez Sam et de Grilladerie classique, deux restaurants à stratégies et à marchés cibles différents. Le restaurant Pitas chez Sam, situé près du campus universitaire, a pour principale clientèle des étudiants qui recherchent des repas santé à bas prix ainsi qu'un service rapide. Bien que plusieurs tables à l'intérieur permettent aux clients de manger sur place, la plupart prennent leurs repas pour emporter. De son côté, Grilladerie classique est un restaurant de luxe qui convient particulièrement à la tenue de dîners d'affaires et de soupers lors d'occasions spéciales. Ses clients y apprécient des repas et un service de bonne qualité et dépensent en moyenne 150 $ par table. Les deux restaurants en question envisagent chacun de mettre en place un tableau de bord équilibré.

Travail à faire

Quels types de mesures les restaurants Pitas chez Sam et Grilladerie classique pourraient-ils inclure dans la catégorie «Clientèle» de leur tableau de bord équilibré respectif? Créez un tableau comportant une colonne pour chaque restaurant. Dans les tableaux de bord équilibrés des deux restaurants, quelles mesures de la performance seraient similaires, et lesquelles seraient différentes? Pourquoi?

P11.40 Les tableaux de bord équilibrés et les mesures incitatives

Dans l'entreprise Mode familiale Samson, une boutique locale qui vend des vêtements pour hommes, femmes, adolescents et enfants au détail, un tableau de bord équilibré auquel est rattaché un système de mesure de la performance existe depuis plusieurs années. Lorsque sa mère est partie à la retraite au début de l'exercice, Jonathan Samson a pris la relève à titre de directeur du rayon des vêtements pour femmes. Conscient de la nécessité d'offrir aux dames branchées de la région des vêtements attrayants à la toute dernière mode, M. Samson a depuis apporté des changements aux collections offertes afin d'attirer sa nouvelle clientèle cible, tout en continuant d'offrir des vêtements de qualité à prix abordable au goût des clientes plus conservatrices de la boutique.

La direction de Mode familiale Samson est assurée par un conseil d'administration qui comprend entre autres plusieurs membres de la famille Samson. Jonathan Samson et les directeurs des autres rayons de la boutique ont accepté d'être évalués par ce conseil en fonction de leur performance par rapport aux objectifs figurant dans les diverses catégories du tableau de bord équilibré. Les objectifs de M. Samson ainsi que sa performance réelle depuis sa nomination comme directeur du rayon des vêtements pour femmes sont présentés ci-dessous. Le conseil d'administration détermine le montant des primes à verser aux directeurs des rayons de la boutique à la fin de l'exercice selon la performance de chacun par rapport à ses objectifs.

	Objectif	Performance réelle
Taux de rendement minimum requis sur les actifs d'exploitation du rayon	14 %	15 %
Pourcentage de clients qui reviennent	60 %	57 %
Chiffre d'affaires généré par les nouvelles gammes de produits en pourcentage du total du chiffre d'affaires du rayon	65 %	58 %
Rabais du prix de vente	10 %	18 %

Travail à faire

À titre de membre du conseil d'administration, vous vous préparez pour une séance au cours de laquelle il faudra prendre des décisions concernant le versement des primes annuelles aux directeurs des rayons de la boutique. À l'aide des indicateurs fournis, comparez la performance réelle du rayon des vêtements pour femmes avec les objectifs établis au départ. Où la performance réelle de cette section s'avère-t-elle meilleure que celle prévue, et où s'avère-t-elle moins bonne? Dans leur ensemble, que révèlent les résultats réels à propos des probabilités de réussite de la nouvelle stratégie de M. Samson?

P11.41 L'élaboration de tableaux de bord équilibrés propres à soutenir différentes stratégies

Le Groupe de consultation sur la performance (GCP) aide les entreprises à élaborer leur tableau de bord équilibré. Parmi diverses initiatives sur le plan du marketing, il organise annuellement un atelier sur le sujet pour des clients potentiels. Le Groupe vient de vous engager, et sa directrice vous demande de participer à l'atelier de cette année. Votre tâche consistera à expliquer aux personnes présentes comment la stratégie d'une entreprise permet de déterminer les mesures qui conviennent à son tableau de bord équilibré. La directrice vous a fourni les deux passages ci-après tirés des rapports annuels de deux des clients de GCP et vous demande de vous en servir dans votre présentation.

Voici un extrait du rapport annuel de la société Pharmacologie appliquée:

Dans notre secteur, les éléments essentiels sont la présentation de façon régulière et en temps opportun de nouveaux produits et la fiabilité des processus de fabrication. Le volet de présentation des nouveaux produits dépend du rendement du service de recherche et de développement (c'est-à-dire du nombre de composés pharmaceutiques susceptibles d'être mis sur le marché par rapport au nombre total de composés potentiels étudiés). Nous voulons optimiser le rendement de notre service de recherche et de développement, et notre capacité à être les premiers à offrir un produit sur le marché en investissant dans la technologie de pointe, en engageant le nombre le plus élevé possible d'ingénieurs hautement qualifiés et en leur fournissant une formation de niveau international. Dans le volet de la fiabilité des processus de fabrication, nos objectifs sont d'établir des spécifications de niveau international en matière de qualité, et de poursuivre sans relâche des activités de prévention et d'évaluation de façon à réduire les taux de défectuosité. Nos clients doivent connaître et respecter notre image de marque, celle d'une entreprise dont les produits arrivent les premiers sur le marché et sont supérieurs aux autres en qualité. Si nous parvenons

11

▶ à tenir cet engagement envers nos clients, notre objectif financier d'accroître le rendement de nos capitaux propres devrait se réaliser.

Voici un extrait du rapport annuel de la société Tourisme international:

Le succès ou l'échec de notre entreprise dépend de la qualité du service que nos employés sur le terrain fournissent aux clients. Par conséquent, il est absolument nécessaire que nous nous efforcions d'entretenir chez eux un bon moral et de réduire au minimum la rotation du personnel. En outre, il est essentiel de former notre main-d'œuvre à l'utilisation de la technologie de façon à pouvoir recréer la même expérience partout dans le monde pour les clients fidèles. Lorsqu'un employé enregistre les préférences d'un client (par exemple, deux oreillers supplémentaires dans le lit, du café fraîchement moulu servi à la chambre à 8 h chaque matin, etc.) dans notre base de données, notre main-d'œuvre partout dans le monde doit faire l'impossible pour s'assurer que, où qu'il aille, ce client n'ait jamais à reformuler ces demandes dans aucune de nos destinations touristiques. Si nous formons adéquatement des employés motivés et que nous les conservons, nous devrions observer une amélioration constante dans le pourcentage d'enregistrement d'anciens clients sans erreurs, dans le délai entre une plainte et la résolution du problème qui l'a causée, et dans la propreté des chambres, laquelle est évaluée par une firme indépendante. Tous ces efforts devraient nous permettre de fidéliser plus de clients, ce qui se révèle indispensable pour réaliser nos objectifs de croissance en matière de revenus.

Travail à faire

1. En vous servant des passages de rapports annuels cités ci-dessus, comparez les stratégies de la société Pharmacologie appliquée et de la société Tourisme international, et indiquez les différences entre elles.

2. Choisissez des mesures pour le tableau de bord équilibré de chacune de ces entreprises et établissez des liens entre elles en utilisant la structure présentée dans la figure 11.5 (*voir la page 606*). Indiquez les relations causales entre les mesures de la performance par des flèches, et précisez si chacune de ces mesures devrait augmenter ou diminuer avec le temps. N'hésitez pas à inventer des mesures qui ne sont pas précisément mentionnées dans le chapitre, mais qui vous paraissent logiques compte tenu des objectifs stratégiques de chaque entreprise.

3. Quelles hypothèses chaque tableau de bord équilibré sous-tend-il? Pourquoi ces hypothèses diffèrent-elles d'une entreprise à l'autre?

Cas

C11.42 L'évaluation de la performance, le RCI et le RNR

La chaîne Dépanneurs à toute heure comprend plus de 100 dépanneurs. Depuis plusieurs années, l'entreprise fait face à une concurrence de plus en plus féroce, en particulier parce que des grands magasins ont ajouté des sections d'épicerie à leurs rayons et que des stations-service se sont dotées de dépanneurs offrant des services complets. En conséquence, l'entreprise a récemment perdu une part de marché au profit de ses concurrents. Elle a établi le taux de rendement minimal requis de ses dépanneurs à 22 %.

Jean Nicholas est le directeur régional des 17 dépanneurs de la chaîne Dépanneurs à toute heure situés à Boisjoli. Il se trouve que la région dont M. Nicholas est responsable comprend le tout premier dépanneur de la chaîne, qui a ouvert ses portes il y a plus de 40 ans. En fait, comme premier emploi d'été, M. Nicholas a été magasinier dans le dépanneur d'origine au cours de l'année de son ouverture. Puis, après ses études universitaires, il est devenu directeur d'un des dépanneurs de la chaîne, pour ensuite progresser jusqu'à se tailler une place comme directeur régional. Il prévoit maintenant prendre sa retraite dans environ cinq ans.

La chaîne Dépanneurs à toute heure loue les locaux où sont installés ses dépanneurs et elle investit beaucoup dans la décoration intérieure et les étalages. Si le dépanneur d'origine de la chaîne est toujours rentable, c'est en partie parce que son mobilier est presque entièrement amorti. Même si l'entreprise a investi des montants substantiels dans les améliorations locatives de dépanneurs plus récents, peu de choses ont changé dans son tout premier dépanneur depuis l'ouverture. Bien que M. Nicholas éprouve de la nostalgie à l'égard de ce dépanneur, force lui est de constater que le volume des ventes a chuté et que l'achalandage a considérablement diminué au cours des dernières années. De moins en moins de gens déménagent dans le quartier, un nombre croissant optant plutôt pour la banlieue.

Les 17 dépanneurs de la région relèvent de M. Nicholas, lequel est évalué en fonction du RCI moyen de l'ensemble de ces dépanneurs. Aux fins du calcul du RCI, la valeur comptable nette des investissements dans le mobilier représente la valeur des actifs d'exploitation de chacun des dépanneurs. Le bénéfice d'exploitation net après l'amortissement des améliorations locatives constitue le numérateur dans ce calcul.

M. Nicholas étudie actuellement la proposition d'un promoteur immobilier relativement à l'éventuelle ouverture d'un nouveau dépanneur dans un quartier résidentiel récemment construit. Le promoteur en question a terminé la construction d'environ 60 % des nouvelles maisons prévues dans ce quartier et pense achever les 40 % qui restent au cours des 18 prochains mois. Vu qu'il dispose d'un montant d'investissement limité, M. Nicholas sait fort bien que pour ouvrir un nouveau dépanneur, il lui faudrait en fermer un ancien, et qu'à cette fin, le tout premier dépanneur de l'entreprise serait celui qu'il faudrait fermer. Afin de prendre une décision à ce sujet, M. Nicholas a recueilli les renseignements suivants.

	Dépanneur d'origine (données réelles de l'exercice précédent)	Nouveau dépanneur (prévisions)
Bénéfice d'exploitation net diminué de l'amortissement	75 000 $	145 000 $
Valeur comptable nette des actifs d'exploitation	195 000	475 000

Travail à faire

1. Calculez le RCI et le RNR du dépanneur d'origine et de l'éventuel nouveau dépanneur.
2. Supposez qu'en tant qu'auditeur interne de la chaîne Dépanneurs à toute heure, vous avez pour tâche d'évaluer l'efficacité du système d'évaluation de la performance des directeurs régionaux de l'entreprise. À ce titre, rédigez une brève note à l'intention du chef de la direction de l'entreprise afin de l'informer de vos constatations. Dans cette note, dites si vous croyez que M. Nicholas voudra aller de l'avant en ce qui concerne l'ouverture du nouveau dépanneur, expliquez si votre analyse démontre que M. Nicholas devrait ouvrir ce nouveau dépanneur, et justifiez vos réponses. Parlez également de vos observations en ce qui a trait aux effets du système d'évaluation de la performance de la chaîne Dépanneurs à toute heure sur les décisions prises par ses directeurs régionaux et formulez des recommandations pour l'améliorer.

C11.43 **Le tableau de bord équilibré**

Le grand magasin Donalda se trouve au centre-ville d'une municipalité de taille moyenne située dans l'est du Canada. Bien que ce magasin soit rentable depuis de nombreuses années, il fait maintenant face à une concurrence de plus en plus féroce en raison de l'établissement de grandes chaînes nationales aux abords de la ville. Récemment, le centre-ville est entré dans un processus de revitalisation, de sorte que les propriétaires du grand

▶ magasin Donalda espèrent, avec un optimisme teinté de prudence, parvenir à rétablir la rentabilité de l'entreprise.

Afin de soutenir la prise de décisions visant le rétablissement de sa rentabilité, la direction du grand magasin Donalda travaille actuellement à mettre en place un tableau de bord équilibré pour l'entreprise. Selon elle, il faudrait se concentrer sur deux principaux problèmes. Premièrement, les clients prennent de plus en plus de temps avant d'acquitter le solde de leur carte de crédit du magasin, et le nombre de créances irrécouvrables est de loin supérieur à celui qui est considéré comme normal dans ce secteur d'activité. Si l'entreprise remédiait à ce problème, elle aurait davantage de fonds pour effectuer des rénovations. Une enquête a révélé qu'une grande part du problème lié aux retards de paiement et aux factures impayées était apparemment attribuable à des créances litigieuses causées par des montants erronés facturés aux clients. Or, ces erreurs surviennent généralement lorsque des vendeurs saisissent incorrectement les données dans le terminal de crédit. Deuxièmement, l'entreprise a connu des pertes considérables lorsqu'elle n'a pas réussi à vendre des articles saisonniers. D'ordinaire, ces articles sont revendus à perte dans des magasins à prix réduits spécialisés dans les ventes de liquidation.

La réunion au cours de laquelle la mise en place du tableau de bord équilibré a été discutée s'est avérée désorganisée et inefficace, sans doute parce que, mis à part vous et l'un des vice-présidents de l'entreprise, personne n'avait préalablement pris le temps de lire quoi que ce soit au sujet de la mise en œuvre de ce type d'outil. Quoi qu'il en soit, les gestionnaires présents ont tout de même proposé un certain nombre de mesures de la performance possibles, telles que :

- le chiffre d'affaires total ;
- le pourcentage de vendeurs ayant reçu une formation pour saisir correctement les données dans les terminaux de crédit ;
- la satisfaction de la clientèle quant à l'exactitude des montants facturés à leurs cartes de crédit, à évaluer à l'aide de sondages mensuels auprès des clients ;
- le chiffre d'affaires par employé ;
- les frais de déplacement des acheteurs lorsqu'ils assistent aux défilés de mode ;
- l'âge moyen des comptes clients ;
- la politesse des commis à l'égard des cadres supérieurs, à évaluer à l'aide de sondages auprès de ces derniers ;
- les articles invendus à la fin de la saison en pourcentage du coût des ventes total ;
- le chiffre d'affaires par mètre carré de superficie en magasin ;
- le pourcentage de fournisseurs effectuant des livraisons juste-à-temps ;
- la qualité de la nourriture offerte à la cafétéria des employés, à évaluer à l'aide de sondages auprès de ceux-ci ;
- les comptes clients radiés (créances irrécouvrables) en pourcentage du chiffre d'affaires ;
- le pourcentage des achats par carte de crédit comportant des erreurs ;
- le pourcentage d'employés ayant assisté à l'atelier de la ville sur la diversité culturelle ;
- le bénéfice total ;
- le bénéfice par employé.

Travail à faire

1. Comme vous vous y connaissez mieux que quiconque dans l'entreprise en matière de tableaux de bord équilibrés, on vous a demandé d'en créer un. Pour concevoir ce tableau, servez-vous uniquement des mesures de la performance proposées par les gestionnaires. Sans nécessairement toutes les utiliser, vous devez néanmoins dresser un tableau de bord équilibré qui témoigne d'une stratégie visant à régler les problèmes de

l'entreprise relatifs aux comptes clients et aux marchandises invendues. Pour créer ce tableau de bord équilibré, servez-vous du modèle de la figure 11.5 (*voir la page 606*). Utilisez des flèches pour clairement illustrer les liens de cause à effet entre les mesures de la performance choisies, puis déterminez si ces indicateurs devraient présenter une augmentation ou une diminution.

2. Supposez que l'entreprise décide d'adopter le tableau de bord équilibré que vous avez créé et qu'au bout d'une année, certaines mesures de la performance présentent une amélioration, mais d'autres, non. Quelle nouvelle étape la direction devrait-elle alors franchir?

3. a) Supposez que les clients se disent plus satisfaits de l'exactitude de leurs achats par carte de crédit, mais que les mesures de la performance relatives à l'âge moyen des comptes clients et aux créances irrécouvrables ne s'améliorent pas. Expliquez comment cela est possible.

   b) Supposez que les mesures de la performance liées à l'âge moyen des comptes clients, aux créances irrécouvrables et aux articles invendus s'améliorent, mais que le bénéfice total n'augmente pas. Expliquez comment cela est possible. Pour répondre à cette question, supposez que l'explication se trouve au sein même de l'entreprise.

C11.44 La décentralisation et les coûts pertinents

La société Huberdeau compte trois divisions décentralisées — la division de l'Est, la division de l'Ouest et la division Centrale. Son directeur général a conféré aux gestionnaires de ces trois sections le pouvoir de décider s'ils vendront leurs produits à des clients extérieurs sur le marché des produits semi-finis ou aux autres divisions de l'entreprise. Chaque division est autonome en ce sens que son directeur a le pouvoir d'établir ses prix de vente lorsqu'il négocie avec des clients extérieurs et ses prix de cession interne lorsqu'il fait affaires avec les autres divisions. Les dirigeants de ces divisions sont évalués et rémunérés en fonction des bénéfices de leur section.

Le dirigeant de la division de l'Ouest examine deux commandes entre lesquelles il doit choisir. Voici quelques données concernant ces commandes.

a) La division Centrale a besoin de 2 000 moteurs que pourrait lui fournir la division de l'Ouest à un prix de cession interne de 1 600 $ par unité. Pour construire ces moteurs, la division de l'Ouest achèterait des pièces à la division de l'Est à un prix de cession interne de 400 $ par unité. (Chaque moteur requiert une seule de ces composantes.) Pour la fabrication de ces pièces, la division de l'Est engagerait des coûts variables de 200 $ par unité. En outre, chaque pièce requerrait 2,5 heures-machines à un taux d'imputation prédéterminé des frais indirects de fabrication fixes de 38 $ l'heure propre à cette division. La division de l'Ouest transformerait ensuite ces pièces, engageant ainsi des coûts variables de 450 $ par moteur. La construction de ces moteurs nécessiterait 5 heures-machines par unité dans ses usines à un taux d'imputation prédéterminé des frais indirects de fabrication fixes de 23 $ l'heure. Si la division de l'Ouest ne lui vend pas ces moteurs, la division Centrale les achètera à la société Beaufort, qui a proposé de lui fournir les mêmes moteurs à 1 500 $ l'unité. Pour pouvoir exécuter cette commande, la société Beaufort devrait elle aussi acheter une pièce à la division de l'Est. Il s'agirait par contre d'une composante différente de celle dont la division de l'Ouest aurait besoin. La division de l'Est débourserait 175 $ en coûts variables pour la fabriquer, mais la vendrait 350 $ l'unité à la société Beaufort pour une commande de 2 000 unités. En raison de sa conception complexe, cette pièce requiert également 2,5 heures-machines.

b) La société Despins voudrait passer à la division de l'Ouest une commande de 2 500 unités d'un moteur similaire à celui dont a besoin la division Centrale. Elle a offert de payer 1 200 $ par moteur.

11

▶ Pour construire ces moteurs, la division de l'Ouest devrait encore acheter une pièce à la division de l'Est. La fabrication de cette pièce coûterait 100 $ l'unité en coûts variables et exigerait 2 heures-machines à l'usine de la division de l'Est. Cette division la vendrait à celle de l'Ouest à un prix de cession interne de 200 $ par unité. La division de l'Ouest la transformerait davantage, ce qui entraînerait des coûts variables de 500 $ par moteur. Un tel travail nécessiterait 4 heures-machines.

Comme la capacité de production de son usine est limitée, la division de l'Ouest ne peut accepter qu'une seule commande, celle de la division Centrale ou celle de la société Despins. Le directeur général de la société Huberdeau et le directeur de la division de l'Ouest reconnaissent tous deux qu'il ne serait pas judicieux d'augmenter la capacité de la division à ce moment-ci. Quelle que soit la décision prise par la division de l'Ouest, le total de ses frais indirects de fabrication fixes demeurera le même.

Travail à faire

1. Si le dirigeant de la division de l'Ouest veut maximiser les bénéfices de sa section, laquelle des deux commandes devrait-il accepter — celle de la division Centrale ou celle de la société Despins? Justifiez votre réponse par les calculs appropriés.

2. Supposez maintenant que la division de l'Ouest décide d'accepter la commande de la société Despins. Déterminez si cette décision favorise les intérêts de la société Huberdeau dans son ensemble. Expliquez votre réponse et justifiez-la par les calculs appropriés.

(Adaptation d'un problème de CPA Canada)

C11.45 Le prix de cession interne et la performance

Weller est une entreprise décentralisée comprenant six sections. La section Électricité fabrique différents articles électriques, y compris l'accessoire électrique X52. Elle fonctionne à plein régime et vend le X52 à ses clients habituels au prix de 7,50 $ l'unité. Le coût de fabrication variable de cet accessoire est de 4,25 $.

Le directeur de la section Freins a demandé à son collègue de la section Électricité de lui fournir une grande quantité d'accessoires électriques X52 à seulement 5 $ l'unité. La section Freins, qui fonctionne à 50 % de sa capacité de production, veut intégrer le X52 à un bloc freins qu'elle compte fabriquer et vendre à un gros constructeur d'avions de ligne. Voici le coût d'un bloc freins fabriqué par cette section.

Pièces achetées (de fournisseurs extérieurs)	22,50 $
Accessoire électrique X52	5,00
Autres coûts variables	14,00
Coûts indirects fixes et frais d'administration	8,00
Coût total par bloc freins	49,50 $

Bien que l'achat du X52 pour 5 $ représente une réduction substantielle par rapport au prix courant de 7,50 $, le directeur de la section Freins croit que cette concession est nécessaire pour que sa section obtienne le contrat des blocs freins du constructeur aéronautique. Il a entendu dire que le constructeur rejetterait toute offre supérieure à 50 $ par bloc freins. Par conséquent, si la section doit payer le prix courant de 7,50 $ pour le X52, elle perdra le contrat ou elle devra essuyer des pertes financières importantes à un moment où elle fonctionne déjà à seulement 50 % de sa capacité. D'après le directeur de la section Freins, cette concession de prix est essentielle à la bonne marche de sa section et de l'ensemble de l'entreprise.

Weller utilise le RCI et le bénéfice net pour mesurer la performance de ses sections.

Travail à faire

1. Supposez que vous êtes le directeur de la section Électricité.

   a) Recommanderiez-vous que votre section fournisse l'accessoire électrique X52 à la section Freins pour 5 $ l'unité comme celle-ci le demande? Pourquoi? Donnez tous vos calculs.

   b) Serait-il financièrement avantageux pour l'entreprise que votre section fournisse les accessoires X52 à la section Freins si celle-ci peut vendre les blocs freins 50 $ au constructeur aéronautique? Donnez tous vos calculs et justifiez votre réponse.

2. En principe, serait-il possible pour les deux directeurs de s'entendre sur un prix de cession interne? Le cas échéant, dans quelle fourchette de prix se situerait le prix de cession interne?

3. Analysez les problèmes de comportement inhérents à cette situation, le cas échéant, du point de vue de l'entreprise et de la direction des sections. Que conseilleriez-vous au président de l'entreprise de faire dans un tel cas?

(Adaptation d'un problème de l'American Institute of Certified Public Accountants)

C11.46 La structure d'organisation, l'évaluation de la performance et la fixation des prix de cession interne à l'échelle internationale

Patrick St-Hilaire a récemment été engagé comme comptable de la société Attrape-rêves. L'entreprise fabrique des gammes complètes de tissus, de lits, de draps et taies d'oreiller, et de tentures. Le siège social se trouve dans une grande ville canadienne près de laquelle sont situées trois unités d'exploitation locales: l'une pour les tissus, l'autre pour les structures et la troisième pour les meubles. Une quatrième section a été implantée en Yamalie.

Les sections et leur directeur sont évalués en fonction de la maximisation des bénéfices sectoriels. À l'exception de celle des structures, toutes les sections de l'entreprise ont la latitude nécessaire pour se procurer ou vendre tout matériel ou produit sur le marché extérieur, et pour établir leurs propres prix de cession interne. Vous trouverez une illustration des cheminements de produits entre les sections à la figure 11.6.

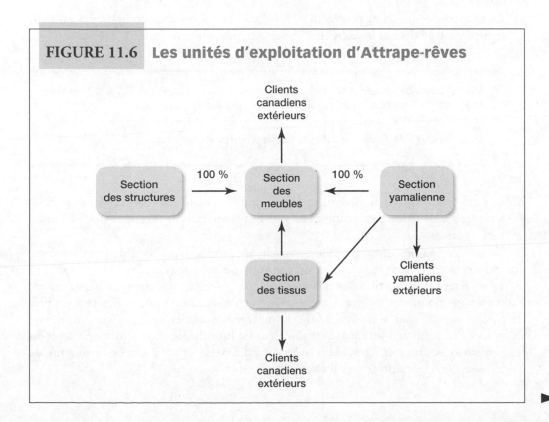

FIGURE 11.6 Les unités d'exploitation d'Attrape-rêves

► La section yamalienne fabrique des tissus spéciaux. Elle cède une partie de sa production aux sections de tissus et de meubles du Canada, et vend le reste sur le marché yamalien. Les articles cédés sont soumis aux droits de douane du Canada, en plus d'entraîner des coûts d'expédition importants.

La section des tissus vend sa production à la section des meubles de l'entreprise, à de vastes circuits de détail et à des producteurs grossistes. Elle coud aussi une partie de ses tissus (et de ceux qui lui sont cédés par la section yamalienne) pour qu'ils entrent dans la fabrication d'autres produits assemblés par la section des meubles.

La section des structures fabrique des cadres de lit en acier ou en bois, et des revêtements de sommiers. Tous les produits de cette section sont cédés à la section des meubles.

La section des meubles est le principal centre de fabrication et d'assemblage des activités d'exploitation de l'entreprise. Non seulement on y fabrique et on y assemble des matelas et des lits, mais on y coud également des draps, des taies d'oreiller et des tentures. Toute la production de cette section est vendue sur le marché canadien.

Récemment, la section des meubles a négocié un contrat concernant la fabrication de matelas spéciaux pour différents grands centres hospitaliers au prix de 900 $ le matelas. Les coûts d'exécution de cette commande sont de 600 $ par matelas (coûts variables de 400 $ et coûts fixes de 200 $) auxquels on doit ajouter le coût de fabrication de la housse qui le recouvre. La section a trois possibilités d'approvisionnement en ce qui concerne le tissu spécial requis pour les housses, et deux possibilités en matière de couture et de finition des housses.

Voici les possibilités concernant la couture.

a) S'approvisionner en tissus spéciaux auprès de la section des tissus à un prix de cession interne de 92 $ l'unité (*voir le tableau 11.6*).

b) S'approvisionner en tissus spéciaux auprès de la section yamalienne à un coût de 81 $ l'unité (*voir le tableau 11.6*).

c) Acheter les tissus spéciaux d'un fournisseur extérieur de bonne réputation à un prix de 75 $ l'unité.

Remarque : 1 unité = quantité de tissu requise pour fabriquer une housse de matelas.

Voici des renseignements au sujet de la couture et de la finition de chaque housse de matelas.

a) La section des meubles peut tailler, coudre et terminer chaque housse à un coût comprenant le tissu et les éléments ci-dessous autres que le tissu.

Main-d'œuvre de taille et de couture	19,00 $
Frais indirects variables	5,00
Frais indirects fixes	18,00
Total des coûts de transformation (des éléments autres que le tissu)	42,00 $

b) La section des tissus a proposé de tailler, de coudre et de fournir les housses de matelas terminées à la section des meubles à un prix de cession interne total de 146,05 $ l'unité (*voir le tableau 11.6*).

Toutes les sections disposent d'une capacité de production suffisante pour satisfaire aux exigences du contrat sans nuire à aucune autre de leurs activités.

Le directeur de la section des meubles sait que la section des tissus et la section yamalienne ont ajouté des marges sur leur coût d'achat standard pour atteindre leurs prix de cession interne (*voir le tableau 11.6*). Il préférerait négocier avec une section interne s'il pouvait convaincre l'un ou l'autre directeur de lui offrir le même prix que celui du fournisseur extérieur, soit 75 $. Dans ce but, il a demandé au président de l'entreprise de l'aider dans ses négociations avec les autres sections.

En réponse à cette requête, le président a demandé au nouveau comptable d'analyser la question des matelas d'hôpitaux et de proposer un plan de production qui permettrait de maximiser la rentabilité de l'entreprise. Il lui a aussi demandé de revoir la structure de la société, et de recommander un système d'évaluation de la performance et d'établissement des prix de cession interne convenant à l'entreprise.

TABLEAU 11.6 **L'établissement du prix de cession interne**

ATTRAPE-RÊVES
Calcul des prix de cession interne
pour les housses de matelas et les tissus spéciaux

Section des tissus

Le prix de cession interne proposé par la section des tissus pour le
tissu spécial entrant dans la fabrication d'une housse de matelas
a été calculé comme suit.

Matières premières	15,00 $
Main-d'œuvre de tissage	30,00
Frais indirects variables	5,00
Frais indirects fixes	30,00
Coût total de fabrication	80,00
Majoration pour bénéfice (15 %)	12,00
Prix de cession interne du tissu	92,00 $

Le prix de cession interne suggéré par la section des tissus
pour une housse terminée est calculé comme suit.

Prix de cession interne du tissu	92,00 $
Main-d'œuvre de taille et de couture	15,00
Frais indirects variables	5,00
Frais indirects fixes	15,00
Coût total de fabrication	127,00
Majoration pour bénéfice (15 %)	19,05
Prix de cession interne des housses terminées	146,05 $

Section yamalienne

On calcule comme suit le prix de cession interne de la section yamalienne pour le tissu spécial entrant dans la fabrication d'une housse
de matelas. (Tous les coûts ont été convertis en dollars canadiens.)

Matières premières	10,00 $
Main-d'œuvre de tissage	8,00
Frais indirects variables	6,00
Frais indirects fixes	24,00
Coût total de fabrication	48,00
Majoration pour bénéfice (25 %)	12,00
Prix de cession interne du tissu	60,00

Autres coûts engagés par Attrape-rêves :
Droits de douane au Canada (basés sur 25 % d'une
valeur marchande équitable de 62 $)

Droits de douane au Canada (basés sur 25 % d'une valeur marchande équitable de 62 $)	15,50
Coûts d'expédition	5,50
Coût total du tissu	81,00 $

11

▶ **Travail à faire**

Analysez la situation comme si vous étiez le nouveau comptable. Proposez le meilleur plan de production possible relativement aux housses de matelas d'hôpitaux. De plus, comme le demande le président, révisez la structure de l'organisation, et formulez des recommandations concernant un système approprié d'évaluation de la performance et d'établissement des prix de cession interne.

(Adaptation d'un problème de l'American Institute of Certified Public Accountants)

Réponses aux questions éclair

11.1 Les coûts fixes spécifiques d'une unité d'exploitation sont les coûts fixes qui sont occasionnés par l'existence même de cette unité. Si l'on éliminait cette unité, ces coûts fixes disparaîtraient. En revanche, les coûts fixes communs sont les coûts fixes engagés pour soutenir les activités de plus d'une unité d'exploitation sans qu'on puisse les rattacher en totalité ou en partie à l'une d'elles en particulier. Si les ateliers de production d'une entreprise sont considérés comme des unités d'exploitation distinctes, les exemples de coûts fixes spécifiques d'un atelier en particulier comprennent le salaire du contremaître de cet atelier, l'amortissement des machines exclusivement utilisées dans cet atelier et les coûts des fournitures employées dans cet atelier. Parmi les exemples de coûts fixes communs figurent le loyer du siège social de l'entreprise, les frais de publicité d'entreprise et l'amortissement périodique des machines que se partagent plusieurs ateliers de production.

11.2

$$\text{Taux de bénéfice d'exploitation net} = \frac{\text{Bénéfice d'exploitation net}}{\text{Chiffre d'affaires}} = \frac{3\,600\,000\,\$}{12\,000\,000\,\$} = 30\,\%$$

$$\text{Taux de rotation du capital} = \frac{\text{Chiffre d'affaires}}{\text{Moyenne des actifs d'exploitation}} = \frac{12\,000\,000\,\$}{24\,000\,000\,\$} = 0,5$$

$$\text{Rendement du capital investi} = \text{Taux de bénéfice d'exploitation net} \times \text{Taux de rotation du capital} = 30\,\% \times 0,5 = 15\,\%$$

11.3

Moyenne des actifs d'exploitation, a)	4 400 000 $
Bénéfice d'exploitation net	600 000 $
Taux de rendement minimal requis, a) × 9 %	396 000
Résultat net résiduel	204 000 $

11.4 On construit le tableau de bord équilibré de manière à soutenir la stratégie de l'entreprise, laquelle constitue une théorie sur les moyens de réaliser ses objectifs. Les objectifs de l'entreprise peuvent être d'ordre financier et non financier. Il faut donc intégrer des mesures de la performance financière dans le tableau de bord équilibré afin de vérifier la justesse de la théorie. Si les mesures non financières connaissent une amélioration, mais pas les résultats financiers, il se peut que la théorie soit erronée et qu'il faille changer de stratégie. Comme les entreprises adoptent différentes stratégies, leur tableau de bord équilibré respectif devrait lui aussi leur être propre.

LES ÉLÉMENTS PERTINENTS POUR LA PRISE DE DÉCISIONS

Mise en situation

L'accroissement des activités de WestJet en vue de faire face à la concurrence

Fondée en 1996, la compagnie aérienne WestJet a d'abord concurrencé Air Canada pour certaines destinations situées dans l'Ouest canadien. Au départ, sa stratégie consistait à offrir un seul tarif aérien économique pour un vol de haute qualité à l'ensemble de sa clientèle. Aujourd'hui, WestJet se situe au premier rang canadien en ce qui concerne les vols de qualité à prix abordable, et elle offre désormais ses services aux États-Unis ainsi qu'ailleurs dans le monde. Cependant, les récentes pressions exercées sur les prix et l'arrivée d'Air Canada Rouge, un service de transport aérien économique qui lui fait concurrence, ont obligé WestJet à revoir ses activités. L'entreprise a alors ajouté deux services à sa gamme existante en vue d'accroître sa compétitivité dans les marchés des voyages d'affaires et des vols régionaux. Plus précisément, son nouveau tarif Plus vise à attirer les voyageurs d'affaires. Les billets de cette catégorie coûtent légèrement plus cher que ceux de classe économique habituels, mais ils procurent une flexibilité accrue en cas de modification de vol, davantage d'espace pour les jambes, la possibilité d'enregistrer un deuxième bagage gratuitement et la priorité au moment de l'embarquement. Par ailleurs, WestJet a également mis en place son service Encore afin d'offrir des vols rapides et abordables. Cette stratégie semble avoir porté fruit, car elle lui a permis d'obtenir un taux d'occupation de 79,2 %, une augmentation de sa capacité de vol de 8,1 %, et un nombre de passagers record en octobre 2013.

Lorsqu'on évalue les répercussions financières de l'ajout ou de l'abandon d'une gamme de produits ou de services, quels revenus et quels coûts est-il pertinent de considérer ? Le présent chapitre porte sur cette question ainsi que sur d'autres sujets connexes.

Sources : Ross MAROWITS, « WestJet Says Efforts to Attract Business Customers, Encore Exceeding Forecasts », *Montreal Gazette*, 6 novembre 2013 ; et site internet de WestJet : <www.westjet.com>.

OBJECTIFS D'APPRENTISSAGE

Après avoir étudié ce chapitre, vous pourrez :

1. faire la distinction entre les revenus et les coûts pertinents, et entre les revenus et les coûts non pertinents dans la prise de décisions ;

2. préparer des analyses pour différentes situations dans lesquelles il faut prendre des décisions ;

3. déterminer l'utilisation la plus rentable d'une ressource limitée ;

4. déterminer des prix de vente en se basant sur les coûts (*voir l'annexe 12A en ligne*) ;

5. déterminer le coût cible pour un nouveau produit ou service (*voir l'annexe 12A en ligne*).

Prendre des décisions constitue l'une des principales fonctions du gestionnaire. C'est à lui qu'incombe la tâche de choisir les produits que l'entreprise doit vendre, les méthodes de production à adopter, les composantes à fabriquer ou à acheter, les prix que l'entreprise doit exiger, les circuits de distribution à emprunter, les commandes spéciales à accepter ou à refuser à des prix de vente donnés, et ainsi de suite. La prise de décisions se révèle souvent une tâche difficile. Elle est complexe parce qu'il existe de multiples possibilités et des quantités massives de données dont seulement un certain nombre pourraient être pertinentes.

Chaque décision nécessite un choix entre au moins deux possibilités. Lorsqu'on prend une décision, on doit comparer les coûts et les revenus, ainsi que les avantages et les inconvénients de chacune des possibilités. Les coûts ou les revenus qui diffèrent d'une possibilité à l'autre portent le nom de **coût** ou **revenu pertinent**. Il est essentiel de savoir distinguer les éléments pertinents de ceux qui ne le sont pas pour deux raisons. D'abord, il n'est pas nécessaire d'analyser les données non pertinentes. Les décideurs épargnent ainsi beaucoup de temps et d'efforts. Ensuite, on peut facilement prendre de mauvaises décisions si l'on commet l'erreur d'inclure des données non pertinentes dans l'analyse des possibilités. Pour prendre des décisions éclairées, le gestionnaire doit être en mesure de faire la différence entre les données pertinentes et non pertinentes, et savoir utiliser correctement les données pertinentes dans son analyse des possibilités. De plus, le gestionnaire doit bien comprendre la relation entre les coûts et l'établissement du prix de vente des produits et des services. L'objectif du présent chapitre est de favoriser le développement de ces habiletés en démontrant leur utilité dans un vaste éventail de situations où le gestionnaire doit prendre des décisions. Ainsi, nous examinerons des situations dans lesquelles la prise de décisions a des impacts à court terme. L'analyse de données pour la prise de décisions ayant des impacts à long terme est enseignée dans les cours de finance.

Il faut souligner deux aspects importants des situations présentées dans ce chapitre, où une prise de décisions s'impose. Premièrement, aucune de ces situations n'exige de dépenses en immobilisations (c'est-à-dire, par exemple, le remplacement du matériel de production). Le cas échéant, la valeur temporelle de l'argent pourrait constituer l'un des principaux facteurs à analyser. Deuxièmement, le critère de base employé dans les différentes situations étudiées est la maximisation du bénéfice d'exploitation. Toutefois, en pratique, les gestionnaires peuvent aussi considérer des éléments qualitatifs. Par exemple, lorsqu'ils ont à déterminer s'ils conserveront ou s'ils abandonneront un produit ou une section, ils examineront les effets d'une telle mesure sur le moral des employés et sur la réputation de l'entreprise auprès de ses clients, même si des répercussions aussi importantes se révèlent parfois très difficiles voire très coûteuses à quantifier. L'influence de ces éléments qualitatifs ou non financiers sur une décision peut varier d'une situation à l'autre, mais est toujours à considérer[1].

Au début de ce chapitre, nous établirons un cadre général pour faire une distinction entre les éléments pertinents et non pertinents selon le contexte. Nous appliquerons ensuite ce cadre à différentes situations particulières afin de montrer en quoi la pertinence d'un coût, d'un revenu ou d'un avantage donné dépend du type de décision à prendre. Puis, nous nous concentrerons sur l'analyse de situations où des gestionnaires doivent décider de la façon d'utiliser des ressources limitées telles que des heures de main-d'œuvre. Enfin, dans l'annexe 12A disponible sur la plateforme *i + Interactif*, nous examinerons plus en détail les liens entre les coûts et les revenus pertinents, d'une part, et l'établissement des prix, d'autre part.

> **Coût ou revenu pertinent**
>
> Coût ou revenu qui diffère selon les possibilités entre lesquelles l'entreprise doit choisir dans une décision donnée.

12.1 Les coûts pertinents à considérer dans la prise de décisions

OA1

Faire la distinction entre les revenus et les coûts pertinents, et entre les revenus et les coûts non pertinents dans la prise de décisions.

Quatre concepts de coût étudiés au chapitre 2 s'appliquent particulièrement ici. Il s'agit du coût différentiel, du coût marginal, du coût de renonciation et du coût irrécupérable.

---

1. Les éléments à comparer entre deux ou plusieurs options sont composés des éléments financiers (coûts et revenus) et des éléments non financiers (avantages et inconvénients). L'expression «éléments pertinents» peut être utilisée pour désigner ces composantes. Dans ce chapitre, l'attention sera accordée principalement aux éléments financiers pertinents pour la prise de décisions.

12.1.1 La détermination des coûts et revenus pertinents

Pour analyser correctement les diverses situations décisionnelles décrites dans ce chapitre, il est essentiel de commencer par déterminer la nature des coûts et des revenus pertinents. Lorsqu'il est question de prendre une décision, seuls les coûts et les revenus qui diffèrent d'une possibilité à l'autre sont pertinents. Si un coût ou un revenu demeure inchangé quelle que soit la possibilité choisie, alors la décision n'a aucun effet sur ce coût ou ce revenu, et le gestionnaire n'a pas à en tenir compte. Par exemple, lorsque vous hésitez entre aller au cinéma ou louer un film sur iTunes, le coût de votre billet d'autobus sera exactement le même, peu importe le choix que vous ferez, de sorte qu'il ne constitue pas un élément pertinent dans votre décision. Par contre, le coût du billet de cinéma et celui de la location du film sont pertinents dans cette décision puisqu'il s'agit de coûts évitables.

Un **coût évitable** est un coût qui diffère, en totalité ou en partie, en fonction de la solution choisie. En comptabilité de gestion, cette expression réfère à «coût pertinent» et à «coût différentiel». Si vous optez pour le cinéma, le coût du billet sera différent du coût de location du film, et vice-versa. Par conséquent, le coût de l'entrée au cinéma et celui de la location du film constituent tous les deux des coûts évitables. Par contre, le coût de votre billet d'autobus est inévitable, quelle que soit la solution que vous choisirez, puisque vous devrez prendre l'autobus dans les deux cas. Les coûts évitables sont des coûts pertinents ; les coûts inévitables sont des coûts non pertinents.

Coût évitable
Coût qui diffère en totalité ou en partie en fonction de la solution choisie.

Deux grandes catégories de coûts ne sont jamais pertinentes dans une prise de décisions :
1. Les coûts irrécupérables (par exemple, le coût de l'ordinateur).
2. Les coûts futurs qui ne changeront pas d'une solution à l'autre (par exemple, le coût du billet d'autobus).

Comme nous l'avons vu au chapitre 2, un coût irrécupérable est un coût déjà engagé, qui ne peut pas être modifié maintenant et dans le futur par une nouvelle décision. Les coûts irrécupérables demeurent inchangés, peu importe les solutions de rechange considérées, de sorte qu'on ne doit pas en tenir compte. Ces coûts ont été engagés dans le passé (coûts historiques) et ne diffèrent pas selon les possibilités considérées. Par contre, les coûts futurs qui varient selon les possibilités envisagées sont pertinents. Ainsi, dans l'exemple concernant la décision d'aller au cinéma ou de louer un film sur iTunes, le coût de l'achat du billet et celui de la location du film n'ont pas encore été engagés. Il s'agit de coûts futurs qui diffèrent selon les possibilités au moment de la prise de décisions ; ils sont par conséquent pertinents.

Au chapitre 2, nous avons présenté, en même temps que les coûts irrécupérables, le concept de coût différentiel. En comptabilité de gestion, les termes «évitable», «différentiel», «marginal» et «pertinent» sont souvent utilisés de façon interchangeable. Pour déterminer les revenus et coûts pertinents, dans une situation où une décision particulière s'impose, voici les étapes à suivre.
1. Éliminer les revenus et coûts qui ne varient pas selon les possibilités envisagées. Les coûts qui entrent dans cette catégorie se composent de coûts irrécupérables, qui sont des coûts historiques, et de coûts futurs qui ne varient pas d'une possibilité à l'autre. Ces coûts ne sont donc pas pertinents.
2. Utiliser les revenus et les coûts qui restent, c'est-à-dire ceux qui varient selon les possibilités considérées dans la prise de décisions. Ces coûts sont donc les coûts différentiels et évitables.

12.1.2 Des coûts pertinents pour différentes décisions

Pour analyser correctement une situation, on doit d'emblée reconnaître que les coûts pertinents dans le contexte d'une décision ne le sont pas nécessairement dans celui d'une autre décision. C'est le contexte qui rend un coût pertinent. Pour simplifier, cela signifie que le gestionnaire a besoin de tenir compte de différents coûts pour différentes décisions. Dans l'analyse d'une décision à prendre, un groupe de coûts en particulier peut se révéler pertinent, tandis que, pour une autre décision, on devra recourir à un groupe de coûts entièrement différent. Ainsi, au moment de prendre chaque décision, le gestionnaire doit examiner les

12

données dont il dispose et isoler les coûts pertinents. Sinon, il peut être induit en erreur par des données non pertinentes.

Le concept de coûts pertinents pour des décisions différentes s'avère essentiel en comptabilité de gestion. Nous en verrons de nombreuses applications dans les pages qui suivent.

12.1.3 Un exemple de détermination des coûts pertinents

Camille est inscrite à un programme de maîtrise en administration des affaires à l'Université d'Halifax. Elle souhaite rendre visite à une amie à Moncton ce week-end, et se demande si elle devrait prendre sa voiture ou le train. Comme son budget est très serré, elle veut examiner minutieusement les coûts de ces deux possibilités. Si l'une d'elles est beaucoup moins onéreuse que l'autre, ce pourrait être un argument concluant dans son choix. En voiture, la distance entre son appartement et celui de son amie est de 265 kilomètres. Camille a dressé une liste d'éléments à considérer.

Coûts de l'automobile

Élément	Coût fixe annuel	Coût par kilomètre (basé sur 16 000 km par an)
a) Amortissement linéaire annuel de la voiture [(coût initial de 24 000 $ − valeur de revente estimée à 10 000 $ dans 5 ans) ÷ 5 ans]	2 800	0,175 $
b) Essence (1,30 $ le litre ÷ 10 km/L)		0,130
c) Coût annuel du permis de conduire et de l'assurance de l'automobile	2 000	0,125
d) Entretien et réparations		0,041
e) Frais de stationnement à l'université (45 $ par mois × 8 mois)	360	0,023
f) Pneus (900 $ pour remplacer les 4 pneus tous les 50 000 km)		0,018
g) Coût moyen total par kilomètre		0,512 $

Données supplémentaires

Élément	
h) Coût du billet aller-retour Halifax-Moncton en train	125 $
i) Avantage de pouvoir se détendre et étudier pendant le trajet plutôt que d'avoir à conduire	?
j) Coût de la pension pour son chat durant l'absence de Camille	40 $
k) Avantage de disposer d'une voiture à Moncton	?
l) Inconvénient du stationnement à Moncton	?
m) Coût du stationnement à Moncton	25 $ par jour

Quels sont les coûts pertinents dans cette décision? Rappelez-vous que seuls les revenus et les coûts qui varient d'une possibilité à l'autre constituent des éléments pertinents. Tous les autres sont non pertinents et ne devraient pas être considérés.

- Au début de la liste, l'élément a), soit l'amortissement de la voiture, n'est pas pertinent. En effet, le coût initial de la voiture est un coût irrécupérable. Il s'agit d'un coût déjà engagé, de sorte qu'il ne peut être évité, quelle que soit la décision de Camille.

- L'élément b) de la liste, soit le coût de l'essence consommée pour se rendre d'Halifax à Moncton, est clairement un coût pertinent dans cette décision. Si Camille prenait le train, elle n'aurait pas à payer ce montant. Comme ce coût varie d'une possibilité à l'autre, il est pertinent.

12

- L'élément c), soit le coût annuel du permis de conduire et de l'assurance de l'automobile, n'est pas pertinent. Que Camille prenne le train ou sa voiture pour aller rendre visite à son amie, sa prime d'assurance et les redevances sur son permis de conduire demeureront les mêmes[2].

- Par contre, l'élément d), qui concerne les coûts de l'entretien et des réparations, est pertinent. Même si ces coûts ont une importante composante aléatoire, ils devraient, à long terme, se révéler plus ou moins proportionnels au nombre de kilomètres parcourus en voiture. Par conséquent, le coût moyen de 0,041 $ par kilomètre est une estimation acceptable à prendre en compte.

- L'élément e), soit les frais mensuels que Camille paie pour stationner sa voiture à l'université pendant l'année scolaire, ne serait pas pertinent dans sa décision concernant le moyen de transport à utiliser pour se rendre à Moncton. En effet, quelle que soit la possibilité choisie par l'étudiante — sa voiture ou le train —, elle devra toujours payer ses frais de stationnement à l'université.

- L'élément f), soit le coût du remplacement des quatre pneus (900 $) tous les 50 000 kilomètres, est pertinent. Plus Camille utilise sa voiture, plus rapidement elle devra en remplacer les pneus. Par conséquent, le montant de 0,018 $ par kilomètre pour les pneus constitue un coût pertinent dans la décision de faire le voyage en voiture ou en train.

- L'élément g) représente le coût total moyen de 0,512 $ par kilomètre. Comme nous l'avons vu précédemment, certains éléments de ce montant sont pertinents, mais d'autres ne le sont pas. Étant donné que le coût de l'aller-retour Halifax-Moncton en voiture contient des éléments non pertinents, ce serait une erreur de l'estimer en multipliant 0,512 $ par les 530 kilomètres à parcourir (265 kilomètres dans chaque direction). Avec ce raisonnement erroné, le coût du voyage en voiture serait estimé à 271,36 $. Malheureusement, les gens commettent souvent de telles erreurs, tant dans la vie courante qu'en affaires. Le fait que le coût total soit établi par kilomètre porte souvent à confusion. En effet, on a alors tendance à croire que si le coût est de 0,512 $ par kilomètre, celui d'un trajet en voiture de 100 kilomètres s'élèvera à 51,20 $. Pourtant, ce n'est pas le cas. De nombreux coûts inclus dans le total de 0,512 $ par kilomètre sont des coûts irrécupérables ou fixes qui n'augmenteront pas si la voiture roule 100 kilomètres de plus. Autrement dit, 0,512 $ par kilomètre est un coût moyen, et non un coût marginal. Il faut examiner ces coûts exprimés à l'unité (c'est-à-dire les coûts présentés sous forme de montant en dollars par unité, par kilomètre, par heure de main-d'œuvre directe, par heure-machine, etc.) avec prudence — ils sont souvent trompeurs.

- L'élément h), soit le coût de 125 $ pour un billet aller-retour en train est clairement pertinent dans la décision. Si Camille prenait sa voiture, elle n'aurait pas à acheter ce billet.

- L'élément i) est également pertinent dans cette décision, même s'il est difficile d'établir la valeur en dollars de la possibilité de se détendre et d'étudier dans le train. Il est pertinent parce qu'il représente un avantage offert par un mode de transport, mais non par l'autre.

- L'élément j), soit le coût de la pension du chat en l'absence de Camille, n'est évidemment pas pertinent puisque, qu'elle choisisse de prendre sa voiture ou le train, la jeune femme sera obligée de mettre son chat en pension.

- Les éléments k) et l) sont aussi pertinents dans la décision, même s'il est difficile d'établir leur valeur en dollars.

- L'élément m) concernant le coût du stationnement à Moncton est également pertinent dans la décision.

12

---

2. Dans le cas où Camille aurait un accident de voiture pendant son voyage à Moncton, sa prime d'assurance serait probablement modifiée au moment du renouvellement de son contrat. Si l'on pouvait estimer le montant de cette augmentation de la prime, il deviendrait un coût pertinent du voyage, mais le montant de la prime d'assurance lui-même n'est pas un coût pertinent.

Voici comment, en rassemblant toutes les données pertinentes, Camille devrait estimer les coûts relatifs du transport en voiture ou par train.

Coûts pertinents d'un voyage aller-retour Halifax-Moncton en voiture	
Essence (530 kilomètres à 0,130 $ le kilomètre)	68,90 $
Entretien et réparations (530 kilomètres à 0,041 $ le kilomètre)	21,73
Pneus (530 kilomètres à 0,018 $ le kilomètre)	9,54
Coût du stationnement à Moncton (2 jours à 25 $ par jour)	50,00
	150,17 $
Coûts pertinents d'un voyage Halifax-Moncton par train	
Coût du billet aller-retour Halifax-Moncton	125,00 $

Que devrait faire Camille? Sur le plan purement pécuniaire, elle économiserait 25,17 $ (150,17 $ − 125,00 $) en prenant le train. Elle doit toutefois déterminer si les avantages d'avoir une voiture à sa disposition à Moncton justifient le coût plus élevé de l'utilisation de ce mode de transport.

Dans cet exemple, nous avons insisté sur la façon de déterminer les coûts pertinents sans tenir compte du reste. Dans le prochain exemple, nous commencerons notre analyse en considérant tous les revenus et les coûts, qu'ils soient pertinents ou non. Nous verrons qu'en étant très attentifs, nous pouvons obtenir la bonne réponse parce que les coûts et les revenus non pertinents s'élimineront les uns les autres lorsque nous comparerons les possibilités offertes.

12.1.4 L'approche globale et l'approche différentielle

Pour effectuer un choix parmi diverses possibilités, un bon moyen de s'assurer que tous les coûts et revenus pertinents sont considérés est de préparer une analyse semblable à celle présentée dans le tableau 12.1. Ce tableau comporte une colonne pour chacune des options analysées. Il présente tous les coûts et revenus relatifs à chacune des options, qu'ils soient pertinents ou non. La troisième colonne fait ressortir les différences, ligne par ligne, entre les deux premières colonnes. C'est ce qu'on appelle une «analyse globale des options». La préparation d'un tableau de ce type peut prendre un certain temps, mais elle permet de s'assurer qu'aucun élément pertinent n'est oublié et d'éviter que des éléments non pertinents soient pris en considération. Les différentes options peuvent aussi être examinées à l'aide de l'analyse différentielle. Celle-ci implique la préparation d'une seule colonne dans laquelle on ne présente que les coûts et les revenus pertinents. Cette façon de faire est plus rapide que l'analyse globale, mais les risques d'oublier des éléments pertinents ou de considérer des éléments non pertinents sont plus grands. Voici un exemple illustrant comment préparer une analyse selon ces deux approches.

La compagnie Lapalme inc. songe à louer, au coût de 3 000 $ par année, une nouvelle machine qui permettra d'économiser de la main-d'œuvre directe. Voici des données annuelles concernant le chiffre d'affaires et les coûts de l'entreprise, avec et sans la location de la nouvelle machine.

	Situation actuelle	Situation avec la nouvelle machine
Unités produites et vendues	5 000	5 000
Prix de vente par unité	40 $	40 $
Coût des matières premières par unité	14	14
Coût de la main-d'œuvre directe par unité	8	5
Frais indirects de fabrication variables par unité	2	2
Coûts fixes, autres	62 000	62 000
Location de la nouvelle machine	–	3 000

12

TABLEAU 12.1	Une analyse globale des coûts pertinents pour chacune des options		

	5 000 unités produites et vendues		
	Situation actuelle	Situation avec la nouvelle machine	Revenus et coûts différentiels
Ventes (5 000 unités à 40 $ l'unité)	200 000 $	200 000 $	-0- $
Moins: Coûts variables:			
Coût des matières premières (5 000 unités à 14 $ l'unité)	70 000	70 000	-0-
Coût de la main-d'œuvre directe (5 000 unités à 8 $ et à 5 $ l'unité)	40 000	25 000	15 000
Frais indirects de fabrication (5 000 unités à 2 $ l'unité)	10 000	10 000	-0-
Total des coûts variables	120 000	105 000	
Marge sur coûts variables	80 000	95 000	
Moins: Coûts fixes:			
Autres	62 000	62 000	-0-
Location de la nouvelle machine	-0-	3 000	(3 000)
Total des coûts fixes	62 000	65 000	
Bénéfice	18 000 $	30 000 $	12 000 $

D'après le tableau 12.1, l'avantage net que l'entreprise peut tirer de la location de la nouvelle machine est de **12 000 $**, soit le montant exact obtenu en ne considérant que les coûts pertinents par une analyse différentielle.

L'utilisation de la nouvelle machine permettrait une économie de 3 $ par unité en coûts de main-d'œuvre directe (8 $ − 5 $). Elle ferait toutefois augmenter les coûts fixes de **3 000 $** annuellement. Tous les autres coûts, y compris le nombre total d'unités produites et vendues, demeureraient les mêmes. On arrive au même résultat, soit une rentabilité supérieure de **12 000 $** en ne tenant pas compte des revenus et des coûts non pertinents:

- Le prix de vente par unité et le nombre d'unités vendues ne varient pas, quelle que soit l'option choisie. Par conséquent, les ventes ne diffèrent pas, comme on le voit au tableau 12.1; elles peuvent donc être ignorées dans l'analyse.
- Le coût des matières premières par unité, les frais indirects de fabrication variables par unité et le nombre d'unités produites ne varient pas, quelle que soit l'option choisie. Par conséquent, les coûts des matières premières et les frais indirects variables ne seront pas différents non plus et peuvent être ignorés.
- Les autres coûts fixes ne diffèrent pas d'une possibilité à une autre et peuvent aussi être ignorés.

Les coûts qui restent, soit les coûts de la main-d'œuvre directe et les coûts fixes relatifs à la nouvelle machine, constituent les seuls coûts pertinents.

Le tableau ci-dessous présente l'analyse différentielle.

Économies sur les coûts de la main-d'œuvre directe (5 000 unités avec une économie de 3 $ par unité)	15 000 $
Moins: Augmentation des coûts fixes	3 000
Économie nette annuelle prévue avec la location de la nouvelle machine	12 000 $

12

12.1.5 Pourquoi isoler les coûts pertinents?

Dans l'exemple précédent, nous avons utilisé deux méthodes différentes pour analyser le choix entre deux possibilités. Nous avons examiné tous les coûts, ceux qui étaient pertinents et ceux qui ne l'étaient pas, puis nous avons considéré uniquement les coûts pertinents. Nous avons obtenu le même résultat dans les deux cas. Il serait alors logique de se demander pourquoi prendre la peine d'isoler les coûts pertinents puisque l'utilisation de l'ensemble des coûts se révèle une méthode aussi efficace. L'isolement des coûts pertinents est souhaitable pour au moins deux raisons.

Premièrement, il est rare qu'on dispose de suffisamment de renseignements pour préparer un état des résultats détaillé concernant les deux possibilités comme dans les exemples précédents. Supposons qu'on vous demande de prendre une décision portant sur une seule activité d'une entreprise qui compte plusieurs sections et fabrique plusieurs produits. Dans ces circonstances, il serait pratiquement impossible d'établir un état des résultats de quelque type que ce soit. Vous devriez vous fier à votre habileté pour distinguer les coûts pertinents des coûts non pertinents en vue de recueillir les données nécessaires à une telle décision.

Deuxièmement, le fait de réunir des coûts non pertinents et des coûts qui le sont peut détourner l'attention d'éléments vraiment essentiels. En outre, il y a toujours un risque qu'un renseignement non pertinent soit utilisé de façon incorrecte, ce qui entraînerait une décision erronée. Les gestionnaires essaient souvent d'utiliser tous les renseignements disponibles, pertinents et non pertinents, lorsqu'ils prennent une décision, même si la meilleure méthode consiste à éliminer les données non pertinentes et à fonder entièrement la décision sur les données pertinentes.

L'analyse des coûts pertinents, combinée avec un état des résultats établi selon la méthode de la marge sur coûts variables, fournit un outil efficace pour la prise de décisions. Nous examinerons différents usages de cet outil dans le reste du chapitre.

Question éclair 12.1

«Au moment d'une prise de décisions, tous les coûts et les revenus futurs sont pertinents.» Êtes-vous d'accord avec cet énoncé? Pourquoi?

12.2 L'analyse de différentes situations où il faut prendre des décisions

OA2

Préparer des analyses pour différentes situations dans lesquelles il faut prendre des décisions.

Périodiquement, les gestionnaires doivent prendre des décisions qui sortent du cours normal de leurs activités. Leur entreprise devrait-elle conserver ou abandonner une gamme de produits ou une division? Devrait-elle fabriquer la composante d'un produit à l'interne ou l'acheter d'un fournisseur de l'extérieur (externaliser sa production)? Devrait-elle accepter ou refuser des commandes spéciales? Devrait-elle vendre un produit tel qu'il est ou le transformer davantage? Même si, en apparence, ces situations décisionnelles paraissent très différentes, la démarche est similaire dans chaque cas. Dans chacune de ces situations, il faut comparer les revenus et les coûts pertinents, et choisir la solution qui aura l'effet le plus favorable sur le bénéfice. Comme nous le verrons dans les exemples ci-après portant chacun sur une situation qui exige une décision, le défi pour les gestionnaires est de reconnaître et de quantifier ces coûts et ces revenus pertinents.

12.2.1 L'ajout et l'abandon de gammes de produits et de secteurs d'exploitation

Les décisions relatives à l'abandon ou à l'ajout de gammes de produits ou de secteurs d'exploitation dans une entreprise sont parmi les plus difficiles que les gestionnaires peuvent avoir à prendre. Ces décisions les amènent à considérer de nombreux facteurs qualitatifs et quantitatifs. Toutefois, toute décision à ce sujet dépendra d'abord de l'effet qu'elle aura sur le résultat. Pour évaluer cet effet, il est nécessaire de procéder à une analyse minutieuse des revenus et coûts impliqués.

Considérons les trois principales gammes de produits de la société AFM Électronique — des téléviseurs, des liseuses et des caméras numériques. Les renseignements concernant les ventes et les coûts du mois le plus récent pour chaque gamme de produits et pour l'entreprise dans son ensemble apparaissent au tableau 12.2.

		Gamme de produits		
TABLEAU 12.2 **Les gammes de produits de AFM Électronique**	Total	Téléviseurs	Liseuses	Caméras numériques
Ventes...	340 000 $	187 500 $	112 500 $	40 000 $
Moins: Coûts variables................	136 500	75 000	37 500 $	24 000
Marge sur coûts variables............	203 500	112 500	75 000	16 000
Moins: Coûts fixes:				
Salaires....................................	69 400	44 250	18 750	6 400
Publicité..................................	17 950	1 500	11 250	5 200
Services publics	2 300	750	750	800
Amortissement – présentoirs....	6 100	1 500	3 000	1 600
Loyer..	27 200	15 000	9 000	3 200
Assurance.................................	4 150	3 000	750	400
Frais d'administration	40 800	22 500	13 500	4 800
Total des coûts fixes............	167 900	88 500	57 000	22 400
Bénéfice (perte)............................	35 600 $	24 000 $	18 000 $	(6 400) $

Que peut-on faire pour améliorer la performance globale d'AFM Électronique? Une gamme de produits, celle des caméras numériques, présente une perte pour le mois. Son abandon entraînerait peut-être une amélioration des résultats de l'entreprise. Avant de décider de supprimer cette gamme de produits, la direction devrait faire le raisonnement qui suit.

L'abandon de la gamme des caméras numériques occasionnerait une perte de la marge sur coûts variables équivalant à **16 000 $** par mois. Toutefois, l'entreprise pourrait ainsi économiser certains coûts fixes. Par exemple, il lui serait possible de mettre à pied certains employés ou de diminuer ses coûts de publicité. Si l'abandon de cette gamme de produits permettait à l'entreprise d'économiser un total de coûts fixes supérieur à ce qu'elle perd en marge sur coûts variables, elle gagnerait à le faire puisque le total de ses résultats augmenterait. Par contre, si la somme économisée en coûts fixes ne dépasse pas la marge sur coûts variables qu'elle perd, elle devrait conserver la gamme des caméras numériques. En d'autres termes, le gestionnaire doit tenter de déterminer les coûts que l'entreprise peut éviter en abandonnant cette gamme de produits.

Comme nous l'avons souligné précédemment, les coûts ne sont pas tous évitables. Par exemple, certains coûts relatifs à une gamme de produits constituent des coûts irrécupérables. D'autres, répartis à titre de coûts communs, ne varieront pas au total, que la gamme de produits soit abandonnée ou conservée. Une analyse basée sur la comptabilité par activités (CPA) pourrait aider à la dictinction des coûts pertinents.

Pour déterminer la façon dont le gestionnaire devrait procéder à l'analyse des gammes de produits, supposons que la direction de la société AFM Électronique a analysé les coûts attribués à ses trois gammes de produits et qu'elle a établi les faits suivants:

1. Les charges relatives à la rémunération représentent les salaires versés aux employés qui travaillent directement à la production de chaque gamme de produits. Tous les employés travaillant à la gamme des caméras numériques seraient mis à pied si l'entreprise cessait de produire cette gamme.

2. Les charges liées à la publicité représentent la publicité directe concernant chaque gamme de produits et pourraient être évitées en cas d'abandon de la gamme.

3. Les charges liées aux services publics sont des coûts applicables à l'ensemble de l'entreprise. Le montant attribué à chaque gamme de produits est réparti en

12

fonction de l'espace occupé et il resterait le même si la gamme des caméras numériques était éliminée.

4. Les charges relatives à l'amortissement concernent les présentoirs servant à l'exposition des diverses gammes de produits. Bien que ces équipements soient presque neufs, ils n'auraient qu'une faible valeur de revente si la direction supprimait la gamme des caméras numériques, parce qu'ils ont été construits sur mesure.

5. Le loyer s'applique à l'ensemble de l'immeuble abritant l'entreprise. Ce coût est réparti entre les gammes de produits en fonction du chiffre d'affaires de chacune. Le loyer mensuel de 27 200 $ est établi conformément à un bail à long terme.

6. Les charges liées à l'assurance concernent les assurances sur les stocks de chacune des trois gammes de produits.

7. Les frais d'administration représentent les coûts des services de la comptabilité et des achats, et de la direction générale qui sont attribués aux gammes de produits en fonction de leurs ventes respectives. Le total de ces charges ne variera pas si la gamme des caméras numériques est abandonnée.

À l'aide de ces renseignements, la direction est en mesure de déterminer les coûts qui peuvent ou ne peuvent pas être économisés en cas d'abandon de la gamme de produits.

	Coût total	Coûts non évitables*	Coûts évitables
Salaires	6 400 $		6 400 $
Publicité	5 200		5 200
Services publics	800	800 $	
Amortissement – présentoirs	1 600	1 600	
Loyer	3 200	3 200	
Assurance	400		400
Frais d'administration	4 800	4 800	
Total des coûts fixes	22 400 $	10 400 $	12 000 $

* Ces coûts constituent soit des coûts irrécupérables, soit des coûts futurs qui ne varieront pas, que la gamme des caméras numériques soit conservée ou abandonnée.

Pour déterminer l'effet de l'élimination de cette gamme de produits sur les bénéfices globaux de l'entreprise, on peut comparer la perte de la marge sur coûts variables aux coûts évités en cas d'abandon de la gamme.

Marge sur coûts variables perdue en cas d'abandon de la gamme des caméras numériques (*voir le tableau 12.2 à la page 675*)	16 000 $
Moins : Coûts fixes évités si la gamme des caméras numériques est abandonnée (*voir les données ci-dessus*)	12 000
Diminution des bénéfices de l'ensemble de l'entreprise	4 000 $

Dans ce cas, le montant des coûts fixes évités à la suite de l'abandon de la gamme de produits est inférieur au montant de la marge sur coûts variables qui sera perdu. Par conséquent, d'après les données financières disponibles, l'entreprise ne devrait pas éliminer la gamme des caméras numériques à moins de trouver un usage plus rentable pour la superficie que celle-ci occupe actuellement.

Une analyse comparative

En vue de prendre une décision, certains gestionnaires préfèrent établir des états des résultats comparatifs qui indiquent les effets de la conservation ou de l'abandon d'une gamme de produits sur l'ensemble de l'entreprise. Le tableau 12.3 présente une analyse globale de ce type pour la société AFM Électronique.

TABLEAU 12.3 **Une analyse globale de l'abandon d'une gamme de produits**	Conserver les caméras numériques	Abandonner les caméras numériques	Différence : Augmentation (diminution) du bénéfice
Ventes....................................	40 000 $	-0- $	(40 000)$
Moins : Coûts variables..........................	24 000	-0-	24 000
Marge sur coûts variables....................	16 000	-0-	(16 000)
Moins : Coûts fixes :			
Salaires...............................	6 400	-0-	6 400
Publicité..............................	5 200	-0-	5 200
Services publics	800	800	-0-
Amortissement – présentoirs...........	1 600	1 600	-0-
Loyer..................................	3 200	3 200	-0-
Assurance..............................	400	-0-	400
Frais d'administration.................	4 800	4 800	-0-
Total des coûts fixes.................	22 400	10 400	12 000
Bénéfice (perte).................................	(6 400)$	(10 400)$	(4 000)$

Comme on peut le constater en examinant la troisième colonne du tableau, l'abandon de la gamme des caméras numériques entraînera une diminution du bénéfice de l'entreprise de 4 000 $ par période. Il s'agit bien entendu de la même réponse que celle que nous avons obtenue par l'analyse différentielle.

Les difficultés liées aux coûts communs répartis

Notre conclusion selon laquelle la gamme des caméras numériques ne devrait pas être abandonnée semble aller à l'encontre des données fournies au tableau 12.2 (*voir la page 675*). Rappelez-vous que, d'après ce tableau, la gamme en question enregistrait une perte plutôt qu'un bénéfice. Pourquoi alors la conserver ? L'explication de cette apparente incohérence se situe en partie sur le plan des coûts fixes communs répartis entre les gammes de produits. Comme nous l'avons déjà vu au chapitre 11, la répartition des coûts fixes communs pose de sérieux problèmes, en particulier parce qu'elle a souvent pour effet de faire paraître une gamme de produits ou tout autre secteur d'exploitation moins rentable qu'il l'est en réalité. En répartissant les coûts fixes communs à toutes les gammes de produits, on a donné l'impression que celle des caméras numériques n'était pas rentable alors qu'en fait, l'abandon de cette gamme entraînerait une diminution du bénéfice de l'entreprise dans son ensemble. On peut clairement le constater en réorganisant les données du tableau 12.2 et en éliminant l'allocation des coûts fixes communs. Ce remaniement des données est présenté au tableau 12.4 (*voir la page suivante*).

Le tableau 12.4 donne une perspective très différente de celle du tableau 12.2 concernant la gamme des caméras numériques. En effet, il permet de constater que cette gamme de produits couvre l'ensemble de ses propres coûts fixes spécifiques et génère un bénéfice de 2 400 $ pour couvrir les coûts fixes communs de l'entreprise. À moins que l'entreprise trouve une autre gamme de produits générant des bénéfices supérieurs à ce

12

montant, elle aurait intérêt à conserver celle des caméras numériques. En maintenant cette gamme de produits, elle obtient des bénéfices globaux plus élevés que si elle l'abandonnait.

		Gamme de produits		
	Total	Téléviseurs	Liseuses	Caméras numériques
Ventes............................	340 000 $	187 500 $	112 500 $	40 000 $
Moins : Coûts variables.................	136 500	75 000	37 500	24 000
Marge sur coûts variables.............	203 500	112 500	75 000	16 000
Moins : Coûts fixes spécifiques :				
Salaires....................................	69 400	44 250	18 750	6 400
Publicité....................................	17 950	1 500	11 250	5 200
Amortissement – présentoirs.....	6 100	1 500	3 000	1 600
Assurance................................	4 150	3 000	750	400
Total des coûts fixes spécifiques	97 600	50 250	33 750	13 600
Bénéfice spécifique des gammes de produits.................	105 900	62 250 $	41 250 $	2 400 $*
Moins : Coûts fixes communs :				
Services publics	2 300			
Loyer...	27 200			
Frais d'administration...............	40 800			
Total des coûts fixes communs	70 300			
Bénéfice...	35 600 $			

TABLEAU 12.4 — Les gammes de produits de AFM Électronique – un remaniement de la présentation

* Si l'entreprise abandonnait la gamme des caméras numériques, elle perdrait ce bénéfice spécifique de 2 400 $. En outre, nous avons vu que l'amortissement de 1 600 $ sur les présentoirs constitue un coût irrécupérable (passé et non différentiel). La somme de ces deux montants (2 400 $ + 1 600 $ = 4 000 $) correspond à la diminution qui serait enregistrée dans les bénéfices globaux de l'entreprise si jamais cette gamme de produits était abandonnée.

AIDE-MÉMOIRE — Conserver ou abandonner un produit ou un secteur d'exploitation

Coûts et revenus pertinents
- Marge sur coûts variables perdue en cas d'abandon
- Coûts fixes évités en cas d'abandon
- Marge sur coûts variables perdue ou gagnée grâce à d'autres produits ou secteurs

Coûts non pertinents
- Coûts communs répartis
- Coûts irrécupérables

Règle de décision

Conserver si : Marge sur coûts variables perdue (tous les produits ou secteurs) > Coûts fixes évités + Marge sur coûts variables gagnée (autres produits ou secteurs)

Abandonner si : Marge sur coûts variables perdue (tous les produits ou secteurs) < Coûts fixes évités + Marge sur coûts variables gagnée (autres produits ou secteurs)

Notons que, pour des raisons non financières, les gestionnaires peuvent décider de conserver une gamme de produits non rentable, car celle-ci peut être nécessaire à la vente d'autres produits ou pour attirer les clients. Par exemple, le pain n'est pas une gamme de produits très rentable pour les magasins d'alimentation. Cependant, les clients s'attendent à en trouver dans ces commerces, et un grand nombre d'entre eux iraient faire leurs emplettes ailleurs si leur épicerie cessait d'en offrir.

Question éclair   **12.2**

Appareillage inc. envisage de retirer sa gamme de conduites d'eau à haute pression de sa combinaison de produits en raison des données suivantes :

Bénéfice issu de la vente des conduites d'eau à haute pression	100 000 $
Moins : Coûts directs	(83 000)
Coûts indirects	(22 000)
Perte découlant de la vente des conduites d'eau à haute pression	(5 000) $

De quels facteurs Appareillage inc. devrait-elle tenir compte avant de décider d'abandonner cette gamme de produits ?

12.2.2 La décision de fabriquer ou d'acheter

Dans bien des cas, un produit passe par un grand nombre d'étapes avant d'aboutir sous sa forme définitive entre les mains du consommateur. Certaines entreprises doivent d'abord se procurer des matières premières par l'exploitation minière, le forage, l'agriculture, l'élevage d'animaux, etc. Il leur faut ensuite traiter ces matières premières pour les débarrasser de leurs impuretés, et en extraire les matières voulues et utilisables. En troisième lieu, ces matières subissent un processus préliminaire pour les rendre utilisables dans la fabrication des produits finis. Par exemple, le coton doit être transformé en fil et en tissu avant de pouvoir servir à la confection de vêtements. Quatrièmement, le vrai processus de fabrication du produit fini a lieu. Enfin, l'entreprise doit assurer la distribution de ce produit au consommateur. L'ensemble de ces étapes porte le nom de « chaîne de valeur », concept qui a été présenté au chapitre 1.

Plusieurs entreprises peuvent exécuter respectivement l'une ou l'autre des étapes de la chaîne de valeur ; une seule entreprise peut aussi exécuter plusieurs de ces étapes. Lorsqu'une organisation exécute plus d'une étape de l'ensemble de la chaîne de valeur, elle applique une politique d'**intégration verticale**. L'intégration verticale est un processus très courant. Certaines entreprises contrôlent toutes les activités de la chaîne de valeur, de la production de matières premières de base jusqu'à la distribution des produits finis. D'autres se contentent d'une intégration à plus petite échelle en achetant un grand nombre des pièces et des matières qui entrent dans la fabrication de leurs produits finis.

Toute décision relative à l'intégration verticale est une **décision de fabriquer ou d'acheter** puisque l'entreprise doit déterminer si elle répondra à ses propres besoins en fabriquant elle-même ce dont elle a besoin ou si elle achètera à l'extérieur ce qui lui manque.

Les aspects stratégiques de la décision de fabriquer ou d'acheter

L'intégration verticale procure certains avantages. L'entreprise verticalement intégrée peut être moins dépendante de ses fournisseurs. Elle est ainsi assurée d'une circulation plus régulière des pièces et des matières pour la production que l'entreprise non verticalement intégrée. Par exemple, une grève chez un fournisseur de pièces importantes est susceptible d'interrompre durant des mois les activités d'une entreprise non intégrée, alors qu'une organisation qui fabrique ses propres pièces pourra sans doute poursuivre ses activités sans problème. En outre, un grand nombre d'entreprises considèrent qu'elles exercent un meilleur contrôle de la qualité en fabriquant leurs propres pièces et matières plutôt qu'en

Intégration verticale

Engagement d'une entreprise dans plus d'une des étapes allant de la production de matières premières de base à la fabrication et à la distribution d'un produit fini.

Décision de fabriquer ou d'acheter

Décision qui consiste à choisir entre la fabrication d'un produit à l'interne et son achat auprès d'un fournisseur externe.

12

s'appuyant sur les standards de contrôle de la qualité de fournisseurs externes. Enfin, l'intégration verticale permet aux entreprises de réaliser des bénéfices sur les pièces et les matières qu'elles fabriquent au lieu de les acheter, en plus des profits qu'elles retirent de leurs activités ordinaires.

Les avantages de l'intégration verticale sont contrebalancés par ceux que procure le recours à des fournisseurs externes. En mettant en commun la demande d'un certain nombre d'entreprises, un fournisseur peut réaliser des économies d'échelle en matière de recherche et développement et de fabrication. Ces économies d'échelle peuvent se traduire par une plus grande qualité et par des coûts moins élevés que ceux que chaque entreprise devrait assumer si elle fabriquait ses propres pièces. Toutefois, l'entreprise doit s'assurer de conserver le contrôle des activités essentielles au maintien de sa position concurrentielle.

Un exemple de décision de fabriquer ou d'acheter

Pour illustrer le problème de la décision de fabriquer ou d'acheter, considérons le cas de Super Vélos inc., une entreprise qui fabrique les leviers de vitesse renforcés qu'elle utilise dans sa gamme la plus populaire de vélos de montagne. Son service de la comptabilité a enregistré les coûts ci-après pour la fabrication interne de ce levier.

	Par unité	8 000 unités
Matières premières	6 $	48 000 $
Main-d'œuvre directe..	4	32 000
Frais indirects de fabrication variables	1	8 000
Salaire du contremaître...	3	24 000
Amortissement du matériel spécialisé	2	16 000
Frais indirects de fabrication fixes répartis	5	40 000
Total des coûts de fabrication...	21 $	168 000 $

Un fournisseur externe a offert de vendre à Super Vélos inc. 8 000 leviers par an à un prix de seulement 19 $ l'unité. L'entreprise devrait-elle cesser de fabriquer cette pièce elle-même et commencer à l'acheter auprès d'un fournisseur extérieur? Pour examiner cette décision sur le plan financier, le directeur devrait concentrer son attention sur les coûts pertinents. Comme nous l'avons vu, on peut déterminer les coûts pertinents en examinant les coûts futurs qui diffèrent selon les possibilités offertes. Les coûts qui ne sont pas pertinents sont:

1. les coûts irrécupérables;
2. les coûts futurs qui demeureront les mêmes, que les leviers soient fabriqués par l'entreprise ou achetés à un fournisseur externe.

Si les coûts que l'entreprise peut économiser en cessant la fabrication des leviers sont inférieurs au prix d'achat offert à l'extérieur, l'entreprise devrait continuer à fabriquer ses propres leviers et rejeter l'offre du fournisseur. En d'autres termes, elle devrait acheter à l'extérieur uniquement si le prix d'achat est inférieur aux coûts qu'elle pourrait éviter à l'interne en cessant la production des leviers.

Notons que les données indiquent d'abord que l'amortissement de l'équipement spécialisé est inscrit parmi les coûts de fabrication interne des leviers. Comme l'équipement a déjà été acheté, il s'agit d'un coût irrécupérable et, par conséquent, non pertinent, puisqu'il devra être assumé, que l'entreprise fabrique ou achète les leviers. Ce coût est passé et est non différentiel. Si cet équipement pouvait être vendu ou servir à la fabrication d'autres produits, sa valeur de récupération ou la valeur des avantages tirés de son utilisation à d'autres fins constitueraient des données pertinentes. Toutefois, nous supposons dans ce cas que l'équipement n'a aucune valeur de récupération et qu'il n'a d'autre utilité que la fabrication des leviers de vitesse renforcés.

Notons aussi que l'entreprise attribue une partie de ses frais indirects de fabrication fixes aux leviers. Toute partie de ces coûts réellement éliminée si l'entreprise achetait les leviers au lieu de les fabriquer serait pertinente dans cette analyse. Toutefois, il est probable que les frais indirects de fabrication fixes attribués à ces leviers constituent des coûts communs à tous les produits fabriqués dans cette usine, et qu'ils demeureraient identiques même si les leviers étaient achetés à un fournisseur externe. Ces coûts communs répartis ne constituent pas des coûts différentiels puisqu'ils ne varient pas, quelle que soit la solution retenue. Ils ne répondent qu'à une seule des conditions pour qu'un coût soit pertinent : ce sont des coûts futurs. Cependant, comme ils ne sont pas différentiels (deuxième condition), ils ne peuvent être pertinents pour l'alternative examinée.

Les coûts variables liés à la fabrication des leviers (matières premières, main-d'œuvre directe et frais indirects de fabrication) sont des coûts différentiels puisqu'ils peuvent être évités par l'achat de leviers à un fournisseur extérieur. Si le contremaître peut être mis à pied, son salaire sera économisé si l'entreprise a recours à un fournisseur externe, et il s'agira donc d'un coût différentiel pertinent en ce qui concerne cette décision. En supposant que l'entreprise peut éviter les coûts variables et le salaire du contremaître par l'achat de leviers chez un fournisseur externe, l'analyse prendra la forme représentée au tableau 12.5.

TABLEAU 12.5   **L'analyse de la décision de fabriquer ou d'acheter – Super Vélos inc.**

	Coût de fabrication par unité	Coût différentiel par unité — Fabrication	Coût différentiel par unité — Achat	Total des coûts différentiels 8 000 unités — Fabrication	Total des coûts différentiels 8 000 unités — Achat
Matières premières	6 $	6 $		48 000 $	
Main-d'œuvre directe	4	4		32 000	
Frais indirects de fabrication variables	1	1		8 000	
Salaire du contremaître	3	3		24 000	
Amortissement de l'équipement spécialisé	2	–		–	
Frais indirects de fabrication fixes répartis	5	–		–	
Prix d'achat à l'extérieur			19 $		152 000 $
Total des coûts	21 $	14 $	19 $	112 000 $	152 000 $
Différence en faveur de poursuivre la fabrication		5 $		40 000 $	

AIDE-MÉMOIRE   **Fabriquer ou acheter**

Coûts pertinents
- Coûts différentiels de fabrication du produit (variables et fixes)
- Coûts de renonciation liés à l'utilisation de l'espace pour fabriquer le produit
- Prix d'achat à l'extérieur

Total des coûts pertinents pour la fabrication = Coûts différentiels + Coûts de renonciation

Coûts non pertinents
- Coûts communs répartis
- Coûts irrécupérables

Règle de décision
Fabriquer si :   Total des coûts pertinents pour la fabrication < Prix d'achat à l'extérieur
Acheter si :   Total des coûts pertinents pour la fabrication > Prix d'achat à l'extérieur

12

Comme la fabrication des leviers à l'interne coûte 112 000 $, soit 5 $ de moins par unité que leur achat à l'externe, Super Vélos inc. devrait refuser l'offre du fournisseur si l'entreprise se base uniquement sur le critère financier pour prendre sa décision. Des avantages qualitatifs pourraient faire pencher la balance en faveur de l'achat extérieur. Par ailleurs, il existe encore un facteur pouvant être considéré avant la décision finale. Il s'agit du coût de renonciation lié à l'espace actuellement utilisé pour la fabrication des leviers.

Question éclair   **12.3**

Suzanne Jasmin est propriétaire d'un bistrot local. À l'aide de ses employés, elle prépare ses propres produits de boulangerie et pâtisseries sur place depuis plusieurs années. Ceux-ci se vendent bien, mais leur marge est assez peu élevée. Une grande boulangerie commerciale a proposé à Mme Jasmin d'approvisionner son café en produits de boulangerie et en pâtisseries quotidiennement. Grâce aux économies d'échelle, les prix offerts par ce fournisseur sont de loin inférieurs aux coûts de production actuels du café. Cette solution éviterait en outre à Mme Jasmin d'avoir à utiliser des ingrédients de moindre qualité pour accroître la marge de ses propres produits. Après avoir goûté à un échantillon des produits de boulangerie et des pâtisseries proposés, Mme Jasmin les a trouvés aussi bons que les siens. De quels facteurs Mme Jasmin devrait-elle tenir compte avant de décider de conclure ou non une entente d'externalisation pour la production de ses produits de boulangerie et de ses pâtisseries ?

SUR LE TERRAIN

L'externalisation

Dans le secteur du divertissement, la vitesse à laquelle évoluent les technologies et les goûts des clients est notoire. Pour faire face à cette situation, les entreprises doivent trouver des occasions de perfectionner leurs produits et services en y ajoutant des nouveautés rentables, en abandonnant les produits ou services non rentables et en choisissant de façon judicieuse les produits à fabriquer et les services à offrir par l'entreprise elle-même et ceux à confier à des fournisseurs externes. À titre d'exemple, lorsque les clients ont commencé à se tourner davantage vers les jeux en ligne en 2011, la société Walt Disney a dû congédier 200 employés de sa division interactive, dans laquelle on fabriquait des jeux vidéo destinés aux consoles. Puis, en 2013, l'entreprise a décidé de modifier sa stratégie pour se concentrer sur la réalisation d'un nombre réduit de films à l'interne et sur le recours à un plus grand nombre de sociétés de production externes, notamment aux studios Dreamworks de Steven Spielberg, lesquels réalisent et financent leurs propres films, pour ensuite verser un montant à Disney afin qu'elle les commercialise et les distribue. Pour prendre chacune de ces décisions, il aura fallu déterminer les coûts et les revenus pertinents ainsi que les éléments pertinents non financiers, comme c'est souvent le cas lorsqu'il est question de choix entre la fabrication à l'interne et l'achat à l'externe, de même qu'entre l'ajout, l'abandon et la modification d'une gamme de produits.

Source : Ronald GROVER, « Disney Looks for Cost Savings, Ponders Layoffs-Sources », *Reuters*, 7 janvier 2013, [En ligne], <www.reuters.com/article/2013/01/07/us-disney-layoffs-idUSBRE9060AH20130107> (Page consultée le 13 juillet 2015). © Reuters.com, 2016, 2013. Tous droits réservés. Utilisé avec permission et protégé par les lois concernant le copyright des États-Unis d'Amérique. L'impression, la copie, la redistribution ou la retransmission de ce contenu sans la permission expresse de Reuters est interdite.

12.2.3   Le coût de renonciation

Si, dans le cas où Super Vélos inc. cesse la fabrication des leviers, l'espace utilisé en ce moment pour les produire reste inexploité, l'entreprise aurait tout intérêt à continuer de produire ses propres leviers. Elle devrait alors refuser l'offre du fournisseur extérieur, comme nous l'avons vu précédemment. L'espace inutilisé auquel on ne trouve aucun autre usage a un coût de renonciation nul.

Supposons maintenant que l'espace utilisé en ce moment pour fabriquer des leviers peut être consacré à un autre usage. Dans ce cas, l'espace en question aurait un coût de renonciation qu'il faudrait considérer dans l'évaluation de l'offre du fournisseur. Quel serait ce coût de renonciation ? Il correspondrait aux bénéfices spécifiques qui découleraient de la meilleure solution de rechange quant à l'utilisation de cet espace.

Pour bien comprendre ce concept, supposons que l'espace utilisé actuellement pour fabriquer des leviers peut servir à la production d'un nouveau vélo tout-terrain qui génèrerait un bénéfice spécifique[3] de 60 000 $ par an. Dans ce contexte, l'entreprise aurait intérêt à accepter l'offre du fournisseur et à utiliser l'espace disponible pour fabriquer la nouvelle gamme de produits.

	Fabrication	Achat
Coût différentiel par unité	14 $	19 $
Nombre d'unités requises annuellement	× 8 000	× 8 000
Coût total annuel	112 000	152 000
Coût de renonciation – bénéfices spécifiques sacrifiés sur une nouvelle gamme de produits potentielle	60 000	
Coût total	172 000 $	152 000 $
Différence en faveur de l'achat à un fournisseur externe	20 000[4] $	

Les coûts de renonciation ne sont pas constatés dans les livres comptables de l'organisation parce qu'ils ne représentent aucune charge (ou débours) réelle en dollars, mais plutôt des bénéfices auxquels l'entreprise renonce en choisissant une ligne d'action plutôt qu'une autre. Si Super Vélos inc. choisit de fabriquer les leviers, cela lui coûtera 112 000 $ en plus de la perte d'un bénéfice de 60 000 $ parce qu'elle ne pourra pas utiliser l'espace de fabrication pour produire les nouveaux vélos. Au total, le coût réel de la fabrication des leviers est donc de 172 000 $. L'entreprise ne débourse pas les 60 000 $, mais renonce à un encaissement futur de 60 000 $.

Le coût de renonciation est présent dans la plupart des décisions et il doit pratiquement toujours être considéré dans l'analyse des diverses options. Les ressources financières et matérielles utilisées par une entreprise peuvent presque toujours servir à d'autres fins. Par exemple, l'argent investi dans les stocks pourrait être placé à la banque et générer des intérêts. Avant de prendre sa décision, le gestionnaire doit considérer le coût de renonciation qui correspond aux intérêts perdus sur le dépôt bancaire parce que l'argent sera investi dans les stocks.

12.2.4 Les commandes spéciales

Le gestionnaire doit souvent évaluer si une commande spéciale devrait être acceptée et, le cas échéant, le prix de vente à demander. Une **commande spéciale** est unique et ponctuelle, et n'est pas considérée comme faisant partie des activités ordinaires de l'entreprise. En voici un exemple. Le Service de police de Québec a demandé à Super Vélos inc. de lui fabriquer 100 vélos de montagne spécialement modifiés au prix de vente de 279 $ l'unité. Ces vélos serviraient à patrouiller sur certaines pistes cyclables plus achalandées de la ville. L'entreprise peut facilement modifier son modèle de vélo de ville pour qu'il réponde aux spécifications du Service de police de Québec. Le prix de vente régulier de ce modèle est de 349 $ l'unité. Son coût de fabrication unitaire est de 282 $, comme l'indique le tableau suivant :

Commande spéciale

Commande unique et ponctuelle qui n'est pas considérée par l'entreprise comme faisant partie de ses activités ordinaires.

Matières premières	186 $
Main-d'œuvre directe	45
Frais indirects de fabrication	51
Coût de fabrication unitaire	282 $

12

---

3. Rappelons que le bénéfice spécifique correspond à la marge sur coûts variables générée par un objet de coût (produit, gamme de produits, secteur, etc.) moins les coûts fixes propres à cet objet de coût.
4. On peut aussi analyser la question en ajoutant le coût unitaire différentiel que représente le maintien de la fabrication des leviers de 14 $ (*voir le tableau 12.5 à la page 681*) au coût de renonciation par unité de 7,50 $ (coût de renonciation de 60 000 $ ÷ 8 000 unités), ce qui fait un total de 21,50 $ l'unité. Puisque ce montant est supérieur au prix d'achat de 19 $ l'unité, Super Vélos inc. devrait acheter les leviers.

La partie variable des frais indirects de fabrication indiqués au bas de la page précédente est de 6 $ l'unité. La commande n'aurait aucun effet sur le total des frais indirects de fabrication fixes de l'entreprise.

Les modifications à apporter aux vélos consistent en des supports soudés pour tenir les radios, les matraques et autres accessoires. Elles entraîneraient des coûts variables supplémentaires de 17 $. En outre, l'entreprise devrait verser 1 200 $ à un studio d'arts graphiques pour la conception et la découpe de pochoirs qui serviraient à peindre par pulvérisation le logo du Service de police de Québec et d'autres signes d'identification sur les vélos.

Cette commande spéciale ne devrait avoir aucun effet sur les ventes régulières de l'entreprise. Selon la directrice de la production, il est possible de l'exécuter sans interrompre le moindrement les activités de production déjà prévues.

Quelle incidence l'acceptation de cette commande pourrait-elle avoir sur le bénéfice de l'entreprise ?

Seuls les coûts supplémentaires et le prix de vente sont pertinents. Comme les frais indirects de fabrication fixes existants ne varieraient pas à la suite de l'exécution de cette commande, il ne s'agit pas de coûts différentiels et, par conséquent, ils ne sont pas pertinents. Le bénéfice supplémentaire peut être calculé comme suit :

	Par unité	100 vélos
Revenu supplémentaire	279 $	27 900 $
Moins : Coûts supplémentaires :		
Coûts variables :		
Matières premières	186	18 600
Main-d'œuvre directe..	45	4 500
Frais indirects de fabrication variables	6	600
Modifications spéciales..	17	1 700
Total des coûts variables..	254 $	25 400
Coûts fixes spécifiques :		
Achat de pochoirs..		1 200
Total des coûts supplémentaires....................................		26 600
Bénéfice supplémentaire		1 300 $

Ainsi, sur le plan financier, bien que le prix que le client offre de payer (279 $) est inférieur au coût complet unitaire du produit (282 $) et que l'entreprise doit engager des coûts supplémentaires, la commande spéciale entraînera une augmentation du bénéfice. En général, ce type de commande s'avère rentable économiquement à condition que le revenu supplémentaire qu'elle génère soit supérieur aux coûts supplémentaires qui lui sont attribuables. Des éléments qualitatifs doivent aussi être considérés dans la prise de décisions.

Au moment de faire l'analyse cependant, il faut vraiment s'assurer qu'il y a une capacité de production non utilisée et que la commande spéciale ne fera pas diminuer les ventes régulières. Que se passera-t-il, par exemple, si Super Vélos inc. fonctionne déjà à pleine capacité et qu'elle vend habituellement ses vélos à 349 $ pièce ? Quel sera le coût de renonciation de la commande spéciale ? L'entreprise devrait-elle alors accepter le prix de 279 $? Sinon, quel est le prix en deçà duquel elle ne devrait pas descendre ? Il faut, pour répondre à ces questions, procéder à l'analyse suivante :

	Par unité
Coût de renonciation :	
Prix de vente normal...	349 $
Moins : Coûts variables :	
Matières premières	186
Main-d'œuvre directe..	45
Frais indirects de fabrication variables	6
Total des coûts variables..	237
Marge sur coûts variables perdue...	112 $*
Coûts pertinents :	
Coûts différentiels :	
Variables (237 $ + 17 $)..	254 $
Fixes (1 200 $ ÷ 100 vélos)...	12
Total des coûts différentiels	266
Coût de renonciation	112
Total des coûts pertinents	378 $

* Si Super Vélos inc. fonctionne à pleine capacité, elle doit renoncer, pour chaque vélo vendu au Service de police de Québec, à une marge sur coûts variables de 112 $, une somme qu'elle aurait obtenue pour la vente d'un vélo ordinaire. C'est le coût de renonciation unitaire que représente cette commande spéciale.

Puisque le total des coûts pertinents (378 $) dépasse le prix offert (279 $), Super Vélos inc. devrait refuser la commande spéciale. En effet, pour que celle-ci n'entraîne pas un manque à gagner sur le plan financier, le prix minimum demandé devrait être de 378 $ par vélo. À ce prix, la direction peut indifféremment accepter la commande spéciale ou continuer de vendre un maximum de vélos à sa clientèle régulière.

AIDE-MÉMOIRE — **Accepter ou refuser une commande spéciale**

Coûts et revenus pertinents
- Coûts différentiels de l'exécution de la commande (variables et fixes)
- Coûts de renonciation associés à l'exécution de la commande
- Revenus différentiels de la commande

Total des coûts pertinents = Coûts différentiels + Coûts de renonciation

Coûts non pertinents
- Coûts communs répartis
- Coûts irrécupérables

Règle de décision

Accepter si : Revenus différentiels > Total des coûts pertinents
Refuser si : Revenus différentiels < Total des coûts pertinents

---

Question éclair 12.4

Décorations florales inc. crée des arrangements floraux simples composés de fleurs naturelles à floraison de longue durée ainsi que de feuillage décoratif. Chaque semaine, Gino's Trattoria, un restaurant italien de luxe, achète 40 ornements floraux auprès de Décorations florales inc. afin de décorer le centre des tables de sa salle à manger. Décorations florales inc. a cinq employés qui reçoivent un salaire fixe et elle loue un espace dans un grand entrepôt local. Gino Adduci, le propriétaire de Gino's Trattoria, a passé au propriétaire de Décorations florales inc., Thomas Sinclair, une commande spéciale unique de 10 arrangements floraux supplémentaires qu'il compte utiliser pour une fête privée qui se tiendra chez lui durant la semaine. M. Adduci a demandé à M. Sinclair de lui accorder un prix spécial de seulement 20 $ par arrangement. De quels facteurs M. Sinclair devrait-il tenir compte avant d'accepter de fournir les arrangements supplémentaires demandés à ce bas prix spécial ?

12

12.2.5 Les coûts des produits conjoints et la décision de vendre ou de transformer davantage

Dans certains secteurs, plusieurs produits finis sont fabriqués à partir d'une seule matière première. Par exemple, dans le secteur pétrolier, le raffinage du pétrole brut permet d'obtenir un grand nombre de produits, entres autres l'essence, le carburé-acteur, le fuel domestique, des lubrifiants, l'asphalte (ou bitume) et différents autres dérivés organiques. La Coopérative de laine Saint-Thomas nous fournit un autre exemple. L'entreprise achète de la laine brute à des éleveurs de moutons des environs et la sépare en trois catégories — grossière, mérinos et superfine. Puis, elle la teint suivant des méthodes traditionnelles basées sur des pigments extraits des matières minérales et végétales locales. La figure 12.1 présente un diagramme de ce processus de production.

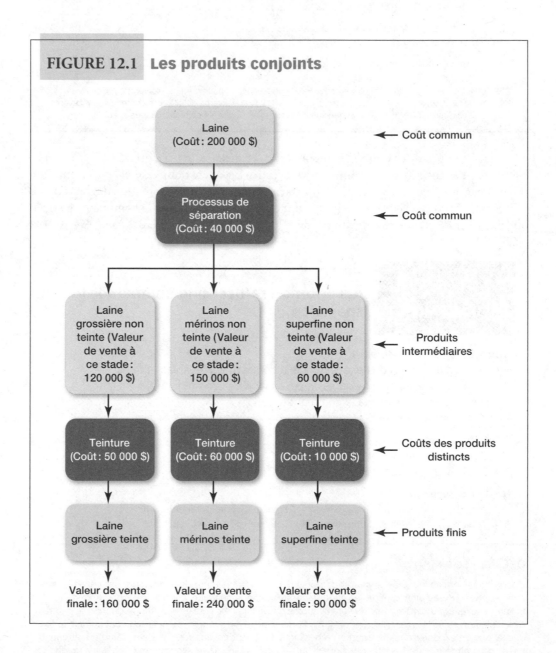

FIGURE 12.1   Les produits conjoints

Deux ou plusieurs produits fabriqués à partir des mêmes matières premières portent le nom de **produits conjoints**. L'expression **coûts communs de fabrication** (ou **coûts conjoints de fabrication**) sert à désigner les coûts engagés dans la fabrication de produits conjoints jusqu'au point de séparation. Le **point de séparation** est l'étape du processus de fabrication où l'on peut considérer les produits conjoints comme des produits distincts les uns des autres.

Les coûts communs de la Coopérative de laine Saint-Thomas se décomposent comme suit : coûts de l'achat de la laine, 200 000 $ et coût de sa séparation, 40 000 $. La laine non teinte constitue un produit intermédiaire parce qu'il ne s'agit pas d'un produit fini à ce stade. Il existe tout de même un marché pour cette catégorie de laine — bien que le prix offert soit considérablement inférieur à celui du produit fini, la laine teinte.

Les pièges de la répartition

Les coûts communs de fabrication consistent en des coûts communs engagés pour la fabrication simultanée de toutes sortes de produits finaux. Les ouvrages portant sur les méthodes traditionnelles de détermination du coût de revient décrivent diverses façons de répartir ces coûts communs entre les produits au point de séparation. Certaines de ces méthodes sont présentées au chapitre 13.

Bien que la répartition des coûts communs de fabrication soit nécessaire à certaines fins, par exemple à l'évaluation des stocks au bilan, ce type d'exercice devrait être considéré avec une grande prudence lorsqu'il s'agit de prendre des décisions à l'interne. Si le gestionnaire ne procède pas avec discernement, il risque toujours d'être entraîné à prendre des décisions erronées lorsqu'il se fie à des coûts communs répartis.

La décision de vendre ou de transformer davantage

Pour désigner le fait de décider ce qu'on va faire d'un produit à partir du point de séparation, on parle de **décision de vendre ou de transformer davantage**. Les coûts communs de fabrication ne s'avèrent pas pertinents pour ces décisions. En effet, lorsque les produits conjoints parviennent au point de séparation, ces coûts ont déjà été engagés et constituent donc des coûts irrécupérables.

Il est toujours rentable de continuer à transformer des produits conjoints à partir du point de séparation pourvu que le revenu marginal de cette transformation soit supérieur au coût marginal de transformation engagé après le point de séparation. Les coûts communs de fabrication, qui ont déjà été engagés jusqu'au point de séparation, constituent des coûts irrécupérables et ils ne sont jamais pertinents dans les décisions concernant ce qu'il faut faire des produits à partir de ce point.

Pour illustrer de façon détaillée une décision de vendre ou de transformer davantage, revenons aux données de la figure 12.1 relatives à la Coopérative de laine Saint-Thomas. Ces données nous permettent de répondre à plusieurs questions importantes. Premièrement, est-il rentable pour l'entreprise d'effectuer tout le processus du début à la fin ? En supposant qu'il n'y a pas d'autres coûts que ceux qui apparaissent dans le processus de la figure 12.1, nous pouvons constater que le processus est en effet rentable.

Produits conjoints

Deux ou plusieurs produits fabriqués à partir des mêmes matières premières et qui passent par les mêmes étapes de production jusqu'à un point de séparation donné.

Coûts communs de fabrication (ou coûts conjoints de fabrication)

Coûts engagés pour la fabrication de produits conjoints jusqu'au point de séparation.

Point de séparation

Étape du processus de fabrication où des produits conjoints peuvent être considérés comme des produits distincts les uns des autres.

Décision de vendre ou de transformer davantage

Décision portant sur la possibilité de vendre des produits conjoints au point de séparation ou de leur faire subir un autre traitement pour les vendre plus tard sous une forme différente.

12

Analyse de la rentabilité de l'ensemble des activités

Valeur des ventes finales combinées		
(160 000 $ + 240 000 $ + 90 000 $)......................................		490 000 $
Moins : Coûts de fabrication des produits finis :		
Coût de la laine..	200 000 $	
Coût de séparation de la laine...	40 000	
Coûts de teinture combinés		
(50 000 $ + 60 000 $ + 10 000 $)...................................	120 000	360 000
Bénéfice..		130 000 $

Remarquez que les coûts communs de l'achat de la laine et de sa séparation sont pertinents lorsqu'on considère la rentabilité de l'ensemble des activités. En effet, il serait possible d'éviter ces coûts communs si l'entreprise tout entière était fermée. Toutefois, ils ne sont pas pertinents lorsqu'on s'interroge sur la rentabilité d'un produit en particulier.

Même si l'entreprise est rentable dans son ensemble, elle pourrait perdre de l'argent sur un ou plusieurs de ses produits. Lorsqu'elle achète de la laine et effectue le processus de séparation, elle obtient automatiquement les trois produits intermédiaires. Rien ne peut empêcher ce résultat. Aussi, elle peut vendre chacun de ces produits intermédiaires dans l'état où il se trouve sans le transformer davantage. Il est possible qu'il soit plus rentable de vendre un ou deux de ces produits avant de les teindre pour éviter les coûts de cette opération. Pour effectuer correctement ce choix, il faut comparer les revenus marginaux aux coûts marginaux liés à une transformation ultérieure, comme le montre le tableau 12.6.

TABLEAU 12.6 — **La décision de vendre ou de transformer davantage**

	Laine grossière	Laine mérinos	Laine superfine
Valeur des ventes finales après le traitement supplémentaire	160 000 $	240 000 $	90 000 $
Moins : Valeur des ventes au point de séparation	120 000	150 000	60 000
Revenu marginal provenant du traitement supplémentaire	40 000	90 000	30 000
Moins : Coût du traitement supplémentaire (teinture)	50 000	60 000	10 000
Bénéfice (perte) attribuable au traitement supplémentaire	(10 000) $	30 000 $	20 000 $

Selon cette analyse, l'entreprise aurait avantage à vendre la laine grossière non teinte dans l'état où elle est plutôt que de la traiter davantage. Toutefois, elle devrait transformer et teindre les deux autres produits avant de les vendre.

Notons que les coûts communs de la laine (200 000 $) et du processus de séparation de cette laine (40 000 $) ne sont pas considérés dans la décision de vendre ou de transformer davantage les produits intermédiaires. Ces coûts sont pertinents quand il s'agit de décider si l'on doit acheter de la laine et procéder à sa séparation, mais non pertinents dans les décisions concernant ce qu'il adviendra des produits intermédiaires, une fois qu'ils auront été séparés.

Question éclair 12.5

La Quincaillerie du coin vend des barbecues au printemps et en été. Le directeur du magasin tente de décider s'il devrait vendre ces barbecues déjà montés ou non. L'entreprise achète les barbecues en pièces détachées auprès de son fournisseur au coût de 100 $, et elle peut les revendre tels quels au prix de 200 $. Le montage des barbecues exige 30 minutes de main-d'œuvre, et le magasin paie ses employés 15 $ l'heure. La Quincaillerie du coin peut vendre les barbecues déjà montés au prix de 225 $. Devrait-elle vendre ses barbecues déjà montés ou non ?

AIDE-MÉMOIRE — **Vendre ou transformer davantage**

Coûts et revenus pertinents
- Coûts marginaux de la transformation supplémentaire
- Revenus marginaux découlant de la transformation supplémentaire

Coûts non pertinents
- Coûts des produits conjoints

Règle de décision

Transformer davantage si :	Revenus marginaux >	Coûts marginaux de la transformation supplémentaire
Vendre au point de séparation si :	Revenus marginaux <	Coûts marginaux de la transformation supplémentaire

12.3 La théorie des contraintes

12.3.1 L'utilisation d'une ressource limitée

Le gestionnaire doit régulièrement déterminer comment utiliser des ressources limitées. Par exemple, un grand magasin dispose d'un espace restreint et ne peut donc pas entreposer tous les articles qu'il voudrait offrir aux clients. De même, l'entreprise de fabrication dispose d'un nombre limité d'heures-machines et d'heures de main-d'œuvre directe. Lorsqu'un certain type de ressources restreint la capacité de l'entreprise à satisfaire la demande, on dit que cette entreprise est soumise à une **contrainte**. À cause de cette ressource limitée, l'entreprise ne peut pas entièrement satisfaire la demande pour un produit ou un service, de sorte que le gestionnaire doit déterminer comment on devrait utiliser cette ressource. L'application de la **théorie des contraintes** permet de gérer cette contrainte en favorisant la maximisation de la rentabilité. En général, les coûts fixes ne sont pas touchés par de tels choix. Par conséquent, le gestionnaire devrait choisir la ligne d'action qui permettra de maximiser la marge totale sur coûts variables de l'entreprise.

12.3.2 La marge sur coûts variables relativement à une ressource limitée

Pour maximiser la marge totale sur coûts variables, l'entreprise ne devrait pas nécessairement se concentrer sur la fabrication des produits présentant les marges sur coûts variables par unité les plus élevées. En fait, il lui faudrait plutôt favoriser les produits ou les commandes permettant de réaliser la marge sur coûts variables unitaire la plus élevée par rapport à la ressource limitée. Pour illustrer notre propos, supposons que Super Vélos inc. fabrique une gamme de sacoches de selle.

Il existe deux modèles de sacoches : un modèle de tourisme et un autre de montagne. Les données concernant les coûts et les revenus relatifs à ces deux types de sacoches sont présentées ci-après.

	Modèle	
	Sacoche de montagne	Sacoche de tourisme
Prix de vente à l'unité	40 $	50 $
Moins : Coûts variables par unité.............................	30	42
Marge sur coûts variables par unité.........................	10 $	8 $
Ratio de la marge sur coûts variables......................	25 %	16 %

La sacoche de montagne paraît plus rentable que celle conçue pour le tourisme. Sa marge sur coûts variables par unité est de 10 $ contre seulement 8 $ par unité pour le modèle de tourisme, et son ratio est de 25 % contre seulement 16 %.

Ajoutons toutefois un renseignement : l'usine qui fabrique ces sacoches utilise déjà sa capacité de production pour répondre à la demande. Autrement dit, elle produit à pleine capacité. En général, cela ne signifie pas que chaque machine et que chaque employé de l'usine fournissent leur rendement maximal. Comme les machines ont différentes capacités de production, certaines fonctionnent à moins de 100 % de leur capacité. Toutefois, quand l'usine dans son ensemble ne peut pas produire d'unités supplémentaires, c'est qu'une machine ou qu'un processus quelconque a atteint sa pleine capacité. La machine ou le processus limitant la production totale de l'entreprise porte le nom de **goulot d'étranglement**. Il s'agit d'une contrainte de capacité.

OA3

Déterminer l'utilisation la plus rentable d'une ressource limitée.

Contrainte

Restriction quant au fonctionnement d'une entreprise imposée par des ressources limitées, par exemple, le temps-machine ou les matières premières disponibles qui restreignent la capacité de l'entreprise à satisfaire la demande.

Théorie des contraintes

Approche managériale qui favorise la prise en compte des contraintes.

Goulot d'étranglement

Machine ou processus limitant la production totale parce que sa pleine capacité de production est atteinte.

12

Marge sur coûts variables par facteur de contrainte

Marge sur coûts variables unitaire divisée par la quantité de la ressource limitée qu'une unité de produit requiert.

Chez Super Vélos inc., le goulot d'étranglement se situe à une machine à coudre en particulier. La sacoche de montagne requiert une couture qui prend quatre minutes à effectuer ; chaque sacoche de tourisme requiert un temps de couture de deux minutes. Comme la quantité de travail à exécuter avec cette machine à coudre excède déjà la pleine capacité de celle-ci, il faut s'assurer de l'utilisation efficace et efficiente de cette ressource limitée. Pour y arriver, la capacité de production de cette machine à coudre doit d'abord être utilisée pour fabriquer le produit le plus rentable. Mais dans cette situation, quel est le produit le plus rentable ? Pour répondre à cette question, le gestionnaire doit examiner la marge sur coûts variables par unité de la ressource limitée, appelée **marge sur coûts variables par facteur de contrainte,** qui est calculée en divisant la marge sur coûts variables unitaire par la quantité de la ressource limitée qu'une unité de produit requiert. Voici le résultat de ces calculs pour la sacoche de montagne et la sacoche de tourisme.

	Modèle	
	Sacoche de montagne	Sacoche de tourisme
Marge sur coûts variables par unité, a)...............................	10,00 $	8,00 $
Temps requis par la machine à coudre pour produire une unité, b)...............................	÷ 4 min	÷ 2 min
Marge sur coûts variables par facteur de contrainte, a) ÷ b)...............................	2,50 $/min	4,00 $/min

En utilisant la marge sur coûts variables par facteur de contrainte, il est possible de déterminer le produit le moins rentable.

Chaque minute de traitement sur la machine à coudre consacrée à la sacoche de tourisme entraîne une augmentation de 4,00 $ de la marge sur coûts variables et des bénéfices. Dans le cas de la sacoche de montagne, il s'agit de seulement 2,50 $ par minute. Par conséquent, l'entreprise devrait concentrer ses efforts sur la sacoche de tourisme. Bien que le modèle de montagne présente la marge sur coûts variables par unité et le ratio de la marge sur coûts variables les plus élevés, le modèle de tourisme assure la marge sur coûts variables la plus haute par rapport à la ressource limitée.

Pour vérifier si le modèle de tourisme est réellement le plus rentable des deux produits, supposons que l'on dispose d'une heure de plus pour la couture et que l'entreprise a des commandes en attente pour les deux produits. L'heure supplémentaire de travail à la machine à coudre peut servir à fabriquer 15 sacoches de montagne (60 min ÷ 4 min) ou 30 sacoches de tourisme (60 min ÷ 2 min) avec les résultats suivants :

	Modèle	
	Sacoche de montagne	Sacoche de tourisme
Marge sur coûts variables par unité............................	10 $	8 $
Unités supplémentaires pouvant être traitées en une heure.......	× 15	× 30
Marge sur coûts variables supplémentaire	150 $	240 $

L'analyse effectuée dans l'exemple précédent s'applique généralement bien aux situations où la demande dépasse la capacité de production et où des gestionnaires doivent répartir une ressource limitée entre deux produits ou plus. On devrait d'abord répondre à la demande pour le produit ayant la marge sur coûts variables par facteur de contrainte la plus élevée. Puis, une fois toute la demande pour ce produit satisfaite, la capacité de production restante, le cas échéant, devrait servir à fabriquer le produit ayant la deuxième marge sur coûts variables par facteur de contrainte la plus élevée, et ainsi de suite, jusqu'à l'épuisement de la capacité de production disponible. En présence d'une contrainte, il ne suffit pas d'examiner la marge sur coûts variables par unité ; c'est plutôt la marge sur coûts variables par unité de la ressource limitée qui doit guider la prise de décisions.

12.3.3 La gestion des contraintes

L'entreprise peut accroître ses bénéfices grâce à une gestion efficace de ses contraintes de capacité. Un des aspects de ce type de gestion consiste à savoir comment agir au mieux malgré les contraintes. Comme nous l'avons vu, lorsqu'une contrainte constitue un goulot d'étranglement dans le processus de production, le gestionnaire doit se préoccuper de la combinaison de produits qui permettra de maximiser la marge totale sur coûts variables. Le décideur doit aussi participer activement à la gestion de la contrainte elle-même. Il faut que la direction concentre ses efforts sur l'accroissement de l'efficience des activités au goulot d'étranglement et sur l'augmentation de la capacité de production. De tels efforts ont pour effet direct d'augmenter la fabrication de produits finis et sont fréquemment récompensés par un accroissement presque immédiat des bénéfices si les produits sont en demande.

En effet, le gestionnaire peut souvent réussir à augmenter la capacité de production d'un goulot d'étranglement en assouplissant ou en atténuant la contrainte. Par exemple, il peut demander à l'opérateur de la machine à coudre d'effectuer du travail supplémentaire. Il en résulte plus de temps de couture disponible et, par conséquent, un plus grand nombre de produits finis peuvent être vendus à des clients ayant passé des commandes. Les bénéfices découlant de ce type d'**assouplissement (ou atténuation) d'une contrainte** sont souvent considérables et peuvent être faciles à quantifier. Le gestionnaire doit d'abord se demander ce qu'il ferait s'il disposait d'une capacité de production supplémentaire au goulot d'étranglement. Dans notre exemple, lorsqu'il reste des commandes de sacoches de montagne et de sacoches de tourisme en attente, la capacité de production supplémentaire devrait d'abord servir à fabriquer un plus grand nombre de sacoches de tourisme puisqu'il s'agirait alors d'une meilleure utilisation de la capacité ajoutée. Si la machine n'a pas atteint sa pleine capacité après que Super Vélos inc. a rempli toutes les commandes de sacoches de tourisme, elle pourra servir à fabriquer des sacoches de montagne. Dans le cas où la totalité de la capacité supplémentaire est utilisée pour fabriquer des sacoches de tourisme, celle-ci aurait une valeur de 4 $ par minute ou de 240 $ par heure. En effet, l'ajout d'une heure de capacité de production générerait une somme supplémentaire de 240 $ en marge sur coûts variables si ce temps était utilisé uniquement pour la fabrication d'un plus grand nombre de sacoches de tourisme. Comme il est plus que probable que la rémunération des heures supplémentaires de l'opérateur soit très inférieure à 240 $ l'heure, l'ajout d'une heure de fonctionnement de la machine à coudre constituerait alors une excellente manière d'augmenter les bénéfices de l'entreprise tout en satisfaisant la demande des clients.

Pour mieux comprendre ce concept, supposons que la fabrication des sacoches de tourisme est déjà considérée comme prioritaire, de sorte que seules des commandes de sacoches de montagne sont restées en attente. Que vaudrait pour l'entreprise l'ajout d'heures de travail supplémentaires à la machine à coudre dans ce cas ? Comme la capacité supplémentaire servirait à fabriquer des sacoches de montagne, la valeur de cette capacité diminuerait à 2,50 $ par minute ou 150 $ l'heure. Le fait d'assouplir la contrainte aurait néanmoins une valeur encore relativement élevée.

Comme le montrent ces calculs, le gestionnaire devrait accorder beaucoup d'attention aux activités entourant le goulot d'étranglement. Quand une machine d'un goulot d'étranglement tombe en panne ou est utilisée de façon inefficace, les pertes pour l'entreprise peuvent se révéler assez importantes. Dans notre exemple, pour chaque minute où la machine à coudre ne fonctionne pas à cause d'une panne ou d'un réglage,

Assouplissement (ou atténuation) d'une contrainte

Mesure qui consiste à augmenter la capacité de production d'un goulot d'étranglement.

12

l'entreprise perd 2,50 $ ou 4,00 $. Sur une base horaire, ces pertes sont de 150 $ ou de 240 $. Par contre, il n'y a aucune perte de marge sur coûts variables comparable lorsque du temps est perdu à cause d'une machine qui ne constitue pas un goulot d'étranglement — de telles machines ont une capacité de production excédentaire de toute façon.

Les conséquences sont claires. Le gestionnaire devrait consacrer une grande partie de ses efforts à la gestion des goulots d'étranglement. Comme nous l'avons vu, il lui faut mettre l'accent sur les produits utilisant la ressource limitée de la façon la plus rentable possible. Il lui faut aussi s'assurer que le traitement des produits se fait sans anicroche dans les goulots d'étranglement, avec un minimum de perte de temps due aux pannes ou aux réglages. Enfin, le gestionnaire devrait tâcher de trouver des moyens d'augmenter la capacité de production aux goulots d'étranglement.

Il est possible d'augmenter efficacement la capacité de production à un goulot d'étranglement de différentes manières, entre autres :

- par du travail supplémentaire au goulot d'étranglement ;
- par la sous-traitance d'une partie du traitement qui devrait être exécuté au goulot d'étranglement ;
- par l'affectation à un processus qui constitue un goulot d'étranglement de travailleurs ordinairement occupés à d'autres processus qui ne restreignent pas la capacité de production ;
- par la concentration des efforts d'amélioration des processus de l'entreprise, tels que la gestion intégrale de la qualité (GIQ) et la production optimisée, au goulot d'étranglement ;
- par la réduction du nombre d'unités défectueuses. Chaque unité défectueuse transformée dans le goulot d'étranglement et jetée ensuite aux rebuts prend la place d'une unité valable qui aurait pu être vendue.

Question éclair 12.6

Lorsqu'on essaie de répartir une ressource limitée telle qu'un nombre d'heures-machines entre des produits, comment devrait-on déterminer la rentabilité relative de ceux-ci ?

Les trois dernières méthodes décrites précédemment s'avèrent très intéressantes parce qu'elles ne coûtent presque rien et qu'elles peuvent même générer des économies supplémentaires.

12.3.4 Le problème des contraintes multiples

Que peut faire l'entreprise lorsqu'elle a plus d'une contrainte de capacité potentielle ? Par exemple, l'entreprise dispose parfois d'une quantité limitée de matières premières, d'heures de main-d'œuvre directe, d'espace utilisable, ou d'argent à dépenser en publicité pour la promotion de ses produits. Comment pourrait-elle alors procéder pour déterminer la bonne combinaison de produits à fabriquer ? Il est possible de l'établir à l'aide d'une méthode quantitative appelée « programmation linéaire », qui est étudiée dans des cours portant sur les méthodes quantitatives et la gestion des opérations.

MISE EN APPLICATION

Les gestionnaires peuvent mettre leurs connaissances relatives aux éléments pertinents pour la prise de décisions en application pour :

- déterminer si l'entreprise devrait ajouter des produits ou des services à ceux déjà offerts ou en abandonner ;
- déterminer si l'entreprise devrait fabriquer elle-même un produit ou offrir elle-même un service, ou se le procurer auprès d'un fournisseur externe ;
- déterminer si l'entreprise devrait accepter ou refuser une commande spéciale ponctuelle à un prix inférieur au prix habituel ;
- déterminer si l'entreprise devrait vendre un produit tel quel ou en poursuivre la transformation ;
- prendre des décisions liées à la combinaison de produits en présence de ressources limitées et de goulots d'étranglement.

Résumé

- Il y a une distinction à faire entre les éléments pertinents et non pertinents lorsqu'une prise de décisions s'impose. Les revenus, les coûts ainsi que les avantages et inconvénients pertinents sont ceux qui se matérialiseront dans le futur et qui diffèrent selon les possibilités envisagées. Par conséquent, les coûts irrécupérables ne sont jamais pertinents (puisqu'ils ont déjà été engagés par le passé), tandis que les coûts évitables, différentiels et de renonciation le sont toujours (puisqu'ils se matérialiseront dans le futur). (OA1)

- L'utilisation d'éléments pertinents est requise dans différentes situations où les gestionnaires doivent prendre des décisions, notamment relatives à l'ajout, à la conservation ou à l'abandon de gammes de produits ou de secteurs d'exploitation; à la fabrication à l'interne ou à l'achat auprès d'un fournisseur externe; à l'acceptation ou au refus de commandes spéciales; à la vente de produits conjoints tels quels ou à la poursuite de leur transformation à partir du point de séparation. (OA2)

- Une méthode simple de gestion d'une ressource limitée pour les cas où la demande dépasse la capacité de production à court terme en raison d'un goulot d'étranglement repose sur le calcul de la marge sur coûts variables par unité de la ressource limitée, appelée « marge sur coûts variables par facteur de contrainte ». Selon cette méthode, on devrait d'abord répondre à la demande pour le produit ayant la marge sur coûts variables par facteur de contrainte la plus élevée. Puis, une fois toute la demande pour ce produit satisfaite, la capacité de production restante, le cas échéant, devrait servir à fabriquer le produit ayant la deuxième marge sur coûts variables par facteur de contrainte la plus élevée, et ainsi de suite, jusqu'à l'épuisement de la capacité de production disponible. (OA3)

Activités d'apprentissage

Problème de révision 12.1

Les coûts pertinents

La société Les Vélos Saint-Albert fabrique trois types de bicyclettes — un vélo tout-terrain, un vélo de montagne, et un vélo de compétition. Voici des données concernant le chiffre d'affaires et les charges du dernier trimestre.

	Total	Vélos tout-terrain	Vélos de montagne	Vélos de compétition
Ventes	300 000 $	90 000 $	150 000 $	60 000 $
Moins : Coûts de fabrication variables et frais de vente	120 000	27 000	60 000	33 000
Marge sur coûts variables	180 000	63 000	90 000	27 000
Moins : Coûts fixes :				
Publicité	30 000	10 000	14 000	6 000
Amortissement du matériel spécialisé	23 000	6 000	9 000	8 000
Salaires des contremaîtres de chaque modèle	35 000	12 000	13 000	10 000
Coûts fixes communs répartis*	60 000	18 000	30 000	12 000
Total des coûts fixes	148 000	46 000	66 000	36 000
Bénéfice (perte)	32 000 $	17 000 $	24 000 $	(9 000) $

* Il s'agit de coûts communs répartis en fonction des ventes.

La direction s'inquiète des pertes continuelles que présente la gamme des vélos de compétition, et veut savoir si elle doit la conserver ou l'abandonner. Le matériel spécial servant à la fabrication de ces vélos n'a aucune valeur de revente.

Travail à faire

1. L'entreprise devrait-elle abandonner la fabrication et la vente des vélos de compétition ? Justifiez votre réponse à l'aide de vos calculs.
2. Présentez les données précédentes de façon que la direction puisse s'en servir plus facilement pour évaluer la rentabilité à long terme des différentes gammes de produits.

Solution au problème de révision 12.1

1. L'entreprise ne devrait pas abandonner la fabrication et la vente du vélo de compétition. L'abandon de ce modèle aurait pour effet de diminuer le bénéfice de l'entreprise de 11 000 $ par trimestre.

Marge sur coûts variables perdue..................................			(27 000) $
Moins : Coûts fixes évitables :			
Publicité..		6 000 $	
Salaire du contremaître du modèle..........................		10 000	16 000
Diminution du bénéfice pour l'entreprise			(11 000) $

L'amortissement du matériel spécialisé constitue un coût irrécupérable et, par conséquent, il n'est pas pertinent dans cette décision. Les coûts communs sont des coûts répartis qui resteront les mêmes au total, que les vélos de compétition soient abandonnés ou non. Il ne s'agit donc pas non plus de coûts pertinents dans cette décision.

Autre solution

	Total actuel	Total en cas d'abandon du vélo de compétition	Différence : Augmentation (ou diminution) du bénéfice
Ventes	300 000 $	240 000 $	(60 000) $
Moins : Coûts variables	120 000	87 000	33 000
Marge sur coûts variables	180 000	153 000	(27 000)
Moins : Coûts fixes :			
Publicité..	30 000	24 000	6 000
Amortissement du matériel spécialisé..	23 000	23 000	-0-
Salaires des contremaîtres de chaque modèle...........................	35 000	25 000	10 000
Coûts fixes communs répartis	60 000	60 000	-0-
Total des coûts fixes	148 000	132 000	16 000
Bénéfice (perte)	32 000 $	21 000 $	(11 000) $

2. On peut améliorer la présentation des informations sectorielles par l'élimination de la répartition des coûts fixes communs. Le modèle d'un état des résultats sectoriels décrit au chapitre 11 permet d'obtenir une présentation plus claire des données.

	Total	Vélos tout-terrain	Vélos de montagne	Vélos de compétition
Ventes..............................	300 000 $	90 000 $	150 000 $	60 000 $
Moins : Coûts de fabrication variables et frais de vente............	120 000	27 000	60 000	33 000
Marge sur coûts variables............	180 000	63 000	90 000	27 000
Moins : Coûts fixes :				
Publicité..................................	30 000	10 000	14 000	6 000
Amortissement du matériel spécialisé............................	23 000	6 000	9 000	8 000
Salaires des contremaîtres de chaque modèle	35 000	12 000	13 000	10 000
Total des coûts fixes............	88 000	28 000	36 000	24 000
Bénéfice spécifique des gammes de produits	92 000	35 000 $	54 000 $	3 000 $
Moins : Coûts fixes communs.......	60 000			
Bénéfice....................................	32 000 $			

Questions

Q12.1 Qu'est-ce qu'un « coût pertinent » ?

Q12.2 Les coûts évitables sont-ils toujours pertinents ? Justifiez votre réponse.

Q12.3 Définissez les expressions suivantes : « coût différentiel », « coût de renonciation » et « coût irrécupérable ».

Q12.4 Les coûts variables sont-ils toujours des coûts pertinents ? Justifiez votre réponse.

Q12.5 Comme l'indique le bilan, la valeur comptable d'une machine constitue un actif pour l'entreprise. Cette valeur n'est cependant pas un élément pertinent dans une prise de décisions. Pourquoi ?

Q12.6 Comme l'indique l'état des résultats, l'amortissement constitue une dépense pour l'entreprise. Pourtant, ce coût n'est pas pertinent dans une prise de décisions. Pourquoi ?

Q12.7 « Les coûts irrécupérables sont faciles à reconnaître : il s'agit simplement des coûts fixes associés à une décision. » Êtes-vous d'accord avec cet énoncé ? Justifiez votre réponse.

Q12.8 « Les expressions "coûts variables" et "coûts différentiels" désignent la même chose. » Êtes-vous d'accord avec cet énoncé ? Justifiez votre réponse.

Q12.9 « Tous les coûts futurs sont pertinents dans une prise de décisions. » Êtes-vous d'accord avec cette affirmation ? Pourquoi ?

Q12.10 Beaulieu ltée considère la possibilité d'abandonner une de ses gammes de produits. Quels coûts relatifs à cette gamme seraient pertinents au moment de la décision ? Lesquels ne seraient pas pertinents ?

Q12.11 « Une gamme de produits entraînant une perte est un bon indice qu'il faudrait l'abandonner. » Êtes-vous d'accord avec cet énoncé ? Justifiez votre réponse.

Q12.12 Quel danger y a-t-il à répartir les coûts communs entre les gammes de produits ou les secteurs d'exploitation d'une organisation ?

Q12.13 Comment utilise-t-on le coût de renonciation dans une décision de fabriquer ou d'acheter ?

Q12.14 Donnez quatre exemples de contraintes de capacité possibles, en expliquant comment y remédier.

Q12.15 Comment l'établissement d'un rapport entre les marges sur coûts variables des produits et la ressource limitée requise pour leur fabrication peut-il aider une entreprise à maximiser ses bénéfices ?

Q12.16 Définissez les expressions ou les termes suivants : « produits conjoints », « coûts communs de fabrication » et « point de séparation ».

Q12.17 Du côté des prises de décisions, quels sont les pièges de la répartition des coûts communs de fabrication entre les produits conjoints ?

Q12.18 Quelle ligne de conduite permettrait de déterminer si des produits conjoints devraient être vendus au point de séparation ou transformés davantage ?

Q12.19 Les compagnies aériennes offrent parfois des tarifs réduits certains jours de la semaine aux membres de la famille des gens d'affaires lorsqu'ils accompagnent ceux-ci dans leurs déplacements. Quel rôle le concept de coûts pertinents joue-t-il dans la décision d'offrir des tarifs réduits de ce type ?

Exercices

E12.1 La prise en compte d'éléments pertinents

Voici quelques éléments qui pourraient être pertinents dans les décisions que doit prendre la direction de Savane inc., un fabricant de voiliers.

Élément	1re situation Pertinent	1re situation Non pertinent	2e situation Pertinent	2e situation Non pertinent
a) Chiffre d'affaires				
b) Matières premières				
c) Main-d'œuvre directe				
d) Frais de fabrication indirects variables				
e) Amortissement de la machine B100				
f) Valeur comptable de la machine B100				
g) Valeur de revente de la machine B100				
h) Valeur de marché de la machine B300 (coût d'achat)				
i) Amortissement de la machine B300				
j) Frais indirects de fabrication fixes				
k) Frais de vente variables				
l) Frais de vente fixes				
m) Frais d'administration fixes				

Travail à faire

Reproduisez le tableau précédent. Inscrivez un «X» dans la colonne appropriée pour indiquer si chaque élément est pertinent ou non dans chacune des situations ci-après. La question 1 du travail à faire se rapporte à la première situation, et la question 2, à la seconde situation.

1. La direction songe à acheter une machine B300 et à l'utiliser conjointement avec la machine B100 qu'elle possède. Cette acquisition accroîtrait la production et le chiffre d'affaires de l'entreprise. L'augmentation de volume serait assez importante pour nécessiter une hausse des frais de vente et des frais d'administration, mais non des frais indirects de fabrication fixes.

2. La direction songe plutôt à remplacer la machine B100 qu'elle possède par la machine B300. L'ancien équipement serait alors vendu. Ce changement n'aurait aucun effet sur la production ni sur le chiffre d'affaires. Il permettrait cependant d'enregistrer quelques économies concernant le coût des matières premières grâce à une diminution du gaspillage.

E12.2 La détermination des coûts pertinents

À son retour d'un voyage de chasse, Guillaume a rapporté huit canards. Son ami Jean, qui désapprouve la chasse aux canards, veut l'inciter à abandonner ce sport et, pour ce faire, il lui présente cette estimation des coûts par canard.

Caravane et équipement :	
Coût, 12 000 $; utilisables pendant 8 saisons à raison de 10 voyages de chasse par saison	150 $
Transport (camionnette) :	
100 km à 0,12 $ du kilomètre (essence, huile et pneus : 0,07 $ le kilomètre; amortissement et assurance : 0,05 $ le kilomètre)	12
Cartouches à plombs (deux boîtes)	20
Bateau :	
Coût, 2 320 $; utilisable pendant 8 saisons à raison de 10 voyages de chasse par saison	29
Permis de chasse :	
Coût, 30 $ pour une saison; 10 voyages de chasse par saison	3
Argent perdu au poker (Guillaume joue au poker chaque week-end) :	
Perte, 18 $	18
Un cinquième d'une bouteille de Jack Daniel's (pour se réchauffer) :	
Coût, 40 $ la bouteille	8
Coût total	240 $
Coût par canard (240 $ ÷ 8 canards)	30 $

Travail à faire

1. Supposez que le voyage de chasse aux canards dont Guillaume revient est typique. Quels coûts sont pertinents en ce qui concerne sa décision de retourner ou non à la chasse cette saison ?

2. Supposez que Guillaume sera chanceux au cours de sa prochaine expédition et qu'il tuera 10 canards dans le même intervalle de temps qu'il avait mis la fois précédente à en abattre 8. Quel est le coût associé aux deux derniers canards qu'il aura tués ?

3. Quels coûts sont pertinents en ce qui concerne la décision de Guillaume de renoncer définitivement ou non à la chasse aux canards ? Justifiez votre réponse.

12

E12.3 La décision d'abandonner une gamme de produits

Entreprises maritimes Thalassa fabrique du matériel naval. Depuis plusieurs années, cette société essuie des pertes avec sa gamme de pompes de cale. Voici son état des résultats trimestriel le plus récent concernant la gamme des pompes de cale.

ENTREPRISES MARITIMES THALASSA
État des résultats – pompes de cale
pour le trimestre terminé le 31 mars

Ventes		850 000 $
Moins: Coûts variables:		
Coûts de fabrication variables	330 000 $	
Commissions sur les ventes	42 000	
Livraison	18 000	
Total des coûts variables		390 000
Marge sur coûts variables		460 000
Moins: Coûts fixes:		
Publicité	270 000	
Amortissement de l'équipement (aucune valeur de revente)..	80 000	
Frais indirects de fabrication*	105 000	
Salaire du directeur de la gamme de produits	32 000	
Assurance sur les stocks	8 000	
Charges du service des achats**	45 000	
Total des coûts fixes		540 000
Perte		(80 000) $

* Coûts communs répartis en fonction des heures-machines
** Coûts communs répartis en fonction des ventes

L'abandon de la gamme des pompes de cale n'influerait pas sur les ventes des autres gammes de produits. En outre, il n'aurait aucun effet perceptible sur le total des frais indirects de fabrication ni sur le total des charges du service des achats.

Travail à faire

Recommanderiez-vous l'abandon de la gamme des pompes de cale? Étayez votre réponse par les calculs appropriés.

E12.4 La prise en compte d'une contrainte de ressource

Beaudry inc. fabrique trois produits, A, B et C. Voici des données sur le prix de vente, les coûts variables et la marge sur coûts variables d'une unité de chaque produit.

	Produit		
	A	B	C
Prix de vente	180 $	270 $	240 $
Moins: Coûts variables:			
Matières premières	24	72	32
Autres coûts variables	102	90	148
Total des coûts variables	126	162	180
Marge sur coûts variables	54 $	108 $	60 $
Ratio de la marge sur coûts variables	30 %	40 %	25 %

12

L'entreprise utilise la même matière première pour les trois produits. Elle dispose de seulement 5 000 kilogrammes de cette matière et elle ne pourra en obtenir davantage avant plusieurs semaines à cause d'une grève à l'usine de son fournisseur. La direction tente de décider sur quels produits elle devrait concentrer les efforts de la prochaine semaine pour maximiser ses bénéfices en exécutant des commandes en retard. Le prix d'achat de la matière première est de 8 $ par kilogramme.

Travail à faire

1. Calculez la marge sur coûts variables obtenue par kilogramme de matières premières utilisées dans chaque produit.

2. En supposant que la demande de chaque produit excède largement la capacité de production, quelles commandes suggérez-vous à l'entreprise d'exécuter au cours de la prochaine semaine : les commandes du produit A, du produit B ou du produit C ? Présentez tous vos calculs.

3. Un fournisseur étranger pourrait procurer à l'entreprise des quantités supplémentaires de matières premières, mais pour une somme nettement supérieure au prix d'achat courant. Si l'entreprise a des commandes en attente pour les trois produits, quel prix le plus élevé devrait-elle consentir à payer par kilogramme de matières premières supplémentaire ?

E12.5 La décision de fabriquer ou d'acheter

Troy ltée vend différents types de moteurs conçus pour la machinerie lourde. L'entreprise a toujours fabriqué toutes les pièces nécessaires à ses moteurs, y compris les carburateurs. Un sous-traitant pourrait lui fournir un type de carburateur au coût de 35 $ l'unité. Pour évaluer cette offre, Troy ltée a recueilli les renseignements ci-après concernant ses propres coûts de fabrication de ce carburateur à l'interne.

	Par unité	15 000 unités par an
Matières premières	14 $	210 000 $
Main-d'œuvre directe..	10	150 000
Frais indirects de fabrication variables	3	45 000
Frais de fabrication fixes spécifiques*	6	90 000
Frais indirects de fabrication fixes répartis	9	135 000
Coût total de fabrication..	42 $	630 000 $

* Un tiers de ce montant correspond aux salaires des employés de surveillance, et les deux autres tiers, à l'amortissement de l'équipement spécialisé (aucune valeur de revente).

Travail à faire

1. Tenez pour acquis que l'entreprise ne peut faire aucun autre usage des installations servant en ce moment à la fabrication des carburateurs. Devrait-elle accepter l'offre du fournisseur extérieur ? Donnez tous vos calculs.

2. Supposez que, en achetant ses carburateurs, l'entreprise peut utiliser la capacité de production ainsi libérée pour lancer un nouveau produit. Les bénéfices spécifiques associés à ce produit seraient de 150 000 $ par an. Troy ltée devrait-elle accepter l'offre d'acheter des carburateurs à 35 $ l'unité ? Donnez tous vos calculs.

E12.6 La décision de fabriquer ou d'acheter

Chaque année, la société Han fabrique 30 000 unités de la pièce S-6, qu'elle utilise dans sa chaîne de montage. À ce niveau d'activité, le coût par unité de la pièce S-6 se calcule comme suit :

Matières premières	3,60 $
Main-d'œuvre directe...	10,00
Frais indirects de fabrication variables	2,40
Frais indirects de fabrication fixes	9,00
Coût total de fabrication par pièce...	25,00 $

Un fournisseur extérieur a offert à l'entreprise de lui vendre annuellement 30 000 unités de la pièce S-6 à 21 $ l'unité. En acceptant cette offre, la société Han pourrait louer les installations servant en ce moment à la fabrication de la pièce à une autre entreprise, moyennant un loyer de 80 000 $ par an.

Toutefois, le service de la comptabilité a déterminé que les deux tiers des frais indirects de fabrication fixes imputés à la pièce S-6 seraient maintenus même si la société Han achetait cette pièce d'un fournisseur extérieur.

Travail à faire

Faites les calculs nécessaires pour démontrer l'avantage ou le désavantage net (en dollars) de l'acceptation de l'offre du fournisseur extérieur.

E12.7 La décision de vendre ou de transformer davantage

Durivage inc. fabrique trois produits à partir de la même matière première grâce à la même opération de production. Les coûts communs de transformation des produits conjoints jusqu'au point de séparation s'élèvent à 350 000 $ par trimestre. L'entreprise répartit ces coûts entre les produits conjoints en fonction de leur valeur de vente totale au point de séparation. Voici des données sur les prix de vente par unité et la production totale au point de séparation.

Produit	Prix de vente	Production trimestrielle
A..	16 $ par kilogramme	15 000 kg
B	8 $ par kilogramme	20 000 kg
C	25 $ par litre	4 000 L

Après ce point, chaque produit peut être transformé davantage. Le traitement supplémentaire ne requiert aucune installation particulière. Le tableau ci-après indique le coût d'un tel traitement par trimestre et les prix de vente des unités après cette opération.

Produit	Coûts du traitement supplémentaire	Prix de vente après le traitement
A..	63 000 $	20 $ par kilogramme
B	80 000 $	13 $ par kilogramme
C	36 000 $	32 $ par litre

Travail à faire

En supposant que la transformation commune a été effectuée, quel produit devrait-on vendre au point de séparation et lequel devrait-on transformer davantage ? Il peut y en avoir plus d'un. Donnez tous vos calculs.

E12.8 **L'abandon ou le maintien d'un service**

La société Services aux aînés de Cotnoir est un organisme à but non lucratif qui fournit des services essentiels aux personnes âgées habitant chez elles dans la région de Cotnoir. L'organisme offre trois services — des soins à domicile, une «popote roulante» et un service d'entretien ménager. Dans le cadre du programme de soins à domicile, des infirmiers ou des infirmières rendent régulièrement visite aux personnes âgées pour vérifier leur état général et pour effectuer les tests prescrits par les médecins. La «popote roulante» livre un repas chaud une fois par jour à chaque personne âgée inscrite à ce service. Le service d'entretien ménager exécute chaque semaine des tâches de nettoyage et d'entretien. Voici des données sur les revenus et les charges de la dernière année.

	Total	Soins à domicile	Popote roulante	Entretien ménager
Revenus	900 000 $	260 000 $	400 000 $	240 000 $
Moins : Coûts variables	490 000	120 000	210 000	160 000
Marge sur coûts variables	410 000	140 000	190 000	80 000
Moins : Coûts fixes :				
Amortissement	68 000	8 000	40 000	20 000
Assurance responsabilité civile	42 000	20 000	7 000	15 000
Salaires des administrateurs des programmes	115 000	40 000	38 000	37 000
Frais d'administration*	180 000	52 000	80 000	48 000
Total des coûts fixes	405 000	120 000 $	165 000	120 000
Bénéfice (perte)	5 000 $	20 000 $	25 000 $	(40 000) $

* Répartis en fonction des revenus des programmes

La directrice des Services aux aînés de Cotnoir, Mme Judith Miyama, est préoccupée par les finances de l'organisme. Elle considère que le bénéfice de 5 000 $ de l'année dernière ne laisse aucune marge de manœuvre. (Les résultats qui apparaissent ici sont très similaires à ceux des années précédentes et représentent bien ce qui est à prévoir pour les années à venir.) À son avis, l'organisme devrait se constituer plus rapidement des réserves financières en prévision de la prochaine et inévitable récession. Après avoir examiné le rapport ci-dessus, Mme Miyama a demandé plus de renseignements sur la pertinence financière de la décision éventuelle d'abandonner le service d'entretien ménager.

Les charges d'amortissement de ce programme sont liées à une petite fourgonnette qui sert à transporter l'équipe d'entretien ménager et son matériel d'un endroit à l'autre. En cas d'abandon du programme, il faudrait faire don de cette fourgonnette à un organisme de charité, car les charges d'amortissement laissent supposer une valeur de revente nulle. De plus, il serait impossible d'éviter les frais d'administration. Par contre, l'assurance responsabilité civile et le salaire de l'administrateur du programme constitueraient alors des coûts évitables.

Travail à faire

1. L'organisme devrait-il abandonner le service d'entretien ménager? Présentez vos calculs pour justifier votre réponse.
2. Réorganisez les données du tableau de façon à permettre à la direction de mieux évaluer à long terme la viabilité financière des différents services.

12

E12.9 **L'évaluation d'une commande spéciale**

La Joaillerie Myamoto étudie une commande spéciale portant sur 10 bracelets en or faits à la main. Ces bijoux doivent être offerts en cadeaux à des invités à l'occasion d'un mariage. Un bracelet en or se vend normalement 389,95 $ et coûte 264,00 $ à fabriquer, comme l'indiquent les données suivantes :

Matières premières	143,00 $
Main-d'œuvre directe	86,00
Frais indirects de fabrication	35,00
Coût de fabrication unitaire	264,00 $

La plupart des frais indirects de fabrication sont fixes et restent les mêmes, quelles que soient les variations dans la quantité de bijoux fabriqués pendant une période donnée. Toutefois, il y a 7 $ de frais indirects de fabrication qui varient en fonction du nombre de bracelets produits. Le client qui souhaite passer la commande spéciale voudrait que le joaillier applique un filigrane particulier sur chaque bracelet. Ce travail exigerait du matériel supplémentaire au coût de 6 $ par bracelet, mais aussi l'achat, au prix de 465 $, d'un instrument spécial, lequel ne serait plus d'aucune utilité une fois la commande exécutée. Cette commande ne devrait pas avoir d'effet sur les ventes régulières de la joaillerie, et pourrait être exécutée sans dépasser la capacité actuelle de l'entreprise ni nuire aux autres commandes.

Travail à faire

Quel effet aurait l'acceptation de cette commande sur le bénéfice de l'entreprise si le client offre de lui payer un prix spécial de 349,95 $ par bracelet ? Le joaillier devrait-il accepter la commande à ce prix ?

E12.10 **L'utilisation d'une ressource limitée**

La société Vannier fabrique trois produits, A, B et C. Des données sur le prix de vente, les coûts variables et la marge sur coûts variables d'une unité de chaque produit apparaissent ci-après.

	Produit		
	A	B	C
Prix de vente	60 $	90 $	80 $
Moins : Coûts variables :			
Matières premières	27	14	40
Main-d'œuvre directe	12	32	16
Frais indirects de fabrication variables	3	8	4
Total des coûts variables	42	54	60
Marge sur coûts variables	18 $	36 $	20 $
Ratio de la marge sur coûts variables	30 %	40 %	25 %

En raison d'une grève à l'usine d'un de ses concurrents, l'entreprise constate que la demande pour ses produits dépasse considérablement sa capacité de production. La direction tente de déterminer sur lequel (ou lesquels) de ses produits elle devrait concentrer ses efforts pendant la semaine prochaine pour maximiser sa rentabilité. La main-d'œuvre est rémunérée à un taux horaire de 16 $ et ne peut effectuer que 1 500 heures de travail par semaine.

Travail à faire

1. Calculez le montant de la marge sur coûts variables que l'entreprise obtiendra par heure de travail consacrée à chaque produit.
2. À votre avis, sur quelles commandes l'entreprise devrait-elle concentrer ses efforts au cours de la prochaine semaine : les commandes du produit A, du produit B ou du produit C? Présentez tous vos calculs.
3. En rémunérant les employés pour des heures supplémentaires, l'entreprise pourrait obtenir plus que 1 500 heures de main-d'œuvre directe la semaine prochaine. Quel montant maximal par heure de travail supplémentaire devrait-elle accepter de verser aussi longtemps qu'il y aura une demande pour les trois produits? Expliquez votre réponse.

E12.11 **La décision de vendre ou de transformer davantage**

La société Solex fabrique trois produits à partir d'une même matière première grâce à une seule opération de transformation. Les coûts communs de transformation des produits conjoints jusqu'au point de séparation s'élèvent à 100 000 $ par année. L'entreprise répartit ces coûts entre les produits conjoints en fonction de leur valeur de vente totale au point de séparation. Ces valeurs de vente sont les suivantes : 50 000 $ pour le produit X, 90 000 $ pour le produit Y et 60 000 $ pour le produit Z.

La société Solex peut vendre chaque produit au point de séparation ou le transformer davantage. Une transformation supplémentaire ne requiert aucune installation particulière. Le tableau ci-dessous présente les coûts de transformation et la valeur de vente (annuelle) de chacun des produits après leur opération de transformation respective.

Produit	Coûts de la transformation supplémentaire	Valeur de vente
X	35 000 $	80 000 $
Y	40 000	150 000
Z	12 000	75 000

Travail à faire

Lesquels de ces produits devraient être vendus au point de séparation, et lesquels d'entre eux devraient être transformés davantage? Donnez vos calculs.

E12.12 **La détermination des coûts pertinents**

La société Hart vend du mobilier de bureau au Québec et en assure la livraison. Voici les coûts associés à l'acquisition et au fonctionnement (sur une base annuelle) d'un camion de livraison.

Assurance	1 750 $
Permis	250
Immatriculation	150
Loyer du garage pour le stationnement (par camion)	1 350
Amortissement (30 000 $ ÷ 5 ans)	6 000*
Essence, huile de moteur, pneus et réparations	0,16 $ du kilomètre

* En fonction de la durée de vie du véhicule

Travail à faire

1. Supposez que la société Hart a acheté un camion et que celui-ci a parcouru 50 000 kilomètres au cours de la première année. Calculez le coût moyen par kilomètre lié à la possession et à l'exploitation de ce camion.

12

►

▶ 2. Au début de la deuxième année, l'entreprise se demande si elle devrait continuer à utiliser le camion, ou le laisser dans le garage et confier toutes ses livraisons à des entreprises spécialisées. (Le gouvernement exige le paiement de frais d'immatriculation pour les véhicules, même lorsqu'ils ne servent pas.) Quels coûts de la liste précédente sont pertinents dans cette décision? Expliquez votre réponse.

3. Supposez que l'entreprise décide de se servir du camion au cours de la deuxième année. Vers la fin de l'année, elle reçoit une commande d'un client qui habite à plus de 1 000 kilomètres de distance. Quels coûts de la liste précédente sont pertinents dans la décision d'utiliser le camion pour effectuer la livraison ou de confier cette tâche à une entreprise spécialisée? Expliquez votre réponse.

4. Il arrive que l'entreprise a besoin de deux camions en même temps. La direction considère donc la possibilité d'en acheter un second. Le nombre total de kilomètres parcourus serait le même que pour un seul de ces véhicules. Quels coûts de la liste sont pertinents dans la décision d'acheter ou non ce second camion? Expliquez votre réponse.

E12.13 L'abandon ou le maintien d'une division

Le magasin d'articles pour la maison Beaugrand, une entreprise de vente au détail, compte deux divisions, Salle de bain et Cuisine. Voici son état des résultats pour le mois le plus récent, établi selon la méthode des coûts variables.

			Division	
		Total	Salle de bain	Cuisine
Ventes..		5 000 000 $	1 000 000 $	4 000 000 $
Moins : Coûts variables.................................		1 900 000	300 000	1 600 000
Marge sur coûts variables............................		3 100 000	700 000	2 400 000
Moins : Coûts fixes.......................................		2 700 000	900 000	1 800 000
Bénéfice (perte)...		400 000 $	(200 000) $	600 000 $

D'après une étude, 370 000 $ des coûts fixes attribués à la division Salle de bain constituent des coûts irrécupérables ou des coûts répartis qui continueront d'être engagés même en cas d'abandon de cette unité d'exploitation. En outre, l'élimination de cette unité entraînerait une diminution de 10 % du chiffre d'affaires de la division Cuisine.

Travail à faire

Quel serait l'effet de l'abandon de la division Salle de bain sur le bénéfice de l'ensemble de l'entreprise?

E12.14 La décision de fabriquer ou d'acheter une composante

Pendant de nombreuses années, la société Durand a fabriqué une petite pièce électrique qu'elle utilise dans la fabrication de son modèle standard de tracteur diesel. À un volume d'activité de 60 000 unités par an, le coût unitaire de production de cette pièce se calcule comme suit :

	Par pièce	Total
Matières premières	4,00 $	
Main-d'œuvre directe...	2,75	
Frais indirects de fabrication variables	0,50	
Frais indirects de fabrication fixes spécifiques.........................	3,00	180 000 $
Frais indirects de fabrication fixes communs (répartis en fonction des heures de main-d'œuvre)...............	2,25	135 000
Coût unitaire du produit..	12,50 $	

Un fournisseur extérieur a offert à la société Durand de lui vendre cette composante électrique à seulement 10 $ l'unité. Un tiers des frais indirects de fabrication fixes spécifiques se compose des salaires des contremaîtres et d'autres coûts qui peuvent être éliminés en cas d'achat de la pièce. Les deux autres tiers des frais indirects de fabrication fixes spécifiques consistent en l'amortissement du matériel utilisé, lequel n'a aucune valeur de revente. La décision d'acheter la pièce en question d'un fournisseur extérieur n'aurait aucun effet sur les frais indirects de fabrication fixes communs de l'entreprise, et l'espace qui sert actuellement à cette production resterait inutilisé dans ce cas.

Travail à faire

Effectuez des calculs pour déterminer de quel montant augmenteraient ou diminueraient les bénéfices de l'entreprise si elle décidait d'acheter la composante à un fournisseur extérieur plutôt que de la fabriquer elle-même.

E12.15 L'acceptation d'une commande spéciale

La société Gladu fabrique un seul produit. Les coûts de la fabrication et de la vente d'une unité de ce produit au niveau d'activité actuel de 8 000 unités par mois sont les suivants :

Matières premières	2,50 $
Main-d'œuvre directe	3,00
Frais indirects de fabrication variables	0,50
Frais indirects de fabrication fixes	4,25
Frais de vente et frais d'administration variables	1,50
Frais de vente et frais d'administration fixes	2,00

Normalement, le prix de vente de ce produit est de 15 $ l'unité. L'entreprise a une capacité de production de 10 000 unités par mois. Elle vient de recevoir une commande d'un client potentiel d'outre-mer pour 2 000 unités de son produit à 12 $ l'unité. Cette commande n'aurait aucun effet sur les ventes ordinaires.

Travail à faire

1. Si l'entreprise acceptait la commande, de quel montant ses résultats mensuels augmenteraient-ils ou diminueraient-ils ? (La commande n'entraînerait aucune variation du total des coûts fixes de l'entreprise.)
2. Supposez que l'entreprise dispose de 500 unités de ce produit qui restent de l'année dernière, mais qui sont de moins bonne qualité que le modèle de cette année. Elle devrait écouler ces unités par les circuits de distribution habituels à un prix réduit. Quel coût unitaire est pertinent dans l'établissement du prix de vente minimal de ces unités ? Expliquez votre réponse.

E12.16 L'utilisation d'une ressource limitée

La société Salaberry fabrique trois produits : X, Y et Z. Voici différentes données concernant ces produits par unité.

	Produit X	Produit Y	Produit Z
Prix de vente	80 $	56 $	70 $
Moins : Coûts variables :			
Matières premières	24	15	9
Main-d'œuvre et frais indirects de fabrication	24	27	40
Total des coûts variables	48	42	49
Marge sur coûts variables	32 $	14 $	21 $
Ratio de la marge sur coûts variables	40 %	25 %	30 %

12

▶ La demande pour ces produits est très forte, et l'entreprise reçoit chaque mois plus de commandes qu'elle ne peut en exécuter, compte tenu des matières premières disponibles. La même matière sert à la fabrication de chaque produit. Elle coûte 3 $ le kilogramme, et l'entreprise dispose d'une quantité maximale de 5 000 kilogrammes chaque mois.

Travail à faire

Quelles commandes conseilleriez-vous à l'entreprise d'exécuter en premier lieu, celles du produit X, celles du produit Y ou celles du produit Z? Quelles commandes devrait-elle exécuter en deuxième lieu? en troisième lieu?

E12.17 La décision de vendre ou de transformer davantage

La société Morille fabrique différents produits grâce à un processus de transformation du krypton, un gaz rare. Le total des coûts de la matière et du processus s'élève à 30 000 $ par tonne de ce gaz. Un tiers de ce montant est attribué à un produit appelé «merifulon». Le merifulon fabriqué à partir d'une tonne de krypton peut être soit vendu tel quel au point de séparation, soit transformé davantage au coût de 13 000 $, puis mis en vente à 60 000 $. La valeur de vente au point de séparation est de 40 000 $.

Travail à faire

L'entreprise devrait-elle transformer davantage le merifulon ou le vendre au point de séparation?

E12.18 La décision optimale en matière de production

La société Voitures d'art fabrique des modèles miniatures de voitures de sport classiques. Dans son processus de production, le goulot d'étranglement se situe à l'étape de l'application de plusieurs couches de peinture sur chaque modèle. Ce processus requiert l'attention des artisans les plus expérimentés de l'atelier. L'entreprise dispose d'un total de 7 200 heures par année pour cette activité. Voici quelques données concernant les quatre produits de l'entreprise.

	Corvette	Porsche	Ferrari	Jaguar
Marge sur coûts variables par unité..........	100 $	64 $	70 $	144 $
Demande annuelle (unités).......................	160	240	200	280
Heures requises pour l'activité de peinture par unité	10	8	14	16

L'entreprise ne pourrait éviter aucun de ses coûts fixes, même si elle modifiait le nombre d'unités de n'importe lequel de ses produits ou qu'elle abandonnait l'un d'eux.

Travail à faire

1. La capacité au goulot d'étranglement permet-elle de répondre à la demande pour tous les produits?
2. Quel est le plan de production optimal pour l'année?
3. Quel serait le total de la marge sur coûts variables dans le plan de production optimal que vous avez proposé?

E12.19 **La décision de fabriquer ou d'acheter une composante**

Chaque année, la société Royale fabrique 20 000 unités d'une pièce numérotée R-3 qu'elle utilise dans sa chaîne de montage. À ce volume d'activité, le coût par unité de la pièce R-3 se calcule comme suit :

Matières premières	4,80 $
Main-d'œuvre directe	7,00
Frais indirects de fabrication variables	3,20
Frais indirects de fabrication fixes	10,00
Coût total de fabrication par pièce	25,00 $

Un fournisseur extérieur a offert de vendre annuellement à l'entreprise 20 000 unités de la pièce R-3 à 23,50 $ l'unité. Si elle accepte l'offre, la société Royale pourrait louer les installations qu'elle utilise en ce moment pour fabriquer la pièce R-3 à une autre entreprise en échange d'un loyer annuel de 150 000 $. Toutefois, elle a constaté qu'elle devrait continuer à engager 6 $ en frais indirects de fabrication fixes pour chaque unité de R-3, même si elle achetait toutes les unités de cette pièce au fournisseur extérieur.

Travail à faire

Effectuez les calculs nécessaires pour déterminer le montant de l'augmentation ou de la diminution des résultats de l'entreprise si elle accepte l'offre du fournisseur extérieur.

E12.20 **La décision de vendre ou de transformer davantage**

La société Feuilles en vrac fabrique de grands rouleaux de papier blanc de 1 000 kilogrammes, qu'elle vend à des grossistes au prix de 1 500 $ chacun. Puis, ces grossistes coupent le papier pour en faire des feuilles de format standard, qu'ils emballent ensuite en paquets de 2 kilogrammes. Ces paquets de feuilles sont vendus à des imprimeurs au prix de 4 $ par paquet. Le processus de découpage n'entraîne aucun gaspillage. À l'heure actuelle, Feuilles en vrac fabrique chaque année 5 millions de kilogrammes de papier dont les coûts fixes s'élèvent à 1 million de dollars au total, et les coûts variables, à 0,80 $ par kilogramme. Si l'entreprise décidait de ne plus faire affaire avec les grossistes et de couper elle-même son propre papier pour ensuite le vendre directement aux imprimeurs, il lui faudrait acquérir du matériel et du personnel supplémentaires dont les coûts fixes annuels se chiffreraient à 650 000 $ et les coûts variables supplémentaires, à 0,10 $ par kilogramme.

Travail à faire

La société Feuilles en vrac devrait-elle commencer à couper son propre papier elle-même ou continuer à le vendre à des grossistes ?

E12.21 **La décision d'abandonner une gamme de produits**

Une entreprise fabrique deux gammes de produits, soit des poêles à frire et des casseroles. Les poêles à frire se vendent 30 $ chacune, et les casseroles, 20 $ chacune. Les coûts variables de fabrication d'une poêle à frire s'élèvent à 20 $ et ceux d'une casserole, à 8 $. Par ailleurs, l'entreprise engage des coûts de fabrication supplémentaires de 1 million de dollars.

12

► **Travail à faire**

1. Si l'entreprise vendait 100 casseroles de plus, à quel montant son bénéfice supplémentaire se chiffrerait-il?
2. Si l'entreprise pouvait vendre soit une casserole de plus, soit une poêle à frire de plus, lequel de ces produits supplémentaires préférerait-elle vendre? Pourquoi?
3. Dans quelles conditions l'entreprise pourrait-elle souhaiter abandonner la fabrication de sa gamme de poêles à frire?

E12.22 La décision de fabriquer ou d'acheter

Cyclomoteurs électriques inc. fabrique des cyclomoteurs destinés aux banlieusards qui travaillent en ville. On peut recharger la batterie de ces cyclomoteurs au moyen d'une prise de courant normale, et elle reste chargée pendant 24 heures. En ce moment, l'usine qui fabrique ces cyclomoteurs est exploitée à 70 % de sa capacité de production. Son directeur envisage de fabriquer à l'interne les phares de ces véhicules motorisés. Ces phares sont actuellement fabriqués par une autre entreprise, qui les vend ensuite à Cyclomoteurs électriques inc. au prix de 11 $ l'unité. Or, Cyclomoteurs électriques inc. dispose déjà du matériel et de la main-d'œuvre nécessaires pour fabriquer ces phares elle-même. Selon des ingénieurs, une telle production supplémentaire entraînerait des coûts variables de 3 $ en ce qui concerne la main-d'œuvre directe et de 4 $ en ce qui a trait aux matières premières. Le taux d'imputation prédéterminé des frais indirects de fabrication de l'usine correspond à 200 % du coût de la main-d'œuvre directe, et 60 % de ses frais indirects de fabrication sont fixes.

Travail à faire

L'entreprise Cyclomoteurs électriques inc. devrait-elle fabriquer ses propres phares elle-même?

E12.23 La décision d'abandonner une gamme de produits

Une beignerie prépare trois principaux types de beignes, soit ceux fourrés à la crème, ceux fourrés au chocolat et ceux fourrés à la confiture. En analysant la combinaison de produits de l'entreprise, son directeur a recueilli les renseignements suivants.

	Beignes fourrés au chocolat	Beignes fourrés à la crème	Beignes fourrés à la confiture
Prix de vente par douzaine	4,00 $	3,00 $	2,50 $
Coûts directs par douzaine............	(2,10)	(0,90)	(2,00)
Frais indirects de fabrication fixes par douzaine	(0,40)	(0,50)	(1,00)
Bénéfice (perte) par douzaine	1,50 $	1,60 $	(0,50) $

Les coûts fixes ne peuvent être évités et ils sont imputés à chaque type de beignes en fonction des quantités produites. La beignerie dispose d'une capacité non utilisée.

Travail à faire

1. Si une offre spéciale permettait à la beignerie d'accroître de 50 douzaines les ventes d'un de ses produits, lequel d'entre eux devrait-elle choisir?
2. L'entreprise devrait-elle abandonner la production de ses beignes fourrés à la confiture? Pourquoi?
3. Si l'entreprise était déjà exploitée à sa pleine capacité, en quoi cela changerait-il la décision d'abandonner ou non la préparation de ses beignes fourrés à la confiture?

Problèmes

P12.24 L'abandon d'activités

Les résultats de la compagnie aérienne Pégase diminuent depuis plusieurs années. Pour améliorer la performance de l'entreprise, la direction songe à abandonner plusieurs vols paraissant peu rentables.

Voici un état des résultats du vol 482.

Revenu de la vente de billets (175 places × 40 % d'occupation × 200 $ par billet)	14 000 $	100,0 %
Moins : Coûts variables (15 $ par billet)	1 050	7,5 %
Marge sur coûts variables	12 950	92,5 %
Moins : Coûts du vol :		
Salaires de l'équipage	1 800	
Publicité du vol	750	
Amortissement de l'appareil	1 550	
Essence pour l'appareil	6 800	
Assurance responsabilité civile	4 200	
Salaires des agents de bord	500	
Chargement des bagages et préparation du vol	1 700	
Coûts d'hébergement de l'équipage et des agents de bord à destination	300	
Total des coûts du vol	17 600	
Perte	(4 650) $	

Voici des renseignements supplémentaires concernant le vol 482.

a) Les membres de l'équipage reçoivent un salaire annuel fixe ; les agents de bord sont rémunérés au vol.

b) Un tiers de l'assurance responsabilité civile constitue une charge spéciale relative au vol 482 parce que la compagnie d'assurances considère la destination de ce vol comme une zone à risques élevés. Les deux autres tiers de la prime ne varieraient pas, même si le vol 482 était abandonné.

c) Le coût du chargement des bagages et de la préparation du vol représente une répartition des salaires du personnel non navigant et de l'amortissement de l'équipement au sol. L'abandon du vol 482 n'aurait aucun effet sur les dépenses totales de l'entreprise correspondant à ce poste.

d) Si la compagnie aérienne abandonne le vol 482, elle n'a actuellement aucun permis pour le remplacer par un autre vol.

e) L'amortissement de l'appareil est entièrement attribuable à la désuétude.

f) L'abandon du vol 482 ne permettrait à Pégase de diminuer ni le nombre d'appareils de sa flotte ni celui des membres d'équipage inscrits dans son livre de paie.

Travail à faire

1. Préparez une analyse montrant l'effet de l'abandon du vol 482 sur les bénéfices de la compagnie aérienne.

2. On a reproché au directeur de la programmation des vols chez Pégase le fait que les avions de la compagnie sont remplis à 50 % seulement, alors que la moyenne est de 60 % dans ce secteur. En réponse aux critiques, le directeur a expliqué qu'il serait possible d'améliorer le taux d'occupation en éliminant environ 10 % des vols, mais que cette mesure diminuerait les résultats. Expliquez comment une telle chose pourrait se produire.

12

P12.25 Des coûts pertinents

Sauf dispositions contraires, les situations décrites ci-après sont indépendantes les unes des autres. Dans chaque cas, étayez votre réponse par des calculs.

1. Voici un état des résultats mensuel récent d'une entreprise commerciale comprenant les services A et B.

	Total	Service A	Service B
Ventes..	4 000 000 $	3 000 000 $	1 000 000 $
Moins : Coûts variables........................	1 300 000	900 000	400 000
Marge sur coûts variables....................	2 700 000	2 100 000	600 000
Moins : Coûts fixes.............................	2 200 000	1 400 000	800 000
Bénéfice (perte)..................................	500 000 $	700 000 $	(200 000)$

D'après une étude, 340 000 $ des coûts fixes attribués au service B sont des coûts irrécupérables ou des coûts répartis qui ne disparaîtront pas, même si le service B est abandonné. En outre, l'abandon du service B entraînerait une diminution de 10 % du chiffre d'affaires du service A. Quel serait l'effet de l'abandon du service B sur le bénéfice de l'entreprise dans son ensemble ?

2. Pendant un grand nombre d'années, Futura inc. a acheté les démarreurs dont elle se sert dans la fabrication de sa gamme de tracteurs agricoles standards. À cause d'une baisse de production de certains de ses produits, l'entreprise dispose d'une capacité inexploitée qu'elle pourrait utiliser pour fabriquer des démarreurs. L'ingénieur en chef s'est prononcé contre cette option. Il a fait remarquer que le coût de fabrication des démarreurs serait supérieur au prix d'achat actuel de 8,40 $ par unité payé par l'entreprise :

	Par unité	Total
Matières premières...	3,10 $	
Main-d'œuvre directe	2,70	
Supervision...	1,50	60 000 $
Amortissement	1,00	40 000
Frais indirects de fabrication variables....................	0,60	
Loyer	0,30	12 000
Coût total de production...	9,20 $	

Un contremaître devrait être engagé pour superviser la fabrication des démarreurs. Toutefois, l'entreprise dispose d'un nombre suffisant d'outils et de machines pour éviter d'effectuer des achats dans ce domaine. Le loyer indiqué précédemment est calculé en fonction de l'espace utilisé dans l'usine. Le loyer total de l'usine s'élève à 80 000 $ par année. Effectuez les calculs nécessaires pour montrer l'avantage ou le désavantage (en dollars) de la fabrication des démarreurs.

3. Wexpro inc. fabrique différents produits grâce au traitement d'un minerai rare, le clypton. Le total des coûts des matières premières et du traitement de ce minerai par tonne s'élève à 60 000 $. Un quart de ce montant est attribué au produit X. L'entreprise fabrique 7 000 unités du produit X avec chaque tonne de clypton. Ces unités peuvent être soit vendues au point de séparation à 9 $ chacune, soit transformées davantage au coût total de 9 500 $ pour être vendues ensuite à 12 $ chacune. Devrait-on faire subir un traitement supplémentaire au produit X ou le vendre au point de séparation ?

4. Delta inc. fabrique un seul produit. Les coûts de fabrication et les frais de vente d'une seule unité de ce produit au niveau d'activité normal de l'entreprise, soit 60 000 unités par an, se calculent comme suit:

Matières premières	5,10 $
Main-d'œuvre directe...	3,80
Frais indirects de fabrication variables	1,00
Frais indirects de fabrication fixes	4,20
Frais de vente et d'administration variables	1,50
Frais de vente et d'administration fixes	2,40

Le prix de vente courant est de 21 $ par unité. La capacité de production de l'entreprise est de 75 000 unités par an. Delta inc. vient de recevoir d'une entreprise de vente par correspondance une commande de 15 000 unités au prix de vente réduit de 14 $ l'unité. Cette commande n'aurait aucun effet sur les ventes courantes. Si l'entreprise exécute la commande, de quelle somme ses bénéfices annuels augmenteront-ils ou diminueront-ils?

5. Reportez-vous aux données de la question précédente. Supposez que l'entreprise dispose de 1 000 unités produites lors de la période précédente, mais qui n'ont pas été vendues. La qualité de ces unités est inférieure à celle du modèle courant. Ces unités doivent être vendues par les circuits de distribution ordinaires à un prix de vente réduit. Quels éléments du coût unitaire sont pertinents dans l'établissement d'un prix de vente minimal pour ces unités? Justifiez votre réponse.

P12.26 La décision de vendre ou de transformer davantage

Viandes Baroche est un important transformateur de viande de bœuf et autres produits. L'entreprise se retrouve avec une grande quantité de biftecks d'aloyau en surplus. Elle se demande si elle doit les vendre dans leur état actuel, ou si elle devrait les transformer davantage pour obtenir des filets mignons ou des biftecks de contre-filet.

L'entreprise considère qu'un bifteck d'aloyau de 500 grammes vendu tel qu'il a été coupé au départ lui rapporterait les bénéfices suivants:

Prix de vente (10 $ les 500 grammes)...	10,00 $
Moins: Coûts communs de fabrication attribués aux produits conjoints ...	5,20
Bénéfice par 500 grammes...	4,80 $

Au lieu de le vendre tel qu'il a été coupé initialement, on peut transformer un bifteck d'aloyau en filet mignon et en bifteck de contre-filet. En tranchant un de ses côtés, on obtient un filet mignon et en tranchant l'autre, un bifteck de contre-filet. Un bifteck d'aloyau de 500 grammes peut donner un filet mignon de 187 grammes et un bifteck de contre-filet de 250 grammes. Le reste va aux rebuts. Le coût de transformation du bifteck d'aloyau en morceaux de choix est de 1,00 $ par 500 grammes. Le filet mignon peut se vendre à 16,00 $ les 500 grammes, et le bifteck de contre-filet, à 11,80 $ les 500 grammes.

Travail à faire

1. Déterminez le bénéfice par 500 grammes qui résulterait d'un traitement supplémentaire du bifteck d'aloyau.

2. Recommanderiez-vous de vendre le bifteck d'aloyau dans son état actuel ou de le traiter davantage? Pourquoi?

(Rédigé d'après une situation suggérée par le professeur John W. Hardy)

12

P12.27 **La décision de fabriquer ou d'acheter**

«À mon avis, nous devrions cesser de fabriquer nos propres contenants et accepter l'offre du fournisseur étranger.» Wilfred Roy est directeur général chez Antilles inc. Selon lui, «à 18 $ par contenant, nous débourserions 5 $ de moins que ce qu'il nous en coûte pour les fabriquer dans notre usine. Comme nous utilisons 60 000 contenants par an, il s'agirait d'une économie de coûts annuelle de 300 000 $». Voici les données sur le coût de fabrication actuel d'un contenant à un niveau d'activité de 60 000 contenants par an.

Matières premières	10,35 $
Main-d'œuvre directe..	6,00
Frais indirects de fabrication variables	1,50
Frais indirects de fabrication fixes (2,80 $ en frais indirects généraux de l'usine, 1,60 $ en amortissement et 0,75 $ en supervision).............	5,15
Coût total par contenant	23,00 $

Il est très important pour la direction de prendre une décision de fabriquer ou d'acheter les contenants en ce moment parce que les machines servant à leur fabrication sont complètement usées et doivent être remplacées. Il y a deux solutions possibles pour l'entreprise.

En premier lieu : louer de nouvelles machines et continuer la fabrication des contenants pour 135 000 $.

En second lieu : acheter les contenants d'un fournisseur extérieur à 18 $ l'unité conformément aux conditions d'un contrat de six ans.

Les nouvelles machines se révéleraient plus efficaces que l'équipement actuellement utilisé. Selon le fabricant, elles diminueraient la main-d'œuvre directe et les frais indirects de fabrication variables de 30 %. Le coût de la supervision (45 000 $ par an) et celui des matières premières par contenant ne seraient pas modifiés par les nouvelles machines. La capacité de production de ces nouvelles machines serait de 90 000 contenants par an. L'entreprise n'a pas d'autre usage pour l'espace où sont fabriqués les contenants.

Les frais indirects généraux de l'usine ne varieront pas, quelle que soit la décision prise.

Travail à faire

1. Pour aider le directeur général à prendre une décision, préparez une analyse indiquant le coût total et le coût par contenant correspondant à chaque solution envisagée. Supposez que l'entreprise a besoin de 60 000 contenants par an. Quelle ligne de conduite recommanderez-vous au directeur ?

2. Votre recommandation à la question 1 serait-elle la même si les besoins de l'entreprise étaient a) de 75 000 contenants annuellement ou b) de 90 000 contenants annuellement ? Étayez vos réponses à l'aide de vos calculs. Indiquez les coûts au total ainsi que par unité.

3. Quels autres facteurs recommanderiez-vous au directeur de l'entreprise de considérer avant de prendre sa décision ?

P12.28 **Les coûts pertinents**

Andretti inc. fabrique et vend 60 000 unités de Dak par an au prix de vente de 32 $ par unité ; il s'agit de son seul produit. Voici des données sur ses coûts unitaires à ce niveau d'activité.

	Par unité	Total
Matières premières	10,00 $	
Main-d'œuvre directe	4,50	
Frais indirects de fabrication variables	2,30	
Frais indirects de fabrication fixes	5,00	300 000 $
Frais de vente variables	1,20	
Frais de vente fixes	3,50	210 000
Coût total par unité	26,50 $	

Les questions ci-après concernent la production et la vente des Dak. Considérez chacune d'elles indépendamment des autres.

Travail à faire

1. Supposez qu'Andretti inc. a une capacité de production suffisante pour fabriquer 90 000 Dak annuellement sans que ses frais indirects de fabrication fixes augmentent. L'entreprise pourrait accroître ses ventes de 25 % au-delà des 60 000 unités qu'elle vend déjà chaque année si elle acceptait d'augmenter ses frais de vente fixes de 80 000 $. Cette augmentation serait-elle justifiée ?

2. Supposez encore une fois que l'entreprise a une capacité de production lui permettant de fabriquer 90 000 Dak annuellement. Un client d'un marché étranger voudrait acheter 20 000 Dak. Les droits de douane imposés aux Dak seraient de 1,70 $ par unité, et les coûts des permis et licences s'élèveraient à 9 000 $. Les frais de vente relatifs à cette commande se limiteraient à un coût d'expédition de 3,20 $ par unité. Le président de l'entreprise vous demande de calculer le prix de vente unitaire minimum de cette commande.

3. L'entreprise dispose de 1 000 Dak comportant certains défauts, de sorte qu'ils sont considérés comme des articles de second choix. À cause de leurs défauts, il est impossible de vendre ces unités au prix courant en passant par les circuits de distribution habituels. Quels éléments du coût unitaire sont pertinents dans l'établissement d'un prix de vente minimal ?

4. À cause d'une grève à l'usine de son fournisseur, l'entreprise ne peut pas acheter d'autres matières premières pour la fabrication des Dak. Or, alors que cette grève risque de durer au moins deux mois, la société ne dispose de matières premières que pour fonctionner à 30 % de son niveau d'activité normal pendant cette période. La direction pourrait aussi fermer entièrement l'usine durant deux mois. Si l'usine était fermée, les frais indirects de fabrication fixes demeureraient à 60 % de leur niveau normal ; les frais de vente fixes seraient réduits de 20 %. Quel serait, en dollars, l'avantage ou le désavantage de la fermeture de l'usine pendant deux mois ?

5. Un fabricant propose de fabriquer des Dak pour Andretti inc. et de les expédier directement aux clients de l'entreprise. Si l'offre était acceptée, les installations servant habituellement à la fabrication de Dak resteraient inutilisées. Toutefois, les frais indirects de fabrication fixes seraient réduits de 75 % par rapport à leur niveau actuel. Comme le fabricant paierait tous les coûts d'expédition, les frais de vente variables représenteraient seulement 67 % du montant enregistré en ce moment. Déterminez le prix minimum que l'entreprise pourrait payer au fabricant.

12

P12.29 L'abandon d'un magasin

Marchés supérieurs inc. exploite trois magasins dans une grande région urbaine. Voici l'état des résultats sectoriels de l'entreprise pour le dernier trimestre.

MARCHÉS SUPÉRIEURS INC.
État des résultats
pour le trimestre terminé le 30 septembre

	Total	Magasin du Nord	Magasin du Sud	Magasin de l'Est
Ventes....................................	3 000 000 $	720 000 $	1 200 000 $	1 080 000 $
Moins: Coût des ventes.........	1 657 200	403 200	660 000	594 000
Marge brute	1 342 800	316 800	540 000	486 000
Moins: Charges opérationnelles:				
Frais de vente....................	817 000	231 400	315 000	270 600
Frais d'administration........	383 000	106 000	150 900	126 100
Total des charges	1 200 000	337 400	465 900	396 700
Bénéfice (perte)......................	142 800 $	(20 600) $	74 100 $	89 300 $

Le Magasin du Nord a constamment enregistré des pertes au cours des deux dernières années. La direction envisage donc la possibilité de le fermer. Elle vous a demandé de lui faire une recommandation concernant la décision de fermer ce magasin ou de le maintenir ouvert. Voici quelques renseignements supplémentaires mis à votre disposition.

a) Les frais de vente et les frais d'administration se décomposent comme suit:

	Total	Magasin du Nord	Magasin du Sud	Magasin de l'Est
Frais de vente:				
Salaires du personnel de vente........	239 000 $	70 000 $	89 000 $	80 000 $
Publicité directe..............................	187 000	51 000	72 000	64 000
Publicité générale*.........................	45 000	10 800	18 000	16 200
Loyer du magasin	300 000	85 000	120 000	95 000
Amortissement des installations du magasin...............................	16 000	4 600	6 000	5 400
Salaires des employés de livraison	21 000	7 000	7 000	7 000
Amortissement de l'équipement de livraison	9 000	3 000	3 000	3 000
Total des frais de vente..................	817 000 $	231 400 $	315 000 $	270 600 $
Frais d'administration:				
Rémunération de la direction du magasin...............................	70 000 $	21 000 $	30 000 $	19 000 $
Rémunération du personnel de la direction générale..............	50 000	12 000	20 000	18 000
Assurance sur les installations et les stocks................................	25 000	7 500	9 000	8 500
Services publics..............................	106 000	31 000	40 000	35 000
Avantages sociaux...........................	57 000	16 500	21 900	18 600
Direction générale – autres*...........	75 000	18 000	30 000	27 000
Total des frais d'administration........	383 000 $	106 000 $	150 900 $	126 100 $

* Frais répartis en fonction des ventes

b) Le bail de l'immeuble abritant le Magasin du Nord peut être résilié sans pénalité.

c) Les installations du Magasin du Nord pourraient servir dans les deux autres magasins de l'entreprise en cas de fermeture.

d) En cas de fermeture du Magasin du Nord, la directrice de ce magasin resterait au service de l'entreprise et serait mutée à un autre poste. En fait, elle obtiendrait un poste auquel l'entreprise aurait pourvu de toute façon en engageant un nouvel employé à un salaire de 11 000 $ par trimestre. Toutefois, la directrice conserverait son ancien salaire de 12 000 $ par trimestre. Tous les autres employés du magasin seraient mis à pied.

e) L'entreprise dispose d'une équipe de livraison travaillant pour les trois magasins. Un livreur, dont le salaire est de 4 000 $ par trimestre, pourrait être mis à pied si le magasin fermait. L'équipement de livraison serait alors utilisé par les autres magasins. Il ne se détériore pas à l'usage, mais il finira par devenir désuet.

f) Les avantages sociaux des employés de vente et d'administration de l'entreprise s'élèvent à 15 % de leurs salaires.

g) Les deux tiers de l'assurance relative au Magasin du Nord pourraient être évités.

h) Les postes « Rémunération du personnel de la direction générale » et « Direction générale – autres » concernent l'ensemble de la gestion de Marchés supérieurs inc. Si le Magasin du Nord était fermé, une seule personne de la direction générale pourrait être mise à pied, compte tenu de la diminution de la charge de travail globale. Le salaire de cette personne est de 6 000 $ par trimestre.

Travail à faire

1. Préparez un tableau indiquant les variations de revenus et de coûts, et l'incidence sur le bénéfice global de l'entreprise qui résulteraient de la fermeture du Magasin du Nord.

2. Si l'espace occupé par le magasin ne pouvait pas être sous-loué, quelle recommandation feriez-vous à la direction de Marchés supérieurs inc.?

3. En cas de fermeture du Magasin du Nord, supposez que le Magasin de l'Est récupère au moins 25 % des ventes du Magasin du Nord en raison de la grande fidélité des clients de Marchés supérieurs inc. Le Magasin de l'Est a la capacité nécessaire pour répondre à cette augmentation des ventes. Supposez aussi que cet accroissement lui permet d'obtenir le pourcentage de marge brute qu'il a actuellement. Quel effet ces facteurs auraient-ils sur votre recommandation concernant le Magasin du Nord? Présentez tous les calculs nécessaires pour justifier votre réponse.

P12.30 La fermeture d'un établissement ou le maintien des activités

La société Birch inc. fabrique et vend 30 000 unités de RG-6 par mois. Le RG-6 est un petit relais électrique utilisé en construction automobile comme composant de différents produits. À l'unité, son prix de vente est de 22 $, et ses coûts variables, de 14 $. Ses frais indirects de fabrication fixes s'élèvent au total à 150 000 $ par mois, et ses frais de vente fixes, à 30 000 $ par mois.

Des grèves relatives aux contrats de travail dans les entreprises qui achètent la plus grande partie des unités de RG-6 ont fait provisoirement baisser les ventes de Birch inc. à seulement 8 000 unités par mois. La direction de l'entreprise estime que ces arrêts de travail dureront environ deux mois, après quoi les ventes du RG-6 devraient revenir à la normale. Toutefois, à cause du faible niveau de vente actuel, elle songe à fermer son usine pendant la durée des grèves. En cas de fermeture temporaire, elle estime que les frais indirects de fabrication fixes pourraient diminuer à 105 000 $ par mois et que les frais de vente fixes pourraient être réduits de 10 %. Les frais de démarrage au moment de la réouverture se chiffreraient à 8 000 $ au total. Comme Birch inc. recourt à la gestion optimisée, elle n'a aucun stock en réserve.

► **Travail à faire**

1. Supposez que les grèves durent deux mois, comme prévu. Recommanderiez-vous à la direction de Birch inc. de fermer son usine ? Donnez vos calculs en bonne et due forme.
2. Pour cette période de deux mois, à quel niveau de vente (en unités) l'entreprise pourrait-elle indifféremment fermer l'usine ou la maintenir ouverte ? Présentez tous vos calculs.

P12.31 La décision de fabriquer ou d'acheter

Silven ltée fabrique et vend une gamme très prisée de crèmes solaires et d'insectifuges. Elle a décidé de diversifier ses activités en vue de stabiliser ses ventes tout au long de l'année. L'entreprise envisage donc de se lancer dans la fabrication de lotions hivernales pour prévenir la déshydratation et les irritations de la peau.

Après de nombreuses études, l'entreprise a mis au point une gamme de produits d'hiver. Toutefois, le président a décidé de ne lancer qu'un seul des nouveaux produits sur le marché pour l'hiver qui vient. Si ce produit a du succès, la gamme prendra de l'expansion au cours des années suivantes.

Le produit choisi, Baume Or, est une pommade pour les lèvres qui se présentera en tube comme les bâtons de rouge à lèvres. Il sera vendu à des grossistes en boîtes de 24 tubes, à 8 $ la boîte. En raison du surplus de sa capacité de production, l'entreprise n'engagera aucuns frais indirects de fabrication fixes supplémentaires pour la fabrication de ce produit. Toutefois, un montant de 90 000 $ en frais indirects de fabrication fixes sera imputé au produit conformément à la méthode du coût complet appliquée par l'entreprise.

En se basant sur des estimations de vente et de production de 100 000 boîtes de Baume Or, le service de la comptabilité a calculé les coûts par boîte suivants.

Matières premières	3,60 $
Main-d'œuvre directe	2,00
Frais indirects de fabrication	1,40
Coût total	7,00 $

Les coûts comprennent les coûts de fabrication de la pommade pour les lèvres et du tube dans lequel elle sera vendue. La direction de Silven ltée considère aussi la possibilité d'acheter ses tubes d'un fournisseur extérieur plutôt que de les fabriquer. Le prix d'achat des tubes vides provenant de ce fournisseur serait de 1,35 $ par boîte de 24 tubes. Si l'entreprise accepte cette offre, elle prévoit que ses coûts de main-d'œuvre directe et ses frais indirects de fabrication variables par boîte de Baume Or diminueraient de 10 % ; ceux des matières premières diminueraient de 25 %.

Travail à faire

1. Silven ltée devrait-elle fabriquer ou acheter les tubes ? Étayez votre réponse par des calculs.
2. Quel serait le prix d'achat maximal acceptable pour Silven ltée ? Justifiez votre réponse par des explications appropriées.
3. D'après des estimations révisées, le volume des ventes pourrait s'élever non plus à 100 000 boîtes, mais bien à 120 000 boîtes. Ce nouveau volume obligera l'entreprise à louer de l'équipement supplémentaire pour la fabrication des tubes au coût de location de 40 000 $ par année. Si le fournisseur externe n'acceptait aucune commande inférieure à 100 000 boîtes, l'entreprise devrait-elle fabriquer ou acheter ses tubes ? Étayez votre réponse par des calculs.
4. Reportez-vous aux données de la question précédente. Supposez que le fournisseur externe accepte une commande de n'importe quelle taille pour les tubes à 1,35 $ la boîte. En quoi cette information modifiera-t-elle votre réponse précédente (si elle la modifie) ? Donnez tous vos calculs.

5. Quels facteurs qualitatifs l'entreprise devrait-elle considérer pour déterminer si elle fabriquera elle-même ou si elle achètera les tubes ?

(Adaptation d'un problème de CPA Canada)

P12.32 L'acceptation ou le rejet de commandes spéciales

La société Polaski inc. fabrique et vend un seul produit connu sous le nom de « Ret ». L'entreprise, qui fonctionne à pleine capacité, peut fabriquer et vendre 30 000 Ret par année. Voici des données sur les coûts relatifs à ce niveau de production et de vente.

	Par unité	Total
Matières premières	15 $	450 000 $
Main-d'œuvre directe	8	240 000
Frais indirects de fabrication variables	3	90 000
Frais indirects de fabrication fixes	9	270 000
Frais de vente variables	4	120 000
Frais de vente fixes	6	180 000
Coût total	45 $	1 350 000 $

Le prix de vente courant des Ret est de 50 $ l'unité. Les frais indirects de fabrication fixes sont constants à 270 000 $ par an lorsque le niveau de production annuelle se situe entre 25 000 et 30 000 Ret.

Travail à faire

1. Supposez qu'en raison d'une récession économique, l'entreprise s'attend à vendre seulement 25 000 Ret par les circuits de distribution habituels l'an prochain. Un important réseau de détaillants a offert d'acheter 5 000 Ret si Polaski inc. lui consent une réduction de 16 % sur le prix de vente courant. Il n'y aurait aucune commission sur cette commande. Les frais de vente variables seraient ainsi réduits de 75 %. Toutefois, l'entreprise devrait acquérir une machine spéciale au coût de 10 000 $ pour graver le nom du réseau de détaillants sur les 5 000 Ret. En outre, elle n'a aucune assurance que le réseau lui achète d'autres unités dans un avenir lointain ou rapproché. Déterminez l'incidence qu'aurait l'acceptation de cette commande spéciale sur les bénéfices de la prochaine période.

2. Reportez-vous aux données initiales. Supposez encore une fois que Polaski inc. prévoit vendre seulement 25 000 Ret par les circuits de distribution habituels l'an prochain. L'armée canadienne propose de faire un achat unique de 5 000 Ret. En plus de verser un prix fixe de 1,80 $ par Ret, elle rembourserait l'entreprise pour tous les coûts de fabrication, variables et fixes, associés à ces unités. Comme l'armée se chargerait de récupérer elle-même la marchandise dans ses propres camions, il n'y aurait aucuns frais de vente variables associés à la commande. Si Polaski inc. accepte cette commande, de quel montant ses résultats augmenteront-ils ou diminueront-ils pour la prochaine période ?

3. Supposez que la situation est la même que celle décrite à la question précédente, sauf que l'entreprise prévoit vendre 30 000 Ret par les circuits de distribution habituels l'an prochain. Par conséquent, en acceptant la proposition de l'armée, l'entreprise serait forcée de renoncer à une partie de ses ventes habituelles, soit 5 000 Ret. Si elle accepte la commande, de quelle somme ses résultats augmenteront-ils ou diminueront-ils par rapport à ce qu'ils seraient en cas de vente des 5 000 Ret par les circuits de distribution habituels ?

P12.33 L'utilisation d'une ressource limitée

Les Jouets Walton fabrique une gamme de poupées et un nécessaire de couture pour confectionner des robes de poupées. La demande de poupées est en pleine croissance. La direction de l'entreprise vous engage pour déterminer la combinaison de ses produits

12

▶ qu'elle devrait fabriquer et vendre afin de maximiser son bénéfice pour la prochaine période. Le service des ventes vous fournit les renseignements suivants :

Produit	Estimation de la demande pour la prochaine période (en unités)	Prix de vente par unité
Danièle	100 000	13,50 $
Patricia	84 000	5,50
Sarah	70 000	21,00
Michel	80 000	10,00
Nécessaire de couture	650 000	8,00

Voici des données sur les coûts standards des matières premières et de la main-d'œuvre directe par unité.

Produit	Matières premières	Main-d'œuvre directe
Danièle	4,30 $	3,20 $
Patricia	1,10	2,00
Sarah	6,44	5,60
Michel	2,00	4,00
Nécessaire de couture	3,20	1,60

Vous disposez aussi des renseignements supplémentaires suivants :

a) L'usine de l'entreprise a une capacité de production de 130 000 heures de main-d'œuvre directe par an, qu'elle fournit en un seul quart de travail. Les employés et l'équipement dont dispose en ce moment l'entreprise suffisent à fabriquer les cinq produits.

b) Le salaire de la main-d'œuvre directe est de 16 $ l'heure. Aucune variation de ce taux horaire n'est prévue au cours de la prochaine année.

c) Le total des coûts fixes s'élève à 520 000 $ par an. Les frais indirects de fabrication variables se chiffrent à 2 $ par heure de main-d'œuvre directe.

d) Tous les coûts hors fabrication de l'entreprise sont fixes.

e) Le stock de produits finis de l'entreprise est négligeable en ce moment, et il est inutile d'en tenir compte.

Travail à faire

1. Déterminez la marge sur coûts variables par heure de main-d'œuvre directe consacrée à chaque produit.

2. Préparez un tableau indiquant le nombre total d'heures de main-d'œuvre directe requises pour produire les unités qui, d'après les estimations, devraient être vendues au cours de la prochaine période.

3. Examinez les données que vous avez calculées aux questions 1 et 2. Indiquez la quantité de chaque produit que l'entreprise devrait fabriquer pour que le temps de production total soit égal aux 130 000 heures disponibles.

4. Quel prix le plus élevé, exprimé sous forme de taux horaire, l'entreprise consentirait-elle à payer pour une capacité de production supplémentaire, c'est-à-dire pour des heures de main-d'œuvre directe supplémentaires ?

5. Supposez encore une fois que l'entreprise ne veut diminuer les ventes d'aucun produit. Suggérez des moyens qui lui permettraient d'obtenir une production supplémentaire.

(Adaptation d'un problème de l'American Institute of Certified Public Accountants)

P12.34 L'évaluation de la rentabilité d'un produit

Thérèse Douglas est propriétaire et directrice générale de Meubles Héritage inc. Cette entreprise fabrique des reproductions de meubles d'extérieur antiques d'une qualité similaire à celle des meubles qu'on trouve dans les musées. Mme Douglas aimerait être conseillée sur le bien-fondé de l'abandon du modèle de chaise de jardin C3. Ces chaises ont longtemps fait partie des articles qui se vendaient le mieux, mais leur production ne semble pas rentable.

Voici l'état condensé des résultats du trimestre terminé le 30 juin pour ce qui est de l'entreprise dans son ensemble et du modèle de chaise C3 en particulier.

	Total	Modèle de chaise de jardin C3
Ventes	2 900 000 $	300 000 $
Moins : Coût des ventes :		
Matières premières	759 000	122 000
Main-d'œuvre directe	680 000	72 000
Avantages sociaux (20 % du coût de la main-d'œuvre directe)	136 000	14 400
Frais indirects de fabrication variables	28 000	3 600
Loyer et entretien de l'immeuble	30 000	4 000
Amortissement	75 000	19 100
Coût total des ventes	1 708 000	235 100
Marge brute	1 192 000	64 900
Moins : Frais de vente et frais d'administration :		
Rémunération des responsables de produits	75 000	10 000
Commissions sur les ventes (5 % des ventes)	145 000	15 000
Avantages sociaux (20 % des salaires et des commissions)	44 000	5 000
Livraison	120 000	10 000
Frais d'administration	464 000	48 000
Total des frais de vente et des frais d'administration	848 000	88 000
Bénéfice (perte)	344 000 $	(23 100) $

Les renseignements suivants proviennent de Meubles Héritage inc.

a) La main-d'œuvre directe constitue un coût variable selon l'entreprise.

b) Tous les produits sont fabriqués dans la même installation au moyen du même équipement. Les coûts de location et d'entretien de l'immeuble ainsi que l'amortissement sont répartis entre les produits en fonction de différentes unités d'œuvre. L'équipement ne se détériore pas à l'usage. Il finit toutefois par devenir désuet.

c) L'entreprise dispose d'une capacité de production suffisante pour exécuter toutes les commandes.

d) L'abandon du modèle de chaise C3 n'aurait aucun effet sur le chiffre d'affaires des autres gammes de produits.

e) Les stocks de produits en cours ou de produits finis sont négligeables.

f) Les coûts de livraison sont directement rattachés aux produits.

g) Les frais d'administration sont attribués aux produits en fonction du chiffre d'affaires. Il n'y aurait aucune incidence sur le total de ces charges si le modèle de chaise C3 était abandonné.

h) Si le modèle de chaise C3 était abandonné, le responsable de ce produit serait licencié. ▶

12

► **Travail à faire**

1. Compte tenu du niveau actuel des ventes, recommanderiez-vous l'abandon du modèle C3? Justifiez votre réponse par des calculs appropriés.
2. Quel devrait être le chiffre d'affaires minimal du modèle de chaise C3 pour justifier le maintien de cette gamme de produits?

P12.35 La décision de vendre ou de transformer davantage

Pronet inc. fabrique une variété de produits et de solutions de nettoyage industriels et domestiques. La plupart sont fabriqués indépendamment les uns des autres. Toutefois, certains d'entre eux sont reliés, comme le Grit 337 et le Sparkle, lequel sert à polir l'argenterie.

Le Grit 337 est une poudre à nettoyer grossière qui a de nombreux usages industriels. Sa fabrication coûte 1,60 $ le kilogramme, et son prix de vente est de 2,00 $ le kilogramme. Une petite partie de la production annuelle du Grit 337 est conservée à l'usine et soumise à un traitement supplémentaire. Combinée avec plusieurs autres ingrédients, elle forme une pâte à polir l'argenterie, commercialisée sous le nom de Sparkle. Cette pâte se vend 4 $ le pot.

Le traitement supplémentaire requiert 250 g de Grit 337 par pot de Sparkle. Les coûts directs supplémentaires associés à la fabrication d'un pot de Sparkle sont les suivants:

Autres ingrédients	0,65 $
Main-d'œuvre directe	1,48
Total des coûts directs	2,13 $

Les frais indirects de fabrication attribués à la préparation de la pâte à polir se calculent comme suit:

Frais indirects de fabrication variables	25 % du coût de la main-d'œuvre directe
Frais indirects de fabrication fixes (par mois):	
Contremaître de la production	1 600 $
Amortissement du matériel servant au mélange	1 400

Le contremaître de la production a comme seule tâche de superviser la production de la pâte à polir l'argenterie. L'équipement servant au mélange a été conçu pour cet usage particulier, et l'entreprise l'a acheté spécialement pour fabriquer la pâte à polir. Sa valeur de revente est négligeable.

La main-d'œuvre directe constitue un coût variable selon l'entreprise.

Les coûts de publicité du Sparkle s'élèvent à 4 000 $ par mois. Les frais de vente variables liés à ce produit représentent 7,5 % du chiffre d'affaires.

À cause d'une diminution récente de la demande de pâte à polir l'argenterie, l'entreprise se demande si elle devrait continuer à en produire. Le directeur des ventes croit, quant à lui, qu'il serait plus rentable de vendre toute la production de Grit 337 sous forme de poudre à nettoyer.

Travail à faire

1. Quelle est la marge sur coûts variables différentielle par pot attribuable à la transformation du Grit 337 en Sparkle?
2. Quel est le nombre minimal de pots de Sparkle que l'entreprise devrait vendre mensuellement pour justifier le maintien de son activité de transformation du Grit 337 en Sparkle? Donnez tous vos calculs en bonne et due forme.

(Adaptation d'un problème de CPA Canada)

P12.36 **La décision de fabriquer ou d'acheter**

Bastien inc., qui fabrique plusieurs types de stylos à bille, vient de recevoir une offre d'un fournisseur externe, lequel lui propose de lui vendre les cartouches d'encre nécessaires à la fabrication de sa gamme de stylos Zap au prix de 0,48 $ la douzaine. Comme sa propre capacité de production de cartouches d'encre est déjà exploitée au maximum, Bastien inc. trouve cette offre intéressante.

Bastien inc. estime que si elle accepte l'offre de ce fournisseur, le coût de la main-d'œuvre directe ainsi que les frais indirects de fabrication variables associés à la fabrication de ses stylos Zap diminueront de 10 %, alors que le coût des matières premières se verra réduit de 20 %.

À l'heure actuelle, Bastien inc. fabrique tous ses stylos à bille du début à la fin. Elle vend ensuite ses stylos Zap à des grossistes au prix de 4 $ la boîte. Chaque boîte contient 12 stylos. Les frais indirects de fabrication fixes imputés à la gamme de stylos Zap s'élèvent à 50 000 $ par année. Le même matériel et les mêmes installations servent à la fabrication de plusieurs gammes de stylos. Voici ce qu'il en coûte actuellement pour produire une douzaine (boîte) de stylos Zap.

Matières premières	1,50 $
Main-d'œuvre directe	1,00
Frais indirects de fabrication	0,80*
Coût total	3,30 $

*Ce montant comprend à la fois les frais indirects de fabrication variables et fixes, établis selon une production de 100 000 boîtes de stylos par année.

Travail à faire

1. Bastien inc. devrait-elle accepter l'offre du fournisseur externe ? Présentez tous vos calculs.

2. Quel prix d'achat maximal Bastien inc. devrait-elle être disposée à verser au fournisseur externe par douzaine de cartouches ? Justifiez votre réponse.

3. Comme l'un de ses concurrents a fait faillite, Bastien inc. s'attend à vendre 150 000 boîtes de stylos Zap au cours du prochain exercice. Or, selon les renseignements susmentionnés, l'entreprise ne dispose que de la capacité de production nécessaire pour fabriquer les cartouches de 100 000 boîtes de stylos Zap par année. Toutefois, si elle engageait 30 000 $ en coûts fixes supplémentaires par année, elle parviendrait à accroître suffisamment sa production de cartouches d'encre pour répondre à la demande prévue de ses stylos Zap. Les coûts variables unitaires associés à la fabrication des cartouches d'encre supplémentaires seraient les mêmes que les coûts actuels. Dans ces conditions, combien de boîtes de cartouches d'encre Bastien inc. devrait-elle acheter auprès du fournisseur externe, et combien devrait-elle en fabriquer elle-même ? Présentez tous vos calculs pour étayer votre réponse.

4. De quels facteurs qualitatifs l'entreprise Bastien inc. devrait-elle tenir compte pour déterminer si elle devrait fabriquer elle-même ses propres cartouches d'encre ou si elle devrait les acheter auprès du fournisseur externe ?

(Adaptation d'un problème de CPA Canada)

12

Cas

C12.37 La déontologie et le gestionnaire : l'abandon ou le maintien des activités

Roméo Harvey vient d'être nommé vice-président de la région de Montréal de la Caisse d'épargne et de crédit du Québec. Cet établissement fournit des services de traitement de chèques aux petites institutions. Les institutions envoient les chèques reçus pour faire des dépôts ou des paiements à la Caisse d'épargne et de crédit, qui enregistre les données inscrites sur chaque chèque dans une base de données informatisée. La Caisse fait ensuite parvenir ces données par système électronique au centre de compensation de chèques le plus rapproché, où les transferts de fonds appropriés ont lieu entre les institutions. La région de Montréal compte trois centres de traitement des chèques situés respectivement à Longueuil, à Montréal et à Laval. Avant sa promotion au poste de vice-président, M. Harvey était directeur d'un centre de traitement de chèques au Nouveau-Brunswick.

Peu après son entrée en fonction, M. Harvey a demandé au contrôleur de la Caisse, Jean Lalonde, un rapport financier complet pour la période financière qui vient de se terminer. Il a insisté pour que ce rapport soit préparé conformément au modèle standard requis par la direction du siège social pour tous les rapports de performance régionaux. Voici ce document.

CAISSE D'ÉPARGNE ET DE CRÉDIT DU QUÉBEC – RÉGION DE MONTRÉAL
État des résultats
pour la période terminée le 31 décembre 20X9

	Total	Centre de traitement de chèques		
		Longueuil	Montréal	Laval
Chiffre d'affaires..	50 000 000 $	20 000 000 $	18 000 000 $	12 000 000 $
Moins : Charges opérationnelles :				
Main-d'œuvre directe	32 000 000	12 500 000	11 000 000	8 500 000
Frais indirects variables....................................	850 000	350 000	310 000	190 000
Amortissement des installations.......................	3 900 000	1 300 000	1 400 000	1 200 000
Frais liés aux installations..............................	2 800 000	900 000	800 000	1 100 000
Frais d'administration locaux*.........................	450 000	140 000	160 000	150 000
Frais d'administration régionaux**..................	1 500 000	600 000	540 000	360 000
Frais d'administration du siège social***...........	4 750 000	1 900 000	1 710 000	1 140 000
Total des charges	46 250 000	17 690 000	15 920 000	12 640 000
Bénéfice (perte)...	3 750 000 $	2 310 000 $	2 080 000 $	(640 000) $

* Les frais d'administration locaux sont les frais d'administration engagés aux centres de traitement de chèques.

** Les frais d'administration régionaux sont répartis entre les centres de traitement de chèques en fonction de leur chiffre d'affaires respectif.

*** Les frais d'administration du siège social sont répartis entre les secteurs d'exploitation de l'institution telles que la région de Montréal et les centres de traitement de chèques à un taux de 9,5 % de leur chiffre d'affaires.

Après avoir examiné ce rapport, M. Harvey a convoqué M. Lalonde à son bureau pour lui demander des explications.

Roméo : Que se passe-t-il à Laval ? Ce centre n'enregistrait aucune perte l'an dernier, que je sache ?

Jean : Non, l'établissement de Laval a même enregistré un bénéfice intéressant chaque année depuis son ouverture, il y a six ans. Il a toutefois perdu un important contrat cette année.

Roméo : Pourquoi ?

Jean : Un de nos concurrents nationaux a effectué une percée sur le marché local et a présenté une soumission imbattable pour le contrat. Nous n'avions pas les moyens de lui faire concurrence. Les coûts du centre de Laval, en particulier ses frais liés aux installations, sont vraiment trop élevés. Lorsque le centre a perdu le contrat, nous avons dû mettre à pied un bon nombre d'employés, mais nous ne pouvions pas diminuer ses coûts fixes.

Roméo : Pourquoi les frais liés aux installations de Laval sont-ils si élevés ? Ce centre est plus petit que ceux de Longueuil et de Montréal, et pourtant ses frais dépassent les leurs !

Jean : C'est ça le problème ! Alors qu'à Longueuil et à Montréal nous avons pu louer à très bon marché des installations qui nous convenaient, il n'y en avait aucune du genre à Laval, de sorte que nous avons dû en construire. Malheureusement, il y a eu d'importants dépassements de coûts. L'entrepreneur engagé n'avait aucune expérience de ce genre de travail, et il a fait faillite avant que le projet soit terminé. Nous avons dû faire appel à un autre entrepreneur pour finir le travail, mais nous avions déjà largement dépassé nos budgets. Au départ, les sommes considérables liées à l'amortissement des installations n'avaient pas beaucoup d'importance puisque nous n'avions à peu près pas de concurrence et que nous pouvions exiger des prix plus élevés.

Roméo : Nous ne sommes certainement plus en position de le faire ! De toute évidence, il faudra fermer ce centre. Il suffira de transférer ses activités aux deux autres centres de traitement de chèques de la région.

Jean : Je ne vous le recommanderais pas. Voyez-vous, le montant de 1 200 000 $ figurant au poste de l'amortissement des installations de Laval est trompeur. Ces installations pourraient durer indéfiniment si elles étaient bien entretenues. En outre, elles n'ont aucune valeur de revente. Il n'y a pas d'autre activité commerciale dans les environs de Laval.

Roméo : Et les autres coûts du centre ?

Jean : Si nous transférons les activités de Laval aux deux autres centres de traitement de chèques de la région, nous ne réaliserons aucune économie sur les coûts de main-d'œuvre directe ni sur les frais indirects variables. Nous pourrions épargner une somme de 90 000 $ environ en frais d'administration locaux, mais rien en frais d'administration régionaux. De plus, le siège social continuerait de nous réclamer 9,5 % de notre chiffre d'affaires à titre de frais d'administration de l'institution.

En outre, il faudrait louer plus d'espace à Longueuil et à Montréal pour nous occuper du travail exécuté jusqu'ici par le centre de Laval, ce qui nous coûterait sans doute au moins 600 000 $ par an. Et n'oubliez pas le coût du déménagement du matériel de Laval jusqu'à Longueuil et à Montréal. Sans compter que ce déménagement entraînera une interruption du service à la clientèle.

Roméo : Je comprends vos objections, mais ce centre de traitement perd de l'argent. Je refuse qu'il figure dans mon rapport de performance !

Jean : Enfin, si vous fermez le centre de Laval, vous allez mettre à pied des employés de longue date !

Roméo : C'est tout à fait regrettable, j'en conviens, mais les affaires sont les affaires !

Jean : Vous devrez aussi radier l'investissement dans les installations de Laval.

Roméo : Je peux expliquer une radiation à la direction de la société. C'est mon prédécesseur qui a commis l'erreur d'engager un entrepreneur inexpérimenté pour construire les installations de Laval. Par contre, la direction n'hésitera pas à me flanquer dehors si l'un de mes centres de traitement présente chaque année des pertes. On doit se débarrasser du centre de Laval. Je vais recommander sa fermeture à la prochaine réunion du conseil d'administration.

Travail à faire

1. Si vous considérez l'entreprise dans son ensemble, le centre de traitement de Laval devrait-il être fermé et son travail redistribué aux deux autres centres de traitement de la région ? Justifiez votre réponse.

2. À votre avis, la décision de M. Harvey de fermer la succursale de Laval est-elle acceptable sur le plan éthique ? Justifiez votre réponse.

3. Quelle influence l'amortissement des installations de Laval devrait-il avoir sur les prix que ce centre exige pour ses services ?

12

C12.38 La décision de vendre ou de transformer davantage

Chandails écossais inc. fabrique des chandails portant l'étiquette « Scottie ». L'entreprise achète de la laine brute offerte sur le marché et la transforme en un fil de laine qui sert à tisser les chandails. Un fuseau de fil de laine suffit à fabriquer un chandail. Des données sur les coûts et les revenus associés à la confection de chacun des chandails sont présentées ci-après.

Prix de vente		30,00 $
Moins : Coûts de fabrication :		
Matières premières :		
Boutons, fil et doublure	2,00 $	
Fil de laine	16,00	
Total des matières premières	18,00	
Main-d'œuvre directe	5,80	
Frais indirects de fabrication	8,70	
Total des coûts de fabrication		32,50
Perte		(2,50)$

Au départ, tout le fil de laine servait à fabriquer des chandails. Toutefois, au cours des dernières années, un marché s'est développé pour le fil de laine. D'autres entreprises en achètent pour fabriquer des couvertures et toutes sortes de tricots. Depuis l'apparition de ce marché, les dirigeants de l'entreprise hésitent entre vendre le fil de laine tel quel ou le transformer en chandails. Voici des données sur les coûts et les revenus actuels de ce fil (par fuseau).

Prix de vente		20,00 $
Moins : Coûts de fabrication :		
Matières premières (laine brute)	7,00 $	
Main-d'œuvre directe	3,60	
Frais indirects de fabrication	5,40	
Total des coûts de fabrication		16,00
Marge brute		4,00 $

En ce moment, le marché des chandails est plutôt faible dans l'Ouest canadien, là où l'entreprise les vend, à cause du temps exceptionnellement doux pour la saison. La direction de Chandails écossais inc. a donc dû diminuer le prix de vente de ses chandails de 40 $ à 30 $ l'unité. Comme le marché du fil de laine est resté fort, la mésentente concernant le choix entre vendre le fil ou le transformer davantage a refait surface au sein de la société. Selon la directrice des ventes, il faudrait mettre fin à la fabrication de chandails. Le fait que la vente de chaque chandail entraîne une perte de 2,50 $ et que celle du fil de laine pourrait rapporter un bénéfice de 4,00 $ la préoccupe. Toutefois, le directeur du service de la production est tout aussi inquiet à l'idée de devoir fermer une grande partie de l'usine. Il soutient que l'entreprise est spécialisée dans le domaine des chandails, et non dans celui du fil de laine, et qu'elle devrait concentrer ses efforts sur ce qu'elle fait le mieux.

En raison de la nature du processus de production, presque tous les frais indirects de fabrication sont fixes. Ils ne varieraient pas même en cas d'abandon de la gamme des chandails. La répartition de ces frais indirects entre les produits se fait à raison de 150 % du coût de la main-d'œuvre directe.

Travail à faire

1. Recommanderiez-vous à l'entreprise de vendre le fil de laine directement sur le marché ou de l'utiliser pour fabriquer des chandails? Étayez votre réponse par des calculs et expliquez votre raisonnement.

2. Quel est le prix de vente le plus bas que l'entreprise devrait accepter pour un chandail? Étayez votre réponse par des calculs et expliquez votre raisonnement.

C12.39 La décision de fabriquer ou d'acheter et l'utilisation d'une ressource limitée

Soudage de qualité inc. fabrique des tonneaux, des cuves, des boîtes et d'autres contenants utilisés dans l'industrie pétrolière. Parmi les produits de l'entreprise se trouve un bac métallique robuste, écologique et résistant à la corrosion, le STR, qui sert à entreposer des déchets toxiques. Sa production est limitée par une contrainte de capacité de la soudeuse automatisée qui sert à faire le soudage de précision. Au total, cet appareil permet d'effectuer 4 500 heures de soudage par année. Puisque chaque bac exige 0,6 heure de soudage, la production annuelle se limite à 7 500 bacs. À l'heure actuelle, la soudeuse sert exclusivement à la fabrication des bacs STR. Voici quelques données financières fournies par le service de la comptabilité à propos de ces bacs.

	Bacs STR	
Prix de vente par bac		225,00 $
Coûts par bac:		
Matières premières	78,15 $	
Main-d'œuvre directe (à 27 $ l'heure)	5,40	
Frais indirects de fabrication	6,75	
Frais de vente et frais d'administration	44,70	135,00
Bénéfice par bac		90,00 $

Selon la direction, l'entreprise pourrait vendre 9 000 bacs STR par année si elle disposait d'une capacité de production suffisante. Plutôt que de se procurer une soudeuse de plus, la direction a envisagé d'acheter des bacs supplémentaires auprès d'un fournisseur externe de produits de qualité, Industries A inc. Cette entreprise serait en mesure de lui fournir jusqu'à 6 000 bacs de type STR par année au prix de 207 $ l'unité. Soudage de qualité inc. pourrait ensuite en modifier l'étiquette, puis les revendre à ses propres clients au prix de vente courant.

Clémence Bourque, directrice de la production chez Soudage de qualité inc., a suggéré que l'entreprise fasse un meilleur usage de sa soudeuse en s'en servant pour fabriquer des bancs de parc en fer forgé, ce qui exigerait 0,75 heure de soudage par banc, produit qui se vendrait par ailleurs beaucoup plus cher que les bacs actuels. D'après Mme Bourque, Soudage de qualité inc. pourrait vendre jusqu'à 2 400 bancs de parc en fer forgé par année aux municipalités et aux zones protégées, moyennant un prix de 360 $ chacun.

▶ Voici quelques données fournies par le service de la comptabilité à propos du nouveau produit proposé.

Bancs de parc en fer forgé		
Prix de vente par banc		360,00 $
Coûts par banc :		
Matières premières	149,10 $	
Main-d'œuvre directe (à 27 $ l'heure)	43,20	
Frais indirects de fabrication	54,00	
Frais de vente et frais d'administration	71,70	318,00
Bénéfice par banc		42,00 $

Les bancs de parc pourraient être fabriqués par la main-d'œuvre actuelle avec le matériel déjà en place. Les frais indirects de fabrication sont imputés aux produits en fonction des heures de main-d'œuvre directe. La plupart des frais indirects de fabrication consistent en des coûts fixes communs tels que le loyer de l'usine, mais certains d'entre eux sont variables. Selon les estimations, les frais indirects de fabrication variables se chiffrent à 2,00 $ par bac STR et à 2,85 $ par banc de parc. Aucuns frais indirects de fabrication variables ne seraient engagés pour les bacs acquis auprès du fournisseur externe.

Les frais de vente et d'administration sont imputés aux produits en fonction des revenus qui en découlent. Pratiquement tous les frais de vente et les frais d'administration sont des coûts fixes communs, mais, toujours d'après les estimations, les frais de vente et les frais d'administration variables s'élèvent à 1,15 $ par bac STR fabriqué par l'entreprise elle-même ou acheté auprès du fournisseur externe, et à 1,95 $ par banc de parc.

Tous les employés de Soudage de qualité inc., tant la main-d'œuvre directe qu'indirecte, reçoivent le salaire d'une semaine complète de 40 heures de travail, et l'entreprise a pour politique de ne mettre ses salariés à pied qu'en cas de grave récession.

Travail à faire

1. L'entreprise devrait-elle se servir des données fournies par le service de la comptabilité pour décider du produit qu'elle devrait vendre ? Pourquoi ?
2. Calculez la marge sur coûts variables par unité :
   a) des bacs STR achetés auprès du fournisseur externe ;
   b) des bacs STR fabriqués par l'entreprise elle-même ;
   c) des bancs de parc fabriqués par l'entreprise elle-même.
3. Déterminez le nombre de bacs STR que devrait acheter Soudage de qualité inc., le cas échéant, et le nombre de bacs STR ou de bancs de parc qu'elle devrait fabriquer, le cas échéant. Calculez l'accroissement du bénéfice qui résulterait de cette combinaison de produits par rapport aux activités actuelles.
4. Tout juste après la présentation de votre analyse à la haute direction de Soudage de qualité inc., plusieurs gestionnaires se lancent dans un débat à propos de la façon de traiter le coût de la main-d'œuvre directe dans la prise de décisions qui s'impose. L'un d'eux affirme que ce coût est toujours traité comme un coût variable dans les ouvrages de référence et en pratique, et qu'on l'a toujours considéré de la sorte chez Soudage de qualité inc. Il ajoute qu'après tout, le terme « directe » indique qu'il est possible de directement relier ce coût aux produits, pour ensuite conclure : « Si le coût de la main-d'œuvre directe n'est pas un coût variable, de quoi s'agit-il donc ? » Sur un ton tout aussi vigoureux, un autre gestionnaire avance que chez Soudage de qualité inc., le coût de la main-d'œuvre directe devrait être considéré comme un coût fixe. Il a pour argument qu'aucun salarié n'a été mis à pied depuis plus de 10 ans et qu'en pratique, tous les employés de l'usine reçoivent un salaire mensuel. Tous ceux qui sont classés dans la main-d'œuvre directe travaillent 40 heures par semaine de

façon régulière, et aucune heure de travail supplémentaire n'a été nécessaire depuis que l'entreprise a adopté la méthode juste-à-temps. Que la soudeuse serve à fabriquer des bacs ou des bancs de parc, la masse salariale sera exactement la même. Enfin, d'après ce gestionnaire, l'entreprise dispose de suffisamment de latitude sous forme de capacité non utilisée pour s'adapter à toute augmentation du nombre total d'heures de main-d'œuvre directe que pourrait exiger la fabrication de bancs de parc.

Répondez de nouveau aux questions 2 et 3 selon l'hypothèse contraire à celle que vous avez d'abord adoptée relativement au coût de la main-d'œuvre directe. Autrement dit, si vous avez traité le coût de la main-d'œuvre directe comme un coût variable, reprenez votre analyse en considérant qu'il s'agit plutôt d'un coût fixe ; si vous avez traité le coût de la main-d'œuvre directe comme un coût fixe, reprenez votre analyse en considérant qu'il s'agit plutôt d'un coût variable.

5. Selon vous, quelle serait la façon adéquate de traiter le coût de la main-d'œuvre directe dans cette situation : comme un coût variable ou comme un coût fixe ?

C12.40 La décision de fermer une usine

Autocorpo inc. construit des automobiles, des fourgonnettes et des camions. L'entreprise compte plusieurs usines de par le monde, dont Québec inc., où l'on coud des housses qui sont fabriquées principalement en vinyle et en tissu, et qui servent à recouvrir les sièges et les autres surfaces des produits d'Autocorpo inc.

L'usine Québec inc., dont Méo Tremblay assume la direction, a été la première usine d'Autocorpo inc. dans la région. À mesure que d'autres usines s'ouvraient, M. Tremblay, qui est reconnu pour ses compétences de gestionnaire, a été chargé de les diriger. Aujourd'hui, il occupe le poste de directeur régional, bien que son budget et celui de son personnel soient attribués à l'usine Québec inc.

M. Tremblay vient de recevoir un rapport lui indiquant qu'Autocorpo inc. pourrait acquérir l'ensemble de la production annuelle de Québec inc. de fournisseurs externes pour une somme de 35 millions de dollars. Il est stupéfié du prix peu élevé proposé par la concurrence étant donné que le budget des charges de son usine a été établi à 52 millions de dollars pour la prochaine période. M. Tremblay croit qu'Autocorpo inc. devra fermer l'usine Québec inc. pour économiser annuellement des coûts de 17 millions de dollars.

Le budget des charges de Québec inc. de la prochaine période est le suivant :

QUÉBEC INC. Budget annuel des charges opérationnelles		
Matières premières		14 000 000 $
Main-d'œuvre :		
Directe	13 100 000 $	
De supervision	900 000	
Indirecte	4 000 000	18 000 000
Frais indirects de fabrication :		
Amortissement – matériel	3 200 000	
Amortissement – immeuble	7 000 000	
Charges de retraite	5 000 000	
Directeur de l'usine et personnel	800 000	
Répartition des charges du siège social	4 000 000	20 000 000
Total des charges prévues		52 000 000 $

Voici quelques renseignements supplémentaires concernant les activités de l'usine.

a) Comme Québec inc. n'utilise que des tissus de qualité supérieure pour tous ses produits, la section des achats a reçu l'ordre de passer des commandes permanentes aux principaux fournisseurs de façon à s'assurer un approvisionnement suffisant de matières premières au cours de la période à venir. L'annulation de ces commandes en ▶

12

► conséquence de la fermeture de l'usine entraînerait des frais de résiliation de contrats s'élevant à 20 % du coût des matières premières.

b) Environ 800 employés de l'usine perdraient leur emploi si l'usine fermait. Ce nombre comprend tous les employés directs et les contremaîtres, ainsi que des plombiers, des électriciens et d'autres travailleurs qualifiés qui font partie de la main-d'œuvre indirecte. Nombre d'entre eux pourraient obtenir un nouvel emploi, mais plusieurs autres éprouveraient des difficultés. Aucun ne retrouverait facilement un salaire horaire de base comparable à celui consenti par Québec inc., soit 15,40 $. Une clause du contrat liant l'entreprise au syndicat pourrait toutefois se révéler utile à certains employés. En effet, l'entreprise doit fournir une aide à la recherche d'emploi à ses anciens travailleurs pendant une période de 12 mois après la fermeture de l'usine. On estime les frais d'administration de ce service à 1,5 million de dollars pour un an.

c) Certains employés opteront sans doute pour une retraite anticipée. Autocorpo inc. offre un excellent régime de retraite. Elle devra continuer à verser trois millions de dollars en charges de retraite annuelles, que l'usine ferme ou reste ouverte.

d) M. Tremblay et son personnel ne seront pas touchés par la fermeture de Québec inc. puisqu'ils auront encore la responsabilité de gérer les trois autres usines de la région.

e) Pour Québec inc., l'amortissement de l'équipement constitue un coût variable et elle le calcule suivant la méthode de l'amortissement proportionnel à l'utilisation. C'est la seule usine d'Autocorpo inc. qui utilise cette méthode. Par contre, l'amortissement de l'immeuble est calculé suivant la méthode de l'amortissement linéaire.

Travail à faire

1. Sans tenir compte des coûts, déterminez les avantages pour Autocorpo inc. de continuer à obtenir ses housses de l'usine Québec inc.

2. Autocorpo inc. veut préparer une analyse financière qui lui permettrait de décider si elle doit fermer l'usine Québec inc. La direction vous demande donc de déterminer les éléments suivants :

    a) Les coûts annuels prévus pertinents quant à la décision concernant la fermeture de l'usine.

    b) Les coûts annuels prévus non pertinents quant à la décision de fermer l'usine et les raisons pour lesquelles ils ne sont pas pertinents.

    c) Tous les coûts non récurrents qui résulteraient de la fermeture de l'usine et une explication sur la façon dont ils influeraient sur la décision à prendre.

3. Après examen des données que vous avez recueillies à la question 2, croyez-vous que l'usine devrait être fermée ? Donnez tous vos calculs et justifiez votre réponse.

4. Déterminez tous les revenus ou coûts dont il n'a pas été question de façon précise dans l'énoncé, mais dont Autocorpo inc. devrait tenir compte dans sa décision.

(Adaptation d'un problème de CPA Canada)

C12.41 Les unités d'exploitation et le comportement des coûts

Wang ltée fabrique des articles de toilette pour dames et vend ses produits à des magasins de détail dans tout le Canada. Pour des raisons de planification et de contrôle, l'entreprise est répartie en six régions géographiques comprenant entre deux et six territoires chacune. Chaque vendeur se voit attribuer un territoire où il a l'exclusivité des ventes. Les produits sont expédiés de l'usine de fabrication aux six entrepôts régionaux, à partir desquels se fait la livraison des articles vendus dans chaque territoire.

L'une de ces six régions est celle des Maritimes, qui compte deux territoires, Édouard et Écosse. Voici l'état des résultats de cette région pour la période terminée le 31 décembre 20X3.

WANG LTÉE – RÉGION DES MARITIMES
État des résultats
pour la période terminée le 31 décembre 20X3

Ventes		1 800 000 $
Moins : Charges :		
Publicité	109 400 $	
Coût variable des ventes	920 000	
Livraison	45 200	
Assurance	20 000	
Salaires et avantages sociaux	163 200	
Commissions sur les ventes	72 000	
Fournitures	24 000	
Frais de déplacement et de représentation	28 200	
Salaires des employés des entrepôts et avantages sociaux ...	75 000	
Amortissement des entrepôts	16 000	
Charges opérationnelles des entrepôts	30 000	
Total des charges		1 503 000
Bénéfice		297 000 $

Les salaires et avantages sociaux se détaillent comme suit :

Vice-président régional	43 000 $
Directeur régional du marketing	35 000
Directeur régional des entrepôts	26 800
Personnel de vente (un vendeur pour chacun des deux territoires, les deux recevant le même salaire de base)	31 200
Avantages sociaux (20 % des salaires)	27 200
Total des salaires et des avantages sociaux	163 200 $

Les deux vendeurs reçoivent le même salaire et une commission de 4 % sur le total des ventes effectuées sur leur territoire. Ils engagent des frais de déplacement et de représentation quand ils visitent leurs clients. Les charges de livraison jusqu'au lieu de la vente dépendent de la quantité de marchandises expédiées et de la distance parcourue jusqu'aux clients. L'équivalent de 30 % de l'assurance est affecté à la protection des stocks pendant qu'ils sont dans l'entrepôt régional ; le reste correspond au coût engagé pour assurer l'entrepôt lui-même. Le coût total des fournitures utilisées dans l'entrepôt pour l'emballage des marchandises expédiées varie en fonction du nombre de kilogrammes livrés. Les salaires des employés des entrepôts représentent le salaire des employés exécutant les commandes. Le montant total de ces charges reste invariable tant que les quantités expédiées à partir de l'entrepôt dans une année se situent entre 550 000 et 650 000 kilogrammes. Le poste des charges opérationnelles des entrepôts comprend des charges comme le chauffage, l'électricité et l'entretien.

Voici l'analyse des coûts et les statistiques par territoire de l'année 20X3, qui ont été préparées pour le vice-président régional par le directeur régional des entrepôts et le directeur du marketing.

	Édouard	Écosse	Total
Chiffre d'affaires net	800 000 $	1 000 000 $	1 800 000 $
Coût des ventes	460 000 $	460 000 $	920 000 $
Publicité	53 600 $	55 800 $	109 400 $
Frais de déplacement et de représentation	12 600 $	15 600 $	28 200 $
Livraison	18 000 $	27 200 $	45 200 $
Unités vendues	150 000	350 000	500 000
Kilogrammes expédiés	210 000	390 000	600 000
Kilomètres parcourus par vendeur	21 600	38 400	60 000

12

►

► **Travail à faire**

La direction générale de Wang ltée voudrait que les données d'exploitation régionales soient présentées de façon plus significative. Fournissez un canevas de l'état des résultats pour l'année 20X3 qui lui paraîtrait satisfaisant. Indiquez le contenu et les principales sections de votre rapport sans y inclure de montants. Ce rapport devrait fournir à la direction une base pour l'évaluation de la performance de chaque territoire de la région des Maritimes et de l'ensemble de cette région.

(Adaptation d'un problème de CPA Canada)

C12.42 **Les bénéfices sectoriels**

La société Audain ltée fabrique deux produits, B et R, dans son usine de Montréal. Voici des informations sur ces deux produits.

	Produit B	Produit R
Vente et production annuelles d'unités	42 000	41 000
Coûts de fabrication :		
Matières premières	3,50 $	4,30 $
Main-d'œuvre directe	4,00	2,00
Frais indirects de fabrication variables*	1,50	1,00
Frais indirects de fabrication fixes*	5,00	3,00
Total des coûts de fabrication	14,00	10,30
Frais de vente :		
Variables	0,20	0,20
Fixes**	1,17	0,92
Total des frais de vente	1,37	1,12
Coût total	15,37 $	11,42 $
Prix de vente	16,50 $	13,50 $
Bénéfice par unité	1,13 $	2,08 $

* Les frais indirects de fabrication sont imputés en fonction des heures-machines disponibles. On estime le total des frais indirects de fabrication annuels à 437 000 $. Les frais indirects de fabrication fixes représentent 76,2 % de ce montant pour 10 000 heures-machines. La capacité de production pourrait atteindre 20 000 heures-machines avec l'ajout d'un autre quart de travail ou d'une partie quelconque d'un quart de travail.

** Les frais de vente fixes s'élèvent à 86 860 $ par an et sont répartis en fonction du niveau des ventes aux fins d'établissement des prix de vente.

Récemment, le directeur des ventes a obtenu d'un nouveau client une commande de 70 000 unités d'un produit N au prix de 17,30 $ l'unité, à condition que l'entreprise garantisse qu'elle lui fournira le nombre total d'unités commandées.

Les coûts de fabrication du produit N sont estimés comme suit :

	Par unité
Matières premières	4,00 $
Main-d'œuvre directe	3,50
Frais indirects de fabrication variables	3,00
Frais indirects de fabrication fixes	4,00
Coûts de fabrication du produit N	14,50 $

Les frais de vente variables sont de 0,40 $ par unité. On s'attend à ce que les frais de vente fixes demeurent inchangés. La fabrication d'une unité de produit N nécessite 16 % de une heure-machine.

Le directeur de l'usine vous a demandé d'examiner les données. Il vous informe que, le cas échéant, il trouvera la capacité de production requise en refusant des commandes moins rentables des deux autres produits.

12

Travail à faire

1. Déterminez le bénéfice obtenu sans le contrat du produit N.

2. Supposez qu'une augmentation de la capacité de production au-delà de deux quarts de travail n'est pas réalisable, mais qu'il est possible de remplacer la fabrication du produit B par celle d'un autre, le cas échéant. Dans ce contexte, déterminez les bénéfices que rapporterait le contrat du produit N si l'entreprise l'obtenait.

3. L'entreprise veut accepter la commande du produit N. Supposez toutefois qu'elle est tenue par contrat de fournir 42 000 unités de B et 41 000 unités de R, et qu'il lui est impossible d'augmenter la capacité de production à deux quarts de travail. Une autre entreprise lui propose de fabriquer le produit B pour elle. Quel est le prix d'achat unitaire le plus élevé auquel la société Audain ltée pourrait donner le produit B en sous-traitance pour conserver le bénéfice établi à la question précédente ?

4. Existe-t-il une meilleure possibilité que l'impartition du produit B pour la société Audain ltée ? Justifiez votre réponse.

(Adaptation d'un problème de CPA Canada)

C12.43 Des coûts pertinents et l'établissement de prix

La société Jenco fabrique un seul produit, une combinaison d'engrais et d'herbicide appelée «Ferticide». Le Ferticide se vend dans tout le pays par l'intermédiaire des circuits de distribution habituels des pépinières et des centres de jardinage qui font du commerce au détail.

La société Taylor, propriétaire d'une chaîne régionale de pépinières, planifie de vendre sous sa propre marque un composé d'engrais et d'herbicide similaire. Toutefois, elle ne possède pas ses propres installations de fabrication. Elle a donc demandé à la société Jenco (et à différentes autres entreprises) de lui présenter une offre concernant la fabrication et la livraison de 25 000 kilogrammes du composé portant sa marque maison. Même si la composition du produit conçu par la société Taylor diffère de celle du Ferticide, les processus de fabrication se ressemblent beaucoup.

La production du composé de la société Taylor se ferait par lot de 1 000 kilogrammes. Pour chaque lot, elle nécessiterait 30 heures de main-d'œuvre directe et les produits chimiques suivants :

Produits chimiques	Quantité en kilogrammes
CW-3	400
JX-6	300
MZ-8	200
BE-7	100

Les trois premiers produits chimiques (le CW-3, le JX-6 et le MZ-8) servent déjà à préparer le Ferticide. Le BE-7 était utilisé dans un autre composé dont Jenco a abandonné la fabrication il y a plusieurs mois. Toutefois, l'entreprise a conservé le stock de ce produit chimique dont elle disposait au moment de l'abandon de la production. Jenco pourrait vendre son stock de BE-7 au prix actuel du marché moins 0,10 $ du kilogramme pour les frais de vente et les coûts et de manipulation.

La société Jenco dispose également d'un stock de CN-5, un produit chimique utilisé comme composante dans un autre produit dont la fabrication a également été abandonnée. Le CN-5, impropre à entrer dans la composition du Ferticide, pourrait cependant remplacer le CW-3 dans les mêmes proportions sans nuire à la qualité du composé de la société Taylor. Le stock de CN-5 a une valeur de récupération de 500 $.

12

► Voici des données concernant les stocks et les coûts des produits chimiques pouvant servir à la préparation du composé de la société Taylor.

Matières premières	Kilogrammes en stock	Coût réel par kilogramme à l'achat	Coût actuel du marché par kilogramme
CW-3	22 000	0,80 $	0,90 $
JX-6	5 000	0,55	0,60
MZ-8	8 000	1,40	1,60
BE-7	4 000	0,60	0,65
CN-5	5 500	0,75	(valeur de récupération)

Le salaire actuel de la main-d'œuvre directe est de 14 $ l'heure. Le taux d'imputation prédéterminé des frais indirects de fabrication est calculé en fonction des heures de main-d'œuvre directe (HMOD). Pour l'année en cours, compte tenu d'une capacité de deux quarts de travail cumulant un total de 400 000 HMOD sans heures supplémentaires, ce taux est le suivant :

Taux d'imputation prédéterminé des frais indirects de fabrication variables	4,50 $ par HMOD
Taux d'imputation prédéterminé des frais indirects de fabrication fixes	7,50 $ par HMOD
Taux combiné	12,00 $ par HMOD

Après vérification, le directeur de la production confirme que Jenco dispose du matériel et des installations nécessaires pour fabriquer adéquatement le composé de la société Taylor. Par conséquent, la commande n'aurait aucun effet sur le total des frais indirects de fabrication fixes. Toutefois, Jenco dispose de seulement 400 heures de capacité dans ses deux quarts de travail du présent mois. Au-delà de ce nombre, il s'agira d'heures supplémentaires. Si la situation l'exige, il serait possible de fabriquer le produit de la société Taylor dans l'horaire normal de travail en effectuant des heures supplémentaires pour une partie de la production du Ferticide. Le taux des heures supplémentaires de Jenco est 1,5 fois le taux horaire normal, c'est-à-dire 21 $ l'heure. La majoration pour heures supplémentaires n'est pas incluse dans le taux d'imputation prédéterminé des frais indirects de fabrication.

Travail à faire

1. La société Jenco a décidé de répondre à une soumission pour une commande de 25 000 kilogrammes du nouveau composé de la pépinière Taylor. La commande doit être livrée avant la fin du mois en cours, et Taylor a indiqué qu'il s'agit d'une commande unique, qui ne sera pas répétée. Calculez le prix le plus bas que la société Jenco peut offrir pour cette commande sans diminuer son bénéfice.

2. Revenez aux données initiales. Supposez que la pépinière Taylor planifie de passer régulièrement des commandes de lots de 25 000 kilogrammes de son nouveau composé au cours de la prochaine année. De son côté, la société Jenco prévoit que la demande de Ferticide demeurera élevée. Des commandes répétitives de la pépinière Taylor pourraient donc forcer l'entreprise à dépasser sa capacité de production de deux quarts de travail. Néanmoins, il serait possible de planifier la production de telle manière que 60 % de chaque commande de la société Taylor soit exécutée pendant l'horaire normal de travail. On pourrait aussi temporairement effectuer une partie de la production du Ferticide en heures supplémentaires de façon que les commandes de la pépinière puissent être exécutées dans les heures normales. Les coûts actuels du marché constituent les estimations les plus précises disponibles concernant les futurs coûts du marché.

Suivant sa politique standard en matière de marge sur coûts, la société Jenco majore le prix de ses nouveaux produits de 40 % par rapport au total des coûts de fabrication, incluant les frais indirects de fabrication fixes. Calculez le prix que soumettrait la société Jenco à la pépinière Taylor pour chaque lot de 25 000 kilogrammes du nouveau composé, en supposant qu'elle le considère comme un nouveau produit et qu'elle se conforme à sa propre politique d'établissement des prix.

C12.44 L'évaluation d'une commande spéciale et l'utilisation d'une ressource limitée

Expert en électronique inc. fabrique du matériel audio et vidéo de haute qualité. L'un de ses produits les plus populaires est un enregistreur vidéo personnel à haute définition à utiliser avec un système de télévision numérique. Au cours des trois dernières années, la demande pour cet enregistreur vidéo personnel a connu une hausse rapide, vu l'attrait que présente pour les clients la possibilité d'enregistrer des émissions tout en regardant une autre chaîne à la télévision, de visionner une émission enregistrée pendant qu'une autre s'enregistre simultanément ainsi que de stocker des dizaines d'enregistrements sur le puissant disque dur interne de l'appareil pour les regarder plus tard.

Pour fabriquer l'enregistreur vidéo personnel, on recourt à un processus complexe qui exige notamment l'utilisation de technologies au laser et d'imagerie. La machine au laser d'Expert en électronique inc. a une capacité de production mensuelle de 4 000 heures, et sa machine d'imagerie, de 1 000 heures. Or, en raison de la récente augmentation de la demande pour l'enregistreur vidéo personnel, ces deux machines fonctionnent actuellement à 90 % de leur capacité chaque mois, selon les commandes déjà passées par des clients. Les coûts de la main-d'œuvre directe s'élèvent à 15 $ et à 20 $ l'heure pour la machine au laser et la machine d'imagerie, respectivement.

Voici les revenus et les coûts unitaires associés à l'enregistreur vidéo personnel.

Prix de vente		320,00 $
Matières premières	50,00 $	
Main-d'œuvre directe – machine au laser	60,00	
Main-d'œuvre directe – machine d'imagerie	20,00	
Frais indirects de fabrication variables	40,00	
Frais indirects de fabrication fixes	50,00	
Frais de vente variables	20,00	240,00
Bénéfice		80,00 $

Le 1er décembre, David Nantel, vice-président aux ventes et à la commercialisation d'Expert en électronique inc., a reçu une demande de commande spéciale d'un client potentiel, Geai ltée, qui lui a offert d'acheter 250 enregistreurs vidéo personnels au prix de 280 $ l'unité, si ceux-ci pouvaient lui être livrés au plus tard le 31 décembre. Geai ltée est un important détaillant dont les magasins se spécialisent dans la vente de matériel audio et vidéo. La commande spéciale passée par Geai ltée s'ajouterait aux commandes des clients actuels d'Expert en électronique inc., qui nécessitent déjà 90 % de sa capacité de production chaque mois. Par contre, cette commande spéciale n'entraînerait aucuns frais de vente variables supplémentaires. Enfin, Geai ltée n'est pas disposée à accepter une quantité inférieure aux 250 enregistreurs vidéo personnels demandés (c'est-à-dire qu'Expert en électronique inc. n'a pas la possibilité de n'exécuter qu'une partie de la commande).

Avant de répondre à Geai ltée, M. Nantel décide de s'entretenir avec Diane Daviau, la chef de produit responsable de l'enregistreur vidéo personnel, afin de voir avec elle s'il devrait ou non accepter l'offre de ce client potentiel. Voici un extrait de leur discussion :

M. Nantel : Je ne suis pas convaincu que nous devrions accepter cette offre. Ce client n'y va pas de main morte avec toutes ses conditions.

12

► **Mme Daviau:** Je suis d'accord avec vous, mais il s'agit d'une entreprise de renom, et je présume qu'elle doit toujours négocier ainsi avec ses fournisseurs. Par ailleurs, ce pourrait être l'occasion pour nous d'amorcer une relation d'affaires rentable avec Geai ltée, puisqu'elle pourrait aussi s'intéresser à d'autres de nos produits à l'avenir.

M. Nantel: Peut-être bien, mais je ne suis pas sûr que nous devrions être prêts à engager un coût de renonciation aussi élevé dans le seul but de nous tailler une place parmi les fournisseurs de ce client.

Mme Daviau: Avez-vous déjà calculé le coût de renonciation?

M. Nantel: Bien sûr; c'était facile. Geai ltée nous offre 280 $ par enregistreur vidéo personnel, alors que nous vendons ce même produit au prix de 320 $ à nos autres clients. Nous perdons donc un revenu de 40 $ par unité, soit un total de 10 000 $ pour 250 unités. Voilà à combien s'élève notre coût de renonciation, et il s'avère assurément pertinent dans notre prise de décisions.

Mme Daviau: Je comprends votre raisonnement. Toutefois, je pense que nous devrions aussi tenir compte du fait qu'actuellement, nous n'exploitons pas l'entreprise à sa pleine capacité de production.

M. Nantel: Que voulez-vous dire?

Mme Daviau: Eh bien, dans votre calcul du coût de renonciation, vous oubliez de tenir compte du fait qu'à l'heure actuelle, nous ne vendons pas tous les enregistreurs vidéo personnels que nous pourrions fabriquer. Par conséquent, nous ne perdrions pas vraiment 40 $ par unité pour les 250 enregistreurs vidéo personnels commandés par Geai ltée.

M. Nantel: Je comprends votre point de vue, mais dans ce cas, je ne vois pas trop comment nous pourrions calculer le véritable coût de renonciation.

Mme Daviau: Je ne suis pas experte en la matière moi-même, mais il me semble que nous devrions commencer par essayer de voir combien des 250 unités demandées par Geai ltée nous pourrions fabriquer sans nuire à notre capacité d'exécuter les commandes de nos autres clients. Nous pourrions ensuite déterminer le nombre d'unités qu'il nous faudrait renoncer à vendre à nos clients actuels pour parvenir à exécuter la commande spéciale de 250 unités. Nous obtiendrions alors notre coût de renonciation en nombre d'unités de produit. Cela a-t-il du sens?

M. Nantel: Je pense que oui. Alors, pour obtenir le montant auquel se chiffrerait le coût de renonciation lié à l'acceptation de la commande de 250 enregistreurs vidéo personnels de Geai ltée, il nous suffirait de multiplier le nombre d'unités qu'il nous faudrait renoncer à vendre à nos clients actuels par 40 $, c'est bien cela?

Mme Daviau: J'ai un doute quant au montant de 40 $. Selon moi, pour établir le véritable coût de renonciation, nous devrions trouver un moyen de tenir compte du bénéfice que nous réalisons habituellement en vendant chaque enregistreur vidéo personnel à nos clients.

M. Nantel: Là, je suis vraiment mêlé. Pourriez-vous effectuer les calculs nécessaires et me revenir avec un montant précis?

Mme Daviau: Je vais essayer.

M. Nantel: Merci! En passant, Geai ltée doit appeler dans une heure pour avoir notre réponse.

Travail à faire

1. De manière générale, la méthode de Mme Daviau, qui consiste à calculer le coût de renonciation en termes d'unités de produit, est-elle adéquate? Justifiez votre réponse.

2. S'il s'avère impossible d'accroître la capacité de production de ses deux machines en décembre, combien d'enregistreurs vidéo personnels Expert en électronique inc. devra-t-elle renoncer à vendre à ses clients actuels pour pouvoir exécuter la commande spéciale de Geai ltée?

3. Calculez le coût de renonciation que devra engager l'entreprise si elle accepte la commande spéciale.

4. Si l'entreprise accepte la commande spéciale, calculez l'effet net qu'aura cette décision sur son bénéfice.

5. Supposons maintenant qu'en décembre, Expert en électronique inc. est exploitée à 75 % de sa capacité de production. Quel prix de vente minimal Expert en électronique inc. devrait-elle être disposée à accepter pour la commande spéciale ?

6. De quels facteurs qualitatifs devrait-on tenir compte pour décider d'accepter ou non des commandes spéciales telles que celle passée par Geai ltée ?

Cas de discussion

Une des fréquentes décisions que doivent prendre les gestionnaires consiste à choisir entre la conservation et l'abandon de produits, de services ou de secteurs d'exploitation existants. Selon l'analyse présentée dans le présent chapitre, si les coûts évités en abandonnant un produit, un service ou un secteur d'exploitation sont supérieurs au montant de la perte de marge sur coûts variables qui en découle, son abandon constitue la bonne décision à prendre d'un point de vue financier. Toutefois, lorsque des entreprises comme General Motors ou Chrysler décident d'abandonner un produit, un service ou un secteur d'exploitation important, cela peut avoir des répercussions non financières sur leurs fournisseurs, leurs créanciers, leurs employés et leurs clients.

Travail à faire

Si General Motors ou Chrysler décidaient d'abandonner leur service d'entretien et de réparation automobile pour uniquement se concentrer sur la vente de véhicules neufs et d'occasion, quelles pourraient en être les répercussions non financières ?

Réponses aux questions éclair

12.1 Non. Au moment d'une prise de décisions, seuls les coûts et les revenus futurs qui diffèrent d'une possibilité à l'autre sont pertinents.

12.2 En général, il est possible d'éviter les coûts directs liés à une gamme de produits, mais certains coûts indirects peuvent demeurer, même après l'abandon de ces produits. Par ailleurs, il faut aussi se demander si Appareillage inc. pourrait utiliser autrement l'espace occupé par les machines et le matériel nécessaires à la fabrication de la gamme de produits en question. Si tel est le cas, pour prendre sa décision, la direction devrait tenir compte du coût de renonciation qu'elle engage en n'employant pas cet espace pour cet autre usage potentiel. Enfin, la direction devrait également réfléchir à l'effet qu'aurait l'abandon de cette gamme de produits sur les ventes des autres produits de l'entreprise. Les clients s'attendent-ils à pouvoir acheter des conduites d'eau à haute pression auprès d'Appareillage inc. et, le cas échéant, se tourneraient-ils vers un fournisseur différent pour répondre à tous leurs autres besoins connexes si l'entreprise ne tenait plus l'ensemble des produits escomptés ?

12.3 D'abord, Mme Jasmin devrait déterminer les coûts que l'externalisation de la production de ses produits de boulangerie et de ses pâtisseries lui permettrait d'éviter. Par exemple, si ces produits n'étaient plus préparés sur place, serait-il possible de congédier certains employés ? Le cas échéant, quel montant cela lui permettrait-il d'économiser ? Mme Jasmin devrait par ailleurs réfléchir au coût de renonciation associé à l'espace actuellement occupé par le matériel de boulangerie. Serait-il possible d'exploiter cet espace de manière plus productive ? Par exemple, si elle agrandissait sa salle à manger, attirerait-elle plus de clients à son café ? Outre les économies potentielles, il lui faudrait aussi tenir compte d'autres facteurs. Par exemple, elle devrait s'interroger à propos de la fiabilité de son éventuel fournisseur quant à la qualité des produits et aux délais de livraison, de même qu'envisager la possibilité que peu après la signature du contrat, il augmente ses prix de sorte que ceux-ci dépassent les coûts de production qu'elle engageait au départ.

12.4 M. Sinclair devrait tenir compte du coût différentiel qu'il engagerait s'il exécutait cette commande spéciale. Par exemple, le coût des matières premières supplémentaires nécessaires pour exécuter cette commande serait-il inférieur au prix spécial de 20 $? Comme les employés de M. Sinclair reçoivent un salaire fixe, aucun coût fixe différentiel ne devrait être engagé, à la condition qu'ils disposent de suffisamment de temps pour exécuter la commande spéciale sans avoir à travailler des heures supplémentaires. De plus, M. Sinclair devrait considérer le coût de renonciation associé à l'exécution de cette commande spéciale. Serait-il en mesure d'obtenir un bénéfice différentiel accru en exécutant une commande semblable au prix courant? Si tel était le cas, quelles seraient les probabilités qu'un client passe une commande semblable avant la fin de la semaine?

12.5 Le revenu différentiel associé au montage d'un barbecue est de 25$, soit 225 $ − 200 $. Le coût différentiel correspondant est de 7,50 $, soit 15 $ l'heure × ½ heure. Comme le revenu différentiel est supérieur au coût différentiel, La Quincaillerie du coin devrait vendre ses barbecues déjà montés.

12.6 En présence d'une contrainte de capacité telle que des heures de main-d'œuvre ou des heures-machines limitées, on devrait déterminer la rentabilité relative des produits en calculant la marge sur coûts variables par facteur de contrainte. On détermine cette marge en divisant la marge sur coûts variables unitaire par la quantité de la ressource limitée qu'une unité de produit requiert. On obtient ainsi la marge sur coûts variables par unité de la ressource limitée. On devrait d'abord répondre le mieux possible à la demande pour le produit ayant la marge sur coûts variables par facteur de contrainte la plus élevée, puis passer au produit suivant s'il reste une certaine capacité de production, et ainsi de suite, jusqu'à ce que toute la capacité de production disponible ait été exploitée.

L'ATTRIBUTION DES COÛTS DES SECTIONS AUXILIAIRES ET LA RÉPARTITION DES COÛTS COMMUNS DE FABRICATION

Mise en situation

La Laiterie Chagnon

Avec ses 60 ans d'existence, la Laiterie Chagnon[1] continue l'œuvre commencée par le grand-père Arthur. L'intégrité du produit et la pureté du lait sont au cœur de la mission de l'entreprise depuis sa fondation. De nombreux produits sont fabriqués à partir du lait non pasteurisé provenant de fermes locales. À son usine de Waterloo, au Québec, le lait non pasteurisé subit diverses étapes de transformation. Avant de pouvoir servir à la fabrication de divers produits, le lait doit être pasteurisé, ce qui requiert des équipements et de la main-d'œuvre. Les coûts de cette étape de transformation, ajoutés au coût d'achat du lait, représentent des coûts communs à tous les produits puisqu'ils sont engendrés par un processus de production commun. Une fois le processus de pasteurisation effectué, le lait peut être dirigé vers diverses étapes de production afin de le transformer en contenants de lait, offerts en divers formats et pourcentages de matières grasses, en crème, en beurre, en crème glacée et en yogourt glacé.

La Laiterie Chagnon doit être en mesure d'attribuer le coût du lait reçu à l'usine ainsi que le coût de pasteurisation entre les divers produits qu'elle fabrique à l'aide de méthodes appropriées, et ce, afin de pouvoir évaluer le coût de fabrication à inclure dans le coût des stocks et le coût des ventes. Dans ce chapitre, nous traiterons, entre autres, de l'attribution des coûts communs tels que le coût d'achat de la matière première et les coûts de transformation communs entre divers produits.

Outre les coûts de fabrication, certains autres coûts doivent être attribués aux activités de production. Par exemple, le laboratoire de contrôle de la qualité est un service chargé de dépister la présence de microorganismes et de mesurer les pourcentages de matières grasses, d'humidité, de sel et de pH des produits. L'attribution des coûts d'un tel service (ou section) à d'autres sections sera aussi à l'étude dans ce chapitre.

OBJECTIFS D'APPRENTISSAGE

Après avoir étudié ce chapitre, vous pourrez:

1. attribuer les coûts des sections auxiliaires à d'autres sections à l'aide de la méthode de répartition directe;
2. attribuer les coûts des sections auxiliaires à d'autres sections à l'aide de la méthode de répartition séquentielle;
3. attribuer les coûts des sections auxiliaires à d'autres sections à l'aide de la méthode de répartition algébrique;
4. attribuer séparément les coûts variables et les coûts fixes des sections auxiliaires;
5. répartir les coûts communs de fabrication entre les coproduits et les sous-produits.

1.

13.1 L'attribution des coûts des sections auxiliaires

Section principale (ou section de production)

Service, département ou atelier de production à l'intérieur duquel les employés travaillent à réaliser les principaux objectifs de l'organisation.

Section auxiliaire

Service ou département fournissant un soutien ou une aide aux sections principales, mais qui ne participe pas directement aux activités de production de l'organisation.

La plupart des grandes sociétés ont à la fois des **sections principales** (ou **sections de production**) et des **sections auxiliaires**. Les activités des sections principales contribuent aux objectifs fondamentaux des organisations. De leur côté, les sections auxiliaires ne participent pas directement aux activités de production. Elles fournissent plutôt des services ou un soutien aux sections principales.

Le département de chirurgie du Centre hospitalier universitaire de Québec, les programmes de premier, de deuxième et de troisième cycles de l'Université de Sherbrooke, ainsi que des ateliers de production tels que ceux de l'assemblage et de la peinture dans une entreprise de fabrication comme Bombardier sont des exemples de sections principales. Dans la méthode du coût de revient en fabrication uniforme et continue, les ateliers de production constituent tous des sections principales.

Parmi les exemples de sections auxiliaires, mentionnons les services de la cafétéria, de la vérification interne, des ressources humaines, de la comptabilité et des achats. Bien que les sections auxiliaires ne participent pas directement aux activités de production de l'organisation, les coûts qu'elles engagent sont d'ordinaire considérés comme partie intégrante du coût du produit ou du service final au même titre que les matières premières, la main-d'œuvre directe et les frais indirects dans une entreprise de fabrication, ou que les coûts des médicaments dans un hôpital. Nous verrons comment leurs coûts sont répartis entre les unités auxquelles elles fournissent des services aux fins de planification, d'établissement des coûts et autres objectifs. Une question fondamentale fera l'objet de notre étude : quelle proportion du coût d'une section auxiliaire faut-il attribuer à chaque unité à laquelle elle fournit des services ? Cette question est importante, entre autres parce que le coût de la section auxiliaire attribué à une unité précise peut avoir un effet important sur le calcul du coût des produits ou des services provenant de cette unité, et influer sur l'évaluation de sa performance.

Les coûts indirects engagés par les sections principales ou de production comprennent généralement des répartitions de coûts provenant des sections auxiliaires. Dans la mesure où les coûts des sections auxiliaires sont classés comme des coûts de fabrication, ils devraient être inclus dans les coûts de revient unitaires et, par conséquent, répartis entre les ateliers de production.

Les frais indirects de fabrication présentés dans les calculs du coût de revient en fabrication uniforme et continue au chapitre 6 ou dans ceux du coût de revient par commande au chapitre 5 constituent de parfaits exemples de frais indirects imputés à l'aide d'un taux d'imputation prédéterminé et d'une unité d'œuvre ou d'un inducteur de coût rattaché à une activité de production. Dans la figure 6.2 (*voir la page 270*), les éléments en regard du compte de frais indirects de fabrication représentent les frais indirects de fabrication réels (ou engagés) pour une période donnée. Ils peuvent constituer un ensemble complexe de coûts à la fois liés aux ateliers de production, ou sections principales, et aux sections auxiliaires. Pour pouvoir ajouter les coûts appropriés des sections auxiliaires aux coûts des sections principales (ou ateliers de production dans la figure 6.2) à titre de frais indirects de fabrication, il faut choisir une méthode de répartition.

Les entreprises peuvent utiliser trois méthodes pour attribuer les coûts des sections auxiliaires à d'autres sections : la méthode de répartition directe (ou méthode directe), la méthode de répartition séquentielle (ou méthode de répartition par étapes) et la méthode de répartition algébrique. Nous examinerons ces trois méthodes dans les prochaines sections. La répartition des coûts des sections auxiliaires commence par le choix d'une unité d'œuvre appropriée. Il faut aussi au préalable réfléchir aux façons de répartir les coûts des services que les sections auxiliaires se fournissent les unes aux autres.

13.1.1 Le choix des unités d'œuvre

Un grand nombre d'organisations utilisent un processus de répartition des coûts en deux étapes. À la première étape, on attribue les coûts des sections auxiliaires aux sections principales.

La seconde étape consiste à attribuer les coûts des sections principales aux produits et aux services. Nous nous sommes intéressés à la seconde étape de ce processus de répartition au chapitre 5 ; nous en étudierons maintenant la première étape. Dans les pages qui suivent, nous examinerons donc l'attribution des coûts des sections auxiliaires aux sections principales, c'est-à-dire la première étape du processus de répartition des coûts en deux étapes.

En général, on attribue les coûts d'une section auxiliaire à d'autres sections à l'aide d'une unité d'œuvre (ou inducteur de coût) qui constitue une mesure d'activité. L'unité d'œuvre choisie devrait, dans la mesure du possible, être représentative de la consommation du service rendu par la section auxiliaire aux autres sections. En principe, il faudrait que les coûts de la section auxiliaire soient proportionnels au volume de l'unité d'œuvre, c'est-à-dire qu'ils augmentent ou diminuent en fonction du volume de l'unité d'œuvre. En outre, les gestionnaires soutiennent souvent que l'unité d'œuvre devrait refléter aussi précisément que possible les avantages que les sections tirent des services qui leur sont fournis. Par exemple, les mètres carrés d'espace occupé par chaque section principale pourraient servir d'unité d'œuvre pour répartir les coûts d'entretien des immeubles puisque les avantages que procurent ces services tendent à être proportionnels à l'espace occupé par chacune des sections. Le tableau 13.1 contient des exemples d'unités d'œuvre utilisées pour répartir les coûts de certaines sections auxiliaires. Les coûts d'une section auxiliaire donnée peuvent être répartis à l'aide de plus d'une unité d'œuvre. Ainsi, les coûts du traitement des données peuvent être répartis en fonction des minutes d'unité centrale de traitement dévolues aux gros ordinateurs et en fonction du nombre d'ordinateurs personnels utilisés dans chaque section principale.

En plus de ce qui est mentionné au paragraphe précédent, il faut tenir compte d'autres facteurs essentiels dans le choix d'une unité d'œuvre. Les répartitions doivent être claires, simples et faciles à comprendre par les gestionnaires qui voient ces coûts attribués à leur section. De plus, le coût d'obtention de l'information concernant l'unité d'œuvre choisie doit être considéré.

TABLEAU 13.1 **Des exemples d'unités d'œuvre utilisées dans la répartition des coûts des sections auxiliaires**

Section auxiliaire	Unités d'œuvre (inducteurs de coûts)
Buanderie	Kilogrammes de lessive
Services au sol des aéroports	Nombre de vols
Cafétéria	Nombre d'employés ; nombre de repas
Installations médicales	Patients traités ; nombre d'employés ; heures de travail
Manutention des matières	Heures de service ; volume manutentionné
Traitement des données	Minutes d'unité centrale de traitement ; lignes imprimées ; mémoire utilisée ; nombre d'ordinateurs personnels
Services de sécurité (immeubles et terrains)	Nombre de mètres carrés occupés
Comptabilité des coûts de revient	Heures de main-d'œuvre ; nombre de clients ayant obtenu un service
Électricité	Nombre de kilowattheures (kWh) utilisés ; capacité de production des machines
Ressources humaines	Nombre d'employés ; taux de rotation des employés ; heures de formation
Réception, expédition et entreposage	Nombre d'unités manutentionnées ; nombre de bons de sortie ; espace occupé
Administration d'usine	Total des heures de main-d'œuvre
Maintenance	Heures-machines

13

13.1.2 Les services réciproques

De nombreuses sections auxiliaires se fournissent des services les unes aux autres en plus d'en rendre aux sections principales. La section Cafétéria, par exemple, fournit des repas et des collations à tous les employés, y compris ceux des autres sections auxiliaires. À son tour, elle peut recevoir des services d'autres sections auxiliaires comme le Service de l'entretien ou le Service du personnel. Pour désigner les services que les sections auxiliaires se rendent, on parle de **services réciproques**. Le choix de la méthode d'attribution des coûts des sections auxiliaires dépendra de la prise en compte ou non des services réciproques.

13.1.3 La méthode de répartition directe

La **méthode de répartition directe** (ou **méthode directe**) s'avère la plus simple des trois méthodes qui seront étudiées dans ce chapitre. Elle ne tient aucun compte des services fournis par une section auxiliaire à d'autres sections du même type et attribue directement tous ses coûts à des sections principales. Même si une section auxiliaire comme la section Service du personnel rend une grande quantité de services à une autre section auxiliaire comme la section Cafétéria, il n'y a aucune attribution des coûts du Service du personnel à la Cafétéria. Tous les coûts sont plutôt directement répartis entre les sections principales, d'où l'appellation de « méthode de répartition directe ».

Examinons un exemple concernant la façon d'utiliser cette méthode. Supposons qu'un centre hospitalier compte deux sections auxiliaires et deux sections principales, comme le montre le tableau suivant :

	Sections auxiliaires		Sections principales		
	Administration de l'hôpital	Service de sécurité	Labo-ratoire	Soins quotidiens aux patients	Total
Coûts des sections avant répartition	360 000 $	90 000 $	261 000 $	689 000 $	1 400 000 $
Nombre d'heures de travail des employés...	12 000	6 000	18 000	30 000	66 000
Espace occupé (en mètres carrés).......	1 000	20	500	4 500	6 020

Dans les répartitions qui suivent, les coûts de l'administration de l'hôpital seront ventilés en fonction des heures de travail des employés, et les coûts du service de sécurité, en fonction des mètres carrés occupés.

La méthode de répartition directe servant à attribuer les coûts des sections auxiliaires de l'hôpital à ses sections principales est illustrée au tableau 13.2. On doit y noter certains éléments importants. D'abord, bien qu'il y ait des heures de travail des employés dans la section de l'administration de l'hôpital comme dans celle du service de sécurité, il ne faut pas en tenir compte dans l'attribution des coûts de ces sections auxiliaires selon la méthode de répartition directe. La même règle s'applique à la répartition des coûts du service de sécurité. Même si les services d'administration de l'hôpital et de sécurité occupent un certain espace, on n'en tient pas compte dans la ventilation des coûts du service de sécurité. Enfin, notons que lorsque toutes les répartitions ont été effectuées, les coûts de toutes les sections auxiliaires sont intégrés dans ceux des deux sections principales. Ces derniers serviront de base dans la détermination des taux d'imputation des frais indirects en vue de l'établissement des coûts de revient des produits et des services provenant des sections principales.

Services réciproques

Services que des sections auxiliaires se fournissent entre elles.

OA1

Attribuer les coûts des sections auxiliaires à d'autres sections à l'aide de la méthode de répartition directe.

Méthode de répartition directe (ou méthode directe)

Méthode consistant à attribuer directement tous les coûts d'une section auxiliaire à des sections principales sans tenir compte des services que cette section rend à d'autres sections auxiliaires.

TABLEAU 13.2 La méthode de répartition directe

	Sections auxiliaires		Sections principales		
	Administration de l'hôpital	Service de sécurité	Labo-ratoire	Soins quotidiens aux patients	Total
Coûts des sections avant répartition	360 000 $	90 000 $	261 000 $	689 000 $	1 400 000 $
Répartition :					
Administration de l'hôpital (18/48, 30/48)*	(360 000)		135 000	225 000	
Service de sécurité (5/50, 45/50)**		(90 000)	9 000	81 000	
Total des coûts après répartition	-0- $	-0- $	405 000 $	995 000 $	1 400 000 $

* En fonction du nombre d'heures de travail des employés dans les deux sections principales, soit 18 000 h + 30 000 h = 48 000 h.
** En fonction de l'espace occupé par les deux sections principales, soit 500 m² + 4 500 m² = 5 000 m².

Bien que la méthode de répartition directe soit simple, elle s'avère moins précise que les autres méthodes puisqu'elle ne tient pas compte des services réciproques.

13.1.4 La méthode de répartition séquentielle

Contrairement à la méthode de répartition directe, la **méthode de répartition séquentielle** (ou **méthode de répartition par étapes**) permet d'attribuer les coûts d'une section auxiliaire à d'autres sections auxiliaires aussi bien qu'aux sections principales. Il s'agit d'une méthode par étapes suivant un ordre prédéterminé. En général, la séquence commence par la répartition des coûts de la section auxiliaire fournissant la plus grande quantité de services aux autres sections auxiliaires. Puis, le processus continue, étape par étape, et se termine par la section auxiliaire rendant le moins de services aux autres sections auxiliaires. Ce processus est illustré à la figure 13.1, dans laquelle on a supposé que les coûts de l'administration de l'hôpital sont les premiers à être répartis.

OA2

Attribuer les coûts des sections auxiliaires à d'autres sections à l'aide de la méthode de répartition séquentielle.

Méthode de répartition séquentielle (ou méthode de répartition par étapes)

Méthode consistant à attribuer les coûts d'une section auxiliaire à d'autres sections auxiliaires ainsi qu'à des sections principales de façon séquentielle. Généralement, la séquence commence par la section auxiliaire fournissant la plus grande quantité de services réciproques.

FIGURE 13.1 Une illustration graphique de la méthode de répartition séquentielle

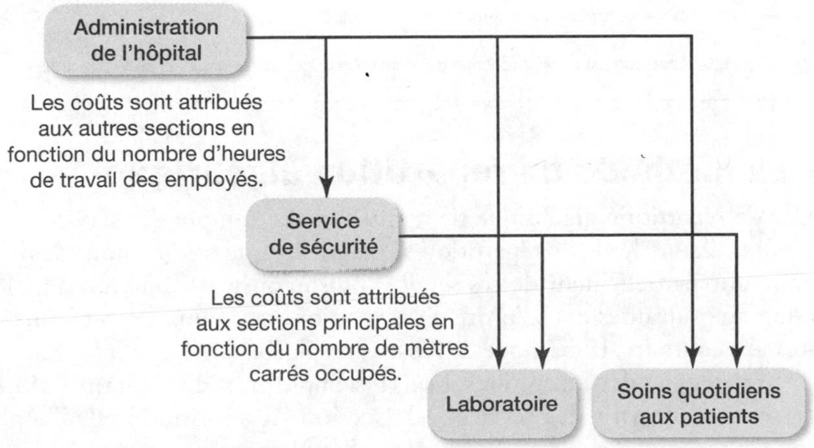
Administration de l'hôpital
Les coûts sont attribués aux autres sections en fonction du nombre d'heures de travail des employés.
Service de sécurité
Les coûts sont attribués aux sections principales en fonction du nombre de mètres carrés occupés.
Laboratoire
Soins quotidiens aux patients

Au tableau 13.3, nous nous sommes servis des données sur les coûts du centre hospitalier pour représenter la méthode de répartition séquentielle. Notons les trois aspects essentiels de cette répartition. En premier lieu, sous le titre «Répartition», on trouve deux éléments ou étapes. La première étape attribue les coûts de l'administration de l'hôpital à une autre section auxiliaire (le service de sécurité) ainsi qu'aux sections principales. La quantité totale d'unités d'œuvre utilisée pour répartir les coûts de l'administration de l'hôpital comprend maintenant les heures de travail des employés pour le service de sécurité en plus des heures effectuées dans les sections principales. Toutefois, elle exclut toujours les heures de travail des employés de la section Administration de l'hôpital elle-même. Tant avec la méthode directe qu'avec la méthode séquentielle, aucun montant n'est attribué à une section dont les coûts sont déjà répartis. En deuxième lieu, en examinant de nouveau le tableau 13.3, vous remarquerez que, dans la seconde étape de la «Répartition», le coût de la section Service de sécurité est attribué aux deux sections principales, alors qu'aucun coût n'est attribué à la section Administration de l'hôpital, bien que l'administration occupe de l'espace dans l'immeuble. En effet, dans la méthode de répartition séquentielle ou par étapes, on ne tient pas compte de la section auxiliaire dont les coûts ont déjà été répartis.

Lorsque les coûts d'une section auxiliaire ont été répartis, il n'est plus question d'attribuer à celle-ci les coûts d'autres sections auxiliaires. Enfin, notons que le coût du service de sécurité attribué aux autres sections au cours de la deuxième étape (130 000 $) comprend les coûts de la section Administration de l'hôpital qui lui ont été attribués lors de la première étape.

TABLEAU 13.3 **La méthode de répartition séquentielle**

	Sections auxiliaires		Sections principales		
	Administration de l'hôpital	Service de sécurité	Labo-ratoire	Soins quotidiens aux patients	Total
Coûts des sections avant répartition	360 000 $	90 000 $	261 000 $	689 000 $	1 400 000 $
Répartition :					
Administration de l'hôpital (6/54, 18/54, 30/54)*	(360 000)	40 000	120 000	200 000	
Service de sécurité (5/50, 45/50)**		(130 000)	13 000	117 000	
Total des coûts après répartition	-0- $	-0- $	394 000 $	1 006 000 $	1 400 000 $

* En fonction des heures de travail des employés du service de sécurité et des deux sections principales,
   soit 6 000 h + 18 000 h + 30 000 h = 54 000 h.
** Comme le montre le tableau 13.2 (*voir la page 741*), cette répartition est faite en fonction de l'espace occupé par les deux sections principales.

OA3

Attribuer les coûts des sections auxiliaires à d'autres sections à l'aide de la méthode de répartition algébrique.

Méthode de répartition algébrique

Méthode de répartition des coûts des sections auxiliaires tenant compte de tous les services pleinement réciproques.

13.1.5 La méthode de répartition algébrique

La **méthode de répartition algébrique** tient entièrement compte des services entre sections auxiliaires. La méthode de répartition séquentielle, que nous venons de décrire, ne tient compte que partiellement de ces services puisqu'on y attribue toujours les coûts d'une section aux suivantes dans l'ordre de répartition, sans jamais revenir aux sections précédentes. Au contraire, la méthode de répartition algébrique répartit les coûts des sections auxiliaires dans les deux directions. Dans l'exemple précédent, étant donné que le service de sécurité fournit des services à la section Administration de l'hôpital, une partie de ses coûts seront attribués à cette section. Simultanément, une partie des coûts de la section Administration de l'hôpital seront attribués vers l'avant, au service de sécurité. Ce type de répartition algébrique requiert l'utilisation d'équations linéaires simultanées.

Pour illustrer notre propos, considérons le tableau 13.4, dont les données concernent l'exemple du centre hospitalier (*voir la page 740*).

TABLEAU 13.4   La méthode de répartition algébrique

Administration de l'hôpital (AH)

$$AH = 360\ 000\ \$ + (1/6)\ SS$$

où AH représente le coût total de l'administration de l'hôpital à répartir entre les sections Service de sécurité, Laboratoire et Soins quotidiens aux patients. AH comprend les coûts directs du service de l'administration de l'hôpital, plus sa quote-part des coûts du service de sécurité (SS) — soit 1 000 m² sur un total de 6 000 m² (c'est-à-dire 1/6) — multipliés par le coût total de ce service.

Service de sécurité (SS)

$$SS = 90\ 000\ \$ + (6/54)\ AH$$

où SS représente le coût total du service de sécurité à répartir entre les sections Administration de l'hôpital, Laboratoire et Soins quotidiens aux patients. SS comprend les coûts directs du service de sécurité, plus sa quote-part des coûts du service de l'administration de l'hôpital (AH) — soit 6 000 h sur un total de 54 000 h (c'est-à-dire 6/54) — multipliés par le coût total de ce service.

Remplaçons SS dans l'équation du coût total de AH par sa valeur afin d'obtenir une seule variable inconnue qui permettra de résoudre l'équation.

$$AH = 360\ 000\ \$ + (1/6)\ [90\ 000\ \$ + (6/54)\ AH]$$
$$AH = 360\ 000\ \$ + 15\ 000\ \$ + (1/54)\ AH$$
$$1\ AH - (1/54)\ AH = 375\ 000\ \$$$
$$(53/54)\ AH = 375\ 000\ \$$$
$$AH = 382\ 076\ \$$$

Remplaçons maintenant AH dans l'équation du coût total de SS par sa valeur.

$$SS = 90\ 000\ \$ + (6/54)\ 382\ 076\ \$$$
$$SS = 132\ 453\ \$$$

Répartition des coûts entre les sections

	Sections auxiliaires		Sections principales		
	Administration de l'hôpital	Service de sécurité	Labo-ratoire	Soins quotidiens aux patients	Total
Coûts des sections avant répartition	360 000 $	90 000 $	261 000 $	689 000 $	1 400 000 $
Répartition :					
Administration de l'hôpital (6/54, 18/54, 30/54)...........	(382 076)	42 453*	127 359	212 264	
Service de sécurité (1,0/6 ; 0,5/6 ; 4,5/6).....................	22 076**	(132 453)	11 038	99 339	
Total des coûts après répartition	-0- $	-0- $	399 397 $	1 000 603 $	1 400 000 $

*   382 076 $ × 6/54 = 42 453 $
** 132 453 $ × 1,0/6 = 22 076 $

Notons que l'on a dû déterminer le montant total que la section Administration de l'hôpital doit répartir entre les autres sections avant de procéder à la répartition. On a fait la même chose avec le montant total de la section Service de sécurité.

Ainsi, le total des coûts du service de l'administration de l'hôpital, soit 382 076 $, comprend 22 076 $ de coûts provenant du service de sécurité. De même, le total des coûts du service de sécurité, soit 132 453 $, comprend 42 453 $ provenant de la section Administration de l'hôpital. Ces deux nouveaux montants englobent l'effet des services réciproques que les deux sections ont exécutés l'une pour l'autre. Une fois qu'on a résolu les équations, le coût total d'une section auxiliaire, comprenant maintenant sa quote-part du coût de la section auxiliaire qui lui a rendu des services, est attribué à toutes les sections à qui elle a rendu des services. On procède ainsi pour chaque section auxiliaire ; l'ordre d'attribution n'a plus d'importance. Une fois les répartitions terminées, il faut vérifier les totaux des sections principales (ou sections de production) pour s'assurer que l'ensemble des frais indirects, soit 1,4 million de dollars, est effectivement réparti. Lorsqu'il y a plus de deux sections auxiliaires, la façon de procéder pour déterminer le montant à répartir nécessite habituellement un déterminant de matrice, ce qui n'entre pas dans le champ d'études de ce manuel.

13

Question éclair 13.1

Considérez les données suivantes : le service d'entretien d'une entreprise a un coût de 9 000 $ et celui du contrôle de la qualité, un coût de 20 000 $. En plus de deux sections auxiliaires, il y a deux sections principales : l'assemblage, avec un coût de 70 000 $, et l'emballage, avec un coût de 50 000 $. Les heures de main-d'œuvre directe sont : service d'entretien : 0 ; service du contrôle de la qualité : 400 ; assemblage : 4 000 ; emballage : 2 000. Les heures-machines sont : service d'entretien : 2 000 ; service du contrôle de la qualité : 0 ; assemblage : 8 400 ; emballage : 1 600. Établissez les coûts des sections auxiliaires qui seront répartis sur les sections principales à l'aide de la méthode directe. Répartissez les coûts du service d'entretien selon les heures de main-d'œuvre directe et les coûts du service du contrôle de la qualité selon les heures-machines.

En pratique, la méthode de répartition algébrique est rarement utilisée, et ce, pour deux raisons. En premier lieu, les calculs qu'elle requiert sont relativement complexes. Bien qu'il soit possible de surmonter ces difficultés à l'aide d'ordinateurs, il ne semble pas que l'utilisation de moyens informatiques ait rendu cette méthode plus populaire. En second lieu, la méthode de répartition séquentielle fournit d'ordinaire des résultats constituant des approximations aussi acceptables que ceux que permettrait d'obtenir la méthode de répartition algébrique. Par conséquent, les entreprises ont peu de raisons de choisir la plus compliquée des deux.

13.1.6 Les sections auxiliaires qui ont des revenus

En conclusion de notre étude des méthodes de répartition des coûts, notons que même si la plupart des sections auxiliaires constituent des centres de coûts et, par conséquent, ne génèrent aucun revenu, quelques-unes d'entre elles, comme la cafétéria, peuvent faire payer les services qu'elles offrent. Les revenus qu'une section auxiliaire génère devraient servir à compenser ses coûts. Seul le montant net des coûts qui reste après cette opération, s'il y a lieu, devrait être attribué aux autres sections de l'organisation. Ainsi, ces sections n'auraient pas à supporter des coûts pour lesquels la section auxiliaire a déjà été remboursée.

13.1.7 La répartition des coûts des sections auxiliaires selon le comportement de ces coûts

Dans la mesure du possible, il faut diviser les coûts des sections auxiliaires en deux catégories, soit les coûts variables et les coûts fixes, et les répartir séparément. Cette façon de procéder permet d'éviter des injustices ou des inexactitudes dans la répartition, et de fournir des données utiles en vue de la planification et du contrôle des activités des sections.

Les coûts variables

Les coûts variables sont des coûts engagés pour la prestation de services. Ils varient au total en proportion des fluctuations du niveau de services fournis ou d'une fluctuation de toute autre unité d'œuvre (nombre d'unités, heures-machines, etc.).

En règle générale, les coûts variables devraient être attribués aux sections utilisatrices en fonction de l'activité la plus représentative du coût du service consommé. Si les coûts variables d'une section auxiliaire comme celle de l'entretien sont dus au nombre d'heures-machines effectuées dans les sections principales, on devrait les répartir entre ces sections en utilisant les heures-machines comme unité d'œuvre. Ainsi, les sections directement à l'origine de l'engagement de ces coûts de service devront les supporter au prorata de leur utilisation réelle du service rendu.

Les coûts fixes

Les coûts fixes des sections auxiliaires représentent les coûts nécessaires pour rendre la capacité de production disponible. Ces coûts pourraient être répartis entre les sections utilisatrices sous forme de sommes forfaitaires prédéterminées, c'est-à-dire que les montants attribués à chaque section utilisatrice sont déterminés d'avance et qu'une fois déterminés, ils ne peuvent pas varier d'une période à une autre. Cette somme forfaitaire peut être basée sur la période de pointe de la section ou sur la moyenne à long terme de ses besoins en matière de services.

Pour illustrer ce principe, supposons que la société Novak vient de mettre sur pied une section Maintenance chargée de l'entretien de toutes les machines utilisées dans les sections principales Coupe, Montage et Finition. Après avoir déterminé la capacité de production de la nouvelle section, exprimée en heures de travail d'entretien, les gestionnaires ont estimé les besoins en maintenance des sections principales dans les périodes de pointe.

Par conséquent, dans la répartition des coûts fixes de la section Maintenance entre les sections principales, on devrait en attribuer 30 % (900 h ÷ 3 000 h) à la section Coupe,

60 % à la section Montage et 10 % à la section Finition. Cette répartition par sommes forfaitaires ne variera pas d'une période à une autre, à moins qu'il y ait un changement dans les besoins en services en période de pointe.

Section	Besoins en maintenance en période de pointe (nombre d'heures de travail d'entretien requis)	Pourcentage du total des heures
Coupe	900	30 %
Montage	1 800	60 %
Finition	300	10 %
	3 000	100 %

Un résumé des directives en matière de répartition des coûts

Pour résumer la matière vue dans les sections précédentes, voici trois principes à retenir concernant la répartition des coûts des sections auxiliaires.

1. Dans la mesure du possible, la distinction entre les coûts variables et les coûts fixes des sections auxiliaires doit être faite.

2. On doit répartir les coûts variables au taux prévu selon l'activité qui entraîne l'engagement du coût (nombres de kilomètres parcourus, d'heures de main-d'œuvre directe, d'employés, etc.).

   a) Si des répartitions sont effectuées au début de l'année, elles doivent être basées sur le niveau d'activité prévu pour les sections utilisatrices. La formule de répartition est la suivante :

$$\text{Coûts variables répartis au début de la période} = \text{Taux prévu} \times \text{Activité prévue}$$

   b) Si des répartitions sont effectuées à la fin de l'année, elles devraient être basées sur le niveau réel d'activité enregistré au cours de l'année. La formule de répartition est la suivante :

$$\text{Coûts variables répartis à la fin de la période} = \text{Taux prévu} \times \text{Activité réelle}$$

   Les répartitions effectuées au début de la période servent à fournir les données nécessaires au calcul des taux d'imputation prédéterminés des frais indirects en vue de l'établissement du coût de revient des produits et de la facturation des services dans les sections principales. Les répartitions effectuées en fin de période permettent entre autres de recueillir les données nécessaires à la comparaison entre la performance réelle et la performance prévue.

3. Les coûts fixes représentent les coûts du maintien d'une capacité de service. Lorsque c'est possible, ces coûts devraient être répartis sous forme de sommes forfaitaires prédéterminées. La somme forfaitaire attribuée à chaque section devrait être proportionnelle aux besoins en matière de services qui ont entraîné l'investissement en capacité dans cette section auxiliaire au départ. (Il peut s'agir de besoins en services en période de pointe ou de besoins moyens à long terme.) Il est préférable de répartir les coûts fixes prévus plutôt que réels.

13

L'application des principes en matière de répartition des coûts

Nous verrons maintenant, à l'aide d'un exemple, comment appliquer les trois principes énoncés précédemment.

Compact inc. compte trois sections auxiliaires : Entretien des immeubles, Cafétéria et Inspection. Elle comprend aussi deux sections principales, soit Façonnage et Assemblage. Les sections auxiliaires se rendent des services et en fournissent aussi aux sections de production (sections principales). Voici les types de coûts de ces sections et les unités d'œuvre utilisées pour leur répartition.

Section	Types de coûts	Unités d'œuvre utilisées pour la répartition
Entretien des immeubles	Coûts fixes	Mètres carrés occupés
Cafétéria	Coûts variables Coûts fixes	Nombre d'employés 10 % à l'inspection, 40 % au façonnage et 50 % à l'assemblage
Inspection	Coûts variables Coûts fixes	Heures de main-d'œuvre directe 70 % au façonnage et 30 % à l'assemblage

Compact inc. répartit les coûts de ses sections auxiliaires en se servant de la méthode de répartition séquentielle, dans l'ordre suivant : 1) Entretien des immeubles ; 2) Cafétéria ; 3) Inspection.

Voici les coûts budgétés et des données sur les activités d'exploitation pour l'année.

Section	Coûts variables	Coûts fixes
Entretien des immeubles	–	130 000 $
Cafétéria	200 $ par employé	250 000 $
Inspection	0,06 $ par heure de main-d'œuvre directe	548 000 $

Section	Nombre d'employés	Heures de main-d'œuvre directe	Mètres carrés d'espace occupé
Entretien des immeubles	6	–	300
Cafétéria	9	–	400
Inspection	30	–	100
Façonnage	190	300 000	800
Assemblage	250	500 000	1 300
	485	800 000	2 900

Outre les coûts des sections auxiliaires qui sont indiqués ci-dessus, les gestionnaires prévoient des frais indirects de 1 340 000 $ pour la section Façonnage et de 1 846 000 $ pour la section Assemblage.

Les répartitions des coûts des sections auxiliaires entre les sections principales sont représentées au tableau 13.5. Dans la première partie, les coûts variables des sections auxiliaires sont attribués aux différentes sections à l'aide de la méthode de répartition séquentielle, des taux prévus et du niveau d'activité prévu.

TABLEAU 13.5

La répartition des coûts en début de période en vue d'établir les taux d'imputation prédéterminés des frais indirects (méthode de répartition séquentielle)

COMPACT INC.

Répartition des coûts en début de période en vue d'établir les taux d'imputation prédéterminés des frais indirects

	Sections auxiliaires			Sections principales	
	Entretien des immeubles	Cafétéria	Inspection	Façonnage	Assemblage
Coûts variables à répartir....................................	-0- $	94 000 $	42 000 $		
Répartition des coûts de la section Cafétéria, à 200 $ par employé :					
30 employés × 200 $		(6 000)	6 000		
190 employés × 200 $		(38 000)		38 000 $	
250 employés × 200 $		(50 000)			50 000 $
Répartition des coûts de la section Inspection, à 0,06 $ par heure de main-d'œuvre directe :					
300 000 HMOD × 0,06 $			(18 000)	18 000	
500 000 HMOD × 0,06 $			(30 000)		30 000
Total des coûts variables après répartition	-0-	-0-	-0-	56 000	80 000
Coûts fixes à répartir......................................	130 000	250 000	548 000		
Répartition des coûts de la section Entretien des immeubles, à 50 $ par mètre carré* :					
400 m² × 50 $	(20 000)	20 000			
100 m² × 50 $	(5 000)		5 000		
800 m² × 50 $	(40 000)			40 000	
1 300 m² × 50 $	(65 000)				65 000
Répartition des coûts de la section Cafétéria** :					
10 % × 270 000 $		(27 000)	27 000		
40 % × 270 000 $		(108 000)		108 000	
50 % × 270 000 $		(135 000)			135 000
Répartition des coûts de la section Inspection*** :					
70 % × 580 000 $			(406 000)	406 000	
30 % × 580 000 $			(174 000)		174 000
Total des coûts fixes après répartition..........	-0-	-0-	-0-	554 000	374 000
Total des coûts répartis	-0- $	-0- $	-0- $	610 000 $	454 000 $
Autres coûts du budget flexible au niveau d'activité prévu.................................				1 340 000 $	1 846 000 $
Total des frais indirects, a)				1 950 000 $	2 300 000 $
Heures de main-d'œuvre directe budgétées, b)				300 000	500 000
Taux d'imputation prédéterminé des frais indirects par heure de main-d'oeuvre directe, a) ÷ b)				6,50 $	4,60 $

* Mètres carrés d'espace	2 900 m²
Moins : Espace réservé à la section Entretien des immeubles	300
Espace net pour la répartition.............................	2 600 m²

$$\frac{\text{Coûts fixes de la section Entretien des immeubles, 130 000 \$}}{\text{Espace net pour la répartition, 2 600 m}^2} = 50 \text{ \$ par m}^2$$

** Coûts fixes de la section Cafétéria......................	250 000 $	*** Coûts fixes de la section Inspection	548 000 $
Coûts attribués en provenance de la section Entretien des immeubles....................	20 000	Coûts attribués en provenance de la section Entretien des immeubles....................	5 000
Coût total à répartir...	270 000 $	Coûts alloués en provenance de la section Cafétéria...................................	27 000
		Coût total à répartir......................................	580 000 $

Les pourcentages de répartition sont indiqués à la page précédente.

Les pourcentages de répartition sont indiqués à la page précédente.

13

Par exemple, le coût variable de la section Cafétéria se chiffre à 200 $ par employé, de sorte que la section Inspection, qui compte 30 employés, se voit assigner 6 000 $ de ce coût. Dans la deuxième partie du tableau 13.5 (*voir la page 747*), on répartit les coûts fixes des sections auxiliaires en commençant par ceux de la section Entretien des immeubles. Les mètres carrés d'espace occupé par chaque autre section servent d'unité d'œuvre. On répartit ensuite les coûts fixes des sections Cafétéria et Inspection en se basant sur les pourcentages d'utilisation. Après avoir effectué la ventilation des coûts fixes et des coûts variables des sections auxiliaires, on calcule les taux d'imputation prédéterminés des frais indirects pour les deux sections principales au bas du tableau.

13.1.8 L'effet des répartitions sur les sections principales

Lorsque les répartitions sont effectuées, comme on le constate dans l'exemple présenté au tableau 13.5, les sections principales doivent déterminer des taux d'imputation prédéterminés des frais indirects dans le but d'établir le coût de revient des produits ou des services. Les coûts répartis sont combinés avec les autres coûts des sections principales, et le total sert de base aux calculs de ces taux. Ce processus de détermination du taux est illustré à la figure 13.2.

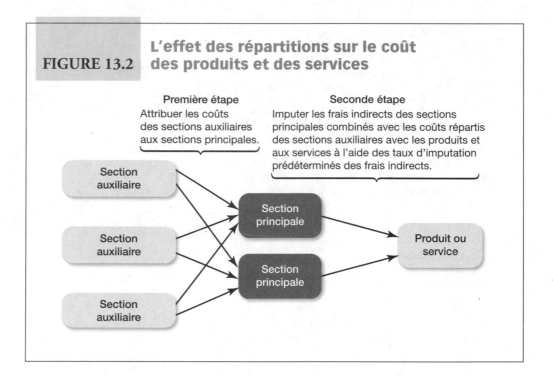

FIGURE 13.2 L'effet des répartitions sur le coût des produits et des services

13.1.9 Quelques mises en garde concernant l'attribution des coûts des sections auxiliaires

Les pièges de l'attribution des coûts fixes

Plutôt que de répartir les coûts fixes sous forme de sommes forfaitaires prédéterminées, certaines entreprises préfèrent se servir d'une unité d'œuvre variable qui change selon la période. Cette pratique peut dénaturer des décisions et entraîner de graves inégalités entre les sections. Ces inégalités découlent du fait que les coûts fixes attribués à une section seront fortement influencés par ce qui se passe dans d'autres sections ou unités d'exploitation de l'organisation.

Un exemple permettra de mieux comprendre cette observation. Supposons que la société Produits Kolby possède un service qui s'occupe de l'entretien du parc automobile dans les deux territoires de vente de l'entreprise. Les coûts de ce service sont tous fixes. Contrairement à ce qui est recommandé, l'entreprise répartit ces coûts fixes entre les secteurs de vente en fonction du nombre de kilomètres parcourus (une unité d'œuvre variable). Voici quelques données sur les coûts de ses deux dernières périodes.

	Période 1	Période 2
Coûts du service (tous fixes), a)	120 000 $	120 000 $
Secteur de vente de l'Ouest – kilomètres parcourus	1 500 000	1 500 000
Secteur de vente de l'Est – kilomètres parcourus	1 500 000	900 000
Total des kilomètres parcourus, b)	3 000 000	2 400 000
Taux d'imputation par kilomètre, a) ÷ b)	0,04 $	0,05 $

Notons que le secteur de vente de l'Ouest a conservé un niveau d'activité de 1 500 000 kilomètres parcourus par période. Par contre, le secteur de vente de l'Est a laissé son niveau d'activité passer de 1 500 000 kilomètres au cours de la première période à seulement 900 000 kilomètres au cours de la seconde période. Les coûts du service seraient alors répartis de la façon suivante entre les deux secteurs de vente pour chacune des deux périodes en fonction du nombre de kilomètres réellement parcourus comme unité d'œuvre.

Période 1 :
Secteur de vente de l'Ouest (1 500 000 km à 0,04 $/km)	60 000 $
Secteur de vente de l'Est (1 500 000 km à 0,04 $/km)	60 000
Coût total réparti	120 000 $

Période 2 :
Secteur de vente de l'Ouest (1 500 000 km à 0,05 $/km)	75 000 $
Secteur de vente de l'Est (900 000 km à 0,05 $/km)	45 000
Coût total réparti	120 000 $

Pour la première période, on a réparti les coûts de la section auxiliaire également entre les deux secteurs de vente. Pour la seconde période, par contre, la plus grande partie de ces coûts a été attribuée au secteur de vente de l'Ouest. Cette inégalité est due non pas au fait que le niveau d'activité a augmenté dans le secteur de vente de l'Ouest, mais plutôt au fait qu'il a diminué dans celui de l'Est. Bien que le secteur de l'Ouest ait maintenu le même niveau d'activité pendant deux ans, il est pénalisé par l'utilisation d'une unité d'œuvre variable qui lui attribue un coût plus élevé au cours de la seconde période que lors de la première période à cause de ce qui s'est passé ailleurs dans l'entreprise.

Ce type d'inégalité est presque inévitable lorsqu'une unité d'œuvre variable est utilisée pour répartir des coûts fixes. Le gestionnaire du secteur de vente de l'Ouest sera sans doute contrarié de l'injustice subie par son secteur, et il se sentira impuissant à y remédier. Il ne peut que perdre confiance dans le système de répartition des coûts et éprouver beaucoup d'amertume.

Les coûts devraient-ils être répartis ?

En règle générale, les coûts engagés par une section auxiliaire en vue de la prestation de services particuliers à des sections principales devraient être attribués en retour à ces dernières. Les objectifs de l'attribution des coûts des sections auxiliaires aux sections principales sont multiples. La détermination d'un taux d'imputation prédéterminé des

13

frais indirects, qui permettra de calculer le coût complet des produits et services, est un des objectifs. La prise en compte de toutes les ressources nécessaires à la fabrication d'un produit ou à la prestation d'un service dans la détermination de son coût complet permet d'évaluer sa rentabilité ou d'aider le gestionnaire à prendre des décisions comme la fixation du prix de vente. Un autre objectif est de permettre d'évaluer la performance des sections principales. Elles utilisent les ressources des sections auxiliaires pour, à leur tour, rendre des services ou fabriquer des produits. Le coût d'utilisation de ces ressources doit faire partie de leur coût total d'exploitation, et les gestionnaires qui dirigent les sections principales ont la responsabilité de contrôler la totalité de ces coûts. Si les coûts des sections auxiliaires ne sont pas attribués aux sections principales, cela revient à dire que ces sections utilisent des ressources qui ont un coût nul. L'évaluation de la performance est alors rendue plus difficile, surtout lorsqu'on compare les sections entre elles ou avec des unités concurrentes. Par ailleurs, la gratuité d'une ressource n'incite pas les utilisateurs à faire une utilisation efficiente de cette dernière. Ainsi, un autre objectif de l'attribution des coûts des sections auxiliaires aux sections principales est de sensibiliser les utilisateurs des services aux coûts des ressources consommées afin de favoriser une utilisation efficiente de ces ressources.

Dans certains cas, la direction peut juger que répartir les coûts des sections auxiliaires aurait pour résultat des comportements indésirables de la part des gestionnaires des sections principales. Par exemple, lorsque la direction fait pression sur les responsables de sections pour qu'ils réduisent leurs coûts, ils peuvent hésiter à utiliser les services des analystes de conception de systèmes et des experts-conseils internes à cause des coûts que de telles consultations entraînent.

Pour éviter de décourager l'utilisation d'un service dont profiterait l'ensemble de l'organisation, certaines entreprises préfèrent n'exiger aucun paiement pour sa prestation. Leurs dirigeants pensent que si de tels services sont offerts gratuitement, les sections auront davantage tendance à en profiter au maximum.

D'autres gestionnaires d'entreprises abordent la question d'une manière différente. Tout en reconnaissant qu'imposer des frais en fonction de l'utilisation de services tels que la conception de systèmes peut en décourager l'emploi, ils insistent sur le fait que ces services ne devraient pas être gratuits. Ils imposent donc à chaque section des frais fixes chaque année, quelle que soit son utilisation des services. Sachant que sa section se verra attribuer un montant donné pour des services de conception de systèmes, qu'il y ait recours ou non, le gestionnaire sera davantage porté à en tirer profit. Cette approche comporte cependant un risque, soit que le service, pour lequel la section assume un montant fixe, soit utilisé plus que nécessaire. Il faut donc trouver un équilibre entre le désir de faire payer les utilisateurs pour les services qu'ils consomment et la réduction de comportements indésirables. L'utilisation d'indicateurs de performance multiples pour évaluer la performance des sections pourrait contribuer à atteindre cet équilibre.

13.2 La répartition des coûts communs de fabrication aux produits conjoints

OA5

Répartir les coûts communs de fabrication entre les coproduits et les sous-produits.

Dans plusieurs entreprises, un processus commun de transformation des matières premières peut être utilisé pour la fabrication de plusieurs produits. Deux ou plusieurs produits fabriqués à partir des mêmes matières premières et qui passent par les mêmes étapes de production jusqu'à un point de séparation donné sont appelés « produits conjoints ». Les coûts engagés pour la fabrication de ces produits conjoints jusqu'au point de séparation portent le nom de « coûts communs de fabrication » ou de « coûts conjoints de fabrication ». Après un point de séparation donné, les produits peuvent subir, séparément, des transformations additionnelles avant d'être vendus. Nous avons étudié les notions relatives à la prise de décisions concernant la transformation additionnelle de certains produits conjoints au chapitre 12. Dans le présent chapitre, nous examinerons divers concepts de répartition des coûts communs de fabrication entre les produits conjoints.

13.2.1 Les objectifs de la répartition des coûts communs de fabrication entre les produits conjoints

La répartition des coûts communs de fabrication poursuit plusieurs objectifs :

1. Déterminer le coût de fabrication unitaire des produits et le coût des ventes afin d'établir des rapports financiers internes qui peuvent servir à évaluer la performance de diverses sections de production, des responsables de ces sections, et des produits et services.
2. Établir la valeur des produits à réclamer à un assureur à la suite d'un incendie, d'un vol ou de tout autre événement fâcheux, ou le montant à réclamer dans le cadre de tout litige avec une tierce partie.
3. Déterminer le prix de vente d'un produit ou d'un service régi par un organisme de réglementation. Les coûts communs de fabrication peuvent faire partie du coût total de production utilisé par l'organisme de réglementation pour fixer le prix du produit ou du service.
4. Établir le montant payé par un client pour un produit ou un service dans le contexte d'un prix de vente spécifié par contrat qui est basé sur la méthode du coût plus une marge de profit. Ce type de contrat est courant dans le cas des entreprises qui font affaire avec des agences gouvernementales.
5. Déterminer la valeur des produits en cours, des produits finis et du coût des ventes afin d'établir les états financiers publiés à des fins externes.

13.2.2 Les méthodes de répartition des coûts communs de fabrication entre les produits conjoints

Comme nous l'avons mentionné, les coûts communs de fabrication sont les coûts engagés pour fabriquer deux produits ou plus à partir d'un même processus de fabrication et des mêmes matières premières. À partir d'un point de séparation donné, on distinguera plusieurs produits différents. Lorsque l'importance relative ou encore lorsque la valeur de marché d'un ou de plusieurs produits conjoints est élevée, il sera alors question de **coproduits** (ou **produits principaux**). Les produits qui ont une importance relative ou une valeur de marché faible sont considérés comme des **sous-produits.**

Pour la répartition des coûts communs de fabrication aux coproduits, deux approches seront présentées.

1. L'approche basée sur la répartition des coûts communs de fabrication en fonction de la valeur de marché des coproduits. Trois méthodes de répartition seront vues.
   a) La valeur de marché au point de séparation.
   b) La valeur de marché théorique au point de séparation.
   c) La valeur de réalisation nette, majorée d'un pourcentage de marge brute.
2. L'approche basée sur la répartition des coûts communs de fabrication en fonction des mesures matérielles (nombre d'unités, de kilogrammes, de mètres carrés, etc.).

Pour la répartition des coûts communs de fabrication entre les sous-produits, il existe également deux approches.

1. Des coûts communs de fabrication sont attribués aux sous-produits au moment de leur fabrication en se basant sur leur valeur de réalisation nette.
2. Aucun coût commun de fabrication n'est attribué aux sous-produits au moment de leur fabrication, et le produit de leur vente est constaté en réduction du coût des ventes ou comme revenu.

Coproduits (ou produits principaux)

Deux produits ou plus qui sont issus d'un processus de transformation commun.

Sous-produits

Produits conjoints dont l'importance relative ou la valeur de marché est faible.

13

L'exemple ci-après servira à illustrer les diverses approches de répartition des coûts communs de fabrication entre les coproduits et les sous-produits. Dans la première partie, nous examinerons le cas de Fabolait, une entreprise de transformation de produits laitiers qui, après la pasteurisation et l'écrémage du lait dans un premier atelier de fabrication, peut transférer le lait et la crème obtenus dans deux autres ateliers où ils subiront des traitements additionnels. Ces traitements complémentaires permettent la production de deux coproduits, soit le yogourt et le beurre. Dans la deuxième partie, nous considérerons que Fabolait obtient au point de séparation, en plus de ses deux coproduits, un sous-produit appelé « petit-lait », qui a une faible valeur de marché.

La répartition des coûts communs de fabrication entre les coproduits

La figure 13.3 présente le processus de fabrication de Fabolait et des données d'exploitation du mois d'avril.

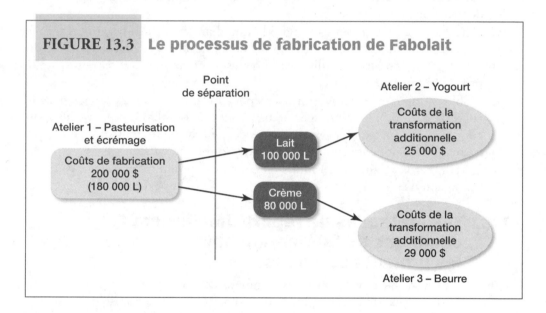

FIGURE 13.3 **Le processus de fabrication de Fabolait**

Le lait et la crème obtenus après le point de séparation peuvent être vendus tels quels sur le marché. L'entreprise peut aussi effectuer des traitements additionnels qui permettront d'offrir aux clients du yogourt et du beurre. Les clients de Fabolait achètent le yogourt et le beurre en contenants de 25 litres qu'ils conditionnent dans des formats appropriés au marché d'alimentation. Voici les prix de vente des divers produits de Fabolait.

	Par litre
Lait	1,60 $
Crème	3,00
Yogourt	2,50
Beurre	3,80

La répartition des coûts communs de fabrication en fonction de la valeur de marché des coproduits

1. La valeur de marché au point de séparation

Lorsque des coproduits peuvent être vendus immédiatement après le point de séparation, c'est-à-dire qu'il y a un marché pour ces produits à ce stade de leur développement, la valeur de marché au point de séparation peut être utilisée pour répartir les coûts communs de fabrication entre les coproduits. La répartition des coûts selon cette méthode est illustrée ci-après.

	Crème	Lait	Total
Quantité produite en litres, a)	80 000	100 000	180 000
Prix de vente par litre, b)	3,00 $	1,60 $	
Valeur de marché au point de séparation, a) × b)	240 000 $	160 000 $	400 000 $
Proportion relative de chaque coproduit*	60 %	40 %	
Répartition des coûts communs de fabrication**	120 000 $	80 000 $	200 000 $

* Crème: 240 000 $ ÷ 400 000 $ = 60 % ; lait: 160 000 $ ÷ 400 000 $ = 40 %
** Crème: 200 000 $ × 60 % = 120 000 $; lait: 200 000 $ × 40 % = 80 000 $

L'état des résultats ci-dessous présente la marge brute générée par la vente du beurre et du yogourt selon une répartition des coûts communs de fabrication utilisant la valeur de marché au point de séparation.

	Beurre	Yogourt	Total
Ventes*	304 000 $	250 000 $	554 000 $
Moins : Coût des ventes :			
Coûts communs de fabrication répartis	120 000	80 000	200 000
Coûts de la transformation additionnelle	29 000	25 000	54 000
Marge brute	155 000 $	145 000 $	300 000 $
Pourcentage de marge brute	50,99 %	58 %	54,151 6 %

* Beurre: 80 000 L × 3,80 $ = 304 000 $; yogourt: 100 000 L × 2,50 $ = 250 000 $

Le coût de fabrication unitaire de chaque coproduit après la transformation additionnelle est présenté ci-dessous.

	Beurre	Yogourt	Total
Coûts communs de fabrication répartis	120 000 $	80 000 $	200 000 $
Coûts de la transformation additionnelle	29 000	25 000	54 000
Coût total, a)	149 000 $	105 000 $	254 000 $
Litres produits, b)	80 000	100 000	180 000
Coût unitaire de fabrication par litre, a) ÷ b)	1,86 $	1,05 $	

13

2. La valeur de marché théorique au point de séparation (ou méthode de la valeur de réalisation nette)

Lorsque des coproduits ne peuvent pas être vendus immédiatement après le point de séparation, c'est-à-dire qu'il n'y a aucun marché pour ces produits à ce stade de leur développement, la valeur de marché théorique au point de séparation peut être utilisée pour répartir les coûts communs de fabrication entre les coproduits. Une valeur de marché théorique au point de séparation sera déterminée en soustrayant de la valeur de marché finale les coûts de la transformation additionnelle. La répartition des coûts selon cette méthode est illustrée ci-après.

<table>
<tr><td></td><td>Beurre</td><td>Yogourt</td><td>Total</td></tr>
<tr><td>Quantité produite en litres, a)...................................</td><td>80 000</td><td>100 000</td><td>180 000</td></tr>
<tr><td>Prix de vente du produit fini par litre, b)...................</td><td>3,80 $</td><td>2,50 $</td><td></td></tr>
<tr><td>Ventes totales, a) × b) ....</td><td>304 000 $</td><td>250 000 $</td><td>554 000 $</td></tr>
<tr><td>Moins : Coûts de la transformation additionnelle.....</td><td>29 000</td><td>25 000</td><td>54 000</td></tr>
<tr><td>Valeur de marché théorique
au point de séparation..</td><td>275 000 $</td><td>225 000 $</td><td>500 000 $</td></tr>
<tr><td>Proportion relative de chaque coproduit*...............</td><td>55 %</td><td>45 %</td><td></td></tr>
<tr><td>Répartition des coûts communs de fabrication** ....</td><td>110 000 $</td><td>90 000 $</td><td>200 000 $</td></tr>
</table>

* Beurre : 275 000 $ ÷ 500 000 $ = 55 % ; yogourt : 225 000 $ ÷ 500 000 $ = 45 %
** Beurre : 200 000 $ × 55 % = 110 000 $; yogourt : 200 000 $ × 45 % = 90 000 $

L'état des résultats ci-dessous présente la marge brute générée par la vente du beurre et du yogourt selon une répartition des coûts communs de fabrication utilisant la valeur de marché théorique au point de séparation.

<table>
<tr><td></td><td>Beurre</td><td>Yogourt</td><td>Total</td></tr>
<tr><td>Ventes..</td><td>304 000 $</td><td>250 000 $</td><td>554 000 $</td></tr>
<tr><td>Moins : Coût des ventes :</td><td></td><td></td><td></td></tr>
<tr><td>   Coûts communs de fabrication répartis............</td><td>110 000</td><td>90 000</td><td>200 000</td></tr>
<tr><td>   Coûts de la transformation additionnelle...........</td><td>29 000</td><td>25 000</td><td>54 000</td></tr>
<tr><td>Marge brute ....</td><td>165 000 $</td><td>135 000 $</td><td>300 000 $</td></tr>
<tr><td>Pourcentage de marge brute......................................</td><td>54,276 3 %</td><td>54 %</td><td>54,151 6 %</td></tr>
</table>

Le coût de fabrication unitaire de chaque coproduit après la transformation additionnelle est présenté ci-dessous.

<table>
<tr><td></td><td>Beurre</td><td>Yogourt</td><td>Total</td></tr>
<tr><td>Coûts communs de fabrication répartis...................</td><td>110 000 $</td><td>90 000 $</td><td>200 000 $</td></tr>
<tr><td>Coûts de la transformation additionnelle ....</td><td>29 000</td><td>25 000</td><td>54 000</td></tr>
<tr><td>Coût total, a) ....</td><td>139 000 $</td><td>115 000 $</td><td>254 000 $</td></tr>
<tr><td>Litres produits, b)..</td><td>80 000</td><td>100 000</td><td>180 000</td></tr>
<tr><td>Coût unitaire de fabrication par litre, a) ÷ b)...........</td><td>1,74 $</td><td>1,15 $</td><td></td></tr>
</table>

Question éclair   13.2

Les produits X et Y sont issus d'une matière première commune. Le coût de la matière première requise pour fabriquer 10 000 unités de X et 20 000 unités de Y est de 50 000 $. X et Y peuvent être vendus respectivement aux prix de 6 $ et de 8 $ l'unité une fois un processus de transformation additionnelle réalisé au coût de 30 000 $ pour X et de 40 000 $ pour Y. Selon la valeur marchande théorique au point de séparation, quelle sera la répartition du coût de la matière première entre X et Y ?

3. La valeur de réalisation nette, majorée d'un pourcentage de marge brute

La valeur de réalisation nette, majorée d'un pourcentage de marge brute attribue les coûts communs de fabrication aux coproduits de manière que chaque coproduit présente le même pourcentage de marge brute. Il faut d'abord déterminer le pourcentage de marge brute globale pour l'ensemble des coproduits. Par la suite, on soustrait de la valeur de marché finale de chaque coproduit le montant de la marge brute correspondant au pourcentage global et les coûts de la transformation additionnelle. Le solde ainsi obtenu correspond aux coûts communs de fabrication qui seront attribués à chacun des coproduits. La répartition des coûts selon cette méthode est illustrée ci-après.

Tout d'abord, il faut calculer le pourcentage de la marge brute globale, puis il faut effectuer par la suite la répartition.

Ventes [(80 000 L × 3,80 $) + (100 000 L × 2,50 $)]....................		554 000 $
Moins:		
Coûts communs de fabrication	200 000 $	
Coûts de la transformation additionnelle (29 000 $ + 25 000 $) .	54 000	254 000
Marge brute		300 000 $
Pourcentage de marge brute (300 000 $ ÷ 554 000 $)................		54,151 6 %

	Beurre	Yogourt	Total
Quantité produite en litres, a).....................................	80 000	100 000	180 000
Prix de vente du produit fini par litre, b)...................	3,80 $	2,50 $	
Ventes totales, a) × b)	304 000 $	250 000 $	554 000 $
Moins:			
Marge brute constante*.....................................	164 621	135 379	300 000
Coûts de la transformation additionnelle............	29 000	25 000	54 000
Coûts communs de fabrication répartis..................	110 379 $	89 621 $	200 000 $

* Beurre: 304 000 $ × 54,151 6 % = 164 621 $; yogourt: 250 000 $ × 54,151 6 % = 135 379 $

L'état des résultats ci-dessous présente la marge brute générée par la vente du beurre et du yogourt selon une répartition des coûts communs de fabrication utilisant la valeur de réalisation nette, majorée d'un pourcentage de marge brute.

	Beurre	Yogourt	Total
Ventes..	304 000 $	250 000 $	554 000 $
Moins: Coût des ventes:			
Coûts communs de fabrication répartis	110 379	89 621	200 000
Coûts de la transformation additionnelle..........	29 000	25 000	54 000
Marge brute	164 621 $	135 379 $	300 000 $
Pourcentage de marge brute.................................	54,151 6 %	54,151 6 %	54,151 6 %

Le coût de fabrication unitaire de chaque coproduit après la transformation additionnelle est présenté ci-dessous.

	Beurre	Yogourt	Total
Coûts communs de fabrication répartis..................	110 379 $	89 621 $	200 000 $
Coûts de la transformation additionnelle	29 000	25 000	54 000
Coût total, a)	139 379 $	114 621 $	254 000 $
Litres produits, b)...	80 000	100 000	180 000
Coût unitaire de fabrication par litre, a) ÷ b)...........	1,74 $	1,15 $	

13

La répartition des coûts communs de fabrication en fonction des mesures matérielles

L'approche fondée sur les mesures matérielles est une méthode qui répartit les coûts communs de fabrication entre les coproduits en fonction de leur proportion relative en matière de poids, de volume ou de toute autre unité de mesure physique. La répartition des coûts selon cette méthode est illustrée ci-après.

	Beurre	Yogourt	Total
Quantité produite en litres....................................	80 000	100 000	180 000
Proportion relative de chaque coproduit*.................	44,44 %	55,56 %	
Répartition des coûts communs de fabrication**	88 880 $	111 120 $	200 000 $

* Beurre : 80 000 L ÷ 180 000 L = 44,44 % ; yogourt : 100 000 L ÷ 180 000 L = 55,56 %
** Beurre : 200 000 $ × 44,44 % = 88 880 $; yogourt : 200 000 $ × 55,56 % = 111 120 $

L'état des résultats ci-dessous présente la marge brute générée par la vente du beurre et du yogourt selon une répartition des coûts communs de fabrication utilisant les mesures matérielles.

	Beurre	Yogourt	Total
Ventes*..	304 000 $	250 000 $	554 000 $
Moins : Coût des ventes :			
Coûts communs de fabrication répartis.............	88 880	111 120	200 000
Coûts de la transformation additionnelle............	29 000	25 000	54 000
Marge brute	186 120 $	113 880 $	300 000 $
Pourcentage de marge brute................................	61,22 %	45,55 %	54,151 6 %

* Beurre : 80 000 L × 3,80 $ = 304 000 $; yogourt : 100 000 L × 2,50 $ = 250 000 $

Le coût de fabrication unitaire de chaque coproduit après la transformation additionnelle est présenté ci-dessous.

	Beurre	Yogourt	Total
Coûts communs de fabrication répartis..................	88 880 $	111 120 $	200 000 $
Coûts de la transformation additionnelle	29 000	25 000	54 000
Coût total, a)	117 880 $	136 120 $	254 000 $
Litres produits, b)..	80 000	100 000	180 000
Coût unitaire de fabrication par litre, a) ÷ b)...........	1,47 $	1,36 $	

Les considérations pour le choix d'une méthode de répartition des coûts communs de fabrication entre les coproduits

L'exemple de Fabolait montre clairement que le choix de la méthode de répartition aura un impact sur la marge brute de chacun des coproduits de même que sur son coût complet unitaire de fabrication. Dans ce contexte, on peut se demander laquelle des méthodes est la plus appropriée. Les quelques commentaires énoncés ci-après donnent des pistes de réponses.

1. La répartition des coûts communs de fabrication entre les coproduits demeure toujours arbitraire, peu importe la méthode choisie. Cela résulte du fait qu'il est impossible de trouver une relation de cause à effet entre le processus de

transformation commun et chacun des coproduits pris séparément. Ce processus est nécessaire pour la fabrication de tous les coproduits, et chacun en bénéficie. On ne peut pas, par exemple, prétendre que l'élevage d'un porc contribue davantage à la production des côtelettes de porc qu'à celle des filets de porc. L'élevage contribue autant à l'un qu'à l'autre, et la relation de cause à effet ne peut être établie. Comme chacun des coproduits doit supporter sa quote-part de coûts communs de fabrication, il faut trouver une manière satisfaisante de répartir ces coûts entre les coproduits en tenant compte des objectifs de la répartition.

2. La méthode fondée sur la valeur de marché au point de séparation et celle fondée sur la valeur de marché théorique au point de séparation ont pour effet d'attribuer davantage de coûts communs de fabrication aux coproduits qui ont une valeur de marché plus importante. Ainsi, on pose comme hypothèse que le produit ayant la plus grande valeur de marché est celui qui bénéficie davantage du processus de transformation commun.

3. La méthode de la valeur de réalisation nette majorée d'un pourcentage de marge brute ne tient pas compte de la valeur ajoutée du processus de transformation additionnelle. Chaque coproduit doit générer le même pourcentage de marge brute. Ainsi, les produits qui ont des coûts de transformation additionnelle élevés auront une quote-part des coûts communs de fabrication à supporter moins grande.

4. L'approche basée sur les mesures matérielles pose l'hypothèse que le coproduit ayant le plus de poids ou le plus fort volume retire le plus d'avantages du processus de transformation commun. Cette approche peut poser certaines difficultés. Notamment, les coproduits peuvent ne pas tous être exprimés dans la même unité de mesure. Dans ce cas, il faudra trouver un dénominateur commun. Par ailleurs, le poids ou le volume relatifs des coproduits peuvent être complètement opposés à leurs valeurs de marché. Par exemple, les diverses parties débitées d'un porc peuvent avoir le même poids, ce qui conduirait à une répartition égale des coûts communs de fabrication entre les parties. Cependant, la valeur de marché du filet de porc est beaucoup plus élevée que celle des pattes de cochon. Le premier produit affichera une marge bénéficiaire élevée alors que le second sera peut-être déficitaire.

5. La méthode la plus simple est d'utiliser la valeur de marché au point de séparation lorsque celle-ci est disponible. Elle présente l'avantage d'éviter de faire des estimations quant aux étapes subséquentes de transformation, aux quantités et aux coûts, ainsi qu'au regard des prix de vente tout à la fin du processus de transformation. Ces estimations sont requises si la valeur de marché théorique au point de séparation est utilisée. Cependant, dans certains cas, il n'existe aucune valeur de marché au point de séparation, les produits devant être transformés davantage avant de trouver preneur. Dans ce contexte, la valeur de marché théorique au point de séparation devrait être utilisée.

6. Dans certaines situations, par exemple lorsque la répartition des coûts communs de fabrication sert à déterminer un prix de vente régi par un organisme de réglementation, il peut être difficile d'utiliser une approche basée sur la valeur de marché, car celle-ci n'existe pas, le but étant justement de la déterminer. L'approche basée sur les mesures matérielles sera alors employée. Ce serait le cas également pour un contrat dont le prix de vente est basé sur les coûts majorés, ou encore lorsque les prix de vente sont hautement volatils.

7. Chaque méthode donne une répartition des coûts communs de fabrication différente. Il faut donc être extrêmement prudent lorsqu'on utilise des coûts communs de fabrication répartis pour la prise de décisions ou pour l'évaluation de la performance. Le chapitre 12 comporte des mises en garde à ce sujet.

La répartition des coûts communs de fabrication entre les sous-produits

Revenons à l'exemple de Fabolait. Considérons maintenant qu'au point de séparation, l'entreprise obtient, en plus du lait et de la crème, un sous-produit appelé « petit-lait ». Ce sous-produit peut être vendu à un fabricant de nourriture pour chiens à un prix de vente de 0,50 $ le litre. La figure 13.4 présente le processus de fabrication de Fabolait modifié et des données d'exploitation du mois d'avril.

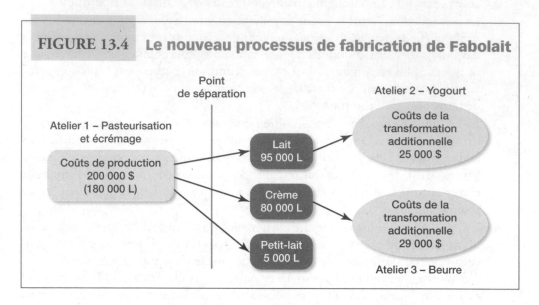

FIGURE 13.4   Le nouveau processus de fabrication de Fabolait

Pour la répartition des coûts communs de fabrication entre les sous-produits, nous allons examiner deux situations. On peut répartir des coûts communs de fabrication entre les sous-produits au moment de leur fabrication en se basant sur leur valeur de réalisation nette[2]. Cette façon de procéder permet de donner une valeur aux stocks de sous-produits si la production d'une période n'est pas entièrement vendue au cours de cette période. On peut aussi choisir de ne répartir aucun coût commun de fabrication entre les sous-produits au moment de leur fabrication, et de constater le produit de leur vente en réduction du coût des ventes ou comme revenu. Dans ce cas, on ne reconnaît aucune valeur aux stocks de sous-produits non vendus. Avec la première méthode, les stocks sont constatés à leur valeur de réalisation nette, même si celle-ci peut être supérieure au coût. Avec la seconde méthode, les sous-produits non vendus ne sont pas reconnus comme des actifs. Cependant, par définition, comme les sous-produits ont une importance relative faible, l'utilisation de l'une ou l'autre des approches ne devrait pas influer de façon importante sur la présentation de l'information financière.

Fabolait choisit d'attribuer des coûts communs de fabrication au petit-lait au moment de sa fabrication (la répartition est fondée sur la valeur de réalisation nette)

Voici la valeur attribuée au petit-lait.

Valeur de réalisation nette du petit-lait (5 000 L × 0,50 $/L)	2 500 $
Coûts communs de fabrication	200 000 $
Moins : Quote-part attribuée au petit-lait	2 500
Solde des coûts communs de fabrication à attribuer aux coproduits	197 500 $

---

2. La méthode de la réalisation nette hors marge bénéficiaire pourrait aussi être utilisée pour attribuer des coûts communs de fabrication aux sous-produits. Dans ce cas, les coûts communs attribués aux sous-produits correspondraient à leur valeur de réalisation nette moins la marge bénéficiaire souhaitée.

Supposons que Fabolait a vendu 4 000 litres de petit-lait au cours du mois d'avril et qu'il y a 1 000 litres de ce sous-produit dans les stocks de produits finis à la fin de la période. Voici les écritures de journal pour les opérations d'avril.

Produits en cours..	200 000	
Matières premières, main-d'œuvre directe, comptes fournisseurs ..		200 000
Stock de sous-produits – petit-lait................................	2 500	
Produits en cours..		2 500
Coût des ventes (4 000 L ÷ 5 000 L × 2 500 $)	2 000	
Stock de sous-produits – petit-lait................................		2 000
Caisse (4 000 L × 0,50 $)	2 000	
Ventes..		2 000

Le solde des produits en cours, soit 197 500 $, sera réparti entre les coproduits selon une des méthodes présentées précédemment. La vente du sous-produit ne génère aucun bénéfice à l'état des résultats puisque les revenus s'élèvent à 2 000 $, tout comme le coût des ventes. Le bilan présente quant à lui un stock de sous-produits d'une valeur de 500 $ (2 500 $ − 2 000 $)[3].

Fabolait choisit de ne pas attribuer de coûts communs de fabrication au petit-lait au moment de sa fabrication et constate les revenus provenant de sa vente à titre d'autres revenus[4]

Supposons encore que Fabolait a vendu 4 000 des 5 000 litres de petit-lait fabriqués au cours du mois d'avril. Voici les écritures de journal pour les opérations d'avril.

Produits en cours..	200 000	
Matières premières, main-d'œuvre directe, comptes fournisseurs ..		200 000
Caisse	2 000	
Autres revenus..		2 000

Les coproduits supportent la totalité des coûts communs de fabrication, soit 200 000 $, qui leur sont attribués selon une des méthodes présentées précédemment. La vente du sous-produit génère une marge de 2 000 $ puisque aucun coût ne lui est associé. De plus, étant donné qu'aucun coût n'est attribué au sous-produit, aucune valeur ne figure au bilan de l'entreprise pour les 1 000 litres non vendus en avril.

L'emploi de la méthode présentée à la situation 2, contrairement à ce qui a été fait dans la situation 1, fait en sorte que les coproduits supportent une plus grande partie des coûts communs de fabrication (200 000 $ au lieu de 197 500 $). Les marges brutes des coproduits se trouvent ainsi réduites alors que la vente du sous-produit présente une marge brute positive. Dans la situation 1, c'est l'inverse qui arrive. Les coproduits voient leur marge brute augmenter puisqu'ils supportent une partie moins grande des coûts communs de fabrication. Cependant, la vente du sous-produit, de son côté, ne présente aucune marge brute. Le choix d'une approche influence donc les marges brutes des coproduits en plus d'avoir des effets sur les sous-produits, comme nous avons pu l'observer ci-dessus.

Il est possible qu'un sous-produit doive subir une transformation additionnelle avant d'être vendu. Dans ce cas, le coût de la transformation additionnelle sera constaté dans un compte de stock de sous-produits, et y demeurera tant et aussi longtemps que la vente n'aura pas eu lieu, que l'on ait choisi une approche ou l'autre.

---

3. Nous pourrions aussi utiliser une méthode de répartition basée sur le coût de remplacement.
4. Fabolait pourrait aussi choisir de constater les revenus provenant de la vente du sous-produit en réduction du coût des ventes ou de les inclure dans ses revenus réguliers.

Résumé

- Les sections auxiliaires ne participent pas directement à la production ou à d'autres activités d'exploitation, mais les coûts qu'elles engagent sont essentiels aux fins poursuivies par l'organisation dans son ensemble. Par conséquent, les coûts des sections auxiliaires sont incorporés comme il se doit aux coûts des produits et services de l'organisation. (OA1, OA2, OA3)

- Les coûts des sections auxiliaires sont assignés aux sections principales au moyen d'un processus de répartition. À leur tour, ces sections intègrent les coûts attribués à leurs budgets flexibles, lesquels servent à calculer les taux d'imputation prédéterminés des frais indirects en vue de l'établissement du coût de revient des produits ou des services. (OA1, OA2, OA3)

- Il est préférable de ventiler séparément les coûts variables et les coûts fixes des sections auxiliaires. Les coûts variables devraient être répartis en fonction des activités pour lesquelles ils sont engagés. Par contre, les coûts fixes devraient être attribués sous forme de montants forfaitaires prédéterminés en fonction des services requis par les sections utilisatrices en période de pointe ou d'après la moyenne de leurs besoins à long terme. (OA4)

- Deux ou plusieurs produits issus d'un même processus de fabrication et utilisant une même matière première sont appelés des « produits conjoints ». Au point de séparation, on pourra distinguer des coproduits et des sous-produits. Les coûts communs de fabrication engagés pendant le processus de fabrication conjoint peuvent être attribués aux coproduits selon deux grandes approches : l'approche basée sur la valeur de marché, elle-même subdivisée en plusieurs méthodes, et celle basée sur les mesures matérielles. On peut choisir de répartir des coûts communs de fabrication entre les sous-produits au moment de leur fabrication ou de constater le produit de leur vente seulement lorsque ceux-ci sont vendus. (OA5)

Activités d'apprentissage

Problème de révision 13.1

Les méthodes de répartition directe et de répartition séquentielle

Les Imprimeries Kovac comptent trois sections auxiliaires et deux sections principales. Voici quelques données concernant ces cinq sections pour la dernière période.

| | Sections auxiliaires | | | Sections principales | | |
	Formation	Entretien de l'immeuble	Maintenance	Photolitho-graphie	Litho-graphie	Total
Frais indirects	360 000 $	210 000 $	96 000 $	400 000 $	534 000 $	1 600 000 $
Nombre d'employés	120	70	280	630	420	1 520
Mètres carrés d'espace occupé	1 000	2 000	4 000	8 000	20 000	35 000
Heures de temps de presse.............	–	–	–	30 000	60 000	90 000

L'entreprise répartit les coûts de ses sections auxiliaires dans l'ordre ci-après en utilisant les unités d'œuvre indiquées : Formation (nombre d'employés), Entretien de l'immeuble (espace occupé) et Maintenance (heures de temps de presse). L'entreprise ne fait aucune distinction entre les coûts variables et les coûts fixes de ses sections auxiliaires.

Travail à faire

1. À l'aide de la méthode de répartition directe, répartissez les coûts des sections auxiliaires entre les sections principales.
2. À l'aide de la méthode de répartition séquentielle, répartissez les coûts des sections auxiliaires entre les sections principales.

Solution au problème de révision 13.1

1. Conformément à la méthode de répartition directe, on attribue les coûts des sections auxiliaires directement aux sections principales. Voici les calculs permettant ces répartitions.

| | Unités d'œuvre | | |
Section	Formation	Entretien de l'immeuble	Maintenance
Photolithographie...............	630 employés 3/5	8 000 m² 2/7	30 000 h 1/3
Lithographie......................	420 employés 2/5	20 000 m² 5/7	60 000 h 2/3
	1 050 employés 5/5	28 000 m² 7/7	90 000 h 3/3

Compte tenu de ces taux de répartition, voici comment attribuer les coûts entre les différentes sections principales.

	Sections auxiliaires			Sections principales		
	Formation	Entretien de l'im-meuble	Main-tenance	Photolitho-graphie	Litho-graphie	Total
Frais indirects	360 000 $	210 000 $	96 000 $	400 000 $	534 000 $	1 600 000 $
Répartition :						
Formation (3/5, 2/5)	(360 000)			216 000	144 000	
Entretien de l'immeuble (2/7, 5/7)		(210 000)		60 000	150 000	
Maintenance (1/3, 2/3)			(96 000)	32 000	64 000	
Total des frais indirects après répartition	-0- $	-0- $	-0- $	708 000 $	892 000 $	1 600 000 $

2. Selon la méthode de répartition séquentielle, il faut considérer les services que se fournissent les sections auxiliaires et en assigner les coûts aux autres sections dans un ordre préétabli. En commençant par la section Formation, on effectue les calculs ci-dessous pour obtenir ces répartitions.

	Unités d'œuvre					
Section	Formation		Entretien de l'immeuble		Maintenance	
Entretien de l'immeuble..	70 employés	5 %	–		–	
Maintenance	280 employés	20 %	4 000 m²	1/8	–	
Photolithographie	630 employés	45 %	8 000 m²	2/8	30 000 h	1/3
Lithographie	420 employés	30 %	20 000 m²	5/8	60 000 h	2/3
	1 400 employés	100 %	32 000 m²	8/8	90 000 h	3/3

Compte tenu de ces taux de répartition, voici l'attribution de coûts aux différentes sections.

	Sections auxiliaires			Sections principales		
	Formation	Entretien de l'im-meuble	Main-tenance	Photolitho-graphie	Litho-graphie	Total
Frais indirects	360 000 $	210 000 $	96 000 $	400 000 $	534 000 $	1 600 000 $
Répartition :						
Formation (5 %, 20 %, 45 %, 30 %)	(360 000)	18 000	72 000	162 000	108 000	
Entretien de l'immeuble (1/8, 2/8, 5/8)		(228 000)	28 500	57 000	142 500	
Maintenance (1/3, 2/3)			(196 500)	65 500	131 000	
Total des frais indirects après répartition	-0- $	-0- $	-0- $	684 500 $	915 500 $	1 600 000 $

Remarque : Les taux de répartition des frais indirects peuvent être indiqués soit en pourcentages, soit en fractions, soit en dollars par unité d'activité. Dans ce problème, nous avons utilisé des pourcentages et des fractions à titre d'illustration. Il vaut mieux se servir de fractions lorsque les pourcentages auraient pour résultats des nombres décimaux infinis.

13

Questions

Q13.1 Quelle est la différence entre une section auxiliaire et une section principale (ou section de production)? Donnez quelques exemples de sections auxiliaires.

Q13.2 Comment répartit-on les coûts des sections auxiliaires entre les produits et les services?

Q13.3 En quoi consistent les coûts de services réciproques? Comment ces coûts sont-ils attribués aux autres sections au moyen de la méthode de répartition séquentielle?

Q13.4 Comment les coûts des sections auxiliaires sont-ils répartis entre les autres sections au moyen de la méthode de répartition directe?

Q13.5 Lorsqu'une section auxiliaire génère des revenus, comment ceux-ci sont-ils considérés dans la répartition des coûts de cette section entre les autres sections?

Q13.6 Quels principes devraient s'appliquer dans la répartition des coûts fixes des sections auxiliaires entre les autres sections? dans la répartition de leurs coûts variables?

Q13.7 « On ne devrait jamais répartir des coûts fixes des sections auxiliaires entre les sections principales en fonction d'une unité d'œuvre variable. » Commentez cet énoncé.

Q13.8 Pourquoi pourrait-il être souhaitable de ne pas répartir certains coûts des sections auxiliaires entre les sections principales?

Q13.9 « Il est possible que les coûts de revient des produits et des services soient aussi valables avec ou sans répartition des coûts des sections auxiliaires. » Êtes-vous d'accord avec cet énoncé? Pourquoi?

Q13.10 Quels sont les critères pertinents dans le choix des unités d'œuvre pour la répartition des coûts des sections auxiliaires?

Q13.11 Comment la méthode de répartition algébrique ventile-t-elle les coûts des services que se rendent les sections auxiliaires? Comment cette méthode diffère-t-elle de la méthode de répartition séquentielle?

Q13.12 Pourquoi doit-on, dans la mesure du possible, éviter d'effectuer des répartitions arbitraires?

Q13.13 Quand les répartitions arbitraires sont-elles nécessaires?

Q13.14 Quels sont les objectifs poursuivis par la répartition des coûts communs de fabrication entre les coproduits?

Q13.15 « Il est préférable d'utiliser la méthode de la valeur de marché au point de séparation plutôt que celle de la valeur de marché théorique au point de séparation pour répartir les coûts communs de fabrication. » Commentez cette affirmation.

Q13.16 Pourquoi faut-il être prudent lorsqu'on utilise des informations sur les coûts communs de fabrication répartis pour la prise de décisions?

Exercices

E13.1 La méthode de répartition séquentielle

La maison d'édition Ferré compte trois sections auxiliaires et deux sections principales. Voici quelques données d'une période récente concernant ces cinq sections.

	Sections auxiliaires			Sections principales		
	A	B	C	1	2	Total
Coûts indirects..........	140 000 $	105 000 $	48 000 $	275 000 $	430 000 $	998 000 $
Nombre d'employés ..	60	35	140	315	210	760
Mètres carrés d'espace occupé..	1 500	1 000	2 000	4 000	10 000	18 500
Heures de temps de presse.............	–	–	–	30 000	60 000	90 000

L'entreprise répartit les coûts de ses sections auxiliaires à l'aide de la méthode de répartition séquentielle dans l'ordre suivant: A (nombre d'employés), B (espace occupé), et C (heures de temps de presse). L'entreprise ne fait aucune distinction entre les coûts fixes et les coûts variables de ses sections auxiliaires.

► **Travail à faire**

À l'aide de la méthode de répartition séquentielle, attribuez les coûts des sections auxiliaires aux sections principales.

E13.2 La méthode de répartition directe

Reportez-vous aux données de l'exercice précédent. Supposez que l'entreprise répartit les coûts de ses sections auxiliaires à l'aide de la méthode de répartition directe plutôt que de la méthode de répartition séquentielle.

Travail à faire

À l'aide de la méthode de répartition directe, quel montant des coûts indirects serait attribué à chaque section principale?

E13.3 Le calcul des taux d'imputation

Aciérie Hannibal compte une section Transport, qui fournit des camions servant au transport du minerai extrait de la mine de l'entreprise jusqu'à ses deux aciéries, soit l'usine du Nord et l'usine du Sud. Les coûts prévus pour la section Transport s'élèvent à 350 000 $ par période, soit 0,25 $ par tonne en coûts variables, et 300 000 $ en coûts fixes. Le niveau des coûts fixes est déterminé par les besoins en période de pointe. Pendant une période de pointe, l'usine du Nord requiert 70 % de la capacité de service de la section Transport et l'usine du Sud, 30 %.

Au cours de la prochaine période, l'entreprise prévoit transporter 120 000 tonnes de minerai vers l'usine du Nord et 60 000 tonnes vers l'usine du Sud.

Travail à faire

Calculez les coûts de la section Transport qui devraient être attribués à chaque usine au début de la période en vue du calcul des taux d'imputation prédéterminés des frais indirects. (L'entreprise répartit ses coûts variables et ses coûts fixes séparément.)

E13.4 La répartition des coûts variables et fixes d'une section auxiliaire

Reportez-vous aux données de l'exercice précédent. Supposez maintenant que la période financière tire à sa fin. Au cours de cette période, la section Transport a réellement transporté les quantités ci-après de minerai : 130 000 tonnes pour l'usine du Nord et 50 000 tonnes pour l'usine du Sud. Pour ce faire, elle a engagé des coûts de 364 000 $, dont 54 000 $ étaient des coûts variables, et 310 000 $, des coûts fixes.

La direction souhaite connaître la répartition des coûts de la section auxiliaire en fin de période pour comparer la performance réelle à celle prévue.

Travail à faire

1. Déterminez la partie du montant de 54 000 $ en coûts variables qui devrait être attribuée à chaque usine.
2. Déterminez la partie du montant de 310 000 $ en coûts fixes qui devrait être attribuée à chaque usine.
3. Y a-t-il une partie du montant de 364 000 $ des coûts de la section Transport qui ne devrait pas être répartie entre les usines? Justifiez votre réponse.

E13.5 La répartition des coûts d'un service

L'hôpital Marie-Rosemont dispose d'un département de radiologie, qui fournit des services de radiographie à ses trois unités principales de soins. Les coûts variables du département sont répartis entre les trois unités principales de soins en fonction du nombre de radiographies réalisées pour chacune. Des données prévues et réelles concernant le coût des radiographies effectuées au cours de la dernière période sont présentées ci-après.

	Coûts variables	
	Prévus	Réels
Département de radiologie	18 $ par radiographie	20 $ par radiographie

Voici le nombre prévu et réel de radiographies effectuées pour chaque unité principale de soins au cours de la dernière période.

	Pédiatrie	Obstétrique	Soins généraux
Nombre prévu de radiographies	7 000	4 500	12 000
Nombre réel de radiographies effectuées....................	6 000	3 000	15 000

Travail à faire

Déterminez les coûts variables du département de radiologie qui auraient dû être attribués à chacune de ces trois unités de soins à la clôture de la dernière période aux fins de comparaison entre la performance réelle du département et sa performance prévue.

E13.6 La méthode de répartition séquentielle

Reportez-vous aux données de l'exercice précédent. Outre un département de radiologie, l'hôpital dispose aussi d'un service d'entretien de l'immeuble, qui fournit des services à tous les autres départements. Les coûts fixes de ces deux sections auxiliaires sont répartis en fonction des unités d'œuvre suivantes :

Section	Unités d'œuvre utilisées pour la répartition	
Service d'entretien de l'immeuble	Mètres carrés d'espace occupé :	
	Radiologie.............................	600 m²
	Pédiatrie	3 000
	Obstétrique............................	2 400
	Soins généraux......................	9 000
Département de radiologie	Moyenne à long terme des besoins en radiographies par période :	
	Pédiatrie	9 000 radiographies
	Obstétrique............................	6 000
	Soins généraux......................	15 000

Voici les coûts fixes prévus et réels de ces deux sections auxiliaires pour la période.

	Service d'entretien de l'immeuble	Département de radiologie
Coûts fixes prévus	375 000 $	590 000 $
Coûts fixes réels	381 000	600 000

Travail à faire

1. Déterminez la répartition des coûts fixes des deux sections auxiliaires au début de la période pour permettre le calcul des taux d'imputation prédéterminés des frais indirects des sections principales. L'hôpital utilise la méthode de répartition séquentielle des coûts.

▶

13

► 2. Indiquez la répartition des coûts fixes des deux sections auxiliaires à la fin de la période pour permettre une comparaison entre la performance réelle et celle prévue.

E13.7 La méthode de répartition algébrique

Reportez-vous aux données des deux exercices précédents concernant l'hôpital Marie-Rosemont.

Travail à faire

1. À l'aide de ces données, ventilez les coûts des sections auxiliaires entre les sections principales à l'aide de la méthode de répartition algébrique.
2. Les gestionnaires des deux sections auxiliaires auraient-ils des préférences quant à la méthode de répartition utilisée? et les gestionnaires des sections principales?

E13.8 La répartition des coûts communs de fabrication

Oméga inc. transforme une matière première dans un processus qui donne pour résultat trois produits distincts. Il s'agit du Box, du Toc et du Vox. L'entreprise considère ces trois produits comme des coproduits. Voici des informations concernant la production du mois de juin 20X1.

	Box	Toc	Vox
Quantité produite en kilogrammes..........................	10 000	5 000	2 500
Valeur de marché au point de séparation	10 $/kg	15 $/kg	50 $/kg
Coûts de la transformation additionnelle................	30 000 $	25 000 $	–
Valeur de marché finale	15 $/kg	20 $/kg	50 $/kg

Les coûts communs de fabrication pour la période s'élèvent à 200 000 $.

Travail à faire

1. Attribuez les coûts communs de fabrication aux coproduits en utilisant les mesures matérielles comme méthode de répartition et calculez le pourcentage de marge brute générée par chacun des coproduits.
2. Attribuez les coûts communs de fabrication aux coproduits en utilisant la valeur de marché au point de séparation comme méthode de répartition et calculez le pourcentage de marge brute générée par chacun des coproduits.
3. Attribuez les coûts communs de fabrication aux coproduits en utilisant la valeur de marché théorique au point de séparation comme méthode de répartition et calculez le pourcentage de marge brute générée par chacun des coproduits.
4. Attribuez les coûts communs de fabrication aux coproduits en utilisant la valeur de réalisation nette majorée d'un pourcentage de marge brute comme méthode de répartition et calculez le pourcentage de marge brute générée par chacun des coproduits.

E13.9 La méthode de répartition directe

Le collège Saint-Ignace a fourni les données ci-après, qui devraient servir à la répartition des coûts de ses sections auxiliaires.

	Sections auxiliaires		Sections d'exploitation	
	Administration	Matériel et bâtiment	Programmes de 1er cycle	Programmes d'études supérieures
Coûts des sections avant la répartition.....	2 070 000 $	720 000 $	23 650 000 $	2 980 000 $
Heures-crédit par étudiant	–	–	40 000	5 000
Espace occupé	3 000 m²	500 m²	25 000 m²	5 000 m²

Travail à faire

À l'aide de la méthode de répartition directe, ventilez les coûts des sections auxiliaires entre les deux sections d'exploitation. Attribuez les coûts de la section Administration en fonction du nombre d'heures-crédit par étudiant, et les coûts de la section Matériel et bâtiment en fonction de l'espace occupé.

E13.10 **La méthode de répartition séquentielle**

Les données ci-après proviennent de la Coop du quartier universitaire, qui offre des services d'épicerie et de café-restaurant. Elles doivent servir à préparer la répartition des coûts de ses sections auxiliaires.

	Sections auxiliaires		Sections d'exploitation	
	Administration	Entretien des bâtiments	Épicerie	Café-restaurant
Coûts des sections avant la répartition..........	200 000 $	60 000 $	3 860 000 $	340 000 $
Nombre d'heures de travail des employés.......	480	320	2 720	160
Espace occupé	800 m²	1 200 m²	9 500 m²	500 m²

Travail à faire

À l'aide de la méthode de répartition séquentielle, répartissez les coûts des sections auxiliaires entre les deux sections d'exploitation. Attribuez d'abord les coûts de la section Administration en fonction des heures de travail des employés, puis les coûts de la section Entretien des bâtiments en fonction de l'espace occupé.

Problèmes

P13.11 **Diverses méthodes de répartition**

Moteurs Dubé compte une section Auto et une section Camion. Elle comprend aussi une cafétéria qu'utilisent les employés des deux sections. Les coûts d'exploitation budgétés de la cafétéria s'élèvent à 40 000 $ par mois plus 3 $ par repas servi. L'entreprise paie tous les coûts des repas.

Les coûts fixes de la cafétéria sont déterminés en fonction des besoins en période de pointe : 65 % des besoins sont attribuables à la section Auto, et 35 %, à la section Camion.

Pour le mois de juin, la direction de la section Auto a estimé que ses employés auront besoin de 35 000 repas, et celle de la section Camion, de 20 000 repas.

Travail à faire

1. Au début du mois de juin, quel montant des coûts de la cafétéria devrait-on attribuer à chaque section ?
2. Supposez que le mois de juin tire maintenant à sa fin. D'après les livres des coûts de la cafétéria, les coûts fixes réels pour le mois se chiffrent à 42 000 $, et les coûts réels des repas, à 128 000 $. À cause de mises à pied imprévues au cours du mois, seulement 20 000 repas ont été servis à la section Auto. Par contre, 20 000 repas ont été servis à la section Camion, comme prévu. Quels coûts réels de la cafétéria pour le mois de juin devrait-on attribuer à chaque section ? (La direction se sert de ces répartitions de fin du mois pour comparer la performance réelle à celle prévue.) ►

13

3. Reportez-vous aux données de la question 2. Supposez que l'entreprise a l'habitude de répartir tous les coûts de la cafétéria entre les sections principales en fonction du nombre de repas servis aux employés de chacune au cours du mois. Dans ce contexte, quelle partie du coût total serait attribuée à chaque section pour le mois de juin?

4. Quelles réserves peut-on formuler au sujet de la méthode de répartition des coûts utilisée à la question 3?

5. Si les gestionnaires des sections principales savent que les coûts fixes des services seront répartis en fonction des besoins en période de pointe, quelle stratégie adopteront-ils au moment de présenter leurs estimations des besoins au comité budgétaire de l'entreprise? À titre de membre de la direction générale, que feriez-vous pour contrecarrer de telles stratégies?

P13.12 La répartition des coûts dans un hôpital et la méthode de répartition séquentielle

L'hôpital Marie-Victorin compte trois sections auxiliaires et trois sections principales. Le tableau ci-dessous présente des données estimatives sur les coûts et le fonctionnement de toutes les sections de l'établissement pour le trimestre à venir.

	Sections auxiliaires			Sections principales			
	Services d'entretien ménager	Services alimentaires	Services administratifs	Labora-toire	Radio-logie	Soins hospitaliers généraux	Total
Coûts variables	-0- $	193 860 $	158 840 $	243 600 $	304 800 $	74 500 $	975 600 $
Coûts fixes	87 000	107 200	90 180	162 300	215 700	401 300	1 063 680
Total des coûts	87 000 $	301 060 $	249 020 $	405 900 $	520 500 $	475 800 $	2 039 280 $
Repas servis	–	–	800	2 000	1 000	68 000	71 800
Pourcentage des besoins en période de pointe – Services alimentaires................	–	–	0,8 %	2,4 %	1,6 %	95,2 %	100 %
Mètres carrés d'espace	500	1 300	650	1 000	750	10 800	15 000
Dossiers traités	–	–	–	14 000	7 000	25 000	46 000
Pourcentage des besoins en période de pointe – Services administratifs	–	–	–	30 %	20 %	50 %	100 %

Les coûts des sections auxiliaires sont répartis selon la méthode de répartition séquentielle en fonction des unités d'œuvre et dans l'ordre indiqués ci-après.

Section	Coûts engagés	Unités d'œuvre utilisées pour la répartition
Services d'entretien ménager	Fixes	Mètres carrés d'espace
Services alimentaires	Variables	Repas servis
	Fixes	Besoins en période de pointe – Services alimentaires
Services administratifs......................................	Variables	Dossiers traités
	Fixes	Besoins en période de pointe – Services administratifs

L'hôpital évalue régulièrement la performance des sections Laboratoire, Radiologie et Soins hospitaliers généraux. L'administrateur de l'établissement veut que les coûts des trois sections auxiliaires soient répartis entre ces trois centres de responsabilités.

Travail à faire

Préparez la répartition des coûts que souhaite l'administrateur de l'hôpital à l'aide de la méthode de répartition séquentielle. Sous chaque centre de responsabilités, indiquez les coûts directs du centre ainsi que les coûts en provenance des sections auxiliaires qui lui sont attribués.

P13.13 La répartition des coûts variables et fixes

Les Produits Tasman comporte une section Maintenance chargée de l'entretien du matériel des sections Façonnage et Montage. Le coût de ce service est réparti entre les sections d'exploitation en fonction des heures-machines. Les coûts et autres données relatives à la section Maintenance et aux deux autres sections pour la dernière période sont présentés ci-après.

Section Maintenance

	Prévus	Réels
Coûts variables pour les lubrifiants...	96 000 $*	110 000 $
Coûts fixes pour les salaires et autres...	150 000	153 000
	246 000 $	263 000 $

Sections Façonnage et Montage

Section	Pourcentage de la capacité requise en période de pointe	Heures-machines	
		Prévues	Réelles
Façonnage	70 %	160 000	190 000
Montage...	30 %	80 000	70 000
	100 %	240 000	260 000

* Prévus à 0,40 $ par heure-machine

L'entreprise répartit ses coûts variables et ses coûts fixes séparément. Le niveau des coûts fixes de la section Maintenance est déterminé par les besoins en période de pointe.

Travail à faire

1. Supposez que la période ne fait que commencer. Les coûts de la section Maintenance doivent être répartis entre les sections d'exploitation pour que l'on puisse calculer les taux d'imputation prédéterminés des frais indirects. Quels coûts prévus de la section Maintenance seraient attribués à chaque section?

2. Supposez maintenant que la période tire à sa fin. La direction voudrait recueillir des données pour comparer la performance réelle de la section Maintenance et des autres sections à celle prévue.

   a) Quels coûts réels de la section Maintenance devrait-on attribuer respectivement à la section Façonnage et à la section Montage? Donnez tous vos calculs.

   b) Y a-t-il une partie des coûts réels de cette section auxiliaire qui ne devrait pas être attribuée aux autres sections? Si tous les coûts doivent être répartis, expliquez pourquoi. Si une partie de ces coûts ne doit pas être attribuée, calculez le montant en question et expliquez pourquoi il ne devrait pas être attribué aux autres sections.

P13.14 L'équité en matière de répartition

«Ces répartitions n'ont aucun sens! déclare Robert Montigny, gestionnaire de la section Fret des lignes aériennes Air national. Dans ma section, l'utilisation des ordinateurs a diminué au deuxième trimestre par rapport au premier. Pourtant, les coûts qui nous sont attribués se révèlent plus élevés! C'est injuste! En fait, ma section a hérité de la plus grande partie des coûts liés à l'informatique pour le deuxième trimestre bien qu'elle soit beaucoup moins importante que la section Passagers locaux.»

Le transporteur aérien a établi un centre informatique pour assurer certains services à ses trois sections principales. L'entreprise répartit le coût de ce centre entre ses sections en fonction du nombre de pages imprimées pour les factures, les billets, etc., chaque trimestre.

Voici les répartitions — dont se plaint M. Montigny — des deux premiers trimestres.

| | Section | | | |
	Fret	Passagers locaux	Passagers d'outre-mer	Total
Résultats réels du premier trimestre :				
Pages imprimées......................	90 000	180 000	30 000	300 000
Pourcentage du total........................	30 %	60 %	10 %	100 %
Coût de la section Informatique réparti......................	51 600 $	103 200 $	17 200 $	172 000 $
Résultats réels du deuxième trimestre :				
Pages imprimées......................	80 000	70 000	50 000	200 000
Pourcentage du total........................	40 %	35 %	25 %	100 %
Coût de la section Informatique réparti......................	67 200 $	58 800 $	42 000 $	168 000 $

«Ne te fais pas de mauvais sang, Robert, répond Stéphanie Roger, la comptable de l'entreprise. Ces répartitions sont justes. Comme tu peux le constater, ta section a reçu la plus grande part de l'impression informatique au cours du deuxième trimestre. Par conséquent, on lui a attribué la plus grande partie des coûts. Bien que l'utilisation du centre informatique ait quelque peu diminué au cours du deuxième trimestre, rappelle-toi que la plupart des coûts du centre sont fixes. Ils demeurent donc inchangés quel que soit l'usage que chaque section fait de ses services. N'oublie pas non plus que nous avons acquis assez de capacité pour permettre au centre de répondre aux besoins des sections en période de pointe et que quelqu'un doit absorber le coût de cette capacité. La meilleure manière de procéder consiste à facturer les services en fonction de leur utilisation pendant le trimestre. Plus ta section a recours au centre informatique, plus les coûts qui lui sont attribués augmentent. C'est aussi simple que ça!

— Justement! Notre utilisation des services informatiques n'a pas augmenté, elle a diminué! Pourquoi, dans ce contexte, notre part des coûts augmente-t-elle?»

La section Fret requiert 30 % de la capacité du centre informatique en période de pointe; la section Passagers locaux en requiert 50 %, et la section Passagers d'outre-mer, 20 %. La période de pointe se situe au quatrième trimestre de la période.

Travail à faire

1. Les récriminations de M. Montigny sont-elles fondées? Justifiez votre réponse.
2. À l'aide de la méthode des points extrêmes, déterminez la formule de coûts du centre informatique en fonction d'un taux variable par page imprimée et d'un coût total fixe par trimestre.
3. Répartissez de nouveau les coûts du centre informatique pour le premier et le deuxième trimestre en suivant les principes de répartition des coûts énoncés dans ce chapitre. Ventilez les coûts variables et les coûts fixes séparément.

P13.15 Les sections multiples, la méthode de répartition séquentielle et les taux d'imputation prédéterminés des frais indirects

La société Bombay ltée compte deux sections principales, Fabrication et Finition, ainsi que trois sections auxiliaires. La liste des sections auxiliaires et des unités d'œuvre employées pour la répartition de leurs coûts entre les sections qui utilisent leurs services est présentée ci-après.

Section	Coûts	Unités d'œuvre
Immeubles et terrains	Fixes	Mètres carrés d'espace occupé
Administration..	Variables	Nombre d'employés
	Fixes	Employés à temps complet
Entretien du matériel.................................	Variables	Heures-machines
	Fixes	40 % pour la section Fabrication
		60 % pour la section Finition

Les coûts des sections auxiliaires sont attribués aux sections qui utilisent leurs services suivant la méthode de répartition séquentielle et dans l'ordre indiqué. L'entreprise a établi les coûts et les données de fonctionnement ci-après en vue de déterminer les taux d'imputation prédéterminés des frais indirects des deux sections principales.

	Sections auxiliaires			Sections principales		
	Immeubles et terrains	Adminis- tration	Entretien du matériel	Fabrication	Finition	Total
Coûts variables...............................	-0- $	22 200 $	16 900 $	146 000 $	320 000 $	505 100 $
Coûts fixes..	88 200	60 000	24 000	420 000	490 000	1 082 200
Total des coûts..	88 200 $	82 200 $	40 900 $	566 000 $	810 000 $	1 587 300 $
Employés prévus	6	4	30	450	630	1 120
Employés à temps complet	8	4	45	570	885	1 512
Mètres carrés d'espace occupé	60	50	140	1 200	1 550	3 000
Heures-machines prévues	–	–	–	70 000	105 000	175 000

Travail à faire

1. Expliquez comment répartir les coûts des sections auxiliaires entre les sections principales en vue de calculer les taux d'imputation prédéterminés des frais indirects pour les sections Fabrication et Finition.

2. Supposez que les taux d'imputation prédéterminés des frais indirects sont établis en fonction des heures-machines et calculez le taux de chaque section principale.

3. Voici les données réelles relatives à la section Administration pour la période.

Coûts variables réels..	23 800 $
Nombre réel d'employés pour la période :	
Immeubles et terrains	6
Administration...	4
Entretien du matériel..	32
Fabrication..	460
Finition	625
	1 127

Calculez les coûts variables de la section Administration qui devraient être attribués à chaque section à la fin de la période. (La direction se sert des répartitions de fin de période pour comparer la performance réelle à celle prévue.)

13

P13.16 La répartition des coûts d'un centre touristique et la méthode de répartition séquentielle

Le complexe touristique de Montréal compte trois unités d'exploitation, soit Palais des congrès, Services alimentaires et Hôtel, dans lesquelles se fait toute la facturation. Ces trois sections principales bénéficient des services de trois sections auxiliaires, soit Administration générale, Comptabilité et Buanderie. Les coûts des sections auxiliaires sont ventilés à l'aide de la méthode de répartition séquentielle en fonction des unités d'œuvre et dans l'ordre indiqués ci-après.

a) Administration générale :
- Coûts fixes : répartis entre les sections comme suit : Comptabilité, 10 % ; Buanderie, 4 % ; Palais des congrès, 30 % ; Services alimentaires, 16 % ; Hôtel, 40 %.

b) Comptabilité :
- Coûts variables : répartis en fonction du nombre d'éléments traités au cours de chaque période.
- Coûts fixes : répartis en fonction des besoins en période de pointe.

c) Buanderie :
- Coûts variables : répartis en fonction du nombre de kilogrammes de lessive traités au cours de chaque période.
- Coûts fixes : répartis en fonction des besoins en période de pointe.

Voici des données sur les coûts et l'exploitation de toutes les unités du complexe touristique pour un trimestre récent.

	Sections auxiliaires			Sections principales			
	Administration générale	Compta-bilité	Buanderie	Palais des congrès	Services alimentaires	Hôtel	Total
Coûts variables	– $	70 000 $	143 000 $	– $	52 000 $	24 000 $	289 000 $
Coûts fixes	200 000	110 000	65 900	95 000	375 000	486 000	1 331 900
Total des coûts	200 000 $	180 000 $	208 900 $	95 000 $	427 000 $	510 000 $	1 620 900 $
Kilogrammes de lessive traités	–	–	–	20 000	15 000	210 000	245 000
Pourcentage des besoins en période de pointe – Buanderie	–	–	–	10 %	6 %	84 %	100 %
Nombre d'éléments traités...............	1 000	–	800	1 200	3 000	9 000	15 000
Pourcentage des besoins en période de pointe – Comptabilité	–*	–	7 %	13 %	20 %	60 %	100 %

* La section Administration générale est exclue du calcul des besoins en période de pointe compte tenu de l'ordre dans lequel les coûts des sections auxiliaires sont répartis.

Comme toute la facturation se fait par les sections Palais des congrès, Services alimentaires et Hôtel, le directeur général du complexe touristique voudrait répartir les coûts des trois sections auxiliaires entre ces trois centres de facturation.

Travail à faire

Préparez la répartition des coûts souhaitée par le directeur général du complexe touristique. Incluez dans chaque centre de facturation les coûts directs de ce centre et les coûts attribués en provenance des sections auxiliaires.

P13.17 La méthode de répartition directe et la méthode de répartition algébrique

Au début de la période en cours, un groupe d'avocats et de comptables de Québec ont uni leurs efforts pour créer un centre de services de consultation juridique et comptable destiné aux entreprises et aux gouvernements. Le groupe a fondé son cabinet d'experts, a loué un espace, et a engagé du personnel professionnel et de bureau.

Après quelques réunions préliminaires, les associés ont décidé de diviser leur établissement en trois sections : Consultation, Droit et Comptabilité.

La section Consultation traite directement avec les clients auxquels elle fournit deux types de services plus ou moins distincts, soit la consultation comptable (CC) et la consultation juridique (CJ). Après un mois complet d'activité, la section Consultation a constaté que ses propres coûts directs se chiffraient à 20 000 $, dont 30 % sont attribuables aux consultations comptables, et 70 %, aux consultations juridiques. La facturation aux clients représente des montants de 30 000 $ et de 20 500 $ pour les consultations comptables et juridiques, respectivement. La section Consultation fait appel aux services des deux autres sections pour préparer les dossiers de ses clients externes.

Les sections Comptabilité et Droit se fournissent mutuellement des services professionnels et en fournissent à la section Consultation en fonction du temps de travail, conformément au plan suivant :

	Section			
			Consultation	
	Comptabilité	Droit	CC	CJ
Services comptables..	–	20 %	60 %	20 %
Services juridiques...	50 %	–	10 %	40 %

Au cours du premier mois d'activité, la section Comptabilité a engagé des coûts de 8 000 $, et la section Droit, des coûts de 10 000 $. Aucune des deux sections ne facture ses services directement aux clients externes.

À la fin de ce premier mois, les associés sont prêts à évaluer la performance du groupe et celle de chaque section. L'associé directeur général se préoccupe du fait que la structure organisationnelle du cabinet peut être un facteur déterminant de sa réussite. Vous êtes donc mandaté, en tant que conseiller externe, pour préparer des données sur la performance de l'entreprise.

Travail à faire

1. Dressez un état des résultats séparé pour chaque section de consultation en recourant à chacune des méthodes de répartition suivantes :
   a) la méthode de répartition directe ;
   b) la méthode de répartition algébrique.
2. Préparez une courte note à l'intention de l'associé directeur général concernant la performance du groupe et celle de chaque section. Formulez-y des observations sur l'utilité de la méthode de coûts de revient standards pour cette entreprise de service.

(Adaptation d'un problème de CPA Canada)

P13.18 La répartition des coûts communs de fabrication entre les coproduits d'une entreprise manufacturière

Wong inc. fabrique du beurre et de l'huile de sésame à partir de graines de sésame non décortiquées. La première étape de fabrication consiste à décortiquer les graines. L'entreprise se départit des écorces obtenues à cette étape en les vendant 30 $ la tonne à un fabricant de produits industriels qui vient lui-même les chercher à l'usine. À la fin de la première étape, une partie des graines décortiquées est acheminée dans un autre atelier où on en extrait l'huile, qui est ensuite traitée et embouteillée dans des contenants de cinq litres. Les résidus issus de ce processus d'extraction et de transformation sont vendus à divers clients de l'industrie des cosmétiques. L'autre partie de la production est dirigée dans un troisième atelier, où elle est transformée en beurre de sésame. Des contenants de 500 grammes sont remplis de beurre à l'aide d'une machine spécialisée avant d'être emballés en caisses de 25 contenants.

13

► Voici des informations concernant la production et les ventes de Wong inc. pour la période qui vient de se terminer.

a) L'entreprise a acheté 5 000 tonnes de graines de sésame non décortiquées auprès de son fournisseur africain. Le prix d'achat incluant les taxes, les droits de douane et les frais de livraison a été de 900 $ par tonne. Il reste 400 tonnes non transformées en stock à la fin de la période.

b) En plus du coût de la matière première, Wong inc. assume un coût de 150 $ par tonne en main-d'œuvre et en frais indirects de fabrication pour l'étape de la décortication.

c) Au cours de la période, 3 000 tonnes ont été acheminées à l'atelier d'extraction et 1 500 tonnes ont été dirigées vers l'atelier du beurre. Le fabricant de produits industriels est venu chercher les écorces à quatre reprises au cours de la période.

d) Le coût standard pour extraire et transformer l'huile de la graine de sésame décortiquée a été établi à 200 $ par tonne. Pour transformer les graines en beurre, le coût standard est de 450 $ la tonne. Aucun écart entre les coûts standards et les coûts réels n'a été observé durant cette période.

e) Wong a produit 95 000 contenants de 5 litres d'huile de sésame au cours de la période. Elle en a vendu 90 000 contenants à un prix de vente moyen de 50 $ le 5 litres. Les 1 000 tonnes de résidus issus du processus d'extraction ont été vendues 20 $ la tonne à Cosmoteint inc., un client de longue date.

f) Le beurre de sésame a été vendu à un prix de vente moyen de 48 $ la caisse. Au cours de la période, 100 000 caisses de 25 contenants de 500 grammes ont été produites, et un total de 115 000 caisses ont pu être vendues grâce aux 15 000 caisses, produites au coût de 30,77 $ la caisse, qui étaient en stock au début de la période.

Travail à faire

1. Répartissez les coûts communs de fabrication entre les coproduits selon la méthode de la valeur de marché théorique au point de séparation et calculez la marge brute générée par chacun des produits de l'entreprise. Supposez qu'aucun coût conjoint de fabrication n'est attribué aux sous-produits.

2. Répartissez les coûts communs de fabrication entre les coproduits selon la méthode de la valeur de réalisation nette majorée d'un pourcentage de marge brute et calculez la marge brute générée par chacun des produits de l'entreprise. Supposez qu'aucun coût commun de fabrication n'est attribué aux sous-produits et que les 15 000 caisses de beurre de sésame en stock au début de la période avaient un coût unitaire de 30,68 $.

P13.19 La répartition des coûts communs de fabrication entre les coproduits et les sous-produits d'une entreprise manufacturière

Reprenez les données du problème précédent et supposez maintenant que l'entreprise attribue des coûts communs de fabrication aux sous-produits.

Travail à faire

1. Répartissez les coûts communs de fabrication entre les coproduits et les sous-produits en utilisant la valeur de marché théorique au point de séparation pour les coproduits et calculez la marge brute générée par chacun des produits de l'entreprise. Supposez que les 15 000 caisses de beurre de sésame en stock au début de la période avaient un coût unitaire de 30,75 $.

2. Passez les écritures de journal permettant de constater les opérations de la période.

P13.20 La répartition des coûts communs de fabrication entre les coproduits d'une entreprise manufacturière

Pomme d'api inc. est une entreprise de transformation des produits de la pomme. Pour la période 20X1, l'entreprise a signé un contrat d'approvisionnement avec un important producteur de pommes de la région de la Montérégie, au Québec, pour l'achat de plusieurs milliers de kilogrammes de pommes à un prix de 0,35 $ le kilogramme. Les pommes achetées chez le producteur sont d'abord lavées et pelées. La chair de pomme est ensuite coupée en morceaux. Le coût de cette première étape de la transformation, qui inclut le coût d'achat des pommes, la main-d'œuvre et les frais indirects de fabrication, s'élève à 0,45 $ par kilogramme. Une entreprise qui fabrique de la nourriture pour animaux vient récupérer les pelures de pommes directement à l'usine de Pomme d'api inc. après la première étape de transformation. Ce client paie la pelure de pomme en moyenne 0,10 $ le kilogramme.

Après cette première étape, une partie de la chair de pomme en morceaux est acheminée vers un équipement spécialisé qui en extrait le jus. Le jus pur à 100 % ainsi obtenu peut être mélangé avec du jus de raisin dans une proportion 3/5 et 2/5 avant d'être versé dans des contenants de un litre. Le même jus pur à 100 % peut aussi être directement versé dans des contenants de un litre. Les deux variétés de jus sont vendues directement à des grossistes en alimentation. Au cours des deux dernières années, les prix de vente par litre ont été en moyenne de 2,11 $ pour le jus de pomme-raisin et de 1,55 $ pour le jus pur à 100 %.

Une autre partie de la chair de pomme est dirigée vers un autre équipement. On ajoute à la chair du sucre et d'autres ingrédients avant de la transformer en compote de pommes, qui sera conditionnée dans des contenants de 5 kilogrammes. Cette compote de pommes est vendue à des clients qui fabriquent des gâteaux, des biscuits et d'autres produits alimentaires. La compote se vend en moyenne 2,50 $ le kilogramme.

Au cours du premier trimestre de 20X1, Pomme d'api inc. a acheté 500 000 kilogrammes de pommes de son fournisseur, qui ont toutes été transformées. Le processus de production n'entraîne aucune perte. Voici des informations concernant la production et les coûts de ce trimestre.

	Jus de pomme extrait	Jus pur à 100 %	Jus pomme-raisin	Compote	Pelure
Quantité produite.........	52 000 L	40 000 L	20 000 L	200 000 kg	80 000 kg
Coûts de la transformation additionnelle	13 000 $	0,10 $/L	7 200 $	212 000 $	–

Travail à faire

1. Répartissez les coûts communs de fabrication entre les coproduits selon la méthode de la valeur de marché théorique au point de séparation et calculez la marge brute générée par chacun des produits de l'entreprise. Supposez qu'aucun coût commun de fabrication n'est attribué au sous-produit (pelure).
2. Répartissez les coûts communs de fabrication entre les coproduits selon la méthode de la valeur de réalisation nette majorée d'un pourcentage de marge brute et calculez la marge brute générée par chacun des produits de l'entreprise. Supposez qu'aucun coût commun de fabrication n'est attribué au sous-produit (pelure).

P13.21 La répartition des coûts communs de fabrication entre les coproduits et le sous-produit d'une entreprise manufacturière

Reprenez les données du problème précédent et supposez maintenant que l'entreprise attribue des coûts communs de fabrication au sous-produit (pelure).

Travail à faire

1. Répartissez les coûts communs de fabrication entre les coproduits et le sous-produit en utilisant la valeur de marché théorique au point de séparation pour les coproduits et calculez la marge brute générée par chacun des produits de l'entreprise.
2. Passez les écritures de journal permettant de constater les opérations du premier trimestre de 20X1. Supposez que la totalité des pelures a été vendue, et que les jus et la compote sont encore dans le stock de produits finis à la fin du trimestre.

13

P13.22 **La méthode de répartition séquentielle**

La Clinique Beauséjour compte trois sections auxiliaires — Service d'alimentation, Service d'administration et Département de radiologie. Elle répartit les coûts de ces trois sections conformément à la méthode de répartition séquentielle, en utilisant les unités d'œuvre et l'ordre indiqués ci-après.

Section	Coûts engagés	Unités d'œuvre
Service d'alimentation............	Variables	Repas servis
	Fixes	Besoins en période de pointe
Service d'administration	Variables	Dossiers traités
	Fixes	Département de radiologie, 10 % ; Consultations externes, 20 % ; Soins obstétricaux, 30 % ; Consultations générales, 40 %
Département de radiologie	Variables	Examens aux rayons X effectués
	Fixes	Besoins en période de pointe

Les coûts estimés et les données d'exploitation de toutes les sections de la clinique pour le prochain mois apparaissent dans le tableau présenté ci-après.

	Sections auxiliaires			Sections principales			
	Service d'alimentation	Service d'administration	Département de radiologie	Consultations externes	Soins obstétricaux	Consultations générales	Total
Coûts variables	73 150 $	6 800 $	38 100 $	11 700 $	14 850 $	53 400 $	198 000 $
Coûts fixes	48 000	33 040	59 520	26 958	99 738	344 744	612 000
Total des coûts...........................	121 150 $	39 840 $	97 620 $	38 658 $	114 588 $	398 144 $	810 000 $
Repas servis	–	1 000	500	–	7 000	30 000	38 500
Pourcentage des besoins du service d'alimentation en période de pointe	–	2 %	1 %	–	17 %	80 %	100 %
Dossiers traités	–	–	1 500	3 000	900	12 000	17 400
Examens aux rayons X effectués.....	–	–	–	1 200	350	8 400	9 950
Pourcentage des besoins du département de radiologie en période de pointe..................	–	–	–	13 %	3 %	84 %	100 %

Toutes les opérations de facturation se font par l'intermédiaire des centres de consultations externes, de soins obstétricaux ou de consultations générales. L'administrateur de la clinique voudrait que les coûts des trois sections auxiliaires soient répartis entre ces trois centres de facturation.

Travail à faire

Préparez la répartition des coûts souhaitée par l'administrateur de la clinique. Sous chaque centre de facturation, incluez ses coûts directs aussi bien que les coûts des sections auxiliaires qui lui ont été attribués.

P13.23 **La répartition des coûts de trois sections auxiliaires entre des sections de production – la méthode de répartition algébrique**

L'usine Métal Plus inc. exploite trois sections auxiliaires (A1, A2 et A3) et trois sections de production (P1, P2 et P3). Afin de déterminer adéquatement ses taux d'imputation pour la prochaine année, ses gestionnaires vous demandent de répartir tous les coûts des sections auxiliaires aux sections de production. Pour ce faire, vous devez tenir compte des prestations de service réciproques entre les sections et des montants budgétés répartis entre les sections.

Les coûts propres budgétés pour chaque section sont les suivants:

	Coûts propres budgétés
Sections auxiliaires:	
A1	95 000 $
A2	115 600
A3	27 250
Sections principales:	
P1	1 200 000
P2	1 850 000
P3	750 000

Voici les ratios de la répartition des coûts des sections auxiliaires.

	Sections auxiliaires			Sections principales		
	A1	A2	A3	P1	P2	P3
Section auxiliaire A1..................................	–	10 %	20 %	20 %	25 %	25 %
Section auxiliaire A2..................................	20 %	–	10 %	40 %	10 %	20 %
Section auxiliaire A3..................................	–	–	–	30 %	35 %	35 %

Travail à faire

À l'aide de la méthode de répartition algébrique, attribuez les coûts des sections auxiliaires aux sections de production.

P13.24 La répartition des coûts des sections auxiliaires entre des sections de production – la méthode de répartition algébrique et le calcul d'un taux d'imputation

Une entreprise industrielle fabrique deux produits qui passent par trois ateliers de production. Se trouvent également dans cette entreprise deux ateliers auxiliaires pour soutenir la fabrication des produits. Ces ateliers auxiliaires se rendent mutuellement des services et en rendent également aux ateliers de production.

Les trois ateliers de production feront l'objet d'un calcul du taux d'imputation des frais indirects de fabrication distincts, car on leur attribue des bases d'imputation différentes. Le premier atelier est fonction des heures-machines, car il est très automatisé. Les deux autres ateliers de production ont plus de travailleurs qui effectuent des opérations manuelles. Ainsi, les heures de main-d'œuvre directe sont plus appropriées.

Voici comment l'entreprise a attribué les frais indirects de fabrication à chaque atelier.

	Ateliers auxiliaires		Ateliers de production		
	A	B	1	2	3
Frais indirects de fabrication fixes	26 000 $	48 850 $	31 400 $	130 325 $	22 125 $
Frais indirects de fabrication variables	4 000	29 000	20 200	72 250	12 550

Voici les ratios de répartition des ateliers auxiliaires A et B.

	Ateliers auxiliaires		Ateliers de production		
	A	B	1	2	3
Atelier auxiliaire A..................................	–	10 %	–	80 %	10 %
Atelier auxiliaire B	20 %	–	30 %	40 %	10 %

13

▶ L'estimation du nombre d'heures de main-d'œuvre directe et d'heures-machines nécessaires à la production est la suivante:

	Quantité prévue	Heures-machines par unité	Heures de main-d'œuvre directe par unité		
		Atelier 1	Atelier 1	Atelier 2	Atelier 3
Produit X	10 000	2,00	0,10	1,00	1,25
Produit Y	5 000	1,50	0,20	0,75	0,85

Travail à faire

1. À l'aide de la méthode de répartition algébrique, attribuez les coûts des ateliers auxiliaires aux ateliers de production.
2. Calculez les taux d'imputation des frais indirects de fabrication des trois ateliers de production.

P13.25 La répartition des coûts des sections auxiliaires entre des sections de production – la méthode de répartition algébrique et le calcul d'un taux d'imputation

La boulangerie Au soleil levant inc. de Magog a préparé le budget des frais indirects de fabrication concernant la prochaine année.

	Sections auxiliaires		Sections principales	
	Cafétéria	Maintenance	Mélange	Cuisson
Frais indirects de fabrication fixes	15 000 $	10 000 $	168 000 $	250 000 $
Frais indirects de fabrication variables ...	30 000	9 000	97 000	122 000

Pour répartir les coûts des sections auxiliaires aux sections principales, les gestionnaires de la boulangerie ont décidé d'utiliser des bases de répartition différentes. Vous avez donc recueilli les informations ci-après concernant les sections.

Section	Nombre d'employés	Espace occupé	Heures-machines
Cafétéria	2	7 000 m²	–
Maintenance	3	3 000	–
Mélange	15	20 000	14 000
Cuisson...	5	30 000	20 000
	25	60 000 m²	34 000

Pour chacune des sections auxiliaires, vous devez utiliser les bases de répartition suivantes:

a) Cafétéria: Nombre d'employés.
b) Maintenance: Espace occupé.

Travail à faire

1. À l'aide de la méthode de répartition algébrique, attribuez les coûts des sections auxiliaires aux sections principales.
2. Déterminez les taux d'imputation par section principale en fonction des heures-machines.

3. En supposant que les coûts directs d'un lot de pains sont de 17 000 $, et que ce lot requiert 100 heures-machines dans la section Mélange et 200 heures-machines dans la section Cuisson, déterminez le coût de revient total de ce lot.

4. Avec le coût de revient calculé à la question 3, déterminez le prix de vente du lot si l'entreprise a l'habitude d'utiliser le coût de revient total et d'y ajouter 30 % de majoration.

Cas

C13.26 La méthode de répartition séquentielle et la méthode de répartition directe

«C'est vraiment une situation étrange! lance Jacques Cartier, directeur général des Éditions de la lune. La plupart de nos soumissions pour des travaux requérant beaucoup de temps de presse dans la section Impression sont acceptées. Pourtant, nos marges bénéficiaires sur ces commandes ne sont jamais aussi élevées qu'elles devraient l'être. Par contre, nos clients potentiels refusent la plupart de nos soumissions pour des travaux requérant beaucoup de temps dans la section Reliure. J'aurais tendance à croire que nos taux d'imputation prédéterminés des frais indirects posent un problème. Cependant, nous calculons déjà des taux d'imputation séparés pour chaque section, comme on l'explique dans les manuels de comptabilité. Qu'est-ce qui ne va pas?»

Les Éditions de la lune est une grande entreprise effectuant une large variété de travaux d'impression et de reliure. Les sections Impression et Reliure peuvent compter sur le soutien de trois sections auxiliaires. Les coûts de ces dernières sont répartis entre les autres sections dans l'ordre indiqué ci-après.

Section	Total des heures de main-d'œuvre	Mètres carrés d'espace occupé	Nombre d'employés	Heures-machines	Heures de main-d'œuvre directe
Personnel	20 000	400	10	–	–
Services de sécurité	30 000	600	15	–	–
Entretien	50 000	2 000	25	–	–
Impression	90 000	8 000	40	150 000	60 000
Reliure	260 000	4 000	120	30 000	175 000
	450 000	15 000	210	180 000	235 000

Les frais indirects prévus dans chaque section pour la période en cours sont présentés ci-après. (L'entreprise ne fait aucune distinction entre les coûts variables et les coûts fixes.)

Personnel	360 000 $
Services de sécurité	141 000
Entretien	201 000
Impression	525 000
Reliure	373 500
Total des coûts prévus	1 600 500 $

En raison de la simplicité de cette façon de procéder, l'entreprise a toujours utilisé la méthode de répartition directe pour attribuer les coûts de ses sections auxiliaires à ses deux sections principales.

► **Travail à faire**

1. À l'aide de la méthode de répartition séquentielle, attribuez les coûts des sections auxiliaires aux autres sections en vous servant de l'unité d'œuvre donnant la meilleure mesure des services fournis. Calculez ensuite les taux d'imputation prédéterminés des frais indirects pour la période en cours en utilisant comme unités d'œuvre les heures-machines pour la section Impression et les heures de main-d'œuvre directe pour la section Reliure.

2. Reprenez la question 1 en utilisant cette fois la méthode de répartition directe. Calculez encore une fois les taux d'imputation prédéterminés des frais indirects pour les sections Impression et Reliure.

3. Supposez que, pendant la période en cours, l'entreprise fait une soumission pour une commande requérant du temps machine et du temps de main-d'œuvre directe dans les proportions suivantes :

Section	Heures-machines	Heures de main-d'œuvre directe
Impression	15 400	900
Reliure	800	2 000
	16 200	2 900

a) Déterminez les frais indirects qui seraient imputés à la commande si l'entreprise utilisait les taux d'imputation établis à la question 1. Déterminez ensuite les frais indirects qui seraient imputés à la commande si l'entreprise utilisait les taux d'imputation établis à la question 2.

b) Expliquez au directeur général, M. Cartier, pourquoi la méthode de répartition séquentielle constitue une meilleure manière de calculer les taux d'imputation des frais indirects que la méthode de répartition directe.

C13.27 La méthode de répartition directe et les taux d'imputation prédéterminés des frais indirects

La société Hobart fabrique une gamme complète de porte-documents et de valises en fibre de verre. Elle compte trois sections de production et deux sections auxiliaires.

La section Moulage fabrique les surfaces latérales de ces produits, alors que la section Composantes fabrique les structures, les charnières, les serrures, etc. On procède par la suite à l'assemblage dans la section Montage. Les quantités de matières premières, de temps et d'efforts requises dans cette fabrication varient selon les modèles. Les sections Énergie et Entretien fournissent des services aux sections de production.

L'entreprise a toujours eu recours à un seul taux d'imputation pour l'ensemble de l'usine. Elle se sert des heures de main-d'œuvre directe pour attribuer les frais indirects aux produits. Quant au taux d'imputation prédéterminé des frais indirects, il est calculé en divisant le montant total estimatif des frais indirects par le nombre total prévu d'heures de main-d'œuvre directe effectuées dans les trois sections de production.

Le directeur de la section Comptabilité recommande l'utilisation d'un taux d'imputation prédéterminé des frais indirects pour chaque section plutôt qu'un seul taux pour l'ensemble de l'usine. Il a déterminé les coûts et les niveaux d'activité prévus pour la prochaine période, comme le montre le tableau ci-après.

13

	Sections auxiliaires	
	Énergie	Entretien
Mesures de l'activité des sections auxiliaires:		
Volume d'activité estimé pour la prochaine période	80 000 kWh	12 500 h*
Coûts des sections auxiliaires:		
Matières premières et fournitures..	500 000 $	25 000 $
Coût variable de main-d'œuvre..	140 000	-0-
Frais indirects fixes..	1 200 000	375 000
Total des coûts des sections auxiliaires	1 840 000 $	400 000 $

* Heures de temps d'entretien

	Sections de production		
	Moulage	Composantes	Montage
Mesures de l'activité des sections de production:			
Heures de main-d'œuvre directe...............	50 000	200 000	150 000
Heures-machines	87 500	12 500	-0-
Coûts des sections de production:			
Matières premières...................................	1 630 000 $	3 000 000 $	25 000 $
Main-d'œuvre directe	350 000	2 000 000	1 300 000
Frais indirects variables............................	210 500	1 000 000	1 650 000
Frais indirects fixes..................................	1 750 000	620 000	749 500
Total des coûts des sections de production	3 940 500 $	6 620 000 $	3 724 500 $

	Sections de production		
	Moulage	Composantes	Montage
Consommation des services fournis par les sections auxiliaires:			
Entretien:			
Prévision de l'utilisation en heures de temps d'entretien pour la prochaine période........................	9 000	2 500	1 000
Pourcentage de la capacité de la section Entretien requise en période de pointe	70 %	20 %	10 %
Énergie:			
Prévision de l'utilisation en kilowattheures pour la prochaine période............................	36 000	32 000	12 000
Pourcentage de la capacité de la section Énergie requise en période de pointe	50 %	35 %	15 %

Travail à faire

1. Supposez que l'entreprise continue d'utiliser un seul taux d'imputation à l'échelle de l'usine pour la prochaine période. Calculez ce taux.

2. Le directeur de la section Comptabilité vous a chargé d'établir des taux d'imputation prédéterminés des frais indirects pour les trois sections de production en vue de les comparer au taux unique. Pour déterminer ces taux, procédez comme suit:

   a) À l'aide de la méthode de répartition directe, attribuez les coûts des sections auxiliaires aux sections de production. Dans chaque cas, répartissez les coûts variables et les coûts fixes séparément.

   b) Calculez les taux d'imputation prédéterminés des frais indirects des trois sections de production pour la période à venir. Dans le calcul de ces taux, utilisez comme unités d'œuvre les heures-machines pour la section Moulage et les heures de main-d'œuvre directe pour les deux autres sections.

13

▶ 3. Supposez qu'un petit porte-documents fabriqué par l'entreprise requiert annuellement le temps machine et le temps de main-d'œuvre directe ci-dessous dans les différentes sections.

Section	Heures-machines	Heures de main-d'œuvre directe
Moulage	3 000	1 000
Composantes	800	2 500
Montage	–	4 000
	3 800	7 500

a) Calculez les frais indirects qui devraient être imputés à ce porte-documents si l'on utilisait un seul taux d'imputation pour l'ensemble de l'usine. Recommencez votre calcul en supposant cette fois que chaque section a son propre taux d'imputation.

b) L'entreprise établit ses prix de vente à partir du calcul de ses coûts, en y ajoutant un pourcentage de majoration. La direction s'inquiète du fait que le prix de vente de ce porte-documents se situe très en deçà de celui de produits semblables fabriqués par la concurrence. Par contre, d'autres produits de Hobart se vendent à des prix très supérieurs à ceux de ses concurrents. Il en résulte une diminution des bénéfices de l'entreprise due à une baisse de ses ventes. Examinez les calculs faits en a), et déterminez l'effet de l'utilisation d'un seul taux d'imputation pour l'ensemble de l'usine sur l'établissement des coûts de revient des produits et, par conséquent, sur leurs prix de vente.

4. Quelles mesures supplémentaires l'entreprise pourrait-elle appliquer pour améliorer la répartition de ses frais indirects?

(Adaptation d'un problème de CPA Canada)

C13.28 La structure de coûts d'un établissement d'enseignement

Le collège Sainte-Marie est une organisation à but non lucratif qui offre divers programmes de formation. Ses activités se classent dans quatre catégories: les programmes d'études, les programmes du gouvernement fédéral, les centres de profit et les services de soutien (*voir la figure 13.5 pour une version globale de son organigramme*).

Les programmes d'études

Le collège Sainte-Marie offre des programmes d'études postsecondaires par trimestres. Le premier trimestre s'étend de septembre à décembre, le deuxième, de janvier à avril, et le troisième, de mai à août. Les programmes d'études représentent 70 % des activités de l'institution, et ils sont subventionnés par le gouvernement de la province. Ces subventions sont versées au début de chaque trimestre et calculées d'après une formule préétablie que l'on applique au nombre d'étudiants inscrits pour le même trimestre deux années auparavant, tout en tenant compte de l'inflation et des frais indirects. Par exemple, si les inscriptions pour le trimestre de septembre à décembre 20X5 se chiffraient à 750 étudiants, les subventions indexées sur l'inflation et les frais indirects pour septembre à décembre 20X7 seraient basées sur 750 étudiants, que le nombre réel d'inscriptions soit de 800 ou de 700 personnes. Outre ces subventions, le collège exige de chaque étudiant des droits de scolarité dont le montant est régi par le gouvernement.

Cette formule de financement permet au collège de connaître ses revenus au moment de la planification des programmes d'études offerts chaque trimestre. Si, au cours d'un trimestre quelconque, le collège connaît des problèmes de liquidités attribuables à une augmentation des inscriptions, il peut utiliser son fonds de réserve ou s'adresser au gouvernement pour obtenir un fonds de dépannage.

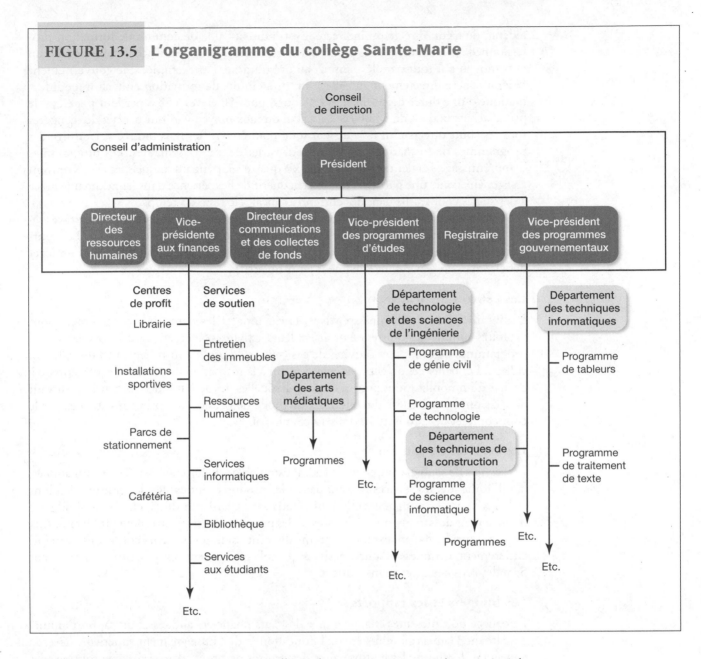

FIGURE 13.5 **L'organigramme du collège Sainte-Marie**

Le fonds de réserve est étroitement surveillé par le gouvernement, qui s'assure ainsi de son maintien à un certain niveau. Les réserves accumulées au fil des ans résultent du fait que les inscriptions réelles sont moins nombreuses que le chiffre de base employé par le gouvernement dans sa formule de calcul des subventions. Par exemple, si les inscriptions réelles pour le trimestre de septembre à décembre 20X7 se chiffrent à 650 étudiants et que le collège effectue une gestion responsable de ses affaires, il pourra ajouter les fonds excédentaires reçus en raison de la fréquentation du collège au cours du même trimestre de 20X5, qui était de 750 étudiants, à son fonds de réserve. Ces réserves doivent servir à l'agrandissement ou au remplacement des immobilisations, ou encore de « coussin de sécurité » dans les temps difficiles.

Les programmes gouvernementaux fédéraux

Le collège Sainte-Marie offre aux adultes, « selon la demande », des programmes de formation technique et d'apprentissage professionnel pour le compte du gouvernement fédéral. Ce service représente 20 % des activités du collège et, contrairement aux programmes d'études, il n'est pas fourni sur une base trimestrielle. Le gouvernement ▶

▶ fédéral, de façon directe ou indirecte, c'est-à-dire à l'aide de comités de formation professionnelle locaux, achète ces programmes au collège. Leur prix d'achat correspond à un taux moyen par jour par élève inscrit au programme. Par exemple, si le gouvernement fédéral achète directement au collège un programme de formation en technique informatique d'une durée de 4 semaines (20 jours) pour 50 élèves à 55 $ par jour par élève, le prix d'achat total est de 55 000 $. Le calcul du taux moyen par jour permet de récupérer tous les coûts directs plus 8 % de leur total pour couvrir les frais indirects. La durée des programmes de formation technique peut varier de 4 à 52 semaines. Les programmes d'apprentissage s'étalent souvent sur deux à quatre ans pendant lesquels les élèves doivent assister aux cours une partie du temps et acquérir de l'expérience dans leur domaine grâce à des stages coopératifs dans des entreprises locales le reste du temps.

Les négociations pour l'achat et l'organisation de tous les programmes du gouvernement fédéral ont lieu en novembre et en décembre, puis sont conclues en mars. Les cours commencent en avril. Certains programmes génèrent un petit surplus, d'autres un léger déficit, mais en général, ils atteignent leurs objectifs.

Les centres de profit

La librairie, les installations sportives, la cafétéria et les parcs de stationnement sont exploités comme des centres de profit, et leurs activités coïncident avec les trimestres des programmes d'études. Les activités de ces centres de profit constituent 5 % de celles du collège. Les bénéfices qu'elles génèrent servent à la réalisation de projets d'expansion ou à l'achat d'immobilisations pour n'importe lesquelles des activités de l'institution, suivant la décision du conseil de direction. La méthode de fixation des prix consiste à exiger le coût complet des produits ou des services plus 30 %.

Les services de soutien

Les services de soutien comprennent l'administration, les finances, les services informatiques, la bibliothèque, les services aux étudiants, les ressources humaines, les communications et l'entretien des immeubles. Ils sont offerts sans égard à la durée et aux méthodes de financement des programmes d'études et des programmes du gouvernement fédéral. Aux fins de contrôle, ils sont exploités comme des centres de coûts. Leurs coûts sont toutefois entièrement attribués à d'autres activités du collège. Les services de soutien représentent 5 % des activités de cette institution.

Les budgets et les rapports

Le collège doit présenter chaque année des états financiers audités et un rapport annuel en date du 31 mars au ministère de l'Éducation et de l'Enseignement supérieur. Chaque année, en décembre, les gestionnaires des centres de profit, des services de soutien, des départements d'études et des départements de programmes gouvernementaux préparent le budget global de leur section pour la période suivante, qui s'étend d'avril à mars. On ne fait de budget pour aucun des programmes offerts dans les différents départements. Par exemple, le directeur du département de technologie et des sciences de l'ingénierie établit le budget de l'ensemble de son département après en avoir discuté avec les directeurs des programmes qui en font partie. Les gestionnaires entreprennent ensuite un processus de négociation avec le conseil de direction du collège. La version définitive des budgets des départements et des centres de profit est rédigée en février.

Aux fins de contrôle, les gestionnaires reçoivent tout au long de l'année des rapports comptables mensuels (*voir le tableau 13.6*). Bien que ces rapports ne contiennent aucune donnée sur les programmes en particulier, les gestionnaires des sections peuvent savoir de manière informelle comment se déroulent ces programmes.

TABLEAU 13.6	Le rapport comptable du département de technologie et des sciences de l'ingénierie

DÉPARTEMENT DE TECHNOLOGIE ET DES SCIENCES DE L'INGÉNIERIE
Rapport comptable
du mois de mars 20X7

	Coûts réels (mois en cours)	Coûts réels (cumulatifs de la période)	Budget annuel
Salaires et avantages sociaux :			
Professeurs réguliers...........................	65 408 $	65 408 $	780 000 $
Chargés de cours...............................	-0-	-0-	45 000
Personnel administratif......................	18 400	18 400	216 000
Personnel de soutien.........................	9 317	9 317	120 000
Total des salaires et des avantages sociaux .	93 125	93 125	1 161 000
Matériel pédagogique.........................	32 000	32 000	35 000
Location de matériel	200	200	2 400
Fournitures..	421	421	2 000
Conférences et séminaires	-0-	-0-	2 000
Frais indirects*...................................	150	150	10 000
Impression et publications..................	65	65	1 000
Honoraires	-0-	-0-	10 000
Total des charges d'exploitation...........	125 961 $	125 961 $	1 223 400 $

* Les frais indirects représentent à la fois les coûts propres aux départements et les coûts des services de soutien. Ces derniers sont répartis à la fin de la période.

À la fin de l'année, la préparation d'états financiers comparatifs pour chaque centre de profit et chaque département sert à son évaluation (*voir le tableau 13.7*).

TABLEAU 13.7	L'état des résultats de la librairie pour la période terminée le 31 mars 20X7

LIBRAIRIE
État des résultats
pour la période terminée le 31 mars 20X7

	20X7	20X6
Ventes...	5 750 000 $	6 145 000 $
Moins : Coût des ventes...................................	4 515 000	4 620 000
Marge brute	1 235 000	1 525 000
Moins : Charges d'exploitation..........................	520 000	525 000
Bénéfice...	715 000 $	1 000 000 $

En 20X7, on a réduit la majoration standard du prix de vente dans l'espoir de voir augmenter le volume des ventes. En 20X6 et au cours des années antérieures, la librairie avait maintenu une majoration de 30 % sur le coût de revient complet. Son chiffre d'affaires représente 25 % des revenus générés par les centres de profit.

13

► **La réunion du comité de direction du 31 mars 20X7**

Voici un extrait des principales discussions.

Président: Je suppose que toutes les personnes présentes ont eu l'occasion d'examiner l'ensemble des états financiers préliminaires. Il s'agit de la deuxième année consécutive au cours de laquelle nous enregistrons un déficit au chapitre du fonds d'administration générale. Fort heureusement, notre fonds de réserve permettra d'éponger ce résultat déficitaire. Cependant, comment expliquerons-nous ces déficits récurrents au conseil d'administration? En outre, comment nous tirerons-nous d'affaire à l'avenir étant donné que le budget gouvernemental de l'éducation et la part qui nous est accordée diminuent sans cesse? Nos charges sont-elles plus élevées que nos revenus? Le cas échéant, comment pourrions-nous contrôler ces charges? N'oubliez pas que rien ne nous interdit de réaliser des bénéfices sur certains types d'activités!

Vice-présidente aux finances: Je travaille au collège depuis six mois seulement. Il me semble que l'essentiel n'est pas de savoir s'il y a un déficit, mais si le collège remplit sa mission et réalise ses objectifs de fournir et de promouvoir une éducation de qualité supérieure de la façon la plus économique, la plus efficace et la plus efficiente possible. Nous avons concentré nos efforts sur la collecte de renseignements pour la préparation et la publication des états financiers audités. Nous avons cependant négligé le plus important, c'est-à-dire l'utilisation régulière d'informations pour la planification et le contrôle de nos activités.

Vice-président des programmes d'études: Je suis d'accord. Les gestionnaires de mon département ne comprennent rien aux rapports comptables mensuels qu'ils reçoivent. Le plus souvent, ces rapports sont soigneusement classés pour être examinés plus tard. Les rapports comptables que l'on nous envoie ne nous fournissent aucune indication sur la rentabilité des programmes ni sur la réalisation de leurs objectifs, qui sont de procurer aux étudiants des habiletés et des connaissances leur permettant de faire face à la concurrence et de percer sur le marché du travail. Quand je veux savoir si un programme est efficace, je dois appeler le registraire pour m'informer de son taux d'inscription et le bureau de placement des étudiants pour déterminer combien de diplômés de ce programme ont réussi à se trouver un emploi.

Vice-président des programmes gouvernementaux: J'ai remarqué, en examinant les rapports comptables de l'un de mes départements, qu'un achat important de matériel informatique a été inclus dans nos charges. Corrigez-moi si je me trompe, mais ne s'agit-il pas d'une immobilisation? Le fait d'inscrire cet élément comme une charge a entraîné un déficit dans le département en question.

Vice-présidente aux finances: Les questions et les problèmes qui nous préoccupent aujourd'hui proviennent d'une faiblesse à la base même de notre système informatique. Les documents comptables et les informations budgétaires sont préparés et mis à jour uniquement pour satisfaire aux exigences de la loi en matière d'états financiers audités à la fin de la période. D'après le gestionnaire des systèmes informatiques, le système actuel n'est ni flexible ni même intégré.

Le système informatique principal n'est adapté qu'aux fonctions de préparation et d'audit des rapports financiers publiés à des fins externes. D'autres renseignements sont enregistrés dans les ordinateurs personnels des différents départements. Mon homologue au collège DEF m'a dit que l'on y avait installé un système d'information automatisé servant à la fois les besoins de la direction et ceux des auditeurs. J'ai organisé une réunion à laquelle je l'ai invité ainsi que notre contrôleur et le gestionnaire de nos systèmes informatiques.

Registraire: Il nous faut un système d'information automatisé concernant les étudiants pour que nous puissions éliminer les dédoublements et les erreurs du système actuel d'enregistrement des inscriptions. En ce moment, mon bureau enregistre les inscriptions des étudiants dans son propre système informatique, qui n'est pas relié à celui de la comptabilité. On doit donc entrer les données d'inscription séparément à la main dans le système de comptabilité. Il en a résulté des erreurs et des différences.

Directeur des communications et des collectes de fonds: Nous devons examiner tous les problèmes de ce type et élaborer un plan qui nous permettrait de respecter nos obligations légales sans pour autant négliger la réalisation de notre objectif principal. Il semble que les programmes ne sont pas révisés en fonction de leur efficacité et que les directeurs qui en ont la charge n'ont pas à rendre compte de l'efficience avec laquelle ils sont administrés. Les gestionnaires des départements préparent leurs budgets sans les conseils ni la participation de la direction générale. Il ne semble y avoir ni uniformité ni cohérence dans le collège lorsqu'on en vient à la préparation des budgets.

Président: Les rapports comptables qui me sont envoyés chaque mois me préoccupent. J'en reçois un de chaque département, mais je n'ai pas le temps de tous les lire. J'aurais besoin d'un seul rapport qui me donnerait une vue d'ensemble de toutes les activités du collège.

En outre, ces rapports sont purement financiers. Ce n'est pas un défaut, mais le collège est une organisation à but non lucratif. Sa réussite doit aussi être évaluée au moyen de facteurs non financiers tels que la qualité des services et le besoin de la population pour ces services.

Notre établissement vient de recevoir une offre intéressante. J'ai récemment rencontré les membres du conseil d'administration des Moteurs GHI. Ils souhaiteraient que nous organisions un programme de formation en mécanique pour leurs employés. Ils ont proposé de donner au collège l'immeuble, le matériel et les services d'un administrateur dont nous aurons besoin pour gérer ce programme. L'immeuble pourrait être construit sur un terrain vague au nord-est du parc de stationnement des étudiants. La durée d'une session de formation serait de 20 jours. L'entreprise souhaiterait que le collège offre 11 sessions de ce type au cours d'une année. Chaque session, au moins 40 employés assisteraient aux cours.

Moteurs GHI est prête à verser au collège un tarif quotidien par étudiant indexé sur l'inflation chaque année. Je voudrais savoir quel devrait être ce taux quotidien étant donné que l'on devra absorber les coûts supplémentaires imposés au collège par ce programme. J'envisage aussi la possibilité de gérer ce programme comme un centre de profit. Quel est le taux moyen maximal par jour par étudiant que nous pouvons exiger étant donné notre politique de fixation des prix? Voici une analyse des coûts annuels projetés de ce programme (*voir le tableau 13.8*). Comme c'est la première fois que le collège reçoit des biens sous forme de dons, il est essentiel d'obtenir certaines explications concernant le traitement comptable et financier des sommes en question.

J'aimerais que la vice-présidente aux finances analyse toutes les questions abordées au cours de la réunion d'aujourd'hui et qu'elle formule des recommandations qu'elle pourra nous présenter à la réunion de jeudi prochain.

TABLEAU 13.8	**L'analyse des coûts annuels prévus d'un programme de formation en mécanique**

MOTEURS GHI
Coûts annuels prévus
du programme de formation en mécanique

Salaires et avantages sociaux:		
Professeurs réguliers	200 000 $	
Chargés de cours	50 000	
Personnel de l'administration*	100 000	
Personnel de soutien	40 000	390 000 $
Matériel pédagogique		36 000
Fournitures		12 000
Services publics et entretien de l'immeuble		11 000
Entretien du matériel		8 000
Frais indirects**		11 000
Total des charges d'exploitation		468 000 $

* Comprend les honoraires de l'administrateur, soit un montant de 75 000 $, qui seront versés par Moteurs GHI.

** Ce poste représente les coûts propres au programme auxquels on additionne 10 000 $ en coûts de services de soutien qui lui sont attribués.

Travail à faire

Supposez que vous occupez le poste de la vice-présidente aux finances. Préparez le rapport demandé par le président du collège.

(Adaptation d'un problème de CPA Canada)

Réponses aux questions éclair

13.1

| | Sections auxiliaires | | Sections principales | | |
	Entretien	Contrôle de la qualité	Assemblage	Emballage	Total
Coûts des sections avant répartition	9 000 $	20 000 $	70 000 $	50 000 $	149 000 $
Répartition :					
Entretien (4/6, 2/6)...........	(9 000)		6 000	3 000	
Contrôle de la qualité (8,4/10, 1,6/10)...........		(20 000)	16 800	3 200	
Total des coûts après répartition........................	-0- $	-0- $	92 800 $	56 200 $	149 000 $

13.2

	X	Y	Total
Quantité produite................................	10 000	20 000	
Prix de vente du produit fini...............	6 $	8 $	
Ventes totales.....................................	60 000 $	160 000 $	
Moins : Coûts de transformation additionnelle..................................	30 000	40 000	
Valeur marchande théorique au point de séparation	30 000 $	120 000 $	150 000 $
Proportion relative de chacun des produits	30 000 ÷ 150 000 = 20 %	120 000 ÷ 150 000 = 80 %	
Répartition du coût de la matière première...	50 000 $ × 20 % = 10 000 $	50 000 $ × 80 % = 40 000 $	50 000 $

Index

Les numéros de pages en gras renvoient aux définitions des concepts présentées en marge.